WILHELM EIGENER
ENZYKLOPÄDIE DER TIERE

Konzeption des Buches mit
Auswahl und Zusammenstellung der Tiere,
systematischen Bildtafeln und Illustrationen
Wilhelm Eigener
Hamburg

Textbearbeitung:

Säugetiere
Dr. h. c. Erna Mohr †
Kustos a. D. am Zoologischen Museum
Hamburg

Vögel
Dr. Joachim Steinbacher
Kustos am Naturmuseum und Forschungs-Institut
Senckenberg, Frankfurt a. M.

Lurche/Kriechtiere
Dr. Konrad Klemmer
Kustos am Naturmuseum und Forschungs-Institut
Senckenberg, Frankfurt a. M.

Fische
Professor Dr. Werner Ladiges
Hauptkustos am Zoologischen Staatsinstitut und Museum
Hamburg

Insekten
Dr. Wolfgang Dierl
Konservator der Zoologischen Sammlung des Bayerischen Staates
München

Spinnentiere
Dr. Max Sellnick
Schmalenbeck über Ahrensburg (Holst.)

Einführung und Wirbellose ausser Spinnentiere/Insekten
Professor Dr. Michael Dzwillo
Kustos am Zoologischen Staatsinstitut und Museum
Hamburg

Beteiligt an Vorkolorierungsarbeiten

Gertrud Sellnik-Medenwaldt, Schmalenbeck (Insekten, Mollusken)
Josef Bergmann, Cloppenburg (Vögel)

WILHELM EIGENER

ENZYKLOPÄDIE DER TIERE

Über 4000 farbige Bilder

Nikol Verlagsgesellschaft mbH & Co. KG
Hamburg
www.nikol-verlag.de

Enzyklopädie der Tiere

Genehmigte Lizenzausgabe 2004
für Nikol Verlagsgesellschaft mbH & Co. KG
www.nikol-verlag.de
Hamburg
Mit freundlicher Genehmigung der Copyrightinhaber

© by Wilhelm Eigener
© Satzbild by Georg Westermann Verlag GmbH, Braunschweig
Alle Rechte, auch das der fotomechanischen Wiedergabe
(einschließlich Fotokopie) oder der Speicherung auf
elektronischen Systemen, vorbehalten.
All rights reserved.

Einbandgestaltung und Druckdatenherstellung:
Callena Creativ GmbH, www.callena.de
Abbildung auf der Einbandvorderseite: Tom Krieger
(Corinna Hein Illustratoren, Hamburg)

ISBN 3-933203-98-8

VORWORT

Auf vielen Wissensgebieten hat die Forschung in jüngster Zeit schnellere Fortschritte gemacht als in den vergangenen Jahrhunderten zusammen. Dies trifft vor allem auf die Naturwissenschaften zu, und zwar nicht nur auf die weltraumerobernden Erfolge von Physikern und Ingenieuren. Auch die Kenntnis der Tierwelt hat sich erheblich erweitert, obwohl es hier um ein Gebiet geht, das dem Menschen schon immer sehr nahe stand und vertraut war.

Ein in seinem Umfang begrenztes Werk kann gewiß nicht umfassende und vollständige Schilderungen aller uns heute bekannten Tiere geben. Es kann aber einen ordnenden Überblick über ein Gebiet verschaffen, das in seiner Vielfalt und seinem Reichtum an Formen zu den anziehendsten Erscheinungen der Schöpfung gehört.

Der Anteil von Bild und Text wurde in diesem Werk bewußt gleichmäßig groß gehalten, weil der moderne Mensch daran gewöhnt ist, in Bildern zu lesen und zu lernen. Die aus biologischer Sicht verfaßten Texte international bekannter Fachwissenschaftler bilden mit Tausenden von farbigen Illustrationen eine sinnvolle Einheit.

Die zur Verfügung stehende Seitenzahl zwang zu einer bestimmten Konzeption. So wurde vor allem Wert darauf gelegt, Tiere zu zeigen, die jeder ohne große Hilfsmitttel selbst sehen und studieren kann. Aus diesem Grunde sind zum Beispiel die Niederen Tiere auch nur bis zu den Ordnungen berücksichtigt. Es sind aber trotz der notwendigen Raffung alle typischen Vertreter gezeigt, um dem Leser vor Augen zu führen, daß die gesetzmäßige Ordnung dieser Kleinlebewelt, ihre Vielfalt und die individuelle Lebensart genauso bewunderungswürdig sind wie die aller anderen Tiere.

Entsprechende Bildtafeln vieler Stämme, Klassen und Ordnungen erleichtern dem Leser, das ordnende Prinzip der Systematik zu begreifen.

Die Unterschiede zwischen miteinander verwandten Tieren werden augenfälliger durch die zusammenfassende Darstellung auf zwei nebeneinanderliegenden Seiten. Man lernt, die einzelnen Tiere besser auseinander zu halten und die charakteristischen Merkmale zu erkennen, die aufgrund von Form- und Farbunterschieden nunmehr fast selbstverständlich sichtbar geworden sind.

Der Dank des Herausgebers gebührt den Textbearbeitern, die sich in vorbildlicher Weise der Gesamtkonzeption angepaßt haben, trotz der besonderen Schwierigkeiten, die in der Beschränkung des Platzes lagen. Für ihre beratende Tätigkeit sei auch den Herren Prof. Dr. Hartmann (Crustacea), Prof. Dr. Kaiser (Mollusca) und Prof. Dr. Weidner (Insecta) gedankt. Nicht zuletzt gilt der Dank dem Georg Westermann Verlag, Braunschweig, der alles daran gesetzt hat, um das Buch zu einer ebenso schönen wie nützlichen Veröffentlichung zu machen.

WILHELM EIGENER

INHALT

Einführung in das Tierreich	9
Stammbusch der Tiere	12
Geißeltierchen — Flagellata	20
Wurzelfüßer — Rhizopoda	22
Sporentierchen — Sporozoa	22
Wimpertierchen — Ciliata	24
Schwämme — Porifera	26
Nesseltiere — Cnidaria	28
Hydratiere — Hydrozoa	28
Schirmquallen — Scyphozoa	30
Blumentiere — Anthozoa	32
Rippenquallen — Ctenophora	37
Plattwürmer — Plathelminthes	38
Kelchwürmer — Kamptozoa	40
Schnurwürmer — Nemertini	40
Schlauchwürmer — Nemathelminthes	40
Fadenwürmer — Nematodes	40
Saitenwürmer — Nematomorpha	40
Bauchhaarlinge — Gastrotricha	42
Hakenrüßler — Kinorhyncha	42
Rädertiere — Rotatoria	42
Kratzer — Acanthocephala	42
Priapuliden — Priapulida	43
Ringelwürmer — Annelida	44
Vielborster — Polychaeta	44
Wenigborster — Oligochaeta	46
Egel — Hirudinea	46
Spritzwürmer — Sipunculida	47
Igelwürmer — Echiurida	47
Bärtierchen — Tardigrada	47
Krallenträger — Onychophora	47
Gliederfüßer — Arthropoda	48
Scherenhörnler — Chelicerata	50
Spinnentiere — Arachnida	50
Asselspinnen — Pantopoda	55
Krebse — Crustacea	56
Röhrenatmer — Tracheata	68
Wenigfüßer — Pauropoda	70
Zwergfüßer — Symphyla	70
Tausendfüßer — Diplopoda	70
Hundertfüßer — Chilopoda	70
Kerbtiere — Insecta (Hexapoda)	71
Weichtiere — Mollusca	116
Urmollusken — Amphineura	118
Käferschnecken — Placophora	118
Wurmmollusken — Aplacophora	118
Schalenträger — Conchifera	119
Neopilina — Monoplacophora	119
Schnecken — Gastropoda	119
Muscheln — Bivalvia	124
Röhrenschaler — Scaphopoda	127
Kopffüßer — Cephalopoda	128
Kranzfühler — Tentaculata	130
Moostierchen — Bryozoa	130
Hufeisenwürmer — Phoronidea	130
Armfüßer — Brachiopoda	130
Kragentiere — Hemichordata	131
Eichelwürmer — Enteropneusta	131
Flügelkiemer — Pterobranchia	131
Bartwürmer — Pogonophora	131
Pfeilwürmer — Chaetognatha	131
Stachelhäuter — Echinodermata	132
Gestielte Stachelhäuter — Pelmatozoa	132
Seelilien, Haarsterne — Crinoidea	132
Freileb. Stachelhäuter — Echinozoa	132
Seewalzen — Holothuroidea	132
Seeigel — Echinoidea	133
Seesterne — Asteroidea	134
Schlangensterne — Ophiuroidea	136
Chordatiere — Chordata	137
Manteltiere — Tunicata	138
Geschwänzte Manteltiere — Appendicularia	138
Seescheiden — Ascidiacea	138
Salpen — Thaliacea	139
Schädellose — Acrania	139
Wirbeltiere — Vertebrata	140
Rundmäuler — Cyclostomata	143
Knorpelfische — Chondrichthyes	144
Knochenfische — Osteichthyes	150
Lurche — Amphibia	218
Blindwühlen — Gymnophiona	220
Schwanzlurche — Caudata	220
Froschlurche — Salientia	226
Kriechtiere — Reptilia	234
Schildkröten — Testudines	236
Krokodile — Crocodylia	244
Schnabelköpfe — Rhynchocephalia	248
Schuppenkriechtiere — Squamata	248
Vögel — Aves	272
Steißhühner — Tinamiformes	275
Laufvögel — Struthioniformes	275
Lappentaucher — Podicipediformes	278
Seetaucher — Gaviiformes	279
Pinguine — Sphenisciformes	280
Röhrennasen — Procellariiformes	281
Ruderfüßer — Pelecaniformes	283
Stelzvögel — Ciconiiformes	287
Flamingos — Phoenicopteriformes	293
Gänsevögel — Anseriformes	294
Greifvögel — Falconiformes	300
Hühnervögel — Galliformes	304
Kranichvögel — Gruiformes	312
Wat- und Möwenvögel — Charadriiformes	318
Taubenvögel — Columbiformes	328
Papageien — Psittaciformes	330
Kuckucksvögel — Cuculiformes	334
Eulen — Strigiformes	336
Nachtschwalben — Caprimulgiformes	338
Seglervögel — Apodiformes	339
Kolibris — Trochiliformes	340
Trogons — Trogoniformes	341
Mausvögel — Coliiformes	342
Rackenvögel — Coraciiformes	342
Spechtvögel — Piciformes	347
Sperlingsvögel — Passeriformes	351
Säugetiere — Mammalia	390
Kloakentiere — Monotremata	393
Beuteltiere — Marsupialia	394
Insektenfresser — Insectivora	402

Pelzflatterer — Dermoptera 404	Flossenfüßer — Pinnipedia 462
Flattertiere — Chiroptera 404	Röhrchenzähner — Tubulidentata 466
Herrentiere — Primata 406	Rüsseltiere — Proboscidea 466
Zahnarme — Xenarthra 418	Schliefer — Hyracoidea 468
Schuppentiere — Pholidota 420	Seekühe — Sirenia 468
Hasenartige — Lagomorpha 421	Unpaarhufer — Perissodactyla 469
Nagetiere — Rodentia 423	Paarhufer — Artiodactyla 476
Wale — Cetacea 436	
Raubtiere — Carnivora 438	Register 510

Hinweise zum Gebrauch des Buches

Der Anfang jedes Textes trägt als Überschrift die systematische Einteilung der folgenden Tiere von Stamm, Unterstamm, Klasse, Unterklasse, Ordnung, Unterordnung, Familie bis zur Art und Unterart. Jedes abgebildete Tier ist systematisch genau gekennzeichnet. Um festzustellen, welcher Familie ein Tier angehört, suche man die Gattung (also das erste Wort des wissenschaftlichen Namens), die in der Seitenüberschrift in Klammer hinter einer Familie oder Unterfamilie steht. Die den Familien vorangestellte Ordnung suche man dann in der entsprechenden Bildsystematik zu Beginn jeder Klasse (bzw. jeden Stammes). Zuletzt kann man die Klasse (bzw. den Stamm) in dem großen Stammbusch der Tiere S. 18/19 finden. So kann man sich visuell auf schnellstem Wege ein Bild verschaffen, wo jedes Tier im ganzen Tierreich hingehört.

Schema der Bildsystematik: Die Aufgliederung erfolgt immer von unten nach oben.

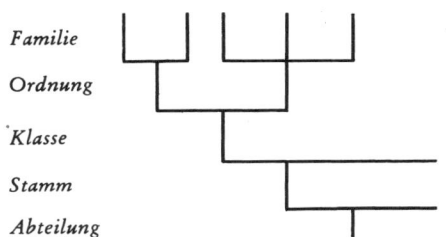

Der Bildsystematik liegt im großen und ganzen das auf S. 9 angegebene Systemschema zugrunde. Ausgangspunkt jeder Bildsystematik ist also jeweils entweder eine Abteilung (z. B. Coelenterata S. 19), ein Stamm (z. B. Chordata S. 137), eine Klasse (z. B. Mammalia S. 390) oder eine Ordnung (z. B. Primata S. 391).
Diese Kategorien sind beim Bildsystem nicht extra ausgeschrieben, da sie zu Beginn jedes Kapitels genau nachzulesen sind. Zumindest gehören aber alle auf den unteren Linien liegenden derselben Größenordnung an. Aus Platzmangel differieren meistens nur die Familien, also die obenliegenden Kategorien, in bezug auf die entsprechende Lage zueinander.
Die systematischen Tafeln sind keine Abstammungstafeln, sie stellen also nicht dar, wie das eine aus dem anderen entstanden ist. Die Tafeln sind lediglich bildliche Darstellungen der Systematik, also eines zoologischen Ordnungsprinzips, wobei man allerdings von der Voraussetzung ausgeht, daß alle Tiere um so näher miteinander verwandt sind, je weiter das System aufgegliedert wird.

Die Benennung der Tiere geschieht in folgender Reihenfolge: Wissenschaftlicher Name mit Verfasser, z. B. Tapirus (Gattung), indicus (Art), Cuvier (Verfasser). Mitunter ist noch die Unterart angegeben, z. B. Damara-Zebra: Equus (Gattung), quagga (Art), antiquorum (Unterart), H. Smith (Verfasser). Es folgt dann der deutsche Name. Es gibt natürlich Tiere, die keinen deutschen Namen tragen oder dessen fremde Bezeichnung auch bei uns gebräuchlich geworden ist. Dann folgt das Vorkommen und zuletzt die Größenangabe.

Über die Größenangabe ist zu sagen: Bei den Säugetieren bedeuten die beiden Zahlenangaben Kopf/Rumpflänge + Schwanzlänge, z. B. Feldhase 50 + 8 cm.

Bei einigen Tieren ist auch die Höhe angegeben; diese Höhe bezieht sich auf die höchste Rumpfhöhe, wobei anhand des Bildes zu erkennen ist, ob es sich um Schulterhöhe oder Rückenhöhe handelt. Beispiel: Biceros bicornis, Spitzmaulnashorn, Afrika 340 + 60 cm, ⊥ 160 cm.

Bei den Vögeln bezieht sich die Größenangabe auf eine Messung von der Schnabelspitze bis zur Schwanzspitze. Ist eine Höhenangabe hinzugefügt, so bezieht sie sich auf eine mittlere Rückenhöhe beim stehenden Tier.

Die Größenangabe bei Amphibien und Reptilien gibt entweder Kopf/Rumpflänge + Schwanzlänge oder aber, wenn nur eine Zahl vorhanden ist, eine Gesamtlänge von der Schnauzenspitze bis zur Schwanzspitze an.

Bei den Schildkröten wird nur die Carapaxlänge, also die Länge des Rückenschildes, gemessen.

Für Fische ist die Gesamtlänge von der Maulspitze bis zur Schwanzspitze angegeben.

Die Messungen bei den Insekten sind unterschiedlich. Ist eine Zahl genannt, bezieht sie sich auf die Gesamtlänge des Körpers, also von der Kopfspitze bis zur Hinterleibspitze. Ist bei geflügelten Insekten die Flügelspannweite gemessen, so steht immer ausgeschrieben „Flügelspannweite" dabei.

Bei Spinnentieren gilt die Messung vom Kopf bis Hinterkörperende (ohne evtl. Anhang). Bezieht sich eine Messung nur auf einen Panzer oder den Hinterkörper, so heißt es „Carapax".

Krebse sind vom Kopf bis Leibesende angegeben, oder es ist der Panzer allein gemessen; es heißt dann wieder „Carapax".

Bei den Niederen Tieren ist die Gesamtlänge zugrundegelegt, oder wenn nötig der Durchmesser angegeben, z. B. ⌀ 3 cm.

Männliche Tiere sind bezeichnet ♂, weibliche ♀, junge Tiere juv.

DIE TIERE DER WELT

wie sie sich entwickelten und
wie wir sie heute sehen und ordnen

Es gibt eine riesige Zahl von Tieren verschiedenster Form und Größe. Heute sind schon weit über eine Million Tierarten bekannt, laufend werden weitere entdeckt und beschrieben. Um einen Überblick über das Tierreich zu gewinnen, hat der Mensch seit je die ihm bekannten Tierarten in Gruppen einander ähnlicher Tiere zusammengefaßt. Schon Aristoteles stellte vor 2300 Jahren ein System des Tierreichs auf.
Zur Gliederung des Tierreichs sind sehr viele Ordnungsprinzipien denkbar. Man kann die Tiere nach ihrem Lebensraum einteilen (Süßwassertiere, Waldtiere usw.), nach ihrer Fortbewegungsart (schwimmende, laufende, fliegende Tiere). Am nächstliegenden ist jedoch eine Gliederung nach Ähnlichkeiten im Aussehen, im Körperbau. Der Mensch stellte schon früh fest, daß trotz aller Vielfalt die Zahl der völlig unterschiedlichen Bautypen im Tierreich durchaus begrenzt ist. Die vergleichend morphologische Forschung (Morphologie ist die Lehre von den Formen und Gestalten) erkannte hierarchisch gegliederte, abgestufte Ähnlichkeiten in den großen Tiergruppen. Man fand einander homologe Strukturen — d. h. Strukturen, die als Abwandlungen einer gemeinsamen Grundstruktur zu erkennen sind — bei Tieren völlig unterschiedlicher Lebensweise. Es sind bis jetzt z. B. über 300 000 Käferarten beschrieben worden. So unterschiedlich sie auch hinsichtlich ihrer Körpergestalt, Körpergröße und Lebensweise sein mögen, so sind sie doch durch ihnen allen gemeinsame Merkmale als Käfer von sämtlichen anderen Tieren unterschieden. — Die Wirbeltiere zeigen in ihren so verschieden gestalteten Vorderextremitäten einen gemeinsamen Grundbauplan. So ist das Skelett des Vogelflügels dem des Menschenarm homolog (s. Abb. auf S. 10).
Die Grundlage für die ordnende Bewältigung und wissenschaftliche Registrierung der Vielfalt aller Lebewesen schuf im 18. Jahrhundert der schwedische Naturforscher Carl von Linné (Linnaeus) mit seinem Werk „Systema naturae". Seit Linné werden alle Tier- und Pflanzenarten mit zwei lateinischen oder latinisierten Namen belegt. Der erste, mit großen Anfangsbuchstaben geschriebene Name bezeichnet die Gattung, der zweite, klein geschriebene — oft ein Adjektiv — ist der Artname. Einander ähnliche Arten werden in Gattungen zusammengefaßt, tragen also denselben Gattungsnamen. Um Verwechslungen auszuschließen, darf jeder Gattungsname nur einmal im Tierreich auftreten, und innerhalb einer Gattung muß jede Art einen anderen Artnamen tragen. Nach dem Grad ihrer Ähnlichkeit werden die Arten und Gattungen in höhere Kategorien zusammengefaßt, so daß jeder Tierart ein genau definierter Platz im System zugewiesen werden kann. Im folgenden werden mit der Einordnung des Rotfuchses in das System die wesentlichsten Kategorien aufgeführt:

Reich (regnum): Tiere
Unterreich (subregnum): Metazoa (Vielzeller)
Abteilung (divisio): Eumetazoa (Gewebetiere)
Stamm (phylum): Chordata (Chordatiere)
Unterstamm (subphylum): Vertebrata (Wirbeltiere)
Überklasse (superclassis): Tetrapoda (Vierfüßer)
Klasse (classis): Mammalia (Säugetiere)
Unterklasse (subclassis): Theria (Höhere Säugetiere)
Überordnung (superordo): Eutheria (Echte Säugetiere)
Ordnung (ordo): Carnivora (Raubtiere)
Unterordnung (subordo): Fissipedia (Landraubtiere)
Familie (familia): Canidae (Hunde)
Unterfamilie (subfamilia): Caninae (Echte Hunde)
Gattung (genus): Vulpes (Füchse)
Art (species): vulpes (Linnaeus) (Rotfuchs)

Hinter den Artnamen wird der Name des Erstbeschreibers gesetzt, oft auch noch die Jahreszahl der Erstbeschreibung. Als Ausgangspunkt für die Benennung von Arten und Gattungen gilt die im Jahre 1758 erschienene 10. Auflage des „Systema naturae". Linné hat im zoologischen Teil des Werkes alle 4236 damals bekannten Tierarten aufgeführt und knapp charakterisiert. Die in diesem Werk beschriebenen Tiere tragen noch heute den ihnen von Linné

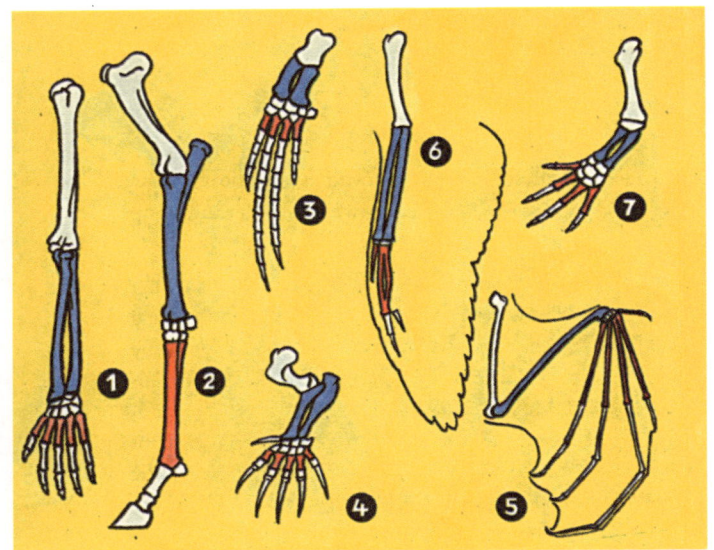

Vorderextremitäten: 1 Mensch, 2 Pferd, 3 Wal, 4 Maulwurf, 5 Fledermaus, 6 Vogel, 7 Salamander.

gegebenen wissenschaftlichen Artnamen. In vielen Fällen hat sich jedoch der Gattungsname geändert. Das geschieht dann, wenn sich der Erstbeschreiber bei der Zuordnung einer neu entdeckten Art in eine vorhandene Gattung geirrt hat, oder auch, wenn für eine neue Art eine eigene Gattung geschaffen wurde und es sich später herausstellt, daß diese Art in eine schon früher aufgestellte Gattung einzuordnen ist. Aber oft ist auch von älteren Forschern eine größere Zahl von Arten in einer Gattung vereinigt worden. Spätere, genauere Untersuchungen dieser Gruppe und die Entdeckung weiterer Arten führten dann zu der Erkenntnis, daß die ursprüngliche Gattung in mehrere Gattungen aufzuteilen ist und den Status einer Unterfamilie oder gar Familie erhalten muß. So hatte Linné die Weinbergschnecke (Helix pomatia Linnaeus) und die Hainschnecke (Helix nemoralis Linnaeus) in der Gattung Helix zusammengefaßt. Heute jedoch wird die Hainschnecke und einige sehr ähnliche Arten in die Gattung Cepaea gestellt. Ihr gültiger wissenschaftlicher Name ist also Cepaea nemoralis (Linnaeus). Die Gattungen Helix und Cepaea bilden die Unterfamilie Helicinae in der Familie Helicidae. — Der Name des Erstbeschreibers einer Art wird dann in Klammern gesetzt, wenn die Art den Gattungsnamen gewechselt hat.

Genaue Vorschriften für die Benennung von Arten und Gattungen — auch für die höheren Kategorien bis zur Familie — sind in den internationalen Nomenklaturregeln festgelegt worden. Unterfamilien sind nach der erstbeschriebenen Gattung unter Anhängen der Endung -inae an den Stamm des Gattungsnamen zu bilden. Familien tragen entsprechend die Endung -idae. Von der Unterordnung an aufwärts ist der Name der Kategorie nicht mehr an den Gattungsnamen gebunden. Die Kategorien werden meist nach kennzeichnenden Eigenschaften der Gruppe benannt. Die einzige als natürliche Einheit relativ genau zu definierende Kategorie der Klassifikation ist die Art. Zu einer Art zählen alle Individuen einander ähnlicher Tiere, die miteinander kreuzbar sind und miteinander normale fruchtbare Nachkommen hervorbringen können. Als Population bezeichnet man die Gesamtheit von Individuen einer Art, die in einem in sich geschlossenen Verbreitungsgebiet in mehr oder weniger engem Kontakt miteinander leben. Die Angehörigen einer Tierart gleichen einander in ihrem Aussehen sowie in ihrer Lebens- und Verhaltensweise sehr stark. Es gibt jedoch weitgehende Unterschiede der beiden Geschlechter; bei vielen Tieren mit Generationswechsel sind die verschiedenen Generationen oft nicht als Angehörige einer Art zu erkennen. Auch die einzelnen spezialisierten Kasten staaten- und kolonienbildender Tiere weichen stark in Gestalt und Lebensweise voneinander ab. Selbst wenn man von diesen extremen Ausnahmen absieht, findet man unter den Angehörigen einer Art eine gewisse Variabilität. Zum Teil ist diese Variabilität auf unterschiedliche Umwelteinflüsse zurückzuführen, zum Teil ist sie erblich bedingt. Sind die Populationen einer Art geographisch voneinander isoliert — etwa bei Landtieren durch für die Tiere nicht zu überquerende Gewässer — werden sich die Angehörigen der verschiedenen Populationen oft in ihrem Aussehen deutlich voneinander unterscheiden, obwohl sie noch miteinander bastardierbar sind. Für solche geographischen Rassen einer Art wurde die systematische Kategorie der Unterart geschaffen. Zur genauen Charakterisierung wird der Name der Unterart oft als dritter Name an den Artnamen angehängt. Von unserem Rotfuchs, der weit über Europa, Asien, das nördliche Afrika und Nordamerika verbreitet ist, gibt es viele Unterarten. Da die Kategorie der Unterart nicht exakt zu definieren ist, vertreten die Forscher bisweilen unterschiedliche Meinungen über die Gliederung einer Art in Unterarten. Obwohl wir für die Beurteilung der natürlichen Kategorie der Art eine gute Definition besitzen, müssen wir uns darüber im klaren sein, daß die meisten beschriebenen Tierarten nur aufgrund morphologischer Eigenarten willkürlich aufgestellt worden sind, denn nur in seltenen Fällen lassen sich im Experiment Kreuzungsversuche durchführen. Man wundere sich also nicht, wenn zwei einander ähnliche Tiere von dem einen Autor als getrennte Arten bezeichnet werden, während ein anderer ihnen nur den Status von Unterarten zubilligt.

Zur Zeit Linnés wurde die abgestufte Ähnlichkeit der Organismen, die Stufenfolge von einfachen zu komplizierteren, höher entwickelten Lebewesen als feste, der Natur innewohnende Ordnung angesehen. Man glaubte, daß die Arten als natürliche Einheiten über alle Zeiten konstant erhalten blieben.

Obwohl Ideen von einer Umwandlung der Arten bis in das klassische Altertum zurückzuverfolgen sind, konnte doch erst im 19. Jahrhundert die Ansicht von der Unveränderlichkeit der Arten endgültig widerlegt werden. Charles Darwin trug sehr viel Beweismaterial zusammen, mit dem er zeigte, daß neue Arten durch Umwandlung anderer entstanden sein müssen und sich kompliziertere Lebewesen im Laufe der Erdgeschichte aus einfacheren entwickelten. Auf der von Darwin geschaffenen Grundlage wurde die Evolutionslehre von vielen anderen Forschern durch eine große Zahl weiterer Untersuchungen untermauert und ausgebaut. Das hierarchisch gegliederte System der Organismen bekam jetzt einen neuen Sinn. Es soll ein Abbild der natürlichen Verwandtschaftsverhältnisse aller Lebewesen sein.

Darwin lieferte Beweise für die Tatsache, daß eine Evolution der Organismen stattgefunden hat und stattfindet. Mit seiner Idee der „natürlichen Zuchtwahl" versuchte er gleichzeitig eine Antwort auf die Frage nach der treibenden Kraft der Evolution zu geben. Diese Idee Darwins erwies sich später in ihrer Grundkonzeption als richtig. Grob skizziert, kann der Vorgang der Artbildung wie folgt dargestellt werden: Innerhalb der Populationen jeder sich geschlechtlich vermehrenden Art gibt es wohl für alle Merkmale eine große erbliche Variabilität. Durch Änderungen des Erbguts (Mutationen) entstehen stets neue Varianten. Auf die Dauer werden nur diejenigen Varianten erhalten bleiben und sich weiter fortpflanzen, die den jeweiligen Umweltbedingungen am besten angepaßt sind. Wenn nun Teile einer ursprünglichen Population in eine veränderte Umwelt geraten und isoliert werden, so daß kein Austausch von Erbgut mehr möglich ist, so werden jetzt andere Varianten besser angepaßt sein und sich anreichern. Neu entstehende Mutanten, die sich in der alten Umwelt nicht durchsetzen konnten, werden unter Umständen der Art von Vorteil sein oder ihr gar neue Lebensräume erschließen. Es muß aber betont werden, daß deutlich ins Auge fallende Abweichungen von der Ursprungspopulation nach vielen Generationen in vielen kleinen Schritten erblicher Veränderungen entstehen. Bis zur Entstehung von zwei Arten aus einer ursprünglichen ist eine lange Zeit vollständig voneinander getrennter Entwicklung notwendig. Besonders günstig für die Entstehung neuer Arten ist die Eroberung bisher ungenutzter Lebensräume oder Nahrungsquellen. — Die Darwin-Finken der Galapagos-Inseln (s. nebenstehende Abb.) sind ein gutes Beispiel für die Artentstehung durch Eroberung neuer Lebensräume. Vom südamerikanischen Festland verschlagene Finkenvögel fanden auf diesen bis dahin noch nicht von Vögeln besiedelten Inseln unausgenutzte Nahrungsquellen und Lebensräume vor. Hand in Hand mit der Eroberung dieser neuen Umwelt ging die für die Lebens- und Ernährungsweise notwendige Veränderung des Schnabels und anderer Merkmale.

Rückschlüsse auf die Entfaltung größerer systematischer Einheiten können wir aus der geographischen Verbreitung vieler Tiere ziehen. Die Ausbreitung der Tiergruppen ging von bestimmten Evolutionszentren aus. Wie wir aus Fossilfunden wissen, lag das Evolutionszentrum für viele Landwirbeltiere in den tropischen Zonen Asiens. Von hier aus haben sich die betreffenden Tiergruppen, soweit es die geographischen, klimatischen und sonstigen Verhältnisse erlaubten, auf dem Landwege nach Europa, Afrika und über die Beringstraße nach Amerika ausgebreitet. Nicht alle Gruppen haben sich gleichmäßig überallhin verbreitet. Manchmal ging mit der Eroberung einer neuen Region der Rückzug aus einer anderen einher, und durchaus nicht immer ist die Gegend der intensiven artlichen Aufspaltung einer stammesgeschichtlichen Einheit identisch mit dem Platz ihrer Entstehung. Zur Ermittlung des Entstehungszentrums einer Tiergruppe sind oft intensive palaeontologische Untersuchungen notwendig. Man muß sich davor hüten, anzunehmen, daß eine Tiergruppe dort entstanden ist, wo sie heute in großer Arten- und Individuenzahl auftritt. Die Familie der Pferde hat sich, wie wir aus zahlreichen Fossilfunden wissen, in Nordamerika entwickelt. Von Amerika aus haben sich die Pferde über die alte Welt ausgebreitet, während sie in Amerika ausgestorben sind. — Die sogenannten „Wildpferde" Amerikas sind erst in historischer Zeit durch den Menschen als Haus-

Galapagosfinken: 1 Werkzeugbaumfink (*Camarhynchus pallidus*), 2 Kleiner Baumfink (*Camarhynchus parvulus*), 3 Großer Baumfink (*Camarhynchus psittaculus*), 4 Knacker-Baumfink (*Camarhynchus crassirostris*), 5 Kleiner Grundfink (*Geospiza fuliginosa*), 6 Mittlerer Grundfink (*Geospiza fortis*), 7 Dickschnabel-Grundfink (*Geospiza magnirostris*), 8 Großer Kaktusfink (*Geospiza conirostris*), 9 Kaktus-Grundfink (*Geospiza scandens*), 10 Galapagos-Sängerfink (*Certhidea olivacea*).

Hellocker: Gemischtköstler, vorwiegend Insektenfresser; *dunkelocker:* Insektenfresser; *hellgrün:* Gemischtköstler, vorwiegend Pflanzenfresser; *dunkelgrün:* Pflanzenfresser.

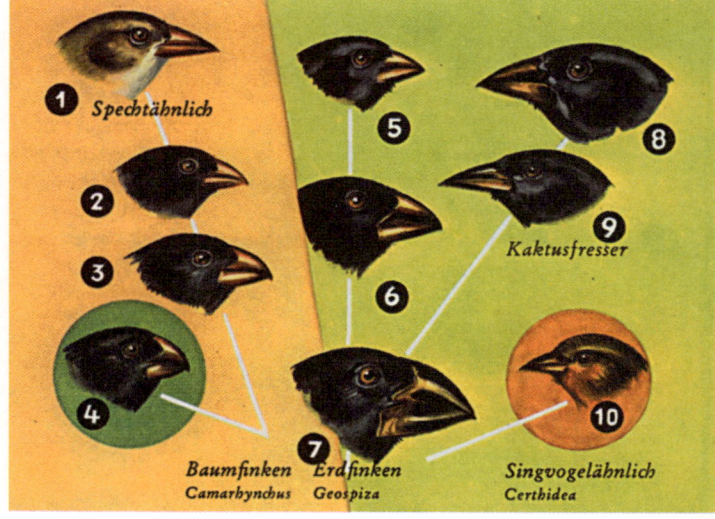

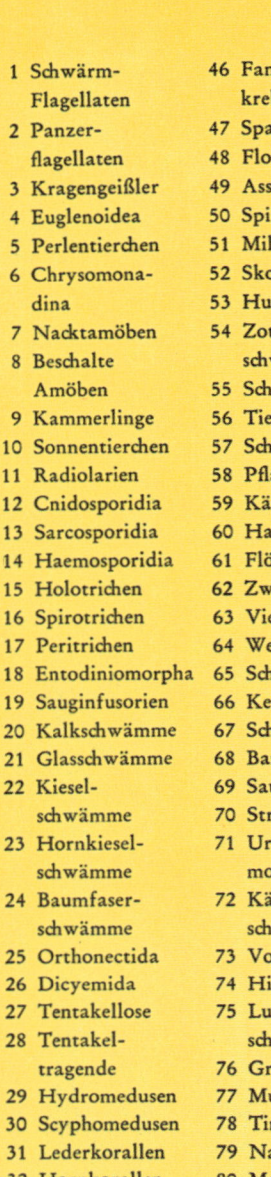

1 Schwärm-Flagellaten	46 Fangschrecken-krebse
2 Panzer-flagellaten	47 Spaltfußkrebse
3 Kragengeißler	48 Flohkrebse
4 Euglenoidea	49 Asseln
5 Perlentierchen	50 Spinnen
6 Chrysomona-dina	51 Milben
7 Nacktamöben	52 Skorpione
8 Beschalte Amöben	53 Hundertfüßer
9 Kammerlinge	54 Zotten-schwänze
10 Sonnentierchen	55 Schrecken
11 Radiolarien	56 Tierläuse
12 Cnidosporidia	57 Schmetterlinge
13 Sarcosporidia	58 Pflanzensauger
14 Haemosporidia	59 Käfer
15 Holotrichen	60 Hautflügler
16 Spirotrichen	61 Flöhe
17 Peritrichen	62 Zweiflügler
18 Entodiniomorpha	63 Vielborster
19 Sauginfusorien	64 Wenigborster
20 Kalkschwämme	65 Schnurwürmer
21 Glasschwämme	66 Kelchwürmer
22 Kiesel-schwämme	67 Schlauchwürmer
23 Hornkiesel-schwämme	68 Bandwürmer
24 Baumfaser-schwämme	69 Saugwürmer
25 Orthonectida	70 Strudelwürmer
26 Dicyemida	71 Ur-Schalen-mollusken
27 Tentakellose	72 Käfer-schnecken
28 Tentakel-tragende	73 Vorderkiemer
29 Hydromedusen	74 Hinterkiemer
30 Scyphomedusen	75 Lungen-schnecken
31 Lederkorallen	76 Grabfüßer
32 Hornkorallen	77 Muscheln
33 Seefedern	78 Tintenfische
34 Zylinderrosen	79 Nautilus
35 Dörnchen-korallen	80 Moostierchen
36 Krusten-anemonen	81 Armfüßer
37 Seeanemonen	82 Hufeisen-würmer
38 Steinkorallen	83 Eichelwürmer
39 Spritzwürmer	84 Haarsterne
40 Igelwürmer	85 Seesterne
41 Quappwürmer	86 Seeigel
42 Stummelfüßer	87 Seewalzen
43 Bärtierchen	88 Pfeilwürmer
44 Rankenfüßer	89 Manteltiere
45 Zehnfußkrebse	90 Schädellose
	91 Neunaugen
	92 Haie
	93 Echte Knochen-fische
94 Lungenfische	
95 Schwanzlurche	
96 Frösche	
97 Schildkröten	
98 Panzerechsen	
99 Schuppen-echsen	
100 Schlangen	
101 Vögel	
102 Kloakentiere	
103 Beuteltiere	
104 Insekten-fresser	
105 Halbaffen	
106 Menschenaffen	
107 Menschen	
108 Wale	
109 Raubtiere	
110 Huftiere	

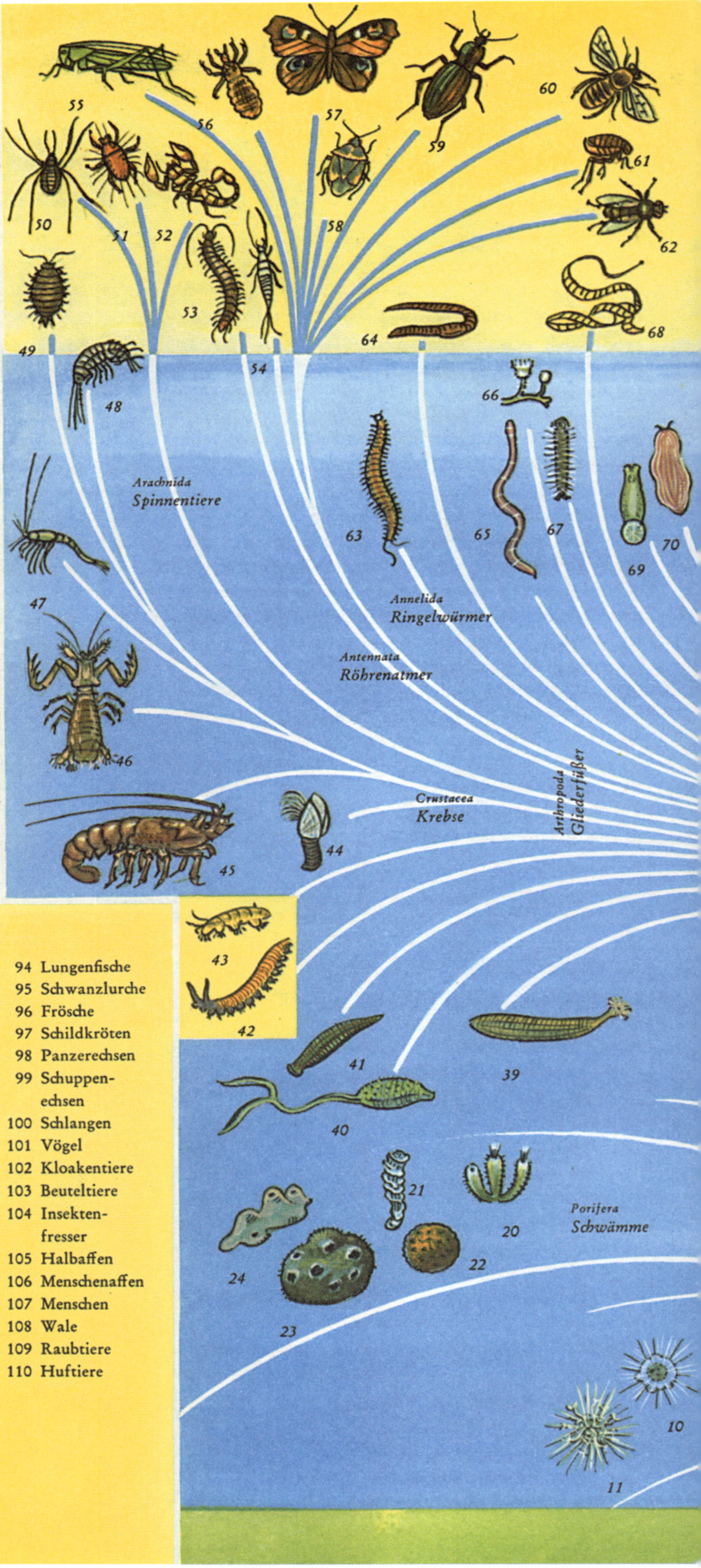

Verbreitung der Hirsche in den Waldgebieten der Erde: 1 Wassermoschustier, 2 Kantschil, 3 Moschustier, 4 Muntjak, 5 Axishirsch, 6 Hinterindischer Rusa, 7 Philippinenhirsch, 8 Japanischer Sika, 9 Damhirsch, 10 Rothirsch, 11 Asiatischer Maral, 12 Wapiti, 13 Reh, 14 Riesenreh, 15 Elch, 16 Riesenelch, 17 Rentier, 18 Waldren, 19 Virginischer Hirsch, 20 Maultierhirsch, 21 Spießhirsch, 22 Peruanischer Gabelhirsch, 23 Sumpfhirsch, 24 Wasserreh.

pferde eingeführt worden und verwildert. — Auch die Kamele sind in Nordamerika entstanden und von dort aus nach Südamerika, Asien, Europa und Afrika gelangt, während sie in Nordamerika verschwanden.

Als Beispiel für die Eroberung der Kontinente durch eine Tiergruppe von Asien aus ist in der obigen Abbildung die Ausbreitung und Verbreitung der Hirsche dargestellt.

Beachtenswert ist die Tatsache, daß „moderne", biologisch leistungsfähigere Tiergruppen weniger angepaßte Gruppen verdrängen. So haben die placentalen Säugetiere (Eutheria) die altertümlichen Beuteltiere (Marsupialia) — vom asiatischen Evolutionszentrum aus gesehen — an die „Enden der Welt", nach Australien und Südamerika verdrängt. Australien konnte von den Placentaliern nicht erobert werden, weil es seit der Zeit ihrer Entfaltung keine Festlandverbindung mehr zu dem großen Festlandkomplex hatte.

Das Meer ist für viele Landtiergruppen eine kaum zu überwindende Ausbreitungsschranke. Nahe dem Festland liegende Inseln des Schelfgebiets haben meist eine dem Kontinent recht ähnliche Fauna, weil diese Inseln sich erst spät vom Festland gelöst haben. Wie wir am Beispiel der Galapagosfinken gesehen haben, bietet die Landtierfauna von Inseln oft interessante Studienobjekte für den Evolutionsforscher. Sehr eigentümlich ist die Fauna sehr alter Inseln wie Neu-Seeland und Madagaskar. Viele Hindernisse, die die Eroberung geeigneter Lebensräume durch Säugetiere verhindern, können von einer großen Zahl von Vögeln ohne Schwierigkeiten überwunden werden. Die dargestellte Verbreitungskarte der Pelikane auf Seite 15 zeigt, daß diese Vögel die geeigneten Lebensräume in allen Kontinenten erobert haben. Ihre Ausbreitung wird stark durch die Klimazonen mitbestimmt. Im allgemeinen spielt das Klima eine wesentlich geringere Rolle als Verbreitungshemmnis, als man geneigt ist anzunehmen. Andere Umweltfaktoren können wesentlich entscheidender sein.

Im allgemeinen steht neben jedem abgebildeten Tier in diesem Buch eine kurze Angabe über seine geographische Verbreitung. Bei vielen wirbellosen Tieren mußte jedoch darauf verzichtet werden, denn weite Regionen der Erde sind für viele Tiergruppen noch nicht gründlich erforscht. Von vielen Rotatorien und Tardigraden z. B. wissen wir, daß sie als Dauerei oder im Trockenzustand durch den Wind weltweit verbreitet werden können und zum Teil auch in geeigneten Lebensräumen verschiedener Kontinente gefunden wurden. Aber diese verstreuten Funde erlauben keine Verbreitungsangaben. Von vielen Meerestieren müssen diese durch Neufunde oft revidiert werden. In neuerer Zeit hat der Mensch unbewußt oder bewußt viele Tiere weit über ihr ursprüngliches Areal hinaus verschleppt. Oft werden einheimische Tiere durch die Konkurrenz der Eindringlinge zurückgedrängt oder gar ausgerottet.

Wir setzen voraus, daß alle Lebewesen miteinander verwandt sind und höher entwickelte Organismen aus primitiveren entstanden sind. Auf den Seiten 9 und 10 wurde bereits angedeutet, wie man sich die Aufspaltung einer Art und damit die Entstehung neuer Arten vorstellen kann. Aus einer Art werden mehrere, die den Status einer Gattung erhalten. Bei fortlaufender divergierender Weiterentwicklung im Laufe der Evolution wird aus der Gattung eine Familie, die mehrere Gattungen umfaßt. Aus der Familie wiederum wird eine Ordnung mit mehreren Familien. Bei höheren systematischen Einheiten müssen wir oft feststellen, daß die Unterschiede zu der nächst verwandten Gruppe so groß sind, daß es schwerfällt, sie auf einen gemeinsamen Vorfahren zurückzuführen. Die palaeozoologische Forschung liefert direktes Beweismaterial über den Weg der Evolution vieler Organismen. Skelette und Abdrücke von Tieren früherer Erdzeitalter ermöglichen es, viele Entwicklungslinien direkt zu verfolgen. Fossilfunde aus verschiedenen geologischen Epochen zeigen zudem, wie im Laufe der vielen Jahrmillionen neue Typen von Tieren entstanden, sich zu einer großen Vielfalt entwickelten und wieder vergingen; ihnen folgten viele andere Formen, die den gleichen Weg gingen. Weiterhin liefert uns die Palaeozoologie Reste von Tieren, die wir als Zwischenstufen heute scharf getrennter Tierklassen erkennen. Es ist daher jetzt weitgehend möglich, die fünf Wirbeltierklassen bis auf ihre gemeinsame Basis zurückzuverfolgen. Die Abbildung auf Seite 16 zeigt, welche Bedeutung verschiedene Tiergruppen im Laufe der Erdgeschichte hatten, wann sie entstanden, ihre Blütezeit hatten und wann sie wieder erloschen. Zum weiteren zeigt uns diese Abbildung aber auch die Grenzen der Palaeontologie. Von Tieren, denen ein festes Skelett fehlt, sind keine Reste erhalten. Nur selten sind Abdrücke von weichen Tieren gefunden worden. In den ältesten Fossilien führenden Schichten aus der Zeit des Kambriums treffen wir schon Vertreter der großen Tierstämme wohl ausgeprägt an. Die Aufspaltung des Tierreichs in seine Hauptstämme erfolgte also schon in präkambrischer Zeit. Die verwandtschaftlichen Beziehungen zwischen den großen Stämmen können wir folglich nur durch das Studium der Homologien rezenter Formen rekonstruieren. Auf die großen Möglichkeiten und Erfolge der vergleichend morphologischen Forschung wurde bereits hingewiesen. Sehr wertvolle Aufschlüsse über die stammesgeschichtliche Verwandtschaft verschiedener Tiergruppen liefert uns die vergleichende Embryologie. Tiere, die im ausgewachsenen Zustand einander sehr unähnlich sind, durchlaufen während ihrer Embryonalentwicklung sehr ähnliche Phasen. Viele Stufen der Stammesentwicklung (Phylogenie) werden in der Individualentwicklung (Ontogenie) andeutungsweise wiederholt. So gibt es z. B. eine Phase in der Entwicklung der Säugetiere und des Menschen, in der der Embryo Kiemenspalten anlegt, ein Hinweis darauf, daß die Landwirbeltiere auf kiementragende Ahnen zurückgehen. Physiologische, biochemische und serologische Untersuchungsergebnisse bieten zusätzliches Material zur Aufklärung stammesgeschichtlicher Zusammenhänge. Eine kritische Zusammenstellung der z. T. mit sehr unterschiedlichen Methoden aufgeklärten stammesgeschichtlichen Zusammenhänge ermöglicht es uns, einen Stammbaum oder besser Stammbusch des Tierreichs zu konstruieren. Wir sehen auf der Tafel Seite 12/13, daß vor allem an der Basis des Tierreichs die Abzweigungsstellen vieler Äste nur ungefähr angedeutet sind, weil unsere Kenntnisse über diese Phasen der Stammesgeschichte äußerst lückenhaft sind.

Eine völlige Gewißheit über die tatsächlichen stammesgeschichtlichen Zusammenhänge der großen Tierstämme kann uns auch die kritische vergleichend morphologische und vergleichend embryologische Forschung nicht geben. Oft werden Tiergruppen für primitiv gehalten, deren einfacher Bau auf sekundären Rückbildungen von ganzen Organsystemen beruht. Nicht nur bei parasitischen Organismen treffen wir solche Vereinfachungen an. Bei diesen sind sie jedoch leicht zu erkennen und zu erklären. Die Bandwürmer, die als Darmparasiten im aufgeschlossenen, flüssigen Nahrungsbrei leben, konnten ihr eigenes Darmsystem vollständig zurückbilden, sie nehmen die Nahrung durch die Haut auf.

Es gibt aber auch freilebende Organismen, die ihren Darmkanal völlig rückgebildet haben, nämlich die eigenartigen, erst in diesem Jahrhundert entdeckten Pogonophoren.

Faunengebiete der Erde, Meere und Verbreitung der Pelikane: 1 Rosapelikan *(Pelecanus onocrotalus)*, 2 Krauskopfpelikan *(P. crispus)*, 3 Rötelpelikan *(P. rufescens)*, 4 Graupelikan *(P. philippensis)*, 5 Brillenpelikan *(P. conspicillatus)*, 6 Nashornpelikan *(P. erythrorhynchus)*, 7 Brauner Pelikan *(P. occidentalis)*.

Weiß: Holarktische Fauna; *dunkelgrün:* Nearktische Fauna; *hellgrün:* Paläarktische Fauna; *gelb;* Neotropische Fauna; *orange:* Äthiopische Fauna; *rot:* Orientalische Fauna; *violett:* Australische Fauna.

Hellblau: Kalte Meere; *dunkelblau:* Warme Meere.

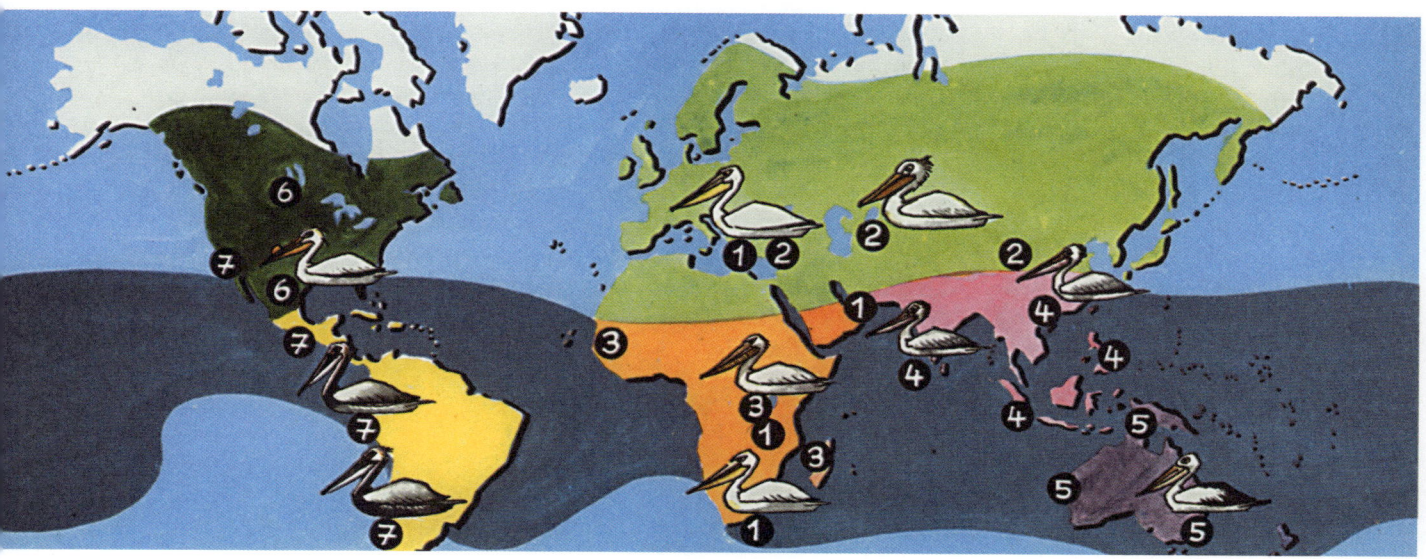

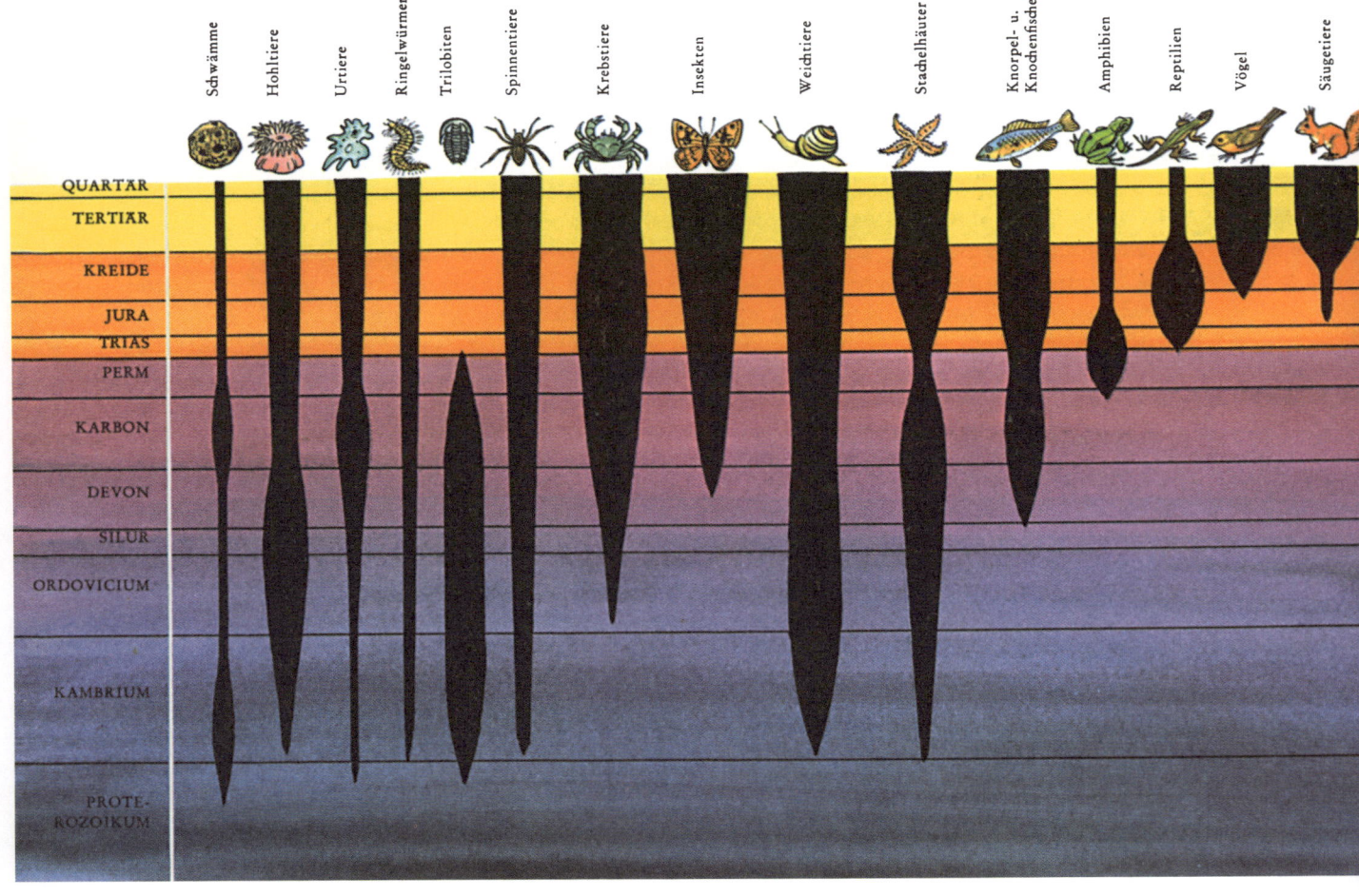

Die Erdzeitalter und die Evolution der Hauptgruppen der Tiere.

Daß sowohl die Bandwürmer als auch die Pogonophoren von Vorfahren mit einem Darmkanal abstammen, wird von allen Zoologen anerkannt. Unter den Strudelwürmern gibt es jedoch kleine, darmlose Formen, die von einigen Forschern als ursprünglich darmlos angesehen werden und in die Nähe der Basis aller Vielzeller gestellt werden. Heute sieht die Mehrheit der Zoologen diese Tiere jedoch als vereinfachte Nachkommen von höher entwickelten Vorfahren mit einem regulären Darmsystem an.

Im folgenden sind die Stämme der rezenten Tiere in linearer Reihenfolge aufgeführt.

  I. Unterreich: Protozoa (Einzeller)
                             Flagellata — Geißeltierchen
                             Rhizopoda — Wurzelfüßer
                             Sporozoa — Sporentierchen
                             Ciliata — Wimpertierchen
 II. Unterreich: Metazoa (Vielzeller)
   1. Parazoa   Porifera — Schwämme
   2. Eumetazoa A. Coelenterata — Hohltiere
                          Cnidaria — Nesseltiere
                          Ctenophora — Rippenquallen

B. Bilateria
   Protostomia — Urmünder
   Plathelminthes — Plattwürmer
   Kamptozoa — Kelchwürmer
   Nemertini — Schnurwürmer
   Nemathelminthes — Schlauchwürmer
   Priapulida — Priapuliden
   Annelida — Ringelwürmer
   Sipunculida — Spritzwürmer
   Echiurida — Igelwürmer
   Tardigrada — Bärtierchen
   Onychophora — Krallenträger
   Arthropoda — Gliederfüßer
   Mollusca — Weichtiere
   Tentaculata — Kranzfühler
   Deuterostomia — Neumünder
   Branchiotremata — Eichelwürmer
   Chaetognatha — Pfeilwürmer
   Pogonophora — Bartträger
   Echinodermata — Stachelhäuter
   Chordata — Chordatiere

Einige unbedeutende, kleinere Gruppen sind hier nicht aufgeführt worden.

An der Basis des Tierreichs stehen die Einzeller. Wegen ihres prinzipiellen Unterschiedes zu den Vielzellern werden sie als Unterreich Protozoa (Urtiere) den Vielzellern gegenübergestellt. Alle an ein selbständiges Lebewesen gestellten Aufgaben werden hier von einer einzigen Zelle ausgeübt. Die Protozoa werden meistens in vier Stämme unterteilt. Oft erkennt man den Cnidospora den Rang eines eigenen Stammes zu. Die Geißeltierchen (Flagellata) stehen an der Basis des Pflanzen- und Tierreichs. Grüne, sich wie Pflanzen ernährende Formen sind nahe verwandt mit Arten, die eine rein tierische Lebensweise führen. Koloniebildende Flagellaten kann man als Modell für den Übergang von Einzellern zu Vielzellern ansehen. Die Wimpertierchen (Ciliata) sind als eigene Abteilung allen anderen Einzellern gegenüberzustellen. Von einigen Forschern werden sogar die ersten drei Einzellerklassen mit den Vielzellern als eine den Ciliaten gleichrangige Einheit angesehen. Im Gegensatz zu den Zellen anderer Lebewesen, die im allgemeinen einen Kern oder mehrere gleichartige Kerne pro Zelle besitzen, haben die Ciliaten mindestens zwei Kerne unterschiedlicher Funktion, den Kleinkern als Träger des Erbgutes und den Großkern zur Steuerung des Stoffwechsels. Die Geschlechtsvorgänge der Ciliaten unterscheiden sich ebenfalls prinzipiell von denen der anderen Einzeller.

Die Schwämme (Schema S. 18), denen der Rang einer eigenen Abteilung zukommt, sind als ein sehr früher Seitenzweig der Evolution der Vielzeller anzusehen. Den für die Schwämme charakteristischen Kragengeißelzellen begegnen wir nur im Einzellerstamm der Flagellaten wieder. Die als hypothetische Übergangsstufe zwischen Einzellern und Vielzellern anzunehmende Hohlkugel finden wir in der Schwammlarve realisiert. — Ein Hohlkugelstadium tritt auch in der Larval- bzw. Embryonalentwicklung der meisten Vielzeller auf. — Unter den Klassen der Schwämme sind die Kalkschwämme besonders primitiv. Die verschiedenen Klassen der Kieselschwämme unterscheiden sich durch die Grundstruktur ihrer Kieselnadeln voneinander.

Der radiär-(strahlig-)symmetrische Körper der Coelenteraten besteht aus zwei Zellschichten. Die einfachsten Coelenteraten entsprechen in ihrem Bauplan der von Haeckel als Urform aller Vielzeller vermuteten Gastraea. Diese entsteht aus der erwähnten Hohlkugel (Blastaea) durch vollständige Einstülpung der einen Hälfte. Dem auf diese Weise entstandenen Hohlraum entspricht der Magendarmraum der Hohltiere. Die Polypen der drei Cnidarierstämme unterscheiden sich voneinander durch die Gliederung ihres Magendarmraumes. Völlig ungegliedert ist der Magendarmraum der Hydrozoa. In den Gastralraum des Scyphopolypen ragen vier Septen (Scheidewände) hinein.

Sehr kompliziert sind die Anthozoen gebaut, die Zahl der Septen ist stark erhöht, außerdem wird von der äußeren Körperwand, dem Ektoderm, ein Schlundrohr gebildet. Über die Ableitung der drei Cnidarierklassen bestehen unterschiedliche Ansichten. Zum Teil werden Formen mit ungegliedertem Gastralraum als ursprünglich angesehen. Andere Forscher halten einen Polypen, in dessen Magendarmraum durch vier Septen vier Gastraltaschen gebildet werden, für die Urform der Coelenteraten (Schema S. 19). Die Ctenophoren unterscheiden sich durch das Fehlen der

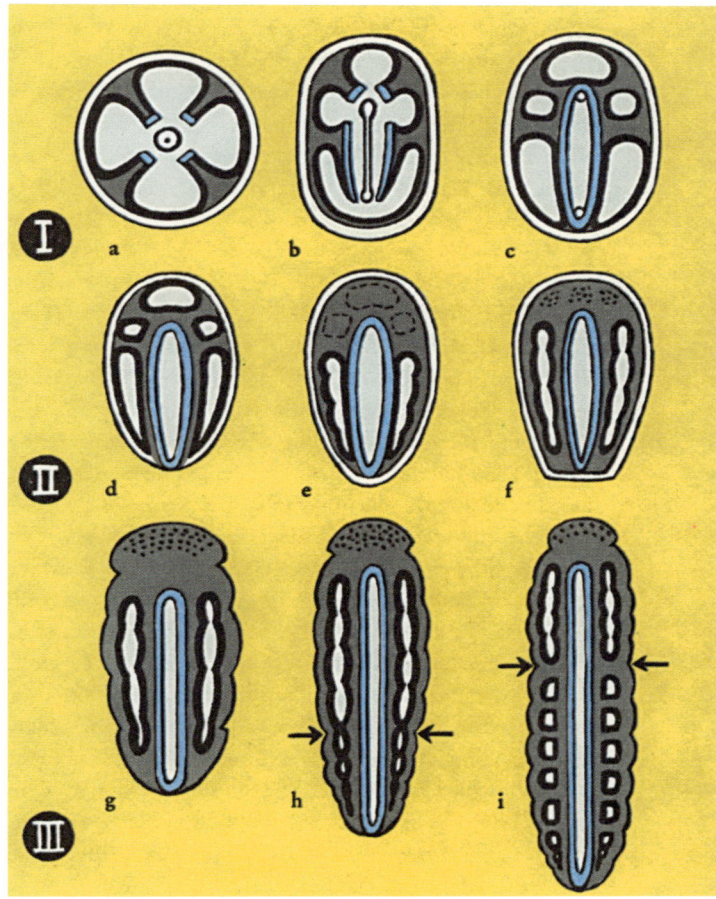

Schematische Darstellung der Entstehung der sekundären Leibeshöhle und der Segmentierung (Metamerie) gegliederter Tiere:
I a—c: Die Entstehung der drei Ursegmente durch Abschnürung der Gastraltaschen eines Hohltiers (a) zu Coelomräumen (b—c). Der Urmund des Hohltiers wird in Mund und After der bilateralen Tiere zerteilt (b).
II d—f: Die beiden vorderen Coelomsäcke (Protocoel und Mesocoel) werden bei der Mehrzahl der Bilateria zurückgebildet. Es entstehen Segmente (Deutometameren) durch Zerschnürung des hinteren Coelomsacks (Somatocoel).
III g—i: Weitere Segmente (Tritometameren) werden neugebildet durch einen sprossungsartigen Vorgang hinter der durch Pfeile bezeichneten Stelle. *(Nach Remane)*

Nesselzellen, den komplizierten Bau des Magendarmkanals und eine Reihe weiterer Merkmale sehr stark von den Cnidariern, doch dürften beide Stämme auf eine gemeinsame Ausgangsform zurückzuführen sein.

Die bilateral-(zweiseitig-)symmetrischen Tiere gehen nach Ansicht vieler Zoologen auf die radiär-symmetrischen Coelenterata zurück. Über die Art der Entstehung der Bilateralia, für die im typischen Fall eine sekundäre Leibeshöhle (Coelom) charakteristisch ist, wurden verschiedene Hypothesen aufgestellt. Stammesgeschichtlich lief dieser Vorgang zu einer Zeit lange vor dem Kambrium ab. Fossilfunde von Zwischenstufen sind also nicht zu erwarten. — Als sekundäre Leibeshöhle bezeichnet man zwischen die beiden schon bei den Coelenteraten vorhandenen Zellschichten eingeschobene Hohlräume, die von einer eigenen Zellschicht, dem „dritten Keimblatt", umgeben sind. Die im Jahre 1881 von den Zoologen R. und O. Hertwig aufgestellte und von dem Kieler Zoologen A. Remane weiter ausgearbeitete Enterocoeltheorie soll als gut durchdachte Modellvorstellung für die Ableitung der bilateral-symmetrischen Leibeshöhlentiere von Hohltieren dargestellt werden. Die Coelomräume entstehen durch Abschnürung der Gastraltaschen eines Coelenteraten mit vier Septen. Die Theorie Remanes gibt auch eine Erklärung für die Entstehung der Segmentierung gegliederter Tiere (Articulata). Die vorderen Coelomsäcke sind bei der Mehrzahl der Bilateria verlorengegangen. Wir werden jedoch Stämme kennenlernen, bei denen diese ursprünglichen Strukturen noch erhalten sind. Von verschiedenen Zoologen sind weitere von dem Remaneschen Schema z. T. stark abweichende Hypothesen zur Entstehung der bilateralen Tiere entwickelt worden. Die Bilateralsymmetrie ist eine wichtige Voraussetzung für die Eroberung des festen Landes als neuen Lebensraum, Voraussetzung und Grundlage für eine bedeutende Höherentwicklung im Tierreich. Die bilaterale (zweiseitige) Symmetrie bringt es mit sich, daß eine bestimmte Bewegungsrichtung bevorzugt wird. An dem bei der Bewegung vorangehenden Ende konzentrieren sich Sinneszellen und Nervenzellen in größerer Zahl. Auch der Mund wird an dieses Vorderende verlagert.

Außer der Bilateralsymmetrie und der Bildung einer dritten Körperschicht (mittleres Keimblatt oder Mesoblastem) besitzt die Mehrzahl der Bilateria ein drittes wesentliches Charakteristikum, durch das sie sich von den Hohltieren unterscheiden: Aus dem blindsackartigen Darm mit nur einer Öffnung, dem Urmund, wird ein schlauchförmiger Darm mit zwei Öffnungen — Mund und After. Viele Funktionen, die bei den Hohltieren durch das Magendarmsystem ausgeübt wurden, werden bei den Bilateria auf mehrere, neu entstandene Organsysteme verteilt.

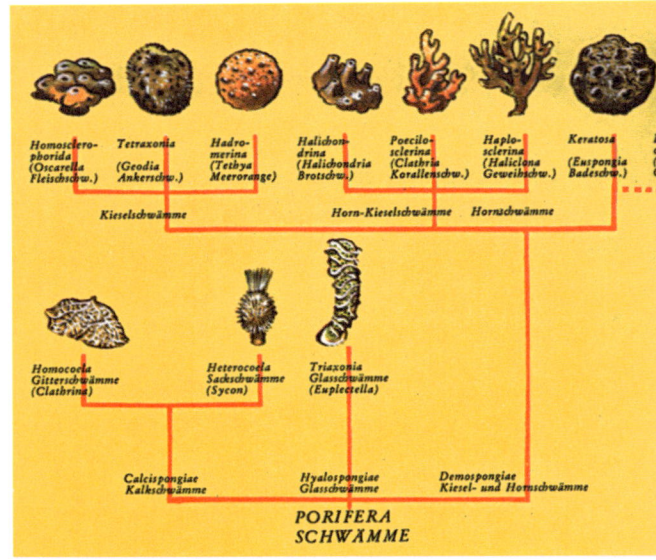

Exkretionsorgane (Protonephridien, Nephridien, Nieren) regulieren den Wasserhaushalt des Körpers und entfernen Schlacken. Atmungsorgane (Kiemen, Tracheen und Lungen) sorgen für den Gasaustausch. Zirkulationssysteme (Blutkreislauf) übernehmen den Stofftransport im Körper. Eier und Samenzellen werden nicht mehr durch die Mundöffnung abgegeben, es entstehen Geschlechtsausführwege. Die Bilateria haben sich sehr früh in ihrer Stammesgeschichte in zwei große Gruppen getrennt. Nach der Herkunft der Mundöffnung werden die Tierstämme in Urmünder (Protostomia) und Neumünder (Deuterostomia) unterteilt. Der Mund der Protostomia geht auf den Urmund, die Mundöffnung der Hohltiere, zurück, während die Afteröffnung neu entsteht. Der Mund der Deuterostomia bricht am Vorderende neu durch, der Urmund wird zum After. Diese Unterschiede lassen sich nur beim Studium frühembryonaler Entwicklungsstadien erkennen. Protostomia und Deuterostomia kann man aber auch im erwachsenen Zustand voneinander unterscheiden. Bei den ersteren liegen die Hauptnerven an der Bauchseite, bei den Deuterostomia dagegen zieht sich der Hauptnervenstrang am Rücken entlang (Rückenmark der Wirbeltiere). Die Protostomia werden daher auch als Gastroneuralia („Bauchnervler"), die Deuterostomia als Notoneuralia („Rückennervler") bezeichnet. Die Deuterostomia haben im Stamm der Chordata mit den Wirbeltieren die höchste Entwicklungsstufe im Tierreich erlangt.

Die Mehrzahl aller Tierstämme gehört zu den Protostomia. An den Anfang der Protostomia (Urmünder) werden die Plattwürmer gestellt. Ihnen fehlt noch die Afteröffnung. Der sehr kompliziert gebaute Geschlechtsapparat vieler Plattwürmer (Plathelminthes) zeigt jedoch, daß dieser Tierstamm nicht unbedingt als primitiv angesehen werden kann. Die beiden parasitischen Plattwürmerklassen lassen sich von den freilebenden Turbellaria ableiten. Die Schnurwürmer (Nemertini) und die eigenartigen Kelchwürmer (Kamptozoa) sind primitive Tierstämme, die schon einen durchgehenden Darm mit Mund und After besitzen. Die Schnurwürmer haben gewisse Ähnlichkeiten mit den Plattwürmern. Bei ihnen tritt erstmalig im Tierreich ein Blutgefäßsystem auf. Wie bei den Plathelminthen ist das mittlere Keimblatt der Schnurwürmer und der Kamptozoen nicht als Leibeshöhle entwickelt, sondern bildet ein Füllgewebe (Parenchym). Sehr isoliert unter den Protostomia steht der Stamm der Schlauchwürmer (Nemathelminthes) mit seinen sechs Klassen. Allen Schlauchwürmern fehlt das Blutgefäßsystem. In Körpergestalt und Größe gibt es große Unterschiede innerhalb dieses Stammes.

Wenn wir das Remanesche Schema oder eine ähnliche Hypothese zur Entstehung der Leibeshöhlentiere anerkennen, müssen wir an der Basis der beiden großen Gruppen der Bilateria Organismen erwarten, bei denen drei hintereinanderliegende Leibeshöhlenräume zu erkennen sind.

Diesem ursprünglichen Bauplan kommen bei den Protostomiern die Kranzfühler am nächsten; die hierher gehörenden Hufeisenwürmer, Moostierchen und Armfüßer müßten also konsequenterweise den ersten Stamm der Protostomier bilden. Die wegen ihres in vieler Hinsicht einfachen Körperbaus in den meisten Lehrbüchern am Anfang stehenden Plattwürmer sind ebenso wie die Schnurwürmer, die Kamptozoen und die Schlauchwürmer als abgeleitet anzusehen. Leibeshöhle, After und zum Teil sogar der ganze Darmkanal sind bei den Plattwürmern sekundär zurückgebildet. Wir wollen dennoch in diesem Buch die übliche Reihenfolge der Tierstämme beibehalten, weil wir die wahrscheinlichen oder tatsächlichen stammesgeschichtlichen Zusammenhänge sowieso nicht in linearer Anordnung, sondern nur in einem vielfach verzweigten Stammbaum (s. S. 12/13) darstellen können.

Bei den meisten Protostomiern sind die vorderen Leibeshöhlensäcke (Axocoel und Hydrocoel) vollständig zurückgebildet.

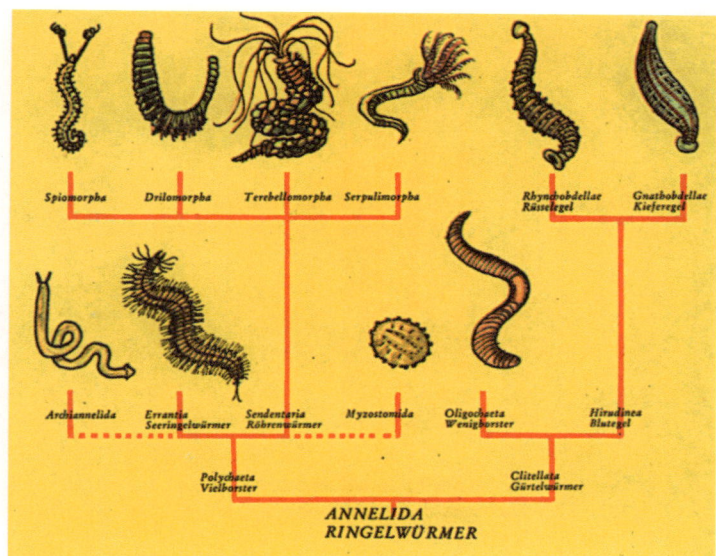

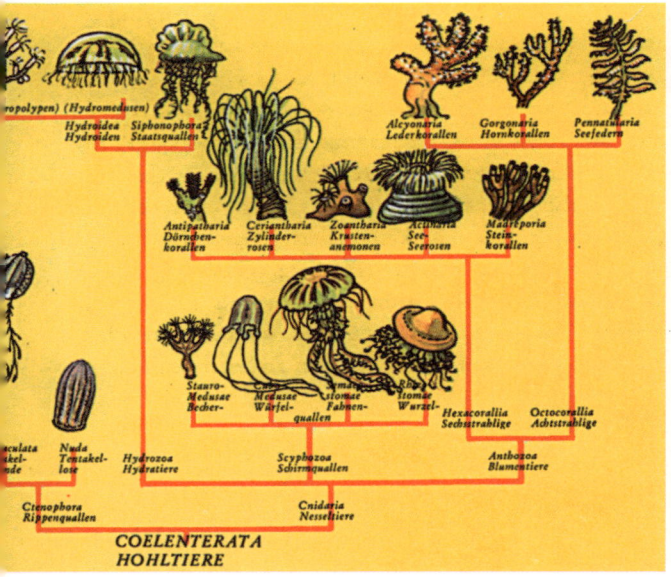

Eine gut ausgebildete Leibeshöhle tritt bei den Ringelwürmern (Annelida) auf. Die Ableitung der Segmentierung dieser Tiere ist in der untersten Reihe des Schemas auf Seite 17 dargestellt.

Die verwandtschaftlichen Zusammenhänge der Klassen und Ordnungen dieses Tierstammes sind in dem Schema auf Seite 19 dargestellt. Die Polychaeten gelten als ursprüngliche Klasse. Die Oligochaeten werden als jüngere, abgeleitete Gruppe angesehen. Die Hirudineen wiederum gehen auf Oligochaeten zurück.

Die kleinen unsegmentierten Sipunculiden (Spritzwürmer) und Echiuriden (Igelwürmer) lassen gewisse Ähnlichkeiten mit den Anneliden (Ringelwürmer) erkennen. Beide Tierstämme haben eine einheitliche echte Leibeshöhle.

Die Annelida werden mit den Stämmen der Tardigrada, Onychophora und Arthropoda zur Stammgruppe der Articulata zusammengefaßt. Der Körper all dieser Tiere besteht aus einer Reihe von Segmenten, die zumindest im Embryonalzustand je ein Leibeshöhlensackpaar und einen Nervenknoten enthalten. Die Mehrzahl der Segmente entsteht durch Knospung, wie es die unterste Reihe des Remaneschen Schemas zeigt.

In der großen Gruppe der Deuterostomia ist die ursprüngliche Dreigliederung der Leibeshöhle deutlicher erhalten geblieben als bei den Protostomia. Bei den eigenartigen Branchiotremata und in Entwicklungsstadien der Stachelhäuter sind die drei Coelomsackpaare gut ausgebildet. Selbst innerhalb der Chordatiere sind beim Lanzettfischchen noch Spuren des Axocoel und Hydrocoel erkennbar. In dem ursprünglichen Deuterostomia-Stamm der Branchiotremata gehören neben den Eichelwürmern die festsitzenden Pterobranchia. Diese relativ seltenen Meeresbewohner zeigen viele Übereinstimmungen mit den Moostierchen und beweisen damit, daß Protostomia und Deuterostomia auf eine gemeinsame Basis zurückgehen.

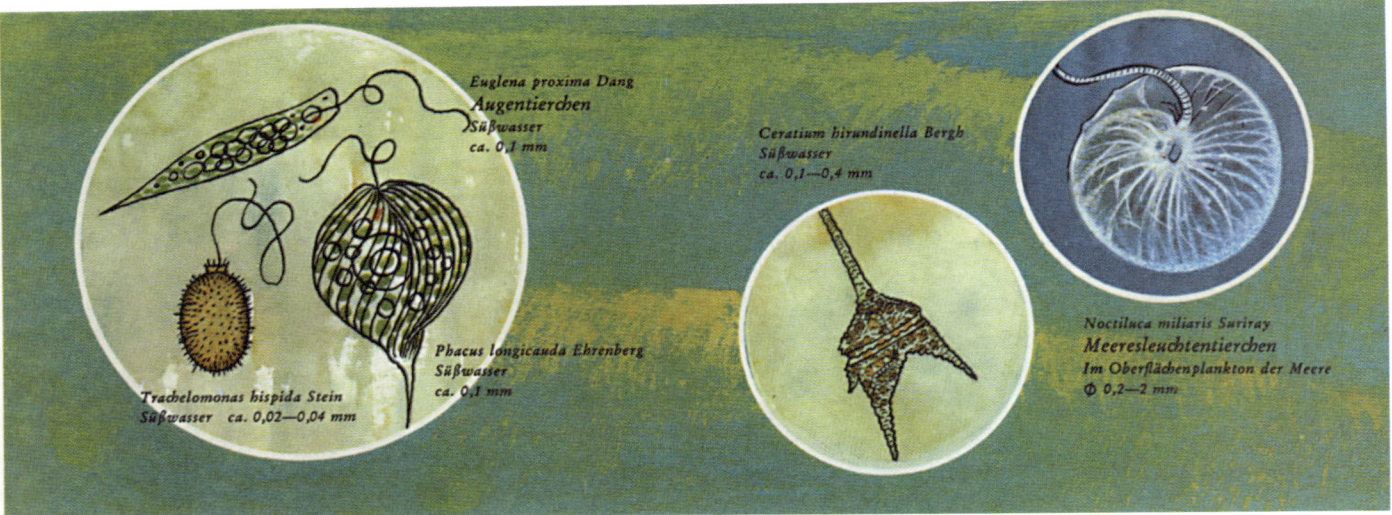

Stamm FLAGELLATA — GEISSELTIERCHEN

Die ursprünglichsten und am weitesten verbreiteten Einzeller sind die Geißeltierchen. Diese mikroskopisch kleinen Tiere trifft man überall im feuchten Milieu an: im Süß- und Salzwasser, in klaren Seen wie auch in stark verunreinigten Gräben; in heißen Quellen und auf schmelzendem Schnee, in der Körperflüssigkeit von Tieren wie auch in Säften von höheren Pflanzen. Alle Flagellaten besitzen eine oder mehrere Geißeln als Fortbewegungsorganell. Die ursprünglichsten pflanzlichen Flagellaten finden wir in der Ordnung Chrysomonadina. Hierher gehört das eingeißelige *Trachelomonas* sowie die koloniebildenden *Synura* und *Dinobryon*. Das Chlorophyll ist bei ihnen von gelblichem oder braunem Pigment überdeckt.

Die typischen Vertreter der Ordnung Dinoflagellata oder Panzerflagellata liegen in einem starren Zellulosepanzer. Die Arten der Gattung *Ceratium* zeichnen sich durch bizarre Fortsätze aus. Der berühmteste Vertreter der Dinoflagellata ist *Noctiluca miliaris*. Er hat einen kugelförmigen Körper ohne Panzer. Das Tierchen trägt nur eine Geißel und am Hinterende des Mundfeldes einen quergestreiften bandförmigen Tentakel. Noctiluca lebt dicht unter der Wasseroberfläche und vorzugsweise in Küstennähe in oft riesigen Schwärmen. Durch Sturm oder durch die Fahrbewegung eines Schiffes werden die Tierchen zum Leuchten angeregt. Das Meer scheint dann in bläulich-silbrigem Licht zu entflammen.

Die Flagellaten der Ordnung Euglenoidea sind im allgemeinen von langgestreckter, schraubiger Gestalt. Die Geißeln — in Ein- oder Zweizahl vorhanden — entspringen in einer sackförmigen Einbuchtung des Vorderendes der Tiere. Das Augentierchen *Euglena* ist ein typischer Bewohner stark verschmutzter Gewässer. Sein deutscher Name geht auf einen kleinen, leuchtend roten Fleck in der Nähe des Vorderendes zurück, der besonders lichtempfindlich ist. Es hat eine sehr elastische äußere Zellwandung (Pellicula), während die der blattförmigen, spiralig strukturierten *Phacus*-Arten fest und starr ist.

Oft sind die grünen *Chlamydomonas*-Arten für die Wasserblüte in Tümpeln verantwortlich. Viele haben einen roten Augenfleck. Sehr interessant sind die Geschlechtsverhältnisse dieser Gattung. Bei einigen Arten verschmelzen zwei gleich große Zellen miteinander, bei anderen die kleineren „männlichen" und die größeren „weiblichen" Gameten. — Der in Regentümpeln siedelnde *Haematococcus pluvialis* ist rot. In Salinen und im Toten Meer wird bisweilen eine durch *Dunaliella salina* verursachte Rotfärbung beobachtet. Das Lebensoptimum dieser Art liegt bei einem Salzgehalt von 6—7 %.

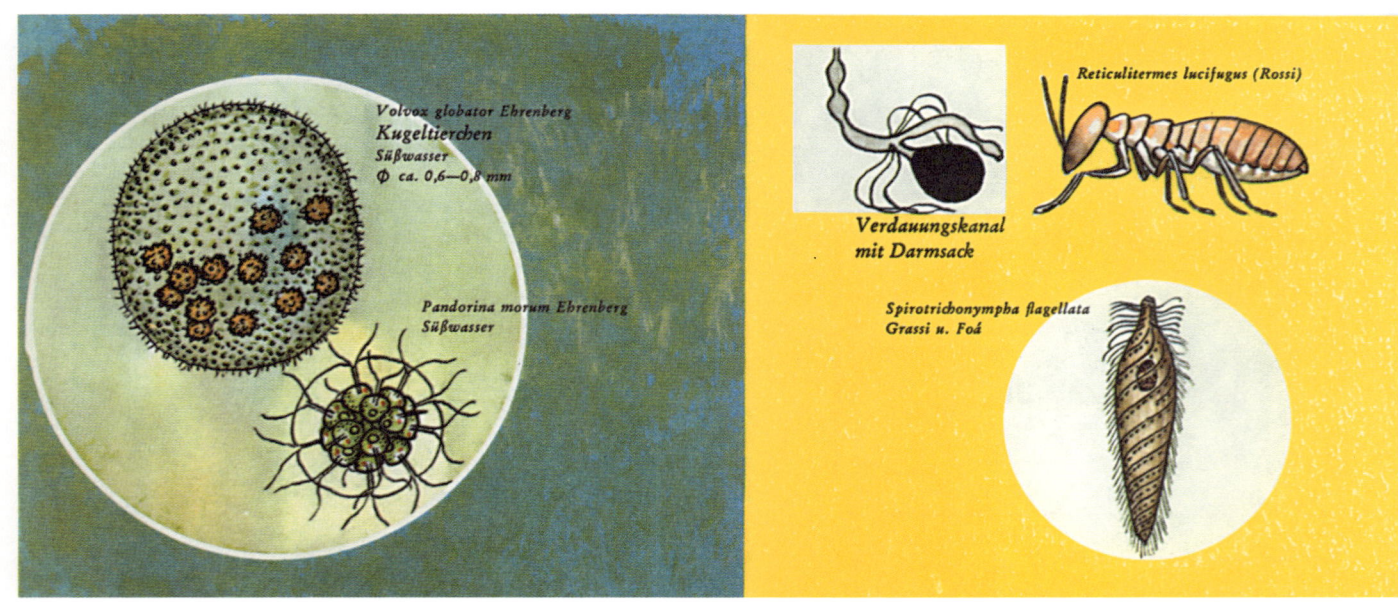

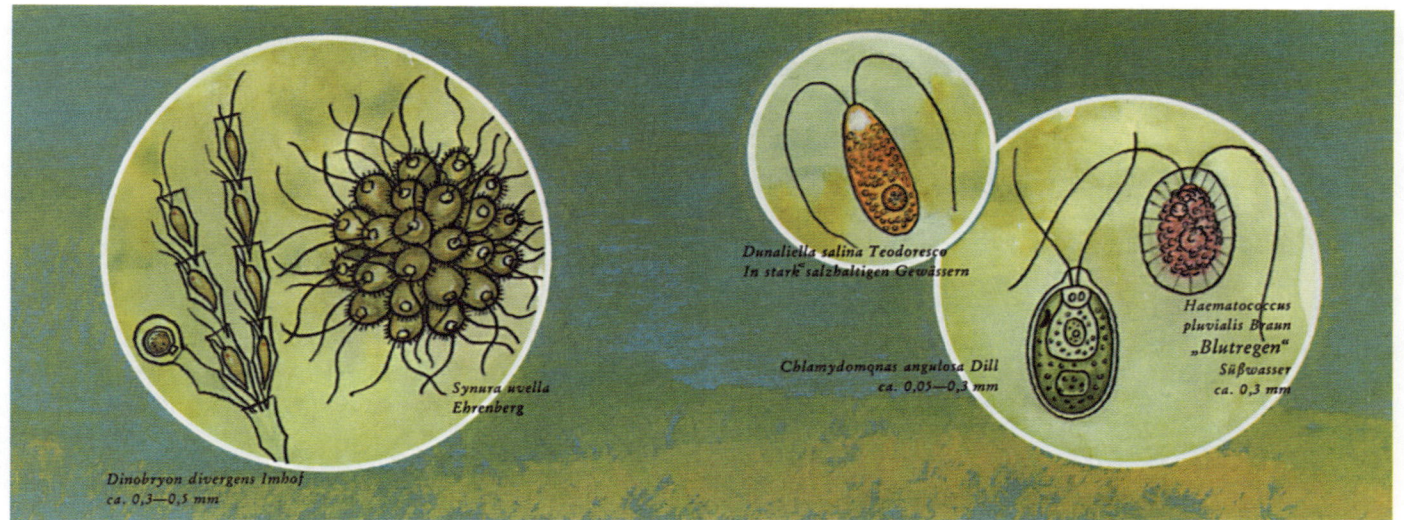

Während die bisher erwähnten Flagellaten keine Kolonien bilden, vereinigt *Pandorina morum* 16 Zellen zu einer kugelförmigen Kolonie in einer Gallerthülle. Trotzdem gilt Pandorina als Einzeller, da jede einzelne Zelle für sich lebensfähig ist und neue Kolonien durch mehrfache Teilung bilden kann. Die Zuordnung des Kugeltierchens *Volvox* zu den Protozoen ist problematischer. Bis zu 20 000 zweigeißelige Individuen sind in einer Hohlkugel angeordnet. Alle Zellen sind durch Plasmafortsätze miteinander verbunden. Nur wenige Zellen sind fortpflanzungsfähig. Aus ihnen entstehen im Inneren der Mutterkugel Tochterkugeln. Diese werden erst dann frei und entwickeln sich zur vollen Größe, wenn die Mutterkugel zerreißt und stirbt.

In den bisher besprochenen Flagellatenordnungen trafen wir überall pflanzliche Formen mit Chloroplasten an. Den folgenden Ordnungen fehlt dagegen der Pflanzenfarbstoff grundsätzlich. Sie werden daher auch als Unterklasse Zoomastigina zusammengefaßt. *Codonocladium* bildet doldenförmige Kolonien im Süßwasser. Jedes Individuum hat eine trichterförmige Plasmalamelle, aus deren Inneren die Geißel entspringt. Durch die Geißelbewegung wird die Nahrung, vorwiegend Bakterien, herangestrudelt. — Neben freilebenden Formen finden wir unter den tierischen Flagellaten auch zahlreiche Parasiten. So rufen mehrere Arten der Familie Trypanosomidae vor allem in tropischen Gegenden bei Mensch und Tier bösartige Krankheiten hervor. Der Erreger der Schlafkrankheit *Trypanosoma gambiense* lebt in der Blutflüssigkeit des Menschen und vermehrt sich dort stark durch Längsteilung. Die Geißel dieses Tieres ist durch eine dünne Membran mit dem Zellkörper verbunden. Dieser Krankheitserreger wird durch die Tsetsefliege *Glossina palpalis* übertragen. Bis zur Entwicklung wirksamer Heilmittel waren weite Gegenden Afrikas für den Menschen wegen der meist tödlich verlaufenden Krankheit kaum bewohnbar. Andere Trypanosoma-Arten verursachen Viehseuchen. So ruft das durch die Fliege *Glossina morsitans* übertragene *Trypanosoma brucei* bei Schafen, Rindern und anderen Haustieren schwere Erkrankungen hervor.

Die Flagellaten der Familie Hypermastigidae (z. B. *Spirotrichonympha*) leben im Darm von Termiten (z. B. *Reticulitermes*) und Schaben. Die Zahl ihrer Geißeln ist stark vermehrt. Sie sind keine Krankheitserreger, sondern für die Tiere lebensnotwendig. Den holzfressenden Termiten ermöglichen sie die Verwertung ihrer Nahrung, indem sie die Zellulose zu löslichen Zuckern abbauen. *Mastigamoeba* lebt im Sumpfwasser. Sie hat neben ihrer Geißel Scheinfüße, die sie zu einer kriechenden Bewegung befähigen. So ist sie eine Übergangsform zu den Rhizopoda.

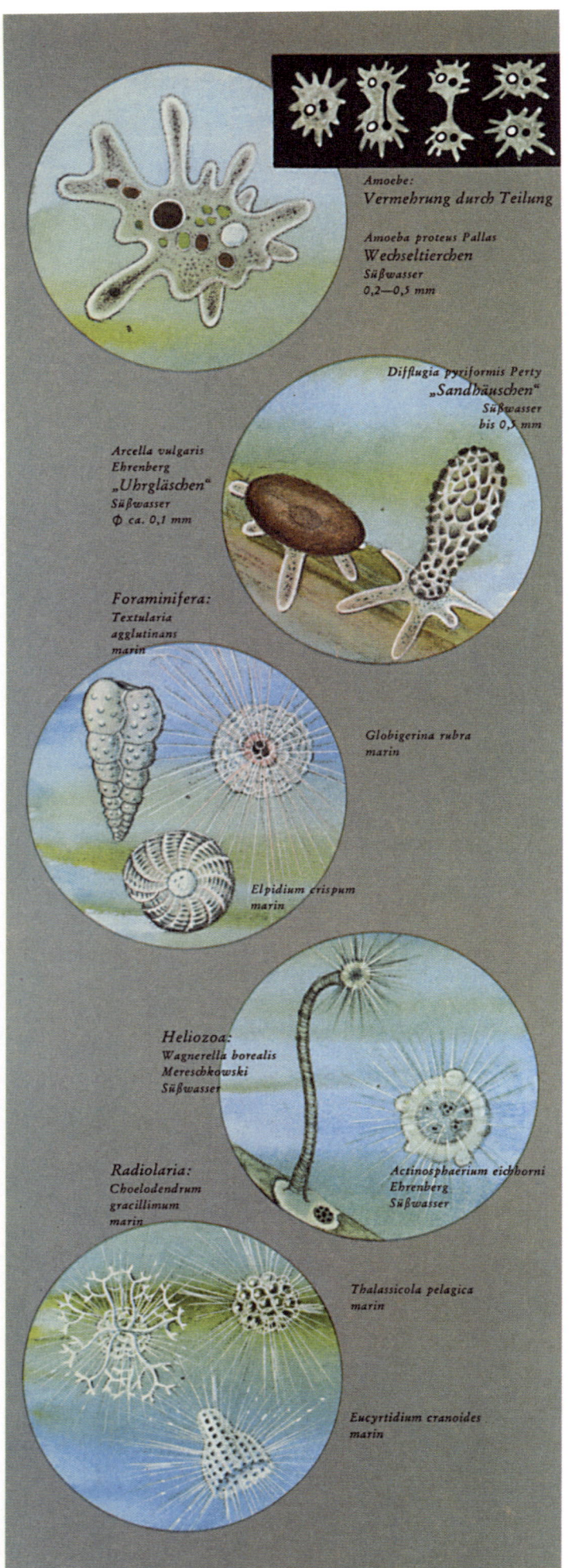

Stamm RHIZOPODA — WURZELFÜSSER

Stamm SPOROZOA — SPORENTIERCHEN

Lange hielt man das *Wechseltierchen* für das primitivste Protozoon, da ihm eine feste Körperform fehlt. Heute wissen wir, daß die Amöben wohl die einfachsten, aber nicht die ursprünglichen Einzeller sind. Mit ihren Plasmafortsätzen („Scheinfüßchen") umfließen sie Nahrungspartikel und nehmen diese in das Zellinnere auf. In diese Nahrungsvakuolen hinein werden Verdauungsfermente abgesondert. Die unverdaulichen Reste werden an einer beliebigen Stelle des Körpers wieder ausgeschieden. Die Vermehrung erfolgt oft durch Zweiteilung, indem sich Kern und Plasma einfach durchschnüren. Im Inneren des Kerns aber finden Teilungsvorgänge statt, die eine gesetzmäßige Verteilung des Erbguts gewährleisten, wie wir sie für alle Lebewesen kennen. Die abgebildete *Amoeba proteus* lebt in fauligen bakterienreichen Gewässern.

Die beschalten Amöben, Testacea, sind Süßwasserbewohner. Sie leben im Bodenschlamm der Gewässer und auf Wasserpflanzen. Ihre Gehäuse bestehen aus einer chitinigen Substanz, in die bisweilen selbsterzeugte Kieselplättchen oder Fremdkörper (Sandkörner, Kieselalgenschalen u. a.) eingelagert sind, so z. B. bei den Arten der Gattung *Difflugia*. Die Schale von *Arcella vulgaris* enthält keine Einlagerungen. Im allgemeinen ragen nur die oft sehr schlanken Scheinfüßchen aus dieser heraus.

Im Gegensatz zu den einfachen Gehäusen der Testacea besitzen die Kammerlinge (*Foraminifera*) ein vielkammriges Gehäuse. Es besteht vorwiegend aus kohlensaurem Kalk. Die sehr arten- und formenreichen Foraminifera findet man nur im Meer. Ihre Schalen sind oft schneckenhausförmig, es gibt aber auch stab-, kugel- und röhrenförmige Gehäuse. Oft sind sie von vielen feinen Poren durchbrochen. Durch diese Poren in der Gehäusewand werden dünne, fadenförmige Pseudopodien gestreckt. Diese Scheinfüßchen bilden ein feines Netz, in dem sich die Nahrung der Foraminiferen, winzige pflanzliche und tierische Planktonorganismen, fängt. Die meisten Foraminiferen leben am Boden der Flachsee. Im Plankton in großen Massen lebende Arten haben Schwebestacheln an ihren Gehäusen ausgebildet. Die Gehäuse der abgestorbenen Kammerlinge lagern sich in dicken Schichten am Meeresboden ab und bilden dort im Laufe von großen Zeiträumen dicke Kreideschichten. Fast alle Kalkgebirge bestehen größtenteils aus Foraminiferenschalen.

Die meisten Sonnentierchen, *Heliozoa*, leben freischwebend im Süßwasser. Von ihrem kugeligen Körper gehen die Pseudopodien strahlenförmig ab. Viele bilden gallertige Hüllen und Kieselskelette aus. *Actinosphaerium* kommt auch in fauligem Wasser vor. Die meisten Heliozoen bevorzugen dagegen klares sauerstoffreiches Wasser.

Die *Radiolaria* mit ihren kunstvollen Gehäusen aus Kiesel oder Strontiumsulfat leben im Plankton der Meere, von der Oberfläche bis zu den größten Tiefen. Mit ihren weit strahlenförmig ausgestreckten Pseudopodien nehmen sie kleinere Planktonorganismen als Nahrung auf.

Sowohl unter den Flagellaten als auch den Rhizopoden finden wir neben der Mehrzahl freilebender Formen parasitische Arten. Die *Sporozoa* sind jedoch alle Parasiten und durch das Auftreten von Sporen gekennzeichnet. Dies sind Entwicklungsstadien, die von einer festen Hülle umgeben sind. — Bei den hochentwickelten Haemosporidia fehlt das Sporenstadium. Hierher gehören die Plasmodium-Arten. Im Jahre 1880 wurde dieser Parasit im Blut des Menschen als Malariaerreger erkannt. Noch heute ist die Malaria für die Bewohner weiter tropischer und subtropischer Regionen eine schwere Geißel, obwohl die Krankheit durch neue Heilmittel und durch Bekämpfung der „Fiebermücke" — *Anopheles* — stark eingedämmt worden ist. Auf dem nebenstehenden Schema ist der Entwicklungszyklus von *Plasmodium vivax*, des Erregers des Tertiana-Fiebers, dargestellt. Sein Generationswechsel ist mit einem Wirtswechsel gekoppelt. Beim Stich der Mücke gelangen spindelförmige Sporozoiten in das Blut des Menschen. Diese vermehren sich anfangs in Leberzellen, später in den roten Blutkörperchen. Dort wächst der Parasit heran und teilt sich in 8—24 Tochterzellen (Merozoiten). Am dritten Tage nach Befall des Blutkörperchens zerfällt dieses, und die frei werdenden Merozoiten befallen neue Blutkörperchen. Beim Platzen derselben gelangen Gifte in das Blut, die Fieberanfälle hervorrufen. Nach einiger Zeit entstehen auch Vorstufen zu Geschlechtsindividuen (Gamonten), die in den Darm der blutsaugenden Mücke gelangen müssen. Hier teilt sich der männliche Gamont in viele kleine Mikrogameten, von denen sich einer mit der großen weiblichen Makrogamete zu einer beweglichen Eicyste vereinigt. Aus dieser entstehen durch multiple Teilung wieder Sporozoiten, die in die Speicheldrüse der Mücke einwandern und beim nächsten Stich in das Blut des Menschen gelangen.

Die Sporen der Cnidosporidia enthalten außer dem Keimling Polkapseln. Diese ähneln den Nesselkapseln der Hohltiere, und aus ihnen kann unter dem Einfluß verschiedener Reize ein Faden ausgeschleudert werden, der den Parasit festheftet. — *Myxobolus pfeifferi* lebt in fast allen Organen der Barbe, vorwiegend in der Muskulatur. In den Muskeln ruft er dann große Tumore hervor, die den Fisch völlig deformieren können. Die Sporen von Myxobolus gelangen beim Verfaulen der abgestorbenen Fische in das Wasser und verbreiten die Krankheit weiter.

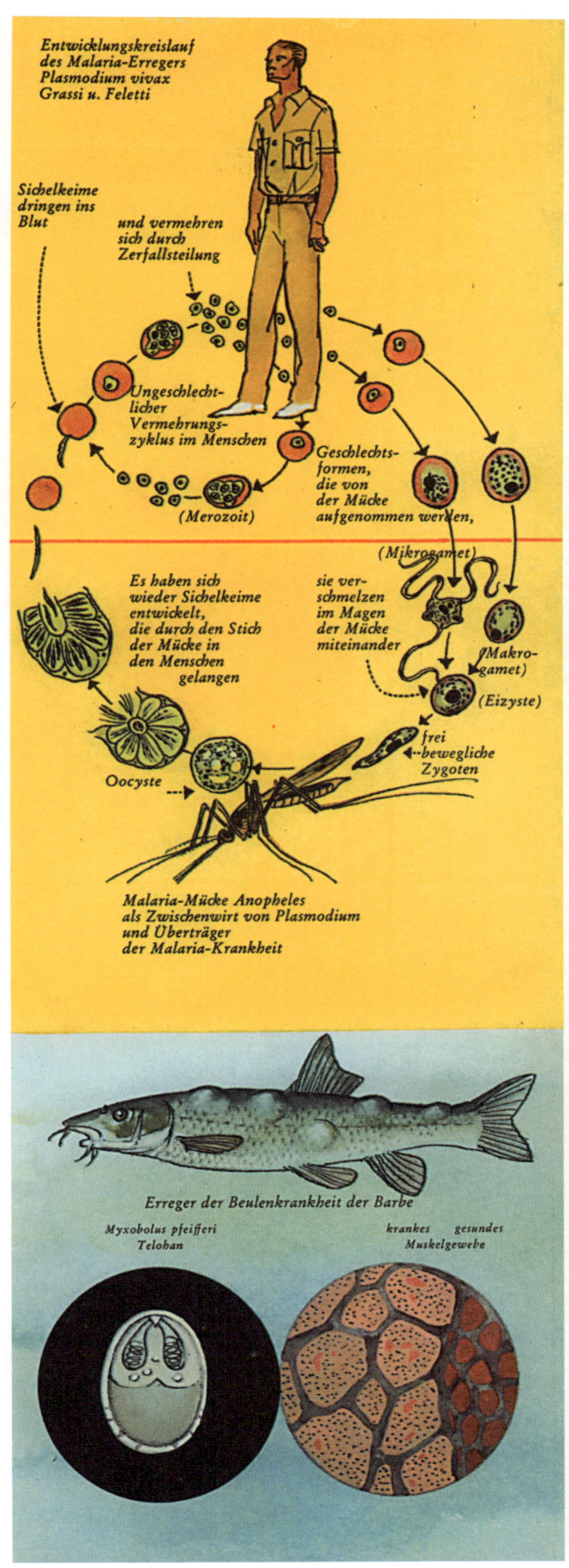

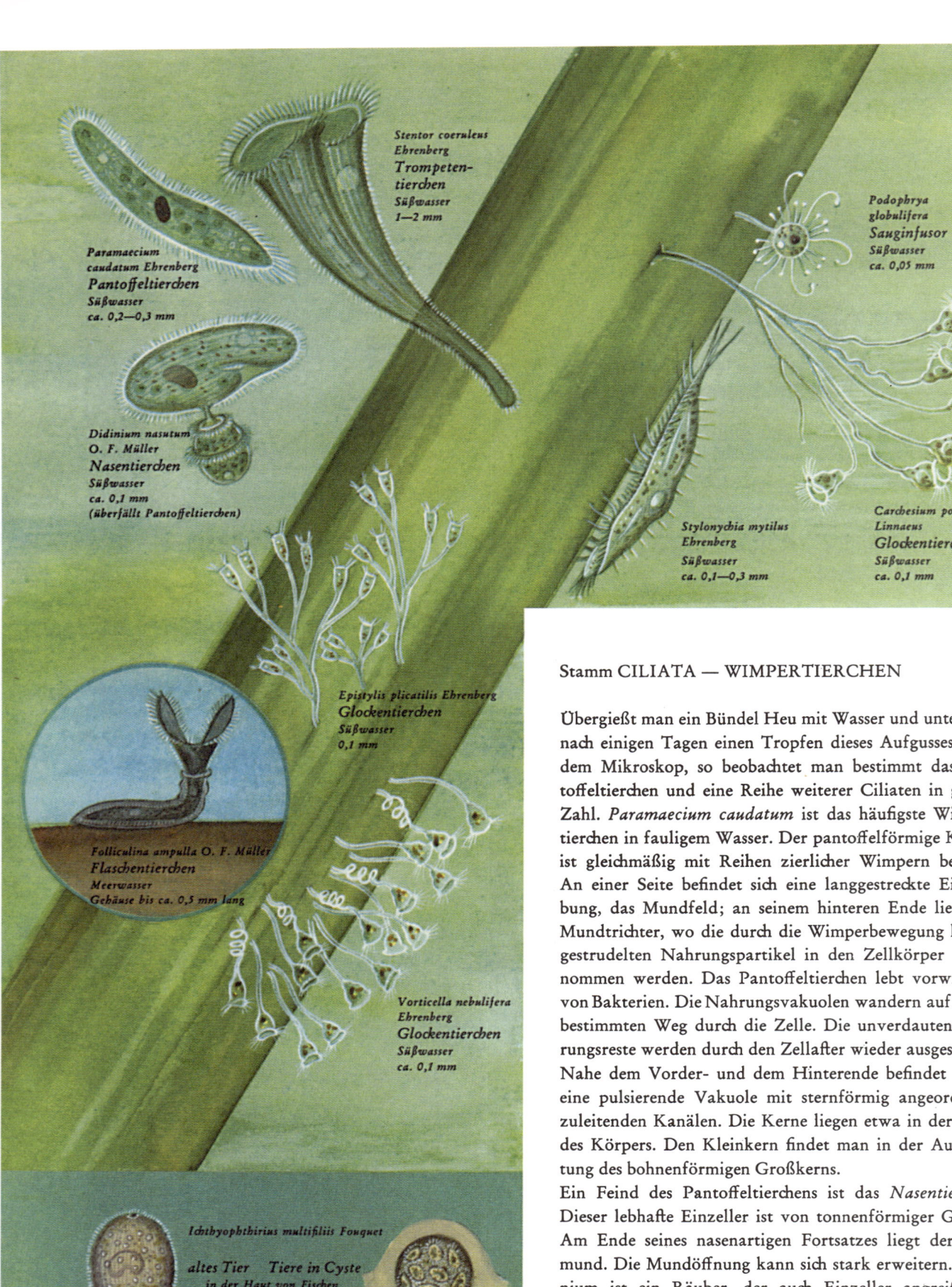

Stamm CILIATA — WIMPERTIERCHEN

Übergießt man ein Bündel Heu mit Wasser und untersucht nach einigen Tagen einen Tropfen dieses Aufgusses unter dem Mikroskop, so beobachtet man bestimmt das Pantoffeltierchen und eine Reihe weiterer Ciliaten in großer Zahl. *Paramaecium caudatum* ist das häufigste Wimpertierchen in fauligem Wasser. Der pantoffelförmige Körper ist gleichmäßig mit Reihen zierlicher Wimpern bedeckt. An einer Seite befindet sich eine langgestreckte Einwölbung, das Mundfeld; an seinem hinteren Ende liegt der Mundtrichter, wo die durch die Wimperbewegung herangestrudelten Nahrungspartikel in den Zellkörper aufgenommen werden. Das Pantoffeltierchen lebt vorwiegend von Bakterien. Die Nahrungsvakuolen wandern auf einem bestimmten Weg durch die Zelle. Die unverdauten Nahrungsreste werden durch den Zellafter wieder ausgestoßen. Nahe dem Vorder- und dem Hinterende befindet sich je eine pulsierende Vakuole mit sternförmig angeordneten zuleitenden Kanälen. Die Kerne liegen etwa in der Mitte des Körpers. Den Kleinkern findet man in der Ausbuchtung des bohnenförmigen Großkerns.

Ein Feind des Pantoffeltierchens ist das *Nasentierchen*. Dieser lebhafte Einzeller ist von tonnenförmiger Gestalt. Am Ende seines nasenartigen Fortsatzes liegt der Zellmund. Die Mundöffnung kann sich stark erweitern. Didinium ist ein Räuber, der auch Einzeller angreift, die wesentlich größer sind als er selber. Das *Trompetentierchen* gehört zu den größten Ciliaten. Es hat eine sich spiralig zum Mund hinziehende Zone besonders kräftiger

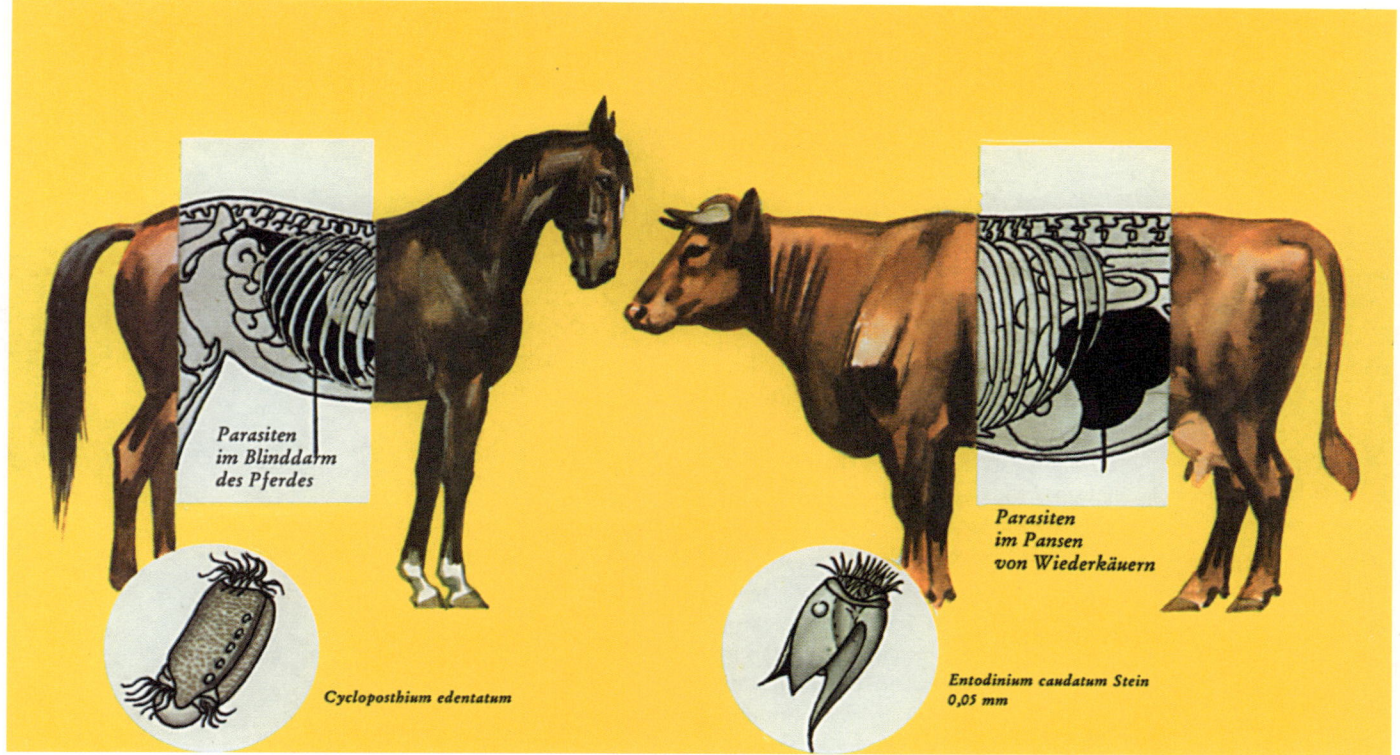

Parasiten im Blinddarm des Pferdes

Cycloposthium edentatum

Parasiten im Pansen von Wiederkäuern

Entodinium caudatum Stein 0,05 mm

Wimpern, durch die Nahrungspartikel herbeigestrudelt werden. Stentor kann sich mit dem Fußende festsetzen, aber auch frei im Wasser schwimmen. Sein Großkern ist langgestreckt und kettenartig gegliedert.

Bei *Stylonychia mytilus* unterscheidet man eine Bauch- und eine Rückenseite. Auf dem Rücken befinden sich einige zu Tastborsten umgewandelte Wimpern. An der Bauchseite sind jeweils mehrere zu füßchenförmigen Cirren verklebt. Mit Hilfe dieser „Füßchen" kann Stylonychia auf Algenfäden und anderen Unterlagen umherlaufen.

Bisweilen findet man auf im Wasser liegenden Pflanzenstengeln einen weißlichen Überzug, den man unter dem Mikroskop als eine Ansammlung von *Glockentierchen* erkennen wird. Diese zierlichen Ciliaten sitzen auf langen Stielen. Eine Wimperspirale sorgt für einen ständigen Wasserstrom in Richtung auf den Zellmund. Im Stiel der *Vorticella* verlaufen muskelähnliche, fädige Strukturen, die bei Erschütterung den Stiel spiralig zusammenziehen. Während bei den Arten der Gattung Vorticella jedes Tierchen einzeln auf einem Stiel auf dem Substrat sitzt, bildet *Carchesium* verzweigte Kolonien. Die Stiele der verzweigten *Epistylis*-Arten sind nicht zusammenziehbar.

Leben erwähnte Ciliaten im Süßwasser, so ist das auf Pflanzen oder auf Bodentieren festsitzende *Flaschentierchen* ein Meeresbewohner. Aus einer chitinartigen Hülle streckt es seinen Mundtrichter heraus.

Ichthyophthirius multifiliis ist ein Parasit in der Haut vieler Süßwasserfische. Er erzeugt kleine weiße Knötchen, die bei starkem Befall den ganzen Fisch überziehen können. Oft ist diese Erkrankung für den Fisch tödlich.

Die zahlreichen Arten von Entodinium findet man im Pansen von Wiederkäuern. Die Bewimperung ist weitgehend zurückgebildet. Am Vorderende des sehr starren Körpers befinden sich cirrenartige Membranellen, das Hinterende ist zu langen Fortsätzen ausgezogen. *Entodinium caudatum* lebt im Pansen des Rindes und vermehrt sich dort stark. Diese Parasiten füllen einen großen Teil des Pansens aus. Die absterbenden Ciliaten werden als wertvolle Eiweißnahrung von dem Wirtstier verdaut. — Im Blinddarm des Pferdes leben verschiedene *Cycloposthium*-Arten.

In Aussehen und Lebensweise sehr stark abgewandelte Ciliaten sind die Suctoria. Sie wurden früher als eigene Klasse angesehen. Im erwachsenen Zustand besitzen sie keine Wimpern. Auch andere Bewegungsorganellen fehlen. Sie sind auf einer Unterlage festgewachsen. Sehr eigenartig ist die Nahrungsaufnahme der Suctoria. Eine Mundöffnung fehlt ihnen. An der Abbildung von *Podophrya* sehen wir, daß statt dessen Tentakel vorhanden sind. Diese dienen zum Fangen und Aussaugen von Beutetieren. In erster Linie werden Wimpertierchen von ihnen erbeutet. Vermehrung durch Zweiteilung ist bei den Sauginfusorien selten. Meist entstehen durch Knospung am Körper der Tiere kleine bewimperte Schwärmer, die sich loslösen und wegschwimmen. Später setzen sie sich fest, verlieren ihre Wimpern und wachsen heran. Diese Jugendstadien und die Kernverhältnisse — Vorhandensein von Makro- und Mikronukleus — lassen deutlich die Zugehörigkeit zu den Ciliaten erkennen. Suctorien sind sowohl im Meer als auch im Süßwasser verbreitet.

Stamm PORIFERA — SCHWÄMME

An der Basis des Unterreichs der vielzelligen Tiere steht ein Stamm, dem die meisten Attribute „echter" Tiere fehlen. Die Schwämme sitzen unbeweglich an einem Ort, denn sie haben kein Muskelgewebe. Auch Nerven und Sinnesorgane vermißt man bei ihnen. Sogar die Begriffe Gestalt und Individuum werden bei ihnen fragwürdig. Die Mehrzahl der Schwämme ist völlig unsymmetrisch. Ihre Gestalt ist unregelmäßig klumpen-, knollen-, büschel- oder baumförmig. Viele von ihnen bilden formlose Überzüge auf Steinen oder Molluskenschalen. Die Gestaltung der Körperform wird oft von Umweltfaktoren beeinflußt. Bei Tierkolonien von Einzellern und höheren Vielzellern kann man fast stets die einzelnen Individuen gegeneinander abgrenzen, bei vielen Schwämmen ist dieses nicht möglich. Zerstückelt man ein höheres Tier, so vernichtet man damit das Individuum. Wenn man aber Schwämme durch ein Sieb quetscht, können danach die auseinandergerissenen Zellen wieder zu einem Schwamm zusammentreten. Charakteristisch für alle Schwämme sind die Kragengeißelzellen, die wir sonst bei keinem Vielzeller finden. Am freien, in den Körperhohlraum hineinragenden Ende der Zelle befindet sich eine Geißel, die von einer trichter- oder kragenartigen Plasmalamelle umgeben ist.

Innerhalb des Stammes der Schwämme gibt es verschiedene Bautypen. Die einfachsten sind bei den Kalkschwämmen realisiert. Bei dem ursprünglichen Ascontyp, zu dem *Clathrina* gehört, besteht der Körper aus einem einfachen Schlauch mit einem zentralen Hohlraum und einer Ausströmöffnung (Osculum). Die Wand des Schlauches wird von vielen Poren durchbrochen, sie ist aus zwei Zellschichten aufgebaut. Die innere Schicht, die den Hohlraum auskleidet, besteht aus Kragengeißelzellen. Zwischen ihr und der äußeren Deckzellenschicht liegt eine Zwischenschicht. In dieser befinden sich amöboide Wanderzellen, skelettbildende Zellen und Geschlechtszellen.

Die Bewegung der Geißeln strudelt Wasser durch die Poren in den zentralen Hohlraum. Die Kragengeißelzellen entnehmen dem Wasser Nahrungspartikel. Durch das Osculum strömt das Wasser wieder heraus. Bei den Schwämmen des Sycontyps (z. B. *Sycon*) hat der zentrale Hohlraum tiefe Einbuchtungen. Nur in diesen befinden sich Kragengeißelzellen. Die meisten Schwämme gehören zu dem hochentwickelten Leucontyp. Hier sind die Wände stark verdickt und von vielen unregelmäßigen verzweigten Kanälen durchsetzt. In diesen befinden sich blasenartige Erweiterungen (Geißelkammern). Nur diese sind mit Kragengeißelzellen ausgekleidet. Bei allen Schwämmen wird das Wasser durch Poren eingesogen und durch Ausströmöffnungen wieder abgegeben. Zahlreiche große,

Clathrina coriacea (Mont.)
Gitterkalkschwamm
Küsten- u. Schelfregion d. Meere

Dysidea tupha (Martens)
Küsten- u. Schelfregion d. Meere

Spongia officinalis Linnaeus
Badeschwamm
Küsten- u. Schelfregion d. Meere

Geodia cydonium (Jameson)
Küsten- u. Schelfregion d. Meere

Tethya aurantium (Pallas)
Meerorange
Küsten- u. Schelfregion d. Meere

Euplectella aspergillum Owen
Gießkannenschwamm
Tiefsee (Pazifik)

Farrea occa
Tiefsee (Pazifik)

Sycon ciliatum (Fabricius)
Wimperkalkschwamm
Küsten- u. Schelfregion d. Meere

Verongia aerophoba (Schmidt)
Goldschwamm
Küsten- u. Schelfregion d. Meere

Calyx nicaeensis (Risso)
Becherschwamm
Küsten- u. Schelfregion d. Meere

Axinella verrucosa Schmidt
Geweihschwamm
Küsten- u. Schelfregion d. Meere

Halichondria panicea (Pallas)
Brotkrumenschwamm
Küsten- u. Schelfregion der Meere

Clathria coralloides (Olivi)
Küsten- u. Schelfregion d. Meere

Spongilla lacustris (Linnaeus)
Süßwasserschwamm
Süßwasser, auch in Mitteleuropa

klumpenförmige Schwämme sind komplexe Gebilde mit vielen Hohlräumen und vielen Oscula. Zum Stützen des Körpers und zum Schutz gegen das Gefressenwerden bilden sie Skelette aus Kalk- oder Kieselnadeln aus. Viele Schwämme ohne festen Körperumriß kann man nur an der Gestalt ihrer Kieselnadeln identifizieren. Die Kieselschwämme haben eine weitere Skelettsubstanz, das Spongin, einen der Seide chemisch verwandten Eiweißkörper. Bei den Hornschwämmen (*Dysidea, Spongia, Verongia*) fehlen die Kieselnadeln meist völlig, das Skelett besteht nur aus Spongin. Oft sind allerdings Sandkörnchen und andere Fremdkörper in das Sponginskelett eingelagert. Der Badeschwamm ist im allgemeinen frei von solchen Verunreinigungen. Er lebt in Tiefen von 4—50 Metern. Nur an wenigen ebenen Stellen kann er mit Schleppnetzen gefischt werden. Meistens werden die Schwämme von Tauchern gesammelt. Man läßt dann den Weichkörper des Schwammes am Deck des Schiffes absterben und ausfaulen. Anschließend wird er gereinigt und getrocknet. Ebenfalls in die Gruppe der Hornschwämme gehören die Süßwasserschwämme (z. B. *Spongilla*). Sie bilden auf Wasserpflanzen, Pfählen und Steinen unregelmäßige Überzüge und sind bisweilen auch verzweigt. Die grüne Farbe entsteht durch einzellige Algen, die in den Schwämmen leben. Die erwähnten Hornschwämme und auch die meisten Kieselschwämme (*Geodia, Tethya, Axinella, Calyx, Halichondria* und *Clathria*) leben vorwiegend in flacheren Küstenregionen. Sie sind durch ihr derbes Kiesel- und Sponginskelett gegen den Einfluß der Wellenbewegung geschützt und sitzen vorwiegend auf festem, felsigem Untergrund. Manche — z. B. Tethya — leben auch auf schlammig-sandigen Böden. Die Hohlräume vieler Schwämme werden von zahlreichen kleinen Tieren bewohnt. In einer aufgeschnittenen Geodia findet man immer verschiedene kleine Krebschen und anderes Getier.

Nur in großer Meerestiefe leben die zierlichen Glasschwämme (*Euplectella, Farrea* u. a.). Diese oft wunderschönen zierlichen Gebilde würden durch die Wellenbewegung flacherer Zonen zerstört werden. Der Gießkannenschwamm ist wegen seiner feinen und regelmäßigen Gestalt in Ostasien als Schmuckgegenstand beliebt. Die Seitenwände dieses Gebildes aus Kieselnadeln sind von vielen Löchern durchbohrt. Auch das Osculum hat einen durchlöcherten Deckel. Im Inneren von Gießkannenschwämmen leben bisweilen Pärchen des kleinen Krebses Spongicola. Die Tiere schlüpfen wahrscheinlich schon als Larven in den schützenden Schwamm und werden dann so groß, daß sie ihr Gefängnis nicht mehr verlassen können. Der Gießkannenschwamm befestigt sich durch ein Büschel langer Kieselnadeln in dem weichen Boden der Tiefsee.

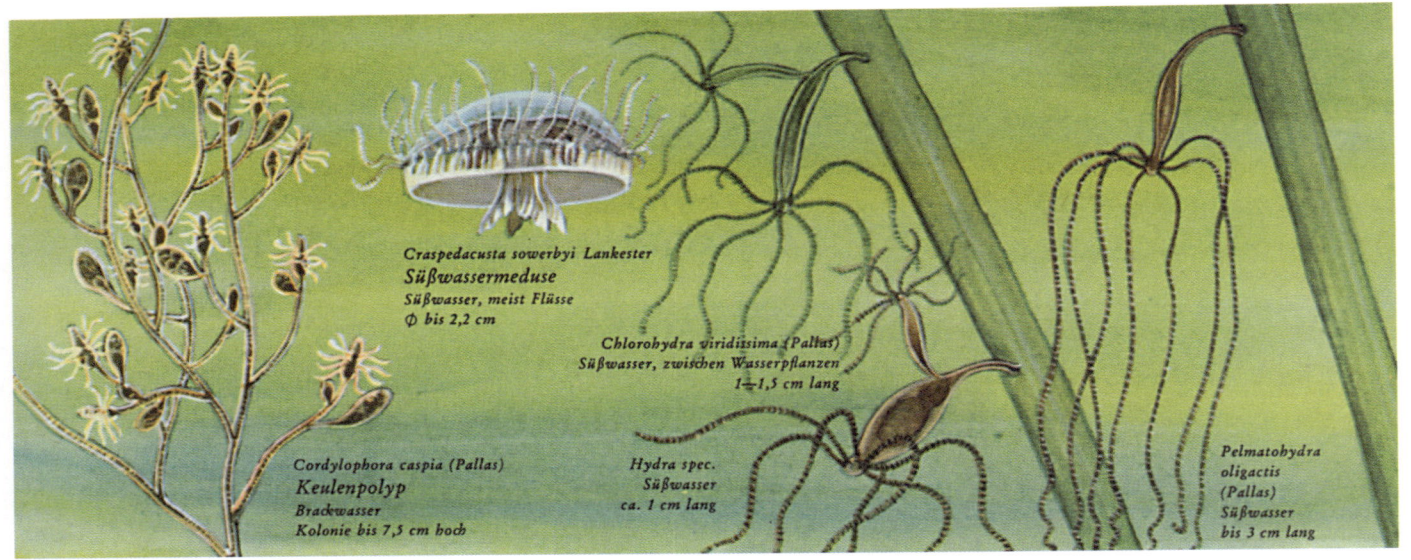

Stamm CNIDARIA — NESSELTIERE

Klasse Hydrozoa

Die Cnidaria sind gegenüber allen anderen Vielzellern durch den Besitz von Nesselkapseln gekennzeichnet. Diese sind länglich-ovale doppelwandige Gebilde, in denen ein hohler Faden aufgerollt liegt. Auf bestimmte Reize hin wird er explosionsartig ausgestülpt und dringt mitsamt einem an seiner Basis befindlichen Dornenkomplex in das Beutetier ein. Durch einen Giftstoff wird das Opfer betäubt oder getötet. Bei den meisten Hydrozoen treten beide Lebensformen der Nesseltiere auf, die festsitzenden Polypen und die freischwimmenden Medusen. Sie bilden meist aus vielen Einzeltieren zusammengesetzte Polypenstöcke. Diese sind oft bäumchenartig verzweigt. Das untere Ende der Polypen ist zu einem Stiel ausgezogen. Am oberen Rand befinden sich mit Nesselkapseln besetzte Tentakel. Nach außen scheiden die Polypen eine elastische Schutzhülle (Periderm) aus. Bei den Angehörigen der Unterordnung Athecatae (z. B. *Tubularia, Cordylophora*) ist nur der Stiel von Periderm umgeben. Bei den Thecaphorae dagegen (z. B. *Sertularia, Halecium*) hat auch der Polyp eine Schutzhülle. Die Kolonien einer Sertularia-Art bilden an der deutschen Nordseeküste vielerorts dichte unterseeische Wiesen. Früher wurde Sertularia getrocknet und grün gefärbt unter dem Namen Seemoos als Zimmerschmuck verkauft.

Sehr zierliche Gebilde sind die Hydromedusen. Sie entstehen ungeschlechtlich aus seitlichen Knospen an den Polypenköpfchen. Die Medusen der Athecatae (Anthomedusen, z. B. *Sarsia*) sind meist hochgewölbt. Ihre Keimdrüsen befinden sich an dem langen Magenstiel. Die Leptomedusen (*Eutima*) der Thecaphorae und die Limnomedusen (*Olindias*) sind dagegen flach und schirmartig. Ihre Geschlechtsorgane liegen an den vier Radiärkanälen, die sich vom zentralen Magenraum zum Schirmrand hinziehen. Dort münden die Radiärkanäle in einen Ringkanal. Am Schirmrand befinden sich auch Sinneszellen, Gleichgewichtsorgane und bisweilen sogar einfache Augen. Vom Schirmrand hängen mit Nesselkapseln versehene Tentakel herab. Die Zahl und Länge dieser zum Beutefang dienenden Tentakel ist bei den einzelnen Arten sehr unterschiedlich. Aus den Eiern der Medusen schlüpfen bewimperte freischwimmende Larven (Actinulae), die sich später festsetzen und zum Polyp umwandeln. Der regelmäßige Generationswechsel zwischen der geschlechtlichen Medusengeneration

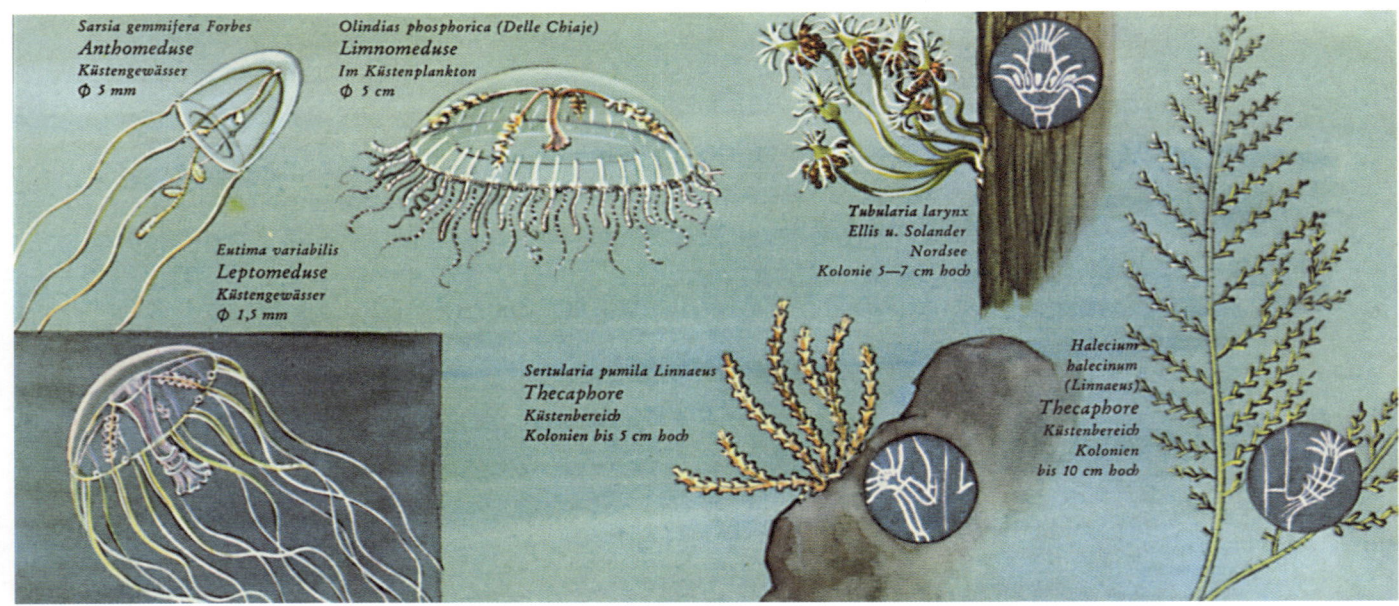

und der ungeschlechtlichen Polypengeneration ist bei vielen Hydrozoen stark abgewandelt. Bei einer die Hochsee bewohnenden Ordnung fehlt die Polypengeneration völlig. Bei anderen, z. B. Cordylophora, ist die Medusengeneration zurückgebildet. Die Medusen sind zu sogenannten sessilen Gonophoren umgewandelt, die sich nicht von den Polypenstöcken lösen. Cordylophora lebt im Brackwasser und dringt in Küstennähe weit in das Süßwasser vor. Den eigentlichen Süßwasserpolypen (Hydra, Pelmatohydra, Chlorohydra) fehlt die Medusengeneration völlig. Auch ein Periderm vermissen wir bei diesen einzellebenden Tieren. Durch Knospung entstehende Tochterpolypen lösen sich meist schnell vom Muttertier ab. Die Süßwasserpolypen sind sehr gefräßig. Mit ihren langen, nesselkapselbesetzten Tentakeln fangen sie Wasserflöhe und andere kleine Planktontiere. Durch verschlungene Beutetiere kann ihr Körper auf das Mehrfache anschwellen.

Ein eigenartiges Tier ist die Süßwassermeduse (*Craspedacusta*). Sie scheint weltweit verbreitet zu sein und wird auch in Mitteleuropa bisweilen gefunden. Ihre einzeln lebenden Polypen haben keine Tentakel.

Zu den Siphonophora gehören die größten Hydrozoen. Sie leben in warmen Meeren. Am oberen Ende der freischwimmenden Tierkolonie befindet sich entweder eine einzelne Schwimmglocke (*Sphaeronectes, Galetta*) oder neben einem Gasbehälter ein ganzes Bündel Schwimmglocken (*Physophora*). Unterhalb davon, oft an einem röhrenförmigen Stamm, hängen Gruppen verschiedengestaltiger Individuen, die man teils als polypenförmig, teils als medusenförmig ansehen kann. Einige Individuen sind nur zur Nahrungsaufnahme befähigt („Freßindividuen"). Andere, deren Mundöffnung verschlossen ist, tragen am Mundrohr männliche oder weibliche Keimdrüsen („Geschlechtsindividuen"). Weiterhin gibt es Deckstücke, nesselzellenbewaffnete Fangfäden und Taster. Da der Darmhohlraum aller Einzelindividuen der Staatsqualle ohne Zwischenwände zusammenhängt, ist die Ernährung aller gewährleistet. Siphonophoren findet man in allen Meerestiefen. Zwei verdienen besondere Beachtung. Die *Portugiesische Galeere* und die *Segelqualle* treiben mit Hilfe eines segelartigen Kammes an ihrer Gasblase wie Miniatursegelschiffe über das Meer. Physalia kann ihr „Segel" durch Muskelkontraktion aufrichten, sobald sie von einem Windhauch getroffen wird. Die sehr langen Fangfäden ergreifen die Beutetiere, die sie den Freßpolypen zuführen. Die Giftwirkung der Nesselkapseln ist derart stark, daß sie auch dem Menschen gefährlich werden können. Während ihr viele Fische als Nahrung dienen, bleiben kleine Fische der Gattung Nomeus unbehelligt. Sie scheinen gegen das Nesselgift immun zu sein und leben fast stets im Schutz ihrer Fangfäden.

Velella velella Linnaeus
Segelqualle
Hochsee
Ø 8 cm

Physalia physalis Linnaeus
Portugiesische Galeere
Hochsee
Schwimmblase 20 cm,
Fangfäden bis 50 m lang

Physophora hydrostatica Forskal
Blasenqualle
Hochsee
ca. 6 cm

Sphaeronectes köllikeri Huxley
Hochsee, aber auch Küstengewässer
4 mm

Galetta chuni Lens u. van Riems
Mützenqualle
Hochsee, bisweilen Küstengewässer
4 mm

Klasse Scyphozoa — Schirmquallen

Die jedem Seeurlauber bekannten großen Quallen repräsentieren die Klasse der Scyphozoa. Auch hier gibt es einen Generationswechsel zwischen einer ungeschlechtlichen Polypengeneration und einer geschlechtlichen Medusengeneration. Die Scyphopolypen sind sehr klein und unscheinbar. Sie sitzen oft dicht gedrängt auf Steinen und Molluskenschalen am Meeresboden in Küstennähe. Nie bilden sie Stöcke oder Kolonien. Scyphomedusen entstehen nicht durch seitliche Knospung an Polypen, sondern durch ringförmige Querteilung derselben. Die kleine abgelöste Meduse — Ephyra genannt — dreht sich um 180° und schwimmt davon. Sie wächst dann zur geschlechtsreifen Qualle heran. Von einem Scyphopolypen löst sich nicht nur eine einzige Ephyra ab. Der Polyp schnürt sich gleichzeitig in viele Scheiben durch, so daß die Ephyren wie ein Tellerstoß übereinanderliegen, ehe sie sich ablösen. In der Fortbewegungsweise stimmen die Scyphomedusen weitgehend mit den Hydromedusen überein. Durch plötzliche Kontraktion des Schirmrandes wird Wasser aus der Schirmhöhle gepreßt. Der dabei entstehende Rückstoß bewegt das Tier vorwärts. Am Schirmrand einer Scyphomeduse hängen mindestens acht Paar Randlappen. Zwischen diesen befinden sich Sinneskölbchen (Rhopalien), an denen neben Gleichgewichtsorganen auch einfache Augen liegen. Das vierkantige Mundrohr der Scyphomedusen hängt von der Mitte des Schirmes herab. Der Rand des Mundrohres ist in vier Lappen ausgezogen.

Die einfachsten und primitivsten Scyphomedusen, die Stielquallen (Stauromedusae), sitzen mit einem Fuß an Meeresalgen fest. Sie leben meistens in Flachwasserregionen. Die Stielquallen entstehen direkt durch Gestaltumwandlung aus den Polypen. Ihr Schirmrand ist meist in acht Arme ausgezogen, auf denen die warzenförmig verkürzten Tentakel sitzen. Die Tiere können sich mit Hilfe ihres Fußes und ihrer Tentakel spannerraupenartig fortbewegen. Die Art *Craterolophus tethys* wird auch bei Helgoland gefunden.

Sehr räuberische Tiere sind die Würfelquallen (Cubomedusae). Sie leben vorwiegend von Fischen, die sie mit ihren langen klebrigen Tentakeln erbeuten. Das Gift ihrer Nesselkapseln ist auch für den Menschen äußerst gefähr-

lich. Würfelquallen kommen hauptsächlich in wärmeren Meeren vor. Die Arten der Gattung *Carybdea* vermögen nachts zu leuchten.

Die in unseren Meeren häufigen großen Quallen gehören zur Ordnung der Fahnenquallen, Semaeostomae. Sie sind durch einen flachen Schirm und meist sehr lang ausgezogene Mundlappen charakterisiert. Die beiden in unseren Breiten vorkommenden *Cyanea*-Arten können sehr empfindlich nesseln. Die Tentakel der Cyanea-Arten werden oft bis zu einer Länge von 20 m und mehr ausgestreckt. Diese langen Fangfäden ermöglichen es den Tieren, ein weites Areal nach Beutetieren abzufischen, um ihren großen Nahrungsbedarf zu decken. — Sehr unangenehm nesseln die tropischen *Dactylometra*-Arten.

Völlig harmlos ist dagegen die Ohrenqualle, *Aurelia aurita*. Ihre Geschlechtsorgane schimmern als rötliche oder violette, ohrenförmige Zeichnungen durch den Glockenschirm. Die Ohrenqualle wird oft in großen Schwärmen angetroffen.

Im Gegensatz zu der Mehrzahl aller Quallen ist die sehr schöne Kompaßqualle, *Chrysaora hysoscella*, zwittrig. In der Nordsee ist sie besonders in den Monaten August und September häufig anzutreffen. Chrysaora gehört zu den nachts leuchtenden Meerestieren. Sie kann sich jedoch in dieser Hinsicht nicht mit der Leuchtqualle, *Pelagia cyanella*, messen. Wie die meisten leuchtenden Tiere strahlt sie ihr Licht nur bei Reizung aus. Dann erstrahlt sie aber wie ein grünlich-weißer Feuerball. Pelagia lebt im Atlantik auch in der küstenfernen hohen See. In ihrer Entwicklung fehlt das Polypenstadium.

Den Wurzelmundquallen (Rhizostomeae) fehlen die Randtentakel völlig. Außerdem vermißt man bei ihnen die Mundöffnung. Die miteinander verwachsenen Mundarme gabeln sich in acht Lappen auf. Diese sind in der Nähe des Glockenansatzes blumenkohlartig gekräuselt. Die aus kleinsten Planktonorganismen bestehende Nahrung wird durch eine große Zahl kleiner Öffnungen mit Hilfe von Wimpern in den Magendarmraum eingestrudelt. Im Mittelmeer wird *Rhizostoma* oft in riesigen Schwärmen angetroffen. Noch häufiger ist dort bisweilen *Cotylorhiza tuberculata*. Diese Wurzelmundqualle ist durch symbiontische Algen grünlich-braun gefärbt. Wurzelmundquallen werden oft von Jungfischschwärmen begleitet.

Actinia equina Linnaeus
Pferdeaktinie
Atlantik, auch Nordsee
⌀ 4—7 cm

Cereus pedunculatus (Pennant)
Atlantik, auch Nordsee
⌀ 6—8 cm

Anthopleura ballii
(Cocks)
Atlantik
⌀ 8—10 cm

Diadumene luciae
(Verrill)
Atlantik,
auch Nordsee
⌀ ca. 4 cm

Anemonia sulcata
(Pennant)
Wachsrose
Atlantik
⌀ bis 25 cm

*Anthopleura
xanthogrammica*
Grüne
Riesenanemone
Pazifik
⌀ bis 25 cm

Klasse Anthozoa — Blumentiere
Unterklasse Hexacorallia
Ordnung Actiniaria — Seerosen

Bei den beiden ersten Klassen der Nesseltiere trafen wir zwei prinzipiell verschiedene Gestalten an, die Polypen und die Medusen. In der Klasse der Blumentiere (Anthozoa) fehlt die Medusengeneration völlig. Die Geschlechtsorgane sitzen hier stets an den kompliziert gebauten Polypen. Mit über 6000 sehr verschiedenartig gestalteten Arten sind die Blumentiere die größte und vielseitigste Hohltiergruppe. Allerdings sind die Angehörigen dieser Klasse auf den marinen Lebensraum beschränkt. Für die Verbreitung der festsitzenden Tiere sorgt die freischwimmende, bewimperte Planula-Larve. Die Klasse der Anthozoa wird in zwei Unterklassen gegliedert. Die erste Unterklasse der Hexacorallia ist dadurch charakterisiert, daß die Scheidewände des Magendarmraumes meist in der Sechszahl oder einem Vielfachen von sechs vorhanden sind. Es gibt jedoch eine Reihe von Abweichungen.

Charakteristische und häufige Vertreter der Hexacorallia finden wir in der Ordnung der Seerosen (Actiniaria). Wenn es auch schwer fallen dürfte, bei diesen Lebewesen eine Ähnlichkeit mit Rosen zu entdecken, so erinnern sie doch in ihrer Gestalt und Farbenpracht an Blüten. Die Zahl der Tentakel ist im Vergleich mit den beiden ersten Hohltierklassen sehr groß. Sie stehen oft in mehreren Kränzen rund um die Mundfläche. Die nesselkapselbewaffneten Fangarme ergreifen die Beutetiere und bringen sie an die Mundöffnung. Für viele kleinere Fische wird die Berührung mit den Tentakeln von Aktinien zum Verhängnis. Andererseits tummeln sich tropische Korallenfische der Gattung Amphiprion zwischen den Tentakeln von Aktinien, ohne Schaden zu nehmen. Im Gegenteil, Amphiprion lebt stets in enger Symbiose mit bestimmten Aktinien. — Einen weiteren Fall von engem Zusammenleben zweier völlig verschiedenartiger Tiere zeigt die Aktinie *Calliactis parasitica*. Sie lebt vorwiegend auf Schneckengehäusen, die von dem Einsiedlerkrebs Paguristes oculatus bewohnt sind.

Viele grüngefärbte Aktinien (z. B. *Anthopleura xanthogrammica*) beherbergen in ihrem Körpergewebe kleine grüne Algen. Auch die *Wachsrose* erhält ihre Körperfarbe durch gelbbraune oder grüne Algen. — Die meisten Seerosen sitzen auf Steinen und anderen festen Unterlagen. Einige, z. B. *Ilyanthus* und *Bolocera*, findet man auch auf schlammigem und sandigem Untergrund. Viele Aktinien besitzen die Fähigkeit, sich durch wellenförmige Bewegung ihrer Fußsohle langsam fortzubewegen. *Aiptasia couchii* und auch *Tealia felina* lösen sich bisweilen von der Unterlage ab und lassen sich an einen anderen Ort treiben.

— Die Mehrzahl aller Aktinien lebt in Küstennähe. Viele (*Actinia equina, Diadumene luciae, Bunodactis verrucosa, Anthopleura ballii* u. a.) findet man in der Gezeitenzone. Bei Niedrigwasser ziehen sich die Tiere unter Ausstoßen des Wassers aus dem Magendarmraum zusammen. Die Mundscheibe mit den Tentakeln wird nach innen gestülpt. Auch im Falle der Gefahr ziehen sich die Aktinien zu einem kleinen Klumpen zusammen. Einige robuste Arten wie Diadumene luciae und Metridium senile überstehen sogar ein kurzfristiges Einfrieren. Die Seenelke (*Metridium senile*) lebt im Gegensatz zur Mehrheit der Aktinien von sehr kleinen Nahrungspartikeln. Das Mundfeld und die Tentakel von Metridium sind dicht mit Wimpern besetzt. Durch die Wimperbewegung werden die Nahrungspartikel zur Spitze der Tentakel befördert. Anschließend krümmt sich der Tentakel zur Schlundöffnung. — Die Färbung sehr vieler Aktinien ist extrem variabel. Von der Pferdeaktinie — wegen ihrer meist auffallend purpurroten Färbung auch Purpurrose oder Erdbeerrose genannt — gibt es auch grüne und braune Individuen. Die meist grün oder rot gestreifte Tealia felina ist bisweilen auch einfarbig grün oder rot. Außerordentlich veränderlich in der Körperfärbung ist auch Metridium senile. Die große Variabilität in der Färbung der Aktinien beruht zum Teil auf erblichen Unterschieden, zum Teil ist sie aber auch umweltbedingt. In manchen Fällen läßt es sich nachweisen, daß die Körperfärbung durch die aufgenommene Nahrung beeinflußt wird.

Die meisten Aktinien sind getrenntgeschlechtlich. Oft werden Eier und Samenzellen in das umgebende Wasser ausgestoßen; dort findet dann die Befruchtung statt (z. B. Metridium senile). In anderen Fällen verläßt erst die aus dem befruchteten Ei hervorgegangene Wimperlarve das Muttertier (Tealia u. a.). Schließlich gibt es Arten, die Brutpflege betreiben und schon vollständige Polypen zur Welt bringen (Actinia equina). Die Fortpflanzungsperiode vieler Aktinien gemäßigter und kühler Regionen liegt im Winter. Außer der geschlechtlichen Fortpflanzung kommt auch ungeschlechtliche Vermehrung vor, und zwar in erster Linie durch Längsteilung. Unvollständige Teilung führt zu Doppelbildungen mit zwei Fußscheiben oder zwei Mundfeldern. Solche Doppelindividuen werden bisweilen bei Actinia und bei Metridium gefunden. Einige Aktinien-Arten vermehren sich, indem sie von ihrer Fußscheibe kleine Gewebestücke abschnüren, die in kurzer Zeit zu vollständigen kleinen Seerosen heranwachsen.

Die meisten Aktinien sind leicht im Seewasseraquarium zu halten. Erstaunlich ist die lange Lebensdauer vieler Seerosen. Man kennt Individuen von Actinia equina, die über 60 Jahre alt wurden. In Schottland wurde eine *Cereus*-Art fast 90 Jahre lang im Aquarium gehalten.

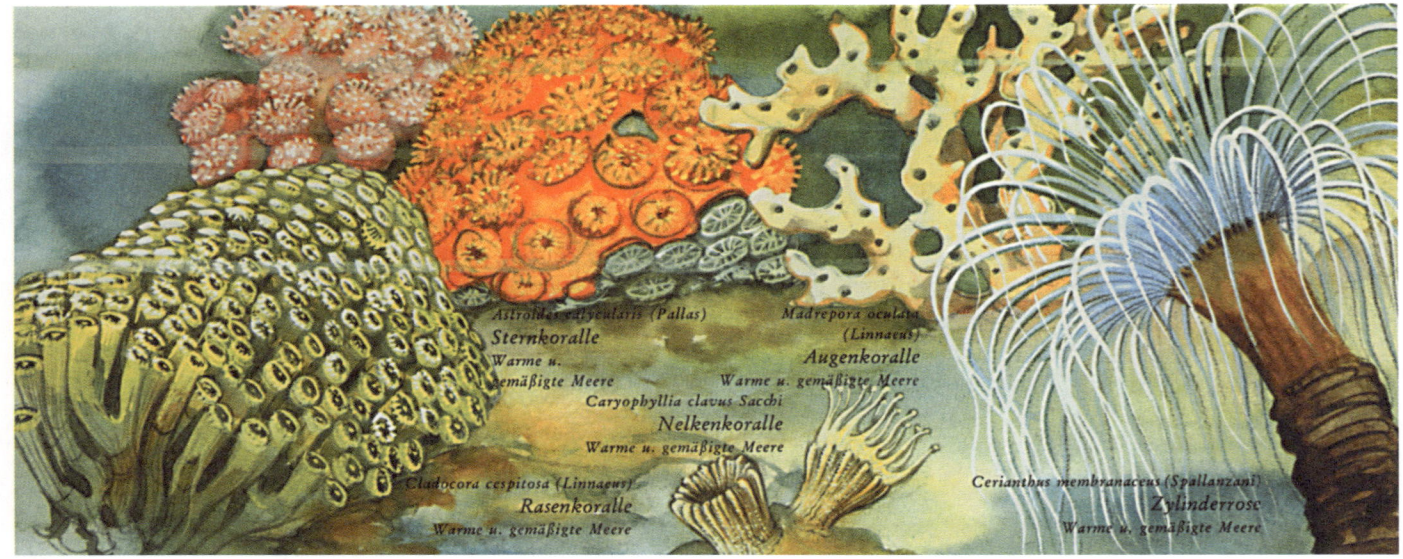

Ordnungen Ceriantharia — Zylinderrosen, Madreporaria — Steinkorallen

Die *Zylinderrose* repräsentiert eine zweite Ordnung der Hexacorallia. Sie hat eine gewisse Ähnlichkeit mit den Aktinien und gräbt bis zu 1 m lange Wohnröhren in den Schlamm- und Sandboden im Flachwasser unterhalb der Niedrigwasserlinie. Nur ein kleiner Teil des Körpers mit der Mundscheibe und den zahlreichen Tentakeln ragt aus der Röhre. Bei Gefahr zieht sie ihren wurmförmigen Körper vollständig in die Wohnröhre zurück.

Die weitaus größte Bedeutung unter den Blumentieren haben die Steinkorallen (Ordnung Madreporaria). Sie sind jedoch sehr klein, und ihr Weichkörper ist im Vergleich mit diesen sehr zart und arm an Muskeln. Die meisten Madreporaria bilden Kolonien aus vielen Tausenden kleiner Einzelpolypen. Ihr Hauptcharakteristikum ist das Kalkskelett, das von der Fußscheibe nach unten abgeschieden wird. Die Polypen werden dadurch immer höher gehoben. So entstehen im Laufe der Zeit große Kalksockel. Die lebende Substanz mit den vielen Polypen liegt als dünner Film auf dem oft zierlich strukturierten Kalkskelett. Die einzelnen Polypen scheiden nicht etwa gleichmäßig flache Kalkschichten ab, sondern es entstehen sternförmig angeordnete Kalkleisten, die in den Körper des Polypen hineinwachsen. Außerdem wird ein ringförmiger Kalkwall — das Mauerblatt — gebildet, der den Magendarmraum in einen inneren und einen äußeren Raum unterteilt. Oft wächst noch in der Achse des Polypen eine Säule hoch. Wenn das Gebilde zu lang wird, zieht sich der Polyp aus dem Skelett heraus nach oben und legt eine Querwand an. Große Korallenriffe findet man in warmen Meeren in der Zone zwischen dem 30. Grad nördlicher und dem 30. Grad südlicher Breite. Voraussetzung dafür ist eine Wassertemperatur von mindestens 20 °C und eine Wassertiefe von höchstens 30 m. Neben massiven, kompakten Steinkorallen (*Diploria, Pocillopora* u. a.) gibt es viele Arten, die verzweigt baumförmige Stöcke bilden (*Acropora, Astroides* und viele weitere). Einige leben auch in mäßig warmen und kühlen Zonen. Die *Rasenkoralle* wird im Mittelmeer häufig angetroffen. *Madrepora* lebt in größerer Tiefe vor der skandinavischen Küste.

Die *Pilzkoralle* gehört zu den wenigen solitären Steinkorallen. Die zahlreichen Kalksepten geben ihr das Aussehen eines Blätterpilzes. Die Oberfläche ist dicht mit Tentakeln besetzt. Ebenfalls solitär lebt die *Nelkenkoralle*. Während man bei den meisten Steinkorallen die Oberflächenstruktur als Produkt von Polypen mit annähernd runder Grundfläche deuten kann, kommen die mäander-

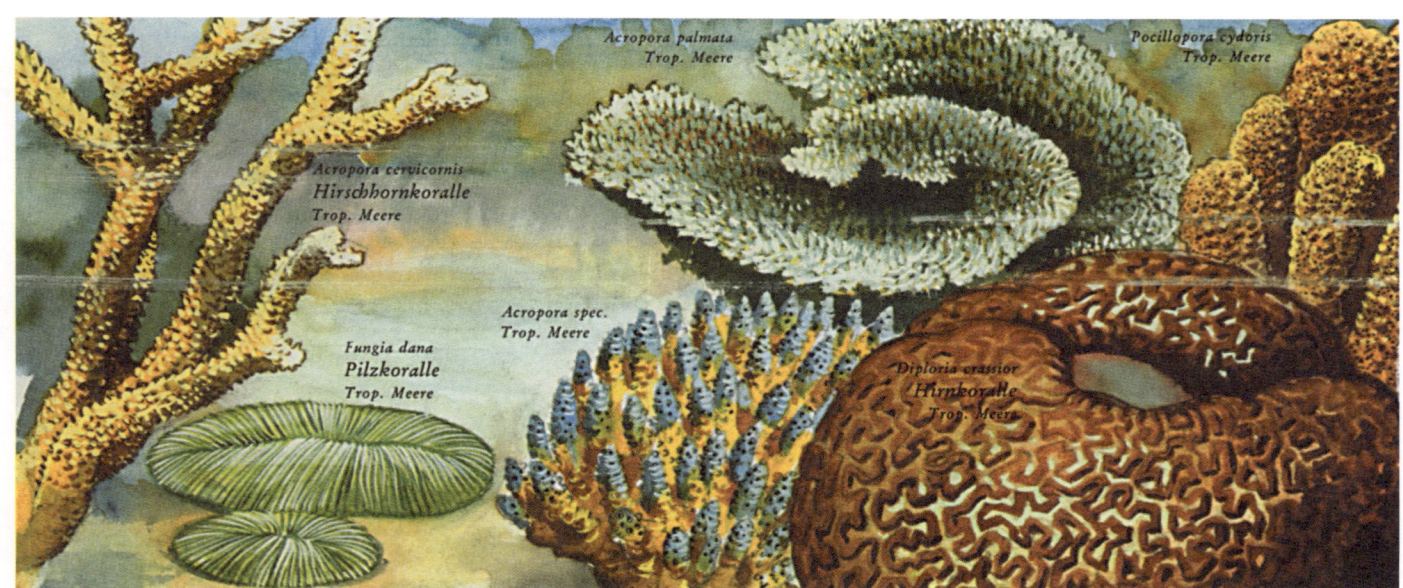

förmigen Windungen der Hirnkoralle, Diploria, dadurch zustande, daß viele Einzelpolypen in langen gewundenen Reihen miteinander verschmolzen sind.

Unterklasse Octocorallia

Ordnungen Gorgonaria — Hornkorallen, Alcyonaria — Lederkorallen

Die Angehörigen der zweiten Unterklasse der Anthozoa, die Octocorallia, sind durch ihren in acht Kammern unterteilten Magendarmraum gekennzeichnet. Die acht gefiederten Tentakel geben den Polypen ein blütenartiges Aussehen. Solitäre Arten kommen bei den Octocorallia nicht vor. Sie bilden oft bizarr geformte Kolonien aus sehr vielen Einzeltieren. Die Nesselkapseln sind klein und können die Haut des Menschen nicht durchdringen. Diese Tiere lassen sich ohne Gefahr berühren. Das Skelett wird nicht nach unten abgeschieden, sondern vorwiegend in die Mittelschicht zwischen der äußeren Körperwand (Ektoderm) und der Auskleidung des Magendarmraumes (Entoderm). Es besteht aus einer hornartigen Substanz, aber auch kleine Kalkkörperchen (Sklerite) werden abgeschieden. Bei der zu den Hornkorallen (Gorgonaria) gehörenden *Edelkoralle* sind die Kalkkörperchen zu einem kompakten Körper verwachsen. Der rote Kalkkörper ist von einer ebenfalls roten Rinde lebender Substanz überzogen. Die Bäumchen der Edelkoralle sind sehr brüchig. Man findet sie vorwiegend in Stillwasserzonen in einer Tiefe von 80—200 Metern. Da diese als Schmucksteine begehrten Korallen meistens auf unebenem felsigem Boden wachsen, ist es sehr schwierig, sie in größerer Menge zu fischen. Die wunderschöne *Orgelkoralle* bildet ebenfalls ein festes Skelett. Die Polypen sitzen am Ende oft sehr langer Kalkröhren, die durch Querwände miteinander verbunden sind. Zusammen mit den Steinkorallen ist Tubipora am Aufbau der tropischen Korallenriffe beteiligt.

Mit ihr verwandt ist die *Füllhornkoralle*. Sie gehört zu den ursprünglichsten Octokorallen. Das Skelett besteht nur aus hornartiger Substanz; Kalkkörperchen fehlen.

Zur Ordnung der Lederkorallen gehört die „Seemannshand". Ihr Körper ist fleischig, weil er nur von einzelnen, nicht miteinander verwachsenen Kalkskleriten, durchsetzt ist. Die einzelnen Polypen können völlig in die Kolonie eingezogen werden. In dieselbe Ordnung wie die Edelkoralle gehören die Hornkorallen (*Isis, Eunicella*). Diese netz- oder fächerförmig gestalteten Korallenstöcke sind biegsam und elastisch. Man findet sie auch in mäßig warmen und kühlen Meeren. Ihre größte Formenvielfalt entwickeln sie jedoch in tropischen Meeren. Als Nahrung dienen kleine Planktonorganismen, die die Polypen mit ihren Tentakeln aus dem Wasser fischen.

Ordnung Pennatularia — Seefedern

Die Ordnung der Pennatularia umfaßt eine Reihe sehr eigenartiger achtstrahliger Blumentiere. Seefedern sind in allen Weltmeeren vom flachen Küstenwasser bis zur Tiefsee in insgesamt über 300 Arten anzutreffen. Im Gegensatz zu allen anderen Octocorallia sind die Seefedern nie am Untergrund festgewachsen. Sie stecken lose im schlammigen oder sandigen Boden. Der aus der Planula-Larve entstandene erste Polyp wächst zu einem langen fleischigen Stamm aus. Am oberen Teil des Stammpolypen knospen Verzweigungen und Sekundärpolypen. Formen wie *Pteroeides* und *Pennatula* haben durch ihren federartigen Umriß der ganzen Ordnung den Namen gegeben. Andere Gattungen sehen stab-, peitschen- oder keulenförmig aus (*Virgularia, Funiculina, Veretillum*). In flachem Wasser mit häufig wechselnder Strömungsrichtung leben vorwiegend Seefedern, deren Stamm allseitig mit Sekundärpolypen besetzt ist (*Veretillum* u. a.). Die typisch federförmigen Formen findet man in tieferem Wasser.

Wir begegnen zwei verschiedenen Polypentypen. Neben tentakeltragenden Freßpolypen gibt es tentakellose Siphonozoide. Letztere dienen dazu, Wasser in die Kolonie einzusaugen und wieder hinauszupumpen. Viele Seefedern ziehen sich, wenn sie gereizt werden, plötzlich sehr stark zusammen, indem sie Wasser aus den Siphonozoiden ausspritzen. Ein regelmäßiges Anschwellen und Zusammensinken wird bei einer großen Zahl Pennatularien beobachtet. Veretillum ist während der Nacht durch Wasseraufnahme stark angeschwollen und entfaltet. Am Tag dagegen schrumpft diese Seefeder auf einen Bruchteil ihrer ursprünglichen Länge zusammen. Die Tentakel der einzelnen Polypen sind nur im angeschwollenen Zustand entfaltet und zur Nahrungsaufnahme fähig. Die regelmäßige Wasseraufnahme und -abgabe dient u. a. der Versorgung des Tierstockes mit frischem, sauerstoffreichem Wasser. Das Ausstoßen des Wassers durch die Siphonozoide und damit das Zusammenziehen des Körpers wird durch zahlreiche im Stiel der Kolonie liegende Muskelfasern ermöglicht. Die Muskulatur erlaubt es ihnen auch, langsam über den Boden zu kriechen und sich in den Sand oder Schlamm einzubohren. Sehr ausgeprägt ist das Leuchtvermögen der meisten Seefedern. Sie leuchten aber nur in gereiztem Zustand. Bei einigen Arten laufen dann Lichtwellen über die ganze Kolonie. Bei anderen leuchten nur der Stiel oder nur die Polypen. Es gibt jedoch keine festumgrenzten Leuchtorgane wie bei manchen höheren Tieren. Das Licht wird von einem schleimartigen Drüsensekret erzeugt.

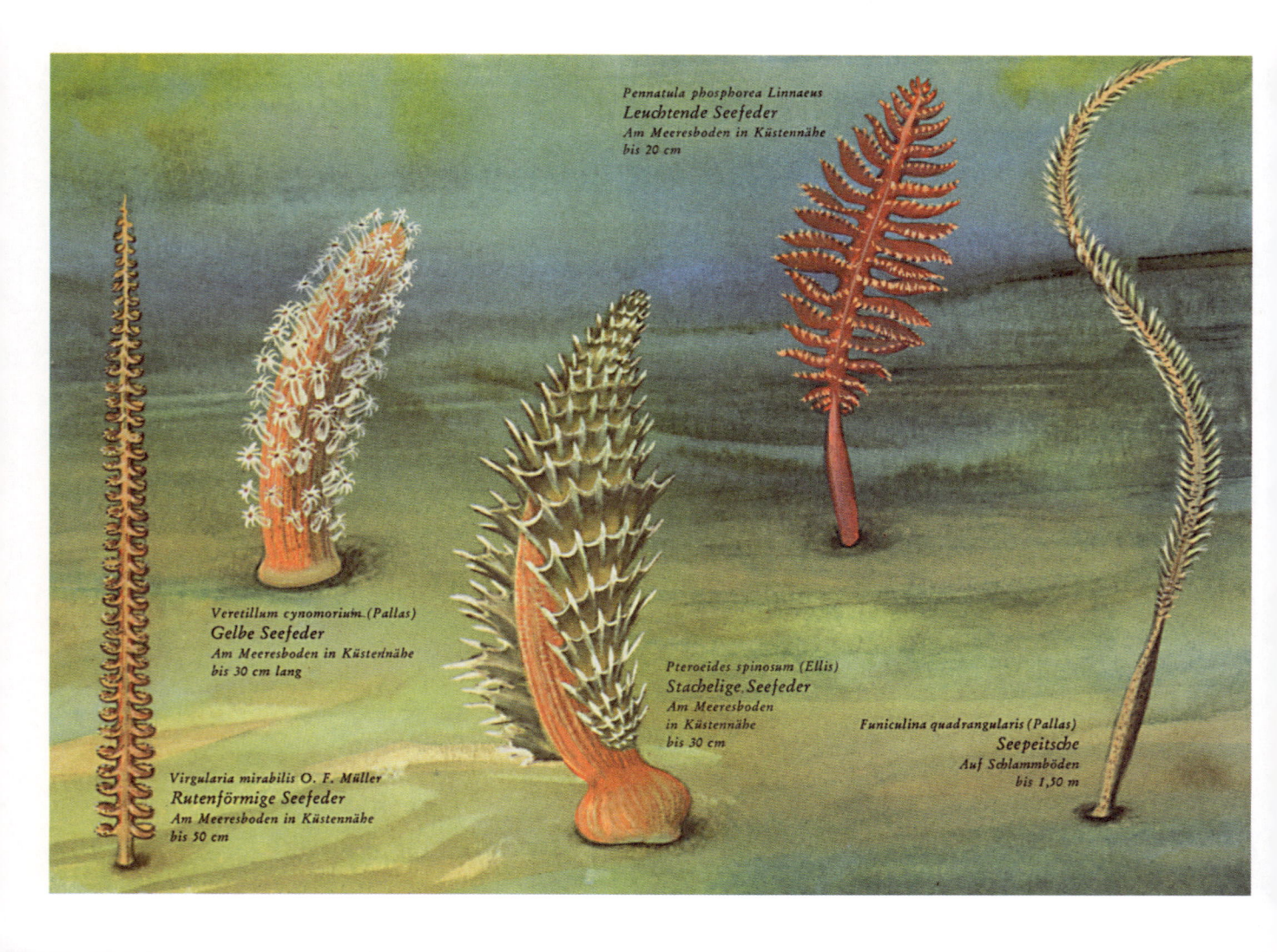

Pennatula phosphorea Linnaeus
Leuchtende Seefeder
Am Meeresboden in Küstennähe
bis 20 cm

Veretillum cynomorium (Pallas)
Gelbe Seefeder
Am Meeresboden in Küstennähe
bis 30 cm lang

Pteroeides spinosum (Ellis)
Stachelige Seefeder
Am Meeresboden in Küstennähe
bis 30 cm

Funiculina quadrangularis (Pallas)
Seepeitsche
Auf Schlammböden
bis 1,50 m

Virgularia mirabilis O. F. Müller
Rutenförmige Seefeder
Am Meeresboden in Küstennähe
bis 50 cm

Stamm CTENOPHORA — RIPPENQUALLEN

Die Kamm- oder Rippenquallen unterscheiden sich in vielerlei Hinsicht von den Nesseltieren. Sie haben statt der Nessel- Klebzellen zum Beutefang. Diese sitzen an Fangarmen, die nur in Zweizahl vorhanden sind. Im Gegensatz zu den Medusen der Nesseltiere bewegen sich die Rippenquallen nicht durch Rückstoß, sondern durch die flimmernde Bewegung von Wimperplättchen. Diese ziehen sich in acht Längsstreifen am Körper entlang und bestehen aus miteinander verklebten Wimpern. Die gleichmäßig wellenförmige Bewegung wird durch Nervenstränge gesteuert, die unterhalb der acht Wimperstreifen entlanglaufen. Das System der Darmverzweigungen, das die Gallertsubstanz der Rippenquallen durchzieht, ist charakteristisch für diesen Tierstamm. Seltsam sind die Fortpflanzungsverhältnisse. *Pleurobrachia* und viele andere Ctenophoren werden bald, nachdem sie aus dem Ei geschlüpft sind, geschlechtsreif und pflanzen sich bei einer Größe von etwa 1 mm fort. Dann bilden sich die Keimdrüsen zurück. Nach dem Heranwachsen werden die Tiere zum zweiten Mal geschlechtsreif. Die Eier der erwachsenen Tiere sind wesentlich größer als die während der ersten Fortpflanzungsperiode erzeugten. Alle Rippenquallen sind Zwitter. Sie vermehren sich nur geschlechtlich. Die Seestachelbeere wird auch in der Nähe der deutschen Nordseeküste häufig angetroffen. Ihre bis zu 1 m langen Tentakel können vollständig in röhrenförmige Taschen zurückgezogen werden. Zum Beutefang schwimmt sie langsam durch das Wasser und läßt die Tentakel hinter sich herschweben. An den Klebzellen auf den kurzen Seitenzweigen dieser Fangfäden bleiben kleine Planktonorganismen hängen. Dann werden die Tentakel kontrahiert, an der Mundöffnung vorbeigeführt und abgesaugt. *Mnemiopsis* hat zwei große Schwimmlappen. Bei der Fortbewegung wird die Flimmerbewegung der Ruderplättchen durch rhythmische Schläge der Lappen unterstützt.

Eine eigenartig abgewandelte Rippenqualle ist der *Venusgürtel*. Vier der Wimperrippen sind weitgehend zurückgebildet, die anderen vier laufen an der oberen Kante des Tieres entlang. Der Venusgürtel liegt oft steif ausgestreckt, waagerecht im Wasser. Aufgeschreckt, schwimmt er in schlängelnden Bewegungen davon.

Die *Mützenqualle* besitzt weder Tentakel noch Klebzellen. Sie kann ihre Mundöffnung weit aufreißen. Ihre Beute sind andere Rippenquallen, aber auch Fische.

Viele Ctenophoren leuchten in der Dunkelheit, wenn sie gereizt werden. Die Leuchtzellen von Pleurobrachia liegen direkt unter den Wimperrippen. Da der übrige Körper völlig durchsichtig ist, hat man den Eindruck, als ob nur acht Leuchtrippen durch das Wasser schwimmen.

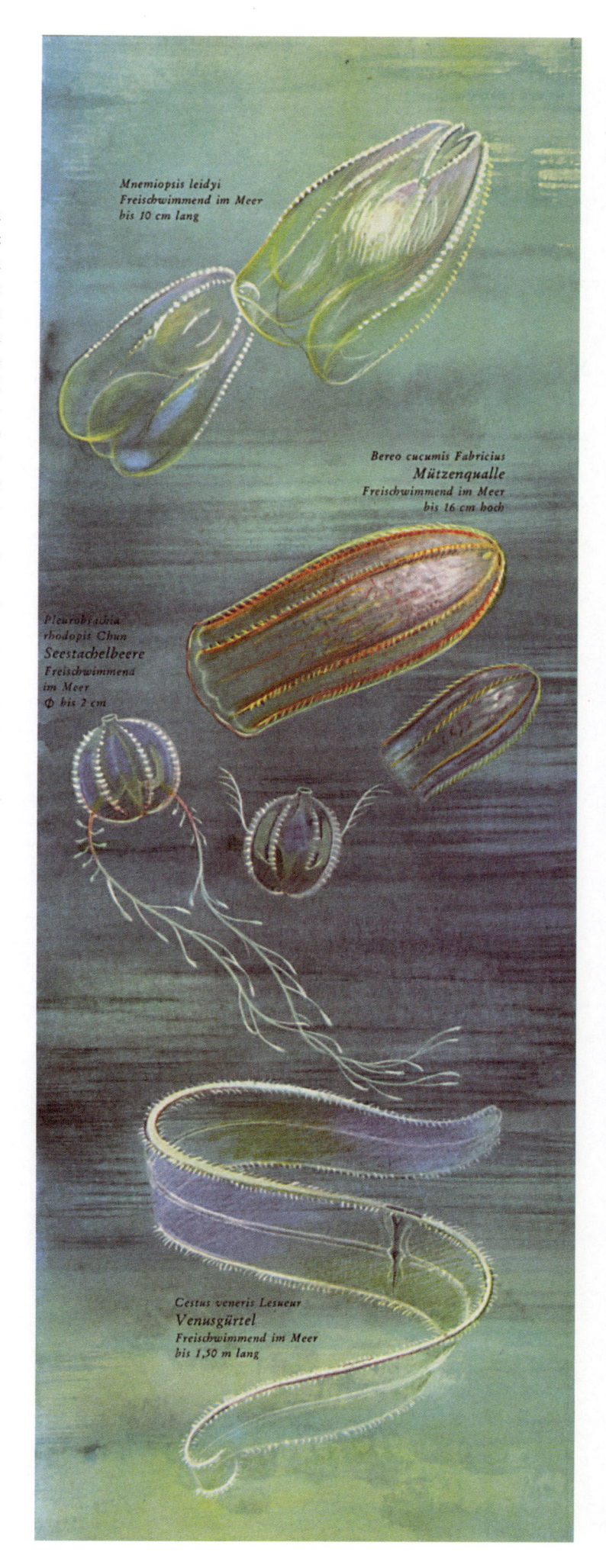

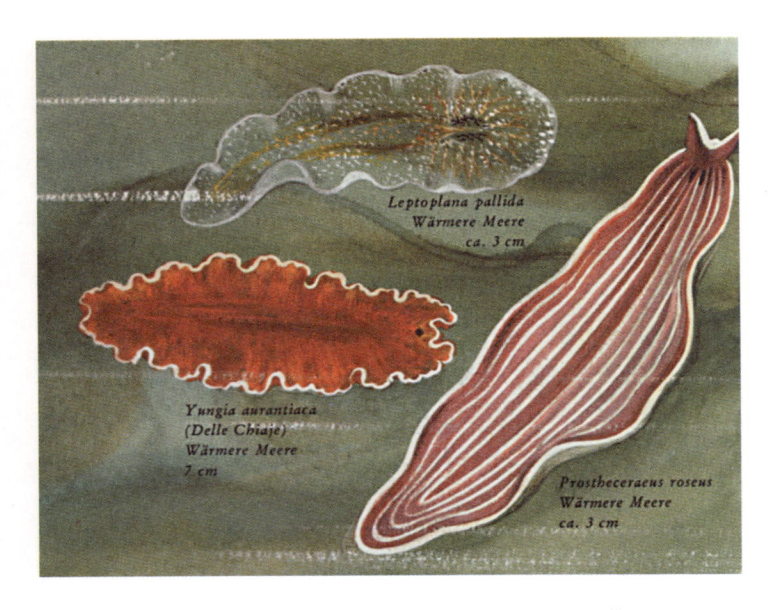

Stamm PLATHELMINTHES — PLATTWÜRMER

Klassen Turbellaria — Strudelwürmer, Trematoda — Saugwürmer, Cestoda — Bandwürmer

Der Stamm der Plattwürmer bildet eine gut abgegrenzte stammesgeschichtliche Einheit. Die Strudelwürmer, Turbellaria, sind bis auf wenige Ausnahmen freilebende Bewohner des Süßwassers und der Meere, aber auch feuchter Zonen außerhalb des Wassers. Ihr Körper ist von einem feinen Wimperkleid überzogen. Am Vorderende befinden sich verschiedene Sinnesorgane: Riechgruben, Tastfühler und einfache Augen in unterschiedlicher Anzahl — bei manchen Arten über 100. Der blindendende Darm ist bei den Angehörigen der verschiedenen Ordnungen sehr unterschiedlich gestaltet. Bei vielen Süßwasser- und Landplanarien (*Dendrocoelum, Polycelis, Baicalobia, Placocephalus, Bipalium* u. a.) zieht sich von dem auf der Bauchseite gelegenen Mund ein Darmast zum Vorderende des Tieres und zwei Äste nach hinten. Diese Därme tragen oft noch weitere Verzweigungen. Andere, meist sehr kleine Formen (*Microstomum, Mesostoma*), haben nur einen ungegliederten stabförmigen Darm. Sehr stark verzweigt ist der Darm vieler Meeresstrudelwürmer (*Leptoplana, Yungia, Prosthecereus*). Die meisten Turbellarien sind Fleischfresser (kleine Würmchen und Krebschen). Der Geschlechtsapparat der stets zwittrigen Tiere ist sehr kompliziert und vielgestaltig gebaut. Einige können sich auch ungeschlechtlich durch Querteilung vermehren. Microstomum bildet dann oft lange Ketten, die schließlich in Einzelindividuen zerfallen. Bewundernswert ist das starke Regenerationsvermögen. Einige einheimische Bachstrudelwürmer kann man mit einem scharfen Messer in viele kleine Stücke zerschneiden. Aus jedem Einzelstück wird wieder ein ganzer Wurm, indem die fehlenden Körperpartien neu gebildet werden. Während unsere einheimischen Süßwasserturbellarien klein und unscheinbar sind, gibt es farblich sehr ansprechende Strudelwürmer im Baikalsee (Baicalobia u. a.) und im Meere (Leptoplana, Yungia, Prosthecereus). Aus den Korallenregionen warmer Meere stammen die schönsten Formen. Die großen Landplanarien der Gattungen Bipalium und Placocephalus sind in den Tropen weit verbreitet. Nicht selten werden sie auch nach Europa verschleppt und sind dann in Gewächshäusern zu finden.

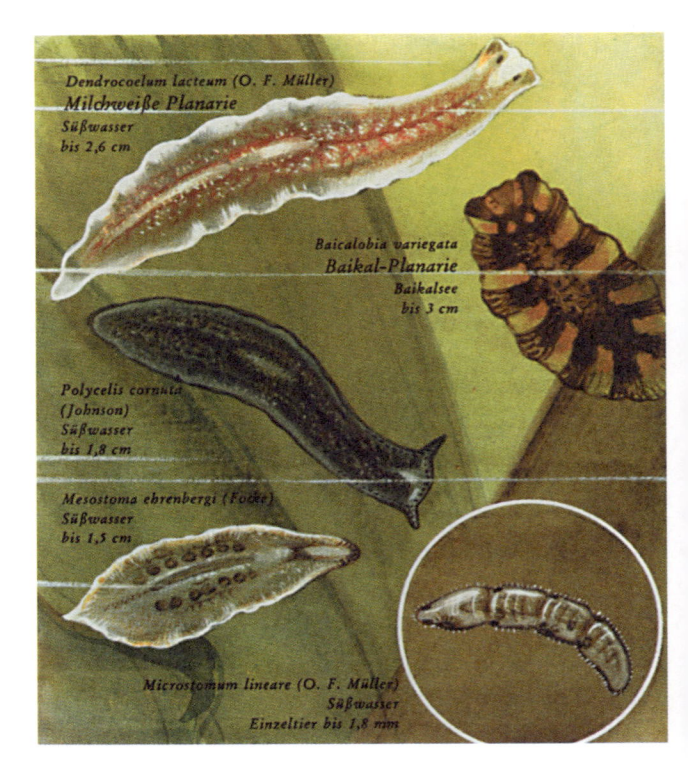

Der meist abgeplattete Körper der durchweg parasitischen Saugwürmer ist fast stets mit Saugnäpfen versehen. *Polystoma integerrimum* hat außer drei Paar Saugnäpfen am Hinterende eine Anzahl großer Haken, mit denen es sich an der Harnblasenwand von Fröschen festheftet und dort Blut saugt.

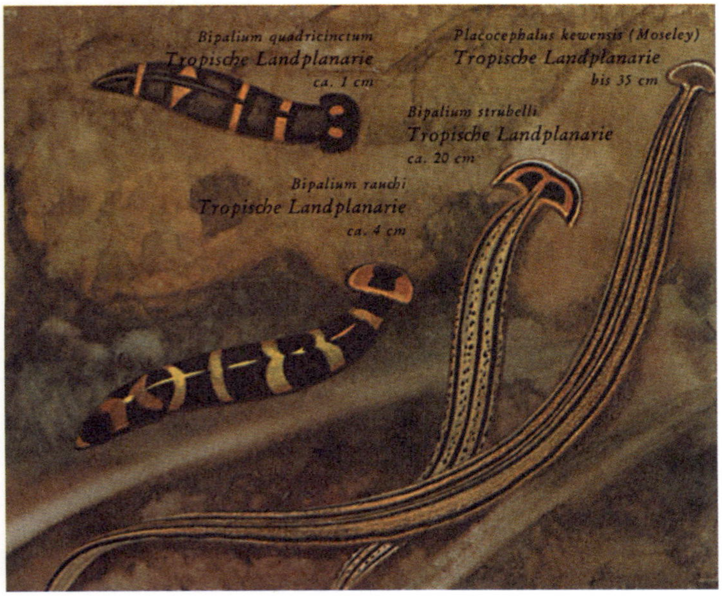

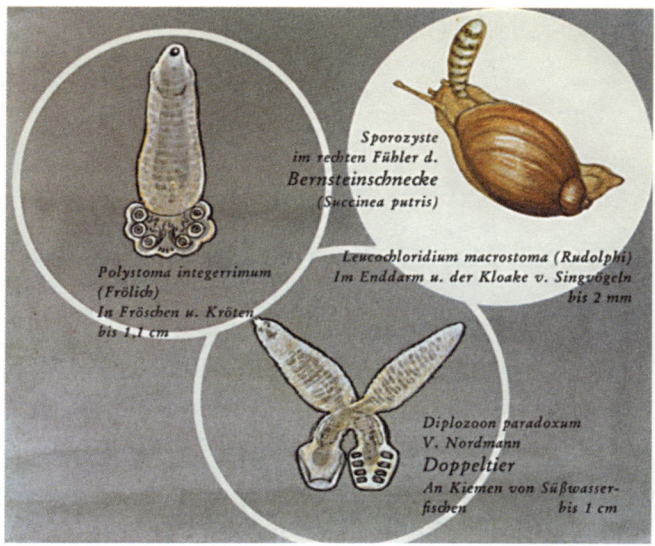

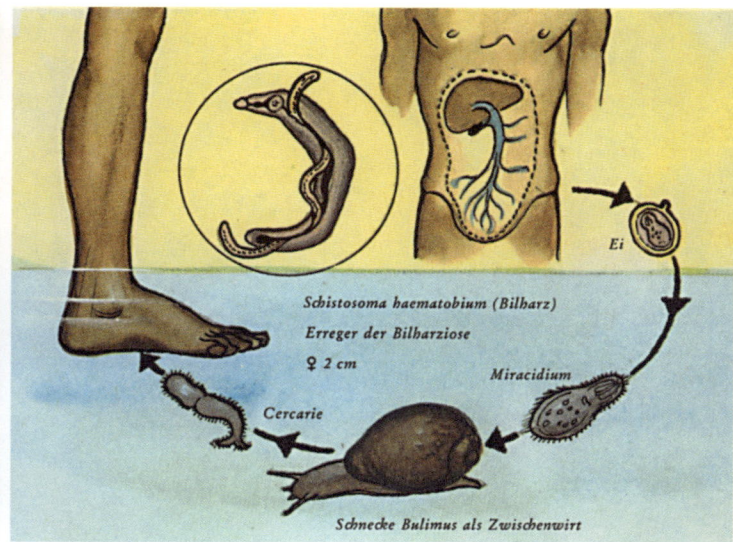

Das eigenartige *Doppeltier* lebt auf den Kiemen von Süßwasserfischen und saugt Blut. Während die Jungtiere einzeln leben, legen sich die ausgewachsenen Würmer zur Paarung kreuzförmig übereinander, indem das eine Tier mit seinem Bauchsaugnapf einen Zapfen in der Rückenmitte des anderen umfaßt. In dieser Lage verwachsen die Tiere miteinander und bleiben zeitlebens zusammen.

Einen merkwürdigen Lebenslauf hat *Leucochloridium macrostoma*. Das Tier lebt im Darm von Vögeln, die Eier gelangen mit dem Kot ins Freie. Sie werden von der Bernsteinschnecke gefressen. In ihr entwickelt sich eine Larve mit wurzelförmigen Verzweigungen. Wurstförmige, grün und braun geringelte Fortsätze wachsen in einen Fühler der Schnecke. Dieser stark verdickte Fühler zuckt andauernd und lenkt so die Aufmerksamkeit von Vögeln auf sich, die ihn abreißen. Im Darm des Vogels entwickelt sich Leucochloridium zum geschlechtsreifen Tier.

Einen komplizierten Generations- und Wirtswechsel hat der *Große Leberegel*. Er richtet in der Schaf- und Rinderzucht großen Schaden an. Oft sind die Gallengänge in der Leber von Rindern vollgestopft mit diesen Würmern. Fasciola ernährt sich von Blut- und Leberzellen.

Eine furchtbare Plage für die Menschen warmer Länder sind die Blutparasiten der Gattung Schistosoma. Über 100 Millionen in tropischen Gegenden sind von diesen Trematoden befallen. *Schistosoma haematobium* lebt in den Venen — vorwiegend in Verzweigungen der Pfortader — des Menschen. Dieser Wurm ist im Gegensatz zu den meisten Trematoden getrenntgeschlechtlich. Das Weibchen liegt in einer Rinne an der Bauchseite des Männchens. Die Eier gelangen in die Harnblase und von dort aus ins Wasser. Der komplizierte Entwicklungszyklus ist in der Abbildung dargestellt. Das letzte Larvenstadium bohrt sich durch die Haut von im Wasser watenden Menschen.

Noch extremer an die parasitische Lebensweise angepaßt als die Saugwürmer sind die Bandwürmer, Cestoda. Der Rinderbandwurm, *Taeniarhynchus saginatus,* ist ein häufiger Darmparasit des Menschen. Mit den vier Saugnäpfen seines Kopfes befestigt er sich im Darm seines Wirtes. In der Halsregion sprossen laufend neue Glieder. Die mit reifen Eiern angefüllten großen hinteren Glieder gelangen ins Freie und zerfallen bald. Wenn die sehr widerstandsfähigen Eier von einem Rind aufgenommen werden, schlüpft in diesem eine Larve, die sich als Finne in der Muskulatur des Rindes festsetzt.

Völlig ungegliedert ist der *Riemenwurm*. Im Laufe seines Lebenszyklus befällt er drei Wirtstiere: ein Ruderfußkrebschen (Diaptomus), einen Fisch und schließlich einen Wasservogel.

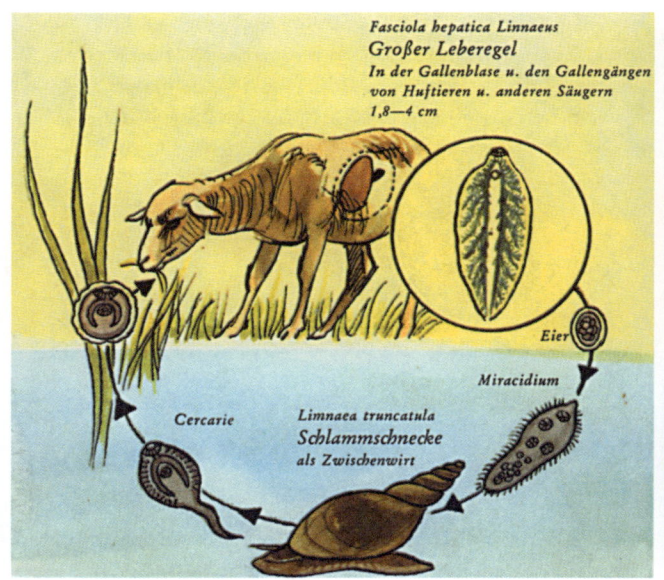

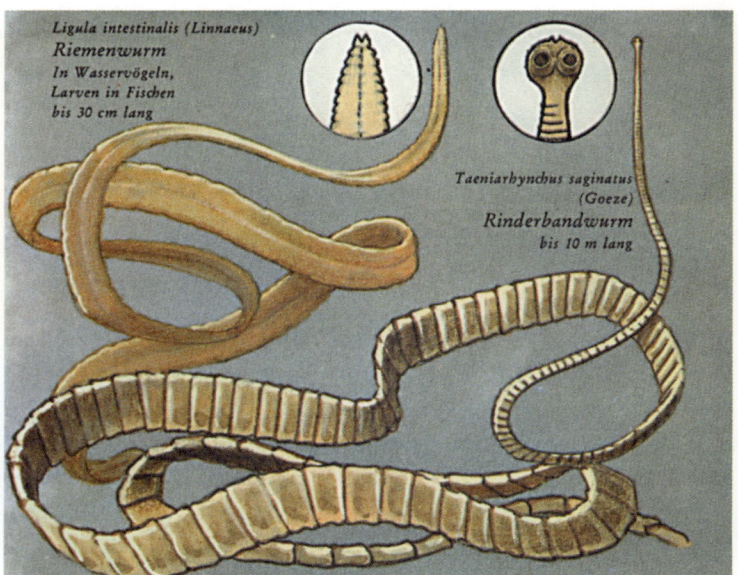

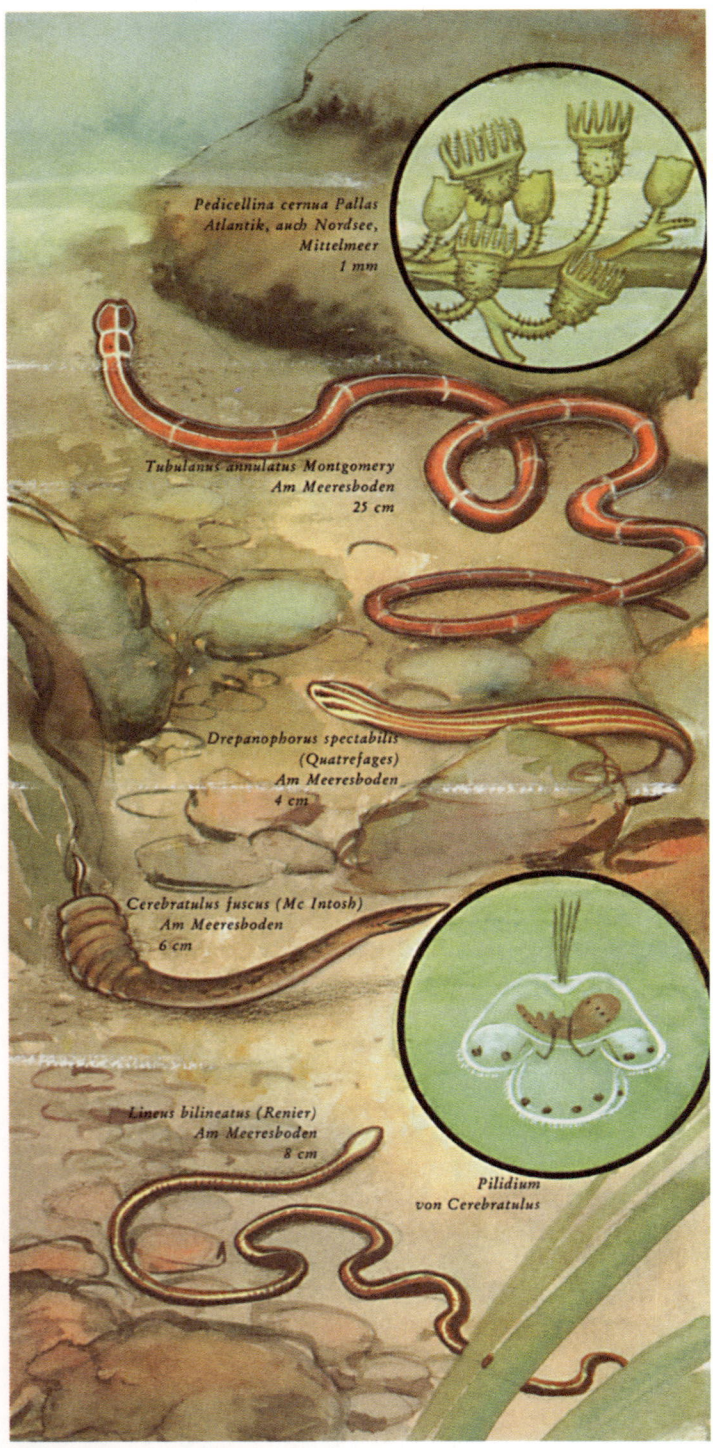

Pedicellina cernua Pallas
Atlantik, auch Nordsee,
Mittelmeer
1 mm

Tubulanus annulatus Montgomery
Am Meeresboden
25 cm

Drepanophorus spectabilis
(Quatrefages)
Am Meeresboden
4 cm

Cerebratulus fuscus (Mc Intosh)
Am Meeresboden
6 cm

Lineus bilineatus (Renier)
Am Meeresboden
8 cm

Pilidium
von Cerebratulus

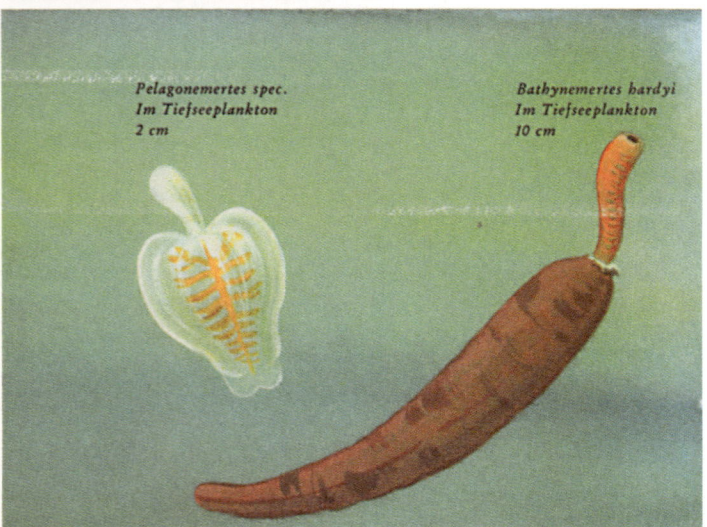

Pelagonemertes spec.
Im Tiefseeplankton
2 cm

Bathynemertes hardyi
Im Tiefseeplankton
10 cm

Stamm KAMPTOZOA — KELCHWÜRMER
Stamm NEMERTINI — SCHNURWÜRMER
Stamm NEMATHELMINTHES — SCHLAUCHWÜRMER

Klassen Nematodes — Fadenwürmer, Nematomorpha — Saitenwürmer

Die Gruppe der Kamptozoa oder Entoprocta umfaßt nur etwa 60 Arten, hat jedoch den Rang eines Tierstammes. Oberflächlich ähneln diese Tiere den Hydroidpolypen. Ihre Organe sind wie die der Plattwürmer in Füllgewebe eingebettet. Der Stiel und der kelchförmige Körper sind von einer festen Kuticula eingehüllt. Die Oberkante des Kelches ist von starren Tentakeln umgeben. Innerhalb des Tentakelkranzes münden sowohl Mund als auch After. Der Darm ist U-förmig gebogen. Als Nahrung dienen den Kamptozoen kleine Planktonorganismen sowie im Wasser schwebende Teilchen abgestorbener Organismen. Ein feiner Wimperbesatz auf der Innenseite der Tentakel strudelt die Nahrung zur Mundöffnung. Bei Reizung werden die Tentakel mit Hilfe eines Ringmuskels nach innen eingeschlagen, und gleichzeitig macht der Stiel pendelnde Bewegungen. Die Larve ist der Anneliden-Trochophora ähnlich. Ungeschlechtliche Vermehrung führt zur Koloniebildung. *Pedicellina cernua* lebt auf Tangen, Hydrozoenstöcken, Muscheln und ähnlichen Unterlagen.

Die Nemertini haben wie die Strudelwürmer eine mit Wimpern überzogene Haut. Ihre Leibeshöhle ist von Füllgewebe ausgefüllt. Aber im Gegensatz zu den Turbellarien besitzen sie einen durchgehenden Darm mit einer Afteröffnung am Hinterende. Die meisten Schnurwürmer leben am Meeresboden in der Küstenregion (*Tubulanus, Drepanophorus, Cerebratulus, Lineus*), andere auch im Tiefseeplankton (*Pelagonemertes, Bathynemertes*). In das Süßwasser sind nur wenige Arten eingewandert. An feuchten Stellen in tropischen und subtropischen Gegenden findet man Landnemertinen. Einige Nemertinen des Meeresbodens sind extrem lang und dünn. Eine Lineus-Art kann sich bei einem Durchmesser von weniger als einem Zentimeter auf eine Länge von mehr als 30 Metern ausstrecken. — Charakteristisch ist für die Schnurwürmer ein langer, ausstülpbarer Rüssel, der im Ruhezustand in einer Scheide oberhalb des Darmes liegt. Räuberische Nemertinen winden den Rüssel um ihr Beutetier und ziehen das Opfer an die Mundöffnung. Die meisten Nemertinen sind getrenntgeschlechtlich. Zum Teil entwickeln sie sich direkt; viele haben eine planktonische Larve, das Pilidium. Diese Larve ähnelt der Anneliden-Trochophora, ist aber durch zwei seitlich herabhängende, lappenförmige Fortsätze charakterisiert.

Die bedeutendste Klasse der Nemathelminthes sind die Fadenwürmer. In großer Artenzahl und unvorstellbaren Mengen bewohnen sie die Hohlräume im Erdboden. Auf verrotteten Pflanzen- und Tierresten, im Schlamm und Sand der Binnengewässer und des Meeres (*Enoplus*, *Desmoscolex*) finden wir sie genauso wie als Parasiten und Schädlinge von Pflanze, Tier und Mensch. Einheitlich sind sie in Gestalt und Organisation des Körpers. Die glatte Oberfläche ist von einer festen, aber elastischen Kutikula bedeckt. In dem endständig am Vorderende liegenden Mund befinden sich oft Haken oder Zähne. Der After liegt auf der Bauchseite nahe dem Hinterende. Nur relativ wenige freilebende Nematoden (z. B. Desmoscolex) haben eine etwas abweichende Gestalt, indem ihre Kutikula Wülste und Borsten trägt; die meisten bleiben kleiner als 1 cm. Unter den parasitischen Fadenwürmern gibt es jedoch Arten von beträchtlicher Länge. Großen wirtschaftlichen Schaden richten pflanzenparasitische Nematoden an. Als Parasiten im Darmkanal des Menschen sind die Spul- und Madenwürmer allgemein bekannt. Wesentlich gefährlicher ist die *Trichine*. Sie wird durch infiziertes Schweinefleisch übertragen. Im Darm des Menschen werden die Trichinen aus der sie einhüllenden bindegewebigen Kapsel freigesetzt. Das befruchtete Weibchen bohrt sich in die Darmwand ein und bringt ca. 2000 Junge zur Welt, die mit dem Blutstrom in die Muskulatur getragen werden. Sie nähren sich von den Muskelfasern und rollen sich später spiralig auf. Die von den Muskeltrichinen ausgeschiedenen Giftstoffe rufen oft tödliche Erkrankungen hervor. — In den Tropen gibt es viele Nematoden-Arten, die den Menschen schwer schädigen. Das Weibchen des *Medinawurmes* liegt im geschlechtsreifen Zustand unter der Haut im Unterschenkel oder Fuß des Menschen. Am Kopfende des Tieres entsteht ein dickes Geschwür. Wenn der Mensch durch Wasser watet, platzt dieses und der lebendgebärende Wurm entläßt seine Larven in das Wasser. Sie müssen vom Ruderfußkrebschen gefressen werden, um sich weiterentwickeln zu können. Der Mensch wird wieder infiziert, indem er diese Krebschen mit dem Trinkwasser aufnimmt. Um den Wurm zu entfernen, wird er an einem Ende aus der Wunde herausgezogen und auf ein Stäbchen gewickelt. Dieser Vorgang erfordert sehr viel Zeit und Mühe, da die Gefahr besteht, daß der Wurm zerreißt und dann böse Entzündungen hervorruft.

Die Nematomorpha werden wegen ihrer Ähnlichkeit mit einer Violinensaite Saitenwürmer genannt. Man findet sie bisweilen in Gräben, Tümpeln oder Pfützen. Die Larven parasitieren in verschiedenen Insekten. Die reifen Würmer, deren Darm weitgehend zurückgebildet ist, verlassen das Insekt. Die häufige Gattung *Gordius* ist in unseren Breiten in mehreren Arten verbreitet.

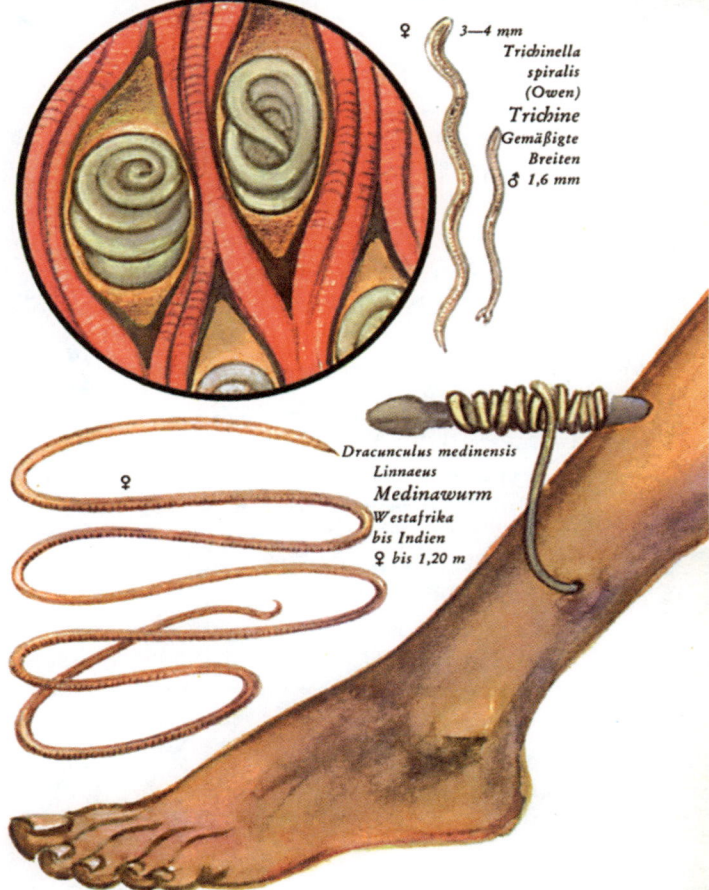

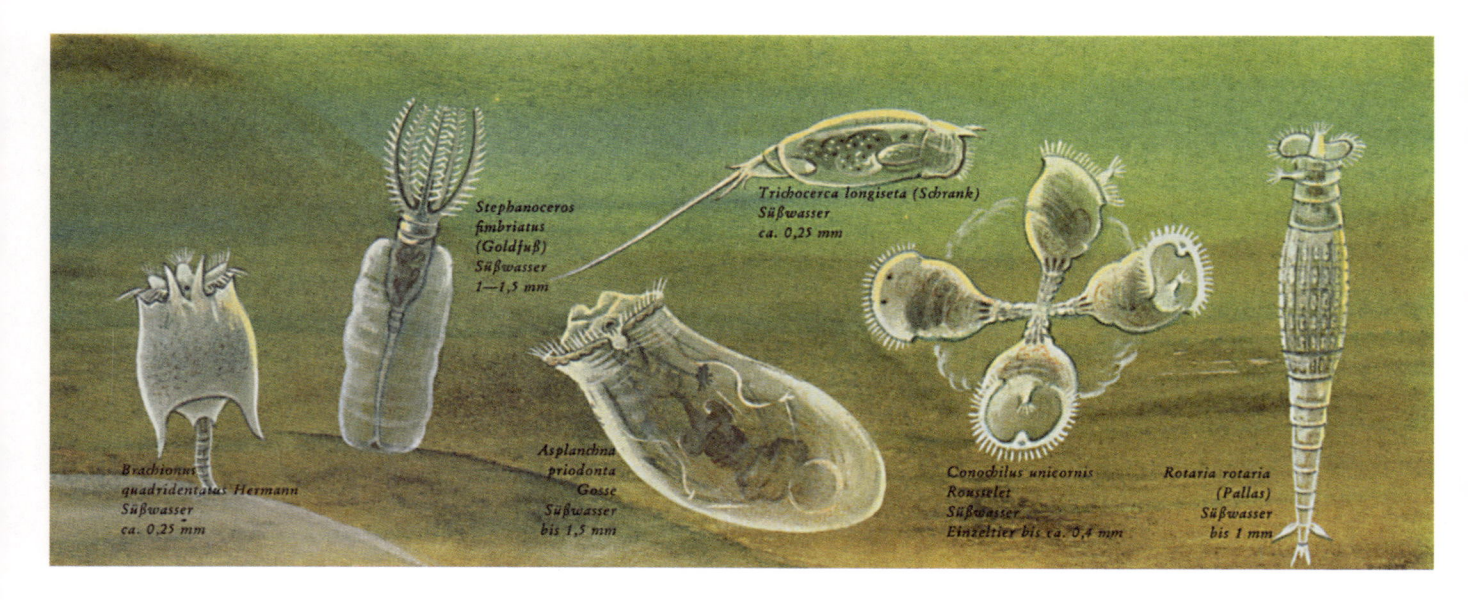

Klassen Gastrotricha — Bauchhaarlinge, Kinorhyncha — Hakenrüßler, Rotatoria — Rädertiere, Acanthocephala — Kratzer

Die Nemathelminthenklasse der Bauchhaarlinge ist, wie ihr Name es andeutet, an der Bauchseite und am Vorderende bewimpert. Mit Hilfe dieser Wimpern bewegen die Tierchen sich kriechend und z. T. auch schwimmend im Schlamm, im Sand und an Wasserpflanzen vorwärts. Außerdem besitzen die Gastrotrichen z. T. zahlreiche Haftröhrchen, mit denen sie sich an Sandkörnchen oder andere Unterlagen festheften können. Der Rücken dieser Tiere ist oft mit Schuppen, Stacheln oder Borsten besetzt. Während die Gattung *Turbanella* und ihre Verwandten nur im Meere angetroffen werden, repräsentiert die Gattung *Chaetonotus* eine Ordnung, die sowohl im Süßwasser als auch im Meer zu finden ist. Als Nahrung dienen den Bauchhaarlingen kleine Algen, Einzeller und Bakterien. Die Hakenrüßler, Kinorhyncha, sind in ihrem Aussehen und ihrer Lebensweise den Gastrotrichen recht ähnlich.

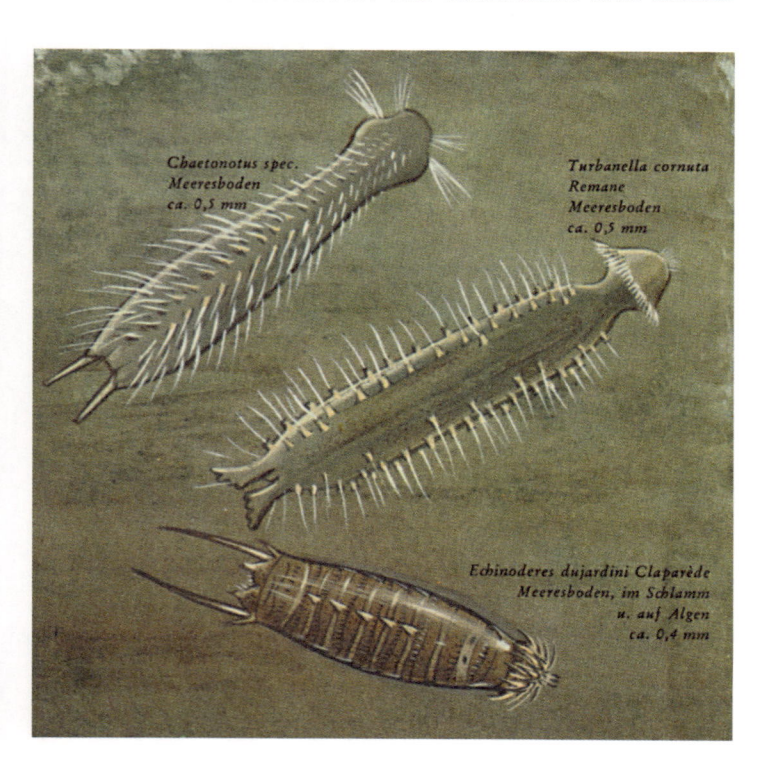

Auch ihr Körper hat Haken und Stacheln. Charakteristisch ist der Stachelkranz am Vorderende, der bei dem abgebildeten Tier (*Echinoderes dujardini*) deutlich zu erkennen ist. Der Körper der Hakenrüßler ist in 13 Segmente unterteilt. Eine derartige Körpergliederung finden wir bei anderen Nemathelminthen nicht. Die ganze Klasse der Kinorhynchen besteht nur aus etwa 100 Arten. Sie leben alle im Meer.

Sehr artenreich und vielfältig gestaltet sind die Rädertiere, Rotatoria. Angehörige dieser Klasse sind in nahezu allen Süßwasserlebensräumen anzutreffen. Aber auch im Meer gibt es Rädertierchen. Neben frei im Plankton lebenden Arten gibt es solche, die in Bodennähe und an Wasserpflanzen leben. Viele Rädertiere sind am Untergrund festgeheftet. Die ursprünglichste Rädertiergruppe wird durch *Seison nebaliae* repräsentiert. Dieses langgestreckt wurmförmige Tier lebt nur im Meer auf dem Krebs Nebalia und ernährt sich von kleinen Partikeln, saugt aber auch an den Eiern seines Wirtes.

Bei Seison vermissen wir das für die Rädertiere charakteristische Räderorgan. Dieses bei allen höheren Rädertieren ausgebildete Organ besteht aus Wimperfeldern am Vorderende der Tiere. Da die Wimpern dauernd in Bewegung sind, entsteht der Eindruck, als ob sich am Kopf der Tiere ein Rad drehe. Die freischwimmenden Arten bewegen sich mit dem Wimperorgan spiralig durch das Wasser. Den festsitzenden Formen (*Stephanoceros, Collotheca, Floscularia*) dient es zum Herbeistrudeln der Nahrung. Der von einer Gallerthülle umgebene Stephanoceros hat außerdem rund um seine Mundöffnung einen Kranz starrer Fortsätze, die über der herbeigestrudelten Nahrung zusammenschlagen. *Trichocerca* schwimmt frei im Wasser und saugt seine Beute — meist Dinoflagellaten — aus. Die *Asplanchna*-Arten leben räuberisch. Charakteristisch für diese Gattung ist das Fehlen von Enddarm und After. Der Kot wird wieder durch die Mundöffnung ausgeschieden. Der blindgeschlossene Darm von Asplanchna ist kein

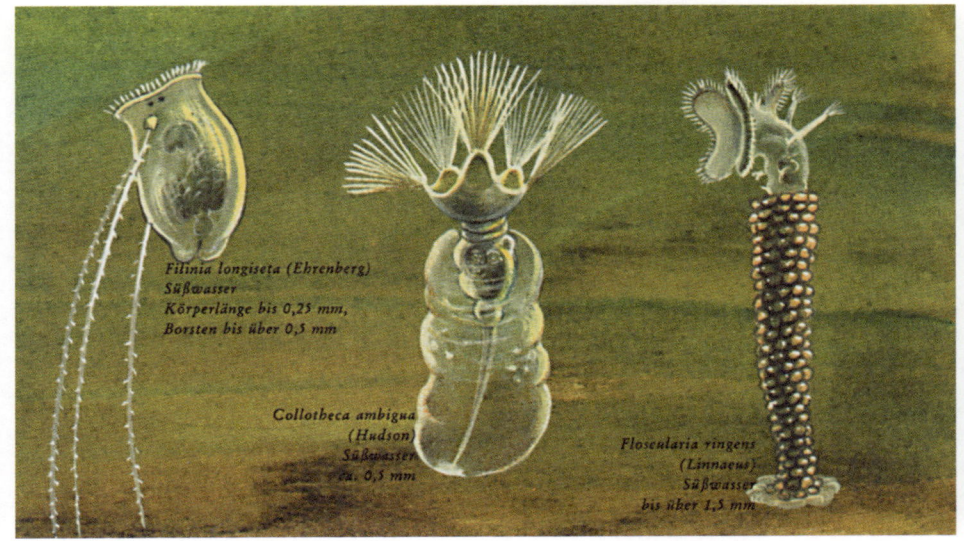

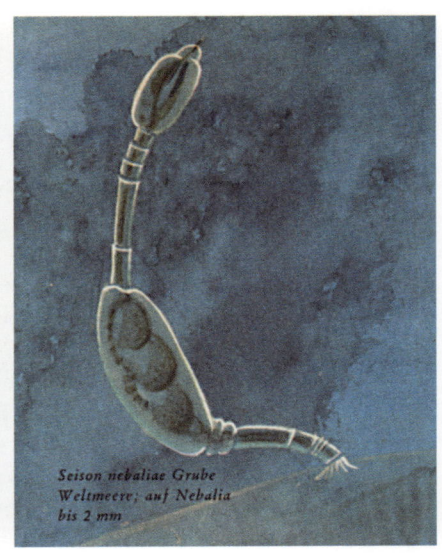

Filinia longiseta (Ehrenberg)
Süßwasser
Körperlänge bis 0,25 mm,
Borsten bis über 0,5 mm

Collotheca ambigua
(Hudson)
Süßwasser
ca. 0,5 mm

Floscularia ringens
(Linnaeus)
Süßwasser
bis über 1,5 mm

Seison nebaliae Grube
Weltmeere; auf Nebalia
bis 2 mm

primitives Merkmal, sondern eine Rückbildungserscheinung. Der Körper der *Brachionus*-Arten ist von einem starren Panzer umgeben, der in mehr oder weniger lange Fortsätze ausgezogen ist. *Filinia* hat sehr lange starre Körperanhänge, die dem Tier zur Fortbewegung dienen. Zu Kolonien vereint schwimmt *Conochilus*. Mehrere Individuen haben sich mit ihren Fußenden aneinandergeheftet und mit einer Gallerthülle umgeben. Man darf diese Rädertierkolonien keineswegs mit Einzeller- oder Hohltierkolonien gleichsetzen, die durch vegetative Vermehrung aus ursprünglich einem Individuum entstehen. Rädertiere können sich nur geschlechtlich vermehren. Sie haben eine konstante Zellenzahl, typisch für jede Art, und besitzen kein Regenerationsvermögen. Bei Seison gleichen die beiden Geschlechter einander in Körperform und -größe. Bei den meisten Süßwasserrädertieren sind die Männchen dagegen — verglichen mit den Weibchen — winzig klein und stark zurückgebildet. Sie treten meist nur für sehr kurze Zeit im Herbst auf. Während der warmen Jahreszeit schlüpfen aus unbefruchteten Eiern nur Weibchen. Viele Rädertiere tragen ihre Eier bis zum Schlüpfen mit sich herum. Asplanchna ist lebendgebärend. — Die befruchteten Eier sind sehr widerstandsfähig gegen Kälte und Austrocknung. Sie retten die Art über ungünstige Jahreszeiten. — Eine Gruppe der Rädertiere, zu der auch die abgebildete *Rotaria* gehört, vermehrt sich ausschließlich durch Jungfernzeugung. Männchen fehlen hier vollständig. Diese Tiere, die oft in kleinsten Wasseransammlungen gefunden werden, überstehen Trockenperioden, indem sie sich zu einer Kugel zusammenziehen und einen Teil ihrer Körperflüssigkeit abgeben. In diesem Zustand können die Tiere mehrere Jahre Trockenheit überstehen.

Vollständig an eine parasitische Lebensweise angepaßt sind die Kratzer, Acanthocephala. Am Vorderende dieser Nemathelminthen befindet sich ein mit Widerhaken bewaffneter Rüssel. Mit diesen Haken befestigen sich die Würmer in der Darmwand des Wirtstieres. Der Verdauungskanal der Kratzer ist vollständig zu einem Gewebestrang zurückgebildet. Die flüssige Nahrung aus dem Darm des Wirtes wird durch die Haut aufgenommen. Der abgebildete *Macracanthorhynchus* wird oft in großer Zahl im Darm des Schweines gefunden.

Stamm PRIAPULIDA — PRIAPULIDEN

Wegen der Eigentümlichkeiten ihres Körperbaus haben die Priapulida den Rang eines Stammes erhalten, obwohl diese Gruppe nur drei Arten umfaßt. Die Tiere durchwühlen den Schlamm der Uferzonen kalter und mäßig warmer Meere. Am Vorderende befindet sich ein dornenbewaffneter Rüssel. *Priapulus* lebt räuberisch und verschlingt seine Beutetiere unzerkleinert. Die büschelförmigen Anhänge am Hinterende der Tiere werden oft als Atemorgane angesehen. Über ihre genaue Funktion besteht jedoch noch keine Klarheit.

Macracanthorhynchus hirudinaceus (Pallas)
Riesenkratzer
Parasit im Darm des Schweines
bis 35 cm

Priapulus caudatus Lamarck
Meeresboden
bis 8 cm

Stamm ANNELIDA — RINGELWÜRMER
Klasse Polychaeta — Vielborster

Die ursprünglichste Gruppe des Stammes der Ringelwürmer sind die Vielborster. Hierbei handelt es sich zumeist um Meerestiere. Ihre charakteristische Wimperlarve ist die Trochophora. Sie schwimmt im Plankton und sorgt für die weite Verbreitung der Tiere. Meist ist sie kugelig oder eiförmig gestaltet. Um den Körper ziehen sich zwei Wimperkränze. Zwischen diesen liegt die Mundöffnung. An einem Pol befindet sich eine Scheitelplatte mit Sinnesorganen, am anderen der After, in dessen Nähe die Sprossungszone für die später entstehenden Segmente des Wurmes liegt. Im Gegensatz zu der freischwimmenden Larve sind die meisten ausgewachsenen Polychaeten Bodenbewohner. Nur relativ wenige leben auch als geschlechtsreife Tiere im freien Wasser. Hierher gehört *Tomopteris helgolandica*, ein durchsichtiges Tier mit langen Tentakeln und Parapodien. Charakteristisch für die Polychaeten sind die zweilappigen, ungegliederten Anhänge (Parapodien) links und rechts an jedem Segment. An diesen befinden sich oft noch Tentakel, Kiemen und vor allem sehr viele Borsten. Letztere sitzen meist in je einem Bündel am oberen und unteren Lappen des Parapodiums. Der Kopf ist mit zahlreichen Fühlern, Zirren und Tentakeln besetzt. Einige Polychaeten haben hoch entwickelte Augen. Die Segmente der sich frei am Meeresboden bewegenden Vielborster sind von vorn bis hinten ziemlich gleichartig gestaltet (*Nereis, Phyllodoce, Hesione*). Diese Polychaeten leben zum Teil räuberisch. Nereis hat sehr scharfe Kiefer und beißt mit ihnen Stücke von Meeresalgen ab. Zu bestimmten Zeiten steigen die Nereis-Arten an die Wasseroberfläche, um ihre Geschlechtsprodukte abzugeben. Die Befruchtung findet im freien Wasser statt. Berühmt ist das periodische Schwärmen des *Palolowurmes*. Hier kommen nur die Hinterenden der im Korallenkalk lebenden Würmer an die Oberfläche. In diesen Segmenten liegen die Eier und Samenzellen. Jeweils zur Zeit des letzten Mondviertels im Oktober/November schwimmen die Wurmhinterenden in so großer Zahl an der Wasseroberfläche, daß sie mit Eimern aus dem Wasser geschöpft werden können. Die Bewohner Samoas und der Fidschi-Inseln verzehren die Palolowürmer als Delikatesse. Die räuberische *Seemaus* ist auf den ersten Blick nicht als Polychaet zu erkennen. Ihr Rücken ist mit Platten bedeckt. Diese Elytren sind von einem dicken Filz aus Borsten über-

Sabella pavonina Savigny
Pfauenfederwurm
Atlantik und Nebenmeere
bis 25 cm

Tomopteris helgolandica Greef
Atlantik und Nebenmeere
ca. 1,5 cm

Spirographis spallanzani Viviani
Atlantik und Nebenmeere
bis 35 cm

Eunice viridis Gray
Palolowurm
Trop. Pazifik
bis 40 cm

Aphrodite aculeata Linnaeus
Seemaus
Atlantik und Nebenmeere
bis 15 cm

Chaetopterus variopedatus (Renier)
Pergamentwurm
Atlantik und Nebenmeere
20 cm

Lanice conchilega (Pallas)
Bäumchenröhrenwurm
Atlantik und Nebenmeere
bis 20 cm

zogen. Bei dem nahe verwandten *Sandschuppenwurm* fehlt der Borstenfilz über den Elytren. Der Körper der in selbstgebauten Röhren festsitzenden Polychaeten ist meist ungleichförmig gebaut. Parapodien und Kiemen sind nur an einem Teil der Segmente vorhanden. *Arenicola* ist ein Schlammfresser. Im Sandwatt der Nordseeküste wird er von Fischern ausgegraben und als Angelköder verwendet. Das Vorhandensein dieses in 20—30 cm Tiefe lebenden Wurmes erkennt man an den Kotsandhaufen über dem Kotgang der U-förmigen Röhre und an der trichterförmigen Eindellung über dem Freßgang. Viele Polychaeten befestigen ihre schleimigen Röhren mit Steinchen und Sandpartikelchen (*Eupolymnia, Lanice* u. a.). Lanice steckt mit seiner Röhre senkrecht in grobem Sand und lebt in dichten Siedlungen nahe der Niedrigwasserlinie. Mit langen Tentakeln nimmt er Nahrungspartikel aus dem freien Wasser oder von der Oberfläche des Bodens auf. Viele Polychaeten strudeln sich als Nahrung kleine Planktonorganismen mit ihrer bewimperten Tentakelkrone herbei. Prächtig gefärbt sind die großen Tentakelkränze von *Sabella* und *Spirographis*. Man hält diese Tiere auf den ersten Blick für Anthozoen. Bei der geringsten Störung ziehen sie blitzschnell ihre Tentakel in die Röhre zurück.

Dann sind nur noch die lederartigen biegsamen Röhren zu sehen. Einige Polychaeten (*Serpula, Spirorbis, Pomatoceros*) leben in unterschiedlich gestalteten Kalkröhren. Die Röhren des Dreikantwurmes findet man auch in der Nordsee oft auf Steinen und schwimmendem Holz. Sehr eigenartig ist die Ernährungsweise des *Pergamentwurmes*. Er lebt in bis zu 50 cm langen U-förmigen Röhren von pergamentartiger Konsistenz. Die Parapodien an drei Segmenten des mittleren Körperabschnitts sind fächerartig umgestaltet. Mit Hilfe dieser fächelt er einen Wasserstrom durch seine Röhre. Der Sauerstoff aus dem Wasser wird durch die Haut von dem kiemenlosen Wurm aufgenommen. Planktonorganismen und andere Nahrungspartikel werden in einem beutelförmigen Schleimnetz gesammelt. Dieses wird etwa alle 15 Minuten zusammengerollt und mitsamt der darin gefangenen Beute verschluckt. Daraufhin erzeugt Chaetopterus ein neues Netz.

In die Klasse der Polychaeten werden meist auch die Urringelwürmer (Archiannelida) eingeordnet: Bei ihnen sind die Parapodien und Borsten weitgehend zurückgebildet oder fehlen gar vollständig. Wie ihr Name sagt, hielt man sie früher für natürliche Polychaetenvorläufer. Die meisten dürften jedoch Reduktionsformen von Polychaeten sein.

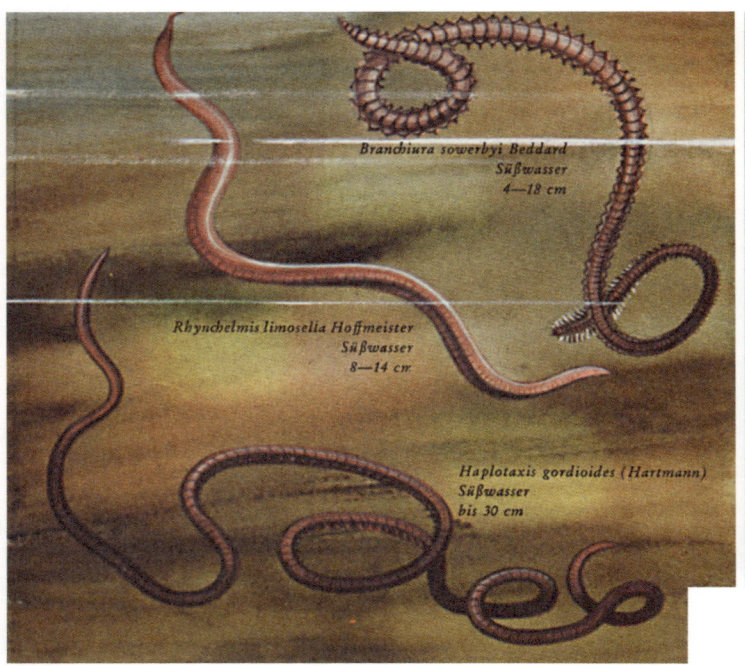

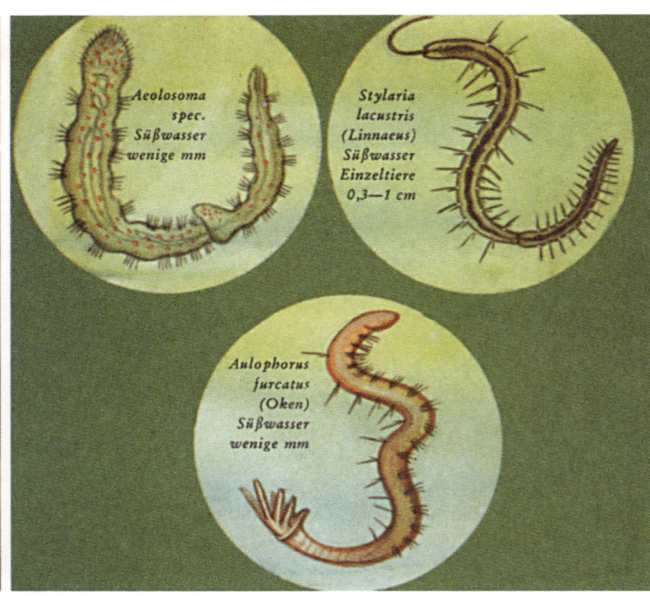

Klassen Oligochaeta — Wenigborster, Hirudinea — Egel

Während die Polychaeten im marinen Bereich beheimatet sind, leben die Wenigborster vorwiegend im Süßwasser und in feuchten Böden. Parapodien fehlen ihnen völlig. Jedoch sind in der Regel in jedem Segment vier Borstenbündel unterschiedlicher Länge und Form vorhanden. Die ursprünglicheren wasserbewohnenden Oligochaeten haben oft lange, starre Haarborsten, vor allem in den dorsalen Bündeln; die bodenbewohnenden dagegen tragen nur kurze Borsten. Unsere einheimischen Oligochaeten haben nur zwei je Bündel, während es in den Tropen Landoligochaeten gibt, bei denen die Borstenzahl je Segment in die Hunderte geht. Alle Oligochaeten sind Zwitter. Die winzigen *Aeolosoma*-Arten vermehren sich meist ungeschlechtlich durch Sprossung. Die zwischen Wasserpflanzen, aber auch am Gewässerboden häufig zu findende *Stylaria lacustris* hat am Kopflappen einen fadenförmigen Tentakel. Der ihr nahe verwandte *Aulophorus* hat sein Hinterende in einen gelappten Kiemennapf umgewandelt. Fadenförmige Kiemenfortsätze an den hinteren Körpersegmenten trägt der Schlammbewohner *Branchiura;* er gehört in die Familie Tubificidae. *Rhynchelmis limosella* ist in Gewässern am Boden und zwischen Wasserpflanzen anzutreffen. Recht selten und nur in kalten Gewässern wird *Haplotaxis gordioides* gefunden.

Auf die Bedeutung der Regenwürmer für die Lockerung und Aufarbeitung des Bodens hat schon Darwin 1881 hingewiesen. Es gibt bei uns eine größere Zahl von Arten, die zur Familie Lumbricidae zusammengefaßt werden. Sie leben in unterschiedlicher Tiefe in verschiedenen Böden. Der abgebildete *Lumbricus rubellus* hat seinen Lebensraum in der obersten Zone humusreicher Böden. Artenreich sind die Regenwürmer warmer Gegenden. Als extremer Vertreter ist hier der gigantische *Megascolides australis* abgebildet. In den Tropen trifft man auch auf buntgefärbte Regenwürmer, die oberirdisch leben und sich wie Schlangen bewegen (*Pheretima ophioides* u. a.).

Während bei geschlechtsreifen Oligochaeten der charakteristische Gürtel dauernd erhalten bleibt, tritt diese drüsige Verdickung bei den Egeln nur zur Zeit der Eiablage auf. Sie sind borstenlos und abgeplattet, am Vorder- und Hinterende tragen sie je einen Saugnapf. Eine echte Segmentierung ist äußerlich nicht zu erkennen. Die feine Ringelung des Körpers entspricht keiner inneren Segmentierung. Der *Medizinische Blutegel* hat im Schlund drei mit feinen Zähnchen besetzte Kiefer. Mit ihnen schneidet er eine Y-förmige Wunde in die Haut, aus der er dann Blut saugt. *Haementeria costata* befällt vorwiegend die Sumpf-

Hirudo medicinalis Linnaeus
Medizinischer Blutegel
Süßwasser
ca. 10 cm

Piscicola geometra (Linnaeus)
Gemeiner Fischegel
Süßwasser
bis 10 cm

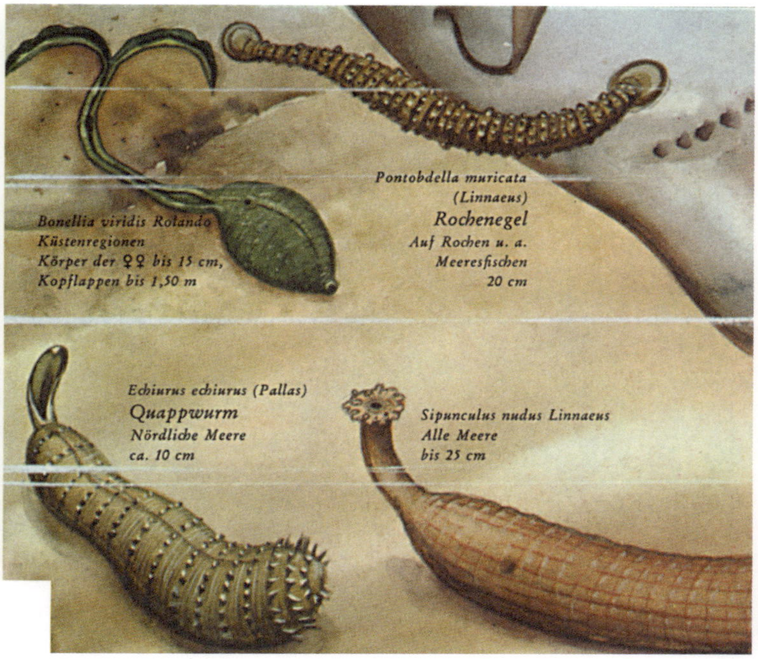

Haementeria costata
(Fr. Müller)
Schildkrötenegel
Süßwasser
25—30 mm

Bonellia viridis Rolando
Küstenregionen
Körper der ♀♀ bis 15 cm,
Kopflappen bis 1,50 m

Pontobdella muricata
(Linnaeus)
Rochenegel
Auf Rochen u. a.
Meeresfischen
20 cm

Echiurus echiurus (Pallas)
Quappwurm
Nördliche Meere
ca. 10 cm

Sipunculus nudus Linnaeus
Alle Meere
bis 25 cm

schildkröte. Die meisten in unseren Gewässern lebenden Egel meiden Säugetiere und Menschen. Der *Fischegel* schmarotzt hauptsächlich auf der Haut von Karpfenfischen; jüngere Fische werden bei starkem Befall sehr geschwächt. Lebt Piscicola vorwiegend im Süßwasser, so ist der *Rochenegel* ein reiner Meeresbewohner.

Stamm SIPUNCULIDA — SPRITZWÜRMER
Stamm ECHIURIDA — IGELWÜRMER
Stamm TARDIGRADA — BÄRTIERCHEN
Stamm ONYCHOPHORA — KRALLENTRÄGER

Die Spritzwürmer leben am Meeresboden. Der Mund liegt am Ende des einstülpbaren Vorderendes. *Sipunculus* wühlt in schlammig-sandigem Boden und ernährt sich von zersetzten pflanzlichen und tierischen Stoffen.
Die Igelwürmer zeigen gewisse Anklänge an die Annelida. Am Vorder- und oft auch am Hinterkörper haben diese Tiere Taschen mit Borsten. Der Mund liegt an der Basis eines rüsselartigen Kopflappens. Alle Igelwürmer leben am Meeresboden. Beachtenswert ist der Geschlechtsunterschied bei *Bonellia viridis*. Während die Weibchen eine Rumpflänge von etwa 15 cm haben, erreichen die Männchen nur eine Größe von höchstens 3 mm. Sie leben in größerer Zahl im Vorderdarm der Weibchen. Bei dem auch in der Gezeitenzone der Nordseeküste lebenden *Quappwurm* sind beide Geschlechter gleich groß. Er ernährt sich hauptsächlich von zerfallenen Pflanzen- und Tierresten.
Bärtierchen (*Macrobiotus*, *Echiniscus*) findet man besonders häufig in durchfeuchteten Moospolstern. Durch ihre plumpen Bewegungen haben sie eine gewisse Ähnlichkeit mit Bären. In ihrer Mundhöhle befinden sich zwei spitze Kalkstilette, mit denen sie die Moospflanzen ausstechen und dann aussaugen. Auch im marinen Bereich gibt es viele Tardigraden, vorwiegend im Sandlückensystem. Wie auch einige Rädertiere verfallen viele Bärtierchen bei ungünstigen Lebensbedingungen in eine Trockenstarre.
Der seltsame Stamm der Krallenträger wurde lange Zeit als Zwischenstufe zwischen Ringelwürmern und Gliederfüßern angesehen, weil sie Merkmale beider Gruppen haben. Äußerlich ähneln sie den Tausendfüßern. Die krallentragenden Stummelbeine sind jedoch ungegliedert. Onychophoren leben in etwa 70 Arten an feuchten Orten unter abgefallenem Laub und morschem Holz. Sie sind über warme Regionen der südlichen Kontinente verteilt. Die Gattung *Peripatopsis* ist auf Südafrika beschränkt, *Macroperipatus* lebt in Mittelamerika und Westindien. Alle Onychophoren scheinen Räuber zu sein; sie leben wahrscheinlich von Insekten, Asseln und Schnecken.

Macrobiotus spec.
Bärtierchen
Kosmopolit; Süßwasser
u. Landpflanzenpolster

Echiniscus spec.
Kosmopolit;
in Moos- u.
Flechtenpolstern
0,4 mm

Macroperipatus spec.
Mittelamerika
ca. 10 cm

Peripatopsis capensis Grube
Südafrika
ca. 5 cm

Stamm ARTHROPODA — GLIEDERFÜSSER

Der Stamm der Gliederfüßer (Arthropoda) muß neben den Wirbeltieren als der erfolgreichste aller Tierstämme angesehen werden. Hinsichtlich ihrer Organisationshöhe und der Leistungen ihres Nervensystems bilden die Arthropoda den Gipfel aller wirbellosen Tiere. In ihrer Artenzahl übertreffen die Gliederfüßer alle anderen Tierstämme bei weitem: fast 1 Million Arten sind bekannt. Wahrscheinlich ist die wirklich vorhandene Artenzahl beinahe doppelt so groß. Alle nur denkbaren Lebensräume der Erde werden von diesen Tieren besiedelt, oft in großer Individuenzahl. Innerhalb der Arthropoden wiederum sind die Insekten die arten- und individuenreichste Klasse.

Die Gliederfüßer lassen sich ohne Zweifel von ringelwurmähnlichen Vorfahren ableiten. Jedoch hat die Abspaltung von diesem Tierstamm schon sehr früh stattgefunden, so daß wir keine genaueren Vorstellungen über die ersten Gliederfüßer haben.

Ihre Verwandtschaft mit den Ringelwürmern zeigt sich vor allem an der äußeren Segmentierung und am Strickleiternervensystem. Man kann jedoch einschneidende Veränderungen gegenüber den Ringelwürmern beobachten. Die Segmente sind ungleichartig geworden und oft in größeren Komplexen miteinander verschmolzen. Vor allem die vorderen Segmente sind miteinander vereinigt zu einem Kopfabschnitt. Es existiert eine einheitliche Leibeshöhle. Das Rückenblutgefäß der Ringelwürmer ist bei den Gliedertieren zu einem schlauchförmigen Herz geworden, das die Blutflüssigkeit in die Leibeshöhle treibt. Das Blutgefäßsystem ist offen. Die Blutflüssigkeit wird nicht durch Venen wieder zum Herzen transportiert, sondern durch mit Klappen versehene Öffnungen (Ostien) im Herzen angesaugt.

Ein Hauptcharakteristikum der Gliederfüßer ist das harte Außenskelett. Dieses besteht aus einer Chitinkutikula, die von der gesamten Körperoberfläche abgeschieden wird. Zur Verfestigung des Außenpanzers ist in das Chitin Kalk oder harte organische Substanz eingelagert. Das Außenskelett hat eine Unterteilung in einzelne Platten; diese sind durch weiche Gelenkhäute gegeneinander beweglich.

Die Extremitäten der Gliederfüßer sind nicht mehr stummelförmig wie bei den Ringelwürmern, sondern, wie es im Namen dieses Tierstammes zum Ausdruck kommt, ebenfalls gegliedert. Die einzelnen Glieder der Extremitäten — Beine, Mundwerkzeuge und Antennen — umgeben röhrenförmige Chitinhüllen. Die Skelettelemente werden durch vielfältig angeordnete, quergestreifte Muskeln gegeneinander bewegt und erlauben vielen Gliederfüßern extrem schnelle Bewegungen. — Der Hautmuskelschlauch der Ringelwürmer ist bei den meisten Gliederfüßern in einzelne Muskelbündel aufgelöst.

Das harte Außenskelett gibt den Arthropoda nicht nur Schutz und eine feste Körperform, sondern verhindert auch das Austrocknen der Tiere und hat dadurch erst diesem Stamm die Eroberung festen Landes in großem Maße ermöglicht. Zum anderen kann das feste Außenskelett das Wachstum des Körpers nicht mitmachen. Zu klein geworden, wird es von Zeit zu Zeit abgeworfen und durch ein neu von der Epidermis ausgeschiedenes größeres Skelett ersetzt. Den Vorgang des Skelettwechsels bezeichnet man allgemein als Häutung. Viele Gliederfüßer häuten sich in wechselnder Häufigkeit, andere in arttypischer konstanter Wiederholung. Arthropoden haben oft ein hoch entwickeltes Gehirn ausgebildet, das in seiner Lage dem Oberschlundganglion der Ringelwürmer entspricht und oft auch so benannt wird. Auch die Sinnesorgane der Gliederfüßer sind hoch entwickelt und sehr leistungsfähig. Charakteristisch für diesen Tierstamm sind die oft sehr kompliziert gebauten Facettenaugen; diese sind aus vielen Einzelaugen (Ommatidien) zusammengesetzt. Einzelaugen lassen in ihrer Gesamtheit als Facettenauge ein mosaikartig zusammengesetztes Bild entstehen. Nur bei den Spinnentieren und bei den Tausendfüßern vermissen wir diese Facettenaugen völlig.

Als Tastorgane — aber auch als chemische Sinnesorgane — dienen den Gliederfüßern oft feine, in die Kutikula eingelenkte Haare, die mit einer darunterliegenden Sinneszelle in Verbindung stehen.

Wegen der dicken Chitinkutikula haben fast alle Arthropoda Atemorgane. Bei den Schwertschwänzen und den Krebsen dienen stark durchblutete, dünnhäutige Körperausstülpungen — also Kiemen — zur Atmung. Die landbewohnenden Gliederfüßer besitzen ein System feinster, röhrenförmiger Körpereinstülpungen, die mit einer zarten Chitinschicht ausgekleidet sind und den Luftsauerstoff direkt zu allen Organen führen. Diese inneren, im Gegensatz zu den Kiemen vor Austrocknung geschützten Atemorgane werden Tracheen genannt.

Bei den oft recht komplizierten und sehr vielgestaltigen Mundwerkzeugen der Gliederfüßer handelt es sich um umgewandelte Gliedmaßen. Sie sind daher in ihrer ursprünglichen Form links beziehungsweise rechts seitlich der Mundöffnung angeordnet und arbeiten gegeneinander. Wie wir aus dem nebenstehenden Schema ersehen können, wird der Stamm der Arthropoda nach dem Bau der vorderen Gliedmaßen in zwei große Abteilungen unterteilt. Die Amandibulata haben noch keine zu Kauwerkzeugen umgebildeten Gliedmaßen. In diese Abteilung sind die ältesten und primitivsten Gliederfüßer zu stellen — die Trilobiten. Sie lebten in großer Artenzahl in den Meeren des Paläozoikums, sind aber im Perm — also vor über 200 Millionen Jahren — bereits ausgestorben. Die rezenten Amandibulata werden als Chelicerata zusammengefaßt. Ihr erstes Gliedmaßenpaar ist zu scherenartigen Kieferfühlern (Chelizeren) umgewandelt. Außerdem haben die Chelicerata fünf Paar Schreitbeine. Bei den Spinnentieren ist das erste Paar Beine zu Kiefertastern umgewandelt, so daß vier Laufbeinpaare übrigbleiben. In die Verwandtschaft der noch heute lebenden, sehr urtümlichen Schwertschwänze sind die ausgestorbenen riesigen Gigantostraken zu stellen, die eine Körperlänge von 2 m erreichen und damit als die größten Gliederfüßer anzusehen sind. Im allgemeinen bleiben auch die größten Arthropoda im Vergleich zu großen Wirbeltieren und auch einigen riesigen Wirbellosen relativ klein. Das Außenskelett erlaubt kein Riesenwachstum.

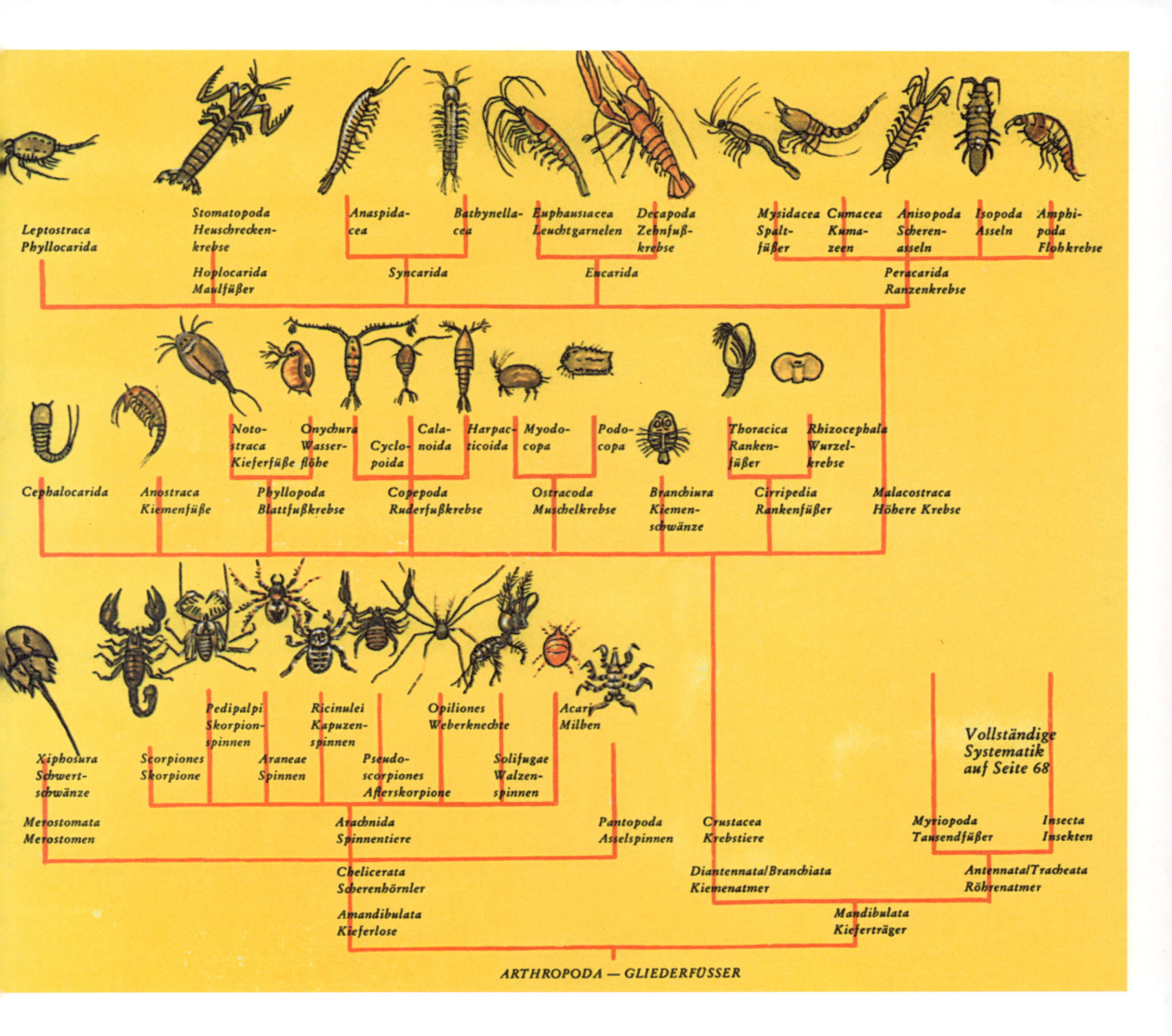

Die zweite große Abteilung der Gliederfüßer bilden die Mandibulata. Bei ihnen ist ein Paar Gliedmaßen zu Oberkiefern (Mandibeln) umgewandelt und die beiden folgenden zu Unterkiefern (Maxillen). Der erste Unterstamm dieser Abteilung, die Diantennata oder Branchiata, wird durch die außerordentlich vielgestaltige Gruppe der Krebse repräsentiert. Vor den Mundgliedmaßen sitzen zwei Paar Antennen (daher der Name Diantennata). Als Kiemenatmer sind sie in erster Linie Wasserbewohner. Die meisten Krebse machen bei der Entwicklung eine Metamorphose durch, bei der verschiedene, nur aus wenigen Segmenten bestehende Larvenformen auftreten können. Der zweite Unterstamm der Mandibulata, die Antennata oder Tracheata, besitzen nur ein Paar Antennen vor den Mundwerkzeugen. Sie sind Tracheenatmer und Landbewohner. Ein Überblick über diese Gruppe wird auf S. 68 gegeben.

Unterstamm Chelicerata — Scherenhörnler

Scherenhörnler sind Arthropoda, bei denen das erste Gliedmaßenpaar zu einem Mundwerkzeug, oft in einer Schere endigend, umgebildet ist. Der Rumpf besteht aus dem Vorderkörper, dem Prosoma, und dem Hinterkörper, dem Opisthosoma. Oft sitzt an dessen Hinterende noch ein Anhang. Man kennt über 36 000 Arten.

Klasse Merostomata — Pfeil- oder Schwertschwänze
Ordnung Xiphosura — Schwertschwänze (*Limulus*)

Schwertschwänze haben einen langen Hinterkörper mit einem gleichfalls langen Anhangstachel. Die fünf Arten der Schwertschwänze sind Grundbewohner des Wassers. Vorder- und Hinterkörper sind ungegliedert und durch eine tiefe Gelenkfurche voneinander getrennt. Die Tiere atmen durch Kiemen. Ihre Nahrung besteht aus Würmern, zartschaligen Schnecken und Muscheln. In Amerika werden die Schwertschwänze „horseshoe crabs", Hufeisenkrabben, genannt, während eine andere Art der austral-asiatischen Küsten als Molukkenkrebs bekannt ist. Eine fossile Art Pterygotus rhenanus wurde 1,80 m lang, also dreimal so groß wie die rezenten Arten.

Klasse Arachnida — Spinnentiere

Bei den Spinnentieren handelt es sich um Chelicerata, die Tracheenatmer sind. Das Prosoma trägt die Mund- und Beingliedmaßen. Das zweite Extremitätenpaar, die Pedipalpen, sind bei den Arachnida mit kleinen Cheliceren ein großer Fangapparat. Bei den Spinnentieren mit großen Cheliceren sind die Pedipalpen meist tasterförmig. Das Opisthosoma ist, gegliedert oder ungegliedert, immer ohne ausgebildete Gliedmaßen. Die Nahrung besteht aus dem Saft von Pflanzen oder Teilen von diesen und Tieren. Es gibt mehr als 30 000 Arten.

Ordnung Scorpiones — Skorpione (*Buthus, Centruroides, Euscorpius, Leiurus, Pandinus*)

Das Opisthosoma der Skorpione besteht aus einem breiten Mittelkörper und einem langen, aus schmäleren Chitinringen gebildetem Hinterkörper. Dieser hat an seinem Ende eine Giftblase mit ansitzendem Stachel. Die Cheliceren sind sehr klein, die Pedipalpen lang, mit großen Scheren am Ende. Skorpione sind lebendgebärend. Oft trägt ein Weibchen eine Zeitlang die Larven. Bisweilen finden sieben Häutungen statt. Als vorwiegend nächtliche Räuber jagen sie Insekten, Spinnen, Tausendfüßler. Größere Beutetiere werden mit dem Giftstachel gelähmt. Die Skorpione bevorzugen trockene Gebiete, wie Steppen, und vor Gebirgen liegende Landflächen tropischer und subtropischer Gebiete. Es gibt etwa 600 Arten, deren größte der afrikanische *Pandinus imperator* ist. Er lebt in selbstgegrabenen schrägen Erdgängen. Während der Stich der zur Gattung *Euscorpius* gehörenden Arten ungefährlich ist, sind die *Buthus-* und *Leiurus*arten sehr gefürchtet, wenn auch der Stich z. B. von Buthus occitanus nur einen drei Stunden andauernden Schmerz verursacht. Die Stiche der in Amerika vorkommenden *Centruroides*-Arten dagegen haben eine äußerst gefährliche Wirkung und können beim Menschen mitunter tödlich sein.

Ordnung Pedipalpi — Skorpionspinnen (*Mastigoproctus, Tarantula, Thelyphonus*)

Skorpionspinnen sind Arachnida, bei deren erstem Laufbein es sich um ein fühlerartiges Tastbein handelt. Sein Tarsus hat außerordentlich viele Glieder und ist sehr lang. Die Pedipalpen tragen oft große Scheren. Das siebente Segment besteht aus einem längeren, dünnen Stiel. Es gibt 186 Arten.

Die beiden zur Unterordnung Uropygi-Geißelskorpione (*Mastigoproctus, Thelyphonus*) gehörenden Arten bespritzen ihren Angreifer aus einer neben dem After liegenden Drüse mit einem ätzenden Stoff aus verschiedenen Säuren. Das Sekret der Gattung Telyphonus riecht nach Ameisensäure.

Die zur anderen Unterordnung Amblypygi-Geißelspinnen (*Acanthophrynus, Tarantula*) gehörenden Arten besitzen weder einen Endanhang noch Giftdrüsen. Mit ihren sehr langen Tastbeinen ähneln sie den Arachneen, sind aber

Limulus polyphemus Linnaeus
Pfeilschwanzkrebs, Königskrabbe
Ostküste Nordamerikas; andere Arten im indomalaischen Raum und vor Neuguinea
Gesamtlänge 60 cm

Centruroides gracilis Latreille
Amerikanischer Skorpion
Südl. USA bis Chile, Westindien, Teneriffa
12 cm

Leiurus dufoureis Brullé
Vorderasiatischer Skorpion
Kleinasien
7 cm

Euscorpius italicus Herbst
Südeuropäischer Skorpion
Mittelmeergebiet
5 cm

Buthus occitanus Amoreus
Feldskorpion
Mittelmeergebiet
8 cm

Pandinus imperator C. L. Koch
Riesenskorpion
Äquatorial-Westafrika
18 cm

ohne Spinnvermögen. Die im tropischen Amerika vorkommende Tarantula palmata ist im Gegensatz zur Apulischen Tarantel (vgl. S. 53) für den Menschen völlig harmlos.

Ordnung Araneae — Spinnen

Bei den meist unsegmentierten Spinnen ist das Opisthosoma durch einen kurzen, schmalen Stiel mit dem Prosoma verbunden. Letzteres hat eine einheitliche Rückendecke sowie eine breite, starre und ungegliederte Bauchplatte. Die Cheliceren sind groß und stets zweigliedrig. In das Endglied der Kieferfühler mündet bei allen Spinnen ein Giftdrüsenkanal. Zwei Paar Atemorgane, sog. Tracheen, sitzen am Hinterleib. Die Gliedmaßen des 10. und 11. Segments sind zu Spinnwarzen umgebildet. Bei der Fortpflanzung überträgt das Männchen mit Hilfe eines meist sehr kompliziert gebauten Tarsalanhanges der Pedipalpen den Samen in die Geschlechtsöffnung des Weibchens, wo er in einer Samentasche aufbewahrt wird. Die Befruchtung der Eier erfolgt sobald diese den Körper des Weibchens verlassen haben. Da die Männchen oft sehr viel kleiner sind, kommt es bei einigen Arten vor, daß sie nach der Begattung von den Weibchen gefressen werden. Nicht alle Spinnen weben Netze. Doch kann man nach Nebel oder einem feinen Sprühregen erkennen, wie zahlreich die Spinnen in Feld und Flur sind, wenn auf Gras, auf Büschen und Hecken ihre Netze mit feinen Wassertröpfchen behaftet, sichtbar werden. In Häusern lebende Spinnen sichern sich bei ihren nächtlichen Wanderungen über Wände und Stubendecken auf der Jagd nach Insekten mit einem in Abständen angeheftetem Faden vor dem

Tarantula palmata Herbst
Geißelspinne
Südamerika, Antillen

Mastigoproctus giganteus
Riesengeißelskorpion
Mittel- und Südamerika
7,5 cm

Thelyphonus caudatus Linnaeus
Fadenskorpion
Südasien
3,2 cm

Avicularia avicularia
Linnaeus
Vogelspinne
Südamerika
9 cm

Pachylomerus audouini (Lucas)
Falltürspinne
Amerika
4 cm

Araneus ocellatus
Clerck
Kreuzspinne
Alle Erdteile
0,8 cm

Micrathena sagittata (Walckenar)
Panzerspinne
Amerika
1,2 cm

Tegenaria domestica (Clerck)
Haus-, Winkelspinne
Europa
1,2 cm

Argyroneta aquatica (Clerck)
Wasserspinne
Alte Welt
1,5 cm

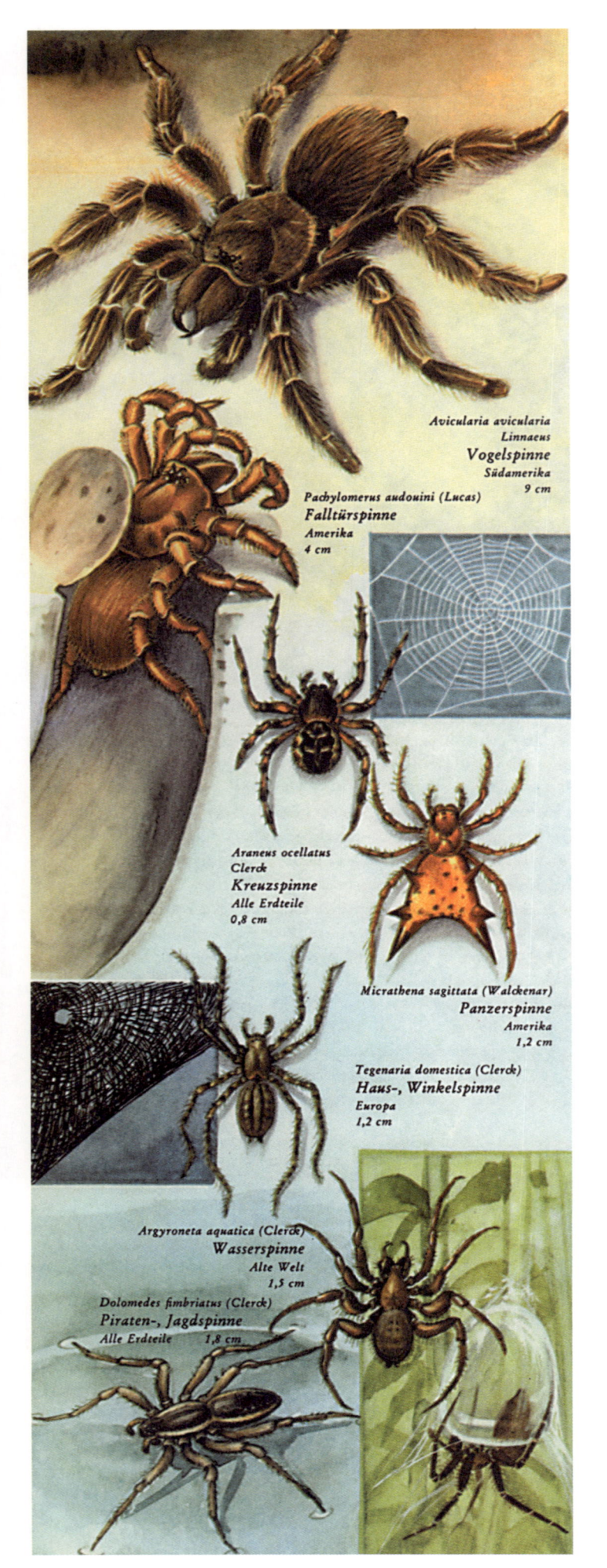

Dolomedes fimbriatus (Clerck)
Piraten-, Jagdspinne
Alle Erdteile 1,8 cm

Herunterfallen. Die Form der Spinngewebe ist bei der großen Zahl der Arten dieser Ordnung sehr verschieden. Radnetze, Baldachinnetze, Trichternetze, Röhrennetze, Fadennetze sind einige solcher Netzarten.

Unterordnung Orthognatha — Geradkiefer

Familien: Ctenizidae — Falltürspinnen (*Pachylomerus*), Aviculariidae — Vogelspinnen (*Avicularia*)

Die Kieferfühler der Orthognatha sind waagerecht vorgestreckt, die ihnen ansitzende Giftklaue klappt also in der Längsrichtung nach hinten.
Falltürspinnen graben eine Röhre in den Erdboden, deren Wände besponnen sind und die durch einen beweglichen Deckel geschlossen werden kann. Nachts lauert die Spinne dann nach Lüften des Deckels am Eingang auf Beute (vorwiegend Insekten).
Die Vogelspinnen sind große, langbehaarte Tropenbewohner. Mit Früchten werden sie gelegentlich nach Europa eingeschleppt. Ihren Namen tragen die Tiere wohl zu unrecht, denn auch sie ernähren sich hauptsächlich von größeren Insekten. Da sie sich aber in Bäumen aufhalten, kann ihnen gelegentlich schon einmal ein Vogel, ein Frosch oder eine Eidechse zum Opfer fallen.

Unterordnung Labidognatha — Zangenkiefer

Familien: Araneidae — Radnetzspinnen (*Araneus, Micrathena*), Argelenidae — Trichterspinnen (*Argyroneta, Tegenaria*), Pisauridae — Piratenspinnen (*Dolomedes*), Lycosidae — Wolfsspinnen (*Hogna*), Theridiidae — Kugelspinnen (*Latrodectus*), Ctenidae — Kammspinnen (*Phoneutria*), Thomisidae — Krabbenspinnen (*Diaea*), Salticidae — Springspinnen (*Myrmarachne*), Eresidae — Röhrenspinnen (*Eresus*), Mastophoreae — Bolaspinnen (*Mastophora*)

Die Kieferfühler der Labidognatha stehen senkrecht nebeneinander und können nach der Seite geklappt werden. In der Querrichtung klappen die Giftklauen gegeneinander. Bis in die Arktis sind die Vertreter dieser Unterordnung verbreitet.
Die bekanntesten und größten Spinnennetze, die sogenannten Radnetze, spinnen die Angehörigen der Araneidae. Zu ihnen gehört auch unsere *Kreuzspinne*. In die gleiche Familie gehört die kleine *Panzerspinne*, deren Hinterleib in lange Fortsätze ausgezogen ist und deren Männchen nur winzig klein ist. Ganz andere Netze spin-

nen die Trichterspinnen. Sie weben ein dichtes Netz, dessen an einem Ende nach unten gehender Trichter offen ist. Die *Winkelspinne* ist hinter Schränken und in Mauerwinkeln zu finden. Zwar wird sie von Hausbewohnern wenig geschätzt, aber unter ihrem Trichter findet man oft eine Menge Überreste verzehrter Insekten. Zu den Argelenidae gehört als einzige im Wasser lebende Spinnenart die *Wasserspinne*. Sie webt dort zwischen Pflanzen eine nach unten offene Glocke und füllt sie mit Luft. Ihre Beute sind Wasserasseln.

Die größte deutsche Spinne ist die *Piratenspinne Dolomedes*. Sie lebt in der Nähe des Wassers und ist auch in der Lage, Fische zu erbeuten. Zu den Wolfsspinnen gehört die berüchtigte *Apulische Tarantel*. Angeblich ist ihr Biß für Menschen gefährlich, meistens wirkt er aber nur wie ein Wespenstich. Weitaus gefährlicher ist der Biß der Kugelspinnen. So ist in Amerika die *Schwarze Witwe* sehr gefürchtet. Ihr Biß wirkt oft tödlich. Das Männchen dieser Art ist sehr viel kleiner als das Weibchen und wird nach der Begattung oft von diesem verzehrt. Auch im Mittelmeergebiet lebt eine Lacrodectes-Art, die *Malmignatte*, die wegen ihrer angeblichen Giftigkeit zwar verrufen ist, doch Todesfälle konnten noch nicht mit absoluter Eindeutigkeit nachgewiesen werden.

Die giftigste Spinne überhaupt ist die *Phoneutria* aus der Familie der Kammspinnen. Für Kleinkinder ist der Biß fast immer tödlich. Sie wird mitunter mit tropischen Früchten eingeschleppt. Bei den *Krabbenspinnen* sind die beiden vorderen Beinpaare wie bei der Krabbe nach der Seite gerichtet. Sie lauert vielfach auf Blüten auf ihre Beute. Springspinnen springen aus geringer Entfernung auf ihr Opfer. In diese Familie gehören auch Spinnen, die eher einer Ameise gleichen. Es ist die artenreichste Familie mit 2800 Arten. Eine auffallende Fangmethode haben die *Bolaspinnen* entwickelt. Am Buschwerk zieht das Tier einen einzigen Faden, auf dem sie ein Klebetröpfchen so lange absetzt, bis daraus eine stecknadelkopfgroße Kugel entstanden ist. Sie beißt dann den Faden ab und ergreift mit einem Bein den mit der Kugel beschwerten Faden. Wie eine Bola schleudert sie die Klebekugel auf Insekten.

Ordnung Ricinulei — Kapuzenspinnen (*Ricinoides*)

Kapuzenspinnen sind Arachnidae mit einer sehr dicken Panzerung, so daß man sie zunächst für Käfer hielt. Über den Mundwerkzeugen sitzt eine bewegliche Klappe (Kapuze). Das Prosoma ist einheitlich, das Opisthosoma ist scheinbar in vier Segmente, in Wirklichkeit aber in 10, geteilt. Über die Lebensweise weiß man leider nur sehr wenig.

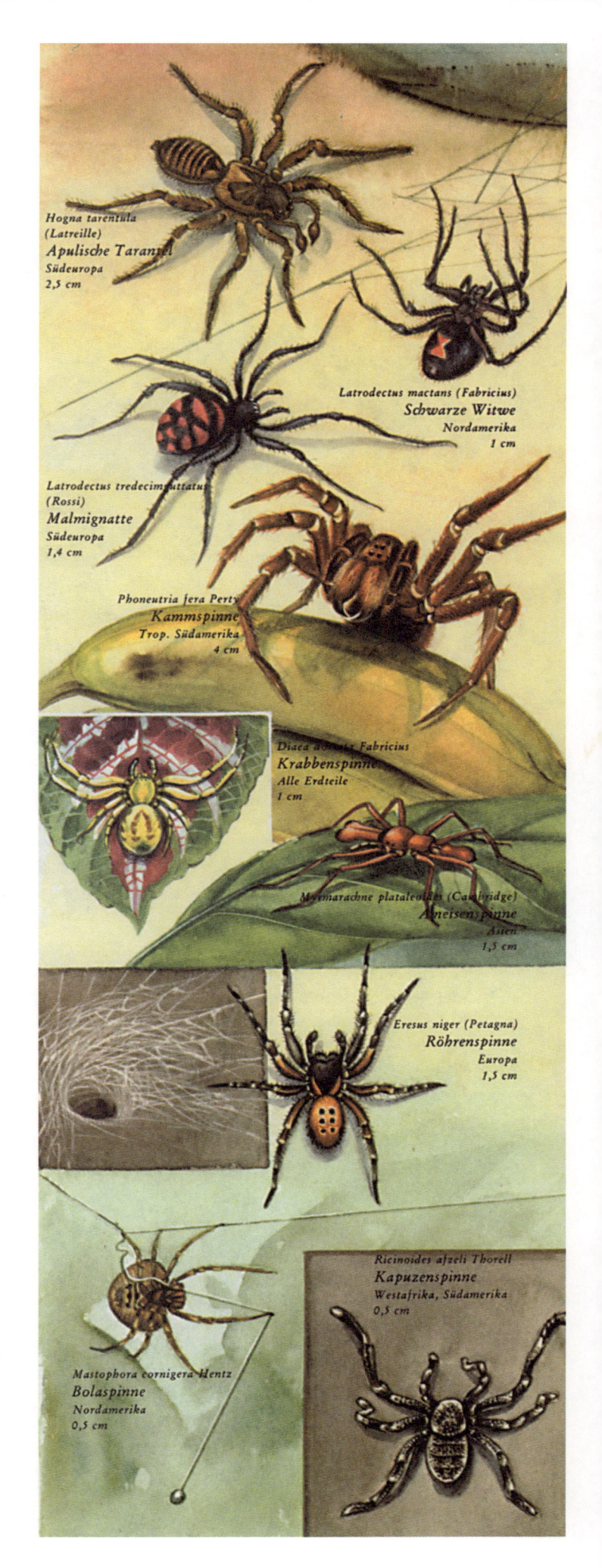

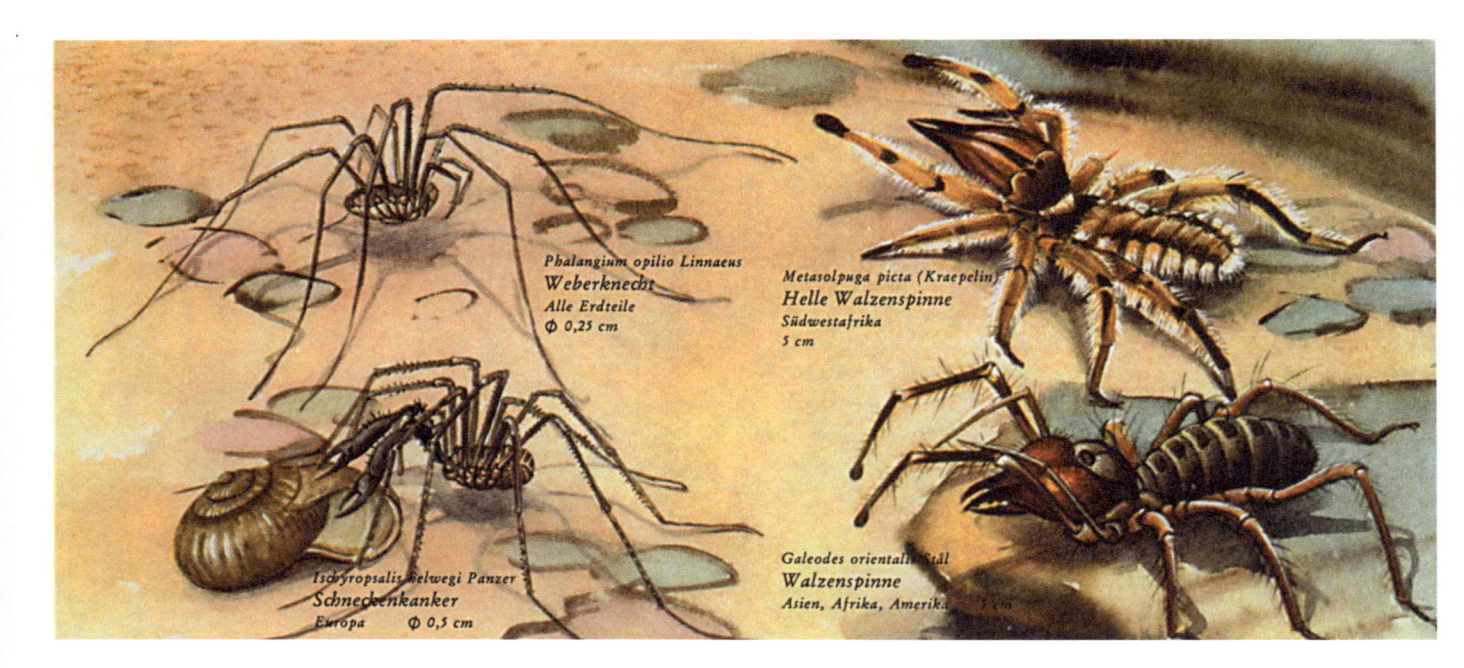

Phalangium opilio Linnaeus
Weberknecht
Alle Erdteile
⌀ 0,25 cm

Metasolpuga picta (Kraepelin)
Helle Walzenspinne
Südwestafrika
5 cm

Ischyropsalis helwegi Panzer
Schneckenkanker
Europa ⌀ 0,5 cm

Galeodes orientalis Stål
Walzenspinne
Asien, Afrika, Amerika

Ordnung Pseudoscorpiones (Cheloneti) — Afterskorpione (*Chelifer, Garypus*)

Afterskorpione sind Spinnentiere mit einem gegliederten, sackförmigen Opisthosoma und kleinen Cheliceren. Die großen Pedipalpen haben als Endglieder eine Schere, deren bewegliches Glied eine Giftdrüse enthält. Die Tiere besitzen zwei Paar Tracheen. Das Männchen setzt eine gestielte Spermatosphore am Boden ab, die das Weibchen mit der Genitalöffnung aufnimmt. Der *Bücherskorpion* hält sich in alten Büchern und staubigen Räumen auf; er frißt Staubläuse und Bettwanzen. Der größte Afterskorpion ist *Garypus giganteus*. Etwa 1300 Arten gehören zu dieser Ordnung.

Ordnung Solifugae — Walzenspinnen (*Galeodes, Metasolpuga*)

Die Walzenspinnen besitzen sehr große Cheliceren ohne Giftdrüsen. Das Opisthosoma ist deutlich gegliedert. Sie sind Bewohner von Wüsten und Steppen. Ihre Nahrung besteht aus Heuschrecken, Käfern, Termiten usw. Der Biß der Walzenspinnen ist zwar ungefährlich, hinterläßt aber heftig blutende Wunden. In der Abwehr erzeugen sie ein Fauchen durch Aneinanderreiben der Mundwerkzeuge.

Chelifer cancroides Linnaeus
Bücherskorpion
Europa, Asien
0,3 cm

Garypus giganteus Chamberlain
Riesen-Afterskorpion
Kalifornien
0,7 cm

Ordnung Opiliones — Weberknechte, Kanker
Familien: Ischyropsalidae — Schneckenkanker (*Ischyropsalis*), Phalangiidae — Weberknechte (*Phalangium*)

Die 3200 Weberknechtarten haben ein meist zweiteiliges Prosoma. Das Opisthosoma ist ebensobreit wie das Prosoma. Es sitzt diesem an und ist deutlich segmentiert. Die Beine sind häufig außerordentlich lang. Am Ende der Cheliceren befindet sich eine Schere. Der *Schneckenkanker* frißt nur Schnecken und lebt im Moosboden mäßig feuchter Wälder. *Weberknechte* dagegen findet man immer in der Nähe menschlicher Wohnungen. Im August bis Oktober erfolgt die Eiablage, die Entwicklung der Jungspinnen im Frühling. Letztere aber findet nur statt, wenn die Eier den Winter über der Kälte ausgesetzt waren. Als Beute dienen den Weberknechten Insekten, nicht selten Raupen, Wanzen und Spinnen.

Ordnung Acari, Acarina — Milben

Die Milben haben im entwickelten Zustand acht Beine. Man kennt heute etwa 18 000 Arten, von denen 2500 im Wasser leben. Sie sind überall dort anzutreffen, wo sie Nahrung pflanzlicher oder tierischer Natur finden. Acari sind zweigeschlechtlich. Die Weibchen legen Eier, aus denen sechsbeinige Larven schlüpfen. Nach einer Fraßzeit häuten sich diese und werden zu einer achtbeinigen Nymphe, aus denen nach weiteren Häutungen das fertige Tier, der Adultus wird. Larven und Nymphen haben bei manchen Arten nicht die geringste Ähnlichkeit mit den Adulti.

Unterordnung Sarcoptiformes
Familien: Acaridae — Krätzmilben (*Sarcoptes*), Tyroglyphidae — Mehlmilben (*Tyroglyphus*)

Ihr weichhäutiger Körper ist walzen- oder scheibenförmig und das Prosoma sowie das Opisthosoma bleiben meist durch eine deutliche Furche voneinander abgegrenzt. Die Cheliceren sind scherenförmig. Die Tiere haben keine Atmungsorgane oder höchstens ein Tracheenpaar.

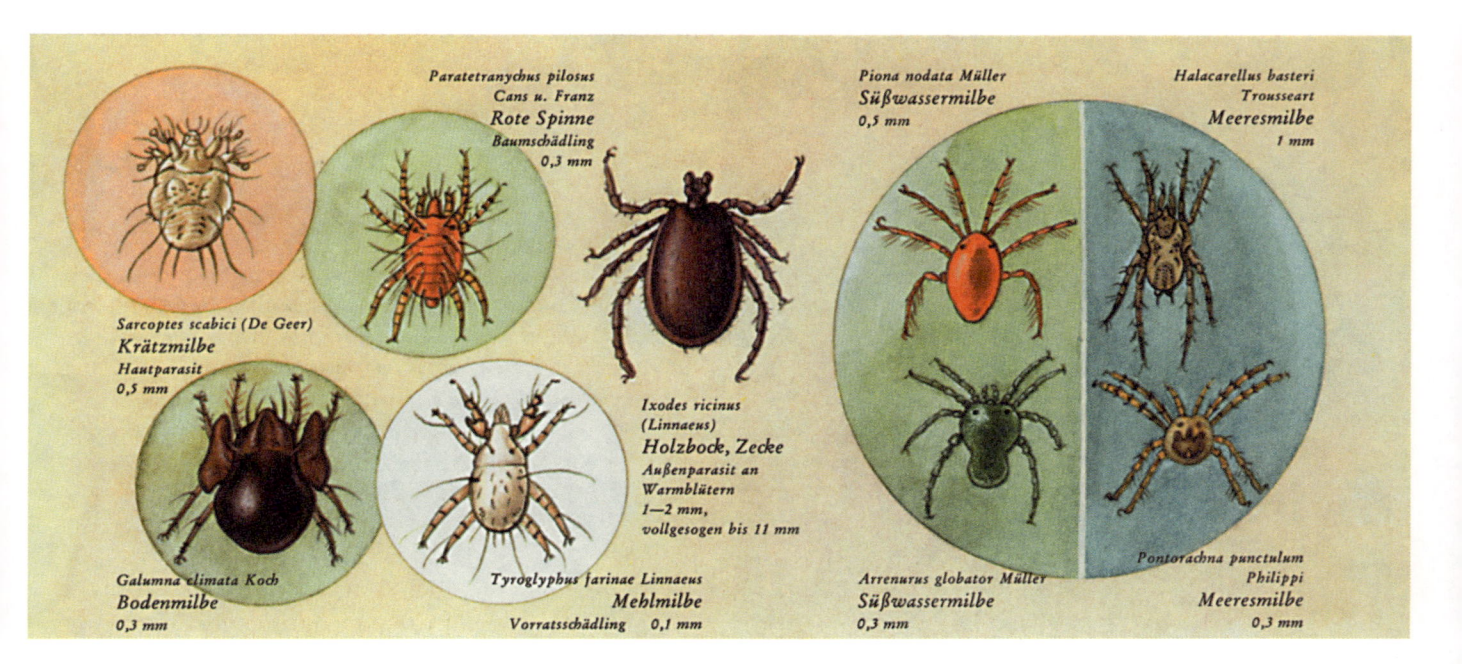

Das Wirken der *Krätzmilbe* unter der menschlichen Haut war schon vor Beginn unserer Zeitrechnung bekannt, die Milbe selbst wurde es erst mit der Erfindung von Vergrößerungsapparaten. Bei Haustieren findet man viele abgeänderte Formen (Räudemilben). Die *Mehlmilbe* ist außerordentlich schädlich in pflanzlichen Vorräten (Getreide, Mehl) und nur schwer zu vernichten. Selbst giftige Gase bleiben wirkungslos, da die Tiere keine oder nur kümmerliche Atmungsorgane besitzen. Werden sie in großer Menge (altes Mehl) in Brot oder Kuchen mitgebacken, so sind sie für Mensch und Haustier giftig.

Familie: Galumnidae (*Galumna*)

Bei den Hornmilben sind die meisten etwas stark gepanzert. Sie leben in den Humusböden der Wälder oft in großer Menge — 200 000 in 1 m² — und düngen dort mit ihrem Kot den Boden. Auch bei ihnen sind die Tracheen nur gering entwickelt, und es macht den Oribatei nichts aus, wenn ihr Wohngebiet wochenlang überflutet ist. *Galumna* ist eine Moosmilbe mit einem flügelähnlichen Anhang auf jeder Seite als Beinschutz.

Unterordnung Trombidiformes — Sammetmilben (*Paratetranychus*)

Die Sammetmilben haben Stigmen, d. h. Öffnungen der Atmungsgänge, die aber oft nur bei Vergrößerung erkennbar sind. Ihre Färbung ist oft sehr auffallend: rot, grün, blau und auch gescheckt. Landmilben sind die oft recht großen *Roten Spinnen*.

Hydrachnellae — Süßwassermilben (*Piona, Arrenurus*)

Zu den Süßwasserformen gehören die beiden hier abgebildeten *Piona* und *Arrenurus*.

Familie: Halacaridae — Meeresmilben (*Halacarellus, Pontorachna*)

Die Salzwassermilben bleiben oft recht klein. Sie leben an Algen an den Küsten.

Familie: Ixodidae — Zecken (*Ixodes*)

Die Zecken besitzen einen mit Widerhaken versehenen Stechapparat, der in die Haut von Mensch und Tier bohren kann und sich dort verankert. Die Tiere können als Übertrager von Krankheiten großen Schaden anrichten. *Ixodes ricinus* ist die bekannteste europäische Art.

Klasse Pantopoda — Asselspinnen (*Nymphon, Pycnogonum*)

Asselspinnen sind Meerestiere. Man kennt etwa 500 Arten. Ihr Rumpf ist sehr dünn und höchstens 1,5 cm lang, das Opisthosoma nur ein Stummel. Der fast farblose Körper hat oft sehr lange Beine. Die Tiere leben sowohl in der Küstenzone als auch bis zu 4000 m Tiefe auf Hydrozoenstöcken, Octocorallen, Schwämmen usw. Sie saugen Hydroidpolypen, Medusen, Becherquallen und andere Tiere aus. Zahlreiche Arten trifft man in der Antarktis an. In der Ostsee werden sie bis Bornholm beobachtet.

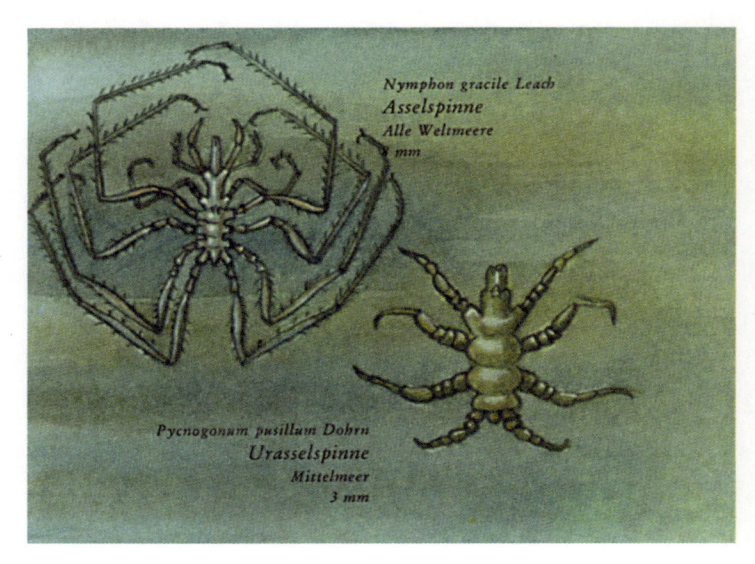

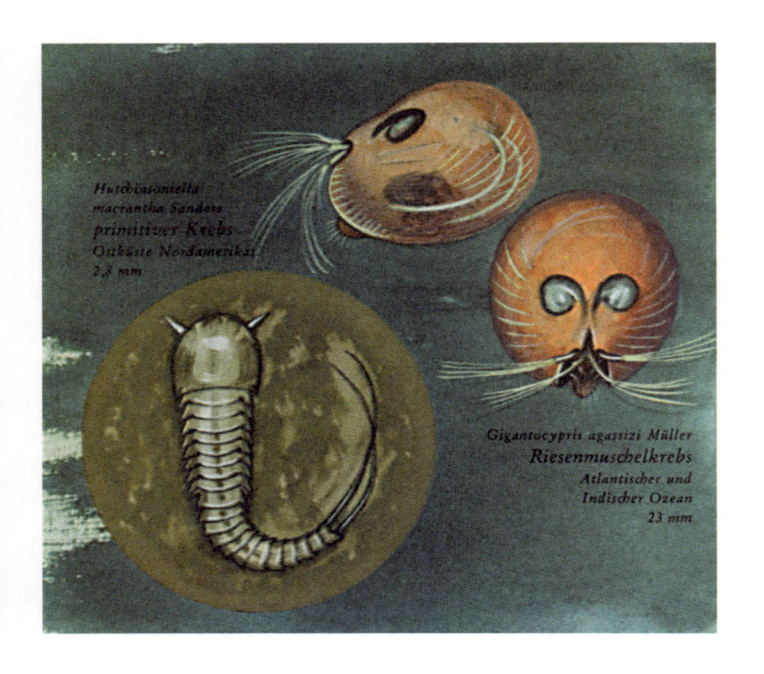

erkannt. Und doch sind sowohl die Kellerasseln als auch die Wasserflöhe unserer Tümpel Krebse.

Die ursprünglichsten, jetzt noch lebenden Krebse wurden erst im Jahre 1955 entdeckt. Diese altertümlichen Tiere der Gattung *Hutchinsoniella* sind als Repräsentanten einer eigenen Unterklasse (Cephalocarida) anzusehen. Ihr Rumpf ist gleichmäßig gegliedert. Es sind Bewohner des Schlammbodens der Meeresküsten.

Auch bei den Vertretern der Unterklasse der Anostraca ist der Körper noch sehr langgestreckt und gleichmäßig gegliedert. *Branchipus* wird im Frühjahr manchmal in großer Zahl in bald wieder eintrocknenden Tümpeln und Pfützen angetroffen. Seine Eier können oft jahrelang trocken liegen, entwickeln sich dann im Wasser aber innerhalb einer Woche zum geschlechtsreifen Tier. Während der

Klasse Crustacea — Krebstiere

Unterklassen Cephalocarida — Kephalokariden (*Hutchinsoniella*), Anostraca — Kiemenfüße (*Artemia, Branchipus*), Phyllopoda — Blattfußkrebse [Überordnungen Notostraca — Kieferfüße (*Triops*), Onychura — Wasserflöhe (*Bosmina, Daphnia, Leptodora, Podon, Scapholeberis*)], Copepoda — Ruderfußkrebse [Überordnungen Calanoida (*Calanus, Cococalanus*), Cyclopoida, Harpacticoida], Ostracoda — Muschelkrebse [Überordnungen Myodocopa (*Conchoecia, Gigantocypris*), Podocopa], Branchiura — Kiemenschwänze (*Argulus*), Cirripedia — Rankenfüßer [Überordnungen Thoracica — Rankenfüßer (*Balanus, Chtalamus, Coronula, Lepas, Scalpellum*), Rhizocephala — Wurzelkrebse]

Wenn von Krebsen die Rede ist, so denkt man meist zuerst an die großen Vertreter dieser Klasse: Hummer, Taschenkrebs oder Flußkrebs. Die Mehrzahl der weit mehr als 30 000 Krebsarten ist jedoch klein und unauffällig und wird von Nichtzoologen meist nicht als Krebs

Echte Kiemenfuß im Süßwasser lebt, ist das *Salinenkrebschen* an stark salzhaltige Binnengewässer angepaßt.

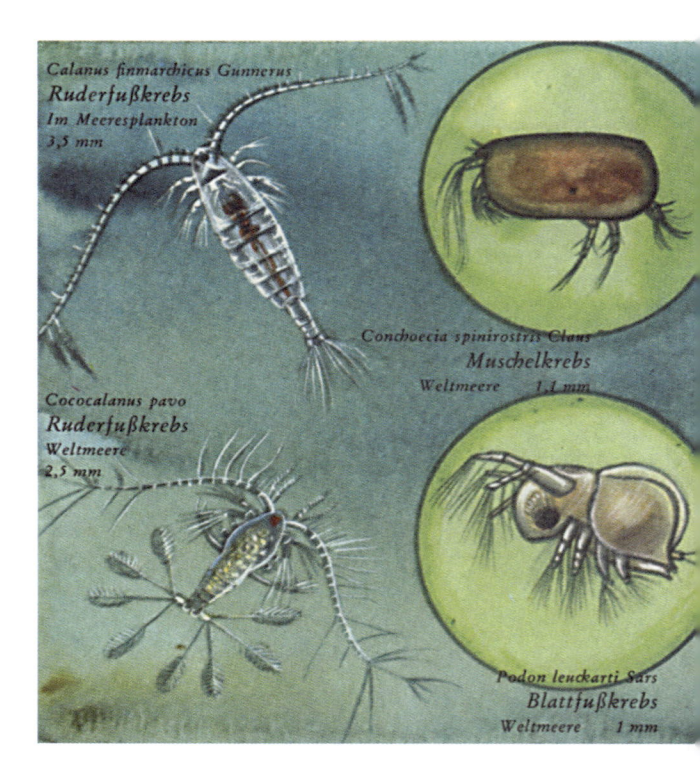

Der zu den Blattfußkrebsen gehörende *Triops* hat eine ähnliche Lebensweise wie Branchipus. Winzig klein und meist durchsichtig sind die ebenfalls zu den Blattfußkrebsen gehörenden Wasserflöhe. Sie kommen in Binnengewässern in großer Zahl vor und spielen eine bedeutende Rolle als Fischnahrung. Während der echte *Wasserfloh* und das *Rüsselkrebschen* in Schwärmen als Plankter in stehenden Gewässern leben, hängt der *Kahnfahrer* an der Unterseite des Wasserspiegels. Der größte Vertreter der

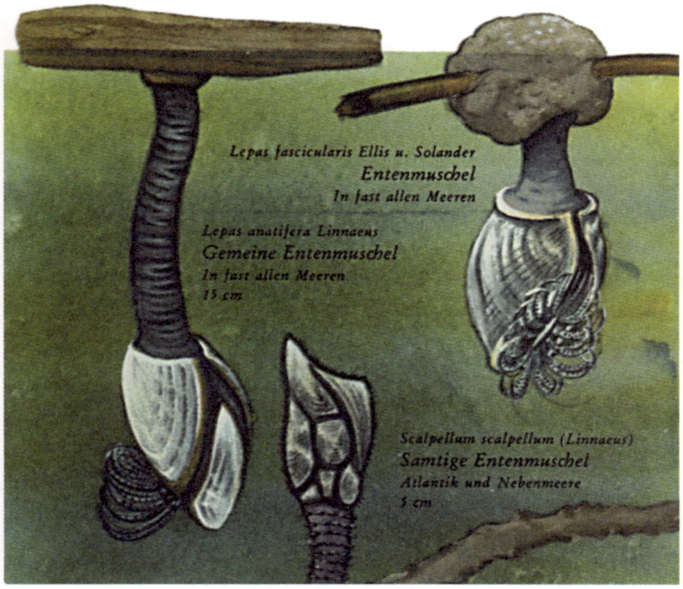

Wasserflöhe ist *Leptodora*. Nahe mit ihr verwandt ist der Meeresbewohner *Podon*.

Während bei den Wasserflöhen die Schale den Kopf frei läßt, sind die Muschelkrebse völlig von ihrem zweiklappigen Gehäuse eingeschlossen. Die meisten Arten leben, entweder im Meer oder im Süßwasser, in Nähe des Gewässerbodens und an Wasserpflanzen. Die beiden abgebildeten Formen sind jedoch Bewohner des freien Meeres. Den Ruderfußkrebsen fehlt die schützende Schale völlig. Ihr Körper ist in einen vorderen gliedmaßentragenden und einen hinteren beinlosen, schwanzartigen Abschnitt gegliedert. Die Weibchen der meisten Copepoden tragen die sich entwickelnden Eier in zwei sack- oder schnurförmigen Paketen am Hinterkörper. Ähnlich den Wasserflöhen leben sie in großer Zahl im Plankton und spielen eine bedeutende Rolle im Haushalt der Gewässer. Während die Wasserflöhe jedoch ihre Hauptverbreitung im Süßwasser haben, sind die Ruderfußkrebse in größter Artenzahl im Meer anzutreffen. *Calanus finmarchicus* bildet häufig riesige, auffällige rote Schwärme und ist oft die Hauptnahrung von Heringen und anderen Fischen. Außer im Plankton lebende Arten gibt es auch Ruderfußkrebse, die am Gewässerboden leben. Andere Arten sind Schmarotzer an Fischen und anderen Tieren.

Während bei den Ruderfußkrebsen nur ein Teil aller Arten parasitisch geworden ist, sind die Kiemenschwänze (Branchiura) sämtlich Parasiten. Die *Karpfenlaus* schwimmt schnell und gleitend durch das Wasser, bis sie sich mit ihren Saugnäpfen an einem Fisch festsetzt, mit ihren Kiefern die Haut des Opfers zerschneidet und sich dann voll Blut pumpt.

Die Rankenfüßer sind festsitzend oder parasitisch und haben folglich ihre Körperform so stark verändert, daß sie oft nur durch ihre Larve als Krebse zu identifizieren sind. Die *Entenmuscheln* sitzen auf einem mehr oder weniger langen Stiel, der durch Umbildung aus dem Vorderkopf entstanden ist. Der Körper wird durch einen zweiklappigen Panzer geschützt. Die rankenartigen Beine der Entenmuscheln dienen nur noch zum Herbeistrudeln der Nahrung. Entenmuscheln leben im Meer auf Treibholz und Schiffsrümpfen, aber auch — wie die Seepocken — an Steinen und Buhnen. Die *Seepocken* sind den Entenmuscheln nahe verwandt, ihnen fehlt aber der Stiel. Alle harten Gegenstände in der Gezeitenzone unserer Meere sind oft dicht mit Seepocken bewachsen. Einige Seepocken heften sich auch an Meerestiere an; *Coronula* lebt auf der Haut von Walen.

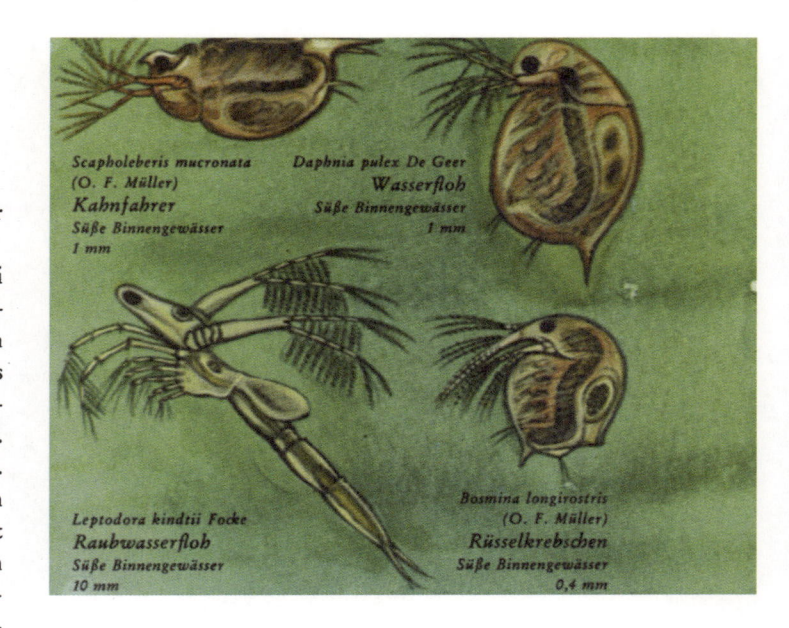

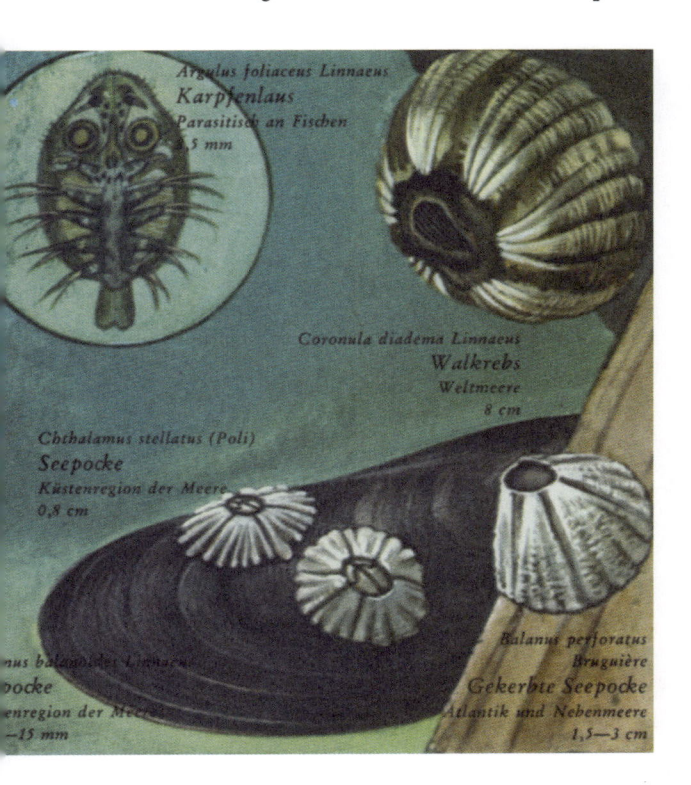

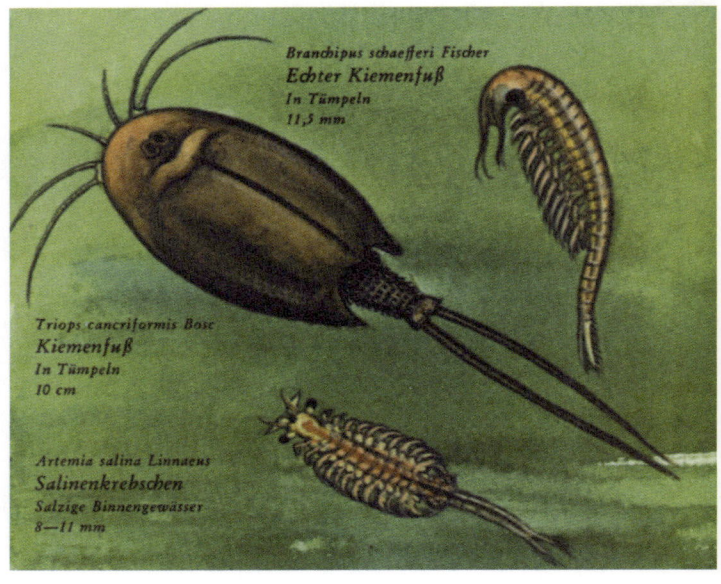

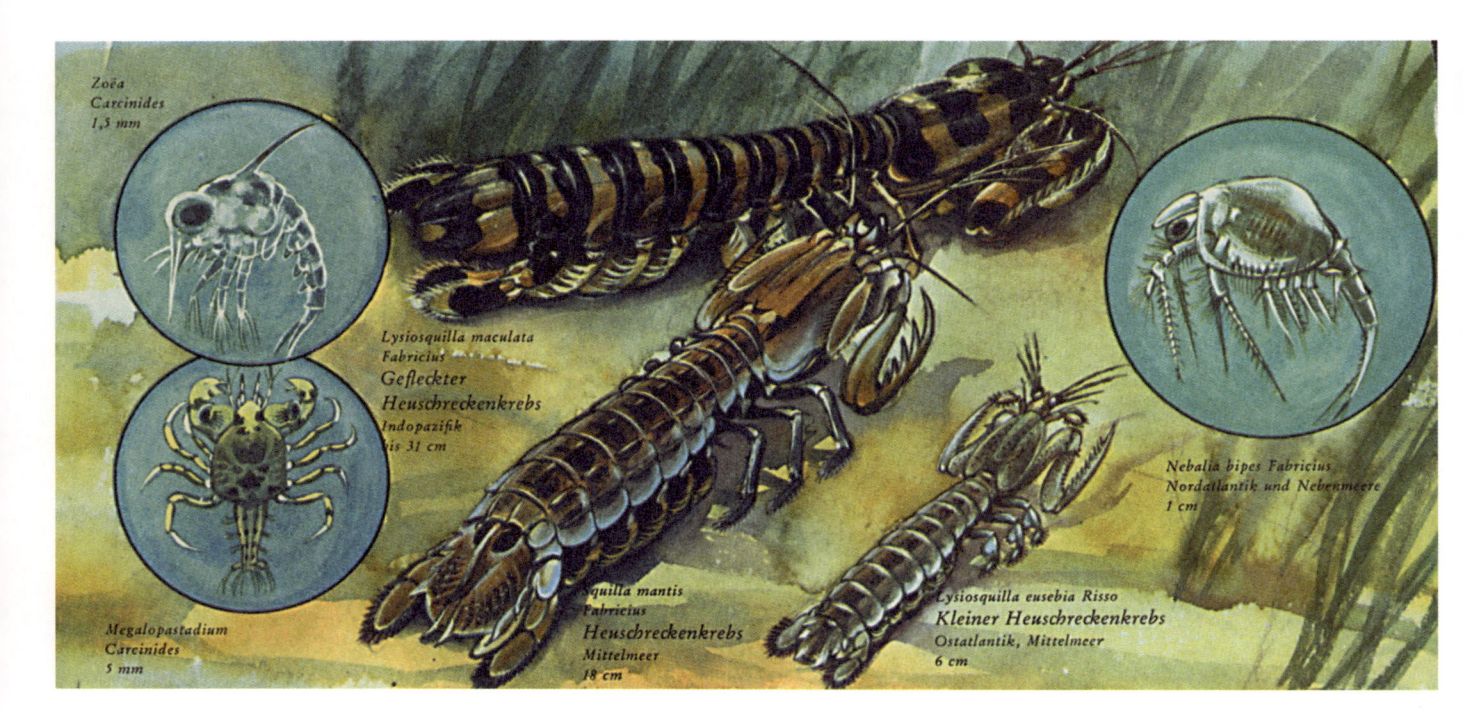

[Bildtafel mit Beschriftungen:]
Zoëa Carcinides 1,5 mm
Lysiosquilla maculata Fabricius
Gefleckter Heuschreckenkrebs
Indopazifik bis 31 cm
Megalopastadium Carcinides 5 mm
Squilla mantis Fabricius
Heuschreckenkrebs
Mittelmeer 18 cm
Lysiosquilla eusebia Risso
Kleiner Heuschreckenkrebs
Ostatlantik, Mittelmeer 6 cm
Nebalia bipes Fabricius
Nordatlantik und Nebenmeere 1 cm

Unterklasse Malacostraca — Höhere Krebse

Überordnungen Phyllocarida [Ordnung Leptostraca — Leptostraken (*Nebalia*)], Hoplocarida — Maulfüßer [Ordnung Stomatopoda — Heuschreckenkrebse (*Lysiosquilla, Squilla*)], Syncarida — Synkariden [Ordnungen Anaspidacea, Bathynellacea], Eucarida — Eukariden [Ordnungen Euphausiacea — Leuchtgarnelen (*Meganyctiphanes, Stylocheiron*), Decapoda — Zehnfußkrebse: U.-Ordnung Natantia — Garnelen (*Alpheus, Crangon, Hippolyte, Notostomus, Oplophorus, Palaemon, Penaeus, Sergestes, Stenopus*)]

Auf schlammigen und sogar fauligen Böden in Küstennähe lebt das kleine urtümliche Krebschen *Nebalia bipes*. Das Tierchen wühlt die Oberfläche des Schlammes auf und strudelt dann die aufgewirbelten Partikel mit Hilfe seiner Beine als Nahrung ein. Die gleichmäßige Gliederung des Körpers und andere primitive Merkmale lassen Nebalia als einen der urtümlichsten Vertreter der höheren Krebse erkennen. Der Vorderkörper von Nebalia wird von einer aufgetriebenen zweiklappigen Schale umhüllt.

Auf Fischmärkten der Mittelmeerländer werden bisweilen *Heuschreckenkrebse* als wohlschmeckende Delikatesse angeboten. Das zu Fangbeinen entwickelte zweite Brustbeinpaar gibt diesem Tier eine Ähnlichkeit mit Fangheuschrecken. Zur Fortbewegung dienen in erster Linie die blattförmigen Hinterleibsbeine, mit denen die Heuschreckenkrebse schnell und geschickt schwimmen. Die Fangbeine ermöglichen eine räuberische Lebensweise. *Squilla* ernährt sich in erster Linie von Krebsen, *Lysiosquilla* soll auch Fische fressen.

Zur Hauptnahrung der großen Bartenwale gehören *Leuchtgarnelen*, kleine Krebschen, die in der Hochsee in riesigen Schwärmen vorkommen. Charakteristisch für diese Krebse ist das Vorhandensein von mehreren Leuchtorganen auf jeder Seite des Tieres. Diese sind technisch vollkommen entwickelt mit Linsen und Reflektoren und können durch Muskeln bewegt werden. Da in den Chitinpanzer kaum Kalk eingelagert ist, sind die Leuchtgarnelen weich und oft durchsichtig.

Alle auf der rechten Seite und auf den drei folgenden Doppelseiten abgebildeten Krebse werden zur Ordnung der zehnfüßigen Krebse (Decapoda) zusammengefaßt. Hierher gehören die größten und „typischsten" Krebse. Der Körper besteht aus zwei Abschnitten, einem einheitlichen Kopfbruststück (Cephalothorax) und dem gegliederten Hinterleib. Der Cephalothorax ist von einem festen Rückenschild bedeckt. Die ersten drei Paar Brustbeine sind zu Mundwerkzeugen umgewandelt, die letzten fünf Paare bleiben als Gangbeine übrig. Die Beine des Hinterleibes (Pleopoden) sind nur schwach entwickelte Spaltbeine.

[Bildbeschriftung:]
Meganyctiphanes norvegica (M. Sars)
Leuchtgarnele
Nordatlantik, Mittelmeer 1,5 cm

Stylocheiron suhmi G. Sars
Tiefseeleuchtgarnele
Mittelmeer, Atlantik 1 cm

Recht kompliziert ist die Entwicklung der meisten Decapoda. Die meisten dieser Krebse entwickeln sich über mehrere Larvenstadien. Diese unterscheiden sich bei den verschiedenen Decapoden stark voneinander. Die für die niederen Krebse typische Nauplius-Larve kommt nur noch bei den Geißelgarnelen vor. Die oft mit bizarren Dornen versehene *Zoëa-Larve* ist die typische Larve der meisten Zehnfüßer. Bei den Kurzschwanzkrebsen ist die abgebildete *Megalopa-Larve* ein weiteres Entwicklungsstadium. Die Garnelen (Natantia) sind gute Schwimmer. Ihr Körper ist meist seitlich abgeflacht und ihre Kutikula ist nur schwach verkalkt. Die Schreitbeine sind dünn, die Hinterleibsbeine als Schwimmfüße ausgebildet. Bei *Penaeus*, der in der Schelfregion in sandigen und schlammigen Zonen in Bodennähe lebt, sind die drei ersten Schreitbeine mit Scheren versehen. Das vierte und fünfte Brustbeinpaar ist normal entwickelt. Der Hochseebewohner *Sergestes* hat dagegen diese beiden nicht scherentragenden Beinpaare weitgehend zurückgebildet. *Hippolyte* wird in Algenzonen und Seegraswiesen angetroffen. Der rote *Knallkrebs* dagegen bevorzugt wieder Schlammregionen. Wenn man sich störend seiner Wohnröhre nähert, erzeugt der Knallkrebs mit seiner Schere ein lautes Knackgeräusch.

Die Sandgarnelen spielen an der Nordseeküste eine große wirtschaftliche Rolle. Unter dem zoologisch falschen Namen „Krabben" sind sie als Nahrungsmittel bekannt. Gleich allen echten Garnelen sind auch bei *Crangon* die beiden ersten Brustbeinpaare mit Scheren versehen. Am Tage liegen die Garnelen meist im sandigen oder schlikkigen Watt vergraben. In der Dämmerung ziehen sie mit Hilfe ihrer Hinterleibsbeine schwimmend, aber auch manchmal mit den Rumpfbeinen laufend, über das Watt auf Nahrungssuche. Als Allesfresser ernähren sich die Sandgarnelen sowohl von kleinen Würmern und Flohkrebsen als auch von zerfallenen Tier- und Pflanzenresten. Während die Garnelen früher hauptsächlich mit Reusen und anderen stehenden Fanggeräten erbeutet wurden, wird heute in erster Linie von Kuttern aus mit Schleppnetzen gefischt. Nur ein kleiner Teil der gefangenen Garnelen wird zur menschlichen Ernährung verwendet, der größte Teil wird getrocknet, dann zermahlen und dient als Futtermittel.

Auch in der Gruppe der echten Garnelen gibt es Tiefseeformen, die wie die Leuchtgarnelen Licht auszustrahlen vermögen. Hierher gehört *Oplophorus* und der für Garnelenverhältnisse riesige *Notostomus*.

Sehr abweichende Garnelen sind die Stenopodidae. Sie sind nicht seitlich zusammengedrückt und besitzen ein sehr langes drittes Brustbeinpaar. Die *Putzergarnele* lebt auf Korallenriffen und wurde beim „Putzen" von Korallenfischen beobachtet (Putzerfische s. S. 204).

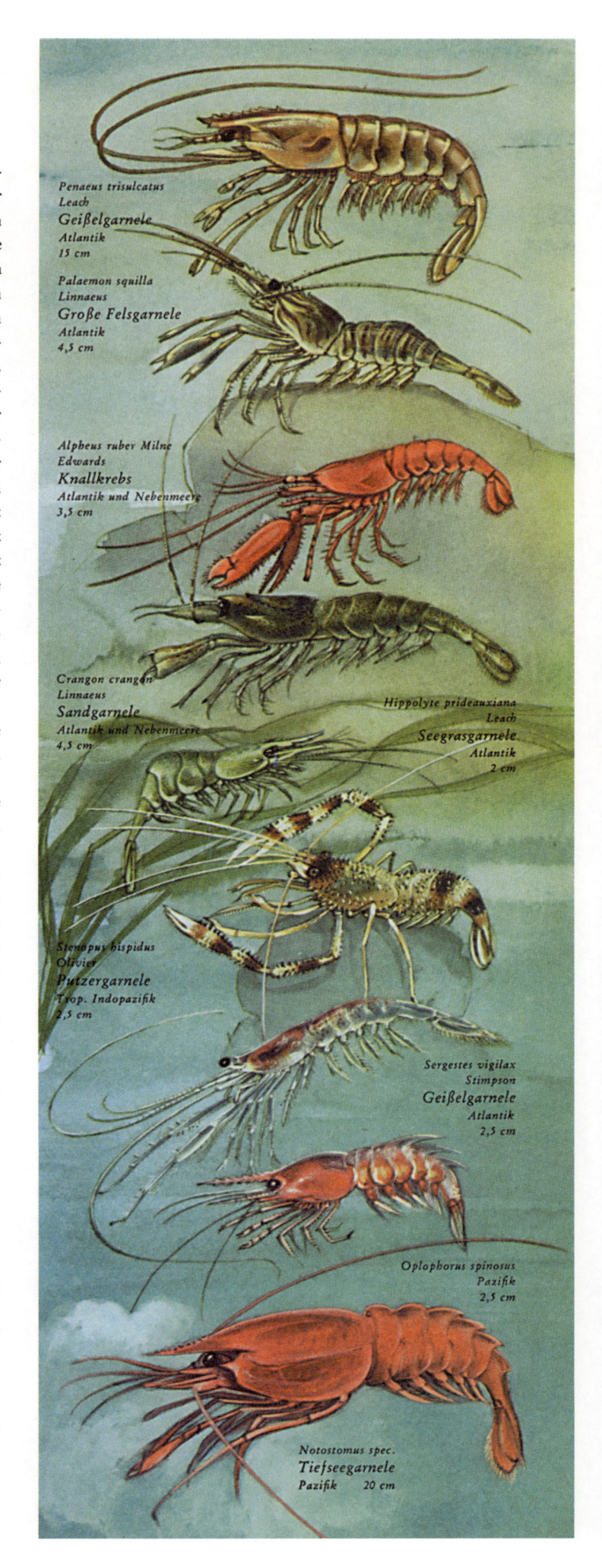

Palinurus vulgaris Latreille
Europäische Languste
Ostatlantik, Mittelmeer,
bis 45 cm

Homarus gammarus Linnaeus
Hummer
Felsenküsten des Nordatlantik
30—50 cm

Palinurus interruptus
Stachellanguste
Ostpazifik
40 cm

U.-Ordnung Reptantia — Panzerkrebse
Familien: Palinuridae — Langusten (*Palinurus*), Scyllaridae — Bärenkrebse (*Scyllarides*), Homaridae — Hummer (*Homarus, Nephrops*), Astacidae — Flußkrebse (*Astacus, Cambarus, Orconectes*)

Die Panzerkrebse, die zweite Unterordnung der zehnfüßigen Krebse, haben einen stark verkalkten Carapax. Als Bodenbewohner haben sie die Brustbeine zu kräftigen Schreitbeinen entwickelt. Die Beine des Hinterleibes werden nicht als Schwimmbeine benutzt und sind daher oft verkleinert. Die Weibchen tragen die sich entwickelnden Eier an den Hinterleibsbeinen festgeheftet mich sich herum. Bei dem zuerst zu besprechenden Vertreter dieser Gruppe, der *Languste*, vermissen wir die typischen Krebsscheren. Das zweite der beiden Antennenpaare dieses Krebses ist auffällig lang und kräftig entwickelt. Diese langen „Peitschen" werden zum Abwehren von Feinden und störenden Artgenossen verwendet. Die Languste lebt auf felsigem Grund in Küstennähe; sie gilt als wertvoller Speisekrebs und wird meist mit Reusen gefangen. Sie frißt Muscheln, Schnecken, Seewalzen und Schlangensterne sowie andere Meerestiere, aber auch Aas. Verwandte unserer Languste in anderen Regionen der Erde sind wirtschaftlich von Bedeutung. *Palinurus interruptus* wird vor den Küsten Nordamerikas gefischt.

Eigenartig gebaute Tiere sind die auch in küstennahen Regionen des Mittelmeeres recht häufigen *Bärenkrebse*. Ihr Kopfbrustschild ist flachgedrückt und hat scharfe Seitenkanten. Das zweite Antennenpaar ist kurz und blattartig verbreitet. Ebenso wie die Langusten haben auch die Bärenkrebse keine Scheren.

Dieses „Symbol" eines echten Krebses ist beim *Hummer* kräftig entwickelt. Die eine der beiden Scheren des ersten Brustbeinpaares — meist die rechte — ist dicker und plumper entwickelt als die andere; sie dient als „Knackschere" zum Zerbrechen von Muscheln und Schnecken. Die andere, schlankere und beweglichere Schere dient als Schneide- und Greifschere. Als Bewohner von Felsküsten wird der Hummer in Deutschland nur bei Helgoland angetroffen und gefangen. Früher wurden Hummer mit Stellnetzen gefischt, jetzt verwendet man meist recht-

Scyllarides latus Latreille
Großer Bärenkrebs
Mittelmeer
35 cm

Nephrops norvegicus (Linnaeus)
Kaisergranat
Atlantik, Mittelmeer
20 cm

eckige, mit Ködern besetzte Hummerkörbe, die nach dem Reusenprinzip arbeiten. Der Hummer entwickelt sich sehr langsam; er wird erst im sechsten Lebensjahr geschlechtsreif und pflanzt sich dann nur jedes zweite Jahr fort. Die Entwicklung der Embryonen im Ei dauert etwa 11 bis 12 Monate. Dann schlüpft eine frei im Wasser schwimmende Mysislarve (so genannt nach ihrer Ähnlichkeit mit Schwebgarnelen, s. S. 66), die sich nach mehreren Häutungen zu bodenbewohnenden, schon hummerähnlichen Stadien umwandelt. Jegliches Körperwachstum ist, wie bei allen Gliedertieren, nur durch Abwerfen der alten festen Haut möglich. Bis der neue Panzer wieder hart geworden ist — dies dauert etwa 3—4 Wochen —, bleibt der Hummer in einer schützenden Höhle. Alte Hummer häuten sich nur noch jedes zweite Jahr.

Der *Kaisergranat* ist dem Hummer nahe verwandt. Oft wird er fälschlich Languste genannt. Im Gegensatz zum Hummer lebt er auf weichem Boden und bevorzugt auch größere Wassertiefen als dieser. Der Kaisergranat wird mit Grundschleppnetzen gefischt. Die Hinterkörper („Schwänze") werden als beliebte Delikatesse verkauft.

Unser *Europäischer Flußkrebs* oder Edelkrebs ist wie drei weitere Astacus-Arten ein Bewohner der süßen Gewässer Europas. Der Edelkrebs war früher in langsam fließenden und stehenden Gewässern Mitteleuropas weit verbreitet. Als nachtaktives Tier versteckt er sich tagsüber in meist selbstgegrabenen Wohnröhren unter überhängenden Ufern. Der Krebs kriecht rückwärts in seine Röhre, der Kopf mit den Scheren befindet sich in der Nähe der Öffnung. Die Scheren können das Tier gegen eindringende Feinde schützen und auch vorüberziehende Beute ergreifen. Die Hauptnahrung des Edelkrebses besteht aus Schnecken, Muscheln, Würmern und Insektenlarven, aber auch Aas wird gefressen. Im Herbst findet die Begattung der Krebse statt und bald darauf die Eiablage. Von den ca. 100—200 Eiern an den Hinterleibsbeinen entwickeln sich nur 20 Stück. Nach 5—6 Monaten schlüpfen Jungkrebse, die einen aufgetriebenen Panzer besitzen. Nach der ersten Häutung haben die Tiere die normale Form der Art erreicht. Einige Tage nach der ersten Häutung — ca. 2—3 Wochen nach dem Schlüpfen — verlassen die Jungkrebse das Muttertier, an dessen Pleopoden sie sich mit ihren Scheren festgehalten hatten. Die heranwachsenden Jungkrebse häuten sich sehr häufig, größere Krebse nur noch ein- bis zweimal im Jahr.

In der zweiten Hälfte des vorigen Jahrhunderts wurde der größte Teil der mitteleuropäischen Edelkrebse durch die Krebspest vernichtet. Der Erreger dieser Krankheit ist ein kleiner Fadenpilz. Als Ersatz für den jetzt fehlenden Edelkrebs wurde gegen Ende des vorigen Jahrhunderts der gegen die Krebspest immune *Amerikanische Flußkrebs* in Deutschland ausgesetzt. Dieser aus Pennsylvanien stammende Krebs hat sich jetzt in vielen Gegenden Mitteleuropas stark verbreitet. Im Gegensatz zum Edelkrebs sucht er keinen Unterschlupf in Höhlen oder Röhren. Er findet Schutz zwischen Wasserpflanzen und in den Steinschüttungen an den Ufern von Gewässern. Neben Weichtieren und Insektenlarven nimmt der Amerikanische Flußkrebs auch viel pflanzliche Nahrung zu sich. Als Speisekrebs ist er nicht so begehrt wie der Edelkrebs.

Von amerikanischen Flußkrebsen gibt es auch Höhlenformen. Diese in lichtlosen unterirdischen Gewässern lebenden Tiere sind meist blind. Das Pigment in der Haut ist weitgehend zurückgebildet.

Cambarus pellucidus Tellkampf
Amerikanischer Höhlenkrebs
Nordamerika
12 cm

Orconectes limosus Rafinesque
Amerikanischer Flußkrebs
Nordamerika, Europa
12 cm

Astacus astacus Linnaeus
Europäischer Flußkrebs
Europa
16 cm

Birgus latro Herbst
Palmendieb
Südseeinseln
bis 30 cm

Coenobita rugosa
Milne-Edwards
Landeinsiedlerkrebs
Ostafrika
8 cm

Familien: Callianassidae — Maulwurfkrebse (*Callianassa*), Paguridae — Einsiedlerkrebse (*Dardanus, Eupagurus*), Coenobitidae — Landeinsiedlerkrebse (*Birgus, Coenobita*), Galatheidae — Springkrabben (*Galathea*), Porcellanidae — Porzellankrabben (*Porcellana*), Portunidae — Schwimmkrabben (*Carcinides, Ovalipes, Portunus*), Cancridae — Taschenkrebse (*Cancer*), Corystidae — Maskenkrebse (*Corystes*), Potamonidae — Süßwasserkrabben (*Potamon*)

Die bisher besprochenen Formen der Reptantia, der zehnfüßigen Panzerkrebse, haben alle einen normal entwickelten, nach hinten ausgestreckten Hinterleib. Bei den auf der linken Hälfte dieser Doppelseite abgebildeten Krebsen ist der Hinterleib oft etwas reduziert und bauchwärts eingekrümmt. Diese unter dem Namen Anomura zusammengefaßten Panzerkrebse bilden somit einen Übergang zu der umfangreichsten und vielseitigsten Gruppe der Reptantia, nämlich zu den Kurzschwanzkrebsen (Brachyura), deren kurzer und dünner Hinterleib vollständig unter das Kopfbruststück geschlagen ist.

Die *Maulwurfkrebse* der weltweit verbreiteten Gattung Callianassa bauen zum Teil recht komplizierte Gänge im schlammig-sandigen Boden in Küstennähe. Eine Schere des ersten Brustbeinpaares ist ungewöhnlich stark entwickelt. Während die Maulwurfkrebse ihren weichen Hinterleib durch das Leben in Löchern und Gängen schützen, wird der weichhäutige Hinterleib der *Einsiedlerkrebse* in einem leeren Schneckenhaus verborgen. Da der Hinterleib meist spiralig rechts gewunden ist, dienen nur rechtsgewundene Schneckengehäuse als Hülle. Die rechten Hinterleibsbeine sind vollständig zurückgebildet. Nur die ersten drei Paare Brustbeine sind kräftig entwickelt; die beiden letzten Paare sind in Klauen zum Festhalten am Schneckengehäuse umgewandelt. Wird einem Einsiedlerkrebs nach dem Häuten sein Gehäuse zu klein, so sucht er sich ein neues. Viele Einsiedlerkrebse tragen auf dem Gehäuse Aktinien, durch deren Nesselkapseln die Krebse zusätzlichen Schutz haben. Bei einigen Einsiedlerkrebsen bildet die eine stark entwickelte Schere einen schützenden Gehäusedeckel, wenn der Krebs sich vollständig in die Schale zurückgezogen hat.

Die Landeinsiedlerkrebse haben spezielle Atemorgane entwickelt, die ihnen das Leben außerhalb des Wassers ermöglichen. Die *Coenobita*-Arten leben an Land in Küstennähe und gehen oft nur noch zur Eiablage ins Meer, in dem die Larven sich entwickeln. Der größte und eindrucksvollste Landkrebs ist der *Palmendieb*. Als Einsiedlerkrebse geben sich bei ihm nur die jungen Exemplare zu erkennen, denn sie leben noch in Schneckengehäusen. Später wird der inzwischen symmetrisch gewordene Hinterleib unter das Bruststück geklappt. Der Palmendieb ernährt sich von Aas und den Früchten verschiedener Palmen. Mit seinen kräftigen Scheren ist er in der Lage, Kokosnüsse zu öffnen. Man hat den Palmendieb auch an Bäumen kletternd beobachtet.

Dardanus megistos
Einsiedlerkrebs
Australien, Barrier-Riff
bis 20 cm

Eupagurus bernhardus Linnaeus
Bernhardkrebs
Atlantik und Nebenmeere
10 cm

Porcellana platycheles
(Pennant)
Porzellankrebs
Mittelmeer
1 cm

Callianassa australiensis
Maulwurfkrebs
Australische Küsten

Galathea squamifera Leach
Springkrabbe
Mittelmeer
2 cm

Carcinides maenas Rathke
Strandkrabbe
Atlantik und Nebenmeere
4 cm

Cancer pagurus Linnaeus
Taschenkrebs
Atlantik und Nebenmeere
8 cm

Corystes cassivelaunus (Pennant)
Maskenkrabbe
Atlantik
3 cm

Portunus neptunus
Neptunskrabbe
Weltmeere
30 cm

Ovalipes ocellatus
Ladykrabbe
Atlantik 5 cm

Die *Springkrabben* sind an dem stark rückgebildeten fünften Brustbeinpaar und an dem eingeschlagenen Hinterleib als Anomuren zu erkennen. Während sie mit ihren Schreitbeinen nur langsam laufen, können sie durch Anschlagen des Hinterleibs rückwärts schnellen.

Die kleinen *Porzellankrebse* zeigen in Körperbau und Lebensweise große Ähnlichkeit mit den Kurzschwanzkrebsen. Die abgebildete Art ist an Fels- und Steinküsten in der Gezeitenzone oft in großer Zahl anzutreffen.

Die echten Kurzschwanzkrebse oder Krabben haben meist einen sehr gedrungen gebauten Körper. Der Cephalothorax hat einen festen Panzer und ist oft breiter als lang. Die für diese Gruppe typischen Larven — die *Zoëa* mit den langen Stacheln und die *Megalopa*-Larve — haben wir schon auf S. 58 kennengelernt.

Der *Taschenkrebs* ist auch an der deutschen Nordseeküste häufig. Er bevorzugt felsigen Boden, kommt aber auch in sandigen Regionen vor. Als Räuber ernährt er sich von verschiedensten Tieren des Meeresbodens wie Schnecken, Muscheln, Krebsen und Fischen. Der Taschenkrebs ist nur zur Bewegung am Boden befähigt. Die Schwimmkrabben dagegen sind dank der blattförmigen Verbreiterung am fünften Brustbeinpaar zum geschickten Schwimmen im freien Wasser befähigt. Flach am Boden sitzend, warten sie auf vorbeischwimmende Fische oder Garnelen, die sie anschwimmen und mit ihren Scheren packen. Wie die *Portunus*-Arten, von denen eine Form auch in der Nordsee verbreitet ist, ist auch *Ovalipes* als echte Schwimmkrabbe in der Lage, im freien Wasser zu schwimmen. Die *Strandkrabbe* ist die häufigste Krabbe der deutschen Nordseeküste und eine der häufigsten Krabben in der Gezeitenzone an den meisten europäischen Küsten. Sie gehört in die Verwandtschaft der Schwimmkrabben. Wegen der nur sehr schwach verbreiterten hinteren Brustbeine ist sie aber ein sehr schlechter Schwimmer. Meist fängt sie ihre Beute im schnellen Seitwärtslaufen.

Wie wir unter den langschwänzigen Krebsen Süßwasserformen finden, so haben auch die Krabben mit der Familie Potamonidae das Süßwasser erobert. Die europäische *Süßwasserkrabbe* ist in Mittelmeerländern verbreitet. Sie lebt in fließendem Wasser zwischen Steinen und Pflanzen. Wie beim Flußkrebs werden auch die Jungen der Süßwasserkrabbe in weit entwickeltem Zustand geboren. Die planktischen Larvenstadien fehlen.

Der Panzer der *Maskenkrabbe* ist länger als breit. Dieser Krebs kommt auch in der Deutschen Bucht auf weichem Sediment vor. Corystes vergräbt sich dort und schafft sich durch Aneinanderlegen der mit Borstenreihen besetzten zweiten Antennen eine Atemröhre.

Potamon fluviatile Herbst
Süßwasserkrabbe
Asien, Europa
10 cm

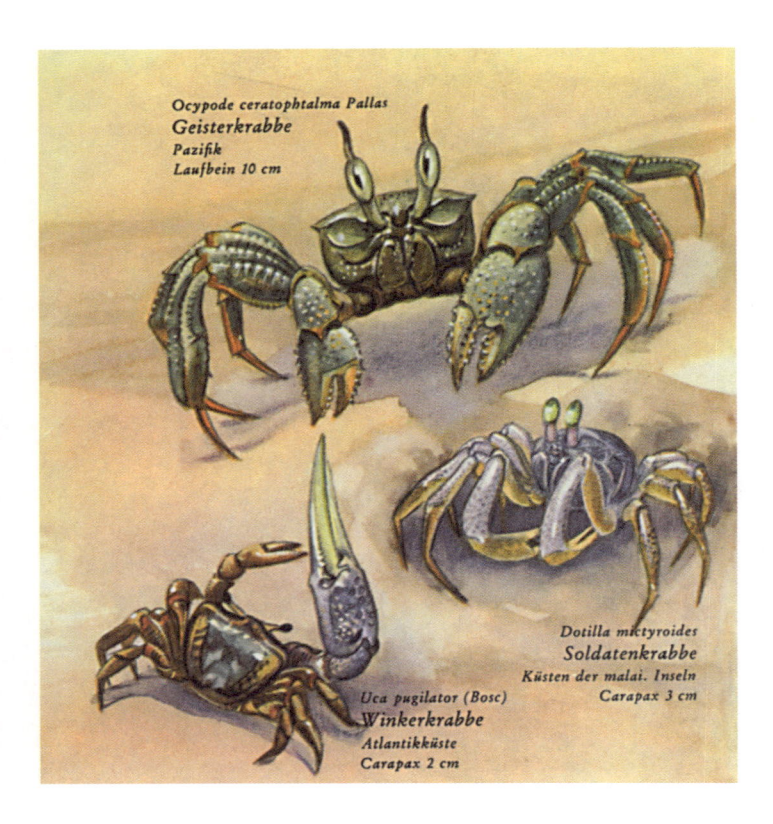

Ocypode ceratophtalma Pallas
Geisterkrabbe
Pazifik
Laufbein 10 cm

Dotilla mictyroides
Soldatenkrabbe
Küsten der malai. Inseln
Carapax 3 cm

Uca pugilator (Bosc)
Winkerkrabbe
Atlantikküste
Carapax 2 cm

Familien: Ocypodidae (*Dotilla, Ocypode, Uca*), Grapsidae (*Eriocheir, Grapsus*), Pinnoteridae — Muschelwächter (*Pinnoteres*), Xanthidae — Steinkrabben (*Xantho*), Maiidae — Seespinnen (*Hyas, Inachus, Macrocheira, Parthenope, Pisa*), Calappidae — Schamkrabben (*Calappa, Matuta*), Dromiidae — Wollkrabben (*Dromia*), Dorippidae (*Dorippe*)

Vorwiegend an tropischen Küsten leben die Reiter- oder *Geisterkrabben* der Gattung Ocypode. Eine Reihe bekannter Arten gräbt oberhalb der Hochwasserlinie tiefe und steile Röhren in den Boden. Zur Nahrungssuche verlassen die Reiterkrabben ihre Gänge und suchen die Umgebung, vor allem den Spülsaum, nach Nahrung ab. Diese Krabben ernähren sich von Aas, Früchten, aber auch von lebenden kleinen Krebsen. Die Reiterkrabben haben zylinderförmig um Augenstiele angeordnete Komplexaugen, mit denen sie in der Horizontalen gleichzeitig nach allen Richtungen sehen können. Sobald sie sich bedroht fühlen, laufen sie blitzschnell zu ihrem Bau. Nahe verwandt mit den Geisterkrabben sind die interessanten *Winkerkrabben,* die in recht großer Artenzahl an den Küsten aller tropischen Meere anzutreffen sind. Sie bauen sich in der Gezeitenzone in schlammigem Watt, auch in Mangrovegegenden, senkrechte Gänge, die stets bis zum Grundwasser reichen. Geeignete Regionen sind oft sehr dicht mit Winkerkrabben besiedelt. Auffällig ist das eigenartige Winken der Uca-Arten. Die Männchen haben ihre Schere auf einer Körperseite extrem stark entwickelt. Mit dieser Riesenschere vollführen die Tiere Winkbewegungen. Über die Bedeutung des Winkens bestand lange Unklarheit. Jetzt weiß man wenigstens für einige Arten, daß das Winken der Balz dient. Das Männchen lockt auf diese Weise ein Weibchen an, das ihm in seine Wohnröhre folgt und dort begattet wird. Die *Soldatenkrabben* der Gattung Dotilla haben eine ähnliche Lebensweise wie die Winkerkrabben, ihnen fehlt jedoch die große Winkschere.

Einen kugelförmigen Panzer hat der kleine *Muschelwächter*. Dieses Krebschen lebt zwischen den Schalen der großen Steckmuschel (Pinna S. 124), wird aber auch in anderen Muscheln und Seescheiden gefunden.

Grapsus-Arten sind meist Bewohner von Felsufern der Meere. Sie leben vorwiegend in der Brandungszone und können sehr schnell seitwärts laufen, um sich in einer Felsspalte zu verstecken. Die als ausgewachsenes Tier im Süßwasser lebende *Wollhandkrabbe* ist in China beheimatet. Im Jahre 1912 wurde sie erstmalig in Europa in der Aller gefangen. Sie ist wahrscheinlich durch Schiffe verschleppt worden. In den kommenden Jahrzehnten hat sie sich in Deutschland und benachbarten europäischen Ländern außerordentlich verbreitet. Zum Laichen müssen die Wollhandkrabben stets ins Meer wandern, da sich ihre Larven nur dort entwickeln. Die Megalopa-Stadien leben in der Gezeitenzone der Flüsse, die jungen Krabben wandern dann oft in langen Reihen stromaufwärts.

Grapsus grapsus Linnaeus
Scharlachrote Felsenkrabbe
Pazifik
Carapax 8 cm

Pinnoteres pinnoteres (Linnaeus)
Muschelwächter
Mittelmeer, Atlantik
Carapax 1 cm

Xantho hydrophilus (Herbst)
Graue Steinkrabbe
Mittelmeer, Atlantik
Carapax 3—4 cm

Eriocheir sinensis Milne-Edwards
Wollhandkrabbe
Ostasien, Mitteleuropa
Carapax 10 cm

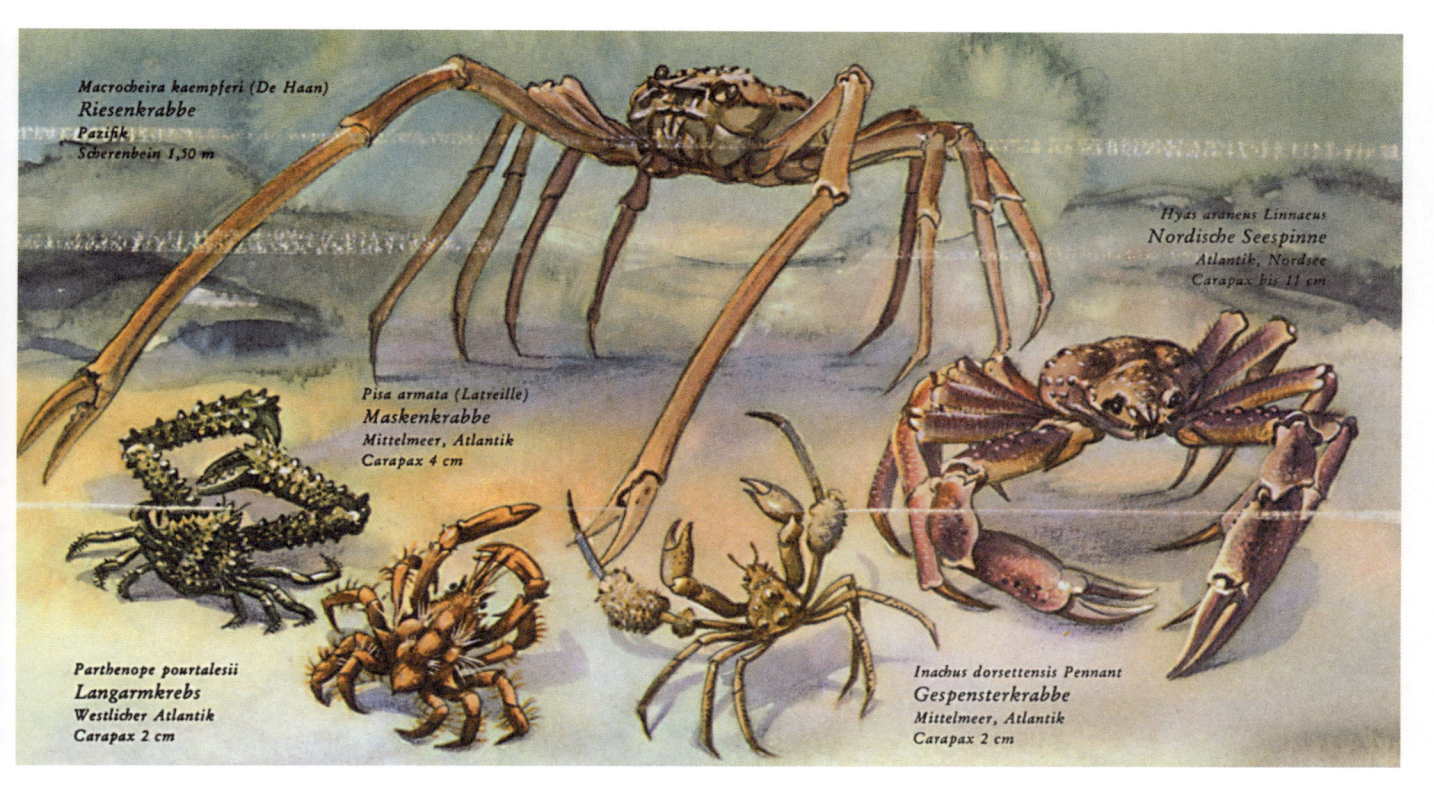

Macrocheira kaempferi (De Haan)
Riesenkrabbe
Pazifik
Scherenbein 1,30 m

Hyas araneus Linnaeus
Nordische Seespinne
Atlantik, Nordsee
Carapax bis 11 cm

Pisa armata (Latreille)
Maskenkrabbe
Mittelmeer, Atlantik
Carapax 4 cm

Parthenope pourtalesii
Langarmkrebs
Westlicher Atlantik
Carapax 2 cm

Inachus dorsettensis Pennant
Gespensterkrabbe
Mittelmeer, Atlantik
Carapax 2 cm

Xantho-Arten kommen, wie die meisten Angehörigen der Gattung Grapsus, an steinigen Ufern vor, sie werden aber auch in Sand- und Kiesregionen in großer Zahl gefunden. Riesige und bizarre Krabben wie die abgebildete *Macrocheira* leben in tieferen Zonen des Pazifik. Aber auch in unseren Meeren finden wir seltsam spinnenbeinige Vertreter der Krabben: *Hyas* wird in Algenzonen auch der Nordsee angetroffen. Der bedornte Rücken der nahe verwandten *Pisa* aus dem Mittelmeere ist meist mit Schwämmen besetzt. Auch die *Gespensterkrabbe Inachus* gehört in die Familie der Seespinnen. Sie klettert in Algenbeständen der Uferhänge — meist in Tiefen unter 10 m — herum und ernährt sich in erster Linie von Muscheln, Krebsen und Würmern. Die *Parthenope*-Arten werden in allen wärmeren Meeren angetroffen und sind an der charakteristischen Haltung ihrer langen Arme zu erkennen. Die *Wollkrabbe* gehört zu den urtümlichsten Kurzschwanzkrebsen. Ihr ganzer Körper ist pelzartig behaart.

Diese träge Krabbe lebt an felsigen Küsten, meist in einer Tiefe von 10—30 m. Sie tarnt sich mit Schwammstücken oder Synascidienkolonien, die sie mit ihrem letzten Brustbeinpaare über dem Rücken festhält.

Mit einem dichten Haarkleid ist auch *Dorippe* versehen. Diese auf schlammigen Sandböden lebende Krabbe trägt mit ihren nach oben gerichteten Hinterbeinen die verschiedensten Gegenstände als Maskierung über dem Körper. Das können Muschelschalen sein, aber auch Seescheiden, Seegurken oder gar tote Artgenossen. Wenn sie bedroht wird, hält sie den Tarngegenstand dem Angreifer als Schutzschild entgegen.

Die *Schamkrabben* halten ihre großen Scheren so vor den Körpervorderrand, wie jemand, der aus Scham seine Hände vor das Gesicht hält. Auch die tropischen *Matuta*-Arten gehören zur Familie der Schamkrabben. Die Endglieder ihres 2.—5. Beinpaares sind flossenartig abgeflacht. Diese Tiere sind daher gute Schwimmer.

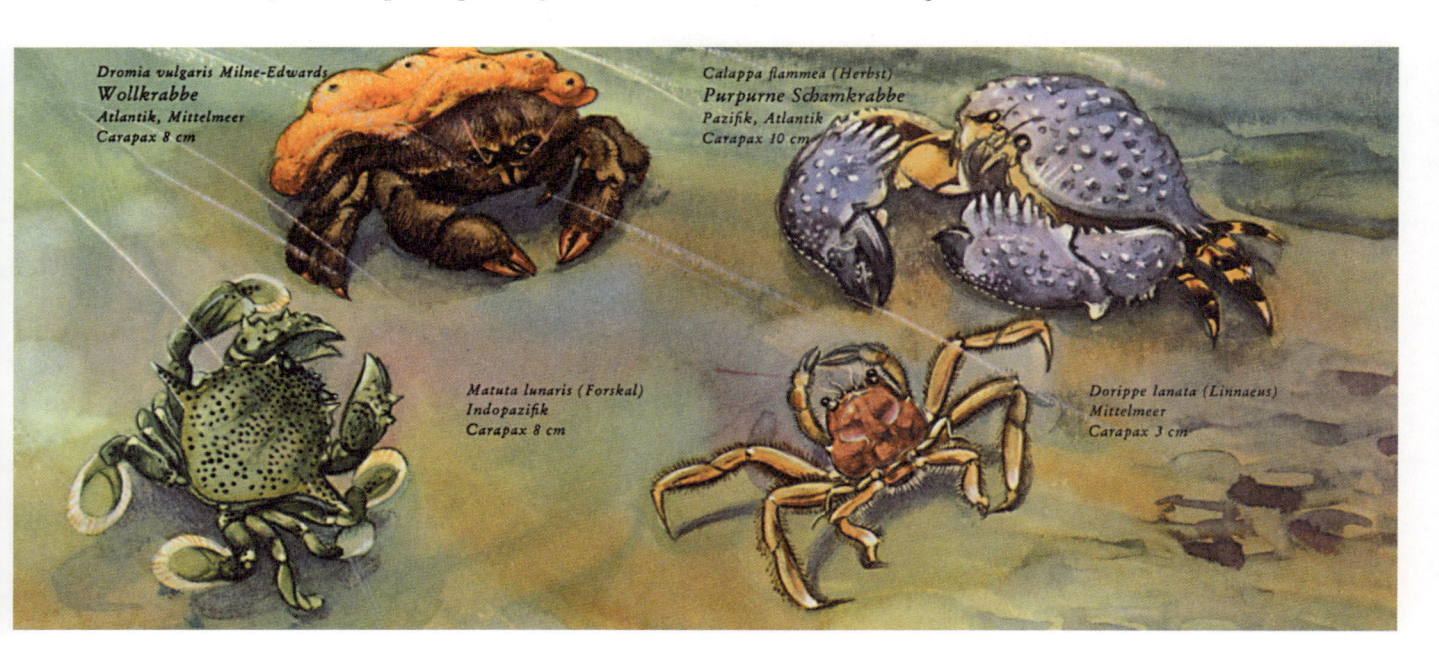

Dromia vulgaris Milne-Edwards
Wollkrabbe
Atlantik, Mittelmeer
Carapax 8 cm

Calappa flammea (Herbst)
Purpurne Schamkrabbe
Pazifik, Atlantik
Carapax 10 cm

Matuta lunaris (Forskal)
Indopazifik
Carapax 8 cm

Dorippe lanata (Linnaeus)
Mittelmeer
Carapax 3 cm

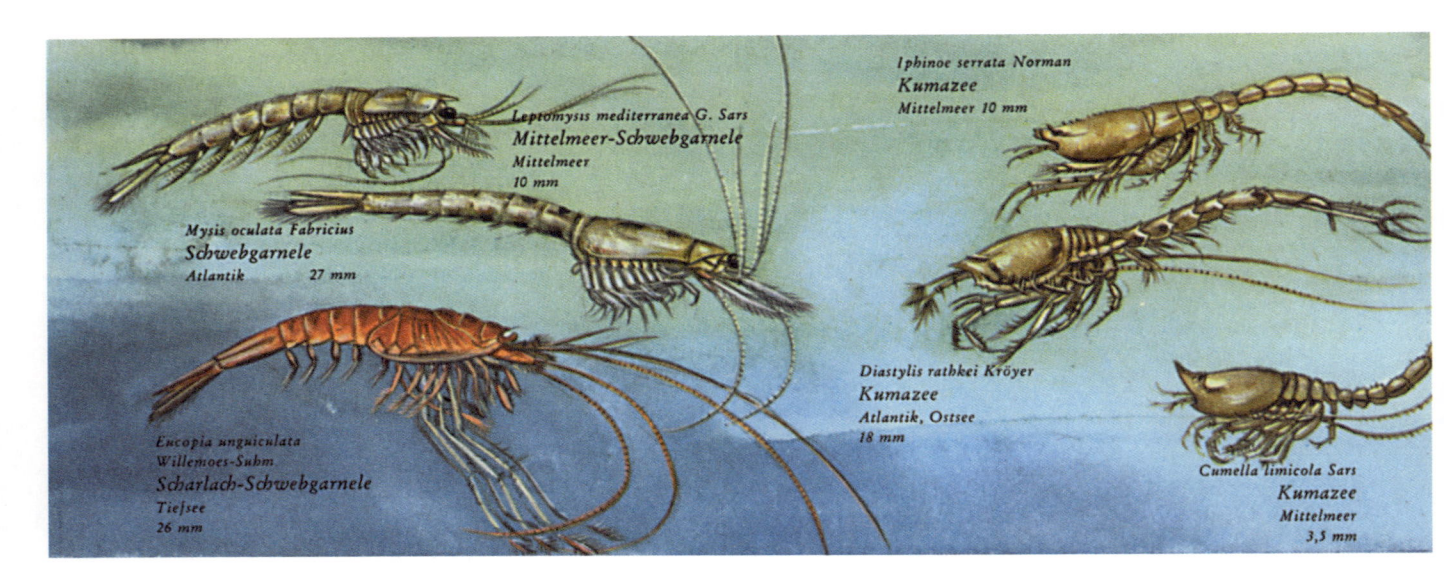

Überordnung Peracarida — Ranzenkrebse
Ordnung Mysidacea — Spaltfüßer
Familie: Mysidae — Schwebgarnelen (*Eucopia, Leptomysis, Mysis*)

Typisch für die meisten der bisher besprochenen Krebse ist die Entwicklung über charakteristische Larvenstadien. Süßwasserbewohner unter den zehnfüßigen Krebsen haben das Larvenstadium rückgebildet und entwickeln sich direkt. Die direkte Entwicklung, die bei den genannten Dekapoden als Besonderheit anzusehen ist, ist für alle auf der folgenden Doppelseite gezeigten Krebse charakteristisch. Ein weiteres Charakteristikum dieser in der Überordnung der Ranzenkrebse zusammengefaßten Tiere ist die Ausbildung eines Brutbeutels an der Bauchseite der Weibchen, der durch Anhänge der Brustbeine — sogenannte Brutplatten — gebildet wird.

Die Schwebgarnelen bewegen sich vorwiegend schwimmend fort. Unter ihnen gibt es neben Flachwasserformen auch ausgesprochene Tiefseetiere, wie die abgebildete *Eucopia*. *Leptomysis mediterranea* ist ein Bewohner des flachen Wassers und wird in großen Schwärmen in Küstennähe angetroffen.

Ordnung Cumacea — Kumazeen
Familien: Bodotriidae (*Iphinoe*), Nannaostacidae (*Cumella*), Diastylidae (*Diastylis*)

Die *Kumazeen* sind bis auf wenige Ausnahmen Meeres-Flachwasser bis zur Tiefsee vor. Schlammbewohner unter den Kumazeen — z. B. *Diastylis* — durchsuchen den Schlamm nach Nahrungspartikeln, Sandbewohner — *Iphinoe* u. a. — fressen den Algenbewuchs von Sandkörnchen ab.

Ordnung Anisopoda — Scherenasseln
Familie: Paratanaidae (*Leptochelia*)

Die *Scherenasseln* sind eine relativ wenig bekannte Gruppe kleiner Meeresbewohner — nur eine Art wird im

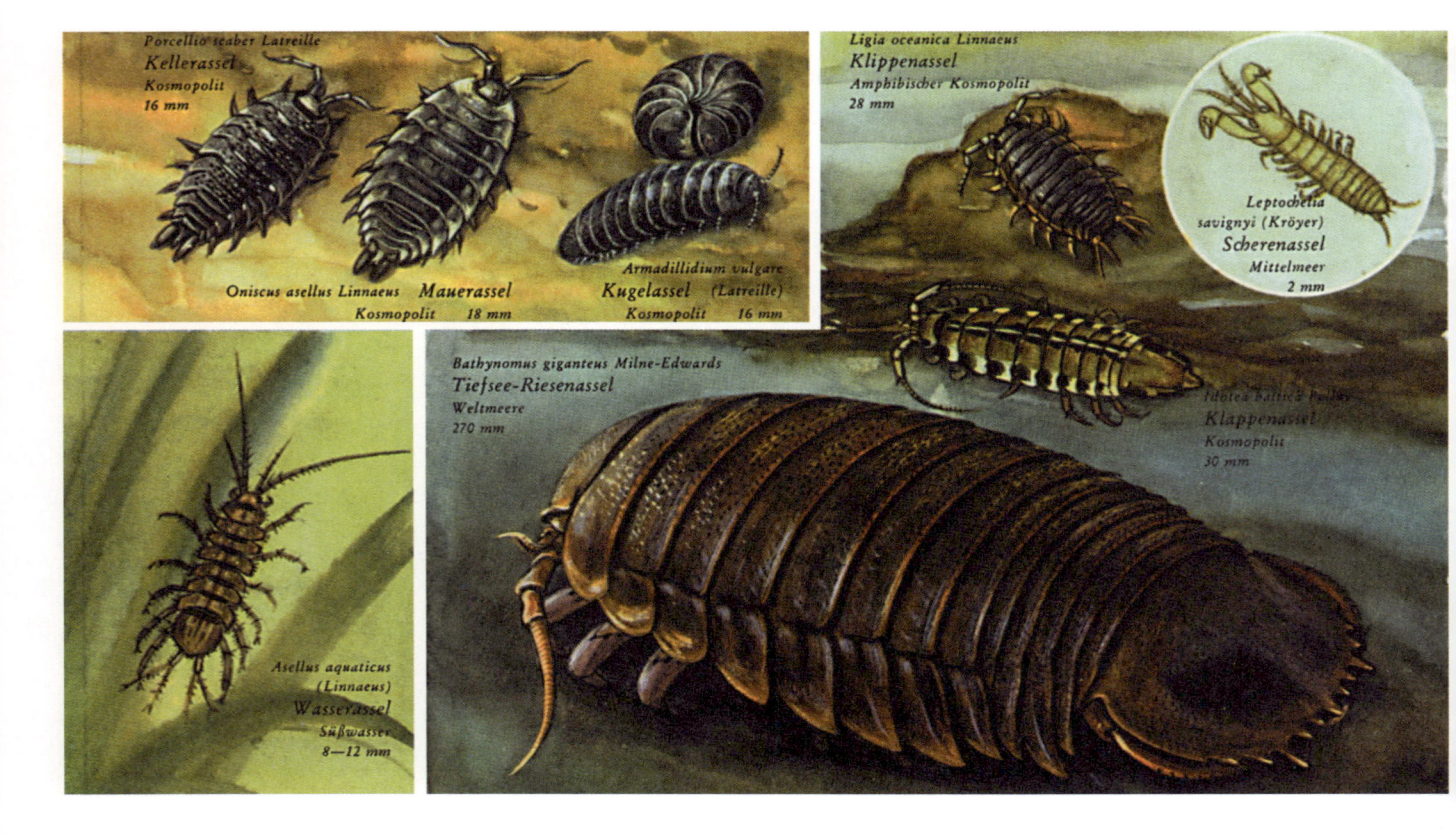

Süßwasser gefunden —, die im Bodenschlamm oder zwischen Pflanzen und Tierstöcken leben.

Ordnung Isopoda — Asseln

Unterordnung Oniscoidea — Landasseln [Familien: Ligiidae (*Ligia*), Oniscidae (*Oniscus*), Porcellionidae (*Porcellio*), Armadillidiidae (*Armadillidium*)], Flabellifera [Familie: Cirolanidae (*Bathynomus*)], Asellota [Familie: Asellidae (*Asellus*)], Valvifera [Familie: Idoteidae (*Idotea*)]

Die Gruppe der Asseln gehört zu den erfolgreichsten Krebsordnungen; sie haben auch das Festland erobert. An den Außenästen der Hinterleibsbeine sind bei den landbewohnenden Formen tracheenähnliche Atemorgane entwickelt. Die in flachen Meeresbuchten lebende *Klappenassel* nimmt außer feinen Algen auch tierische Nahrung zu sich. Die Süßwasserassel (*Asellus*) ist zwischen absterbenden Pflanzenresten zu finden. Der Tiefseebewohner *Bathynomus* fällt als Riese dieser Krebsordnung auf.

Ordnung Amphipoda — Flohkrebse

Unterordnungen Gammaridea [Familien: Gammaridae (*Acanthogammarus, Eulimnogammarus, Gammarus, Niphargus*), Talitridae (*Talitrus*), Corophiidae (*Corophium*)], Laemodipodea [Familien: Caprellidae (*Caprella*), Cheluridae (*Chelura*)], Hyperoidea [Familien: Hyperiidae (*Hyperia*), Thaumatopsidae (*Thaumatops*), Phronimidae (*Phronima*)]

Im Gegensatz zu den meist dorsoventral abgeplatteten Asseln ist der Körper der Flohkrebse in der Regel seitlich zusammengedrückt. Sie bewegen sich geschwind schwimmend und auch hüpfend vorwärts, wie wir es an unserem *Süßwasserflohkrebs* beobachten können. — Im Baikalsee haben sich die Amphipoden in großer Formenfülle entwickelt. — *Niphargus* hat als Bewohner lichtloser Regionen des Grundwassers und der Höhlengewässer Augen und Körperpigment zurückgebildet.

Im Gegensatz zu den bisher erwähnten Süßwasserbewohnern lebt die Mehrzahl der Flohkrebse im Meer. Der *Strandfloh* wird am Sandstrand der Meere außerhalb des Wassers angetroffen. Der *Wattkrebs*, der in riesigen Mengen auf dem Watt unserer Küsten lebt, ist eine wichtige Nahrungsquelle für Grundfische und Garnelen. Der bizarr geformte *Widderkrebs* hat zum Beutefang fangheuschreckenähnliche Raubbeine entwickelt. *Hyperia* klammert sich an Quallen fest und läßt sich von diesen durch das Wasser tragen. *Phronima*-Arten fressen den Körper tönnchenförmiger Salpen (s. S. 139) leer und schaffen sich auf diese Weise Wohnröhren. *Chelura* bohrt Gänge in untergetauchtes Holz.

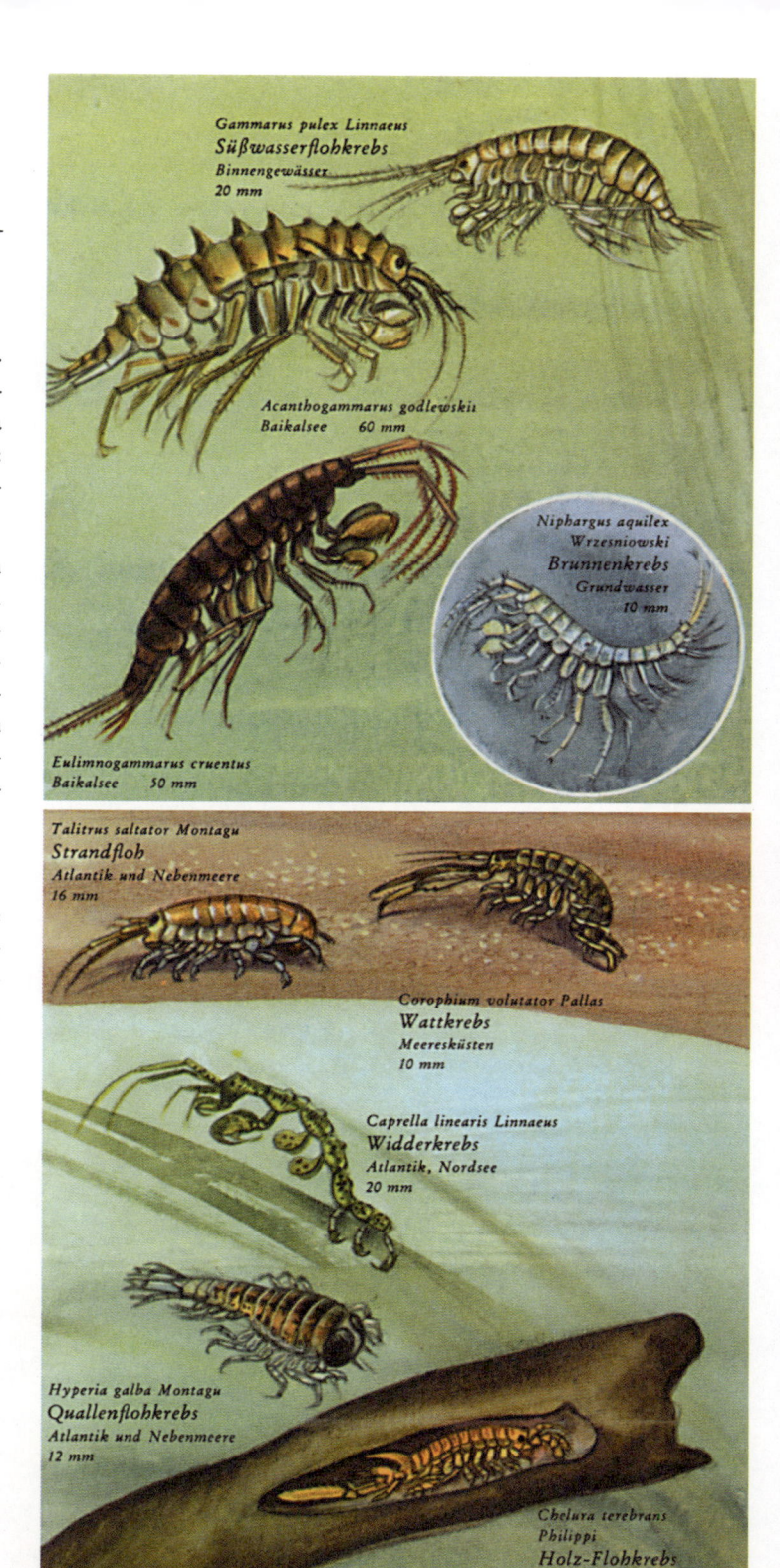

Unterstamm Tracheata — Röhrenatmer

Die Röhrenatmer bilden die größte Gruppe der Gliedertiere. Die Zahl der heute bekannten Arten nähert sich einer Million, man schätzt aber, daß sich diese Zahl fast verdoppeln wird, wenn die tropischen Arten vollständig bekannt sind, denn in den Tropen hat sich die größte Artenfülle entwickelt. Trotz dieser ungeheueren Mannigfaltigkeit sind sie ursprünglich reine Landtiere gewesen und haben erst sekundär mit wenigen Arten das Wasser besiedelt. Unter diesen gibt es wiederum nur einzelne Arten, die sich mit dem Salzwasser des Meeres befreunden konnten. Am Lande dagegen haben sie fast alle Lebensräume besiedelt: vom Gletschereis und arktischer Tundra bis zu den heißen und trockenen Wüsten. Durch ihre große Zahl an Arten und besonders an Individuen, die manche Arten hervorbringen, stellen sie einen äußerst schwerwiegenden Faktor in der menschlichen Wirtschaft dar, wenn sie als Schädlinge auftreten. Die jährlichen Verluste der Land-, Forst- und Vorratswirtschaft belaufen sich auf hohe Summen, ebenso aber auch die Aufwendungen, die zu ihrer Verhinderung notwendig sind. Nur wenige Arten können in unserem Sinne als nützlich gelten.

Ein besonderes Merkmal hat den Röhrenatmern ihren Namen gegeben. Sie atmen nämlich durch Röhren, Tracheen, die durch Ringe oder Spiralen versteift sind und von Öffnungen an der Körperoberfläche ausgehend mit vielfachen, z. T. dünnen Verästelungen alle Körperteile durchziehen und dadurch überallhin den lebensnotwendigen Sauerstoff transportieren. Da dieses Atmungssystem nie so wirksam sein kann wie die Kiemen, Lungen und Blutgefäße der höheren Tiere, die den Sauerstoff aufnehmen und transportieren, haben sie niemals die Größen der Wirbeltiere erreicht. Die größten bekannten Arten messen nur rund 50 cm an Körperlänge, und auch diese Größe gilt nur für eine schon längst ausgestorbene Libelle aus dem Zeitalter der Steinkohlenwälder.

Das Blut dient dem Transport von Baustoffen und Hormonen. Letztere sind für das Wachstum, d. h. für die Häutungen wichtig. Die starre Außenhaut muß in regelmäßigen Abständen abgestreift werden, damit die darunter neugebildete größere Haut eine Ausdehnung des Körpervolumens ermöglicht. Zwei Hormone, in besonderen Drüsen erzeugt, steuern diese Vorgänge. Eines davon bewirkt, daß eine Häutung stattfindet, und das zweite die Art der Häutung. Es gibt nämlich zwei verschiedene Entwicklungsreihen, die sich besonders bei den Insekten finden: die unvollständige Metamorphose, in der die Larven allmählich zum erwachsenen Tier reifen, und die vollständige Metamorphose. Hier wird zwischen Larve und erwachsenem Tier, die sich völlig unähnlich sind, z. B. Raupe und Schmetterling, ein Ruhestadium eingeschoben, die Puppe. Um diese zu erreichen, muß das zweite der genannten Hormone tätig werden.

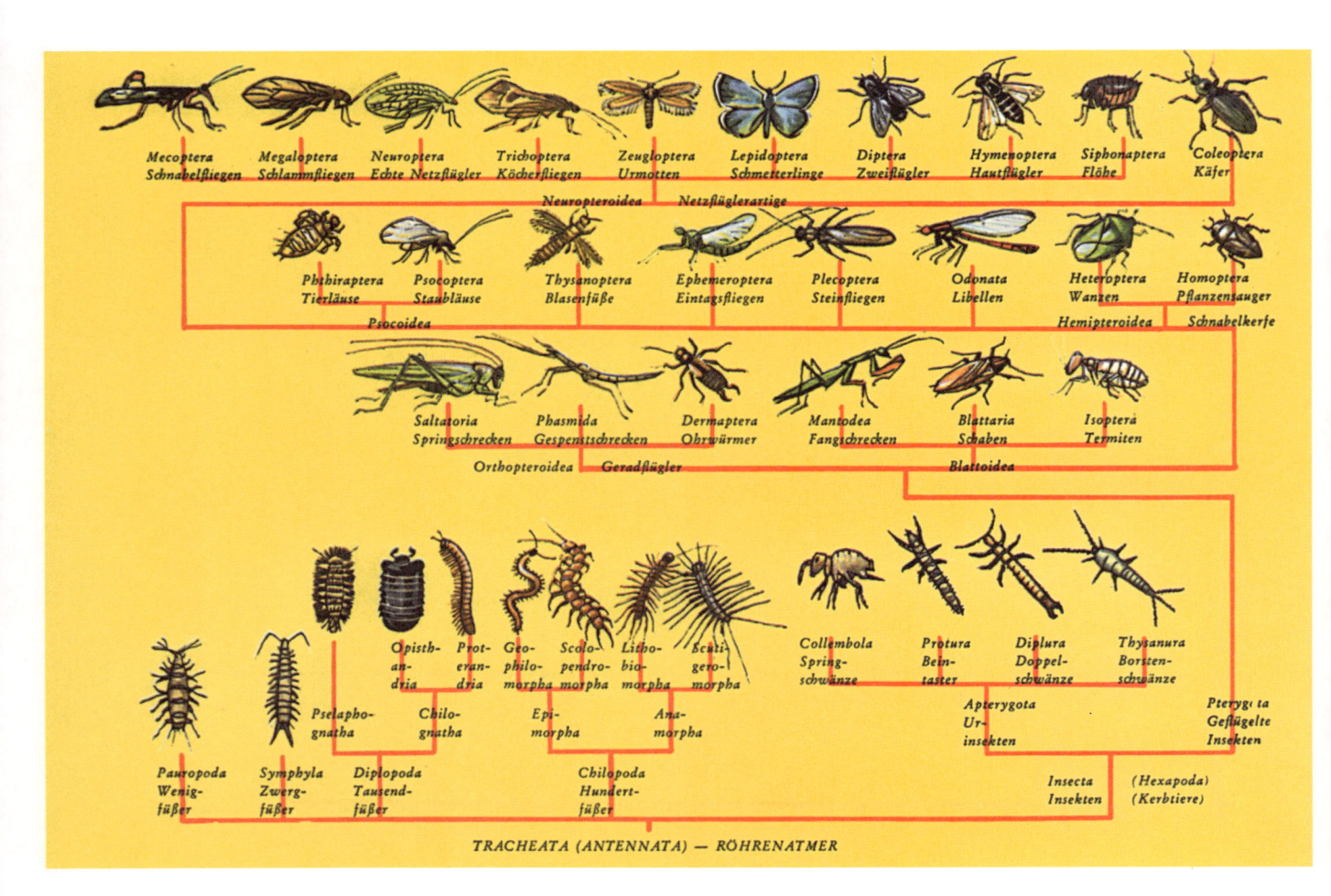

DIPTERA — ZWEIFLÜGLER

- Nematocera — Mücken
- Brachycera — Fliegen

HYMENOPTERA — HAUTFLÜGLER

- Symphyla — Pflanzenwespen
  - Tenthredinoidea
  - Orussidea
- Apocrita — Taillenwespen
  - Terebrantes — Schlupf- u. Gallwespen
    - Ichneumonoidea
    - Chalcidoidea
    - Proctotrupoidea
    - Cynipoidea
  - Aculeata — Stechwespen
    - Formicoidea
    - Vespoidea
    - Sphecoidea
    - Apidoidea

COLEOPTERA — KÄFER

- Adephaga — Fleischfresser
  - Caraboidea
- Polyphaga — Allesfresser
  - Staphylinoidea
  - Palpicornia
  - Cantharoidea
  - Fossipedes
  - Clavicornia
  - Macrodactylia
  - Brachymera
  - Teredilia
  - Sternoxia
  - Heteromera
  - Lamellicornia
  - Phytophaga
  - Rhynchophora

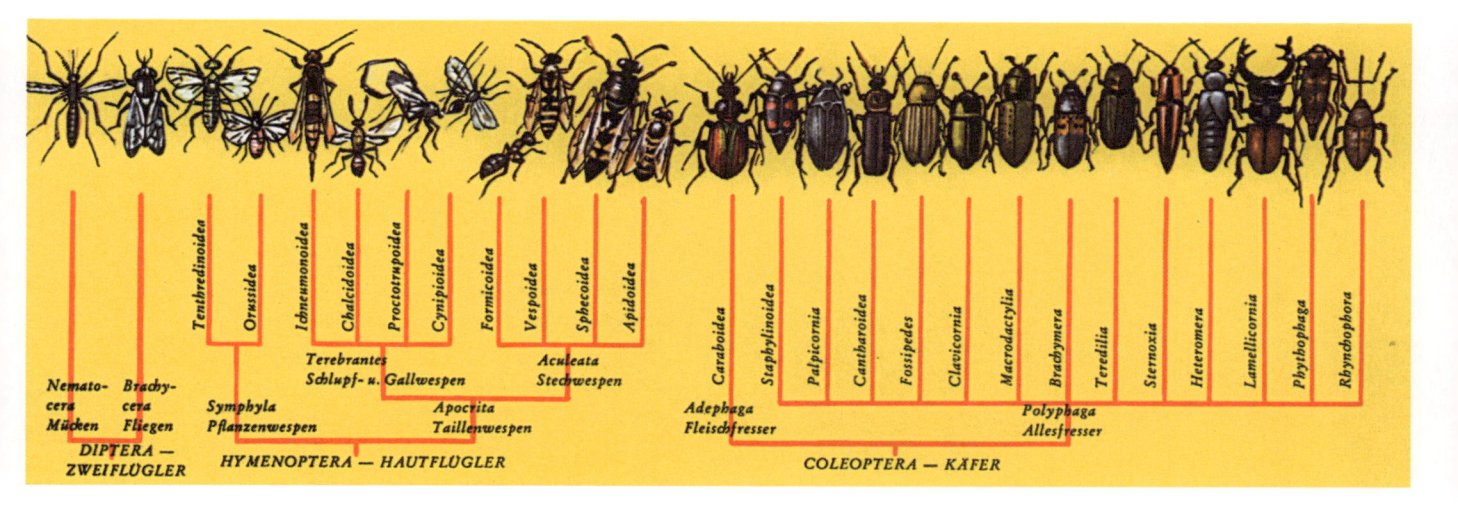

Die im Wasser lebenden Arten haben besondere Einrichtungen entwickelt um atmen zu können. Die im Wasser lebenden Larven besitzen Tracheenkiemen, die aus flachen Hautausstülpungen bestehen und von vielen Tracheen durchzogen sind, die nach außen keine Öffnung besitzen. Der Gasaustausch erfolgt durch die Haut. Die erwachsenen Tiere hingegen nehmen meist von der Oberfläche Luft mit hinunter in die Tiefe, unter ihren Flügeldecken oder in Form von Blasen in ihrem dichten Pelz. Sie müssen deshalb auch stets wieder an die Oberfläche zurück, um ihren Luftvorrat zu erneuern wie Wasserwanzen, Schwimm- und Taumelkäfer.

Trotz der Schwierigkeiten mit der Sauerstoffversorgung gehören die Tracheaten, und besonders die Insekten darunter, zu den leistungsfähigsten Tieren im Vergleich zu ihrer Körpergröße. Der Floh vermag ein Vielfaches seiner Körperlänge weit zu springen, eine Ameise trägt ungeheure Lasten. Die Zahl der Flügelschläge je Sekunde kann bei manchen Mücken über tausend betragen, und Schwärmer fliegen bis zu 50 km je Stunde schnell. Besonders erstaunlich aber ist die Sinnesleistung der Insekten. So hat man bei Schmetterlingen festgestellt, daß ein Molekül des Duftstoffs der Weibchen beim Männchen schon eine Wahrnehmung hervorruft. Bienen können räumlich riechen, Entfernungen, Sonnenstand und Richtung nicht nur feststellen, sondern auch ihren Artgenossen mitteilen, polarisiertes Licht sehen ebenso wie ultraviolette Strahlen. Manche Nachtfalter hören den Ultraschall, den ihre Feinde, die Fledermäuse, zur Ortung der Beute ausstoßen und weichen dem Angreifer aus oder stören ihn, indem sie selbst ähnliche Töne erzeugen, die der Mensch nicht hören kann.

Stammesgeschichtlich sind die Tracheaten eine sehr alte Gruppe, die den Krebstieren am nächsten verwandt ist. Im Gegensatz zu diesen besitzen sie nur ein Antennenpaar und ihr Kopf ist durch Verschmelzung einer Anzahl von Segmenten besonders abgeteilt, die zusammen eine meist sehr stabile Kapsel bilden. Heute gliedert man sie in mehrere Klassen, da die früher als Myriopoda zusammengefaßten Tausendfüßer mehrfach geteilt worden sind und nun als selbständige Klassen der großen Klasse der Insekten gegenüberstehen.

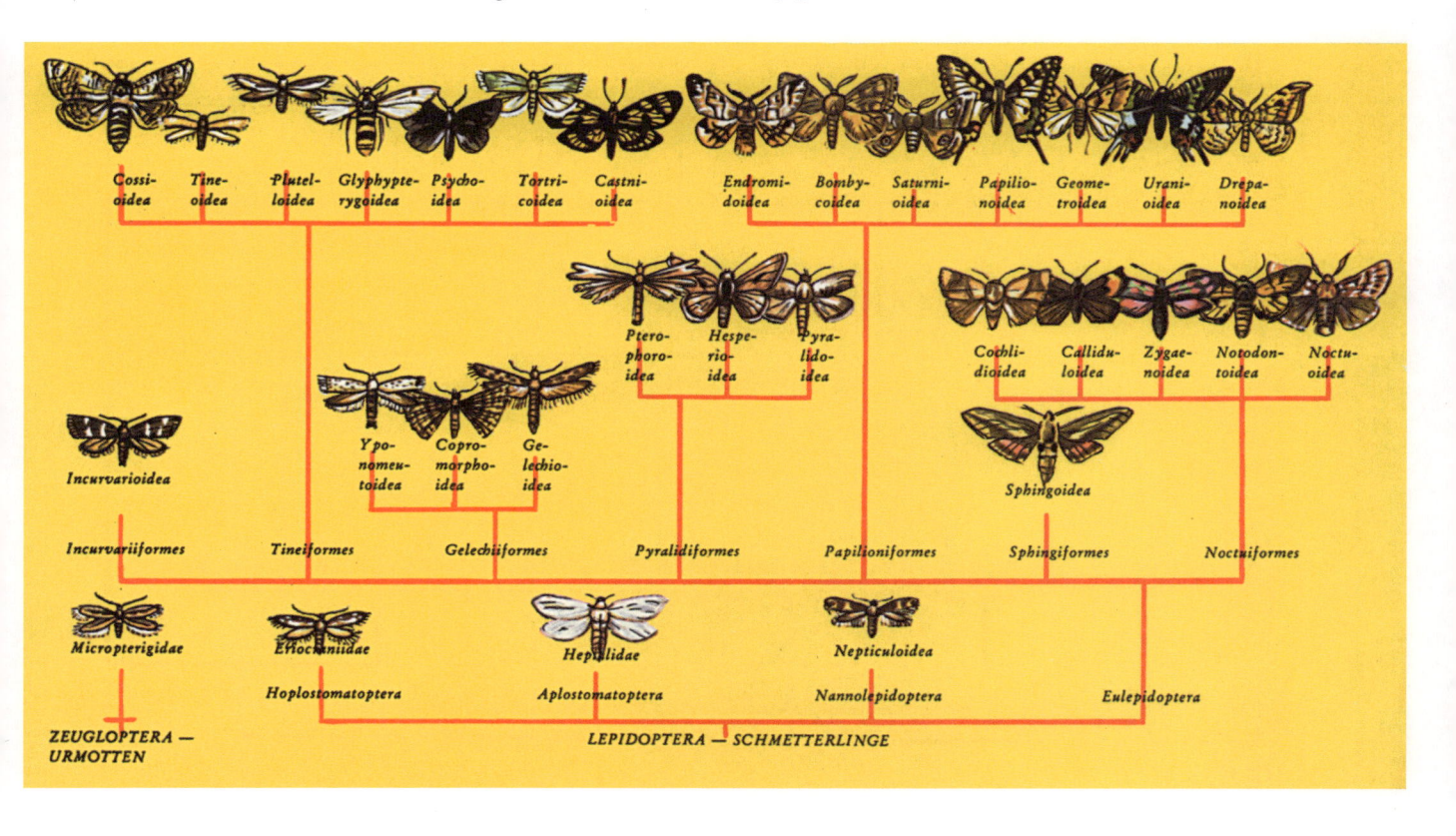

ZEUGLOPTERA — URMOTTEN

- Micropterigidae

LEPIDOPTERA — SCHMETTERLINGE

- Hoplostomatoptera
  - Eriocraniidae
  - Incurvariiformes
    - Incurvarioidea
  - Tineiformes
    - Tineoidea
    - Plutelloidea
    - Glyphypterygoidea
    - Psychoidea
    - Tortricoidea
    - Castnioidea
    - Cossioidea
    - Yponomeutoidea
  - Gelechiiformes
    - Copromorphoidea
    - Gelechioidea
- Aplostomatoptera
  - Heptilidae
  - Pyralidiformes
    - Pterophoroidea
    - Hesperioidea
    - Pyralidoidea
- Nannolepidoptera
  - Nepticuloidea
- Eulepidoptera
  - Papilioniformes
    - Endromidoidea
    - Bombycoidea
    - Saturnioidea
    - Papilionoidea
    - Geometroidea
    - Uranioidea
    - Drepanoidea
  - Sphingiformes
    - Sphingoidea
  - Noctuiformes
    - Cochlidioidea
    - Callidulioidea
    - Zygaenoidea
    - Notodontoidea
    - Noctuoidea

Polyxenus lagurus Latreille
Pinselfüßer
Unter Borke u. im Waldlaub
3 mm

Glomeris marginata Koch
Saftkugler
In Buchenwäldern
10 mm

Julus fallax Meinert
Sandschnurfüßer
Unter Steinen
40 mm

Scutigerella immaculata Newport
Zwergfüßer
Unter Steinen u. Moos
8 mm

Spirobolus spec.
Riesenschnurfüßer
Afrika 200 mm

Scolopendra gigantea Linnaeus
Riesenskolopender
Südamerika 260 mm

Lithobius forficatus Linnaeus
Steinläufer
Unter Steinen
30 mm

Geophilus longicornis Leach
Erdläufer
Auf Feldern
30 mm

Scutigera coleoptrata (Linnaeus)
Spinnenläufer
In Weinbergen
24 mm

Apheloria coriacea (Koch)
Amerikanischer Tausendfüßer
Nordamerika
50 mm

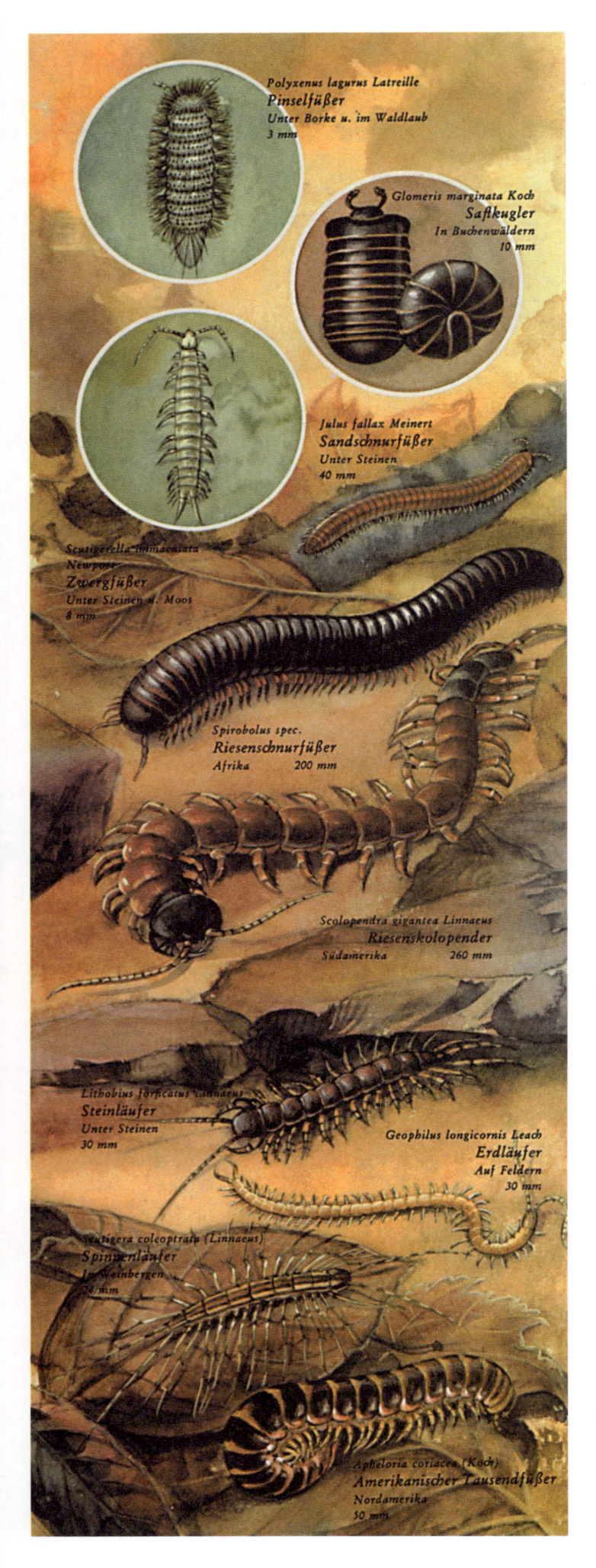

Klasse Pauropoda — Wenigfüßer (*Pauropus*, s. Tafel S. 70), Klasse Symphyla — Zwergfüßer (*Scutigerella*)

Klasse Diplopoda — Doppelfüßer — Tausendfüßer
Unterklassen Pselaphognatha (*Polyxenus*), Chilognatha [Überordnung Opisthandria] Familie: Glomeridae — Saftkugler (*Glomeris*) [Überordnung Proterandria] Familien: Julidae — Schnurfüßer (*Julus*), Spirobolidae (*Spirobolus*), Apheloridae (*Apheloria*).

Klasse Chilopoda — Hundertfüßer
Unterklasse Epimorpha [Ordnung Geophilomorpha, Familie: Geophilidae — Erdläufer (*Geophilus*); Ordnung Scolopendromorpha, Familie: Scolopendridae — Riesenläufer (*Scolopendra*)]
Unterklasse Anamorpha [Ordnung Lithobiomorpha, Familie: Lithobiidae — Steinläufer (*Lithobius*); Ordnung Scutigeromorpha, Familie: Scutigeridae — Spinnenasseln (*Scutigera*)]

Die Pauropoda besitzen nur wenige Beine und keine Augen und Tracheen. Sie leben in der Bodenschicht. Die sehr kleinen Symphyla (z. B. *Scutigerella*) haben ebenfalls keine Augen, aber am Kopf mündende Tracheen sowie zwei Maxillenpaare und Kopfnieren. Sie leben lichtscheu und recht verborgen am Boden. Die zahlreichen Doppelfüßer oder Tausendfüßer tragen zwei Beinpaare an jedem Segment. Während die Pselaphognatha mit dem *Pinselfüßer* eigenartige Haarbüschel am Körper haben, fehlen diese den Chilognatha. Die Opisthandria besitzen eine gedrungene Körperform mit wenigen Segmenten. *Glomeris* ähnelt einer Assel und kann sich zu einer Kugel einrollen. Die Proterandria haben einen wesentlich längeren, kreisrunden Körper und vermögen sich spiralig einzurollen. Viele Arten weisen Wehrdrüsen auf, die widerliche oder giftige Sekrete absondern.

Die meist flach gebauten Hundertfüßer besitzen nur ein Beinpaar an jedem Segment. Ihr erstes Beinpaar ist zu Gifthaken umgeformt, mit denen sie ihre Beute töten. Sie sind im Gegensatz zu den Tausendfüßern nämlich ausgeprägte Räuber. Manche können, wie der *Riesenskolopender*, durch den Biß auch dem Menschen gefährlich werden. Andere Arten wieder haben sehr verlängerte Beine und erinnern, wie der südeuropäische *Spinnenläufer*, an Spinnen. Die Gruppen unterscheiden sich ansonsten durch die Zahl der Segmente und den Bau der Augen. Die Larven von Scutigera und *Lithobius* besitzen wenige Segmente, die von *Geophilus* und Scolopendra dagegen schon die gleiche Zahl wie die erwachsenen Tiere. Mit Ausnahme von Scutigera, die noch normale Facettenaugen besitzt, lösen sich diese bei allen anderen in eine geringe Zahl von Einzelteilen auf.

Klasse Insecta (Hexapoda) — Insekten (Kerbtiere)
Unterklasse Apterygota — Urinsekten
Ordnungen Collembola — Springschwänze (*Dicyrtoma, Isotoma, Podura*), Diplura — Doppelschwänze (*Japyx*), Thysanura — Borstenschwänze (*Lepisma, Petrobius*)

Die Insekten sind mit großem Abstand die artenreichste Tiergruppe, die fast über die ganze Erde verbreitet ist und in allen Lebensräumen, das Meer ausgenommen, in vielfältigsten Formen vorkommt. Hauptmerkmale dieser Gliederfüßer sind ihr dreigeteilter Körper mit Kopf, Brust und Hinterleib und drei Beinpaaren an der Brust. Während die Urinsekten nie Flügel besessen haben, tragen die meisten anderen Hexapoda zwei Flügelpaare an der Brust, die sekundär zu einem rückgebildet oder völlig verschwunden sein können. Der ganze Körper und seine Anhänge sind von einem Außenskelett aus Chitin bedeckt, das nach außen hin schützt, als Ansatz der Muskulatur dient und die inneren Organe trägt.

Die am Kopf sitzenden drei Paare von Mundwerkzeugen sind entsprechend der sehr unterschiedlichen Lebensweise der Insekten ganz verschieden gebaut. Sie können kauen, greifen, saugen, lecken oder stechen. Jede Insektenanordnung hat hier ein eigenes Funktionsprinzip entwickelt. Es gibt auch Gruppen, deren Vollkerfe (Imagines) keine Mundwerkzeuge mehr aufweisen und deshalb keine Nahrung aufnehmen. Sie leben von den Speicherstoffen, die die Larven angesammelt haben. Am Kopf sitzt außerdem ein Paar Fühler (Antennen), die mit zahlreichen Sinnesorganen besetzt sind. Eine der wichtigsten Aufgaben ist das Auffinden der Geschlechtspartner und der Nahrung, die beide überwiegend durch Geruchstoffe gekennzeichnet sind. Bei den Augen der Insekten sind zwei Formen zu unterscheiden: die Punktaugen oder Ozellen und die Fazettenaugen. Während die ersten sehr einfach gebaut sind und nur Hell-Dunkel unterscheiden können, sind letztere aus vielen Einzelteilen zusammengesetzt, die ein rasterartiges Bild entwerfen. Von der Zahl der Einzelteile hängt es ab, wie gut ein Insekt sieht, wie das Bild der Umwelt aufgelöst wird.

Die Urinsekten sind recht primitive Tiere von geringer Größe sowie Artenzahl und über die ganze Erde verbreitet. Allen fehlen die Flügel und ihre Entwicklung erfolgt ohne richtige Verwandlung. Dagegen besitzen manche noch paarige Hinterleibsanhänge, die oft borstenförmig gestaltet sind.

Die Borstenschwänze tragen drei lange dünne Anhänge und ebensolche Fühler, sind schlank gebaut und mit feinen Schuppen bedeckt. Der *Küstenspringer* lebt unter Tang und Steinen an den Meeresküsten, das *Silberfischchen* oder der Zuckergast dagegen ist zum Bewohner menschlicher Behausungen geworden; es frißt mit Vorliebe Stoffe, die stärkehaltig sind. Beide sind lichtscheu und versuchen sich, immer rasch laufend, in dunklen Spalten zu verbergen.

Die Doppelschwänze haben im Gegensatz zu den Borstenschwänzen nur zwei Hinterleibsanhänge. Diese können fadenförmig oder kurz und kräftig wie die der Ohrwürmer sein. Auch diese Tiere leben verborgen unter Steinen und feuchter Rinde.

Die Springschwänze sind die artenreichste Gruppe und durch ihren Körperbau besonders spezialisiert. Der kurze Hinterleib trägt am vierten Segment ein Paar Gliedmaßen, die zu einer Gabel verschmolzen sind und durch plötzliches Vorschnellen außerordentlich weite Sprünge ermöglicht. Sie leben zu Millionen und aber Millionen in außergewöhnlicher Umgebung: Der *Wasserspringschwanz* auf der Oberfläche von Pfützen und Tümpeln oder der *Gletscherfloh* auf dem Schnee und Eis der Hochgebirge, wo er sich von angewehten organischen Resten ernährt. In manchen Jahren vermehren sie sich in solchem Ausmaß, daß der Schnee eine dunkle Farbe annimmt. *Dicyrtoma* findet man im Moos oder an bewachsenen Stellen von Bachufern, unter Steinen und Laub.

Dicyrtoma minuta (Fabricius)
Kugelspringer
Europa, Afrika, Australien
2,5 mm

Podura aquatica Linnaeus
Wasserspringschwanz
Europa, Asien, Nordamerika
1 mm

Lepisma saccharina Linnaeus
Silberfischchen
Kosmopolit
10 mm

Japyx solifugus Haliday
Warme Gebiete
10 mm

Petrobius maritima Leach
Küstenspringer
Küsten des Atlantischen Ozeans
12 mm

Isotoma saltans (Nicolet)
Gletscherfloh
Hochalpen
2 mm

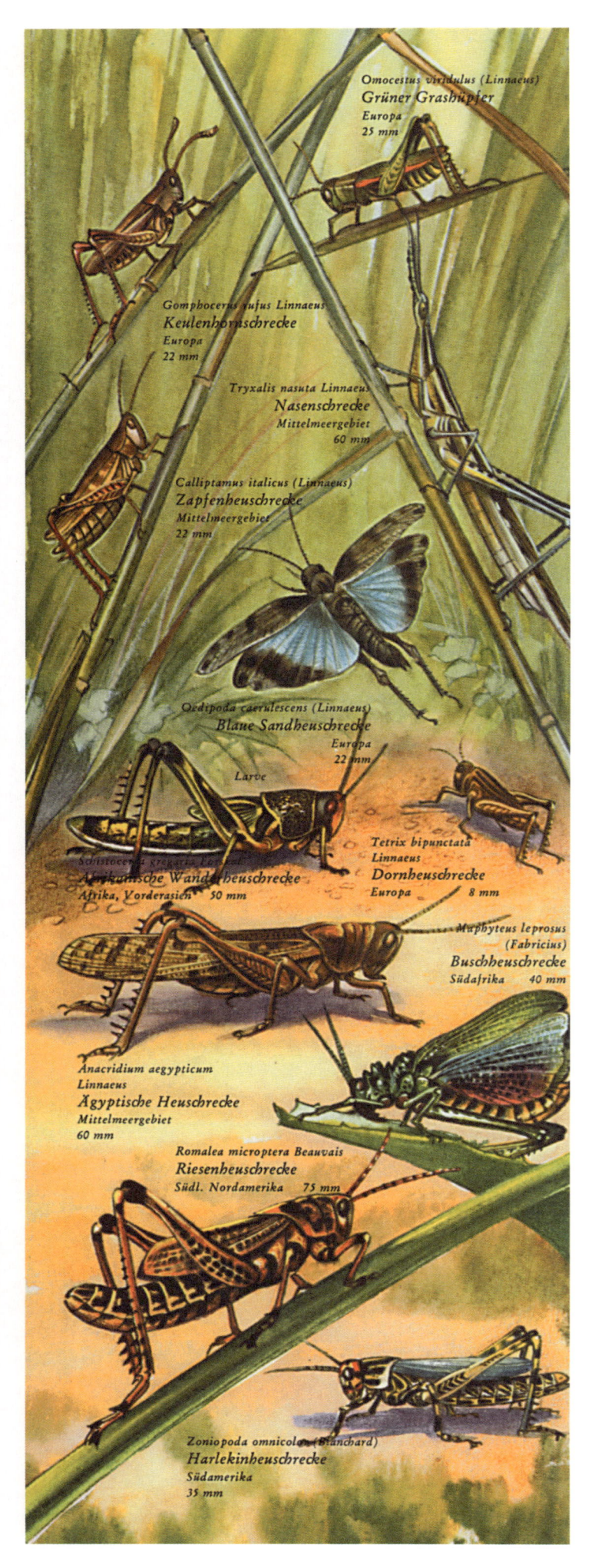

Unterklasse Pterygota — Geflügelte Insekten

Überordnung Orthopteroidea — Geradflügler
Ordnung Saltatoria — Springschrecken
Familien: Acrididae — Feldheuschrecken (*Anacridium, Calliptamus, Gomphocerus, Maphyteus, Oedipoda, Omocestus, Romalea, Schistocerca, Tryxalis, Zoniopoda*), Tetrigidae — Dornheuschrecken (*Tetrix*)

Gegenüber den Urinsekten tragen die Geflügelten Insekten meist Flügel. Fehlen diese, so sind sie im Verlauf der Entwicklungsgeschichte verlorengegangen.
Die Geradflügler sind eine umfangreiche und weit verbreitete Gruppe ursprünglich gebauter Insekten mit Flügeln. Sie haben kauende Mundwerkzeuge, und ihre Entwicklung ist unvollständig. Die Springheuschrecken sind besonders durch ihre kräftigen hinteren Sprungbeine gekennzeichnet.
Die sehr zahlreichen Feldheuschrecken besitzen kurze Fühler und Gehör- oder Tympanalorgane am ersten Segment des Hinterleibs. In den Tropen erreichen manche Arten beachtliche Größen, wie die amerikanische *Riesenheuschrecke*, andere wieder sind sehr bunt, zum Beispiel die *Buschheuschrecke* und die *Harlekinheuschrecke*, aber auch die europäische *Blaue Sandheuschrecke* steht nicht zurück, wenn sie im Flug ihre blauen Hinterflügel zeigt. Manche Arten, besonders tropischer Gebiete, vermehren sich oft in ungeheurer Zahl, so daß die Tiere nicht mehr genügend Nahrung finden. In riesigen Schwärmen begeben sie sich dann auf Wanderschaft und vernichten unterwegs alle Pflanzen, wodurch dem Menschen an der Ernte großer Schaden zugefügt wird. Sie werden daher intensiv bekämpft. Manche der *Wanderheuschrecken* zeigen zwei Formen, eine, die mehr oder weniger einzeln lebt, und eine in den erwähnten Schwärmen wandernde. Letztere entsteht nur unter besonderen Umweltbedingungen. Dem Zusammenfinden der Geschlechter dient der bekannte Gesang der Heuschrecken, der von den Männchen erzeugt wird und durch Reiben einer rauhen Leiste an der Innenseite der Hinterschenkel auf einer verstärkten Ader des Vorderflügels entsteht. Die Männchen der Schnarrheuschrecke erzeugen auch im Flug knatternde Geräusche. Nach der Paarung legen die Weibchen mit einem kurzen, aber kräftigen Legebohrer ihre Eier in kleine Bodenhöhlen, die wasserdicht verschlossen werden.
Im Gegensatz zu den vorhergehenden sind die *Dornheuschrecken* kleine Tiere, die selten 1 cm Länge erreichen. Die Vorderbrust ist bei ihnen oben zu einem Dorn verlängert, der über den Hinterleib reicht, und ihre Vorderflügel sind stark verkleinert. Sie lieben feuchten Boden am Rande von Gewässern.

Familien: Tettigoniidae — Laubheuschrecken (*Acridoxena, Decticus, Ephippiger, Eugaster, Meconema, Tettigonia*), Raphidophoridae — Buckelschrecken (*Tachycines*), Gryllidae — Grillen (*Acheta, Gryllus*), Gryllotalpidae — Maulwurfsgrillen (*Gryllotalpa*)

Die Laubheuschrecken sind mit vielen Arten weit verbreitet und meist langgestreckte grüne Tiere. Ihre Fühler sind lang sowie dünn, und die Gehörorgane befinden sich seitlich an den Vorderschienen. Ihr Gesang wird im Gegensatz zu den Feldheuschrecken nur durch die Flügel erzeugt. Dabei reiben die Tiere die rauhe Schrilläder des einen Vorderflügels an der Schrilleiste des anderen. Der Legebohrer der Weibchen ist wie ein langer Säbel gestaltet und manche Arten stechen ihre Eier damit in Pflanzenstengel ein, wodurch großer Schaden entstehen kann. Die Tiere selbst ernähren sich von Pflanzen. Zu unseren bekanntesten Arten gehört das *Grüne Heupferd* und der ebenfalls grün gefärbte *Warzenbeißer*. Beide können empfindlich beißen, wenn sie bedroht werden. Bei den *Blattheuschrecken* sind die Vorderflügel zu blattähnlichen Formen umgestaltet, die regelrechte Adern und auch angenagte Stellen wie richtige Blätter aufweisen. Unterstützt wird die täuschende Nachahmung durch die grüne oder braune Färbung des ganzen Tieres, das dadurch im Laubwerk nur schwer zu erkennen ist. Manche Arten, wie die *Eichenschrecke,* lebt auf hohen Bäumen; am Boden findet man sie nur nach stürmischen Winden. Es gibt aber auch Arten mit verkümmerten Flügeln, zu denen die *Sattelschrecke* gehört, die durch ihr sattelförmiges Vorderbrustschildchen leicht zu erkennen ist. Eine Eigentümlichkeit besonderer Art besitzt der *Blutspritzer*. Zur Abschreckung von Feinden spritzt er aus Öffnungen an der Basis seiner Beine dem Angreifer Blut entgegen. In unseren warmen Gewächshäusern ist die *Gewächshausheuschrecke* nicht gern gesehen. Sie wurde aus den Tropen eingeschleppt und ihre wirkliche Heimat ist wahrscheinlich Ostasien.

Die Grillen sind weitgehend Bodenbewohner mit langen dünnen Antennen. Auch sie erzeugen Töne durch Aneinanderreiben von Schrilleisten der Flügel, die den Körper flach bedecken. Die *Feldgrille* lebt in kurzen Erdgängen am Boden und läßt, vor der Mündung sitzend, ihren bekannten Gesang ertönen. Bei Gefahr zieht sie sich in die Röhre zurück. Ein Bewohner besonders warmer Räume, z. B. Backstuben, ist das *Heimchen*, das früher an seinem feinen Zirpen leicht zu erkennen, weit verbreitet war. Das Tier stammt aus wärmeren Gebieten. Die *Maulwurfsgrille* gräbt mit den schaufelig verbreiterten Vorderbeinen lange Gänge im Boden auf der Suche nach Pflanzenwurzeln. Sie ist deshalb nicht gern gesehen und wird bekämpft.

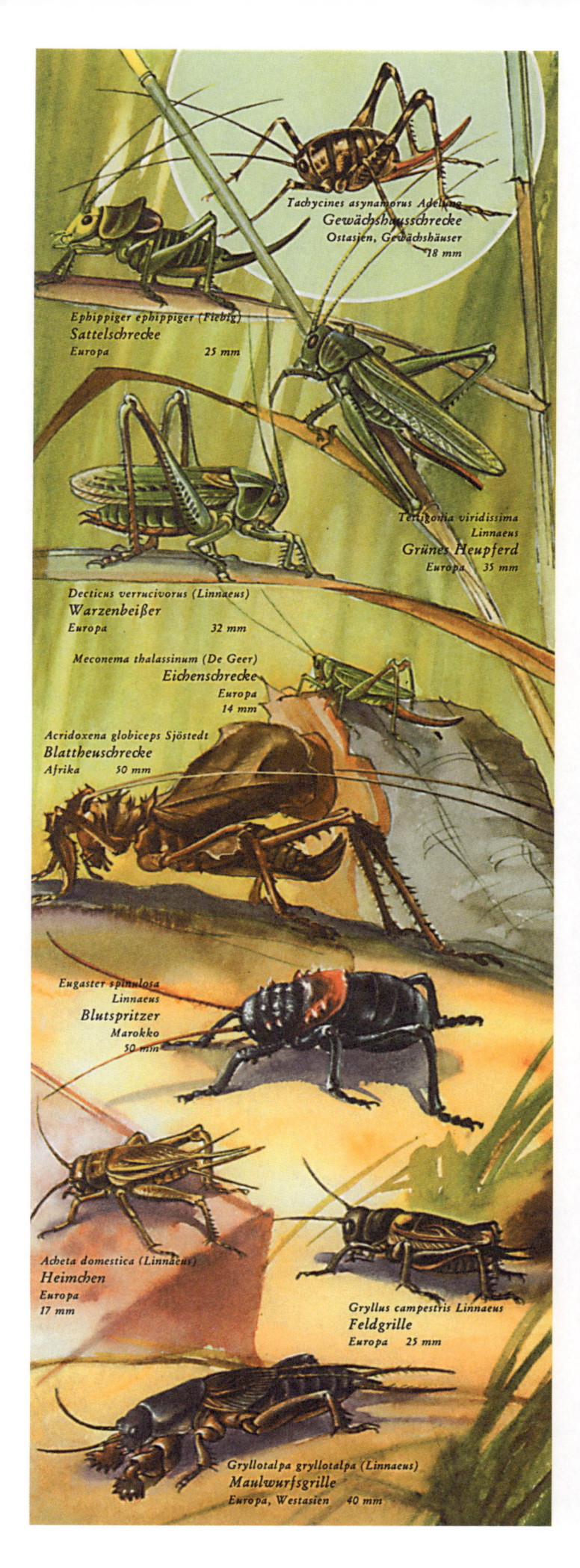

Ordnung Phasmida — Gespenstheuschrecken
Familie: Phasmidae — Stabheuschrecken, Wandelnde Blätter (*Bacillus, Cyphocrania, Phyllium*)

Ordnung Dermaptera — Ohrwürmer
Familien: Labiduridae (*Labidura*), Forficulidae — Eigentliche Ohrwürmer (*Forficula*), Labiidae (*Labia*)

Überordnung Blattoidea
Ordnung Mantodea — Fangschrecken
Familie: Mantidae — Fangheuschrecken (*Idolum, Mantis, Theopompa*)

Ordnung Blattaria — Schaben
Familien: Blattidae — Eigentliche Schaben (*Blatta, Periplaneta*), Blattellidae (*Blattella*), Ectobiidae — Waldschaben (*Ectobius*)

Die *Gespenstheuschrecken* sind überwiegend im tropischen Asien verbreitet und durch merkwürdige Formen gekennzeichnet. Alle zeigen eine unvollständige Entwicklung, wobei die Larven nach und nach dem erwachsenen Tier ähnlicher werden. Sie sind durchweg Pflanzenfresser und können manchmal erheblichen Schaden anrichten. Bei den Stabheuschrecken ist der ganze Körper einschließlich Kopf und Beinen außerordentlich in die Länge gezogen. In ihrem grünen oder braunen Farbkleid sehen sie wie Pflanzenstengel aus. Durch Rückbildung der Flügel und sehr langsame Bewegungen, die in stundenlangem Verharren erstarren können, wird diese Ähnlichkeit noch betont; sie sind deshalb in ihrer natürlichen Umgebung nur schwer zu erkennen. Eine andere Art großer Pflanzenähnlichkeit haben die *Wandelnden Blätter* entwickelt: Ihr Körper ist flach, die Flügel sowie die Beine sind seitlich verbreitert. Sie weisen blattähnliche Adern auf und lassen sich kaum von echten Blättern unterscheiden, da sie außerdem grün gefärbt sind. Ihre Weibchen haben keine Hinterflügel und können aus diesem Grunde auch nicht fliegen.

Im Gegensatz zu den vorigen sind die Fangheuschrecken ausgeprägte Räuber, die nur tierische Nahrung zu sich nehmen. Mit den zu einer Art Fangschere entwickelten Vorderbeinen ergreifen sie ihre Beute. In Ruhe werden diese Beine in der Geste des Beters gehalten; ein sich näherndes Opfer wird dann blitzartig ergriffen. Die *Teufelsblume* lauert nicht nur auf ihre Beute, sie lockt sie auch an. Dazu hat sie blattartige Verbreiterungen an den Vorderbeinen und der Brust. Diese sind bunt gefärbt und gleichen den Blüten jener Sträucher, auf denen sie ihre Beute erwartet. Die vermeintlichen „Blüten" werden von den Opfern aufgesucht und dabei von der Teufelsblume ergriffen. Die *Europäische Gottesanbeterin* ist im Mittelmeerraum recht häufig, findet sich aber noch im warmen Kaiserstuhlgebiet am Oberrhein. Ihre Eigelege bestehen aus zusammengeklebten schuppenförmigen Eikammern, die einem halbierten Tannenzapfen gleichen und an Stämmen oder Steinen befestigt werden. Andere Arten, wie die *Asiatische Gottesanbeterin*, tarnen sich durch ihre Ähnlichkeit mit abgestorbenen Blättern. Die Raubgier dieser Tiere ist so groß, daß die Weibchen nach der Paarung in der Regel die Männchen auffressen.

Die weltweit verbreiteten Schaben sind leicht an ihrem abgeplatteten Körper zu erkennen, sie besitzen lange kräf-

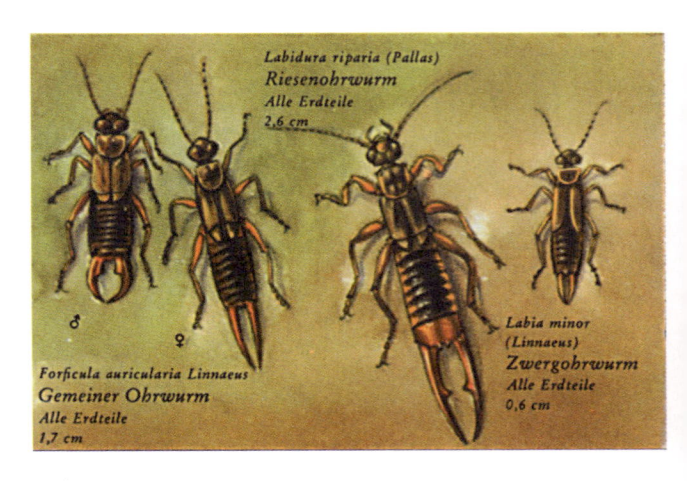

Idolum diabolicum Saussure
Teufelsblume
Ostafrika 15 cm

Mantis religiosa Linnaeus
Europäische Gottesanbeterin
Südliches Europa, Afrika 7 cm

Theopompa serrillei Haan
Asiatische Gottesanbeterin
Sunda-Inseln, Hinterindien
5 cm

Von den Ohrwürmern kennt man nur wenige Arten. Sie sind schlank gebaut und unauffällig schwarz oder braun gefärbt und haben ein Paar kräftige, zangenförmige Hinterleibsanhänge, die bei Gefahr benützt werden, noch mehr aber bei der Paarung eine Rolle spielen. Die Vorderflügel sind stark verkürzt. Unter diese werden mit Hilfe der Hinterleibsanhänge die Hinterflügel eingefaltet. Manche Arten haben keine Hinterflügel und können deshalb auch nicht fliegen. Als Nahrung dienen Pflanzen, bei manchen Arten tote Stoffe; andere hingegen leben räuberisch von Insekteneiern und -larven. Sie sind durchwegs nachts aktiv und verbergen sich in den hellen Tagesstunden in Spalten und unter Laub. Von dieser Eigenart stammt ihr Name: Man nahm an, daß sie sich bei passender Gelegenheit in die Ohren des Menschen flüchten. Der *Gemeine* und der *Zwergohrwurm* sind nicht selten in menschlicher Umgebung zu finden, der weit größere *Riesenohrwurm* dagegen liebt die Feuchtigkeit und lebt in Röhren an Flußufern und am Strand des Meeres. Viele Arten sondern bei Berührung einen recht unangenehmen Geruch aus einer Drüse am Hinterleib ab.

Die Weibchen mancher Arten bewachen ihre Eier nach der Ablage bis zum Schlüpfen und pflegen die Larven. Hier zeigt sich der erste Schritt zu sozialer Organisation, die sonst nur bei einigen höheren Insektengruppen zu finden ist. Die große Mehrzahl der Insekten zeigt dagegen keine Beziehungen zwischen Eltern und Nachkommen.

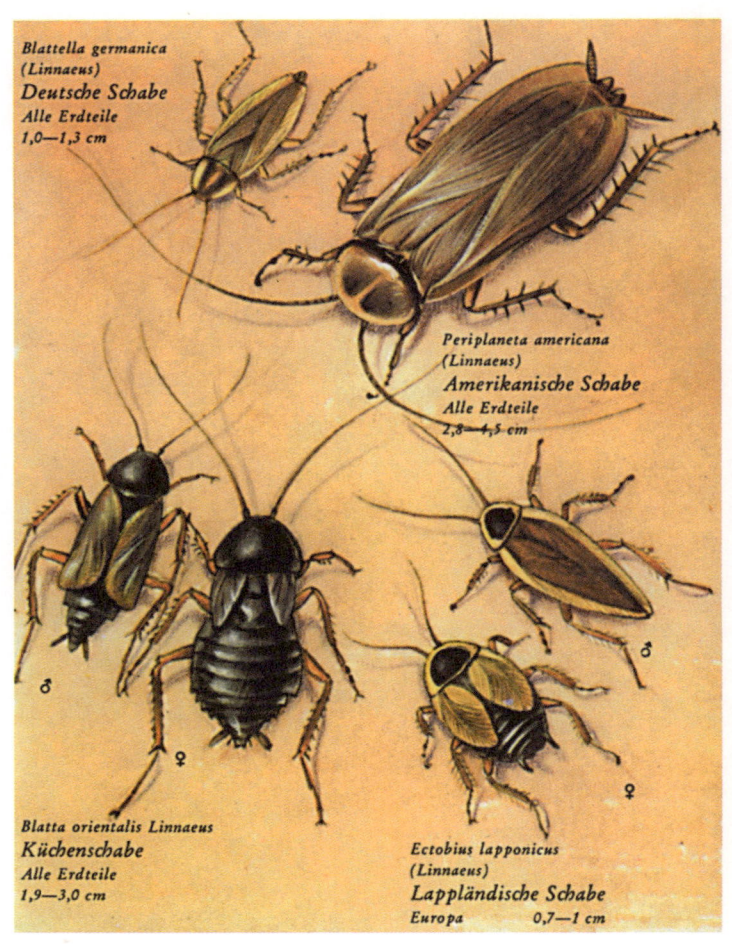

tige Beine, mit deren Hilfe sie sehr flink umherlaufen können. Meist leben sie nächtlich und halten sich tags unter Blättern oder in Spalten verborgen. Oft haben sie eine unscheinbare, braune oder grünliche Färbung. Sie sind keine Kostverächter, sondern Allesfresser. Obwohl sehr artenreich, haben sich nur wenige dem Menschen angeschlossen; diese aber sind, vom Menschen verschleppt, heute überall verbreitet und nicht gern gesehene Gäste. Dazu gehört die glänzend schwarz gefärbte *Küchenschabe*. Bei ihr sind Vorder- und Hinterflügel des Weibchens verkümmert und sehr kurz; es ist deshalb flugunfähig. Die größere, glänzend hellbraun gefärbte *Amerikanische Schabe* ist dagegen in beiden Geschlechtern voll geflügelt. Die Heimat beider Arten liegt in den Tropen. Eine ebenso weitverbreitete Art ist die *Deutsche Schabe* oder Kakerlak. Die Flügel des Weibchens sind verkürzt. Zu den freilebenden Arten gehört die *Lappländische Schabe*, die aber auch in Deutschland vorkommt. Diese etwas bunter gefärbte Art hat im weiblichen Geschlecht verkürzte Flügel und lebt an Waldrändern unter abgefallenen Blättern. Wärmeliebend leben diese Arten besonders in Backstuben.

Blattella germanica (Linnaeus)
Deutsche Schabe
Alle Erdteile
1,0—1,3 cm

Periplaneta americana (Linnaeus)
Amerikanische Schabe
Alle Erdteile
2,8—4,5 cm

Blatta orientalis Linnaeus
Küchenschabe
Alle Erdteile
1,9—3,0 cm

Ectobius lapponicus (Linnaeus)
Lappländische Schabe
Europa 0,7—1 cm

Ordnung Isoptera — Termiten
Familie: Termitidae (*Bellicositermes, Nasutitermes, Reticulitermes, Syntermes*)

Alle *Termiten* bilden Staaten, die bei manchen Arten aus mehreren Millionen Individuen bestehen können. Das Leben in den Staaten ist sozial organisiert, da die Tiere gruppenweise auf ganz bestimmte Tätigkeiten spezialisiert sind. Diese Gruppen nennt man Kasten. Neben der Kaste der Geschlechtstiere, die aus Männchen und Weibchen besteht, gibt es die Kaste der unfruchtbaren Arbeiter und Soldaten. Letztere haben große Köpfe mit kräftigen Beißzangen, die zur Verteidigung des Staates dienen, während die schwächer gebauten Arbeiter alle Arbeitsleistungen im Staate verrichten. Diese Kaste ist immer flügellos. Die Geschlechtstiere dagegen sind zunächst geflügelt und verlassen in diesem Stadium als frisch entwickelte Vollkerfe in riesiger Zahl die Bauten. Dieser Flug dient der Verbreitung und Gründung neuer Staaten. Er dauert nicht lange. Bald lassen sich die Tiere am Boden nieder und werfen ihre Flügel ab. Jedes Paar sucht sich nun eine geeignete Höhle, in der der erste Nestbau eingerichtet wird. Dann erfolgt die Paarung, und nach kurzer Zeit treten die ersten Arbeiter auf, die mit dem Bau der Termitenhügel beginnen. König und Königin haben dann nur noch die Aufgabe der Fortpflanzung. Die Steuerung der Entwicklung zu den verschiedenen Kasten erfolgt durch Sozialhormone, die durch Belecken der einzelnen Tiere untereinander im Staat verbreitet werden. Als Nahrung wird überwiegend Holz gefressen, das im Darm durch einzellige Tiere abgebaut wird (s. S. 20). Dadurch werden vielfach große Schäden verursacht. Zusätzlich züchten manche Arten Pilze in den Pilzgärten ihrer Bauten, die den jungen Larven als Nahrung dienen.

Überordnung Psocoidea

Ordnung Psocoptera — Staubläuse

Unterordnung Psocida

Familien: Psocidae — Rindenläuse (*Psocus*), Caeciliidae (*Caecilius*)

Unterordnung Atropida

Familien: Troctidae — Bücherläuse (*Troctes*), Trogiidae (*Trogium*)

Die kleinen Tiere führen eine unauffällige Lebensweise, können aber schädlich sein wie die *Bücherlaus*, die vom Kleister in Büchern, getrockneten Pflanzen und in Insektensammlungen lebt. Die *Staublaus* lebt ähnlich. Beiden ist gemeinsam, daß sie keine Flügel besitzen. Geflügelt sind die *Rindenläuse,* die sich von Flechten und Pilzen, an Rinde, in Vogelnestern und an Steinen ernähren.

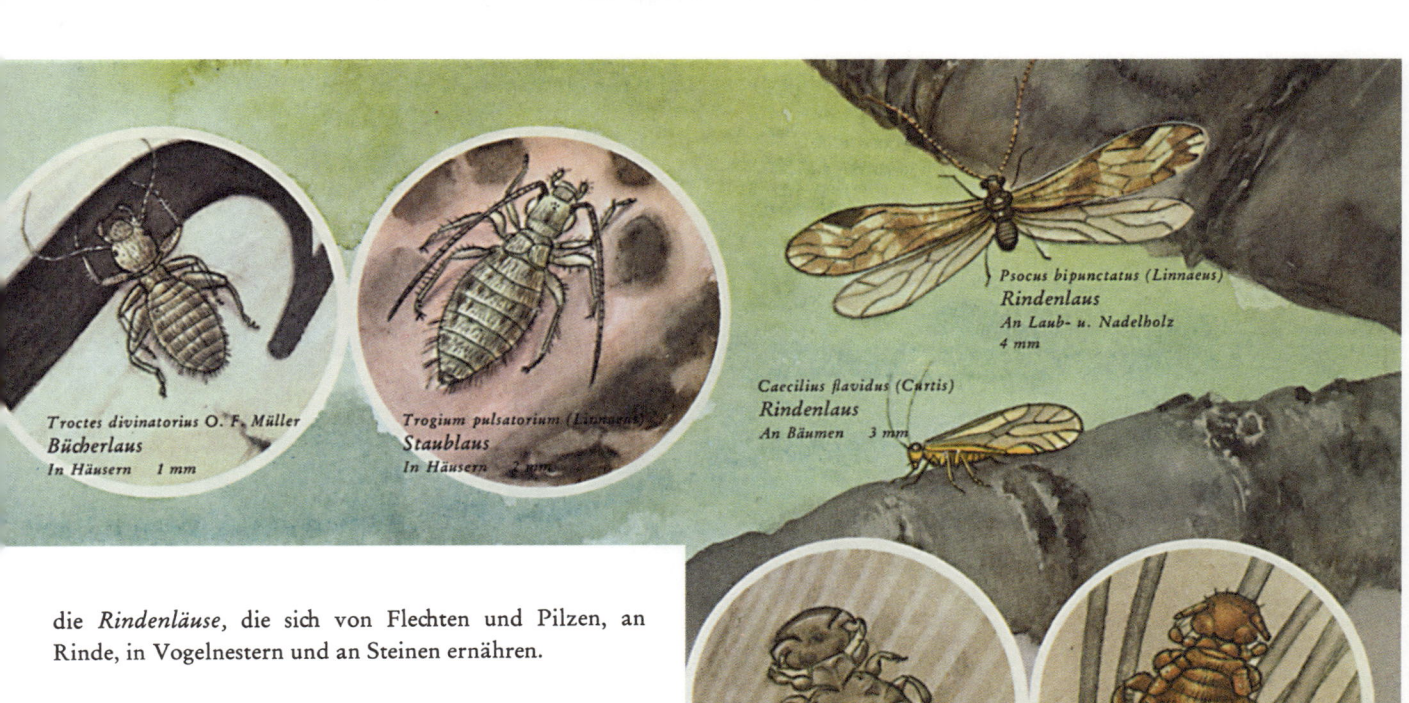

Ordnung Phthiraptera — Tierläuse

Unterordnung Ischnocera — Klettermallophagen
Überfamilien: Trichodectoidea — Haarlinge (*Trichodectes*), Philopteroidea — Federlinge (*Goniodes*)
Unterordnung Amblycera — Haftfußmallophagen

Unterordnung Anoplura — Läuse (*Pediculus, Phthirus*)

Ordnung Thysanoptera — Fransenfliegen
Familie: Thripidae — Blasenfüße (*Physopus*)

Ordnung Siphonaptera — Flöhe
Familien: Pulicidae (*Pulex*), Ceratophyllidae (*Ceratophyllus*)

Die kleinen, stets flügellosen Tierläuse (früher Ordnung Mallophaga) sind Parasiten, die auf dem Körper ihrer Wirtstiere leben und oft nur auf eine bestimmte Art spezialisiert sind. Den *Pfauenfederling* findet man an den Federn und Hautschuppen der Hühnervögel, besonders des Pfaus, den *Hundehaarling* dagegen an Hundehaaren. Die sehr flach gebauten Läuse haben saugende Mundwerkzeuge und saugen damit Blut von ihrem Wirt. Ihre Beine sind zum Anklammern an Haaren und Federn des Wirts gebaut.
Die *Kopflaus* mit ihrer Verwandten, der *Kleiderlaus,* sowie die *Schamlaus* waren zumindest früher häufige Begleiter des Menschen.
Die kleinen schlanken *Blasenfüße* haben, wenn überhaupt, sehr schmale Flügel. Sie saugen an Pflanzen und können mitunter großen Schaden anrichten.
Flügellose Parasiten sind die *Flöhe,* die durch seitlich zusammengedrückte Körperform und kräftige hintere Sprungbeine gekennzeichnet sind. Sie saugen Blut an Vögeln und Säugetieren. Ihre Larven hingegen leben als Allesfresser von Abfällen.

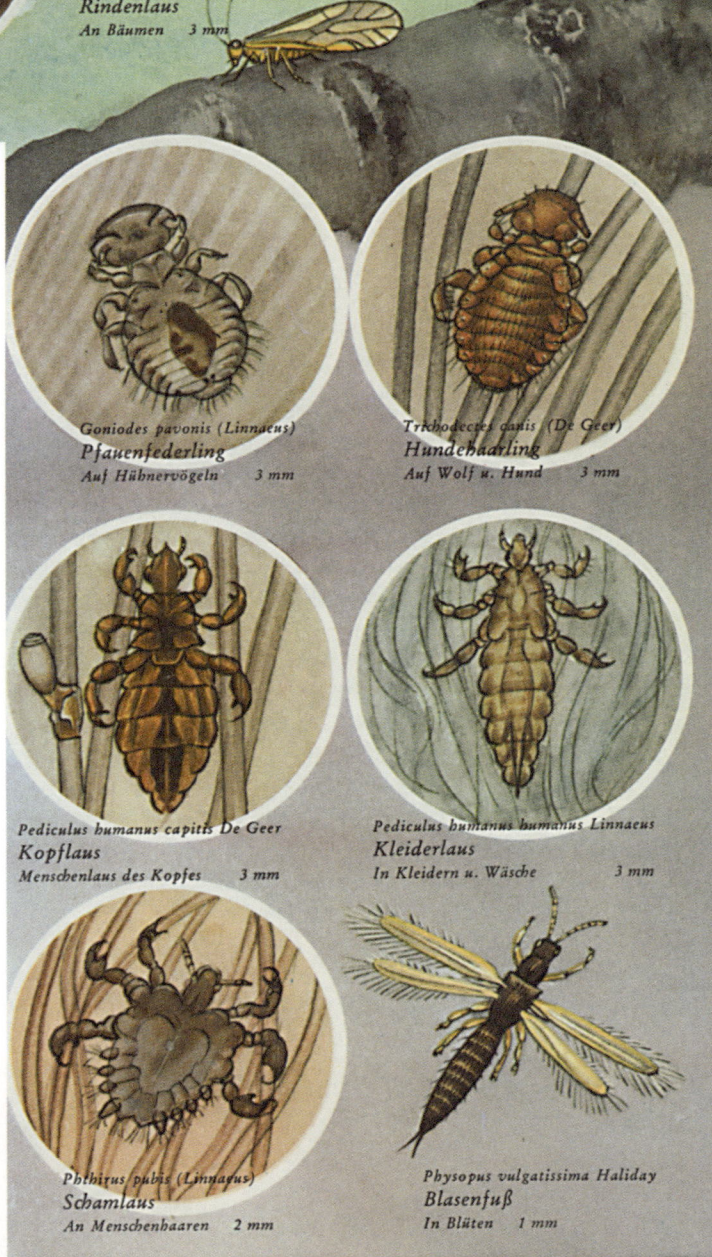

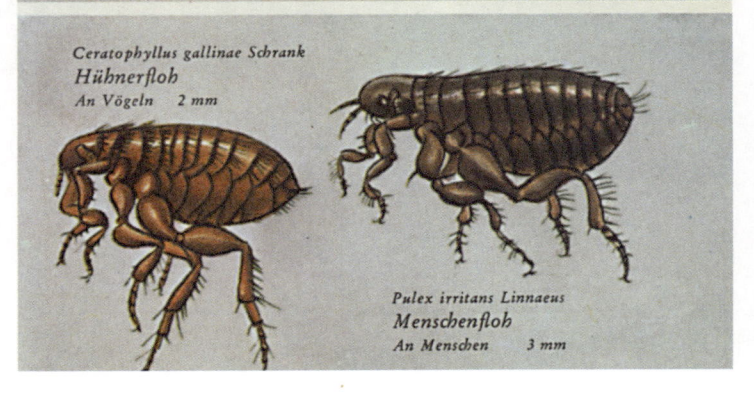

Ordnung Ephemeroptera — Eintagsfliegen (*Cloeon, Ephemera, Potamanthus*)

Ordnung Plecoptera — Steinfliegen, Uferbolde (*Chloroperla, Perla, Nemoura*)

Die zart gebauten *Eintagsfliegen* haben meist dreieckige Vorderflügel und stark verkleinerte Hinterflügel, mit denen sie sich flatternd oder gleitend in der Luft halten. Ihre Mundwerkzeuge sind verkümmert. Sie können damit keine Nahrung aufnehmen, leben daher oft nur wenige Stunden und erhielten deshalb den Namen Eintagsfliegen. Zur Flugzeit erscheinen die Tiere oft in ungeheurer Zahl, um in dichten Schwärmen ihre Hochzeitsflüge durchzuführen. Nach der Paarung legen die Weibchen ihre Eier sogleich ins Wasser ab, die Leichen der Eltern hingegen säumen in dichten Wällen die Ufer ihrer Wohngewässer. Die Larven leben überwiegend von Wasserpflanzen und bilden selbst eine wichtige Nahrung für andere Insekten und besonders für Nutzfische. Die Atmung erfolgt durch Kiemenausstülpungen am Hinterleib. Wenn die Larve erwachsen ist, schwimmt sie zur Oberfläche oder steigt kurze Strecken ans Ufer. Dort schlüpft ein flugfähiges Tier, das aber noch nicht geschlechtsreif ist — es handelt sich hier vielmehr nur um ein Zwischenstadium — aus dem erst nach einigen Stunden das Geschlechtstier hervorgeht. Die schlanken, flach gebauten Steinfliegen sieht man in Gewässernähe, wo sie, obwohl sie große Flügel haben, recht plump umherfliegen. Meist findet man sie am Boden oder in der Vegetation sitzend. Mit ihren sehr schlanken Beinen, die mit Haftballen und Krallen ausgerüstet sind, können sie aber selbst an glatten senkrechten Flächen schnell und geschickt laufen. In der Regel nehmen sie keine Nahrung zu sich, da die Mundwerkzeuge der Mehrzahl der Arten rückgebildet sind. Ihre Larven leben im Wasser und atmen mit Tracheenkiemen, die meist an der Basis der Beine sitzen; es gibt aber auch zusätzliche Kiemen an Kopf und Hinterleib. Als Bewohner sauberer Gewässer gelten sie als Anzeiger des Reinheitsgrades; in verschmutzten Bächen und Seen findet man sie nicht. Wo sie vorkommen, dienen sie als wichtige Nahrung für wirtschaftlich wertvolle Fische, wie Forellen. Die fertigentwickelten Larven klettern an das Ufer, damit das Vollinsekt schlüpfen kann. Von den sehr ähnlichen Larven der Eintagsfliegen unterscheiden sich die der Steinfliegen durch zwei lange Hinterleibsanhänge, die erstgenannten hingegen besitzen drei. Der *Grünliche Uferbold* lebt in größeren fließenden Gewässern, ebenso der *Uferbold*. Die *Steinfliege Nemoura* hingegen ist an den verschiedensten Gewässern zu finden. Ihre Larven leben räuberisch und ernähren sich von allerlei Kleingetier des Gewässergrundes.

Ordnung Odonata — Libellen

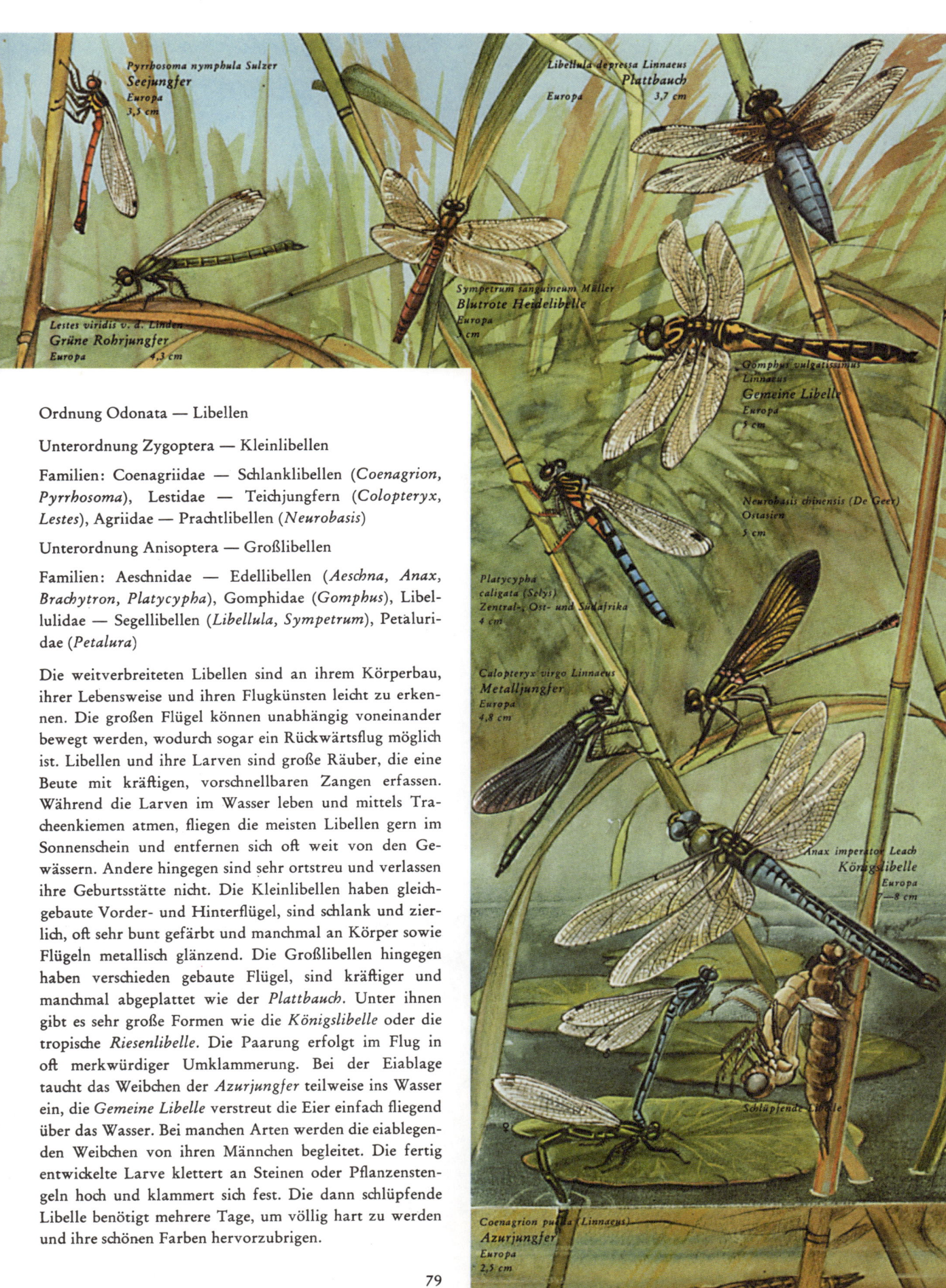

Unterordnung Zygoptera — Kleinlibellen

Familien: Coenagriidae — Schlanklibellen (*Coenagrion, Pyrrhosoma*), Lestidae — Teichjungfern (*Colopteryx, Lestes*), Agriidae — Prachtlibellen (*Neurobasis*)

Unterordnung Anisoptera — Großlibellen

Familien: Aeschnidae — Edellibellen (*Aeschna, Anax, Brachytron, Platycypha*), Gomphidae (*Gomphus*), Libellulidae — Segellibellen (*Libellula, Sympetrum*), Petaluridae (*Petalura*)

Die weitverbreiteten Libellen sind an ihrem Körperbau, ihrer Lebensweise und ihren Flugkünsten leicht zu erkennen. Die großen Flügel können unabhängig voneinander bewegt werden, wodurch sogar ein Rückwärtsflug möglich ist. Libellen und ihre Larven sind große Räuber, die eine Beute mit kräftigen, vorschnellbaren Zangen erfassen. Während die Larven im Wasser leben und mittels Tracheenkiemen atmen, fliegen die meisten Libellen gern im Sonnenschein und entfernen sich oft weit von den Gewässern. Andere hingegen sind sehr ortstreu und verlassen ihre Geburtsstätte nicht. Die Kleinlibellen haben gleichgebaute Vorder- und Hinterflügel, sind schlank und zierlich, oft sehr bunt gefärbt und manchmal an Körper sowie Flügeln metallisch glänzend. Die Großlibellen hingegen haben verschieden gebaute Flügel, sind kräftiger und manchmal abgeplattet wie der *Plattbauch*. Unter ihnen gibt es sehr große Formen wie die *Königslibelle* oder die tropische *Riesenlibelle*. Die Paarung erfolgt im Flug in oft merkwürdiger Umklammerung. Bei der Eiablage taucht das Weibchen der *Azurjungfer* teilweise ins Wasser ein, die *Gemeine Libelle* verstreut die Eier einfach fliegend über das Wasser. Bei manchen Arten werden die eiablegenden Weibchen von ihren Männchen begleitet. Die fertig entwickelte Larve klettert an Steinen oder Pflanzenstengeln hoch und klammert sich fest. Die dann schlüpfende Libelle benötigt mehrere Tage, um völlig hart zu werden und ihre schönen Farben hervorzubringen.

Überordnung Hemipteroidea — Schnabelkerfe

Ordnung Heteroptera — Wanzen
Familien: Nepidae — Wasserskorpione (*Nepa, Ranatra*), Naucoridae — Schwimmwanzen (*Naucoris*), Notonectidae — Rückenschwimmer (*Notonecta*), Hydrometridae — Wasserreiter (*Hydrometra*), Gerridae — Teichläufer (*Gerris*), Veliidae — Bachläufer (*Velia*), Corixidae — Ruderwanzen (*Corixa*), Miridae — Weichwanzen (*Myrmecoris*), Pyrrhocoridae — Feuerwanzen (*Pyrrhocoris*), Cimicidae — Platt-, Bettwanzen (*Cimex*), Pentatomidae — Schildwanzen (*Dolycoris, Eurydema, Graphosoma, Palomena*), Tingidae — Gitterwanzen (*Galeatus*), Coreidae — Rand-, Lederwanzen (*Callidea, Chalcocoris, Diactor, Pachylis, Plisthenes, Syromastus*), Berytidae — Stelzenwanzen (*Bagauda*), Lygaeidae — Langwanzen (*Macrocheraia, Mozena*)

Allen Wanzen gemeinsam sind die rüsselförmigen Mundwerkzeuge, die zum Stechen und Saugen dienen. Ihnen eigentümlich sind aber auch die sehr verschieden geformten Vorder- und Hinterflügel, erstere an der Basis dick und hart, zur Spitze hin dagegen dünnhäutig, letztere ganz dünnhäutig. Dadurch unterscheiden sie sich von den Zikaden. Die meisten Wanzenarten haben außerdem einen sehr abgeflachten Körper. Die Entwicklung verläuft über eine unvollständige Verwandlung.
Eine Gruppe von Wanzen lebt überwiegend im Wasser, zu diesen gehören der *Wasserskorpion* und die *Stabwanze*, die in ruhigen Gewässern am Grunde und auf Pflanzen leben. Sie besitzen am Hinterleibsende ein langes dünnes Atemrohr, das wie ein Schnorchel über die Wasseroberfläche hinausragt. Räuberisch lebend jagen sie ihre Beute mit den zu Klappscheren umgewandelten Vorderbeinen. Die *Schwimmwanze* bewegt sich rudernd mit den Hinterbeinen fort, die Vorderbeine dagegen dienen dem Ergreifen einer Beute. Der *Rückenschwimmer* hat die merkwürdige Eigenschaft mit dem Rücken nach unten zu schwimmen. Angetrieben wird er von den sehr langen Hinterbeinen, die wie Ruder seitlich noch durch Borstenreihen verbreitert sind. Er jagt Kleintiere und vermag mit seinem kräftigen Stechrüssel weit größere Tiere als er selbst zu töten. Da er auch Jungfische raubt, ist er in Fischzuchtanlagen nicht gern gesehen. Der *Teichläufer* liebt die Feuchtigkeit und läuft langsam auf der Wasseroberfläche und auf Wasserpflanzen umher, wo er lebende und tote kleine Tiere erbeutet. Ähnlich verhalten sich die *Wasserläufer*, die sich aber sehr flink und von der Oberflächenspannung getragen auf ruhigen Gewässern bewegen. Dabei schnellen sie sich mit dem mittleren Beinpaar voran ab, während das hintere Paar hauptsächlich als Steuer dient. Ihre Nahrung besteht aus Kleininsekten, die am Wasser leben oder dort angetrieben werden. Der *Stoßwasserläufer* ist etwas kräftiger gebaut und findet sich besonders auf fließenden Gewässern, deren Strömung er leicht überwindet. Die *Ruderwanzen* wiederum leben schwimmend unter Wasser, angetrieben durch die verbreiterten Hinterbeine. Die langen mittleren Beine dienen hingegen dem Festklammern, wenn die Tiere auf der Suche nach Nahrung mit den schaufelförmigen Vorderbeinen den Bodenschlamm aufrühren. Die Nahrung besteht aus Kleintieren und verschiedenen organischen Substanzen, auch Pflanzen. Alle folgenden Wanzengruppen sind Landbewohner. Die kleine *Ameisenwanze* zeigt auffallende Ähnlichkeit mit den Ameisen, in deren Bauten sie lebt und denen sie auch im Verhalten gleicht. Damit schützt sie sich vor den An-

griffen ihrer Gastgeber. Die *Feuerwanzen* sind in der Regel auffallend rot-schwarz gefärbt und flugunfähig. Besonders in den Tropen ist diese Gruppe durch große, kräftige Tiere vertreten. Die *Bettwanze* hat eigentlich allen Wanzen ihren schlechten Ruf gebracht. Als Parasit des Menschen gehört sie zu den unbeliebtesten Tieren; sie saugt Blut und erzeugt dadurch lästig juckende Quaddeln. Außerdem wird durch ein Drüsensekret jener so unangenehm charakteristische Wanzengeruch hervorgerufen, der alle befallenen Häuser auszeichnet. Obwohl flugunfähig, ist sie in alle Erdteile verschleppt worden, da sie mehrere Monate ohne Nahrung auskommen kann und sich in den kleinsten Ritzen versteckt. Die Schildwanzen besitzen ein auffallend großes dreieckiges Schildchen an der Mittelbrust und erzeugen einen unangenehmen Geschmack durch ihren Körpersaft und ihre Ausscheidungen. Meist sind sie sehr breit gebaut und oft bunt gefärbt. Man findet sie überall in der Vegetation, wo sie an Pflanzen saugen und besonders beim Beerenpflücken in Erscheinung treten, wie auch die *Beerenwanze* oder die *Grüne Stinkwanze*. Schädlich ist die *Kohlwanze*, die wie die *Streifenwanze* sehr bunt gefärbt ist. Die kleinen *Gitterwanzen* sind durch eigenartige dünne Verbreiterungen an Vorderbrust und Vorderflügel gekennzeichnet, die von Rippen netzartig versteift sind. Man findet sie manchmal in großer Zahl auf der Blattunterseite bestimmter Pflanzen. Unter den *Lederwanzen*, die ihren Namen von der häufigen lederartigen Farbe und Struktur ihres Körpers erhalten haben, tragen manche merkwürdige Verbreiterungen an den Hinterbeinen, die ihnen auch den Namen Blattfußwanzen eingetragen haben. Bei den Randwanzen hingegen ist die Hinterleibskante verbreitert und oft bunt gefärbt. Manche Arten tragen eigentümlich verdickte Hinterschenkel oder eine leuchtende Zeichnung wie die *Pachylis*. Auch Metallfarben kommen vor wie bei *Callidea*. Unter den Langwanzen befinden sich sehr große Arten wie die *Macrocheraia* aus Asien. Als Nahrung dient den Lederwanzen überwiegend Pflanzensaft, ebenso den Langwanzen, manche Arten leben aber auch als Räuber. Die Stelzenwanzen oder Berytidae, durch die afrikanische Art Bagauda gigantea vertreten, tragen ihren Namen wegen der langen dünnen Beine, mit deren Hilfe sie langsam in der Vegetation umherlaufen. Ihr Körper ist zudem wie ein langes Stäbchen geformt. Durch diese Körperform und ihr Verhalten sind sie ausgezeichnet getarnt. Alle leben sie räuberisch von kleinen Insekten.

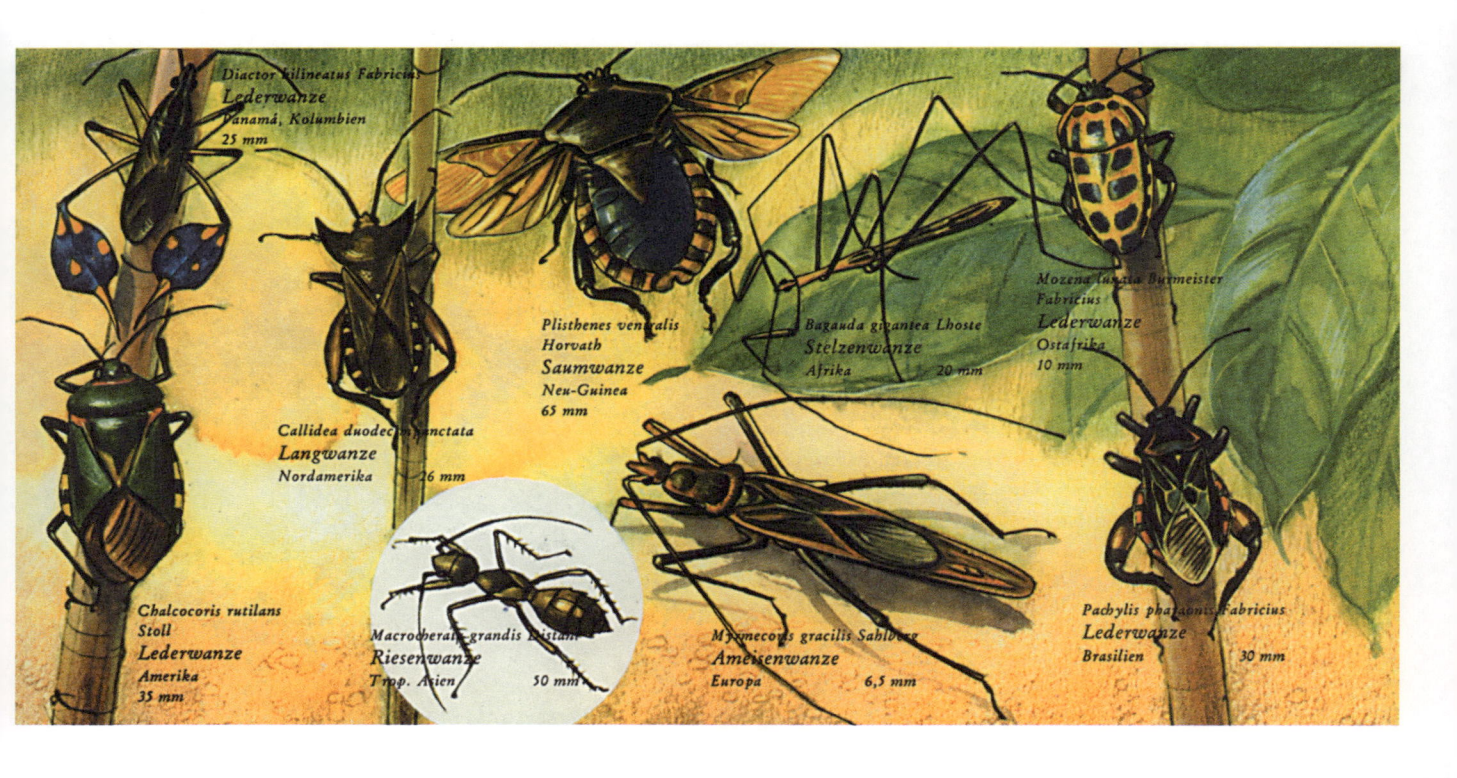

zikaden ist ihre Fähigkeit, sehr laute Töne zu erzeugen. Manchmal mögen diese wohlklingend sein, häufig aber bedeuten sie, besonders bei tropischen Arten und großer Individuenzahl, ohrenbetäubenden Lärm. Hervorgerufen werden die Töne in Höhlen vorn an der Unterseite des Hinterleibs, die mit Deckeln überwölbt sind, im Innern aber von einer Art Trommelfell überspannt werden. Letztere werden durch Muskeln in schnelle Schwingungen versetzt und verursachen die Geräusche, die aber nur von den Männchen erzeugt werden. Die meisten Zikaden singen nur am Tage im heißen Sonnenschein und verstummen sofort, wenn sich die Sonne hinter Wolken verbirgt. Jede Art hat ihre eigene Gesangstechnik, so daß ein geübtes Ohr die Arten an ihrem typischen Gesang erkennen kann. Wie schon erwähnt, sind diese Töne meist nicht wohlklingend. Häufig erinnern sie an Geräusche, die beim Schleifen von Messern entstehen oder beim Arbeiten mit einer Kreissäge. Andere wieder erinnern an lautes Pfeifen oder prasselnde Flammen. Die großen singenden Zikaden sind hauptsächlich in den Tropen verbreitet, in gemäßigten Gebieten dagegen nur sehr spärlich vertreten. So gibt es in Mitteleuropa nur drei Arten, die in wärmeren Gegenden zu finden sind. Da die Zikaden sehr scheue Tiere sind, die bei der geringsten Störung verstummen und in blitzschnellem Flug flüchten, hört man sie eher als man sie sieht. In China und Japan trägt man die wohltönenden kleinen Sänger in kunstvoll geschnitzten Käfigen aus Nußschalen oft bei sich, um sich so jederzeit an ihrem Gesang erfreuen zu können. Eine einheimische kleinere Art ist die *Bergzikade*, die größere *Gemeine Zikade* findet

Ordnung Homoptera — Pflanzensauger, Zikaden
Familien: Cicadidae — Singzikaden (*Cicada, Cicadetta, Magicicada, Platypleura, Tosena*), Jassidae — Kleinzikaden (*Graphocephala, Tettigella, Typhlocyba*), Cercopidae — Schaumzikaden (*Philaenus*), Psyllidae — Blattflöhe (*Psylla, Psyllopsis*), Fulgoridae (*Dictyophara, Flata, Lanternaria, Phricus*), Membracidae — Buckelzirpen (*Bocydium, Centrotus, Heteronotus, Oeda, Sponsophorus, Umbonia*)

Bei den Zikaden handelt es sich, wie ihr Name sagt, um reine Pflanzensauger. Mit ihrem Saugrüssel stechen sie die Pflanzen an, deren Säfte ihnen als Nahrung dienen. Die meisten Arten haben durchsichtige, membranartige und nur von Adern gestützte Flügel, wobei Vorder- und Hinterflügel annähernd gleichartig gebaut sind, wodurch sie sich von den nächsten Verwandten, den Wanzen, unterscheiden. Eines der hervorragendsten Merkmale der Singman z. B. in Italien. Eine auffallend lange Lebensdauer hat die *Siebzehnjährige Zikade* aus Nordamerika, die eine so lange Zeit als Larve im Boden zu ihrer Entwicklung benötigt. Tropische Arten erreichen bedeutende Größen wie *Seebohms Maskenzikade*. Die zahlreichen Zwergzikaden sind klein, schlank und oft sehr bunt gefärbt. Manche treten als Schädlinge an bestimmten Kulturpflanzen auf, alle aber sind fähig, durch ihre kräftigen Hinterbeine weite Sprünge zu vollführen. Zu den einheimischen Vertretern dieser Gruppe gehören die *Ohrzikade* und die *Rosenzikade*. Die *Schaumzikaden* sind ebenfalls unscheinbare Tiere. Sie fallen jedoch durch schaumartige Massen auf, die ihre Larven an den Futterpflanzen hervorrufen und die im Volksmund als Kuckuckssspeichel bezeichnet werden. Die Blattflöhe bleiben sehr klein, haben zarte, breite Flügel und können große Schäden an Kulturpflanzen hervorrufen, die sowohl von den Larven als auch von den Vollkerfen verursacht werden. *Apfelsauger* und *Eschenblattfloh* gehören hierher. Neben dem direkten Saugen bildet auch die Honigtauabsonderung der Pflanzen eine Gefahr, da dadurch das Wachstum verschiedener Schimmelpilze gefördert wird, die die Pflanzen schädigen oder ganz zerstören können. Bei der artenreichen Familie Fulgoridae ist der Kopf meist in merkwürdiger Form verlängert, und man war früher bei einigen tropischen Arten der Ansicht, daß sie mit dieser Verlängerung leuchten können. Sie heißen deshalb *Laternenträger*. Das trifft jedoch nicht zu, die Tiere sind aber wegen ihres bizarren Aussehens und der oft bunten Färbung recht eindrucksvolle Gestalten. *Schmetterlingszikaden* werden einige Arten genannt, die durch ihre breiten, gut gefärbten Flügel an diese erinnern und oft mit diesen verwechselt werden. Noch eigenartiger geformt sind die kleinen *Buckelzirpen*, die oft abenteuerliche Strukturen aufweisen. Das Rückenteil ihrer Vorderbrust wird durch Dornen, lange Haken oder dornen- und kugelbewehrte Fortsätze, deren Bedeutung völlig unbekannt ist, verlängert; man nennt sie Luxusbildungen. Manche der Buckelzirpen (z. B. *Umbonia*) ähneln in ihrer Gestalt Pflanzenorganen wie Dornen, weshalb man von einer Pflanzenmimese spricht. In solcher Weise gleicht Oeda einem abgestorbenen Blatt. Alle kleinen Zikaden gelten als stumm. Neuere Untersuchungen haben aber gezeigt, daß wahrscheinlich auch sie Töne erzeugen können, die jedoch im Ultraschallbereich liegen und deshalb vom menschlichen Ohr nicht wahrgenommen werden können. Unter den verschiedenen Familien der Kleinzikaden gibt es Arten, deren Larven oder erwachsene Tiere aus besonderen Drüsen lange Wachsfäden abscheiden können. Bei häufigem Auftreten sehen die Futterpflanzen wie zottig behaart aus. Durch ihr Saugen rufen sie auch Mißbildungen an den Nahrungspflanzen hervor. Ihre natürlichen Feinde sind Schlupfwespen.

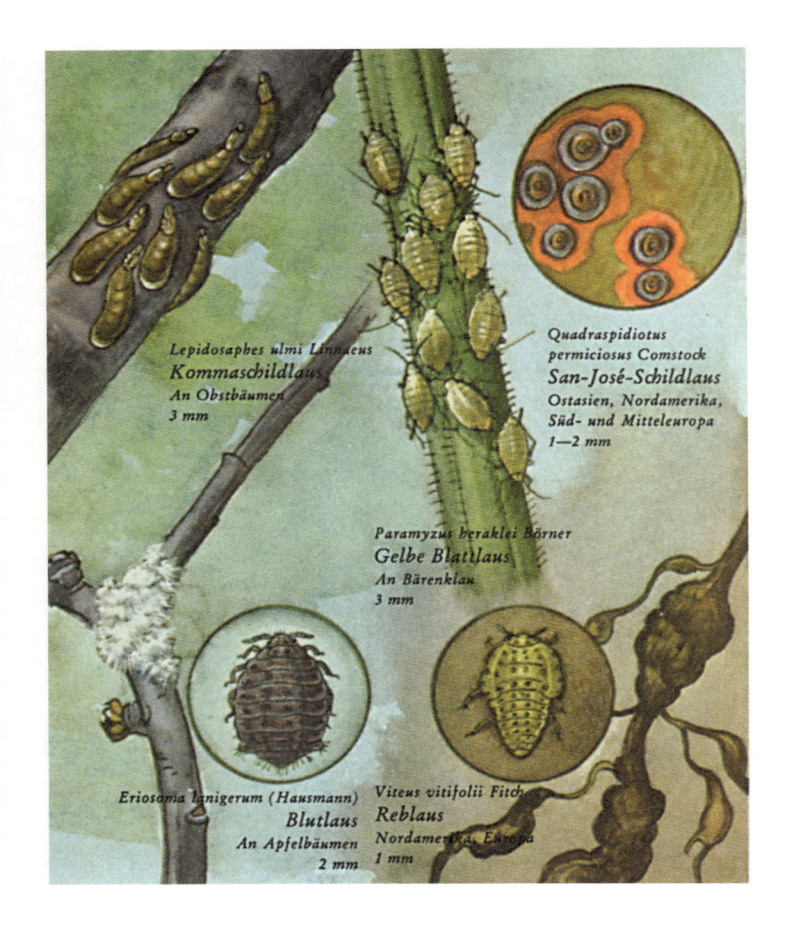

Lepidosaphes ulmi Linnaeus
Kommaschildlaus
An Obstbäumen
3 mm

Quadraspidiotus perniciosus Comstock
San-José-Schildlaus
Ostasien, Nordamerika, Süd- und Mitteleuropa
1—2 mm

Paramyzus heraklei Börner
Gelbe Blattlaus
An Bärenklau
3 mm

Eriosoma lanigerum (Hausmann)
Blutlaus
An Apfelbäumen
2 mm

Viteus vitifolii Fitch
Reblaus
Nordamerika, Europa
1 mm

durch einen Generationenwechsel parthenogenetischer und normaler Entwicklung auszeichnen. Manche schützen sich durch einen Überzug aus Wachs wie die *Blutlaus*. Andere, wie der gefährliche Weinschädling *Reblaus*, leben in einer Generation an den Wurzeln, in der nächsten in Gallen am Stamm. Manche Arten werden von Ameisen umsorgt, die nach dem süßen Sekret der Läuse streben.

Überordnung Neuropteroidea — Netzflüglerartige

Ordnung Mecoptera — Schnabelfliegen
Familien: Boreidae — Winterhafte (*Boreus*), Panorpidae — Skorpionfliegen (*Panorpa*)

Die mittelgroße Skorpionfliege hat lange Beine und einen stark verlängerten Kopf. Ihr Hinterleibsende ist zu einer Art Greifzange umgewandelt und wird wie beim Skorpion über den Rücken hochgebogen. Sie lebt hauptsächlich räuberisch von Blattläusen, aber auch von anderen Insekten. Die kleinen flügellosen *Winterhafte* können wie Heuschrecken hüpfen. Man kennt sie nur von der nördlichen Halbkugel, wo sie im zeitigen Frühjahr schon auf dem Schnee zu finden sind.

Familien: Diaspididae — Deckelschildläuse (*Lepidosaphes*, *Quadraspidiotus*), Aphididae — Röhrenläuse (*Paramyzus*), Pemphigidae — Blasenläuse (*Eriosoma*), Phylloxeridae — Zwergläuse (*Viteus*)

Die kleinen *Schildläuse* gehören zu den ärgsten Feinden der Kulturpflanzen. Meist bewegungsunfähig bedecken sie sich mit einem Schild eigener Sekrete. Die Männchen aber sind teilweise flugfähig, manchmal in einer Generation, in der folgenden aber nicht. Die Larven werden nach dem Schlüpfen aus dem Ei sehr beweglich und verbreiten sich dadurch schnell. Später setzen sich die weiblichen Larven fest und beginnen mit dem Schildbau. Ähnlich klein aber ebenso zahlreich und schädlich sind die Blattläuse, die sich

Ordnung Megaloptera — Schlammfliegen
Familien: Sialidae — Wasserfliegen (*Sialis*), Corydalidae (*Corydalis*), Raphidiidae — Kamelhalsfliegen (*Raphidia*).

Ordnung Planipennia — Echte Netzflügler
Familien: Myrmeleonidae — Ameisenjungfern (*Myrmeleon*), Ascalaphidae — Schmetterlingshafte (*Ascalaphus*), Osmylidae — Bachhafte (*Osmylus*), Hemerobiidae (*Hemerobius*), Chrysopidae — Florfliegen (*Chrysopa*), Mantispidae — Fanghafte (*Mantispa*), Nemopteridae — Fadenhafte (*Nemoptera*)

Die Larven der *Schlammfliegen* und *Riesenschlammfliegen*

Raphidia notata Linnaeus
Kamelhalsfliege
Europa
12 mm

Boreus hyemalis Linnaeus
Winterhaft
Europa
4 mm

Panorpa communis Linnaeus
Skorpionsfliege
Europa
15 mm

Corydalis cornutus Rambur
Riesenschlammfliege
Nordamerika
60 mm

Sialis lutaria Linnaeus
Schlammfliege
Europa
30 mm

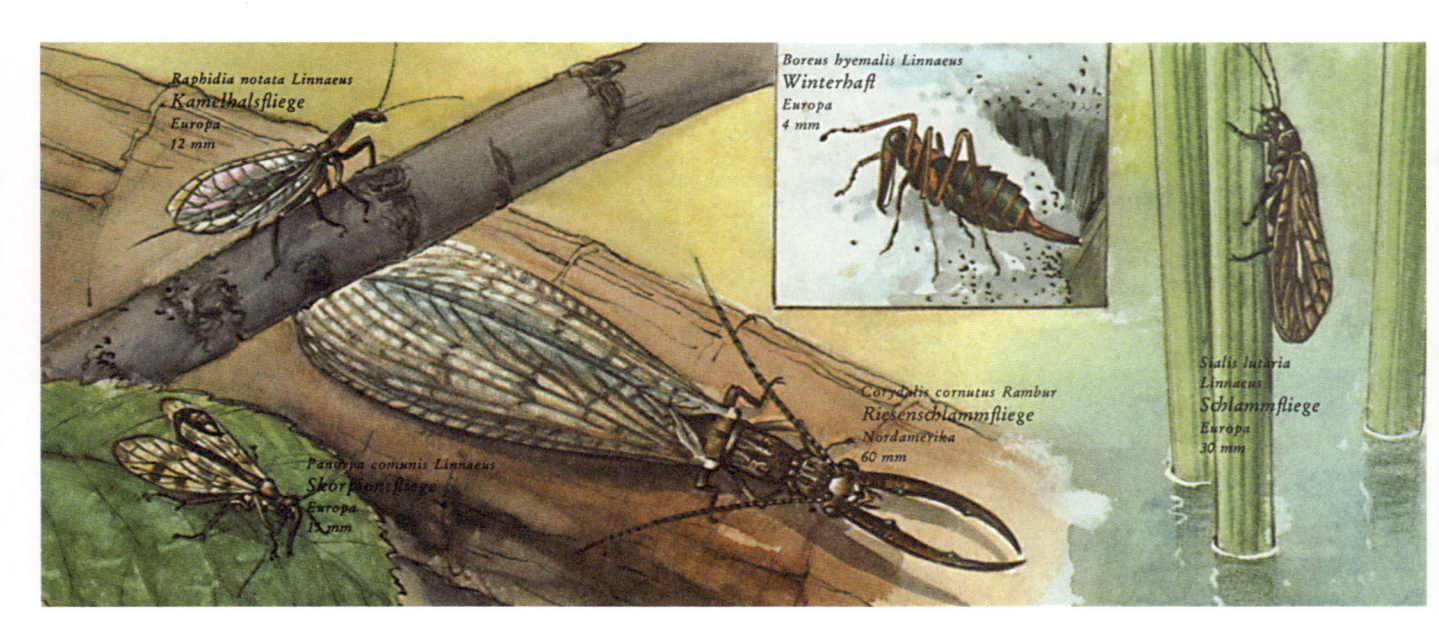

leben im Wasser, wo sie als gefräßige Räuber auftreten. Die Vollkerfe selbst haben breite Flügel mit Netzaderung; ihre Hinterflügel werden in der Ruhe eingefaltet. Die gewaltigen Kiefer der Männchen dienen dem Festhalten der Weibchen bei der Paarung. Die Larven der *Kamelhalsfliege* sind Landbewohner und auch außerordentlich gefräßige Räuber wie das Vollkerf. Die stark verlängerte Vorderbrust, die wie ein Hals aussieht, hat dem fertigen Insekt den Namen gegeben.

Die *Ameisenjungfern* sehen wie Libellen aus, bewegen sich aber sehr plump fort. Ihre Larven sind als *Ameisenlöwen* bekannt, da sie in sandigen Trichterfallen auf Ameisen als Beute lauern und diese mit mächtigen Greifzangen packen. Der *Schmetterlingshafte* sieht durch seine bunte Färbung einem Schmetterling ähnlich, wenn er bei Sonnenschein über Heideflächen fliegt. Die kleinen *Bachhafte* dagegen lieben die Feuchtigkeit ebenso wie ihre Larven, die man unter Steinen an Gewässerufern findet, wo sie auf Beute lauern. *Braune Florfliege* und *Florfliege* sind nahe miteinander verwandt und unterscheiden sich hauptsächlich durch die Farbe. Ihre Larven leben hauptsächlich von Blattläusen. Der kleine *Fanghaft* sieht einer Gottesanbeterin ähnlich, da seine Vorderbeine ebenfalls zu Greifzangen umgeformt sind. Man findet die Gruppe hauptsächlich in wärmeren Gegenden. Die in Südeuropa und den Tropen verbreiteten *Fadenhafte* haben ungewöhnlich schmale und lange Hinterflügel; ihre Larven dagegen tragen den großen Kopf an einem langen und dünnen Hals.

Ordnung Trichoptera — Köcherfliegen
Familien: Limnophilidae — Köcherjungfern (*Limnophilus*), Sericostomatidae (*Sericostoma*), Polycentropidae (*Neureclipsis*)

Die Larven der Köcherfliegen leben in oft kunstvoll gebauten Köchern auf dem Grunde von Gewässern und atmen durch Tracheenkiemen. Sie ernähren sich meist von Pflanzen, oft abgestorbenen, manche aber auch räuberisch. Die Entwicklung erfolgt über ein Puppenstadium, ist also eine vollständige Metamorphose. Die Köcher werden in einer für jede Art charakteristischen Form gebaut, wobei nur ganz bestimmtes Material verwendet wird. Bei manchen Arten sitzen die Köcher in Form von Röhren am Boden fest. Die Vollkerfe selbst erinnern an Schmetterlinge ohne Schuppen und besitzen lange dünne Fühler. Wenn überhaupt, nehmen sie Nahrung nur in Form von Pflanzensäften zu sich. Da die Tiere nachts fliegen, sieht man sie selten.

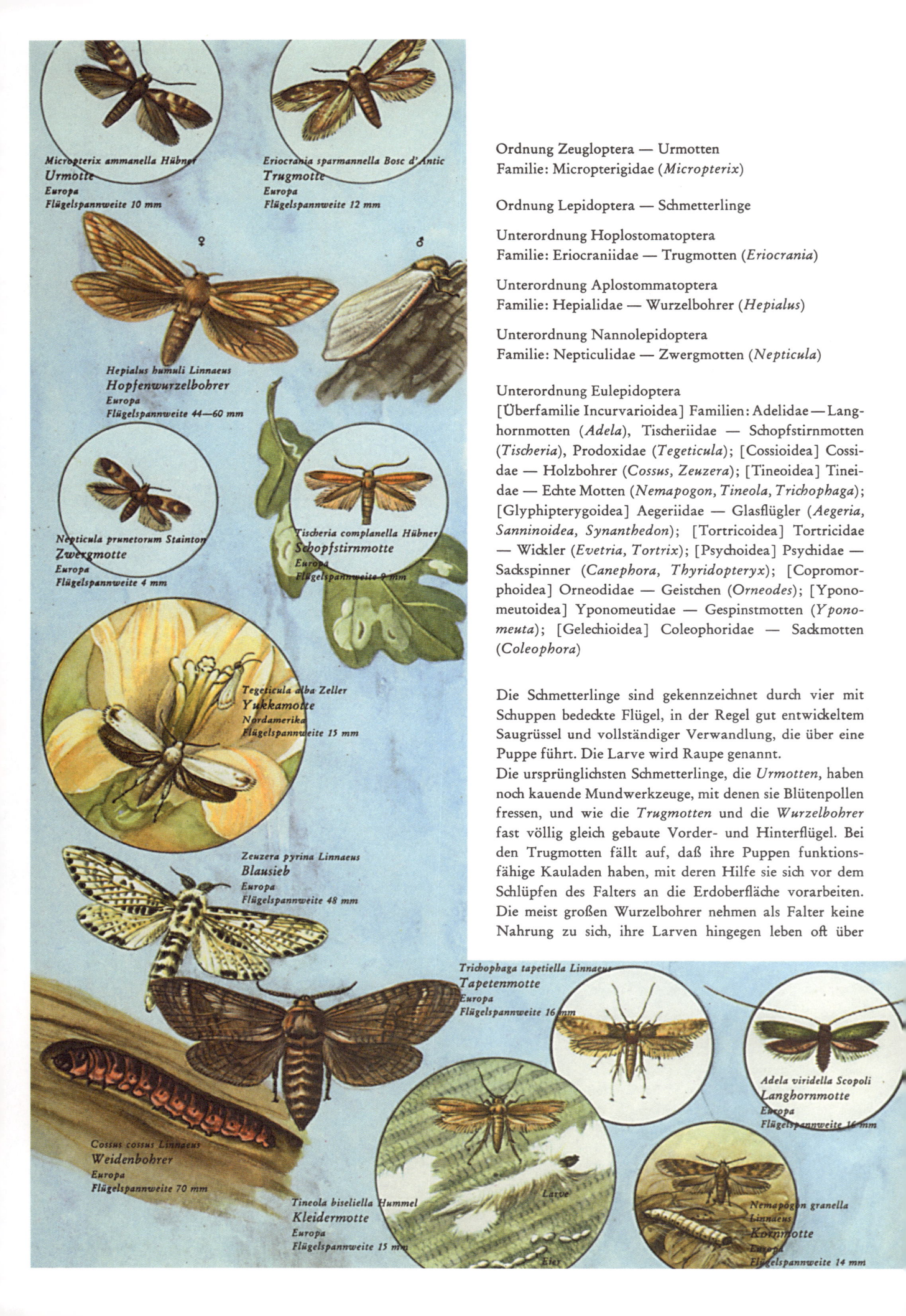

Micropterix ammanella Hübner
Urmotte
Europa
Flügelspannweite 10 mm

Eriocrania sparmannella Bosc d'Antic
Trugmotte
Europa
Flügelspannweite 12 mm

Hepialus humuli Linnaeus
Hopfenwurzelbohrer
Europa
Flügelspannweite 44—60 mm

Nepticula prunetorum Stainton
Zwergmotte
Europa
Flügelspannweite 4 mm

Tischeria complanella Hübner
Schopfstirnmotte
Europa
Flügelspannweite 9 mm

Tegeticula alba Zeller
Yukkamotte
Nordamerika
Flügelspannweite 15 mm

Zeuzera pyrina Linnaeus
Blausieb
Europa
Flügelspannweite 48 mm

Cossus cossus Linnaeus
Weidenbohrer
Europa
Flügelspannweite 70 mm

Tineola biseliella Hummel
Kleidermotte
Europa
Flügelspannweite 15 mm

Trichophaga tapetiella Linnaeus
Tapetenmotte
Europa
Flügelspannweite 16 mm

Adela viridella Scopoli
Langhornmotte
Europa
Flügelspannweite 16 mm

Nemapogon granella Linnaeus
Kornmotte
Europa
Flügelspannweite 14 mm

Ordnung Zeugloptera — Urmotten
Familie: Micropterigidae (*Micropterix*)

Ordnung Lepidoptera — Schmetterlinge

Unterordnung Hoplostomatoptera
Familie: Eriocraniidae — Trugmotten (*Eriocrania*)

Unterordnung Aplostommatoptera
Familie: Hepialidae — Wurzelbohrer (*Hepialus*)

Unterordnung Nannolepidoptera
Familie: Nepticulidae — Zwergmotten (*Nepticula*)

Unterordnung Eulepidoptera
[Überfamilie Incurvarioidea] Familien: Adelidae — Langhornmotten (*Adela*), Tischeriidae — Schopfstirnmotten (*Tischeria*), Prodoxidae (*Tegeticula*); [Cossioidea] Cossidae — Holzbohrer (*Cossus, Zeuzera*); [Tineoidea] Tineidae — Echte Motten (*Nemapogon, Tineola, Trichophaga*); [Glyphipterygoidea] Aegeriidae — Glasflügler (*Aegeria, Sanninoidea, Synanthedon*); [Tortricoidea] Tortricidae — Wickler (*Evetria, Tortrix*); [Psychoidea] Psychidae — Sackspinner (*Canephora, Thyridopteryx*); [Copromorphoidea] Orneodidae — Geistchen (*Orneodes*); [Yponomeutoidea] Yponomeutidae — Gespinstmotten (*Yponomeuta*); [Gelechioidea] Coleophoridae — Sackmotten (*Coleophora*)

Die Schmetterlinge sind gekennzeichnet durch vier mit Schuppen bedeckte Flügel, in der Regel gut entwickeltem Saugrüssel und vollständiger Verwandlung, die über eine Puppe führt. Die Larve wird Raupe genannt.

Die ursprünglichsten Schmetterlinge, die *Urmotten*, haben noch kauende Mundwerkzeuge, mit denen sie Blütenpollen fressen, und wie die *Trugmotten* und die *Wurzelbohrer* fast völlig gleich gebaute Vorder- und Hinterflügel. Bei den Trugmotten fällt auf, daß ihre Puppen funktionsfähige Kauladen haben, mit deren Hilfe sie sich vor dem Schlüpfen des Falters an die Erdoberfläche vorarbeiten. Die meist großen Wurzelbohrer nehmen als Falter keine Nahrung zu sich, ihre Larven hingegen leben oft über mehrere Jahre in Wurzeln verschiedener Pflanzen. Zu den kleinsten Schmetterlingen gehören die *Zwergmotten* mit kaum mehr als 3 mm Spannweite. *Schopfstirnmotte* und *Langhornmotte* sind meist metallisch glänzend gefärbt; letztere tragen zudem außergewöhnlich lange Fühler. Die *Yukkamotte* ist als Bestäuber der Yukkalilien bekannt geworden, in deren Samen auch die Larve lebt. Der mächtige *Weidenbohrer* und das *Blausieb* nehmen als Falter keine Nahrung zu sich; ihre Raupen hingegen fressen während mehrerer Jahre lange Gänge in das Holz ihrer Futterpflanzen. *Kleidermotte*, *Tapetenmotte* und *Kornmotte* gehören zu den gefürchteten Schädlingen des Menschen. Die Raupen ernähren sich von Wolle, Pelzen, sonstigen organischen Stoffen bzw. Getreidekörnern. Die *Glasflügler* (hierzu gehören auch *Bienenschwärmer* und *Pfirsichbohrer*) fliegen am Tag und gleichen manchen Wespen. Ihre Raupen leben in Röhren in Pflanzenstengeln, Wurzeln und Gallen. Die *Wickler* sind kleine Tiere mit eckigen, bunten Flügeln. Manche von ihnen, etwa der *Grüne Eichenwickler*, können durch den Raupenfraß erheblichen Schaden anrichten. Bei dem *Geistchen* sind die Flügel in sieben schmale Lappen gespalten. Die Raupen der *Gespinstmotte* leben in großen Gespinsten auf ihren Nahrungspflanzen. Die Raupen der Sackmotten (z. B. der *Lärchenminiermotte*) und Sackspinner (z. B. *Canephora*, *Thyridopteryx*) hausen wie die Köcherfliegen in Gehäusen, die sie stets mit sich herumtragen.

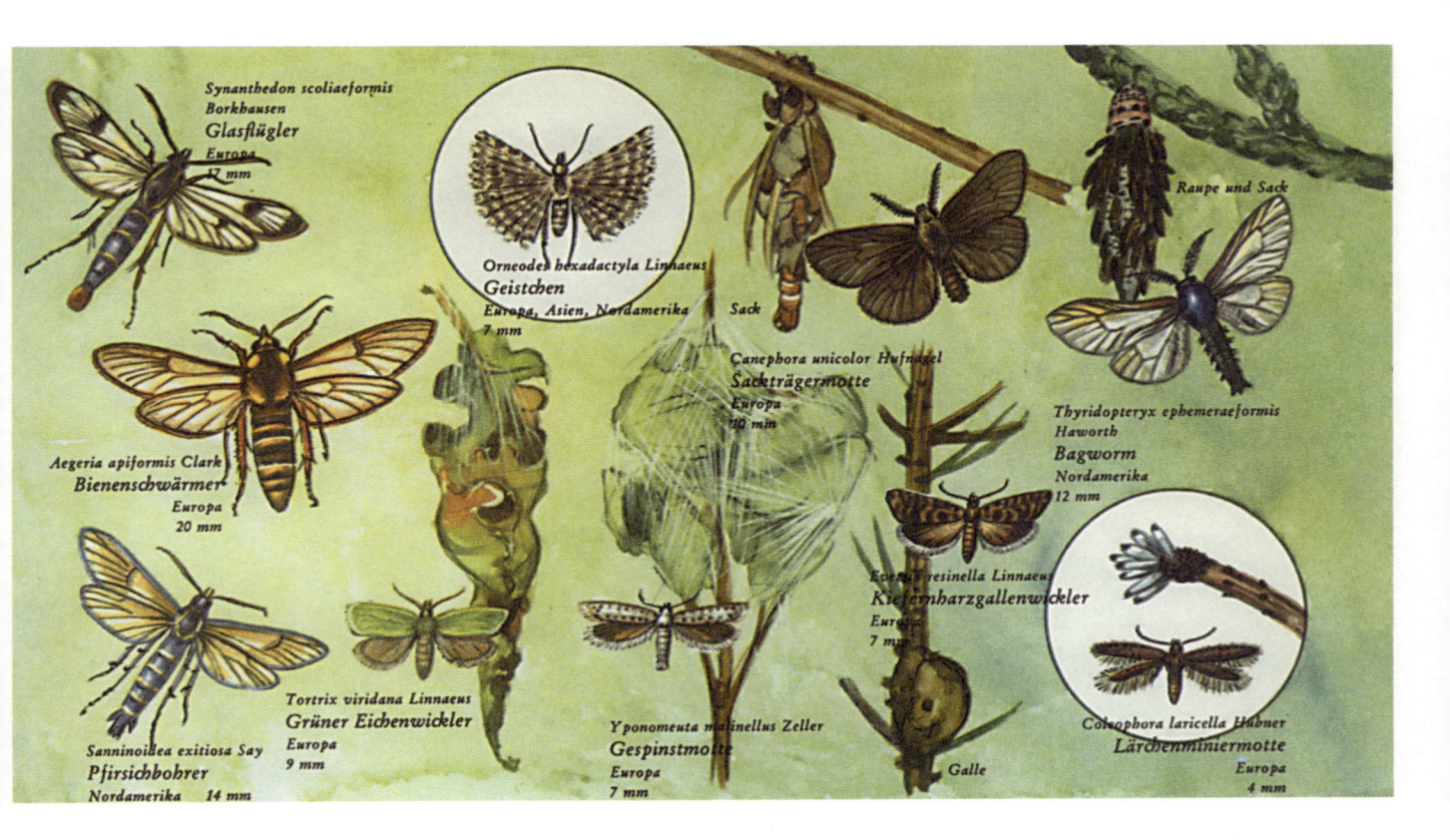

[Überfamilie Hesperioidea] Familie: Hesperiidae — Dickkopffalter (*Epargyreus, Eurycides, Euschemon, Hesperia, Megathymus, Pyrgus*)

Die *Dickkopffalter* fliegen am Tage und lieben die Sonne. Es besteht aber keine weitere Verwandtschaft zu den echten Tagfaltern. In den Tropen werden sie ziemlich groß und bunt. Die einheimischen Arten dagegen bleiben klein und unscheinbar wie der *Kommafalter*.

[Überfamilie Pyraloidea] Familie: Pyralidae — Zünsler (*Cryptoses, Galleria, Nymphula, Pyralis*); [Bombycoidea] Lasiocampidae — Glucken (*Dendrolimus, Gastropacha*), Bombycidae — Echte Spinner (*Bombyx*); [Saturnioidea] Saturniidae — Augenspinner (*Actias, Attacus, Citheronia, Eudia, Heniocha*); [Papilionoidea] Papilionidae — Ritterfalter (*Papilio, Parnassius*)

Die Zünsler haben Gehörorgane, die am Hinterleib sitzen und sind besonders in den Tropen mit zahlreichen Arten vertreten. Schädlich ist die *Wachsmotte*, deren Raupe die wächsernen Waben in Bienenstöcken frißt. Der *Seerosenzünsler* bewohnt als Raupe Gewässer und atmet durch Tracheenkiemen. Die Raupe des *Mehlzünslers* dagegen lebt an Mehl und Abfällen, die des *Faultierschmetterlings* im Haar des Faultiers.

Kiefernspinner und *Kupferglucke* nehmen als Falter keine Nahrung zu sich; sie sterben deshalb sehr bald wieder. Ihre Raupen sind dicht behaart und oft mit glänzenden Flecken versehen. Durch Massenauftreten kann die Raupe des Kiefernspinners an Kiefern, aber auch an anderen Nadelbäumen schädlich werden. Sie überwintert und verpuppt sich in einem Kokon aus Gespinstfäden. Beide Arten zeigen Tarnfärbung, die an Baumrinde oder alte Blätter erinnert. Der Maulbeer- oder *Seidenspinner* ist das einzige Haustier unter den Schmetterlingen und durch mehrere tausend Jahre Kultur flugunfähig geworden. Seine Larve liefert die begehrte echte Seide, die von den Kokons abgehaspelt wird. Die ursprüngliche Heimat des Tieres ist China und Japan, wo es in der Form mandarina noch wild vorkommt. Von dort hat sich der Seidenspinner trotz strenger Kontrollen durch Hilfe des Menschen in alle geeigneten Gebiete der Erde verbreitet, zum Beispiel in den Mittelmeerraum, wo eine blühende Seidenindustrie entstanden ist. Einbürgerungsversuche in Deutschland bewährten sich jedoch nicht, da das Klima zu kühl ist und die Futterpflanze, der Maulbeerbaum, nicht genügend zur Verfügung steht.

Die Augenspinner der Familie Saturniidae gehören wie der *Atlasspinner* zu den größten Schmetterlingen. Viele ihrer Arten tragen unbeschuppte Augen auf ihren Flügeln, z. B. das *Kleine Nachtpfauenauge*. Beim *Mondspinner* sind die Hinterflügel zu Schwänzen verlängert. Die Raupen haben meist lange Dornen und verpuppen sich in kräftigen Kokons, die manchmal an langen Seidenfäden wie an Stielen befestigt werden.

Die größten, buntesten und elegantesten Tagfalter gehören zu den *Schwalbenschwanzfaltern* der Gattung Papilio. Viele von ihnen haben schwanzartige Verlängerungen an den Hinterflügeln, andere, wie die asiatischen *Vogelfalter*, leuchten in den prächtigsten Farben. Sie besuchen gerne Blüten, gleiten aber auch im Segelflug ohne Flügelschlag über die Baumwipfel und sind deshalb schwer zu fangen. Die Raupen besitzen eine Nackengabel, die bei Gefahr durch inneren Druck ausgestülpt wird und einen abstoßenden Geruch ausströmt. Gegen ihre ärgsten Feinde, die Schlupfwespen, scheint sie aber wirkungslos zu sein. Die Puppe ist eine Gürtelpuppe, die am Hinterleibsende und mit einem Gürtel um die Mitte aus Seidenfäden befestigt wird. Der weniger bunte, aber stattlich große *Apollofalter* lebt in den Gebirgen der nördlichen Halbkugel. Seine Flügel sind glasig durchschimmernd und mit schwarzen und bunten Flecken versehen; er hat keine Schwanzfortsätze. Die feinbehaarten Raupen leben am Boden von Steinbrech und Fetthenne. Die Puppe liegt in einem lockeren Gespinst; sie ist also keine Gürtelpuppe. Die in Deutschland vorkommenden drei Arten der Apollofalter stehen unter Naturschutz. Sie kommen sehr selten vor und werden besonders durch Veränderungen an den Standorten ihrer Futterpflanzen bedroht, wenn diese z. B. durch Aufforstung verschwinden.

Parnassius autocrator Avinov
Himalaya-Apollo
Afghanistan   25 mm

Parnassius apollo Linnaeus
Apollofalter
Europa   25 mm

Papilio machaon Linnaeus
Schwalbenschwanz
Europa
25 mm

Papilio hector Linnaeus
Indischer Schwalbenschwanz
Indien   28 mm

Troides paradisea Staudinger
Vogelfalter
Neuguinea
Flügelspannweite 130 mm

Papilio philenor Linnaeus
Blauer Schwalbenschwanz
Nordamerika
22 mm

Papilio polyxenes Fabricius
Schwarzer Schwalbenschwanz
Nordamerika
25 mm

Troides brookiana Wallengren
Vogelfalter
Borneo, Sumatra
Flügelspannweite 120 mm

Papilio nireus Linnaeus
Afrikanischer Schwalbenschwanz
Zentralafrika
Flügelspannweite 105 mm

Papilio pausanias Monte
Südamerikanischer Schwalbenschwanz
Trop. Südamerika
Flügelspannweite 80 mm

Troides priamus urvillianus Guéricke
Vogelfalter
Salomoninseln
Flügelspannweite 140 mm

Familien: Pieridae — Weißlinge (*Anthocaris, Appias, Catopsilia, Delias, Gonepteryx, Pieris, Zerene*), Danaidae (*Anosia, Danaus*), Heliconiidae (*Heliconius*), Ithomiidae (*Mechanitis*), Morphidae (*Morpho*), Brassolidae (*Caligo*)

Die Weißlinge sind weltweit verbreitet. Ihre kurz behaarten Raupen verwandeln sich in Gürtelpuppen. Die Färbung der Falter ist weiß, gelb, rot und schwarz. Häufig sind Männchen und Weibchen verschieden gezeichnet und gefärbt. Der europäische *Aurorafalter* hat rötliche Flecken am Vorderflügel, die dem Weibchen fehlen. Die bunten tropischen Arten der *Catopsilia, Appias* und *Delias* wurden oft als Wanderfalter über weite Strecken beobachtet. Der *Zitronenfalter* lebt bis zu neun Monaten; er überwintert nicht nur als Falter, sondern hält auch im Sommer eine Ruhepause ein. Der allbekannte *Kohlweißling* wird als Raupe oft schädlich an Kohlpflanzen, unternimmt aber auch Wanderflüge.

Der *Monarchfalter* lebt in Nordamerika, wo er regelmäßig im Frühjahr nach Norden wandert. Hier pflanzt er sich fort, fliegt im Herbst aber wieder nach Kalifornien und Florida zurück und überwintert dort oft in großen Gesellschaften. Seine Raupe lebt an dem giftigen „Milkweed", dessen Stoffe den Falter ungenießbar machen. Er wird deshalb oft von Faltern anderer Familien „nachgeahmt" (Mimikry), die sich durch die Ähnlichkeit schützen. Ähnliche Beziehungen herrschen zwischen den Ithomiidae und den Heliconiidae, wobei letztere als geschützte „Modelle" zu betrachten sind. Die südamerikanischen *Morpho* sind besonders durch die herrlich blaue Schillerfarbe der Männchen gekennzeichnet. Die Brassolidae, z. B. *Caligo*, fliegen nur am Abend im Halbdunkel.

Familien: Satyridae — Augenfalter (*Agapetes, Brintesia, Dira, Erebia*), Nymphalidae — Scheckenfalter (*Aglais, Apatura, Callithea, Cymothoë, Cyrestis, Inachis, Kallima, Limenitis*)

Die Augenfalter sind über die ganze Erde verbreitet und manche Arten dringen bis in die Arktis sowie in die höchsten Höhen der Gebirge vor. Alle weisen mehr oder weniger ausgeprägte Augenzeichnungen auf. Dabei weisen die Adern an der Basis der Vorderflügel eine deutliche blasige Erweiterung auf; sie enthalten die Gehör- oder Erschütterungs-Sinnesorgane. Ihre Raupen sind schwach behaart und am Hinterende zugespitzt. Die Puppe ist eine Stürzpuppe, sie kann aber auch in einem lockeren Kokon am Boden liegen. Die Falter selbst, z. B. *Brintesia*, fliegen gerne im Dunkel des Waldschattens. Außerdem sind sie durch eine rindenartige Zeichnung der Unterseite ihrer Umgebung gut angepaßt. Die Gattung *Erebia* ist mit vielen Arten in den Gebirgen Eurasiens verbreitet, das *Schachbrett* findet man dagegen auf Wiesen des Flachlands. Die Scheckenfalter sind mit vielen Arten weltweit verbreitet und durch dornige Raupen und Stürzpuppen gekennzeichnet. *Schillerfalter* und *Eisvogel* kommen in Eurasien vor und haben unterschiedlich gefärbte Männchen und Weibchen; die Männchen der Schillerfalter zeigen ein herrliches Blau, das durch Strukturfarben hervorgerufen wird. Sie zeigen eine eigenartige Vorliebe für faulende Stoffe, z. B. Käse. Die Raupen unserer einheimischen *Tagpfauenaugen* und des *Kleinen Fuchs* leben in großen Gesellschaften an Brennesseln; die Falter selbst überwintern und können schon im ersten Frühjahr ihre Verstecke verlassen. Die Falter von *Callithea* (Südamerika), *Cymothoe* (Afrika) und *Cyrestis* (Asien) sind tropische Tiere. Letztere Gattung ist besonders durch die Zeichnung in Verbindung mit der Ruhestellung interessant. Sie sitzt mit ausgebreiteten Flügeln dicht der Unterlage angepreßt am Boden oder auf Blättern von Büschen. Die Streifenzeichnung verschwimmt dabei mit den Lichtern und Schatten der Umgebung, der Umriß des Falters wird aufgelöst. Man spricht daher von „somatolytischer Tracht". Der indische *Blattfalter* ist eines der bekanntesten Beispiele für Anpassung an die Umgebung. Während die Oberseite recht bunt ist, zeigt die Unterseite das Bild eines welken Blattes mit Blattrippen, Löchern und sogar einem Blattstiel, der von kurzen Schwänzchen des Hinterflügels gebildet wird. Der beunruhigte Falter setzt sich mit geschlossenen Flügeln an Baumstämmen oder auf den Boden und ist für das menschliche Auge nicht wahrzunehmen.

[Überfamilie Papilionoidea] Familie: Lycaenidae — Bläulinge (*Amblypodia, Callophrys, Heodes, Lycaena, Polyommatus, Thecla*); [Geometroidea] Geometridae — Spanner (*Abraxas, Alsophila, Bupalus, Cheimatobia, Disphania, Milionia*); [Uranioidea] Uraniidae (*Alcides, Chrysiridia*); [Drepanoidea] Thyatiridae — Eulenspinner (*Thyatira*), Drepanidae — Sichelspinner (*Drepana*)

Bei den Lycaeniden, gemeinhin als *Bläulinge, Zipfelfalter* oder *Feuerfalter* bezeichnet, handelt es sich um kleine bis mittelgroße Falter, die oft herrliche blaue und rötliche Farben aufweisen. Oft sind Männchen und Weibchen verschieden, die Männchen jedoch immer prächtiger gefärbt. Ihre Raupen sehen wie Asseln aus und tragen kurze Haare. Manche von ihnen besitzen Drüsen am Rücken, die durch ihre süßen Ausscheidungen Ameisen anlocken. Einige Raupen werden sogar in die Ameisennester eingetragen und ernähren sich dort von den Larven der Gastgeber. Die Puppen sind gedrungene Gürtelpuppen, die oft wie Vogelmist aussehen, wenn sie auf der Oberfläche von Blättern befestigt werden. Als Tarnung dient den bunten Faltern auch die unscheinbare Unterseite der Flügel, die beim Ruhen gezeigt wird.

Die Spanner umfassen eine sehr artenreiche Gruppe von zierlichem Körperbau und breiten Flügeln sowie nächtlicher Lebensweise. Neben ihren Gehörorganen am Hinterleib sind sie besonders durch ihre Raupen gekennzeichnet. Diesen fehlen zwei Beinpaare, und sie bewegen sich deshalb mit aufgekrümmten Rücken „spannend". Die Puppen liegen meist im Boden versteckt. Manche Arten sind sehr bunt wie der heimische *Stachelbeerspanner*, besonders aber tropische Arten wie *Disphania* und *Milionia*. Die Mehrzahl ist jedoch unscheinbar gefärbt, zeigt aber oft ungewöhnliche Lebensweisen. So erscheint der *Frostspanner* erst nach starken Frösten im Herbst, sein flügelloses Weibchen kann mit Leimringen an den Baumstämmen gefangen werden. Die Art ist nämlich schädlich an Obstbäumen. Der *Kiefernspanner* dagegen schädigt durch den Raupenfraß Nadelbäume. Seine Raupe bleibt durch die hell- und dunkelgrünen Längsstreifen hervorragend im Gewirr der Nadeln getarnt.

Die nahe verwandten Uraniidae (z. B. *Alcides, Chrysiridia*) der Tropen sind meist Tagflieger und durch prachtvolle Schillerfarben und ungewöhnliche Flügelformen gekennzeichnet. Die Farben selbst entstehen durch Interferenz in besonderen Schillerschuppen und sind nicht von Farbstoffen abhängig.

Die *Roseneule* gehört zu einer relativ kleinen Gruppe von Schmetterlingen, die recht unscheinbar gefärbt ist. Sie fliegt nachts, und ihre Puppe ruht im Boden.

Die *Sichelspinner* zählen ebenfalls zu den Nachtfaltern

92

und erinnern durch ihren zierlichen Körperbau an die Spanner. Meist ist jedoch die Spitze ihrer Vorderflügel sichelförmig ausgezogen. Die Raupen haben eine verringerte Zahl von Beinpaaren und die Familie weist eine recht geringe Artenzahl auf.

[Überfamilie Sphingoidea] Familie: Sphingidae — Schwärmer (*Acherontia, Cocytius, Deilephila, Macroglossum, Smerinthus, Sphinx*)

Die Schwärmer gehören zu den eigenartigsten Gestalten unter den Schmetterlingen. Ihr Körper ist kräftig und spindelförmig gebaut, ihre Flügel bleiben schmal und besonders die Hinterflügel verkleinert. Alle diese Merkmale weisen auf eine Eigenschaft hin: Die Schwärmer sind die größten Flugkünstler unter den Schmetterlingen. Sie vermögen nicht nur sehr schnell zu fliegen, sie bleiben auch in der Luft „stehen" wie ein Hubschrauber, wenn sie Blüten besuchen. Außerdem können sie große Strecken zurücklegen, so daß es viele Wanderfalter unter ihnen gibt. Einige der bekanntesten sind der *Totenkopfschwärmer* und der *Taubenschwanz*, die jedes Jahr in wechselnder Zahl aus Afrika über das Mittelmeer und die Alpen bis weit nach Nordeuropa vordringen. Der Totenkopfschwärmer ist durch zwei weitere Merkmale gekennzeichnet. Er dringt in Bienenstöcke ein, um Honig zu stehlen und kann Töne erzeugen, die an das Pfeifen einer Maus erinnern. Der Taubenschwanz dagegen fliegt tags im Sonnenschein, während die meisten anderen Arten im nächtlichen Dunkel fliegen. Als Besucher langröhriger Blüten haben viele Arten sehr lange Rüssel, die die Körperlänge um ein Mehrfaches übersteigen können. Beispiele hierfür sind der *Ligusterschwärmer* und der *Riesenschwärmer* aus Nordamerika. Damit sich der überlange Rüssel in der Puppe entwickeln kann, wird eine spiralig vorgestülpte Rüsselscheide angelegt, die über den Körper der Puppe hinausragt. Die größte Rüssellänge wurde bei einer südamerikanischen Art mit 28 cm gemessen. Nicht alle Arten sind Blütenbesucher; unser *Abendpfauenauge* hat einen verkümmerten Rüssel und nimmt als Falter keine Nahrung mehr zu sich. Ihn zeichnen dagegen Augenflecke auf den Hinterflügeln aus, die als Schrecktracht gewertet wird. Ein ruhender Falter, der gestört wird, streckt die verborgenen Hinterflügel vor, und der Angreifer wird von den „Augen" abgeschreckt. Die großen Raupen der Schwärmer sind am Körperende mit einem gebogenen Horn ausgerüstet, wie die Bilder der Raupen des Liguster- und *Weinschwärmers* zeigen. Die Raupen der meisten Arten kriechen zur Verpuppung in die Erde.

[Überfamilie Zygaenoidea] Familien: Zygaenidae — Widderchen (*Agrumenia, Erasmia, Jordanita, Zygaena*); [Notodontoidea] Notodontidae — Zahnspinner (*Cerura, Phalera, Stauropus*), Thaumetopoeidae — Prozessionsspinner (*Thaumetopoea*); [Noctuoidea] Arctiidae — Bärenspinner (*Apantasis, Arachnis, Arctia, Hyphoreia, Haploa, Thyria, Utetheisa*), Endrosidae — Flechtenbären (*Endrosa*), Lymantriidae — Trägspinner (*Lymantria, Orgyia*), Noctuidae — Eulenfalter (*Apatele, Catocala, Ephesia, Panolis, Phyllodes, Thysania*)

Die Widderchen fliegen überwiegend am Tage; sie lieben die Sonne, was durch ihre bunten Farben zum Ausdruck kommt. Die eigentlichen *Widderchen* erkennt man meist an den roten und gelben Flecken. Man sieht sie träge an Blüten saugen, da sie für Insektenfresser durch einen öligen Körpersaft ungenießbar sind. Die breitflügeligen tropischen Arten, wie *Erasmia*, haben bunte Farben.

Die Zahnspinner sind als Falter wenig auffallend und nächtlich lebende Tiere. Ihre Raupen dagegen haben eine sehr eigenartige Form. So ist das letzte Beinpaar beim *Hermelinspinner* zu einer Gabel umgeformt, beim *Buchenspinner* zu einem Stäbchenpaar. Zudem sind bei dieser Art die Beine wie bei einer Spinne verlängert. Beim ruhenden *Mondvogel* gleicht die Zeichnung der zusammengefalteten Flügel einem abgebrochenen Zweigstück und ist eine ausgezeichnete Tarnung.

Auch der *Prozessionsspinner* ist sehr unscheinbar gefärbt. Seine Raupen dagegen weisen ein eigenartiges Verhalten auf. Sie leben tags in großer Zahl in einem Gespinst, ziehen nachts aber in langer Reihe zum Fressen auf, wobei eine Raupe hinter der anderen läuft. Sie sind außerdem nicht ganz ungefährlich, da die Haare Giftstoffe enthalten, die beim Eindringen in die Haut brennende Verletzungen erzeugen.

Die Bärenspinner tragen ihren Namen wegen der dichten

Behaarung ihrer Raupen, die an ein Bärenfell erinnert. Die Falter selbst sind sehr bunt, was an ihre Ungenießbarkeit erinnern soll. Man nennt solche Farbmerkmale Warntrachten.

Die *Flechtenbären* sind den Bärenspinnern nahe verwandt, bunt wie diese gefärbt, ihre Raupen aber leben an Flechten von Baumstämmen und Steinen.

Zu den Lymantriidae gehören einige gefürchtete Schädlinge wie die *Nonne*, deren Raupen ganze Nadelwälder vernichten können. Der Falter selbst ist durch seine schwarz-weiße Zeichnung wohl geschützt, wenn er auf den flechtenbewachsenen Stämmen der Bäume ruht. Der *Bürstenspinner* zeigt große Unterschiede zwischen Männchen und Weibchen. Ersteres ist ein normal gestalteter, unscheinbarer kleiner Schmetterling, der am Tag fliegt. Das Weibchen dagegen gleicht einer flügellosen Kugel; seine Flügel sind zu kleinen, funktionslosen Lappen rückgebildet. Den Namen trägt der Falter wegen der Gestalt seiner Raupe: Am Rücken ragen bürstenförmige gelbe Haarbüschel empor, die auch anderen Arten dieser Familie eigen sind.

Die Eulenfalter bilden mit mehreren zehntausend Arten die größte Familie der Schmetterlinge. Die überwiegend nächtlich fliegenden Falter sind in der Mehrzahl recht klein und unscheinbar. Einige aber, wie die *Rieseneule*, gehören zu den größten Schmetterlingen überhaupt. Andere wieder haben sehr bunte Hinterflügel, die jedoch beim ruhenden Falter unter den rindenartig gefärbten Vorderflügeln verborgen werden. Der aufgescheuchte Falter jedoch läßt die leuchtend roten, gelben oder weißen Hinterflügel plötzlich hervorscheinen und erschreckt dadurch manchen Angreifer. Bekannt dafür sind die zahlreichen Arten der *Ordensbänder*. Die Raupen bleiben meist unscheinbar und nackt, können aber, wie die der *Forleule*, an Nadelbäumen manchmal große Schäden verursachen. Die Raupe der *Ahorneule* dagegen ist langbehaart mit einzelnen Büscheln; der Körper selbst schwarz und weiß. Die Puppen liegen meist in Höhlen im Boden verborgen.

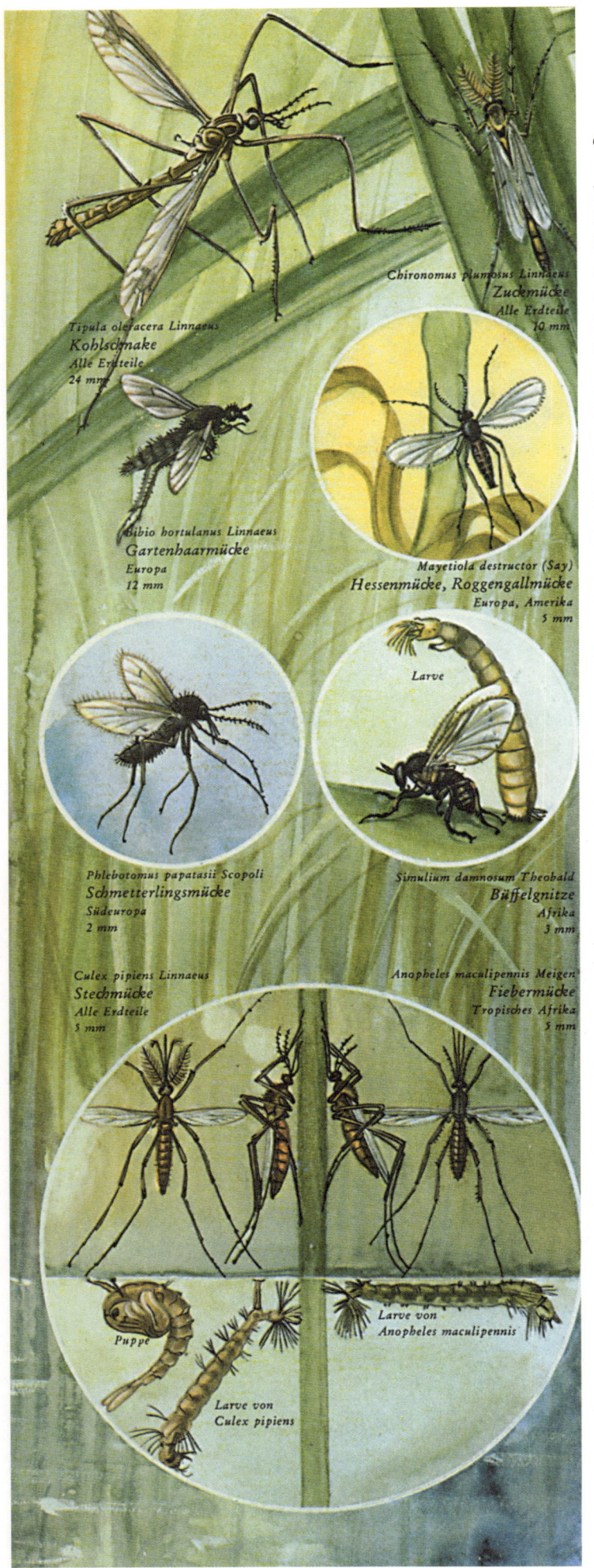

Ordnung Diptera — Zweiflügler

Unterordnung Nematocera — Mücken
Familien: Tipulidae — Schnaken (*Tipula*), Psychodidae — Schmetterlingsmücken (*Phlebotomus*), Culicidae — Stechmücken (*Anopheles, Culex*), Chironomidae — Zuckmücken (*Chironomus*), Simuliidae — Kriebelmücken (*Simulium*), Bibionidae — Haarmücken (*Bibio*), Cecidomyidae — Gallmücken (*Mayetiola*)

Die Ordnung der Zweiflügler ist gekennzeichnet durch die Umwandlung der Hinterflügel in kurze Schwingkölbchen, die wichtige Sinnesorgane enthalten. Die Mundwerkzeuge sind stechend, saugend oder leckend.

Die Mücken erkennt man an den großen Fühlern, schmalen, langen Flügeln und den dünnen Beinen. Ihre Larven weisen meist noch einen gut gegliederten Kopf auf.

Zu den Schnaken gehören die größten Mücken mit einer Spannweite von 8 cm. Die langbeinigen Tiere finden sich häufig in erleuchteten Räumen ein. Es sind vollkommen harmlose Tiere, deren Mund nicht zum Stechen und Blutsaugen eingerichtet ist. Ihre Larven bewohnen feuchte Böden, wo sie durch ihren Fraß an Wurzeln gelegentlich Schaden anrichten können. Der *Kohlschnake* begegnet man in Wiesen, Feldern und Gärten. Die sehr kleinen Schmetterlingsmücken mit dunkel behaarten Flügeln leben hauptsächlich in wärmeren Gebieten. Als Blutsauger übertragen sie einige recht gefährliche Krankheiten, wie z. B. *Phlebotomus*, das Dreitagefieber. *Stechmücken* oder Moskitos sind auf der ganzen Erde verbreitet, besonders aber in den Sümpfen und Regenwäldern der Tropen, da ihre Larven im Wasser leben. Man kennt sie hinreichend als Überträger gefährlicher Krankheiten (Malaria, Gelbfieber). Die Infektion erfolgt durch die blutsaugenden Weibchen, die das Blut zur Entwicklung der Eier benötigen (s. S. 23). Die zierlichen *Zuckmücken* leben hauptsächlich in den nördlichen gemäßigten Gebieten, wo sie oft in ungeheuren Scharen auftreten können. Sie ähneln den Stechmücken, doch haben sie einen nur sehr kurzen oder verkümmerten Rüssel. Ihre Larven sind für die Fischerei von großer Bedeutung, da sie den Jungfischen als Nahrung dienen. Die winzigen Kriebelmücken leben in der Nähe von Gewässern. Als gefährliche Blutsauger (z. B. die *Büffelgnitze*) können sie zu einer großen Plage für Mensch und Vieh werden. Daneben übertragen sie in den Tropen einige Wurmkrankheiten. Die Larven der *Haarmücken* und Gallmücken saugen an den Stengeln der heranwachsenden Pflanzen, wodurch sie schädlich werden. Die *Hessenmücke* ist ein weithin verschleppter Getreideschädling. Ihre Larven leben in den Stengeln der wachsenden Getreidepflanzen und die Körnerbildung wird stark vermindert.

Unterordnung Brachycera — Fliegen

Familien: Stratiomyidae — Waffenfliegen (*Stratiomys*), Rhagionidae — Schnepfenfliegen (*Atherix*), Tabanidae — Bremsen (*Chrysops, Chrysozona, Tabanus*), Asilidae — Raubfliegen (*Asilus*), Bombyliidae — Hummelfliegen (*Anthrax, Bombylius*), Empididae — Tanzfliegen (*Hilara*), Phoridae — Rennfliegen (*Rutilia*), Syrphidae — Schwebfliegen (*Eristalis, Milosia*), Trypetidae — Fruchtfliegen (*Rhagoletis*), Diopsidae — Stielaugenfliegen (*Achias*), Piophilidae — Käsefliegen (*Piophila*), Drosophilidae — Essigfliegen (*Drosophila*)

Die Fliegen sind gedrungen gebaut und haben kurze, weniggliedrige Fühler. Die Entwicklung erfolgt über Maden, die sich in der letzten Larvenhaut, dem Puparium, verpuppen.

Die buntgefärbten Waffenfliegen (z. B. *Stratiomys*) tragen auf Schildchen und Brustseiten spitze Dornen, sogenannte „Waffen". Ihre Larven leben von Pflanzen oder sind räuberisch. Die ebenfalls räuberische *Ibisfliege* sammelt sich in großen Klumpen an der Vegetation über Gewässern, legt dort Eier ab und stirbt. Die jungen Larven fressen zunächst die Leichen ihrer Mütter, bevor sie sich im Wasser weiterentwickeln. Die Weibchen der Bremsen sind Blutsauger. Die bunte *Goldaugenbremse* und die graue *Regenbremse* greifen den Menschen an, die größere *Rinderbremse* dagegen hauptsächlich das Vieh. Die *Raubfliege* ergreift mit ihren langen, kräftigen Beinen die Opfer im Flug und lähmt sie mit einem Gift aus dem Stechrüssel. Dann wird die Beute ausgesaugt.

Wollschweber und *Trauerschweber* gleichen durch ihre starke Behaarung und bunte Färbung den Hummeln. Im Schwebeflug besuchen sie Blüten, um daran zu saugen. Ihre Larven findet man als Parasiten an anderen Insekten, z. B. an Bienen. Die kleinen *Tanzfliegen* leben räuberisch und führen in Schwärmen Hochzeitsflüge auf. Zur Paarung bringt das Männchen dem Weibchen eine Beute als Hochzeitsgeschenk. Die Brust der Rennfliege (z. B. *Rutilia*) ist stark vorgewölbt, außerdem laufen sie mit ruckartigen Bewegungen umher. Viele Larven leben als Parasiten, andere in Pilzen und faulenden Pflanzenstoffen.

Schwebfliegen sind als fleißige Blütenbesucher auch für die Bestäubung wichtig. Die Larve der *Mistbiene* lebt in faulenden flüssigen Stoffen und atmet mit einer langen Röhre des Hinterleibs.

Die Larve der *Kirschfruchtfliege* findet man in Kirschfrüchten, die *Stielaugenfliegen* besitzen langgestielte Augen, und die Larven der *Käsefliegen* nehmen Käse als Nahrung zu sich. Die Larven der Essigfliegen (*Drosophila*) schließlich leben in faulenden und gärenden Stoffen.

Familien: Oestridae — Dasselfliegen (*Dermatobia, Hypoderma*), Gastrophilidae — Magenbremsen (*Gastrophilus*), Tachinidae — Raupenfliegen (*Echinomyia*), Muscidae — Vollfliegen (*Glossina, Homalomyia, Musca, Stomoxys*), Calliphoridae — Schmeißfliegen (*Calliphora, Lucilia, Sarcophaga*), Chloropidae — Halmfliegen (*Oscinella*), Hippoboscidae — Lausfliegen (*Lipoptena*), Nycteribiidae Fledermauslausfliegen (*Penicillidia*)

Die Weibchen der Dasselfliegen legen ihre Eier auf die Haut oder Haare von Wirtstieren. Die jungen Larven bohren sich in erstere ein und erzeugen große Beulen, die sich bei der *Rinderbiesfliege* besonders in der Rückenhaut des Wirtes befinden. Später verlassen die reifen Larven die Haut durch große Löcher und machen sie so für die Lederzubereitung unbrauchbar. Die Eiablage der *Magenbremsen* dagegen erfolgt an Stellen, wo die Larven durch Lecken aufgenommen werden können. Im Magen hängen sie sich mit Haken fest und saugen bis zu ihrer Reife Blut. Mit dem Kot werden sie schließlich wieder ausgeschieden. Die Raupenfliegen dagegen sind nützliche Tiere. Sie legen wie die *Igelfliege* ihre Eier auf Schmetterlingsraupen ab, in denen die Larven dann leben und die oft schädlichen Wirte töten.

Stubenfliege und *Kleine Stubenfliege* bleiben stets lästige Begleiter des Menschen. Durch ihr Herumlaufen auf Nahrungsmitteln oder Unrat können sie sehr leicht Krankheiten übertragen. *Schmeißfliege* und *Goldfliege* entwickeln sich auf Fleisch oder auch Aas. Im Gegensatz zur Stubenfliege sticht der ihr sehr ähnliche *Wadenstecher*, um Blut zu saugen. Die gefährlichsten Stechfliegen sind die *Tsetsefliegen* Afrikas, die die Schlafkrankheit des Menschen sowie die Nagana-Seuche (s. S. 21) des Viehs übertragen und somit weite Gebiete unbewohnbar machen.

Die kleine *Fritfliege* entwickelt sich in den Halmen von Getreidepflanzen und kann bei starkem Befall große Schäden anrichten.

Die Lausfliegen gehören zu den am höchsten entwickelten Fliegen. Sie leben als Parasiten am Körper von Wirbeltieren und haben meist rückgebildete Flügel. Die Maden werden im Leib der Mutter von besonderen Drüsen bis zur vollständigen Entwicklung ernährt und dann „lebend geboren", wonach sie sich sehr schnell verpuppen. Meist haben sie spezielle Wirte wie die *Hirschlausfliege*, die nur an Hirschen und Rehen vorkommt. Die *Fledermauslausfliege* lebt an Fledermäusen, ist flügellos und bohrt sich in die Haut des Wirts ein. Für eine Weiterverbreitung ist der direkte Kontakt zwischen den Wirtstieren notwendig.

Ordnung Hymenoptera — Hautflügler

Unterordnung Symphyta — Pflanzenwespen

Familien: Siricidae — Holzwespen (*Sirex*), Diprionidae — Buschhornblattwespen (*Diprion*), Tenthredinidae — Blattwespen (*Rhogogaster*)

Unterordnung Apocrita — Taillenwespen
[Ichneumonidea] Familien: Braconidae — Brackwespen (*Spathius*), Ichneumonidae — Echte Schlupfwespen (*Rhyssa*), [Chalcidoidea] Familie: Mymaridae — Zwergwespen (*Camptoptera*), [Cynipoidea] Familie: Cynipidae — Gallwespen (*Diplolepis*), [Bethyloidea] Familie: Chrysididae — Goldwespen (*Chrysis*), [Scolioidea] Familie: Mutillidae — Spinnenameisen (*Dasymutilla*, *Mutilla*)

Die Hautflügler haben zwei Paar Flügel, die von wenigen Adern gestützt werden. Ihre Mundgliedmaßen sind kauend, und am Hinterleib befindet sich ein Legerohr, das zu einem Stachel umgewandelt sein kann.

Im Unterschied zu allen anderen Hautflüglern besitzen die Pflanzenwespen keine „Wespentaille", da ihr Hinterleib in breiter Fläche dem Bruststück ansitzt. Die Weibchen sind oft mit einem riesigen Legebohrer ausgestattet wie die *Riesenholzwespe*, die damit ihre Eier tief ins Holz einbohren. Die Larven gleichen Schmetterlingsraupen, haben aber mehr Beinpaare als diese. Sie leben auf oder in Pflanzen, oft im Holz bohrend und große Schäden verursachend. Sie verpuppen sich in Kokons aus festgefügten Pflanzenteilen. Die Larven der Holzwespen leben in frischem Holz, die der *Buschhorn-Blattwespe* und der *Grünen Blattwespe* von Nadeln und Blättern.

Die übrigen Hautflügler werden als Taillenwespen zusammengefaßt, da ihr Hinterleib nur durch einen dünnen Stiel mit dem Bruststück verbunden ist. Körperbau und Lebensweise sind sehr verschieden. *Brackwespen*, Echte Schlupfwespen (z. B. der *Pfeifenräumer*), *Zwergwespen* und *Gallwespen* werden meist als Schlupfwespen zusammengefaßt, da sie ihre Entwicklung in der Mehrzahl als Parasiten durchmachen. Richtiger wäre es aber, sie als Parasitoide zu bezeichnen, weil sie den Wirt stets töten, was ein echter Parasit nicht tut. Durch diese Tatsache sind sie sehr nützlich; eine Reihe schädlicher Raupen, Blattläuse, Schaben u. a. fällt ihnen zum Opfer. Die Gallwespen dagegen entwickeln sich in Pflanzengallen.

Goldwespen und Spinnenameisen (z. B. *Mutilla* und *Dasymutilla*) gehören zu den Wespen. Bei den Spinnenameisen sind die Weibchen ungeflügelt und besitzen einen Stechapparat mit einem äußerst stark wirkenden Gift. Ihre Larven ernähren sich von der aufgespeicherten Nahrung anderer Wespen bzw. Hummel- und anderen Wespenlarven.

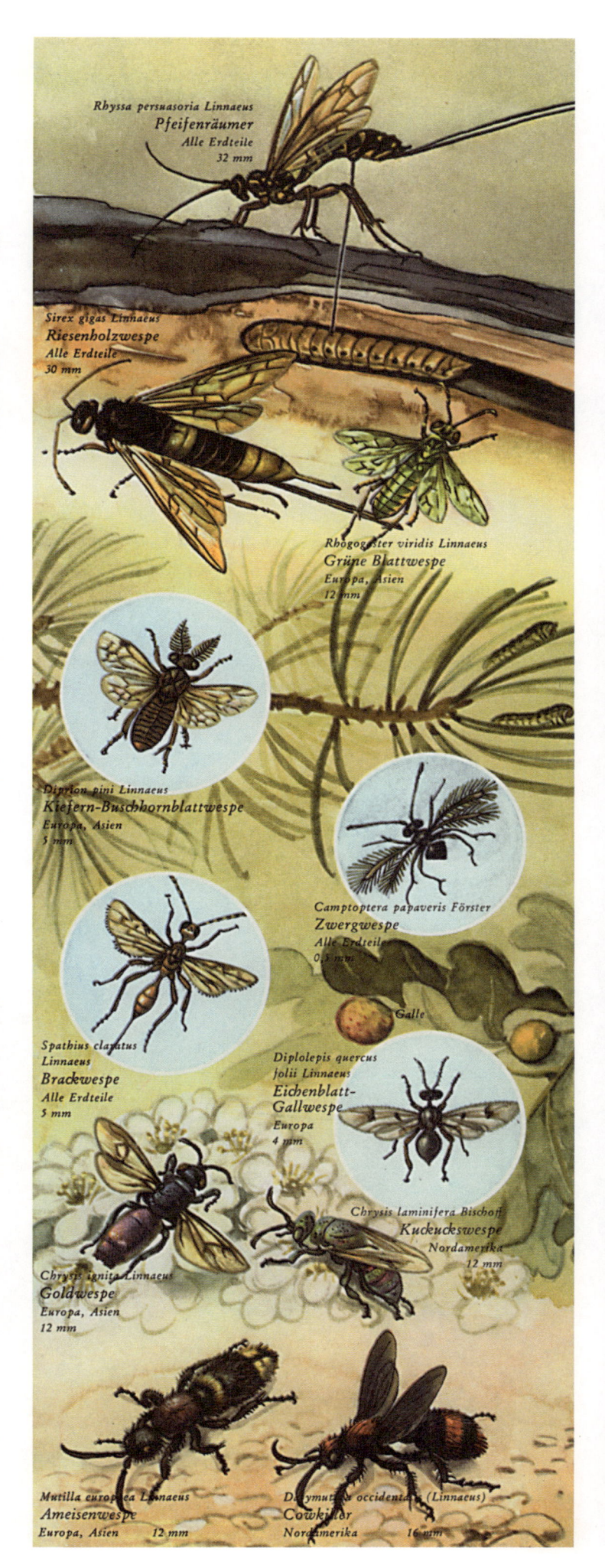

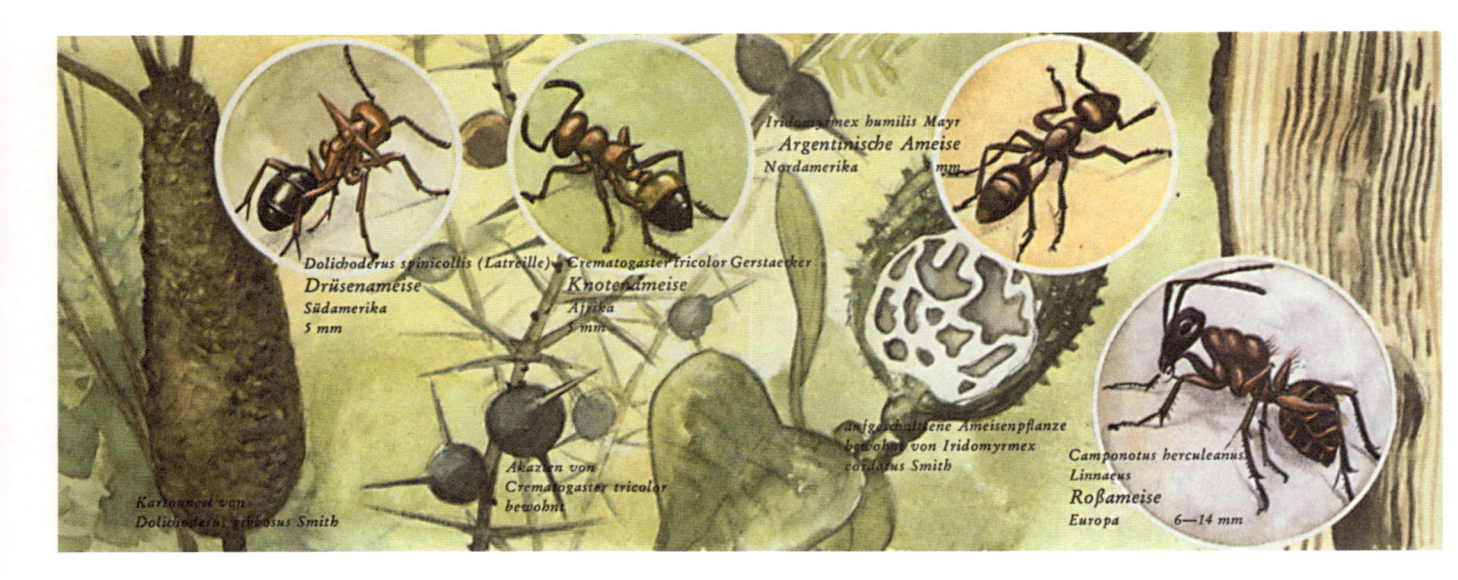

Formicoidea

Familie: Formicidae — Ameisen [Unterfamilien: Ponerinae — Stachelameisen (*Dinoponera, Myrmecia*), Dorylinae — Treiberameisen (*Eciton*), Dolichoderinae — Drüsenameisen (*Dolichoderus, Iridomyrmex*), Myrmicinae — Knotenameisen (*Acromyrmex, Crematogaster, Messor, Monomorium, Solenopsis*), Camponotinae — Schuppenameisen (*Camponotus, Colobopsis, Formica, Lasius, Myrmecocystes, Oecophylla, Polyergus*)]

Alle Ameisen bilden Staaten mit sozialem Gefüge, die sich aus männlichen, weiblichen und unfruchtbaren weiblichen Tieren (Arbeiterinnen) zusammensetzen. Männchen und Weibchen sind ursprünglich geflügelt, verlassen aber den Bau nur einmal zum Hochzeitsflug. Nach erfolgter Paarung kehren die Weibchen zum Boden zurück, verlieren ihre Flügel und beginnen einen neuen Staat zu gründen. Die Männchen dagegen sterben. Aus den befruchteten Eiern entstehen unfruchtbare Arbeiterinnen, die alle Tätigkeiten im Staat ausüben, während das Weibchen nur noch Eier legt. Später entstehen aus unbefruchteten Eiern Männchen, die mit den jungen Weibchen für eine weitere Nachkommenschaft sorgen.

Die sehr ursprünglich gebauten Stachelameisen haben einen gefürchteten Stachel. Ihre Lebensweise ist räuberisch. Sie sind sehr angriffslustig, wobei sie, wie die *Bulldogameise*, weite Sprünge ausführen können. Mit 30 mm Körperlänge gehört die *Riesenameise* zu den größten der Familie.

Die *Treiberameise* gehört zu den tropischen Wanderameisen, die keine festen Bauten anlegen, sondern auf ihren Raubzügen ständig umherwandern. Die in 20tägigen Abständen eingeschalteten Ruhepausen dienen der Eiablage. Die Larven werden umhergetragen und mit Raubbeute gefüttert. Ihre Raublust läßt sie auch große Beute anfallen; sie sind deshalb auch vom Menschen sehr gefürchtet.

Die Drüsenameisen der Gattungen *Dolichoderus* und *Iridomyrmex* leben bevorzugt in Stengeln, Stämmen und Knollen sogenannter Ameisenpflanzen. Einige sammeln Honig, der in lebenden „Honigtöpfen" aufbewahrt wird. Die können erheblichen Umfang annehmen.

Unter den Knotenameisen fallen die *Blattschneiderameisen* besonders auf, sie tragen Blattstückchen in ihre Bauten, züchten daran einen Pilz und fressen dessen Fruchtkörper. Die *Crematogaster*-Arten besuchen Blattläuse, um ihre süßen Ausscheidungen zu lecken. Zum Schutz ihrer „Milchkühe" fertigen sie aus einer papierartigen Masse kleine „Ställe" an. Die *Ernteameisen* sammeln Samenkörner in besonderen Vorratsräumen ihrer Bauten. Werden die Körner feucht und keinen, bringen sie die Ameisen aus dem Bau und legen sie im Umkreis darum ab. Dort wurzeln sie und bilden richtige „Gärten", so daß man früher annahm, sie betreiben „Ackerbau". Die *Pharaonenameise* ist aus ihrer tropischen Heimat weit verschleppt worden und tritt jetzt vielerorts auch in Europa als Haushaltsschädling auf. Ähnliches gilt für die *Feuerameisen*, die den Namen wegen ihrer außerordentlich schmerzhaften Stiche führen.

Die *Roßameise*, die größte europäische Art, ist als Holzzerstörer nicht gerade beliebt; sie bohrt lange Gänge in diesem Material. Die baumbewohnenden *Dickkopfameisen* haben Arbeiterinnen mit besonders kräftig entwickelten Köpfen, mit denen sie die Nesteingänge wie mit Korken verschließen können. Die großen Haufen unserer einheimischen *Großen Roten Waldameise* sind allgemein bekannt. Diese Art hat sich als sehr nützlich erwiesen und steht deshalb auch unter Naturschutz. Die zahlreichen Tiere einer Kolonie sammeln nämlich unermüdlich Nahrung, die häufig aus anderen schädlichen Insekten besteht. Die kleineren *Wegameisen* legen ihre Bauten meist im Boden oder unter Steinen an. Als Beschützer von Blattläusen sind sie aber nicht immer gern gesehen. Sie lecken deren süße Ausscheidungen und versuchen sie deshalb zu schützen. Einige Arten tragen die Blattläuse sogar von Pflanze zu Pflanze, wenn die Nahrung ausgeht. Andere züchten bestimmte an Wurzeln saugende Arten in ihren Nestern. *Honigameisen* sind durch ihre Honigspeicher bekannt. Einzelne Individuen hängen sich in besonderen Höhlen an der Decke fest und verschlucken den eingebrachten Honig, wobei ihr Hinterleib riesig anschwillt. Man nennt sie Honigtöpfe. Die *Weberameise* lebt in den Tropen auf Bäumen und baut das Nest aus zusammengesponnenen Blattstücken. Da das erwachsene Tier selbst nicht Seide erzeugen kann, bedient es sich zum Spinnen ihrer Larven, die sie wie ein Weberschiffchen handhabt. Die *Amazonenameisen* halten sich Sklaven von anderen Arten, die alle notwendigen Arbeiten verrichten.

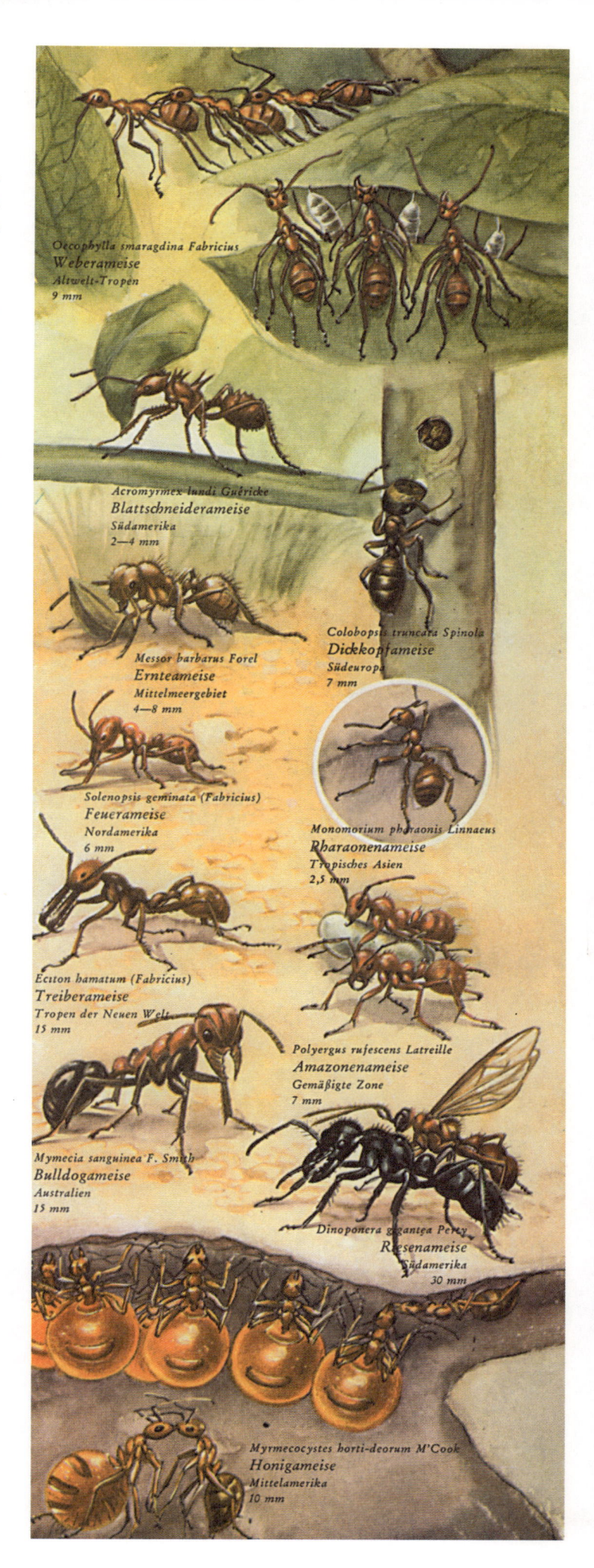

[Vespoidea] Familien: Vespidae — Faltenwespen (*Eumenes, Odynerus, Polistes, Vespa*), Pepsidae — Spinnenwespen (*Pepsis*)
[Sphecoidea] Sphecidae — Grabwespen (*Ammophila, Chlorion, Sphecius*), Bembicidae — Wirbelwespen (*Bembix*), Philanthidae — Bienenwölfe (*Philanthus*)
[Apoidea] Familien: Megachilidae — Bauchsammlerbienen (*Megachile, Osmia*), Melittidae — Sägehornbienen (*Dasypoda*), Apidae — Bienen (*Agapostemon, Anthophora, Apis, Bombus, Chalicodoma, Crocisa, Euglossa, Xylocopa*)

Die Faltenwespen sind durch knieförmig gebogene Fühler und durch die in Ruhe gefalteten Flügel gekennzeichnet. Alle betreiben Brutpflege, manche sind staatenbildend. An den Hinterbeinen befindet sich ein Putzapparat. Die *Töpferwespe* hat einen langen schlanken Hinterleibsstiel. Aus Lehm baut sie krugförmige Zellen, die an Pflanzen befestigt sind und mit gelähmten Raupen gefüllt werden. In jede Zelle legt sie dann ein Ei und verschließt die Öffnung. Die Beute wird mit dem Stich des Stachels bewegungsunfähig gemacht. Die *Mauer-* oder *Lehmwespe* baut ihre Nester röhrenförmig in steile Erdhänge und versieht den Eingang mit nach unten gekrümmten Öffnungen. Oft findet man zahlreiche Zellen in Kolonien nebeneinander. Als Nahrung der Larven werden nackte Raupen eingetragen. Andere Arten bohren ihre Nester in das weiche Mark von Pflanzen. Die Feldwespe baut kleine Nester aus papierartiger Masse, wobei die Zellen stets offen liegen. Zum Schutz vor Regen befestigt sie diese unter überdachten Stellen. Die Larven werden mit zerkauter, erbeuteter Nahrung gefüttert. Als Gegengabe sondern die Larven ein Sekret ab, das die Wespen begierig aufnehmen. Man nimmt an, daß dieser Vorgang erst die Arbeiterinnen zur Brutpflege anregt und so die Staatenbildung fördert. Im Herbst gehen die Staaten jedoch zugrunde, und nur junge befruchtete Weibchen überwintern. Die Nester der Echten Wespen sind stets regengeschützt, teils von mehrschichtigen Papierlagen kugelförmig umhüllt, wenn sie im Freien hängen oder von Stützpfeilern getragen, wenn sie im Boden untergebracht sind. Die Waben liegen darin in mehreren horizontalen Lagen untereinander. Auch hier überwintern nur junge Weibchen. Unterirdische Nester baut die *Deutsche Wespe*, Kugelnester im Freien dagegen die *Mittlere Wespe* und die *Hornisse*, die unsere größte Art ist. Als Nahrung der Larven werden Beutetiere eingetragen, die Wespen selbst lieben aber auch süße Stoffe von Blüten und Früchten.
Spinnenwespen jagen Spinnen als Beutetiere und bringen sie in Erdhöhlen, wo sich die Larven von der Beute ernähren. Hervorzuheben sind die riesigen Arten, die auf die großen Vogelspinnen Jagd machen.

Die Grabwespen sind einzeln lebende Räuber, die große Beutetiere, besonders Raupen, durch ihren Stich lähmen und über weite Strecken zu den bereits vorbereiteten Höhlen schleppen. Darin entwickeln sich die Larven. So verhält sich die *Sandwespe*, während die *Wegewespe* Grillen und Heuschrecken jagt. Der *Zikadenjäger* ist auf Zikaden als Beute spezialisiert.

Die *Wirbelwespe* füttert ihre Larven, die in Erdhöhlen liegen, erst nach dem Schlüpfen aus dem Ei und wird später von den jungen Wespen unterstützt, so daß ein beginnendes Sozialleben beobachtet werden kann.

Der *Bienenwolf* jagt bevorzugt Bienen, die in seine Bodennester eingetragen werden. Er kann Imkern großen Schaden zufügen.

Die Bauchsammlerbienen tragen auf der Unterseite des Hinterleibs einen Apparat zum Sammeln von Blütenstaub. Aus Blattstückchen baut die *Blattschneiderbiene* ihr Nest. Als Nahrung der Larven wird Blütenstaub in der Zelle gespeichert und mehrere Zellen zusammen bilden ein Nest. Die Mohnmauerbiene tapeziert ihr Erdnest mit den Blütenblättern des Klatschmohns und füllt es mit Pollen.

Eine besonders lange Behaarung an den Hinterbeinen trägt die Hosenbiene. Ihre Nester liegen in halbmetertiefen Röhren oft in größeren Kolonien beisammen.

Die *Pelzbiene* gleicht durch eine starke Behaarung den Hummeln. Ihre Zellen legt sie in verzweigten Röhren im Boden an. Die *Honigbiene* ist durch ihren Nestbau und ihr hochentwickeltes Sozialverhalten gekennzeichnet. Der gesamte Staat überdauert den Winter; ausgenommen sind nur die männlichen Bienen, die Drohnen, die im Herbst vom eigenen Volk getötet werden. Ihre Waben hängen senkrecht, bei verwilderten manchmal frei an Bäumen, meist aber geschützt in Höhlen. Als Haustier des Menschen hat sie weltweite Verbreitung gefunden. Hummeln sind sehr dicht behaarte und bunte Tiere, die gerne Blüten besuchen und Staaten bilden. Sie sind nur in gemäßigten Gebieten verbreitet. Die meisten Kolonien sterben im Herbst ab und müssen von den überwinternden Weibchen neu gegründet werden. Die Larven leben zuerst von Vorräten, werden dann gefüttert und verpuppen sich in eiförmigen Kokons. *Erdhummel*, *Gartenhummel* und *Steinhummel* legen ihre Nester im Boden an, die *Ackerhummel* dagegen im Freien. *Crocisa* ist durch die eigenartige Zeichnung gekennzeichnet. Die Arten der *Euglossa* haben herrliche Metallfarben. Die blauschwarz glänzende *Holzbiene* legt ihre Zellen hintereinander in Gängen in trockenem Holz an. Sie gehört zu den größten Bienen, und die Arten der Gattung sind besonders in den Tropen verbreitet.

Mormolyce phylloides Hagenbach
Gespenstlaufkäfer
Java, Sumatra
84 mm

Captolabrus lafossei Feisthamel
Laufkäfer
Ostasien
45 mm

Ordnung Coleoptera — Käfer

[Caraboidea] Familien: Carabidae — Laufkäfer (*Brachynus, Calosoma, Carabus, Cicindela, Captolabrus, Elaphrus, Mormolyce, Mouhotia, Nebria, Zabrus*), Paussidae — Fühlerkäfer (*Paussus*), Dytiscidae — Echte Schwimmkäfer (*Cybister, Dytiscus*), Gyrinidae — Taumelkäfer (*Aulonogyrus, Gyrinus, Orectochilus*)

[Palpicornia] Familie: Hydrophilidae — Kolbenwasserkäfer (*Hydrous*)

Käfer sind Insekten mit vollständiger Verwandlung, kräftigen Laufbeinen und häufig zu harten Schalen umgewandelten Vorderflügeln, unter die die Hinterflügel eingefaltet werden. Im Flug wirken die Vorderflügel meistens als unbewegliche Tragflächen.

Die Laufkäfer sind durch ihre kräftigen Beine zu schnellen Bewegungen am Boden fähig. Einige Arten haben das Flugvermögen verloren. Der *Bombardierkäfer* sondert aus Drüsen nahe dem After eine Flüssigkeit ab, die sich an der Luft explosionsartig verflüchtigt und Angreifer abschreckt. Der *Große Puppenräuber* ist durch seine glänzende Färbung ausgezeichnet. Als Jäger von Raupen und Puppen sammelt er sich in großer Zahl bei Massenvermehrung schädlicher Schmetterlinge und tötet viele von diesen. Die sehr großen *Captolabrus*-Arten Asiens haben eine prachtvolle Färbung. Die Carabus-Arten sind durch verkümmerte Hinterflügel meistens flugunfähig. Die größte einheimische Art ist der *Lederlaufkäfer* mit schwarzer gerunzelter Flügeldecke. Der *Goldlaufkäfer* hat längsgestreifte, grünglänzende Flügeldecken und der *Gartenlaufkäfer* goldene Grübchen. Alle Arten sind Räuber. Die metallisch glänzenden *Feld-Sandläufer* leben gern auf sandigen Böden und laufen im Sonnenschein behende umher. Werden sie beunruhigt, fliegen sie rasch ein Stück weit. Die Larven leben in Röhren am Boden und lauern auf Beute, die sie mit ihren spitzen Kiefern blitzschnell ergreifen. *Raschkäfer* und *Dammläufer* halten sich in der Nähe von Gewässern auf. Die *Gespenstlaufkäfer* der Tropen sind auffallende Gestalten durch die ungewöhnlichen Formen ihres Körperbaus, und der *Fingerkäfer* trägt außerordentlich kräftige Kiefer.

Der *Getreidelaufkäfer* ist als Pflanzenfresser eine Ausnahme und kann an Getreide großen Schaden anrichten.

Mouhotia convexa Lewis
Fingerkäfer
Hinterindien
42 mm

Calosoma sycophanta Linnaeus
Großer Puppenräuber
Europa
27 mm

Brachynus crepitans Linnaeus
Bombardierkäfer
Europa
10 mm

Zabrus tenebrioides Goeze
Getreidelaufkäfer
Europa
25 mm

Carabus hortensis Linnaeus
Gartenlaufkäfer
Europa
25 mm

Carabus coriaceus Linnaeus
Lederlaufkäfer
Europa
31 mm

Calosoma scrutator Fabricius
Amerikanischer Puppenräuber
Nordamerika
30 mm

Carabus auratus Linnaeus
Goldlaufkäfer
Europa
25 mm

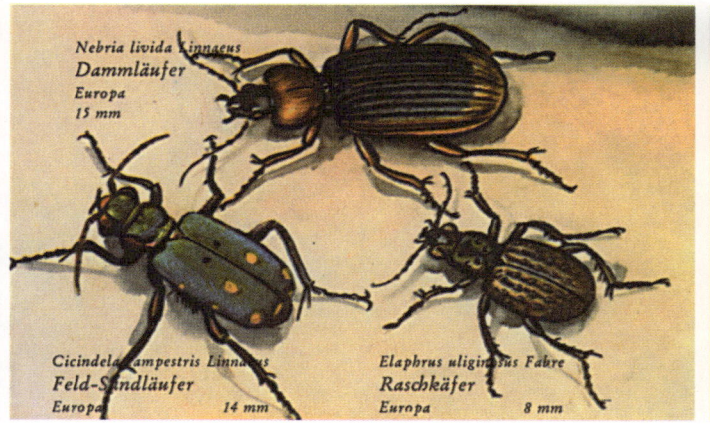

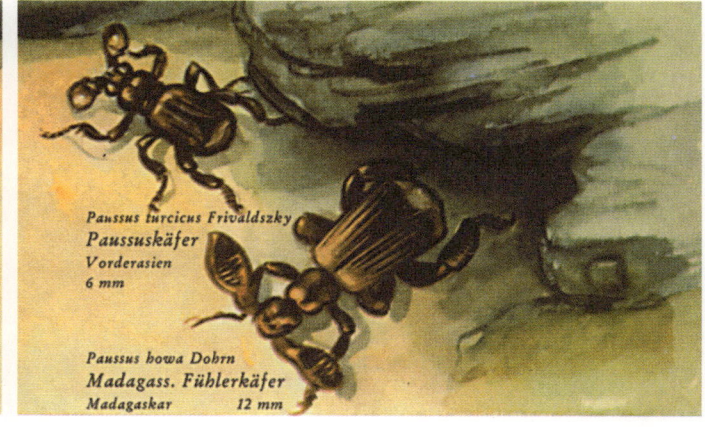

Die kleinen meist tropischen *Fühlerkäfer,* die als Ameisengäste leben, sind durch die enorme Vergrößerung ihrer Fühlerenden gekennzeichnet. Auch besitzen sie einen Bombardierapparat. Bestimmte Drüsen dieser Käfer sondern Sekrete ab, die die Ameisen begierig lecken. Dafür füttern sie die Käfer und pflegen sie wie Artgenossen.

Das Leben der Dytiscidae spielt sich hauptsächlich im Wasser ab, wo sie mit ihren ruderförmigen Hinterbeinen gewandt schwimmen oder tauchen. Nur zum Ortswechsel fliegen sie. Der *Gelbrandkäfer* ist mit seiner Larve ein großer Räuber. Während des Tauchens speichert er Luft unter seinen Flügeldecken und kann so längere Zeit unter Wasser bleiben. Er kommt nur zur Erneuerung der Luft an die Wasseroberfläche. Die Vorderbeine der Männchen tragen breite Haftscheiben, mit deren Hilfe sie sich an den glatten Flügeldecken der Weibchen während der Paarung festhalten. Der *Gaukler* ähnelt in allen Merkmalen dem Gelbrandkäfer.

Taumelkäfer halten sich gern auf der Oberfläche ruhiger Gewässer auf, wo sie im Sonnenschein in unregelmäßigen Kurven behend umherschwimmen. Nur bei Gefahr tauchen sie unter. Ihre Augen sind zweigeteilt, so daß sie sowohl über das Wasser als auch in die Tiefe sehen können. Als Nahrung dienen ihnen Insekten und andere kleine Tiere. Der *Bachtaumelkäfer* wird im Gegensatz zu seinen Verwandten erst abends aktiv und schwimmt mit großer Kraft gegen die Strömung reißender Bäche. Die Larven leben als Räuber ebenfalls im Wasser.

Kolbenwasserkäfer ähneln den Schwimmkäfern in Körperbau und Lebensweise, sind mit diesen jedoch nicht näher verwandt. Sie leben von Pflanzen und nehmen die Atemluft mit Hilfe der Fühler auf und speichern diese während des Tauchens am Bauch zwischen zahlreichen Haaren. Zum Schwimmen benutzen die Kolbenwasserkäfer die beiden hinteren Beinpaare. Diese sind zu Rudern umgeformt, das vordere Beinpaar dagegen ist normal gebaut. Die Eier werden in Kokons abgelegt, die teilweise mit Luft gefüllt sind. Ihre Larven ernähren sich räuberisch von kleinen Tieren und müssen zum Atmen an die Wasseroberfläche kommen. Der schwarzglänzende *Kolbenwasserkäfer* gehört in Europa zu den größten Käfern und findet sich hauptsächlich in ruhigen Gewässern mit zahlreichen Wasserpflanzen, die er abweidet.

[Staphylinoidea] Familien: Staphylinidae — Kurzflügler (*Claviger, Oxyporus, Staphylinus*), Silphidae — Aaskäfer (*Necrophorus*), Scaphidiidae — Kahnkäfer (*Scaphidium*), Histeridae — Stutzkäfer (*Hister*)

[Cantharoidea] Familien: Lampyridae — Leuchtkäfer (*Lampyris, Phausis*), Lycidae (Calopteron), Cantharidae — Soldatenkäfer (*Cantharis*), Malachiidae — Zipfelkäfer (*Malachius*), Cleridae — Buntkäfer (*Thanasimus, Trichodes*), Dascillidae (*Dascillus*)

Die kleinen schlanken Kurzflügler sind äußerst zahlreich und trotz ihrer besonders kurzen Flügeldecken können sie recht gut fliegen, denn ihre Hinterflügel sind wohl entwickelt. In Ruhe werden diese mit Hilfe des Hinterleibs und der Beine eingefaltet. Sie ernähren sich meist räuberisch. Die Aaskäfer, zu denen unsere bunten *Totengräber* gehören, vergraben Tierleichen im Boden und ernähren sich wie ihre Larven von diesen. Der kleine Kahnkäfer lebt in Baumschwämmen und erhielt seinen Namen wegen der kahnförmigen Gestalt. Die Flügeldecken der *Stutzkäfer* sind verkürzt, so daß das Hinterleibsende freiliegt. Man findet sie häufig an Aas, wo sie sich aber von Fliegenmaden ernähren.

Leuchtkäfer und *Glühwürmchen* besitzen am Hinterleib Organe, die Licht erzeugen können; es dient dem Zusammenfinden der Geschlechter. Tropische Arten geben rhythmische Lichtzeichen. Die Larven leben räuberisch. Die bunt gefärbten Lyciden (z. B. *Calopteron*) der Tropen sind durch scharfen Geschmack vor Feinden geschützt und dienen manchen Schmetterlingen als Vorbilder (Modelle „Müllerscher Mimikry"). Der Name Cantharidae führt leicht zu Irrtümern, da er früher die berüchtigte Spanische Fliege einbezog. Heute wird der *Weichkäfer* dazugerechnet, ein kleiner bunten Käfer mit weichen Flügeldecken, der an Blüten Pollen frißt. Sehr ähnlich sind die Weichkäfer der Gattung Malachius, die ebenfalls Blüten besuchen. Ihre Larven dagegen leben räuberisch im Boden. Buntkäfer sind auf Grund ihrer bunten Färbung gut getarnte Blütenbesucher. Dort jagen sie nach kleinen Insekten, während die Larven räuberisch von den Larven bohrender oder höhlenbewohnender Insekten leben. Wenn sie Holzzerstörer angreifen, können sie sogar nützlich sein. So greift z. B. der *Ameisenartige Buntkäfer* Borkenkäfer an. Der *Bienenwolf* wird dagegen in Bienenstöcken schädlich. Den Käfer *Dascillus cervinus* findet man oft an doldenblütigen Pflanzen. Seine Flügeldecken sind dicht behaart.

[Clavicornia] Familien: Nitidulidae — Glanzkäfer (*Nitidula, Omosita*), Rhizophagidae (*Rhizophagus*), Cucujidae — Scharlachkäfer (*Cucujus, Monotoma*), Erotylidae (*Erotylus*), Phalacridae — Glattkäfer (*Phalacrus*), Cryptophagidae — Schimmelkäfer (*Cryptophagus*), Lathridiidae — Moderkäfer (*Lathridius*), Endomychidae — Pilzfresser (*Endomychus*), Coccinellidae — Marienkäfer (*Adalia, Anatis, Coccinella, Thea*)

Zu den Clavicornia zählt man kleine Käfer mit meist rundlichem Körperbau und häufig am Ende kugelig verdickten Fühlern. Viele Arten ernähren sich räuberisch, doch gibt es auch Pflanzenfresser unter ihnen.

Glanzkäfer findet man häufig an Blüten, wo sie Pollen fressen, aber auch an Aas, und *Omosita depressa* sogar an Knochen. Sehr nützlich sind die *Wurzelkäfer,* da sie unter der Rinde von Bäumen nach Larven der Borkenkäfer jagen. Der kleine *Scharlachkäfer* hat rote, schmale und weiche Flügeldecken. *Monotoma conicollis* lebt in Ameisenhaufen als Räuber. Seine Oberseite ist durch feine Börstchen rauh. Die Fühlerspitzen sind wie bei den vorhergehenden Arten zu rundlichen Kolben erweitert. Die Vertreter der Familie Erotylidae haben dagegen einfache Fühler. Sie leben in morschem Holz, unter der Rinde von Bäumen und in Baumschwämmen. Glattkäfer sind eifrige Blütenbesucher, die man besonders an Korbblütlern, Gräsern und Seggen findet. Der *Schimmelkäfer* lebt mit Vorliebe an feuchten Orten, zum Beispiel an Schwämmen und Pilzen, von denen er sich auch ernährt. Die Arten der Familie Lathridiidae zeigen die gleiche Lebensweise; sie verzehren die Schimmelpilze an faulenden Pflanzen sowie unter der Baumrinde. *Endomychus coccineus* ist rot gefärbt und weist auf jeder Flügeldecke zwei schwarze Flecken auf. Man findet ihn unter faulender Baumrinde und an Baumschwämmen. Zu den populärsten Käfern gehören die kleinen *Marienkäfer,* die durch ihre runde Form, die hochgewölbten Flügeldecken und die charakteristische Fleckenzeichnung gekennzeichnet sind. Diese nützlichen Käfer vertilgen als Räuber zahlreiche schädliche Insekten, besonders Blatt- und Schildläuse. Ebenso wie die Käfer sind auch ihre buntgefärbten und behenden Larven eifrige Jäger. Sie werden deshalb oft zur biologischen Schädlingsbekämpfung herangezogen. Im Herbst sammeln sich manche Arten in großer Zahl an begrenzten Stellen; häufig findet man sie in dieser Zeit auch in Wohnungen. In Amerika sammeln sich an bestimmten Stellen große Scharen dieser Käfer zusammen, um zu überwintern. Sie werden gesammelt und an die Eigentümer von Zitrusplantagen verkauft. Die Käfer vertilgen die an diesen Bäumen lebenden Schildläuse. Die verbreiteste Art ist der *7-Punkt-Marienkäfer* mit roten Flügeldecken und sieben schwarzen Flecken, unsere größte Art *Anatis ocellata* mit rötlich, schwarz gerandeten Flügeldecken. Die Flecken auf seinen Flügeldecken sind gewöhnlich gelb gerandet und innen schwarz. Der *2-Punkt-Marienkäfer* ist in Eurasien und Nordamerika verbreitet und zeigt eine erstaunliche Variationsbreite bezüglich Färbung und Zeichnung. Die Normalform besitzt zwei schwarze Flecken auf den roten Flügeldecken. Es gibt aber auch ganz schwarze oder rote Formen, die durch Übergänge mit der normalen Form verbunden sein können. Neben den nützlichen Arten gibt es eine kleine schädliche Gruppe, die als Pflanzenfresser an Klee und Luzerne leben. Dazu gehört der *22punktige Marienkäfer.*

ner, die in selbstgegrabenen Gängen leben. Ihren Namen haben sie wegen der seitlichen Sägezähne an den Fühlern. Die kleinen rundlichen *Pillenkäfer* leben von Moosen und stellen sich gerne tot, indem sie Kopf, Fühler und Beine gegen den Körper einschlagen und dann bewegungslos verharren. Die Speckkäfer und ihre Larven ernähren sich von toter tierischer Substanz und richten im Haushalt große Schäden an, da sie Gegenstände aus Wolle, Horn und ähnlichen Stoffen zerstören. Die Larve des *Teppichkäfers* lebt von der Wolle in Teppichen, die des *Pelzkäfers* besonders an Pelzen. Den Käfern begegnet man öfters in Kürschnereien, im Sommer aber auch im Freien an Blüten, deren Pollen sie fressen. Ähnlich verhält sich der *Speckkäfer,* der heute fast über die ganze Erde verbreitet ist und an Lebensmittelvorräten, wie Käse und getrocknetem Fleisch, zu finden ist. Eine besondere Gefahr bedeuten diese Käfer für die Sammlungen zoologischer Museen, deren Präparate sie durch ihre unauffällige und verborgene Lebensweise zerstören.

Die kleinen Käfer der Familiengruppe Teredilia, besonders durch ihre gestreckte und im Querschnitt runde Gestalt zum Bohren ausgerüstet, sind regelmäßige Schädlinge an Holz und Vorräten. Der *Holzbohrkäfer* lebt im Holz von Eichen und vor allem in Gegenständen, die aus diesem Material gefertigt wurden. Ebenso verhalten sich die Klopf- oder *Pochkäfer*. Sie bewohnen Gebälk bzw. Möbel und erzeugen klopfende Geräusche, die dem Zusammenfinden der Geschlechter dienen und ihnen den Namen „Totenuhr" eingetragen haben. Ihre Larven hinterlassen in alten Holzschnitzwerken Gänge und Löcher. Der *Kräuterdieb* und der *Messingkäfer* sind weitverbreitete Haushaltschädlinge, die an trockenen Pflanzen- und Tierprodukten leben und das ganze Jahr über aktiv sein können.

[Macrodactylia] Familien: Dryopidae — Hakenkäfer (*Dryops*), Georyssidae (*Georyssus*), Heteroceridae — Sägekäfer (*Heterocerus*)

[Brachymera] Familien: Byrrhidae — Pillenkäfer (*Byrrhus, Cytilus*), Dermestidae — Speckkäfer (*Anthrenus, Attagenus, Dermestes*)

[Teredilia] Familien: Bostrychidae (*Bostrychus*), Anobiidae — Klopfkäfer (*Anobium, Hedobia*), Ptinidae (*Niptus, Ptinus*)

Den kleinen *Hakenkäfer* findet man am oder im Wasser, besonders in Pfützen. Hier läuft er an Pflanzen und Steinen umher und klammert sich mit seinen langen Krallen an der Unterlage fest. *Georyssus* bewohnt ebenfalls die Ufer von Gewässern, jedoch ist er dort nicht leicht zu entdecken, da er sich immer mit Sand oder Erde bedeckt und bei Gefahr tot stellt. Auch die Sägekäfer sind Uferbewoh-

färbten Körper verhüllen, unscheinbar braun, so daß die Körperfarbe erst erscheint, wenn die Flügeldecken ausgebreitet werden. Man nimmt an, daß die beim Abflug plötzlich erscheinenden Prachtfarben einen Angreifer erschrecken sollen. Die Larven der Prachtkäfer leben bohrend im Holz, einige auch in Pflanzenstengeln und in Gallen. Manche Arten werden durch diese Lebensweise schädlich. Während die europäischen Prachtkäfer keine besondere Größe erreichen, kann einer der größten, der südamerikanische *Riesenprachtkäfer,* bis zu 8 cm Länge erreichen. Er wird von den Indianern als Schmuck verwendet. Früher wurde er von den Inka in vielen tausend Exemplaren zu Kultgegenständen verarbeitet.

Die Schnellkäfer sind wie die Prachtkäfer gebaut, aber weniger bunt gefärbt. Ein wesentliches Merkmal ist ihre Fähigkeit zu springen, wenn sie auf dem Rücken zu liegen kommen. Auf der Unterseite des Prothorax und an dessen Hinterrand befindet sich ein fingerförmiger Zapfen, der in einer Rinne des Mesothorax entlangläuft. Der Prothorax wird nun mit großer Kraft gegen den übrigen Körper eingebogen. Der Fingerfortsatz gleitet dabei über einen Höcker in der Rinne und springt dann in eine Grube, wodurch der Prothorax gegen den Boden geschnellt wird. Durch den Rückstoß wird der Käfer hochgeworfen und landet nach einem Überschlag wieder auf den Beinen. Die Käfer und Larven leben von Pflanzen. Letztere sind unter dem Namen Drahtwürmer als große Schädlinge bekannt. Unter den einheimischen Arten fallen der *Blutrote-* und der *Augen-Schnellkäfer* durch Färbung und Zeichnung auf. Die Vertreter der Familie Eucnemidae sind unauffällige zylindrische Käfer, die im Holz leben. Einige können aber nur in geringem Maße springen wie die Schnellkäfer. Sie sind meist fein samtig behaart.

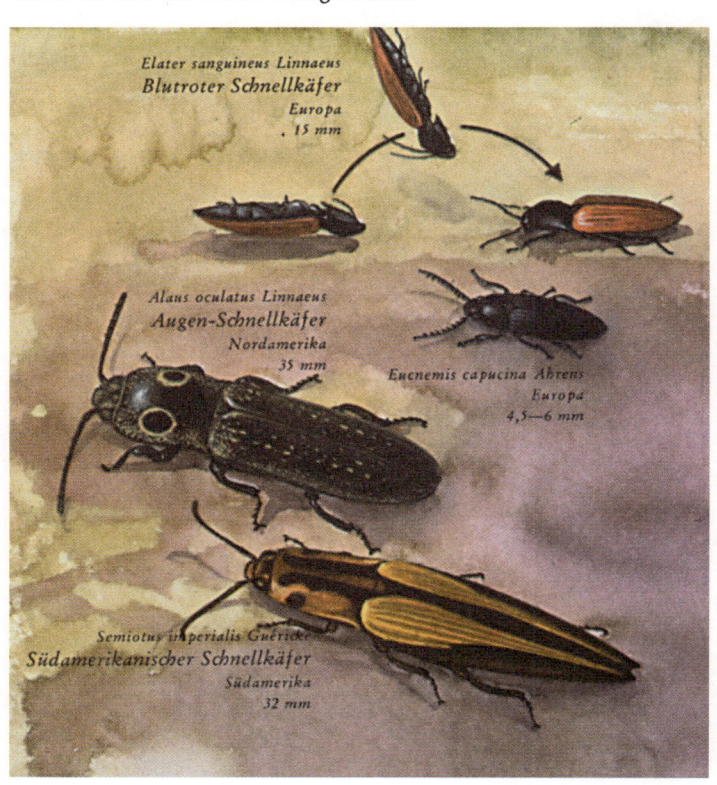

[Sternoxia] Familien: Buprestidae — Prachtkäfer (*Buprestis, Caloderma, Chrysochroa, Euchroma, Julodis, Psiloptera, Sternocera*), Elateridae — Schnellkäfer (*Alaus, Elater, Semiotus*), Eucnemidae (*Eucnemis*)

Die Prachtkäfer sind mit zahlreichen Arten vorwiegend tropisch verbreitet und durch ihre längliche, hinten zugespitzte Körperform gekennzeichnet. Dadurch ähneln sie sehr den Schnellkäfern, können aber nicht wie diese springen. Die meisten Arten sind prachtvoll metallisch glänzend gefärbt und tragen deshalb diesen Namen. Sie werden von Naturvölkern auch gerne als Schmuckstücke verarbeitet. Ihr wunderbares Farbenspiel entsteht durch physikalische Vorgänge, die durch den Bau der Körperoberfläche bedingt sind und als Strukturfarben bezeichnet werden, da sie von Farbpigmenten unabhängig sind. Bei manchen Arten sind die Flügeldecken, die den schön ge-

[Heteromera] Familien: Oedemeridae — Engdeckenkäfer (*Ditylus*), Pythidae — Scheinrüßler (*Pytho*), Pyrochroidae — Feuerkäfer (*Pyrochroa*), Anthicidae — Blumenkäfer (*Anthicus, Notoxus*), Meloidae — Ölkäfer (*Lytta, Meloe*), Mordellidae — Stachelkäfer (*Mordella*), Rhipiphoridae (*Metoecus*), Lagriidae — Wollkäfer (*Lagria*) Alleculidae — Pflanzenkäfer (*Allecula*), Tenebrionidae — Schwarzkäfer (*Eleodes, Opatrum, Tenebrio*)

Engdeckenkäfer erinnern durch ihre Körpergestalt an Laufkäfer, sind aber eifrige Blütenbesucher und verbergen sich unter Baumrinde. In gleicher Weise verhält sich der *Scheinrüßler*, den man unter der Rinde von Nadelhölzern findet. Der *Feuerkäfer* trägt seinen Namen wegen der blutroten Färbung des Halsschildes und der Flügeldecken. Er lebt an Sträuchern, seine Larve aber unter Baumrinde. Der *Einhornkäfer* trägt auf dem Halsschild ein Horn, das den Kopf überragt; er hält sich in feuchten Wäldern auf. Auch sein Verwandter, der Käfer *Anthicus*, ist an feuchte Orte gebunden, wo er unter faulenden Pflanzen lebt. Ölkäfer enthalten blasenziehende Stoffe, die früher als Medizin verwendet wurden. Als Lieferant war besonders die *Spanische Fliege* gesucht, die getrocknet in Pulverform als gefährlicher Liebestrank verwendet wurde. Während diese normal gebaute Flügel hat, sind sie beim *Ölkäfer* stark verkürzt, und die Hinterflügel fehlen völlig. Die glänzend blauschwarzen Tiere kriechen am Boden umher und sondern bei Beunruhigung eine ölige Flüssigkeit ab, die sie für Feinde ungenießbar macht. Die Larven der Ölkäfer klammern sich an bienenartigen Insekten fest, werden von diesen in ihre Nester transportiert, wo sie zunächst die Eier fressen, sich dann in eine völlig anders gestaltete Larve umwandeln und bis zur Verpuppung von Honig leben. Die Flügeldecken des *Stachelkäfers* sind hinten verschmälert und das Körperende zu einer Spitze ausgezogen. Die Tiere leben an Blüten und morschem Holz und können mit ihren langen Beinen eigenartig hüpfend umherlaufen. Der *Fächerkäfer* ist durch seine besonders geformten Flügeldecken und die langgefiederten Fühler gekennzeichnet. Seine Larven ernähren sich als Räuber in den Nestern unterirdisch lebender Wespen. Der *Wollkäfer* ist langbehaart und kommt an Sträuchern vor, während sich seine Larve unter altem Laub am Boden findet. Pflanzenkäfer leben an Blüten, aber auch in hohlen Baumstämmen und in Pilzen, wie der Käfer *Allecula morio*. Sie können sehr rasch laufen und sind gute Flieger. Die umfangreiche Familie der Schwarzkäfer führt eine nächtliche Lebensweise und ernährt sich von Pflanzenstoffen, wie z. B. der *Mehlkäfer* und seine Larve, der *Mehlwurm*. Der amerikanische *Totenkäfer* stellt sich bei Gefahr auf den Kopf und verspritzt ein scharfes Sekret zur Abwehr.

[Lamellicornia] Familien: Trogidae — Erdkäfer (*Trox*), Passalidae — Zuckerkäfer (*Passalus*), Lucanidae — Hirschkäfer (*Chiasognathus, Eurytrachelus, Homocerus, Lucanus, Odontolabis, Sinodendron*)

Die Lamellicornia haben am Fühlerende eine Keule, die meist aus Blättchen zusammengesetzt ist. Daran erkennt man sie leicht.

Die sehr kleinen *Erdkäfer* können zirpende Geräusche erzeugen, indem sie die Ränder der Flügeldecken an den Seiten des Hinterleibs reiben. Sie treten ohne schädlich zu sein oft zusammen mit Speckkäfern auf. Die *Zuckerkäfer* sind hauptsächlich in den Tropen verbreitet und meist sehr flach gebaut. Tagsüber halten sie sich versteckt und kommen erst nachts ins Freie. In morschen Bäumen leben sie zusammen mit ihren Larven in Familienverbänden. Diese Larven müssen nämlich mit zerkauten Holzteilen gefüttert werden, da sie selbst keine Nahrung aufnehmen können. Als Verständigungsmittel bedienen sich Käfer und Larven ziepender Laute, die die Larven durch Reiben der Hinterbeine, die Käfer aber durch Reiben der Flügeldecken am Hinterleib erzeugen. Diese Käfer führen als einzige ihrer Ordnung ein — wenn auch einfaches — Sozialleben. Die meist großen Hirschkäferarten sind durch eine bedeutende Verlängerung der Oberkiefer der Männchen gekennzeichnet. Sie können vielfach verzweigt sein und eine bedeutende Größe erreichen. Die Kiefer der Weibchen dagegen bleiben kleiner; sie eignen sich deshalb auch besser zum Beißen. Die Kiefer der Männchen werden hauptsächlich zu Rivalenkämpfen vor der Paarung verwendet, können aber schließlich so groß werden, daß sie auch für diese Aufgabe unbrauchbar sind. Ihre Larven leben im Holz sowie Mulm alter Bäume und brauchen mehrere Jahre für ihre Entwicklung. Der europäische *Hirschkäfer*, *Homocerus*, der *Breithalshirschkäfer* und der *Ostindische Hirschkäfer* tragen hirschgeweihartige Kiefer. Bei dem *Chilenischen Hirschkäfer* sind sie dagegen gerade vorgestreckt und nur an der Spitze eingebogen, die Innenseite aber mit zahlreichen Zähnchen besetzt. Der *Kopfhornschröter* aber hat kleine Kiefer, die sogar unter dem Kopf verborgen werden können. Auf dem Kopf trägt er ein Horn. Nachts fliegen die großen Käfer schwerfällig umher. In Deutschland ist der Hirschkäfer unter Naturschutz gestellt und darf nicht gefangen werden. Sein Seltenwerden beruht auf Maßnahmen der Forstkultur, die die alten Eichen entfernt und damit den Larven die Nahrung nimmt.

Familie: Scarabaeidae — Blatthornkäfer [Unterfamilie: Cetoniinae — Rosenkäfer (*Chelorrhina, Cetonia, Fornasinius, Goliathus*), Euchirinae (*Propomacrus*), Scarabaeinae — Kotkäfer (*Ceratophyus, Geotrupes, Scarabaeus*), Rutelinae (*Chrysophora, Pelidnota, Phyllopertha, Popillia*), Melolonthinae — Laubkäfer (*Melolontha, Polyphylla*), Dynastinae — Nashornkäfer (*Dynastes, Oryctes*), Trichiinae (*Trichius*)]

Die Blatthornkäfer zeichnen sich durch ihre Größe, ihre Form und oft auch durch ihre Färbung aus. Prächtig gefärbt sind die blütenbesuchenden *Rosenkäfer*, die durch ihr Flugverhalten von allen anderen Käfern unterschieden sind. Sie schieben die Hinterflügel durch Spalten unter den Flügeldecken hervor, die nicht ausgestellt werden. Der riesige afrikanische *Atlaskäfer* trägt ein Horn auf dem Kopf, das bei *Fornasinius* und *Chelorrhina* weit vorgestreckt sein kann. Die Larven leben im Mulm und bewegen sich auf dem Rücken liegend. Die Euchirinae (z. B. der *Türkische Langarmkäfer*) sind tropisch verbreitet und zeichnen sich durch die enorm verlängerten Vorderbeine der Männchen aus, die 10 cm erreichen können. Die Larven der Kotkäfer halten sich im Kot auf. Der *Stierkämpfer* lebt besonders gern in Kaninchenbauten. Der *Mistkäfer* gräbt unter Kothaufen lange, verzweigte Gänge in den Boden, füllt sie mit Kot und legt in jede Kammer ein Ei. Die Larven ernähren sich dann von diesen Vorräten. Besondere Brutfürsorge betreibt der *Pillendreher*. Er formt aus Kot große Kugeln, die in unterirdischen Höhlen zu Brutbirnen geknetet werden, von denen die Larven dann leben. Zu den Rutelinae zählen besonders bunt und metallisch gefärbte, meist tropische Arten, wie *Chrysophora* und *Pelidnota*. Der *Gartenlaubkäfer* und der

Japan-Käfer bleiben schlichter braun gefärbt. Durch Fraß an Obstbäumen werden die Käfer und ihre Larven an Pflanzenwurzeln schädlich. *Maikäfer* und *Walker* fallen ebenfalls durch ihre Größe und durch den von ihnen verursachten Schaden auf. Ihre Larven, die *Engerlinge*, leben von Pflanzenwurzeln, die Käfer von Blättern. Die Entwicklung dauert mehrere Jahre. Zu den größten Käfern zählt der *Herkuleskäfer* mit seinen langen Hörnern, die auf Kopf und Halsschild sitzen. Ähnlich, aber viel kleiner, sind die Hörner unseres *Nashornkäfers*, dessen Larve sich in Mulm und Sägespäne entwickelt. Die Hörner werden beim Rivalenkampf benützt. Der *Pinselkäfer* ist ein häufiger Blütenbesucher mit samtartig behaarten Flügeldecken.

[Phytophaga] Familie: Cerambycidae — Bockkäfer (*Acanthocinus, Acrocinus, Cerambyx, Dorcadion, Ergates, Mallosia, Phyllocnema, Prionus, Rhagium, Rosalia, Saperda, Sternotomis*)

Die Bockkäfer fallen durch ihre schlanke Gestalt, die oft stark verlängerten Fühler, durch kräftige Kiefer und ihr gutes Flugvermögen allgemein auf. Ihre Larven bohren im Holz. Der *Zimmermannsbock* ist ein mittelgroßer Käfer mit stark verlängerten Fühlern, die mehr als dreimal körperlang werden. Den amerikanischen *Harlekinbock* zeichnen stark verlängerte Vorderbeine aus, seine Fühler werden ebenfalls länger als der Körper. Ganz abweichend leben die *Erdböcke*, die durch kurze Fühler und fehlende Hinterflügel gekennzeichnet sind. Ihre Larven ernähren sich im Boden von Graswurzeln. Die Flügeldecken der Käfer fallen durch eine bunte Zeichnung auf. Der *Mulmbock* ist der größte mitteleuropäische Bockkäfer, von gedrungener Körpergestalt und brauner Färbung. Seine Larve lebt in den Wurzeln von Kiefern. *Mallosia* ist eine vorderasiatische Art mit relativ kurzen Fühlern. Die schlanken, tropischen *Phyllocnema*-Arten tragen lange Fühler. Der *Sägebock* gehört zu den größeren Arten, ist relativ breit gebaut und besitzt nur kurze Fühler. Seine Larve bewohnt den Mulm und die Wurzeln alter Bäume. Der kleine *Zangenbock* weist nur kurze Fühler auf, er lebt an Waldbäumen und besitzt kleine Höcker an den Seiten des Halsschilds. Der *Alpenbock* gehört wegen seiner Farbenpracht zu unseren schönsten Bockkäfern. Leider kommt er heute nur noch selten vor. Er wurde deshalb unter Naturschutz gestellt. Seine Larven leben in alten Buchen von Gebirgswäldern. Die Larve des *Pappelbocks* zerstört das Holz seines Lebensraumes. Der in Afrika beheimatete *Kaffernbock* trägt ein sehr breites Halsschild. Zu den Bockkäfern gehören die größten Käfer überhaupt, nämlich die südamerikanischen Titanus-Arten, deren Körperlänge bis zu 15 cm erreicht.

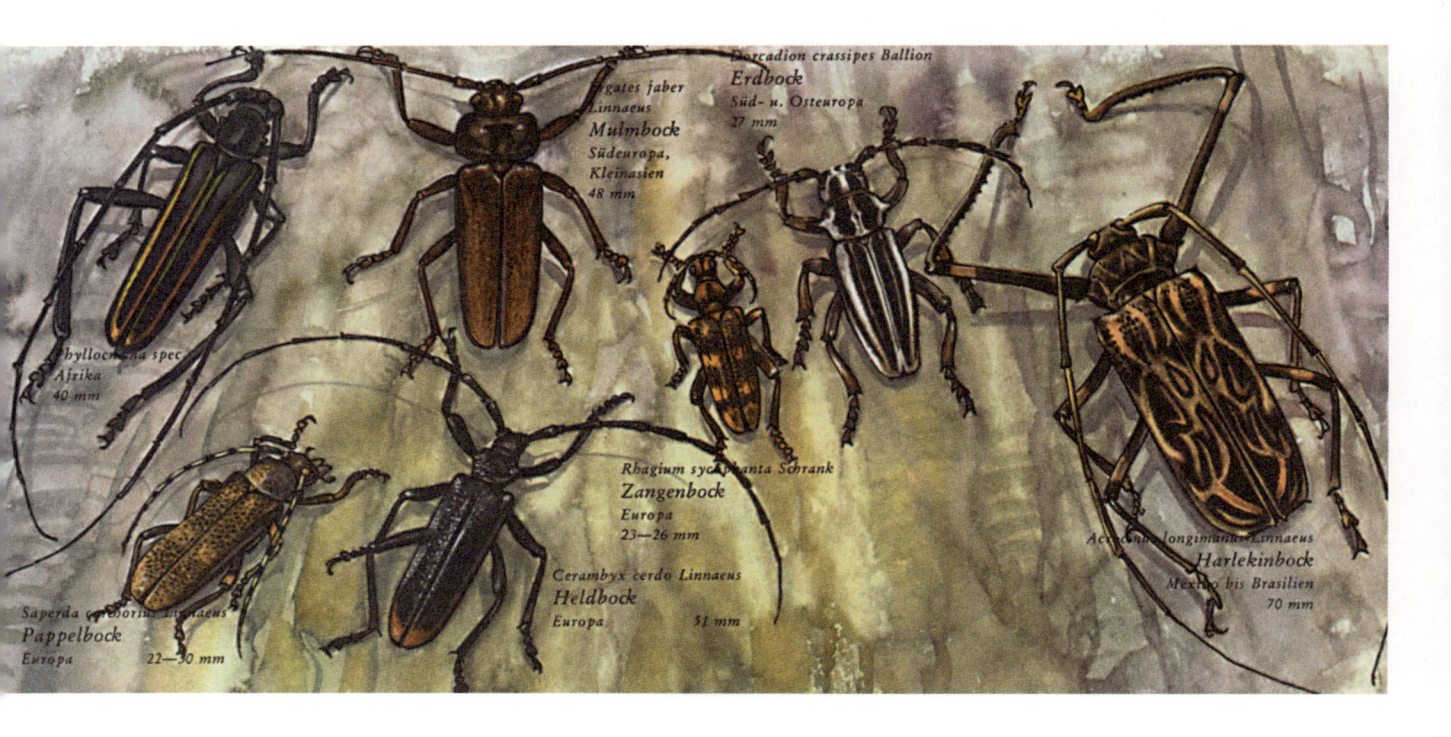

Familien: Chrysomelidae — Blattkäfer (*Aspidomorpha, Cassida, Chrysochloa, Doryphora, Hispella, Leptinotarsa, Lilioceris, Mecistomela, Sagra*), Bruchidae — Samenkäfer (*Bruchus*)

Rhynchophora. Familien: Anthribidae — Breitrüßler (*Tophoderes, Xenocerus*), Brenthidae (*Eutrachelus*)

Blattkäfer findet man in vielen Arten auf der ganzen Erde verbreitet. Es gibt sehr bunte und auffallende Formen. Die meisten von ihnen ernähren sich sowohl als Larve als auch als Käfer von Pflanzen, wodurch manche Arten erhebliche Schäden anrichten können. Ihre Gestalt ist im Umriß häufig rundlich mit hochgewölbtem Rücken. Die *Schildkäfer* wirken jedoch mit den blattförmig ausgezogenen Seiten ihres Körpers sehr flach. Ähnlich ist der *Grüne Schildkäfer* gebaut, der recht häufig vorkommt. Die Larven der Schildkäfer tragen am Körperende eine Gabel, die über den Rücken nach vorn gebogen wird. Die Gruppe der metallisch bunt gefärbten *Chrysochloa* und *Doryphora* sind in der Vegetation besonders in Berggegenden sehr auffallende Erscheinungen. Der kleine *Igelkäfer* hat fast überall kleine abstehende Stachel, die ihm ein eigentümliches Aussehen verleihen. Die Larven der Arten aus dieser Gruppe leben häufig als Minierer in Blättern verschiedener Bäume. Der *Kartoffelkäfer* ist seit einigen Jahren als Schädling an Kartoffeln fast in ganz Europa eine bekannte Erscheinung. Der recht hübsch gezeichnete Käfer stammt aus Nordamerika, wo er an wilden Solanum-Arten lebte. Mit der Ausbreitung des Kartoffelanbaus ging er aber an diese Pflanze über und verbreitete sich in kurzer Zeit durch Verschleppung fast auf alle Kartoffelanbaugebiete der Erde. Der Käfer und seine bunt gefärbten Larven fressen große Löcher in die Blätter der Nahrungspflanze. Zu den tropischen Arten gehören *Sagra* und *Mecistomela*, das *Lilienhähnchen* dagegen ist in Europa auf Blüten von Liliengewächsen spezialisiert. Die Samenkäfer machten sich besonders als Vorratsschädlinge unbeliebt. Die Larven der kleinen Käfer bohren nämlich in Samenkörnern. Zu dieser Familie gehört auch der fast über die ganze Erde verbreitete *Erbsenkäfer*.

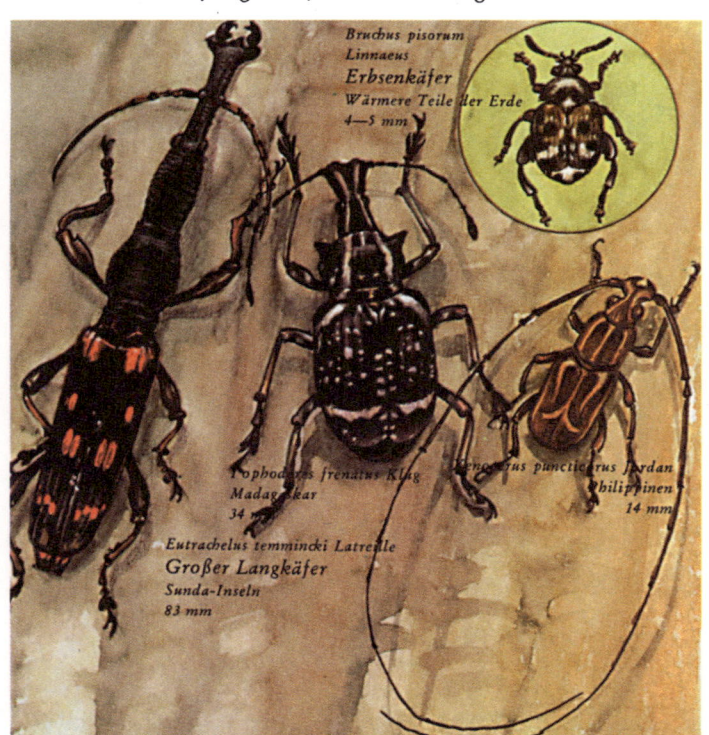

Die Breitrüßler (z. B. *Tophoderes, Xenocerus*) haben eine kurze und breite rüsselförmige Verlängerung am Kopf und sind eifrige Blütenbesucher. Manche Arten dieser Familie sind sehr schädlich, da sich ihre Larven im Samen verschiedener Kulturpflanzen, wie Kaffee, entwickeln. Die hauptsächlich in den Tropen verbreiteten *Langkäfer* haben sehr gestreckte Körperformen. Besonders der Kopf kann sehr verlängert sein, so daß er ebenso lang wie der übrige Körper ist. Fühler und Kauladen sitzen an der Spitze des Kopfes.

Familien: Curculionidae — Rüsselkäfer (*Anthonomus, Balaninus, Celebia, Cleonus, Cercidocerus, Cyrtotrachelus, Deporaus, Hylobius, Otiorrhynchus, Phyllobius*), Scolytidae — Borkenkäfer (*Anisandrus, Ips, Pityogenes*)

Die Rüsselkäfer bilden mit rund 40 000 bekannten Arten die größte Tierfamilie überhaupt und sind durch den langen, rüsselförmigen Kopffortsatz gekennzeichnet, an dessen Ende die Fühler sitzen. Als Pflanzenfresser kriechen sie langsam und schwerfällig an der Vegetation herum und lassen sich bei Gefahr zu Boden fallen. Die Larven der meisten Arten bohren oder minieren in Pflanzen und erzeugen nicht selten Gallen. Durch den Fraß sowohl der Larven als auch der Käfer erzeugen zahlreiche Arten große Schäden an Pflanzen, die für den Menschen von Bedeutung sind. Dazu zählt man den *Apfelblütenstecher*, der die Blütenknospen frißt und seine Eier darin ablegt sowie den *Haselnußbohrer*, dessen Larve in Haselnüssen vorkommt. *Cleonus* lebt an Disteln, der *Braune Rüsselkäfer* an Nadelhölzern und *Otiorrhynchus* besonders an Fichten. Bunt gefärbte Arten sind *Phyllobius, Celebia, Cercidocerus* und *Cyrtotrachelus*, von denen einige wegen ihres wunderbaren Glanzes Diamantkäfer genannt werden. Der *Trichterwickler* fertigt für seine Larven aus zusammengerollten Birkenblättern Nahrungstrichter an. Die Scolytidae, deren Arten meist unter der Baumrinde Gänge bohren, pflanzen sich dort fort, und ihre Larven ernähren sich auch an diesen Stellen weiter, wobei sie sehr charakteristische Fraßgänge anlegen. Auf diese Weise verursachen sie große Schäden, wie der *Obstbaum-Borkenkäfer* an Obstbäumen, der *Buchdrucker* an kranken Fichtenstämmen und der *Kupferstecher* an den gleichen Bäumen.

Ordnung Strepsiptera — Fächerflügler

Familie: Stylopidae (*Xenos*)

Die *Fächerflügler* sind den Käfern nahe verwandt und waren früher mit diesen vereinigt. Es handelt sich um sehr kleine Tiere, deren beide Geschlechter sich unterscheiden. Bei den Männchen sind die Mundteile rückgebildet, die Vorderflügel zu kleinen Stummeln reduziert und die Hinterflügel zu breiten einfaltbaren Flächen entwickelt. Die Weibchen dagegen gleichen Maden, die das Wirtstier, in dem sie sich entwickelt haben, nicht verlassen und hier die Eier legen. Die Larven werden von Wespen in ihre Nester verschleppt, bohren sich dort in deren Larven und leben in diesen als Parasiten. Aus den fertigen Wespen schlüpfen die Larven zur Verpuppung.

MOLLUSCA — WEICHTIERE

Die Mollusken sind mit weit über 100 000 bekannten Arten der zweitgrößte Tierstamm.

Dem Körper der Mollusken fehlt ein Skelett — daher Weichtiere. Eine scharfe Gliederung des Körpers in Segmente ist nicht zu beobachten, jedoch sind drei Regionen mehr oder weniger deutlich zu unterscheiden: der Kopf, ein auf der Bauchseite liegender muskulöser Fuß, der dem Mollusk eine kriechende, grabende oder schwimmende Fortbewegung ermöglicht, und der auf dem Rücken liegende Eingeweidesack, in dem sich die meisten inneren Organe befinden. Der dünnwandige Eingeweidesack ist von einer Hautfalte, dem Mantel, bedeckt, der sich vom Rücken her über den Körper des Mollusks zieht. Der Mantel, vor allem seine Randzone, scheidet nach außen die für diesen Tierstamm typische feste Schale ab. Die inneren Schichten der Schale bestehen aus Kalk, darüber liegt nach außen eine dünne hornartige Schicht, das Periostrakum.

Der Raum zwischen der Mantelfalte und dem Eingeweidesack ist die Mantelhöhle. In ihr befinden sich die ursprünglich paarigen Kiemen. Auch der After sowie die Öffnungen der Nieren und der Geschlechtsorgane münden in die Mantelhöhle.

Am Vorderende des Darmkanals der Weichtiere, im Schlundkopf, liegt eine mit Längs- und Querreihen chitiniger Zähnchen besetzte Reibeplatte, die Radula. Sie ermöglicht dem Tier das Abbeißen und Zerkleinern der Nahrung. Die Radula ist ein typisches Molluskenorgan, an dem auch stark abgewandelte Vertreter dieses Tierstammes als Weichtiere erkannt werden können. Bei den Muscheln jedoch, die sich in erster Linie durch Strudeln ernähren, ist die Radula völlig rückgebildet.

Die sekundäre Leibeshöhle der Weichtiere ist weitgehend rückgebildet. Außer einer das Herz umhüllenden Blase, dem Herzbeutel, sind nur noch die Höhlungen der Keimdrüsen als Leibeshöhlenreste anzusprechen.

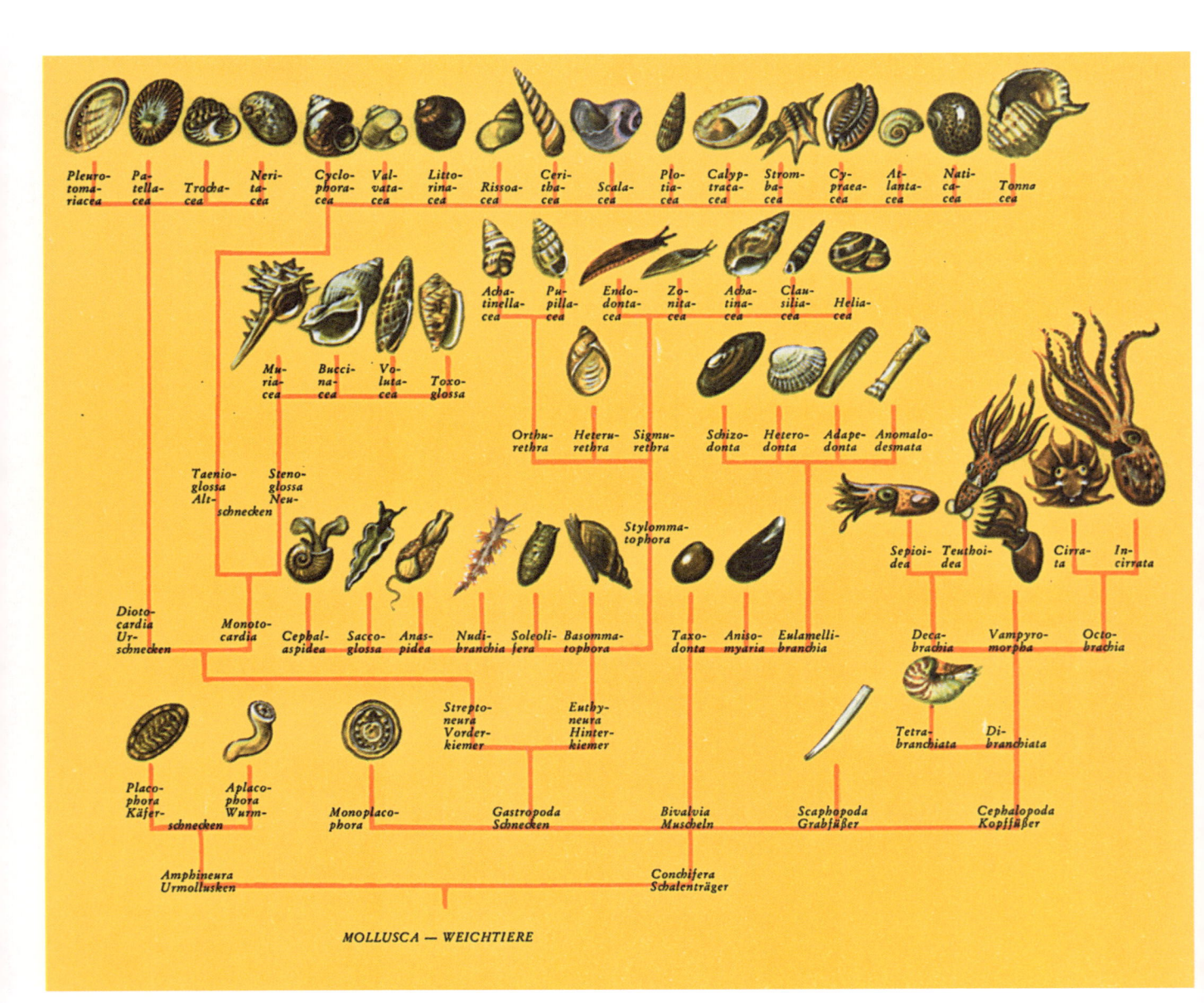

MOLLUSCA — WEICHTIERE

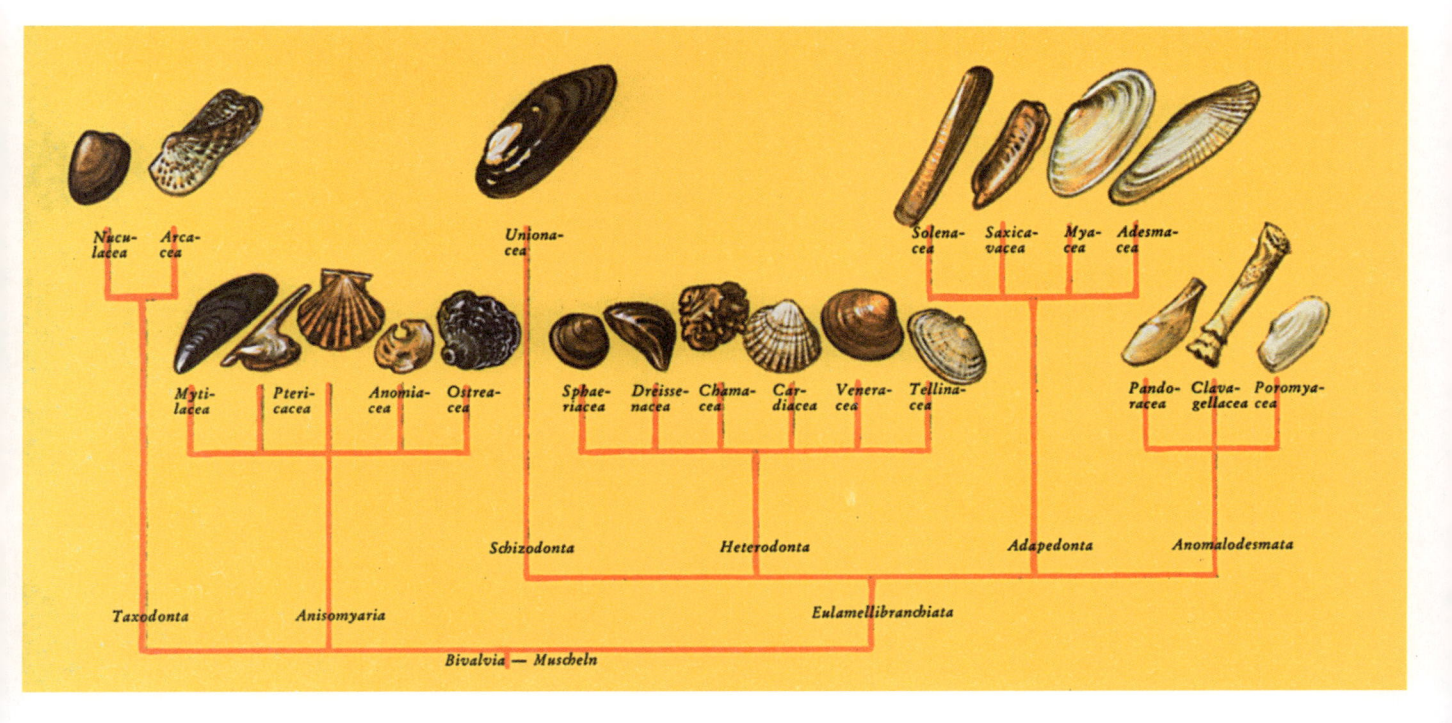

Das Nervensystem ist bei den beiden Unterstämmen der Weichtiere sehr unterschiedlich ausgebildet. Bei den Urmollusken sind die Nerven noch nicht in Nervenfasern und Nervenknoten (Ganglien) getrennt. Von einem Schlundring ziehen vier Nervenstränge in Längsrichtung durch den Körper.

Am Schlundring der Schalenträger dagegen sind die Nervenzellen zu Ganglienknoten vereinigt. Im Körper befinden sich einige paarige Ganglienknoten, die durch nur aus Nervenfasern bestehenden Nervensträngen miteinander und mit dem Schlundring verbunden sind. Bei den hochentwickelten Tintenfischen sind vordere Teile des Nervensystems zu einem wohlausgebildeten Gehirn konzentriert. Bei den Kopffüßern haben auch die Augen den höchsten Entwicklungsstand erreicht. Es sind Linsenaugen, die in Bau und Funktion bis in Einzelheiten denen der Wirbeltiere entsprechen. Wegen ihrer unabhängigen Entstehung unterscheiden sie sich jedoch in dem Ursprung der einzelnen Elemente stark von den Wirbeltieraugen. — Die Verwandtschaft der Mollusken mit den Ringelwürmern und anderen Urmünderstämmen wird durch das Vorhandensein einer Wimperlarve vom Typ der Trochophora, wie wir sie von den Polychäten her kennen (siehe S. 44), demonstriert. Diese im Plankton lebende Larve tritt fast ausschließlich bei Meeresmollusken auf. Die Kopffüßer haben jedoch kein Trochophorastadium.

Die Abbildungen auf dieser Doppelseite zeigen, daß die Entfaltung zu großer Formenfülle und Vielfalt im Unterstamm der Schalenträger erfolgt ist.

Die Urmollusken werden durch zwei Klassen vertreten. Der Rücken der bilateral-symmetrischen Käferschnecken trägt acht gegeneinander bewegliche Schalenplatten. Die Wurmmollusken sind an ihrer Radula als Weichtiere zu erkennen.

Unter den Schalenträgern zeigt die Urschnecke Neopilina noch eine deutliche Symmetrie. Ihre sehr dünne Schale bedeckt das ganze Tier.

Bei den Vorderkiemern ist die ursprünglich nach hinten offene Mantelhöhle mit den Kiemen und dem After durch eine Drehung des Eingeweidesackes auf die Vorderseite verlagert. Dadurch ist es zu einer Überkreuzung der Längsnervenstränge gekommen. Unabhängig von dieser Drehung ist die spiralige Einrollung des Eingeweidesackes und damit das spiralige Gehäuse entstanden.

Bei den Angehörigen der Unterklasse der Vorderkiemer und Lungenschnecken ist die Mantelhöhle durch Rückdrehung wieder nach hinten verlagert. Die Nervenstränge liegen folglich wieder parallel zueinander. Bei den Lungenschnecken fehlen die Kiemen, die stark durchblutete Wandung der Mantelhöhle dient als Lunge.

Als wichtiges Unterscheidungsmerkmal der Muscheln dient das Schloß ihrer zweiklappigen Schale. Es besteht aus ineinandergreifenden Zähnchen, Leisten, Gruben und Rinnen in der Nähe der Verbindungsstelle der Schalenklappen.

Bei den Kopffüßern, den höchst entwickelten Mollusken, sind Teile des Fußes zu einem vor der Kiemenhöhle liegenden Trichter umgewandelt. — In den Enddarm der meisten Kopffüßer mündet die Tintendrüse, der diese Weichtiere den Namen Tintenfische verdanken. Der in der Drüse gebildete Farbstoff wird aus der Kiemenhöhle in dunklen Wolken ausgestoßen, die das Tier vor der Sicht des Feindes schützen. — Am Mund der Kopffüßer befinden sich außer der Radula harte papageienschnabelähnliche Kiefer.

Stamm MOLLUSCA — WEICHTIERE

Unterstamm Amphineura — Urmollusken
Klasse Loricata — Käferschnecken
Ordnungen Leplidopleurida (*Ischnoradsia*), Ischnochitonia (*Callochiton, Rhyssoplax*), Acanthochitonina (*Acanthochites, Katherina*)

Fast alle Käferschnecken leben in Küstennähe der Meere, vorwiegend in Felsregionen, aber auch auf Muschelbänken im Watt. Mit ihrem breiten Fuß kriechen die meisten dieser Urmollusken langsam auf dem Untergrund umher und schaben mit ihrer Radula den feinen Algenbewuchs ab, von dem sie sich ernähren. Mit ihrer Sohle können sich die Käferschnecken an den Untergrund pressen, so daß die Ränder ihres Gürtels fest aufliegen und es große Kraftanstrengung erfordert, sie abzulösen.

Unterstamm Conchifera — Schalenträger
Klasse Monoplacophora (*Neopilina*)
Klasse Gastropoda — Schnecken
Unterklasse Streptoneura — Vorderkiemer

Ordnung Diotocardia — Urschnecken
Überfamilien: Pleurotomariacea — Paarkiemer (*Fissurella, Haliotis, Pleuratomaria*), Patellacea — Balkenzüngler (*Cellana, Patella*), Trochacea — Kreiselschnecken (*Gibbula, Turbo*), Neritacea — Nixen (*Nerita*)

Ordnung Monotocardia
Unterordnung Mesogastropoda — Altschnecken
Überfamilien: Cyclophoracea — Urbreitzüngler (*Ampullarius, Viviparus*), Valvatacea — Federkiemenschnecken (*Valvata*), Littorinacea — Strandschnecken (*Littorina*)

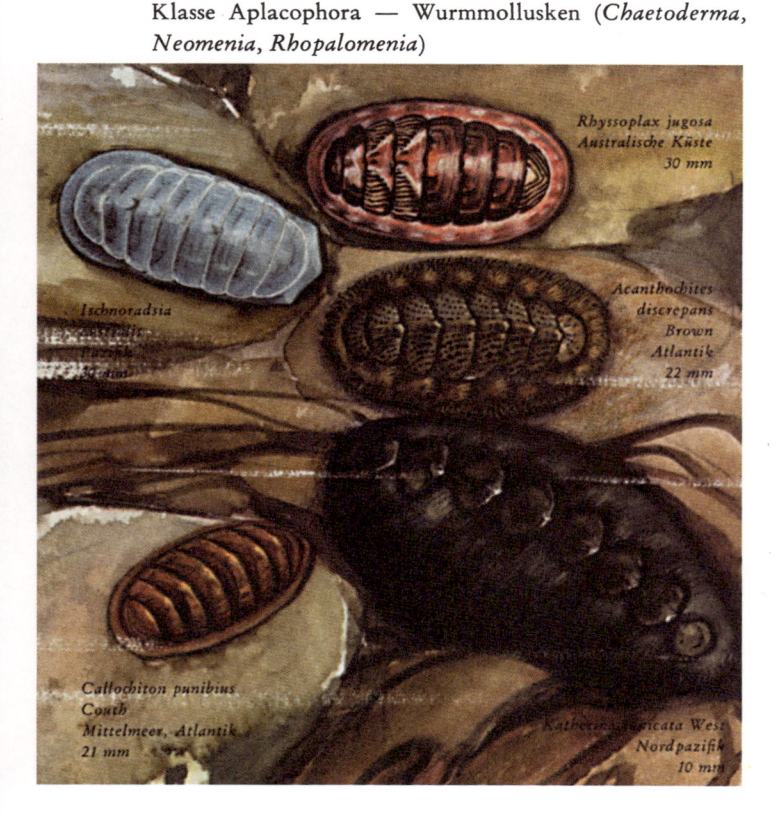

Klasse Aplacophora — Wurmmollusken (*Chaetoderma, Neomenia, Rhopalomenia*)

Wegen des Fehlens einer festen Schale und ihrer langgestreckten Gestalt können diese Tiere mit Würmern verwechselt werden. Sie haben oft nur eine dünne Kutikula mit schuppenförmigen Kalkstacheln in mehreren Lagen. Am Vorderende des ungegliederten Körpers befindet sich die Mundöffnung, während am Hinterende After und Nierenorgane ausmünden. Schlammbewohnende Formen dieser ausschließlich im Meer lebenden Tiergruppe (z. B. Chaetoderma) fressen kleine Algen und Einzeller, während auf Korallen und Hydrozoenstöcken herumkriechende Wurmmollusken die Polypenköpfe dieser Hohltiere abweiden.

Die Entdeckung der *Urschnecke Neopilina*, des primitivsten schalentragenden Mollusks, in den fünfziger Jahren unseres Jahrhunderts war eine zoologische Sensation; glaubte man doch, daß die Klasse der Monoplacophora seit dem Erdaltertum ausgestorben sei. Interessant ist die gegliederte Anordnung verschiedener paariger Organe dieses Tiefseebewohners. Die fünf Paar Kiemen sind bei dem auf dem Rücken liegenden Individuum zu erkennen. Die primitivsten lebenden Vertreter der echten Schnecken sind die in tieferen Regionen der Meere lebenden Schlitzschnecken. Ein Schlitz in der Decke der Mantelhöhle und in der Schale ist für diese als Fossilien schon aus dem Kambrium bekannten Tiere typisch.

Bei den *Seeohren* der Gattung *Haliotis* ist der Schlitz zu einer Reihe von Löchern zugewachsen. Die sehr schöne, perlmuttglänzende Schale ist sehr flach und breit, daß sie muschelähnlich erscheint. Das Fleisch der Seeohren ist unter dem Namen Abalone als Delikatesse der ostasiatischen Küche bekannt.

Die Napfschnecken sind typische Bewohner der Brandungszonen felsiger Küsten. Bei Niedrigwasser überstehen sie an den Felsen festgesaugt Trockenheit und Sonnenschein.

An der Spitze des Gehäuses der kegelförmigen Kreiselschnecken befindet sich ein Loch, durch das der Kot ausgestoßen wird.

In der Sippe der Neritacea gibt es außer der abgebildeten meeresbewohnenden *Nixe* auch Formen, die in das Süßwasser vorgedrungen sind; ja, sogar Landbewohner hat diese Urschneckengruppe hervorgebracht.

Die Kreiselschnecken der Gattung Turbo sind vorwiegend in warmen Meeren artenreich vertreten. Einige größere Formen sind wichtige Perlmutterlieferanten.

Die *Sumpfdeckelschnecke* unserer europäischen Gewässer kann ihr Gehäuse jederzeit bei Störungen mit ihrem Deckel verschließen. Sie ist Schlammfresser, kann sich aber auch ohne Fortbewegung ernähren, indem sie aus ihrem Atemwasser Zerreibsel und Plankton herausfiltriert. — Ein Bewohner schlammiger Gewässer ist die kleine *Federkiemenschnecke*, die ihre gefiederten Kiemen aus der Kiemenhöhle herausstreckt. — Die *Riesen-Apfelschnecke* Südamerikas hat eine amphibische Lebensweise angenommen. Sie legt ihre Eier an Wasserpflanzen oberhalb des Wasserspiegels ab.

Strandschnecken findet man in großer Zahl an den Küsten Europas in flachem Wasser auf der Wattoberfläche, auf Tangen, Steinen und Pfählen, oft auch außerhalb des Wassers. An westeuropäischen Küsten werden sie in großer Zahl gefangen und gegessen.

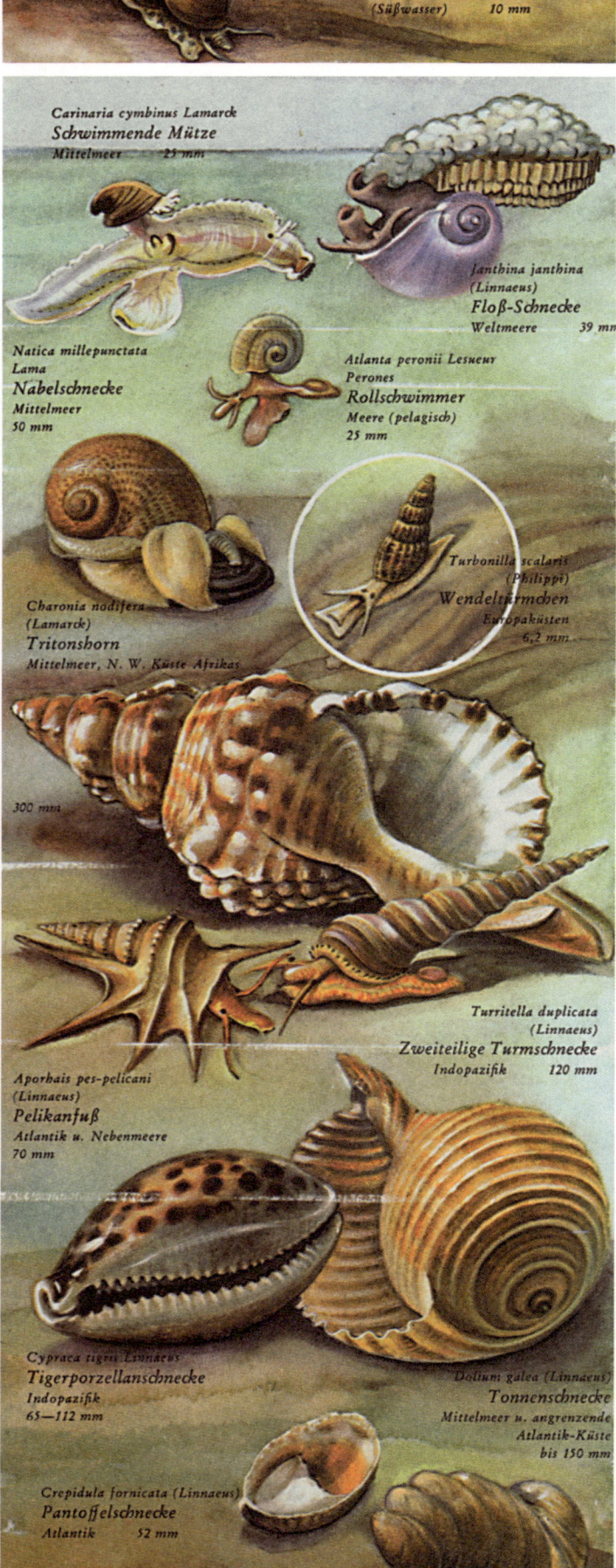

Überfamilien: Rissoacea — Rissoen (*Bulimus*), Cerithacea — Turmschnecken (*Turritella*), Epitoniacea — Federzüngler (*Janthina*), Plotiacea — Zungenlose (*Turbonilla*), Calyptraeacea — Hauben (*Crepidula*), Strombacea — Flügelschnecken (*Aporhais*), Cypraeacea — Porzellanschnecken (*Cypraea*), Atlantacea — Schwimmfüßer (*Atlanta, Carinaria*), Naticacea — Mondschnecken (*Natica*), Tonnacea — Faßschnecken (*Charonia, Dolium*)

Vorwiegend in stehenden Gewässern wird die abgebildete Bulimus-Art angetroffen. Dieser Schlammfresser, der als Fischnahrung eine Rolle spielt, wird, wie viele seiner Verwandten, auch im Brackwasser gefunden. Ein reiner Meeresbewohner ist dagegen die *Turmschnecke*. Sie lebt im Schlamm eingegraben und strudelt sich Nahrungspartikel herbei. — Ein sehr merkwürdiges Tier ist die *Floß-Schnecke*. Sie schwimmt an der Wasseroberfläche an einem schaumartigen Luftblasenfloß, das sie aus einem spiraligen Band aneinandergeklebter Luftblasen gebaut hat. Wenn die Floß-Schnecke eine Qualle oder Segelqualle berührt, stößt sie ihre zu einem Greiforgan umgewandelte Radula hervor und schneidet ein Stück heraus.

Die kleinen Schnecken der Gattung Turbonilla sind auf Schlammböden der Meere artenreich vertreten.

Die *Pantoffelschnecke* ist aus Amerika in die europäischen Küstengewässer eingeschleppt worden und lebt hier auf Austern- und Miesmuschelbänken. Die Pantoffelschnecken sitzen kettenförmig aufeinander. Sie machen eine Geschlechtsumwandlung durch. Alle großen, unten sitzenden Tiere sind Weibchen, während das kleinste obere Tier ein Männchen ist.

Der *Pelikanfuß* als europäischer Vertreter der Flügelschnecken lebt beinahe festsitzend im Schlammgrund. Aus ihrem Mantelrand hat diese Schnecke ein langes Atemrohr gebildet.

Die schönen *Porzellanschnecken* mit ihren schlitzförmigen Schalenöffnungen sind vorwiegend Bewohner warmer Meere. Beim lebenden Tier wird der mit Warzen und dornartigen Anhängen besetzte Mantel über das glänzende, feste Gehäuse geschlagen. Die früher in Ostasien und später auch in Afrika als Zahlungsmittel dienenden Kaurischnecken gehören auch zur Gruppe der Porzellanschnecken.

Bei den zum Leben im freien Wasser übergegangenen Schwimmschnecken ist das Gehäuse oft stark rückgebildet. Der Fuß ist zum Teil zu einem flossenähnlichen Gebilde zusammengedrückt. Der Kopf dieser Tiere ist rüsselartig verlängert. Diese gefräßigen, schlingenden Räuber haben hochentwickelte Augen.

Die Mondschnecken leben vorwiegend auf Schlammboden und ernähren sich von anderen Mollusken, in deren Gehäuse sie mit ihrer Radula Löcher bohren. Der lange Rüssel ermöglicht es der Mondschnecke, das Beutetier auszufressen.

Auch die räuberischen Faßschnecken sind mit einem sehr langen Rüssel ausgestattet. Das große *Tritonshorn* frißt vorwiegend Muscheln und Stachelhäuter. Typisch für Faßschnecken (z. B. Dolium) ist das schwefelsäurehaltige Speicheldrüsensekret, mit dem die Beutetiere gelähmt werden und deren Kalkskelett aufgelöst wird.

Unterordnung Neogastropoda — Neuschnecken
Überfamilien: Muriacea — Stachelschnecken (*Murex*), Buccinacea — Hörner (*Buccinum*), Volutacea — Walzenschnecken (*Alcithoe, Amoria, Harpa, Mitra*), Conacea — Pfeilzüngler (*Conus, Gubula*)

Die Unterordnung der Neuschnecken wird fast ausschließlich im Meer angetroffen. An der Schale befindet sich meist eine sehr lange Rinne für das Atemrohr.

Die meisten Stachelschnecken sind Muschelfresser. Murex brandaris war im Altertum im Mittelmeergebiet wichtigster Lieferant des Purpurfarbstoffs, mit dem die Gewänder der Herrscher eingefärbt wurden. In der Mantelhöhle hat diese Schnecke eine Drüse, die ein farbloses Sekret absondert, das sich an der Luft zum Purpurfarbstoff verfärbt.

Die *Wellhornschnecke* ist eine der ansehnlichsten Schnecken unserer Küsten. Sie hat eine räuberische Lebensweise, frißt aber auch Aas. Die Eier dieser Schnecke werden in flachen Kapseln abgelegt, die zu faustgroßen Klumpen vereinigt sind. Diese Laichballen findet man oft am Strand angespült.

Interessante ornamentale Zeichnungen zeigen die Gehäuse vieler Walzenschnecken. Sie leben hauptsächlich in tropischen Meeren. Einige Arten der Gattung Mitra leben aber auch an Felsküsten des Mittelmeeres.

Die letzte Gruppe der Neuschnecken, die Pfeilzüngler, haben eine wirkungsvolle Waffe zum Erlegen von Beutetieren, aber auch zum Schutz gegen Feinde ausgebildet. Die Zähne der Radula sind lang und spitz. Bei der Gattung Conus sind diese Zähne zu hohlen, kanülenähnlichen Gebilden geworden. Sie stehen mit einer Giftdrüse in Verbindung. Zum Töten des Beutetieres wird der Rüssel suchend ausgestreckt. Wenn er eine weiche Stelle des Opfers gefunden hat, versteift er sich und die Spitze sticht zu. Conus marmoreus lebt in erster Linie von Schnecken. Der Stich einiger Conus-Arten kann auch für den Menschen tödlich sein. Solche Unglücksfälle sind nicht selten, weil diese schönen tropischen Schnecken beliebte Sammlerobjekte sind. In früheren Zeiten, als das Conchyliensammeln Mode war, sind für Gehäuse seltener Arten erstaunlich hohe Preise gezahlt worden.

Mitra papalis (Linnaeus)
Papstkrone
Indopazifik
80 mm

Amoria undulata (Lamarck)
Dickkopf
Australien
78—91 mm

Murex brandaris Linnaeus
Herkuleskeule
Mittelmeer
78—91 mm

Marmorkegel
Indopazifik
105—130 mm

Gubula maculata (Linnaeus)
Gefleckter Bohrer
Südsee, Japan
117—169 mm

Harpa major (Röding)
Große Harfe
Indopazifik
75 mm

Murex triremis (Perry)
Skelettspindel
Indopazifik
135 mm

Alcithoe pacifica (Solander)
Pazifische Walzenschnecke
Neuseeland
91—117 mm

Buccinum undulatum Linnaeus
Wellhornschnecke
Nordatlantik 80—120 mm

Unterklasse Euthyneura — Hinterkiemer und Lungenschnecken

Ordnung Cephalaspidea (*Brachystomia, Spiratella*)

Ordnung Saccoglossa (*Berthelinia, Elysia*)

Ordnung Anaspidea (*Acera, Aplysia*)

Ordnung Nudibranchia — Nacktkiemer (*Aeolidia, Coryphella, Dendronotus, Glossodoris, Pteraeolidia, Umbraculum*)

Brachystomia als primitiver Vertreter der Unterklasse Euthyneura hat noch einen Schalendeckel, wie wir ihn von den Vorderkiemern kennen. Diese kleine Schnecke lebt als Parasit auf Miesmuscheln. Auf dem Schalenrand der Muschel sitzend, verflüssigt sie durch ausgeschiedene Fermente Mantelgewebe, das sie dann mit ihrem Rüssel aufsaugt. Spiratella hat die Seitenlappen des Fußes zu Ruderorganen umgebildet. Sie lebt im Plankton der Hochsee. Ihre Nahrung, die aus Kieselalgen und anderem Kleinstplankton besteht, saugt sie mit dem Atemwasser ein.

Die Sackzüngler (Saccoglossa) haben ihren Namen nach einem sackartigen Gebilde, das die verbrauchten Zähne der nachwachsenden Radula aufnimmt. Berthelina verwirrt den Beobachter dadurch, daß sie ein zweiklappiges Gehäuse wie eine Muschel besitzt. Ihr Körperbau, das Vorhandensein eines Kopfes mit Augen und Fühlern, zeigt aber, daß wir es mit einer Schnecke zu tun haben. Berthelina lebt auf Grünalgen, die sie mit ihrer Radula aufritzt, um sich von dem Zellsaft zu ernähren. — Die Grüne Samtschnecke ist zur Nacktschnecke geworden. Sie hat Schale, Mantelhöhle und Kiemen rückgebildet. Sie wird vorwiegend auf Seegraswiesen in der Küstenregion angetroffen und ist wie alle Sackzüngler Pflanzenfresser.

Die *Kugelschnecke* schlägt die Seitenlappen (Parapodien) ihres Fußes trichterartig über das zerbrechliche Gehäuse. Pulsierende Bewegungen dieses Trichters ermöglichen dieser Schnecke das Schwimmen im freien Wasser. Auch der *Seehase* kann auf ähnliche Weise durch Rückstoß schwimmen. Die Schale dieser massigen Schnecke ist zu einer flachen, völlig überwachsenen Scheibe zurückgebildet. Zur Abwehr von Feinden können Seehasen ein violettes Sekret in großen Wolken aus ihrer Mantelhöhle ausstoßen.

Die farbenprächtigsten und bizarrsten Schnecken finden wir unter den Nacktkiemern. Die Schale ist bei ihnen meist vollständig zurückgebildet. Die große Fadenschnecke hat zottige Rückenfortsätze in großer Zahl, in die sich Äste der Mitteldarmdrüse hineinstrecken. Diese Rückenanhänge enthalten auch Nesselzellen, die die Schnecke vor Feinden schützen. Diese Nesselzellen stammen von Seerosen und Seenelken, von denen sich die Fadenschnecken ernähren. — Coryphella-Arten nehmen ihre Nesselkapseln vorwiegend von Hydrozoenstöcken auf, deren Polypen sie abweiden. Auch Dendronotus ernährt sich von Hydrozoen. Die Rückenfortsätze dieser Schnecke sind bäumchenförmig verzweigt und geben dem Tier ein bizarres Aussehen. Bei Glossodoris und seinen Verwandten sind die Kiemenanhänge meist sternförmig um den auf der hinteren Region des Rückens liegenden After angeordnet. — Die Schirmschnecken gehören zu den wenigen Nacktkiemern, die noch einen napfförmigen Schalenrest ausgebildet haben.

Ordnung Basommatophora — Wasserlungenschnecken (*Galba, Lymnaea, Planorbarius*)
Ordnung Stylommatophora
Unterordnungen Orthurethra [Pupillacea] (*Abida, Zebrina*), Heterurethra (*Succinea*), Sigmurethra [Endodontacea] (*Arion*), [Zonitacea] (*Deroceras, Lehmannia, Limax*) [Achatinacea] (*Achatina*), [Clausiliacea] (*Clausilia*), [Heliacea — Schnirkelschnecken] (*Cepaea, Helix, Liguus*)

Angehörige der beiden Lungenschneckenordnungen sind jedem Binnenländer bekannt. Bei den Wasserlungenschnecken liegen die Augen an der Basis der Augenfühler. Die Augen der Landlungenschnecken dagegen sitzen an der Spitze des hohlen und einstülpbaren Fühlerpaares. Außerdem ist ein zweites, kürzeres Fühlerpaar vorhanden. Die Schlammschnecken der Gattung Lymnaea sind weltweit in Gewässern mit schlammigem Boden verbreitet. Zum Atmen kommen sie an die Wasseroberfläche. Galba verläßt bisweilen ihre kleinen Wohngewässer, um an Uferpflanzen herumzukriechen. Diese Schnecke ist als Zwischenwirt des Großen Leberegels (s. S. 39) für die Viehzucht schädlich.

Mit der Eroberung des Landes durch die Stylommatophoren haben die Mollusken auch in diesem Lebensraum eine große Formenvielfalt und Artenzahl entwickelt. Selbst innerhalb der Arten findet man eine große Variabilität in Färbung und Zeichnungsmustern; als Beispiel hierfür seien die Bänderschnecken genannt. Die größte einheimische Landschnecke, die *Weinbergschnecke*, ist als Nahrungsmittel durch den Menschen weit über Mitteleuropa verschleppt worden.

Achatina — die größte Landschnecke überhaupt — ist in den Tropen ein sehr gefürchteter Schädling. — Die kleinen, langgestreckt spindelförmigen Schließmundschnecken können ihre Gehäuseöffnung durch ein gestieltes Kalkplättchen verschließen. — Die *Bernsteinschnecken* mit ihrem sehr zerbrechlichen Gehäuse trifft man an feuchten Stellen in der Nähe von Gewässern an. Sie sind uns als Zwischenwirt des Saugwurmes Leucochloridium bekannt (s. S. 39). Eine Reihe von Landlungenschnecken hat das Gehäuse völlig zurückgebildet. Unter diesen Nacktschnecken gibt es sehr gefräßige Schädlinge.

Klasse Bivalvia — Muscheln

Ordnung Taxodonta

Überfamilien: Nuculacea — Nußmuscheln (*Leda, Nucula*), Arcacea (*Arca, Glycimeris*)

Ordnung Anisomyaria

Überfamilien: Mytilacea — Miesmuscheln (*Mytilus*), Pteriacea (*Pinna, Pteria*), Pectinacea (*Amusium, Pecten, Spondylus*), Anomiacea (*Anomia*), Ostreacea (*Ostrea*)

Der lateinische Name der Muscheln weist auf das auffälligste Merkmal dieser Tierklasse hin: Ihre Schale ist stets in zwei Klappen unterteilt. Diese beiden harten Kalkschalenklappen sind durch eine schmale, elastische, unverkalkte Zone fest miteinander verbunden. Vom Kopf ist bei dieser Molluskenklasse außer der Mundöffnung wenig übriggeblieben. Die Nahrung der meisten Muscheln besteht aus Planktonorganismen und kleinen Partikeln organischer Substanz tierischer oder pflanzlicher Herkunft. Aufgenommen wird die Nahrung mit dem Atemwasserstrom, der durch den Wimperbesatz der Kiemen erzeugt wird. Die Kiemen sind zu einem Filterapparat entwickelt, der Nahrungspartikel aussortiert und über eine Flimmerrinne in die Nähe der Mundöffnung transportiert. An der Mundöffnung liegen bewimperte Mundlappen, die die Nahrung in den ebenfalls bewimperten Vorderdarm strudeln. Bei den urtümlichen *Nußmuscheln* sind die Mundlappen zu langen Fortsätzen entwickelt, mit denen diese Schlammbodenbewohner die Umgebung nach Nahrungspartikeln absuchen und mit dem Wimperbesatz in den Mund befördern. — Die Archenmuscheln gehören wie die Nußmuscheln zu den Taxodonta, bei denen die für alle höheren Muscheln typische Kiemenstruktur noch nicht voll ausgebildet ist.

Miesmuscheln und Austern sind als Nahrungsmittel bekannt. Die *Miesmuschel* heftet sich wie alle Muscheln, die offen auf festem Untergrund leben, mit Byssusfäden an Steinen oder Pfählen an. Der Byssus — eine eiweißartige Substanz — wird aus einer Drüse ausgeschieden und erstarrt zu sehr zugfesten Fäden. Aus dem Byssus der großen Steckmuscheln hat man in früheren Jahrhunderten die feine Meeresseide gewonnen, aus der man sehr zarte Gewebe herstellte. Auch heute noch sehr geschätzte Produkte liefern Muscheln der Gattung Pteria, denn hierher gehört die echte Seeperlmuschel. Zur Perlbildung sind auch andere Muscheln und Schnecken fähig.

Wenn wir als Charakteristikum aller Muscheln träge, langsame Bewegungen ansehen, dann belehren uns die *Pilgermuscheln* eines anderen. Durch kräftiges Zusammenschlagen ihrer Schalen pressen sie Wasser aus Öffnungen in ihrem Mantelrand. Der dadurch erzeugte Rückstoß ermöglicht ihnen schnelles Schwimmen. An den Mantelrändern tragen diese Muscheln viele hochentwickelte kugelige Linsenaugen und zahlreiche feine Tentakeln.

Ordnung Eulamellibranchiata

Unterordnung Schizodonta

Überfamilie: Unionacea (*Anodonta, Margaritana, Unio*)

Unterordnung Heterodonta

Überfamilien: Sphaeriacea (*Pisidium, Sphaerium*), Dreissenacea (*Dreissena*)

Die größte Zahl aller Muschelarten gehört zu den Eulammellibranchiata. Die Kiemen sind als typische Blattkiemen entwickelt. Zwei Schließmuskeln, die ein festes Aneinanderpressen der Schalen ermöglichen, sind bei diesen Muscheln im allgemeinen gleich stark entwickelt. — Bei den Anisomyaria ist der vordere Schließmuskel meist rückgebildet. — Die Unionacea und Sphaeriacea sind Süßwasserbewohner. Die großen Süßwassermuscheln haben durch ihre Filtriertätigkeit eine Bedeutung für die Reinhaltung des Wassers. *Teichmuscheln* machen beim Kriechen durch den Bodenschlamm Schüttelbewegungen, mit denen sie Kleinlebewesen und Nahrungspartikel hochwirbeln, die sie dann einstrudeln. In den Kiemen der weiblichen Muscheln entwickeln sich Eier in großer Zahl; die dann ausgestoßenen Larven (Glochidien) haben Schalen mit spitzen Haken. Bei Berührung durch einen Fisch drücken sie diese Haken in dessen Haut und leben dort mehrere Wochen als Parasiten, ehe sie zu Boden fallen und sich durch Strudeln ernähren. In sauberen, kalten Bächen lebt die *Flußperlmuschel*. Obwohl man sie nur in kalkarmen Gewässern findet, wird ihre Schale sehr dick. In früheren Zeiten spielte die Flußperlmuschel wirtschaftlich eine Rolle als Perlenlieferant. Heute ist diese Muschel durch Verunreinigung der Gewässer sehr selten geworden. Perlen entstehen dadurch, daß durch einen Fremdkörper oder Parasiten ein Stück Mantelepithelgewebe in das Innere des Mantels der Muschel gerät. Das Mantelepithel, das normalerweise die Schale abscheidet, bildet dann die Perle aus. Um das Entstehen von Perlen nicht dem seltenen Zufall zu überlassen, hat man in Japan Methoden entwickelt, Fremdkörper mit Mantelepithelzellen umgeben, in das Innere von Seeperlmuscheln zu bringen. Innerhalb von wenigen Jahren wachsen dann „Zuchtperlen". — Süßwasserperlmuscheln liefern selten wertvolle Perlen.

Während die meisten Süßwassermuscheln Bodenbewohner sind, heftet sich die *Dreikantmuschel* mit Byssusfäden an Steinen und Pfählen an. Diese Muschel war ursprünglich in Südosteuropa beheimatet und hat sich seit dem vorigen Jahrhundert weit über Europa verbreitet. Sie hat sich oft so stark vermehrt, daß in manchen Gewässern alle festen Gegenstände und hartschaligen Wassertiere wie Schnecken, Muscheln und Krebse von Dreikantmuschelschichten überzogen waren.

Kugelmuscheln bedecken oft dicht den Boden von Seen, Bächen und Flüssen. Sie sind zwittrig und treiben Brutpflege. Die Eier entwickeln sich in Bruttaschen innerhalb der Kiemen. Die Jungtiere verlassen das Muttertier erst, wenn sie geschlechtsreif geworden sind.

Cardium edule
Linnaeus
Eßbare Herzmuschel
Atlantik u. Nebenmeere
4,5 cm

Chama lazarus
Lamarck
Stachlg. Hufmuschel
Mittelmeer
6 cm

Cardium aculeatum
Linnaeus
Große Herzmuschel
Atlantik u. Nebenmeere
bis 8 cm

Venus verrucosa
Linnaeus
Warzige Venusmuschel
Atlantik u. Nebenmeere
5 cm

Tellina planata
Linnaeus
Plattmuschel
Atlantik u.
Nebenmeere
6 cm

Callista chione
(Linnaeus)
Atlantik u. Nebenmeere, 5 cm

Pitaria chione
(Lamarck)
Atlantik
4 cm

Mactra corallina
(Linnaeus)
Trogmuschel
Atlantik, Nebenmeere
bis 7 cm

Tridacna gigas
Linnaeus
Riesenmuschel
Indopazifik
bis 100 cm

Überfamilien: Chamacea — Lappenmuscheln (*Chama*), Cardiacea — Herzmuscheln (*Cardium, Callista, Tridacna*), Veneracea (*Pitaria, Venus*), Mactracea — Trogmuscheln (*Mactra*), Tellinacea (*Tellina*)

Lappenmuscheln waren in früheren Erdzeitaltern in großer Formenfülle verbreitet. Die beiden Klappen der Schale sind ungleichartig entwickelt. Bei der noch heute lebenden Gattung Chama sind die dicken Schalen mit langen Lappen und Stacheln besetzt.

Herzmuscheln haben einen langen fingerförmigen Fuß. Die Muschel stemmt den Fuß im geknickten Zustand gegen den Boden, streckt ihn plötzlich — und die Muschel schnellt fort. Herzmuscheln können auf diese Weise mehrere Dezimeter weit springen.

Die bis zu vier Zentner schwere *Riesenmuschel* liegt mit dem Schloß nach unten im Boden. Dieser Gigant unter den Muscheln ernährt sich nur von kleinsten Partikeln und Planktonorganismen. Tridacna hat in ihrem Schließmuskel eine ungeheure Kraft. Selbst mit einer Brechstange ist die geschlossene, lebende Riesenmuschel kaum zu öffnen.

Die schönen Schalen der *Venusmuscheln* sind beliebte Sammelobjekte. — Die in weichem oder sandigem Boden in großer Zahl vorkommenden *Trogmuscheln* sind eine bedeutende Fischnahrung.

Ein- und Ausströmöffnung der Plattmuscheln sind wie auch bei vielen anderen im Boden lebenden Muscheln zu langen Röhren (Siphonen) ausgewachsen. Mit dem Einströmsiphon tastet die völlig eingegrabene Muschel die Bodenoberfläche nach Nahrung ab, die sie dann einsaugt.

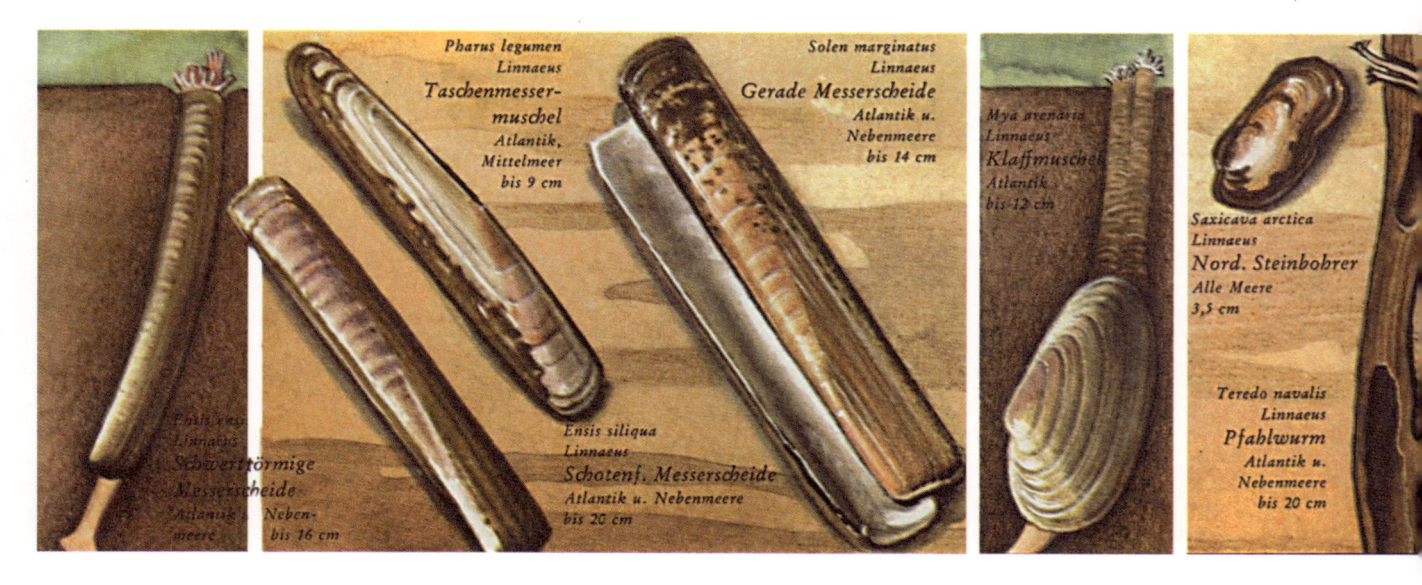

Ensis ensis
Linnaeus
Schwertförmige Messerscheide
Atlantik u. Nebenmeere
bis 16 cm

Pharus legumen
Linnaeus
Taschenmessermuschel
Atlantik, Mittelmeer
bis 9 cm

Ensis siliqua
Linnaeus
Schotenf. Messerscheide
Atlantik u. Nebenmeere
bis 20 cm

Solen marginatus
Linnaeus
Gerade Messerscheide
Atlantik u. Nebenmeere
bis 14 cm

Mya arenaria
Linnaeus
Klaffmuschel
Atlantik
bis 12 cm

Saxicava arctica
Linnaeus
Nord. Steinbohrer
Alle Meere
3,5 cm

Teredo navalis
Linnaeus
Pfahlwurm
Atlantik u. Nebenmeere
bis 20 cm

Unterordnung Adapedonta

Überfamilien: Solenacea (*Ensis, Pharus, Solen*), Saxicavacea — Felsenbohrer (*Saxicava*), Myacea (*Mya*), Adesmacea (*Pholas, Teredo, Zirfaea*)

Unterordnung Anomalodesmata

Überfamilien: Pandoracea (*Pandora*), Clavagellacea (*Brechites*), Poromyacea (*Cuspidaria, Thracia*)

Messer- oder säbelförmiges Aussehen haben die Solenaceen. Der lange runde Fuß erlaubt ihnen ein schnelles Eindringen in den schützenden Boden. Der Fuß bohrt sich in den Untergrund ein, verankert sich dadurch, daß seine Spitze anschwillt, und zieht die Schale nach. Auf diese Weise kann sich eine *Messerscheidenmuschel* innerhalb kurzer Zeit völlig eingraben. Nur die kurzen Siphonen ragen über die Oberfläche hinaus. Noch tiefer kann die *Klaffmuschel* in den Wattboden eindringen, denn ihre zu einer gemeinsamen Röhre verwachsenen Siphonen erreichen mehrfache Körperlänge. Bei Störung zieht diese an unseren Küsten häufige Muschel die Siphonenröhre ein. Muscheln aus der Gruppe der Saxicavacea dringen in Felsspalten ein, einige Arten bohren mit Hilfe ihrer Schalen Gänge in weiches Gestein; Kalkgestein wird auch durch ausgeschiedene Säure angegriffen. Aus den Bohrlöchern strecken die Muscheln die Siphonen an die Oberfläche des Gesteins. Sehr schädlich für den Menschen ist die Bohrtätigkeit der Adesmacea. Die auseinanderklaffenden und am Vorderrand gerieften Schalen bilden eine Raspel, die den Muscheln das Einbohren in Kalkgestein, unterseeischen Torf und untergesunkenes Holz ermöglicht. Die auch in den Kreideklippen von Helgoland bohrende *Dattelmuschel* scheidet bei Beunruhigung hell leuchtenden Schleim aus. — Der Schiffsbohrwurm hat seine Schalen weitgehend rückgebildet. Sie sind zu einem am Vorderende des Tieres liegenden Bohrapparat umgewandelt. Teredo bohrt tiefe Gänge in hölzerne Schiffsrümpfe und vernichtet ebenso Hafen- und Küstenschutzbauten, sofern sie aus Holz sind. Das abgeraspelte Holz wird von der Muschel aufgenommen und verdaut. Genausowenig wie der Bohrwurm ist die *Gießkannenmuschel* auf den ersten Blick als Muschel zu erkennen. Die beiden kleinen Schalenklappen sind mit einer langen Kalkröhre verwachsen, die das ganze Tier umhüllt. Das Vorderende der Hülle ist durch eine siebartig durchlöcherte Verschlußplatte begrenzt. Mit diesem Vorderende stecken die Tiere im Bodenschlamm, die Siphonenöffnung ragt ins freie Wasser. — Die dünnschaligen *Büchsenmuscheln* haben zwar ungleiche Schalenklappen, sind aber in Gestalt und Lebensweise typische Muscheln. Die Poromyacea sind Tiefseebewohner und haben stark rückgebildete Kiemen.

Klasse Scaphopoda — Grabfüßer

Familien: Siphonodentaliidae (*Siphonodentalium*), Dentaliidae (*Dentalium*)

Die Schale der Grabfüßer hat ungefähr die Form eines Elefantenstoßzahnes. Sie besteht aus einer an beiden Enden offenen Röhre. Mit dem erweiterten Vorderende stehen diese reinen Meeresbewohner schräg im Sand. Am Kopf befinden sich zahlreiche, in zwei Büscheln angeordnete Fangfäden. Diese werden nach allen Seiten in den Sand gestreckt. In den Sandlücken lebende kleine Bodentiere kleben am keulenförmigen Ende der Fangfäden fest und werden zum Mund geführt.

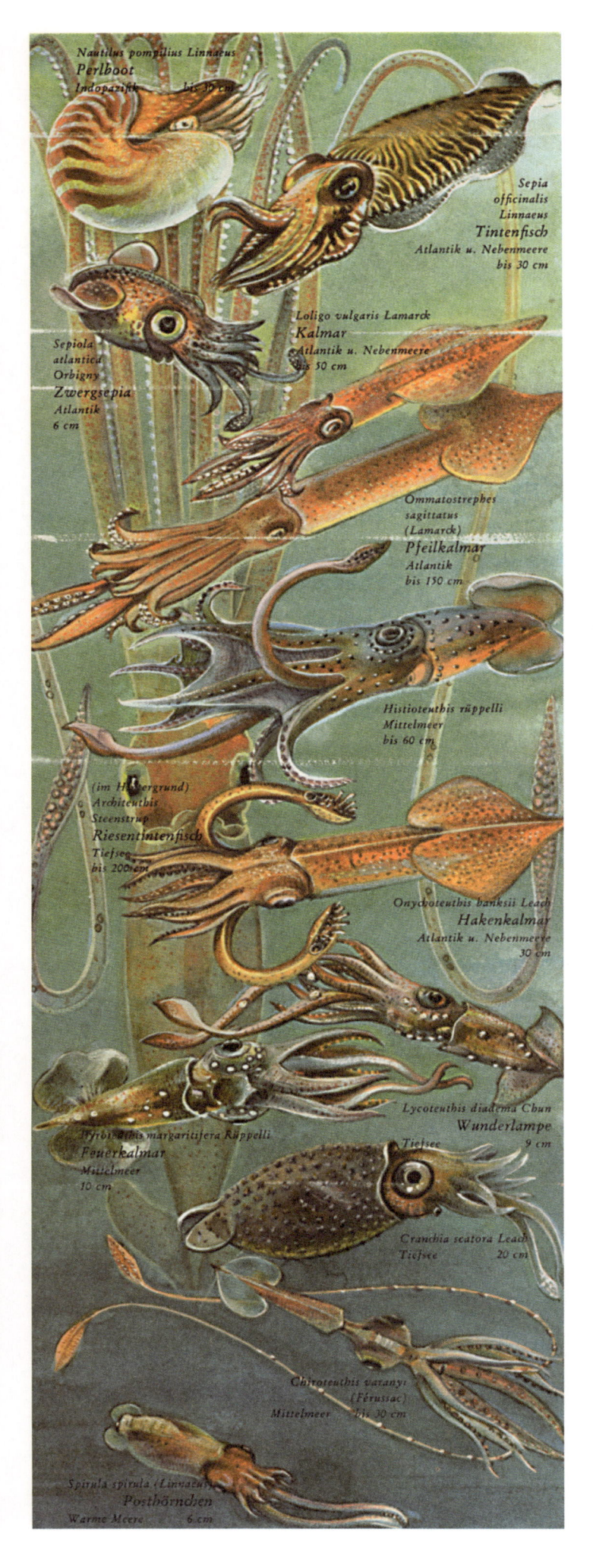

Klasse Cephalopoda — Kopffüßer
Unterklasse Tetrabranchiata — Alt-Tintenfische
Familie: Nautilidae (*Nautilus*)
Unterklasse Dibranchiata — Neu-Tintenfische
Ordnung Decabrachia — Zehnarmige Tintenfische
Unterordnung Sepioidea
Familien: Spirulidae (*Spirula*), Sepiidae (*Sepia*), Sepiolidae (*Sepiola*)
Unterordnung Teuthoidea
Familien: Loliginidae (*Loligo*), Lycoteuthidae (*Lycoteuthis*), Enoploteuthidae (*Pyroteuthis*), Onychoteuthidae (*Onychoteuthis*), Architeuthidae (*Architeuthis*), Histioteuthidae (*Histioteuthis*), Ommatostrephidae (*Ommatostrephes*), Chiroteuthidae (*Chiroteuthis*), Cranchiidae (*Cranchia*)

Die spiralig aufgewundene Schale des Nautilus ist in eine große Zahl von Kammern unterteilt; nur in der letzten, größten lebt das Tier, die übrigen Kammern sind gasgefüllt. Die zahlreichen Arme dieses primitiven Kopffüßers haben noch nicht die für alle höheren Tintenfische typischen Saugnäpfe. Nautilus lebt in Tiefen unter 100 m und ernährt sich u. a. von Krebsen.

Der *Gemeine Tintenfisch* hat als Rest einer Schale den auf der Rückenseite des Tieres liegenden, völlig vom Mantel überwachsenen Kalkschulp. Wie bei allen zehnarmigen Kopffüßern sind zwei der zehn um den Mund herum angeordneten Arme in stark verlängerte Fangtentakel umgewandelt. Der Trichter ist das wichtigste Fortbewegungsorgan der meisten Kopffüßer. Durch seine Mündung, die in verschiedene Richtungen bewegbar ist, wird Wasser aus der Kiemenhöhle ausgestoßen. Dadurch sind z. T. sehr schnelle Rückstoßbewegungen möglich. Als weitere Bewegungsorgane haben die zehnarmigen Tintenfische seitliche Flossensäume. Sehr eindrucksvoll ist die Fähigkeit der Sepia zu schnellem und extremem Farbwechsel.

Frei in der Tiefsee lebt Spirula. Sie hat in ihrer inneren spiraligen Schale Gaskammern. — Der Körper der schnell schwimmenden Kalmare und Pfeilkalmare ist torpedoförmig gebaut. Sie leben meist in größeren Schwärmen. Der *Hakenkalmar* trägt an den keulenförmigen Enden seiner Fangtentakeln Fanghaken an Stelle der Saugnäpfe. — Cranchia, *Feuerkalmar* und *Wunderlampe* sind wie viele Tiefseeformen mit Leuchtorganen ausgerüstet.

Unter den Riesentintenfischen der Gattung Architeuthis finden wir die größten und schwersten wirbellosen Tiere. Die in den Mägen von Pottwalen gefundenen Reste riesiger Tintenfische gehören zu dieser Gattung.

Während die meisten Kopffüßer eine räuberische Lebensweise haben, ist der Hochseebewohner Chiroteuthis Planktonfresser. Seine extrem langen Fangtentakeln sind mit Klebdrüsen besetzt.

Ordnung Vampyromorpha

Familie: Vampyroteuthidae (*Vampyroteuthis*)

Ordnung Octobrachia — Achtarmige Tintenfische

Unterordnung Cirrata

Familien: Cirroteuthidae (*Cirrothauma*), Opisthoteuthidae (*Opisthoteuthis*)

Unterordnung Incirrata

Familien: Amphitretidae (*Amphitretus*), Octopodidae (*Eledone, Octopus*), Ocythoidae (*Ocythoë*), Argonautidae (*Argonauta*)

Bei dem in vieler Hinsicht sehr urtümlichen Vampyroteuthis sind acht mit einer Spannhaut verbundene Arme deutlich zu erkennen. Zwei weitere fadenförmige Arme werden in Taschen an der Basis der Spannhaut zurückgezogen. Diese Arme sind fühlerartige Sinnesorgane. Unter allen Tieren hat dieser Tiefseebewohner die im Verhältnis zum Körper größten Augen. Auf seinem Körper sitzen viele verschiedenartige Leuchtorgane.

Der *Gemeine Krake*, der bekannteste achtarmige Tintenfisch, hat eine vorwiegend nächtliche Lebensweise und sucht gern Zuflucht in Höhlen oder Felsspalten. Von seinem Versteck aus ergreift er vorbeiziehende Krebse und Fische. Octopus hat auf seinen acht Armen je zwei Reihen Saugnäpfe. Der *Moschuskrake* hat nur eine Reihe Saugnäpfe auf jedem Arm.

Bei dem Tiefseebewohner Cirrothauma sind die Augen völlig rückgebildet. Seine Arme sind durch eine Spannhaut schirmartig miteinander verbunden.

Der ebenfalls in der Tiefsee lebende Opisthoteuthis hat einen merkwürdig abgeflachten gallertigen Körper.

Der von einer Gallerthülle umgebene Amphitretus ist an seinen Teleskopaugen als Tiefseeform zu erkennen.

Das Weibchen des *Papierbootes* lebt in einer zarten, papierdünnen kahnförmigen Schale. Diese Schale wird von einer verbreiterten Region des obersten Armpaares ausgeschieden, ist ungekammert und nicht der Schale des Nautilus homolog. In der Schale des Papierbootes werden auch die abgelegten Eier mitgeführt. Das Männchen von Argonauta ist im Vergleich zum Weibchen winzig klein. Die lebendgebärende Ocythoë hat ebenfalls Zwergmännchen. Diese Männchen schwimmen wie der Krebs Phronima (s. S. 67) in leeren Salpentönnchen.

Plumatella repens Linnaeus
Moostierchen
Europa
Stock bis 40 cm

Cristatella mucedo Cuvier
Moostierchen
Europa
Stock 3—4 cm

Pectinatella magnifica Leidy
Moostierchen
Europa, Amerika, Stock ⌀ 30 cm

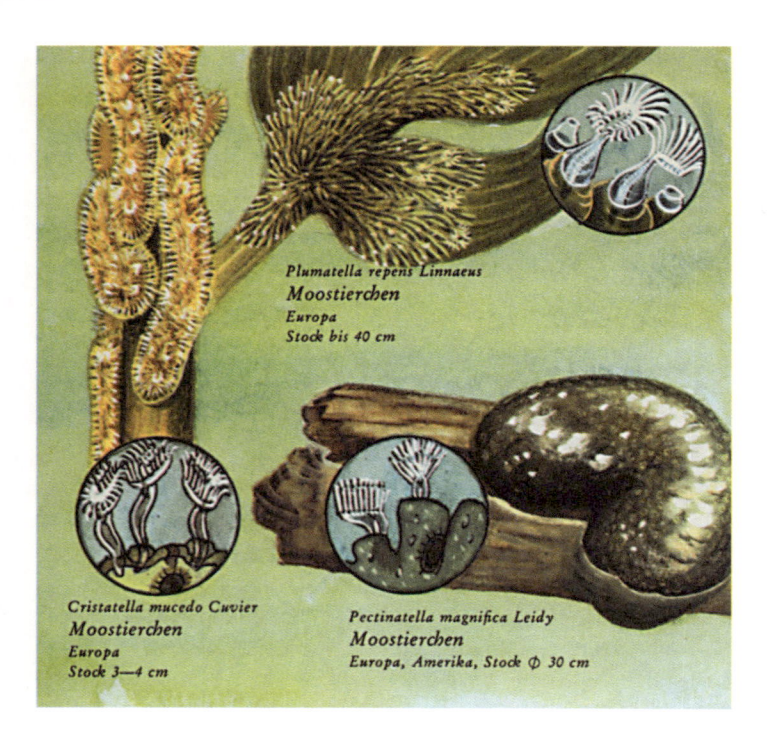

Stamm TENTACULATA — KRANZFÜHLER
Klasse Phoronidea — Hufeisenwürmer (*Phoronis*)
Klasse Bryozoa — Moostierchen
Unterklasse Lophopoda — Süßwassermoostierchen (*Cristatella, Pectinatella, Plumatella*)
Unterklasse Stelmatopoda — Meermoostierchen
Ordnungen Ctenostoma — Kammünder (*Alcyonidium*), Cheilostoma — Lippenmünder (*Membranipora, Scrupocellaria*), Cyclostoma — Rundmünder (*Tubulipora*)

Namengebendes Merkmal der Kranzfühler ist ein Kranz bewimperter Tentakeln, die auf paarigen Fortsätzen (Lophophoren) in der Nähe des Mundes sitzen. Dieser Tierstamm gehört zu den ursprünglichsten Leibeshöhlentieren. Die tentakeltragenden Fortsätze der Phoroniden sind hufeisenförmig gestaltet. Die von der Tentakelbewimperung herbeigestrudelte Nahrung gelangt durch den Mund in den U-förmig gebogenen Darm. Der After mündet am Vorderende außerhalb des Tentakelkranzes. Die *Hufeisenwürmer* sind reine Meeresbewohner und leben in oft miteinander verschlungenen Röhren. Ihre Larve — die Actinotrocha — ist der Trochophoralarve der Anneliden ähnlich.

Während die Hufeisenwürmer einzeln lebend sind, bilden die *Moostierchen* fast ausnahmslos Kolonien, die aus vielen sehr kleinen Einzelindividuen zusammengesetzt sind. Ihr Körper ist in den weichhäutigen Vorderkörper (Polypid) und den von einem Gehäuse umschlossenen Hinterkörper (Zystid) unterteilt. Vorderkörper und Tentakelkrone werden bei Störungen eingezogen.

Die ursprünglichsten Moostierchen sind Süßwasserbewohner. Ihre Tentakeln sitzen auf Lophophoren.

Die Tentakeln der Meeresmoostierchen sind kreisförmig um den Mund angeordnet, die Lophophoren fehlen. Die Kolonien der Meeresmoostierchen zeigen eine außerordentliche Vielfalt: neben wabenförmig gemusterten Krusten auf Algen und Schneckengehäusen gibt es lappig-blattförmige Arten. Andere bilden netzförmige Kalkgebilde oder bäumchenförmige Kolonien.

Klasse Brachiopoda — Armfüßer
Unterklassen Inarticulata — Schloßlose Armfüßer (*Lingula*), Articulata — Armfüßer mit Schloß (*Lagneus, Terebratella*)

Die zweiklappige Schale der Armfüßer erinnert an die der Muscheln. Während die Schalenklappen der Muscheln jedoch seitlich liegen, haben wir es bei den Armfüßern mit Rücken- und Bauchschale zu tun. An den spiralig aufgerollten, mit bewimperten Tentakeln besetzten Lophophoren sind diese Tiere als Tentaculaten zu erkennen. In früheren Erdzeitaltern waren diese Meeresbewohner in großer Artenzahl verbreitet. Jetzt leben nur noch etwa 280 Arten. Die *Zungenmuschel* hat sich seit etwa 400 Millionen Jahren unverändert bis heute erhalten. Ihr Hinterende ist zu einem Stiel verlängert, mit dem das Tier senkrecht im Boden steckt. Nur das obere Ende der Schale ragt ins freie Wasser.

Andere Armfüßer sind mit ihrem Stiel an feste Unterlagen angeheftet, stiellose Arten sind mit ihren Schalen festgewachsen.

Alcyonidium gelatinosum Linnaeus
Gallert-Moostierchen
Atlantik u. Nebenmeere
Stock bis 60 cm hoch

Membranipora membranacea (Linnaeus)
Seerinde
Atlantik u. Nebenmeere
Stock 20 cm

Lingula unguis Lamarck
Zungenmuschel
Indopazifik
Schale 4 cm

Phoronis muelleri Selys-Longchamp
Hufeisenwurm
Atlantik u. Nebenmeere
8 cm
Actinostroca-Larve v. Phoronis

Lagneus californicus Koch
Armfüßer
Ostpazifik
4 cm

Scrupocellaria reptans Linnaeus
Meeres-Moostierchen
Weltmeere
Stock 2 cm hoch

Tubulipora flabellaris Fabricius
Röhrenfächer-Moostierchen
Atlantik u. Nebenmeere
Stock 3 cm breit

Terebratella cruenta Diller
Armfüßer
Neuseeland
4 cm

DEUTEROSTOMIA — RÜCKENMARKTIERE
Stamm BRANCHIOTREMATA HEMICHORDATA
Klasse Enteropneusta — Eichelwürmer

Familien: Harrimaniidae (*Saccoglossus*), Ptychoderidae (*Balanoglossus*)

Klasse Pterobranchia — Flügelkiemer

Familien: Cephalodiscidae (*Cephalodiscus*), Rhabdopleuridae (*Rhabdopleura*)

Bei den Branchiotremata Hemichordaten finden wir Andeutungen von typischen Chordatenmerkmalen. Bei diesen urtümlichen Meeresbewohnern treten erstmals Kiemenspalten auf. Das sind paarige Öffnungen im Vorderdarm. Der Körper der im Bodenschlamm oder -sand wühlenden *Eichelwürmer* ist in drei deutliche Abschnitte unterteilt: die Eichel, den Kragen und den Rumpf, die auf die drei hypothetischen Ursegmente zurückgeführt werden (siehe S. 17). Die Eichel am Vorderende ist ein schwellbares Bohrorgan, das den Tieren das Wühlen im Untergrund ermöglicht. Der Mund liegt in der Kragenregion. Der sich gerade durch den Körper ziehende Darm mündet am Hinterende. Eichelwürmer fressen Schlick und Sand und ernähren sich von den darin befindlichen Pflanzen- und Tierresten sowie Kleinlebewesen. Die Larve (Tornaria) der Eichelwürmer ist den Stachelhäuterlarven ähnlich.

Die *Flügelkiemer* erinnern in ihrem Äußeren und ihrer Lebensweise an Moostierchen: Sie sind festsitzend, kolonienbildend, bewohnen Gehäuse und strudeln ihre Nahrung mit Tentakeln heran. Das Vorhandensein von einem Paar Kiemenspalten zeigt jedoch ihren Hemichordatencharakter. Der vordere Körperabschnitt ist flach, scheibenartig. Am mittleren Körperabschnitt befinden sich Mundöffnung und die Tentakelkrone. Der Darm dieser festsitzenden Tiere ist U-förmig gebogen.

Stamm CHAETOGNATHA — PFEILWÜRMER
(*Krohnitta, Sagitta*)

Die glasartig durchsichtigen, straffen und elastischen *Pfeilwürmer* sind überall im Meeresplankton anzutreffen. Ihr Körper ist in drei Regionen — Kopf, Rumpf und Schwanz — gegliedert. Am Kopf befinden sich vorschnellbare sichelförmige Greifhaken, mit denen diese räuberischen Tiere Krebs- und Fischlarven sowie andere Planktontierchen erbeuten. Auf dem Kopf beobachtet man auch zwei Augen. Die Flossen der Pfeilwürmer sind nicht beweglich. Sie dienen nur zur Stabilisierung beim Schwimmen. Die Fortbewegung erfolgt durch ruckartige Schlängelbewegungen des Hinterkörpers. Der Darm zieht sich gerade durch den Rumpf, der After mündet vor dem Schwanzabschnitt. Alle Pfeilwürmer sind Zwitter. Die Eierstöcke befinden sich im Rumpf, die Hoden im Schwanzabschnitt.

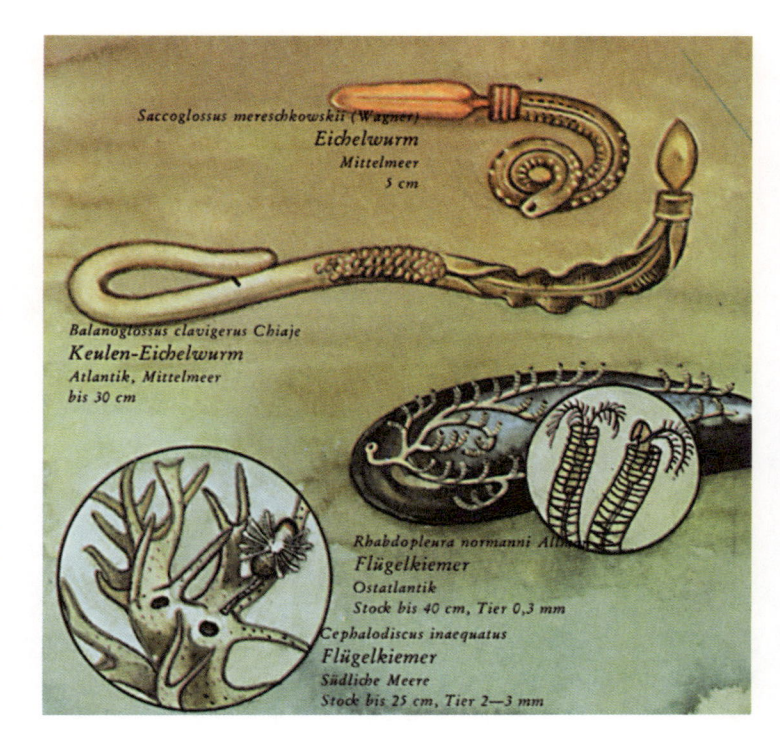

Stamm POGONOPHORA — BARTWÜRMER
(*Siboglinum*)

Die Pogonophoren gehören zu den sensationellen Entdeckungen unseres Jahrhunderts. Zwar schon im Jahre 1914 entdeckt, wurden diese Tiere erst durch spätere genaue Untersuchungen als Angehörige eines neuen Tierstammes erkannt. Die Tiere leben einzeln in dünnen langen Röhren, die im Tiefseeschlamm stecken. Einige Arten werden auch in flacherem Wasser gefunden. Der fadendünne Körper ist in drei Abschnitte mit je einer Leibeshöhle unterteilt. Der hintere Körperabschnitt ist um ein Vielfaches länger als die beiden vorderen. Siboglinum trägt am vorderen Körperabschnitt einen langen Tentakel. Andere Gattungen haben zahlreiche Tentakeln, die kreis- oder spiralförmig angeordnet sind. Diese Tentakeln sind dann z. T. fest miteinander verwachsen. Das erstaunlichste Merkmal ist das völlige Fehlen eines Darmkanals. Man nimmt an, daß sie gelöste Nahrung oder feinste Nahrungspartikel durch winzige Plasmafortsätze an den Tentakeln aufnehmen.

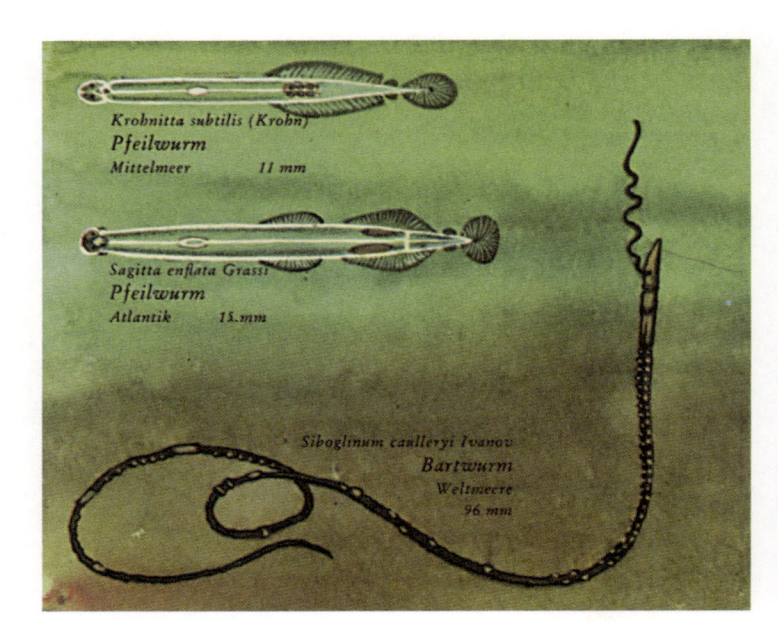

Rhizocrinus lofotensis Sars
Wurzelhaarstern
Nördliche Meere
12 cm

Holopus rangi d'Orbigny
Seelilie
W.-Atlantik
4 cm

Comatula solaris Lamarck
Haarstern
Indopazifik
⌀ 25 cm

Heterometra savignyi L. Müller
Federstern
Rotes Meer, W.-Pazifik ⌀ 30 cm

Pelagothuria natatrix Ludwig
Schwimmholothurie
Tropische Meere
⌀ 6 cm

Metacrinus rotundus Carpentier
Seelilie
Indopazifik
bis 150 cm

Bohadschia argus Jäger
Seewalze
Indopazifik 20 cm

Holothuria impaticus
Seewalze
Tropische Meere
bis 30 cm

Cucumaria planci Brandt
Kletternde Seewalze
Atlantik u. Nebenmeere
bis 15 cm

Peniagone
Tiefsee-Seewalze
Südliche Meere
6 cm

Synapta maculata Chamisso u. Eysenhardt
Riesenseewalze
Indopazifik
bis 200 cm

Rhopalodina lageniformis Gray
Ostatlantik
4 cm

Stamm ECHINODERMATA — STACHELHÄUTER

Unterstamm Pelmatozoa — Gestielte Stachelhäuter

Klasse Crinoidea — Seelilien/Haarsterne

Ordnungen Isocrinida — Seelilien (*Metacrinus*), Millericrinida (*Rhizocrinus*), Cyrtocrinida (*Holopus*), Comatulida — Haarsterne (*Comatula, Heterometra*)

Die Stachelhäuter sind fünfstrahlig radiärsymmetrische Tiere, die in großer Formenfülle und Artenzahl im Meer leben. Ihren Namen verdanken sie warzigen und stacheligen Skelettplatten aus Kalk, die im Unterhautgewebe der Tiere liegen.

Die Pelmatozoen als ursprünglichste Stachelhäuter waren im Erdaltertum und Erdmittelalter in großer Formenvielfalt in den Meeren verbreitet. Auf Schieferplatten der Jura-Zeit können wir wunderschöne versteinerte Seelilien auf langen Stielen bewundern. Heute finden wir noch einige Stielseelilien vorwiegend in der Tiefsee. Am Rand des kelchförmigen Körpers entspringen lange dünne Arme mit seitlichen Anhängen. Die Mindestzahl der Arme ist fünf, doch meistens spalten die Arme an der Basis auf, so daß man 10 oder mehr Arme zählt. Der Mund befindet sich in der Mitte des Kelches, während der After schräg nach oben ausmündet. Die durch Bewegung der Arme herbeigetriebene Planktonnahrung wird dem Mund zugeführt.

Die farbenprächtigen *Haarsterne* leben vorwiegend in den oberen Schichten des Meeres. Diese frei beweglichen Tiere haben an Stelle des Stieles Zirren, mit denen sie sich am Untergrund festklammern. Mit ihren langen zarten Armen bewegen sich die Haarsterne schwimmend oder kletternd durch das Wasser.

Unterstamm Echinozoa — Freilebende Stachelhäuter

Klasse Holothuroidea — Seewalzen oder Seegurken

Ordnungen Dendrochirota (*Cucumaria, Rhopalodina*), Aspidochirota (*Bohadschia, Holothuria*), Elapsipoda (*Pelagothuria, Peniagone*), Paractinopodia (*Synapta*)

Die Seewalzen sind von der fünfstrahligen Symmetrie der typischen Stachelhäuter wieder zur zweiseitigen Symmetrie übergegangen. Fünf Reihen von Saugfüßchen ziehen am Körper entlang. Die drei auf der flachen Unterseite liegenden Füßchenreihen dienen der Fortbewegung. Das Skelett ist meist bis auf kleine, in der dicken, lederartigen Haut liegende Kalkkörperchen zurückgebildet. Die meisten Seewalzen sind Schlammfresser. Viele Seewalzen haben einen erweiterten Enddarm, in dem sich stark verzweigte Kiemen befinden. Durch rhythmisches Zusammenziehen des Enddarmes gelangt frisches Wasser an diese „Wasserlungen". Bei Holothuria-Arten und Verwandten sind einige Zweige der Enddarmkiemen zu klebrigen Schläuchen umgewandelt, die lang aus dem Enddarm ausgestülpt werden können und zum Schutz der Tiere gegen Feinde dienen. Die eigenartige *Schwimmholothurie* hat das Leben am Boden aufgegeben. Sie zeigt in Form und Lebensweise gewisse Ähnlichkeit mit Quallen.

Klasse Echinoidea — Seeigel
Unterklasse Regularia
Ordnungen (*Lepidocentroidea*) — Lederseeigel (*Calveriosoma*), Cidaroidea — Lanzenseeigel (*Eucidaris, Stylocidaris*), Aulodonta (*Centrostephanus, Echinothrix*), Stirodonta (*Arbacia*), Camarodonta (*Echinus, Heterocentrotus, Paracentrotus, Psammechinus, Sphaerechinus*)
Unterklasse Irregularia
Ordnungen Clypeastroidea — Schildseeigel (*Melitta, Rotula*) Spatangoidea — Herzseeigel (*Echinocardium*)

Typisch für die Seeigel sind das feste Skelett und die den ganzen Körper bedeckenden, sehr unterschiedlich ausgebildeten Stacheln. Da sie auf Gelenkköpfen stehen und mit Muskeln versehen sind, werden die Stacheln der Unterseite zur Fortbewegung benutzt. Außerdem sind die sehr lang ausstreckbaren Saugfüßchen als Fortbewegungsorgane vorhanden. Zwischen den Stacheln stehen zahlreiche dreibackige Greifzangen, die z. T. zur Verteidigung, zum Teil zum Beutefang dienen, andere entfernen den Kot von der Oberfläche des Tieres. Der auf der Unterseite liegende Mund ist mit einem komplizierten Kauapparat bewaffnet. Diese Seeigel sind meistens Allesfresser: Pflanzliche und tierische Nahrung, aber auch Aas und Kot werden vom Meeresboden aufgenommen. Die irregulären, zweiseitig symmetrischen Seeigel nehmen dagegen nur kleine Nahrungspartikel auf.

Klasse Asteroidea — Seesterne

Ordnungen Phanerozonia — Großplattenseesterne (*Astropecten, Echinaster, Linckia, Oreaster*), Spinulosa — Stachelseesterne (*Culcita, Patiria, Solaster*), Forcipulata — Zangenseesterne (*Asterias, Brisinga, Coscinasterias, Heliaster, Marthasterias, Pisaster*)

Wie alle Stachelhäuter sind auch die Seesterne reine Meeresbewohner. Sie leben stets am Boden. Man findet Seesternarten in allen Regionen — vom Ufer bis zur Tiefsee. Die typische Form der Seesterne ist der fünfstrahlige Stern. Es gibt jedoch Arten, bei denen die Zahl der Arme sehr stark vermehrt ist. Aber auch bei Arten, die typischerweise fünf Arme haben, gibt es Abweichungen von dieser Zahl. Die Skelettplatten auf der Rückseite der Seesterne sind oft mit Höckern und Dornen versehen, es gibt aber auch gelenkige Stacheln wie bei den Seeigeln. Im Gegensatz zu den Seeigeln sind die Skelettplatten nicht miteinander verschmolzen, so daß die Arme in allen Richtungen bewegbar sind. Kleine Greifzangen (Pedicellarien) — ähnlich denen der Seeigel — sind über die Rückseite der Seesterne verteilt. Blasenartige langgestreckte Hautausstülpungen — vorwiegend auf der Körperoberseite — dienen als Atemorgane. Auch den Saugfüßchen wird eine zusätzliche Atemfunktion zugesprochen. Diese Saugfüßchen ziehen sich in zwei Reihen in jeden Arm. Sie sind Bestandteil des Wassergefäßsystems (Ambulacralsystem), eines eigenartigen flüssigkeitsgefüllten Kanalsystems, das typisch für alle Stachelhäuter ist und nur bei ihnen vorkommt. Bei Seesternen beginnt dieses System mit einer auf der Rückenseite des Tieres liegenden, mit Poren durchsetzten Platte (Madreporenplatte). Von dieser zieht ein senkrechter Kanal bis zur Mundseite der Tiere, der wegen seiner durch Kalkabscheidungen harten Wandungen Steinkanal genannt wird. An den Steinkanal schließt sich ein den Schlund umfassender Ringkanal an, von dem aus sich ein Radiärkanal in jeden Arm erstreckt. Von diesen Radiärkanälen wiederum gehen paarige Seitenkanälchen ab, an denen die nach außen streckbaren, fadenförmigen Saugfüßchen (Ambulacralfüßchen) sitzen. Oberhalb jedes Füßchens befindet sich ein Bläschen (Ampulle). Wird diese Ampulle durch Muskeln zusammengepreßt, so wird Flüssigkeit in das Füßchen gedrückt, das sich dann weit ausstreckt. Seesterne können sich recht schnell dadurch fortbewegen, daß sich ihre Ambulacralfüßchen rhythmisch in einer Richtung ausstrecken, sich festsaugen und sich dann wieder verkürzen, indem die Flüssigkeit wieder in die Ampullen gepreßt wird. Bei den Seesternen liegen die Ambulacralfüßchen nur auf der nach unten gekehrten Mundseite. Bei den *Seelilien* dagegen zeigen Mund und Ambulacralfüßchen nach oben. — Bei ihnen fehlen die Ampullen, die Füßchen dienen hier nicht zur Fortbewegung, sondern nur als Taster und zum Nahrungstransport. — Seesterne — ebenso die Schlangensterne und die Seeigel — haben sich also gegenüber den ursprünglicheren Seelilien um 180° gedreht. Die Seewalzen sind folglich als auf der Seite liegende Stachelhäuter zu erklären, deren Körperachse sich sehr stark gestreckt hat. Bei den Seewalzen ziehen Abzweigungen der Radiärkanäle in die den Mund umstehenden oft zahlreichen Tentakeln. Die fünf Radiärkanäle der Seeigel laufen etwa meridianartig um das Tier und enden auf der Rückenseite (Afterseite). — Dem Mund der Seesterne fehlt jeder Kauapparat. Von dem sackförmigen, im Zentrum des Tieres liegenden Magen ziehen drüsige Blindsäcke in die Arme. Der After liegt wie bei den Seeigeln auf der Oberseite der Tiere. — Als besondere Sinnesorgane finden sich an den Enden der Arme vieler Seesterne einfache Augen. — Die Keimdrüsen der Seesterne liegen in den Winkeln zwischen den Armen, ziehen sich aber oft weit in diese hinein. Eier und Sperma werden durch Öffnungen in der Körperwand in das umgebende Wasser ausgestoßen. Oft werden die Weibchen erst durch im Wasser befindliches Sperma zur Eiablage bewegt. Nur bei wenigen Arten gibt es direkte Paarungskontakte. Aus den Eiern entwickeln sich bei allen Stachelhäutern bilateralsymmetrische Larven. An den Larven ist auch noch die ursprüngliche Dreigliederung der Leibeshöhle zu beobachten (vgl. S. 17 u. 19). Aus Teilen der beiden vorderen Coelomsäcke entsteht das Ambulacralsystem. Die abgebildete Bipinnaria-Larve ist typisch für Seesterne. — Einige Seesterne — z. B. Linckia und Coscinasterias — sind auch zur ungeschlechtlichen Vermehrung durch Zweiteilung oder Abschnürung einzelner Arme fähig. Die fehlenden Körperteile werden neu gebildet.

Die meisten Seesterne sind gefräßige Räuber. Sie fressen Schnecken, Muscheln, Seeigel, aber auch Krebse und Fische. Der *Gemeine Seestern*, der in verschiedenen Farbvarianten auftritt, ist als Muschelräuber gefürchtet. Er saugt sich mit den Ambulacralfüßchen an den Schalenklappen der Muscheln fest und zieht diese auseinander. Dann stülpt er seinen Magen aus und steckt ihn in die Muschel. Durch ausgeschiedene Magensäfte wird das Opfer getötet und verdaut. Nicht alle Seesterne können ihren Magen ausstülpen. Astropecten z. B., dem auch die Saugnäpfe an den Ambulacralfüßchen fehlen, verschlingt seine Beute — vorwiegend Schnecken und Muscheln — als Ganzes. Die leeren Schalen werden wieder ausgespieen. — Der Sonnenstern ernährt sich vorwiegend von anderen, meist jungen Seesternen in mitunter beträchtlichen Tiefen. — Einigen Seesternen — z. B. Culcita — fehlt die typische Sternform. Sie sind von scheibenförmiger Gestalt.

Brisinga coronata (O. Sars)
Ostatlantik, Mittelmeer
⌀ bis 70 cm

Marthasterias glacialis (Linnaeus)
Eisstern
Nördlicher Atlantik
⌀ bis 80 cm

Coscinasterias tenuispina Lamarck
Dornenstern
Atlantik, Mittelmeer
⌀ 15 cm

Pisaster giganteus
Nordamerik. Westküste
⌀ bis 25 cm

Asterias rubens Linnaeus
Gemeiner Seestern
Atlantik ⌀ bis 30 cm

Heliaster helianthus Lamarck
Sonnenblumenstern
Südostpazifische Küste
⌀ 25 cm

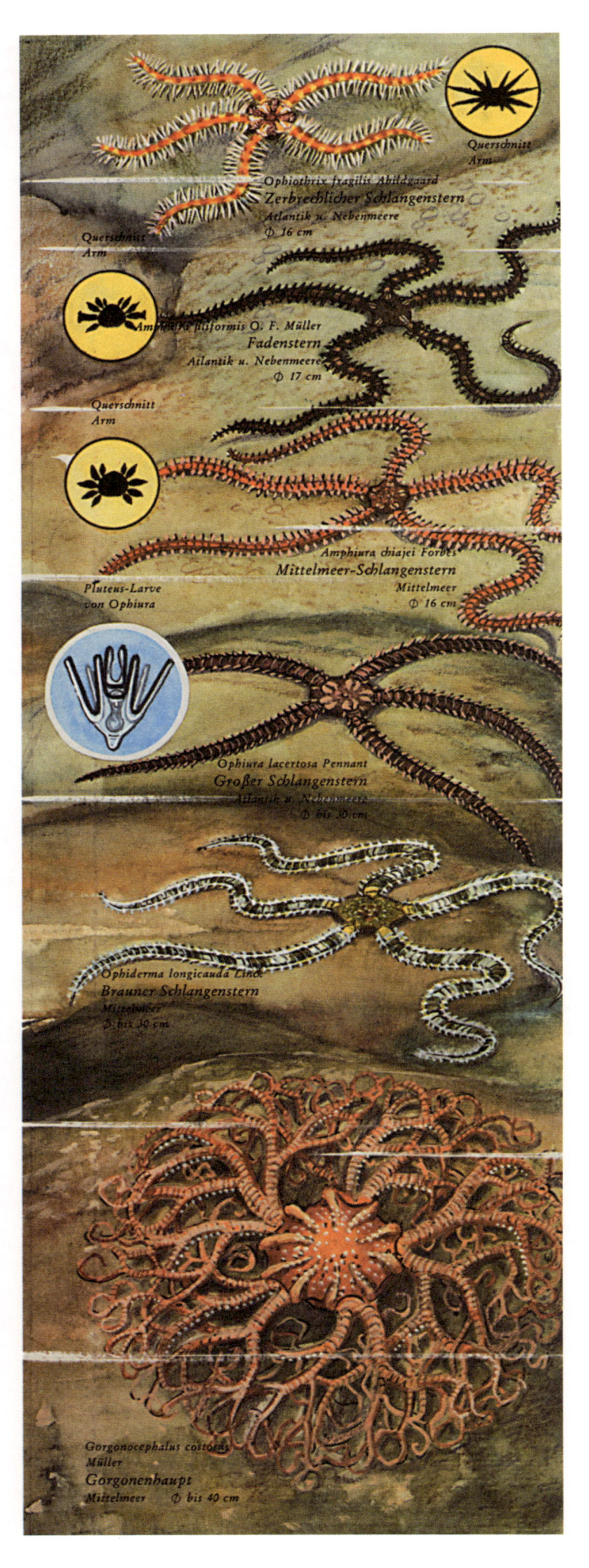

Klasse Ophiuroidea — Schlangensterne

Ordnungen Ophiurae (*Amphiura, Ophiderma, Ophiothrix, Ophiura*), Euryalae (*Gorgonocephalus*)

Obwohl die Schlangensterne die artenreichste Stachelhäuterklasse sind, tritt bei ihnen nicht die große Formenvielfalt auf, die wir bei anderen Stachelhäuterklassen beobachten. Im Unterschied zu den Seesternen sind die Arme der Schlangensterne deutlich von der Körperscheibe abgesetzt. Ihren Namen verdanken diese Tiere der schlangenartigen Beweglichkeit ihrer langen dünnen Arme. Die beweglichen Arme erlauben den Tieren nicht nur schlängelnde und springende Bewegungen. Sie können auch auf Pflanzen und Korallenstöcken umherklettern. Beim Klettern dienen die Stacheln an den Armen zum Festhalten. Mit Stacheln besetzte Arme haben aber auch reine Schlammbodenbewohner, z. B. Amphiura. Dieser Schlangenstern lebt meist vergraben und kommt selten an die Oberfläche. Den Ambulacralfüßchen der Schlangensterne fehlen die Saugnäpfe. Sie dienen vorwiegend als Tastorgane. Klebdrüsen erlauben ihnen auch Unterstützung bei der Fortbewegung und Nahrungsaufnahme. Vorwiegend ernähren sich die Schlangensterne von kleinen Nahrungspartikeln, toten Resten von Pflanzen und Tieren, aber auch sehr kleine Schnecken, Krebschen und Würmer werden aufgenommen. Der Mund führt über einen kurzen Schlund in einen sackförmigen Magen. Ein After fehlt allen ausgewachsenen Schlangensternen. — Neben den Ansatzstellen der Arme befinden sich auf der Mundseite der Körperscheibe Längsspalten, die in sackförmige, dünnwändige Hauteinstülpungen, die Bursae, führen. Diese bewimperten Bursae sind Atemorgane, durch deren dünne Wände Sauerstoff in das Innere des Tieres gelangt. Die Bursalspalten der Schlangensterne dienen auch als Geschlechtsöffnungen. Das Ausstoßen der Eier wird meist durch vorher abgegebenen Samen angeregt. Die oft mit langen Armen versehenen Larven (Ophioplutei) lassen nach zwei- bis dreiwöchigem Leben als Planktonorganismen den Schlangenstern aus sich entstehen. Die Arme der Larven werden zurückgebildet; auch After und Enddarm, die bei der Larve noch vorhanden sind, verschwinden. Einige Schlangensternarten sind zwittrig. Wie auch einige getrenntgeschlechtliche Arten treiben diese Zwitter Brutpflege. Die Jungtiere entwickeln sich in den Bursae.

Einige Schlangensterne, z. B. Amphiura, können an ihren Armen leuchten. — Im allgemeinen sind Schlangensterne sehr lichtscheu. Sie verkriechen sich tagsüber meist im Boden oder zwischen Pflanzen. Sie treten oft jedoch in sehr großer Zahl auf. — Sehr auffällig sind die großen, meist in tieferen Zonen lebenden *Gorgonenhäupter*, deren Arme stark aufgegabelt sind.

CHORDATA — CHORDATIERE

Aristoteles hat vor ca. 2300 Jahren das Tierreich in zwei große Gruppen gegliedert, die Wirbeltiere und die Wirbellosen — oder Bluttiere und Blutlose, wie er die beiden Gruppen nannte. Wenn man später auch bald feststellte, daß die Gruppe der Wirbellosen aus einer größeren Zahl den Wirbeltieren gleichwertiger Stämme besteht, so glaubte man doch bis in das 19. Jahrhundert hinein, die Wirbeltiere als in sich geschlossenen Tierstamm von allen Wirbellosen abtrennen zu können. Heute wissen wir jedoch, daß die Wirbeltiere mit einer Reihe im Meer lebender wirbelloser Tiere nahe verwandt sind und mit diesen in einem Tierstamm zusammengefaßt werden müssen. Ein Teil der wirbellosen Vertreter dieses Stammes der Chordatiere zeigt weder im äußeren Körperbau noch in der Lebensweise irgendwelche Ähnlichkeiten mit Wirbeltieren.

Bei der vergleichenden Betrachtung der Keimesentwicklung der verschiedenen Chordatiere ist jedoch der gemeinsame Grundbauplan aller Angehörigen dieses Deuterostomierstammes zu erkennen. Bei allen Chordatieren entsteht der Hauptstrang des Nervensystems als Abschnürung des äußeren Keimblattes auf der Rückenseite des Tieres. Unter diesem Rückenmark bildet sich als Abschnürung vom Dach des Urdarmes ein aus relativ großen Zellen bestehender Stützstab. Dieser elastische, aber feste Stab — die Rückensaite oder Chorda dorsalis — ist das ursprüngliche Stützskelett und gemeinsame Merkmal aller Klassen dieses Tierstammes. Bei den Lanzettfischchen bleibt die Chorda dorsalis zeitlebens das sich durch das ganze Tier hinziehende Stützskelett. Bei den Appendicularien zieht sich die Chorda nur durch den Ruderschwanz. Den festsitzenden Seescheiden fehlt die Chorda. Nur ihre appendicularien-ähnlichen Larven haben dieses Organ. Auch bei den Salpen ist die Chorda weitgehend zurückgebildet. Bei allen höheren Wirbeltieren wird die Chorda durch eine knorpelige oder knöcherne Wirbelsäule verdrängt.

Ein weiteres typisches Merkmal aller Chordatiere ist die Ausbildung von Kiemenspalten. Dieses sind ursprünglich paarige seitliche Öffnungen der Schlundregion des Darmes. Dieser vordere Teil des Darmkanals wird Kiemendarm genannt. Am Boden des Kiemendarms der Tunicata und Acrania läuft eine drüsige Flimmerrinne entlang, der Endostyl. Bei den Wirbeltieren wird aus dem Endostyl die Schilddrüse.

Bei den Landwirbeltieren, die nicht mehr durch Kiemen, sondern durch Lungen atmen, sind die Kiemenspalten rückgebildet. Ihre Anlagen sind jedoch in der Embryonalentwicklung aller Wirbeltiere noch zu erkennen. Wie aus dem Schema ersichtlich ist, wird der Stamm der Chordata in drei Unterstämme gegliedert: die Manteltiere, die Schädellosen und die Wirbeltiere. Man nimmt an, daß ein dem Typ der Schädellosen ähnliches Lebewesen der Ahn aller Wirbeltiere gewesen sei.

Während die höheren Wirbeltiergruppen — Lurche, Kriechtiere, Vögel und Säugetiere — gut definierte Tierklassen sind, muß man die als Fische zusammengefaßten Tiere in mindestens drei Klassen aufgliedern, da sie sich in ihren prinzipiellen Baueigentümlichkeiten z. T. stärker voneinander unterscheiden, als die verschiedenen Klassen der Landwirbeltiere voneinander.

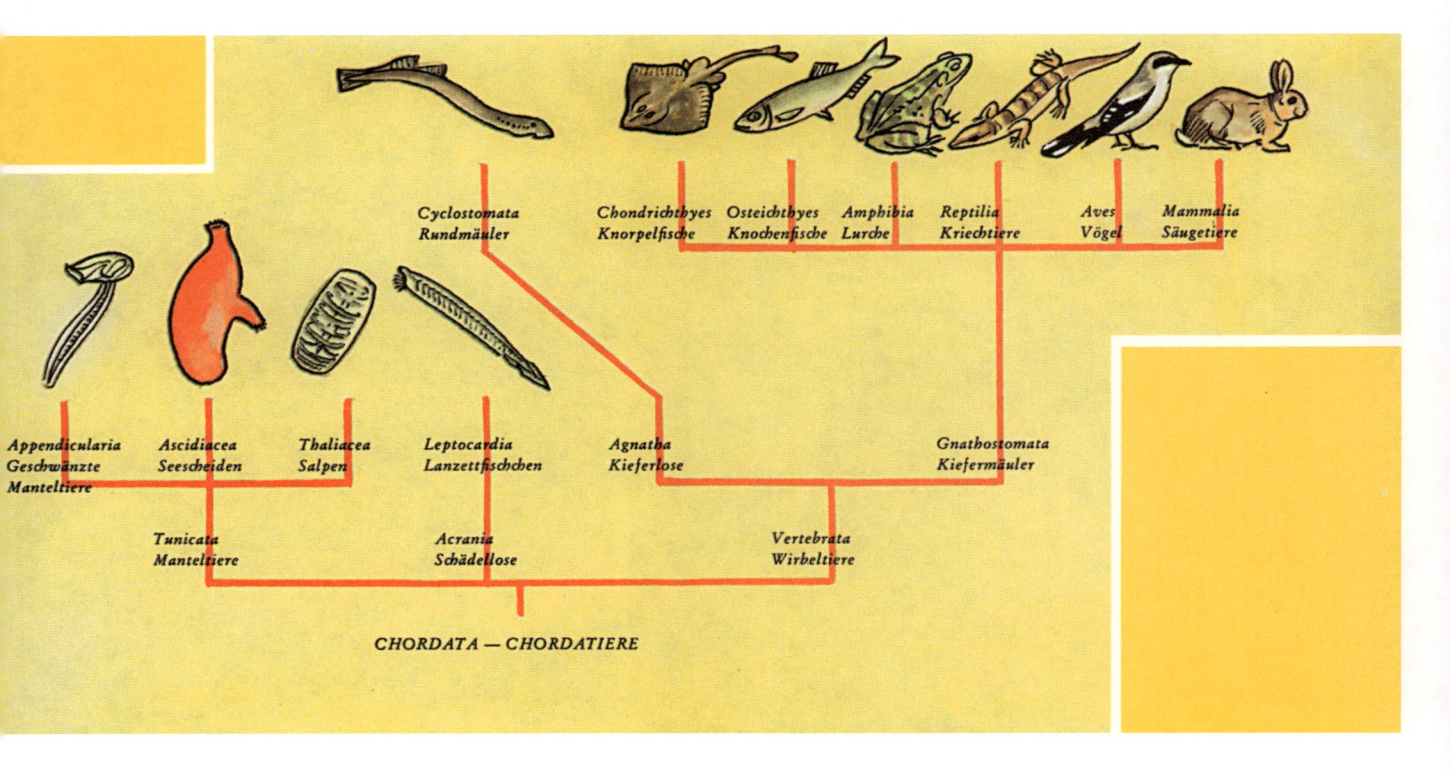

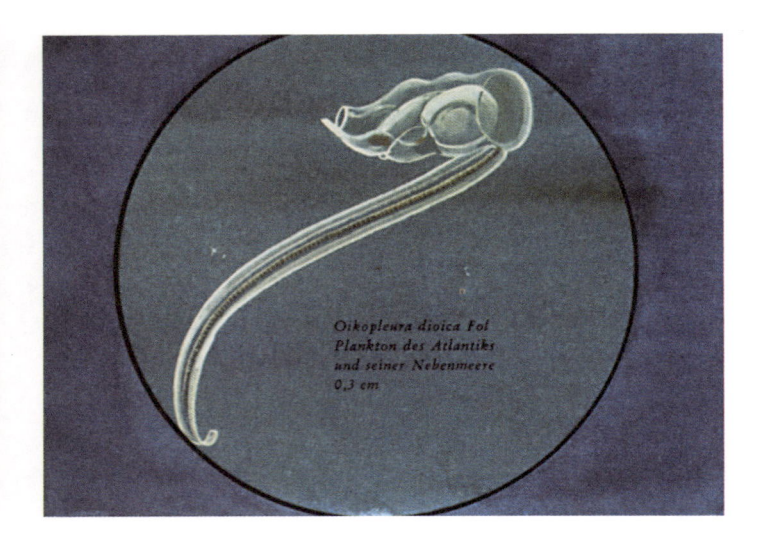

Oikopleura dioica Fol
Plankton des Atlantiks
und seiner Nebenmeere
0,3 cm

Die Seescheiden (Ascidiacea) leben festsitzend auf Steinen und Wasserpflanzen vorwiegend im Küstenbereich der Meere in flacheren Zonen. Es gibt aber auch Tiefseeascidien. Zur Fortbewegung sind ausgewachsene Ascidien nicht fähig. Den größten Teil des oft sackförmigen Körpers nimmt der stark ausgeweitete Kiemendarm ein. Er besitzt meist sehr viele Spalten und dient in erster Linie als Filterapparat zur Nahrungsaufnahme. Um den weiten Kiemendarm — auch Kiemensack genannt — ist der Peribranchialraum gelegen, der von dem festen Mantel umhüllt ist. In den Peribranchialraum münden der Enddarm und die Geschlechtsorgane. Durch den Schlag feiner

Stamm CHORDATA — CHORDATIERE

Unterstamm Tunicata — Manteltiere

Klassen Appendicularia — Geschwänzte Manteltiere (*Oikopleura*), Ascidiacea — Seescheiden (*Ascidia, Botryllus, Ciona, Clavelina, Dendrodoa, Halocynthia, Phallusa*), Thaliacea — Salpen (*Doliolum, Pyrosoma, Salpa*)

Alle Manteltiere (Tunicata) sind Meeresbewohner. Ihren Namen verdanken diese Tiere einer sie umhüllenden Hautausscheidung. Diese Ausscheidung — Mantel genannt — ist meist zellulosehaltig. Zellulose findet man im allgemeinen nur in pflanzlichen Organismen. Die Tunicaten sind in dieser Hinsicht eine Ausnahme im Tierreich. *Oikopleura dioica* lebt, wie alle Arten der Appendicularia im Meeresplankton. An Stelle des Mantels besitzen die Appendicularien ein weites durchsichtiges — hier nicht abgebildetes — Gallertgehäuse, in welchem sich ein kompliziertes, sehr feinmaschiges Filterreusensystem befindet. Durch Schwanzbewegungen wird ein Wasserstrom durch dieses Filtersystem getrieben. Winzig kleine Planktonorganismen werden aus dem Wasser herausgefiltert und als Nahrung aufgenommen.

Halocynthia papillosa Linnaeus
Rote Seescheide
Mittelmeer
6 cm

Phallusia mammillata (Cuvier)
Warzen-Ascidie
Mittelmeer, Atlantik
20 cm

Ascidia mentula (Müller)
Stumpen-Ascidie
Mittelmeer, Atlantik
15 cm

Clavelina lepadiformis (Müller)
Keulen-Synascidie
Mittelmeer, Atlantik
3 cm

Ciona intestinalis (Linnaeus)
Schlauch-Ascidie
Fast alle Meere
15 cm

Botryllus schlosseri (Pallas)
Stern-Seescheide
Mittelmeer, Atlantik
0,2 cm

Dendrodoa grossularia van Beneden
Tangbeere
Atlantik, Nordsee
1,5 cm

Wimpern wird ein Wasserstrom durch die Einströmöffnung in den Kiemendarm geleitet. Hier werden durch einen von der ventralen Wimperrinne (Endostyl) gebildeten Schleimfilm die Nahrungspartikel abgefangen. Das abströmende Wasser gelangt durch die Kiemenspalten in den Peribranchialraum. Aus diesem wird das Wasser ebenso wie die Exkremente und die Geschlechtsprodukte durch eine Ausströmöffnung (Egestionsöffnung) hinausbefördert. Die abgefilterten Nahrungsstoffe gelangen in den verdauenden Teil des Darmes. In der Nähe des Darmes befinden sich meist auch die Geschlechtsorgane und das Herz. An durchscheinenden Ascidien, wie etwa *Clavelina lepadiformis*, kann man beobachten, daß die Schlagrichtung des Herzen in kurzen Perioden wechselt. Ein derartiger Wechsel ist typisch für alle Tunicaten. Die Ein- und die Ausströmöffnung ist bei vielen Ascidien schornsteinartig verlängert (hier deutlich zu erkennen bei *Halocynthia papillosa* und *Ciona intestinalis*). Der schützende Mantel ist bei vielen Ascidien von knorpeliger Konsistenz, z. B. bei *Ascidia mentula* und bei *Phallusia mammillata*. Halocynthia und *Dendrodoa* haben dagegen einen festen, lederartigen Mantel. Während viele Ascidien einzeln leben und sich nur geschlechtlich vermehren, bildet Clavelina Kolonien durch Knospung. Eine besonders enge Verbindung haben die Einzelindividuen der Kolonien von *Botryllus*. Viele Tiere liegen in einem gallertigen Lager (dem „gemeinsamen Mantel") vereint. Innerhalb solcher als Überzug auf Steinen zu findender Kolonien haben jeweils mehrere etwa kreisförmig angeordnete Individuen eine gemeinsame Ausströmöffnung.

Die Salpen (Thaliacea) sind stets freischwimmende Tunicaten. Eine Chorda ist nur bei den Larven von *Doliolum* vorhanden. Ein- und Ausströmöffnung befinden sich an den beiden einander gegenüberliegenden Enden des tonnenförmigen Körpers. Ringförmige Muskelbänder umziehen den Körper der Salpen. Durch ihre Kontraktion wird Wasser aus der Hinteröffnung des Körpers ausgestoßen; durch den Rückstoß bewegt sich das Tier vorwärts. Die Salpen machen einen eigenartigen Generationswechsel durch. Die einzeln lebenden Individuen vermehren sich ungeschlechtlich durch Knospung an einem Fortsatz (Stolo). Auf diese Weise entstehen lange Ketten von Geschlechtstieren. Diese produzieren je ein Ei, das sich nach der Befruchtung im Inneren des Muttertieres entwickelt und zu einem solitären ungeschlechtlichen Individuum wird.

Die eigenartige *Feuerwalze* ist eine aus vielen Einzeltieren zusammengesetzte Kolonie. Die Dicke der Wandung des hohlzylinderförmigen Tierstocks entspricht der Länge der Einzelindividuen. Die Einströmöffnungen liegen nach außen, die Ausströmöffnungen nach innen. An einem Ende besitzt die Walze eine Öffnung, durch die das Wasser ausgestoßen wird. Das Eindrucksvollste an dieser Tierkolonie ist ihr Leuchtvermögen. Kein anderes Tier kann ein derartig helles Licht ausstrahlen wie sie.

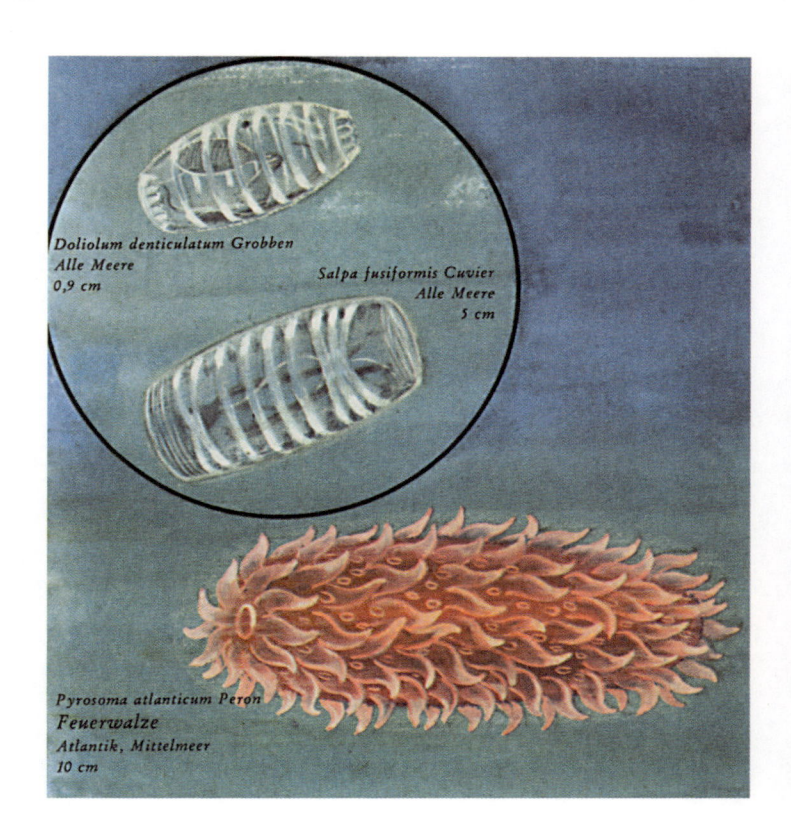

Unterstamm Acrania — Schädellose (*Branchiostoma*)

Lanzettfischchen der Gattung Branchiostoma leben in Küstennähe im Sand vergraben. Nur ihre Mundzirren ragen in das freie Wasser. Die Nahrung wird durch Wimperbewegung eingestrudelt. Im Gegensatz zu den „echten" Fischen hat Branchiostoma keine paarigen Flossen; auch ein Gehirn fehlt diesem „Vorläufer" der Wirbeltiere. Das Nervenrohr zieht sich, ebenso wie die Chorda, ohne eine besondere Verdickung am Vorderende in Längsrichtung durch das Tier. Im Rückenmark des durchscheinenden Lanzettfischchens befinden sich viele einfache Lichtsinnesorgane. Eigentliche Augen am Vorderende fehlen genauso wie ein Herz. Das Blut wird durch zusammenziehbare Regionen in den Adern durch den Körper bewegt. Nur für kurze Augenblicke bewegt sich das Lanzettfischchen schnell schwimmend im freien Wasser, um sich dann sofort wieder einzugraben.

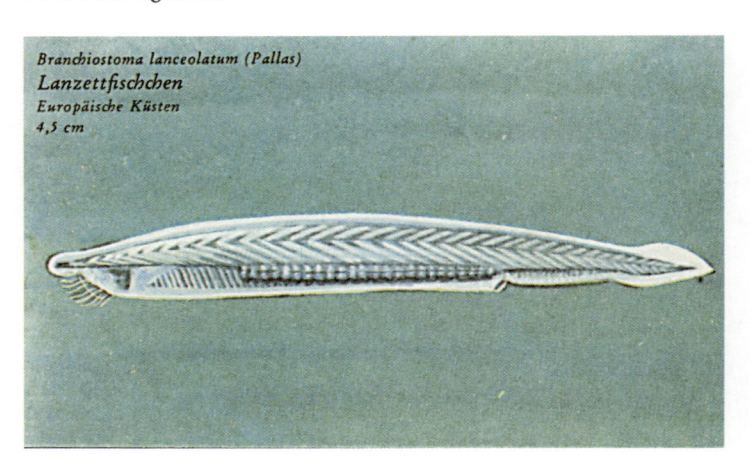

VERTEBRATA — WIRBELTIERE

Einführung in Agnatha — Kieferlose und Pisces — Fische

Am Anfang der Wirbeltiere, also jener Tiere, die nun nicht mehr wie die Chordatiere als stützendes Grundelement über einen ungegliederten Knorpelstab, die Chorda, verfügen, sondern die statt dessen als Hauptgrundlage des gesamten Skeletts einen aus einzelnen Wirbeln bestehenden Skelettstab besitzen, stehen die Rundmäuler (Cyclostomata). Sie werden als Kieferlose (Agnatha) den übrigen Wirbeltieren, den Kiefermäulern (Gnathostomata) gegenübergestellt. Zu ihnen gehören die Inger (Myxinidae) und die Neunaugen (Petromyzontidae), die an Stelle der bei allen übrigen Wirbeltieren vorhandenen Kieferbögen nur über einige in der Lippengegend eingelagerte Knorpelteile verfügen. Sie besitzen noch keinen Schädel. Wenn diese Tiergruppe gemeinhin an den Anfang der Fische gestellt wird, so geschieht das aus reiner Zweckmäßigkeit. Grundsätzlich sind sie eine eigene Gruppe, die mit den Fischen außer dem Lebenselement verwandtschaftlich wenig zu tun hat.

Die Fische sind dauernd im Wasser lebende, ihr ganzes Leben über durch Kiemen atmende Wirbeltiere. Ihr Körper ist mit Schuppen bedeckt, die Fortbewegung erfolgt durch Flossen verschiedener Struktur. So etwa muß die Definition für das Lebewesen Fisch im weitesten Sinne lauten. Sinnesapparat und Ausgestaltung des Körpers innen und außen sind völlig auf das Wasserleben zugeschnitten. Betrachten wir einen typischen Fisch, etwa eine Forelle: Vorn ist der Kopf mit der Mundöffnung am äußersten Ende. Auf diesen folgt unmittelbar der ungegliederte Körper, der in einen Schwanzstiel übergeht. An ihm steht die senkrecht gestellte Schwanzflosse, das Hauptfortbewegungsorgan der Fische. Auf dem Rückenfirst sind eine bis mehrere Rückenflossen an der Unterseite des Schwanzstiels; gleich hinter der Afteröffnung befindet sich die Afterflosse. An der Bauchseite vor der Afteröffnung liegen die beiden Bauchflossen und an den Körperseiten hinter den die Kiemenbögen schützenden Kiemendeckeln auf jeder Seite eine Brustflosse. Von diesen Flossen kann die eine oder andere, das eine oder andere Paar oder können wie bei manchen Aalen sogar alle fehlen. Die Schwanzflosse ist nicht immer symmetrisch, homocerk; oft ist einer der beiden Schwanzflossenteile stärker ausgebildet. Die heterocerke Schwanzflosse zeigt eine starke Überentwicklung des oberen Schwanzflossenteils, in den die Wirbelsäule abbiegt. Diese Flosse kann aber auch rund (Hundsfische), gerade abgestutzt (Schleie) oder lappig ausgezogen (Glanzkärpflinge) sein. Die Mundöffnung ist der Lebensweise des betreffenden Fisches entsprechend ebenfalls sehr vielgestaltig. Man unterscheidet — abgesehen von der wechselnden Größe — eine unterständige, endständige und oberständige Öffnung; bei den Knorpelfischen ist sie stets quergestellt und unterständig. Kiefer und innere Knochen des Mundes können mit verschieden gestalteten Zähnen besetzt sein. Bei vielen Fischen finden sich auf den Enden der Kiemenbögen noch sogenannte Schlundzähne. Die die Körperoberfläche der meisten Fische bedeckenden Schuppen sind nicht einheitlich. So besitzen die Knorpelfische Placoidschuppen, zahnartige Gebilde aus einer harten knochenartigen Masse, dem Dentin. Die Schuppen der echten Knochenfische dagegen sind flache Gebilde, die im Unterhautbindegewebe entstanden, von Haut umschlossen in einer Schuppentasche liegen und ständig weiterwachsen (Jahresringe). Bei den Ganoidschuppen sind die Schuppen rhombisch gestaltet und liegen in schrägen Reihen, sich nicht dachziegelförmig wie bei den übrigen Knochenfischen überdeckend. Sie sind auch nicht von Haut bedeckt, sondern von Ganoin überzogen. Die

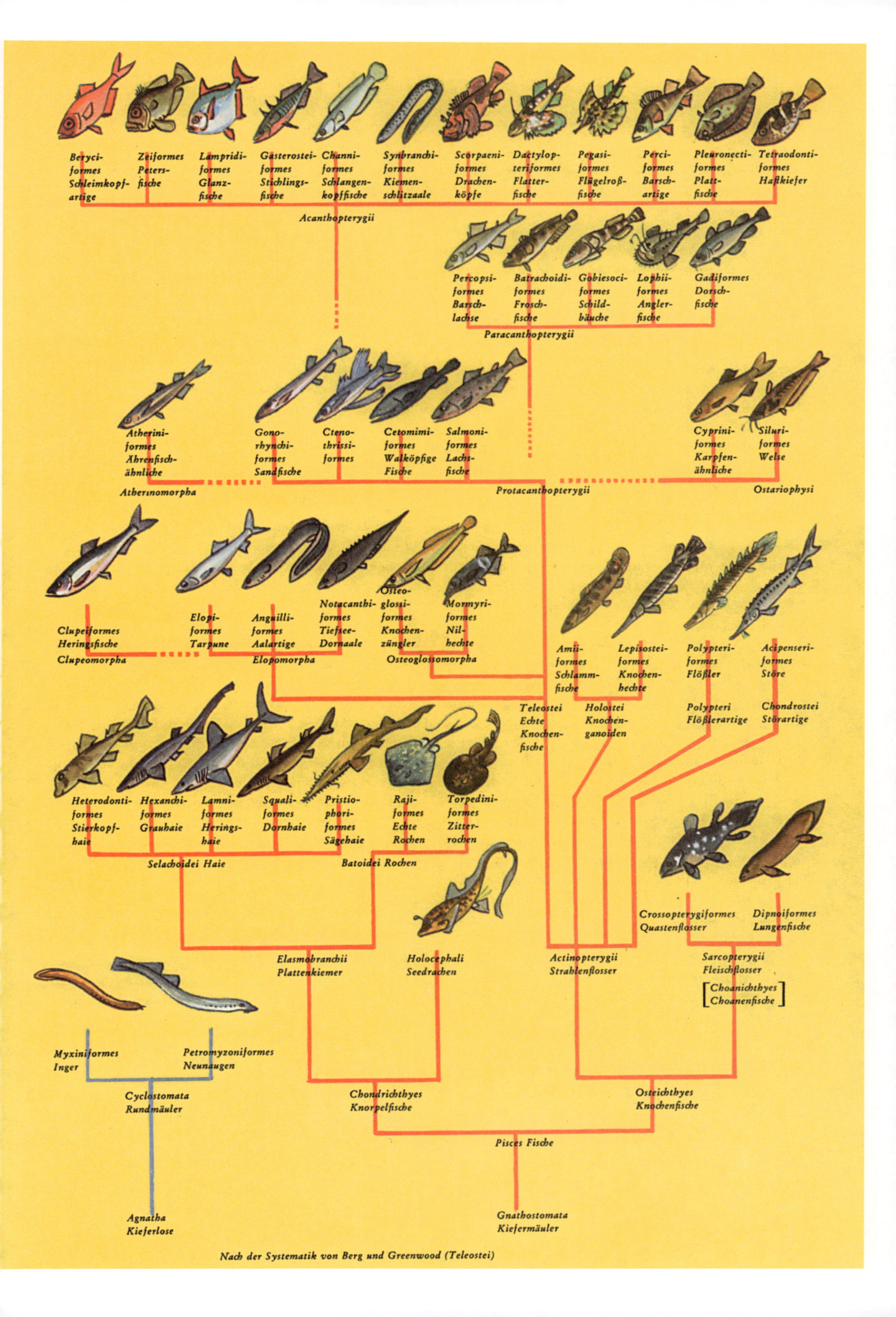

Beryci-	Zeiformes	Lampridi-	Gasterostei-	Channi-	Synbranchi-	Scorpaeni-	Dactylop-	Pegasi-	Perci-	Pleuronecti-	Tetraodonti-
formes	Peters-	formes	formes	formes	formes	formes	teriformes	formes	formes	formes	formes
Schleimkopf-	fische	Glanz-	Stichlings-	Schlangen-	Kiemen-	Drachen-	Flatter-	Flügelroß-	Barsch-	Platt-	Haftkiefer
artige		fische	fische	kopffische	schlitzaale	köpfe	fische	fische	artige	fische	

Acanthopterygii

Percopsi-	Batrachoidi-	Gobiesoci-	Lophii-	Gadiformes
formes	formes	formes	formes	Dorsch-
Barsch-	Frosch-	Schild-	Angler-	fische
lachse	fische	bäuche	fische	

Paracanthopterygii

Atherini-	Gono-	Cteno-	Cetomimi-	Salmoni-	Cyprini-	Siluri-
formes	rhynchi-	thrissi-	formes	formes	formes	formes
Ährenfisch-	formes	formes	Walköpfige	Lachs-	Karpfen-	Welse
ähnliche	Sandfische		Fische	fische	ähnliche	

Atherinomorpha   Protacanthopterygii   Ostariophysi

Clupeiformes	Elopi-	Anguilli-	Notacanthi-	Osteo-	Mormyri-	Amii-	Lepisostei-	Polypteri-	Acipenseri-
Heringsfische	formes	formes	formes	glossi-	formes	formes	formes	formes	formes
	Tarpune	Aalartige	Tiefsee-	formes	Nil-	Schlamm-	Knochen-	Flößler	Störe
			Dornaale	Knochen-	hechte	fische	hechte		
				züngler					

Clupeomorpha   Elopomorpha   Osteoglossomorpha

Teleostei   Holostei   Polypteri   Chondrostei
Echte   Knochen-   Flößlerartige   Störartige
Knochen-   ganoiden
fische

Heterodonti-	Hexanchi-	Lamni-	Squali-	Pristio-	Raji-	Torpedini-
formes	formes	formes	formes	phori-	formes	formes
Stierkopf-	Grauhaie	Herings-	Dornhaie	formes	Echte	Zitter-
haie		haie		Sägehaie	Rochen	rochen

Selachoidei Haie   Batoidei Rochen

Crossopterygiformes	Dipnoiformes
Quastenflosser	Lungenfische

Elasmobranchii   Holocephali   Actinopterygii   Sarcopterygii
Plattenkiemer   Seedrachen   Strahlenflosser   Fleischflosser

[Choanichthyes
Choanenfische]

Myxiniformes	Petromyzoniformes
Inger	Neunaugen

Cyclostomata   Chondrichthyes   Osteichthyes
Rundmäuler   Knorpelfische   Knochenfische

Pisces Fische

Agnatha   Gnathostomata
Kieferlose   Kiefermäuler

Nach der Systematik von Berg und Greenwood (Teleostei)

Hautschuppen sind entweder rund und glattrandig (Zycloidschuppen) oder am Hinterrand gezähnt (Ktenoidschuppen). Bei der Mehrzahl der Fische verläuft längs der Körperseiten die Seitenlinie; sie ist eine gut erkennbare Reihe gekerbter oder durchbohrter Schuppen. In den Kanälen finden sich empfindliche Sinneshügel, die den Fisch über Druckveränderungen im umgebenden Wasser unterrichten. Dieses wichtige Sinnesorgan befindet sich nur bei Fischen und sehr selten bei einigen wasserlebenden Amphibien. Der Schädel ist bei Knorpel- und Knochenfischen sehr verschieden ausgebildet. Die Knorpelfische besitzen nur eine einheitliche, das Gehirn schützende Knorpelkapsel. Mit ihr ist eine Anzahl von Knorpelteilen verbunden, die die Sinnesorgane umschließen. Der Visceralschädel besteht aus zwei mit Zähnen versehenen Knorpelstücken, dem Gaumenflügelbein und dem Meckelschen Knorpel. Beide sind die Kiefer der Knorpelfische. Nach hinten folgen die fünf knorpeligen Kiemenbögen, die durch den ganzen Wirbeltierstamm von großer Bedeutung bleiben. Dieser relativ einfache knorpelige Schädelaufbau erfährt nun bei den Knochenfischen durch verschiedenartige Verknöcherungen eine äußerst komplizierte Ausgestaltung. Der Hirnschädel wird zu einer, aus einer ganzen Anzahl von Knochen zusammengesetzten Kapsel. An Stelle des Gaumenknorpels tritt der zweiteilige Oberkiefer, an Stelle des Meckelschen Knorpels der ebenfalls mehrteilige Unterkiefer. Ein besonderer Knochen stellt die Verbindung zum Hirnschädel her. Die Region der Kiemen wird durch eine Anzahl von Deckknochen, den Kiemendeckeln, geschützt. Die Atmungsorgane der Fische sind die Kiemen, die sich am besten als stark durchblutete Hautfalten, den Kiemenbögen aufsitzend, definieren lassen. Von der Mundhöhle aus werden sie mit Wasser umspült. Bei den Knorpelfischen mündet jede Kiemenspalte einzeln nach außen, bei den Knochenfischen in eine gemeinsame Kiemenhöhle; sie ist von den Kiemendeckeln abgeschirmt. Eine Anzahl von Fischen kann auch aus der atmosphärischen Luft ihren O_2-Bedarf entnehmen. Bei ihnen finden sich sogenannte akzessorische Atmungsorgane, meistens sackförmige Ausstülpungen der Kiemenhöhle oder Umgestaltungen der Schwimmblase. Diese Schwimmblase ist ebenfalls ein nur den Fischen eigenes Organ. Sie dient als statisches Organ der Regulierung des Schwimmens im Wasser. Die Füllung der Schwimmblase erfolgt entweder durch einen Verbindungskanal zum Schlund oder wenn dieser fehlt, durch ein besonderes Organ, den sogenannten Roten Körper.

Unsere heute lebenden Fische, so zahlreich sie auch immer sein mögen, stellen in der Gesamtzahl der jemals auf der Erde im Laufe der Jahrmillionen entstandenen und wieder verschwundenen Arten nur einen winzigen Anteil dar. Auf Grund von Fossilfunden traten die ersten Fische im Silur auf, während sie im Devon und Carbon bereits sehr artenreich vorhanden waren. Damals waren sie die vorherrschenden tierischen Lebewesen überhaupt. Die Zahl der heute lebenden Fische umfaßt etwa 18 000 Arten, von denen die Knochenfische mehr als 17 000 ausmachen. Die Zahl der wirklich vorhandenen, alle noch unbestimmten und unentdeckten Arten eingeschlossen, wird auf mindestens 30 000 geschätzt. Diese große Zahl von Knochenfischen wird jetzt nach der zwar noch als provisorisch bezeichneten neuen Klassifikation von Greenwood, Rosen, Weitzmann und Myers in 30 Ordnungen geteilt, die wiederum etwa 315 Familien umfassen. Das neue System wurde trotz mancher Problematik der vorliegenden Bearbeitung zugrunde gelegt.

Fische spielen seit ältesten Zeiten im Leben des Menschen eine sehr wichtige Rolle. Ihre Bedeutung als eiweißlieferndes Nahrungsmittel steigt von Jahr zu Jahr. Eine ganze Anzahl von Völkern deckt fast ihren gesamten Eiweißbedarf mit Hilfe der Fischerei. Nicht nur der Fisch als solcher in verschiedenster Verarbeitung unmittelbar der menschlichen Ernährung zugeführt ist wichtig, wichtiger sind fast noch die aus den Fischen gewonnenen Fischmehle und anderen Produkte. Diese wiederum haben als Viehfutter oder Dünger oder auch in der pharmazeutischen Industrie ihre große Bedeutung. Im Text ist bei wichtigen Wirtschaftsfischen stets auf die Bedeutung hingewiesen. Eine eigene Wissenschaft, die Fischereiwissenschaft, befaßt sich bei der Mehrzahl aller Nationen mit den Eigenheiten der fischereilichen Interessen. In den schwierigen Fragen der Ernährung der stetig wachsenden Menschheit nimmt in allen internationalen Kommissionen die Fischerei, ihre Ausweitung und Verbesserung eine wichtige Stelle ein. Doch nicht nur als Nahrungsmittel, auch als schmückendes Beiwerk des täglichen Lebens spielen Fische eine Rolle. In Gartenteichen und öffentlichen Anlagen hält man die leuchtendroten Goldfische oder die schimmernden Goldorfen, in großen und kleinen Aquarien leben überall in der zivilisierten Welt Millionen kleiner bunter Zierfische und erfreuen ihren Besitzer mit einem Traum aus fernen, nie geschauten Welten.

Während die Fischerei sehr kritisch die Fragen einer Überfischung der vorhandenen Nutzfischbestände der Meere überwacht und nötigenfalls Schutzmaßnahmen einführt, werden in unseren Binnengewässern durch Verschmutzung mit technischen und Haushaltsabwässern die Fischbestände täglich mehr und mehr geschmälert, ja stellenweise völlig vernichtet. Auch das Meer ist nicht grenzenlos, an mancher Küste hat der moderne sogenannte Tauchsport und das Jagen mit der Harpune zum Verschwinden einiger Fischarten einen erheblichen Beitrag geleistet.

Stamm VERTEBRATA — WIRBELTIERE

Klasse Cyclostomata — Rundmäuler

Familien: Myxinidae — Inger (*Myxine*), Petromyzontidae — Neunaugen (*Petromyzon, Lampetra, Eudontomyzon, Geotria, Caspiomyzon*)

Der Mund dieser aalförmigen Tiere ist eine runde, mit Hornzähnen besetzte Saugscheibe. Die ganze Gruppe wird deshalb auch häufig als Cyclostomata (Rundmäuler) zusammengefaßt. Ein knöchernes Skelett und damit Kiefer und Wirbel fehlt vollständig. Nur die Rückensaite, die Chorda dorsalis, sowie einzelne Stützknorpel, vor allem in der Mundgegend, sind vorhanden. Schwanz-, Rücken- und Afterflossen sind zu einem zusammenhängenden Saum verschmolzen; weitere Flossen fehlen. Alle bisher bekannten etwa 45 Arten haben ein ausgesprochenes, stets augenloses Larvenstadium (Ammocoetes-Stadium). Es werden zwei Unterklassen unterschieden: Einmal die zeitlebens augenlosen, nur im Meere lebenden Inger (*Myxiniformes*); sie fressen sich in die Leibeshöhle größerer Fische und Tintenfische hinein. Zum anderen die als erwachsene Tiere mit wohlentwickelten Augen versehenen Neunaugen (*Petromyzoniformes*). Sie sind meist Wanderfische, die zum Laichen das Süßwasser aufsuchen.

In der Nordsee ist der *Gewöhnliche Inger* nicht selten. Durch horizontale Strömungen im Meere wird diesem Räuber das Auffinden seiner Beutefische, z. B. großer Dorsche, erleichtert. Da die Inger an der Angel oder in Reusen befindliche Fische bevorzugen, stiften sie in der Fischerei erhebliche Schaden. Die Neunaugen (7 Kiemenöffnungen + Auge + Nasenöffnung = 9!) sind bei uns mit drei Arten vertreten. Das bis 1 m lang werdende *Meerneunauge* ist heute sehr selten, nur vereinzelt wird es auf der Laichwanderung zu den Kiesbänken der Flüsse noch erbeutet. Das kleinere *Flußneunauge*, die Lamprete, ist dagegen noch häufig und stellenweise, vor allem während der Laichwanderung in die Flüsse, wichtig für die Fischerei. Die Larven leben zunächst regenwurmähnlich im Boden. Eine dauernd im Süßwasser bleibende Form ist das kleine *Bachneunauge*, das bevorzugt die Gebiete der Flußoberläufe bewohnt. Die *Kaspische Lamprete* steigt aus dem Kaspisee in die einmündenden Flüsse; sie ähnelt dem Flußneunauge. Im Donaubecken, und zwar in Gebirgsbächen und Zuflüssen, nicht dagegen in der Donau selbst, lebt noch eine stationäre Süßwasserform, die *Donau-Lamprete*. Eine ebenfalls kaum näher erforschte Form ist die südaustralische *Sack-Lamprete*, die durch einen besonderen Kehlsack auffällt. Alle Neunaugen sind, bis auf das Bachneunauge, das keine Nahrung mehr aufnimmt, als erwachsene Tiere, soweit bekannt, Fischräuber.

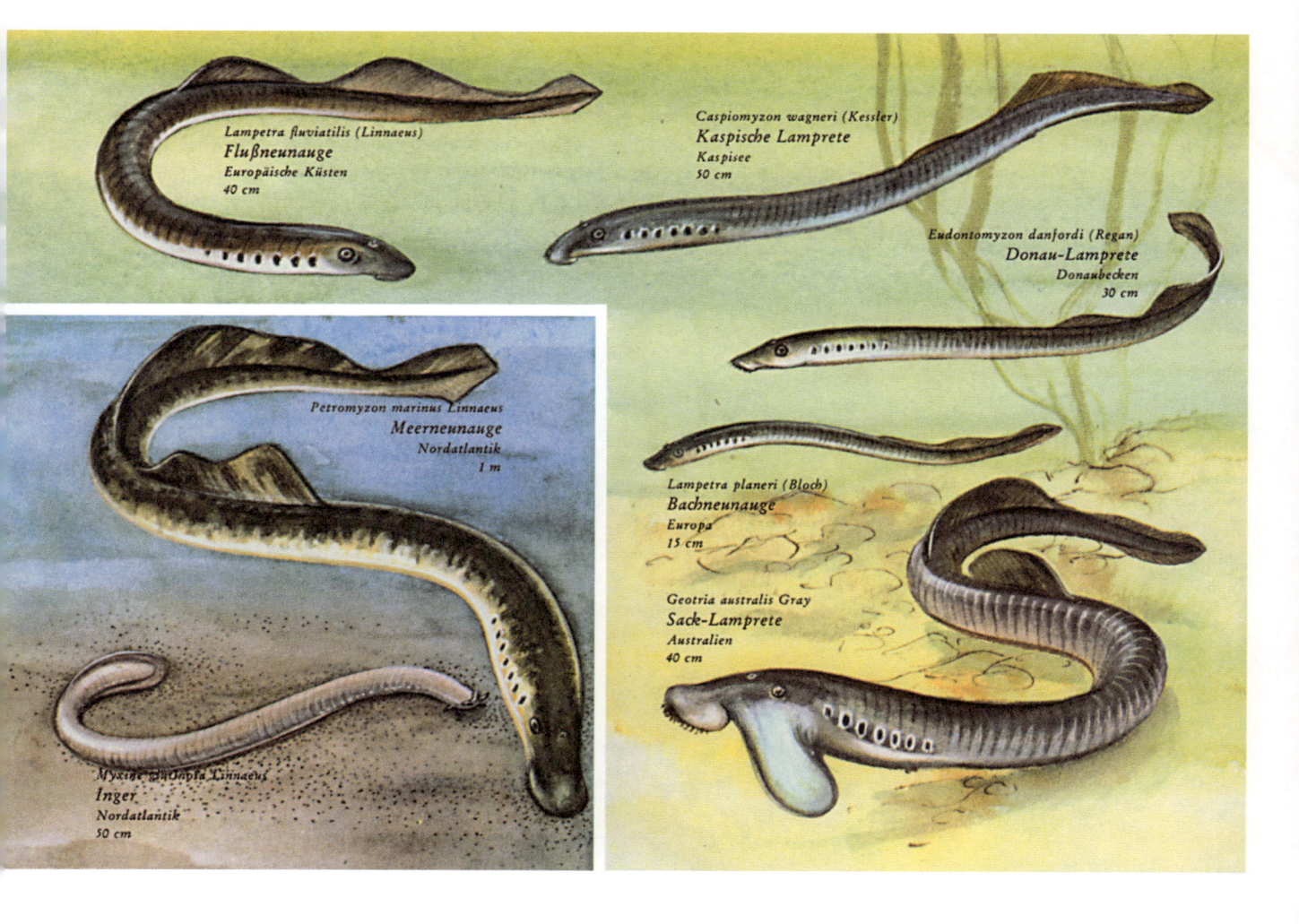

Lampetra fluviatilis (Linnaeus)
Flußneunauge
Europäische Küsten
40 cm

Caspiomyzon wagneri (Kessler)
Kaspische Lamprete
Kaspisee
50 cm

Eudontomyzon danfordi (Regan)
Donau-Lamprete
Donaubecken
30 cm

Petromyzon marinus Linnaeus
Meerneunauge
Nordatlantik
1 m

Lampetra planeri (Bloch)
Bachneunauge
Europa
15 cm

Geotria australis Gray
Sack-Lamprete
Australien
40 cm

Myxine glutinosa Linnaeus
Inger
Nordatlantik
50 cm

Überklasse Pisces — Fische
Klasse Chondrichthyes — Knorpelfische
Unterklasse Elasmobranchii — Plattenkiemer

Die Knorpelfische zeichnen sich durch ein wohlentwickeltes Knorpelskelett meist mit Wirbeln, einer geschlossenen Schädelkapsel und bezahnten, vom Schädel getrennten Kiefern aus. Die Haut ist von Knochenplatten oder Placoidschuppen bedeckt. Den Schuppen entsprechen in ihrer Entstehung die Zähne, die in mehreren Reihen hintereinanderliegen. Nur die vordere Reihe ist jeweils in Gebrauch. Eine Schwimmblase fehlt.

Überordnung Selachoidei — Haie

Familien: Hexanchidae — Grauhaie (*Hexanchus*), Carchariidae — Sandhaie (*Carcharias*), Scapanorhynchidae — Nasenhaie (*Scapanorhynchus*), Isuridae — Makrelenhaie (*Lamna, Isurus, Carcharodon*), Cetorhinidae — Riesenhaie (*Cetorhinus*), Alopiidae — Fuchshaie (*Alopias*), Rhincodontidae — Walhaie (*Rhincodon*), Orectolobidae — Ammenhaie (*Ginglymostoma*), Scyliorhinidae — Katzenhaie (*Scyliorhinus*), Triakidae — Marderhaie (*Triakis, Mustelus*), Carcharhinidae — Blauhaie (*Prionace, Galeocerdo, Galeorhinus*), Sphyrnidae — Hammerhaie (*Sphyrna*), Squalidae — Dornhaie (*Squalus*), Dalatiidae — Eishaie (*Somniosus*), Squatinidae — Engelhaie (*Squatina*)

Gemeinsame Merkmale sind: Stets vorhandene Wirbelkörper und eine heterocerke Schwanzflosse, d. h., die beiden Hälften sind verschieden groß; die obere ist meist die größere. Die Vermehrung erfolgt nach einer inneren Befruchtung durch Eier oder lebende Junge (ovovivipar). Es sind z. T. zur Ernährung der Embryonen Organe entwickelt, die denen der Säugetiere ähneln (Placenta). Die Atmung erfolgt durch Kiemen. Ein gemeinsamer Kiemendeckel ist nicht vorhanden, jede Kiemenspalte öffnet sich getrennt nach außen. Fast alle hierhergehörenden etwa 250 Arten sind Meeresbewohner. Die größten heute lebenden Fische gehören in diese Gruppe.

Der bis zu 4, selten bis 8 m lang werdende *Grauhai* rechnet zu den sogenannten altertümlichen Haien mit noch 6—7 Kiemenspalten. Der Fisch ruht tagsüber meist auf dem Boden, erst bei Nacht sucht er seine Nahrung, Fische und Krebse. Die Mehrzahl aller Haiarten sind in der Gruppe der Echten Haie mit nur fünf Kiemenspalten zusammengefaßt.

Der *Sand-* oder *Tigerhai* ist in den flachen, warmen Küstengewässern beiderseits des Atlantiks häufig. Er erreicht eine Länge von etwa 3 m und gilt stellenweise als gefährlich. Der durch eine merkwürdige, schaufelförmige, nasenähnliche Verlängerung des Oberkiefers ausgezeichnete *Nasenhai* dagegen ist ein Tiefseebewohner, der trotz seiner Größe nur von wenigen Punkten der Ozeane bekannt ist.

Die Familie der Makrelenhaie enthält außerordentlich schnell schwimmende, ständig im freien Wasser umherstreifende Arten. Ein besonders gewandter Schwimmer ist der atlantische *Makrelenhai*, eine weltweit verbreitete Art der warmen Meeresteile. Ein Verwandter, der weit nach Norden gehende *Heringshai*, hat im Gegensatz zu den anderen Arten, die am Schwanzstiel jederseits nur eine das Schwimmen unterstützende Stabilisierleiste besitzen, deren zwei. Auch der berüchtigte *Menschenhai* gehört in diese Gruppe. Alle Arten sind gewandte, schnelle und sehr gefräßige Raubtiere. Der Heringshai zerreißt gern die Netze der Fischer, um an die gefangenen Fische zu gelangen. Der Menschenhai ist ebenfalls in der Hauptsache ein Fischfresser, doch greift er, wie übrigens andere Arten auch, gelegentlich badende oder verunglückte Menschen an. Manche Exemplare scheinen sich lokal auf Menschenjagd zu spezialisieren. Alle hier angeführten Formen erreichen erhebliche Größen. Der größte Menschenhai, von dem berichtet wird, war 12 m lang. Wie die anderen beiden Arten auch, ist der Menschenhai lebendgebärend, die Zahl der Jungen kann bis zu 30 Stück betragen.

Cetorhinus maximus (Gunner)
Riesenhai
Alle Ozeane
14 m

Rhincodon typus Smith
Walhai
Warme Meere
14 m

Der *Fuchshai* aus der Familie der Alopiidae gehört zu den wenigen Haien, die zeitweilig und örtlich, so an der nordamerikanischen Ostküste, sehr häufig auftreten und dann fischereilich genutzt werden. Man nennt sie auch Drescherhaie, weil sie angeblich mit Hilfe ihrer langen oberen Schwanzhälfte durch Schlagen im Wasser die Beutetiere zusammentreiben.

Ein gewaltiger Fisch ist der *Riesenhai*, der eine Länge von über 14 m erreichen kann. Merkwürdig ist seine Ernährungsweise. Dieser Riese ist nämlich kein Räuber mehr, sondern er ernährt sich von Plankton. Zu diesem Zweck seiht er große Wassermengen auf ihren Gehalt an Kleinlebewesen hin mit Hilfe einer besonderen Reusenapparatur an den Kiemenbögen durch. Der Riesenhai wurde in allen Meeren beobachtet, bevorzugt jedoch in den warmen Breiten. Wegen seiner großen wertvollen Leber wird er überall mit Harpunen gejagt. Die Leber kann ein Gewicht von 400 kg haben und bis 2000 Liter Öl liefern. Das Öl wird industriell verwertet.

Von gleicher Größe wie der Riesenhai ist der *Walhai*, auch Rauhhai genannt. Das plumpe, sehr träge Tier wird häufig unter der Oberfläche des Meeres treibend gesichtet. Auch er nimmt nur kleine Nahrungsobjekte wie sehr kleine Fische, Tintenfische und vor allem Krebstiere auf. Sie werden wie beim Riesenhai aus dem Wasserstrom, der die Kiemenbögen durchfließt, herausgefiltert. Seine Lebensweise ist noch wenig bekannt, obwohl er in allen warmen Meeren anzutreffen ist.

In den Berichten von Sporttauchern ist nicht selten vom *Ammenhai* die Rede. Der nicht sehr große, etwa 3,50 m lang werdende Hai ist kurz und gedrungen gebaut. Er ist ein Nachttier, das bei Tage gern in Korallenhöhlen ruht. Seine Nahrung scheint bevorzugt aus wirbellosen Tieren zu bestehen. Leicht kenntlich sind die Ammenhaie an zwei kurzen Bartfäden.

Recht kleine und bunt gezeichnete Haie sind die Katzenhaie. Der *Kleingefleckte Katzenhai* kommt auch in unseren Meeren vor. Dieser bei Helgoland zeitweilig häufige

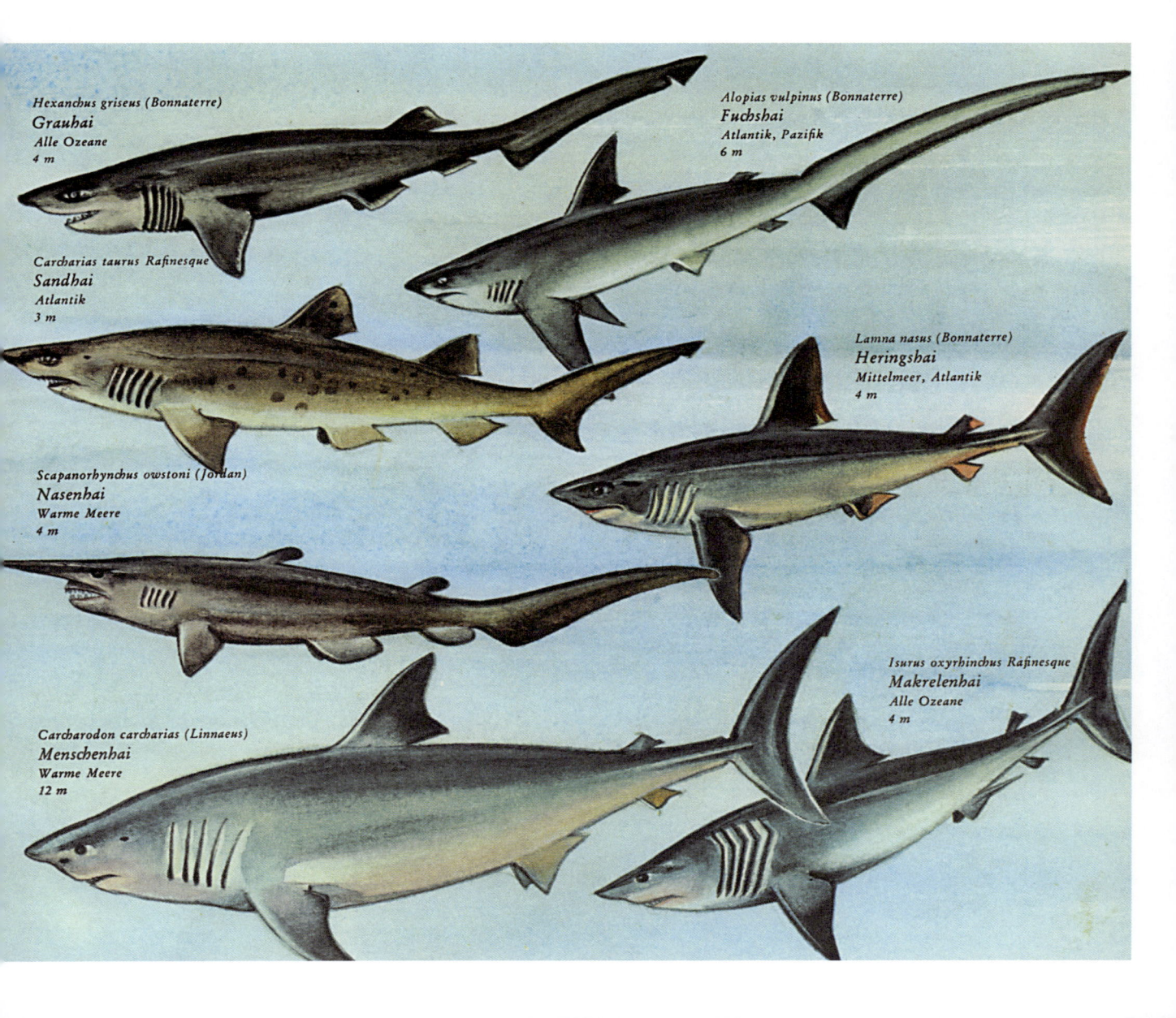

Hexanchus griseus (Bonnaterre)
Grauhai
Alle Ozeane
4 m

Alopias vulpinus (Bonnaterre)
Fuchshai
Atlantik, Pazifik
6 m

Carcharias taurus Rafinesque
Sandhai
Atlantik
3 m

Lamna nasus (Bonnaterre)
Heringshai
Mittelmeer, Atlantik
4 m

Scapanorhynchus owstoni (Jordan)
Nasenhai
Warme Meere
4 m

Isurus oxyrhinchus Rafinesque
Makrelenhai
Alle Ozeane
4 m

Carcharodon carcharias (Linnaeus)
Menschenhai
Warme Meere
12 m

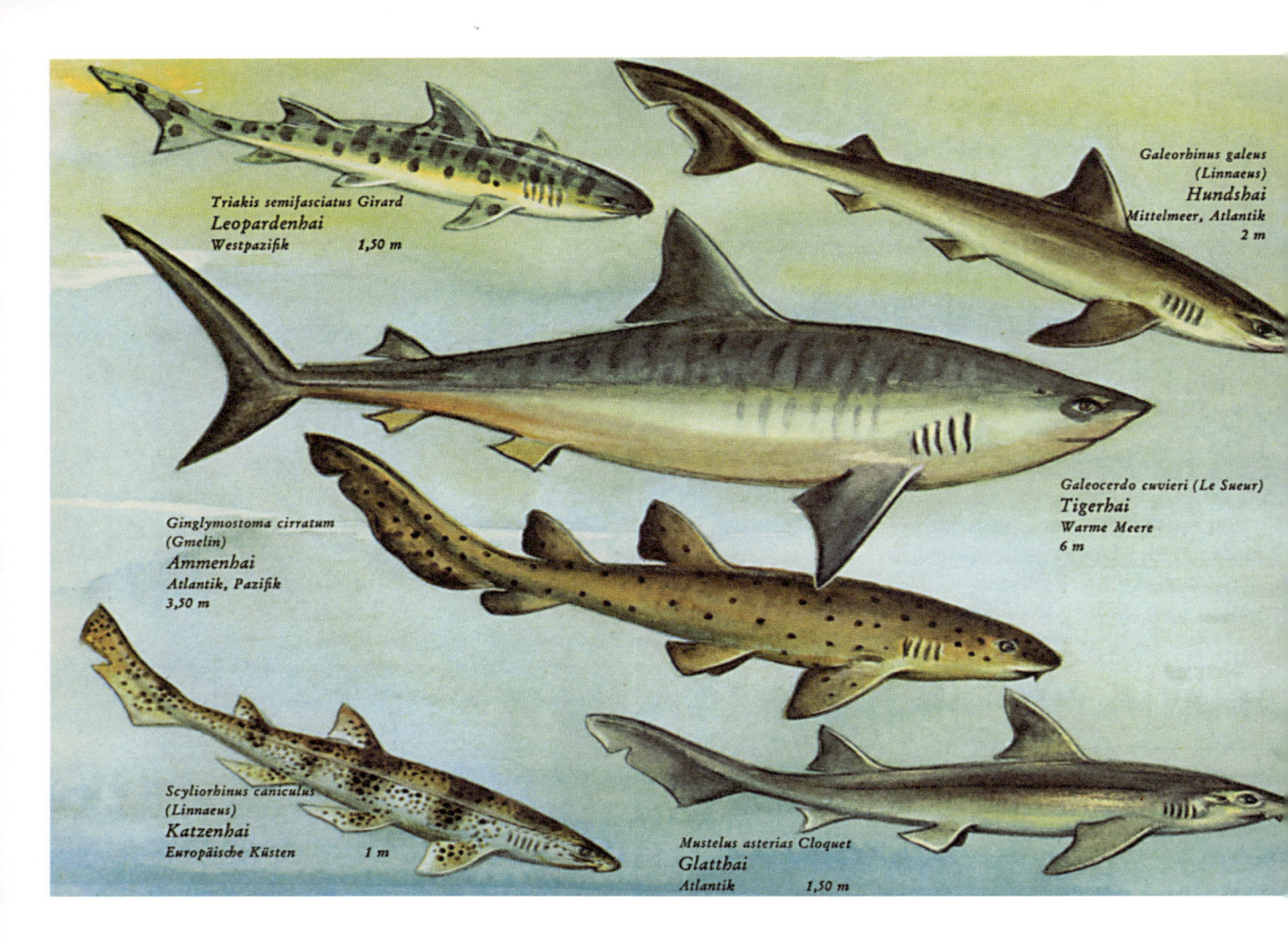

Triakis semifasciatus Girard
Leopardenhai
Westpazifik   1,50 m

Galeorhinus galeus
(Linnaeus)
Hundshai
Mittelmeer, Atlantik
2 m

Galeocerdo cuvieri (Le Sueur)
Tigerhai
Warme Meere
6 m

Ginglymostoma cirratum
(Gmelin)
Ammenhai
Atlantik, Pazifik
3,50 m

Scyliorhinus caniculus
(Linnaeus)
Katzenhai
Europäische Küsten   1 m

Mustelus asterias Cloquet
Glatthai
Atlantik   1,50 m

Hai wird gern im Aquarium gezeigt. Er ist in Gefangenschaft gut haltbar und schreitet dort sogar zur Fortpflanzung. Die seltsamen, chitinigen braunen Eier sind viereckig mit einem spiraligen Faden an jeder Ecke. Man findet sie nicht selten am Strand unserer Seebäder.

Zu den Marderhaien gehört der schön gezeichnete *Leopardenhai*. Er ist ein stellenweise an der nordamerikanischen Pazifikküste sehr häufiger, kleinerer Hai, der ebenfalls gut die Haltung im Aquarium verträgt. Der *Glatthai* gehört auch in diese Familie. Dieser lebendgebärende kleine Hai, der nicht über 1,50 m lang wird, ist ein Bewohner küstennaher Gewässer und stellenweise häufig. Er ist ein Allesfresser. Sein Speisezettel umfaßt alle Arten niederer Tiere ebenso wie Fische. Im Sommer wandert der vorwiegend die amerikanische Atlantikküste bewohnende Fisch durch den Kanal nach Helgoland. Als Lebertranlieferant ist er für die Fischerei der nordamerikanischen Ostküste wichtig.

Ein gefürchtetes Raubtier ist der *Gestreifte Tigerhai*, der alles in sich hineinschlingt, was er bewältigen kann. In Häfen und beim Begleiten der Schiffe nimmt er sogar unverdauliche Gegenstände wie Kohlestücke, leere Blechdosen usw. auf. Diese weltweit in tropischen Meeren verbreitete Art gehört zu den berüchtigsten Menschenräubern.

Sie erreicht eine Länge von immerhin 5—6 m. In der Nordsee bei Helgoland gilt der *Hundshai* heute als ein besonderes Objekt des Angelsports. In Jagd- und Angelzeitschriften wird oft Reklame für die Jagd auf „Grundhaie" gemacht. Sonst ist diese im Ostatlantik weitverbreitete Art ohne wirtschaftliche Bedeutung. Der bekannteste Hai dieser Familie ist aber der große *Blauhai*, ein aus allen warmen und gemäßigten Meeren bekannter Weltenwanderer. Er ist ein typischer Hochseefisch, der nur vereinzelt in Küstennähe erscheint. Das dunkle Blau der Körperoberseite und das schimmernde Weiß seiner Unterseite kennzeichnen ihn als solchen. Seine Größe geht wohl nicht über 6 m hinaus. Der Blauhai wird ebenfalls häufig als „Menschenhai" bezeichnet, da auch er in seiner, den meisten Haien eigenen Freßgier ins Wasser geratene Menschen nicht verschont. Alle Angriffe auf Menschen im Mittelmeer in den letzten Jahren gehen wahrscheinlich auf sein Schuldkonto.

Als sehr angriffslustig hat sich auch der *Hammerhai* erwiesen. Die Hammerhaie, Familie Sphyrnidae, sind durch ihre eigenartige Kopfform leicht erkenntlich. Die Augen sitzen bei ihnen auf seitlichen Verbreiterungen des Kopfes. Der Hammerhai kann die beachtliche Größe von 4—5 m erreichen. Er bevorzugt die flachen Wasserteile der Küsten.

Prionace glauca (Linnaeus)
Blauhai
Warme Meere
6 m

Somniosus microcephalus
(Bloch u. Schneider)
Eishai
Nordatlantik
7,50 m

Squalus acanthias Linnaeus
Dornhai
Alle Meere
1 m

Sphyrna zygaena (Linnaeus)
Hammerhai
Warme Meere
5 m

*Squatina
squatina*
(Linnaeus)
Meerengel
Mittelmeer, Atlantik
2,50 m

Ein fischereilich sehr wichtiger Hai ist der kleine *Dornhai* aus der Familie Squalidae, den echten Dornhaien, die nach dem kräftigen Stachelstrahl, der vor jeder der beiden Rückenflossen sitzt, benannt sind. Diese kleinen Haie, sie werden etwa 1 m lang und höchstens 9 kg schwer, sind in Europa beliebte Marktfische und kommen als sogenannte Seeaale oder ihre Bauchlappen als Schillerlocken geräuchert in den Handel.

Von den unechten Dornhaien, Familie Dalatiidae, ist der *Eis-* oder *Grönlandhai* der bekannteste. Er ist wieder ein großer Hai, der bis zu 7,50 m erreichen soll. Im Magen dieser Raubfische wurden schon ganze Robben gefunden. Wie sein Name sagt, lebt er in kalten Meeren. Wirtschaftlich ist er als Lebertranlieferant von einiger Bedeutung. Einzelne Stücke wurden auch in der nördlichen Nordsee erbeutet.

Die Engelhaie können als Verbindungsglied von den Haien zu den Rochen, die sich ja leicht aus den Haien ableiten lassen, gelten. Ihnen am nächsten stehen die Geigenrochen. Der europäische *Meerengel* wird bis zu 2,50 m lang und bewohnt bevorzugt flachere Meeresteile, ohne aber die Tiefen ganz zu meiden. Der im Wasser harmlose Fisch kann beim Fang durch Zuschnappen gefährlich werden. Er ist ebenfalls lebendgebärend.

Überordnung Batioidei

Familien: Rhinobatidae — Geigenrochen (*Rhynchobates*), Pristidae — Sägefische (*Pristis*), Rajidae — Echte Rochen (*Raja*), Dasyatidae — Stachelrochen (*Dasyatis, Taeniura*), Myliobatidae — Adlerrochen (*Rhinoptera, Aetobatus*), Mobulidae — Teufelsrochen (*Manta, Mobula*), Torpedinidae — Zitterrochen (*Torpedo*)

Die Rochen lassen sich leicht von den Haien ableiten, sind es doch gewissermaßen plattgedrückte Haie. Die schon erwähnten Engelhaie sind ein Zwischenstadium in dieser Entwicklungsreihe. Als Folge sind die Brustflossen seitlich mit Kopf und Körper verwachsen und bilden einen langen Saum. Die Kiemenöffnungen liegen bei den Rochen im Gegensatz zu den Haien ebenso wie die Mundspalte auf der Unterseite. Das Atemwasser wird durch Spritzlöcher auf der Oberseite des Kopfes aufgenommen und durch die Kiemenspalten ausgestoßen. Dadurch ist eine Verschmutzung der Kiemen durch Schlamm oder Sand unmöglich. Die Geigenrochen schließen sich gestaltlich unmittelbar an die Engelhaie an. Die Umbildung der Brustflossen zu einem Flossensaum nimmt bei ihnen ihren Anfang, auch liegen die Kiemenspalten bereits auf der Kopfunterseite.

Alle Arten sind Bewohner flacher Meeresteile; sie gehen auch in Flußmündungen. Der abgebildete *Riesen-Geigenrochen* ist die weitaus größte unter den bekannten Formen. Alle Geigenrochen bringen lebende Junge zur Welt. Sie gelten als nicht räuberisch, da ihre bevorzugte Nahrung aus kleineren Bodentieren besteht, die sie mit ihren in zahlreichen Reihen angeordneten Pflasterzähnen zermahlen.

Die *Sägefische,* deren stark bezahnte zweischneidige Nasenfortsätze in manchen tropischen Häfen in allen Größen als Souvenirs angeboten werden, kommen den Geigenrochen in der Körpergestalt sehr nahe. Es sind ganz gewaltige Fische, die Gewichte von mehr als 2000 kg erreichen können. Die Säge dieser Fische ist ein gefährliches Jagdgerät, das zunächst zum Erschlagen von Beutetieren dient. Der Rochen schwimmt in die Schwärme seiner Beutefische hinein und schlägt dann Kopf und Körper kraftvoll nach allen Seiten. Dadurch werden zahlreiche Fische verletzt oder getötet. Selbstverständlich dient die Säge auch als Waffe, besonders wenn der Sägefisch gefangen an der Angel hängt. Die lebend geborenen Sägefischchen besitzen bereits eine wohlentwickelte Säge, die aber noch elastisch weich und mit stumpfen Zähnen versehen ist.

Der auch an den deutschen Nordseeküsten, besonders im Sommer im Wattenmeer häufige *Nagelrochen* ist ein typischer Vertreter der echten Rochen mit breitauslegenden, spitz zulaufenden Seitenflügeln und spitzem Kopf. Der schlanke Schwanz trägt auf der Oberseite drei Reihen großer Dornen, die sich untermischt mit zahllosen kleinen Dornen auf dem Rücken fortsetzen. Die Männchen haben an den Bauchflossen Klammerorgane als Hilfe bei der Begattung. Die Weibchen legen rechteckige Eier mit fadenförmigen Verlängerungen an den vier Ecken, die dem Anheften an Pflanzen dienen. Man findet diese Eier nicht selten angespült an den Stränden unserer Nordseebäder. Die Nahrung der auch fischereilich wichtigen Nagelrochen besteht aus Krebsen und Fischen des Bodens, aber auch aus Muscheln und Stachelhäutern.

Die plumperen Stachelrochen haben einen peitschenartigen Schwanz mit 1—2 gesägten Stacheln. Sie bilden eine artenreiche Familie; man kennt fast 90 Arten, die alle lebendgebärend sind. Stachelrochen bewohnen nicht nur das Meer, sondern es gibt auch einige Arten, die dauernd im Süßwasser leben. *Dasyatis* ist die größte Gattung und enthält auch die größten Arten, die alle einen gefährlichen Giftstachel tragen. Aus der Gattung *Taeniura* sind nur wenige Arten bekannt, die nur das indopazifische Gebiet bewohnen. Die Stachelrochen liegen gern im flachen Wasser im Boden vergraben. Wenn ein Mensch auf den kaum sichtbaren Fisch tritt, schlägt der

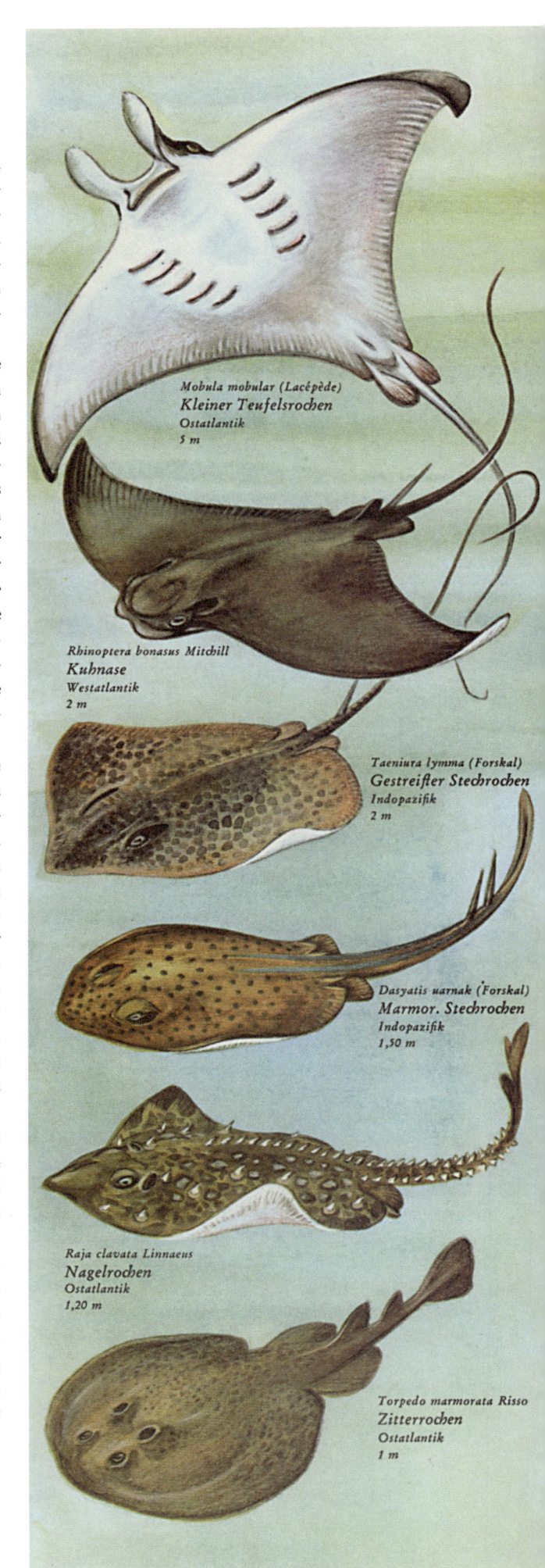

Mobula mobular (Lacépède)
Kleiner Teufelsrochen
Ostatlantik
5 m

Rhinoptera bonasus Mitchill
Kuhnase
Westatlantik
2 m

Taeniura lymma (Forskal)
Gestreifter Stechrochen
Indopazifik
2 m

Dasyatis uarnak (Forskal)
Marmor. Stechrochen
Indopazifik
1,50 m

Raja clavata Linnaeus
Nagelrochen
Ostatlantik
1,20 m

Torpedo marmorata Risso
Zitterrochen
Ostatlantik
1 m

Manta birostris (Walbaum)
Manta
Atlantik
7 m

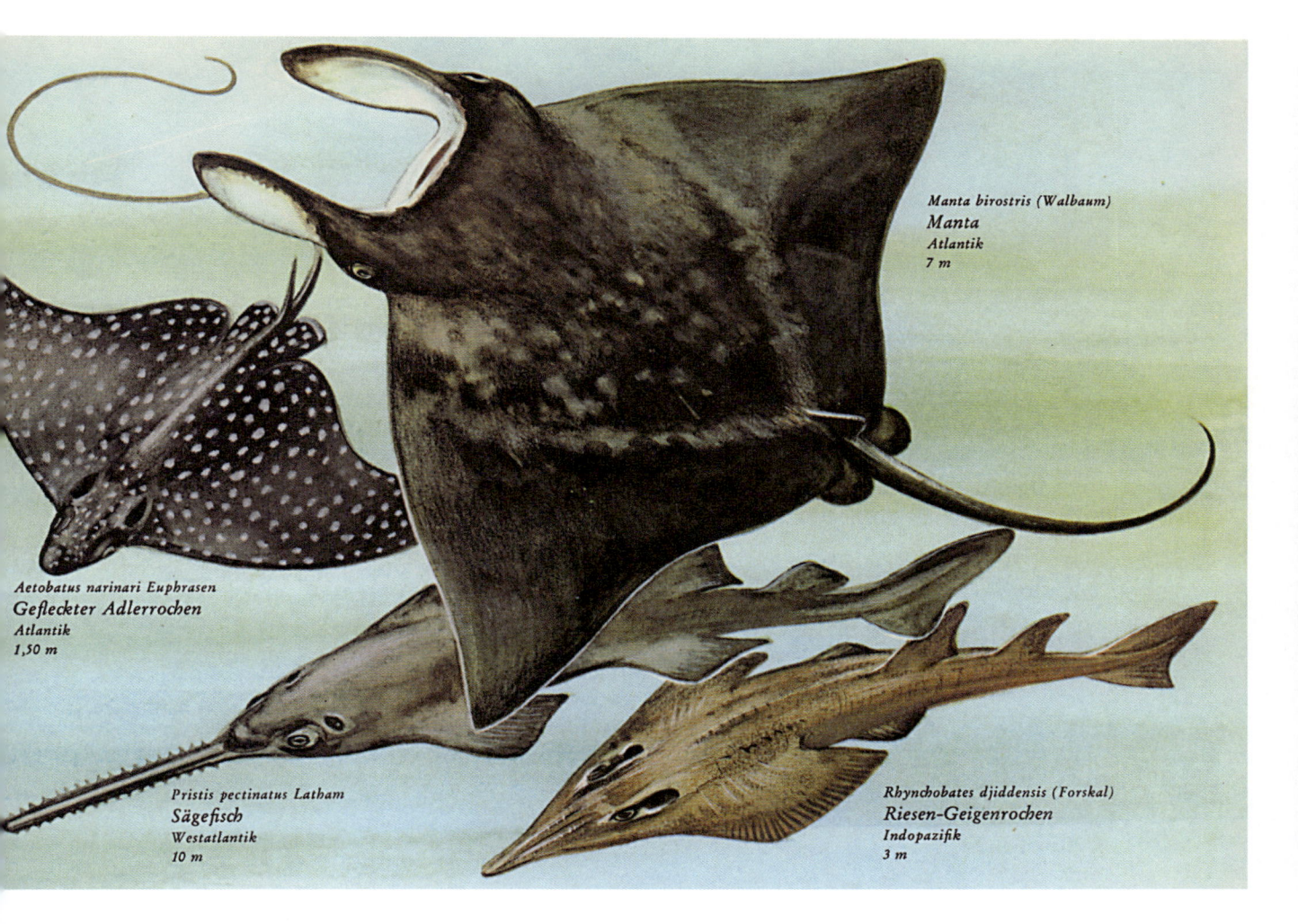

Aetobatus narinari Euphrasen
Gefleckter Adlerrochen
Atlantik
1,50 m

Pristis pectinatus Latham
Sägefisch
Westatlantik
10 m

Rhynchobates djiddensis (Forskal)
Riesen-Geigenrochen
Indopazifik
3 m

Rochen blitzschnell mit dem Schwanz und jagt den dabei meist abbrechenden widerhakigen Stachel in das Muskelfleisch. Die Folgen sind schwere Vergiftungen, die nicht selten zum Tode führen. Von den Naturvölkern wurden die Stacheln gern als Speer- oder Pfeilspitzen verwendet. Auch der größte Teil der zu den Adlerrochen zählenden Fische verfügt über einen Giftstachel.

Bei der Familie der Adlerrochen sind die Flossenflügel besonders ausgeprägt, ebenso ist der Schwanz sehr lang und dünn. Die großen Flügel verleihen den Adlerrochen eine außergewöhnliche Schwimmfähigkeit. Schnell und elegant gleiten sie im Wasser dahin. Besonders kennzeichnend ist ein dicker fleischiger Saum am Vorderkopf, der wie eine Lippe aussieht. Nur bei den *Kuhnasen* ist dieser Saum zweilappig. Die Adlerrochen treten gern in schnellschwimmenden Schwärmen wandernd auf. An den amerikanischen Küsten sind sie wegen des Schadens, den die gefräßigen Tiere auf den Muschelbänken anrichten, gefürchtet. Auch diese Rochen gebären lebende Junge mit noch weichen, aber schon vollausgebildeten Stacheln. Der *Gefleckte Adlerrochen* ist ein sehr schöner Fisch küstennaher Flachgewässer. Leider sind die Adlerrochen im Aquarium nur sehr schwer zu halten. Alle Rochen sind gute Springer, der Gefleckte Adlerrochen gilt als besonders tüchtig auf diesem Gebiet.

Gewaltig ist aber der Eindruck, wenn die riesige *Manta* aus der Familie der Teufelsrochen sich über die Meeresoberfläche erhebt. Die Teufelsrochen unterscheiden sich von den ihnen sehr ähnlichen Adlerrochen durch zwei „Teufelshörner", kleinen Flossen links und rechts vor der Mundöffnung, die dem Nahrungserwerb dienen. Sie ernähren sich nicht mehr wie die übrigen Rochen von Bodentieren, sondern nehmen ihre Nahrung beim Schwimmen aus dem Wasser; es sind Planktonfresser. Die Fische der Gattung Manta unterscheiden sich von den kleiner bleibenden Vertretern der Gattung *Mobula* durch ihre an der Spitze des Kopfes liegende Mundöffnung, die bei Mobula an der Unterseite liegt. Alle Teufelsrochen sind lebendgebärend, angeblich leben manche Arten paarweise zusammen.

Als letzte Gruppe der Rochen folgen die *Zitterrochen*, Fische, die in der Lage sind, elektrische Schläge von erheblicher Stärke (bis 200 Volt) auszuteilen. Sie besitzen besondere stromerzeugende Organe, die aus umgebildeten Muskeln ihren Ursprung nehmen. Die elektrischen Organe entsprechen in etwa der sogenannten Voltaschen Säule. Bei den Zitterrochen liegen sie im Vorderkörper und dienen in erster Linie der Lähmung von Beutetieren, erst in zweiter der Verteidigung. Es sind Bodentiere sowohl der Gezeitenzone als auch der tieferen Meeresteile. Man kennt bisher fast 40 verschiedene Arten.

Chimaera monstrosa Linnaeus
Spöke
Europäische Meere
1,50 m

Callorhynchus capensis Cuvier
Pflugnasenchimäre
Südliche Ozeane
1 m

Hariotta raleighana Goode u. Bean
Langnasenchimäre
Nordatlantik
1,20 m

Unterklasse Holocephali — Seedrachen

Ordnung Chimaeriformes — Chimären

Familien: Chimaeridae — Kurznasenchimären (*Chimaera*), Rhinochimaeridae — Langnasenchimären (*Hariotta*), Callorhynchidae — Pflugnasenchimären (*Callorhynchus*)

Diese eigenartigen Fische haben mit den Haien das Knorpelskelett sowie die Begattungshilfsorgane an den Bauchflossen, mit den Knochenfischen einen Kiemendeckel und Eigenarten des Schädelbaus gemeinsam. Kennzeichnend für die Chimären ist ein tentakelähnlicher, versenkbarer Stirnauswuchs der Männchen, dessen Bedeutung noch unbekannt ist. Bisher sind etwa 30 Arten bekannt, die nach der Ausgestaltung des Kopfes unterschieden werden.

Die Kurznasenchimären haben eine runde, stumpfe Schnauze. Die Schwanzflosse ist mit der Afterflosse verwachsen, oder es sind beide getrennt. Bemerkenswert ist ein gesägter Giftstachel mit Giftdrüse am Beginn der ersten Rückenflosse. Die teilweise häufige *Spöke* — in Tiefen bis 1000 m — geht oft als Beifang in die Fangnetze.

Die *Langnasenchimären* sind Tiefenbewohner zwischen 500 und 2500 m. Sie werden selten erbeutet. Die *Pflugnasenchimären* schließlich mit ihrer wie ein Rüssel beweglichen Nasenverlängerung sind schon aus Tiefen von 180 m bekannt. Alle Seedrachen sind eierlegend, ihre Eier haben eine feste hornige Hülle.

Klasse Osteichthyes — Knochenfische

Bei den Knochenfischen sind nun im Gegensatz zu den Knorpelfischen immer mehr Skeletteile verknöchert. Ist bei den primitiven Formen die Verknöcherung zunächst noch auf Teile des Schädels beschränkt, so haben die echten Knochenfische ein in allen Teilen verknöchertes Skelett mit einer Wirbelsäulenachse. Der Hirnschädel wird zu einer festen Kapsel aus verschiedenen Knochen, die Kiefer werden zu einem Knochenkomplex. Die Kiemenregion ist durch feste Deckknochen geschützt. Den Körper bedecken dachziegelartig übereinandergelagerte Schuppen. Wichtig ist die Ausbildung eines hydrostatischen Apparates, der Schwimmblase, die sich bei den Lungenfischen zu primitiven Lungen weiterentwickelte. Die Knochenfische wurden schon im frühen Erdaltertum in zwei Linien aufgespalten. Die Strahlenflosser erleben heute ihre artenreiche Blütezeit, die Fleischflosser (Choanenfische) haben nur in wenigen Formen überlebt. Ihren Namen haben sie von den Nasenöffnungen im Dach der Mundhöhle (Choanen). Von den zwei Ordnungen sind die Crossopterygier die primitiveren.

Protopterus dolloi Boulenger
Kongo-Lungenfisch
Kongo, Gabun
90 cm

Protopterus aethiopicus Heckel
Aethiopischer Lungenfisch
Sudan, Große Seen
1,50 m

Lepidosiren paradoxa Fitzinger
Südamerikanischer Lungenfisch
Trop. Südamerika
1,25 m

Neoceratodus forsteri (Krefft)
Australischer Lungenfisch
Nordostaustralien
1,75 m

Ordnung Crossopterygiformes — Quastenflosser

Familie: Coelocanthidae (*Latimeria*)

Ordnung Dipnoiformes — Lungenfische

Familien: Ceratodontidae (*Neoceratodus*), Lepidosirenidae (*Lepidosiren*), Protopteridae (*Protopterus*)

Es war im Jahre 1938 eine Weltsensation, als im Indischen Ozean in der Gegend östlich von East London (Südafrika) ein 1,50 m langer unbekannter Fisch von einem Fischdampfer gefangen wurde. Prof. Smith, der Ichthyologe in Grahamstown, identifizierte ihn sofort als Nachfahre von aus Versteinerungen bekannten Fischen, die vor etwa 60—70 Millionen Jahren gelebt hatten. Das Tier erhielt den Namen *Latimeria chalumnae*. Wissenschaftlich ist dieser Fund deshalb von besonderem Interesse, weil man annimmt, daß eine ähnliche Form einmal der Urahne der vierfüßigen Wirbeltiere gewesen ist. Erst 15 Jahre nach dem Fang des ersten Tieres wurde ein weiteres Exemplar in der Gegend der Komoren erbeutet, dem später noch andere, schließlich sogar ein lebendes Stück folgten. Latimeria lebt offenbar in einer Tiefe von 180—250 m und ist ein Raubfisch, da sich die weiteren Stücke alle an mit Fischen geköderten Angeln fingen.

Die Lungenfische besitzen neben funktionsfähigen Kiemen noch eine Lunge, die abgeleitet von der Schwimmblase im Prinzip derjenigen der landbewohnenden Wirbeltiere gleicht. Durch die Choanen über einen Schlitz im Schlund ist eine unmittelbare Aufnahme der Luft mit Hilfe der Nasenöffnungen möglich. Es bahnt sich bereits eine Trennung in einen venösen und einen arteriellen Blutkreislauf an. Der riesige, mit großen Schuppen bedeckte *Australische Lungenfisch* ist von den heute lebenden Vertretern der fischähnlichste. Er kommt nur noch in zwei Flüssen Nordostaustraliens sowie ausgesetzt in Queensland vor und ist streng geschützt. Die Gattung *Protopterus*, die in vier Arten das tropische Afrika bewohnt, ist wie die südamerikanische Gattung *Lepidosiren* mit nur einer Art von aalförmiger Gestalt ohne sichtbare Beschuppung. Diese Formen haben alle zwei Lungensäcke im Gegensatz zu der australischen mit nur einem. Die afrikanischen Lungenfische können beim Austrocknen ihrer Wohngewässer im Boden aus Schlamm und Schleim eine Art Kokon bilden, in dem sie in bestimmter Weise kugelförmig eingerollt, die Trockenperiode zu überdauern vermögen. Der südamerikanische Molchfisch ist am wenigsten fischähnlich, er verhält sich in ähnlicher Weise. Alle Lungenfische sind eierlegend. Der australische Vertreter legt die Eier einfach an Wasserpflanzen ab, während die übrigen höhlenartige Nester bauen. Die geschlüpften Larven besitzen eine Zeitlang äußere Kiemen.

Latimeria chalumnae Smith
Quastenflosser
Indischer Ozean vor Südafrika
1,50 m

Ordnung Polypteriformes — Flößler

Familie: Polypteridae — Flösselhechte (*Polypterus, Calamoichthys*)

Das gemeinsame Kennzeichen dieser Fische ist eine in kleine einstachelige Flößchen, die bei den Flösselhechten noch weitere weiche Strahlen haben können, zerfallende Rückenflosse (deshalb Polypteridae = Vielflosser). Die Gattung *Calamoichthys* enthält nur eine Art, während von *Polypterus* eine ganze Reihe von Formen bekannt ist. Trotz ihrer zweifellosen Altertümlichkeit sind uns bisher fossile Vorfahren unbekannt. Neben dem Flossenbau ist die Beschuppung mit rhombischen Ganoidschuppen und das Vorhandensein äußerer Kiemen bei den Larven von den übrigen Knochenfischen abweichend. Auch verfügen die Flößler über primitive Lungen.

Polypterus weeksii Boulenger
Flösselhecht
Kongo
40 cm

Calamoichthys calabaricus (Smith)
Flösselaal
Trop. Westafrika
90 cm

Huso huso (Linnaeus)
Hausen
Schwarzes und Kaspisches Meer
9 m

Acipenser stellatus Pallas
Sternhausen
Schwarzes und Kaspisches Meer
1,90 m

Acipenser baeri Brandt
Sibirischer Stör
Flüsse Sibiriens
1,50 m

Acipenser ruthenus Linnaeus
Sterlet
Donaugebiet, Eismeerflüsse
1 m

Ordnung Acipenseriformes — Störe

Familien: Acipenseridae — Störe (*Huso, Acipenser, Pseudoscaphirhynchus*), **Polyodontidae — Löffelstöre** (*Polyodon*)

Das Skelett der Störe ist im wesentlichen noch knorpelig. Gleiches gilt für den Schädel, doch ist dieser schon mit großen Hautknochen bedeckt. Wirbelkörper sind noch keine vorhanden. Auch die innere Organisation erinnert bei den Stören noch sehr an die der Haie, so befindet sich wie bei diesen im Mitteldarm eine Spiralklappe. Die Schnauze ist bei allen Formen stark verlängert, die Mundöffnung an der Unterseite des Kopfes (unterständig) gelegen. Der Mund selbst ist rüsselartig vorstülpbar. Die Körperoberfläche ist in weiten Teilen nackt, sonst mit Knochenplatten verschiedener Größe und Form, der Schwanz mit Ganoidschuppen bedeckt. Die Mehrzahl der heute lebenden Störe sind anadrome (d. h., sie suchen zum Laichen das Süßwasser auf) Meeresfische, deren Verbreitungszentrum das Schwarze und das Kaspische Meer ist. Der *Atlantische Stör* war früher auch in den deutschen Strömen, vor allem der Elbe, ein häufiger Gast. Jetzt wird er nur noch ganz vereinzelt gefangen. Ein holsteinischer Fluß heißt nach ihm noch heute die Stör. Der größte Störfisch Europas ist der *Hausen*, er kann Gewichte bis zu 1500 kg erreichen. Sein Hauptlaichgebiet ist der Unter- und Mittellauf der Donau. Dort ist er immer noch trotz zahlenmäßigen Rückganges ein Hauptlieferant des wertvollen Kaviars. Mit Kaviar werden die mit Salz konservierten Eier der Störe bezeichnet. Der Fang der Fische wird mit großen Netzen und den eigenartigen Hakengeräten ausgeübt. Die Nahrung der Störe besteht aus Bodentieren aller Art und Fischen; die großen Stücke sind ausgesprochene Räuber. Der spitzschnäuzige *Sternhausen* ist mit kleinen sternförmigen Knochenkörpern dicht besetzt. Er geht auf seinen Laichwanderungen meist nicht über die Brackwasserzone der Flüsse hinaus, ist also nahezu ein reiner Seefisch. Vereinzelt gelangt er auch bis in die österreichische Donau. Der *Sterlet* dagegen ist ein ausgesprochener Süßwasserfisch, der weit in die Flußoberläufe aufsteigt. In der Donau war er früher bis in Bayern anzutreffen. Nur in dem Kaspisee geht der Sterlet ins Brackwasser. Wegen seines edlen Fleisches ist er trotz seiner Kleinheit ein geschätzter Marktfisch. Der *Weiße Stör* ist der größte Süßwasserfisch Nordamerikas, der ein Gewicht bis zu 800 kg haben kann. Der *Sibirische Stör* bewohnt die großen Ströme vom Ob bis zur Kolyma. Die *Schaufelnasenstöre* sind in zwei Gattungen auf Russisch-Asien und Nordamerika beschränkt. Sie sind noch mehr als die anderen Störe ausgesprochene Fische der Bodennähe.

Der *Löffelstör* und der ihm nahestehende Schwertstör Chinas weichen in mehrfacher Beziehung erheblich von den übrigen Stören ab. Vor allem ist es der nahezu ein Drittel der Körperlänge ausmachende Fortsatz am Kopf von spatel- oder schwertförmiger Ausgestaltung. Der Sinn dieser Verlängerung ist unbekannt. Löffelstöre sind Planktonfresser. Vor allem Krebstiere dienen ihnen als Nahrung. Dabei können sie ihre Mund- und Kiemenregion ganz gewaltig sackförmig erweitern. Stark verlängerte Kiemen-

Acipenser sturio Linnaeus
Atlantischer Stör
Europäische Küsten
3 m

Acipenser transmontanus Richardson
Weißer Stör
Pazifische Küste der USA
2,10 m

Pseudoscaphirhynchus kaufmanni (Bogdanow)
Schaufelnasenstör
Amu-Darja   75 cm

Polyodon spatula (Walbaum)
Löffelstör
Mississippi   1,50 m

fortsätze wirken hierbei als Seihapparate. Wie alle Störe sind auch sie heute als Folge der Industrialisierung der Flüsse und nicht zuletzt auch der Verschmutzung der Gewässer, selten geworden.

Ordnung Amiiformes — Schlammfische
Familie: Amiidae — Schlammfische (*Amia*)

Nur eine einzige Art, *Amia calva*, verkörpert heute diese Fischgruppe, während noch in der Jurazeit seine Verwandtschaft weit verbreitet war. Der Körper ist mit starken Schuppen bedeckt, der Kopf mit massiven Knochenplatten. Das Skelett ist bereits völlig verknöchert. Als primitives Merkmal verbleibt lediglich noch eine Andeutung der Spiralklappe im Mitteldarm. Die Schwimmblase ist gekammert und wird als lungenähnliches Atmungsorgan in sauerstoffarmen Gewässern verwendet. Als gefräßiger Räuber ist er in Fischgewässern nicht beliebt und wird stark verfolgt. Der *Schlammfisch* übt eine hochentwickelte Brutpflege aus. Die Männchen bauen meist in ganzen Brutkolonien Nester aus Pflanzenteilen und bewachen nicht nur das Gelege, sondern auch die Brut.

Ordnung Lepisosteiformes — Knochenhechte
Familie: Lepisosteidae — Knochenhechte (*Lepisosteus*)

Der Körper der *Knochenhechte* ist von einem harten Panzer aneinanderstoßender Ganoidschuppen bedeckt. Die Kiefer sind je nach Art mehr oder minder lang schnabelförmig mit starken Zähnen. Die acht beschriebenen Arten bewohnen Mittel- und Nordamerika von Südostkanada bis nach Panama und mit einer Art Kuba; sie kommen nur im Süßwasser vor. Alle Arten sind gefürchtete Räuber, die ihre Beute mit seitlichem Schlag des Schnabels ergreifen, dann geschickt drehen und Kopf voran verschlingen. Auch sie werden als Fischereischädlinge rücksichtslos verfolgt, jedoch sind sie besonders in den Sümpfen der Everglades in Florida immer noch zahlreich. Gern stehen sie eben unter der Wasseroberfläche. Wirtschaftlich haben sie kaum Bedeutung, werden aber stellenweise gern geangelt.

Lepisosteus osseus (Linnaeus)
Langnasen-Knochenhecht
Osten der USA
1,50 m

Amia calva Linnaeus
Schlammfisch
Osten der USA
60 cm

Lepisosteus spatula (Lacépède)
Alligator-Knochenhecht
Süden der USA   3 m

Ordnung Elopiformes — Tarpune

Familien: Elopidae — Zehnpfünder (*Elops*), Megalopidae — Tarpune (*Megalops*), Albulidae — Frauenfische (*Albula*)

Der weitverbreitete *Zehnpfünder*, die wahrscheinlich einzige Art der Familie, besitzt als besonderes Merkmal hinter Rücken- und Afterflosse je eine Grube, in der die Flossen völlig zurückgelegt werden können. Den Tarpunen fehlen diese Gruben, dafür sind sie leicht daran kenntlich, daß der letzte Strahl der Rückenflosse lang ausgezogen ist. Die sehr kräftigen *Tarpune* oder *Tarpone* sind außerordentlich beliebte Angelsportobjekte, da sie, einmal am Haken, dem Angler einen erheblichen Kampf liefern. Sie springen dabei hoch über die Wasseroberfläche hinaus. Zehnpfünder und Tarpune sind ausgesprochene Hochseefische, wenn auch einige Tarpun-Arten die Flußmündungen aufsuchen. Der kleinere *Frauenfisch* ist mehr eine Flachwasserform, aber ebenfalls als Sportfisch beliebt. Bemerkenswert ist, daß alle diese Fische Larvenformen haben, die den Larven der Aale ähnlich sind. Früher stellte man sie zu den heringsähnlichen Fischen; die moderne Wissenschaft aber hält eine solche Verwandtschaft für unwahrscheinlich.

Ordnung Anguilliformes — Aalartige Fische

Familien: Anguillidae — Aale (*Anguilla*), Muraenidae — Muränen (*Muraena, Echidna, Lycodontis*), Congridae — Meeraale (*Conger*), Ophichthyidae — Schlangenaale (*Ophichthys*), Synaphobranchidae — Tiefseeaale (*Synaphobranchus*), Nemichthyidae — Schnepfenaale (*Nemichthys*), Cyemidae — Tiefseeschnepfenaale (*Cyema*), Saccopharyngidae — Sackmaulaale (*Saccopharynx*), Eurypharyngidae — Pelikanaale (*Eurypharynx*)

Ordnung Notacanthiformes — Tiefsee-Dornaale

Familie: Halosauridae — Tiefsee-Dornaale (*Halosaurus*)

Der europäische *Flußaal* bewohnt alle für ihn erreichbaren Süßwässer, ebenso wie die Brackwasserzonen. Während die Mehrzahl der uns im Süßwasser begegnenden Wanderfische dieses zum Laichen aufsuchen, muß der Aal dazu ins Meerwasser ziehen (katadromer Wanderfisch). Die Laichplätze liegen im Gebiet der Sargasso-See zwischen 20—30° N und 50—60° W über großen Tiefen. Unsere Aale brauchen für die etwa 3500 sm lange Strecke 1½

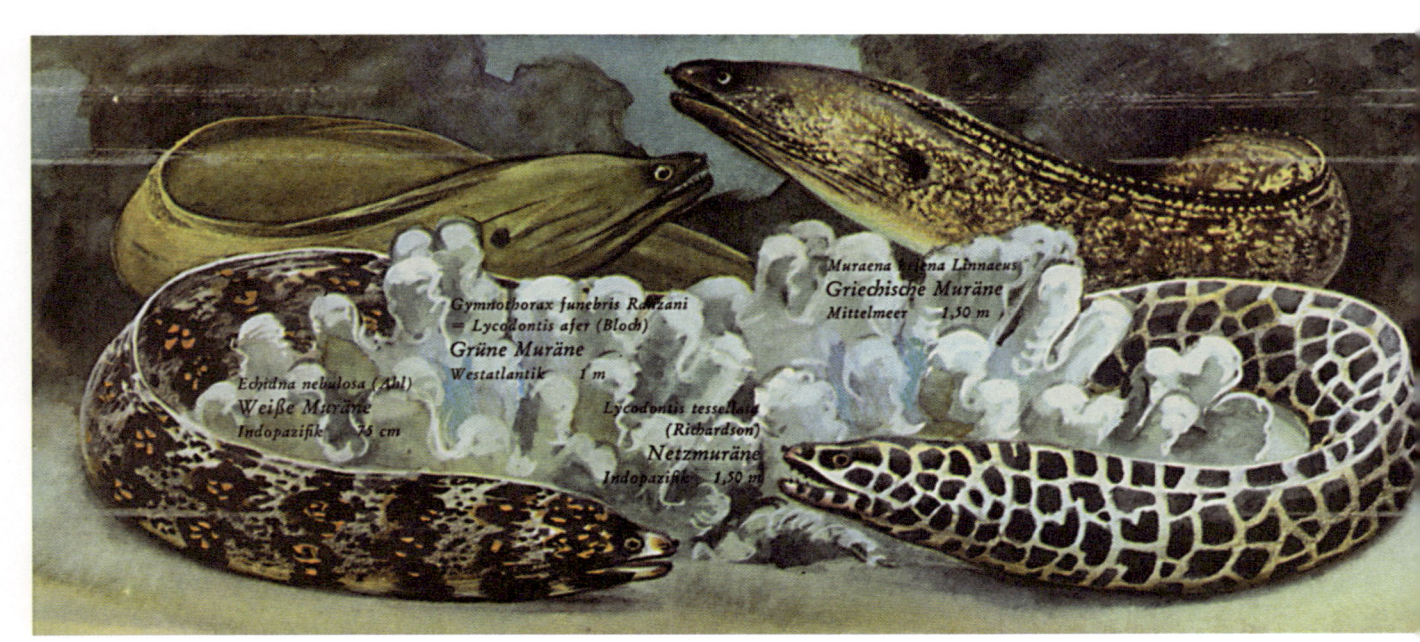

Jahre. Die weidenblattähnlichen Larven, früher als besondere Fischart (Leptocephalus) beschrieben, wandern nun mit dem Golfstrom in nordöstlicher Richtung und erreichen die Küsten Europas etwa im dritten Lebensjahr. Sie nehmen jetzt die bekannte Aalgestalt an, sind aber glasklar durchsichtig, Glasaale, und wandern als solche in die Süßgewässer ein. Hier lebt der Aal im Boden oder in Verstecken und geht erst nachts auf Beutefang. Der von Fischen lebende Raubaal ist von breiterem Kopfbau als der spitzköpfige von Kleintieren sich nährende. Die Abwanderung ins Seewasser erfolgt nach 9—15 Jahren in dunklen Nächten im August/September. Der Wandertrieb ist dann so groß, daß die Aale auch aus abflußlosen Gewässern die Wanderung über taunasse Felder versuchen. Die amerikanischen Aale laichen im gleichen Gebiet, jedoch dauert ihre Umwandlung nur ein Jahr. Frisches Aalblut gilt als giftig. Tatsächlich wurde darin ein Neurotoxin festgestellt. Beim Kochen, Räuchern usw. wird es jedoch unschädlich.

Den schlechtesten Ruf aus der Gruppe der Aalfische haben die Muränen, die artenreich in allen wärmeren Meeren anzutreffen sind. Es sind angriffslustige, bissige Bewohner von Höhlen und Spalten der Felsenküsten und Korallenriffe. Da sie fast immer mit weit geöffnetem Maul und erhobenem Vorderteil liegen, ist schon ihr Anblick furchterregend. Die Zahl der wirklich gefährlichen Arten aber dürfte nicht über sechs hinausgehen. Diese besitzen Giftdrüsen in der Mundschleimhaut. Eine der giftigsten ist die *Griechische Muräne*, die schon im klassischen Altertum wegen ihres Fleisches geschätzt war.

Ein ausgesprochener Küstenbewohner, der aber über 100 m Tiefe hinabgeht, ist der *Meeraal*, der niemals Brack- oder Süßwasser aufsucht. In unseren Meeren ist er ein nicht seltener Irrgast. Eine in den warmen Tropenmeeren weitverbreitete Familie sind die *Schlangenaale*, Bodenfische mit einem harten und spitzen Schwanz, mit dem sie sich einwühlen. Bewohner größerer Tiefen sind, wie ihr Name sagt, die *Tiefseeaale*. Tiefseefische sind auch die bizarren *Schnepfenaale* mit den auseinandergebogenen Kiefern. Die *Pelikanaale* haben ein riesenhaftes Maul, dabei aber nur einen kleinen, nicht dehnbaren Magen, während die *Sackmaulaale* ein ebensolches, aber stark bezahntes Maul und einen außerordentlich dehnbaren Magen besitzen. Die Pelikanaale hält man für Planktonfresser. Bei beiden Formen ist der Kiemenapparat weit nach hinten verschoben. Beide sind Tiefenbewohner, die niemals über die 200-m-Grenze hinaufsteigen.

In Tiefen von 350—2500 m leben die *Tiefsee-Dornaale*. Die Vertreter der Familie Notacanthidae haben eine nur aus Stachelstrahlen bestehende Rückenflosse, bei den Halosauridae sind diese Strahlen schwächer und weich.

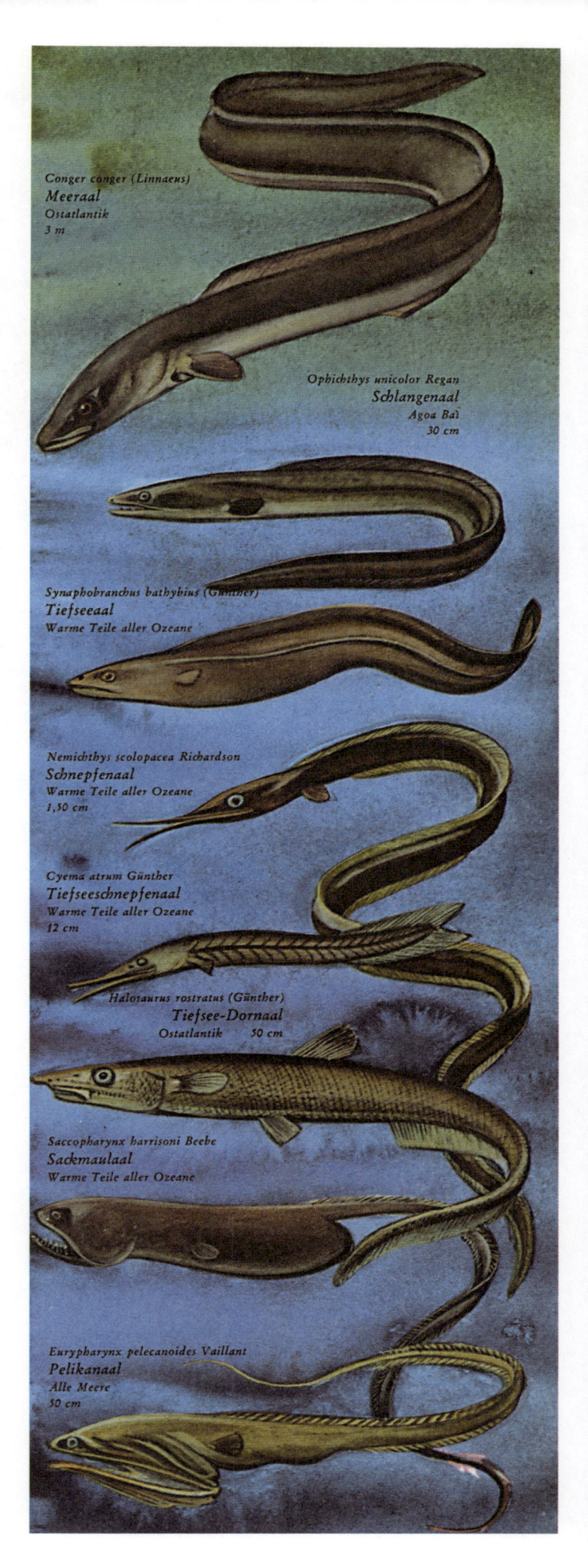

Conger conger (Linnaeus)
Meeraal
Ostatlantik
3 m

Ophichthys unicolor Regan
Schlangenaal
Agoa Baì
30 cm

Synaphobranchus bathybius (Günther)
Tiefseeaal
Warme Teile aller Ozeane

Nemichthys scolopacea Richardson
Schnepfenaal
Warme Teile aller Ozeane
1,50 cm

Cyema atrum Günther
Tiefseeschnepfenaal
Warme Teile aller Ozeane
12 cm

Halosaurus rostratus (Günther)
Tiefsee-Dornaal
Ostatlantik   50 cm

Saccopharynx harrisoni Beebe
Sackmaulaal
Warme Teile aller Ozeane

Eurypharynx pelecanoides Vaillant
Pelikanaal
Alle Meere
50 cm

Chirocentrus dorab (Forskal)
Wolfshering
Pazifik 3,15 m

Clupea harengus Linnaeus
Hering
Nordatlantik 30 cm

Clupea sprattus (Linnaeus)
Sprotte
Europäische Küsten
15 cm

Sardina pilchardus Walbaum
Sardine
Ostatlantik, Mittelmeer
25 cm

Engraulis encrasicholus Linnaeus
Sardelle
Europäische Küsten
15 cm

Ordnung Clupeiformes — Heringsfische

Familien: Clupeidae — Heringe (*Clupea, Sardina, Alosa*), Engraulidae — Sardellen (*Engraulis*), Chirocentridae — Wolfsheringe (*Chirocentrus*)

Alle Heringsfische sind in der Körperform sehr ähnlich, die gestreckte, seitlich abgeflachte Gestalt des Herings ist ja bekannt. Viele der etwa 160 bekannten Arten bewohnen die tropischen Gewässer, besonders das westpazifische Gebiet. Heringsarten trifft man sowohl im Süßwasser, in der Mehrzahl aber im Seewasser an. Die Arten der nördlichen Halbkugel jedoch sind wirtschaftlich von eminenter Bedeutung.

Der atlantische *Hering* ist es, der nicht nur der Gruppe seinen Namen gegeben hat, sondern auch den „Segen des Meeres" für den Menschen darstellt. In den Gewässern Westeuropas werden jährlich etwa 30 000 000 Zentner Heringe gefangen. Der Hering ist ein Schwarmfisch des freien Wassers, der sowohl in Küstennähe als auch fern davon vorkommt. Man unterscheidet mehrere Rassen, die aus Ernährungsgründen und zur Laichzeit regelmäßige Wanderungen unternehmen. Die Nahrung setzt sich hauptsächlich aus Planktontieren zusammen. Die Laichplätze liegen je nach Rasse im Flachwasser oder auch in Tiefen von 100—200 m. Die Larven werden durch Meeresströmungen „verdriftet". Wirtschaftlich weniger wichtig sind die kleiner bleibenden *Sprotten*. Sie bewohnen ausschließlich küstennahe Meeresteile. Dagegen sind die *Sardinen* wieder Grundlage ausgedehnter Fischerei an den Küsten der gemäßigten und subtropischen Breiten. Eine besondere Gruppe von Heringen, die sogenannten kaspisch-pontischen Heringe, bewohnt das Schwarze, Asowsche und Kaspische Meer. Man unterscheidet bei ihnen Wander- und reine Meeresformen. So wandert der *Kaspi-Hering* in den Unterlauf der Wolga. Man unterscheidet etwa 20 Arten und Unterarten, die wirtschaftlich alle wichtig sind. Diese Heringe werden meist als Untergattung Caspialosa von Alosa getrennt. Alosa ist bei uns mit zwei Formen vertreten, dem *Maifisch* und der *Finte*. Beides sind Wanderfische. Der Maifisch geht in den Flüssen weit in die Oberläufe, er ist eine südlichere Form. Die fischereilich weniger geschätzte Finte sucht nur die Flußunterläufe als Laichgebiet auf, kommt aber bis nach Bergen hinauf vor.

Hauptsächlich im tropischen Gebiet des Indopazifiks leben die *Sardellen*, die sich durch die weit nach hinten verlagerte große Mundspalte von den übrigen Heringen leicht unterscheiden lassen. Viele Sardellen-Arten sind wie die europäische Art (norwegisch Anchovis) fischereilich wertvoll.

Nicht alle Heringsfische sind Kleintierfresser, es gibt auch ausgesprochene Räuber unter ihnen, so den riesigen *Wolfshering* der warmen Meere. Er zeichnet sich durch starke Bezahnung, einen messerscharfen Kiel am Bauch und seltsamerweise die Andeutung einer Spiralklappe am Mitteldarm aus, wie wir sie bei den Haien und Stören trafen.

Alosa alosa (Linnaeus)
Maifisch
Europäische Küsten
70 cm

Alosa fallax (Lacépède)
Finte
Europäische Küsten
50 cm

Alosa caspia (Eichwald)
Kaspi-Hering
Kaspisee
30 cm

Ordnung Osteoglossiformes — Knochenzüngler

Familien: Osteoglossidae — Knochenzüngler (*Osteoglossum, Arapaima*), Pantodontidae — Schmetterlingsfische *Pantodon*, Notopteridae — Messerfische (*Notopterus, Xenomystus*)

Die Angehörigen der Ordnung Knochenzüngler besitzen sehr starke große Schuppen. Außerdem haben sie teilweise ein besonderes Atmungsorgan oberhalb der Kiemen für atmosphärische Luft. Die Verbreitung der wenigen heute lebenden Arten ist sehr merkwürdig. Sie sind in Südamerika, in Afrika, Insel-Indien sowie in Australien anzutreffen.

Der *Arowana* und der riesige *Arapaima* sind Bewohner verwachsener Teile des Amazonas und seiner Nachbargebiete. Der Arapaima liefert ein wertvolles Fleisch, das getrocknet auf den Markt kommt. Die Knochenzüngler scheinen alle in irgendeiner Form Brutpflege zu üben. Der Arapaima baut Nestgruben und bewacht seine Eier und Brut, der Arowana ist möglicherweise wie die indischen und australischen Formen Maulbrüter, der Afrikaner schließlich baut ein Nest aus Pflanzenteilen. Alle Formen sind besonders im Alter räuberisch.

Der *Schmetterlingsfisch* erhielt diesen Namen wegen seiner großen Brustflossen, mit denen er wie ein Falter über dem Wasser sollte fliegen können. In Wirklichkeit ist er nur ein befähigter Springer auf der Jagd nach Insekten. Er ist ein Oberflächenfisch, der auch seine Eier schwimmend an der Oberfläche ablegt.

Von den Messerfischen sind nur vier Arten bekannt. Die *Fähnchenmesserfische* Asiens und Afrikas haben eine kleine Rückenflosse, der *Schwarze Messerfisch* hat keine. After- und Schwanzflosse sind bei ihnen verwachsen. Die Eier werden an Holz und Pflanzen geheftet und vom Männchen bewacht.

Ordnung Mormyriformes — Nilhechte

Familien: Mormyridae — Nilhechte (*Mormyrus, Mormyrops, Gnathonemus*), Gymnarchidae (*Gymnarchus*)

Es sind rein afrikanische Familien: Die eigentlichen Nilhechte besitzen als einzige der Wirbeltiere ein übermäßig entwickeltes Kleinhirn. Äußerlich sind sie durch einen besonderen Kopfbau ausgezeichnet. Die Mundöffnung ist stets klein. Oft liegt sie wie beim *Tapirfisch* am Ende eines langen Rüssels, manchmal ist eine Verlängerung der Kinnpartie vorhanden (*Spitzbartfisch*). Andere haben einen runden, sehr stumpfen Kopf. Ihre Nahrung besteht aus Kleintieren. Manche *Nilhechte* verfügen über schwache, offenbar nur der Ortung dienende elektrische Organe. *Gymnarchus* besitzt nur noch eine Rückenflosse und Brustflossen und verfügt über die am besten entwickelten elektrischen Organe, die im Schwanze liegen. Diese Art baut ein schwimmendes Pflanzennest. — Eine Eigenart der Mormyriformes ist ihr Spieltrieb mit schwimmenden Blättern usw. Es sind meist einzeln lebende, unverträgliche Fische.

Salmo salar Linnaeus
Lachs
Nordatlantikküsten
1,50 m

Salmo trutta Linnaeus
Meerforelle
Nordatlantikküsten
1 m

Ordnung Salmoniformes — Lachsfische

Familien: Salmonidae — Lachse (*Salmo, Oncorhynchus, Salvelinus, Hucho, Coregonus, Thymallus, Stenodus*), Osmeridae — Stinte (*Osmerus*)

Fast alle Lachsfische besitzen zwischen Rücken- und Schwanzflosse eine sogenannte Fettflosse. Ihren Namen hat diese Gruppe von dem bekanntesten Vertreter, dem edlen *Lachs*. Der Lachs ist ein Wanderfisch, der in die Quellregionen der Flüsse aufsteigt. Dort laicht er in Gruben, die er im Kies ausgeschlagen hat. Ein großer Teil der Laichfische geht auf dieser Wanderung an Entkräftung zugrunde. Ältere Männchen entwickeln zur Laichzeit einen auch den übrigen Arten der Gattung Salmo sowie den *Buckellachsen, Oncorhynchus*, eigenen Haken an der Unterkieferspitze. Der Buckellachs als Vertreter der pazifischen Wanderlachse entwickelt als Laichfisch noch zusätzlich einen ausgeprägten Buckel. Die *Meerforelle* hat die gleiche Verbreitung wie der Lachs, auch sie ist ein anadromer Wanderfisch. Lachs und Meerforelle sind heute bei uns aussterbende Fische, da sie die verschmutzten Flußunterläufe nicht mehr überwinden können. Die Meerforelle gilt als Stammform der dauernd im Süßwasser lebenden *Bachforelle* und der *Seeforelle* großer Süßwasserseen. Die Bachforelle ist bei uns die Forelle schlechthin, die überall im Gebirge oder Flachland geeignete Gewässer bewohnt. Als Speisefisch spielt dagegen die *Regenbogenforelle*, die in großem Umfange in Zuchtanlagen aufgezogen und gemästet wird, eine bedeutende Rolle. Unter den amerikanischen Stammformen dieser Zuchtforelle war auch *Salmo gairdneri*. Die *Goldforelle* Amerikas ist eine ausgesprochene Hochgebirgsform, die auf Gewässer in über 2000 m Höhe beschränkt ist. Der Gattung Salmo

nahe stehen die Saiblinge, von denen der *Wandersaibling* deshalb besonders wichtig ist, weil er ähnlich wie die Meerforelle eine große Zahl von stationären Formen in kalten tiefen Seen der nördlichen Halbkugel gebildet hat, so z. B. den Formenkreis *Seesaibling* der Seen des Alpengebietes. Der große *Huchen*, ein Fisch stark strömender Gebirgsgewässer der rechtsseitigen Donauzuflüsse, ist wie der Lachs, die See- und Bachforelle oder der Saibling ein hervorragender Fisch für den Angelsport. Wie alle bisher aufgeführten Lachsfische ist auch er, sobald er eine genügende Größe erreicht hat, ein Räuber anderer Fische. Für den Wissenschaftler sind die formenreichen Maränen oder Renken immer noch eine höchst problematische Gruppe. Alle Renken sind Bewohner der nördlichen Teile der nördlichen Halbkugel. Die *Kleine Maräne* lebt vor allem in Seen des Ostseegebiets, bei uns z. B. im Plöner und

Salmo gairdneri Richardson
Regenbogenforelle
Westen der USA
60 cm

Salmo trutta f. lacustris Linnaeus
Seeforelle
Seen in Schottland, Skandinavien, Alpengebiet
1,40 m

Salmo trutta f. f. Linnaeus
Bachforelle
Nordatlantikküsten
50 cm

Salmo aguabonita Jordan
Goldforelle
Gebirge Kaliforniens
30 cm

Salvelinus a. salvelinus (Linnaeus)
Seesaibling
Seen in Europa
60 cm

Salvelinus alpinus (Linnaeus)
Wandersaibling
Nördliches Eismeer
60 cm

Selenter See in großen Schwärmen und ernährt sich von Planktonkrebsen. Verwirrend ist die Fülle der zirkumpolar vorkommenden Großen Maränen. Die *Weißmeer-Maräne* ist wahrscheinlich mit dem Kilch des tiefen Bodensees identisch, während das berühmte *Blaufelchen* des Bodensees in den Formenkreis der Schnäpel — Coregonus lavaretus — gehören soll. Die Maränen besitzen an der Innenseite der Kiemenbögen mehr oder minder stark ausgebildete Kiemenreusenfortsätze, die bei den sogenannten Schwebrenken, d. h. von Planktontieren sich ernährenden Formen, dünn, lang und dicht, bei den mehr von Bodentieren lebenden Bodenrenken dagegen grob und weniger dicht sind. Die Bezahnung ist nur sehr schwach oder gar nicht ausgebildet. Die Lachse, Saiblinge und Forellen haben dagegen eine gute Bezahnung, selbst das Pflugscharbein kann bei ihnen — so beim Lachs und Huchen — noch

Oncorhynchus gorbuscha (Walbaum)
Buckellachs
Nordpazifikküsten
60 cm

Stenodus leucichthys (Güldenstädt)
Weißlachs
Kaspisee
1 m

Coregonus pidschian (Gmelin)
Weißmeer-Maräne
Nordasien
40 cm

Coregonus wartmanni (Bloch)
Blaufelchen
Bodensee
50 cm

Coregonus albula Linnaeus
Kleine Maräne
Ostseegebiet
35 cm

Thymallus thymallus (Linnaeus)
Äsche
Europa
30 cm

Osmerus eperlanus (Linnaeus)
Europäischer Stint
Nordatlantikküsten
25 cm

Hucho hucho (Linnaeus)
Huchen
Donaugebiet
1,20 m

bezahnt sein. Eng an die Maränen schließen sich die *Weißlachse* an. Es sind Wanderfische des Kaspi-Gebietes, die aus dem Meer in die Flüsse Wolga, Kama und Ural aufsteigen. Eine etwas abweichende Art findet sich im Weißmeergebiet und in Nordamerika. Sie ernähren sich ausschließlich von anderen Fischen. Nach den dort bevorzugt vorkommenden Fischarten teilt man unsere fließenden Gewässer in mehrere Regionen ein. So unterscheidet man im Bereich der Flußoberläufe, dem Gebiet der Quellen und Quellbäche, eine Salmonidenregion mit drei Unterregionen: die obere und mittlere Forellenregion und die Äschenregion. Die schönbeflößte *Äsche* ist Leitfisch der untersten Salmonidenregion, die man schon als Flüßchen ansprechen muß, meist entstanden aus dem Zusammenfluß mehrerer Bachläufe. Die Äsche verlangt aber zu ihrem Wohlbefinden immer noch sauerstoffreiches, kühles Wasser. Gegen Verschmutzung ist sie besonders empfindlich. Ihre Nahrung besteht aus kleineren Tieren (Insekten und deren Larven, daneben auch Schnecken und Würmer).

Ein weiterer Wanderfisch ist der *Stint*, der in großen Massen seine Laichgründe im Unterlauf der Flüsse im zeitigen Frühjahr aufsucht. Die Mehrzahl der Laichfische stirbt danach ab. Der Stint ist ein kleiner Raubfisch mit kräftiger Bezahnung, der zeitweilig kannibalisch die Jungtiere der eigenen Art verschlingt. Die Jungfische werden in großen Mengen als Köderfische gefangen. In einzelnen großen Binnenseen Europas lebt in der Tiefe eine zwerghafte, nicht wandernde Form des Stints. Verwandte unseres Stints bewohnen die asiatischen Küsten des Stillen Ozeans und die Eismeergebiete, manche sogar zirkumpolar. Einige Formen zeichnen sich durch eine sehr frühe Geschlechtsreife aus; sie laichen schon nach einem Jahr. Da alle Stinte besonders zur Laichzeit in Massen auftreten, sind sie überall wirtschaftlich wichtig.

Esox masquinongy Mitchill
Maskinonge
Große Seen der USA
1,70 m

Esox lucius Linnaeus
Hecht
Europa, Asien, Nordamerika
1,50 m

Esox niger Le Sueur
Kettenhecht
Ostamerika
60 cm

Galaxias parkeri Scott
Hechtling
Tasmanien 15 cm

Familien: Argentinidae — Glasaugen (*Argentina*), Galaxiidae — Hechtlinge (*Galaxias*), Dalliidae — Fächerfische (*Dallia*), Esocidae — Hechte (*Esox*), Umbridae — Hundsfische (*Umbra*)

Das den Lachsfischen sehr nahestehende *Glasauge* besitzt wie diese eine Fettflosse. Es ist ein Fisch der Meerestiefen. Die *Hechtlinge* sind kleine Fische mit höchst merkwürdiger Verbreitung. Man findet die etwa 36 Arten nur im äußersten Süden Australiens, Tasmaniens, Neuseelands, Südamerikas und Südafrikas. Sie sind an Meeresküsten und im Süßwasser anzutreffen; einige Arten sind katadrome Wanderfische. Man erklärt die Verbreitung dieser schlanken, schuppenlosen Fische mit dem Vorhandensein eines zusammenhängenden urzeitlichen Südkontinents.
Bekannter sind die räuberischen Hechte. Alle Arten dieser in Süßgewässern der Nordhalbkugel weitverbreiteten Familie sind äußerlich einander recht ähnlich. Kennzeichnend ist die entenschnabelartig vorgeschobene Schnauze mit den stark bezahnten Kiefern. Es sind gefräßige Räuber, die vor keinem Lebewesen, das sie überwältigen können, haltmachen. Der größte Hecht der USA ist der indianisch benannte *Maskinonge*. Gewichte von über 30 kg werden für möglich gehalten. Unser *Hecht* soll ausnahmsweise in früheren Zeiten sogar über 50 kg schwer geworden sein. Der *Kettenhecht* ist eine kleinere Art. Nordamerika beherbergt einschließlich unserem Hecht vier Arten, während Europa und Asien die Heimat zweier Hechtformen ist. Die Hechte laichen im zeitigen Frühjahr besonders gern auf überschwemmtem Gelände. Man findet dort die sehr klebrigen Eier oft in großen Mengen. Da die Hechte wegen ihres festen weißen Fleisches sehr geschätzte Marktfische sind, werden die Eier in besonderen Zuchtanstalten zur Entwicklung gebracht. Die Hechtbrut wird dann weithin versandt und ausgesetzt.

Den Hechten nahestehen die Hunds- und Fächerfische, die mit ihnen in einer Unterordnung vereinigt werden. Die *Hundsfische* sind sehr kleine, friedliche Fische stiller oder langsam fließender, verkrauteter Gewässer. Sie kommen in der Neuen Welt mit drei, in Europa nur mit einer Art vor. Es sind beliebte Aquarienfische. Der *Fächerfisch* ist abgesehen von dem spitzeren Kopf — die Hundsfische haben ausgesprochen runde Köpfe — im Flossenbau und Benehmen seinen Verwandten sehr ähnlich. Er lebt in Klimazonen der Tschuktschen-Halbinsel und in Alaska, wo auch in der wärmsten Jahreszeit die Gewässer immer nur teilweise eisfrei sind. Den Winter über wühlt sich der Fächerfisch in den Schlamm, oft genug friert er dort ein. Solange er nur oberflächlich vereist, also seine Körperflüssigkeit nicht zu Eis wird, besteht für ihn keine Gefahr.

Argentina sphyraena Linnaeus
Glasauge
Nordatlantik, Nordpazifik
40 cm

Argentina silus Ascanius
Goldlachs
Küsten Europas, Atlantik
50 cm

Familien: Gonostomatidae — Borstenmäuler (*Cyclothone, Maurolicus*), Sternoptychidae — Tiefseebeilbäuche (*Sternoptyx, Argyropelecus*), Stomiatidae — Schuppen-Drachenfische (*Stomias*), Chauliodontidae — Viperfische (*Chauliodus*), Idiacanthidae — Schwarze Drachenfische (*Idiacanthus*), Aulopidae — Fadensegelfische (*Aulopus*), Synodontidae — Eidechsenfische (*Trachinocephalus*), Bathypteroidae — Spinnenfische (*Bathypterois*), Chlorophthalmidae — Grünaugen (*Bathysauropsis*), Ipnopidae — Netzaugenfische (*Ipnops*), Omosudidae — Hammerkiefer (*Omosudis*), Alepisauridae — Lanzenfische (*Alepisaurus*), Myctophidae — Laternenfische (*Diaphus, Myctophum*)

Alle Angehörigen dieser 13 Familien, die man in drei Unterordnungen der Ordnung Salmoniformes neuerdings vereinigt, sind sogenannte Tiefseefische. Für diese gilt in der Mehrzahl, daß es Kosmopoliten sind, da die Lebensbedingungen in jenen Zonen der ewigen Dunkelheit sich nahezu gleichen. Die oberste Zone etwa ab 100—150 m ist im freien Wasser von Schwärmen kleiner Fische bewohnt. Dorthin gehen auch noch viele, besonders die großen Fische der oberen Zone wie Thunfische usw. hinab. In Tiefen von 150—500 m finden sich silbrige Fischchen meist mit vergrößerten Augen. Darunter folgt die Zone der bathypelagischen Fische. Sie sind durch schwarze Färbung und oft kleine Augen ausgezeichnet. Schließlich folgen die ausgesprochenen Bodenfische. Sehr verbreitet sind bei den Tiefseefischen Leuchtorgane. Ihre Bedeutung ist eine verschiedene. Bei einigen Arten sind es Hilfsmittel zum Anlocken von Beute, gewissermaßen Köder. Sie sitzen dann an besonderen Anhängen. Bei anderen dienen sie vielleicht dem Abschrecken von Angreifern, indem der Fisch das Licht plötzlich aufleuchten läßt. Die Möglichkeit, daß diese Organe der Beleuchtung der Umgebung dienen, ist ebenfalls gegeben. Die wichtigste Rolle dieser in verschiedenen Mustern und Farben an den verschiedensten Körperstellen angeordneten Organe ist aber wohl die, dem Auffinden der Arten untereinander vor allem auch der Geschlechter zu dienen. Den gleichen Zweck haben ja die Farben und Zeichnungen der Arten der belichteten Zonen. Unsere Kenntnis vom Leben der Tiefseebewohner ist noch sehr lückenhaft. Wir kennen bisher nur eine Anzahl von Formen meist kleiner Fische dem Aussehen nach. Über ihre Lebensweise aber wissen wir fast nichts. Gefischt werden konnte in diesen Tiefen bisher nur mit sehr kleinen Netzen oder Bodengeräten, die einen Fang von größeren oder schnellen Formen ausschlossen. Erst in neuerer Zeit wurden einige Fortschritte gemacht. Es gelang sogar, einige Fischformen in ihrer Umwelt zu filmen. Die Anpassung an diese besonderen Lebensbedingungen hat

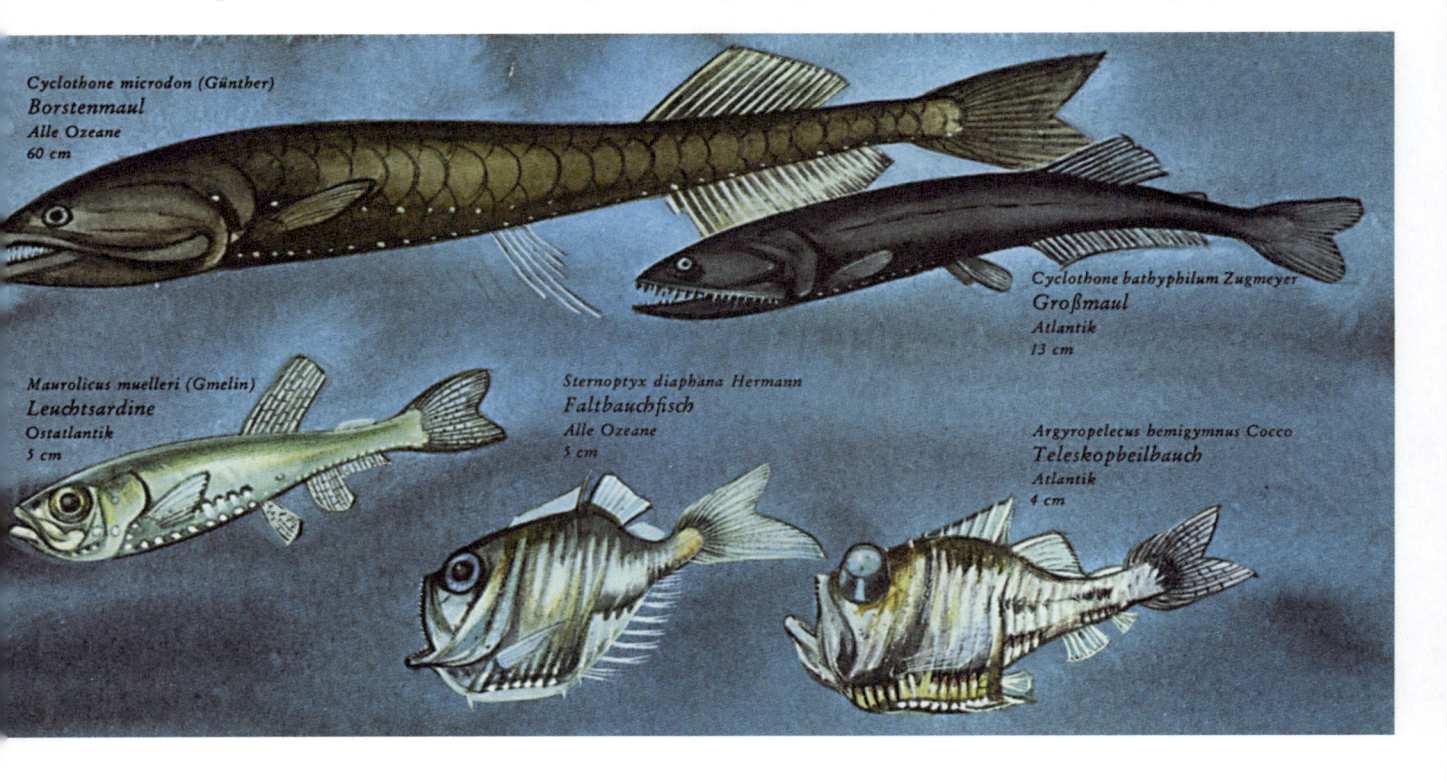

Aulopus purpurissatus Richardson
Sergeant Baker
Australische Küsten
60 cm

Trachinocephalus myops (Forster)
Eidechsenfisch
Westatlantik, Ostpazifik
30 cm

Bathypterois longipes Günther
Spinnenfisch
Atlantik
20 cm

Bathysauropsis gracilis Günther
Grünauge
Alle Ozeane
25 cm

Stomias boa (Risso)
Schuppen-Drachenfisch
Trop. Atlantik u. Pazifik
20 cm

Idiacanthus fasciola Peters
Schwarzer Drachenfisch
Trop. Atlantik u. Pazifik
18 cm

Chauliodus sloanei Bloch u. Schneider
Viperfisch
Trop. Atlantik
12 cm

bei den Fischen zu manchen Abweichungen vom bekannten Körperbau geführt. So sind Skelett und Muskulatur bei vielen von ihnen rückgebildet, die Tiere erscheinen uns zart und gebrechlich. Sehr starke Modifikation hat oft der Kopfbau, vor allem die der Nahrungsaufnahme dienenden Teile, erfahren. So ist die Mundöffnung oft gewaltig vergrößert und die Bezahnung von außerordentlicher Stärke. Die den Borstenmäulern angehörenden Arten, wie *Cyclothone* und *Maurolicus,* sind in großen Mengen weltweit verbreitet. Sie haben einen zarten Körperbau, mit Reihen von Leuchtorganen an den Seiten.

Bizarr geformte Fischgestalten sind die *Tiefseebeilbäuche,* auch wohl als Faltbrustfische bezeichnet. Die Leuchtorgane säumen bei ihnen die untere Körperkante. Die Art *Argyropelecus* ist durch große Teleskopaugen gekennzeichnet. Sie sind ebenso wie die vorher erwähnte Gruppe eine wichtige Nahrung größerer Fische, so der Thune.

Aus den Familien der Drachenfische sind bisher etwa 115 Arten bekanntgeworden. Sie tragen am Kinn einen Bartfaden mit verzweigtem Ende und Leuchtorgan. Die langgestreckten Fische fallen besonders durch die an die Seitenlinie verlagerten Bauchflossen auf.

Ganz eigenartig sind bei den *Schwarzen Drachenfischen,* die sonst den vorbeschriebenen ähneln, die Larven gebaut. Bei ihnen sitzen die Augen am Ende dünner Stiele, die ein Drittel so lang wie der Körper sein können. Es sind zweifelsohne Raubfische, wie schon die starke Bezahnung zeigt.

Lange dolchartige Zähne findet man auch bei den *Viperfischen.* Sie gehören mit zu den auffallendsten Gestalten unter den an Merkwürdigkeiten wirklich nicht armen Tiefseefischen. Die erste Rückenflosse ist stark verlängert, und an den Körperseiten liegen Reihen von Leuchtorganen. Die Fische sollen mit weit geöffnetem Maul jagen, die Zähne sind dabei z. T. nach vorn gerichtet. Sie spießen ihre Beutetiere offenbar regelrecht auf. Bei diesen Fischen konnte, wie bei manchen anderen Tiefseefischen übrigens auch, beobachtet werden, daß sie nachts in bedeutend höheren Wasserschichten stehen als am Tage. Diese Wanderungen verlaufen etwa zwischen 250 und 2500 m. Sowohl bei den Schwarzen Drachenfischen als auch bei den Viperfischen gibt es Zwergmännchen. Diese sind sehr klein und zum Teil wie bei *Idiacanthus* völlig rückgebildet. Sie können keine Nahrung aufnehmen. Das Weibchen wird 30 cm und größer, das Männchen ist kaum 4 cm lang.

Eine nur beschränkte Verbreitung haben die fünf Arten der Fadensegelfische. Sie leben in etwa 90 m Tiefe, und einige gelten als wohlschmeckende Speisefische, so neben einer japanischen Art auch der „Sergeant Baker".

Ihnen sehr ähnlich sind die *Eidechsenfische* der flacheren Küstengewässer. Sie „sitzen" meist mit hoch erhobenem

Vorderkörper auf dem Grunde und lauern auf Beute. Andere graben sich bis zu den Augen ein.
Eine Art der *Spinnenfische* wurde unter Wasser gefilmt. Die Bilder zeigen, wie der Fisch die stark verlängerten Strahlen der Bauch- und Schwanzflosse wie Stelzen oder auch als Landegerät auf weichem Boden benutzt. Echte Tiefseefische mit unbekannter Lebensweise sind die *Grünaugen*.
Die *Netzaugenfische* haben dem Leben in der Dunkelheit angepaßte Augen. Bei einigen sind sie mit stark vergrößerter, oft gewellter Netzhaut versehen und damit sehr lichtempfindlich, bei anderen fehlen die Augen gänzlich. Die seltenen kleinen Säbelzahnfische und der *Hammerkiefer* sind die größten Fresser unter den Fischen überhaupt. Sie vermögen Beutetiere zu verschlingen, die um ein mehrfaches größer sind als sie selbst.
Noch gewaltiger sind die Zähne der *Lanzenfische*. Diese großen, sehr gefräßigen Tiere liefern beim Fang in ihrem Mageninhalt manchmal unbekannte andere Tiefseefische. Kleine, aber in großen Schwärmen auftretende Tiefseefische sind die *Laternenfische*, die häufig in dunklen Nächten auch an der Meeresoberfläche beobachtet werden, wandern sie doch ständig zwischen 800 und 1000 m Tiefe und der Oberfläche senkrecht auf und ab, d. h., am Tage stehen sie in der Tiefe. Sie sind mit zahlreichen verschiedenartig angeordneten Leuchtflecken längs der Körperseiten ausgestattet. Die Anordnung ist bei den einzelnen Arten und bei diesen außerdem wieder bei den Geschlechtern verschieden.

Ordnung Cetomimiformes — Walköpfige Fische

Familien: Cetomimidae — Walköpfige Fische (*Cetomimus*), Rondeletiidae — Glattfische (*Rondeletia*), Giganturidae — Teleskopfische (*Gigantura*)

Die bunten Tiefseeformen der Cetomimidae werden selten gefangen. Die meisten Arten sind blind oder haben zurückgebildete Augen. Diese merkwürdigen kleinen Räuber haben leuchtende Flossen und an Stelle einer Schwimmblase ein hydrostatisches Organ in der Seitenlinie.
Eine solche, von der Norm abweichende, aus senkrechten nebeneinanderstehenden Röhren gebildete Seitenlinie hat auch *Rondeletia*.
Seltenheiten in den Sammlungen sind ebenfalls die *Teleskopfische*, Tiere mit großen, nach vorn gerichteten Teleskopaugen mit merkwürdig gestielter Linse, sehr scharfen Zähnen und fehlenden Bauchflossen. Die senkrechten Flossen liegen weit hinten, und die Brustflossen sind flügelartig groß. Auch diese relativ kleinen Räuber können Beutetiere in Größe des eigenen Körpers überwältigen.

Gonorhynchus gonorhynchus (Linnaeus)
Sandfisch
Indopazifik
50 cm

Chanos chanos Forskal
Milchfisch
Indopazifik
2 m

Kneria polli Trewavas
Ohrenfisch
Angola
7 cm

Phractolaemus ansorgei Boulenger
Afrikanischer Schlammfisch
Trop. Westafrika
15 cm

Anoptichthys jordani Hubbs u. Innes
Blinder Höhlensalmler
Höhlen in Mexiko
8 cm

Ordnung Gonorhynchiformes — Sandfische

Familien: Gonorhynchidae — Sandfische (*Gonorhynchus*), Chanidae — Milchfische (*Chanos*), Kneriidae — Ohrenfische (*Kneria*), Phractolaemidae — Afrikanische Schlammfische (*Phractolaemus*)

Die Gonorhynchiformes sind zwar recht abweichend voneinander, haben aber doch untereinander mehr Übereinstimmung als mit anderen Formen, z. B. im Schädelbau. Aus diesem Grunde wurden sie neuerdings vereinigt.

Der *Sandfisch* bewohnt sandige Meeresgründe, in die er sich gern einwühlt. Stellenweise gilt er als geschätzter Speisefisch. Auffällig ist der zurückgesetzte Mund mit kleinen Barteln in den Mundwinkeln.

Die *Milchfische* sind Hochseefische. Sie laichen aber in flachen Küstengewässern, ja selbst im Brack- und Süßwasser. Da der Milchfisch ein sehr gutes Fleisch hat, werden die Brütlinge vor allem in den Küstenlagunen gefangen und in besonderen Teichen aufgezogen.

Die *Ohrenfischchen* sind reine Süßwasserfische. Die Männchen haben auf den Kiemendeckeln und oberhalb der Brustflossen beiderseits ein merkwürdiges, wie ein Ohr aussehendes Organ. Dieses zweiteilige Gebilde dient nach neueren Untersuchungen bei der Paarung zum Festhalten. Es gibt eine ganze Anzahl umstrittener Arten. Jetzt wurde außerdem noch eine neue Gattung aus dem Kongo beschrieben, der dieses Occipitalorgan völlig fehlt. Da die Weibchen und Jungtiere von *Kneria* ein solches Organ ebenfalls nicht haben, waren die Geschlechter zunächst als verschiedene Gattungen angesehen worden.

Phractolaemus hat nur ein ganz kleines Verbreitungsgebiet. Er liebt verkrautete, schlammige Gewässer. Seine Nahrung besteht aus Kleinlebewesen des Bodens. Die Mundöffnung liegt auf der Kopfoberseite, aber ein vorstülpbarer Rüssel ermöglicht die Suche im Schlamm. Es ist ein ziemlich seltener, wenig bekannter Fisch.

Ordnung Cypriniformes — Karpfenähnliche Fische

Familien: Characidae — Salmler (*Pristella, Hyphessobrycon, Hemigrammus, Hasemannia, Anoptichthys, Arnoldichthys*), Sägesalmler — Serrasalmidae (*Pygocentrus, Myloplus*), Hepsetidae — Tigerfische (*Hydrocynus*), Gasteropelecidae — Kielbäuche (*Gasteropelecus, Carnegiella*), Prochilodontidae — Nachtsalmler (*Prochilodus*), Anostomidae — Kopfsteher (*Anostomus*), Curimatidae — Breitlingssalmler (*Chilodus*), Lebiasinidae — Spritzsalmlerverwandte (*Copeina, Nannostomus, Poecilobrycon*), Citharinidae — Geradsalmler (*Distichodus, Nannaethiops, Neolebias*)

Gemeinsames Kennzeichen der Cypriniformes, das alle fast 6000 bisher beschriebenen, oft sehr verschiedenen

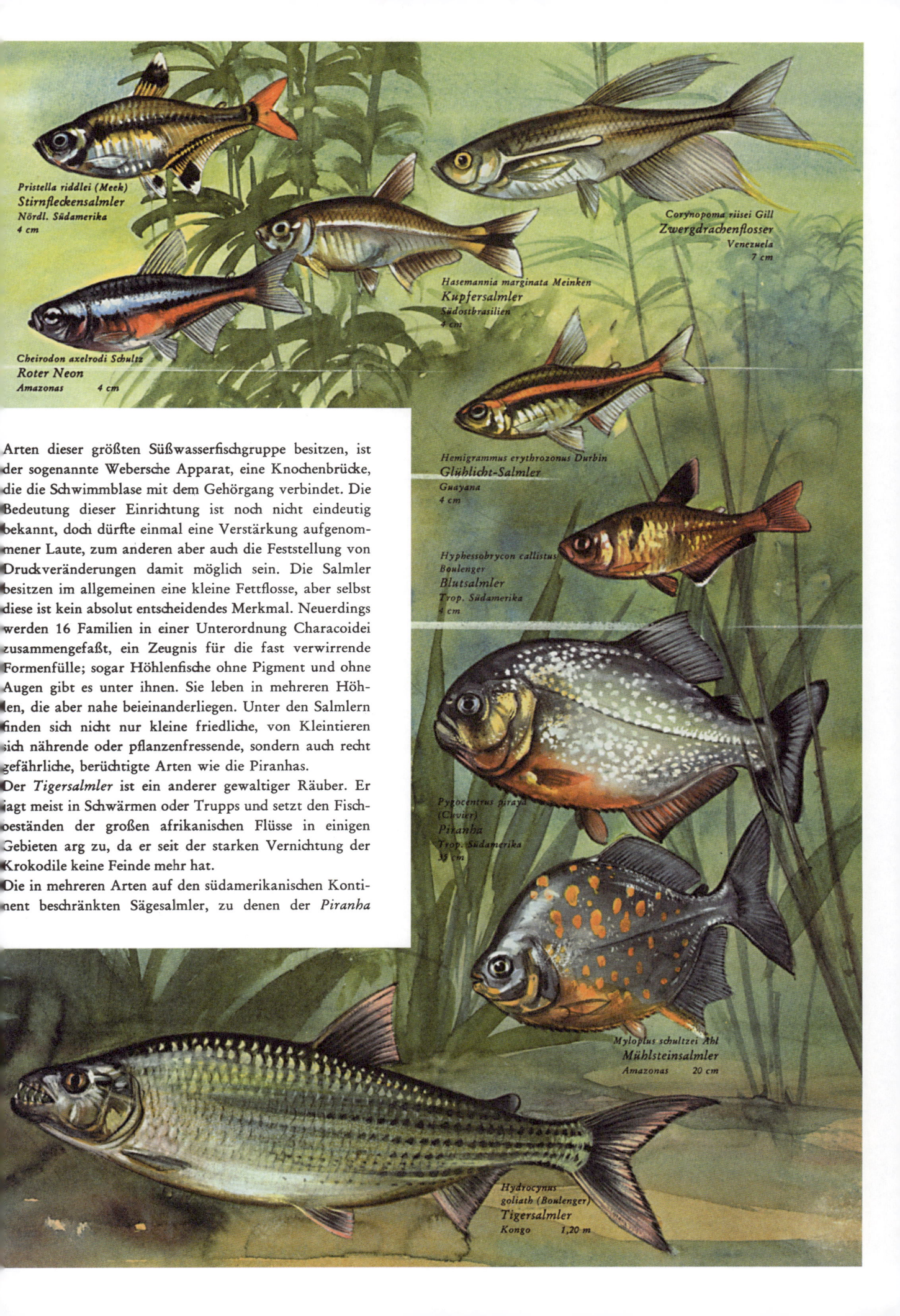

Pristella riddlei (Meek)
Stirnfleckensalmler
Nördl. Südamerika
4 cm

Corynopoma riisei Gill
Zwergdrachenflosser
Venezuela
7 cm

Hasemannia marginata Meinken
Kupfersalmler
Südostbrasilien
4 cm

Cheirodon axelrodi Schultz
Roter Neon
Amazonas   4 cm

Hemigrammus erythrozonus Durbin
Glühlicht-Salmler
Guayana
4 cm

Hyphessobrycon callistus Boulenger
Blutsalmler
Trop. Südamerika
4 cm

Pygocentrus piraya (Cuvier)
Piranha
Trop. Südamerika
35 cm

Myloplus schultzei Ahl
Mühlsteinsalmler
Amazonas   20 cm

Hydrocynus goliath (Boulenger)
Tigersalmler
Kongo   1,20 m

Arten dieser größten Süßwasserfischgruppe besitzen, ist der sogenannte Webersche Apparat, eine Knochenbrücke, die die Schwimmblase mit dem Gehörgang verbindet. Die Bedeutung dieser Einrichtung ist noch nicht eindeutig bekannt, doch dürfte einmal eine Verstärkung aufgenommener Laute, zum anderen aber auch die Feststellung von Druckveränderungen damit möglich sein. Die Salmler besitzen im allgemeinen eine kleine Fettflosse, aber selbst diese ist kein absolut entscheidendes Merkmal. Neuerdings werden 16 Familien in einer Unterordnung Characoidei zusammengefaßt, ein Zeugnis für die fast verwirrende Formenfülle; sogar Höhlenfische ohne Pigment und ohne Augen gibt es unter ihnen. Sie leben in mehreren Höhlen, die aber nahe beieinanderliegen. Unter den Salmlern finden sich nicht nur kleine friedliche, von Kleintieren sich nährende oder pflanzenfressende, sondern auch recht gefährliche, berüchtigte Arten wie die Piranhas.

Der *Tigersalmler* ist ein anderer gewaltiger Räuber. Er jagt meist in Schwärmen oder Trupps und setzt den Fischbeständen der großen afrikanischen Flüsse in einigen Gebieten arg zu, da er seit der starken Vernichtung der Krokodile keine Feinde mehr hat.

Die in mehreren Arten auf den südamerikanischen Kontinent beschränkten Sägesalmler, zu denen der *Piranha*

Copeina arnoldi Regan
Spritzsalmler
Amazonas
8 cm

Copeina guttata (Steindachner)
Forellensalmler
Amazonas
15 cm

Nannostomus marginatus Eigenmann
Ziersalmler
Guayana
4 cm

Poecilobrycon eques (Steindachner)
Schrägsteher
Amazonas
5 cm

Nannaethiops tritaeniatus Boulenger
Dreistreifensalmler
Kongo
4 cm

Neolebias ansorgei Boulenger
Breitbandsalmler
Zentralafrika
3 cm

Arnoldichthys spilopterus (Boulenger)
Rotaugensalmler
Trop. Westafrika
7 cm

Prochilodus insignis Schomburgk
Nachtsalmler
Amazonasgebiet
35 cm

gehört, leben und rauben ebenfalls in Schwärmen. Ihre messerscharfen Zähne machen es ihnen möglich, auch große Beutetiere zu zerreißen. Die Sägesalmler leben in der Hauptsache von Fischen. Gelangt aber ein größeres Tier oder gar ein Mensch in einen Schwarm hungriger Piranhas, so fallen sie auch darüber her und zerfleischen das Opfer in kürzester Zeit. Besonders verwundete und blutende Geschöpfe locken die Schwärme an. Selbst nüchterne Spezialisten halten die Piranha für den gefährlichsten Fisch der Welt. Seine Angriffslust scheint aber örtlich verschieden zu sein, auch ist sie bei den verschiedenen Arten offenbar nicht gleich. Den Piranhas sehr nahestehende Arten sind dagegen ganz friedliche Fische, so der schöne *Myloplus schultzei*, der im Tierpark Hellabrunn-München unter anderen südamerikanischen Importfischen entdeckt wurde. Viele der kleinen, meist sehr bunten Arten sind beliebte Zierfische bei uns geworden. Sie werden massenhaft für diesen Zweck besonders gezüchtet. Andere, so der *Rote Neonfisch*, der ebenso wie der einfache Neonfisch ein Kleinod an Farbenpracht darstellt, werden laufend aus ihren Heimatgewässern importiert. Die meist amerikanischen Firmen haben für diesen Zweck eigene Sammelstationen. Die Entdeckung der Neonfischarten im peruanischen Grenzgebiet des Amazonas gleicht einer spannenden Abenteuergeschichte, waren doch Firmen der ganzen Welt an diesen für den Zierfischhandel einzigartigen Funden interessiert. Sie versuchten mit allen Mitteln das vom Entdecker, dem Franzosen Rabaut, sorgfältig gehütete Geheimnis der Fundorte herauszubekommen. Die Nachzucht in der Gefangenschaft gelang beim Neonfisch zunächst nicht, bis sich herausstellte, daß die chemisch-physikalische Beschaffenheit des Wassers dabei von ausschlaggebender Bedeutung ist, kommen die Fische doch aus Gebieten mit extrem salzarmen Gewässern. Der Neonfisch ist verwandt mit den Formen des Rassenkreises der *Blutsalmler*, mit dem *Glühlicht-* und dem *Kupfersalmler*, letzterer ohne Fettflosse, um nur einige aus der großen Zahl der Arten zu erwähnen. Alles sind kleine Arten; ihre von den Aquarienfreunden geprägten Namen weisen auf ihre schönen Farbnuancen hin. Während diese Arten in gewohnter Weise ablaichen und die Befruchtung im Wasser durch die vom Männchen abgegebene „Milch" erfolgt, findet bei *Corynopoma* eine innere Befruchtung statt, die zur Besamung mehrerer Eifolgen ausreicht. Einzigartig im vielfältigen Reich der Fische ist die Brutpflege des *Spritzsalmlers*. Das laichende Paar springt gemeinsam an ein über der Wasserfläche hängendes Blatt — im Aquarium an die Deckscheibe — heftet dort die Eier an und fällt, das Männchen stets nach dem Weibchen, ins Wasser zurück. Von hier aus bespritzt dann das männliche Tier die Eier mit Hilfe der Schwanzflosse von Zeit zu Zeit mit Wasser.

Distichodus sexfasciatus Boulenger
Sechsbindensalmler
Kongogebiet
25 cm

Anostomus anostomus (Linnaeus)
Prachtkopfsteher
Amazonasbecken
13 cm

Chilodus punctatus
Müller u. Troschel
Punktierter Kopfsteher
Amazonas
7 cm

Der *Forellensalmler* aus der gleichen Gattung legt dagegen sein Gelege wie eine Forelle in Gruben am Boden ab.

Die *Ziersalmler* bevölkern scharenweise die Flußufer und verwachsenen Seitengewässer, wobei sie ruhig aber waagerecht stehen. Die *Schrägsteher* (Pencil-fishes) dagegen stehen öfters etwas mit schräg zur Waagerechten orientiertem Körper. Großäugige Tiefenfische enthält die Familie der *Nachtsalmler;* sie kommen nur nachts in die nahrungsreichen Flachwassergebiete.

Die Kielbäuche, meist als *Beilbauchfische* bezeichnet, sind fliegende Fische des Süßwassers. Bei Gefahr gleiten sie entweder ein kurzes Stück mit den großen Brustflossen das Wasser schlagend auf seiner Oberfläche dahin, oder sie erheben sich schwirrend in die Luft. Es sind ausgesprochene Oberflächenfische, die entweder wie *Carnegiella* ruhig an der Wasseroberfläche hängen oder wie die großen silbrigen Arten darunter schwimmen. Bei ihnen ist die Zucht in der Gefangenschaft noch nicht gelungen.

Die Kopfsteher schwimmen fast immer den Kopf abwärts zum Boden geneigt. Der *Punktierte Kopfsteher* bewegt sich selten anders. Er hat eine endständige Mundöffnung, die Nahrungsaufnahme vom Boden ist deshalb nicht schwierig. Andere Arten, so der *Prachtkopfsteher*, haben die Mundöffnung auf der Oberseite des Kopfes, ihnen fällt es leicht, den Algenbewuchs an der Unterseite von Holz oder Blattwerk abzurupfen. Sie müssen sich aber auf den Rücken legen, wollen sie die Oberseite von Steinen abweiden.

Sehr breiten Raum für wissenschaftliche Spekulationen bietet die eigenartige Verbreitung der Characoidei, gibt es sie doch in Mittel- und Südamerika sowie im tropischen Afrika, dort vor allem in seinen westlichen Teilen. Da sichere Fossilfunde nicht nachweisbar sind, wurden diese Fische u. a. als Beweis dafür genommen, daß einmal eine Verbindung zwischen beiden Kontinenten bestanden hat. Auch wurde von manchen die umstrittene Wegnersche Kontinentalverschiebungstheorie herangezogen. Der großen Artenvielfalt auf dem südamerikanischen Kontinent steht im tropischen und subtropischen westlichen Afrika eine weit geringere Zahl an Gattungen und Formen gegenüber.

Der *Breitbandsalmler* ist eine kleine gedrungene Art der Bodennähe. Die längsgebänderten *Streifensalmler* ähneln im Benehmen und in der Lebensweise den südamerikanischen Ziersalmlern. Beide Arten sind beliebte Aquarienfische.

Ein Schwarmfisch des fließenden Wassers ist der Rotaugen- oder auch Großschuppensalmler genannte *Arnoldichthys*, der vor allem im Nigergebiet gefunden wird.

Der *Sechsbindensalmler* ist zwar ein farbenprächtiger, aber doch recht großer und im Aquarium unverträglicher Fisch.

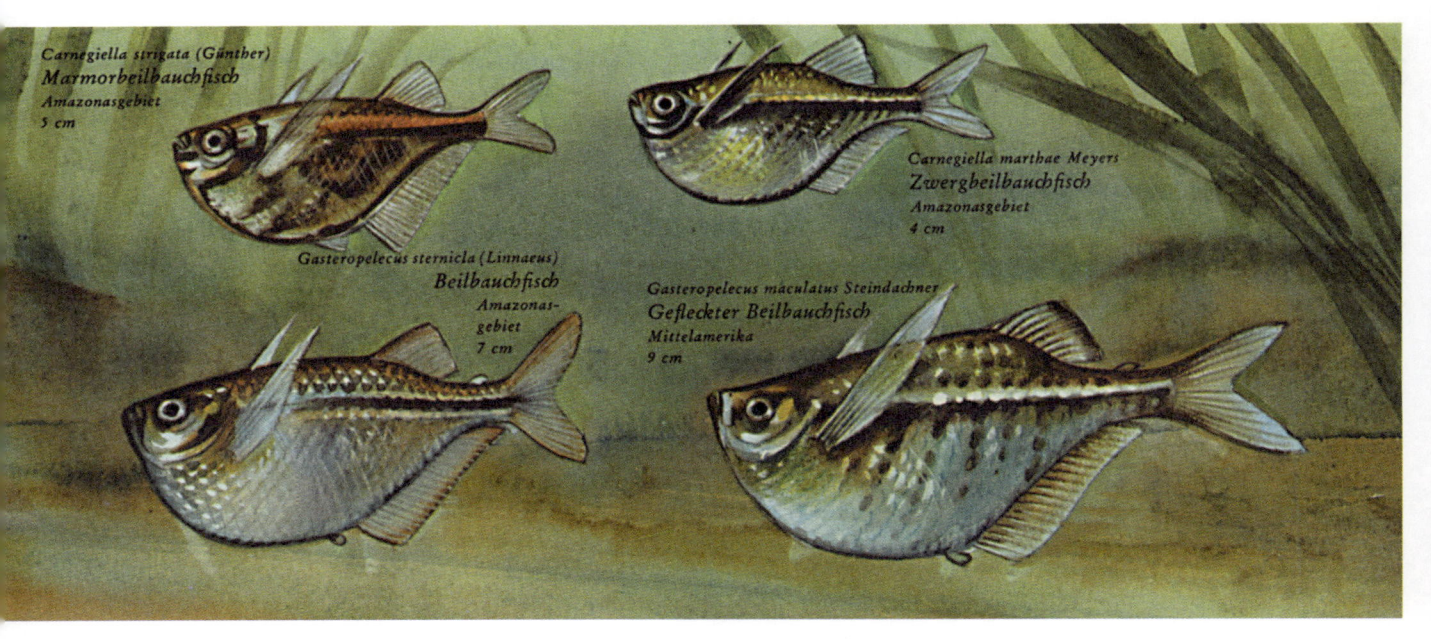

Carnegiella strigata (Günther)
Marmorbeilbauchfisch
Amazonasgebiet
5 cm

Carnegiella marthae Meyers
Zwergbeilbauchfisch
Amazonasgebiet
4 cm

Gasteropelecus sternicla (Linnaeus)
Beilbauchfisch
Amazonasgebiet
7 cm

Gasteropelecus maculatus Steindachner
Gefleckter Beilbauchfisch
Mittelamerika
9 cm

Eigenmannia virescens (Valenciennes)
Grüner Messerfisch
Brasilien, Argentinien
45 cm

Hypopomus artedi Kaup
Kleiner Messerfisch
Guayana
18 cm

Apteronotus albifrons (Linnaeus)
Seekuh-Messeraal
Amazonas
50 cm

Gymnotus carapo Linnaeus
Gestreifter Messeraal
Südamerika
60 cm

Sternachella schotti (Steindachner)
Faden-Messerfisch
Amazonas
20 cm

Electrophorus electricus (Linnaeus)
Zitteraal
Trop. Südamerika
2,50 m

Familien: Gymnotidae—Messeraale (*Gymnotus*), Electrophoridae — Zitteraale (*Electrophorus*), Rhamphichthyidae — Amerik. Messerfische (*Eigenmannia*, *Hypopomus*), Apteronotidae — Seekuhaale (*Apteronotus*, *Sternachella*)

Die Messeraale haben in der Mehrzahl keine Schwanz- und keine Rückenflosse. Die Afterflosse ist außerordentlich lang und das eigentliche Fortbewegungsorgan der Fische. Durch wellenartige Betätigung dieser Flosse von vorn nach hinten oder umgekehrt kann der Fisch sehr schnell vorwärts oder auch rückwärts schwimmen. Beim Rückwärtsschwimmen dient der oft lange und dünne Schwanzstiel als Tastorgan.

Der *Gestreifte Messeraal* zeigt alle Eigentümlichkeiten der Familie, doch fehlen ihm offenbar noch elektrische Organe, über die in ganz besonderem Maße der *Zitteraal* verfügt. Phantasiereich und dramatisch schildert Alexander von Humboldt einen Kampf der Pferde und Zitteraale. Die Zitteraale verfügen über drei verschiedene elektrische Systeme, von denen das eine als Ortungsorgan, das stärkere andere der Jagd und Verteidigung dient. Das dritte steht in Beziehung zu dem Hauptorgan. Mit dem Ortungsorgan werden normalerweise 20—30 Impulse je Sekunde ausgesandt. Besonders empfindliche Sinnesgruben am Kopf des Tieres fangen die Reflexe auf. Die Zahl der Impulse steigert sich, sobald der Fisch irgendein abweichendes Echo aufgefangen hat, das ihm eine Beute oder einen vermeintlichen Feind anzeigt. Der Fisch antwortet dann mit einem kräftigen Stromstoß, der bis 600 Volt Spannung haben kann. Jedoch ist die Stromstärke nur gering, so daß auch bei größten Exemplaren beim Zusammentreffen mit Menschen zwar eine gewaltige Schockwirkung, aber kaum der Tod die Folge ist. Wie alle Messeraale haben auch die Zitteraale sehr kleine und im Alter kaum noch funktionsfähige Augen.

Der *Seekuh-Messeraal* verfügt ebenfalls über ein gut entwickeltes elektrisches Organ, das mit sehr hoher Frequenz offenbar nur der Ortung dient. Er ist ein plumper, ruhiger Fisch, der erst bei Dunkelheit lebhaft wird, dann aber durch das elegante Wellenspiel der großen schwarzen Afterflosse imponiert.

Von besonderer Zartheit erscheint der glasklar durchsichtige, opalisierende *Grüne Messerfisch* mit einem sehr langen dünnen Schwanzstiel. Der *Kleine Messerfisch* ist ebenfalls ein harmloser Vertreter.

Alle Messeraale sind Bewohner stark verwachsener Gewässerteile, ihre vorerwähnten Schwimmfähigkeiten sind vollständig auf eine solche Umgebung abgestellt. Die Mehrzahl der Arten liebt die Dunkelheit; am Tage liegen sie oft ruhend im Pflanzendickicht auf der Seite.

Familie: Cyprinidae — Karpfenfische (*Cyprinus, Carassius, Rutilus, Leucaspius, Leuciscus, Phoxinus, Tinca, Aspius, Scardinius, Chondrostoma, Gobio, Barbus, Alburnus, Rhodeus, Abramis, Blicca, Parabramis, Puntius, Rasbora, Danio, Brachydanio, Esomus, Tanichthys, Epalzeorhynchus, Labeo, Morulius, Balantiocheilus, Barilius, Notropis, Chrosomus, Caecobarbus*)

Die Familie der Cypriniden enthält nahezu nur Süßwasserfische. Karpfenfische fehlen in Südamerika und Australien, sind im übrigen aber weit verbreitet. Die meisten Arten leben im tropischen Asien, der wahrscheinlichen Stammheimat der Gruppe. Kennzeichnend sind für die Karpfenfische die Schlundzähne, die in ihrem verschiedenartigen Bau zur Bestimmung der Formen ein wichtiges Merkmal sind. Der wichtigste Karpfenfisch und Namengeber der ganzen Ordnung ist der *Flußkarpfen*. Ursprünglich nur im Gebiet des Schwarzen und Kaspischen Meeres beheimatet, wurde der Karpfen vom Menschen fast über die ganze Erde verbreitet. Dieser schlanke, beschuppte Wildkarpfen wurde durch hochrückige, wenig oder gar nicht beschuppte Zuchtformen wie *Spiegel-* und *Lederkarpfen* ersetzt. In großen Teichwirtschaften wird der Karpfen heute überall in Mitteleuropa gezüchtet, von dort aus hat er sich in für ihn geeigneten Wildgewässern ausgebreitet, wo er sich aber selten vermehrt. Vom Karpfen, der an der Ober- und Unterlippe je zwei Barteln besitzt, unterscheidet sich die *Karausche* durch das Fehlen von Barteln. Sie ist ein Bewohner stehender, stark verkrauteter, oft kleinster Gewässer. Trotz geringer Größe ist die Karausche dennoch ein beliebter Speisefisch und wird entsprechend gezüchtet und ausgesetzt. Von der Karausche unterscheidet sich der *Giebel* vor allem durch eine höhere Schuppenzahl längs der Seitenlinie. Aus seiner östlichen Heimat, Ostasien und Sibirien, wurde er in der Hauptsache durch Menschen nach Westen verbreitet, scheint aber außerdem langsam auch selbständig dorthin vorzurücken. Zur Erhaltung der Art sind männliche Tiere nicht notwendig, die laichreifen Giebelweibchen mischen sich unter Schwärme anderer laichender Karpfenfische. Das artfremde Sperma löst dann lediglich eine Entwicklung aus; Bastarde entstehen nicht. Alle Nachkommen sind aber wiederum Weibchen. Der Giebel ist die Stammform des bekannten *Goldfisches,* der zuerst in China zur Zeit der Sung-Dynastie (960—1126) auftrat und zur Stammform einer ganzen Reihe von bizarren, ja grotesken Zuchtformen wurde. Im China der Kaiser- und Mandarinkultur spielten diese Fische eine große Rolle. Von hier aus gelangten sie nach Korea, Japan und in die westliche Welt. Der verschiedenartige Geschmack der Völker veränderte die ursprünglichen Formen oder schuf neue.

Zuchtformen von
Cyprinus carpio Linnaeus
Schuppenkarpfen
Kleinasien
1,20 m

Spiegelkarpfen

Lederkarpfen

Carassius carassius (Linnaeus)
Karausche
Europa
50 cm

Carassius auratus gibelio (Bloch)
Giebel
Ostasien
45 cm

Verschiedene Goldfischformen

Schleierschwanz, Himmelsgucker, Löwenkopf, der bunte, schuppenlose Calico und der Komet sind derartige Formen. Die vielen, meist silbrig beschuppten Karpfenfische der europäischen Süßgewässer werden in Deutschland oft als Weißfische zusammengefaßt. Die *Plötze* oder das Rotauge ist eine der häufigsten Arten unserer Binnengewässer. Ein Weibchen legt im April/Mai nicht selten über 100 000 Eier an Pflanzen ab. Im Kaspischen Meer lebt eine besondere Rasse, die *Wobla*, die dort fischereilich wichtig ist. Diese Form steigt zur Laichzeit in die Flüsse. Das *Moderlieschen* bevorzugt stehende oder wenig fließende Gewässer. Dort steht das Fischchen oft in großen Schwärmen. Das Männchen bewacht die im April/Mai ringförmig um Pflanzenstengel gelegten Eier. Der *Hasel* hält sich mehr in den schneller fließenden Oberläufen und Seenzuflüssen etwa im Gebiet der Äschenregion auf. Ein Begleitfisch der Forelle in den höheren Gewässerlagen mit klarem, sauerstoffreichem Wasser ist die *Elritze*. Als Aquarienfisch ist das muntere Fischchen sehr beliebt. Die *Schleie* ist ein ruhiger, nächtlicher Fisch, der stehende, warme, reich bewachsene Gewässer bevorzugt, stellenweise aber bis in die Forellenregion aufsteigt. Als Speisefisch wird sie besonders in Norddeutschland geschätzt und deshalb auch in Teichen gezüchtet. Ein ausgesprochener Räuber unter den meist friedlichen Karpfenfischen ist der *Rapfen,* ein nur sporadisch und besonders im Alter meist einzeln auftretender Fisch. Die *Rotfeder* ist der Plötze sehr ähnlich und wird häufig mit ihr verwechselt. Das sicherste Unterscheidungsmerkmal sind die nicht wie beim Rotauge unter der Rückenflosse, sondern weit davor eingelenkten Bauchflossen. Sie bevorzugt stille Gewässer mit Pflanzenwuchs. Nach unserer weitverbreiteten *Barbe* wird eine weitere Region der Flußgewässer als Barbenregion bezeichnet, und zwar die auf die Äschenregion folgende obere Cyprinidenregion. Die Barben stehen gern in Schwärmen oder Trupps nahe dem Grund gegen die Strömung. Ihrer Nahrung gehen sie erst in der Dämmerung nach. Sie sind Allesfresser, die auch die Abfälle menschlicher Haushalte nicht verachten. Den Winter verbringen die Barben in Gesellschaften an tieferen Stellen in allerlei Verstecken. Die gleichen Gewässerteile sind auch beliebter Aufenthalt der Schwärme des *Gründlings*, der aber ebenfalls bis in die Forellenregion aufsteigt. Er ist gleichfalls ein bodenbewohnender Fisch. Der stark silbrige *Ukelei*, die Laube des süddeutschen Sprachgebietes, ist ein oft in sehr großen Schwärmen auftretender Fisch, der alle Süßgewässertypen bewohnt. Es ist ein Oberflächenfisch, der gern nach fliegenden Insekten springt. Der Glanz seiner Schuppen dient zur Herstellung künstlicher Perlen. Die *Nase* weicht im Bau ihres Mundes erheblich von den anderen Karpfenfischen ab. Der Mund ist unterständig, die Unterlippe mit

Rutilus rutilus (Linnaeus)
Plötze
Europa
30 cm

Rutilus rutilus caspicus (Jakowlew)
Wobla
Kaspisches Meer
30 cm

Leucaspius delineatus (Heckel)
Moderlieschen
Europa
9 cm

Leuciscus leuciscus (Linnaeus)
Hasel
Europa
30 cm

Phoxinus phoxinus (Linnaeus)
Elritze
Europa
14 cm

Tinca tinca (Linnaeus)
Schleie
Europa
60 cm

Aspius aspius (Linnaeus)
Rapfen
Osteuropa
1 m

Rhodeus sericeus amarus Bloch
Bitterling
Europa
10 cm

einer Hornscheide versehen, die Schnauze nasenförmig vorgeschoben. Die Nase ist ein Schwarmfisch fließender Gewässer, und zwar der Bodennähe. Als Nahrung schabt sie mit Hilfe der Hornscheide besonders gern den Algenbewuchs von Steinen usw., nimmt aber auch sonstige Pflanzenteile und tierische Nahrung auf. Zur Laichzeit zieht sie oft scharenweise in Seitenbäche des Oberlaufgebiets. Der *Brassen* ist ein Fisch der zweiten, der unteren Cyprinidenregion unserer Flüsse. Der hohe, seitlich stark abgeflachte Fisch liebt ruhige, pflanzenreiche Gewässer, selbst trübes Wasser nimmt er besonders in den Flußunterläufen hin. Auch im Brackwasser, so im Ostseegebiet, ist er anzutreffen. Seine Nahrung besteht aus Bodentieren, vor allem Chironomidenlarven. Er ist in vielen Seen Europas der Hauptnutzfisch. Zur Laichzeit geht er wie die meisten Karpfenfische ins flache Wasser der Ufernähe und laicht dort in Scharen unter starkem Geplätscher. Eine Eigenart teilt er ebenfalls mit anderen Karpfenfischen, das Auftreten eines sogenannten Laichausschlags bei den laichreifen Männchen. Die Tiere erscheinen dann an manchen Körperteilen, vor allem am Kopf, wie mit kleinen Perlen übersät. Mit jungen Brassen wird die *Güster* oft verwechselt, zumal sie die gleichen Gewässer beziehungsweise Gewässerteile bewohnt. Sie bleibt jedoch kleiner als dieser und hat ein wesentlich größeres Auge. Ihr grätenreiches Fleisch ist nicht besonders beliebt. Viel weniger bekannt ist die ebenfalls die Lebensgebiete der beiden eben erwähnten Fische teilende Zährte. Sie ist besonders zur Laichzeit einer der schönsten Fische unserer Flußunterläufe. In der Lebensweise gleicht sie den Abramis-Arten. Ein kleines Fischchen besonders stehender Gewässer ist der *Bitterling*. Zur Laichzeit entwickelt das Männchen ein prächtiges Laichkleid. Kehle, Brust und vordere Bauchpartie sind rot, der Rücken und Hinterkörper blau oder grün. Das unscheinbar gefärbte Weibchen dagegen bildet zur gleichen Zeit eine Legeröhre aus. Mit Hilfe dieser legt es seine Eier in die Kiemen einer Muschel (Unio) ab. Hier entwickeln sich geschützt die Eier, und die Jungfischchen verlassen mit dem Atemwasser ihre Amme. Die meisten der bisher angeführten Karpfenfische haben noch eine ganze Anzahl von Verwandten, vor allem nach Osten hin nimmt die Artenzahl zu. So lebt im Amur der *Weiße* oder *Amur-Brassen,* ein unserem Brassen sehr ähnlicher Fisch mit erheblicher wirtschaftlicher Bedeutung. Ost- und Südasien ist das Hauptverbreitungsgebiet der Cypriniden. Wir treffen hier auf eine sehr große Zahl von Gattungen mit oft großer Artenzahl. Zahlreich sind dort vor allem auch kleine Arten, die sich außerdem noch durch oft schöne Zeichnung und Färbung auszeichnen. Eine ganze Anzahl von ihnen spielt als Aquarienfische eine nicht unerhebliche Rolle. Die Zahl der zu den

Puntius callipterus (Boulenger)
Schönflossenbarbe
Trop. Westafrika
9 cm

Puntius nigrofasciatus (Günther)
Purpurkopfbarbe
Ceylon
5 cm

Puntius conchonius (Hamilton-Buchanan)
Prachtbarbe
Vorderindien
14 cm

Puntius tetrazona (Bleeker)
Sumatrabarbe
Sumatra, Borneo
7 cm

Danio malabaricus (Jerdon)
Malabarbärbling
Vorderindien
12 cm

Brachydanio rerio (Hamilton-Buchanan)
Zebrabärbling
Ost-Vorderindien
5 cm

Caecobarbus geertsi Boulenger
Kongohöhlenbarbe
Höhlen am Unter-Kongo
8 cm

Rasbora maculata Duncker
Zwergbärbling
Südostasien
3 cm

Rasbora vaterifloris Deraniyagala
Perlmutterbärbling
Ceylon
5 cm

Epalzeorhynchus kallopterus (Bleeker)
Schönflosser
Sunda-Inseln
14 cm

Barben zählenden Fische ist in Vorder-, Hinter- und Inselindien besonders groß. Man hat versucht, die große Zahl durch Aufteilung der Gattung Barbus auf Grund der Zahl der Barteln in drei Untergattungen Capoeta, Puntius und Barbodes aufzuteilen. Die meisten Arten lassen sich auch im Aquarium gut vermehren. In Bachläufen der Insel Ceylon findet man die *Purpurkopfbarbe*, einen besonders im männlichen Geschlecht prachtvollen Fisch. Durch die scharf abgesetzte Streifung und die rote Beflossung ist die *Sumatrabarbe* ebenfalls von auffallender Schönheit. Vom vorderindischen Festland kommt die *Prachtbarbe*, deren silbrig funkelndes Schuppenkleid bei den Männchen zur Laichzeit schön rotbraun übergossen erscheint. Weniger auffällig sind die afrikanischen Arten. Eine typisch afrikanische Barbe ist die durch ihre elegant geschnittenen recht großen Flossen ausgezeichnete *Schönflossenbarbe*. Lebhafte und schnelle Schwarmfische sind im Gegensatz zu den ruhigeren Barben die Bärblinge, so der *Malabarbärbling*, ein sehr schneller Schwarmfisch des freien Wassers. Ost-Vorderindien ist die Heimat des gestreiften *Zebrabärblings*. Die Bärblinge der Gattungen Danio und Brachydanio sind typische Fische der Süßgewässer Vorder- und Hinter- sowie Inselindiens. Die hierhergehörenden Arten zählen teilweise zu den ältesten Aquarienfischen überhaupt. Zu den barbenähnlichen Fischen stellt man weiter die Rasbora-Arten des gleichen Gebietes. Der *Zwergbärbling* hat seine Heimat in Bächen und Gräben des malayischen Indiens. Es ist ein sehr kleiner und in der Haltung im Aquarium nicht einfacher Fisch. Die Mehrzahl der Rasbora-Arten sind recht einheitlich, meist von gestrecktem Körperbau mit einem bis zu mehreren Längsstreifen. Wenige Arten weichen von der Regel ab, so *Rasbora vaterifloris*, die nach der schönen, orangefarbenen Hal-Blüte (Valeria) Ceylons benannt wurde. Sie ist gedrungener und kürzer als die anderen Bärblinge. Zwei sehr lange fadenförmige Barteln und große, flügelähnliche

Brustflossen zeichnen die Gattung Esomus, die *Flugbarben*, aus. Sie sind sehr schnelle, nach Luftinsekten jagende Oberflächenfische. Der *Kardinalfisch* von den Weißen Wolkenbergen bei Canton ist einer der ganz wenigen Zierfische chinesischer Herkunft. Es ist ein recht unempfindlicher kleiner Fisch. Die Gattung *Labeo* ist sowohl in Südostasien als auch in Afrika in meist sehr großen Arten vertreten. Der *Feuerschwanz-Fransenlipper* ist eine kleine Art, aber leider trotz seines schönen Farbenkleides im Aquarium ein übler Tunichtgut, zänkisch und bissig. Die Lippen der Fransenlipper sind mit kleinen papillösen Zotteln bedeckt, die beim Abweiden z. B. von Algenrasen von Bedeutung sind. Der *Schwarze Fransenlipper* ist erst im Alter ein schöner Fisch, da dann die Flossen zu besonderer Größe ausgewachsen sind. Eine unterständige, halbkreisförmige Mundöffnung hat der *Siam-Döbel*, schlanke, im Schwarm lebende Pflanzenfresser. Den asiatischen Saugbarben steht der *Schönflosser* nahe, ein Fisch, der nicht durch auffallende, sondern fast möchte man sagen vornehme Färbung beliebt ist. Räuberische Formen sind die Barilius-Arten. Eigenartig ist das kleine *Goldmäulchen* mit einem stark die Lichtstrahlen reflektierenden Fleck an der Spitze der langen Schnauze. Es soll sich besonders gern an Schwanzflossen anderer Fische vergreifen. In Nordamerika spielen die Karpfenfische keine so bedeutende Rolle wie in der Alten Welt. Es kommen jedoch wesentlich mehr kleine Fischarten vor von oft recht buntem Farbkleid. Die artenreiche Gattung *Notropis*, die amerikanischen Plötzen oder Rotflossenbarben und der *Rötling*, auch Rotbauchelritze genannt, seien hier erwähnt. Schließlich sind aus der vielgestaltigen Cyprinidenfamilie noch eine kleine Anzahl von Höhlenfischen bekanntgeworden, so aus den Höhlen von Thysville im Kongogebiet *Caecobarbus geertsi*, ein wie der oben erwähnte Höhlensalmler blinder und pigmentloser Fisch, wahrscheinlich von der Ganzstreifenbarbe Barbus holotaenia abstammend.

Esomus lineatus Ahl
Streifenflugbarbe
Vorderindien
6 cm

Tanichthys albonubes Lin
Kardinalfisch
China
4 cm

Labeo bicolor Smith
Feuerschwanz-Fransenlipper
Thailand
12 cm

Barilius christyi Boulenger
Goldmäulchen
Kongo 13 cm

Chrosomus erythrogaster Rafinesque
Rötling
USA
7 cm

Notropis lutrensis (Baird u. Girard)
Red Shiner
USA
8 cm

Balantiocheilus melanopterus (Bleeker)
Siam-Döbel
Südostasien
35 cm

Labeo frenatus Fowler
Grüner Fransenlipper
Thailand
12 cm

Morulius chrysophekadion (Bleeker)
Schwarzer Fransenlipper
Südostasien
60 cm

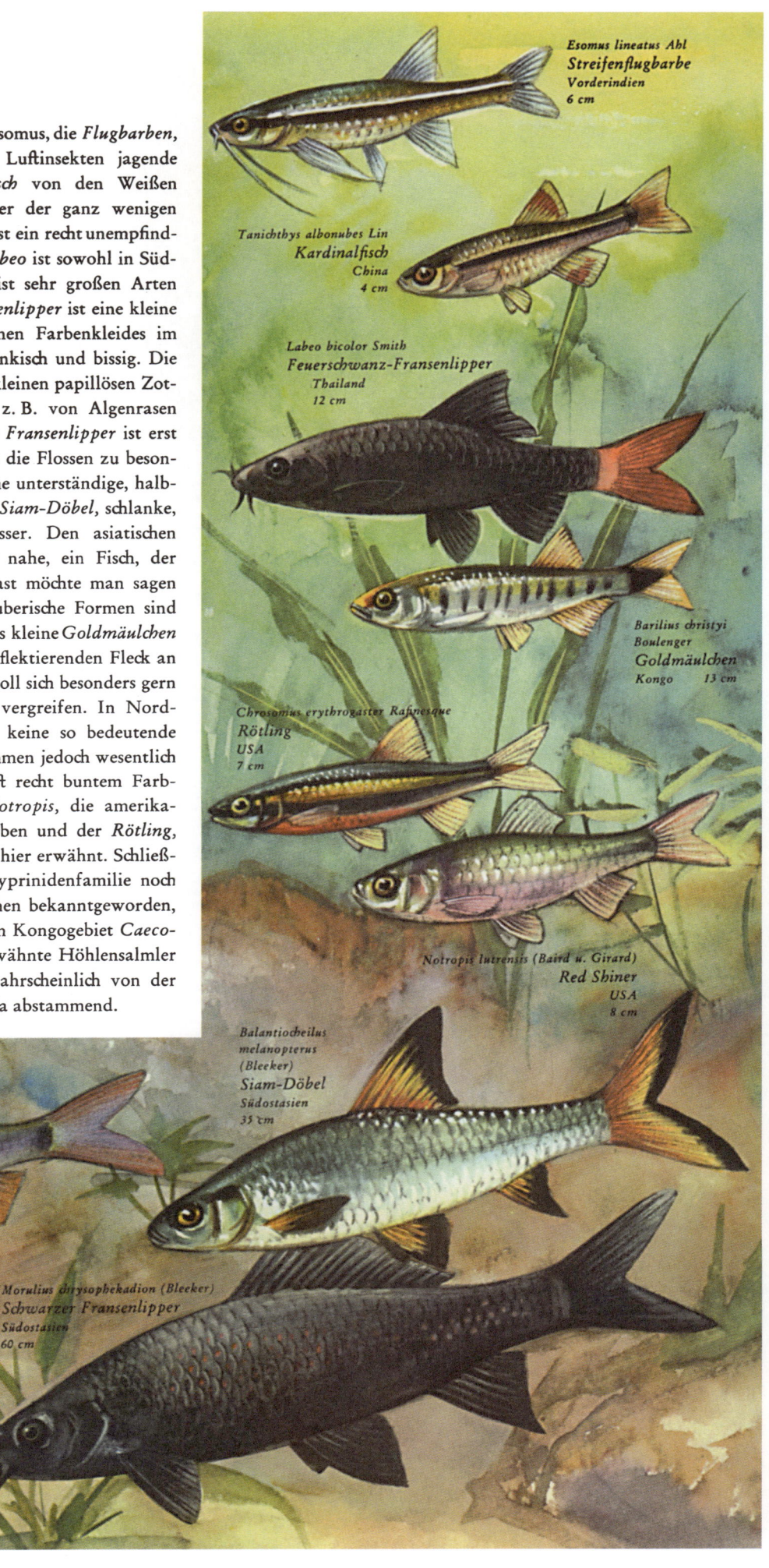

Gyrinocheilus aymonieri (Tirant)
Algenfresser
Thailand   25 cm

Catostomus catostomus (Forster)
Tschukutschan
Sibirien, Nordamerika   60 cm

Misgurnus fossilis (Linnaeus)
Schlammpeitzger
Europa   30 cm

Cobitis elongata Heckel u. Kner
Großer Steinbeißer
Donaubecken   17 cm

Gastromyzon borneensis Günther
Flossensauger
Borneo   10 cm

Noemacheilus barbatulus (Linnaeus)
Schmerle
Europa, Asien   16 cm

Familien: Gyrinocheilidae — Algenfresser (*Gyrinocheilus*), Catostomidae — Sauger (*Catostomus*), Homalopteridae — Flossensauger (*Gastromyzon*), Cobitidae — Schmerlen (*Noemacheilus, Cobitis, Misgurnus, Botia*)

Die *Algenfresser* bewohnen stark fließende Gewässer und ernähren sich überwiegend von den auf Steinen wachsenden Algenrasen. Ihr Mund ist zu einer Saugscheibe umgestaltet, die einmal dem Festhalten in der Strömung dient, zum anderen aber beim Abweiden der Algen praktisch ist. Das Atemwasser strömt nicht zum Munde hinein und zwischen den Kiemenbögen heraus, sondern geht oben in die Kiemenöffnung hinein und unten wieder heraus. Der Mund ist also ausgeschaltet.

Die auf Nord- und Mittelamerika sowie Sibirien beschränkten Sauger sind eine nicht sehr einheitliche Gruppe. Sie haben alle eine unterständige, mit dicken Lippen versehene Mundöffnung, die ebenfalls ein, wenn auch noch nicht ganz ideales Saugorgan darstellt. Der von den Sibiriern *Tschukutschan* genannte Sauger ist in den Eismeerflüssen zu Hause. Er ernährt sich wie die Mehrzahl seiner Verwandten auch von Bodentieren.

Die idealste Ausbildung einer Saugscheibe finden wir bei den *Flossensaugern*. Bei ihnen ist der ganze Bauch einschließlich der Brust- und Bauchflossen zu einem Saugnapf geworden. Auch in anderer Beziehung zeigen diese Fische eine extreme Anpassung an das Leben in reißenden Gebirgsgewässern. Der Körper ist ganz flach, die freien Flossen sind fast verkümmert, auch ist die Atmung eigenartig. Einige Arten können Atemwasser speichern.

Bekannter und auch bei uns mit drei Arten vertreten sind die Schmerlen. Die *Schmerle* ist ein kleiner Fisch des Grundes. Sie lebt in kleineren, fließenden und sauerstoffreichen Gewässern. Häufig ist sie in der Forellenregion. Die Schmerle hat sechs Barteln, von ihren heimischen Verwandten hat der *Steinbeißer* sechs und der *Schlammpeitzger* zehn. Die Rückenflosse hat keinen Stachelstrahl. Oft ist bei den Schmerlen in der Umgebung der Augen ein aufklappbarer Dorn vorhanden. Wird unser Steinbeißer höchstens wie die Mehrzahl der Arten ganz allgemein etwa 10 cm lang, so ist ein Verwandter von ihm, *Cobitis elongata*, vom Balkan fast 20 cm lang. Die dritte Art ist der Schlammpeitzger, auch Wetterfisch genannt, da er bei Gewittern unruhig umherschwimmt und nicht wie sonst im Bodengrund vergraben liegt. In den Tropen Asiens sind Schmerlen artenreich vertreten. So leben in Südostasien und auf den Sunda-Inseln die *Botia-Arten*, teilweise sehr bunt gezeichnete Fische.

Ictalurus punctatus (Rafinesque)
Getüpfelter Zwergwels
Süden der USA   70 cm

Ompok bimaculatus (Bloch)
Zweipunktglaswels
Indien bis Inselindien   45 cm

Ictalurus nebulosus (Le Suer)
Zwergwels
Osten der USA   40 cm

Silurus glanis Linnaeus
Wels
Europa, Westasien   3 m

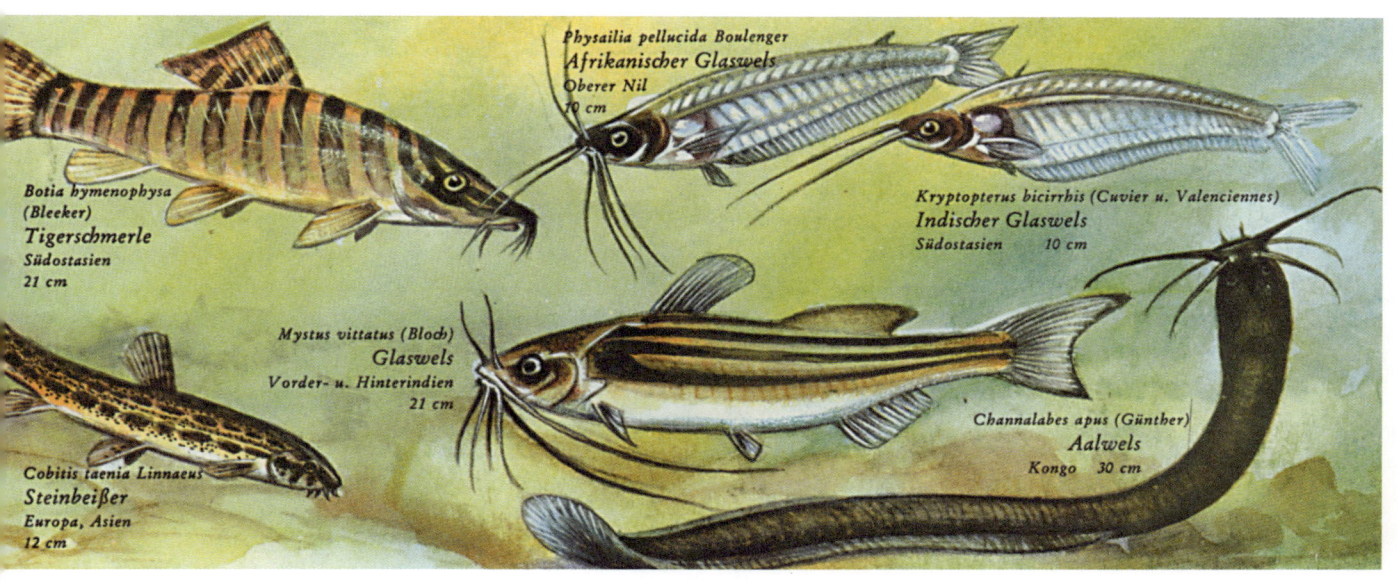

Botia hymenophysa (Bleeker)
Tigerschmerle
Südostasien
21 cm

Physailia pellucida Boulenger
Afrikanischer Glaswels
Oberer Nil
10 cm

Kryptopterus bicirrhis (Cuvier u. Valenciennes)
Indischer Glaswels
Südostasien   10 cm

Mystus vittatus (Bloch)
Glaswels
Vorder- u. Hinterindien
21 cm

Cobitis taenia Linnaeus
Steinbeißer
Europa, Asien
12 cm

Channalabes apus (Günther)
Aalwels
Kongo   30 cm

Ordnung Siluriformes — Welse

Familien: Ictaluridae — Katzenwelse (*Ictalurus*), Bagridae — Stachelwelse (*Mystus*), Siluridae — Echte Welse (*Silurus, Ompok, Kryptopterus*), Schilbeidae — Glaswelse (*Physailia*), Clariidae — Kiemensackwelse (*Channalabes*), Ariidae — Kreuzwelse (*Tachysurus*), Chacidae — Großmaulwelse (*Chaca*), Malapteruridae — Zitterwelse (*Malapterurus*), Mochokidae — Fiederbartwelse (*Synodontis*), Doradidae — Dornwelse (*Doras, Acanthodoras*), Plotosidae — Korallenwelse (*Plotosus, Tandanus*), Pimelodidae — Antennenwelse (*Pimelodus, Sorubim*), Callichthyidae — Panzerwelse (*Callichthys, Corydoras, Hoplosternum*), Loricariidae — Harnischwelse (*Plecostomus, Stoneiella, Ancistrus, Loricaria, Farlowella*)

Die Welse sind die an abenteuerlichsten Gestalten reichste Ordnung der Fische. Alle haben Barteln, die einfach oder verzweigt sein können, viele besitzen eine oft recht große Fettflosse. Schuppen fehlen, der Körper ist entweder nackt oder mit Knochenplatten beziehungsweise Dornen bedeckt. Besonders mächtig sind die oft sehr oberflächlich gelegenen Hautknochen des Kopfes. Die Welse bevölkern alle Kontinente, die größte Artenzahl findet man in Südamerika, aber auch die Gewässer Afrikas und Südasiens sind reich mit ihnen bevölkert. Meist sind es Süßwasserfische. Es gibt sehr große Arten, die Gewichte bis zu 300 kg erreichen können und winzige, z. T. parasitisch lebende, deren fadenförmige Körper nicht über wenige Zentimeter hinausgehen. So artenreich diese Ordnung ist, so groß ist auch die Vielgestaltigkeit der Anpassung an die verschiedensten Lebensbedingungen. Es gibt Tag- und Nachtformen, Arten der ewigen Dunkelheit der Höhlengewässer, Bewohner stark fließender Gebirgsgewässer mit besonderen Saugorganen, Formen des freien Wassers, des Bodens, im Schlamm lebende und dichten Pflanzenwuchs bevorzugende, riesige Räuber wie den Europäischen Wels und Parasiten, die in den Kiemenhöhlen großer Verwandter leben. Viele Welse treiben Brutpflege, manche bauen Nester, andere laichen in Höhlen, noch andere sind Maulbrüter. Eine Art trägt die Eier in der mit besonderen Papillen versehenen Bauchhaut aus und ernährt den Embryo aus dem mütterlichen Körper. Auch innere Befruchtung kommt vor. In den Tropen sind die Welse von erheblicher wirtschaftlicher Bedeutung.

Von den nackthäutigen *Ictalurus*-Arten ist der *Zwergwels* stellenweise auch bei uns eingebürgert. Mit den vielen Welsen eigenen Stachelstrahlen der Rückenflosse und der Brustflossen können sie empfindlich stechen.

Chaca chaca (Hamilton-Buchanan)
Großmaulwels
Vorder- u. Hinterindien
20 cm

Synodontis alberti Schilthuis
Gefleckter Fiederbartwels
Kongo
18 cm

Malapterurus electricus (Gmelin)
Zitterwels
West- u. Mittelafrika
60 cm

Tachysurus thalassinus (Rüppell)
Kanduli-Wels
Indischer Ozean
80 cm

Eine Anzahl von afrikanischen und asiatischen Welsen sind glasklar durchsichtig, man bezeichnet sie deshalb als *Glaswelse*. Im Gegensatz zu der Mehrzahl ihrer bodenbewohnenden trägen Verwandten sind es lebhafte, freischwimmende, allerdings nächtliche Fische.

Mitteleuropa ist die Heimat von nur einer Wels-Art, dem riesenhaften *Wels* oder Waller, einem räuberischen Bewohner tiefer Gewässer. Die größten Exemplare bergen die Donau und die großen russischen Ströme.

Aalglatte, sehr verborgen lebende Fische, die wie die meisten Welse überhaupt nur nachts auf Nahrungssuche gehen, sind die Kiemensackwelse. Sie heißen so nach sackartigen Bevölkerung pflegt diese Schädel schön auszumalen und an Touristen zu verkaufen.

Chaca chaca ist ein ganz bizarr geformter Bodenfisch, der bei Tage wie tot daliegt und sich völlig auf seine Tarnung als altes Laubwerk verläßt. Er hat eine sehr große, erweiterungsfähige Mundöffnung.

Wir hatten schon einige Gruppen von Fischen mit elektrischen Organen kennengelernt. Bei den Welsen ist nur der *Zitterwels* damit ausgestattet. Er ist ein sehr gefräßiger, phlegmatischer Raubfisch, der die elektrischen Stromstöße wohl nur für die Jagd verwendet. Große Exemplare können bis zu 100 Watt etwa erzeugen. Bei

Sorubim lima (Bloch u. Schneider)
Spatelwels
Nördliches Südamerika
60 cm

Pimelodus clarias Bloch
Antennenwels
Südamerika
30 cm

Doras pectinifrons (Cope)
Kammdornwels
Ecuador 16 cm

Plotosus anguillaris Bloch
Korallenwels
Küsten des Indischen Ozeans
30 cm

Acanthodoras spinosissimus
Eigenmann u. Eigenmann
Dornwels
Amazonas 15 cm

Tandanus tandanus (Mitchell)
Australischer Stachelwels
Ostaustralien
1 m

Ausbuchtungen der Kiemenhöhle, die als Hilfsatmungsorgane dienen. Die *Aalwelse* haben eine noch gestrecktere, aalartige Gestalt, die Flossenzahl ist bei manchen Arten stark reduziert. Manche Welse, so auch der heimische Wels, üben eine mehr oder minder intensive Brutpflege.

Die Kreuzwelse haben mehrere Eigenarten, einmal sind mehrere von ihnen Maulbrüter, d. h. eines der Elterntiere nimmt die Eier bis zum Schlüpfen ins Maul, zum anderen sind sie zum Teil weitverbreitete Bewohner der tropischen Meere. Der Name Kreuzwelse wurde vor einiger Zeit von einem Autor in Vorschlag gebracht und soll darauf hinweisen, daß ihre Schädel in etwa auf der Unterseite die Gestalt des gekreuzigten Jesus zeigt. Die farbige den vorbeschriebenen elektrischen Fischen waren die stromerzeugenden Organe aus umgewandelten Muskelzellen hervorgegangen, hier sind es Drüsenzellen.

Die *Fiederbartwelse* haben verzweigte, gefiederte Barteln. Der Kopf steckt in einem starken Knochenpanzer. Die Brustflossendornen sind dick und gezähnt. Die Fiederbartwelse heften sich gern, den Bauch gegen das Substrat gedrückt, an treibende Stämme und anderes Holzwerk. Eine Besonderheit ist bei ihnen das Schwimmen mit dem Bauch nach oben. Sie sind eine rein afrikanische Gruppe mit schwer zu unterscheidenden Arten.

Bei *Acanthodoras* kann man, wenn man ihnen zum ersten Male begegnet, einen erheblichen Schreck bekommen. In der Not beginnen diese nämlich quäkende und knurrende Töne von sich zu geben. Längs der Körperseiten sind sie durch eine Reihe von Platten geschützt, die nach hinten gebogene Hakendornen tragen. Sie leben meist in bewegtem Wasser im Sande vergraben. Manche *Doras*-Arten sind schön gezeichnet und als Aquarienfische beliebt.

Der in großen Schwärmen in den Küstengewässern und auf Korallenriffen des indopazifischen Gebietes anzutreffende *Korallenwels* sieht hübsch und harmlos aus, ist aber ein sehr gefährlicher Giftfisch. Seine Flossenstacheln stehen mit Giftdrüsen in Verbindung. Wie alle Fischgifte wirkt auch dieses sehr schmerzvoll mit schweren Schockfolgen und nicht selten tödlich. Ein Süßwasserwels Australiens ist *Tandanus*, der mit den Korallenwelsen verwandt und sekundär in die Flüsse Australiens eingewandert ist.

Die *Antennenwelse* haben drei Paare von Barteln, die nach vorn gestreckt werden und mit den Fühlern oder Antennen der Insekten Ähnlichkeit haben. Es ist eine in Südamerika weitverbreitete Familie mit einigen sehr seltsamen Vertretern. So hat der *Spatelwels* einen spatelförmig abgeflachten Kopf mit langer vorgeschobener Schnauze.

Zwei Reihen von Knochenschildern längs der Körperseiten zeichnen die Panzerwelse aus. Die langgestreckten Arten der Gattungen *Callichthys* und *Hoplosternum* sind träge Bodenbewohner. Sie wandern nachts, wenn ihre Wohngewässer während der Trockenzeit zu versiegen drohen, über Land zu anderen Gewässern. Bekannter sind vor allem dem Aquarienfreund die kleinen gedrungenen Arten der Gattung Corydoras, die wie flinke Mäuschen gern truppweise auf dem Grunde dahinhuschen. Eine ganze Anzahl von Arten wurde schon lebend eingeführt, einige können auch gezüchtet werden, so der *Metallpanzerwels*. Schwarze Binden, Streifen und Tüpfel sind bei Corydoras-Arten, wie der *Schwarzbindenpanzerwels* zeigt, verbreitete Zeichnungselemente.

Völlig in einen Panzer von Knochenplatten eingehüllt sind die südamerikanischen Harnischwelse. In dieser Gruppe finden wir eine ausgeprägte Saugmundausbildung, sind doch auch sie wieder bevorzugt Bewohner schnellfließender Gewässer. Eine weitere Eigenart ist bei den *Schilderwelsen* eine auf besondere Weise in der Größe veränderliche Pupille. Die *Borstenmäuler* haben nicht wie die Schilderwelse einen glatten Kopf, sondern sind dort im männlichen Geschlecht mit Anhängen ausgestattet. Bei den Männchen der Gattung *Loricaria* entwickeln sich an den Kopfseiten manchmal bis zu den Brustflossen hin Polster von Zotten. Schließlich sei noch der lang wie eine Seenadel gebaute *Schnabelharnischwels* erwähnt. Bei einigen Harnischwelsen konnte die Fortpflanzung im Aquarium beobachtet werden; stets wurde das Gelege bewacht.

Amblyopsis spelaeus De Kay
Blinder Trugkärpfling
Mississippibecken
9 cm

Aphredoderus sayanus (Gilliams)
Piratenbarsch
USA
12 cm

Ogcocephalus nasutus
(Cuvier u. Valenciennes)
Kurznasenseefledermaus
Westatlantik
20 cm

Opsanus tau (Linnaeus)
Austernfisch
Westatlantik
25 cm

Lophius piscatorius Linnaeus
Seeteufel
Atlantik
1,80 m

Thalassophryne maculosa Günther
Meerkröte
Westindien
30 cm

Porichthys notatus Girard
Bootsmann
Westpazifik
38 cm

Ordnung Percopsiformes — Barschlachse

Familien: Amblyopsidae — Blindfische (*Amblyopsis*), Aphredoderidae — Piratenbarsche (*Aphredoderus*)

Die fünf Arten der *Blindfische* sind auf Nordamerika beschränkt, und zwar mit einer Ausnahme auf Teile des Mississippibeckens. Sie leben dort in Kalksteinhöhlen. Ein Salmler und eine Barbe wurden schon als Höhlenfische beschrieben, ihre Merkmale, ein verkümmertes Sehvermögen und Pigmentlosigkeit teilen auch diese Fische; dazu kommen aber noch stark entwickelte Tastorgane am Kopf. Die Eier werden in den Kiemenräumen der Weibchen nach der Ablage untergebracht, offenbar erleichtert durch den an der Kehle liegenden After, der ja zugleich Austrittsöffnung der Eier ist. Einzelheiten sind noch unbekannt. Barschlachse haben wie die Barsche echte Stachelstrahlen, außerdem zum Teil eine Fettflosse wie die Lachse. Bei den *Piratenbarschen* liegt die Afteröffnung wie bei den Blindfischen an der Kehle. Es sind Süßwasserfische.

Ordnung Batrachoidiformes — Froschfische

Familie: Batrachoididae — Froschfische (*Opsanus, Thalassophryne, Porichthys*)

Die Froschfische gleichen mit ihrem großen platten Kopf und dem Riesenmaul von vorn in der Tat dicken Fröschen. Die Bauchflossen sind bei ihnen kehlständig, die Brustflossen groß und rund. Es sind sehr träge, unbewegliche Geschöpfe. Die *Meerkröte* bewohnt das Flachwasser steiniger Küsten und verfügt über Rückenflossenstacheln und Kiemendeckeldornen mit Giftdrüsen. Sie vermag entsprechend zu stechen. Die Kadettfische oder *Bootsmänner* pflegen grunzende oder pfeifende Töne von sich zu geben, die an einen alten knurrenden Segelschiffbootsmann mit seiner Flöte erinnern. Sie besitzen an der Unterseite des Körpers viele Hundert kleiner Leuchtorgane. Der *Austernfisch* bewohnt in Gesellschaften gern Muschelbänke.

Ordnung Lophiiformes — Anglerfische

Familien: Lophiidae — Seeteufel (*Lophius*), Antennariidae — Fühlerfische (*Antennarius, Histrio*), Ogcocephalidae — Seefledermäuse (*Ogcocephalus, Halieutaea*), Melanocetidae — Schwarze Tiefseeangler (*Melanocetus*), Ceratiidae — Riesenangler (*Ceratias*), Linophrynidae — Laternenangler (*Linophryne*)

Der bekannteste Vertreter, der häufig auch in den Fängen angeliefert wird, um ohne Kopf als Forellenstör auf dem Markt zu erscheinen, ist der *Seeteufel*. Der riesige Kopf macht fast ³/₄ seiner Gesamtlänge aus. Das gemeinsame Merkmal dieser Ordnung ist neben den teilweise zu Geh- oder Greiforganen umgestalteten Brustflossen der zu einer merkwürdigen Angel ausgebildete erste Rückenflossenstrahl. An der Spitze dieses sehr dünnen und beweglichen Strahls sitzt ein fleischiges Gebilde, das anderen Fischen als ein verlockender Bissen erscheint. Nähert sich ein Fisch dem ausgezeichnet getarnten Anglerfisch, reißt dieser plötzlich sein gewaltiges Maul auf, und das Beutetier wird durch den Wasserschwall hineingerissen.

Die Fühlerfische besitzen nur zum Teil noch gut ausgebildete „Angeln". Oft ist der getrennte Strahl der Rückenflosse nur noch ein kurzer, allerdings beweglicher Stummel. Gut sind dagegen die Gehwerkzeuge entwickelt. Der Körper ist mit allerlei Hautauswüchsen versehen und zeigt oft in seiner Monstrosität kaum noch Fischähnlichkeit. Ein Farbwechselvermögen unterstützt die Anpassung an die Umgebung. Die *Antennarius*-Arten sind meistens Bodenfische, der *Sargassofisch* dagegen lebt in den treibenden Wiesen der Sargassum-Tange, seine Brustflossen sind zu vollendeten Greif- und Kletterwerkzeugen geworden. Die Seefledermäuse sind stark abgeflachte Angler. Sie kriechen langsam mit den Brust- und Bauchflossen, die beide zu Beinen geworden sind, auf dem Grunde dahin. Die Angel liegt in der Ruhe in einer Grube unmittelbar über dem kleinen Mund. Es gibt unter ihnen Flachwasserbewohner wie die *Kurznasenseefledermaus* und Tiefenformen wie die bunte *Rochenseefledermaus*.

Eine ganze Anzahl von Anglern bevölkert den Boden der Tiefsee und hat sich dort allerlei Merkwürdigkeiten zugelegt. So fehlen ihnen die Bauchflossen. Nur die Weibchen haben noch Angeln. Die Männchen sind oft zwergenhaft. Die Angeln tragen an ihrer Spitze ein Leuchtorgan. Der *Schwarze Tiefseeangler* besteht fast nur noch aus einem gewaltigen Maul. Der *Laternenangler* besitzt neben der Angel noch eine verzweigte Bartel am Kinn. Die Rückbildung der Männchen geht schließlich so weit, daß sie nur noch parasitisch, oft zu mehreren am weiblichen Körper leben und von dort aus ernährt werden, so bei *Ceratias*.

Antennarius polyophthalmus Bleeker
Krötenfisch
Trop. Indopazifik
10 cm

Antennarius bigibbus (Lacépède)
Indopazifik
20 cm

Melanocetus cirrifer Regan u. Trewavas
Schwarzer Tiefseeangler
Indischer Ozean
4 cm

Histrio histrio (Linnaeus)
Sargassofisch
Atlantik, Pazifik
20 cm

Ceratias holboelli Kroyer
Grönlandangler
Nordatlantik
1 m

Halieutaea retifera Gilbert
Rochenseefledermaus
Hawaii
5 cm

Linophryne arborifer Regan
Laternenangler
Nordatlantik 9 cm

Gadus morrhua Linnaeus
Kabeljau, Dorsch
Atlantik
1,50 m

Merlangius merlangus (Linnaeus)
Wittling
Ostatlantik
40 cm

Melanogrammus aeglefinus (Linnaeus)
Schellfisch
Atlantik
75 cm

Pollachius virens (Linnaeus)
Köhler
Atlantik
1 m

Ordnung Gadiformes — Dorschfische

Familien: Gadidae — Dorsche (*Gadus, Melanogrammus, Pollachius, Raniceps, Molva, Lota, Merlangius*), Merluccidae — Hechtdorsche (*Merluccius*), Ophidiidae — Bartmännchen (*Ophidium*), Carapidae — Eingeweidefische (*Carapus*), Zoarcidae — Aalmuttern (*Zoarces*), Macrouridae — Langschwänze (*Macrourus, Coelorhynchus*)

Die Dorschfische haben in allen Flossen nur weiche Strahlen, bis zu drei Rücken- und oft zwei Afterflossen, kehlständige Bauchflossen und eine geschlossene Schwimmblase. In der Familie der Dorsche finden sich wieder eine ganze Anzahl von für die Fischerei sehr wichtigen Arten, so der *Dorsch*, auch *Kabeljau* genannt, ein im Alter von Fischen, z. B. Tobiasfischen, sich nährender Räuber. Der Fang auf diesen Fisch wird im ganzen Gebiet des nördlichen Atlantiks mit Netzen und Angeln betrieben. Die Masse der gefangenen Fische wird zu Dauerware in Form von Klipp- und Stockfischen verarbeitet. Die große Leber liefert den an Vitaminen reichen Lebertran. Zum Laichen suchen die Dorsche bestimmte Laichreviere auf. Die Eier des Dorsches sind planktonisch und treiben eben über dem Grunde. Ein weiterer wichtiger Nutzfisch ist der *Schellfisch*, der sich vorwiegend von niederen Bodentieren ernährt, aber auf den Laichplätzen der Heringe massenhaft deren Eier vertilgt. Er ist kein Küstenbewohner wie der heranwachsende Dorsch, sondern zieht tieferes Wasser vor. Wie die jungen Dorschlarven sind auch die Schellfischlarven zunächst planktonisch. Häufig finden sich junge Schellfische vergesellschaftet mit Quallen, deren Nesselbatterien ihnen offenbar nichts anhaben können. Ein Fisch größerer Tiefen ist auch der *Köhler*, im Fischhandel Seelachs genannt. Der Name Köhler rührt daher, daß bei dieser Art oft Teile des Kopfes und die Mundhöhle schwarz gefärbt sind. Dieser ebenfalls wichtige Marktfisch ernährt sich von Bodentieren und Fischen. Ein kleinerer Dorschfisch ist der *Wittling*, der fischereilich außer im Mittelmeer ohne Bedeutung ist, zumal er nur einzeln oder in kleinen Trupps und nur zur Laichzeit in größeren Schwärmen auftritt. Der *Lengfisch*, leicht kenntlich an seinem gestreckten Körper und der langen zweiten Rückenflosse, liefert ein sehr gut zu Fischkarbonaden geeignetes Fleisch. Er ist ein Raubfisch der Tiefe, seine Larven wachsen jedoch in küstennahen Meeresteilen auf. Eine Reihe kleiner Formen, die man auch als Quappen, Seewiesel und ähnlich bezeichnet, zählt ebenfalls zu den Dorschen. Ihr bekanntester Vertreter, der einzige Dorschfisch des Süßwassers, ist die *Quappe*. In Körperbau und Lebensweise ist sie ein echter

Merluccius capensis Castlenau
Kap-Stockfisch
Westküste von Südafrika
1,20 m

Raniceps raninus (Linnaeus)
Froschdorsch
Ostatlantik
30 cm

Lota lota (Linnaeus)
Quappe
Zirkumpolar
75 cm

Molva molva (Linnaeus)
Lengfisch
Ostatlantik
2 m

Dorschfisch, sie hat z. B. einen Bartfaden an der Unterlippe. Ihre Eier treiben durch eine eingelagerte Ölkugel wie bei allen Dorschen eben über dem Grunde. Die gefräßige Quappe ist in allen Süßgewässern zu Hause, steigt sogar als unerwünschter Laichräuber bis in die Forellenregion empor. Eine ganz abweichende Art ist der großköpfige *Froschdorsch*. Er wird selten gefangen, obwohl er ein weites Verbreitungsgebiet hat.

Wegen verschiedener anatomischer Eigentümlichkeiten bilden die Hechtdorsche eine eigene, mehr südliche Familie. Ihr wichtigster Vertreter ist bei uns der Seehecht; unser Bild zeigt einen südafrikanischen Seehecht, den *Kap-Stockfisch*. Die moderne Systematik stellt auch die Aalmuttern und einige andere Gruppen wie die Eingeweidefische und die Bartmännchen in die weitere Verwandtschaft der Dorschfische.

Zur Familie der Ophidiidae, der Bartmännchen, gehören u. a. auch Tiefseefische und sogar zwei Arten von Höhlenfischen aus Kuba. Die *Bartmännchen* im engeren Sinne, so die europäische Art *Ophidium barbatum*, besitzen am Kinn ein Paar Barteln. Diese jetzt als Tastorgane wirkenden Fäden sind Reste der Bauchflossen.

Die europäische *Aalmutter* ist ein weitverbreiteter Küstenfisch, der lebendgebärend ist und mehrere hundert Junge zur Welt bringen kann.

Eine ganz seltsame Lebensweise haben jedoch die Nadel- oder *Eingeweidefische*. Sie besitzen wie die Bartmännchen und die Aalmutter keinen abgesetzten Schwanz, sondern die Rücken-, Schwanz- und Afterflosse gehen ineinander über. Die hinterste Körperspitze ist z. B. bei den Nadelfischen ein sehr empfindliches Tastorgan, das beim Aufsuchen der Verstecke von Wichtigkeit ist. Eingeweidefische hat man diese Tiere deshalb genannt, weil sie sich im Darm oder in der Mantelhöhle von Seegurken, Muscheln usw. aufhalten. Sie sind nicht etwa lediglich „Raumparasiten", wie man früher annahm, sondern sollen sich teilweise auch von den inneren Organen ihres Wirtes ernähren. Meistens suchen sie sich aber ihre Nahrung in der nächsten Umgebung.

Nicht die Spur eines Schwanzes haben die *Langschwänze*, auch Rattenschwänze genannt, da der Körper in einem langen spitzen Ende ausläuft. Es sind merkwürdige Fische, oft mit verlängerten Schnauzen, teilweise auch mit Bartfäden. Die meisten von ihnen leben in der Tiefe der Meere, stellenweise sind sie sogar recht häufig, gelangen aber nur selten in die Netze. Man unterscheidet mehrere Gattungen und Arten, deren Lebensweise wie bei allen Tiefseefischen noch weitgehend unbekannt ist. Die Familie enthält eine ganze Anzahl von verschiedenen Arten, die in allen Meeren der Welt oft in großer Zahl anzutreffen sind. Doch geraten sie immer nur rein zufällig ins Netz, selten sind sie dann unbeschädigt. Über eine Größe von 1 m scheinen sie nicht hinauszuwachsen. Ihre Nahrung besteht, soweit von den atlantischen Arten bekannt, hauptsächlich aus Krebstieren. Ihre stellenweise große Individuenzahl läßt sie als ein wichtiges Nahrungsobjekt für größere Raubfische erscheinen, doch wissen wir über die Ernährungsketten in der Tiefsee sowieso kaum etwas; wir bleiben auf Vermutungen angewiesen. Es wird z. B. nur in der Literatur vermerkt, daß der norwegische Forschungsdampfer „Michael Sars" am 7. 9. 1901 in drei Trawlzügen in 300 bis 500 m Tiefe 845 Stück von einer auch in der Nordsee nicht seltenen Art bei Arendal fing.

Cypselurus californicus (Cooper)
Kalifornischer Flugfisch
Kalifornische Küste
45 cm

Exocoetus volitans Linnaeus
Atlantischer Flugfisch
Alle Ozeane
25 cm

Ordnung Atheriniformes — Ährenfischähnliche

Familien: Exocoetidae — Fliegende Fische, Halbschnäbler (*Exocoetus, Cypselurus, Parexocoetus, Fodiator, Hemirhamphus, Oxyporhamphus, Hemirhamphodon, Dermogenys*), Belonidae — Hornhechte (*Belone, Xenetodon, Lewinichthys*), Scomberesocidae — Makrelenhechte (*Scomberesox*)

Diese in einer Unterordnung vereinigten Formen scheinen auf den ersten Blick wenig Gemeinsamkeiten zu haben. Da sind zunächst die Kiefer, die entweder wie bei Belone beide lang ausgezogen sind, oder von denen nur der Unterkiefer lang ist, beziehungsweise bei denen beide kurz sind wie bei den verschiedenen Fliegenden Fischen und Makrelenhechten. Aber auch diese kurzschnäbligen Formen haben als Jungfische einen verlängerten Unterkiefer besessen. Daneben findet sich eine Vergrößerung der Brustflossen bis hin zu den Schwingen der Flugfische. Bei den Hornhechten nur unbedeutend vergrößert, wachsen sie über die Hemirhamphiden hin bis zu den echten Flugfischen mehr und mehr. Die Hornhechte und Halbschnäbler sind sehr geschickte Springer, aber eine Flugfähigkeit haben sie noch nicht entwickelt. Neben dem Sitz und Bau der übrigen Flossen, die bei allen weit nach hinten verlagert und ohne harte Strahlen sind, haben noch einige eierlegende Formen gemeinsam, daß die Eier fadenförmige Fortsätze tragen. Mit diesen werden sie wie z. B. bei den Fliegenden Fischen an treibenden Tangen befestigt. Man findet dort nicht selten nesterförmige Gebilde mit Eiern dieser Fische. Das Fliegen der Fische ist trotz der Längen der außerhalb des Wassers zurückgelegten Strecken kein echtes Fliegen, da nicht wie bei den Vögeln ein Schlagen der Schwingen vorhanden ist. Es sind lediglich Gleitflüge. Der Fisch jagt mit größter Geschwindigkeit durch das Wasser. Er durchbricht die Oberfläche und gleitet, anfangs noch beim Loskommen vom Wasser durch schnellste Wriggschläge der unteren verlängerten Schwanzflosse unterstützt, über das Wasser hinaus. Unter günstigen Windverhältnissen können diese Flüge 45 m Länge und mehrere Meter Höhe erreichen. Bei den niedrig über die Wasseroberfläche hinausragenden Seglern früherer Zeiten fielen sie daher oft massenhaft auf das Deck der Schiffe. Heute geschieht dies nur noch sehr selten, da die modernen Schiffe zu hoch sind. Die Flossenlängen sind bei den verschiedenen flugfähigen Arten durchaus verschieden. Außerdem unterscheidet man zwei- und vierflügelige Arten. Bei letzteren sind auch noch die Bauchflossen vergrößert.

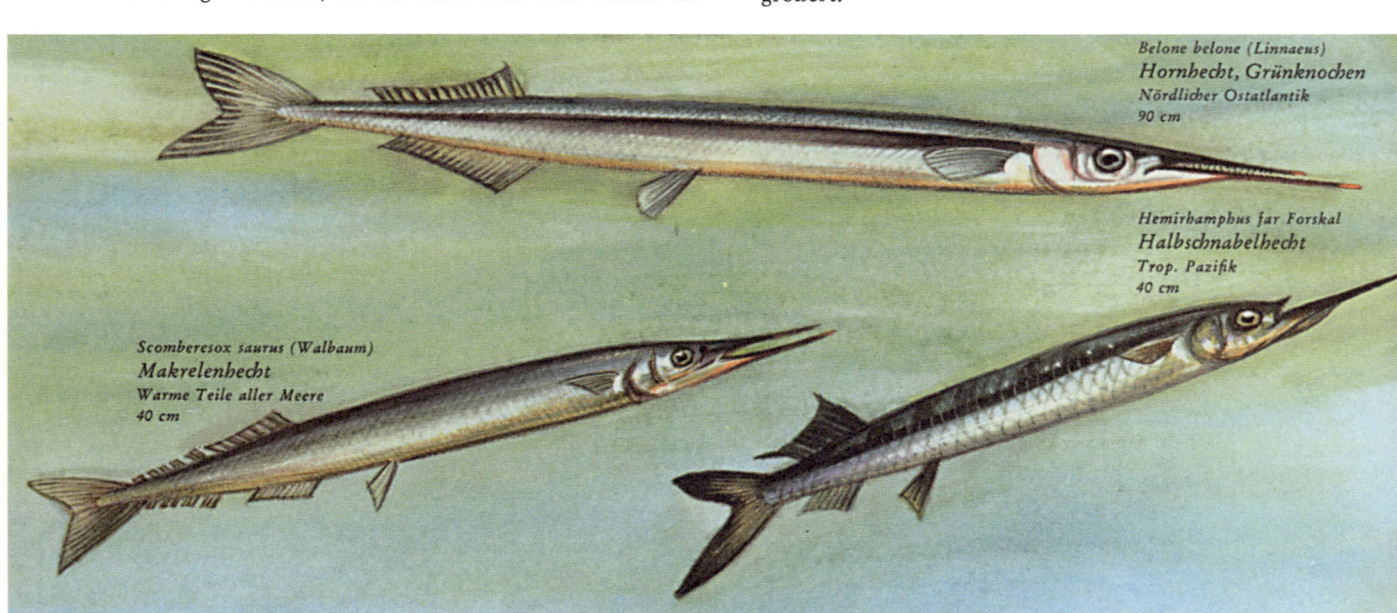

Belone belone (Linnaeus)
Hornhecht, Grünknochen
Nördlicher Ostatlantik
90 cm

Hemirhamphus far Forskal
Halbschnabelhecht
Trop. Pazifik
40 cm

Scomberesox saurus (Walbaum)
Makrelenhecht
Warme Teile aller Meere
40 cm

Parexocoetus brachypterus Richardson
Kurzflossiger Flugfisch
Alle Ozeane
20 cm

Fodiator acutus
(Cuvier u. Valenciennes)
Kleiner Flugfisch
Amerikanische Küsten
15 cm

Oxyporhamphus micropterus (Cuvier u. Valenciennes)
Malolo
Trop. Atlantik u. Pazifik
15 cm

juv.

Die häufigste Art ist der mit zwei Flügeln ausgestattete, in allen warmen Meeren verbreitete *Exocoetus volitans*. Der größte Fliegende Fisch ist der *Kalifornische Flugfisch*. *Parexocoetus* unterscheidet sich nur in der Bezahnung von Exocoetus. *Fodiator* kann mit seiner spitzen und langen Schnauze als Übergangsform zu den Halbschnabelhechten gelten, bei *Oxyporhamphus* schließlich mit nur geringem Flugvermögen ist das noch mehr der Fall. Die Hornhechte haben innerhalb dieser Gruppe die kürzesten Brustflossen, dafür aber die längsten, mit vielen spitzen Zähnen versehenen Kiefer. Der auch in Nord- und Ostsee vorkommende *Grünknochen,* so genannt, weil beim Kochen die Gräten eine grünliche Farbe annehmen, tritt meist in nahe der Oberfläche stehenden Schwärmen auf. Es sind überaus schnelle Schwimmer, immer bereit, über die Wasseroberfläche hinauszuspringen. *Long-Tom* ist ein in Nord- und Ostaustralien bekannter Speise- und Süßwasserfisch.

Die Halbschnabelhechte sind teilweise Süßwasserbewohner. Sie heißen nach dem mehr oder minder verkürzten Oberkiefer, über den der Unterkiefer hinausragt. Der sehr kleine *Kampfhalbschnäbler* ist ein Oberflächenfisch des Süßwassers. Die Männchen sind untereinander sehr kampflustig und werden von den ebenso wettlustigen Malayen gern zu Wettkämpfen verwendet. Die Art ist lebendgebärend. Ihre Nahrung besteht vor allem aus kleinen Luftinsekten. Auch *Hemirhamphodon pogonognathus* ist ein kleiner Süßwasserfisch mit ähnlicher Lebensweise. *Xenetodon* ist dagegen eine relativ große Art der südasiatischen Stromgebiete.

Der *Makrelenhecht* hat nur kurze Kiefer, von denen im Laufe der Entwicklung bei den Jungfischen der Unterkiefer zuerst wächst. Sowohl hinter der Rücken- als auch der Afterflosse sitzen bei ihm, ähnlich wie bei den Makrelen (Scomber), mehrere kleine flossenartige Gebilde. Nach der Flugfähigkeit kann man mehrere Bautypen von Fliegenden Fischen unterscheiden. Sie ist abhängig von der Größe der Brustflossen. Danach hat der Malolo, Oxyporhamphus, das geringste Flugvermögen, während in den Gattungen Cypselurus und Exocoetus die besten Flieger vorkommen. Bei Cypselurus sind zusätzlich zu den Flossenschwingen der Brustflossen auch noch die Bauchflossen stark vergrößert. Die Fliegenden Fische sind zu einem Teil rein ozeanische, also Hochseefische, zu einem anderen Teil aber in der Küstenzone verbreitet. Bei diesen beiden ökologischen Typen sind auch die Eier verschieden. Die Hochseeformen haben Eier mit nur kurzen Anhängen, die Küstenformen dagegen solche mit sehr langen Anhangfäden.

Xenetodon cancila (Hamilton-Buchanan)
Südasiatischer Hornhecht
Südostasien 30 cm

Hemirhamphodon pogonognathus (Bleeker)
Schlanker Halbschnabelhecht
Hinter- u. Inselindien
20 cm

Lewinichthys ciconia (Richards)
Slender Long-Tom
Australien nördl. Hälfte
1 m

Dermogenys pusillus v. Hasselt
Kampfhalbschnäbler
Hinter- u. Inselindien
7 cm

Anableps anableps Linnaeus
Vierauge
Nordöstl. Südamerika
20 cm

Oryzias latipes (Schlegel)
Japankärpfling
Japan
4 cm

Cynolebias belotti Steindachner
Blauer Fächerfisch
La-Plata-Gebiet
7 cm

Aphyosemion gularis coeruleum (Boulenger)
Blauer Prachtkärpfling
Trop. Westafrika
12 cm

Epiplatys dageti Poll
Querbandhechtling
Trop. Westafrika
6 cm

Rivulus urophthalmus Günther
Fleckbachling
Südamerika
7 cm

Jordanella floridae Goode u. Bean
Floridakärpfling
Florida
6 cm

Xiphophorus helleri Heckel
Schwertträger
Mexiko
12 cm

Mollienisia latipinna Le Sueur
Breitflossenkärpfling
Mittelamerika
12 cm

Phalloceros caudomaculatus reticulatus Köhler
Scheckenkärpfling
Östl. Südamerika
6 cm

Familien: Oryziatidae — Oberflächenkärpflinge (*Oryzias*), Cyprinodontidae — Eierlegende Zahnkarpfen (*Aphyosemion, Epiplatys, Jordanella, Rivulus, Cynolebias*), Anablepsidae — Vieraugen (*Anableps*), Poeciliidae — Lebendgebärende Zahnkarpfen (*Belonesox, Xiphophorus, Mollienisia, Phalloceros, Heterandria, Gambusia, Lebistes*)

Die zweite Unterordnung umfaßt acht Familien mit einer Fülle von kleinen Fischarten, von denen eine große Zahl beliebte Aquarienfische, einige auch wichtige Objekte der Forschung geworden sind. Die Mundöffnung ist bei allen Arten oberständig, immer fehlt eine Seitenlinie, dagegen ist eine Schwimmblase vorhanden. Der fast durchsichtige *Japankärpfling* hat eine besondere Art der Brutpflege. Die wenigen Eier bleiben eine Zeitlang als Traube am Leib der Mutter hängen und werden erst nach fortgeschrittener Entwicklung an Pflanzen usw. abgestreift. Wundervolle Fische sind die Eierlegenden Zahnkarpfen. Hier ist es besonders die afrikanische Gattung Aphyosemion, die trotz nicht immer einfacher Züchtbarkeit sehr schöne Aquarienfische geliefert hat, so den verhältnismäßig großen *Blauen Prachtkärpfling*. Oberflächenfische sind die afrikanischen Hechtlinge, etwa der *Querbandhechtling*. (Sie haben übrigens nichts mit den ebenfalls als Hechtlinge bezeichneten Galaxias-Arten [Salmoniformes] gemeinsam.) Alle Hechtlinge besitzen auf dem Kopf einen auffälligen, weithin sichtbaren Lichtreflektor. Südamerika ist die Heimat vieler Eierlegender Zahnkarpfen. Die *Bachlinge* sind fast amphibisch lebende Fische, die sich springend in kleinsten Wasseransammlungen fortbewegen. Das Haftvermögen ihrer klebrigen Haut hilft ihnen dabei. Eine merkwürdige Fortpflanzungsweise haben die *Fächerfische*. Ihre Eier vermögen im Schlamm vergraben eine Trockenperiode zu überdauern. Erst Regenfälle, die die kleinen Gewässer wieder auffüllen, bringen sie zur Entwicklung. In einer kurzen Wasserperiode wachsen die gefräßigen Fische zu laichreifen Tieren heran, um dann zu sterben. Man trifft derartige Saisonfische auch in Afrika (Aphyosemion, Nothobranchius) an. Der *Floridakärpfling* ist die einzige brutpflegende Art dieser Gruppe, das Männchen bewacht die an feste Gegenstände abgelegten Eier und eine Zeitlang auch die junge Brut.

Bei den *Vieraugen* ist das Auge genau in der Mitte durch eine Haut in eine obere und untere Hälfte geteilt. Diese Eigenart hängt mit ihrer Lebensweise zusammen. Sie schwimmen immer so dicht an der Oberfläche, daß die obere Hälfte der Augen darüber hinausragt. Damit sie nun über dem Wasser und im Wasser etwas sehen können, was ja optisch nicht das gleiche ist, ist das Auge für beide Möglichkeiten umgebaut.

Die Lebendgebärenden Zahnkarpfen sind ausschließlich Bewohner der Neuen Welt; ihr Verbreitungszentrum ist Mittelamerika. Bei ihnen ist die Afterflosse der Männchen im vorderen Teil zu einem langen Begattungsorgan geworden, das die innere Befruchtung der sich im Mutterleib entwickelnden Eier ermöglicht. Ein gleiches Prinzip finden wir auch bei den lebendgebärenden Arten der schon beschriebenen Halbschnabelhechte. Die Poeciliidae haben der Forschung wichtige Versuchstiere geliefert. Der *Schwertträger*, ein bekannter Aquarienfisch, hat nicht nur für die Vererbungsforschung, sondern besonders die melanistischen Formen haben auch bei der Erforschung der Melanome wichtige Dienste geleistet. Der durch seine prächtige Beflossung ausgezeichnete *Breitflossenkärpfling* ist Stammform eines Teiles des heute als Aquariumfisch beliebten Black Molly. Auch vom Einfleck-Kärpfling, dem ersten tropischen Zierfisch, ist eine gescheckte Variante, der *Scheckenkärpfling*, bekannt. Ihm folgte bald der *Guppy* oder Millionenfisch. Bei dieser Art ist der Größenunterschied zwischen den Geschlechtern besonders ausgeprägt. Die Männchen sind sehr bunt gezeichnet; es gibt keine zwei, die sich in der Färbung gleichen. Sie haben schöne lange Flossen, die sich durch Zuchtwahl noch verbessern lassen. Der *Zwergkärpfling* ist einer der kleinsten Fische überhaupt. Der *Koboldkärpfling*, eine schwarze Spielart von Gambusia affinis, hat eine wichtige Rolle als Vertilger der Larven der Fiebermücken gespielt. Er wurde vielerorts, so auch in den Mittelmeerländern, mit gutem Erfolg ausgesetzt. Eine ausgeprägte Raubfischart ist *Belonesox*, der sich von kleineren Verwandten und Süßwassergarnelen ernährt.

Familien: Melanotaeniidae — Regenbogenfische (*Melanotaenia*), Atherinidae — Ährenfische (*Atherina, Leurethes, Telmatherina*), Phallostethidae — Zwergährenfische (*Neostethus*)

Die eigentlichen Ährenfische sind Meeres- und Süßwasserbewohner mit weltweitem Vorkommen. An unseren Nordseeküsten findet sich im Sommer der *Streifenfisch*. Durch eine besondere Eiablage zeichnet sich der amerikanische *Grunion* aus. Die Tiere lassen sich mit einer Springflut auf den Strand werfen und vergraben dort ihre Eier im Sand. Erst bei der nächsten Springflut schlüpfen die Jungen in Minutenschnelle und gehen mit dem Wasser zurück. Der *Regenbogenfisch* ist einer der wenigen Süßwasserfische Australiens. Aus Hochlandgewässern von Celebes stammt der *Sonnenstrahlfisch*.

Nun seien noch die *Zwergährenfische* genannt. Bei diesen Küsten- und Brackwasserfischen haben die Männchen an der Kehle ein besonderes Hilfsorgan für die Paarung entwickelt.

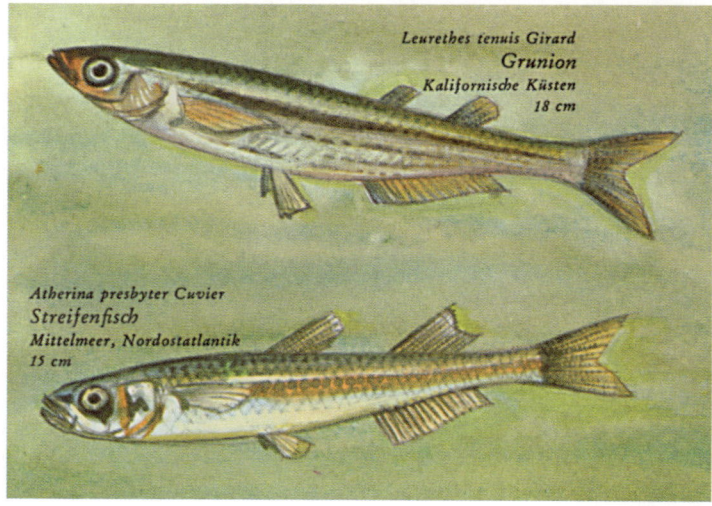

Monocentrus japonicus (Houttuyn)
Japanischer Tannenzapfenfisch
Indopazifik
12 cm

Photoblepharon palpebratus (Boddaert)
Laternenfisch
Indischer Ozean 7 cm

Ordnung Zeiformes — Petersfische

Familien: Zeidae — Heringskönige (*Zeus*), Caproidae — Eberfische (*Capros*)

Über die systematische Stellung dieser Fische ist viel gerätselt worden. Auf jeden Fall besitzen sie echte Stachelstrahlen vor der Rücken- und Afterflosse. Es sind seitlich stark abgeflachte, scheibenförmige Tiere. Der *Heringskönig* ist ein Bewohner der Hochsee, der den Schwärmen der Heringe und ihrer Verwandten folgt. Er ist ein sehr gefräßiger Raubfisch, der Hungerperioden nicht lange erträgt. Die *Eberfische* unterscheiden sich von ihm vor allem durch einen vorstülpbaren Rüssel. Davon kommt auch ihr Name. Sie sind in ihren Eigenarten noch recht unbekannt.

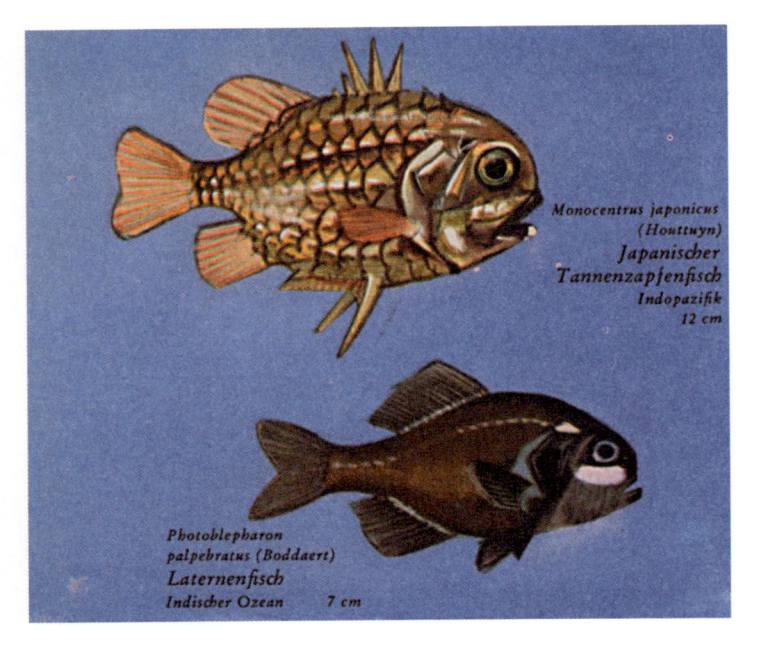

Ordnung Beryciformes — Schleimkopfartige Fische

Familien: Monocentridae — Tannenzapfenfische (*Monocentrus*), Anomalopidae — Laternenfische (*Photoblepharon*), Holocentridae — Soldatenfische (*Holocentrus, Ostichthys, Myripristis*)

Die Schleimkopfartigen Fische heißen nach den oft großen, unter der Haut verborgenen Schleimhöhlen am Kopf, die sich bei vielen Familien finden. Sie können als Vorläufer der echten Stachelflosser gelten.
Der *Japanische Tannenzapfenfisch* besitzt dicke Schuppen, die den Fisch rauh wie einen Zapfen erscheinen lassen. Er ist ein Bodenfisch tiefer Meeresteile und verfügt über einige Leuchtorgane an der Unterseite des Unterkiefers.
Daß Leuchtorgane nicht auf Tiefenbewohner beschränkt sind, beweisen die *Laternenfische*. Diese Fische der oberen Wasserschichten verfügen sogar über sehr komplizierte „Laternen". Sie können ihr Licht ein- und ausschalten. Bei Photoblepharon kann das Leuchtorgan durch einen schwarzen Deckel abgeblendet werden. Es dient sicherlich der nächtlichen Beutesuche, möglicherweise wird das Nahrungstier durch das ziemlich starke Licht geblendet, auf jeden Fall aber vom Jäger erkannt.
Die *Soldaten-* oder *Eichhörnchenfische* sind von leuchtend roter Färbung mit verschiedenen Streifen und Mustern. Sie leben besonders in den Korallenriffen aller warmen Meere, in deren Höhlen und Spalten sie sich tagsüber verbergen. Als Nachttiere haben sie sehr große Augen. Flossen, Kiemendeckel und Schuppen sind mit scharfen Dornen bewehrt. Der *Tiefsee-Soldatenfisch* ist der bisher einzige Vertreter aus tieferen Meeresgebieten. Fast ebenso artenreich wie Holocentrus ist die Gattung *Myripristis*. Diese Fische sind Schwarmfische und fischereilich wichtig. Alle Arten werden wegen ihrer schönen Farben jetzt oft für Aquarienzwecke importiert. Eine Haltung gelingt aber nur bei Beachtung ihrer Lebensweise.

Zeus faber Linnaeus
Heringskönig
Alle Ozeane
70 cm

Myripristis murdjan (Forskal)
Menpachi
Trop. Indopazifik
30 cm

Holocentrus sammara (Forskal)
Soldatenfisch
Indopazifik
30 cm

Holocentrus ascensionis Osbeck
Eichhörnchenfisch
Trop. Westatlantik
60 cm

Ostichthys japonicus Cuvier u. Valenciennes
Tiefsee-Soldatenfisch
Trop. Pazifik
40 cm

Ordnung Lampridiformes — Glanzfische

Familien: Lampridae — Gotteslachse (*Lampris*), Regalecidae — Bandfische (*Regalecus*)

Die recht ungleichen Fische dieser Ordnung haben einen vorstreckbaren Kiefer. Der *Gotteslachs* wird nur vereinzelt im Inhalt der Netze gefunden. Die Fischer pflegen das Tier mitzubringen und an Museen weiterzuleiten. Er ist ein Fisch tieferer Wasserschichten, der sich bevorzugt von Tintenfischen und Krebstieren ernährt.

Selten werden die leicht verletzbaren *Riemenfische* gefangen oder angespült. Ihr Verbreitungsgebiet scheint weltweit zu sein, da man sie sowohl in Nordnorwegen als auch in den Tropenmeeren und bei Neuseeland erbeutet hat.

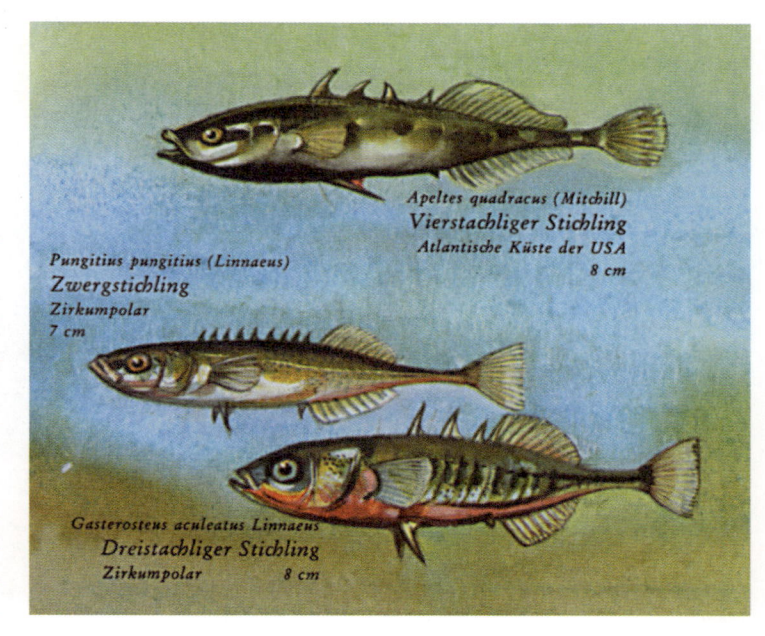

Apeltes quadracus (Mitchill)
Vierstachliger Stichling
Atlantische Küste der USA
8 cm

Pungitius pungitius (Linnaeus)
Zwergstichling
Zirkumpolar
7 cm

Gasterosteus aculeatus Linnaeus
Dreistachliger Stichling
Zirkumpolar 8 cm

Spinachia spinachia (Linnaeus)
Seestichling
Nordost-Atlantik
17 cm

Capros aper Linnaeus
Eberfisch
Mittelmeer
15 cm

Lampris luna (Gmelin)
Glanzfisch, Gotteslachs
Alle warmen Ozeane
2 m

Regalecus glesne (Ascanius)
Riemenfisch
Alle Ozeane
9 m

Ordnung Gasterosteiformes — Stichlingsfische

Familien: Gasterosteidae — Stichlinge (*Gasterosteus, Pungitius, Apeltes, Spinachia*), Indostomidae — Stachelröhrenmäuler (*Indostomus*), Aulostomidae — Trompetenfische (*Aulostomus*), Fistulariidae — Pfeifenfische (*Fistularia*), Macrorhamphoridae — Schnepfenfische (*Macrorhamphosus*), Centriscidae — Schnepfenmesserfische (*Aeoliscus*), Solenostomidae — Röhrenmäuler (*Solenostomus*), Syngnathidae — Seenadeln und Seepferdchen (*Hippocampus, Phyllopteryx, Entelurus, Nerophis, Syphonostoma, Syngnathus*)

Alle Stichlingsfische haben an Stelle von Schuppen Knochenplatten, die den Körper teilweise oder ganz panzerartig umhüllen. Sehr bekannt ist der *Dreistachlige* oder einfach *Stichling* genannte Fisch der europäischen Küsten und Binnengewässer. Zur Laichzeit im April, spätestens im Mai, legt das männliche Tier ein prächtiges Hochzeitskleid an. Der Rücken bekommt metallisch grünen Glanz, der Bauch und die Wangen werden kirschrot. Es beginnt dann mit dem Bau eines höhlenartigen Nestes aus Pflanzenfasern in einer Grube, in das es oft mehrere Weibchen hintereinander zum Ablegen der Eier nötigt. Es übernimmt, nachdem es die Weibchen vertrieben hat, die Bewachung des Geleges und später der Brut. Nach der Beschilderung unterscheidet man mehrere Formen dieser Art. Kleiner und schlanker ist der Neunstachlige oder *Zwergstichling;* hier trägt das Männchen ein schwarzes Hochzeitskleid und baut ein rundes, hängendes Nest. Der sehr langgestreckte vielstachlige *Seestichling* ist nur im Seewasser zu Hause, hier baut er sein Nest zwischen Tangen und Seegras.

Der Burmastichling, auch Indisches *Stachelröhrenmaul* genannt, kann als Zwischenstufe zwischen Stichling und Seenadel gelten. Dieser Fisch hat Stacheln wie ein Stichling und ein Röhrenmaul sowie Panzerringe wie eine Seenadel.

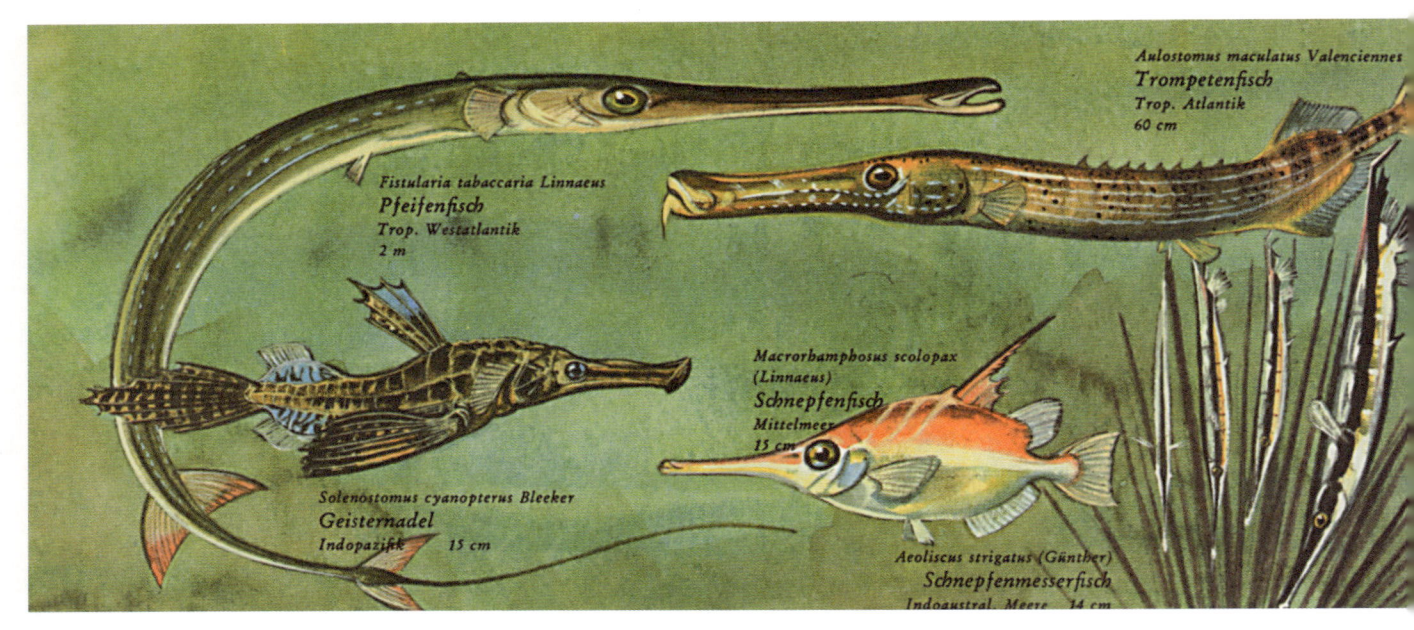

Aulostomus maculatus Valenciennes
Trompetenfisch
Trop. Atlantik
60 cm

Fistularia tabaccaria Linnaeus
Pfeifenfisch
Trop. Westatlantik
2 m

Macrorhamphosus scolopax (Linnaeus)
Schnepfenfisch
Mittelmeer
15 cm

Solenostomus cyanopterus Bleeker
Geisternadel
Indopazifik 15 cm

Aeoliscus strigatus (Günther)
Schnepfenmesserfisch
Indoaustral. Meere 14 cm

Er ist noch fast unbekannt und bisher nur in einem See in Burma gefunden worden.

Freistehende Strahlen vor der Rückenflosse haben auch noch die *Trompetenfische*. Es sind in den Korallenriffen einzeln lebende Raubfische, die sich, so wird behauptet, in Deckung von großen Pflanzenfressern an ihre Beute heranpirschen.

Weit häufiger sind die *Pfeifenfische*. Die Schnauze ist im Gegensatz zu der relativ kurzen der Trompetenfische lang und eng, am Schwanz besitzen sie eine peitschenförmige Verlängerung. Es sind Schwarmfische.

Die *Schnepfenfische* haben die langgestreckte Form des Körpers aufgegeben. Sie sind kurz, gedrungen und seitlich stark abgeflacht. Das Röhrenmaul ist sehr lang, außerdem ist ein einzelner Rückenstachel vorhanden. Nur wenige kleine Arten sind bisher beschrieben worden. Sie schwimmen meistens, den Kopf abwärts, dicht über dem Grunde dahin.

Bei ihnen ist angedeutet, was dann beim *Schnepfenmesserfisch* Vollendung wurde. Dieser Fisch kann nur noch senkrecht im Wasser schwimmen, wobei es wahrscheinlich gleichgültig ist, ob der Kopf je nach Bedarf nach oben oder unten zeigt. Die Flossenstellung ist auf diese Schwimmhaltung abgestellt. Sie werden oft in ganzen Schulen zwischen den langen, nadelfeinen Stacheln mancher Seeigel beobachtet.

Eigenartige Gestalt zeigt auch die *Geisternadel*, die wie aus verschiedenen Fischformen zusammengesetzt erscheint. Das Weibchen dieser Art betreut den Laich in einer aus den Bauchflossen gebildeten Brusttasche. Diese Familie und die beiden folgenden bildeten früher die Unterordnung der Büschelkiemer wegen ihrer abweichend gebauten Kiemen.

Die artenreiche Gattung der Seepferdchen, das dem Pferd im Schachspiel Modell gestanden zu haben scheint, ist so wenig fischähnlich, daß diese Tiere schon im Altertum auffielen. Es sind bizarre Lebewesen, die aufrecht im Wasser dahinschweben, scheinbar ohne Flossenbewegung, da die durchsichtigen Flossen nicht sichtbar sind, oder die in Pflanzen oder Hornkorallen mit ihrem Greifschwanz sich festhaltend hin- und herpendeln. Das männliche Tier trägt eine oben offene Brusttasche, in die das Weibchen die Eier legt. Diese bleiben dort bis zum Schlüpfen der Jungen, die als fertige kleine Seepferdchen die Tasche verlassen. Alle Seepferdchen sind recht gefräßige Fische, die selbst größere Beutetiere mit dem Sog einer Pipette durch das Röhrenmaul aufnehmen. Getrocknet oder lebend sieht man bei uns häufiger die beiden europäischen Arten, das

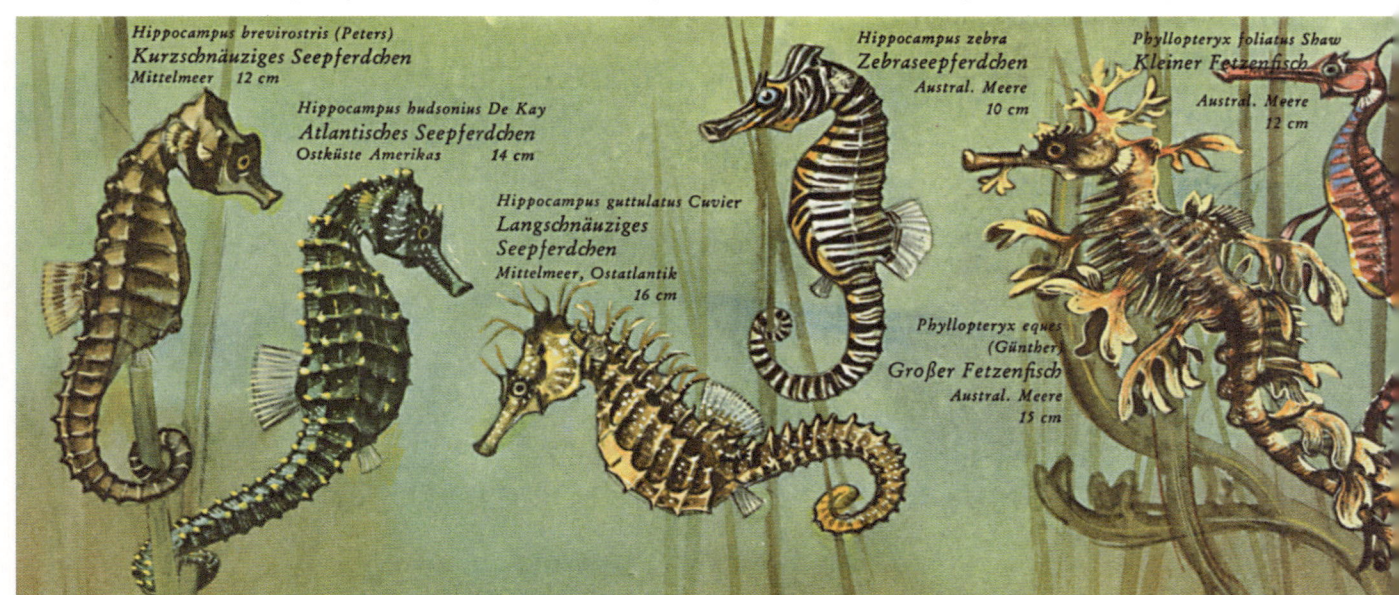

Hippocampus brevirostris (Peters)
Kurzschnäuziges Seepferdchen
Mittelmeer 12 cm

Hippocampus hudsonius De Kay
Atlantisches Seepferdchen
Ostküste Amerikas 14 cm

Hippocampus guttulatus Cuvier
Langschnäuziges Seepferdchen
Mittelmeer, Ostatlantik 16 cm

Hippocampus zebra
Zebraseepferdchen
Austral. Meere 10 cm

Phyllopteryx eques (Günther)
Großer Fetzenfisch
Austral. Meere 15 cm

Phyllopteryx foliatus Shaw
Kleiner Fetzenfisch
Austral. Meere 12 cm

Entelurus aequoreus (Linnaeus)
Große Schlangennadel
Europäische Küsten
60 cm

Nerophis ophidion (Linnaeus)
Kleine Schlangennadel
Europäische Küsten   30 cm

Syngnathus rostellatus Nilsson
Kleine Seenadel
Europäische Küsten   17 cm

Syphonostoma thyphle (Linnaeus)
Grasnadel
Europäische Küsten   28 cm

Indostomus paradoxus Prashad u. Mukerji
Stachelröhrenmaul
Ober-Burma
10 cm

Syngnathus pulchellus Boulenger
Süßwassernadel
Kongo, Ogowe   15 cm

Kurzschnäuzige und das *Langschnäuzige Seepferdchen*. Manche Seepferdchen sind wie das *Atlantische Seepferdchen* sehr verschieden in der Färbung. Eine australische Art ist wie ein Zebra gestreift. Die australischen Gewässer sind auch die Heimat der *Fetzenfische*, die aber schon den Seenadeln näherstehen. Sie sind durch allerlei Anhänge einem Tangbüschel nicht unähnlich. Die artenreichen, in allen Meeren, sogar im Süßwasser verbreiteten *Seenadeln* unterscheiden sich von den bisherigen Arten durch ihre sehr gestreckte schlanke Gestalt, den kleinen Kopf und die meist nicht geschlossene Brutfalte. Die verschiedenen Arten werden nach den vorhandenen Flossen, vielen fehlt z. B. die Schwanzflosse, der Länge des Röhrenmaules und der Zahl der Panzerringe bestimmt. Heimische Formen, die an unseren Küsten dem aufmerksamen Beobachter begegnen können, sind die *Große* und die *Kleine Schlangennadel* und die in der Ostsee sehr häufige *Grasnadel*. Manche dieser Seenadeln gehen auch ins Brackwasser oder halten eine Zeitlang im Süßwasser aus. Daneben gibt es aber vor allem in den Tropen ausgesprochene Süßwasserformen. Diese interessanten Fische werden hin und wieder lebend aus Südasien oder Südamerika mitgebracht und halten sich gut im Aquarium, bedürfen aber sorgfältiger und reichhaltiger Fütterung mit lebenden Kleintieren.

Ordnung Channiformes — Schlangenkopffische

Familie: Channidae — Schlangenköpfe (*Ophiocephalus*)

Die langgestreckten, spitzköpfigen *Schlangenkopffische* haben ein zusätzliches Atmungsorgan zur Aufnahme atmosphärischer Luft. Alle Arten sind gefräßige Räuber Afrikas und Asiens. In Asien gehen sie bis nach Südsibirien. Auch diese Fische sind brutpflegend, da sie ein Nest aus Pflanzenstoffen bauen.

Ordnung Synbranchiformes — Kiemenschlitzaale

Familie: Synbranchidae — Kiemenschlitzaale (*Synbranchus, Monopterus*)

Diese aalähnlichen Fische tropischer Süßgewässer — sie leben sowohl in der Alten als auch in der Neuen Welt — sind mit den oben beschriebenen Aalen nicht verwandt. Sie besitzen keine paarigen Flossen und atmen nur atmosphärische Luft. Sie heißen nach Schlitzen in der Kehlgegend, den Ausmündungen der meist zurückgebildeten Kiemen. Zur Atmung dienen Häute in der Schlundgegend. Der *Reisaal* vermag wie der Lungenfisch Trockenzeiten in einer Schlammhülle zu überdauern. Der *Kiemenschlitzaal* hat noch gut entwickelte Kiemen.

Ophiocephalus argus warpachowskii Berg
Sibirischer Schlangenkopffisch
Amurgebiet
85 cm

Monopterus albus Zuiew
Reisaal
Südostasien
80 cm

Synbranchus marmoratus Bloch
Kiemenschlitzaal
Mittel- u. Südamerika
1,50 m

Ordnung Scorpaeniformes — Panzerwangen, Drachenköpfe

Familien: Scorpaenidae — Drachenköpfe (*Scorpaena, Pterois, Sebastes*), Triglidae — Knurrhähne (*Trigla, Trigloporus, Peristedion*), Synancejidae — Steinfische (*Synanceja*), Hexagrammidae — Grünlinge (*Hexagrammus*), Platycephalidae — Plattköpfe (*Platycephalus*), Congiopodidae — Stirnflosser (*Congiopodus*), Cottidae — Groppenfische (*Cottus, Myoxocephalus, Ramphocottus, Hemitripterus*), Comephoridae — Baikalgroppen (*Comephorus*), Agonidae — Panzergroppen (*Agonus*), Cyclopteridae — Seehasen (*Cyclopterus*), Liparidae — Scheibenbäuche (*Liparis*)

Die Panzerwangen haben alle eine mehr oder minder ausgebildete Knochenplatte zwischen Augenknochen und Kiemendeckel. Die zugehörigen Familien sind zudem durch bizarre Körperformen und Flossengestaltung sowie manche andere Besonderheit ausgezeichnet.
Überall auf dem Grunde der gemäßigten und warmen Meere leben die *Drachenköpfe*. Alle Arten sind stachelige, buntscheckige Räuber. Die beiden abgebildeten Formen zeigen deutlich die Eigentümlichkeiten dieser Fische. Auffallend sind die *Rotfeuerfische* mit ihren stark vergrößerten Flossen. Die großen Brustflossen werden als Sperrnetze beim Fang von Beutefischen gebraucht, die der Räuber in einen Korallen- oder Felsenwinkel getrieben hat. Sie sind wegen ihrer mit Giftdrüsen versehenen Rückenflossenstacheln gefürchtet, mit denen sie sogar angreifen. Da sie vielfach in Seewasseraquarien gehalten werden, ist große Vorsicht am Platze. Uns allen aus der Küche gut bekannt ist der Gold- oder *Rotbarsch*. Er bewohnt die tieferen Meeresteile nördlicher Küsten und ist lebendgebärend. Als einer der wichtigsten Nutzfische ist er heute vor allem als Filetfisch beliebt.
Ganz anders als bei Scorpaena sind die Brustflossen der Knurrhähne entwickelt. Die unteren Strahlen dieser Flossen sind frei, verdickt und einzeln beweglich. Doch sind diese nicht nur Gehwerkzeuge, wie man ursprünglich glaubte, sondern gleichzeitig hochentwickelte Tastorgane. Der obere Teil der Brustflossen ist normal entwickelt. Alle Arten haben einen großen gepanzerten, mit scharfen Kanten und Dornen ausgestatteten Kopf. Der *Rote Knurrhahn*, der im atlantischen Gebiet weit verbreitet ist, kommt auch in der Nordsee vor. Sie können mit Hilfe der Schwimmblase knurrende Laute hervorbringen. Man kennt in allen Weltmeeren etwa 50 Arten, die z. T. erhebliche Wanderungen unternehmen. Eine seltene Art ist der aus tieferen Wasserschichten bekannte *Afrikanische*

Hexagrammus octogrammus (Pallas)
Grünling
Nordpazifik
40 cm

Myoxocephalus scorpius (Linnaeus)
Seeskorpion
Zirkumpolar
36 cm

Congiopodus spinifer (Smith)
Horsefish
Südafrik. Küsten 15 cm

Ramphocottus richardsonii Günther
Grunzgroppe
Ostpazifik 8 cm

Hemitripterus americanus (Gmelin)
Seerabe
Westatlantik 60 cm

chen treibt eines der selteneren Männchen in eine Höhle und hält es dort bis zur Eiablage gefangen. Der *Seerabe* pflegt sich, aus dem Wasser genommen, wie ein Kugelfisch aufzupumpen. Neben diesen Seewasserarten gibt es einige wenige Süßwasserfische. So leben zwei wenig unterschiedene Arten in rasch fließenden Gewässern bzw. Seen Europas, die Ost- und die *Westgroppe*. Ihre Männchen bewachen die in Höhlen oder unter Steinen abgelegten Eier.

Im Baikalsee gibt es eine Anzahl äußerst seltsamer Groppen, die alle als Baikalgroppen bezeichnet werden. Der *Große Ölfisch* lebt in etwa 750 m Tiefe. Er ist lebendgebärend. Die Zahl der Männchen beträgt nur 3—4 % der Anzahl der Weibchen. Die gespenstisch aussehenden Fische ernähren sich von kleinen Krebstieren.

Der bekannteste Vertreter der Panzergroppen ist der bei uns im Wattenmeer häufige *Steinpicker*. Getrocknet, an einem Faden hängend, dient er als „Wetterprophet".

Plumpe Fische sind die *Seehasen*. Bei ihnen sind wie bei den kleineren *Scheibenbäuchen* die Bauchflossen zu einer Saugscheibe umgebildet. Beide halten sich in der Küstenzone auf. Die Saugnäpfe dienen ihnen zum Festhalten bei starkem Seegang. Die männlichen Seehasen bewachen den in Klumpen abgelegten Laich, der als Kaviarersatz eine gewisse wirtschaftliche Rolle spielt.

Knurrhahn. Die *Panzerknurrhähne* mit ihren merkwürdigen, nach vorn ragenden Knochenfortsätzen beiderseits des Kopfes sind ebenfalls Tiefenbewohner.

Einer der bestgetarnten Fische ist der *Steinfisch*, der völlig einem mit Algen bewachsenen Stein gleicht und auch ebenso still daliegt. Er gehört zu den giftigsten Fischen überhaupt. Da er sich im flachen Wasser aufhält, ist es leicht möglich, daß ein Mensch auf den Fisch tritt. Das Gift wirkt oft tödlich auf das Nervensystem.

Die *Flachköpfe* sind durch ihre abgeflachte Gestalt als im Boden vergraben lebende Fische gekennzeichnet.

Die *Grünlinge*, russisch Terpuge, sind Fische des freien Wassers, die in Schwärmen leben und sich von Muscheln und anderen Wirbellosen ernähren.

Die Stirnflosser sind nur in den kälteren Teilen der südlichen Meere zu Hause. Sie leben von Krabben und anderem Kleingetier, das sie durch Vorstülpen des Mundes erbeuten. Hierzu gehört der *Horsefish*.

Artenreich und vielgestaltig ist die Familie der Cottidae. Der *Seeskorpion* lebt in den Tangfeldern unserer Küsten; man fängt ihn oft an der Angel. Die *Grunzgroppen* haben wieder freie, zum Gehen verwendbare Brustflossenstrahlen wie die Knurrhähne. Bei ihnen wurde ein merkwürdiges Brutverhalten beobachtet. Das größere Weib-

Cyclopterus lumpus Linnaeus
Seehase, Lump
Arktischer Atlantik
50 cm

Agonus cataphractus Linnaeus
Steinpicker
Nordatlantik
20 cm

Liparis liparis (Linnaeus)
Großer Scheibenbauch
Arktischer Atlantik 15 cm

Comephorus baicalensis (Pallas)
Großer Ölfisch
Baikalsee 20 cm

Cottus gobio Linnaeus
Westgroppe
Teile Europas 15 cm

Dactylopterus volitans Linnaeus
Flughahn
Ost- u. Westatlantik
50 cm

Pegasus volitans Linnaeus
Flügelrößchen
Trop. Indopazifik
8 cm

Ordnung Dactylopteriformes — Flatterfische

Familie: Dactylopteridae — Flughähne (*Dactylopterus*)

Äußerlich ähneln die *Flughähne* sehr den Knurrhähnen. Beim näheren Hinsehen zeigen sich aber doch Unterschiede. Der Kopfbau ist ein anderer, hinter dem Schädel steht ein einzelner Stachelstrahl, die Brustflossen sind flügelartig ausgebildet. Die Flugfähigkeit ist umstritten. Die wenigen Arten leben ausschließlich in wärmeren Meeren.

Ordnung Pegasiformes — Flügelroßfische

Familie: Pegasidae — Flügelrößchen (*Pegasus*)

Diese Fische sind ebenfalls im Besitz von breiten, flügelartigen Brustflossen. Es gibt in der Literatur auch eine Angabe, daß der betreffende Autor sie auf der Meeresoberfläche entlangstreifend beobachtet hat. Die *Flügelrößchen*, manchmal auch Drachenfische genannt, scheinen in ihrem Körperbau Eigenschaften verschiedenster Fischgruppen zu vereinigen. Über ihre Lebensweise ist bisher nur wenig bekannt.

Chanda ranga Hamilton-Buchanan
Indischer Glasbarsch
Indien, Birma
7 cm

Centropomus undecimalis (Bloch)
Snook
West- u. Ostküste von USA
1,50 m

Ordnung Perciformes — Barschartige Fische

Familien: Centropomidae — Glasbarsche (*Chanda, Centropomus*), Serranidae — Sägebarsche (*Serranus, Epinephelus, Cephalopholis, Roccus, Promicrops, Centropristis, Anthias*), Grammistidae — Streifenbarsche (*Grammistes*)

In der Ordnung der Barschartigen Fische sind heute in 20 Unterordnungen mehr als 150 Familien zusammengefaßt. In ihrer Anatomie gibt es gewisse Gemeinsamkeiten, die diese Vereinigung rechtfertigen. So fehlen die Weberschen Knöchelchen, Darm und Schwimmblase haben keine Verbindung, die Rückenflosse besteht stets aus einem stachligen Vorderteil und einem weichen Hinterteil. Auch die Afterflosse hat am Anfang einige Stachelstrahlen. Der von den Amerikanern *Snook* genannte Barsch ist der größte Vertreter der Glasbarsche. Er lebt an beiden Küsten der USA und geht auch gern in die Flußläufe bis ins reine Süßwasser hinein. Daneben gibt es eine ganze Reihe von kleinen, im Salz-, Süß- oder Brackwasser lebenden Glasbarsch-Arten, die meistens völlig durchsichtig mit goldenem oder opalisierendem Glanz erscheinen. Einige dieser kleinen Barschformen sind beliebte Aquarienfische, so der *Indische Glasbarsch*. Alle Arten, ob groß oder klein, haben eine relativ große Mundöffnung. Die großen sind geschätzte Angelobjekte.

Serranus scriba, der kleine *Schriftbarsch* des Mittelmeeres, hat den Barschen dieser Familie seinen Namen Serranidae, die Gesägten, gegeben. Der Name rührt von der wie eine Säge aussehenden stachligen Rückenflosse her. Eine ganze Anzahl von Arten dieser Familie, so der Schriftbarsch, sind fortpflanzungsfähige Zwitter, bei anderen wie *Centropristes*, tritt eine Geschlechtsumwandlung auf. Die Fische sind zunächst alle Weibchen mit normaler Eiproduktion. Später erst wandelt sich ein Teil zu Männchen um. Die *Epinephelus*-Arten sind in allen warmen und gemäßigten Meeren anzutreffen. Sie sind Einzelgänger, die meist, besonders die großen Tiere, ruhig wartend vor ihren Verstecken stehen oder in einem dieses umgebenden Revier jagen. Alles sind gefräßige Räuber mit gewaltigem, gut bezahntem Rachen. Die einzelnen Gattungen und ihre Arten, die als *Sägebarsche, Zackenbarsche, Felsenbarsche,* Judenfische oder *Grouper* bezeichnet werden, lassen sich nur schwer unterscheiden und auseinanderhalten, zumal noch Farbwechsel, verschiedene Farbformen und sich wiederholende Muster wie Flecke, Punkte und Streifen vorkommen. Sehr bunte Arten sind die vorwiegend Korallenriffe bewohnenden Anthias-Arten, so der *Rote Kanari*. Auch viele der anderen Sägebarsche finden sich in den versteckreichen Korallenriffen. Oft genug stehen in der Literatur der Sporttaucher Berichte über Zusammenstöße mit diesen oft riesenhaften Barschen.

Epinephelus morio
(Cuvier u. Valenciennes)
Roter Grouper
Westatlantik
90 cm

Cephalopholis sonnerati
(Cuvier u. Valenciennes)
Roter Felsenbarsch
Indopazifik
60 cm

Epinephelus flavocaeruleus (Lacépède)
Orangeschwanzzackenbarsch
Indopazifik
45 cm

Centropristis striatus
(Linnaeus)
Schwarzer Sägebarsch
Westatlantik
45 cm

Roccus mississippinesis
(Jordan u. Eigenmann)
Gelber Sägebarsch
Südosten d. USA
45 cm

Der *Gelbe Sägebarsch* ist ein Süßwasserfisch wie noch einige andere Arten auch. Ein typischer Grouper ist der große *Queensland-Grouper,* ein riesenhafter Fisch, den die Perltaucher sehr fürchten. Es ist bisher nicht bewiesen, ob die großen Zackenbarsche mehr als Scheinangriffe gegen Menschen unternehmen. Ebenso bleibt dahingestellt, ob sie in der Lage sind, Menschen zu verschlingen.

Der kleine *Streifenbarsch,* Grammistes, wird wegen seiner schönen Farben gern im Seewasseraquarium gehalten. Er ist gut haltbar wie übrigens junge Sägebarsche auch.

Die großen Zacken- oder Sägebarsche, besonders der amerikanischen Gewässer, sind sehr beliebte Objekte des Angelsports, vor allem da sie wahre Rekordgewichte erreichen und dem Fischer einen harten Kampf am Haken liefern. Angaben von 200—300 kg Gewicht liest man in den betreffenden Angler-Zeitschriften immer wieder. Die großen Exemplare lieben dunkle Einstände zum Verstecken, manche bevorzugen geradezu die an solchen Gelegenheiten reichen Wracks von Schiffen, als wollten sie dort verborgene Schätze bewachen. Ihr gefährlich drohendes Aussehen mag vielleicht manchen Taucher von weiterem Eindringen abschrecken.

Anthias squamipinnis (Peters)
Roter Kanari
Indopazifik
10 cm

Serranus scriba
(Linnaeus)
Schriftbarsch
Mittelmeer
30 cm

Grammistes sexlineatus (Thunberg)
Goldstreifenbarsch
Trop. Indopazifik   25 cm

Promicrops lanceolatus (Bloch)
Queensland-Grouper
Indopazifik
3,70 m

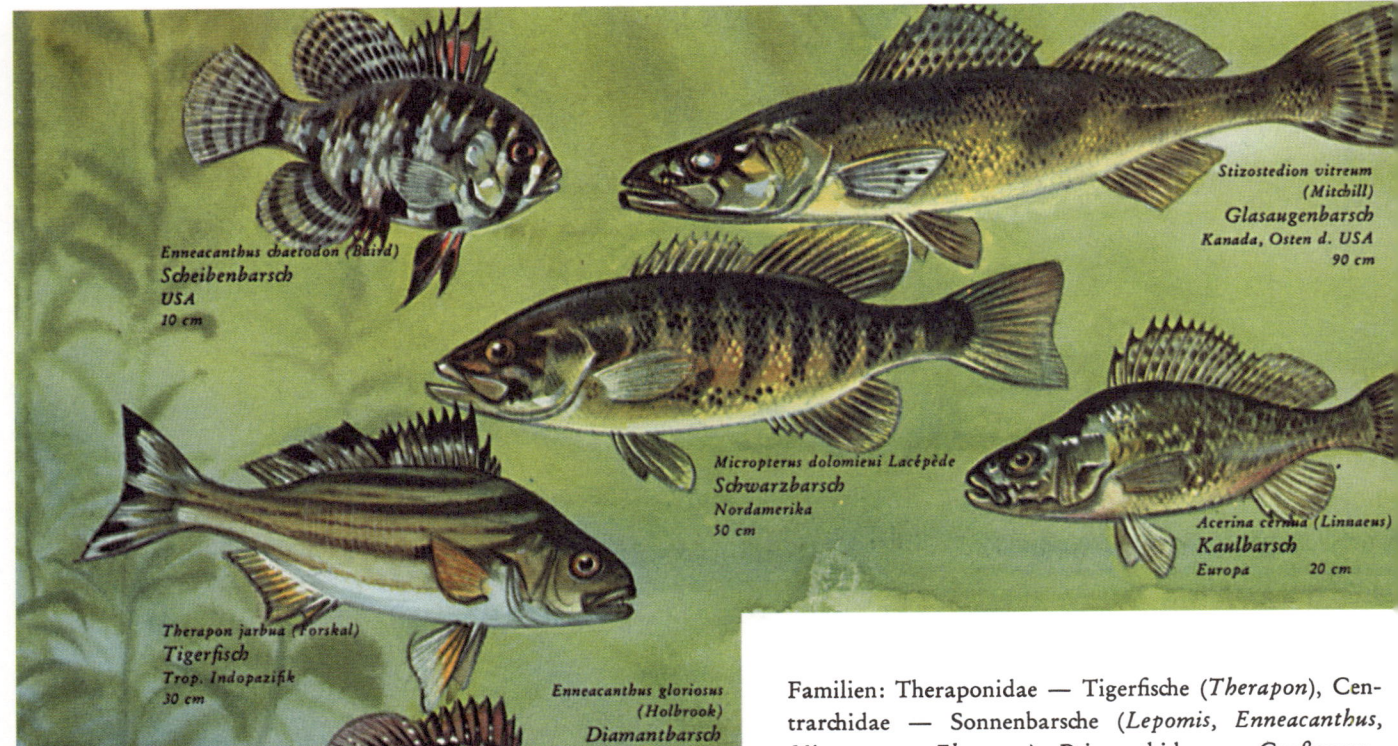

Enneacanthus chaetodon (Baird)
Scheibenbarsch
USA
10 cm

Stizostedion vitreum (Mitchill)
Glasaugenbarsch
Kanada, Osten d. USA
90 cm

Micropterus dolomieui Lacépède
Schwarzbarsch
Nordamerika
50 cm

Acerina cernua (Linnaeus)
Kaulbarsch
Europa 20 cm

Therapon jarbua (Forskal)
Tigerfisch
Trop. Indopazifik
30 cm

Enneacanthus gloriosus (Holbrook)
Diamantbarsch
Südosten d. USA
8 cm

Elassoma evergladei Jordan
Zwergbarsch
Georgia, Florida
4 cm

Lepomis gibbosus (Linnaeus)
Sonnenbarsch
USA
10 cm

Apogon maculatus Poey
Gefleckter Kardinal
Westindien
10 cm

Cheilodipterus lineatus (Linnaeus)
Indopazifik
15 cm

Apogonichthys queketti (Gilchrist)
Ostafrikanische Küsten
10 cm

Priacanthus cruentatus (Lacépède)
Aweoweo
Hawaii
35 cm

Familien: Theraponidae — Tigerfische (*Therapon*), Centrarchidae — Sonnenbarsche (*Lepomis, Enneacanthus, Micropterus, Elassoma*), Priacanthidae — Großaugenbarsche (*Priacanthus*), Apogonidae — Kardinalbarsche (*Apogon, Cheilodipterus, Apogonichthys*), Percidae — Echte Barsche (*Perca, Lucioperca, Stizostedion, Acerina, Aspro, Romanichthys*), Sillaginidae — Weißlinge (*Sillago*), Pomatomidae — Blaubarsche (*Pomatomus*), Rachycentridae — Königsfische (*Rachycentron*), Branchiostegidae — Glanzaugen (*Malacanthus*)

Der stromliniengestreifte *Tigerfisch* soll nur deshalb erwähnt werden, weil er sich in jedem Wasser, auch im Aquarium gut halten läßt. Junge Tiere bauen sich als Aufenthaltsort trichterförmige Gruben im Boden.

Die Familie der Sonnenbarsche enthält nur Süßwasserfische der Neuen Welt, in der Mehrzahl kleine bis mittelgroße Arten, die alle Brutpflege treiben und Nester in Form von Gruben im Boden bauen. Wegen ihrer Schönheit sind viele beliebte Aquarienfische, andere als Angelsportfische in Europa ausgesetzt und stellenweise eingebürgert worden, so z. B. einige Lepomis-Arten wie der *Gemeine Sonnenbarsch*. Der *Schwarzbarsch* wurde ebenfalls zu Einbürgerungsversuchen nach Europa gebracht. Beide erfüllten aber die in sie gesetzten Hoffnungen nicht, da sie hier zu klein blieben. Der *Diamantbarsch* und der *Scheibenbarsch* sind dagegen beliebte Aquarienfische und werden als solche gezüchtet. Winzig ist der entzückende *Zwergbarsch* aus dem Sumpfgebiet der Everglades.

Die Großaugenbarsche, z. B. der *Aweoweo*, sind wieder Meeresbewohner. Sie gleichen fast den Soldatenfischen und haben wie diese eine nächtliche Lebensweise. Es ist eine nur wenige Arten umfassende Familie.

Kleine, oft bunt gezeichnete Barsche enthält die Familie der Kardinalbarsche. Es sind Flachwasserbewohner, die

Perca fluviatilis Linnaeus
Flußbarsch
Europa
45 cm

Lucioperca lucioperca (Linnaeus)
Zander
Mittel- u. Osteuropa
1,20 m

Acerina schraetzer (Linnaeus)
Schrätzer
Donau
25 cm

Aspro zingel (Linnaeus)
Zingel
Donaugebiet
30 cm

Aspro streber Siebold
Streber
Donau 15 cm

Romanichthys valsanicola Dumitrescu, Baranescu, Stoica
Groppenbarsch
Rumänisches Donaugebiet
12 cm

besonders häufig auf Korallenriffen vorkommen. Die Kardinalbarsche sind maulbrütend. *Apogonichthys* und *Cheilodipterus* sind eng mit *Apogon* verwandt.

Die Echten Barsche sind sämtlich Süßwasser-, höchstens Brackwasserfische. Der ganzen Ordnung hat unser in stehenden und fließenden Gewässern verbreiteter *Flußbarsch* seinen Namen gegeben. Im Alter ein Raubfisch, legt er seine Eier in gallertigen Schnüren ab. Ein edler Speisefisch ist der *Zander*. Auch dieser Barsch ist im Alter ein auf bestimmte Karpfenfische wie den Ukelei oder auf den Stint spezialisierter Raubfisch der Flußunterläufe und großen Seen. Der männliche Zander bewacht den an Genist am Boden, z. B. an von Fischern künstlich aus Nadelholzzweigen hergerichteten Nistplätzen abgelegten Laich. Der *Glasaugenbarsch* ist das amerikanische Gegenstück unseres Zanders. (Der Name Stizostedion soll deshalb heute für beide gelten.) Der *Kaulbarsch*, wegen seiner starken Schleimabsonderungen bei den Fischern auch Rotzbarsch genannt, ist ein kleiner stachliger Grundbewohner, der wie der Zander besonders die Flußunterläufe und großen Seen bewohnt. Sein nächster Verwandter, der *Schrätzer*, lebt nur in der Donau. Der *Zingel* und der *Streber* sind zwei nur die Donau und ihre Nebenflüsse, der Zingel auch den Dnjestr, bewohnende Arten. Sie werden auch Spindelbarsche genannt. Es sind träge Bodenfische. Der *Groppenbarsch* wurde erst 1957 in stark fließenden Gebirgsgewässern Rumäniens entdeckt. Er lebt wie die Groppe unter Steinen.

Die *Weißlinge* sind auf den indopazifischen Raum beschränkte Küstenfische mit sehr gutem, weißem Fleisch.

Ein rücksichtsloser Räuber ist der große *Blaubarsch*. Als schnellschwimmender Schwarmfisch richtet er in den Zügen seiner Beutefische wahre Blutbäder an, indem er mehr tötet als er überhaupt zu verschlingen vermag. Ähnlich gefräßig sind die großen Königsbarsche. Beide, der Blaubarsch und der Königsbarsch, auch *Cobia* genannt, sind bei Sportanglern sehr beliebt, da sie an der Angel ausdauernd kämpfen.

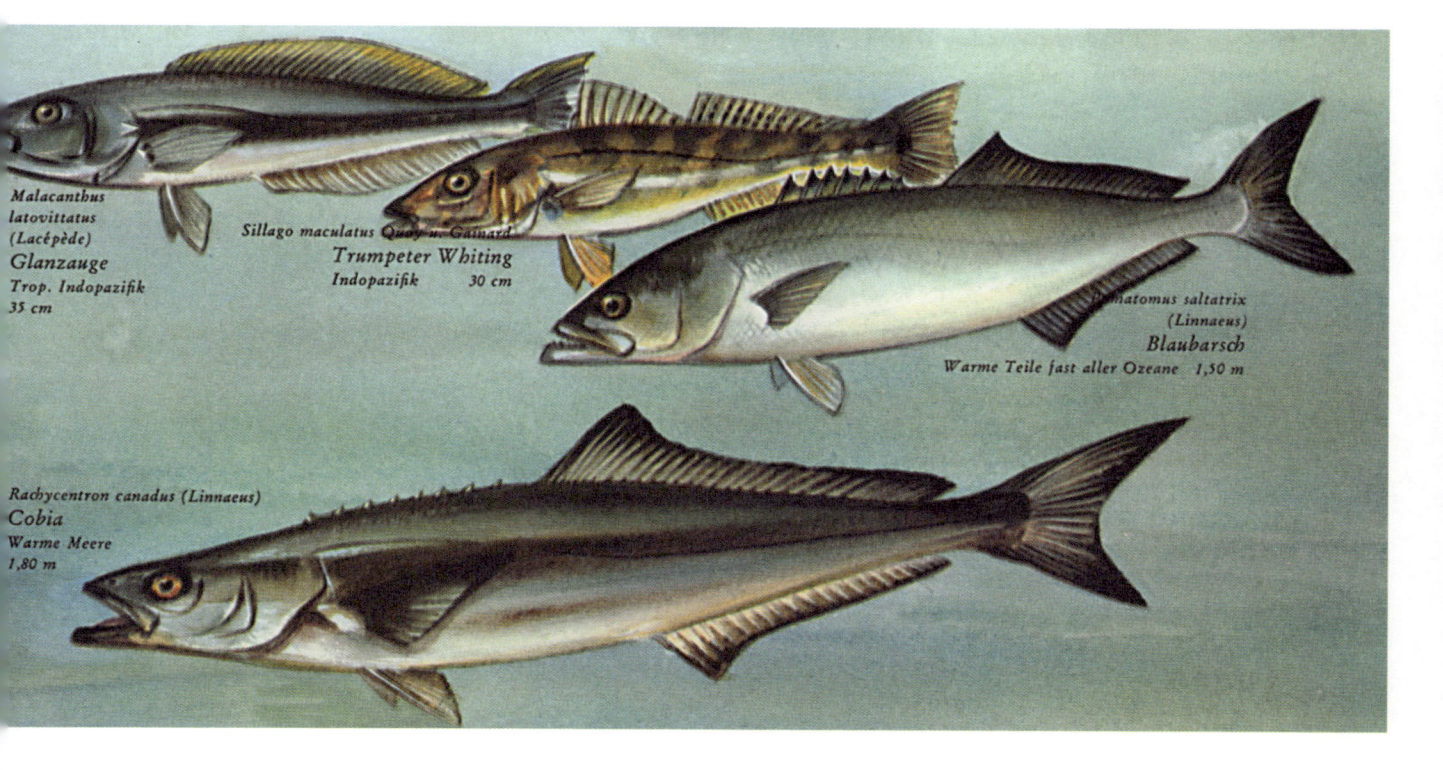

Malacanthus latovittatus (Lacépède)
Glanzauge
Trop. Indopazifik
35 cm

Sillago maculatus Quoy u. Gainard
Trumpeter Whiting
Indopazifik 30 cm

Pomatomus saltatrix (Linnaeus)
Blaubarsch
Warme Teile fast aller Ozeane 1,50 m

Rachycentron canadus (Linnaeus)
Cobia
Warme Meere
1,80 m

Trachurus trachurus (Linnaeus)
Stöcker
Ost- u. Westatlantik   50 cm

Trachinotus botla (Shaw)
Dart
Alle Ozeane   60 cm

Echeneis naucrates Linnaeus
Saugfisch
Warme Meere
90 cm

Seriola dumerili (Risso)
Gelbschwanzmakrele
Ost- u. Westatlantik
1,60 m

Echeneis remora (Linnaeus)
Schiffshalter
Warme Meere
45 cm

Naucrates ductor (Linnaeus)
Lotsenfisch
Warme Meere
70 cm

Familien: Echeneidae — Schiffshalter (*Echeneis*), Carangidae — Stachelmakrelen (*Trachurus, Trachinotus, Seriola, Naucrates, Gnathodon*), Coryphaenidae — Goldmakrelen (*Coryphaena*), Lutianidae — Snapper (*Lutianus, Ocyurus*), Lobotidae — Dreischwänze (*Lobotes*), Pomadasyidae — Grunzfische (*Anisotremus, Gaterin*), Lethrinidae — Scavenger (*Lethrinus*), Sparidae — Meerbrassen (*Sargus, Sparus, Archosargus, Dentex, Cymatoceps*)

Zu den Barschähnlichen Fischen zählen manche Arten, denen man eine Verwandtschaft in dieser Richtung wirklich nicht zutraut. Da sind z. B. die *Schiffshalter*, Fische mit einem länglichen Saugorgan auf dem Kopf und Vorderrücken. Es ist aus Querlamellen zusammengesetzt und nichts anderes als eine umgewandelte Rückenflosse. Mit dieser Scheibe heften sich die Schiffshalter an Haie, Meeresschildkröten, Wale und große Fische und lassen sich von ihnen transportieren. Die Saugorgane halten so fest, daß man in den Meeren um Sansibar mit Hilfe dieser Fische Meeresschildkröten fängt. Die an einer langen Leine befestigten Fische werden in die Nähe der entdeckten Schildkröte geworfen und suchen schnellstens Halt an diesem Transportmittel. Durch Heranziehen kann man die Schildkröte leicht erbeuten. Man kennt bis heute etwa acht Arten. Ihren Namen haben sie übrigens dem Seemannsgarn zu verdanken, sie sollen zur Zeit der Segelschiffe diese oft festgehalten haben. In der äußeren Körperform ähneln die Schiffshalter sehr den vorerwähnten Königsbarschen.

Eine bunte Gesellschaft verschiedenartigster Fischgestalten gehören zur Familie der Stachelmakrelen. Der *Stöcker* oder auch einfach Stachelmakrele genannte Fisch kommt auch an unsere Küsten. Er zeigt alle Merkmale der Familie: Eine die Schwimmfähigkeit fördernde Linienführung des Körpers und eine große, stark gegabelte Schwanzflosse an dünnem Stiel. Typisch sind auch die dornigen Kammschildchen längs der gebogenen Seitenlinie. Die meisten Stachelmakrelen sind räuberisch, sie folgen vor allem in Scharen den Schwärmen der kleineren Heringsarten. Der *Gelbschwanzmakrele* fehlen die spitzigen Knochenschildchen. Der *Lotsenfisch*, den man häufig in Gesellschaft von Haien und Teufelsrochen beobachtet, war auch ein Objekt für haarsträubende Seemannsfabeln. Der quergestreifte Fisch soll einmal verirrte Schiffe auf den richtigen Kurs zurückbringen, aber auch die Haie zu leichter Beute führen. Über die wahren Gründe seiner Anhänglichkeit wissen wir noch nichts. Übrigens betätigen sich auch manche anderen Arten in der gleichen Weise, so

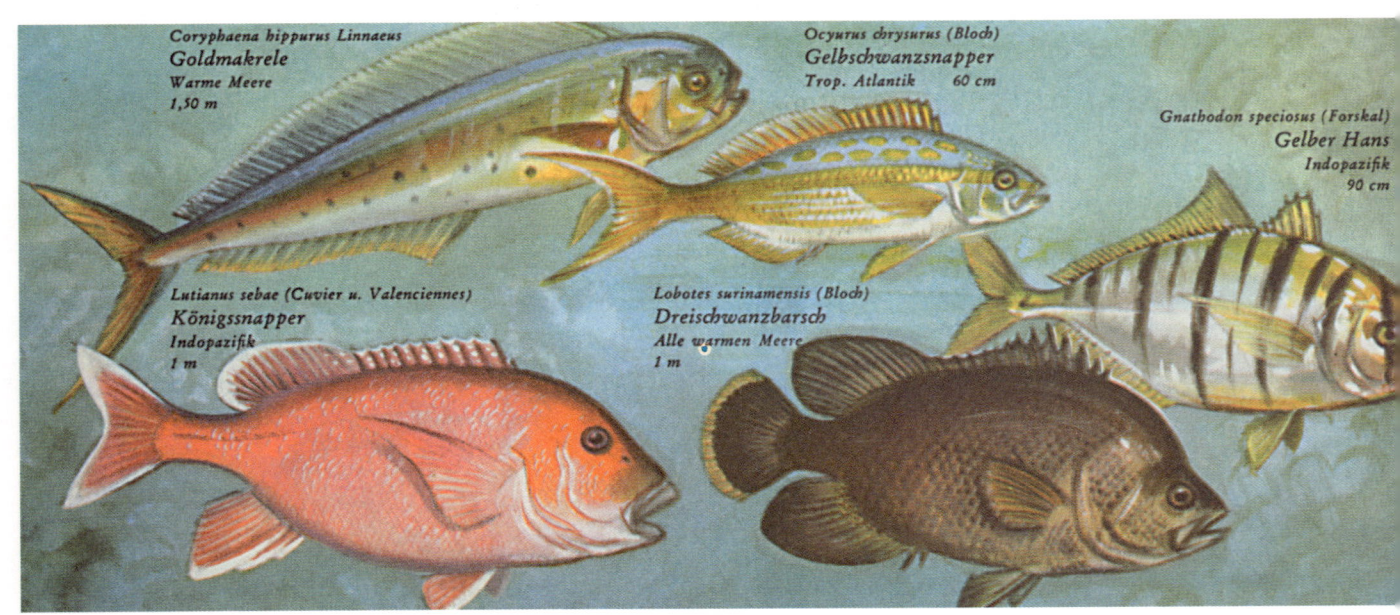

Coryphaena hippurus Linnaeus
Goldmakrele
Warme Meere
1,50 m

Ocyurus chrysurus (Bloch)
Gelbschwanzsnapper
Trop. Atlantik   60 cm

Gnathodon speciosus (Forskal)
Gelber Hans
Indopazifik
90 cm

Lutianus sebae (Cuvier u. Valenciennes)
Königssnapper
Indopazifik
1 m

Lobotes surinamensis (Bloch)
Dreischwanzbarsch
Alle warmen Meere
1 m

die Jungfische vom *Gelben Hans*. Noch andere Arten suchen als Jungfische, wie auch schon von den jungen Schellfischen beschrieben, ohne Schaden die Nähe von nesselnden Quallen auf. Bei ihnen besteht allerdings der Verdacht, daß sie nicht etwa den Schutz der Qualle suchen, sondern es ganz zuerst auf ihre Ovarien abgesehen haben. Die *Trachinotus*-Arten sind hochgebaute, bemerkenswert elegant geformte Fische und wie nahezu alle Stachelmakrelen schnelle Schwimmer.

Die *Goldmakrelen* oder Dolphins, Delphine wegen des großen, dem dieser Wale nicht unähnlichen Ramskopfes alter Männchen genannten Fische, gehören mit zu den schnellsten Schwimmern unter den Fischen. Einige Arten sollen nur fliegende Fische als Nahrung jagen.

Sehr beliebte Speisefische sind im indopazifischen Raum die Snapper, die nun wieder durchaus barschähnliches Aussehen haben. Sie sind recht bunte, in Schwärmen lebende Raubfische, die z. B. über Korallenriffen den freien Wasserraum oft in unglaublichen Mengen bevölkern. *Lutianus* und *Ocyurus* sind die beiden bekanntesten Gattungen.

Die *Dreischwanzbarsche* haben nicht etwa drei Schwänze; nur der Laie mag vielleicht die langausgezogenen Rücken- und Afterflossen ebenfalls für solche halten. Manche Arten gehen ins Brack- oder Süßwasser.

Fische sind keinesfalls stumm, die Zahl der Laute hervorbringenden Arten ist sogar erstaunlich groß. Eine ganze Familie wird als Grunzfische bezeichnet, weil fast alle diese Arten oft erheblichen Lärm veranstalten können. Der *Schweinsfisch* und die vielen *Süßlippen*-(Sweetlips-)Arten gehören hierher. Die Süßlippen haben wegen der großen Unterschiede des Jugend- und Alterskleides dem Systematiker viel Kopfzerbrechen gemacht.

Die *Scavengers* der Gattung Lethrinus, hier wird der „Emperor of Sweetlips" vorgestellt, gleichen sehr den Snappern.

Dem Taucher an den Küsten des Mittelmeeres sind Scharen blau-, grün- und grausilbriger Fische bekannte Erscheinungen. Es sind die Meerbrassen, wieder eine sehr artenreiche und weltweit verbreitete Familie. Zu ihnen gehören im Mittelmeer die *Zahnbrasse*, eine etwas buntere Art, und die *Ringel-* sowie die *Goldbrasse*. Als Porgy, *Schafskopf*, werden zwei bei den amerikanischen Anglern sehr bekannte Formen aus der Gattung Archosargus und Stenotomus bezeichnet. Etwas abweichend in Gestalt und Lebensweise, ein wahrer Riese in dieser Sippe, ist der *Muschelknacker* mit großen Mahlzähnen. Sein Name besagt, daß dieser Fisch des Flachwassers der südafrikanischen Küsten fast ausschließlich von Weichtieren (Mollusken) lebt; er ist in der Lage, selbst die härtesten Schalen und Gehäuse zu „knacken".

Lethrinus chrysostomus Richardson
Königs-Scavenger
Austral. Küsten
75 cm

Anisotremus virginicus (Linnaeus)
Schweinsfisch
Trop. Westatlantik
40 cm

Gaterin albovittatus (Rüppell)
Indische Süßlippe
Indischer Ozean
60 cm

Sparus auratus (Linnaeus)
Goldbrasse
Mittelmeer
50 cm

Sargus annularis (Linnaeus)
Ringelbrasse
Mittelmeer
30 cm

Archosargus probatocephalus (Walbaum)
Schafskopf
Westatlantik
75 cm

Dentex vulgaris Cuvier u. Valenciennes
Zahnbrasse
Mittelmeer
1 m

Cymatoceps nasutus (Castlenau)
Muschelknacker
Südafrik. Küsten
1 m

Aplodinotus grunniens
Rafinesque
Süßwassertrommelfisch
Mittel- u. Nordamerika
1 m

Familien: Sciaenidae — Umberfische (*Eriscion, Sciaena, Sciaenops, Equetus, Johnius, Corvina, Aplodinotus*), Toxotidae — Schützenfische (*Toxotes*), Mullidae — Seebarben (*Mullus, Pseudupeneus*), Monodactylidae — Flossenblätter (*Monodactylus*), Kyphosidae — Pilotbarsche (*Kyphosus*), Girellidae — Nagebarsche (*Girella*), Ephippidae — Spatenfische (*Chaetodipterus, Platax*)

Am meisten sind lauterzeugende Fischarten in der Familie der Umberfische vertreten. Sie erzeugen die Töne mit Hilfe der Schwimmblase, die für diesen Zweck teilweise einen besonderen Bau aufweist und z. B. mit Muskulatur versehen ist. Besonders bei den schwarmbildenden Arten ist diese Fähigkeit ausgeprägt, und es ist möglich, daß sie im Schwarmverhalten eine Rolle spielt. Dabei handelt es sich in der Mehrzahl um räuberische Barschfische, die auch fischereilich von Bedeutung sind. Die Fischer, die diese Tiere erbeuten wollen, achten peinlichst auf die Geräusche, die vor allem in der Nacht gut hörbar sind. Der *Gefleckte Trommler,* auch Gefleckte Seeforelle genannt, ist ein im Südatlantik bis zur Golfküste hinauf verbreiteter, sehr guter Speisefisch. Der *Rote Umberfisch* ist eine Art der gleichen Gebiete, sind doch die amerikanischen Küsten und Westindien besonders reich an Umberfischen. Der *Umberfisch* des Mittelmeeres trägt am Kinn einen kurzen Bartfaden. Das auch farblich recht hübsche Tier hält sich besonders in Flußmündungen auf. Es soll sich außer von Fischen und Bodentieren auch von Pflanzen, z. B. von Seegras, ernähren. Der düster gefärbte *Seerabe* ist ebenfalls im Mittelmeer nicht selten. Diese Art lebt nur von Bodentieren. Die Schwärme ziehen unstet auf der Nahrungssuche über den Schlammgründen dahin. Seine Otolithen, Gehörsteine, und die aller Umberfische überhaupt sind größer als bei anderen Fischen. Auch das ist eine Tatsache, die mit der Lauterzeugung in Verbindung zu bringen ist. Man schenkte ihnen in der Volksmedizin früher besondere Beachtung. Als Talisman werden diese bis heute oft in Gold gefaßt getragen. Ganz vereinzelt wird an unseren Küsten einmal ein Exemplar vom Ostatlantischen Umberfisch, besser bekannt als *Adlerfisch,* erbeutet. Er ist wohl der größte unter den Umberfischen. Schon im Rom der frühen Päpste galt er als besondere Delikatesse wie die ergötzliche Geschichte vom Tamisio beweist. Dieser durcheilte halb Rom, immer dem weitergereichten Fisch nach, um an seinem Verzehr teilzunehmen. Der *Süßwassertrommler* lebt ausschließlich im Süßwasser. Er ist also nicht etwa ein Wanderfisch oder gelegentlicher Besucher wie die anderen Arten, die gern auch Brackwasserzonen wegen des reichen Nahrungsangebotes aufsuchen. Die *Ritterfische* sind durch

Eriscion nebulosus (Cuvier u. Valencien
Gefleckter Tromm
Warme Teile d. Atla
60

Sciaena cirrhosa Linnaeus
Umberfisch
Mittelmeer 60 cm

Equetus lanceolatus
(Linnaeus)
Ritterfisch
Westindien
30 cm

Corvina nigra Bloch
Seerabe
Mittelmeer
70 cm

Sciaenops oce
(Linn
Roter Ur
Golf
v. Am

Johnius hololepidotus
(Lacépède)
Adlerfisch
Warme Meere
1,80 m

ihre auffällige Zeichnung und die Gestalt aus der Reihe der meist düsteren Umberfische hervorstechende Erscheinungen. In den großen Schauaquarien werden sie gern ausgestellt.

Es gibt kaum ein Aquarium, das nicht eine Schar der schönen *Silberflossenblätter* zeigt, die sich sowohl in Seewasser als auch in Brack- und Süßwasser halten lassen. Aus der älteren Literatur sind sie besser unter dem lateinischen Namen Psettus bekannt. Auch sie nehmen pflanzliche Nahrungsstoffe zusätzlich auf. Diese Fische küstennaher Gebiete bevorzugen die Mischwassergebiete der Mangrovenküsten.

Monodactylus argentatus (Linnaeus)
Silberflossenblatt
Indopazifik
80 cm

Mullus barbatus Linnaeus
Rotbarbe
Ostatlantik 30 cm

Kyphosus sectatrix (Linnaeus)
Pilotbarsch
Warme Teile d. Atlantik
50 cm

Platax pinnatus Linnaeus
Fledermausfisch
Indopazifik
60 cm

Toxotes jaculatrix (Pallas)
Schützenfisch
Indische Küsten u. Meere
20 cm

Dort findet sich auch einer der erstaunlichsten Fische, die es überhaupt in dem an Überraschungen nicht armen Fischreich gibt, der *Schützenfisch*. Diese aus nur wenigen Arten bestehende Gattung hat eine besondere Taktik zur Erbeutung sonst unerreichbarer Luftinsekten entwickelt. Die Fische schießen mit erstaunlicher Treffsicherheit einen kurzen Wasserstrahl mit dem Munde nach dem z. B. auf einem Blatt ruhenden Insekt. Sie haben große, ausgezeichnet sehende Augen, mit denen sie jedes Insekt erkennen. In der Gefangenschaft schießen sie auch nach Farbtropfen am Aquariumrand, nach der Glut einer Zigarette und den glänzenden Augen des Beschauers. Der Mund des Fisches ist in besonderer Weise für dieses Schießen ausgestaltet und der ganze Körper in seiner Form ebenfalls dieser Jagd von der Oberfläche aus angepaßt.

Die *Meerbarben* als Barschfische zu erkennen, fällt auf den ersten Blick schwer. Ihr eigentliches Kennzeichen sind zwei lange Bartfäden am Kinn. Diese sind wie solche Gebilde meistens mit Sinneszellen versehene Tastorgane. Der Fisch sucht damit den Boden nach Nahrung ab. Beim Schwimmen werden sie nach hinten angelegt. Alle Seebarben leben gesellig in Bodennähe; sie sind auf die warmen und gemäßigten Breiten beschränkt. Im alten Rom waren sie hochgeschätzt, besonders entzückte das Farbenspiel, das eine sterbende Meerbarbe zeigt.

Eine wenig bekannte Gruppe sind die *Pilotbarsche*, die schwarmweise gern den Schiffen folgen.

Die Nagebarsche haben ein ausgeprägtes Schabegebiß; das *Opalauge* gehört zu ihnen.

Auffällige Fischgestalten sind die *Fledermausfische*, deren große Flossen viel Ähnlichkeit mit den Flughäuten jener Flattertiere aufweisen. Fliegen können diese ruhigen und etwas unbeholfen schwimmenden Fische aber nicht. Die Jungtiere gleichen treibenden toten Blättern. Es sind harte und ausdauernde Aquarienfische. Sie stehen heute zusammen mit dem *Spatenfisch* in einer Familie, unterscheiden sich jedoch im Flossenbau voneinander.

Familien: Scatophagidae — Argusfische (*Scatophagus*), Chaetodontidae — Borstenzähner (*Chaetodon, Holacanthus, Pomacanthodes, Pygoplites, Chelmon, Heniochus, Angelichthys*), Embiotocidae — Brandungsbarsche (*Embiotoca, Taeniotoca*), Nandidae — Nanderbarsche (*Nandus, Polycentrus, Monocirrhus, Polycentropsis, Badis*), Cichlidae — Buntbarsche (*Cichlasoma, Hemichromis, Astronotus, Nannacara, Pterophyllum, Pelmatochromis, Symphysodon, Haplochromis, Etroplus, Apistogramma, Tilapia, Tropheus, Pseudotropheus*)

Scatophagus, zu deutsch Kotfresser, eine typische Fischgattung der indopazifischen Küsten, hält sich gern in Scharen dort auf, wo die Abwässer menschlicher Haushalte einmünden. Trotz seiner oft widerwärtigen Nahrung ist er als Speisefisch getrocknet zur täglichen Reisportion in jenen Gegenden und als schöner Aquarienfisch bei uns unter dem Namen *Argusfisch* geschätzt.

Die Schmetterlingsfische oder Borstenzähner sind zweifellos die schönsten und farbenfreudigsten Meeresfische. Die Mehrzahl der Gattungen und Arten bewohnt die Korallenriffe und seewärtigen Riffabhänge. Alle haben einen kleinen Mund mit borstenähnlichen Zähnen; oft liegt die Mundöffnung am Ende einer schnabelartigen Schnauze. Ihre Nahrung besteht neben kleinen Lebewesen aller Art, die sie sich wie mit einer Pinzette aus den Korallen herausgreifen, auch aus den Korallentieren selbst und aus Algen- und Bewuchsrasen. Neben der Gattung *Chaetodon* gehören zu den Schmetterlingsfischen noch die *Holacanthus*- und *Pomacanthodes*-Arten. Die *Kaiserfische* haben ein vom Altersskleid erheblich abweichendes Jugendkleid ebenso wie die nur atlantischen *Engelfische*. Als schönster und von den Schauaquarien höchst bezahlter Fisch gilt der *Pfauenkaiserfisch*, der nach neueren Beobachtungen immer nur, wie auch einige andere Arten, paarweise vorkommt und sehr ortstreu ist. Der *Pinzettfisch* zeigt die Ausbildung der langen Pinzettschnauze in besonderem Maße. Von einzigartiger Wirkung

ist ein dahinschwimmender Trupp von *Wimpelfischen.* Sie sind im Gegensatz zu den oft empfindlichen Schmetterlingsfischen im Aquarium über längere Zeiträume haltbar.
Die *Brandungs-* oder *Seebarsche* sind nicht nur lebendgebärende Fische, sondern sie sind auch schon sehr früh, in einigen Fällen gleich nach der Geburt geschlechtsreif. Die sonst in den Zonen der Küstenbrandung lebenden Arten suchen zur Geburt der Jungen ruhige Buchten auf. Die Nanderbarsche haben eine merkwürdige geografische Verbreitung. So leben im Tropengürtel des östlichen Südamerika und Westafrikas Arten, die sich sehr ähnlich sehen: *Schomburgks Vielstachler* und der *Afrikanische Vielstachler.* Beide wirken durch die durchsichtigen hinteren Flossen wie abgehackt. Der *Blattfisch* ahmt in Vollendung ein treibendes totes Blatt nach. Asiaten sind der kleine *Blaubarsch,* auch Muskatnußfisch genannt, und der schlanke *Nander.* Alle Nanderbarsche sind brutpflegend, z. T. in Höhlen laichend, z. T. in einem unordentlichen Schaumnest an der Wasseroberfläche wie Polycentropsis. Mit Ausnahme von Badis sind alle Arten kleine Raubfische. So benutzt der Blattfisch seine Tarnung vor allem zum Anpirschen an Fischschwärme.

Die interessantesten Fische unter den Barschartigen sind die Buntbarsche (Cichlidae), die in der Mehrzahl der Arten in Mittel- und Südamerika, in Afrika und in nur zwei Arten in Asien vorkommen. In der großen Reihe der hierhergehörenden Arten finden sich die ausgeprägtesten und höchstentwickelsten Formen der Brutfürsorge. Da diese Fische eine große Zahl von beliebten Aquarienfischen stellen, konnte ihr Brutverhalten besonders eingehend studiert werden. Man kann zunächst einmal zwei große Gruppen nach dem Laichverhalten unterscheiden, Substratlaicher und Maulbrüter. In beiden Gruppen kommt jede mögliche Entwicklungsstufe der Brutpflege vor. Der *Zweipunktbuntbarsch,* der *Rote Cichlide* und der *Pfauenaugenbuntbarsch* sind ausgeprägte Substratlaicher, die die Eier auf einem vorher sorgfältig geputzten Stein ablegen. Oft bewachen beide Elterntiere dann das Gelege und sammeln die geschlüpften Jungen in einer dafür angelegten Grube. Bei anderen Formen übernimmt nur eines der Elterntiere die Sorge für die Nachkommenschaft, und das andere ist nach der Erledigung seiner Rolle beim Laichgeschäft nicht mehr an der Sache interessiert.

Substratlaicher sind auch die *Purpurbuntbarsche* Afrikas, die in einer großen Zahl verschieden gefärbter Rassen vor allem das Nigergebiet bevölkern. Kleine zierliche Barsche sind die Zwergbuntbarsche. Beim *Glänzenden Zwergbuntbarsch* sind die Weibchen viel kleiner als die Männchen, wobei erstere Gelege und Brut betreuen. *Reitzigs Zwergbuntbarsch* hat ebenfalls eine Mutterfamilie. Zu den bekanntesten Aquarienfischen gehört seit langem der

Nannacara anomala Regan
Glänzender Zwergbuntbarsch
Guayana
8 cm

Pterophyllum scalare (Lichtenstein)
Segelflosser
Amazonas   26 cm

Pelmatochromis kribensis Boulenger
Purpurbuntbarsch
Nigergebiet
8 cm

Symphysodon aequifasciata axelrodi L. P. Schultz
Brauner Diskusfisch
Amazonas
20 cm

Haplochromis multicolor (Hilgendorf)
Kleiner Maulbrüter
Ostafrika
8 cm

Etroplus maculatus (Bloch)
Indischer Buntbarsch
Vorderindien   8 cm

Apistogramma reitzigi Ahl
Reitzigs Zwergbuntbarsch
Rio Paraguay
5 cm

Tilapia natalensis (Weber)
Natalbarsch
Ostafrika
35 cm

Pseudotropheus auratus (Boulenger)
Türkisgoldbarsch
Njassa-See
8 cm   oben ♀
        unten ♂

Tropheus moorei Boulenger
Brabantbuntbarsch
Njassa-See   8 cm

Segelflosser oder *Scalar*. Die herrlich großflossigen Tiere des zuerst eingeführten Pterophyllum scalare wurden leider mit einer später nach hier gekommenen kleineren und kurzflossigen Rasse gemischt. Pterophyllum laicht rund um Pflanzenstengel, im Aquarium an Glasstäben. Viel Aufsehen erregte die Brutpflege des *Diskusfisches* oder besser der Diskusfische, da verschiedene Rassen beschrieben wurden. Die Diskusfische sind zunächst Substratlaicher. Beide Eltern betreuen den Laich. Sobald die Jungen zu schwimmen beginnen, verändern sich die Alttiere und entwickeln auf der Haut des Körpers einen schleimigen, grauen Belag, der den Jungen als erste Nahrung dient. Da beide Eltern diese Kindernahrung produzieren, wechseln die Jungen von einem zum anderen. Eine künstliche Aufzucht gelang bisher nicht. Der *Kleine Maulbrüter* aus der an Arten überreichen Gattung Haplochromis kam zuerst aus Ägypten zu uns. *Tilapia natalensis* ist eine große maulbrütende Art. Die Tilapia-Arten spielen heute als Nutzfische eine sehr große Rolle, lassen sie sich doch gut in Teichen vermehren. Eine besondere Cichlidenfauna haben die großen Seen Afrikas. Es gibt in ihnen nicht nur eine große Zahl von Gattungen und Arten, sondern die meisten dieser Arten kommen nur dort vor. Hier hat sich nun eine ganz extreme Art des Maulbrütens herausgebildet. Beim *Brabantbuntbarsch* und *Türkisgoldbarsch* werden nur noch wenige, dafür aber sehr große Eier abgelegt und in die Mundhöhle genommen. Die Jungen schlüpfen als schon völlig fertige kleine Fische. *Etroplus* ist eine der beiden brackwasserliebenden Arten Indiens. Die durch einen hohen Salzgehalt ausgezeichneten afrikanischen Seen, besonders der Tanganjika- und der Malavi-(Njassa-)See, bieten den salztoleranten Buntbarschen ein sehr günstiges, von konkurrierenden anderen Fischgruppen freies Ausbreitungsgebiet; hierin vor allem ist die in jeder Weise überragende Bedeutung der Cichliden in diesen Seen zu suchen. Sie haben hier sogar das freie Wasser (Pelagial) für sich erobert; dort kommen stark von den übrigen Arten abweichende Typen vor.

...efduf saxatilis ...ensis u. Gaimard **...defduf** ...tik, Pazifik

Chromis cyanea (Poey) **Blauer Hochseebarsch** Westindien 12 cm

Amphiprion percula (Lacépède) **Clownfisch** Trop. Indopazifik 8 cm

Cirrhitus pinnulatus (Bloch) **Pinselbarsch** Trop. Indopazifik 25 cm

...centrus caeruleus Bloch **...schwanzdemoiselle** Indopazifik 12 cm

Dascyllus aruanus (Linnaeus) **Preußenfisch** Trop. Indopazifik 12 cm

Familien: Pomacentridae — Riffbarsche (*Abudefduf, Chromis, Dascyllus, Pomacentrus, Amphiprion*), Cirrhitidae — Pinselbarsche (*Cirrhitus*), Mugilidae — Meeräschen (*Mugil, Chelon*), Sphyraenidae — Pfeilhechte (*Sphyraena*)

In den Riffen leben in großer Zahl kleinere Barschartige. Zum Teil bevölkern sie in Scharen das freie Wasser über den Korallen, um bei Gefahr und nachts zwischen diesen zu verschwinden. *Abudefduf, Chromis* und *Pomacentrus* sind solche Arten. Andere halten sich mehr zwischen den Korallenstöcken auf, so die kleinen *Preußenfische*. Die Amphiprion- und Premnas-Arten in ihrer bizarren Farbenpracht sind dagegen zu einer ganz eigenartigen Lebensweise übergegangen. Sie leben in Gemeinschaft mit großen Seeanemonen, deren Tentakelhaupt sie bei Gefahr und auch sonst aufsuchen; nachts ruhen sie darin. Nie schwimmen sie weit von ihrer Anemone fort. Die sonst jeden Fisch tötenden Nesselzellen schaden diesen Fischen nicht, die Gründe sind noch umstritten. Auch die Eier werden am Fuß der Aktinie abgelegt. Der *Clownfisch* lebt stets in Gesellschaften in einer der riesenhaften Seeanemonen.
Ganz still stehen in ihren Verstecken die *Pinselbarsche*. Ihren Namen haben sie nach pinselähnlichen Verlängerungen an den Rückenflossenstrahlen. Man weiß nichts über sie.

Die weitverbreiteten, in Salz-, Brack- und Süßwasser vorkommenden Meeräschen haben einen schlanken, im Schnitt fast runden Körper. Oft sind bei ihnen dicke Fetthäute über den Augen vorhanden. Sie ernähren sich vorzugsweise von organischen Zerfallsprodukten, die sie mit einem besonderen Filterapparat aus dem Sand heraussieben. Die *Gestreifte Meeräsche* ist ein wichtiger Nutzfisch, der in Brackwasserteichen gemästet wird. Die *Graue Meeräsche* gelangt bis in unsere Meere. Die *Goldmeeräsche*, vom Kleinen Belt bis zur Kongomündung verbreitet, spielt besonders im Mittelmeer und im Schwarzen Meer fischereilich eine wichtige Rolle. Der Fang erfolgt mit waagerecht gespannten Matten, auf die die aufgescheuchten Fische springen. Die in kleinen Schwärmen unter der Oberfläche dahinschwimmenden Fische scheinen eine unüberwindliche Scheu davor zu haben, unter Gegenständen über der Wasseroberfläche hindurchzuschwimmen. Die Goldmeeräsche geht auch ins Süßwasser.
Mehr gefürchtet als die Haie sind an manchen Küsten die Pfeilhechte, die *Barrakuda*-Arten. Es handelt sich um schnelle Schwimmer mit nadelscharfen großen Zähnen auf ihren langen Kiefern. Die Angriffe auf Menschen, die hin und wieder bei sehr großen Exemplaren vorkommen sollen, scheinen nur Versehen aus der Freßgier heraus gewesen zu sein.

Mugil auratus Risso **Goldmeeräsche** Mittelmeer 50 cm

Chelon labrosus (Risso) **Graue Meeräsche** Ostatlantik 60 cm

Mugil cephalus Linnaeus **Gestreifte Meeräsche** Alle Ozeane 70 cm

Sphyraena barracuda (Walbaum) **Barrakuda** Atlantische Küsten 3 m

Familien: Labridae — Lippfische (*Labrus, Coris, Crenilabrus, Thalassoma, Ophthalmolepis, Bodianus, Lachnolaimus, Halichoeres, Chaerodon, Labroides, Gomphosus, Symphodus*), Scaridae — Papageifische (*Callyodon, Pseudolabrus*), Trachinidae — Drachenfische (*Trachinus*)

Tafeln mit den Bildern einer Anzahl von Lippfischen gleichen einer Farbpalette, so bunt sind die Zeichnungen und Farben dieser Fische. Mehr als 600 Arten sind bis jetzt bekannt, dabei sind Arten von nur wenigen Zentimetern und solche von 3 m Länge. Die Rückenflosse ist bei allen lang und einteilig. Der Mund ist klein, aber auf den Kiefern sitzen lange, starke Zähne. Sie kommen in allen warmen und gemäßigten Meeren vor, eine Art geht sogar in der Nordsee bis nach Norwegen. Die Männchen und Weibchen, ebenso die Jungtiere sind oft ganz unterschiedlich gezeichnet. Der *Kuckuckslippfisch* hat z. B. verschieden gefärbte Geschlechter. Er ist ein nestbauender Fisch, der nur auf Felsengrund, so bei Helgoland, wenn auch selten, vorkommt. Der schöne *Pfauenfederfisch* und die *Meerjunker* werden oft als Aquarienfische in den Handel gebracht. Der *Blaukopf* ist eine Art, bei der sich die Geschlechter und die Jungfische so sehr voneinander unterscheiden, daß man sie für mehrere Arten halten könnte. *Symphodus* ist wieder ein Nestbauer. In der Lebensweise ähneln die Lippfische sehr den Cichliden. Nicht nur gibt es wie bei jenen viele nestbauende Arten, sie sind auch Reviertiere, die gegen andere Fische und ihresgleichen, sobald sie in das Revier eindringen, sofort zum Angriff übergehen. Als Nahrung werden von den kleineren Arten allerlei Kleintiere wie kleinste Mollusken genommen, seltener der Bewuchs von Felsen. Die größeren Arten halten sich vorwiegend an Mollusken oder an die lebenden Teile der Korallenstöcke, die sie mit ihren zu starken Mahlzähnen ausgebildeten Schlundzähnen zerreiben. Neben den zahllosen Felsbewohnern, die in Spalten usw. ihre Schlupfwinkel haben, gibt es auch viele Arten wie *Coris gaimard*, die sich nachts im Sand tief eingraben. Eine sehr eigenartige Lebensweise haben manche Arten der Gattung Labroides angenommen, die man als *Putzer* bezeichnet. Verschiedene Forscher stellten zuerst beim Tauchen fest, daß große Fische, wie Zackenbarsche, von Zeit zu Zeit gewisse Korallenfelsen aufsuchten, die von einer Anzahl kleiner Lippfische bewohnt wurden. Diese Fische stürzten sich sofort auf die großen Besucher und glitten eilfertig auf den Körpern und Flossen umher. Sie verschwanden sogar zwischen den Kiemen und in der Mundöffnung. Möglicherweise suchten sie den großen Fischen Parasiten ab oder reinigten sie sonst in irgendeiner Weise. Auch im Aquarium konnte man seitdem dieses Phänomen beobachten. Lange Schnäbel haben die *Vogelfische*.

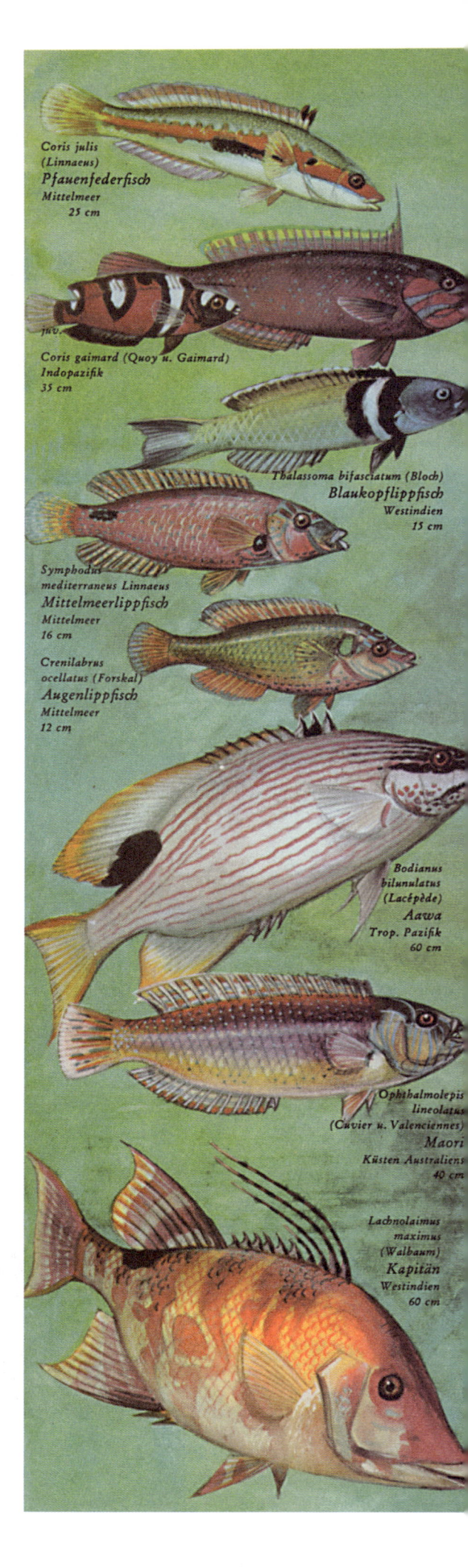

204

Chaerodon venustus (De Vis)
Venus-Eberfisch
Küsten Australiens
70 cm

Halichoeres kawarin (Bleeker)
Indopazifischer Meerjunker
Indopazifik
12 cm

Labrus ossifagus (Risso)
Kuckuckslippfisch
Mittelmeer, Ostatlantik
35 cm

Labroides dimidiatus (Cuvier u. Valenciennes)
Putzerfisch
Indopazifik
9 cm

Gomphosus varius (Lacépède)
Vogelfisch
Indopazifik
20 cm

Callyodon fasciatus (Cuvier u. Valenciennes)
Papageifisch
Indopazifik
50 cm

Pseudolabrus gymnogenis (Günther)
Weißpunktregenbogenfisch
Küsten Australiens
30 cm

Trachinus draco Linnaeus
Petermännchen
Mittelmeer, Ostatlantik
45 cm

Unsere Bilder zeigen noch eine ganze Reihe weiterer Arten, die alle sehr schön sind, aber sonst keine bemerkenswerten Eigenschaften aufweisen. Ein riesiger Fisch ist der *Kapitän*. Bei ihm finden sich Magen und Darm oft vollgepfropft mit zermahlenen Korallenteilen.

Eng an die Lippfische schließen sich die Papageifische an. Ihren Namen haben sie nach ihrer Bezahnung und dem bunten Farbkleid, da sie wie oft auch Papageien grelle Farben ohne Übergang nebeneinander präsentieren. Es sind meist größere bis große Arten, die vor allem auf Korallenriffen leben. Ihre Zähne sind zu papageischnabelartigen Gebilden zusammengewachsen, die Schlundknochen zu sehr starken Mahlplatten. Sie scheinen in der Hauptsache Pflanzenfresser zu sein. Einige Arten nähren sich jedoch ausschließlich von lebenden Korallenstöcken. Sie können auf den Riffen erhebliche Zerstörungen anrichten. Die großen Arten leben meist einzeln und sind durchaus ortstreu. Taucher fanden den gleichen Fisch immer wieder an der gleichen Stelle. Auch diese Fische zeigen im Laufe ihres Lebens einen erheblichen Farbwechsel. Manche Art wurde deshalb zwei- oder dreimal beschrieben. Durch Zufall konnte im Aquarium beobachtet werden, daß manche Arten bei Nacht sich mit einem weiten Schleimmantel umgeben. Der Sinn dieser Erscheinung ist noch völlig ungeklärt. Die Papageifische haben, allerdings mit Ausnahmen, einen viel robusteren und plumperen Körper als die wendigen Lippfische. Der *Papageifisch, Callyodon fasciatus*, zeigt den Typ dieser Fische. Der *Weißpunktregenbogenfisch* ist eine viel kleinere Art. Die sehr gestreckten, bodenbewohnenden Drachenfische haben umgekehrt zu den Labriden eine sehr lange Afterflosse. Die Mundöffnung ist sehr groß, aber schief gestellt. Die Augen liegen auf dem Scheitel. Das dunkel-, teilweise blauscheckige *Petermännchen* gräbt sich bis zu den Augen im Sand ein. Seine Nahrung, Garnelen, sucht es nachts. Der auch in unserer Nordsee vorkommende Fisch ist einer der wenigen giftigen Arten unserer Breiten. Nur die ersten Flossenstrahlen der Rückenflosse sind mit Giftdrüsen versehen. Die Wirkung auf den Menschen ist individuell verschieden, wie überhaupt bei allen Fischgiften. Es handelt sich ja um Eiweiße, wobei also die allergische Veranlagung des Betroffenen sehr wichtig ist. Neben dem Petermännchen lebt an unseren Küsten noch eine zweite kleinere, ebenfalls als giftig bekannte Art. Das produzierte Gift ist bei beiden ein Blut- und Nervengift und wie schon gesagt in seiner Wirkung bei den einzelnen Opfern durchaus verschieden. Während bei manchen einige Stunden nach dem Stich und dem heftigen Anfangsschmerz außer einer Schwellung keinerlei Folgen mehr beobachtet werden, verzeichnet man bei anderen ein sich manchmal über Monate hinziehendes Siechtum.

Uranoscopus scaber Linnaeus
Gemeiner Himmelsgucker
Mittel- u. Schwarzes Meer
30 cm

Alticops oryx (Cuvier)
Felsenspringer
Indopazifik
15 cm

Blennius pavo Risso
Pfauenschleimfisch
Mittelmeer, Atlantik
12 cm

Blennius rouxi
Gestreifter Schleim
Mittelmeer

Astroscopus guttatus Abbot
Nördlicher Himmelsgucker
Ostküste d. USA
55 cm

Trematomus bernachii Boulenger
Antarktischer Fisch
Südpolarmeer 30 cm

Familien: Uranoscopidae — Himmelsgucker (*Astroscopus, Uranoscopus*), Nototheniidae — Antarktisfische (*Trematomus*), Blenniidae — Schleimfische (*Blennius, Alticops*), Anarhichadidae — Seewölfe (*Anarhichas*), Clinidae — Schuppenschleimfische (*Pavoclinus*), Stichaeidae — Stachelrücken (*Chirolophis*), Pholidae — Butterfische (*Pholis*), Ammodytidae — Tobiasfische (*Ammodytes*), Callionymidae — Leierfische (*Callionymus, Paracallionymus*)

Von den Petermännchen lassen sich leicht die Himmelsgucker ableiten. Alles ist bei diesen nur etwas extremer. So die Lage der Augen, die noch höher am Kopf liegen und ihnen den merkwürdigen Volksnamen eingetragen haben. Einige Arten verfügen über ein kleines am Kopf liegendes elektrisches Ortungsorgan. Auch besitzen sie oberhalb der Brustflossen und an den Kiemendeckeln Giftstacheln mit ziemlich großen Giftdrüsen. Die große Mundöffnung steht noch senkrechter als bei den Petermännchen. Da das Kinn bei dieser Mundstellung aus dem Sande, in dem sie sich verbergen, hervorragt, entwickelten diese räuberischen Fische an dieser Stelle bartelförmige, bewegliche Anhänge, die wurmähnliche Lockköder für Beutefische darstellen. Die Himmelsgucker sind Fische wärmerer Meere. Bei uns fehlen sie völlig. Es gibt Flachwasserformen, aber auch Tiefseearten. Der bekannteste *Himmelsgucker* ist im Mittelmeer und im Schwarzen Meer verbreitet und gefürchtet. Der *Nördliche Himmelsgucker* dagegen ist ein Fisch der amerikanischen Atlantikküsten. Die den Südpol umgebenden kalten Meere haben ihre eigenen Fische, von denen besonders die Antarktisfische häufig sind. Sie haben eine gewisse Ähnlichkeit mit den Blenniiden. Über ihre Lebensweise wissen wir nur, daß es Raubfische sind, die sehr kaltes Wasser benötigen.

Eine Gruppe sehr interessanter Fische sind die Schleimfische. Diese kleinen Küstenfische der warmen Meere sind oft durch Kämme, Tentakeln oder Schöpfe auf dem Kopfe ausgezeichnet. Außerdem sind sie schuppenlos, haben aber gut ausgebildete Zähne. Es sind sehr bewegliche Fische, die sich schwimmend, hüpfend oder kriechend vorwärts bewegen. Sie wohnen meistens in kleinen Höhlen. An Brandungsküsten bevölkern sie gern die Spritzwassertümpel. Auch auf den Riffen sind sie anzutreffen. Einige Arten führen sogar eine ausgesprochen amphibische Lebensweise, sie verlassen das Wasser zeitweilig. Doch es gibt sogar Süßwasserformen wie *Blennius fluviatilis* aus dem Gardasee und anderen Seen des Mittelmeergebietes. Der *Seeschmetterling* geht ziemlich weit nach Norden. Er kommt noch an den Küsten Englands vor, wo er in den Felsenufern zwischen Seetangen sich aufhält. Der *Pfauen-*

Anarhichas minor Olafsen
Gefleckter Seewolf
Nordatlantik
1,80 m

Anarhichas lupus Linnaeus
Atlantischer Seewolf
Nordatlantik
1,25 m

Chirolophis ascanii (Walbaum)
Stachelbutterfisch
Nordost-Atlantik
15 cm

Pavoclinus heterodon
(Cuvier u. Valenciennes)
Klippenfisch
Küsten v. Südafrika 12 cm

Pholis gunellus (Linnaeus)
Butterfisch
Nordatlantik
30 cm

Ammodytes lanceolatus (Lesauvage)
Tobiasfisch, Großer Sandaal
Ostatlantik
30 cm

Blennius fluviatilis Asso
Süßwasserschleimfisch
Mittelmeergebiet
15 cm

---

schleimfisch zeichnet sich, wie aber andere Arten auch, durch die Verschiedenheit der Geschlechter aus. Die Männchen haben einen hohen gelben Kamm auf dem Kopf. Die *Felsenspringer* leben in Gesellschaften in Spritzwassertümpeln. Bei Störungen flüchten sie springend in den nächsten.

Die Seewölfe sind riesenhaft vergrößerte Schleimfische. Sie werden über 2,50 m lang und haben alle einen sehr starken Kopf mit breitem Maul, aus dem vorne die großen Fangzähne herausragen. Weit verbreitet ist der meist Kattfisch genannte *Atlantische Seewolf*. Er lebt in Tiefen von etwa 20 m an. Seine Nahrung besteht aus gepanzerten Bodentieren, großen Krebsen, Mollusken, Stachelhäutern. Er gilt als großer Schädling auf den Muschelbänken. Der *Gefleckte Seewolf* hat ein schwächeres Gebiß, wird aber länger als die vorbeschriebene Art und lebt in größeren Tiefen. Auf den Fischmärkten sind sie als Karbonadenfische wichtig. Die Seewölfe laichen, soweit man unterrichtet ist, in großen Tiefen.

Lebendgebärende, kleine Fische sind die Schuppenschleimfische, Clinidae. Es sind meist schön gefärbte Arten, so der *Klippenfisch*, der wie ein Teppich gemustert ist.

Fische der arktischen Meere sind die Stachelrücken. Es sind langgestreckte Tiere mit fast nur Stachelstrahlen auf dem Rücken. Der *Stachelbutterfisch* findet sich bei uns nicht selten um Helgoland. Sein Name bezieht sich auf die buttergelbe Färbung des Körpers. Die in einem Klumpen abgelegten Eier werden vom Weibchen bewacht.

Von den Fischern wird noch ein anderer Fisch als *Butterfisch* bezeichnet, *Pholis gunellus*. Er ist ein Einzelfisch des flachen Wassers, der sich meist unter Steinen oder zwischen Tang verbirgt. Hier bewachen beide Eltern den oftmals in leeren Muscheln abgelegten Eiklumpen.

Sehr wichtig als Nahrung für größere Meeresfische, etwa den Dorsch, sind die Arten der *Tobiasfische*. Sie sind langgestreckt und mit langer Rücken- und Afterflosse, die in eine Furche eingelassen sind. Der Unterkiefer ist vorstehend, der Oberkiefer weit nach oben aufklappbar. Die Tobiasfische schwimmen bei gutem Wetter und ungestört in großen Schwärmen nahe der Wasseroberfläche. Bei schlechtem Wetter oder bei Störungen bohren sie sich blitzschnell in den Sandboden ein. Die verschiedenen Arten sind ausgesprochene Küstenfische aller drei Ozeane.

In allen Meeren gibt es Leierfische, langgestreckte Bewohner des Grundes. Kennzeichnend ist für sie eine ganz nach oben verschobene Kiemenspalte. Der *Europäische Leierfisch* ist, dieses Mal zu Unrecht, als Giftfisch gefürchtet. Bei ihm sind sehr interessante Balzspiele beobachtet worden. Kommt diese Art auch im flachen Wasser vor, so ist der *Gefleckte Leierfisch* ein reiner Tiefenfisch. Eine sehr bunte Art ist der *Afrikanische Leierfisch*.

Callionymus maculatus Rafinesque
Gefleckter Leierfisch
Europäische Küsten
15 cm

Callionymus lyra Linnaeus
Europäischer Leierfisch
Europäische Küsten
30 cm

Paracallionymus costatus
(Boulenger)
Afrikanischer Leierfisch
Küsten v. Südafrika
15 cm

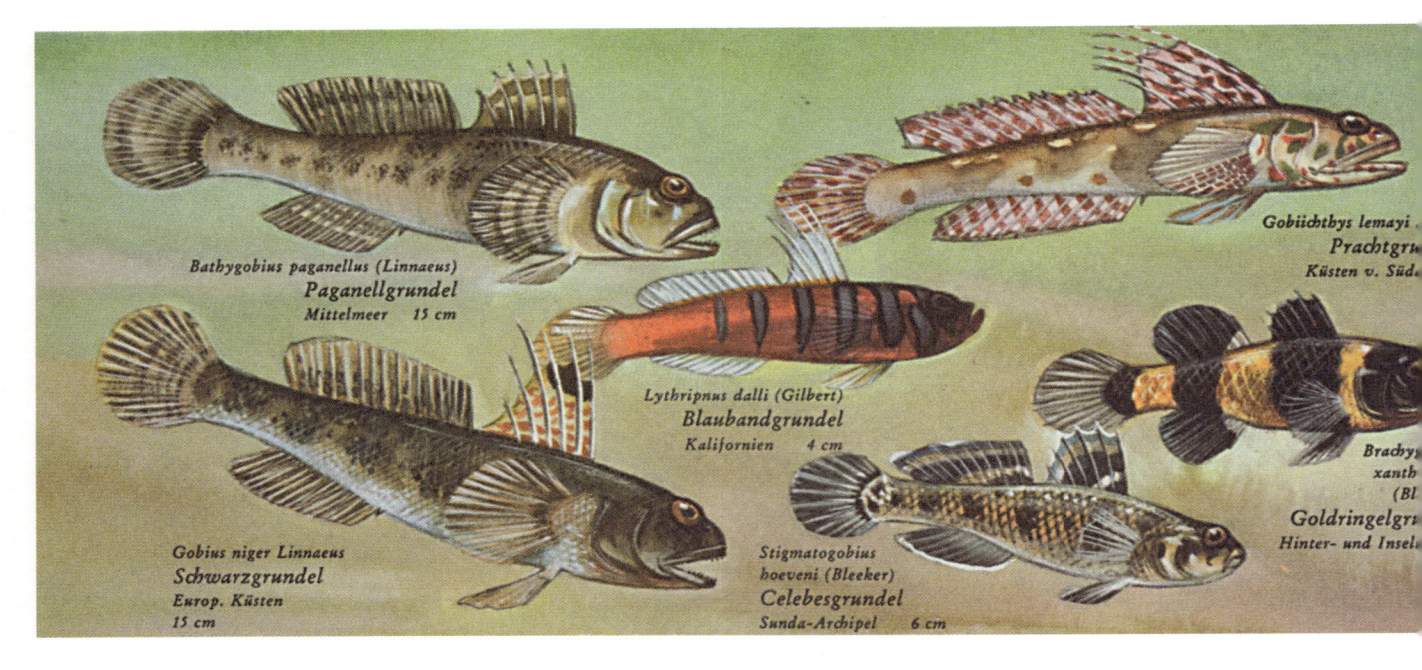

Bathygobius paganellus (Linnaeus)
Paganellgrundel
Mittelmeer 15 cm

Lythripnus dalli (Gilbert)
Blaubandgrundel
Kalifornien 4 cm

Gobiichthys lemayi
Prachtgr
Küsten v. Süd...

Gobius niger Linnaeus
Schwarzgrundel
Europ. Küsten
15 cm

Stigmatogobius hoeveni (Bleeker)
Celebesgrundel
Sunda-Archipel 6 cm

*Brachy...
xanth...
(Bl...)*
Goldringgr...
Hinter- und Insel...

Familien: Gobiidae — Grundeln (*Gobius, Gobiichthys, Bathygobius, Stigmatogobius, Brachygobius, Lythripnus, Eleotris, Hypseleotris, Mogurnda, Carassiops, Typhlogobius, Periophthalmus, Boleophthalmus*), Acanthuridae — Doktorfische (*Acanthurus, Zanclus, Zebrasoma*), Siganidae — Kaninchenfische (*Siganus*), Trichiuridae — Haarschwänze (*Trichiurus*)

Die Grundeln besitzen in der Mehrzahl Bauchflossen, die zu einem primitiven Saugnapf zusammengewachsen sind. Die meisten der oft sehr kleinen Arten leben im flachen Wasser der Küstengebiete, eine ganze Reihe von Arten ist ins Süßwasser eingewandert oder lebt zeitweilig dort. Es sind im wesentlichen träge, einzeln lebende Fische. Die Männchen sind oft größer als die Weibchen. Der Laich wird bei allen Arten am Grunde in Gruben oder Höhlen abgelegt und vom Männchen bewacht. Ihre Nahrung besteht aus kleinen Bodentieren. Die wenigen großen Arten, die wie einige Eleotris-Arten bis 60 cm lang werden können, sind Räuber. Die *Schwarzgrundel* ist ein Fisch auch teilweise unserer westlichen Ostseeküste. Diese Art laicht an der Decke von Höhlen. Die Gattung *Bathygobius* enthält im Küstengebiet der warmen Meere weitverbreitete, oft recht bunte Arten, die Gattung Stigmatogobius mehrere interessante Arten, so die *Celebesgrundel*. Die *Blaubandgrundel* lebt verborgen in größeren Tiefen. Die *Prachtgrundel* gilt als einer der schönsten Fische überhaupt. Das Tierchen ist fähig, seine Farben grell aufleuchten zu lassen und dann wieder zu verblassen. Die *Goldringgrundel*, von den Amerikanern mit dem treffenden Namen Bumble-bee belegt, da sie in ihrer Ringelung den als Hummeln bezeichneten Insekten nicht unähnlich ist, ist ein Brackwasser- und Süßwasserfisch. Als Aquarienfisch ist sie gern gesehen, aber etwas schwierig. Die Schläfergrundeln haben keinen Saugnapf. Die zum Teil recht großen Arten liegen meist still auf dem Grunde. Ihre opalisierenden Augen und die geringe Beweglichkeit haben ihnen ihren Namen eingetragen. Die *Afrikanische Schläfergrundel* ist ein Küstenfisch, der weit in die Süßwasserströme hineingeht. Einige Hypseleotris-Arten, wie die *Celebes-Schläfergrundel*, sind vollständig zum Süßwasserleben übergegangen. Sie bevorzugen klare Gewässer.

Hypseleotris cyprinoides (Cuvier u. Valenciennes)
Celebes-Schläfergrundel
Sunda-Inseln, Philippinen 7 cm

Mogurnda mogurnda (Richardson)
Australische Schläfergrundel
Ostaustralien 18 cm

Carassiops galii Ogilby
Feuerschwanzgrundel
Ostaustralien 6 cm

Typhlogobius californiensis Steindachner
Blinde Höhlengrundel
Westküste d. USA 5 cm

Eleotris africana Steindachner
Afrikanische Schläfergrundel
Trop. Westafrika 16 cm

Ansonsten handelt es sich um ausgesprochene Hochseeschwarmfische. In Australien gibt es ebenfalls reine Süßwasserformen, so die *Australische Schläfergrundel* und die recht hübsche *Feuerschwanzgrundel*. Manche Grundeln leben mit anderen Tieren zusammen. Die *Blinde Höhlengrundel* bewohnt mit dem Maulwurfskrebs dessen Höhlen. Noch andere flüchten sich in die Mantelhöhle lebender großer Muscheln. Erstaunliche Lebewesen sind einige dem Landleben angepaßte Grundelformen, die *Glotzaugen* und die *Schlammspringer*. Voraussetzung für diese Lebensweise ist allerdings eine feuchtigkeitsgesättigte Luft. Die Glotzaugen können das Wasser noch nicht ganz verlassen, sie leben im allerflachsten Wasser. Die Schlammspringer dagegen bevölkern in Scharen die Strände und Watten der Mangrovenküsten. Die Augen liegen bei ihnen hoch oben auf dem Scheitel, die Brustflossen sind zu Gehorganen umgebildet. Die Kiemenöffnung sitzt ganz unten. Ihre Nahrung besteht aus allen Lebewesen, die sie überwältigen können, vor allem aber aus Insekten. Sie können sich auf dem Trocknen so schnell springend fortbewegen, daß es dem Jäger schwerfällt, sie zu verfolgen.

Die Doktorfische sind seitlich stark abgeflachte, scheibenförmige Fische. Ein Teil von ihnen besitzt auf der Schwanzwurzel einen aufklappbaren messerscharfen Dorn, andere eine feststehende Schneide oder nur spitze Höcker. Die Messer sollen eine gewisse Ähnlichkeit mit den Geräten haben, die man früher benutzte, um Patienten zur Ader zu lassen. Die Seeleute nannten sie mit dem alten Namen Seebader. Alle leben in warmen, selten gemäßigten Breiten. Auf den Korallenriffen sind sie häufige Erscheinungen. Einige Arten wurden in großen Scharen beobachtet, andere immer nur einzeln. Wegen ihrer teilweise sehr schönen Färbung sind sie auch im Aquarium beliebte Pfleglinge, die allerdings nicht leicht zu halten sind, da sie im Meere offenbar vorzugsweise von pflanzlichen Stoffen leben. Im englischen Sprachgebiet werden sie als Tangs bezeichnet. Der *Blue Tang* ist eine besonders schöne, in losen Schwärmen lebende Art. Die *Segeldoktorfische* zeichnen sich durch eine sehr hohe Rückenflosse aus; sie zeigen oft erhebliche Unterschiede zwischen Jung- und Alttier. Aus vielen Darstellungen ist der völlig „abstrakt" gezeichnete *Halfterfisch* bekannt. Hin und wieder wird er auch einmal in Aquarien für kurze Zeit lebend ausgestellt. Die *Kaninchenfische*, Rabbit-fishes, haben einen den kleinen Nagern nicht unähnlichen Mund, der auch wie bei diesen ununterbrochen in Tätigkeit ist. Auch sie sind Pflanzenfresser. Die meisten haben eine sehr interessante Zeichnung, Ornamente verschlungener Linien.

Absonderliche Raubfische der warmen Zone aller Ozeane sind die *Haarschwänze* oder *Degenfische*, die lang und schmal wie eine Degenklinge oft einen haarähnlich auslaufenden Schwanz haben. Der kleine spitze Kopf hat eine große Mundöffnung mit starker Bezahnung. Vereinzelt wurden Degenfische auch bei den Britischen Inseln gefangen. Sie sind sonst recht kälteempfindlich. Bei Neuseeland stranden in kalten Nächten oft Tausende von ihnen.

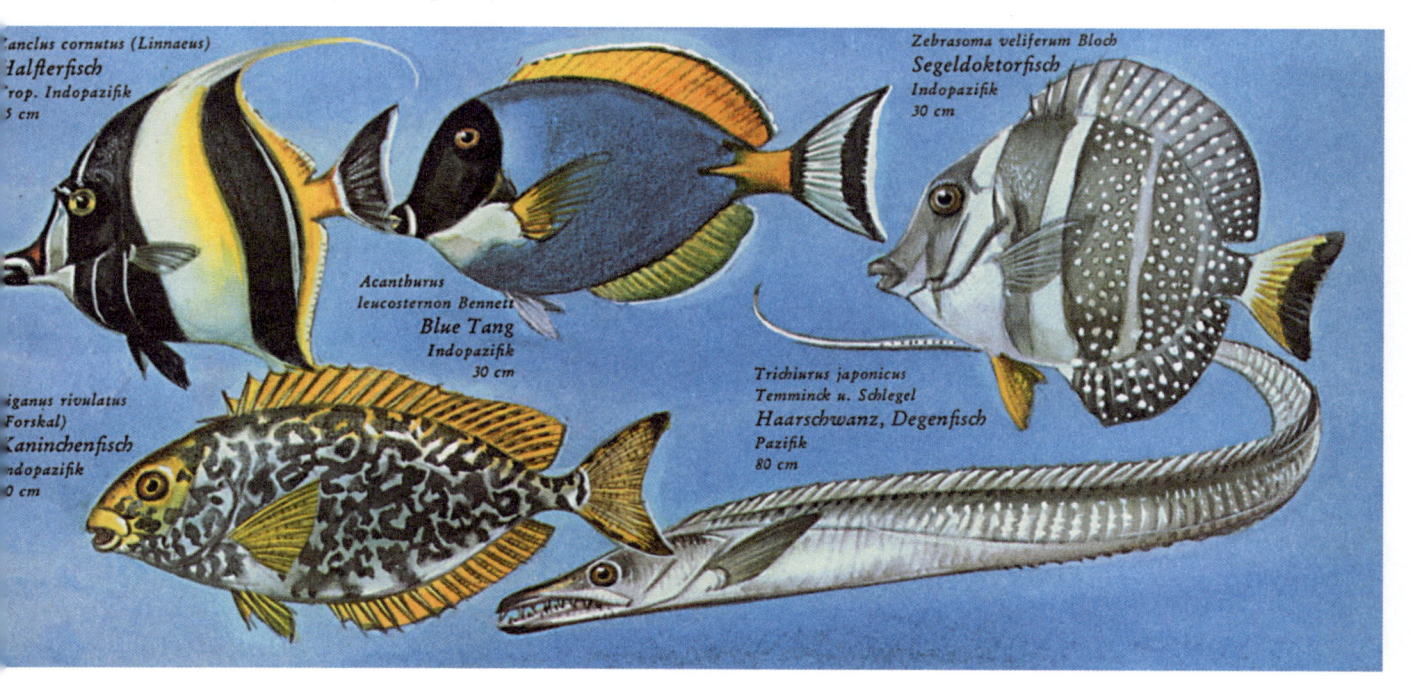

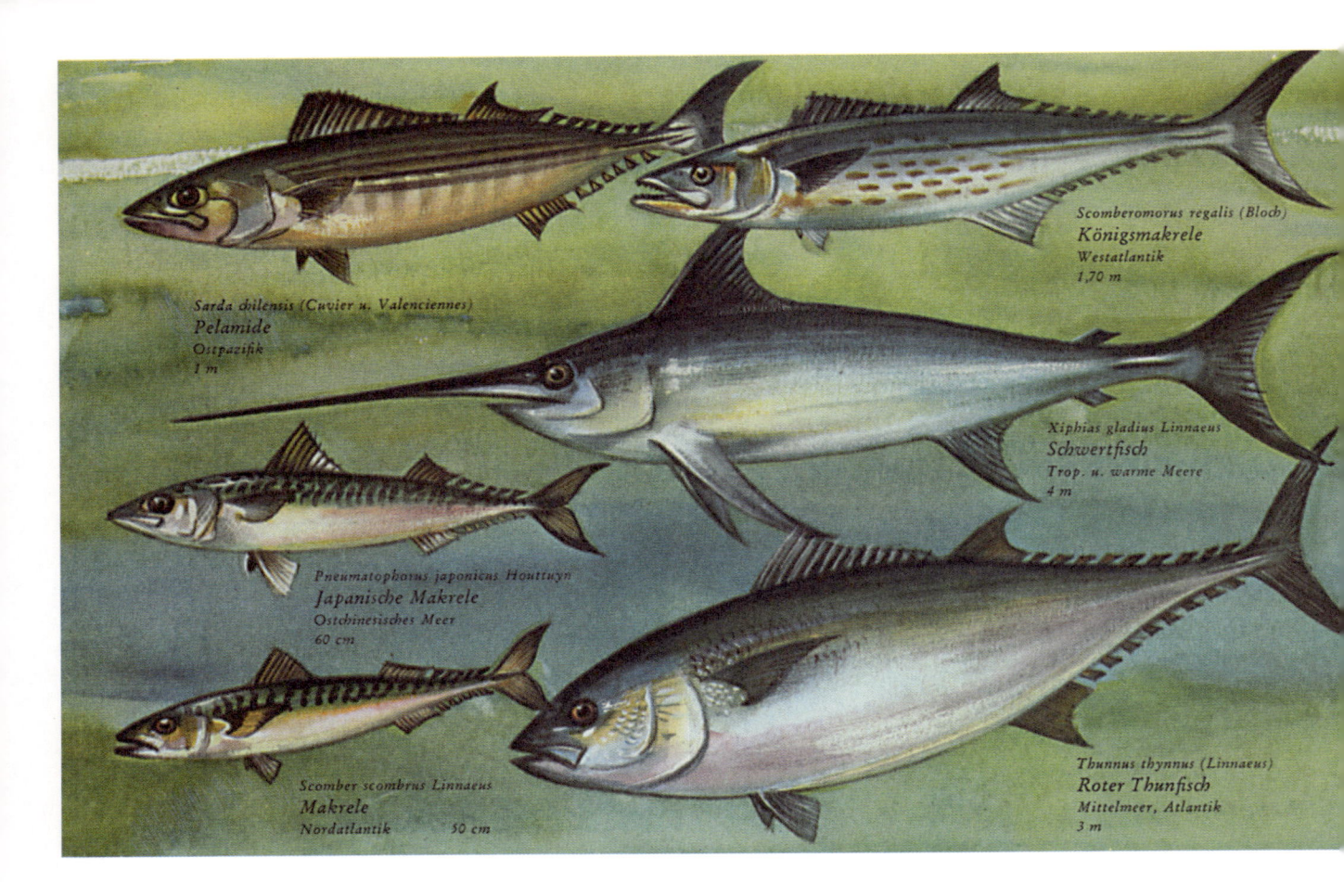

Sarda chilensis (Cuvier u. Valenciennes)
Pelamide
Ostpazifik
1 m

Scomberomorus regalis (Bloch)
Königsmakrele
Westatlantik
1,70 m

Xiphias gladius Linnaeus
Schwertfisch
Trop. u. warme Meere
4 m

Pneumatophorus japonicus Houttuyn
Japanische Makrele
Ostchinesisches Meer
60 cm

Scomber scombrus Linnaeus
Makrele
Nordatlantik   50 cm

Thunnus thynnus (Linnaeus)
Roter Thunfisch
Mittelmeer, Atlantik
3 m

Familien: Scombridae — Makrelen (*Scomber, Pneumatophorus, Thunnus, Sarda, Scomberomorus*), Istiophoridae — Fächerfische (*Istiophorus, Tetrapturus, Makaira*), Xiphiidae — Schwertfische (*Xiphias*)

Die Makrelen und ihre Verwandten sind mit wenigen Ausnahmen Hochseefische und ausgezeichnete Schwimmer. In der Mehrzahl auch Raubfische, wird ihnen ihre große Freßlust an der Angel oft genug zum Verderben. Hinter der Rücken- und Afterflosse findet sich bei ihnen oft eine Reihe kleiner Flößchen. Der dünne Schwanzstiel trägt beiderseits einen oder zwei scharfe Längskiele. Als Schwarmfische führen einzelne Arten weite Wanderungen, ihrer Beute den Heringsschwärmen folgend, aus. Die metallisch grün marmorierte *Makrele* ist ein bekannter Wanderfisch unserer Meere und ein guter Speisefisch unserer Fischmärkte. Nur im Sommer erscheint sie in Küstennähe, dort wird sie oft massenhaft geangelt. Die *Japanische Makrele* ist ein wichtiges Fischereiobjekt rund um die japanischen Inseln. Sie überwintert in Tiefen von über 100 m. Zu Beginn der warmen Jahreszeit erscheint sie an der Oberfläche, um zu fressen und zu laichen. Dann geht sie auf Wanderung. Wie die atlantische Makrele wechselt sie im Laufe des Sommers ihre Nahrung und geht von Planktonkrebsen zu kleinen Fischen über. Von allen anderen Fischen unterscheiden sich durch den Besitz eines besonderen Hautgefäßsystems die riesenhaften Thunfische.

Dadurch können sie ihre Körpertemperatur höher als die des umgebenden Wassers halten. Der Unterschied kann bis zu 10 °C betragen. Sie sind also in gewissem Sinne Warmblütler. Auch ihr Knochenbau ist abweichend. Die Thunfische sind in allen warmen Meeresbreiten anzutreffen, stoßen jedoch regelmäßig im Norden auch in die kälteren Meere vor. Für den Menschen ist die Thunfischerei stellenweise von sehr großer Bedeutung. Sie wird intensiv und mit verschiedensten, oft altüberlieferten Methoden und allerlei Brauchtum, so in den Mittelmeerländern, betrieben. Bei uns ist der *Rote Thunfisch* bekannt, der als hervorragender Schwimmer jährlich weite Wanderungen unternimmt. Durch markierte Tiere ist man über diese Wanderungen etwas unterrichtet und weiß von den Entfernungen, die diese Fische im Laufe eines Jahres zurücklegen. Die *Pelamiden* oder Gestreiften Thunfische sind im Verhalten durchaus dem Roten Thunfisch vergleichbar. Sie sind häufig im Mittelmeer und im Schwarzen Meer zu finden, wo sie auch in der nördlichen Hälfte laichen. An den amerikanischen Küsten trifft man sie ebenfalls. Durch ihre große Wendigkeit ist ihr Fang wesentlich schwerer als bei ihren Verwandten; sie entgehen immer wieder den Netzen. Die *Königsmakrele* ist ebenfalls ein sehr großer Fisch, aber von gestreckterer Gestalt als die Thune.

Die Fächerfische sind durch eine riesenhaft vergrößerte, segelartige Rückenflosse ausgezeichnet. Außerdem haben

Istiophorus albicans (Latreille)
Atlantischer Fächerfisch
Atlantik
3,50 m

Tetrapturus albidus (Poey)
Weißer Merlin
Atlantik
2,50 m

Makaira andax (Philippi)
Gestreifter Merlin
Pazifik
3,50 m

sie teilweise stark verlängerte Bauchflossen. Der Oberkiefer ist lang schwertförmig ausgezogen, der Unterkiefer nur kurz. Am Schwanzstiel sitzen beiderseits zwei Kiele. Sie kommen in allen wärmeren Teilen der Ozeane vor. Das Schwert wird ähnlich wie die Säge der Sägerochen zum Erschlagen von Beutetieren aus Schwärmen heraus angewandt. Auch sie sind schnellschwimmende Wanderfische. Eine sehr große und schwere Art ist der *Atlantische Fächerfisch*. Alle Fächerfische verraten ihre Anwesenheit oft dadurch, daß sie sich von Zeit zu Zeit in großen Sprüngen über die Wasserfläche hinausschwingen. Als Merline werden sie dem Fächerfisch ähnlichen Formen verschiedener Gattungen bezeichnet. So gibt es aus den Gattungen Tetrapturus einen *Weißen Merlin*, aus Makaira einen *Gestreiften Merlin*. Bei den Sportfischern gehören die Fächerfische und Merline zu den am meisten geschätzten Beutefischen. Sie haben nicht nur ein sehr wertvolles Fleisch, sondern ergeben sich erst nach hartnäckigen Kämpfen.

Länger als beim Fächerfisch ist der Oberkiefer beim *Schwertfisch Xiphias* ausgezogen, der Unterkiefer bleibt dabei noch kürzer. Die Rückenflosse ist nur kurz und dreieckig, aber von enormer Höhe. Die Bauchflossen fehlen. Der Schwertfisch kommt in den warmen und gemäßigten Teilen aller Meere vor, er dringt sogar immer wieder in die Ostsee ein. Ob der Fisch sein langes und scharfes Schwert tatsächlich außer zum Beuteerwerb auch gelegentlich als Angriffswaffe benutzt, bleibt zweifelhaft. Es wurden allerdings früher hin und wieder in den Planken der alten Segler abgebrochene Schwerter des Schwertfisches gefunden. Die Schwertfische jagen ihre Beute oft in erheblichen Tiefen. So sind die in Tiefen von 500—800 m lebenden Leuchtsardinen stellenweise ihre Hauptbeute. Nicht unerwähnt soll bleiben, daß die Larven dieses Fisches große lange Kiefer mit Zähnen und Stacheln an den Kiemendeckeln sowie rund um die Augen besitzen. Die Schwertfische sind Einzelgänger — nur selten werden sie zu mehreren, öfters jedoch paarweise angetroffen —, die mit großer Geschwindigkeit meist eben unter der Oberfläche des Meeres gut sichtbar dahinjagen, denn die Rückenflosse ragt dabei meist über diese hinaus. Das Fleisch ist sehr geschätzt. Aus der Zeit von 1065—1935 liegen Angaben über Schwertfische vor, die an den deutschen Küsten erbeutet wurden; danach waren es 33 Stück. Besonders gut scheint es diesen gefräßigen Raubfischen in unseren Gewässern nicht ergangen zu sein, denn bei solchen Exemplaren, die man näher untersuchte, steht stets die Bemerkung: Kein Mageninhalt.

Wie schon bei den Fächerfischen und Merlinen gesagt, gehören alle diese großen Fische aus der weiteren Verwandtschaft der Makrelen und Thunfische so auch der Schwertfische zu den beliebtesten Angelobjekten der vermögenden amerikanischen Sportfischer. Auch die Königsmakrele darf als hervorragender Angelfisch der amerikanischen Atlantikküste nicht unerwähnt bleiben.

Nomeus gronovi (Gmelin)
Quallenfisch
Alle Ozeane
8 cm

Stromateus fasciatus (Risso)
Atlantik
15 cm

Poronotus triacanthus (Peck)
Erntefisch
Westatlantik
30 cm

Centrolophus niger (Gmelin)
Schwarze Makrele
Mittelmeer, Ostatlantik
1,40 m

Speisefisch, wenn er einmal in Massen gefangen wird, gutes Geld für den Fischer bedeutet.

Die folgenden Fischfamilien werden in der Unterordnung Labyrinthfische, Anabantoidea, zusammengefaßt. Sie sind auf die Atmung atmosphärischer Luft angewiesen. Das Labyrinth ist eine aus Teilen des Kiemenapparates gebildete Höhle, die mit blutgefäßreichen Hautfalten versehen ist. Die Luft wird durch den Mund an der Wasseroberfläche aufgenommen, die verbrauchte entweicht durch die Kiemendeckel. Alle Arten sind Süßwasserfische sowohl Afrikas als auch Südasiens und Inselindiens. Eine weitere Eigenart einer ganzen Reihe dieser Fische ist der Bau eines Schaumnestes aus Luft und einem Schleimsekret der Mundhöhle zur Aufnahme der Eier. Einige Arten sind sogar Maulbrüter.

Der *Kletterfisch* wird oft in alten Schriften auf Bäumen herumkletternd dargestellt. Er hat aber in Wirklichkeit nur eine sehr beschränkte Fähigkeit, sich auf dem Lande eine kurze Strecke vorwärtszubewegen. Die afrikanischen Kletterfische, besser *Buschfische* genannt, legen entweder wie Anabas ihre an der Oberfläche treibenden Eier ohne weitere Brutpflege ab oder sie sind Maulbrüter. Der *Paradiesfisch* oder Makropode war der erste in Europa eingeführte tropische Zierfisch. Die schönen, großflossigen Formen unserer Aquarien sind aber zweifelsohne Zucht-

Familien: Centrolophidae — Schwarze Makrelen (*Centrolophus*), Nomeidae — Quallenfische (*Nomeus*), Stromateidae — Erntefische (*Stromateus, Poronotus*), Anabantidae — Kletterfische (*Anabas, Ctenopoma, Macropodus, Betta*), Helostomidae — Küssende Guramis (*Helostoma*), Osphronemidae — Guramis (*Osphronemus, Colisa, Trichogaster*), Luciocephalidae — Hechtköpfe (*Luciocephalus*), Mastacembelidae — Pfeilaale (*Mastacembelus, Macrognathus*)

Die *Schwarze Makrele*, Black Ruff, der Südafrikaner, ist ein gestreckter Fisch mit kleinen Schuppen. Es sind bisher fünf Arten aus dieser Familie bekanntgeworden, die alle tieferes Wasser bewohnen.

Bei den Quallenfischen handelt es sich um kleine Fische mit großen, bunt gezeichneten Bauchflossen. Der Hirten- oder *Quallenfisch Nomeus* lebt in allen tropischen Meeren, in denen auch die großen Staatsquallen, vom Seemann Spanische Galeeren genannt, dahinsegeln. Zwischen den lang herabhängenden Tentakeln dieser Tiere tummeln sich die Fische.

Keine Bauchflossen haben die Erntefische, die ebenfalls mit Staatsquallen in ihrer Jugend zusammenleben. Der Dollar- oder *Erntefisch, Poronotus,* heißt so, weil dieser beliebte

Anabas testudineus (Bloch)
Kletterfisch
Süd- u. Ostasien
25 cm

Macropodus opercularis (Linnaeus)
Paradiesfisch
Südost-Asien
9 cm

Ctenopoma acutirostris Pellegrin
Buschfisch
Kongo 15 cm

Betta spendens Regan
Kampffisch
Hinterindien
6 cm

formen. Der Paradiesfisch baut ein Schaumnest. Auch vom *Kampffisch* gibt es derartige prächtige Zuchtformen mit langen, schleierartigen Flossen und leuchtenden Farben. Die Kampffische haben ihren Namen von den wilden Kämpfen, die rivalisierende Männchen untereinander ausfechten. Im Volksleben, besonders bei den wettfreudigen Siamesen und anderen malayischen Völkern, erfreuen sich die für diesen Zweck gezogenen, besonders prachtvollen Kampffische als Wettkämpfer großer Beliebtheit. Diese Betta-Art ist ebenfalls schaumnestbauend, einige andere sind wiederum maulbrütend.

Die Nagelmäuler oder *Küssenden Guramis* haben wie ein Nagelkopf vorstülpbare Lippen, die oft von zwei Tieren aus nicht bekannten Gründen gegeneinandergepreßt werden; daher der Name. Die vorher beschriebenen Arten sind alle Kleintierfresser, der Küssende Gurami aber ernährt sich von Plankton und an zerfallenen Organismen reichem Schlamm. Das Nest dieser brutpflegenden Fische wird aus allerlei Pflanzenteilen und großen Luftblasen oberflächlich gebaut.

Der größte Vertreter der Echten Guramis und zugleich der größte Labyrinthfisch ist der *Gurami, Osphronemus goramy*. Dieser sehr fleischige und schmackhafte Fisch wird in seiner Heimat, aus der er in viele andere ostasiatische Gebiete eingeführt wurde, in Teichen, oft auch nur in Kübeln gemästet. Auch er baut ein sehr großes Nest aus Pflanzen. Die Fische der Gattungen Trichogaster und Colisa werden oft als Fadenfische zusammengefaßt, weil sie, besonders die Trichogaster-Arten, zu langen Tastfäden ausgezogene Bauchflossen besitzen. Der *Zwergfadenfisch* ist ein bunter kleiner Fisch Vorderindiens. Der *Mosaikfadenfisch* ist mit seiner breiten Beflossung ein besonders schöner Aquarienfisch. Er vermag auch Laute hervorzubringen.

Der *Hechtkopf* ist der einzige bekannte Vertreter der Familie und hat nur ein sehr kleines Verbreitungsgebiet im hinterindischen Raum. Er lebt räuberisch und ist ein Labyrinthatmer des Süßwassers. Seine Biologie ist noch voller Rätsel. Angeblich soll er maulbrütend sein. In der Gefangenschaft ist er sehr hinfällig.

Die *Pfeilaale*, altweltliche Bodenfische mit vielen anatomischen Eigenarten, haben den Namen von ihrer pfeilartigen Nase. Man unterscheidet die beiden abgebildeten Gattungen. Die Gattung *Mastacembelus* ist sowohl im tropischen Afrika als auch im tropischen Asien artenreich vertreten. Die Fische bewohnen vor allem stagnierende Süßgewässer mit reichem Pflanzenwuchs. Ihre eigenartige Schnauze dient zum Durchsuchen des Schlammes nach Insektenlarven, Würmern usw.

Ordnung Pleuronectiformes — Plattfische

Familien: Scophthalmidae — Steinbutte (*Scophthalmus*), Bothidae — Butte (*Paralichthys, Platophrys*), Pleuronectidae — Schollen (*Pleuronectes, Platichthys, Glyptocephalus, Hippoglossus, Reinhardtius, Limanda, Liopsetta, Pseudopleuronectes*), Soleidae — Zungen (*Solea, Achlyopa, Zebrias*)

Waren uns bisher abgeplattete Fische begegnet, so waren sie stets wie die Rochen vom Rücken zum Bauch hin gewissermaßen plattgedrückt. Bei den Plattfischen liegt eine ganz andere, höchst merkwürdige Entwicklung vor. Es sind zunächst ganz normale Fische mit abgeplatteten Seiten und je einem Auge auf jeder Seite. Von einem bestimmten Alter an aber wandert das eine Auge über den Rücken hinweg ebenfalls auf die andere Körperseite, und der Fisch legt sich auf die nun blind gewordene Seite. Diese Wanderung kann auf die linke oder rechte Seite erfolgen, man bezeichnet die Fische dann als links- oder rechtsäugig. Bei manchen Arten kommt auch beides vor. Damit sind noch weitere Veränderungen verbunden. So bleibt die jetzige Unterseite stets pigmentlos. Die Rücken- und Afterflossen werden zu langen Flossensäumen. Mit ihrer Hilfe schwimmt der sonst meist im weichen Boden vergraben liegende Fisch im freien Wasser. Die Eier fast aller Plattfische sind treibende, pelagische Eier, oft mit eingelagerter Ölkugel. Bemerkenswert ist außerdem die Fähigkeit der Plattfische, die Farbe der pigmentierten Oberseite der des Grundes anzupassen. Die Mehrzahl aller Arten lebt im Stillen Ozean. Einige wenige Plattfische gehen auch ins Süßwasser, diese wandern jedoch zum Laichen ins Seewasser zurück.

Als einer der edelsten Seefische gilt in Europa der *Steinbutt*. Seinen Namen hat er von den sternförmigen, verstreut auf der schuppenlosen Haut der Oberseite liegenden Knochenhöckern. Der erwachsene Fisch ernährt sich hauptsächlich von kleineren Bodentieren.

Ein sehr schön gefärbter Fisch ist der *Pfauenaugenbutt*, während die Mehrzahl der Plattfische recht eintönig düster gefärbt ist. Die *Sommerflunder* ist ein wichtiger Wirtschaftsfisch der amerikanischen Ostküste.

In Europa ist einer der wichtigsten Plattfische die *Scholle*, auch Goldbutt genannt. Ihre Hauptnahrung besteht aus Mollusken. Sie unternimmt niemals größere Wanderungen. Selbst die meist im tieferen Wasser liegenden Laichplätze sind nicht weit von ihren gewöhnlichen Aufenthaltsplätzen im Küstengebiet entfernt. Die Schollen nehmen unter den angelieferten Marktfischen einen hohen Prozentsatz ein, man fürchtet im Nordseegebiet immer wieder eine Überfischung der Bestände. Weniger wichtig ist die *Flunder*, die sich von der Scholle durch eine stellen-

Liopsetta glacialis (Pallas)
Polarscholle
Nördl. Eismeer
30 cm

Glyptocephalus cynoglossus Linnaeus
Zungenbutt
Nordatlantik
50 cm

Achlyopa nigra
Schwarze Seezunge
Südaustral. Küste
15 cm

Solea fulvomarginata Gilchrist
Glattzunge
Südafrik. Küste
20 cm

Solea solea (Linnaeus)
Seezunge
Ostatlantik
50 cm

Zebrias regina (Gilchrist)
Zebrazunge
Küsten v. Natal
15 cm

Paralichthys dentatus (Linnaeus)
Sommerflunder
Ostküste d. USA
60 cm

Scophthalmus maximus (Linnaeus)
Steinbutt
Ostatlantik
90 cm

weise rauhe Oberseite und einen knöchernen Kamm hinter den Augen unterscheidet. Sie wandert weit in die Flüsse hinein. In der Ostsee ist sie häufiger als die Scholle. Ihre Laichplätze liegen küstennahe. Sehr große Fische sind die Heilbutte. Der *Weiße Heilbutt* ist ein Bewohner der Meeresteile mit geringer Tiefe (etwa 50 m) der nördlichen Ozeane. Zum Laichen aber zieht er bis in Tiefen von 900 m. Die Nahrung der erwachsenen Heilbutte besteht aus Fischen, z. B. Dorschen. Sein festes Fleisch ist sehr begehrt. Der *Schwarze* oder *Grönland-Heilbutt* erreicht nicht die Größe seines Vetters. Er ist ein ausgesprochener Kaltwasserfisch der arktischen Gewässer, der besonders für die russische Fischerei stellenweise wichtig ist. Hauptsächlich wird er bei Grönland und Island gefangen. Er lebt in größeren Tiefen. Im Wattenmeer lebt die *Kliesche* oder *Scharbe*. Es ist eine kleinmäulige und beschuppte Form, die von den Fischern gern luftgetrocknet verzehrt wird. Der *Zungenbutt* oder die *Hundszunge* ist ein Schwarmfisch größerer Tiefen bis etwa 100 m. Die *Polarscholle* bewohnt, wie der Name sagt, bevorzugt die nördlichen kalten Meere. Sie lebt in der Küstenzone und laicht dort auch. Die Mehrzahl aller Plattfische legt pelagisch im freien Wasser treibende Eier ab. Nur bei *Pseudopleuronectes jokohamae* wurde bisher am Boden liegender Laich festgestellt.

Auf den Speisekarten der besten Gaststätten Westeuropas prangt stets unter den Delikatessen die *Seezunge* in verschiedenster Zubereitung an erster Stelle. Typisch ist für alle Zungen die gestreckte, eben zungenähnliche Gestalt. Der Kopf ist rund, und die Rückenflosse geht bis vor die Augen. Die Seezunge liebt schlammigen Grund, in den sie sich einwühlt. Ihre Nahrung besteht ebenfalls aus dem bei allen Plattfischen beliebten Sortiment von kleinen Mollusken und Krebsen bis hin zu kleinen Fischen. Unter den Zungen gibt es eine Reihe recht farbenfreudiger Arten, so die *Glattzunge,* von der Prof. Smith, der Entdecker des Quastenflossers, schreibt: „A beautiful sole, not often seen." Eine „Afrikanerin" ist auch die schön gestreifte *Zebrazunge*. Bei der Scholle wurde schon auf die Gefahr einer Überfischung und damit Erschöpfung der Bestände hingewiesen. Die mit diesen Fragen beschäftigte Fischereiwissenschaft überwacht deshalb die vorhandenen Fischbestände mit Hilfe ausgeklügelter Methoden, dazu gehören z. B. Markierungen, Altersbestimmungen u. a. m. Den betreffenden Forschungsinstituten stehen eigene Forschungsschiffe und ein Stab von Wissenschaftlern zur Verfügung. Außerdem gibt es internationale Kommissionen, in denen z. B. die Anliegerstaaten der Nordsee gemeinsame Maßnahmen zum Schutz der Bestände ausarbeiten. Es hat sich gezeigt, daß sich die Bestände, besonders auch die der Scholle, in Schonperioden immer gut erholen.

Triacanthus biaculeatus (Bloch)
Dreihornfisch
Ind. Ozean 20 cm

Balistapus undulatus (Mungo Park)
Gestreifter Drücker
Trop. Indopazifik 25 cm

Rhinecanthus aculeatus (Linnaeus)
Picassofisch
Trop. Indopazifik 30 cm

Rhinecanthus rectangulus Bloch u. Schneider
Winkelfisch
Indopazifik 20 cm

Balistes vetula Linnaeus
Altes Weib
Atlantik, Indik 50 cm

Ordnung Tetraodontiformes — Haftkiefer

Familien: Triacanthidae — Dreistachler (*Triacanthus*), Balistidae — Drückerfische (*Balistes, Balistoides, Balistapus, Rhinecanthus, Amanses, Ceratocanthus, Pervagor, Stephanolepis*), Ostraciontidae — Kofferfische (*Ostracion, Lactoria*), Tetraodontidae — Kugelfische (*Tetraodon, Chelonodon, Arothron, Sphoeroides*), Diodontidae — Igelfische (*Diodon, Cyclichthys, Atopomycterus*), Molidae — Mondfische (*Mola*)

Die Haftkiefer sind eine formenreiche Ordnung mit vielen sonderbaren Fischerscheinungen. Gemeinsam ist ihnen eine oft winzige Kiemenöffnung und ein meist kleiner Mund. Die Haut ist entweder von kleinen Schuppen, Stacheln oder Knochenplatten bedeckt. Letztere sind oftmals ein starrer Panzer. Die meisten Haftkiefer verfügen über eine sehr starke Bezahnung. Fest „haften" die Kieferknochen aneinander.

Die *Dreihornfische* oder Dreistachler sind metallisch glänzende, kantige, kleine Fische mit drei riesigen Stacheln; sie sind wenig bekannt. Teilweise sollen sie ins Süßwasser gehen. Alle Drückerfische zeichnen sich durch einen recht großen Kopf, seitlich abgeplatteten Körper und ein sehr gut ausgebildetes Gebiß mit einer Reihe von Mahlzähnen aus. Vor der weichen Rückenflosse stehen zwei Dornen, der erste ist gesägt und sehr stark, der zweite klein. Er dient als Sperrmechanismus für den ersten, sobald dieser aufgerichtet wird. Die deutsche Bezeichnung Drückerfische soll auf die englische Bezeichnung Triggerfish zurückzuführen sein, das auf diesen Sperrmechanismus Bezug nimmt. „Trigger" ist der Abzug mit Sicherung bei den Schußwaffen. Nach anderer Lesart „drücken" sich diese Fische bei Gefahr gern in Spalten. Die zu dieser Familie gehörenden Fischarten haben meist bizarre Formen und auffällige Zeichnungen und Farben. Die Haut ist oft lederartig dick und rauh. Besonders artenreich sind sie auf den Korallenriffen anzutreffen, leben aber in allen warmen Meeren. Unsere Bilder geben eine Auswahl aus der Vielfalt der Formen. Nur von einigen soll etwas gesagt werden, da bei vielen nicht mehr als ihre Existenz bekannt ist. Der *Picassofisch* erhielt seinen Namen von deutschen Aquarienfreunden, über das Warum muß nichts gesagt werden. Der *Winkelfisch* ist ihm sehr ähnlich. Die Drückerfische sind trotz ihres kleinen Maules arge Räuber, die

Lactoria cornuta (Linnaeus)
Kuhfisch
Trop. Indopazifik 45 cm

Sphoeroides cutaneus (Günther)
Aufbläser
Trop. Atlantik 35 cm

Ostracion lentiginosus Bloch
Blauer Kofferfisch
Trop. Indopazifik 20 cm

Tetraodon fluviatilis Hamilton-Buchanan
Grüner Kugelfisch
Südost-Asien 16 cm

Chelonodon laticeps Smith
Blauer Toby
Trop. Indik 10 cm

Arothron aerostaticus (Jenyns)
Toby
Indopazifik 20 cm

Stephanolepis
hispidus (Linnaeus)
Feilenfisch
Westatlantik 25 cm

Pervagor spilosoma Lay u. Bennett
Rotschwanzfeilenfisch
Hawaii, Leeward Inseln
15 cm

Ceratocanthus
schoepfi (Walbaum)
Orangefeilenfisch
Karibische See
65 cm

auch hartschalige Beutetiere wie Krabben mit ihren scharfen Zähnen zerbeißen. Eine Art, die im Atlantik recht weit nach Norden geht und ziemliche Größe erreicht, erhielt von den Seeleuten den nicht schmeichelhaften Namen „Altes Weib", wohl wegen der faltenähnlichen Zeichnung am Kopf. Ißt man den *Giftdrückerfisch*, so erzeugt er die berüchtigte, von vielen Tropenfischen bekannte Fischvergiftung Ciguatera. Die *Feilenfische* der verschiedenen Gattungen sind fast alles kleine, eckige Fische, die nach der oft wie eine Feile gerauhten Haut des Körpers heißen.

Die *Kofferfische* stecken völlig in einem aus Knochenplatten zusammengesetzten, kastenartigen Panzer, aus dem nur die Flossen und der Mund herausragen. Es sind bemerkenswert intelligente Fische vor allem der Riffe und als Jungtiere im Aquarium unterhaltsame Pfleglinge.

Die Kugelfische haben am Darm einen sackartigen Anhang, den sie mit Wasser oder Luft füllen können, um dann zu kugelförmiger Gestalt anzuschwellen; oft treten dabei noch Stacheln aus der Haut hervor. Auch aus dieser Familie gibt es eine Reihe von z. T. sehr kleinen und mittelgroßen, oft bunten Arten. Einige wie der *Grüne Kugelfisch* gehen auch ins Süßwasser und werden öfters als Aquarienfische importiert. Es gibt auch ausgesprochene Süßwasserarten. In Teilen der englisch sprechenden Welt heißen die Fische *Tobys* oder wie *Sphoeroides* Puffer.

In den Seemannskneipen vergangener Zeiten hing oft ein kugelrundes, von Stacheln starrendes Gebilde mit einem Fischschwanz daran. In Monaco und auf den Antillen wird das gleiche Gebilde, schön lackiert, dem Touristen heute als Nachttischlampe angeboten. Es sind die aufgeblasenen Häute von *Igelfischen*. In der Natur blasen sich diese Fische wie die Kugelfische bei Gefahr zu solchen Gebilden auf. Auch diese Fische sind auf die warmen Meere beschränkt.

Ein Passagierdampfer brachte einmal einen großen merkwürdigen Fisch mit, der ihm durch eine Woge auf das Vorderdeck geworfen wurde und dort die Reling erheblich beschädigt hatte. Es war ein *Mondfisch*, der wie ein Fischkopf ohne Körper aussieht und nicht selten, auf der Seite liegend, sich an der Oberfläche treiben läßt. Es steht nicht fest, ob er sich sonnt oder schläft. Es ist ein Bewohner der wärmeren Teile des Pazifischen und Atlantischen Ozeans und gelangt als Irrgast gelegentlich auch bis nach Island und Norwegen.

Diodon holacanthus Linnaeus
Igelfisch
Trop. Meere

Mola mola (Linnaeus)
Mondfisch
Alle Meere
3 m

Atopomycterus nicthemerus
Australischer Igelfisch
Südwest-Australien, Tasmanien

Cyclichthys schoepfi (Walbaum)
Gestreifter Igelfisch
Trop. Westatlantik
25 cm

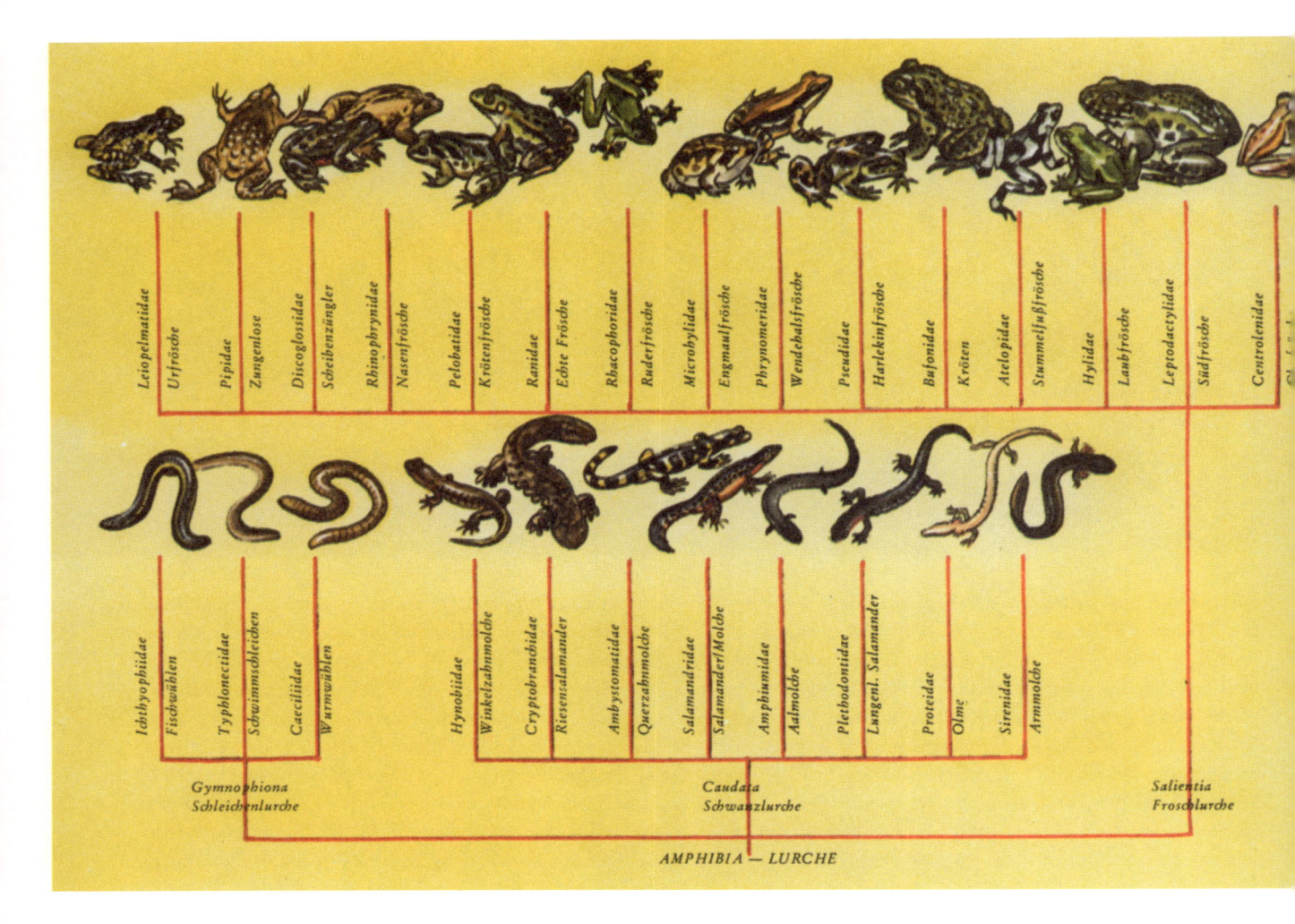

AMPHIBIA — LURCHE

Mit den Lurchen (Klasse Amphibia) lernen wir jene Tiergruppe kennen, die erstmals in der Stammesgeschichte der Wirbeltiere das Land erobert haben. Zwar sind selbst die heutzeitlichen Lurche nicht so vollkommen an das Landleben angepaßt, daß sie zeitlebens vom Wasser als Lebensstätte unabhängig wären, doch sind die meisten Amphibien so weit Landbewohner geworden, daß sie den Sauerstoff der Luft atmen und das Nahrungsangebot auf dem Lande nutzen können.

Die etwa 3000 Arten heutzeitlicher Lurche gliedern wir in drei große Gruppen: die Ordnung der Schleichenlurche (Gymnophiona) mit etwa 200 Arten in drei Familien, die Schwanzlurche (Caudata) mit ungefähr 300 Arten in acht Familien und die Ordnung der Froschlurche (Salientia) mit etwa 2500 Arten in 15 Familien. Viele Fragen in der Systematik der höheren Gruppen der Amphibien sind noch offen und werden in der Wissenschaft auch heute noch lebhaft diskutiert. Es ist sogar ungeklärt, ob die drei genannten Unterklassen überhaupt von gemeinsamen Ahnen direkt abstammen, also gemeinsamen Ursprungs sind, oder ob die Klasse der Amphibien keine natürliche Einheit ist. Die Funde fossiler Lurche sind für diese Fragestellung so selten und lückenhaft, daß sie uns bei der Klärung der großen stammesgeschichtlichen Zusammenhänge wenig helfen. Die jurassischen Frösche sind schon perfekte Frösche, und die fossilen Salamander aus der Kreidezeit repräsentieren bereits heutige Familien. Die Übergangsformen jedoch, die eine Ableitung der heutzeitlichen Gruppen ermöglichen würde, sind fossil unbekannt.

Gegenüber den Fischen zeichnen sich die Lurche aus durch den Besitz von Lungen statt Kiemen, durch eine nackte, drüsenreiche Haut statt einer schuppenbedeckten, durch zwei Paar Gliedmaßen, die in die drei funktionellen Abschnitte Oberarm, Unterarm und Hand beziehungsweise Oberschenkel, Unterschenkel und Fuß gegliedert sind und sich vorzugsweise zur Fortbewegung auf festem Untergrund eignen. Im Gegensatz zu den höherstehenden Reptilien, Vögeln und Säugetieren fehlt den Amphibien jedoch eine Körperbedeckung aus Hornschuppen, Federn oder Haaren, ist ihr Herz und ihr Blutkreislauf einfacher gebaut, haben ihre Eier noch keine feste Hülle, die sie zuverlässig vor Austrocknung schützen könnte, und werden sie daher noch im Wasser außerhalb des mütterlichen Organismus befruchtet. Gemeinsam mit den Fischen und Kriechtieren haben die Lurche die Abhängigkeit von der Außentemperatur. Die Amphibien sind ectotherm, ihre Körpertemperatur kann nicht wesentlich von der der Umgebung abweichen, ein Mechanismus aktiver Temperaturregelung wie bei den Vögeln und Säugetieren fehlt.

Fast alle Lurche führen uns den Übergang vom Wasser- zum Landleben modellhaft in ihrer Jugendentwicklung vor. Die Eier werden im Wasser abgelegt, häufig auch dort erst befruchtet. Sie haben eine gallertige Hülle, die durch Wasseraufnahme quillt, jedoch kaum Schutz gegen Austrocknen bietet. Wie bei den Fischen bezeichnen wir daher die Gelege der Amphibien als Laich. Nach Abschluß der Keimesentwicklung schlüpft aus dem Ei eine Larve mit Schwanz, Flossensaum und äußeren Kiemen, die gemäß ihres Bauplanes auf der Entwicklungshöhe der Fische steht. Die Larve ernährt sich im Wasser, wächst heran, bildet erst dann die paarigen Gliedmaßen aus und verwandelt sich schließlich in der Metamorphose zum Frosch oder Salamander, der dann meistens zum Landleben übergeht. Diese Metamorphose ist ein dramatisches Geschehen in der Entwicklung jedes Lurchs, werden doch innerhalb weniger Tage oder gar Stunden ganze Organsysteme umgebaut, der Gasaustausch von der Kiemenatmung auf Lungenatmung umgestellt, die Fortbewegung vom Schwimmen zum Schlängelkriechen oder Springen geändert, der Flossensaum und bei den Fröschen der ganze Schwanz eingeschmolzen, die Nahrung in ganz anderer Weise erbeutet. Der metamorphosierte Lurch ist zum Landbewohner geworden, er entfernt sich vom Gewässer, das er gerade verlassen hat, wächst heran; die meisten Arten kehren jedoch zur Begattung und Eiablage regelmäßig ins Wasser zurück. Zwar gibt es bei den Schleichenlurchen, bei verschiedenen Arten der Schwanz- und Froschlurche Ausnahmen von diesem Entwicklungsgang, doch sind dies, wie wir später sehen werden, nicht allzu häufige Fälle. Meist werden bei diesen Ausnahmen freilebende Stadien eingespart, die Entwicklung wird teilweise in die Eileiter des mütterlichen Körpers verlegt und dann Larven geboren wie beim einheimischen Feuersalamander, oder aus den in feuchten Erdhöhlen abgelegten Eiern von Südfroscharten schlüpfen fertige Jungfröschchen, was bedeutet, daß die Larvenentwicklung in der Eihülle durchlaufen wurde. Die wasserbewohnenden Stadien der Lurche leben immer im Süßwasser, kein einziges Amphib ist heute Meeresbewohner, und nur wenige Arten ertragen überhaupt den geringen Salzgehalt leicht brackiger Gewässer. Deshalb können wir aus dem Übergang vom Wasser- zum Landleben, wie wir ihn bei den heutzeitlichen Lurchen in ihrer Jugendentwicklung beobachten, nicht auf den entsprechenden Vorgang in der Stammesgeschichte der Wirbeltiere rückschließen; die Metamorphose der Amphibien kann allenfalls als Modell gelten dafür, wie die Natur das Problem gelöst hat.

Als wechselwarme Tiere sind die Lurche mit ihrer größten Artenfülle in den tropischen Ländern verbreitet. Weniger Arten sind in den gemäßigten Klimaten zu Hause, nur ganz wenige sind bis in die kalten Regionen der Erde vorgedrungen. Immerhin erreichen der Teichmolch und der Grasfrosch in Skandinavien den Polarkreis. Auf dem antarktischen Kontinent gibt es natürlich keine Amphibien, sie fehlen auch auf den meisten Inseln mit kaltem Klima, so auf Island und Grönland. Auch kleine, isolierte Inseln in tropischen Breiten konnten von Lurchen nicht immer besiedelt werden; so sind die Galapagos-Inseln im Stillen Ozean ohne Amphibien.

Die Schleichenlurche sind auf die eigentlichen Tropen der Alten und der Neuen Welt beschränkt, fehlen jedoch auf Australien und auf den südlichen Inseln des Indoaustralischen Archipels. Die Schwanzlurche sind in ihrer Verbreitung fast ganz auf die Nordhalbkugel der Erde beschränkt. Sie fehlen daher in Afrika südlich der Sahara, in Südasien und Australien; nach Südamerika sind sie nur entlang der großen Gebirge gerade bis über den Äquator nach Süden vorgedrungen. Die Froschlurche sind nicht nur mit Abstand die vielgestaltigste und artenreichste Gruppe, sie haben auch die unterschiedlichsten Lebensräume erobert.

Entwicklung des Wasserfrosches

Abschluß der Verwandlung nach etwa 4 Monaten

Ruderschwanz schrumpft und Kiemen werden durch Lungen ersetzt

Kaulquappen mit Ruderschwanz und Kiemen nach innen

nach 2–4 Wochen schlüpfen die Larven

Kiemen außen

Laich

Caecilia tentaculata Linnaeus
Wurmwühle
Surinam   63 cm

Siphonops annulatus (Mikan)
Ringelwühle
Trop. Südamerika   30 cm

Ichthyophis glutinosus (Linnaeus)
Fischwühle
Ceylon   35 cm

Typhlonectes natans (Fischer)
Schwimmschleiche
Nördl. Südamerika   30 cm

Klasse Amphibia — Lurche

Ordnung Gymnophiona — Schleichenlurche

Familien: Caeciliidae — Wurmwühlen (*Caecilia, Siphonops*), Typhlonectidae — Schwimmschleichen (*Typhlonectes*), Ichthyophiidae — Fischwühlen (*Ichthyophis*)

Die Schleichenlurche, manchmal auch Blindwühlen genannt, sind eine höchst eigenartige Gruppe der Amphibien, über deren stammesgeschichtliche Stellung man allenfalls Vermutungen äußern kann. Alle Schleichenlurche — knapp 200 Arten — sind unterirdisch lebende, grabendwühlende, gliedmaßenlose Amphibien von wurmförmiger Gestalt. In der Haut sind winzige, verkalkte Schuppen verborgen, unter den Amphibien ein einzigartiges Merkmal, das man als letzte Reste der Körperpanzerung der paläozoischen Panzerlurche deutet. In Anpassung an die wühlende Lebensweise ist der Schädel zu einer massiven Kapsel verwachsen. Die Augen sind rückgebildet. Aus einer paarigen Grube auf der Schnauze nahe den Augen können Tentakel ausgestülpt werden. Die Kloake der Schleichenlurche liegt fast am Körperende, der Schwanz der Gymnophiona ist daher sehr kurz.

Über die Lebensweise der Schleichenlurche wissen wir nur sehr wenig. Soweit untersucht, sind die Schleichenlurche der Familie der *Caeciliidae* lebendgebärend. Bei manchen Arten werden Larven mit äußeren Kiemen abgesetzt, bei anderen werden voll entwickelte Jungtiere geboren. Da bei lebendgebärenden Formen eine innere Befruchtung stattfinden muß, ist bei den männlichen Caeciliiden die Kloake zu einem ausstülpbaren Begattungsorgan umgewandelt. Auch die Schwimmschleichen der Familie *Typhlonectidae* sind lebendgebärend. Diese Gymnophionen führen ein mehr wasserlebendes Dasein, ihr hinterer Körperabschnitt ist seitlich zusammengedrückt. Von den Schleichenlurchen der Gattung *Ichthyophis* ist bekannt, daß die Weibchen in einer selbstgegrabenen Erdhöhle große, dotterreiche Eier ablegen, die sie bewachen, indem sie sich um das Gelege herumwinden und es gegen Feinde verteidigen. Aus den Eiern schlüpfen Larven mit äußeren Kiemen; jene werden schon nach kurzer Zeit zurückgebildet, die Larve durchläuft jedoch eine längere, wasserlebende Phase.

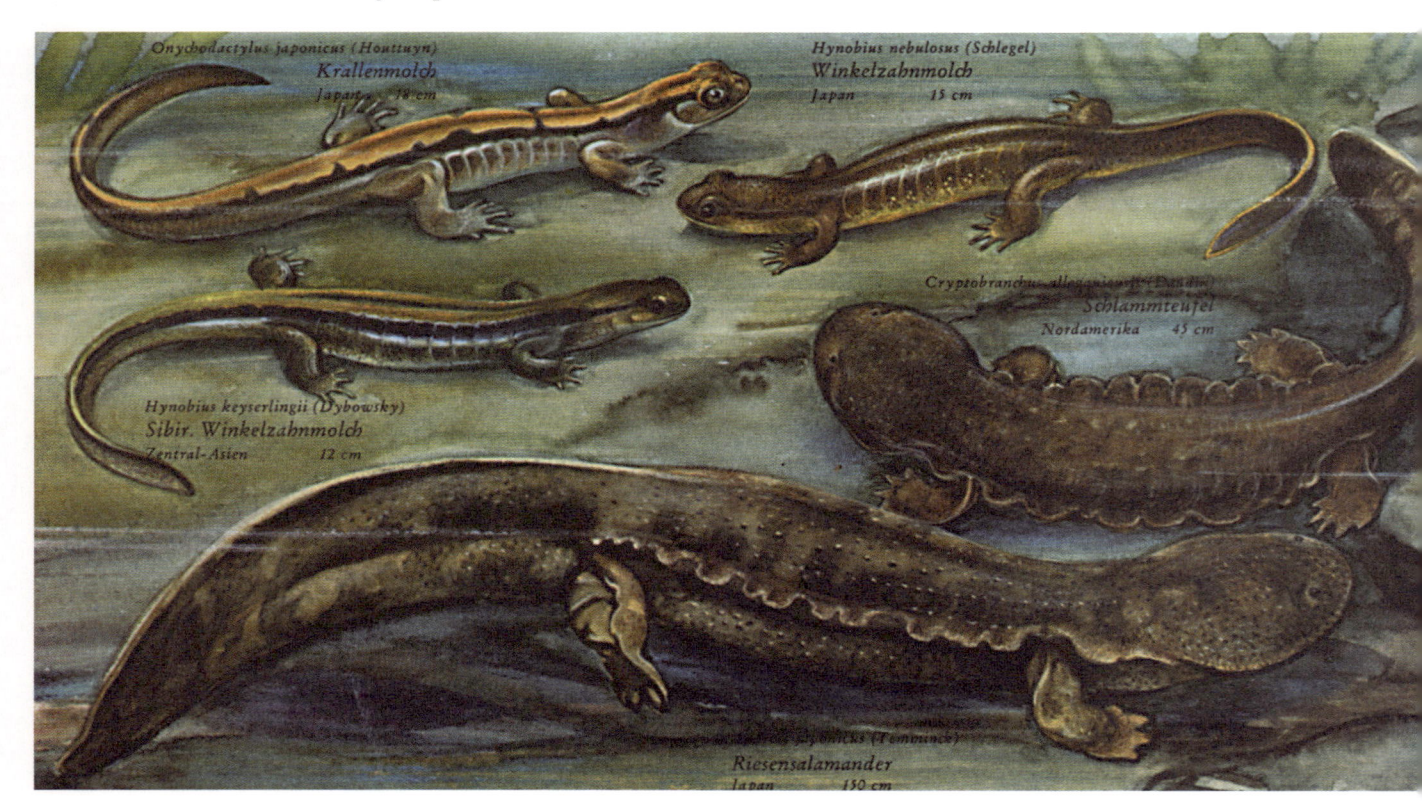

Onychodactylus japonicus (Houttuyn)
Krallenmolch
Japan   18 cm

Hynobius nebulosus (Schlegel)
Winkelzahnmolch
Japan   15 cm

Hynobius keyserlingii (Dybowsky)
Sibir. Winkelzahnmolch
Zentral-Asien   12 cm

Cryptobranchus alleganiensis (Daudin)
Schlammteufel
Nordamerika   45 cm

Megalobatrachus japonicus (Temminck)
Riesensalamander
Japan   150 cm

Ordnung Caudata — Schwanzlurche
Familien: Hynobiidae — Winkelzahnmolche (*Hynobius, Onychodactylus*), Cryptobranchidae — Riesensalamander (*Andrias, Cryptobranchus*), Ambystomatidae — Querzahnmolche (*Ambystoma, Rhyacotriton*)

Die Schwanzlurche, gewöhnlich als Salamander oder Molche bezeichnet, bilden bei der Metamorphose den Schwanz nicht zurück wie die Froschlurche, sondern er bleibt als oft über körperlanges Organ erhalten. Eine Reihe von Schwanzlurchen behält auch nach der Verwandlung Merkmale des Larvenstadiums bei oder metamorphisiert gar nicht und erreicht die Geschlechtsreife als Larve; wir sprechen dann von Neotenie bzw. von neotonen Arten. Die Familie der Winkelzahnmolche (Hynobiidae) ist mit ihren fünf Gattungen auf Asien beschränkt. Der *Sibirische Winkelzahnmolch* hat von allen Arten seiner Familie die weiteste Verbreitung, in der UdSSR erreicht er gerade noch europäischen Boden. In Sibirien besiedelt er auch sehr kalte Gebiete nahe vom Polarkreis.

Der *Krallenmolch* ist auf die Gebirgsbäche der japanischen Inseln Hondo und Schikoku beschränkt. Seinen Namen verdankt er der Tatsache, daß die vier Finger der Hand dunkel pigmentierte Krallen tragen. Im kühlen, sauerstoffreichen Wasser der Bergbäche sind Lungen nicht nötig. Der Krallenmolch hat sie zurückgebildet und atmet über seine Haut und die Mundhöhle.

Die *Riesensalamander* gibt es heute nur noch mit drei Arten in zwei Gattungen in Ostasien und Nordamerika. Der *Schlammteufel* Nordamerikas bleibt zeitlebens Wasserbewohner. Die eigentlichen *Riesensalamander* sind mit je einer Art in Japan und China zu Hause. Der *Japanische Riesensalamander* ist mit 150 cm das größte heutzeitliche Amphib. Die Riesensalamander sind gewaltige Räuber, die lebender Beute gut getarnt auflauern.

Die Querzahnmolche sind eine von den Winkelzahnmolchen abzuleitende, weiterentwickelte Schwanzlurchfamilie, die auf Nordamerika beschränkt ist. Bei den Salamandern dieser Familie begegnen wir erstmals einer inneren Befruchtung in der Weise, daß vom Männchen ein Samenträger (Spermatophor) produziert und am Untergrund angeheftet wird, der auf einem Stiel eine gallertige Kappe mit der Samenmasse enthält. Das Weibchen kriecht über einen Spermatophor und nimmt mit den Lippen der Kloake den Samen auf während *Jeffersons Salamander* im Frühjahr laicht, ist der *Silbersalamander* ein Herbstlaicher.

Wohlbekannt als Aquarienbewohner wie als Labortier sind die *Axolotl* genannten, neotenischen Querzahnmolche aus Mexiko. Wie bei vielen Gebirgsbachbewohnern ist die Lunge des *Olympquerzahnmolches* rückgebildet.

Familie: Salamandridae — Echte Salamander (*Chioglossa, Cynops, Notophthalmus, Pleurodeles, Salamandra, Salamandrina, Taricha, Triturus, Tylototriton*)

Die alt- und neuweltlichen Echten Salamander haben im Gegensatz zu den vorher besprochenen Querzahnmolchen Gaumenzähne, die in zwei Längsreihen stehen. In der Wassertracht zur Fortpflanzungszeit bilden die *Echten Salamander* und Molche meist Hautkämme und Flossensäume aus, die den Querzahnmolchen stets fehlen. Neotenie gibt es bei den Echten Salamandern fast nie.

Das Urbild des Salamanders ist der *Feuersalamander*. Das glänzend lackschwarze Tier fällt auf durch seine leuchtend gelben Flecken, die so verschiedenartig angeordnet sein können, daß kaum ein Tier einem zweiten völlig gleicht. Neben dieser individuellen Variabilität gibt es jedoch auch eine Verschiedenartigkeit der Fleckung in Abhängigkeit von der geographischen Herkunft der Salamander. So kann man bei dem in Europa, Nordwestafrika und Westasien weit verbreiteten Feuersalamander Unterarten unterscheiden: Die im östlichen Mitteleuropa verbreitete Nominatrasse *Salamandra salamandra* hat eine so unregelmäßige Anordnung der gelben Flecken, daß einzelne sich auch über die Rückenmitte erstrecken. Beim Gestreiften Feuersalamander (*Salamandra salamandra terrestris*) Westeuropas sind auf dem Rücken die gelben Flecken so in zwei Längsreihen angeordnet, daß keiner die schwarze Rückenmitte durchbricht. Feuersalamander sind nächtlich lebende Landbewohner, ihre gelbschwarze Warntracht spielt also während ihrer hauptsächlichen Aktivitätszeit keine Rolle. Sofern man sie nicht in ihrem Schlupfwinkel aufstöbert, kann man Feuersalamandern in der Nacht begegnen, wenn sie auf Nahrungssuche im Laubwald umhermarschieren, oft weit entfernt vom nächsten Gewässer. Gelegentlich trifft man sie jedoch auch am Tage nach einem Gewitter draußen an, wenn die plötzlich stark angestiegene Feuchtigkeit die Tiere hervorgelockt hat. Die Balz, das Absetzen der Spermatophore und die Aufnahme des Samens durch das Weibchen findet an Land statt. Die befruchteten Eier entwickeln sich bereits im Eileiter, das Weibchen gebärt lebende Larven mit äußeren Kiemen und schon entwickelten Beinen, die es in einen kleinen Bach oder in ein anderes Gewässer mit kühlem, sauerstoffreichem Wasser absetzt. Den Larven fehlen die gelben Flecken des verwandelten Feuersalamanders ganz, nur an den Ansatzpunkten der Beine ist die schwarze Körperfärbung aufgehellt. Häufig verbringen die Larven ihren ersten Winter noch im Wasser.

Noch weiter als beim Feuersalamander ist die Entwicklung zum Lebendgebären beim *Alpensalamander* gegangen, in dessen Lebensraum in höheren Lagen der Alpen und des nördlichen Balkangebirges geeignete Laichgewässer noch seltener sind. Das Weibchen dieses kleineren, einfarbig schwarzen Salamanders bringt bei einem Wurf nur zwei, schon verwandelte Jungsalamander zur Welt, die sofort ein selbständiges Landleben beginnen können. Die gesamte Ei- und Larvalentwicklung einschließlich der Metamorphose wird im Eileiter des Muttertieres durchlaufen, wo sich die beiden Embryonen auf Kosten der übrigen, zur Nährsubstanz zerfallenden Eier entwickeln. Der Alpensalamander ist für sein Fortpflanzungsgeschäft und für seine Jungenentwicklung vom Wasser völlig unabhängig, zweifellos eine weitgehende Anpassung an den Lebensraum im Hochgebirge.

Die erwachsenen Molche der Gattungen Triturus, Cynops und Notophthalmus suchen im Frühjahr stehende Gewässer auf, legen sich dabei meist ein farbenprächtiges Hochzeitskleid zu mit teilweise hohen Hautkämmen und Flossensäumen, wofür der *Kammolch* Europas ein gutes Beispiel ist. Nach einer artlich verschiedenen, immer recht komplizierten Balz, während der die Männchen durch optische, chemische und taktile Reize das Weibchen vorbereiten, wird die gestielte Spermatophore abgesetzt und das Weibchen darübergeführt. Die Eier werden meist einzeln an Wasserpflanzen geklebt. Nach der Laichzeit verlassen die Molche das Wasser, Hautkämme und Säume werden zurückgebildet.

Auf ein sehr kleines Verbreitungsgebiet in Galicien und in Nordportugal ist der *Goldstreifensalamander* beschränkt, ein sehr schlankes, langschwänziges Tier, dessen auffälliger Goldglanz ihm zu diesem Namen verholfen hat. Er lebt meist in der Nähe kleiner Bäche, hält sich tagsüber unter Steinen verborgen, läuft aufgestört jedoch eidechsenhaft schnell davon. Der Schwanz kann abgeworfen und einem Feind geopfert werden.

Den kleinen *Brillensalamander* gibt es nur auf der Apenninenhalbinsel. Auffällig ist eine rote Marke auf dem Kopf und auf der Schwanzunterseite. Bei einer Behelligung durch große Feinde krümmt sich der Brillensalamander so weit durch, daß beide Marken von oben sichtbar werden und möglicherweise abschreckend wirken.

Die *Rippenmolche*, in zwei Arten in Spanien, Portugal und Nordwestafrika verbreitet, sind stattliche Tiere mit warziger Haut ohne auffallende Zeichnung und ohne Hautkämme. Die freien Enden der Rippen durchbrechen an den Flanken die Haut und erscheinen als kleine Spitzen in einer Warze.

In Nordamerika sind die Echten Salamander nur mit zwei Gattungen vertreten, mit dem *Gebänderten Wassermolch* im Osten — bei ihr ist der starke Unterschied zwischen Land- und Wassertracht besonders auffällig — und mit den Bachsalamandern der Gattung *Taricha* im Westen.

Familien: Amphiumidae — Aalmolche (*Amphiuma*), Proteidae — Olme (*Necturus, Proteus*), Plethodontidae — Lungenlose Salamander (*Aneides, Desmognathus, Ensatina, Eurycea, Haideotriton, Hydromantes, Leurognathus, Plethodon Typhlomolge, Typhlotriton*), Sirenidae — Armmolche (*Pseudobranchus, Siren*)

Die kleine, auf die südöstlichen Staaten der USA beschränkte Familie der Aalmolche enthält nur drei Arten in der Gattung Amphiuma. Es sind langgestreckte, aalförmige Tiere mit winzigen, funktionslosen Armen und Beinen, einem Paar offener Kiemenspalten auch bei Erwachsenen und mit Lungen. Die Aalmolche leben fast ausschließlich im Wasser, wo sie ein räuberisches Dasein führen. Der *Dreizehen-Aalmolch* aus den südlichen USA kann bis zu 100 cm lang werden; wie seine Gattungsgenossen ist er sehr bissig und kann auch dem Menschen böse Bißwunden beibringen.

Mit den Olmen (Familie Proteidae) lernen wir eine weitere Reliktgruppe der Schwanzlurche kennen. Hierzu zählen nicht mehr als zwei Gattungen wasserbewohnende Salamander, der europäische *Grottenolm* und der nordamerikanische *Furchenmolch*. Beide Arten sind neotenisch, die geschlechtsreifen Tiere behalten sogar die larvalen äußeren Kiemen bei. Der Grottenolm hat sich zudem in die lichtlosen Höhlen und unterirdischen Gewässer der Karstgebirge der nordwestlichen Balkanhalbinsel zurückgezogen, die er normalerweise nicht verläßt. Seine Augen sind daher rückgebildet, er entwickelt kein dunkles Pigment und sieht bleich rosafarben aus. Gemäß der niedrigen und relativ konstanten Temperatur seiner Wohngewässer wächst der Grottenolm sehr langsam heran und erreicht erst mit etwa 15 Jahren die Geschlechtsreife.

Die Familie der Lungenlosen Salamander ist die erfolgreichste aller Schwanzlurche, wenn man als Gradmesser für den Erfolg die Artenfülle heranzieht. Die allermeisten Gattungen und Arten der Lungenlosen Salamander sind in Amerika zu Hause, dort haben sie so unterschiedliche Lebensräume wie Höhlen und Baumkronen, Gewässer und Moospolster, Felsspalten und die Laubstreu der Wälder erobert. Auch geographisch sind sie auf dem amerikanischen Doppelkontinent weit vorgedrungen: im Norden bis nach Kanada, nach Süden entlang der großen Gebirge bis nach Brasilien und Bolivien. Alle Salamander dieser Familie zeichnen sich durch das Fehlen der Lungen aus. Eine ihrer vielen anatomischen Besonderheiten ist eine feine Rinne, die von der äußeren Nasenöffnung zur Oberlippe zieht und die offenbar der Fortleitung gelöster Duftstoffe dient.

Der *Baumsalamander* aus dem westlichen Nordamerika, einer der größeren Plethodontiden, klettert ebenfalls ausgezeichnet und ersteigt auch hohe Bäume, wo er sich in Baumhöhlen und in Nestern tagsüber verborgen hält. Einige andere, nordamerikanische Lungenlose Salamander sind Höhlenbewohner geworden oder sie leben im lichtlosen Grundwasser. Der *Grotto-Salamander* ist zwar schon blind und pigmentlos, jedoch metamorphosiert er noch zu einem sonst „normalen" Plethodontiden. Die Höhlensalamander der Gattungen *Haideotriton* und *Typhlomolge* hingegen sind neotene Arten, die ihre Larvenmerkmale nie ablegen, als unterirdisch lebende Tiere jedoch weder dunkles Pigment noch funktionsfähige Augen haben. Als letzte Familie der Schwanzlurche besprechen wir die Armmolche, weil sie so viele Merkwürdigkeiten zeigen, daß sie eine Sonderstellung im System der Tiere einnehmen, die von einigen Forschern sogar als eigene Ordnung gewertet wird. Alle Armmolche sind als geschlechtsreif gewordene Larven aufzufassen. Die zeitlebens bleibenden äußeren Kiemen, offene Kiemenspalten, ein Schwanzsaum sind solche larvalen Merkmale. Die Vordergliedmaßen der Armmolche sind klein, doch noch vorhanden, die Hintergliedmaßen samt Beckengürtel fehlen vollkommen; auch die Augen sind nur winzig. Der gewöhnliche *Armmolch* wird mit 75 cm Gesamtlänge recht groß, der *Streifen-Armmolch* ist hingegen ein zartes Tier.

In der Alten Welt sind die Plethodontiden nur durch die *Höhlensalamander* der Gattung Hydromantes mit zwei Arten vertreten. Diese kleinen Salamander bewohnen Höhlen, Halbhöhlen und Felsspalten in einem Küstenstreifen Frankreichs und Italiens entlang der tyrrhenischen See und auf Sardinien. Die Höhlensalamander sind geschickte Kletterer, die sich von zarthäutigen Gliedertieren ernähren, die sie mit ihrer Schleuderzunge auf einige Zentimeter Entfernung schießen. In ihrer Entwicklung sind die Höhlensalamander vom Wasser völlig unabhängig, da sie bereits verwandelte Jungtiere gebären.

Der *Schwarzbauchmolch*, einer der zahlreichen terrestrischen Plethodontiden Nordamerikas, legt sein Gelege aus zehn bis 20, traubenförmig miteinander verbundenen Eiern in kleinen Erdhöhlen, unter Steinen oder unter alten Stämmen ab und bewacht es. Die geschlüpften Larven benötigen zwar für ihre weitere Entwicklung ein Gewässer, sie wandern jedoch erst nach einigen Tagen aus der Erdhöhle ab, um ein solches zu suchen.

Der *Rotwangensalamander* ist noch besser an das Landleben angepaßt. Aus seinen, ebenfalls an Land abgelegten Eiern schlüpfen Jungtiere, die die äußeren Kiemen bereits wieder rückgebildet haben.

Ordnung Salientia — Froschlurche

Familien: Leiopelmatidae — Urfrösche (*Ascaphus, Leiopelma*), Pipidae — Zungenlose (*Pipa, Xenopus*), Discoglossidae — Scheibenzüngler (*Alytes, Bombina, Discoglossus*), Rhinophrynidae — Nasenfrösche (*Rhinophrynus*), Pelobatidae — Krötenfrösche (*Megophrys, Pelobates, Pelodytes, Scaphiopus*)

Ein erwachsener Froschlurch ist auch vom Laien sofort als solcher zu erkennen: Der fehlende Schwanz, die kräftigen, zum Springen befähigenden Hinterbeine, meist mit durch Schwimmhäute verbundenen Zehen, der kurze Hals, der den Kopf fast unbeweglich mit dem Rumpf verbindet, dazu die nackte, drüsenreiche Haut aller Amphibien. Die Froschlurche sind durchweg stimmfreudige Tiere, die es in mancher Beziehung mit den Vögeln aufnehmen können. Durch ihre Rufe finden sich die Geschlechter einer Art zum Fortpflanzungsgeschäft. Wegen des anatomischen Baus der Wirbelsäule werden die Urfrösche als die primitivsten heutzeitlichen Froschlurche angesehen. Der *Schwanzfrosch* der kühlen Gebirgsbäche im Westen Nordamerikas hat einen merkwürdigen, schwanzförmigen Anhang; dieser ist jedoch nicht ein wirkliches Schwanzrudiment, sondern die beim Männchen ausgezogene Kloakenöffnung, mit Hilfe derer eine direkte Übertragung des Samens in die weibliche Kloake beim klammernden Paar möglich ist. Die zweite Gattung der Familie der Urfrösche, *Leiopelma*, ist mit wenigen Arten auf Neuseeland zu Hause. *Hochstetters Urfrosch* legt seine Eier an feuchten Stellen an Land ab. Wird der Laich durch Regenfälle ins Wasser gespült, schlüpfen Larven. Bleiben die Eier an Land liegen, läuft die ganze Larvalentwicklung in den Eihüllen ab und es schlüpfen winzige Jungfrösche.

Die Zungenlosen Frösche müssen ebenfalls zu den ursprünglicheren Froschfamilien gezählt werden. Da sie jedoch auch als metamorphosierte Frösche Wassertiere bleiben, zeigen sie viele Besonderheiten. Bei den Zungenlosen sind Rippen noch nachweisbar, eine herausklappbare Zunge fehlt hingegen. Die altweltlichen Zungenlosen sind auf das tropische und südliche Afrika beschränkt; die *Krallenfrösche* sind räuberisch lebende Wasserbewohner mit riesigen Schwimmhäuten zwischen den Zehen, dunkel pigmentierten Krallen an einigen Fingern und Zehen und mit einem Seitenlinienorgan zur Wahrnehmung von Schwingungen im Wasser, ähnlich wie wir es von den Fischen bereits kennen. Es schlüpft eine durchsichtige Larve mit langen Tentakeln, die sich als freischwimmende Filtrierer ernährt. Die neuweltlichen Zungenlosen, im tropischen Südamerika zu Hause, sind die wenigen in die Gattung *Pipa* gestellten *Wabenkröten*. Ihr deutscher Name rührt daher, daß die

Alytes obstetricans (Laurenti)
Geburtshelferkröte
Mittel- und Südwesteuropa 5 cm

Scaphiopus couchii Baird
Couch's Schaufelfuß
Südwest-Nordamerika 7,5 cm

Scaphiopus holbrookii (Harlan)
Östlicher Schaufelfuß
Östliches Nordamerika 6 cm

Pelobates fuscus (Laurenti)
Knoblauchkröte
Zentral- und Osteuropa 6—8 cm

Pelodytes punctatus (Daudin)
Punktierter Schlammtaucher
Südwesteuropa 4,5 cm

Discoglossus pictus Otth
Gemalter Scheibenzüngler
Südwesteuropa, Nordafrika 7,5 cm

Megophrys nasuta (Schlegel)
Zipfel-Krötenfrosch
Malaya 13 cm

Rhinophrynus dorsalis Duméril und Bibron
Nasenfrosch
Zentralamerika 6 cm

Eier auf dem Rücken des Weibchens angeklebt und von wabenförmigen Hautwucherungen umgeben werden. In einem zweiten Geburtsakt schlüpfen dann aus diesen Waben entweder weit entwickelte Larven oder sogar bereits metamorphosierte Jungkröten.

Die artenarme, altweltliche Familie der Scheibenzüngler (Discoglossidae) ist unter anderem gekennzeichnet durch freie Rippen und eine, in einer Scheibe endende, herausklappbare Zunge. Die Unken der Gattung *Bombina* können als typische Vertreter dieser Familie angesehen werden. Sie sind in wenigen Arten von Westeuropa bis Ostasien verbreitet. Bekannt ist ihr glockenähnlich klingender, gedämpfter Ruf. Die eigentlichen *Scheibenzüngler* (Gattung *Discoglossus*), in drei Arten in manchen Mittelmeerländern zu Hause, sind recht froschähnlich.

Die *Geburtshelferkröte*, mit zwei Arten im westlichen Europa verbreitet, kann recht trockene Lebensräume besiedeln. Da sie zudem eine wärmeliebende Art ist, findet sie sich in Deutschland bevorzugt in nach Süden offenen Böschungen, alten Steinbrüchen oder in Schieferhalden. Die Tiere laichen an Land; das Männchen wickelt sich die Eischnüre nach der Befruchtung um die Hinterbeine und trägt sie, so gefesselt, mit sich herum, bis die Embryonalentwicklung abgeschlossen ist. Die schlüpfreifen Kaulquappen warten im Ei, bis das Männchen eines Nachts zum nahegelegenen Gewässer geht und die Eischnüre abstreift. Sofort schlüpfen die Larven.

Die Familie der Nasenfrösche enthält nur eine Gattung und Art mit dem *Mexikanischen Nasenfrosch*. Seine systematische Stellung ist umstritten.

Den Krötenfröschen fehlen, wie allen folgenden Familien, die Rippen vollkommen, sie haben jedoch eine vollständige Bezahnung im Oberkiefer. In Europa, Nordwestafrika und Westasien sind in mehreren Arten die *Knoblauchskröten* verbreitet. Ihren Namen verdanken sie dem stark nach Knoblauch duftenden Hautsekret. Die nordamerikanischen Schaufelfüße der Gattung *Scaphiopus* laichen in Regentümpeln, und die Eier und Larven durchlaufen eine schnelle Entwicklung. Die Kaulquappen müssen sich verwandeln, bevor ein so kurzlebiger Tümpel austrocknet. Der westeuropäische *Punktierte Schlammtaucher* ist ein unscheinbarer Frosch von versteckter Lebensweise. In Ostasien leben ansehnliche Vettern, die *Zipfelfrösche* der Gattung *Megophrys*, die durch eine vorgezogene Schnauzenspitze und durch je einen häutigen Fortsatz auf dem Auge wie kleine Dreihörner aussehen.

Rana tigerina Daudin
Tigerfrosch
Südasien bis 15 cm

Rana pipiens Schreber
Leopardfrosch
Nordamerika 10 cm

Rana esculenta Linnaeus
Wasserfrosch
Europa, Westasien 7,5—9 cm

Rana subaspera Barbour
Japan-Grünfrosch
Japan 9,5—12 cm

Rana dalmatina Bonaparte
Springfrosch
Mittel- und Südeuropa 7—9 cm

Rana catesbeiana Shaw
Ochsenfrosch
Nordamerika 15—20 cm

Pyxicephalus adspersus Tschudi
Gesprenkelter Grabfrosch
Südafrika bis 25 cm

Conraua goliath (Boulenger)
Goliathfrosch
Westafrika bis 30 cm

Familien: Ranidae — Echte Frösche (*Conraua, Dendrobates, Hemisus, Mantella, Phyllobates, Ptychadena, Pyxicephalus, Rana, Trichobatrachus*), Rhacophoridae — Ruderfrösche (*Afrixalus, Hylambates, Hyperolius, Leptopelis, Rhacophorus*)

Die Echten Frösche sind eine der vielgestaltigsten Froschfamilien überhaupt, weltweit verbreitet, doch mit einem Schwerpunkt der Evolution in Afrika. Natürlich gehören in diese Familie die jedermann vertrauten Wasserfrösche der Gattung Rana. In Europa ist es der gewöhnliche *Wasserfrosch* (*Rana esculenta*), in Asien der *Tigerfrosch* (*Rana tigerina*), in Nordamerika der *Leopardfrosch* (*Rana pipiens*). Die Wasserfrösche versammeln sich zur Laichzeit in einem zusagenden Gewässer, die Männchen stimmen ihr lautstarkes Quakkonzert an — der Ruf wird durch paarige, äußere Schallblasen wesentlich verstärkt —; hier finden sich die laichwilligen Weibchen ein, die von einem Männchen hinter den Vorderbeinansätzen umklammert werden und die klumpenförmigen Laichballen an Wasserpflanzen oder am Grund des Gewässers ablegen. Es schlüpfen Kaulquappen mit kugelförmigem Körper und flachem Schwanz, die mittels ihrer Hornzähnchen Algenbewuchs abweiden oder Detritus fressen. Die Braunfrösche der Gattung Rana, abgebildet ist der europäische *Springfrosch*, sind weit weniger Wasserbewohner. Im zeitigen Frühjahr treffen sich die Grasfrösche zur kurzen Laichzeit in einem stehenden Gewässer.

Wegen einiger Eigentümlichkeiten des Körperbaus werden zahlreiche, meist afrikanische Frösche heute aus der Gattung Rana ausgegliedert und in andere Gattungen gestellt. Hierzu gehört auch der *Goliathfrosch* (*Conraua goliath*). Dieser größte heutzeitige Froschlurch, in Westafrika zu Hause, wird über 1000 g schwer. Von den Eingeborenen wird er ebenso gegessen wie die Froschschenkel der europäischen Wasserfrösche von den Feinschmeckern in aller Welt. Der *Grabfrosch* Süd- und Südwestafrikas steht an Größe nicht viel hinter dem *Goliathfrosch* zurück. Er übersteht Trockenperioden tief eingegraben, erscheint plötzlich wieder an der Oberfläche, wenn es einmal ausgiebig geregnet hat. Die Streifenfrösche der Gattung *Ptychadena* sind in Afrika weit verbreitet, meist kennzeichnende Bewohner der offenen Savannenlandschaften, wo sie im hohen Graswuchs feuchter Stellen dem sich nähernden Menschen in weiten, kräftigen Sätzen zu entfliehen trachten. In den Bergbächen des westlichen Afrika ist auch der *Haarfrosch* zu Hause, eine Art, bei der das Männchen zur Fortpflanzungszeit an Flanken und Oberschenkeln einen Besatz von dichtstehenden „Haaren" aufweist. Natürlich haben diese Gebilde mit Haaren nichts zu tun, es sind vielmehr papillenartige Wucherungen der Oberhaut, die außerhalb der Laichzeit rückgebildet sind. Über ihre Funktion weiß man nichts genaues, wahrscheinlich dienen sie mit ihrer stark vergrößerten Oberfläche einem erhöhten Gasaustausch. Auch der afrikanische *Ferkelfrosch* ist ein Echter Frosch, obwohl er äußerlich einem Engmaulfrosch recht ähnlich sieht. Ferkelfrösche graben sehr gut und führen eine versteckte Lebensweise, die es ihnen ermöglicht, auch in trockenen Savannen ihr Auskommen zu finden.

Im tropischen Amerika finden wir die Baumsteiger der Gattung *Dendrobates* und die Blattsteiger der Gattung *Phyllobates*. Diese farbenprächtigen Frösche sind einmal bemerkenswert wegen der giftigen Ausscheidungen ihrer Hautdrüsen, die ja von manchen Indianerstämmen für die Herstellung von Pfeilgift verwendet werden, zum anderen wegen ihrers Fortpflanzungsverhaltens. Die Färberfrösche und Blattsteiger laichen an Land; der Laich besteht aus wenigen Eiern, der vom Männchen, bei manchen Arten auch von beiden Eltern, bewacht wird. Schlüpfen die Larven, klettern sie auf das bewachende Tier, saugen sich auf dem Rücken mit dem Mund fest und lassen sich zu einem nahegelegenen Gewässer tragen, wo sie ihre Entwicklung als freischwimmende Kaulquappe fortsetzen.

Genauso ein Bewohner der Bodenstreu im tropischen Regenwald ist auch das madagassische *Goldfröschchen*, bis auf die tiefschwarzen Augen ganz gelbrot gefärbt. Auch die Goldfröschchen laichen an Land, die schlüpfenden Kaulquappen werden offenbar vom Regen in geeignete Kleinstgewässer gespült, wo sie ihre Larvalentwicklung in wenigen Wochen vollenden.

Die Familie der Ruderfrösche ist mit gut 200 Arten in Afrika und Madagaskar, in Süd- und Ostasien verbreitet. Viele ihrer Mitglieder sind zum Baumleben übergegangen, sie haben meist deutliche Haftscheiben an den Enden der Finger und Zehen und sehen daher den Laubfröschen recht ähnlich. Daß beide Familien die gleichen „ökologischen Nischen" besetzt halten, beweist auch die Tatsache, daß sie sich gegenseitig fast völlig ausschließen. Typische Ruder-

Hyperolius pictus Ahl
Veränderlicher Riedfrosch
Ostafrika 3 cm

Hylambates maculatus Duméril
Gefleckter Baumfrosch
Ostafrika, Sansibar 6 cm

Afrixalus fornasinii (Bianconi)
Braunstreifiger Riedfrosch
Ostafrika 4 cm

Ptychadena porosissima (Steindachner)
Grasland-Streifenfrosch
Süd- und Ostafrika 4,5 cm

Leptopelis christyi (Boulenger)
Christy's Baumfrosch
Ostafrika 3 cm

Chiromantis xerampelina Peters
Brauner Baumfrosch
Ostafrika 5 cm
mit Schlammnest

Familien: Microhylidae — Engmaulfrösche (*Breviceps, Dyscophus, Gastrophryne, Kalophrynus, Microhyla*), Phrynomeridae — Wendehalsfrösche (*Phrynomerus*), Pseudidae — Harlekinfrösche (*Pseudis*), Bufonidae — Echte Kröten (*Bufo, Nectophrynoides*)

Die Familie der Engmaulfrösche (Microhylidae) enthält meist kleine, unscheinbare Frösche, deren verwandtschaftliche Stellung unsicher ist. Die Engmaulfrösche sind in Afrika und Madagaskar, in Südostasien und Neuguinea und in Amerika verbreitet, doch nirgendwo besonders artenreich.

Der *Kurzkopffrosch* aus dem südlichen Afrika legt seine Eier an Land ab, meist in selbst gegrabenen Gängen oder in den Bauten von Kleinsäugern. Die Larve schlüpft dort in einem schon recht weit entwickelten Stadium und vollendet auch in der feuchten Atmosphäre der Erdhöhle ihre Entwicklung bis zur Metamorphose. Der madagassische *Taubfrosch*, wegen seiner tomatenroten Färbung auch Tomatenfrosch genannt, ist einer der stattlichsten Engmaulfrösche. Anders als die meisten Angehörigen der Familie, haben die Taubfrösche noch Zähne auf Oberkiefer und Gaumenbeinen. Der Taubfrosch laicht im Wasser und hat normale, freischwimmende Kaulquappen. Der kleine, auffallend gezeichnete Asiatische Engmaul- oder *Singfrosch* ist in Asien von Ceylon bis Japan verbreitet. Verwandte Arten kommen im übrigen südöstlichen Asien, aber auch in Amerika vor. Auf die Inseln der Philippinen beschränkt ist die *Kleb- oder Semmelkröte,* so genannt wegen des stark klebrigen Hautsekretes.

Der amerikanische *Engmaulfrosch* hat einen Ruf, der wie das Blöken eines verlassenen Lammes klingt. „Sheep frog" nennen ihn deshalb die Amerikaner. Er laicht gewöhnlich in Regentümpeln, die Männchen fangen nach einem ergiebigen Regenguß ganz plötzlich an zu quaken.

frösche wie der *Javanische Flugfrosch* und der *Japanische Singfrosch* laichen auf Blättern von Bäumen und Büschen oberhalb des Wasserspiegels.

Der *Braune Baumfrosch* bewacht sogar sein Schaumnest, befeuchtet es hin und wieder, indem er Wasser darauf spritzt, bis schließlich die Larven mit dem sich verflüssigenden Nestinhalt ins Wasser sinken.

Daß nicht alle Ruderfrösche Schaumnestbauer sind, zeigen die vielgestaltigen und bunten *Riedfrösche* der Gattung *Hyperolius*, mitunter noch in Jugend- und Alterskleid verschieden gefärbt. Sie legen ihre Eier direkt im Wasser ab.

Die kleine Familie der Wendehalsfrösche (Phrynomeridae) enthält nur die einzige Gattung *Phrynomerus* mit etwa sechs Arten, beschränkt auf Afrika südlich der Sahara. Der Kopf der *Wendehalsfrösche* ist etwas stärker vom Rumpf

Pseudis paradoxa (Linnaeus)
Harlekinfrosch
Nördliches Südamerika 8 cm
mit Larve bis 25 cm

Kalophrynus pleurostigma Tschudi
Kleb- oder Semmelkröte
Ostasien 3 cm

Bufo empusus (Cope)
Kuba-Kröte
Westindien 15 cm

Nectophrynoides occidentalis Peters
Laubkröte
Ostafrika 3 cm

abgesetzt als das sonst bei Fröschen üblich ist, so daß eine geringe Beweglichkeit des Kopfes zustande kommt. Ähnlich klein und artenarm ist auch die Familie der Harlekinfrösche (Pseudidae), die neben *Pseudis* nur noch eine zweite Gattung enthält. Die Harlekinfrösche sind auf das tropische Amerika beschränkt und rein wasserlebende Formen. Sie laichen auch im Wasser, bauen dort jedoch ein Schaumnest, in das die Eier abgelegt werden. Bemerkenswert ist beim *Harlekinfrosch*, daß die Kaulquappe zu riesigen Dimensionen heranwächst.

Mit den Echten Kröten (Familie Bufonidae) treffen wir wieder Froschlurche, die jedermann bekannt sind. Die größte Gattung der Echten Kröten ist *Bufo*, ebenso weit verbreitet wie die ganze Familie. In Deutschland finden wir drei Krötenarten. Am weitesten verbreitet ist die *Erdkröte*, die größte der drei, die im zeitigen Frühjahr zusammen mit dem Grasfrosch laicht, jedoch lange Eischnüre produziert, die im Wasser um Stengel und Wurzeln geschlungen werden. Gewöhnlich sind die laichwilligen Männchen stark in der Überzahl, so daß laichbereite Weibchen sich nur schwer der zahlreichen Freier erwehren können. Während die Erdkröte nur selten und ganz leise ruft, hat die *Kreuzkröte* eine laute, weithin hörbare Stimme.

Auch die westindischen Inseln wurden von den Kröten erobert; als eine der stattlichsten Arten sei die *Kuba-Kröte* erwähnt. Im tropischen Südamerika sind die größten Krötenarten zu Hause. Die *Agakröte* kann bis zu 28 cm lang (Kopfrumpflänge) und über 500 g schwer werden. Sie ist zum Kulturfolger geworden, nicht nur in Südamerika, sondern vom Menschen in den meisten tropischen Ländern angesiedelt worden. Noch etwas länger als die Aga wird die *Blomberg-Kröte*, erst in diesem Jahrhundert in den Urwäldern des westlichen Südamerika entdeckt. Sie ist ein Bodenbewohner des tropischen Regenwaldes. Von den etwa 15 weiteren Gattungen der Echten Kröten sei nur die lebendgebärende *Laubkröte* erwähnt. *Nectophrynoides occidentalis* ist ein kleines, unscheinbares Tier, das auf wenige Berggipfel des westlichen Afrika beschränkt ist.

Microhyla ornata (Duméril und Bibron)
Japanischer Engmaulfrosch
Japan 3,5 cm

Microhyla olivacea (Hallowell)
Westlicher Engmaulfrosch
Westliche USA 4,5 cm

Dyscophus antongilii Grandidier
Taubfrosch
Madagaskar 10 cm

Breviceps adspersus Peters
Südafrikanischer Kurzkopffrosch
Südafrika 5 cm

Phrynomerus bifasciatus (Smith)
Wendehalsfrosch
Süd- und Zentralafrika 4 cm

Bufo calamita Laurenti
Kreuzkröte
Westeuropa 7 cm

Bufo viridis Laurenti
Wechselkröte
Westasien, Europa 10 cm

Bufo marinus (Linnaeus)
Agakröte
Südamerika bis 25 cm

Bufo bufo (Linnaeus)
Erdkröte
Europa, Asien, Nordafrika 15 cm

Bufo blombergi Myers und Funkhauser
Riesenkröte
Südamerika bis 30 cm

Phyllomedusa hypochondrialis (Daudin)
Makifrosch
Tropisches Südamerika 4 cm

Hyla maxima (Laurenti)
Riesenlaubfrosch
Nördliches Südamerika bis 12 cm

Hyla cinerea (Schneider)
Amerikanischer Laubfrosch
Nordamerika 5 cm

Hyla aurea Lesson
Goldlaubfrosch
Ostaustralien 8 cm

Hyla arborea (Linnaeus)
Europäischer Laubfrosch
Europa 5 cm

Hyla caerulea (White)
Korallenfinger
Australien 12 cm

Phrynohyas venulosa (Laurenti)
Gift-Laubfrosch
Tropisches Südamerika 4 cm

Hyla septentrionalis (Tschudi)
Kuba-Laubfrosch
Westindien bis 12 cm

Acris gryllus (Le Conte)
Heuschreckenfrosch
Nordamerika 3 cm

Pseudacris ornatus (Holbrook)
Schmuck-Chorfrosch
Nordamerika 3,5 cm

Atelopus boulengeri Peracca
Kordilleren-Stummelfuß
Peru, Ekuador 3 cm

Atelopus cruciger
(Lichtenstein und Martens)
Stummelfuß
Venezuela 2,5 cm

Familien: Atelopidae — Stummelfußfrösche (*Atelopus*), Hylidae — Laubfrösche (*Acris, Gastrotheca, Hyla, Phrynohyas, Phyllomedusa, Pseudacris*), Leptodactylidae — Südfrösche (*Ceratophrys, Heleophryne, Leptodactylus, Pleurodema, Pseudophryne, Rhinoderma, Telmatobius*), Centrolenidae — Glasfrösche (*Cochranella*).

Die Stummelfußfrösche (Familie Atelopidae) sind eine kleine Familie des tropischen Amerika mit nur zwei Gattungen. Die *Stummelfüße* der Gattung *Atelopus* sind schlanke, bunte Fröschchen des Urwaldbodens, keineswegs stummelfüßig, durch ihr Hautsekret offenbar gut geschützt. Ihre Nahrung besteht aus kleinsten, weichhäutigen Insekten, die mit der Schleuderzunge erbeutet werden. Soweit bekannt, laichen die Stummelfüße im Wasser und haben freischwimmende Kaulquappen.

Die Laubfrösche (Familie Hylidae) sind im Gegensatz zu den Stummelfüßen eine zumindest im tropischen Amerika äußerst erfolgreiche Froschfamilie, die vor allem die Lebensstätten der Pflanzendecke oberhalb des Bodens erobert hat. Der *Europäische Laubfrosch* ist mit seinem laubgrünen Kleid ein so ansprechender Geselle, daß er oft als Terrarientier gehalten wird. Der australische *Korallenfinger*, ebenfalls ein Laubfrosch der Gattung Hyla, ist gemäß seiner Größe nicht mehr nur mit Insektennahrung zufrieden. Er verzehrt andere Frösche, kleine Eidechsen und Mäuse. Ein weiterer Australier ist der *Goldlaubfrosch*, so genannt, weil er wie mit Goldstaub gepudert aussieht. In Amerika sind die Laubfrösche besonders artenreich vertreten. Nur wenige Arten können genannt werden wie der kleine *Amerikanische Laubfrosch*, der *Kuba-Laubfrosch*, der *Riesenlaubfrosch*, der keineswegs der größte seiner Gattung ist, und der Brasilianische Laubfrosch. Die winzigen *Heuschreckenfrösche* haben einen so hohen, hellen Ruf, daß dieser tatsächlich dem Zirpen dieser Geradflügler ähnelt. Ganz ähnlich klingt auch der Ruf des *Schmuck-Chorfrosches*, der wie die meisten kleineren Laubfroscharten gern in großen Chören ruft. Der *Maki-*

frosch hat im Gegensatz zu den bisher besprochenen Laubfröschen eine Katzenaugenpupille und Greifhände und -zehen. Beim *Beutelfrosch* finden sich die Paare hoch im Blattwerk der Bäume, und dort wird auch gelaicht. Dadurch, daß das Weibchen beim Ausstoßen der Eier ein starkes Hohlkreuz macht, gelangen sie, unterstützt durch Bewegungen der Hinterbeine des Männchens, in eine Tasche auf dem Rücken des Weibchens. Dort durchlaufen sie ihre Entwicklung. Bei den meisten Arten der Beutelfrösche werden die Larven aus der Rückentasche ins Wasser abgesetzt, manchmal entwickeln sie sich dort jedoch bis zum verwandelten Frosch.

Die Bezeichnung Südfrösche für die Familie der Leptodactylidae deutet schon an, daß diese Frösche auf die Südkontinente beschränkt sind. Artenreich ist die Familie tatsächlich nur in Süd- und Zentralamerika und in Australien vertreten, nur eine Gattung, *Heleophryne,* hat Südafrika erreicht. Ein *Südfrosch* der Gattung *Leptodactylus,* der *Pfeiffrosch* etwa, sieht auf den ersten Blick aus wie ein Wasserfrosch und hält auch einen ähnlichen Lebensraum wie dieser besetzt. Der Pfeiffrosch baut ein Schaumnest im oder am Wasser und legt darin seine Eier ab.

Bevorzugt in den Trockengebieten Südamerikas gibt es auch stattliche, krötenähnliche Südfrösche, die Hornfrösche der Gattung *Ceratophrys.* Der *Andenpfeiffrosch* ist, wie die anderen Arten seiner Gattung, ein reiner Wasserbewohner. Er besiedelt auch die Hochgebirgsregion der Anden, Telmatobius-Arten gibt es im Titicaca-See und im Junin-See. Auch die Südfrösche der Gattung *Pleurodema* verlassen selten die Nähe des Wassers. Durch merkwürdige Höcker auf den Flanken sind diese Frösche ausgezeichnet.

Einer der wenigen Südfrösche Afrikas ist der *Kap-Gespenstfrosch.* Er ist ein Bergbewohner und laicht an den schnell fließenden Bergbächen. Seine Larven haben einen großen Saugmund, mit dem sie sich auch im reißenden Wasser festhalten können. Von den weit artenreicheren australischen Südfröschen sei abschließend nur die *Corroborree-Scheinkröte* erwähnt. Auch diese Tiere laichen in kleinen Höhlen in der Nähe von Wasseransammlungen; die schlüpfenden Larven finden irgendwie ihren Weg ins offene Wasser.

Mit den Glasfröschen (Familie Centrolenidae) lernen wir schließlich noch eine kleine, tropisch amerikanische Froschfamilie spezialisierter Baumbewohner kennen. Die glasartig durchsichtigen, winzigen Fröschchen — ein *Glasfrosch* der Gattung *Cochranella* ist abgebildet — setzen ihre kleinen Laichballen an der Unterseite von Blättern über fließendem Wasser ab. Die Larven schlüpfen und fallen ins Wasser, das die erwachsenen Glasfrösche nie mehr aufsuchen.

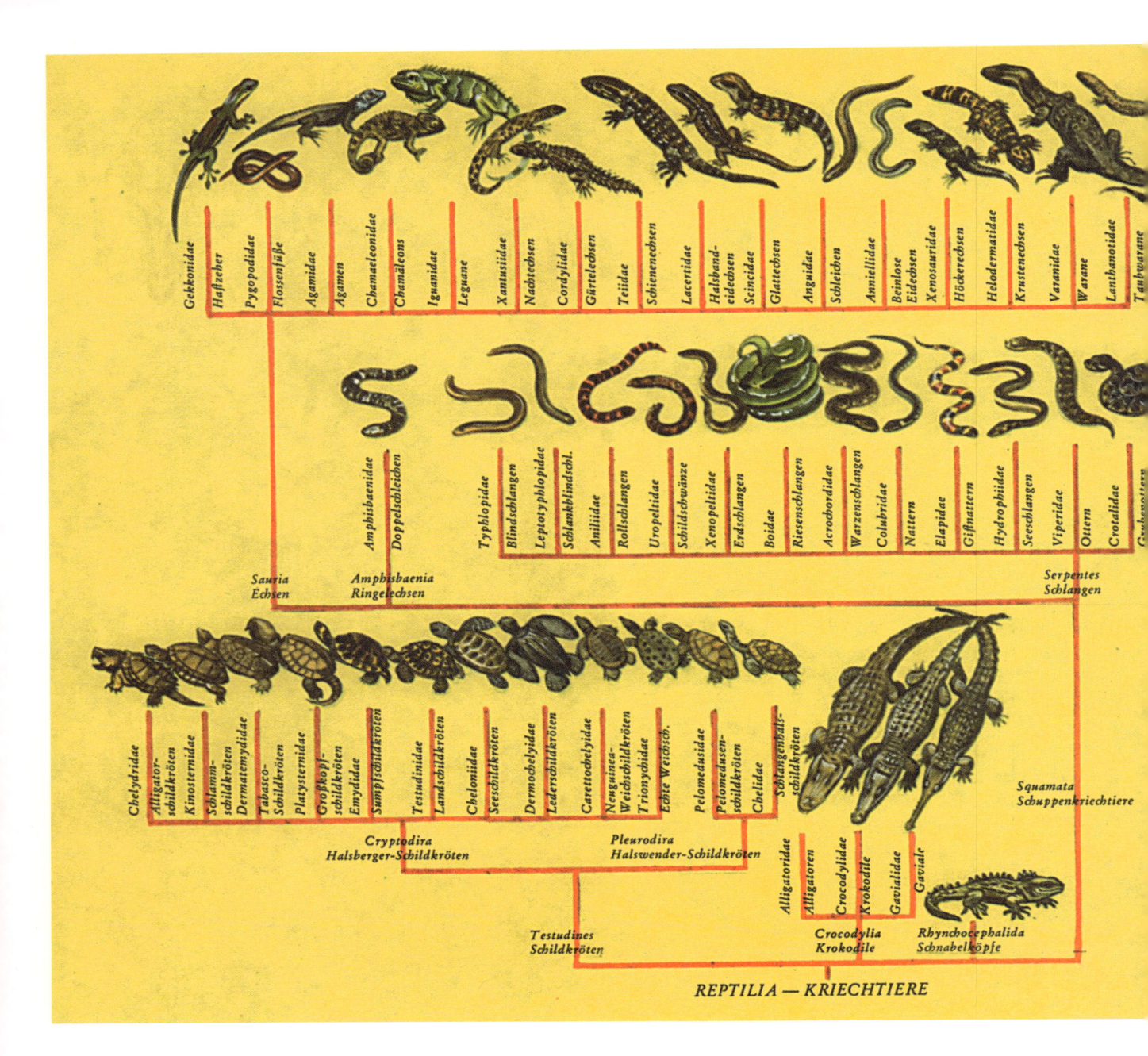

REPTILIA — KRIECHTIERE

Waren die Amphibien die ersten, die in der Stammesgeschichte der Wirbeltiere auf das Land vorgedrungen sind, so waren die Reptilien die ersten, denen es gelang, sich in diesem neuen Lebensraum erfolgreich anzusiedeln. Hierzu befähigte sie ein ganzer Komplex von Merkmalen, die als Anpassungen an das Leben in der Luft aufzufassen sind. Die Haut der Kriechtiere hat eine verhornte Oberschicht, zum Erhalt der Beweglichkeit des Körpers fast immer in Schuppen oder Schildern gegliedert, diese gelegentlich mit knöcherner Unterlage. Diese Hornschuppen schützen das Tier sehr gut vor Wasserverlust und Austrocknung. Nicht nur das erwachsene Reptil ist ans Landleben angepaßt, bereits das Reptilei hat eine pergamentartige, oft verkalkte Schale, die es gegen Austrocknung schützt und es dem Embryo ermöglicht, seine Entwicklung an Land zu durchlaufen. Der große Dotterreichtum des Reptileies führt direkt zu selbständigen Jungtieren; ein Larvenstadium gibt es bei den Kriechtieren nicht mehr. Bei der Embryonalentwicklung bildet der Keimling innerhalb der Schale verschiedene Hüllen aus, die ihm zusätzlichen Schutz bieten, die Atmung ermöglichen und Abfallstoffe bis zum Schlüpftermin aufnehmen. Die wichtigste dieser Hüllen, die Schafhaut oder das Amnion, welches den Keimling einschließt, hat der Reptilienembryo erstmals mit den Vögeln und Säugetieren gemeinsam. Die widerstandsfähige Schale des Reptileies, die in bestimmten Abschnitten des Eileiters ausgeschieden und um das Ei abgelagert wird, macht eine äußere Befruchtung unmöglich. Für eine innere Befruchtung ist jedoch die Übertragung des Samens durch eine Kopulation der Geschlechtspartner Voraussetzung, die erleichtert wird durch Kopulationsorgane des Männchens. Die heutzeitlichen, etwa 6000 Arten der Reptilien gliedern wir in vier Ordnungen. Die Schildkröten (Ordnung Testudines) sind eine altertümliche, sehr konservative Gruppe der Kriechtiere, die wenigstens seit der Triaszeit, also seit etwa 180 Millionen Jahren auf der Erde lebt und ihren merkwürdigen Bauplan während dieses riesigen Zeitraumes nie wesentlich verändert hat. Obwohl zu keiner Zeit sehr artenreich vertreten, haben die Schildkröten alle Fährnisse dieser 180 Millionen Jahre überstanden und sich mit etwa 250 Arten in die Heutzeit hinübergerettet. Wir gliedern die rezenten Schildkröten in 12 Familien.

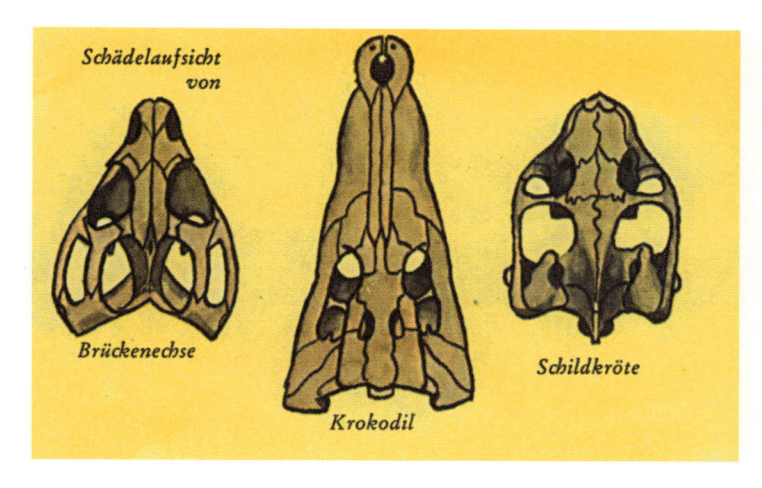

Die Panzerechsen (Ordnung Crocodylia) sind ebenfalls ein artenarmes Überbleibsel einer ehrwürdigen Reptilgruppe, der Archosaurier nämlich, die im Erdmittelalter so bekannte Großreptilien hervorgebracht haben wie die Dinosaurier. Alle Verwandten der Panzerechsen sind zu Ende der Kreidezeit ausgestorben, nur die Krokodile haben überlebt und sind heute mit 23 Arten in drei Familien in unserer Tierwelt noch immer vertreten.

Die dritte Ordnung der Reptilien gar, die der Schnabelköpfe (Rhynchocephalia), hat nur mit einer einzigen Art überlebt, der neuseeländischen Brückenechse. Auch die Schnabelköpfe sind seit der Trias als Fossilien bekannt, und es ist eine der merkwürdigsten Erscheinungen im Bereich des Lebendigen, daß sich die Brückenechsenverwandten über viele Millionen Jahre hinweg fortgepflanzt haben, ohne daß es zu einer Änderung im Bauplan dieser Tiere gekommen wäre. Es ist daher gerechtfertigt, von der Brückenechse als einem „lebenden Fossil" zu sprechen. Die letzte heutzeitliche Ordnung, die der Schuppenkriechtiere (Squamata), enthält die ganze Vielfalt aller Eidechsen und Schlangen, an die jedermann zunächst denkt, wenn von Kriechtieren die Rede ist. Die Squamaten sind mit den Schnabelköpfen näher verwandt als mit den Schildkröten und Panzerechsen und sind stammesgeschichtlich sich so nahe, daß die in der Körperform so verschiedenen Eidechsen und Schlangen in dieser einen Ordnung zusammengefaßt werden. Die etwa 6000 heutzeitlichen Arten der Schuppenkriechtiere lassen sich in drei Unterordnungen gliedern. Die Echsen (Sauria) enthalten etwa die Hälfte der Arten in 17 Familien, die Ringelechsen (Amphisbaenia) nur um 100 Arten, die Schlangen (Serpentes) die andere Hälfte der 6000 Arten in 12 Familien. Da in der Regel nur die Hartteile eines Tieres versteinert erhaltungsfähig sind, ist die Systematik der höheren Einheiten der Reptilien im Wesentlichen auf den Bau von Schädel und Skelett begründet. Die Schildkröten haben einen massiven Schädel ohne Schläfenfenster; ihm fehlt die Bezahnung vollkommen. Funktionell werden die fehlenden Zähne durch Hornschneiden auf den Kieferrändern ersetzt. Auch der Schädel der Panzerechsen ist ein massives Gebilde, sein Schnauzenabschnitt ist deutlich, bei manchen Arten stark verlängert. Die Schläfe zeigt zwei übereinander liegende Öffnungen im Knochen, wir sprechen daher von einem diapsiden Bau des Schädels. Die Zähne der Panzerechsen sitzen in Zahnhöhlen der Kieferknochen. Die Brückenechse hat ebenfalls einen diapsiden Schädel, er ist jedoch schon wesentlich leichter gebaut und besteht aus spangenartigen Verstrebungen. Bei den Schuppenkriechtieren geht diese Entwicklung noch wesentlich weiter. Das Extrem an innerer Beweglichkeit finden wir bei den Schlangen, wo wir von Schläfenfenstern nicht mehr sprechen können, da es keine knöchernen Begrenzungen mehr gibt. Bei den Ottern und Grubenottern ist sogar der Oberkieferknochen so weitgehend beweglich geworden, daß er beim Öffnen des Maules um seine Querachse gedreht werden kann, hierdurch der lange Giftzahn aufgerichtet und in Bißstellung gebracht wird. Diese starke Beweglichkeit im Schädel läßt hohen Kaudruck nicht mehr zu. Die Eidechsen und Schlangen zerkleinern daher Beute nicht und verschlingen sie unzerteilt, was sie wegen ihres dehnbaren Kiefers können. Die Zähne der Schuppenkriechtiere sitzen entweder in Nischen an der Zungenseite der Kieferknochen (pleurodontes Gebiß) oder auf der Kante der Kieferknochen (acrodontes Gebiß). Mannigfache Spezialisierungen kommen vor, erinnert sei nur an die rinnen- oder röhrenförmigen Giftzähne der Giftschlangen.

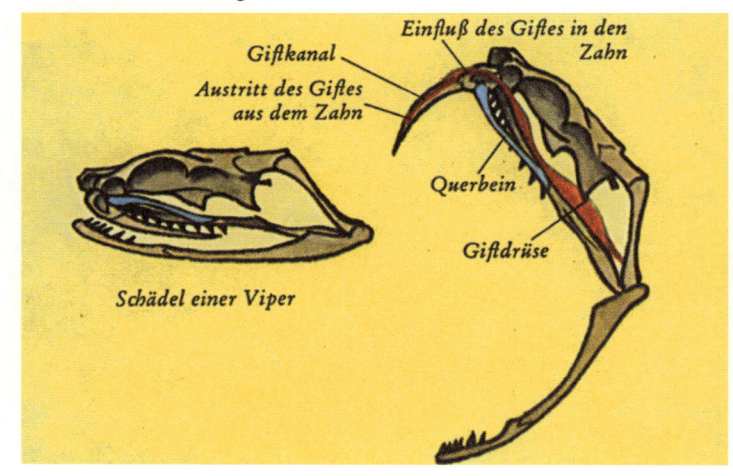

Ordnung Testudines — Schildkröten
Familien: Chelydridae — Alligatorschildkröten (*Chelydra, Macroclemys*), Kinosternidae — Schlammschildkröten (*Kinosternon, Staurotypus, Sternotherus*), Dermatemydidae — Tabasco-Schildkröten (*Dermatemys*), Platysternidae — Großkopfschildkröten (*Platysternon*)

Zur Familie der Alligatorschildkröten werden nur zwei heutzeitliche Gattungen mit je einer Art gestellt, die allerdings zu den größten Süßwasserschildkröten zählen. Die *Schnappschildkröte* ist in Nordamerika, Zentralamerika und im nördlichen Südamerika bis nach Ecuador weit verbreitet. Trotz ihrer Größe — sie kann bis 30 kg Gewicht erreichen — ist die Schnappschildkröte ein unauffälliges Tier von heimlicher Lebensweise, die auf dem Grunde flacher Gewässer auf Beute lauert und diese durch schnellen Zubiß erbeutet. Kranke oder in der Bewegung behinderte Fische fallen ihr daher besonders häufig zum Opfer, und sie spielt eine wichtige Rolle für das biologische Gleichgewicht in den Gewässern, die sie bewohnt. Der ziemlich dicke Kopf der Schnappschildkröte und der lange Schwanz können nicht mehr vollkommen in dem relativ kleinen Panzer verborgen werden. Dieser passive Schutz ist für die wehrhafte Schildkröte sicher von geringer Bedeutung; mit ihren kräftigen Kiefern kann sie sich wirkungsvoll auch gegen große Feinde verteidigen. Freiwillig geht die Schnappschildkröte selten an Land, trotzdem ist sie gut zu Fuß und ein ausgezeichneter Kletterer, vor allem als Jungtier. Wie alle Schildkröten müssen jedoch auch die weiblichen Schnappschildkröten zur Eiablage das Land aufsuchen. Nahe am Gewässerrand graben sie eine kleine Höhle und legen darin die Eier ab, bei der Schnappschildkröte bis zu 40 Stück. Noch stattlicher als die Schnappschildkröte wird die *Geierschildkröte*, angeblich bis zu 100 kg schwer, die den Mississippi und seine Nebenflüsse bewohnt. Die höckerigen Schilder des Rückenpanzers geben ihr ein recht bizarres Aussehen. Sie ist noch besser angepaßt an die lauernde Jagdweise am Gewässergrund als ihre Familiengenossin. Die Geierschildkröte „angelt" förmlich ihre Beute, wobei sie, wie ein vermoderter Baumstamm bewegungslos am Grunde liegend, das Maul weit aufsperrt und einen kleinen, rötlichen Fortsatz der Zunge wie ein Würmchen sich ringeln läßt. Kommt ein Fisch diesem lockenden „Köder" nahe, wird er durch den saugschnappenden Zubiß ins Maul hineingerissen, durch die kräftigen, hakenförmigen Kiefer festgehalten und verschlungen.

Die Familie der Schlammschildkröten unterscheidet sich durch eine Reihe von Merkmalen des Panzers von den übrigen Schildkröten; wie bei verwandten Formen ist der Bauchpanzer klein, rückgebildet. Auch zu dieser Familie gehören nur amerikanische Arten, die zu vier Gattungen gestellt werden. Die *Moschusschildkröte* ist nicht so ausschließlich Wasserbewohner wie die Alligatorschildkröte; ausgesprochen vielseitig in der Ernährung lebt sie zwar überwiegend räuberisch von kleinen Wassertieren, nimmt

Chelydra serpentina (Linnaeus)
Schnappschildkröte
Mittel- u. nördl. Südamerika
Carapax 47 cm

Staurotypus triporcatus (Wiegmann)
Kreuzbrustschildkröte
Mittelamerika
Carapax 38 cm

Macroclemys temminckii (Troost)
Geierschildkröte
Südöstl. Nordamerika
Carapax 66 cm

jedoch auch Aas und pflanzliche Nahrung. Da sie an die Wasserbeschaffenheit keine hohen Anforderungen stellt, findet sie auch noch in kleinen, schlammigen und teilweise verschmutzten Gewässern ihr Fortkommen. Der Riese in der Familie ist die zentralamerikanische *Kreuzbrustschildkröte*, über deren Lebensweise wir fast noch gar nichts wissen. Die Schlammschildkröten der Gattung *Kinosternon* sind weiter verbreitet, ihre Heimat reicht vom südlichen Nordamerika bis ins nördliche Südamerika. *Kinosternon subrubrum* aus den südöstlichen USA legt die Eier im Sommer ab. Das Weibchen geht dazu an Land und gräbt mit den Vorder- und Hinterbeinen eine kleine Grube in den feuchten Boden. Dort hinein werden die kalkschaligen Eier abgelegt; gemäß der geringen Körpergröße sind es bei dieser Art nur ein bis fünf Stück. Je nach den herrschenden Temperaturverhältnissen schlüpfen nach zwei bis drei Monaten die Jungen, bahnen sich einen Weg aus der Höhle und streben zielsicher dem nächsten Gewässer zu. Werden die Eier erst im Spätsommer abgelegt, kann es vorkommen, daß die Embryonen in den Eiern überwintern und die Jungtiere im nächsten Frühjahr schlüpfen. Bei den Schlammschildkröten der Gattung *Kinosternon* ist der vordere und der etwa gleichgroße hintere Abschnitt des Bauchpanzers um je ein scharnierartiges Gelenk beweglich, so daß diese *Klappschildkröten* ihr „Gehäuse" bei eingezogenen Beinen, Kopf und Schwanz vollkommen verschließen können, ein Mechanismus, der uns noch öfters bei den Schildkröten begegnen wird.

Die kleine Familie der Tabasco-Schildkröten enthält nur eine Gattung mit einer Art. Sie wird als Reliktform mit vielen ursprünglichen Merkmalen angesehen. Die *Tabasco-Schildkröte* hat ein recht kleines Verbreitungsgebiet vom südlichen Mexiko bis nach Honduras und Guatemala. Sie ist viel stärker ans Wasserleben angepaßt als die Schlammschildkröten und scheint, außer zur Eiablage, niemals an Land zu gehen. Auf manchen mittelamerikanischen Märkten wird sie zum Verkauf angeboten und von den Eingeborenen als Nahrung geschätzt.

Mit den Großkopfschildkröten, die ebenfalls nur eine einzige Art enthalten, lernen wir erstmals Vertreter der Schildkröten Asiens kennen. Der flach gebaute, kleine Panzer der *Großkopfschildkröte* kann den riesigen Kopf und den langen Schwanz nicht aufnehmen. Doch birgt der Kopf einen massiven Schädel mit raubvogelartig gestalteten Kiefern und kräftiger Kaumuskulatur. Dem Biß einer Großkopfschildkröte sucht daher auch ein viel größerer Feind auszuweichen. Die Art bewohnt die Bäche und kleine Flüsse in den Gebirgen des nördlichen Thailand, des angrenzenden Burma und des südlichen China. Die Großkopfschildkröten klettern ausgezeichnet, ersteigen in ihrer Heimat auch Bäume, schwimmen jedoch sehr schlecht; Einzeltiere können es gar nicht und müssen, in tiefes Wasser gesetzt, ertrinken, wenn sie nicht herausklettern können. Ihre Nahrung besteht aus Fröschen, Kaulquappen, Schnecken und allerhand wirbellosen Tieren der Bäche. Das Weibchen legt nur jeweils zwei Eier ab.

Sternotherus odoratus (Latreille)
Moschusschildkröte
Nordamerika
Carapax 14 cm

Dermatemys mawii Gray
Tabasco-Schildkröte
Mittelamerika   Carapax 40 cm

Platysternon megacephalum Gray
Großkopfschildkröte
Südost-Asien   Carapax 20 cm

Kinosternon subrubrum (Lacépède)
Klappschildkröte
Östl. u. südöstl. Nordamerika
Carapax 12 cm

Pseudemys concinna hieroglyphica (Holbrook)
Hieroglyphen-Schmuckschildkröte
Nordamerika
Carapax 37 cm

Kachuga tecta (Gray)
Indische Dachschildkröte
Pakistan, Indien
Carapax 23 cm

Clemmys guttata (Schneider)
Tropfenschildkröte
Nordamerika
Carapax 15 cm

Graptemys oculifera (Baur)
Pracht-Höckerschildkröte
Nordamerika
Carapax ?

Chinemys reevesii (Gray)
Chinesische Dreikiel-Schildkröte
China, Japan
Carapax 17 cm

Malaclemys terrapin (Schoepff)
Diamantschildkröte
Atlantikküste von Nordamerika
Carapax 25 cm

Chrysemys picta (Schneider)
Bunte Zierschildkröte
Nordamerika   Carapax 25 cm

Cuora flavomarginata (Gray)
Gelbrand-Scharnierschildkröte
China, Formosa   Carapax 18 cm

Emys orbicularis (Linnaeus)
Sumpfschildkröte
Europa, Asien   Carapax 25 cm

Familie: Emydidae — Sumpfschildkröten (*Chinemys, Chrysemys, Clemmys, Cuora, Emys, Graptemys, Kachuga, Malaclemys, Pseudemys, Terrapene*)

Die Familie der Sumpfschildkröten ist die erfolgreichste unter den Schildkröten überhaupt, wenn man ihren Erfolg an der Artenzahl mißt. Entgegen ihrem deutschen Namen enthält sie nicht nur Wasser- und Sumpfbewohner, sondern mit den Dosenschildkröten auch gut angepaßte Landbewohner. Geographisch sind die Sumpfschildkröten ebenfalls weit verbreitet, sie fehlen eigentlich nur in Afrika südlich der Sahara, auf Madagaskar und in Australien. Die europäische *Sumpfschildkröte*, nicht nur in Europa, sondern auch in Nordafrika und Westasien verbreitet, kann als Modell für die ganze Familie dienen. In Seen und Teichen, in nicht zu schnell fließenden Bächen und Flüssen, mitunter auch in ganz kleinen Wasserlöchern ist diese Schildkröte zu Hause. Da sie versteckt lebt und gegenüber dem Menschen sehr vorsichtig und mißtrauisch ist, sieht der Laie sie nur äußerst selten. Der Fachmann entdeckt gelegentlich die an der Wasseroberfläche treibende Schwimmblase eines Fisches und weiß, daß die Sumpfschildkröte nicht weit sein kann. Sie verzehrt nämlich größere Fische derart, daß sie die gasgefüllte Schwimmblase übrig läßt. Da die Sumpfschildkröte nicht allzu wärmebedürftig ist, kommt sie bis weit nach Mitteleuropa hinein vor. Bei sonnigem Wetter steigt sie auf ein geschütztes Ufer oder auf einen im Wasser treibenden Stamm und wärmt sich in den Sonnenstrahlen. Ihr ausgezeichneter Gesichtssinn läßt sie frühzeitig jeden möglichen Feind erkennen, so daß sie fast immer rechtzeitig ins schützende Wasser gleiten und sich dort verbergen kann. Die Begattung findet im Frühjahr statt, die Weibchen legen im Hochsommer 2 bis 16 Eier in eine Höhle meist in der Nähe ihres Wohngewässers. Die artenreichen Schmuckschildkröten Nordamerikas, in der Körpergestalt etwa mit der europäischen Sumpfschildkröte übereinstimmend, werden wegen ihrer lebhaften Färbung und wegen ihres munteren Wesens in Europa häufig als Aquarientiere gehalten. Am häufigsten sieht man die durch leuchtend rote Flecken an den Kopfseiten gezierte *Bunte Zierschildkröte*. Auch die *Hieroglyphen-Schmuckschildkröte* kommt öfters in den Tierhandel. Die *Diamantschildkröte* ist die einzige Schmuckschildkrötenart, die regelmäßig in die Brackwassergebiete der amerikanischen Atlantikküste eindringt. An der Ostküste der USA liefert sie ein delikates Gericht und wurde daher auf den Märkten früher viel gehandelt. Die Höckerschildkröten der Gattung *Graptemys*, die *Pracht-Höckerschildkröte* ist hier gezeigt, fallen außer durch ihre kontrastreiche Kopfzeichnung durch die höckerartig ausgezogenen, mittleren Rückenschilder auf. Während die bisher genannten Schmuckschildkröten auf den amerikanischen Kontinent und auf Westindien beschränkt sind, ist die Gattung *Clemmys*, hier mit der in ihrem Bestand bedrohten amerikanischen *Tropfenschildkröte* vorgestellt, auch außerhalb Amerikas verbreitet. Einen noch stärker dachförmigen Rückenpanzer als die Höckerschildkröte hat die *Indische Dachschildkröte*, eine klein bleibende Art, die in den Flüssen und Bewässerungskanälen Vorderasiens recht häufig sein kann. Die besonders artenreichen Sumpfschildkröten Ostasiens schließlich seien noch mit der *Chinesischen Dreikielschildkröte* und mit der *Gelbrand-Scharnierschildkröte* vorgestellt, die den durch Scharniere beweglichen Panzer fast ganz verschließen kann. Die am besten an das Landleben angepaßten Sumpfschildkröten sind die der Gattung *Terrapene*, zu der neben wenigen anderen Arten die *Schmuck-Dosenschildkröte* gehört. Die Dosenschildkröten sind in Nordamerika zu Hause, wo bezeichnenderweise die Landschildkröten weitgehend fehlen und die zu den Sumpfschildkröten gehörenden Dosenschildkröten deren Platz einnehmen. Die Dosenschildkröten machen ihrem deutschen Namen Ehre: der vordere und der hintere Abschnitt des Bauchpanzers sind durch quergestellte Scharniere so beweglich, daß sie zugeklappt werden können, wenn die Schildkröte Kopf, Beine und Schwanz eingezogen hat.

Familie: Testudinidae — Landschildkröten (*Gopherus, Homopus Kinixys, Malacochersus, Testudo*)

Zu den Landschildkröten zählen nicht nur die bekannten Vertreter der Gattung *Testudo*, die allerdings die meisten Arten stellen, sondern auch einige kleinere, in verschiedener Richtung spezialisierten Gattungen. Die *Gopherschildkröte* aus den südlichen USA ist eine von ihnen. Sie bewohnt auch sehr trockene Prärien, entzieht sich der mittaglichen Hitze jedoch in tiefen, selbstgegrabenen Erdgängen. Die kleine *Areolen-Flachschildkröte* ist im südlichen Afrika zu Hause, aus Westafrika stammt die *Gelenkschildkröte*, wiederum eine Art mit einem Mechanismus zum Verschließen des Panzers. Bei ihr ist jedoch der hintere Abschnitt des Rückenpanzers beweglich und kann wie ein Visier heruntergeklappt werden. Die am stärksten abweichende Landschildkrötenart ist die *Spaltenschildkröte*, die ihre Zuflucht findet in den Felsspalten der Granitberge Ostafrikas. Dank ihres nur gering verknöcherten und flachen Panzers kann sie sich in enge Felsspalten zurückziehen und durch Gegenstemmen der Beine und

Terrapene ornata (Agassiz)
Schmuck-Dosenschildkröte
Nordamerika
Carapax 15 cm

Homopus areolatus (Thunberg)
Areolen-Flachschildkröte
Südliches Afrika   Carapax 12 cm

Malacochersus tornieri (Siebenrock)
Spaltenschildkröte
Ostafrika
Carapax 15 cm

Gopherus polyphemus (Daudin)
Gopherschildkröte
Nordamerika
Carapax 34 cm

Kinixys erosa (Schweigger)
Gelenkschildkröte
Westafrika   Carapax 32 cm

Testudo hermanni Gmelin
Griechische Landschildkröte
Südeuropa
Carapax 20 cm

Testudo tentoria verroxii Smith
Höcker-Landschildkröte
Südafrika
Carapax 15 cm

Testudo radiata Shaw
Strahlenschildkröte
Madagaskar
Carapax 40 cm

Testudo elegans Schoepff
Sternschildkröte
Vorderindien, Ceylon
Carapax 25 cm

Testudo graeca Linnaeus
Maurische Landschildkröte
Südeuropa, Nordafrika, Kleinasien
Carapax 30 cm

Testudo marginata Schoepff
Breitrandschildkröte
Südosteuropa
Carapax 35 cm

durch Aufblähen der Lungen so fest darin verankern, daß sie kaum aus ihrem Versteck herausgezogen werden kann. Die bekanntesten Gestalten unter den Landschildkröten gehören zur Gattung *Testudo*. Ihr fester, hochgewölbter Panzer und die zu säulenförmigen Elefantenfüßen verwachsenen Finger und Zehen machen sie unverkennbar. Die *Griechische Landschildkröte* ist ja zu einem oft gehaltenen Haustier geworden und wird jährlich in großer Zahl immer wieder neu importiert. In den Mittelmeerländern finden wir drei Arten der Landschildkröten: die Griechische Landschildkröte, kenntlich an einem Dorn an der Schwanzspitze und am geteilten Schild über der Schwanzwurzel, die *Maurische Landschildkröte*, die dornenartige, vergrößerte Schuppen an der Hinterseite der Oberschenkel, nicht aber an der Schwanzspitze hat und deren Schwanzschild ungeteilt ist, und die wesentlich größere *Breitrandschildkröte*, deren hinterer Panzerrand bei alten Tieren zumindest weit ausläbt. Während der Balz zeigen die Männchen ein lebhaftes Paarungsvorspiel, stoßen heftig mit dem Panzerrand nach dem Weibchen und lassen sogar piepsende Laute hören. Auch im tropischen Afrika und auf Madagaskar gibt es Landschildkröten. Eine der stattlichsten kontinentalen Arten ist die *Pantherschildkröte* aus den Trockengebieten des östlichen Afrika. Vergleichsweise winzig bleibt die *Höcker-Landschildkröte* aus dem südlichen Afrika. Landschildkröten mit einer sternförmigen, gelbbraunen Zeichnung auf dem Rückenpanzer gibt es in verschiedenen Arten. So kann

Testudo pardalis babcocki Loveridge
Pantherschildkröte
Süd- und Ostafrika
Carapax 68 cm

Testudo elephantopus Harlan
Elefantenschildkröte
Galapagosinseln
Carapax bis 110 cm

die madagassische *Strahlenschildkröte* der vorderindisch-ceylonesischen *Sternschildkröte* sehr ähnlich sehen. Besonderer Bekanntheit erfreuen sich die riesigen Inselschildkröten. Heute gibt es lebend noch Vertreter zweier Rassenkreise: die *Riesenschildkröte* (*Testudo gigantea*) von einigen kleinen Inseln des Indischen Ozeans und die *Elefantenschildkröte* von den Galapagos-Inseln im Stillen Ozean. Beide Arten können 100 cm Panzerlänge und 250 kg Gewicht erreichen. Geschützt vor Konkurrenten und Feinden haben diese Riesen nur auf abgelegenen Inseln überlebt. Durch die Unvernunft des Menschen sind die Riesen- und Elefantenschildkröten stark bedroht und auf einigen Inseln ihrer Heimat bereits ausgerottet.

Familie: Cheloniidae — Seeschildkröten (*Caretta, Chelonia, Eretmochelys*)

Es ist höchst bemerkenswert, daß die altertümlichen Schildkröten mit einigen Linien ihrer Stammesentwicklung ins Meer zurückgekehrt sind. Meeresschildkröten zeichnen sich aus durch die zu Paddeln umgestalteten Gliedmaßen, wobei die besonders kräftigen Vorderbeine mit symmetrischem Schlag den Vortrieb erzeugen, die kleineren Hinterbeine steuern. Da es in der Hochsee keine Hindernisse gibt, ist sowohl die *Unechte Karettschildkröte* wie die *Suppenschildkröte* und auch die *Echte Karettschildkröte* weltweit verbreitet. Die Weibchen kriechen einmal im Jahr oder auch nur jedes zweite Jahr einen Sandstrand hinauf und heben dort mit den Hinterbeinen eine birnenförmig gestaltete Grube aus. Dort hinein werden die kugelförmigen Eier abgelegt, bei großen Tieren können es weit mehr als 100 sein. Danach wird das Nest aufgefüllt, die Oberfläche geglättet, und noch in der Nacht der Eiablage kehren die erschöpften Weibchen ins Meer zurück. Nach vielen Wochen, wiederum in der Nacht, erscheinen plötzlich die geschlüpften Jungen auf der Sandoberfläche und streben direkt dem Meer zu. Die großen Meeresschildkröten haben kaum Feinde, um so mehr werden die Eier und die Jungtiere gezehntet, sei es, daß Warane die Nest ausgraben, sei es, daß die Jungen von Seevögeln erbeutet werden. Der schlimmste Feind der Meeresschildkröten ist jedoch der Mensch, der in kurzsichtiger Weise die Eier sammelt und die großen Schildkröten jagt, um aus ihnen Suppe oder Schildplatt herzustellen.

Familie: Dermochelyidae — Lederschildkröten (*Dermochelys*)

Wegen ihres völlig abweichenden Körperbaus wird die *Lederschildkröte* als einzige Art in eine eigene Familie gestellt. War bei den übrigen Seeschildkröten der Panzer schon rückgebildet, da das tragende Wasser einen schweren Panzer entbehrlich macht, so ist er bei den Lederschildkröten ganz verschwunden und ersetzt durch ein Mosaik kleiner Knochenplättchen, die ohne Zusammenhang mit dem Skelett in der Haut liegen. Die Lederschildkröte zählt zu den größten und schwersten Schildkröten überhaupt, sie kann 200 cm Panzerlänge und 450 kg Gewicht erreichen. Wie alle Meeresschildkröten hat auch die Lederschildkröte besondere Kopfdrüsen, die das reichlich mit der Nahrung aufgenommene Salz ausscheiden.

Familien: Carettochelyidae — Neuguinea-Weichschildkröten (*Carettochelys*), Trionychidae — Echte Weichschildkröten (*Cyclanorbis, Cyclograma, Dogania, Lissemys, Trionyx*), Pelomedusidae — Pelomedusenschildkröten (*Pelusios, Podocnemis*), Chelidae — Schlangenhalsschildkröten (*Chelodina, Chelus, Emydura, Hydromedusa, Platemys*)

In mancher Beziehung leitet die *Papuaschildkröte*, einzige Art der Familie der Neuguinea-Weichschildkröten, von den Seeschildkröten, mit denen sie die Schwimmweise gemein hat, zu den Echten Weichschildkröten über. Sie ist eine Reliktform einer früher weiter verbreiteten Schildkrötengruppe, heute beschränkt auf Neuguinea und das nördliche Australien. Dort lebt die Papuaschildkröte in den trüben Wässern der Mündungsgebiete großer Flüsse. Der pflanzliche Anteil ihrer Nahrung ist erstaunlich groß. Im Gegensatz hierzu sind die Echten Weichschildkröten meist räuberische Tiere. Sie sind Süßwasserbewohner, in Nordamerika, in Afrika und vor allem in Asien zu Hause. Zwar bietet der rückgebildete, weichhäutige Panzer der Echten Weichschildkröten nicht mehr den Schutz, den er etwa den Landschildkröten bietet, doch kann sich eine Weichschildkröte durch Bisse mit ihren scharfkantigen Kiefern so wirksam verteidigen, daß sie selbst mit kleineren Panzerechsen vergesellschaftet leben kann. Zudem graben sich viele Weichschildkröten im Schlamm der Gewässer ein und lauern dort auf Beute. Einige Weichschildkröten haben häutige Klappen am Hinterrand des Bauchpanzers, unter die die Hinterbeine verborgen werden können. Zu diesen Klappenweichschildkröten zählen die in Südasien heimische eigentliche *Klappenweichschildkröte* und die afrikanischen Arten *Rückenflecken-Weichschildkröte* und *Graurücken-Weichschildkröte*. Den übrigen Weichschildkröten fehlen solche Klappen. Am weitesten verbreitet sind die Arten der Gattung *Trionyx*, sie sind nämlich in Nordamerika, in Afrika und vor allem in Asien beheimatet. Die *Dornrand-Weichschildkröte* ist ein Vertreter der amerikanischen Formen, die schöne *Pfauen-*

Hydromedusa tectifera Cope
Argentinische Schlangenhalsschildkröte
Südöstl. Südamerika
Carapax 25 cm

Platemys spixii Duméril und Bibron
Stachelhals-Plattschildkröte
Südöstl. Südamerika
Carapax 20 cm

Dogania subplana (Geoffroy)
Malayen-Weichschildkröte
Hinterindien, Insulinde
Carapax 25 cm

Cyclanorbis elegans (Gray)
Rückenflecken-Weichschildkröte
Mittleres Afrika
Carapax bis 60 cm

Lissemys punctata (Lacépède)
Klappen-Weichschildkröte
Südasien
Carapax bis 30 cm

Cycloderma frenatum Peters
Graurücken-Klappenweichschildkröte
Südostafrika
Carapax bis 55 cm

Carettochelys insculpta Ramsay
Papuaschildkröte
Neuguinea
Nordaustralien   Carapax bis 50 cm

Chelodina longicollis (Shaw)
Australische Schlangenhalsschildkröte
Ostaustralien
Carapax 30 cm

Trionyx spiniferus Le Soeur
Dornrand-Weichschildkröte
Nordamerika
Carapax 43 cm

Podocnemis expansa (Schweigger)
Arrauschildkröte
Nördliches Südamerika
Carapax bis 80 cm

Pelusios sinuatus (Smith)
Pelomedusenschildkröte
Ost- und Südafrika
Carapax 45 cm

Emydura novaeguinea (Meyer)
Spitzkopfschildkröte
Neuguinea
Carapax 25 cm

Trionyx hurum Gray
Pfauenaugen-Weichschildkröte
Östliches Vorderindien
Carapax bis 60 cm

Chelus fimbriatus (Schneider)
Fransenschildkröte
Tropisches Südamerika
Carapax 40 cm

augen-Weichschildkröte mit ihren vor allem in der Jugend so auffälligen Augflecken auf der Rückenseite ein Vertreter der asiatischen Arten. Die *Malayen-Weichschildkröte* schließlich, wegen einiger Besonderheiten der Kiefer- und Panzeranatomie in die Gattung *Dogania* gestellt, ist ebenfalls in Südostasien und auf den größten Inseln des Indoaustralischen Archipels zu Hause.

Bisher hatten wir ausschließlich Halsbergerschildkröten besprochen oder solche, die sich von ihnen ableiten. Mit den beiden letzten Schildkrötenfamilien kommen wir zu den Halswendern, meist recht langhalsigen Schildkröten also, die den Kopf durch eine seitliche Biegung des Halses entweder nach rechts oder nach links unter den Vorderrand des Panzers zurücklegen. Diese abweichend gebauten Schildkröten sind auf die Südkontinente Südamerika, Südafrika mit Madagaskar und auf Australien beschränkt. Die Pelomedusenschildkröten sind nicht allzu artenreich in Südamerika, in Afrika südlich der Sahara und auf Madagaskar verbreitet. Die südafrikanische *Pelomedusenschildkröte* ist ein anspruchsloser Bewohner schlammiger Gewässer. Im Schlamm verborgen, übersteht sie auch kürzere Trockenzeiten, bis ein tropischer Regenguß das Wohngewässer wieder auffüllt. Auch die Pelomedusenschildkröten sind vorwiegend Räuber, die jedoch viel tote Nahrung nehmen und eine Art Gesundheitspolizei in solchen Gewässern sind. Die südamerikanische *Arrauschildkröte* ist wie auch ihre Gattungsverwandten in den großen Stromsystemen des tropischen Amerika zu Hause. Früher war die Arrauschildkröte im Amazonas ungemein häufig und stellte eine wichtige Nahrungsquelle für die Indianer des Gebietes dar. Seit der Europäer jedoch die Eier der Arrauschildkröte so massenhaft sammelt und für die Gewinnung von Schildkrötenöl verwendet, ist auch diese Flußschildkröte bedroht und in manchen Flußabschnitten schon sehr selten geworden.

Schlangenhalsschildkröten gibt es wiederum in Südamerika und in Australien und Neuguinea. Sie erhielten ihren Namen deshalb, weil viele Arten der Familie einen enorm langen Hals haben, der die Panzerlänge um einige Zentimeter überragen kann. Der extrem lange Hals der *Australischen Schlangenhalsschildkröte* etwa erschließt dieser räuberischen Art natürlich ein größeres Beutefeld als einer kurzhalsigeren, wie etwa der *Spitzkopfschildkröte*. Von den südamerikanischen Schlangenhälsen sei die *Stachelhals-Plattschildkröte* und die *Argentinische Schlangenhalsschildkröte* genannt. Die merkwürdigste unter ihnen ist zweifellos die *Fransenschildkröte* oder Mata-Mata mit ihrer schnorchelartig vorgezogenen Nasenöffnung und ihren Hautlappen an Kopf und Hals. Sie ist ein lauernder Jäger auf dem Gewässergrund, der die Beutefische durch kraftvolles Saugschnappen einfängt.

Alligator sinensis Fauvel
China-Alligator
*Östliches China
bis 200 cm*

Alligator mississippiensis (Daudin)
Mississippi-Alligator
*Südöstliches Nordamerika
bis 600 cm*

Ordnung Crocodylia — Krokodile

Familien: Alligatoridae — Alligatoren (*Alligator, Caiman, Melanosuchus, Palaeosuchus*), Crocodylidae — Echte Krokodile (*Crocodylus, Osteolaemus, Tomistoma*), Gavialidae — Gaviale (*Gavialis*)

Die 21 heutzeitlichen Krokodilarten sind der kümmerliche Rest einer einst blühenden Unterklasse der Reptilien, der Archosauria, deren Vertreter im Erdmittelalter die Erde beherrscht hatten. Alle jene Dinosaurier, und mit ihnen die Fischechsen wie die Flugsaurier, sind zu Ende der Kreidezeit ausgestorben. Aus Gründen, die wir nicht kennen, haben wenige Krokodilarten überlebt und sich bis in unsere Tage erhalten. Diese Ordnung „lebender Fossilien" zeichnet sich aus durch einen diapsiden Schädel, durch knöcherne Unterlagen unter vielen Schildern des Rumpfes, durch einen seitlich zusammengedrückten, muskulösen Schwanz, durch eine längsgestellte Kloakenöffnung mit unpaarem Begattungsorgan im männlichen Geschlecht. Die äußeren, verschließbaren Nasenöffnungen und die Augen sind auf die Kopfoberseite gerückt und durchbrechen so beim ruhenden Tier gerade die Wasseroberfläche. Das Auge hat eine bewegliche Nickhaut. Das Munddach wird, ähnlich wie bei den Säugetieren, aus einem knöchernen, sekundären Gaumen gebildet. Die Zunge, mit dem Mundhöhlenboden verwachsen, kann nicht vorgestreckt werden. Die 14 bis 26 Zähne jeder Kieferhälfte stehen fest verankert in Zahnhöhlen der Kieferknochen, teilweise sind sie nach ihrer Stellung und Funktion verschieden gestaltet und unterschiedlich lang. Auch die Gestaltung von Herz und Kreislauf und der Bau des Gehirns zeigen, daß die Krokodile zu den am höchsten entwickelten Kriechtieren gehören.

Die Ordnung der Krokodile oder Panzerechsen gliedern wir in drei Familien, wobei die stumpfschnauzigen Formen als die relativ ursprünglichsten betrachtet werden. Die Arten der Familie der *Alligatoren* — der Name leitet sich vom spanischen „el lagarto" = die Eidechse ab — haben ein kaum spezialisiertes Gebiß, die Zähne greifen so ineinander, daß die des Unterkiefers hinter der Zahnreihe des Oberkiefers stehen und daher bei geschlossenem Maul von außen nicht zu sehen sind. Den *China-Alligator* ausgenommen — er ist nur aus einem ziemlich begrenzten Gebiet am unteren Jangtsekiang bekannt und heute vielleicht schon nahe am Aussterben —, stammen alle Alligatoren aus Amerika. Der *Mississippi-Alligator* oder Hechtalligator war einst im südlichen Nordamerika weit ver-

Crocodylus cataphractus Cuvier
Panzerkrokodil
*Westliches und mittleres Afrika
bis 400 cm*

Caiman crocodilus (Linnaeus)
Krokodilkaiman
Mittelamerika, nördliches Südamerika
bis 270 cm

Palaeosuchus trigonatus (Schneider)
Keilkopf-Glattstirnkaiman
Nördliches Südamerika
bis 130 cm

Melanosuchus niger (Spix)
Mohrenkaiman
Mittleres Südamerika
bis 470 cm

breitet. Durch starke Bejagung und durch Zerstörung seiner Lebensräume wurde er immer mehr zurückgedrängt, so daß er heute unter Naturschutz gestellt ist. Die Alligatorenmännchen können laut brüllen, und sie lassen ihr Gebrüll ertönen einerseits als Teil des Balzspieles, andererseits auch zur Abgrenzung des Reviers gegen Rivalen des gleichen Geschlechts. Vor der Eiablage scharrt das Weibchen einen Haufen verrottenden Pflanzenmaterials, meist nahe des Wohngewässers, zusammen, in den hinein die hühnereigroßen, kalkschaligen Eier abgelegt und zugedeckt werden. Die bei der Verwesung des organischen Materials entstehende Wärme kommt den sich entwickelnden Keimlingen zugute. Der Nesthügel wird vom Alligatorenweibchen auch nach der Eiablage bewacht, eines der seltenen Beispiele für eine aktive Brutpflege bei den Reptilien. Haben die jungen Alligatoren ihre Entwicklung im Ei beendet und sind sie bereit zum Schlüpfen, lassen sie piepsende Laute hören, die das Muttertier veranlassen, die Eier freizuscharren, so daß die geschlüpften Jungen leicht ins nahe Wasser gelangen können.

Im tropischen Südamerika sind mehrere Kaimanarten zu Hause; der *Krokodilkaiman* oder Brillenkaiman ist die häufigste und am weitesten verbreitete Art, die sogar die Inseln Trinidad und Tobago erreicht hat. Wegen ihrer Haut, die zu dem bekannten Luxusleder verarbeitet wird, werden die Kaimane wie alle Krokodile so erbarmungslos gejagt, daß sie in weiten Gebieten schon ausgerottet und in den ihnen verbliebenen bereits recht selten geworden sind. Auch die kleinen, als Reiseandenken gehandelten, ausgestopften Panzerechsen sind gewöhnlich junge Krokodilkaimane, die für solch unsinnige Zwecke ihr Leben lassen mußten. Erfüllen doch die Kaimane eine wichtige Aufgabe im biologischen Gleichgewicht der großen Süßgewässer Südamerikas. Verschwinden die Kaimane, nehmen manche räuberischen Fischarten dermaßen überhand, daß die Fischerei auf Nutzfische unrentabel wird und viele Eingeborene ihre einzige Erwerbsquelle verlieren. Bedeutend stattlicher als der Krokodilkaiman wird der ebenfalls tropisch-südamerikanische *Mohrenkaiman*. Ein Zwerg unter den Panzerechsen ist der *Glattstirnkaiman* aus dem gleichen Gebiet.

In der Familie der *Echten Krokodile* gibt es schon recht langschnauzige Formen. Immer greifen ihre Zähne so ineinander, daß der größte Zahn des Unterkiefers, der „Eckzahn", auch bei geschlossenem Maul von außen sichtbar bleibt. Allein zur Gattung *Crocodylus* gehören elf Arten, mehr als die Hälfte aller Panzerechsen. Die Echten Krokodile sind weltweit verbreitet, allerdings auf die

Crocodylus acutus Cuvier
Spitzkrokodil
Südöstliches Nordamerika, Mittelamerika, nordwestliches Südamerika
bis 700 cm

tropischen Klimate beschränkt. Da einige Arten auch Brack- und Meerwasser nicht meiden, konnten sie manche größere Insel erreichen. Eine solche Inselart ist das seltene *Rautenkrokodil,* heute nur noch in einem Sumpfgebiet auf Kuba und auf der Isla de los Pinos zu Hause. Kontinental-amerikanisch verbreitet ist das *Spitzkrokodil,* das in vielen Gebieten mit einer oder gar mehreren Kaimanarten zusammenlebt, jedoch andere Beutetiere als Nahrung nutzt und so den Kaimanen keine Konkurrenz ist. Afrika wird von drei Krokodilarten bewohnt: Im tropischen Westafrika lebt das *Panzerkrokodil,* über den Kontinent am weitesten verbreitet ist jedoch das *Nilkrokodil.* Es hat sogar Madagaskar erreicht und besiedelt und war früher dem Nil flußabwärts gefolgt und bis ins Jordantal vorgedrungen, wo es heute allerdings durch den Menschen längst ausgerottet ist. Wie alle Reptilien wachsen auch Krokodile während ihres ganzen Lebens, im Alter jedoch immer langsamer. Sehr alte Tiere können daher stattliche Maße erreichen, etwa das Doppelte der Gesamtlänge wie beim Eintritt der Geschlechtsreife. Leider finden wir heute kaum noch große Krokodile, da sie wegen der intensiven Bejagung und Verfolgung keine Chance haben, ein hohes Lebensalter zu erreichen. Nilkrokodile nutzen, ähnlich wie wohl alle Panzerechsen, im Laufe ihres Wachstums die verschiedensten Nahrungsquellen. Frisch geschlüpfte Tiere begnügen sich mit Wasserinsekten, Kaulquappen und Jungfischen als Beute, halbwüchsige fangen schon größere Fische und schnappen wohl auch einen Wasservogel oder eine schwimmende Echse. Alte Krokodile lauern auf Säugetiere, die zum Trinken ans Wasser kommen und reißen die Beute in den Fluß, wo sie ertränkt wird. Ist sie zu groß, um unzerteilt verschlungen zu werden, reißen die Panzerechsen durch drehende Bewegungen um ihre Körperlängsachse Stücke heraus und verschlucken diese. Häufig nehmen Krokodile auch Steine auf; man behauptet, sie hätten Bedeutung für die Einregulierung des spezifischen Gewichtes. Die dritte afrikanische Krokodilart ist das *Stumpfkrokodil,* eine recht

Crocodylus palustris Lesson
Sumpfkrokodil
Vorderindien, Ceylon
bis 500 cm

Crocodylus rhombifer Cuvier
Kubakrokodil
Kuba, Isle of Pines
bis 380 cm

Osteolaemus tetraspis Cope
Stumpfkrokodil
Westliches Afrika
bis 190 cm

Crocodylus niloticus Laurenti
Nilkrokodil
Afrika, Madagaskar
bis 700 cm

kleine Form aus dem zentralen und westlichen Afrika, wegen Besonderheiten in die Gattung *Osteolaemus* gestellt. In Asien ist von Ceylon im Westen über die Inselkette des Indoaustralischen Archipels bis nach Neuguinea, Australien und einigen benachbarten Inselgruppen des Stillen Ozeans im Osten das *Leistenkrokodil* verbreitet. Sicherlich konnte diese stattliche Krokodilart ihr riesiges Areal nur deshalb besiedeln, weil sie sowohl im Süßwasser wie im Meer leben kann. Leistenkrokodile wurden schon in einigen Meilen Entfernung von der nächsten Küste frei im Meer schwimmend beobachtet. In den küstenfernen Gewässern von Ceylon, Indien und Teilen Pakistans lebt das *Sumpfkrokodil,* gewöhnlich etwas kleiner als das Leistenkrokodil und nirgendwo mit diesem zusammen vorkommend. Die asiatischen Krokodilarten schließen sich alle gegenseitig aus; in einem See, in einem Flußabschnitt findet man daher nie mehr als eine Art vor. In den Binnengewässern Neuguineas wird das Leistenkrokodil durch das wesentlich kleinere *Neuguinea-Krokodil* ersetzt. Es ist erst in diesem Jahrhundert entdeckt und als eigene Art beschrieben worden. In den Flüssen und Seen des nordöstlichen Australien, in Queensland vor allem, vertritt das *Australien-Krokodil* das weit verbreitete Leistenkrokodil. Mit dem Australien-Krokodil haben wir die spitzschnäuzigste Art der Gattung *Crocodylus* kennengelernt, die in ihrer Kopfform bereits zum *Falschen Gavial* oder Sunda-Gavial überleitet, demjenigen Echten Krokodil, dessen Schnauze extrem lang und schlank ist. Diese langschnauzigen Panzerechsen sind, mit dem Ganges-Gavial als bekanntestem Beispiel, Fischfresser. Wegen seiner abweichenden Schädelform — die Schnauze ist nicht nur extrem lang, mit parallelen Rändern im mittleren Abschnitt, sie ist auch scharf gegenüber dem Hirnschädel abgesetzt — und wegen seiner höheren Zahnzahl wird der *Ganges-Gavial* als einzige Art in eine eigene Familie gestellt, die der Gaviale. In den großen Stromsystemen Vorderindiens und Burmas ist er stellenweise schon sehr selten geworden und bedrohlich nahe am völligen Verschwinden.

Crocodylus novaeguineae K. P. Schmidt
Neuguinea-Krokodil
Neuguinea
bis 300 cm

Crocodylus johnsoni Krefft
Australien-Krokodil
Nordaustralien   bis 300 cm

Crocodylus porosus Schneider
Leistenkrokodil
Südliches Indien bis Ozeanien
bis 900 cm

Tomistoma schlegeli (S. Müller)
Falscher Gavial
Südliches Hinterindien, Insulinde
bis 500 cm

Gavialis gangeticus (Gmelin)
Ganges-Gavial
Vorder- und Hinterindien
bis 650 cm

Gekko gecko (Linnaeus)
Tokeh, Panthergecko
Südasien, Insulinde
35 cm

Ptychozoon kuhlii Stejneger
Faltengecko
Hinterindien, Insul.
20 cm

Uroplatus fimbriatus
(Schneider)
Madagas. Blattschwanzgecko
Madagaskar und Insel Nossi Bé
25 cm

Cyrtodactylus pulchellus Gray
Krallenfingergecko
Vorder- und Hinterindien 9 cm

Phyllurus cornutus
(Ogilby)
Austral. Blattschwanzgecko
Südost-Australien
25 cm

Ordnung Rhynchocephalia — Schnabelköpfe
Familie: Sphenodontidae — Brückenechsen (*Sphenodon*)

Die neuseeländische *Tuatara* — der Name kommt aus der Maori-Sprache und bedeutet soviel wie Stachelträger, dabei auf den Rückenkamm anspielend — ist die einzige Art der ganzen Ordnung, die bis heute überlebt hat, und dies auch nur in einem sehr begrenzten Rückzugsgebiet: ein wahrhaft „lebendes Fossil". Auf Neuseeland selbst ist die Brückenechse verschwunden, sie bewohnt jedoch noch etwa 15 Inselchen in der Cook-Straße und nahe der Küste der Nordinsel Neuseelands. Als Dämmerungstier hat die Brückenechse große Augen mit einer senkrecht stehenden Spaltpupille. Sie ernährt sich von allerhand wirbellosen Tieren, besonders von einer auf den Inseln häufigen Grillenart. Die Tuatara liebt kühle, ausgeglichene Temperaturen, wie sie auf diesen ozeanischen Inseln herrschen. Ihr Wachstum ist daher sehr langsam, erst mit mehr als 10 Jahren ist sie geschlechtsreif. Die Weibchen legen mehrere Eier in einer selbst gegrabenen Erdhöhle ab, die 15 Monate bis zum Schlupf brauchen. Das individuelle Alter der Brückenechse ist allerdings sehr hoch und kann 50 Jahre weit überschreiten; ein Ausgleich für die geringe Vermehrungsrate. Fossil kennt man Brückenechsen aus der Triaszeit vor etwa 200 Millionen Jahren.

Ordnung Squamata — Schuppenkriechtiere

Unterordnung Sauria — Echsen

Familie: Gekkonidae — Haftzeher (*Coleonyx, Cyrtodactylus, Eublepharis, Gehyra, Gekko, Hemidactylus, Nephrurus, Palmatogecko, Phelsuma, Phyllurus, Ptychozoon, Tarentola, Uroplatus*)

Die meisten Arten aller heutzeitlichen Kriechtiere sind *Squamaten*. Von diesen wiederum sind die eine Hälfte *Echsen*, die andere Schlangen. Im Bau ihres Skeletts sind die *Haftzeher* recht primitive Echsen, in anderer Beziehung, etwa im Bau der Augen und der Finger und Zehen, sind sie hoch entwickelt. Nicht alle Haftzeher haben jedoch verbreiterte Finger und Zehen mit Haftpolstern an der Unterseite. So fehlen dem japanischen *Lid-* oder *Krallengecko* haftfähige Polster. Mit dem nordamerikanischen *Erdgecko* zusammen gehört er ferner zu den wenigen Haftzeherarten, die noch bewegliche Augenlider haben. Bei den meisten Geckos sind die Lider geschlossen und miteinander verwachsen. Das untere Lid ist zu einer durchsichtigen Brille geworden, die mit der Häutung ebenfalls erneuert wird.

Zu den nacktfingrigen Geckos gehört auch der *Krallenfingergecko* aus Südostasien, der auf dem Waldboden oder an dickeren Baumstämmen lebt, wo er trotz seiner markanten Zeichnung kaum auffällt. Auch die australischen Haftzeher, der *Blattschwanzgecko* und der *Keulenschwanzgecko*, sind nacktfingrig. Der Blattschwanzgecko lebt in

Sphenodon punctatus (Gray)
Tuatara, Brückenechse
Neuseeland bis 75 cm

Phelsuma madagascariensis (Gray)
Großer Taggecko
Madagaskar
23 cm

Phelsuma lineata Gray
Doppelband-Taggecko
Madagaskar   11 cm

Phelsuma laticauda (Boettger)
Goldstaub-Taggecko
Nordwest-Madagaskar,
Nosy Bé, Comoren

Phelsuma quadriocellata (Peters)
Pfauenaugen-Taggecko
Madagaskar
11 cm

Phelsuma cepediana (Merrem)
Mauritius-Taggecko
Mauritius und Réunion   bis 15 cm

Gehyra mutilata (Wiegmann)
Hausgecko
Inseln des Indopazifik, Südasien
12 cm

Tarentola mauritanica (Linnaeus)
Mauergecko
Mittelmeerländer
bis 15 cm

Hemidactylus turcicus (Linnaeus)
Scheibenfinger
Mittelmeerländer
10 cm

Eublepharis kuroiwae (Namiye)
Japanischer Lid- oder Krallengecko
Riu-Kiu-Inseln
18 cm

Coleonyx variegatus (Baird)
Erdgecko
Nordamerika   7 cm

Nephrurus levis de Vis
Keulenschwanzgecko
Australien   6,5 cm

Palmatogecko rangei Andersson
Sandschwimmgecko
Südwestafrika   7 cm

Felsspalten in Südostaustralien und schätzt hohe Temperaturen gar nicht. Der Keulenschwanzgecko ist hingegen ein Bodenbewohner des zentralen Australien und damit ein an hohe Temperaturen angepaßter Wüstenbewohner. Mit dem *Tokeh* oder *Panthergecko*, einem der größten Haftzeher, kommen wir zu Geckos mit deutlich ausgebildeten Haftpolstern an Fingern und Zehen. Diese Haftpolster bestehen aus quergestellten Lamellen, die ihrerseits aus unzähligen, pinselförmigen Borsten aufgebaut sind. Die mikroskopisch feinen Enden dieser Borsten finden selbst in winzigen Unebenheiten des Untergrundes Halt, sie vermögen jedoch auch dank elektrostatischer Kräfte an glatten Flächen wie einer Glasscheibe zu haften. Die meisten Haftzeher sind in der Nacht und Dämmerung munter. Einige Arten, die vorwiegend auf den Blättern der Bäume leben und wie diese leuchtend grün gefärbt sind, sind jedoch Tagtiere und haben eine runde Pupille. Die *Taggeckos* sind recht artenreich im madagassischen Raum zu Hause, der farbenprächtige, rot gefleckte *Große Taggecko* ist ein beliebtes Terrarientier, und er wurde auch mehrfach in Gefangenschaft nachgezogen. Wie fast alle Haftzeher legt er nur je zwei kalkschalige Eier ab. Im Mittelmeerraum begegnen wir häufig zwei Haftzeher-Arten: einmal dem größeren *Mauergecko* und gelegentlich auch dem zierlichen *Scheibenfinger*. Beide Arten gehen gern in menschliche Siedlungen. Zwei extreme Formen unter den Haftzehern sind der asiatische *Faltengecko* und der südwestafrikanische *Sandschwimmgecko*. Ersterer hat durch breite, gefranste Hautsäume verzierte Flanken und Gliedmaßen, der Sandschwimmgecko hat merkwürdige „Schwimmhäute" zwischen den Zehen, ist ein Bewohner der Namib-Wüste und schaufelt sich mit seinen „Schwimmhäuten" in kühlere Schichten des Sandes hinein.

Draco volans Linnaeus
Flugdrache
Malaysia, Insulinde   21 cm

Calotes jubatus
(Duméril u. Bibron)
Blutsauger
Insulinde   40 cm

Hydrosaurus amboinensis (Schlosser)
Segelechse
Indoaustralisches Archipel
110 cm

Physignathus lesueuri (Gray)
Wasseragame
Neuguinea, Ostaustralien   80 cm

Agama stellio (Linnaeus)
Schleuderschwanz
Östliche Mittelmeerländer, Westasien   28 cm

gleich durchs Gras schießen oder sich geschickt eingraben können. Die verschwundenen Vorderbeine und die zu flossenähnlichen Stummeln rückgebildeten Hinterbeine spielen bei der Fortbewegung keine Rolle mehr. Der *Flossenfuß* ernährt sich von Insekten.

Familie: Agamidae — Agamen (*Agama, Amphibolurus, Calotes, Ceratophora, Chlamydosaurus, Draco, Hydrosaurus, Leiolepis, Physignathus, Uromastyx*)

In den warmen und gemäßigt warmen Ländern der Alten Welt — Madagaskar ausgenommen — ist eine Reptilfamilie zu Hause, die viele Vertreter hat, die so aussehen,

Familie: Pygopodidae — Flossenfüße (*Pygopus*)

Die artenarme Familie der *Pygopodidae* ist trotz der schlangenförmigen Gestalt ihrer Mitglieder nahe mit den Haftzehern verwandt. Als Hinweise hierfür können Merkmale des Skeletts, die durch eine Brille überdeckten Augen und die wenigen, kalkschaligen Eier angeführt werden. Flossenfüße sind Bodenbewohner, die schlangen-

Pygopus lepidopodus (Lacépède)
Flossenfuß
Australien, Tasmanien   58 cm

wie sich jedermann eine Echse vorstellt: ein rundlicher Körper trägt einen dreieckigen Kopf, kräftige, bekrallte Beine und einen muskulösen Schwanz. Auf der Oberseite steht ein Kamm aus verlängerten Hornschuppen. Bunte Farben schmücken die Echse, lebhaft blickt das Auge. In der Tat hätten wir mit dieser Kennzeichnung eine Agame, vielleicht die *Wasseragame,* beschrieben.
Bereits in Europa, in Thrakien und auf einigen griechischen Inseln, vor allem aber in Westasien, ist der *Schleuderschwanz* eine häufige Erscheinung. In die gleiche artenreiche Gattung gehört die afrikanische *Schwarzhalsagame,* die die Nähe menschlicher Siedlungen schätzt. Viele Agamen sind Bewohner von Trockengebieten, so die *Dorn-*

schwänze aus Nordafrika und Westasien. Diese sehr stattlichen Agamen mit dem dicken, bestachelten Schwanz und mit dem kurzen Kopf sind im Alter fast reine Pflanzenfresser, die selbst in der dürftigen Vegetation von Wüsten und Halbwüsten noch ihr Auskommen finden. Dornschwänze sind richtige Sonnenkinder, die erst am späten Vormittag aus ihren Erdhöhlen hervorkommen.

Besonders reich sind die Agamen in Australien vertreten. Die stattliche *Kragenechse* kann sich im schnellen Lauf sogar auf die Hinterbeine aufrichten und dann wie ein Miniatursaurier zweibeinig dahineilen. Gegenüber einem Artgenossen wird der bunte „Halskragen" aufgestellt, der die Silhouette des Tieres vergrößert und drohend wirkt. So stellt die ebenfalls australische *Bartagame* bei Bedrohung den stachelig beschuppten Kehlsack auf, häufig öffnet sie dabei auch das Maul, so daß zusätzlich die kontrastreich gefärbte Mundschleimhaut sichtbar wird.

Auf den Inseln der Molukken ist die größte Agame zu Hause, die *Segelechse,* mit bis zu 1,20 m Gesamtlänge ein wahrhaft stattliches Tier. Meist sitzen die Segelechsen auf dickeren Ästen über dem Wasser der Urwaldflüsse, in das sie bei Gefahr hineinspringen und geschickt davonschwimmen. Baumbewohner sind auch die *Flugdrachen,* kleine Agamiden, die seitliche Hautfalten des Rumpfes mittels verlängerter Rippen aufstellen können und durch diese „Flügel" befähigt sind, im Gleitflug von einem Baum zum nächsten zu segeln. Auf vielen Inseln des Indoaustralischen Archipels und auf dem südostasiatischen Festland gibt es Baumagamen, die außer ihrer seitlich leicht abgeplatteten Körpergestalt und besonders scharfer Krallen keine anderen Anpassungsmerkmale an diese Lebensweise zeigen. Ihr recht schneller Farbwechsel, besonders das Rotwerden des Kopfes, hat diesen Echsen den Namen *Blutsauger* eingetragen. Als einen Bodenbewohner wollen wir noch die hinterindische *Schmetterlingsagame* erwähnen, vor allem auf sandigem Grund zu finden, wo sie sich tiefe Gänge gräbt. Eine kuriose Agame der ceylonesischen Bergwälder ist die *Hornagame,* ein ruhiges Tier, das sich in erster Linie auf seine Schutzfärbung zu verlassen scheint.

Amphibolurus barbatus (Cuvier)
Bartagame
Australien   60 cm

Chlamydosaurus kingi Gray
Kragenechse
Neuguinea und Australien   80 cm

Uromastyx acanthinurus Bell
Dornschwanz
Nordafrika   50 cm

Agama atricollis Smith
Schwarzhalsagame
Tropisches und Südafrika
35 cm

Leiolepis belliana (Gray)
Schmetterlingsagame
Hinterindien   40 cm

Ceratophora tennenti Günther
Hornagame
Ceylon   15 cm

Chamaeleo jacksonii Boulenger
Jacksons Dreihornchamäleon
Ostafrika 32 cm

Chamaeleo fischeri Reichenow
Fischers Chamäleon
Ostafrika
bis 50 cm

Chamaeleo montium Buchholz
Bergchamäleon
Kamerun und Fernando Poo 24 cm

Chamaeleo dilepis Leach
Lappenchamäleon
Tropisches Afrika 30 cm

Chamaeleo africanus Laurenti
Sudanchamäleon
Tropisches Afrika nördlich des Kongobeckens
30 cm

Familie: Chamaeleonidae — Chamäleons (*Brookesia, Chamaeleo*)

Unter allen Echsen sind die *Chamäleons* vielleicht die eigenartigsten, jedenfalls bilden sie eine in so starkem Maße abweichende Gruppe und sind unter sich so einheitlich, daß jedes Chamäleon sofort auf seine Zugehörigkeit angesprochen werden kann. Die Chamäleons sind Baumtiere und höchst vollkommen an eine Lebensweise im Geäst angepaßt. Kopf und Körper sind seitlich zusammengedrückt, die Gliedmaßen lang und dünn, am Ende tragen sie kräftige Greifzangen, gebildet aus zwei beziehungsweise drei miteinander verwachsenen Fingern oder Zehen, die einander gegenübergestellt sind. Auch der meist lange Schwanz ist greiffähig und kann als „fünfte Hand" eingesetzt werden. Die Augenlider sind bis auf ein winziges Loch verwachsen, das Auge also stark abgeblendet. Kein Wunder, daß die Chamäleons Tagtiere sind. Der oft helmförmige Kopf sitzt auf einen ganz kurzen Hals, beweglich sind vor allem die kugelförmig hervorquellenden Augäpfel, die unabhängig voneinander bewegt werden kön-

nen. Die Chamäleons sind keine flinken Jäger, sondern bedächtige Laurer, die sich ihrer Beute, meist Insekten, sehr behutsam nähern. Auf Körperlänge herangekommen, wird genau gezielt und die keulenförmige Zunge weit herausgeschossen, das Beutetier angeleimt und in das Maul zurückgerissen, wo es zwischen den Zähnen zermalmt wird. Das Schießen mit der Zunge geschieht mittels eines sinnreichen Mechanismus, bei dem die Zunge über einem Zungenbeinknorpel durch Muskelkontraktionen in starke Spannung versetzt wird, die beim Lösen der Arretierung das verdickte Ende aus dem leicht geöffneten Maul herausschießen läßt. Sprichwörtlich ist auch das Farbwechselvermögen der Chamäleons. Die wechselnde Färbung ist gewöhnlich nicht Anpassung an die der Umgebung, sondern sie drückt in erster Linie den Erregungszustand des Tieres aus. Schließlich sind die Chamäleons auch eindrucksvolle Gestalten wegen ihrer Hörner und Fortsätze am Kopf und wegen bizarr gestalteter Rückenkämme.

Das Gewöhnliche Chamäleon (*Chamaeleo chamaeleon*) ist in Nordafrika und Westasien zu Hause, es erreicht jedoch auch europäischen Boden in Südspanien. Nahe verwandt mit dieser grünlich grauen Art ist das *Sudan-Chamäleon*, das dem Nil abwärts bis nach Ägypten gefolgt ist. Im tropischen Afrika wird es ersetzt durch das *Lappenchamäleon*, das die flachen „Ohrlappen" jederzeit ein wenig aufstellen kann. Mit dem *Bergchamäleon* vom Kamerunberg lernen wir erstmals eine gehörnte Art kennen. Bei *Jacksons Dreihornchamäleon* sind die drei Hörner auf der Schnauzenspitze des Männchens lange Knochenzapfen, von der geringelten, stark verhornten Haut überzogen. So wehrhaft dieses Dreihornchamäleon mit seinem Kopfputz auch aussieht, so werden die Hörner doch nicht als Waffen eingesetzt, allenfalls im unblutigen Turnier rivalisierender Männchen. Das Horn von *Fischers Chamäleon* ist ein beschuppter Bindegewebszapfen, also kein ganz starres Gebilde. Ein Riese unter den afrikanischen Chamäleons ist das ostafrikanische *Mellers Chamäleon*, grotesk geschmückt durch vorspringende Wülste und Kanten des helmförmigen Kopfes. Eine ganze Reihe von Chamäleonarten, die in höheren Lagen der afrikanischen Gebirge oder im südlichen Afrika leben, sind lebendgebärend geworden. Die Eier, die bei den übrigen Arten eine pergamentartige Hülle besitzen und in einer Bodenhöhle abgelegt werden, die das Weibchen, von seinem Baum heruntergestiegen, mühsam ausgehoben hat, bleiben bei den ovoviviparen Formen im Eileiter und vollenden dort ihre Entwicklung. Das *Bunte Zwergchamäleon* gehört zu diesen lebendgebärenden Arten.

Auch auf Madagaskar gibt es zahlreiche Chamäleons, darunter die vielleicht größten. Das *Riesenchamäleon* ist nicht allein mit Insektennahrung zufrieden, es schießt mit seiner Schleuderzunge auch kleinere Echsen und Vögel. Das *Pantherchamäleon* ist die verbreitetste madagassische Art. Die Kanten seines helmförmigen Schädels sind ein wenig ausgezogen. Auch Chamäleonzwerge gibt es auf Madagaskar. Wegen des Verlustes der Greiffähigkeit des kurzen Schwanzes und wegen einiger anderer Merkmale wird das *Stachelchamäleon* in eine eigene Gattung, *Brookesia*, gestellt. Diese Stummelschwanzchamäleons, zu denen auch das Stachelchamäleon zählt, gibt es jedoch auch im tropischen Afrika. Manche Arten sind Bodenbewohner geworden und lauern, durch ihre bräunliche Färbung einem vertrockneten Blatt täuschend ähnlich, auf der Laubstreu des Waldes auf kleine Bodenkerfe.

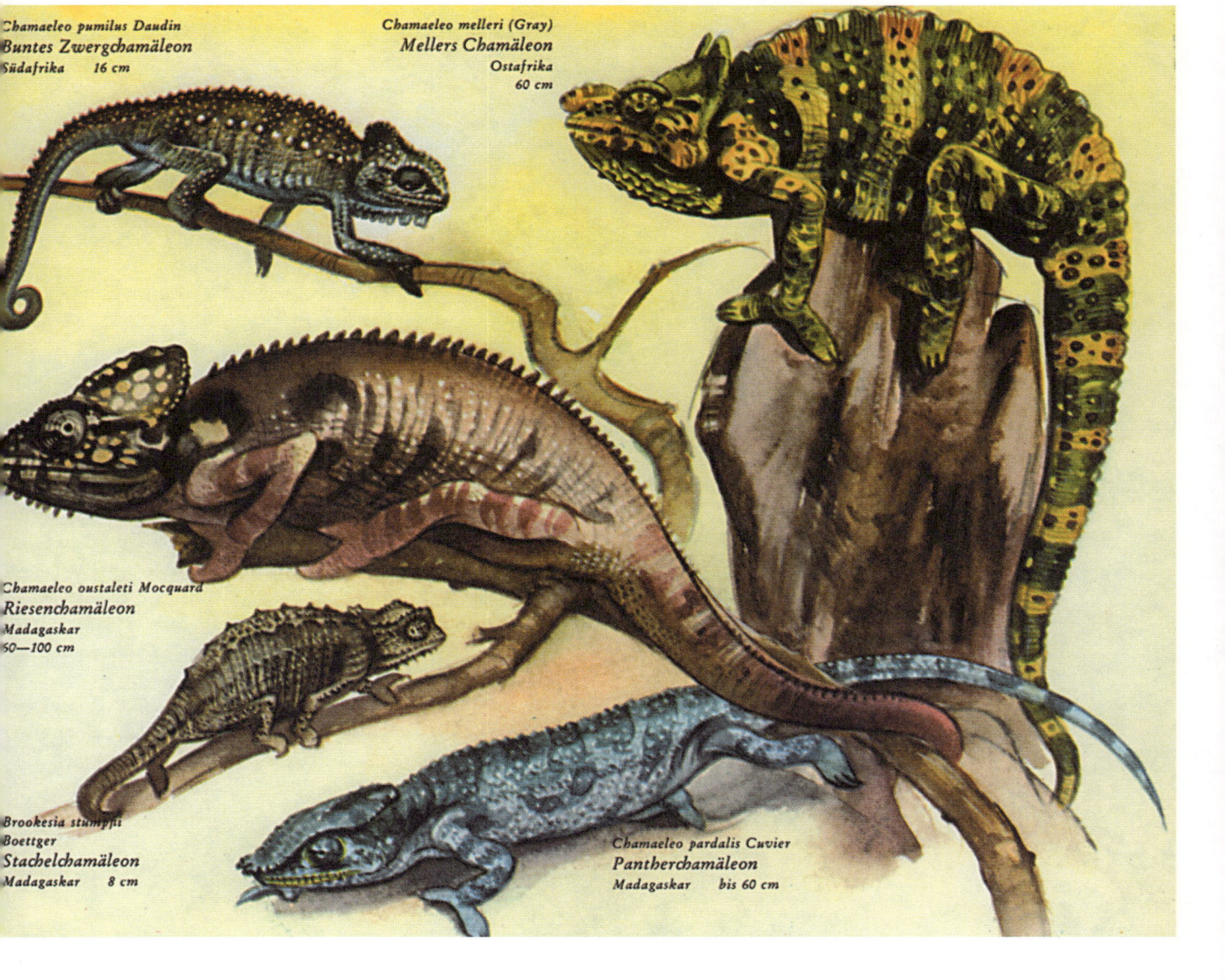

Chamaeleo pumilus Daudin
Buntes Zwergchamäleon
Südafrika 16 cm

Chamaeleo melleri (Gray)
Mellers Chamäleon
Ostafrika 60 cm

Chamaeleo oustaleti Mocquard
Riesenchamäleon
Madagaskar
60—100 cm

Brookesia stumpffi Boettger
Stachelchamäleon
Madagaskar 8 cm

Chamaeleo pardalis Cuvier
Pantherchamäleon
Madagaskar bis 60 cm

Amblyrhynchus cristatus Bell
Meerechse
Galapagos-Inseln   135 cm

Basiliscus plumifrons Cope
Stirnlappenbasilisk
Panama, Costa Rica, Nicaragua   80 cm

Iguana iguana (Linnaeus)
Grüner Leguan
Zentral- und Südamerika
bis 180 cm

Conolophus subcristatus (Gray)
Drusenkopf
Galapagos-Inseln   110 cm

Cyclura cornuta (Daudin)
Nashornleguan
Santo Domingo   bis 180 cm

Familie: Iguanidae — Leguane (*Amblyrhynchus, Anolis, Basiliscus, Brachylophus, Conolophus, Cyclura, Holbrookia, Iguana, Oplurus, Phrynosoma, Sauromalus, Uma*)

Das neuweltliche Gegenstück zur Familie der Agamen ist die der Leguane. Merkwürdigerweise gibt es Leguane außerhalb Amerikas auch auf Madagaskar und auf den Fidschi- und Tonga-Inseln. Man kann annehmen, daß die Leguane auf die pazifischen Inseln mit Meeresströmungen von Südamerika dorthin gelangt sind, auf Madagaskar sind sie jedoch ein Überbleibsel aus erdgeschichtlicher Vergangenheit. Die Leguane sind kleine bis sehr große Formen, stets mit wohl entwickelten Beinen und einem pleurodonten Gebiß, die Anolis-Verwandtschaft hat Haftlamellen unter den Fingern und Zehen ähnlich wie viele Geckos.

Xantusia henshawi Stejneger
Felsennachtechse
Südliches Nordamerika   12 cm

Klauberina riversiana (Cope)
Inselnachtechse
Südkalifornische Inseln   16 cm

Zu den stattlichsten Leguanen zählt der *Grüne Leguan*. Die jungen Tiere sind Räuber und fangen Insekten und andere kleine Wirbellose, die alten Leguane sind jedoch vorwiegend Pflanzenfresser. Meist ruhen sie auf dickeren Ästen in den Baumkronen nahe der Wasserläufe. Bei Gefahr springen sie oft ins Wasser und suchen geschickt schwimmend und tauchend das Heil in der Flucht. Vorläufer der Leguane haben entlegene Inseln wie die der Galapagos, wie Tonga und Fidschi besiedelt. Die *Meerechse* der Galapagos ist die einzige Echsenart, die regelmäßig das Meer aufsucht und dort auch ihre Nahrung findet, nämlich Algen und Tange. Das mit dieser Nahrung reichlich aufgenommene Kochsalz wird durch besondere Salzdrüsen am Kopf der Echse ausgeschieden. Auch der *Drusenkopf* der Galapagos-Inseln ist Pflanzenfresser, er findet seine Nahrung jedoch auf dem Lande in Form saftiger Pflanzenteile und süßer Früchte. Der *Fidschi-Leguan* ist noch wesentlich weiter nach Westen vorgestoßen und auf den Inseln der Tonga- und Fidschigruppe zu Hause. Er ist Baumbewohner wie sein Vetter, der Grüne Leguan.

Auch auf den Westindischen Inseln gibt es einige Großleguane. Der *Nashornleguan* von Santo Domingo ist einer von ihnen. In den trockenen Dornbuschlandschaften dieser Insel zu Hause, ist auch er im Alter vorwiegend ein Vegetarier. In Zentralamerika und im nördlichen Südamerika

Brachylophus fasciatus Brongniart
Fidschi-Leguan
Fidschi- und Tonga-Inseln 70 cm

Anolis equestris Merrem
Ritteranolis
Kuba 45 cm

Sauromalus obesus Baird
Chuckwalla
Nordamerika 40 cm

Holbrookia lacerata Cope
Ohrlose Eidechse
Nordamerika 25 cm

Anolis carolinensis Voigt
Rotkehlanolis
Nordamerika 18 cm

Oplurus sebae Duméril und Bibron
Madagaskar-Leguan
Madagaskar bis 40 cm

Phrynosoma cornutum (Harlan)
Krötenechse
Nordamerika 13 cm

Uma notata Baird
Fransenzeher
Nordamerika 15 cm

leben die Basilisken, teilweise ausgezeichnet durch einen hohen Helm und Rückenkämme, wie beim männlichen *Stirnlappenbasilisken*. In den Trockengebieten des südlichen Nordamerika sind die Leguane ebenfalls artenreich vertreten. Erwähnt sei der stattliche *Chuckwalla*, mit seiner hohen Vorzugstemperatur besonders gut an die Lebensbedingungen in der Wüste angepaßt. Der *Fransenzehen-Leguan* ist durch seine verbreiterten Zehen zu schnellem Lauf auf lockerem Sand und zu einem wirkungsvollen Eingraben fähig. Verlassen sich die *Taubleguane* auf ihre Schnelligkeit, so bleiben die *Krötenechsen* ruhig sitzen und vertrauen auf ihre Tarnfärbung wie auf den Schutz ihrer Stachelschuppen. Die Anolis sind in großer Artenfülle auf den Westindischen Inseln und in Zentralamerika vertreten. Eine Art, der *Rotkehlanolis*, bewohnt ausgedehnte Gebiete der südöstlichen USA, der stattlichste seiner Gattung ist der kubanische *Ritteranolis*. Auf Madagaskar sind die Leguane mit zwei Gattungen vertreten, der *Madagaskar-Leguan* lebt an Felsen und an den Stämmen dickerer Bäume und ist ein geschickter Insektenjäger.

Familie: Xantusiidae — Nachtechsen (*Klauberina, Xantusia*)

Die wenigen Arten der Nachtechsen gehören in eine Familie mit noch ungeklärter systematischer Stellung. Die *Felsen-Nachtechse* ist in den südlichen USA relativ weit verbreitet, die *Insel-Nachtechse* kommt hingegen nur auf einigen südkalifornischen Inseln vor. Alle Nachtechsen sind in der Dunkelheit aktive Tiere, tagsüber halten sie sich in Felsspalten verborgen. Soweit wir wissen, sind die Nachtechsen lebendgebärend und bringen wenige, voll entwickelte Junge zur Welt.

Familie: Cordylidae — Gürtelechsen (*Chamaesaura, Cordylus, Gerrhosaurus*)

In Afrika südlich der Sahara und auf Madagaskar gibt es eine Echsenfamilie, die durch verknöcherte Schuppen-

Cordylus giganteus A. Smith
Riesengürtelschweif
Südafrika 40 cm

Chamaesaura anguina (Linnaeus)
Schlangengürtelechse
Südafrika 40 cm

Gerrhosaurus maior A. Duméril
Schildechse
Ostafrika 50 cm

unterlagen besonders gut gepanzert und bei denen die Tendenz zur Entwicklung eines schlangenförmigen Körpers mit rückgebildeten Gliedmaßen deutlich ist: die Gürtelechsen. Während der *Riesengürtelschweif* kräftige Gliedmaßen hat, sind sie bei der *Schlangengürtelechse* zu winzigen Stummeln rückgebildet. Statt dessen ist bei der letztgenannten Art Rumpf mit Schwanz schlangenförmig verlängert, und die Fortbewegung geschieht durch Schlängeln. Die Gürtelschweife find durchweg Bewohner der Felskuppen, in deren Spalten sie sich verbergen, die Schlangengürtelechsen sind Graslandbewohner und gleiten in großer Geschwindigkeit durch das Pflanzengewirr. In der Familie gibt es sowohl lebendgebärende Arten wie die eigentlichen Gürtelschweife, wie auch eierlegende, zu denen die ostafrikanische *Schildechse* gehört.

Familien: Teiidae — Schienenechsen (*Ameiva, Cnemidophorus, Dracaena, Tupinambis*), Lacertidae — Halsbandeidechsen (*Algyroides, Eremias, Lacerta, Takydromus*)

Ähnlich wie die Agamen und die Leguane sind die Halsbandeidechsen in der Alten, die Schienenechsen in der Neuen Welt vertreten. Die früh isolierten Kleinkontinente Madagaskar und Australien wurden von keiner der beiden Familien erreicht. Während jedoch die altweltlichen Lacertiden nur echsenförmige Formen enthalten, finden wir bei den amerikanischen Schienenechsen eine breitere Vielfalt, vom krokodilähnlichen *Panzerteju* bis zu Zwergformen mit rückgebildeten Beinen und Augen. Die Übereinstimmung in beiden Familien kann so weit gehen, daß es äußerst schwierig ist, Echsen, deren Herkunft man nicht kennt, auf ihre Familienzugehörigkeit anzusprechen; man vergleiche nur die *Ameive* mit der Perleidechse. Noch erstaunlicher ist, daß es in beiden Familien Arten gibt, die sich durch Jungfernzeugung (parthenogenetisch) fortpflanzen, Arten also, bei denen es keine Männchen gibt. Bei den Teiiden gehören solche parthenogenetischen Formen in die Gattung *Cnemidophorus,* wohin auch die zweigeschlechtliche *Getüpfelte Rennechse* gestellt wird, bei den Lacertiden sind es einige Arten der Gattung Lacerta aus dem Kaukasusgebiet. Der *Teju* oder *Salompenter*, weit verbreitet im tropischen Südamerika, ist ein beliebtes Terrarientier.

Die Halsbandeidechsen stellen in den meisten Ländern die häufigsten Arten. Vor allem in den Mittelmeerländern sind die *Mauereidechsen* und ihre Verwandten zahlreich, und man kann sich eigentlich keine Grenzmauer in einem Olivenhain vorstellen, an der diese munteren Echsen nicht umherhuschen. Selbst kleine und kleinste Inseln wurden von Mauereidechsen erobert, und häufig haben sie in der Isolierung einen eigenen Entwicklungsweg eingeschlagen, der zu stark abweichenden Formen geführt hat. Hier sei nur die berühmte blaue *Faraglione-Eidechse* erwähnt, eine Inselrasse der in Italien sonst weit verbreiteten Ruineneidechse. Im gemäßigten Klima Mitteleuropas und Westasiens ist die *Zauneidechse* zu Hause. Die Männchen sind

Cnemidophorus lemniscatus (Linnaeus)
Getüpfelte Rennechse
Nördliches Südamerika und Zentralamerika
+ 10 cm

Ameiva ameiva (Linnaeus)
Ameive
Tropisches Mittel- und Südamerika
25 + 25 cm

Tupinambis teguixin (Linnaeus)
Teju, Salompenter
Südamerika 55 + 60 cm

Dracaena guianensis Daudin
Panzerteju
Nordöstliches Südamerika 60 + 60 cm

Algyroides nigropunctatus (Duméril und Bibron)
Schwarzpunktierte Kielechse
Balkanhalbinsel 20 cm

Lacerta agilis Linnaeus
Zauneidechse
Europa, Asien 20 cm

Eremias arguta (Pallas)
Steppenrenner
Rumänien bis Zentralasien
30 cm

Lacerta muralis (Laurenti)
Mauereidechse
Mittel- und Südeuropa 18 cm

Lacerta sicula coerulea Eimer
Faraglione-Eidechse
Äußerer Faraglionefelsen bei Capri
20 cm

Lacerta vivipara Jacquin
Bergeidechse
Europa, Nordasien 18 cm

Takydromus tachydromoides (Schlegel)
Schnelläufer
Japan 22 cm

Lacerta viridis (Laurenti)
Smaragdeidechse
Südeuropa, Kleinasien 40 cm

Lacerta lepida Daudin
Perleidechse
Südwesteuropa und Nordwestafrika
60 cm

zur Fortpflanzungszeit im Frühjahr durch prachtvoll grüne Flanken geziert. Wie die meisten Halsbandeidechsen legen die weiblichen Zauneidechsen Eier in eine selbst gegrabene Höhle. Ende August bis Anfang September schlüpfen die Jungen, die im Herbst gewöhnlich länger aktiv zu sehen sind als die alten Tiere. Die kleinere *Bergeidechse* ist noch weiter verbreitet als die Zauneidechse, sie findet auch im kühlen Wald ihr Fortkommen, in Skandinavien geht sie bis zum Polarkreis nach Norden. Das trächtige Weibchen kann durch Aufsuchen ihr zusagender Plätze eine erhöhte Körpertemperatur halten, die auch der Keimesentwicklung zugute kommt.

Halsbandeidechsen sind besonders formenreich im Mittelmeerraum und in den Trockengebieten Afrikas, West- und Mittelasiens verbreitet. In den westlichen Mittelmeerländern finden wir mit der *Perleidechse* auch den stattlichsten Vertreter der Gattung Lacerta. Bekannter ist die im männlichen Geschlecht blaukehlige *Smaragdeidechse*. Sie findet sich noch an einigen Wärmeinseln nördlich der Alpen, zum Beispiel am Kaiserstuhl und bei Passau. Durch abweichend gestaltete, gekielte Rückenschuppen ist die *Schwarzpunktierte Kielechse* ausgezeichnet; sie wird deshalb bereits in eine eigene Gattung gestellt. Aus ähnlichen Gründen trennen wir die *Steppenrenner* in der Gattung Eremias von Lacerta ab. Sie sind in den osteuropäischen Steppengebieten bis nach Zentralasien und in den afrikanischen Trockenlandschaften artenreich verbreitet. Am weitesten im Osten finden wir die Langschwanzeidechsen der Gattung *Takydromus*, bei denen der Schwanz bis fünfmal so lang sein kann wie Kopf und Rumpf. Der *Schnelläufer* in Japan ist die nördlichste Art, verwandte Arten gehen südlich bis nach Java.

Tiliqua nigrolutea (Quoy und Gaimard)
Schwarzgelbe Blauzunge
Südostaustralien   40 cm

Tiliqua scincoides (Shaw)
Blauzunge   Australien   40 cm

Egernia major (Gray)
Königsskink
Australien   35 cm

Trachydosaurus rugosus (Gray)
Stutzechse, Tannenzapfenechse
Südaustralien   35 cm

Egernia cunninghami (Gray)
Stachelskink
Neusüdwales   40 cm

Mabuya quinquetaeniata (Lichtenstein)
Fünfstreifenskink
Zentralafrika   18 cm

Chalcides ocellatus (Forskål)
Walzenechse
Mittelmeergebiet   20 cm

Eumeces algeriensis Peters
Berberskink
Nordwestafrika
bis 43 cm

Eumeces obsoletus (Baird und Girard)
Sonora-Skink
Nordamerika   32 cm

Riopa sundevallii (A. Smith)
Riopa-Skink
Ostafrika   16 cm

Ablepharus boutonii (Desjardin)
Natteraugenskink
Ostafrika   10 cm

Scincus scincus (Linné)
Apothekerskink, Sandfisch
Sahara, Arabien   25 cm

Familie: Scincidae — Glattechsen (*Ablepharus, Chalcides, Egernia, Eumeces, Mabuya, Riopa, Scincus, Tiliqua, Trachydosaurus*)

Die Familie der Glattechsen enthält meist kleine, bodenbewohnende Echsenarten mit glänzendem, sich dachziegelartig deckendem Schuppenkleid und ist in den warmen Ländern weltweit verbreitet. Vor allem bei grabenden Formen sind die Gliedmaßen klein, gelegentlich ganz zurückgebildet. Neben eierlegenden Arten gibt es auch viele, die lebendige Junge gebären.

Der *Walzenskink* ist auf Sizilien und Sardinien, in Nordafrika und Westasien ein häufiges Reptil. Er legt seine Schlupflöcher gern unter Agaven- oder Opuntienhecken an, benutzt aber auch Mauerritzen und lebt so auch an und in menschlichen Siedlungen. Obwohl er ein harmloser Insektenjäger ist, wird er vielerorts als besonders giftig gefürchtet, in Sizilien mehr als die wirklich giftige Juraviper. Im lockeren Bodengrund in der Sahara lebt der *Sandfisch* oder *Apothekerskink,* eine Glattechse mit schaufelartig umgestaltetem Kopf und durch Fransen verbreiterten Zehen, Einrichtungen, die es ihr ermöglichen, so schnell im Sand zu verschwinden, daß der Beschauer den Eindruck hat, die Echse könne im Sand „schwimmen". Der afrikanische *Riopa-Skink* ist im Gegensatz zum Sandfisch ein Bewohner des Waldbodens, eines reich gegliederten Lebensraumes, in dem seine lebhafte Färbung gar nicht auffällig wirkt. Die Glattechsen der Gattung *Mabuya,* hier mit dem *Fünfstreifenskink* vorgestellt, sind in den warmen Ländern der Alten wie der Neuen Welt verbreitet und außerordentlich vielseitig in der Ausnutzung der verschiedenartigsten Lebensräume. Stöbert man etwas genauer im Spülsaum eines tropischen Strandes, sei es an der Nordküste Australiens oder an der ostafrikanischen Küste, sei es auf einer so entlegenen Insel wie

Ophisaurus apodus (Pallas)
Scheltopusik
Östliches Mittelmeergebiet,
Westasien
bis 110 cm

Diploglossus lessonae Peracca
Doppelzungenschleiche mit Jungtier
Nördliches Südamerika   18 cm

Gerrhonotus multicarinatus (Blainville)
Krokodilschleiche
Südwestliches Nordamerika   14 cm

Xenosaurus rackhami Stuart
Höckerechse
Mexiko, Guatemala   20 cm

Anguis fragilis Linnaeus
Blindschleiche
Europa, Kleinasien
bis 54 cm

Mauritius, überall kann man auf das *Natternauge* stoßen, eine kleine Glattechse, deren Augenlider verwachsen und durchsichtig sind, so daß sie den starren Blick der Schlangen hat. Auch die Skinke der Gattung *Eumeces* gibt es sowohl in Amerika — hier vorgestellt durch den *Sonora-Skink* — wie in der Alten Welt — als Beispiel sei der *Berberskink* gezeigt. Diese Glattechsengattung ist deshalb besonders bemerkenswert, weil manche Arten ihr Gelege bewachen und versorgen, bis die Jungtiere schlüpfen, einer der seltenen Fälle von Brutfürsorge bei Kriechtieren.

Recht mannigfaltig sind die Glattechsen auch in Australien vertreten, die Gattungen *Tiliqua*, *Trachydosaurus* und *Egernia* sind sogar auf dieses Faunengebiet beschränkt. Viele der größeren Arten wie die *Blauzunge*, die *Schwarzgelbe Blauzunge* und die *Stutzechse* haben eine auffallend gefärbte Zunge und Mundschleimhaut. Die grellen Farben dieser Organe werden im Abwehrverhalten gegenüber großen Feinden, zu denen auch der Mensch zählt, durch das Aufreißen des Maules dargeboten und wirken abschreckend, zumindest überraschend. Ein solcher Augenblick der Verblüffung kann genügen, um dem Skink die Flucht zu ermöglichen. Die Blauzungen, der *Königsskink* und der *Stachelskink* sind lebendgebärend, teilweise zeigen die Jungtiere ein abweichendes Zeichnungsmuster.

Familien: Anguidae — Schleichen (*Anguis*, *Diploglossus*, *Gerrhonotus*, *Ophisaurus*), Xenosauridae — Höckerechsen (*Xenosaurus*), Anniellidae — Fußlose Echsen (*Anniella*)

Die drei hier genannten, vorwiegend neuweltlichen Echsenfamilien sind untereinander näher verwandt, durch gemeinsame Merkmale des Schädels und des Baus der Zunge lassen sie sich abgrenzen. Bei den Schleichen finden wir wiederum Arten mit normal entwickelten Gliedmaßen wie die *Krokodilschleiche*, daneben alle Übergänge bis zu den schlangenförmigen, beinlosen Arten wie der *Blindschleiche* oder dem *Scheltopusik*. Viele Schleichen haben knöcherne Unterlagen unter den Körperschuppen, so daß sie recht fest gepanzert sein können. Eine Längsfalte an jeder Flanke erlaubt dem Rumpf eine Erweiterung seines Querschnitts bei Atembewegungen oder beim Verschlingen größerer Beute. Viele Schleichenarten sind lebendgebärend (ovovivipar) wie die Blindschleiche, die im August oder September einige bis zu 25 Jungtiere zur Welt bringt, die im Gegensatz zu den Erwachsenen oberseits hell silbrig sind mit einem dunklen Aalstrich, unterseits tiefschwarz. Unterschiede zwischen Jugend- und Alterszeichnung sind bei Schleichen häufig, wie auch die südamerikanische *Doppelzungenschleiche* zeigt.

Die Höckerechsen sind eine artenarme Familie, beschränkt auf Mittelamerika und das südliche China. Von der mexikanischen *Höckerechse* wissen wir, daß sie am Boden der Regenwälder wohnt, gut getarnt auf Wirbellose lauert, die an ihrem Schlupfwinkel vorbeikommen. Die Höckerechsen sind lebendgebärend.

Die Familie der *Fußlosen Echsen* enthält nur eine einzige Gattung und Art, die je nach ihrer Herkunft verschieden gezeichnet ist, wir können daher unterschiedliche geographische Rassen unterscheiden. Die Fußlosen Echsen leben fast ausschließlich unterirdisch; sie sind lebendgebärend.

Anniella pulchra nigra Fischer
Schwarze, fußlose Echse
Küste von Zentralkalifornien
16 cm

Anniella pulchra pulchra Gray
Fußlose Echse
Kalifornien und Niederkalifornien   15 cm

Heloderma suspectum Cope
Gilatier
Südwestliche USA und angrenzendes Mexiko
bis 60 cm

Heloderma horridum (Wiegmann)
Mexikanische Krustenechse
Mexiko   bis 60 cm

Familien: Helodermatidae — Krustenechsen (*Heloderma*), Lanthanotidae — Taubwarane (*Lanthanotus*), Varanidae — Warane (*Varanus*)

In der heutzeitlichen Tierwelt sind diese drei Familien, die wegen Übereinstimmungen im Bau von Schädel und Skelett näher zusammengehören, nur durch je eine Gattung vertreten. Die neuweltlichen Krustenechsen sind zudem die einzigen giftigen Echsen, die es gibt. Anders als bei den Giftschlangen sind beim *Gilatier* und bei der *Mexikanischen Krustenechse* Speicheldrüsen des Unterkiefers zu Giftdrüsen umgebildet, die ihr Sekret nahe der Unterkieferzähne ausschütten. Da die Krustenechsen bei einem Biß lange festhalten und kauende Bewegungen ausführen, kann genügend Gift in die von den Zähnen geschlagenen Wunden eindringen, um ein kleineres Beutetier zu töten. Auch für den Menschen ist der Biß der Krustenechse gefährlich, doch trifft er mit diesem Wüstenbewohner kaum zusammen, zudem sind die Krustenechsen friedliche Tiere. Ihre normale Beute besteht aus kleinen Säugetieren, bodenbrütenden Vögeln, deren Eiern und Jungen.

Der *Taubwaran* aus Sarawak (Borneo) ist der einzige Vertreter der ganzen Familie. Er lebt versteckt im feuchten Bodengrund, auch im flachen Wasser. Seine Augen sind winzig klein, sie haben jedoch bewegliche Lider mit einem durchsichtigen Fenster im unteren Lid. Gemäß seiner Bezahnung ist der Taubwaran ein Räuber, welche Beute er fängt, wissen wir nicht. Das besondere zoologische Interesse, das dem Taubwaran gilt, rührt daher, daß er der nächste überlebende Verwandte der Stammformen der Schlangen sein könnte. Die Schlangen stammen nämlich nicht von einer der vielen schlangenförmigen Echsengruppen ab, sondern von grabenden, unterirdisch lebenden waranartigen Reptilien mit rückgebildeten Gliedmaßen und Augen, für die der Taubwaran Modell sein könnte. Die Familie der Warane, eine rein altweltliche Gruppe der tropischen Länder, enthält die größten und stattlichsten Echsen nach den Krokodilen, mit denen sie überhaupt nicht verwandt sind. Alle Warane sind Räuber, haben eine Bezahnung aus einzel stehenden, dolchartigen Zähnen, wohl entwickelte Beine mit kräftigen Krallen, einen muskulösen Schwanz, der zum Schwimmen wie zum Austeilen von Schlägen zur Abwehr von Feinden eingesetzt wird, ein gutes Auge und eine tief gespaltene, weit hervorstreckbare Zunge. Alle Warane legen Eier, die sie in einer selbst gegrabenen Höhle der Sonnenwärme überlassen.

Der größte und schwerste Waran, der auf einige kleine Inseln Indonesiens beschränkte *Komodowaran*, gehört zu einer recht ursprünglichen Artengruppe, die gekennzeichnet ist durch die Lage der runden Nasenöffnung nahe der Schnauzenspitze. Zur gleichen Gruppe gehört auch der philippinische *Bindenwaran* und der *Buntwaran* Australiens und Neuguineas, beide erreichen jedoch nicht die Abmessungen des Komodowarans. Australien und Neuguinea sind besonders reich an Waranarten, der prachtvoll grüne, baumlebende *Smaragdwaran* sei hier noch vorgestellt. In seinem Greifschwanz hat er noch ein zusätzliches Organ, um sich im Gezweig seines Lebensraumes zu verankern. Auf der Malayischen Halbinsel und auf Sumatra ist der *Rauhnackenwaran* zu Hause, ein im Alter sehr düsteres Tier, das durch ein Feld vergrößerter Schuppen auf dem Nacken gekennzeichnet wird. Im südlichen Asien, von Pakistan im Westen bis Bengalen und Burma im Osten, ist der *Gelbwaran* verbreitet. An einigen Stellen kommt er zusammen mit dem *Wüstenwaran* vor, dieser ist jedoch mehr ein Bewohner der Trockengebiete und geht viel weiter nach Norden und Westen, bis in die südliche UdSSR, nach Westasien und über die ganze Sahara bis nach Westafrika. Mit ihm lernen wir eine spezialisierte Waranart kennen, deren Nasenöffnung schlitzförmig geworden ist und näher am Auge als an der Schnauzenspitze liegt. In Afrika sind die Warane weiterhin mit dem *Steppenwaran* und mit dem *Nilwaran* vertreten. Der Nilwaran ist im tropischen Teil Afrikas besonders weit verbreitet, er lebt vor allem in den Galeriewäldern entlang der Flüsse, er schwimmt sehr gut und fängt einen Teil seiner Beute im Wasser. Junge Nilwarane fischen dort etwa nach Kaulquappen, alte Warane fangen Süßwasserkrabben und zerbeißen sie, zur gegebenen Jahreszeit graben sie gern die Nester der Krokodile aus und zehnten deren Gelege.

Lanthanotus borneensis Steindachner
Taubwaran
Borneo   40 cm

Varanus (Varanus) varius (Shaw)
Buntwaran
Australien   über 200 cm

Varanus (Odatria) prasinus (Schlegel)
Smaragdwaran
Neuguinea   bis 60 cm

Varanus (Varanus) salvator cumingi Martin
Philippin. Bindenwaran
Philippinen   100 cm

Varanus (Empagusia) exanthematicus Bosc
Steppenwaran
Südliches Afrika
über 100 cm

Varanus (Empagusia) flavescens (Hardwicke und Gray)
Gelbwaran
Pakistan, Bengalen
bis 120 cm

Varanus (Dendrovaranus) rudicollis (Gray)
Rauhnackenwaran
Hinterindien, Insulinde   110–120 cm

Varanus (Polydaedalus) niloticus (Linnaeus)
Nilwaran
Afrika   über 200 cm

Varanus (Psammosaurus) griseus (Daudin)
Wüstenwaran
Nordafrika, Südwestasien
über 120 cm

Varanus (Varanus) komodoensis (Ouwens)
Komodowaran
Komodo, Rindja, Flores   bis 300 cm

Amphisbaena fuliginosa Linnaeus
Gefleckte Doppelschleiche
Tropisches Südamerika
40 cm

Trogonophis wiegmanni Kaup
Spitzschwanz-Doppelschleiche
Nordwestafrika
24 cm

Rhineura floridana (Baird)
Florida-Wurmechse
Nordost- und Zentralflorida   28,5 cm

Unterordnung Amphisbaenia — Ringelechsen
Familien: Trogonophiidae — Spitzschwanz-Ringelechsen (*Trogonophis*), Amphisbaenidae — Eigentliche Ringelechsen (*Amphisbaena, Rhineura*)

Die Ringelechsen aus Amerika, Afrika, Südeuropa und Westasien sind so abweichend gebaute, wurmförmige Reptilien, daß man sie neben die Echsen und Schlangen in eine eigene Unterordnung stellt. Bis auf die Arten einer einzigen Gattung fehlen allen Ringelechsen die Gliedmaßen, weitgehend auch die Gürtel. Der Körper und der kurze Schwanz ist wie der eines Regenwurms in Querringel gegliedert, der Kopf ist zu einer festen Kapsel geformt, die als Bohrmeißel eingesetzt wird. Sie graben sich Gänge, selbst im harten Erdreich, und fangen darin bodenbewohnende Wirbellose. Die *Gefleckte Doppelschleiche* ist eine der zahlreichen amerikanischen Arten aus der Gattung *Amphisbaena*, die *Florida-Wurmschleiche* die einzige nordamerikanische Art mit sehr begrenztem Vorkommen in Zentralflorida. Weniger spezialisiert ist die *Spitzschwanz-Doppelschleiche* aus Nordwestafrika, die nachts auch an die Erdoberfläche kommt und dort der Nahrungssuche nachgeht.

Unterordnung Serpentes — Schlangen
Familien: Leptotyphlopidae — Schlankblindschlangen (*Leptotyphlops*), Typhlopidae — Blindschlangen (*Typhlops*), Aniliidae — Rollschlangen (*Anilius*), Uropeltidae — Schildschwänze (*Rhinophis*)

Den Schlangen fehlen Vordergliedmaßen und Schultergürtel gänzlich, Hintergliedmaßen und Beckengürtel sind bis auf Reste zurückgebildet oder fehlen ebenfalls. Die Augenlider sind zu einem durchsichtigen Schild, der Brille, verwachsen. Die Zahl der Wirbel und Rippenpaare ist hoch. Die landbewohnenden Schlangen haben verbreiterte Bauchschienen, deren freie Hinterränder sich beim Kriechen gegen die Unebenheiten der Unterlage stemmen. Die Oberhaut wird in der Regel in einem Stück abgestreift (Natternhemd). Der Schlangenschädel ist extrem beweglich, was das Verschlingen großer Beute möglich macht.
Einige abweichend gestaltete Schlangenfamilien mit spezialisierten Wühlern sind an den Anfang gestellt. Mit der *Westlichen Blindschlange* lernen wir einen Vertreter der Schlankblindschlangen kennen, einer recht artenarmen Familie wurmförmiger Schlangen mit rückgebildeten, verborgenen Augen, aber noch mit Resten von Beckengürtel und Hintergliedmaßen. Nur der Unterkiefer trägt Zähne, der Oberkiefer ist zahnlos. Das *Blödauge*, ein Vertreter der Blindschlangen, ist äußerlich einem Leptotyphlopiden sehr ähnlich, mit ihm jedoch nicht näher verwandt. Bei den Typhlopiden trägt nur der Oberkiefer Zähne.
Die folgenden, artenarmen Familien gehören zu den primitiven Schlangen, da sie Merkmale zeigen, die an die Schlangenvorfahren erinnern. Die Rollschlangen sind hier mit der südamerikanischen *Korallen-Rollschlange* vorgestellt, einer bunten, kurzschwänzigen Art mit massivem Schädel, offenbar eine Anpassung an die grabend-wühlende Lebensweise. Die *Schildschwänze* sind eine kleine Gruppe versteckt lebender Schlangen aus Südindien und Ceylon mit sehr kurzem Schwanz, der meist in einer vergrößerten Schuppe endet. Welche Bedeutung das merkwürdig abgeschrägte Schwanzende hat, ist nicht bekannt.

Anilius scytale (Linnaeus)
Korallen-Rollschlange
Nördliches Südamerika   80 cm

Leptotyphlops humilis (Baird und Girard)
Westliche Blindschlange
Südwest-Nordamerika   30 cm

Rhinophis dorsimaculatus Deraniyagala
Schildschwanz
Ceylon   33 cm

Typhlops vermicularis Merrem
Blödauge
Balkan, Westasien   33 cm

Loxocemus bicolor Cope
Zwergpython
Mittelamerika
90 cm

Familie: Boidae — Riesenschlangen
Unterfamilien: Loxoceminae — Zwergpythons (*Loxocemus*), Pythoninae — Pythonschlangen (*Aspidites, Chondropython, Morelia, Python*)

Zu den Riesenschlangen zählen so bekannte Tiere wie die Pythons und die Anakondas, die Längen von mehr als 7 m erreichen können. Die Riesenschlangen sind eine ursprüngliche Schlangengruppe, die meisten von ihnen haben noch Reste des Beckengürtels und der Hinterbeine. Alle Riesenschlangen sind ungiftig, sie fangen ihre Beute, meist warmblütige Vögel und Säugetiere, durch blitzschnelles Zupacken mit dem von vielen Zähnen starrenden Maul. Ist die Beute groß oder wehrhaft, werden einige Körperschlingen um das gebissene Tier gelegt. Mit der Kraft ihrer Rumpfmuskulatur erdrücken es die Riesenschlangen und verschlingen es Kopf voran.

Der mexikanische *Zwergpython* wird wegen vieler Besonderheiten in eine eigene Unterfamilie gestellt. Die Pythonschlangen sind altweltlich verbreitet. Die *Netz-* oder *Gitterschlange* kann neben der Anakonda die größte Länge aller Schlangen erreichen. Die Pythons legen Eier, die Eizahl ist abhängig von der Größe des Weibchens. Weibliche Netzpythons legen sich um ihr Gelege und behüten es, erhöhen durch Muskelzittern geringfügig ihre Körpertemperatur, was wiederum den Eiern zugute kommt: ein weiterer Fall der sonst so seltenen Brutfürsorge bei Reptilien. Wie die meisten Riesenschlangen haben die afrikanischen Arten *Königspython* und *Felsenschlange* einen auffallenden Metallglanz ihres Schuppenkleides. In Australien sind die Pythonschlangen durch den *Teppichpython* und durch den *Schwarzkopfpython* vertreten. Letzterer ist deshalb bemerkenswert, weil er ein Nahrungsspezialist ist, der vorwiegend andere Schlangen verzehrt. In den Baumkronen der Urwälder Neuguineas lebt der *Grüne Baumpython*, als erwachsene Schlange ist er meist prachtvoll blattgrün mit einer hellen Rückenzeichnung. Er ähnelt hierdurch verblüffend der südamerikanischen Hundskopfschlange aus der Unterfamilie der Boinen.

Chondropython viridis (Schlegel)
Grüner Baumpython
Neuguinea, Nordost-Australien, Aru-Inseln, Salomonen   150 cm

Morelia argus variegata Gray
Teppichschlange
Neuguinea, Australien
330 cm

Aspidites melanocephalus (Krefft)
Schwarzkopf-Python
Nordaustralien   240 cm

Python regius (Shaw)
Königspython
West- und Zentralafrika
130 cm

Python sebae (Gmelin)
Felsenschlange
Tropisches Afrika
400—500 cm

Python reticulatus (Schneider)
Netz- oder Gitterschlange
Hinterindien, Südostasiatische Inseln
bis 700 cm

Familie: Boidae — Riesenschlangen
Unterfamilien: Boinae — Boaschlangen (*Boa, Corallus, Eunectes*), Erycinae — Sandboas (*Eryx, Lichanura*)

Die in der Unterfamilie Boinae zusammengefaßten eigentlichen Boaschlangen sind in ihrer Verbreitung neuweltlich. Sie halten in Amerika ähnliche Nischen in ihrem Lebensraum besetzt wie in der Alten Welt die Pythonschlangen, die Boas sind jedoch lebendgebärend (ovovivipar). Die südamerikanische *Abgottschlange* kann als die bekannteste Riesenschlange gelten, sie ist jedoch bei weitem nicht die größte. Um den Längenrekord streiten sich Gitterschlange und *Anakonda*. Bis 8 m lange Anakondas konnten tatsächlich vermessen werden, doch werden in Südamerika viele Geschichten erzählt von Schlangen, die über 10 m lang sein sollen. Eine Bestätigung solcher Angaben ist nie gelungen. Die Anakonda lebt im Wasser der amazonischen Flüsse und Überschwemmungswälder. Dort findet sie auch ihre Nahrung; bei jungen Anakondas besteht sie aus Fischen und Fröschen, ältere erbeuten vorwiegend Säugetiere bis zur Größe eines Wasserschweins. Die Beute wird gepackt, umschlungen, ins Wasser gerissen und erdrosselt bzw. ertränkt. Das Anakondaweibchen bringt je nach seiner eigenen Größe vier bis 40 sofort selbständige Junge zur Welt. Die *Hundskopfschlange* ist ein Baumbewohner, der vorwiegend auf Vögel pirscht. In Anpassung an diese Art der Nahrung hat sie besonders lange Zähne, die die einmal gepackte Beute sicher festhalten.

Die kleinäugigen, wühlenden und kurzen Riesenschlangen aus Amerika und der Alten Welt werden als Sandboas in eine eigene Unterfamilie gestellt. Von den amerikanischen Arten sei die *Rosenboa* erwähnt, in den Trockengebieten Kaliforniens zu Hause, von den altweltlichen Arten die *Indische Sandschlange*. Die Sandschlangen halten sich in den oberen Bodenschichten verborgen, wenn sie auf Nahrung lauern meist so, daß Nase und Auge gerade aus dem Sand herausschauen. Läuft eine Maus an der gut getarnten Schlange vorbei, stößt sie blitzschnell zu, packt die Beute und erdrosselt sie in einer Körperschlinge. Auch die Sandboas sind durchweg lebendgebärend.

Familie: Acrochordidae — Warzenschlangen (*Acrochordus*)

Zwei südostasiatische Schlangengattungen fallen so aus dem Rahmen des bei Schlangen üblichen, daß man für sie eine eigene Familie aufstellt: die Warzenschlangen. Mit der Gattung *Chersydrus* ist die *Warzenschlange* ein spezialisierter Wasserbewohner, sie lebt im Süßwasser der Flüsse und Seen wie im Brackwasser der Flußmündungen und auch in den Mangrovewäldern. In Anpassung an diese Lebensweise liegen ihre Nasenöffnungen auf der Kopfoberseite, sind die Schuppen klein, einheitlich und sehr zahlreich. Die Warzenschlangen sind lauernde Jäger, die vorwiegend Fische erbeuten. Sie sind lebendgebärend und kommen freiwillig nicht mehr ans Land.

Familie: Colubridae — Nattern

Unterfamilien: Colubrinae — Echte Nattern (*Boaedon, Coluber, Drymarchon, Elaphe, Heterodon, Lampropeltis, Natrix, Simophis, Thamnophis*), Boiginae — Trugnattern (*Ahaetulla, Boiga, Chrysopelea, Clelia, Dispholidus, Langaha*), Homalopsinae — Wassertrugnattern (*Erpeton*), Dasypeltinae — Eierschlangen (*Dasypeltis*), Dipsadinae — Schneckennattern (*Aplopeltura*), Xenoderminae — Höckernattern (*Achalinus*), Sibynophinae — Vielzahnnattern (*Sibynophis*)

Die Nattern sind mit Abstand die größte und vielgestaltigste Schlangenfamilie; etwa drei Viertel aller Schlangenarten gehören hierzu. Die Fülle der Formen macht es schwer, die Familie zu umgrenzen und zu unterteilen. Reste von Gliedmaßen und Gürteln gibt es bei den Nattern nicht mehr, andererseits ist der erste Zahn des Oberkiefers noch nicht zu einem Giftzahn umgewandelt. Es gibt Nattern in den Baumkronen der Urwaldbäume wie in der Laubstreu des Bodens, Wassernattern stellen in Flüssen und Seen Fischen nach, Kletternattern trachten in der Dunkelheit von Höhlen Fledermäuse zu erreichen. Ebenso reichhaltig ist der Speisezettel der Nattern: unspezialisierte Arten nehmen vom Regenwurm bis zur Maus jegliche lebende Nahrung, die Spezialisten unter ihnen können auf andere Schlangen oder etwa auf die Hinterleiber von Termiten festgelegt sein. Die meisten Nattern legen Eier von langgestreckter, walzenförmiger Gestalt, manche sind lebendgebärend.

Als Beispiel für die Echten Nattern bietet sich die *Äskulapnatter* an. Diese schlanke Natter mit glatten Schuppen ist in Südeuropa zu Hause, nördlich der Alpen findet sie sich an einigen, durch mildes Klima begünstigten Stellen, wie etwa bei Schlangenbad im Taunus. Ob die Schlange des Äskulap, Symbol der ärztlichen Kunst, mit dieser Art richtig identifiziert wurde, ist fraglich; in Griechenland ist sie nicht häufig. Die Äskulapnatter fängt Mäuse, die durch einen Biß festgehalten und umschlungen werden.

Boaedon fuliginosus (Boie)
Braune Hausschlange
Afrika   bis 90 cm

Drymarchon corais (Boie)
Indigoschlange
Nordamerika   160 cm

Coluber gemonensis (Laurenti)
Balkanpfeilnatter
Balkanhalbinsel   100 cm

Natrix natrix (Linnaeus)
Ringelnatter
Europa, Westasien   bis 140 cm

Acrochordus javanicus Hornstedt
Warzenschlange
Hinterindien bis Australien   bis 230 cm

Elaphe longissima (Laurenti)
Äskulapnatter
Mittel- und Südeuropa   bis 200 cm

Das relativ große Auge der Natter macht wahrscheinlich, daß sie sich optisch orientiert und die Beute an ihrer Bewegung erkennt. Wie bei allen Schlangen wird die letzte Kontrolle geruchlich vorgenommen, die Geruchsstoffe werden durch die tief gekerbte Zunge, beim Züngeln hinausgestreckt und auf und ab bewegt, zum Jacobsonschen Organ gebracht, einem eingesenkten chemischen Sinnesorgan im Mundhöhlendach, das allen Schuppenkriechtieren zukommt. Auf dem Balkan wird man häufiger die *Balkan-Pfeilnatter* sehen, wenn sie in rasender Fahrt durch das Buschwerk der Macchia entschwindet. Sie frißt vor allem die in ihrem Lebensraum häufigen Eidechsen. Die *Ringelnatter*, von Mittelasien bis Westeuropa weit verbreitet, ist stärker an Gewässer gebunden als die bisher besprochenen Arten. Sie ist an den gekielten Schuppen und an den gelbschwarzen Halbmondflecken am Hinterkopf leicht zu erkennen. Ringelnattern beißen nie, selbst dann nicht, wenn sie in die Enge getrieben oder gefangen werden. Bei Behelligung zischen sie jedoch heftig und entleeren schließlich ihre Stinkdrüsen aus dem Kloakenspalt. Der Duft des Sekrets ist für die meisten Säugetiere und auch für den Menschen so unangenehm, daß die Ringelnatter fast immer wieder freikommt.

Die Echten Nattern sind weltweit verbreitet, in Australien allerdings nur schwach vertreten. Für die Vielzahl der afrikanischen Arten sei die *Braune Hausschlange* genannt, die als eifrige Mäusevertilgerin oft in den Hütten und Häusern menschlicher Siedlungen angetroffen wird und dort gern geduldet ist. Aus Amerika sei die prachtvoll glänzende *Indigonatter* vorgestellt, für die Gruppe der wasserliebenden Froschjäger die *Strumpfbandnatter*. Die *Königsnatter*, außerordentlich variabel in Zeichnung und Färbung, ist ein Schlangenfänger. Sie überwältigt selbst giftige Klapperschlangen, umschlingt sie so geschickt, daß sie kaum beißen können und, wenn es doch gelingt, verträgt sie eine gehörige Dosis Gift. Die *Hakennatter*, durch ihr vergrößertes Schnauzenbild als Wühler ausgewiesen, plattet bei Behelligung Kopf und Hals ab, zischt furchterregend und demonstriert eine Gefährlichkeit, die sie gar nicht hat. Andere amerikanische Nattern, die *Harlekin-Korallennatter* z. B., haben teil an dem Schutz,

Chrysopelea ornata (Shaw)
Schmuckbaumschlange
Südostasien
bis 150 cm

Boiga dendrophila (Boie)
Ularburong
Insulinde, Hinterindien
bis 200 cm

Dispholidus typus (Smith)
Boomslang
Tropisches Afrika   bis 180 cm

Thamnophis sirtalis (Linnaeus)
Strumpfbandnatter
Nordamerika   50 cm

Simophis rhinostoma (Schlegel)
Korallennatter
Brasilien   70 cm

Erpeton tentaculatum Lacépède
Fühlerschlange
Hinterindien
40 cm

Heterodon nasicus Baird u. Girard
Hakennatter
Nordamerika   70 cm

Lampropeltis getulus (Linnaeus)
Königsnatter
Nordamerika   bis 160 cm

Langaha nasuta (Shaw)
Madagaskar-Blattnasennatter
Madagaskar   100 cm

Ahaetulla nasuta (Lacépède)
Baumschnüffler
Indien, Ceylon   bis 120 cm

Aplopeltura boa (Boie)
Schneckennatter
Südostasien   75 cm

Clelia clelia (Daudin)
Mussurana
Mittel- und Südamerika
bis 180 cm

Sibynophis chinensis (Guenther)
Chinesische Vielzahnnatter
Südchina
50 cm

Dasypeltis scaber (Linnaeus)
Afrikanische Eierschlange
Afrika   80 cm

Achalinus spinalis Peters
Höckernatter
Südostasien   45 cm

den die giftigen Korallenottern genießen und durch ihre schwarz-gelb-rote Warntracht bekanntmachen. Diese Fälle von Mimikry sind ein viel diskutiertes Problem.

Die Trugnattern stehen in der Stufenleiter der Entwicklung schon ein Stückchen höher als die Echten Nattern. Ein Paar der Speicheldrüsen des Oberkiefers sind zu Giftdrüsen umgebildet, ihre Ausführungsgänge stehen mit den hinteren Zähnen des Maxillare in Verbindung. Zweifellos dient der Giftapparat dazu, die Beute beim Schlingakt bewegungslos zu machen und die Verdauung einzuleiten. Die meisten Trugnattern sind trotz ihrer Giftigkeit für den Menschen harmlos, da sie bei einem Biß die hinteren Giftzähne nicht einsetzen können. Doch gibt es Trugnatternarten, mit denen nicht zu spaßen ist und die schon tödliche Unfälle verursacht haben, wie die afrikanische *Boomslang*. Merkwürdigerweise sind viele Trugnattern Baumtiere, bei denen die Notwendigkeit, schnelle Beute rasch zu töten, zu einer Auslese in dieser Richtung geführt haben mag. Von den altweltlichen Arten wäre hier der *Ularburong* und die *Schmuck-Baumschlange* zu erwähnen. Ein Baumbewohner kann nur durch binokulares Sehen die Entfernung im Gewirr der Zweige genau abschätzen. Vermutlich deshalb finden wir bei vielen Baumschlangen, daß die Schnauzenregion verschmälert ist und die Pupille eine längsovale oder gar schlüssellochförmige Gestalt hat, wie dies beim *Baumschnüffler* und bei der *Madagassischen Blattnasennatter* deutlich ist. Bei der letztgenannten Art hat der Schnauzenfortsatz des rindenfarbenen Tieres tarnende, formauflösende Funktion. Mit der südamerikanischen *Mussurana* lernen wir nochmals eine schlangenfressende Schlange kennen.

Als ein Vertreter der Wassertrugnattern sei die *Fühlerschlange* genannt, ein merkwürdiger, steifer Wasserbewohner mit tentakelartigen, weichen Schnauzenfortsätzen, über deren Bedeutung im Leben der Schlange wir nicht das mindeste wissen. Die *Eierschlangen* sind auf Vogeleier als einziger Nahrungsquelle spezialisiert. Das Ei wird unzerkleinert verschlungen, im Schlund jedoch von einer „Säge" aus Wirbelfortsätzen, die die Speiseröhrenwand durchbrechen, aufgesägt, ausgedrückt und das leere Paket der zusammengefalteten Eischale wieder ausgespien. Die *Schneckennattern*, langsame, nächtlich aktive Schlangen, machen sich über Gehäuseschnecken her. Die Schnecken werden jedoch nicht ganz verschlungen; die Schlange ergreift vielmehr den Weichkörper des Schneckentieres mit den Zähnen des Unterkiefers und zieht ihn unendlich langsam aus der Schale. Der Vollständigkeit halber seien schließlich je eine *Höckernatter* und eine *Vielzahnnatter* erwähnt, beides ostasiatische Arten, denen wegen vielerlei morphologischer Besonderheiten jeweils eigene Unterfamilien zugewiesen werden mußten.

Hemachatus haemachates (Lacépède)
Ringhalskobra
Südafrika
160 cm

Dendroaspis polylepis Guenther
Schwarze Mamba
Afrika südlich der Sahara
bis 450 cm

Pseudechis porphyriacus (Shaw)
Schwarzotter
Australien   bis 200 cm

Micrurus fulvius (Linnaeus)
Harlekinkorallenotter
Südliches Nordamerika   60 cm

Notechis scutatus (Peters)
Tigerotter
Australien, Tasmanien   100 cm

Naja naja (Linnaeus)
Brillenschlange
Südasien, Insulinde
bis 180 cm

Vermicella annulata (Gray)
Bandy-Bandy
Südaustralien   40 cm

Familie: Elapidae — Giftnattern (*Acanthophis, Bungarus, Dendroaspis, Elaps, Hemachatus, Micrurus, Naja, Notechis, Oxyuranus, Pseudechis, Vermicella*)

Mit den folgenden vier Schlangenfamilien lernen wir die eigentlichen Giftschlangen kennen. Die Ohrspeicheldrüse ist zur Giftdrüse umgebildet und produziert kompliziert gebaute Eiweißkörper, die in geringsten Dosen, in die Blutbahn eines artfremden Lebewesens gebracht, tödliche Wirkung haben. Der Ausführungsgang der Drüse steht mit dem jeweils ersten Zahn des Oberkieferknochens in Verbindung. Dieser Zahn ist röhrenförmig, die Öffnung zeigt unterhalb der Zahnspitze nach vorn. Beim Biß werden die Giftzähne ins Beutetier eingeschlagen und wie mit einer Injektionsspritze das Gift injiziert. Bei den Giftnattern und Seeschlangen ist der Giftzahn feststehend, nur wenig länger als die folgenden Zähne. Die Giftnattern sind in den warmen Ländern aller Kontinente verbreitet. In Amerika werden sie durch die Korallenottern artenreich vertreten, die *Harlekin-Korallenotter* sei hier vorgestellt. Die Korallenottern sind dämmerungsaktive Bodenbewohner, die ein hochwirksames Gift besitzen, das sie gegenüber Feinden jedoch nur selten einsetzen. Die bekanntesten Giftnattern sind die Kobras der Gattung *Naja*, in Afrika und Asien weit verbreitet. Die *Brillenschlange* richtet bei Bedrohung ihren Vorderkörper auf, spreizt die Halsrippen, so daß ein kontrastreiches Zeichnungsmuster sichtbar wird — bei manchen Brillenschlangen hat es die Form einer Brille — und beobachtet den möglichen Angreifer. Einige Kobras, so die *Ringhalskobra*, können ihr Gift auch einem Angreifer entgegenspeien. Dabei wird ein Strahl feinster Gifttröpfchen durch Muskeldruck auf die Giftdrüsen so heftig ausgestoßen, daß er auf wenige Meter Entfernung die Augen des Gegners treffen kann. Die Schlange, die der Familie der Elapiden den Namen gab, ist eine recht kleine, am Boden lebende Art aus Südafrika, fälschlich *Afrikanische Strumpfbandnatter* genannt. Ihr

Mungo im Kampf mit einer Brillenschlange

Bungarus ceylonicus Günther
Ceylon-Krait
Ceylon
140 cm

Elaps lacteus (Linnaeus)
Afrikanische Strumpfbandnatter
Südafrika 60 cm

Oxyuranus scutellatus (Peters)
Taipan
Nordostaustralien, Neuguinea
bis 200 cm

Acanthophis antarcticus (Shaw)
Todesotter
Australien, Neuguinea, Molukken
80 cm

Familie: Hydrophiidae — Seeschlangen (*Aipysurus, Laticauda, Microcephalophis, Pelamis*)

Von den Giftnattern abzuleiten sind die Seeschlangen. Der Schwanz der Seeschlangen ist zu einem plattgedrückten Ruder umgestaltet, die Nasenlöcher liegen auf der Kopfoberseite, das überschüssige Salz der Nahrung wird über Salzdrüsen am Kopf ausgeschieden. Hinzu kommt, daß die meisten Seeschlangen lebendgebärend sind. Mit ihrem Giftapparat stimmen sie ganz mit den Giftnattern überein. Das Verbreitungsgebiet der Seeschlangen ist auf die warmen Zonen des Indischen und des Stillen Ozeans beschränkt. Die meisten Arten leben in Küstennähe, häufig in den Mündungsgebieten großer Flüsse, wo durch die Vermischung von Süß- und Meerwasser ein besonders reiches Nahrungsangebot vorliegt. Dort finden sich vor allem die primitiveren Arten der Seeschlangen, wie die *Plattschwänze* und die *Olivbraunen Seeschlangen*. Sie gehören zu den wenigen eierlegenden Arten. Alle Seeschlangen sind Fischfresser, viele Arten jedoch auf wenige Fischarten spezialisiert. So soll die *Kleinköpfige Seeschlange* die Röhrenaale aus ihren Verstecken am Meeresboden herausholen. Nur die *Plättchenschlange* ist ein richtiger Hochseebewohner geworden und nur sie hat die Küsten Ostafrikas und die Westküsten Amerikas erreicht und nur ihr kann man im Ozean begegnen.

Maul ist so eng, daß sie damit einen Menschen nicht gefahrbringend beißen kann. Anders verhält es sich mit den Mambas, der *Schwarzen Mamba* zum Beispiel, die sich des Rufs erfreuen, besonders gefährlich zu sein. In der Tat sind die Mambas schnelle, tagaktive Schlangen im afrikanischen Busch. Doch auch sie fliehen den Menschen, meist längst, bevor dieser die Schlange bemerkt hat. Der *Ceylon-Krait* ist eine Giftnatter der Gattung *Bungarus*, gekennzeichnet durch den dachförmigen Körperquerschnitt. Die Bungars sind nächtlich aktive Schlangen, die am Tage sich furchtsam zu einem Ball zusammenrollen. In der Nacht sind sie jedoch weniger harmlos und können blitzschnell um sich beißen. Ihre Nahrung besteht aus anderen Schlangen, aus Echsen und Mäusen. Australien ist besonders reich an Giftnattern, etwa drei Viertel aller australischer Schlangenarten gehören in diese Familie. Die größte Art, und deshalb auch als gefährlichste verschrien, ist der *Taipan*. Eine der kleinsten australischen Giftnatternarten ist der im Sande lebende *Bandy-Bandy*. Aus der reichen australischen Elapidenfauna seien noch die *Schwarzotter* und die *Tigerotter* erwähnt. Die *Todesotter*, obgleich verblüffend otternähnlich in ihrer Gestalt wie ihrem Verhalten, ist doch eine echte Giftnatter; wirkliche Ottern fehlen in Australien.

Laticauda semifasciata (Reinwardt)
Plattschwanz-Seeschlange
Japanische See bis Australien
150 cm

Aipysurus laevis Lacépède
Olivbraune Seeschlange
Küsten Neuguineas und Nordaustraliens
bis 170 cm

Pelamis platurus (Linnaeus)
Plättchenschlange
Indischer und Pazifischer Ozean
100 cm

Microcephalophis gracilis (Shaw)
Kleinköpfige Ruderschlange
Küsten Südasiens und Insulinde   bis 100 cm

Familie: Viperidae — Vipern (*Bitis, Cerastes, Echis, Vipera*)

Bei den rein altweltlichen Vipern oder Ottern ist die Vervollkommnung des Giftapparates noch weiter gegangen als bei den bisher besprochenen Giftschlangenfamilien. Der Giftzahn der Ottern ist extrem lang, so lang, daß er im geschlossenen Maul keinen Platz mehr fände, könnte er nicht mitsamt dem stark verkürzten Oberkieferknochen wie die Klinge eines Taschenmessers zurückgeklappt werden. Beim Biß wird er blitzschnell aufgerichtet und in die Beute eingeschlagen. Diese kommt allerdings nicht weit: bald entfaltet das Gift seine Wirkung, lähmt und tötet schließlich das Opfer. Immerhin mag eine gebissene Maus noch ihr Loch erreichen. Nach einer Weile beginnt die Schlange, lebhaft züngelnd umherzukriechen, „schmeckt" schließlich die Spur des gebissenen Tieres und folgt ihr, bis sie die Beute gefunden hat. Nach Prüfung des Haarstriches wird sie dann, Kopf voran, verschlungen. Die meisten Vipern sind lebendgebärend, die ursprünglicheren Arten legen Eier mit mehr oder weniger weit entwickelten Embryonen.

Die *Kreuzotter*, ursprünglich in Mittel- und Nordeuropa weit verbreitet, ist heute auf die Ödländer, auf Heideflächen und Hochmoore zurückgedrängt. Dank der Tatsache, daß sie lebendgebärend ist, konnte sie, wie die Bergeidechse, bis zum Polarkreis nach Norden vordringen, wo ihr zwar ein reiches Nahrungsangebot, aber nur drei Sommermonate zur Verfügung stehen. Von den europäischen Giftschlangen ist die *Sandotter* vielleicht die gefährlichste. Sie wird mit 85 cm recht groß, und auch ihr Gift ist sehr wirksam. Von Kärnten im Norden ist sie über die ganze Balkanhalbinsel bis nach Kleinasien verbreitet. Von Vorderindien bis nach Djawa (Java) gibt es die *Kettenviper*. Da Mäuse, ihre bevorzugte Nahrung, besonders häufig dort sind, wo Landwirtschaft getrieben wird, kommt es zum Beispiel in Indien oft zu Unfällen mit dieser Viper. Tödliche Folgen sind trotzdem relativ selten; durch eine sachgemäße und schnelle Behandlung mit dem entsprechenden Serum können sie noch weiter gesenkt werden. In den Wüstengebieten Südasiens und Nordafrikas gibt es die *Sandrasselotter*. Als Abwehrsignal erzeugt sie einen Zischlaut, indem sie die rauhen, schräg gestellten Schuppen der Flanken aneinanderreibt. Auf die Sahara und die arabischen Wüsten beschränkt ist die *Hornviper*, die manchmal riesige Schuppenhörnchen auf den Augenschildern trägt, manchmal nicht. Im tropischen Afrika sind die Vipern vorwiegend durch Arten der Gattung *Bitis* vertreten. Hierher gehören die stattliche *Puffotter*, weit verbreitet in den Savannenlandschaften Afrikas, und die *Nashornviper*, ein Bewohner der westafrikanischen Urwälder.

Crotalus horridus Linnaeus
Waldklapperschlange
Nordamerika
bis 160 cm

Agkistrodon halys (Pallas)
Halysschlange
Mittel- und Ostasien
75 cm

Bothrops jararaca (Wied)
Schararaka
Brasilien
bis 180 cm

Trimeresurus trigonocephalus (Sonnini u. Latreille)
Pala Polonga
Ceylon   125 cm

Trimeresurus flavoviridis (Hallowell)
Asiatische Lanzenschlange
Riu-Kiu-Inseln
bis 200 cm

Agkistrodon contortrix (Linnaeus)
Kupferkopf
Nordamerika   100 cm

Lachesis mutus (Linnaeus)
Buschmeister
Brasilien
bis 375 cm

Familie: Crotalidae — Grubenottern (*Agkistrodon, Bothrops, Crotalus, Lachesis, Sistrurus, Trimeresurus*)

Die Gruben- oder Lochottern stimmen im Bau ihrer Giftzähne und -drüsen mit den Vipern überein, haben jedoch zusätzlich ein paariges Organ zwischen Augen und Nasenöffnungen, das als Temperatursinnesorgan funktioniert. Das Grubenorgan kann die Wärmestrahlung der Beute wahrnehmen, so daß auch in absoluter Dunkelheit ein zielsicherer Biß möglich ist. Zu den Grubenottern gehören so bekannte Vertreter wie die Klapperschlangen, von denen die *Waldklapperschlange*, die *Rautenklapperschlange* und die *Massasauga* abgebildet sind. Die Klapperschlangen sind Präriebewohner; das durchdringende Rasseln wird als Warnung für große Feinde, etwa Bisons, gedeutet. Auch die südamerikanische *Schararaka* oder der ebenfalls tropisch-südamerikanische *Buschmeister*, die größte Art der Grubenottern, vibrieren mit der Schwanzspitze, wenn sie aufgeregt sind. In Asien werden die Grubenottern einmal durch die Lanzenschlangen vertreten, von denen der *Pala Polonga* und die *Asiatische Lanzenschlange* vorgestellt seien, ferner durch einige Arten der Gattung *Agkistrodon*. Der *Kupferkopf*, eine wasserliebende Art, ist im südlichen Nordamerika zu Hause, die *Halysschlange* bewohnt ein riesiges Areal von Zentralasien bis auf die japanischen Inseln. Vipern wie Grubenottern setzen ihre tödliche Waffe nur ein beim Beuteerwerb und in der Verteidigung. Bei innerartlichen Auseinandersetzungen wird ein unblutiges Turnier ausgetragen, indem die beiden Rivalen sich aufrichten und gegenseitig zu Boden zu drücken suchen. Wer zuerst ermüdet, gibt auf. Solche Kommentkämpfe sind für den Fortbestand der Art in keiner Weise nachteilig.

Crotalus adamanteus Palissot de Beauvois
Rautenklapperschlange
Nordamerika   170 cm
im Kommentkampf

Sistrurus catenatus (Rafinesque)
Massasauga, Kettenklapperschlange
Nordamerika   75 cm

AVES — VÖGEL

Die Vögel oder Aves sind gegenüber den anderen Wirbeltieren durch Anpassungen an das Fliegen charakterisiert. Doch weisen viele Merkmale ihres Körperbaues auf gemeinsame Vorfahren mit den Reptilien hin. Von der Kriechtiergruppe der Archosaurier und deren Trias-Ordnung Thecodontia haben sich die Pseudosuchier abgespalten, unter denen die Urformen der Vögel zu suchen sind. Sie traten vor 160 Millionen Jahren in die Welt, zunächst als zweibeinige Lauftiere mit geringem Flattervermögen. Aus ihnen entwickelten sich baumbewohnende Formen, wie wir sie in den ersten erhaltenen Resten des Archaeopteryx aus dem Ober-Jura von N-Bayern vor uns sehen. 1861, 1877 und 1956 wurden diese bedeutungsvollsten Zeugen der Entwicklung des Lebens auf der Erde gefunden: Reptilienskelette mit Federn, Übergangsformen zwischen zwei Wirbeltierklassen, doch zweifellos den Vögeln zugehörend. Man stellt sie als Altvögel (Archaeornithes) allen Neuvögeln (Neornithes) gegenüber, wenn auch fossile Arten der Kreidezeit (Hesperornis, Ichthyornis) ihnen teilweise noch ähnlich sehen. Im Tertiär begann dann die Ausbildung der heutigen Vögel, die am Ende dieser Erdperiode, im Pliozän, ihre höchste Vielfalt mit $1/3$ mehr Arten erreichte, als wir heute annehmen: 8600.

Wichtigste Kennzeichen der Vögel sind die Federn, einzigartige Gebilde, entstanden aus Reptilienschuppen. Als feinst aufgefaserte Horngebilde umgeben sie in dichten Schichten den Körper, wärmen und schützen ihn und verleihen ihm abgerundete Formen. Das eine bewirken tiefersitzende Flaumfedern oder Dunen, das andere die äußeren Deck- oder Konturfedern; diese sind nicht wie die Dunen gleichmäßig über den Körper verteilt, sondern stehen in bestimmter Gruppierung auf Hautfeldern (Federfluren, dazwischen Federraine). Alle Federn werden aus einer tief eingesenkten Hauterhebung gebildet, die sich zu einem Hornzylinder entwickelt. Er spaltet sich in komplizierter Weise auf und formt daraus die Federgestalt. Sie wird in verhornter Hülle von der Haut herausgeschoben und entfaltet sich dann aus der Spule. Als Dune ist sie zerschlissen, locker mit weichem Schaft, als Konturfeder dagegen mit steifem Schaft (Kiel) und festgefügter Fahne. Diese besteht aus jederseits vom Schaft ausgehenden, parallel laufenden Federästen, an denen gegensätzlich gerichtete Bogenstrahlen und Hakenstrahlen eine enge Verbindung miteinander bilden. Dadurch entsteht eine kräftige und elastische Hornfläche, die für die Funktion der Feder von entscheidender Bedeutung ist. An den flugmechanisch wichtigen Schwungfedern lassen sich asymetrische Umformungen der Außen- und Innenfahnen erkennen. Steuerfedern können zu Stützorganen, andere Konturfedern zu Schmuckbildungen werden. Die vielseitige Färbung der Federn beruht auf im Horn eingelagerten Farbstoffen oder auf Lichtbrechung durch besondere Struktur der feinen Federstrahlen. Eiweißreststoffe (Melanine) verursachen schwarze, graue und braune Farbtöne, fettlösliche Karotinoide (Lipochrome) gelbe und rötliche. Blaue Färbung ist strukturbedingt, ebenso jede Schillerfarbe, grün eine Kombination von gelbem Farbstoff mit Blaustruktur. Außer den Federn weist das Skelett der Vögel am deutlichsten auf ihr Flugvermögen hin. Alle Knochen sind stärker miteinander verwachsen als bei Reptilien, besonders im Schädel und in der Wirbelsäule. Hoher Kalkgehalt macht sie hart, spröde und leicht, dazu sind viele von ihnen hohl und lufthaltig. Brustkorb und Rückgrat bilden ein festes Gerüst für den Ansatz der Vordergliedmaßen als wichtigster Flugträger mit kräftigem Schultergürtel und breitem Brustbein, dem sich die großen Flugmuskeln anheften, vor allem am vorspringenden Kamm oder Kiel. Das Becken ist aus drei Knochen verwachsen und mit den Wirbeln zu einem verschmolzen. Am Flügel sind die Einzelteile des Wirbeltierbeines zwar noch erkennbar, doch stark gewandelt. Ein Kugelgelenk am Oberarmkopf und eine Vereinfachung des Handteils durch Rückbildung einzelner Knochen weisen auf die

Aves — Vögel

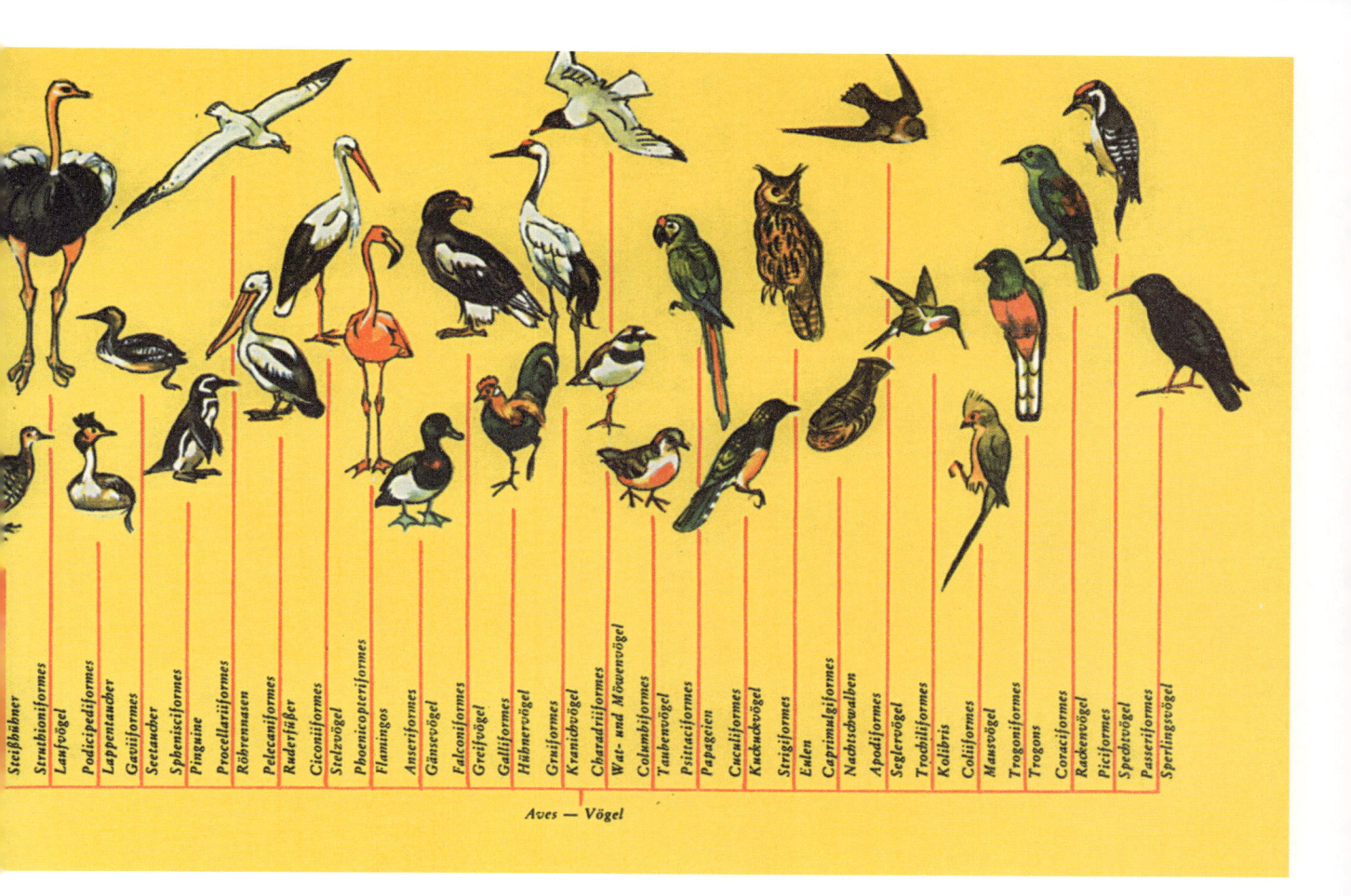

Steißhühner · Struthioniformes · Laufvögel · Podicipediformes · Lappentaucher · Gaviiformes · Seetaucher · Sphenisciformes · Pinguine · Procellariiformes · Röhrennasen · Pelecaniformes · Ruderfüßer · Ciconiiformes · Stelzvögel · Phoenicopteriformes · Flamingos · Anseriformes · Gänsevögel · Falconiformes · Greifvögel · Galliformes · Hühnervögel · Gruiformes · Kranichvögel · Charadriiformes · Wat- und Möwenvögel · Columbiformes · Taubenvögel · Psittaciformes · Papageien · Cuculiformes · Kuckucksvögel · Strigiformes · Eulen · Caprimulgiformes · Nachtschwalben · Apodiformes · Seglervögel · Trochiliformes · Kolibris · Coliiformes · Mausvögel · Trogoniformes · Trogons · Coraciiformes · Rackenvögel · Piciformes · Spechtvögel · Passeriformes · Sperlingsvögel

Flügelfunktion hin. Die Hintergliedmaße zeigen die nur bei Vögeln vorkommende Verschmelzung mehrerer Fußknochen zum Lauf mit einem besonderen Gelenk. Der Hals ist sehr beweglich und oft recht lang, der Schädel durch große Augenhöhlen, die Aufwölbung des Gehirnteils nach oben und die Schnabelbildung gekennzeichnet. — Von den Muskeln überwiegen die zum Fliegen wichtigen Brustmuskeln, die 15—20 % des Vogelgewichtes ausmachen. — Herz und Blutkreislauf sind — als Voraussetzung hoher Körperwärme (40—43 °C) — gut entwickelt, die Atmungsorgane wirksamer als bei anderen Wirbeltieren. Auffallend kleine Lungen haben Verbindung zu zahlreichen Luftsäcken im ganzen Körper, die eine doppelte Ausnutzung der Atemluft erlauben, zugleich der Wärmeisolation und Gewichtsverminderung dienen. Ungemein vielseitig ist die Ernährung der Vögel, ihr Nahrungsbedarf der hohen Energieleistung entsprechend hoch, die Verdauung rasch und vollkommen. Sie pflanzen sich wie die Reptilienvorfahren durch Eier fort, die eine harte, meist buntfarbige Kalkschale tragen und von ihnen in besonders gebauten Nestern ausgebrütet werden. Die ausgeschlüpften Jungen können gleich selbständig sein (Nestflüchter) oder langsam aufgezogen werden (Nesthocker). — Das Gehirn der Vögel ist weit größer als das der Reptilien, dem es aber in seinem Aufbau ähnlich bleibt. Besonders stark entwickelt ist der Gesichtssinn; die

Oscines — Singvögel

Schwanzmeisen · Remizidae · Beutelmeisen · Paridae · Eigentliche Meisen · Sittidae · Kleiber · Climacteridae · Baumrutscherartige · Rhabdornithidae · Trugbaumläufer · Salpornithidae · Fleckenbaumläufer · Certhiidae · Eigentliche Baumläufer · Dicaeidae · Blütenspecker · Nectariniidae · Nektarvögel · Zosteropidae · Brillenvögel · Meliphagidae · Honigfresser · Emberizidae · Ammern · Parulidae · Waldsänger · Zeledoniidae · Zaunkönigdrosseln · Drepanididae · Kleidervögel · Vireonidae · Vireos · Icteridae · Stärlinge · Fringillidae · Finken · Ploceidae · Webervögel · Estrildidae · Prachtfinken · Sturnidae · Stare · Oriolidae · Pirole · Dicruridae · Drongos · Callaeidae · Neuseeländische Lappenvögel · Grallinidae · Schlammnesterkrähen · Artamidae · Schwalbenstare · Cracticidae · Flötenwürger · Paradisaeidae · Paradies- und Laubenvögel · Corvidae · Rabenvögel

Augen sind die vollkommensten des gesamten Tierreiches. Sie haben ein weites Rundumblickfeld und eine Sehschärfe, die die des Menschen um das 6- bis 8fache übertrifft. Auch das Gehör ist gut ausgebildet, ebenso der Gleichgewichtssinn, weniger jedoch das Geruchsvermögen. Die Verbreitung der Vögel auf der Erde ist das Ergebnis von Wandlungen der Umwelt, in denen sie lebten. Neue Arten entstanden, alte starben aus oder paßten sich, verändert, anderen Lebensbedingungen an. Solcher Wechsel ist auch heute noch im Gange. Stärkste Artendichte herrscht in den Tropen und Südtropen, doch gehören die meisten Gruppen bestimmten geographischen Regionen an. Kolibris, Tangaren und Tyrannen trifft man z. B. in der Nearktischen und Neotropischen Region (Nord- bzw. Südamerika), Strauße, Perlhühner und Mausvögel allein in der äthiopischen Region (Afrika, südlich der Sahara), die überwiegende Mehrzahl der Fasanen und Timalien in der orientalischen Region (Südostasien bis Sunda-Inseln), Kasuare, Emus und Paradiesvogel nur in der australischen Region, während in der paläarktischen Region (Europa, Asien bis Himalaya, Nordafrika), abgesehen von der allein in ihr lebenden Familie der Braunellen, die Grasmücken und Fliegenschnäpper besonders artenreich vorkommen. Weltweite Verbreitung ist — von den Seevögeln abgesehen — selten. Nach Lebensweise und Körperbau sind die Arten in ihre Umwelt eingepaßt; sie bevorzugen bestimmte Lebensstätten (Biotope), und dadurch sind ihrer Verbreitung Schranken gesetzt. Mit dem Wandel der Landschaft werden dabei manche zum Kulturflüchter und manche zum Kulturfolger.

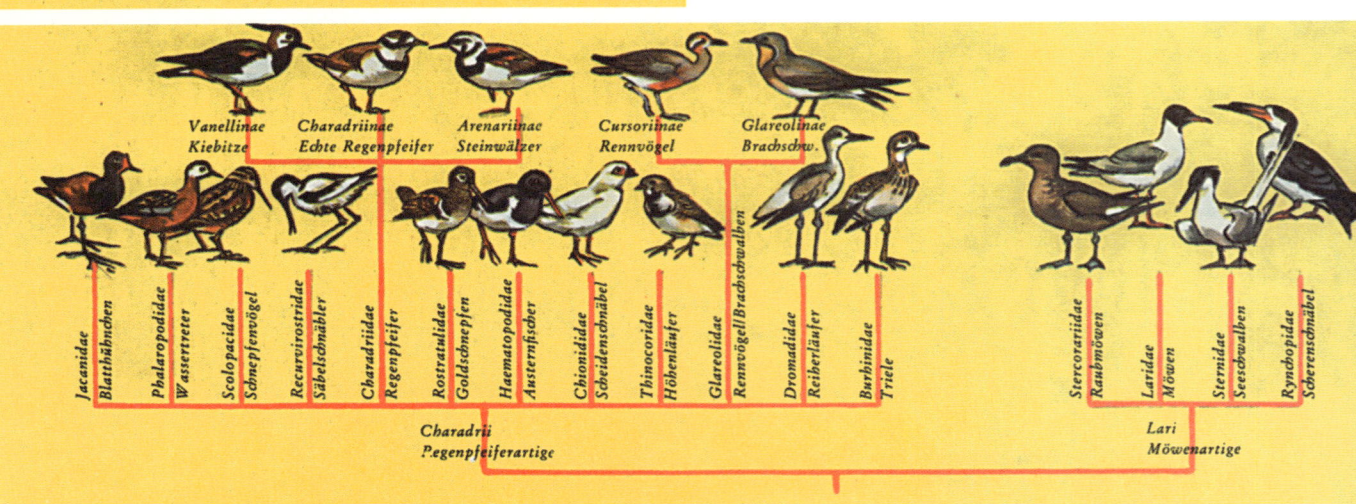

Nothura ... (Temminck)
Schwarzflecktinamu
mittl. u. südl. Südamerika 30 cm

Crypturellus variegatus (Gmelin)
Rotbrusttao
nördl. Südamerika, 25 cm

Rhynchotus rufescens (Temminck)
Pampashuhn
mittl. Südamerika, ...

...major (Gmelin)
...
Mexiko b. nördl. Südamerika, 53 cm

Eudromia elegans (I. Geoffroy)
Perl-Steißhuhn
Uruguay, Argentinien, 40 cm

Klasse Aves — Vögel

Ordnung Tinamiformes — Steißhühner

Familie: Tinamidae — Steißhühner

Unterfamilien: Tinaminae — Waldsteißhühner (*Crypturellus, Tinamus*), Rhynchotinae — Steppensteißhühner (*Eudromia, Nothura, Rhynchotus*)

Die Tinamus hielt man früher für Hühnervögel, doch täuscht die äußere Ähnlichkeit. Ihr Körperbau weist sie als primitive Vogelvorfahren und den Laufvögeln nahestehende Gruppe aus, die in 43 Arten von Mexiko südwärts über Südamerika verbreitet ist. Hier bewohnen sie Regenwald, Buschland, Baumsteppen wie Grasland bis 5000 m Höhe. Sie sind gute Läufer, aber schlechte Flieger, ernähren sich von kleinen Früchten und Samen und geben weich flötende, trillernde oder pfeifende Rufe von sich, die mitunter melancholisch klingen. Eigenartig die Umkehr ihres Fortpflanzungsverhaltens: die Weibchen haben mehrere Männchen, denen sie Eier in die Nester legen und diese betreuen die Sammelgelege, brüten sie aus und führen die Jungen. Die in versteckten Bodennestern abgelegten Eier zeigen im Gegensatz zu denen aller anderen Vögel eine harte, glänzende Schale, die Porzellan täuschend ähnlich sieht, mit lebhaften klaren Farben. Mehrfach wurde vergeblich versucht, Tinamus als Jagdwild nach Europa und N-Amerika einzuführen.

Ordnung Struthioniformes — Laufvögel
Unterordnung Rheae — Nandus

Familie: Rheidae — Nandus (*Pterocnemia, Rhea*)

Die Laufvögel haben sich aus flugfähigen Ahnen entwickelt, sind also keine primitiven Formen, wie man lange Zeit annahm, sondern spezialisierte. Von ihnen lassen besonders die Nandus Beziehungen zu Steißhühnern erkennen. Obwohl oft als „südamerikanische Strauße" bezeichnet, ist die Verwandtschaft der Nandus zu afrikanischen Straußen recht entfernt. Wie diese bewohnen sie offene baumlose Landschaften, mit zwei Arten die Grassteppen Südamerikas, truppweise oder in kleinen Herden. Ihre Zahl geht durch die Kultivierung des Landes besorgniserregend zurück. Mit den dreizehigen Laufbeinen können sie bis 1,5 m weite Schritte machen, mit Hilfe eines vorgestreckten Flügels in vollem Lauf rasch die Richtung ändern. Der Flügel ist für einen flugunfähigen Laufvogel verhältnismäßig lang und wirkt wie das Seitenruder eines Bootes. Sie leben in Vielehe; jeder Hahn hat einen Harem von 5—6 Hennen. Der Hahn scharrt eine Nestmulde, in die meist 20—30 Eier gelegt und vom Hahn allein bebrütet werden. Er betreut auch die nach 6 Wochen schlüpfenden Jungen. Bei guter Pflege lassen sich Nandus in Gefangenschaft unschwer halten und auch züchten.

Rhea americana (Linnaeus)
Nandu
mittl. u. südl. Südamerika
⊥ 100 cm

Pterocnemia pennata (d'Orbigny)
Darwin Nandu
Patagonien
⊥ 90 cm

Struthio camelus camelus Linnaeus
Nordafrikanischer Strauß
Nord- und Ostafrika
bis 300 cm

Struthio camelus molybdophanes Reichenow
Somali-Strauß
Nordostafrika
bis 300 cm

Struthio camelus australis Gurney
Südafrikanischer Strauß
Südafrika
bis 300 cm

Unterordnung Struthiones — Strauße

Familie: Struthionidae — Strauße (*Struthio*)

Strauße sind die größten heute lebenden Vögel, sie wiegen bis zu 150 kg. Ihre Vorfahren finden wir im Tertiär unter den ältesten Vogelahnen; sie waren einst auch in S-Europa und Asien verbreitet, bis in historische Zeiten. Als ausgesprochene Laufvögel, die 50 km pro Stunde mit Schrittlängen von 3,5 m erreichen, sind ihre Flügel zurückgebildet, der Flugmuskelansatz am Brustbein benötigt daher keinen Kiel („Flachbrustvogel"). Nur zwei Zehen sind vorhanden. Ihr Lebensraum ist die offene trockene Landschaft mit sandigem, aber auch felsigem Untergrund, wo sie jede Vegetation zu ihrer Ernährung, neben tierischer Kost, zu nutzen verstehen. Gern halten sie sich in Gesellschaft von Zebras und Antilopen auf, zu gegenseitigem Nutzen — die Huftiere stöbern Kleintiere für die Strauße auf —, diese warnen sie vor Gefahr. Zur Nahrungszerkleinerung im Magen nehmen sie zusätzlich Steine auf. Sie leben in Herden von 10—50 Tieren, gewöhnlich bilden ein Hahn, eine Haupthenne und zwei Nebenhennen eine Familie. Bei der Balz schlägt der Hahn abwechselnd je einen Flügel hoch, wirbelt dann am Boden — heftig flügelschlagend — den Sand auf, macht Spiralbewegungen mit dem Hals und stößt dumpfe Rufe aus. — Die Henne umkreist ihn mit hängenden Flügeln. — Sie legt 10—12 Eier, oft legen Nebenhennen weitere dazu. Tagsüber brütet die Henne, nachts der Hahn. Die Jungen schlüpfen nach 40 Tagen und können gleich gut laufen. Bei Gefahr drücken sie sich auf den Boden, werden aber auch verteidigt. Die Schmuckfedern des Hahns waren früher ein gesuchter Modeartikel. Riesige Laufvögel von 3—4 m Größe und 400—500 kg

Dromaius novaehollandiae (Latham)
Emu
Australien, L 100 cm

Gewicht waren die Madagaskar-Strauße (Aepyornis) und Moas (Dinornis) von Neuseeland. Wir kennen sie nur nach ihren erhaltenen Knochen und Eiern; sie starben vor 500—700 Jahren aus.

Unterordnung Casuarii — Kasuarvögel

Familien: Dromaiidae — Emus (*Dromius*), Casuariidae — Kasuare (*Casuarius*)

Unterordnung Apteryges — Kiwivögel

Familie: Apterygidae — Kiwis (*Apteryx*)

Weitere Laufvögel sind die *Emus* und *Kasuare*. Die ersteren bewohnen die Buschsteppen Australiens, wo sie als Landwirtschaftsschädlinge verfolgt werden und vielerorts ausgerottet sind. Sie wandern weit umher, laufen rasch und ausdauernd und können sogar schwimmen. Hahn und Henne sind nicht unterschieden, auch bei ihnen brütet nur das Männchen die von mehreren Weibchen gelegten 15—25 Eier aus. Der Hahn betreut die auffallend längsgestreiften Jungen. Zur Brutzeit leben sie paarweise, sonst in kleinen Herden. Ihre Nahrung sind Pflanzenteile und Insekten. Sie lassen sich leicht in Zoos halten und auch züchten, nicht dagegen die Kasuare, die in drei Arten über N-Australien, Neuguinea und deren Nachbarinseln verbreitet sind. Hier leben sie in dichten Urwäldern, wo sie sich gewandt zu bewegen verstehen. Ihr dichtes Gefieder wirkt wie ein Haarkleid, es schützt und tarnt sie im Unterholz. Wie die Emus haben sie zweigeteilte Federn, drei Zehen mit starken Krallen und weitgehend rückgebildete Flügel, die bei ihnen nur noch als 3—5 drahtartige Schäfte erkennbar sind. Die Henne ist bei sonst gleichem Aussehen größer als der Hahn, der wieder allein das Brutgeschäft übernimmt. Eine Henne vereint sich nur zeitweise mit einem Hahn. Die Jungen sind wie bei den Emus längsgestreift. — Ganz abweichend von den übrigen Laufvögeln sind die *Kiwis* gebaut: primitive Merkmale vereinen sich mit hoher Spezialisierung für ihr Leben als nächtliche Bewohner der Farnwälder ihrer Heimat. Dazu gehören ihre gedrungene rundliche Gestalt, die weder Flügel noch Schwanz erkennen läßt, ihre langen, haarartigen Federn, winzigen Augen und der lange Schnabel mit starken Tastborsten am Ansatz, Nasenlöcher an seiner Spitze. Ihr Geruchsvermögen ist besser entwickelt als bei allen anderen Vögeln. Mit seiner Hilfe finden die Vögel schnuppernd ihre Beute: Würmer, Schnecken und Insekten. Das Brutgeschäft besorgt wieder nur der Hahn, die Henne legt ein riesiges Ei. Kiwis wurden zum Symbol ihrer Heimat, wo ihr Bestand sehr bedroht ist.

Ordnung Podicipediformes — Lappentaucher

Familie: Podicipedidae — Lappentaucher (*Aechmophorus, Podiceps, Podilymbus*)

Diese Vögel, ausgezeichnete Schwimmer und Taucher, verdanken ihren Namen faltbaren Lappen an den Zehen, die ihre Füße verbreitern und sie zu wirksamen Rudern machen. Mit den Seetauchern zusammen nannte man sie einst Steißfüße, da ihre Beine hinten am Körper ansetzen. Aus diesem Grund können sie auch nur ungeschickt laufen, trotz ihrer kurzen Flügel aber gut fliegen. Doch fällt ihnen das Auffliegen vom Wasser schwer und sie suchen einer Gefahr eher tauchend oder schwimmend zu entgehen. Dabei können sie durch Ablassen von Luft aus dem Körper und Gefieder, das sehr dicht, weich und glänzend ist und beim Anfassen knistert, die Tiefe des Eintauchens selbst bestimmen. Getaucht wird höchstens 30 sec lang und 7 m tief; auf diese Weise erbeuten die Vögel auch ihre Nahrung, vielerlei Wasserkleintiere und kleine Fische. Eindrucksvoll ist ihr Balzverhalten: beim *Haubentaucher* richten sich die Partner Brust an Brust auf, schütteln die gesträubten Kopffedern und bieten sich Niststoffe an („Pinguin-Pose"). In dieser Zeit lassen die Taucher auch ihre lauten, klangvollen Korr-Rufe weithin erschallen. Der *Renntaucher* führt eine ähnliche Balz durch, wobei die Partner mit raschen Schritten nebeneinander über dem Wasser dahinlaufen. Ein Film von Walt Disney zeigt diese Balzzeremonie nach den Klängen der ungarischen Rhapsodie. Der *Rothalstaucher* ist weit weniger zahlreich als der bei uns noch recht häufige *Haubentaucher*. Man kann ihn übersehen, aber kaum überhören, denn sein lautes Balzgeschrei erinnert an Ferkelquieken und Pferdewiehern. Den *Ohrentaucher* sehen wir gewöhnlich nur an den Nord- und Ostseeküsten als Wintergast, daher nicht im prächtigen Brutkleid. Der ihm sehr ähnliche *Schwarzhalstaucher* wanderte erst in den letzten Jahrzehnten aus Asien nach Mitteleuropa ein, wo er sich gern unter Möwen und Seeschwalben ansiedelt. Er bevorzugt neben dicht bewachsenen Ufern weite Wasserflächen und brütet gern kolonieweise. Seine Stimme klingt gepreßt wie bibib, die des *Bindentauchers* dagegen sehr laut, fast wie der Ruf einer Eule. Er schwimmt höher auf dem Wasser als alle seine Verwandten. Zu den kleinsten Arten gehört unser *Zwergtaucher*, der häufig und weit verbreitet ist. Man sieht ihn vorzugsweise im Winter, wo er wie ein Kork auf dem Wasser liegt und mit einem Satz in ihm verschwindet, um anderswo aufzutauchen. Zur Brutzeit verrät er sich durch seinen melodischen Triller; selbst auf kleinsten Gewässern ist er zu Hause. Der *Graukopftaucher* behält wie andere südliche Zwergtaucher das ganze Jahr sein Prachtkleid. — Alle Lappentaucher bauen schwimmende Nester aus faulenden Pflanzenstoffen. Die 3—10 weißen oder grünlichen Eier nehmen von der Unterlage bräunliche Färbung an. Sie werden von beiden Eltern bebrütet und bei jedem Verlassen zugedeckt. Die längsgestreiften Jungen tragen die alten Vögel oft auf dem Rücken in seitlichen Federtaschen, obwohl sie gleich selbst schwimmen können. Die Familien halten lange zusammen. Im schlichten Ruhekleid sind die Arten schwer zu unterscheiden. Eine Form, der *Titicacataucher* aus den Anden Südamerikas, ist flugunfähig geworden.

Ordnung Gaviiformes — Seetaucher

Familie: Gaviidae — Seetaucher (*Gavia*)

Wie die Lappentaucher sind die Seetaucher urtümliche Schwimmvögel mit besonderen Anpassungen an das Leben im Wasser. Ihre Füße haben aber wie die der Möwen und Enten Häute zwischen den Zehen, so daß sie noch besser schwimmen und vor allem tauchen können als ihre Verwandten: 3—5 Minuten Dauer, 20—30 m Tiefe und 5 bis 800 m Tauchstrecke sind keine Seltenheit. Dafür ist ein Laufen an Land nur rutschend und grätschend schrittweise möglich, weil ihre Beine am äußersten Rumpfende ansetzen, die Fußgelenke noch in den Körper einbezogen sind. Dagegen vermögen die Seetaucher schnell und ausdauernd zu fliegen, manche Arten legen auf dem Weg vom Brutplatz zum Winterquartier mehrere tausend Kilometer zurück. Wie die Lappentaucher benötigen sie zum Start aus dem Wasser einen langen Anlauf, weil ihre Flügel klein sind. Häufig verwechseln sie, besonders zur Zugzeit, nasses, glänzendes Straßenpflaster mit Wasser- oder Eisflächen und lassen sich auf ihm nieder; ein Auffliegen ist ihnen dann nicht möglich. Wie ihre Verwandten können sie schwimmend durch Luftabgeben beliebig tief im Wasser liegen und langsam in ihm versinken. Die Brutzeit verbringen sie an den Binnengewässern der nördlichen Wald- und Tundragebiete in der Alten und Neuen Welt, danach suchen sie die Meeresküsten auf, an denen sie oft weit nach Süden ziehen. Gelegentlich trifft man Umherstreifende aber auch auf Flüssen und Seen im Binnenland. Sie ernähren sich überwiegend von Fischen und bauen ihre Nester auf Land, doch dicht am Wasser, besonders gern auf Inseln. Die Paare verteidigen energisch ihre Reviere und lassen dann, vor allem nachts, ihre lauten, weithin tragenden Rufe hören. Sie legen meistens zwei Eier, die beide Gatten abwechselnd bebrüten. Nach 30 Tagen schlüpfen die Jungen, sie werden acht Wochen lang betreut. Die Familie bleibt bis zum nächsten Frühjahr zusammen. Bei uns am häufigsten sehen wir die *Prachttaucher*, meist jedoch nur im schlichten Ruhekleid. Sie ziehen von Sibirien aus über Land ans Schwarze Meer zum Überwintern und kehren über die Ostseeküsten in ihre Brutheimat zurück („Schleifenzug"). Ihre Frühlingsbalz wird durch Paarbildungszeremonien größerer Gruppen im Herbst ersetzt, zu denen ein Lauf in aufrechter Haltung über dem Wasser und Kämpfe der Männchen gehören können. *Eistaucher* haben oft nur ein kleines Revier, sie verteidigen ihre Jungen energisch am Nest. Die *Sterntaucher* bewohnen kleinere Gewässer, von denen sie mit kleinem Anlauf hochfliegen können, weil sie im Verhältnis zu ihrem Gewicht die größten Flügel haben. Ihre Balzrufe klingen heulend und klagend oft kilometerweit. Der *Gelbschnabel-Eistaucher* zieht im Winter nur wenig südwärts aus seinem Brutgebiet an den Küsten des Eismeeres, am ehesten noch an die norwegische Atlantikküste. Selten, wohl nur durch Stürme verschlagen, trifft man ihn im Binnenland.

Ordnung Speniscifomes — Pinguine

Familie: Spheniscidae — Pinguine (*Aptenodytes, Eudyptes, Eudyptula, Megadyptes, Pygoscelis, Spheniscus*)

Pinguine sind eine Gruppe von Vögeln, deren Anpassung an das Leben im Wasser den höchsten Grad der Vollkommenheit erreicht. Spindelförmiger Körper, die Beine am Körperende zusammen mit dem Schwanz als Steuer dienend, die Flügel zu Rudern umgebildet, so zeigt sich die Figur dieser Tiere, die das „Flügeltauchen" als neue Art der Fortbewegung erfanden. Erheblich umgeformt zeigen sich auch ihre Federn, winzige schuppenartige Gebilde, die sich dachziegelartig fest übereinanderlegen. Unter der Haut sitzt ein dickes Fettpolster als Wärmeschutz und Nahrungsspeicher. Sie können 20 m tief tauchen und 2 m hoch aus dem Wasser springen, was an Felsen mit Eiskanten oft nötig ist. Ihr Schnabel besteht aus mehreren Hornplatten, was eine Verwandtschaft zu Röhrennasen andeutet. Mit ihren kräftigen Beinen können sie sich an Land geschickt bewegen und bis zu 300 km zurücklegen. Ihre Nahrung sind kleinere Fische, Krebse und Tintenfische, die sie tauchend erbeuten. Während des Brütens fasten sie mehrere Wochen lang. Ihr starker Hang zur Geselligkeit wirkt sich besonders zur Brutzeit aus, dann bilden sie volkreiche Kolonien. — Beim *Kaiserpinguin* übernimmt das Männchen das einzige Ei und brütet es allein auf den Füßen in einer Bauchfalte aus, mitunter bei Kälte von — 50 °C. Erst vor dem Schlüpfen des Jungen kehrt das Weibchen nach 62 Tagen zurück. Beim *Königspinguin* lösen sich die Partner beim Brüten ab, die Jungen wachsen in „Kindergärten" gemeinsam auf, werden nur alle 2 Wochen gefüttert. *Adeliepinguine* wurden in ihrer Lebensweise bisher am besten bekannt. Sie legen wie die anderen kleinen Arten zwei Eier und bebrüten sie 35 Tage. Das Männchen bleibt dabei 6 Wochen ohne Nahrung. *Zügelpinguine* bilden die größten Brutkolonien mit mehreren Millionen Vögeln. Der *Eselspinguin* verdankt seinen Namen dem eselartigen Geschrei. *Felsenpinguine* können mit scharfen Krallen an Felsen klettern. Die *Goldschopfpinguine* verbringen 3—5 Monate nach dem

Brüten im Meer, dessen Strömung sie nordwärts treibt. *Brillenpinguine* zeigen gegenseitiges Reiben von Hals und Schnabel als Begrüßungsgeste. Sie graben sich zum Brüten vielfach in Dünen und Lehm Höhlen. Diese Gewohnheit haben auch die scheuen, nächtlich lebenden *Zwergpinguine*.

Ordnung Procellariiformes — Röhrennasen

Familie: Diomedeidae — Albatrosse (*Diomedea, Phoebetria*)

Familie: Procellariidae — Sturmvögel

Unterfamilien: Fulmarinae — Möwensturmvögel (*Daption, Fulmarus, Macronectes*), Pachyptilinae — Walvögel (*Pachyptila*)

Der Gruppenname dieser Vögel wird von hornigen Röhren auf oder an ihrem Schnabel abgeleitet, in denen die Nasenlöcher weit nach vorn gerückt erscheinen. Als Bedeutung dieses auffallenden Merkmales wird Schutz gegen eindringendes Seewasser vermutet. Auffallend sind weiter große Nasendrüsen, die überschüssiges Salz ausscheiden, und ein gut entwickeltes Riechorgan. Die erste der vier Familien umfaßt Albatrosse, darunter den *Wanderalbatros* mit der größten Spannweite aller Seevögel, bis 320 cm. Sie sind die ausgeprägtesten Hochseebewohner, vor allem verbreitet, wo starke Luftströmungen vorherrschen. Große Arten brüten nur alle 2 Jahre, vom 6. bis 7. an. Zur Brut finden sie sich auf Inseln zu oft riesigen Kolonien zusammen, die Balz stellt eine Folge eigenartiger Riten von Tanz, Schnabelfechten, Verbeugungen, Rufreihen und Nistplatzzeigen beider Partner dar, die besonders vom *Galapagos-Albatros* gut bekannt ist. Als häufigste Art gilt der *Mollymauk*, doch auch der *Schwarzfußalbatros* kommt noch zahlreich vor. Der *Rußalbatros* kann als anmutigster Segler von allen bezeichnet werden.
Lange schmale Flügel, deren Knochen weitgehend lufthaltig sind, lassen hervorragendes Flugvermögen, vor allem als Dauerleistung, erkennen. Tatsächlich halten sich alle Röh-

Phaeton rubricauda
Boddaert
Rotschwanz-Tropikvogel
Indischer und Tropischer Pazifik
90 cm

Phaeton rubricauda
Linnaeus
Rotschnabel-Tropikvogel
Tropische Meere
100 cm

Pterodroma hasitata (Kuhl)
Schwarzkappen-Sturmtaucher
Nordatlantik
Karibische See
40 cm

Phaeton lepturus Daudin
Weißschwanz-Tropikvogel
Tropische Meere
80 cm

Procellaria aequinoctialis
Linnaeus
Weißkinnsturmvogel
Südliche Meere
55 cm

Puffinus griseus
(Gmelin)
Rußsturmtaucher
Pazifik, Atlantik
50 cm

Pelagodroma marina
(Latham)
Fregatten-Sturm-schwalbe
Tropische Meere
20 cm

Oceanites oceanicus
(Kuhl)
Buntfüßige Sturm-schwalbe
Südliche Meere
11 cm

Bulweria bulwerii
(Jardine u. Selby)
Weichnasen-Sturmvogel
Atlantik, Pazifik
27 cm

Hydrobates pelagicus
(Linnaeus)
Sturmschwalbe
Nordostatlantik,
Mittelmeer
18 cm

Pelecanoides magellani (Mathews)
Lummensturmvogel
Südliche Meere
22 cm

Oceanodroma leucorhoa (Vieillot)
Wellenläufer
Nordatlantik, Nordpazifik
22 cm

rennasen überwiegend auf hoher See auf, wo sie vollendet jede Flugtechnik beherrschen, eine besondere Form des Fliegens sogar „erfanden": dynamischen Segelflug, die Ausnutzung wechselnder Windgeschwindigkeiten über den Wellen. So können sie Hunderte von Kilometern Schiffen folgen — mit nur geringem Kraftaufwand — und wochen- oder monatelang weit vom Land entfernt sein. Sie suchen es lediglich zur Brutzeit auf, wobei Bebrütung des einzigen Eies und Jungenaufzucht sehr lange dauern (bis 80 bzw. 280 Tage). Weitere Eigenart ist das Magenöl, das im Drüsenmagen erzeugt, zur Gefiederpflege benützt, aber auch bei Gefahr ausgewürgt und gespritzt wird. Zur Familie Sturmvögel gehören noch 55 Arten, die sehr gesellig leben, in Schwärmen von Hunderttausend, ja Millionen, der Nahrungssuche nachgehen und so auch gemeinsam brüten. Manche von ihnen halten bestimmte Wanderwege ein, zeigen erstaunliche Heimattreue und Orientierungsvermögen über Tausende von Kilometern. Die kleinen Arten nisten in Erdhöhlen. *Riesensturmvögel* schmarotzen oft in Pinguinkolonien, *Eissturmvögel* breiteten sich in jüngster Zeit entsprechend der Zunahme von Walfang und Hochseefischerei südwärts aus. Die *Kaptauben* können durch besondere Vorrichtungen im Schnabel auch Plankton aufnehmen, worauf die *Entenwalvögel* allein spezialisiert sind.

Unterfamilien: Pterodrominae — Hakensturmtaucher (*Bulweria, Pterodroma*), Procellariinae — Sturmtaucher (*Procellaria*)

Familie: Hydrobatidae — Sturmschwalben (*Hydrobates, Oceanites, Oceanodroma, Pelagodroma*)

Familie: Pelecanoididae — Tauchsturmvögel (*Pelecanoides*)

Sturmtaucher sind weitverbreitete Hochseevögel, die ebensogut fliegen wie tauchen können. Ihre Jungen werden noch heute zu Hunderttausenden zum Verzehr den riesigen Brutkolonien Australiens und Neuseelands entnommen. Sie ziehen, wie der *Rußsturmtaucher*, im Winter aus den südlichen in die nördlichen Weltmeere, andere Arten den umgekehrten Weg. Unter den Sturmschwalben findet man die kleinsten Seevögel. Sie können auf der Stelle fliegen und lassen dabei die Füße hängen. Bei der *Sturmschwalbe* wirkt der Flug fledermausartig, beim *Wellenläufer* ähnelt er mehr einem Hüpfen und Schweben. Die kleine Gruppe der *Tauchsturmvögel* nutzt ihre kurzen, breiten Flügel beim Tauchen zusätzlich als Ruder.

Ordnung Pelecaniformes — Ruderfüßer

Familie: Phaëtontidae — Tropikvögel (*Phaeton*)

Familie: Pelecanidae — Pelikane (*Pelecanus*)

Unter allen Wasservögeln haben die Ruderfüßer den am höchsten entwickelten Schwimmfuß: bei ihnen sind alle 4 Zehen — sonst stets nur 3 — durch eine Haut miteinander verbunden. Sie haben kurze Beine und lange Flügel, können gut fliegen und schwimmen, aber nur langsam und ungeschickt laufen. Ihr Skelett ist bei den meisten Gruppen stark lufthaltig, ein dehnbarer Kehlsack mit oft nackter Haut weist auf die Spezialisierung zum Fischfang hin. — *Tropikvögel* begeistern durch leichten, eleganten Flug die Besucher tropischer Meere. Sie halten sich meistens in Küstennähe auf, wo sie stoßtauchend ihre Beute erjagen, können in der Luft stehen oder gruppenweise Balzflüge ausführen, wobei ihre langen Schwanzfedern auf und ab schwingen. An Felsküsten legen sie ihr einziges Ei, das vom Paar gemeinsam bebrütet wird. Die Jungen wachsen sehr langsam heran, werden mitunter vor dem Flüggewerden verlassen oder fallen nistplatzsuchenden Vögeln zum Opfer. — Schwerfällig wirken die Pelikane, doch sind sie ausgezeichnete Schwimmer und Flieger, die neben lufthaltigen Knochen auch Luftpolster unter der Haut haben. Sie liegen hoch auf dem Wasser, erheben sich flügelschlagend von ihm, fliegen dann leicht, dabei oft im Aufwind segelnd. Gesellig, meist in großen Verbänden lebend, gehen sie gemeinsam in flachen Gewässern auf Fischfang (bis auf eine Art). Sie brüten in Kolonien auf Schilf oder Reisig, an Felsküsten nur auf einigen Federn, legen 2—3 Eier, haben aber hohe Verluste bei Bebrütung und Jungenentwicklung. — Nur zur Brutzeit wächst dem *Nashornpelikan* ein Horn auf dem Schnabel. Er bewohnt 20 Brutkolonien mit 60 000 Vögeln. Den *Brillenpelikan* kennzeichnet ein nackter Hautring um die Augen, der *Rötelpelikan* ist die kleinere Ausgabe des *Rosapelikans*. Dieser lebt mit dem *Krauskopfpelikan* zusammen noch heute an einigen Stellen der Balkanhalbinsel, besonders zahlreich im Donaudelta (3000—5000), wo er dominiert, an anderen Stellen dagegen der Krauskopf. Zahlreiche Sagen und Legenden ranken sich um ihre bizarre Gestalt, die sich als Symbole menschlicher Barmherzigkeit erhalten haben. Der *Braune Pelikan* ist einer der wichtigsten Guanolieferanten an den Felseninseln S-Amerikas. Stoßtauchend erbeutet er seine Nahrungstiere, kleine Sardinenfische.

Phalacrocorax africanus (Gmelin)
Gelbschnabel-Zwergscharbe
Küsten Afrikas 56 cm

Ph. melanoleucus (Vieillot)
Australische Zwergscharbe
Australasiatisches Gewässer bis Neuseeland 55 cm

Ph. aristotelis (Linnaeus)
Krähenscharbe
Ostküste Nordatlantik 70 cm

Ph. pelagicus Pallas
Nordpaz. Kormoran
Küsten nördl. Pazifik 75 cm

Ph. gaimardi (Lesson)
Buntkormoran
Küsten westl. Südamerika 70 cm

Ph. carbo (Linnaeus)
Kormoran
Alle Erdteile 100 cm

Ph. punctatus (Sparrman)
Tüpfelkormoran
Küsten Neuseelands 73 cm

Ph. bougainvillei (Lesson)
Guanokormoran
Küsten Peru, Chile 76 cm

Ph. harrisi Rothschild
Stummelkormoran
Galapagosinseln

Ph. carunculatus (Gmelin)
Warzenkormoran
Südinsel Neuseeland 75 cm

Familie: Phalacrocoracidae — Kormorane (*Phalacrocorax*)

Familie: Anhingidae — Schlangenhalsvögel (*Anhinga*)

Kormorane sind gute Schwimmer und Flieger, aber noch bessere Taucher. Sie liegen tief im Wasser, ihre Knochen enthalten nur wenig Luft. Beim Tauchen werden die Flügel naß, die sie an Land dann abgespreizt wieder trocknen müssen. Wichtigste Nahrung sind Fische, die sie meist aus Tiefen von 1—3 m in weniger als 1 Minute herausholen. Doch können sie auch weit tiefer tauchen. Wegen dieser Konkurrenz für die Fischer werden sie vielfach stark verfolgt, obwohl sie meist nur geringwertige Fische, dazu noch Krebse, Tintenfische und Lurche, fressen. Der Hakenschnabel hilft ihnen, die Beute festzuhalten. In einigen Ländern Afrikas und Asiens nützt man ihre Geschicklichkeit zum Fischfang gewerbsmäßig. Sie werden zum Gehilfen des Menschen abgerichtet, der ihnen gefangene Fische abnimmt; sie können sie wegen eines Halsringes nicht selbst verschlingen. Als gesellige Vögel nisten sie in Kolonien auf Bäumen, Sträuchern oder Felsen, oft mehrere Arten zusammen oder in Gemeinschaft mit anderen Seevögeln. Sie zeigen dabei eine Vielzahl sozialer Verhaltensweisen, die meist von lauten Rufen begleitet sind. 2—6 bläuliche Eier bilden das Gelege. Beide Eltern füttern die Jungen. — Die 29 Arten gruppiert man in *Zwergscharben,* die langschwänzig und kurzhalsig sind, und Großkormorane, zu denen der noch in Deutschland (Nordseeküste, Vorpommern) vorkommende *Kormoran* und der flugunfähige *Stummelkormoran* gehören, in *Krähenscharben* mit dem *Nordpazifischen Kormoran* und *Guanokormorane* mit dem *Warzenkormoran*. Die beiden letzteren Gruppen sind Bodenbrüter und Meeresküstenbewohner, die erstgenannten leben an Küsten wie im Binnenland. — Die beiden Arten der *Schlangenhalsvögel* zeigen als besondere Merkmale den langen spitzen Schnabel und sehr langen Hals, mit dem sie unter Wasser ihre Fischbeute aufspießen, dann in die Luft werfen und mit dem Kopf voran verschlingen.

Anhinga rufa (Daudin)
Afrikan. Schlangenhalsvogel
Afrika, Madagaskar 90 cm

Anhinga anhinga (Linnaeus)
Amerikanischer Schlangenhalsvogel
Nord- und Südamerika 90 cm

Familie: Sulidae — Tölpel (*Morus, Sula*)

Ihrer Unbeholfenheit und Zutraulichkeit verdanken sie ihren Namen; er paßt wenig zu den hervorragenden Flugkünstlern, wie sie uns an den Küsten aller Weltmeere begegnen. Seine Siedlungen werden deshalb streng geschützt und planmäßig ausgebeutet. Luftkissen unter der Haut, wie bei den Pelikanen, mildern ihren Anprall auf dem Wasser, in das sie im Sturzflug aus 30—40 m Höhe tauchen, mitunter 20 m tief, und verringern ihr spezifisches Gewicht, so daß sie beim Schwimmen hoch auf dem Wasser liegen. Sie ernähren sich vorwiegend von Fischen. In ihrer Jugend legen sie weite Strecken über mehrere tausend Kilometer von ihrem Brutgebiet zu Überwinterungsplätzen zurück, bleiben hier oft auch 2—3 Jahre, bis sie brutfähig sind. Ältere Vögel wandern weniger weit. Sie sind sehr gesellig, halten sich stets truppweise zusammen, um zur Brutzeit in riesigen Kolonien von Zehntausenden Paaren auf einsamen Klippen und Felseninseln zu brüten. Hier lassen sie auch ihre laut kreischende, rauhe Stimme hören, die bei einigen tropischen Arten nur den Weibchen zukommt. Hier stehen ihre Nester aus Erde und Tang eng nebeneinander, nur zwei tropische Arten nisten auf Bäumen. Doch halten die Nestanlagen so weit Distanz, daß die brütenden Vögel sich nicht erreichen können. Die Balz besteht beim *Baßtölpel,* der besonders gut bekannt ist, aus einer Reihe Ausdrucksbewegungen wie Kopfhochrecken, Flügellüften, Verbeugen, Schnabelaneinanderschlagen beider Partner, die sich gegenüberstehen. Sein Name rührt von dem Baßfelsen an der Ostküste Schottlands her, wo er mit 10 000 Paaren brütet; auf der Insel St. Kilda an der Westküste nisten sogar 17 000—18 000. Der gesamte Bestand dieser Art wurde, nach erheblicher Abnahme durch wirtschaftliche Nutzung der Kolonien, 1949 auf 100 000 Paare geschätzt. Der *Baßtölpel* legt nur ein Ei, das er, weil ihm wie allen Tölpeln der Brutfleck im Bauchgefieder fehlt, mit einem Fuß beim Brüten umfaßt. Die Eltern füttern das Junge 9 Wochen lang, dann lassen sie es im Stich und es muß dann zwei Wochen fasten, bis es ausgewachsen ist. Beim Versuch, ins Meer zu gelangen, verunglücken zahlreiche Jungen, die erst nach weiteren zwei Wochen selbständig werden und sich stoßtauchend ernähren können. Beim *Maskentölpel* nehmen beide Ehegatten zur Balz abwechselnd Steine in den Schnabel, *Rotfuß-* und *Graufußtölpel* bauen auf Bäumen ihre Nester; der erstere ist in mehreren Farbphasen vertreten. Das Blaufußtölpel-Männchen läuft balzend mit erhobenem Schwanz langsam auf und ab, ergreift Niststoffe, die es vor dem Weibchen niederlegt und zeigt auffallend seine leuchtend blauen Füße. Der *Guanotölpel* hat große wirtschaftliche Bedeutung als Hauptlieferant des wertvollen Düngers erlangt.

Fregata minor (Lesson)
Bindenfregattvogel
trop. Indien u. Pazifischer Ozean,
Südatlantik, bis 100 cm

Fregata magnificens Mathews
Prachtfregattvogel
trop. Atlantik, 100 cm

Fregata andrewsi Mathews
Weißbauch Fregattvogel
östl. Indischer Ozean
100 cm

Fregata ariel
(Gray)
Kleiner Fregattvogel
südlicher Atlantik,
westlicher Pazifik
80 cm

Familie: Fregatidae — Fregattvögel (*Fregata*)

Die *Fregattvögel* sind die hervorragendsten Flugkünstler ihrer Ordnung, bessere noch als Albatrosse, Tropikvögel und Tölpel, weil das Verhältnis ihres Körpers zur Flügelspannweite günstiger ist als bei allen anderen Vögeln, die Flächenbelastungen der Flügel am geringsten. Zu einem durch luftgefüllte Knochen und Luftsäcke im Körper leichten Gewicht von 1,5 kg kommt eine Spannweite von 2,30 m bei der größten Art. Das befähigt sie zu raschem, gewandtem und ausdauerndem Flug mit akrobatischer Kurventechnik und leistungsfähigem Segeln und Gleiten, wie es in dieser Vollendung unerreicht ist. Sie halten sich fast ständig in der Luft auf, bleiben jedoch in Küstennähe. Nur ausnahmsweise lassen sie sich auf dem Wasser nieder; die Schwimmhäute zwischen ihren Zehen sind tief eingekerbt, die Füße daher wenig zum Rudern geeignet. Auch saugt sich ihr Gefieder rasch mit Wasser voll und erschwert das Auffliegen. Zum Rasten gehen sie auf Klippen, Bäumen oder Büschen nieder, von denen sie besser wieder starten können als von ebenem Land. Ihr ausgezeichnetes Orientierungsvermögen nützen die Bewohner einiger Pazifikinseln aus, um sie wie Brieftauben zur Nachrichtenübermittlung zu verwenden. Fliegende Fische sind ihre Hauptnahrung, doch nehmen sie, dicht über der Wasseroberfläche fliegend, auch Tintenfische, Schnecken, Krebse und Quallen auf. Häufig verfolgen sie andere Seevögel und jagen ihnen durch energische Angriffe ihre Beute ab. Nach dieser Methode räuberischer Überfälle — wie schnelle Kaperfregatten auf Handelsschiffe — erhielten sie ihren Namen. Sie brüten gesellig auf niedrigen Sträuchern und Bäumen, meist nahe den Kolonien anderer Seevögel, wie Tölpel und Seeschwalben, denen sie oft die Beute oder gar ihre Jungen fortnehmen. Auch das Nistmaterial, das im Flug abgerissen oder vom Wasser aufgenommen wird, stehlen sie sich nicht selten. Bei der Balz bläst das kleinere Männchen seinen leuchtend roten Kehlsack wie einen Ballon auf, stößt laute Rufe aus, spreizt die Flügel und schüttelt sich schnabelrasselnd, worauf das Weibchen antwortet. Das einzige Ei und später das Junge wird von beiden Eltern betreut, damit vor Übergriffen von Artgenossen gesichert. 4—5 Monate dauert die Nestlingszeit, dann ist das Junge noch weitere 2—6 Monate von den Alten abhängig, ehe es deren volle Fluggewandtheit erreicht. Sie wird durch spielerisches Fangen geübt und ausgebildet. — Alle fünf Fregattvogelarten gleichen sich weitgehend im Verhalten; sie bewohnen nur warme Meeresgebiete von mindestens 25 °C. Männchen und Weibchen sind durchweg sehr verschieden gefärbt. Der nicht abgebildete Adlerfregattvogel brütet nur auf der Insel Ascension im südlichen Atlantik, bei ihm gleichen sich die Geschlechter in der Farbe.

Ordnung Ciconiiformes — Stelzvögel

Familie: Ardeidae — Reiher (*Botaurus, Gorsachius, Ixobrychus, Nyctanassa, Nycticorax, Tigrisoma, Zebrilus, Zonerodius*)

Das auffallendste Merkmal der Stelzvögel sind ihre langen Beine, mit denen sie gemessen schreiten. Dazu kommen langer Hals und langer Schnabel mit breiten, abgerundeten Flügeln und kurzem Schwanz. Sie ernähren sich alle von Tieren und können gut fliegen. Man gliedert sie in 5 Familien mit 115 Arten. Die große Familie der Reiher (63 Arten) ist über alle Kontinente verbreitet, die meisten leben in den Tropen und Subtropen. Der Hals wird bei ihnen im Fluge S-förmig eingezogen, oft auch in Ruhestellung so getragen. Er kann den Kopf zum Beuteerwerb blitzschnell vorwerfen, zum „Sichern" bei Gefahr streckt er sich lang in die Höhe. Kräftige Zehen, besonders bei den im Schilf lebenden Arten, erleichtern das Umklammern der Halme mit den Füßen. Eine Besonderheit ist — bei verkümmerter Bürzeldrüse — das Vorhandensein von Gefiederpartien mit Puderdunen an Brust und Bürzel, deren Puder aus zerfallendem Horn der Gefiederpflege dient und überallhin verrieben wird. Die Kralle der Mittelzehe mit gezähntem Rand ist dabei Hilfsorgan. Viele Reiherarten tragen zur Brutzeit Schmuckfedern am Kopf, Halsansatz und Rücken. Sie brüten meist in Kolonien und sind auch sonst gesellig. Ihre Nester stehen auf Bäumen oder Büschen, im Schilf oder auf Felsen. 3—5 Eier werden gelegt; die Eltern betreuen gemeinsam die Jungen. Als Nahrung sind Fische, kleine Säugetiere, Lurche und Insekten nachgewiesen; unverdauliche Reste werden als „Gewölle" ausgewürgt. Die Jungen verlassen das Nest, bevor sie richtig fliegen können. Neben rauh krächzenden Rufen fallen bei einigen Arten laut brüllende Töne zur Revierabgrenzung auf. Das sind die Rohrdommeln, eine noch durch kurze Beine und Schnäbel auffallende Gruppe. Sie bewohnen dichtes Schilf und brüten hier einzeln. Bei Gefahr nehmen sie „Pfahlstellung" ein: im Vertrauen auf ihre Schutzfärbung, die sie im Schilf völlig verschwinden läßt, machen sie Hals und Körper ganz lang und halten ihn steif. Das trifft besonders auf unsere *Rohrdommel* zu, die nach ihrem kilometerweit tragenden dumpfen Balzruf „Moorochs" genannt wird. Bei der *Zwergrohrdommel* sind die Geschlechter verschieden gefärbt, eine Ausnahme unter den Reihern. Sie ist bei uns noch recht häufig und lebt im Uferbewuchs, auch im Gebüsch kleiner Gewässer. Die *Malaiendommel* kommt in verschiedenen Färbungsphasen vor. *Bindenreiher* und *Zebrareiher* stehen wie der *Weißrückenreiher* zwischen den eigentlichen Reihern und Rohrdommeln, deren Gewohnheiten sie haben. *Tigerreiher*, wie einige Arten heißen, wäre ein besserer Name für sie. Vorwiegend nächtlich lebende Formen sind der *Cayenne-* und der *Nachtreiher*. Ersterer hat sich auf Landkrabbenfang spezialisiert, letzterer, dessen Brutbiologie besonders am Neusiedlersee erforscht wurde, zeigt sich in seiner Brutkolonie unverträglich und frißt neben Fröschen, Fischen und Insekten nicht selten auch Jungvögel aller Art.

Familie: Ardeidae — Reiher (*Agamia, Ardea, Ardeola, Butorides, Casmerodius, Cochlearius, Egretta, Hydranassa, Notophoyx*)

Der *Grau-* oder *Fischreiher* stand im Mittelalter als gesuchtes Jagdtier für die „Falkenbeize" in hohem Ansehen. Bis ins 18. Jahrhundert war er deshalb geschützt. Er nistet bei uns meist in Kolonien auf hohen Bäumen, vielfach in Gesellschaft anderer Großvögel wie Schwarzmilan, Kormoran oder Krähe. Manche dieser Brutstätten werden über Jahrzehnte hindurch immer wieder bezogen, doch ist ihre Zahl im Laufe dieses Jahrhunderts durch starke Verfolgungen wegen angeblicher Fischereischädlichkeit der Art erheblich vermindert worden. In der Bundesrepublik zählte man 1968 nur noch 4625 besetzte Horste. Neuere Untersuchungen ergaben, daß von dem 300 bis 400 g betragenden täglichen Nahrungsbedarf nur gut $1/3$ aus Fischen, dazu noch kranken und wirtschaftlich bedeutungslosen Arten, fast $2/3$ aber aus fischschädigenden Wasserinsekten, Würmern, Schnecken und kleinen Nagetieren besteht. Im Winter bleiben stets einige Graureiher bei uns, die Mehrzahl zieht nach Südeuropa und Afrika. Kurzbeiniger, aber langzehiger als sie bewohnen die *Purpurreiher* bei uns Schilfgebiete mit Büschen, in denen sie brüten. Sie sind aber weit seltener als die Graureiher und bevorzugen wärmere Lebensräume. Ein naher Verwandter ist der *Schwarzhalsreiher*, der auf trockenem Grasland Insekten und Nagetiere jagt. Riesengestalten sind die *Goliath-* und *Sumatrareiher*, die auch außerhalb der Brutzeit nur einzeln oder in Paaren leben. Den weltweit verbreiteten *Silberreiher* trifft man bei uns am Neusiedlersee, in Ungarn wie im Bereich des Donau-Deltas. Er war bis um die Jahrhundertwende wegen seiner Schmuckfedern besonders heftiger Verfolgung ausgesetzt und leidet jetzt noch unter der intensiven Schilfnutzung in seinen Bruträumen. Auch dem Schmuckreiher ist stark nachgestellt worden und nicht weniger seinem Verwandten in der Alten Welt, dem *Seidenreiher*. Sein Bestand war auch durch Sumpfaustrocknungen und Flußregulierungen überall zurückgegangen, er hat sich durch Schutzmaßnahmen in letzter Zeit jedoch wieder erhöht. Er brütet mit anderen Reiherarten oder auch Kormoranen oft in gemischten Kolonien zusammen, z. B. im Donau-Delta. Beim Beuteerwerb ist er mehr „Pirschjäger", die anderen Reiher lauern „auf dem Anstand". Gelegentlich treten dunkel gefärbte Vögel unter ihnen auf. Beim *Blaureiher* ist dies die Regel: es gibt bei stets weißen Jungen blaue und weiße Vögel nebeneinander. Das gleiche Farbenspiel können wir mit weißen und purpurroten Vertretern beim *Rotreiher* beobachten. Auf dem Festland überwiegt bei ihm die rote Gefiederphase, auf den Inseln dagegen die weiße bei weitem, ohne daß man eine Erklärung dafür fand. Zu der Gruppe kleiner Schopfreiher gehören der *Rallenreiher* und *Kuhreiher*, die verhältnismäßig kurzen Hals, Schnabel und Beine haben und überwiegend von Insekten leben. Rallenreiher kommen zahlreich im Donau-Delta vor, wo sie bevorzugt auf schwimmenden Blattpflanzen stehen und auf Beute lauern, wenig scheu dem Menschen gegenüber sind, sich aber gewandt wie die Rallen auch im Schilfgewirr bewegen können. Überraschend wirken ihre weißen Schwingen im Fluge. Der Kuhreiher hat sich in den letzten Jahrzehnten fast explosionsartig ausgebreitet, hat von Afrika aus den Südatlantik überquert und sich in Südamerika festgesetzt. Von hier aus besiedelte er über die Westindischen Inseln innerhalb 20 Jahren große Gebiete von Mittel- und Nordamerika und dringt noch weiter vor. Seit 1948 ist er auch in Australien erschienen. Das einzigartige Phänomen dieser Ausbreitung wird auf die Zunahme des Viehbestandes in Afrika zurückgeführt, die dann zu einem Bevölkerungsdruck und zum Suchen nach neuen Lebensräumen führte. Die enge Bindung des Reihers an Rinder, der er seinen Namen verdankt, ursprünglich an die Herden der Wildtiere in Afrika, die Insekten am Boden als seine Nahrung aufscheuchten, setzt ihm in den neuen Siedlungsräumen kaum Grenzen. Eine etwas vom normalen Reiherbild abweichende Erscheinung bietet der *Kahnschnabel*, den man deshalb früher nicht zu den eigentlichen Reihern rechnete. Doch ähnelt er in seinem Körperbau weitgehend den Nachtreihern. Bei der Balz richtet er seinen Federschopf auf. Der *Speerreiher* ist nach seinem langen spitzen Schnabel benannt; es zeichnet ihn ein sehr langer Hals und kurze Beine aus. Kontrastreich gefärbt ist der *Weißhals-* oder *Elsterreiher*, unscheinbar dagegen der *Grünreiher*, der in gemäßigten Zonen nahe Seen und Flüssen, in den Tropen und Südtropen dagegen in den Mangrovenwäldern der Küstengebiete lebt. Auffallend sein Schwanzwippen in Erregung und seine Fähigkeit, bei Gefahr zu schwimmen und zu tauchen. Er brütet auf Bäumen und Büschen einzeln oder in kleinen Kolonien. Eine verwandte Art lebt nur auf den Galapagosinseln, sie hat völlig schwarzes Gefieder.

Familie: Balaenicipitidae — Schuhschnäbel (*Balaeniceps*)

Familie: Scopidae — Hammerköpfe (*Scopus*)

Die beiden Familien der Schuhschnäbel und Hammerköpfe bestehen aus jeweils nur einer Art. Immer wieder waren die Forscher im Zweifel, ob man sie zu den Reihern oder Störchen stellen sollte, denn körperliche wie Verhaltensmerkmale teilen sie mit beiden Familien. Der *Schuhschnabel* wurde vor 30 Jahren durch ein Buch des schwedischen Forschers Bengt Berg bekannt: Abu Markub = Vater des Schuhs, war sein Titel; der Schnabel des Vogels soll der Form arabischer Schuhe gleichen. Er lebt in Sümpfen, auf Schwemmland, im Papyrusbestand der Flußufer als Einzelgänger und ernährt sich von Fischen, Fröschen und Schnecken, die er vorwiegend nachts erbeutet. Er fliegt ausgezeichnet und klappert in Erregung storchartig mit dem Schnabel. Sein Nest ist eine oft 1 m hohe Plattform, 2—3 Eier werden gelegt. Gegenüber solchem Bau eines großen Vogels ist das Nest des viel kleineren *Hammerkopfes* oder Schattenvogels ein mächtiges Gebilde von mitunter 2 m Breite und 1 m Höhe, das einen kleinen Hohlraum als Brutkammer enthält. Sie hat nur 30 cm Durchmesser und einen Eingang von unten. Die Vögel bewohnen Sümpfe und flache Gewässer, wo sie im langsamen Schreiten Kleintiere aller Art aufnehmen, vorwiegend in der Dämmerung und nachts. Man trifft sie meist einzeln oder paarweise, selten im Familienverband.

Familie: Ciconiidae — Störche (*Anastomus, Ciconia, Dissoura, Ephippiorhynchus, Euxenura, Ibis, Jabiru, Leptoptilus, Mycteria, Xenorhynchus*)

Die Störche haben neben langem Schnabel, Hals und Beinen breite Flügel, mit denen sie ausdauernd fliegen, vor allem auch im Aufwind segeln können. Dabei wird der Hals lang ausgestreckt getragen. In Ermangelung echter Stimmlaute außer einem Zischen klappern sie mit beiden Schnabelhälften. Die bekannteste Art ist der *Weiße Storch*, dessen Leben und Verhalten so eingehend erforscht wurde wie bei keiner anderen Art. Seit alters her als Glücksbringer (= Adebar) angesehen, konnte er sich im östlichen Teil seines Verbreitungsgebietes noch halten, verschwand aber aus Gegenden, in denen Industrialisierung, Melioration und dichte Siedlung keinen Lebensraum mehr boten: das betrifft die westlichen Teile Mitteleuropas. Am stärksten tragen Drahtleitungen zu seinem Rückgang bei. Das Schnabelklappern spielt in seinem Verhalten eine wichtige Rolle, zur Partnerbegrüßung am Nest wie zur Abwehr fremder Artgenossen, oft begleitet von Flügellüften. Die Nahrung wird schreitend in Sümpfen, auf Wiesen und Feldern gesucht, sie wechselt, je nach Angebot, von Regenwürmern und Insekten zu Fischen, Fröschen, Reptilien und kleinen Nagern. Im Winterquartier werden oft massenhaft Heuschrecken vertilgt. Die durch ausgedehnte Beringung gut bekannte Wanderung führt in zwei Schmalfronten um das Mittelmeer: westlich brütende Vögel über Spanien, östlich davon beheimatete über Kleinasien. Sie wandern in großen Scharen, oft unter Ausnutzung örtlicher Aufwinde kreisend und segelnd, nach Ost- und Südostafrika. Am Brutort werden die alten Nester wieder bezogen, die auf Dächern, Schornsteinen und Türmen, weiter nach Osten vielfach auch auf Bäumen stehen. Bebrüten der 2—4 Eier und Jungenbetreuung durch beide Altvögel, die erst mit 3—4 Jahren brutreif werden. Der *Schwarzstorch* meidet die Siedlungen, bewohnt stille Wälder in Niederungen mit Sumpf- und Aulandschaften, brütet in Bäumen oder an Felshängen. In westlichen Ländern nahezu ausgerottet, ist er in Osteuropa noch häufig anzutreffen. Der *Maguaristorch* ähnelt dem Weißstorch, hat aber einen gegabelten Schwanz, der *Regen-* oder *Abdimstorch* gleicht dem Schwarzstorch, ist nur bedeutend kleiner. Seinen ersten Namen verdankt er den Frühlingsregen, mit denen zusammen er aus dem Süden wieder zur Brut ins tropische Afrika zurückkehrt. Er nistet mitunter in großen Kolonien. Beim *Klaffschnabel* ist eine Lücke zwischen der oberen und unteren Schnabelhälfte, sie spielt beim Nahrungserwerb eine Rolle. Der *Waldibis* brütet in oft dichtbesetzten Baumkolonien, die (in Florida) bis zu 6000 Nester umfassen. Der *Wollhalsstorch* führt zur Brutzeit Tänze auf. Auffallend hohe Gestalten sind der *Sattelstorch, Großstorch* und *Jabiru*. Sie halten sich paarweise oder in kleinen Trupps in sumpfigem Gelände, wo der Großstorch oft in Sprüngen hinter seiner Fischbeute herjagt. Als Aasfresser spielen die *Marabus* in Afrika und Indien eine wichtige Rolle; sie sind „Gesundheitspolizisten", die toten Tiere beseitigen.

Familie: Threskiornithidae — Ibisvögel

Unterfamilien: Threskiornithinae — Ibisse (*Carphibis, Eudocimus, Geronticus, Hagedashia, Phimosus, Plegadis, Theristicus, Threskiornis*), Plataleinae — Löffler (*Ajaja, Platalea*)

Stelzvögel mit eigenartigen Schnäbeln sind die Ibisse oder Sichler und die Löffler. Sie leben gesellig in wärmeren tropischen Gebieten, nur der *Braune Sichler* auch in Europa. Er brütet im Donau-Delta in 5000 Paaren, die wenig scheu sind und in typischer Formation, lange Reihen hintereinander zum und vom Schlafplatz fliegen. Ihre Nester stehen meist auf Weidenbüschen dicht beisammen, auch die Jungen, mehrere Paare werden oft gemeinsam versorgt. Der *Rote Sichler* wurde einst rücksichtslos verfolgt, so daß sein Bestand bedroht ist. *Stachelibis* und *Schwarzer Ibis* sind mit ihm nahe verwandt, ebenso der *Schwarzgesichtibis*, Vertreter dieser Gruppe in verschiedenen Lebensräumen. Der *Heilige Ibis* war den alten Ägyptern Sinnbild von Göttern, man trifft ihn daher als Mumie, auf Tempelverzierungen und in Hieroglyphen an. Seit 150 Jahren ist er dort nicht mehr heimisch, aber sonst im tropischen und südlichen Afrika weit verbreitet. Der *Waldrapp* war bis ins 17. Jahrhundert ein Bewohner des Alpenraumes, dann wurde er in Europa ausgerottet. Erst 1897 stellte sich die Gleichheit dieses Vogels mit der vermeintlichen Neuentdeckung eines Schopfibis am Roten Meer und am Euphrat heraus. Auch in Marokko brütet er an einigen entlegenen Plätzen, bevorzugt an hohen Felswänden. Doch ist der Bestand überall in rascher Abnahme begriffen. Dafür gelang in zoologischen Gärten die Nachzucht des Vogels. — Von der kleinen Gruppe der *Löffler* ist vor allem die in Europa vorkommende Art zu nennen, die in größeren Kolonien noch in Holland, am Neusiedlersee und in Ungarn, Jugoslawien, Südspanien und im Donau-Delta brütet. Hier bauen sie ihre Nester auf Schilfpolstern, niedrigen Weiden, im asiatischen Verbreitungsgebiet dagegen auf höheren Bäumen. Bei der Nahrungsaufnahme ist das seitliche Hin- und Herbewegen des Löfflerschnabels in flachen Gewässern charakteristisch, es werden dabei Insekten, Flohkrebse, Schnecken und andere Wassertiere erfaßt. Der *Rosalöffler* ist in seinem Bestand sehr gefährdet, nur an ganz entlegenen Stellen Süd- und Mittelamerikas kann er sich noch halten.

Ordnung Phoenicopteriformes — Flamingos

Familie: Phoenicopteridae — Flamingos (*Phoeniconaias, Phoenicoparrus, Phoenicopterus*)

Flamingos sind eine Gruppe sehr langbeiniger Vögel, die in ihrem Körperbau einseitig an die Aufnahme kleinster Lebewesen aus salzhaltigen Gewässern angepaßt sind. Wegen ihrer langen Beine rechnete man sie früher zu den Stelzvögeln, doch haben sie viele Merkmale auch mit den Gänsevögeln gemeinsam. Heute faßt man sie als gesonderte Ordnung auf. Neben den Stelzenbeinen sind der lange Hals, ihre rosa oder rote Gefiederfärbung und die Art ihrer Nahrungsaufnahme für sie kennzeichnend. Bei dieser wirkt der Schnabel als Filterapparat: die Schnabelränder tragen eine doppelte Reihe Hornlamellen, die wie ein Sieb wirken und die Nahrungsteile festhalten, die mit dem Wasser angesogen wurden, wenn dieses wieder abfließt. Durch einen Knick in der Mitte liegt der bauchige Unterschnabel beim „Gründeln" dem Boden des Gewässers auf, wird also umgekehrt zur Normalhaltung verwendet. Der flache Oberschnabel dient ihm nur als Deckel. Die größeren Flamingoarten besitzen eine größere Siebvorrichtung, sie können aus Schlamm und tieferen Gewässern kleine Krebse und Weichtiere aufnehmen, die kleinen Formen mit feinerem Filterschnabel nur winzige Algen von der Wasseroberfläche. Daher leben kleine und große Flamingos mitunter nebeneinander, ohne sich gegenseitig die Nahrung streitig zu machen. Diese suchen die sehr gesellig lebenden Vögel, die mitunter Kolonien von Hunderttausenden bilden, vor allem in salzwasserhaltigen Binnenseen und an flachen Meereslagunen. Hier bauen sie auch ihre Nestkolonien, die meist aus 30—40 cm hohen, oben abgeflachten Schlammkegeln bestehen. Es wird nur ein Ei gelegt, das Junge kann schon nach 3—4 Tagen das Nest verlassen und schwimmen. Lange füttern es die Eltern mit einer roten Nährflüssigkeit aus ihrer Speiseröhre, erst nach 75 Tagen kann es selbst fressen. Am Brutplatz sind Flamingos gegen Störungen sehr empfindlich. In menschlicher Obhut halten sie sich gut, brüten aber nur selten. Dem Verlust ihrer natürlichen Gefiederfarbe in Zoos kann man durch geeignete Futterzusätze entgegenwirken. Vielerort ist der Bestand der Flamingos in Abnahme begriffen. Das gilt weniger für den *Rosaflamingo* und *Zwergflamingo* in der Alten als für den *Roten Flamingo* in der Neuen Welt, während die chilenische Art ebenso wie der *Anden-* und der *James-Flamingo* schon durch die Unzulänglichkeit ihrer Brutgebiete besser geschützt sind. Sie unterscheiden sich von ihren Verwandten durch abweichendes Brutverhalten, die beiden letzteren auch durch das Fehlen der 4. Zehe.

Anhima cornuta (Linnaeus)
Hornwehrvogel
Nördliches und mittleres Südamerika
80 cm

Chauna torquata (Oken)
Tschaja
La-Plata-Staaten
90 cm

Chauna chavaria (Linnaeus)
Weißwangen-Wehrvogel
Nördliches Südamerika   70 cm

Ordnung Anseriformes — Gänsevögel

Familie: Anhimidae — Wehrvögel (*Anhima, Chauna*)

Die Gänsevögel werden nach dem Fehlen oder dem Besitz von Hornlamellen im Schnabel in die Wehrvögel und Entenvögel unterteilt. Die Wehrvögel sehen eher wie Hühner aus, es fehlen ihnen die Schwimmhäute zwischen den Zehen und ihr Schnabel ist kurz und gebogen. Ihren Namen erhielten sie nach zwei kräftigen Dornen am Flügelbug. Sie verwenden sie zur Abwehr von Feinden wie bei Paarungskämpfen. Nach ihren lauten Rufen nennt man sie auch „Tschaja", außerdem geben sie bauchrednerische Trommellaute von sich. Sie leben gesellig an Gewässern und in Sumpfgebieten und ernähren sich vorwiegend von Pflanzen. In umfangreiche Nester legen der *Hornwehrvogel* 2, die *Tschaja*-Arten 4—6 Eier. In ihrer Heimat werden sie gern unter Hausgeflügel gehalten.

Familie: Anatidae — Entenvögel

Unterfamilien: Anseranatinae — Spaltfußgänse (*Anseranas*), Anserinae — Gänseverwandte 1. Dendrocygnini — Pfeifgänse (*Dendrocygna*)

Entenvögel sind durch Hornlamellen an ihrem Schnabelrand, Ruderfüße mit Schwimmhäuten zwischen den Vorderzehen, gutes Flugvermögen, große Bürzeldrüse, Begattungsglied beim Männchen, dichtes Gefieder und Hang zur Geselligkeit ausgezeichnet. Die Vielfalt ihrer Formen macht eine Einteilung und Untergliederung nach äußeren Merkmalen notwendig. Als primitivste Art gilt die *Spaltfußgans*, deren Schwimmhäute am Zehenansatz kaum sichtbar (daher ihr Name), deren Hinterzehen ungewöhnlich lang sind. Sie lebt truppweise in Sumpfgebieten, hält sich aber bevorzugt in hohen Bäumen auf.

Die Gruppe der Gänseverwandten wird mit den *Pfeifgänsen* eröffnet, die man früher auch Baumenten nannte. Der Name, nach ihren hellen Pfeiflauten geprägt, kennzeichnet sie aber weit besser. Es sind scheue Vögel, die vorwiegend nachts auf Nahrungssuche sind, deren Männchen und Weibchen gemeinsam am Boden brüten und die Jungen führen. Tagsüber halten sie sich in oft großen Gesellschaften am Rande von Gewässern auf. Sie tauchen mit einem Sprung ins Wasser, fast wie Bleßhühner, und ähneln Gänsen in Körperhaltung und Paarungsverhalten. Beide Geschlechter sind gleich gefärbt.

Unterfamilie: Anserinae — Gänseverwandte 2. Anserini — Gänse (*Anser, Branta, Coscoroba, Cygnus*)

Entenvögel mit langen Hälsen sind die Schwäne. Sie sind ausgezeichnete Flieger, die nach dem Brüten in Binnen-

Anseranas semipalmata (Latham)
Spaltfußgans
Australien, Tasmanien   85 cm

Dendrocygna viduata (Linnaeus)
Witwenpfeifgans
Tropisches Afrika und Südamerika   48 cm

Dendrocygna arcuata (Horsfield)
Wanderpfeifgans
Afrika, Asien   38 cm

Dendrocygna autumnalis discolor Peters
Herbstpfeifgans
Mittel- und Südamerika
50 cm

Cygnus cygnus cygnus (Linnaeus)
Singschwan
Europa, Asien
140 cm

Cygnus columbianus columbianus (Ord)
Pfeifschwan
Nördliche Zone
Amerika, Asien
120 cm

Cygnus cygnus buccinator Richardson
Trompeterschwan
Nordamerika 140 cm

Cygnus melanocoryphus (Molina)
Schwarzhalsschwan
Mittleres
Südamerika
100 cm

Cygnus atratus (Latham)
Trauerschwan
Australien, Tasmanien
120 cm

Coscoroba coscoroba (Molina)
Koskorobaschwan
Mittleres Südamerika 90 cm

Cygnus olor (Gmelin)
Höckerschwan
Europa, Asien 150 cm

gewässern vielfach an die Meeresküsten ziehen. Ihre Nahrung besteht vorwiegend aus Wasserpflanzen, daneben aus verschiedenen kleinen Wassertieren. Sie holen sie aus den Gewässern, soweit ihr Hals hinabreicht, denn tauchen können sie nicht. Daher leben sie auch bevorzugt auf Wasserflächen mit flachen Uferzonen und dichter Vegetation und kommen nur selten an Land. Die Paare bauen gemeinsam ein umfangreiches Nest, und das Männchen verteidigt energisch sein Brutrevier. Bemerkenswert sind die lauten, volltönenden Rufe, die manche Schwäne durch die Resonanz ihrer stark verlängerten Luftröhre hören lassen. Als „Schwanengesang" bei sterbenden Schwänen hat diese Eigenart auch Eingang in Literatur und Kunst gefunden. Am lautesten ruft der *Trompeterschwan*, dessen Bestand lange Zeit sehr bedroht war. Hell klingen dagegen die Stimmen der *Singschwäne*, die sie gern abends in Gesellschaft hören lassen. Wir können sie gelegentlich als Wintergäste bei uns beobachten, vereinzelt im Binnenland, truppweise in den Flußmündungen und an der Küste. Auch der *Pfeif-* oder *Zwergschwan* gehört zu den genannten Arten mit tönenden Rufen und fast gerader Halsstellung. Ihnen steht der *Höckerschwan* gegenüber, der in unserer Heimat fast ausgerottet war, bis man ihn durch Aussetzen halbzahmer Tiere vielerorts erneut heimisch machte. Heute hat er sich so vermehrt, daß man ihn allenthalben als Ziervogel auf Parkteichen und anderen stehenden wie fließenden Gewässern antrifft. Charakteristisch seine Imponierhaltung mit segelartig aufgestellten Flügeln und stark zurückgebogenem Hals vor Feinden und Rivalen, die er mit kräftigen Flügelschlägen angreift. *Schwarzhalsschwan* und *Trauerschwan* sind auffallend gefärbte Verwandte, ersterer mit kurzem, letzterer mit langem Hals und oft vorgewölbt getragenen Flügeln. Der *Koskorobaschwan* ähnelt in der äußeren Erscheinung mehr den Pfeifgänsen. Als echte Gänse bezeichnet man 15 Arten (davon 12 abgebildet) Entenvögel, die ebenso gute Schwimmer wie Läufer sind. Sie suchen auf Wiesen und Feldern ihre Nahrung, indem sie Gras und andere Pflanzen abrupfen und treten außer der Brutzeit oft in großen Trupps auf. Nachts halten sie sich gern auf Wasserflächen. Die Angehörigen der Gattung Anser fliegen in schräger Linie oder in Keilform, dabei stoßen sie weittönende nasale Rufe als Stimmfühlungslaute aus. Auch sonst sind sie sehr stimmbegabt. Die Geschlechter sind gleichgefärbt, das Paar hält lebenslang zusammen. Sie brüten bevorzugt auf Inseln oder in unzugänglichen

Sumpfgebieten, mitunter kolonienweise. Die meisten Gänse sind Zugvögel, die z. T. riesige Strecken zurücklegen, vor allem die aus den arktischen Lebensräumen Europas, Asiens und Nordamerikas. So zieht die Schneegans von Sibirien über Alaska bis Kalifornien, die Ringelgans aus der Arktis mitunter bis Südeuropa. Die bekannteste Art ist die *Graugans*, die auch bei uns noch spärlich brütet. Aus ihr züchtete man bereits im Altertum die Hausgans, die in verschiedenen Zuchtformen auch heute noch weit verbreitet ist, vor allem in Ost- und Südosteuropa. Die „wilde" *Graugans* legt 4—8 Eier. Die Jungen werden von beiden Eltern betreut, wobei eine Vielzahl von Lautäußerungen verwandt wird, um Stimmungen und Vorhaben anzuzeigen. Durch sie wird die Familie zu einer engen Gemeinschaft, die auch nach dem Flüggewerden noch lange zusammenhält. Nahe mit den Graugänsen verwandt ist die *Bleßgans*, die in der baumlosen Tundra, auf Flußinseln oder im offenen Sumpfgelände des hohen Nordens brütet und regelmäßig an den Küsten der Nord- und westlichen Ostsee, ebenso auch in Italien und im Bereich der Balkanhalbinsel überwintert. Die *Saatgans* ist durch dunkles Gefieder von der *Graugans* unterschieden. Sie kommt regelmäßig im Winter aus ihrem nordischen Brutgebiet nach Mittel- und Südeuropa und hält sich im Küstenbereich wie im Binnenland auf. Besonders stark besuchte Überwinterungsplätze sind die Mündung des Severn in SW-England, das holländische und deutsche Wattenmeer und die Seen Mecklenburgs. Sie ist weniger ruffreudig als die Graugans. Die *Schwanengans* zeichnet ein kräftiger Schnabel aus, der dem der Schwäne gleicht. Im Fernen Osten entstand aus ihr eine Zuchtform, die Höckergans, die besonders in Amerika gehalten wird. Die schlank gebaute *Streifengans* lebt an den Seen Innerasiens und überwintert in Indien. Bei der *Kleinen Schneegans* findet man neben rein weißen Vögeln auch solche mit schiefergrauem Gefieder zu weißem Kopf. Selten sieht man die prächtig gefärbte *Kaisergans* in unseren Zoologischen Gärten. — Meergänse nennt man die Vertreter der Gattung Branta, sie zeichnet ein zierlicher schwarzer Schnabel aus. Zu ihnen gehört die farblich auffallende *Rothalsgans*, die an den Küsten des Schwarzen Meeres massenhaft überwintert und die *Hawaiigans*, die fast schon ausgerottet war, dann durch Nachzüchten in menschlichem Gewahrsam — vor allem der Tiermaler Peter Scott hat sich dafür eingesetzt — erhalten blieb. Die *Kanadagans* ist die häufigste Gänseart Nordamerikas, sie wurde auch in England,

Schweden und Neuseeland ausgesetzt. Auch sie ist vielerorts wie die Graugans als Haustier gezüchtet. Die ihr ähnlichen *Ringelgänse* und *Weißwangengänse* trifft man aus ihren nordischen Bruträumen kommend regelmäßig im Winter an unseren und den Küsten Hollands und Nordfrankreichs, mitunter zu vielen Tausenden.

Unterfamilie: Anatinae — Entenverwandte 1. Tadornini — Halbgänse (*Alopochen, Cereopsis, Chloëphaga, Neochen, Tadorna, Tachyeres*)

Die große Unterfamilie der Entenverwandten eröffnen die Halbgänse, Schwimmvögel mit Merkmalen der Gänse wie der Enten, was auch im wechselnden Gebrauch ihrer deutschen Namen zum Ausdruck kommt. Da sind als erste die Kasarkas zu nennen, bei denen die Weibchen besondere Angriffslust zeigen und Artgenossen ständig „hetzen". Außer den Tropenbewohnern *Graukopfkasarka* und *Radjahgans* gehört zu ihnen die *Brandgans*, die auch an den deutschen Küsten lebt. Hier bezeichnet man sie oft als „Höhlengans" oder „Fuchsente", weil sie zum Brüten Erdhöhlen, gelegentlich verlassene Kaninchen- oder Fuchsbaue, aufsucht. Nach der Brutzeit sammelt sie sich zu Zehntausenden aus dem ganzen Nordseegebiet zum Mausern im Wattenmeer zwischen Weser- und Eidermündung auf dem Großen Knechtsand. Unter dem Namen Spiegelgänse faßt man die *Magellangans* und die *Andengans* zusammen. Bei der ersteren sind die Geschlechter sehr verschieden gefärbt, sie ist ein Bewohner von Grasland und lebt oft weitab von Gewässern. Die letztgenannte Art brütet im Hochgebirge, bei ihr sind Männchen und Weibchen gleich gefärbt wie bei den anderen Halbgänsen. Von ihnen weicht die *Hühnergans* mit sehr kurzem Schnabel etwas ab. Sie wurde durch starke Verfolgung nahezu ausgerottet, doch hält sich bei strengem Schutz jetzt ein kleiner Bestand. Die *Orinokogans* bewohnt baumlose Flußufer, die *Nilgans* die Randzonen aller Gewässer und Sümpfe. Sie wurde bereits von den alten Ägyptern als Haustier gehalten, zeigt sich aber streitbar und zänkisch. Unter den plump wirkenden *Dampfschiffenten* gibt es eine flugfähige und zwei flugunfähige Arten; von diesen ist eine abgebildet.

Anas clypeata Linnaeus
Löffelente
Europa, Asien, Nordamerika 52 cm

A. bahamensis Linnaeus
Bahamaente
Südamerika 40 cm

A. acuta Linnaeus
Spießente
Europa, Asien, Nordamerika 56 cm

A. penelope Linnaeus
Pfeifente
Europa, Asien, Nordamerika 35 cm

A. crecca Linnaeus
Krickente
Europa, Asien, Nordamerika 30 cm

A. platyrhynchus Linnaeus
Stockente
Nördl. gemäßigte Zonen der Erde 60 cm

A. aucklandica chlorotis Gray
Neuseeland-Ente
Neuseeland 45 cm

Merganetta armata Gould
Sturzbachente
Argentinien, Patagonien 35 cm

2. Anatini — Schwimmenten (*Anas, Merganetta*) 3. Somateriini — Eiderenten (*Somateria*)

Die Schwimmenten umfassen zahlreiche Arten, die auch bei uns heimisch sind. Als bekannteste sei die *Stockente* genannt, deren Aussehen und Verhalten typisch für ihre Verwandten ist. Aus ihr wurde die Hausente gezüchtet, aber in halbwildem Zustand leben auch viele Vertreter der Wildform selbst auf kleinsten Gewässern inmitten von Ortschaften. Sie können nur schwerfällig laufen, schwimmen und fliegen dafür ausgezeichnet. Ihre vorwiegend pflanzliche Nahrung holen sie durch „Gründeln" aus dem Wasser. Mit den feinen Hornlamellen ihres Schnabelrandes sieben sie auch den Schlamm nach Genießbarem durch. Das Nest mit 6—16 Eiern legen sie ebenso unter dichten Pflanzen am Boden wie auf Bäumen an. Die bunte *Löffelente* trägt ihren Namen nach dem breit ausgezogenen Schnabel, die *Pfeifente* nach ihrem pfeifenden Fluggeräusch und der hellen Stimme. Als kleinste Art ist die zierliche *Krickente* bei uns noch allenthalben auf verschilften Seen und Altwässern anzutreffen, während die *Spießente*, nach ihren langen Schwanzfedern so genannt, wie die *Löffel-* und *Pfeifente* vorwiegend mehr östlich und nördlicher unserer Heimat verbreitet ist. Die *Neuseelandente* ist flugunfähig, die *Sturzbachente* lebt in reißenden Gebirgsbächen der Anden und bewegt sich dort mit

Netta rufina (Pallas)
Kolbenente
Südeuropa, Ostasien, Ostafrika 56 cm

Aythya fuligula (Linnaeus)
Reiherente
Nördliche Zonen der Erde 44 cm

Nettapus auritus (Boddaert)
Afrika-Zwergglanzente
Afrika 30 cm

Aythya ferina (Linnaeus)
Tafelente
Europa, Asien 46 cm

Aythya nyroca (Güldenstädt)
Moorente
Europa, Asien, Nordafrika 40 cm

Plectopterus gambiensis (Linnaeus)
Sporengans
Afrika 100 cm

Aix galericulata (Linnaeus)
Mandarinente
Ostasien 43 cm

Somateria mollissima (Linnaeus)
Eiderente
Nördl. Zonen der Erde 60 cm

Sarcidiornis melanotus (Pennant)
Höckerglanzente
Nördl. Südamerika, Afrika, Südasien 70 cm

erstaunlicher Sicherheit und Gewandtheit. — *Eiderenten* brüten im hohen Norden der Alten und Neuen Welt, vereinzelt aber auch auf Sylt, Amrum und Juist. Im Winter sieht man sie regelmäßig an den deutschen Küsten. Ihre weichen Nestdaunen wurden und werden z. T. noch heute von Menschen genützt.

4. Aythyini — Tauchenten (*Aythya, Netta*) 5. Cairinini — Glanzenten (*Aix, Nettapus, Plectropterus, Sarcidiornis*) 6. Mergini — Meerenten und Säger (*Bucephala, Clangula, Histrionicus, Melanitta, Mergus*) 7. Oxyurini — Ruderenten (*Biziura, Oxyura*)

Tuchenten haben einen gedrungenen Körper und auseinanderstehende, am Körperende angesetzte Beine mit großen Füßen, deren Hinterzehen Hautlappen tragen. Dadurch sind sie an Land sehr unbeholfen, sie verlassen aber das Wasser nur selten. In ihm suchen sie tauchend ihre Nahrung: Pflanzen und kleine Wassertiere. Sie halten sich im Winter auch an den Meeresküsten auf. Eine der schönsten Enten ist die *Kolbenente*, die vereinzelt auch bei uns brütet, so am Bodensee, bei München und auf der Insel Fehmarn. Die *Tafelente* hält sich außer der Brutzeit truppweise auf unseren Gewässern auf, man trifft sie wie die *Reiherente* während der kalten Jahreszeit besonders zahlreich, oft sogar auf Flüssen und Teichen mitten in Städten. Die zierliche *Moorente* ist dagegen ein scheuer Vogel, der sich meist im Schilf verborgen hält. — Eine weitere Gruppe bilden die *Glanzenten*, nach ihrer metallisch grünen Färbung so benannt. Sie leben in Waldgebieten, wo sie mit ihren spitzen Krallen an den Zehen sich gern auf Bäumen aufhalten. Die kleinste und farbenprächtigste ist die *Afrika-Zwergglanzente*, die größte dagegen die *Sporengans*, deren besonderes Merkmal ein kräftiger Sporn am Flügelbug ist; bei der *Höckerglanzente* ist dieser zu einem stumpfen Gebilde geschrumpft, und die Männchen zeigen auf dem Oberschnabel einen fleischigen Höcker. Geradezu bizarr wirkt die *Mandarinente* mit hoher Federhaube, verlängerten Kragenfedern und aufstellbaren Schulterfittichen. — Meerenten sind weitgehend Bewohner der Küsten, die nur zum Brüten ins Binnenland gehen. Die *Schellente* trifft man auch ganzjährig im Binnenland bis nach Mitteldeutschland. *Kragenenten* und *Eisenten* bevorzugen zur Brutzeit Gebirgsbäche, dann die Meeresbrandung im hohen Norden. Wir können ihnen wie den *Samtenten* regelmäßig an den Küsten als Wintergäste begegnen. Mit ihnen nahe verwandt sind die Säger, die ihren Namen nach dem sägeartig gezähnten Schnabel tragen. Es ist besonders zum Ergreifen von Fischbeute geeignet. *Zwerg-* und *Gänsesäger* sind regelmäßige Wintergäste auf unseren Binnengewässern.

Ordnung Falconiformes — Greifvögel

Familie: Cathartidae — Neuweltgeier (*Cathartes, Coragyps, Gymnogyps, Sarcoramphus, Vultur*)

Familie: Sagittariidae — Sekretäre (*Sagittarius*)

Familie: Accipitridae — Habichtartige

Unterfamilie: Elaninae — Gleitaare (*Elanus, Elanoides*), Perninae — Wespenbussarde (*Pernis*), Milvinae — Milane (*Haliastur, Milvus*), Accipitrinae — Habichte (*Accipiter*)

Einst als „Raubvögel" abgewertet, hat man heute ihre wichtige Rolle im Haushalt der Natur erkannt und nennt sie besser Greifvögel. Die meisten von ihnen jagen lebende Beute, wozu kräftige Zehen mit Krallen, Hakenschnabel, gutes Flug- und Sehvermögen sie befähigen. Viele begnügen sich mit toten Tieren als Nahrung, so die Neuweltgeier, zu denen die größten flugfähigen Vögel gehören: *Anden-Kondor* und sein nahezu ausgestorbener Vertreter aus Kalifornien. Während sie Gebirgsbewohner sind, lebt der *Königsgeier* im dichten tropischen Urwald. *Truthahn-* und *Rabengeier* sind wichtige, weitverbreitete Abfallvertilger in der Neuen Welt, die dem Menschen oft zu Hunderten bis an den Rand der Städte folgen. Ungewöhnlich als Greifvogel wirkt der langbeinige *Sekretär*, der seinen Namen nach langen Haubenfedern erhielt. Die Gruppe der Habichtartigen eröffnen die *Gleitaare*, elegante Flieger, die von Kleinsäugern, Eidechsen und großen Insekten leben. Auch der *Schwalbenweih* gehört zu ihnen, sein Bestand ist durch Verfolgungen sehr bedroht. Nahe mit ihnen verwandt sind die Wespenbussarde, von denen ein Vertreter auch bei uns brütet. Sie haben sich auf Insektenjagd am Boden spezialisiert. *Rotmilan* und *Schwarzmilan* sind auch in unserer Heimat noch verbreitet. Ihr heller Balzruf ist bezeichnend, ebenso ihre Neigung, anderen Großvögeln Beute abzujagen. Der *Brahminenweih* beschränkt sich dagegen mehr auf Abfälle. *Habicht* und *Sperber* gelten als die gefürchtetsten Jäger unter den Greifvögeln, weil sie, überaus wendig, im Überraschungsangriff aus der Deckung ihre Beute ergreifen.

Unterfamilie: Buteoninae — Bussardartige (*Aquila, Butastur, Buteo, Buteogallus, Geranoaëtus, Haliaeëtus, Harpia, Stephanoaëtus*)

Die Bussardartigen sind eine vielgestaltige Gruppe. Typischer Vertreter ist der *Mäusebussard*, durch seinen kreisenden Segelflug über den Feldern bekannt, von wo aus er auf seine Beutetiere, meist Feldmäuse, stößt. Der *Schwarzbussard* ernährt sich dagegen von Wassertieren an Flußufern, der *Heuschreckenbussard* heißt nach seinen wichtigsten Nahrungsobjekten. Als Blaubussard bezeichnet man auch den *Aguja*, einen adlerähnlichen Greifvogel, der aus großer Höhe sein Jagdgebiet absucht. Einer der stärksten Greifvögel ist die haubengeschmückte *Harpyie* in den Urwäldern Südamerikas, die ihre Beute, Affen und Faultiere, aus den Wipfeln der Bäume holt, unter denen sie sich wendig auf ihren Jagdflügen bewegt. In gleicher Weise lebt in den Regenwaldzonen Afrikas der *Kronenadler*, auch Affenadler genannt, obwohl er sich nicht nur auf Affen als Beute beschränkt. Unter den echten Adlern mit befiederten Beinen und sehr starken Krallen ist der *Steinadler* als Sinnbild von Adel, Kraft und Schönheit hervorzuheben. Eine etwas abweichende Art ist der *Keilschwanzadler*, der sich zum Aasfresser entwickelte. *Seeadler* sind mächtige Greifvögel mit sehr starkem Schnabel und kräftigen Zehen, die das Festhalten glatter Beutetiere, wie Wasservögel und Fische, erleichtern. Der *Weißkopfseeadler* ist der Wappenvogel der Vereinigten Staaten, der europäische *Seeadler* als Küstenbewohner auch bei uns noch verbreitet, vor allem in den Ostseeländern. Alle Seeadler stoßen oft laute, helle Rufe aus, besonders aber der *Schreiseeadler*. Viel am Boden hält sich der *Riesenseeadler* auf.

Unterfamilie: Aegypiinae — Altweltgeier (*Aegypius, Gypaëtus, Gypohierax, Gyps, Neophron, Sarcogyps*)

Die Altweltgeier sind nicht mit den Neuweltgeiern verwandt, doch wie diese an das Verzehren von Tierleichen durch kräftigen Schnabel, nackten Kopf und Hals angepaßt. Sie leben in offener Landschaft, wo es Großtiere gibt, die sie kreisend „im Auge" halten. Sichtet einer tote Beute, so geht er nieder, und dies zieht in kurzer Zeit andere Geier an. Bei den Kulturvölkern des Altertums waren Geier Symbole der Unsterblichkeit oder Seelenwanderung. Das gilt für den *Lämmergeier* oder *Bartgeier* im Himalaya noch heute, sonst ist er mit seinem befiederten Kopf und Hals ein Sonderling. Zu den stärksten Formen gehören der *Mönchsgeier* und *Gänsegeier*. Beide sind Vögel hoher Gebirgslagen und Hochplateaus mit steilen Felswänden, von denen Weidevieh herabstürzen kann. *Gänsegeier* streifen aus dem Balkan alljährlich noch bis in die Hohen Tauern. *Lappengeier* sind Tropenbewohner und Waldvögel, kommen aber auch zu den Siedlungen, wo sie, wie die kleinen *Schmutzgeier*, von Abfällen leben. Absonderliche Nahrungsgewohnheiten zeigt der *Angola-* oder *Palmgeier*: er frißt in erster Linie Früchte der Ölpalme und der Raphiapalme.

Unterfamilie: Circinae — Weihen (*Circus, Geranospiza, Polyboroides*)

Die Weihen zeichnen sich durch lange Beine und Schwänze, schmale Flügel und eulenähnliches Gesicht aus. Im eigentümlich schaukelnden Flug streifen sie niedrig über Felder und Wiesen. Die bei uns noch brütenden Arten *Korn-* und *Wiesenweihe* sind in letzter Zeit auch selten geworden, nicht dagegen die *Rohrweihe*, die in den Schilfgürteln von Flüssen und Seen lebt. Alle Weihen zeigen einen Balzflug und legen ihre Nester am Boden an, auch die *Fleckenweihe*. Dagegen errichten die etwas abweichenden Formen der *Sperberweihe* und der *Höhlenweihe* ihre Horste auf Bäumen. Beide leben in Niederungswäldern nahe Flüssen und Sümpfen. Die *Sperberweihe* folgt gern den Buschfeuern, um hinter ihnen „Nachlese" zu halten.

Unterfamilien: Circaëtinae — Schlangenadler (*Circaëtus, Terathopius*), Pandioninae — Fischadler (*Pandion*)

Schlangenadler bilden eine weitere Gruppe habichtartiger Vögel, die nach ihren bevorzugten Nahrungstieren benannt sind. Eine Art kommt, wenn auch zunehmend seltener, in den Mittelmeerländern vor. Eine afrikanische Art heißt nach ihren fast akrobatisch anmutenden Balzflügen *Gaukler*. Er kreist meist in großer Höhe, stößt dann jäh herab, um Kriechtiere, kleine Säuger, Insekten zu ergreifen oder Adlern und Geiern die Beute abzujagen. — Eine Sonderstellung nimmt der *Fischadler* ein: seine Beine sind unbefiedert, die Füße haben gleichlange Vorder- und Hinterzehen, die Außenzehen können nach hinten gedreht werden. Das ermöglicht ein Erfassen der Fischbeute mit je zwei Zehen vorn und hinten.

Familie: Falconidae — Falken

Unterfamilien: Herpetotherinae — Lachhabichte, Waldfalken (*Herpetotheres, Micrastur*), Polyborinae — Geierfalken (*Daptrius, Polyborus*), Polihieracinae — Zwergfalken (*Microhierax, Polihierax*), Falconinae — Eigentliche Falken (*Falco*)

Die Falken sind auf die Flugjagd spezialisierte Gestalten, wenigstens in ihren typischen Vertretern, die einen scharfen Vorsprung an den Rändern des Oberschnabels aufweisen, den „Falkenzahn", zum Töten der lebend gefangenen Beutetiere durch Biß. Viele von ihnen gehören zu den schnellsten und gewandtesten Fliegern überhaupt. Als typisch sind der *Gerfalke* und der *Wanderfalke* zu nennen, mit denen früher — vereinzelt auch noch heute — die Falkenjagd ausgeübt wurde. Für die kleinen Arten *Rötelfalke* wie den sehr ähnlichen *Turmfalken* gilt das noch nicht, ihn kann man noch regelmäßig über unseren Feldern „rütteln", d. h. am Ort flattern sehen, wenn er den Boden nach Mäusen absucht. Der *Schwarzkappenwanderfalke* bewohnt dichtbewaldetes Gelände und hat wenig falkenähnliche, eher habichtartige Gewohnheiten. Die *Zwergfalken* sitzen in offenem Gelände gern auf erhöhter Warte, von wo aus sie ihre Insektenbeute erjagen. *Karakaras* oder Geierfalken, zu denen auch der *Carancho* gehört, sind schwerfällige meist am Boden nach Insekten und Früchten suchende Falkenverwandte, während der *Lachhabicht*, nach seinen schallenden Rufen benannt, vorwiegend Schlangen und Eidechsen erbeutet, wenn er aus seinem Lebensraum am Urwaldrand in die offene Landschaft fliegt.

Leipoa ocellata Gould
Thermometerhuhn
Südaustralien
56 cm

Macrocephalon maleo S. Müller
Hammerhuhn
Celebes 55 cm

Megapodius freycinet Gaimard
Freycinet-Großfußhuhn
Nordaustralien, Polynesien
35 cm

Alectura lathami J. E. Gray
Busch- oder Talegallahuhn
Ostaustralien
65 cm

Megapodius laperouse senex Hautlaub
Palau-Großfußhuhn
Palau-Inseln
40 cm

Ordnung Galliformes — Hühnervögel

Unterordnung Galli — Eigentliche Hühnervögel

Familie: Megapodiidae — Großfußhühner (*Alectura, Leipoa, Macrocephalon, Megapodius*)

Als Hühnervögel bezeichnen wir vorwiegend am Boden lebende, daher mit kräftigen Beinen ausgestattete Vögel, die nur über geringe Entfernungen fliegen können, weil ihre Flügel kurz und gebogen sind. Vorwiegend Pflanzenfresser, legen sie ihre Nahrung oft durch Scharren frei. Zahlreiche Arten wurden zu Haustieren oder zu Ziergeflügel. Die Großfußhühner fallen durch die besondere Art, ihre Eier auszubrüten, aus dem Rahmen. Sie legen Brutöfen in Gestalt von Laubhaufen an, deren feuchte Zersetzungswärme die Entwicklung der Eier bewirkt. Das *Thermometerhuhn* muß in seinem trockenen Lebensraum den Bruthaufen tief in die Erde versenken, wozu es oft monatelang arbeitet. Dann dauert das Erbrüten der Jungen auch wieder mehrere Wochen, und inzwischen müssen Temperatur und Feuchtigkeit dauernd reguliert werden. Das *Hammerhuhn* legt seine Eier dagegen nur in den sonnenbestrahlten Sand des Strandes, während das *Freycinet-Großfußhuhn* sich Plätze zur Eiablage sucht, die von vulkanischer Wärme erhitzt sind. Beim *Palau-Großfußhuhn* werden die Methoden kombiniert, neben Erdwärme hilft auch die Gärungswärme von Blatthaufen. Die Bruthügel können bis zu 2 m hoch sein und 6 m Durchmesser haben. Die auskriechenden Jungen sind befiedert und selbständig.

Familie: Cracidae — Hokkos

1. Cracini — Große Hokkos (*Crax, Mitu, Pauxi*), 2. Penelopini — Schakuhühner (*Ortalis, Penelope, Pipile*)

Baumlebende Hühnervögel des tropischen Amerika sind die großen *Hokkos,* Bewohner der dichten Regenwälder, die kleineren *Schakuhühner* mehr in lichten Waldungen, auf Kulturland und Pflanzungen nahe menschlicher Siedlungen anzutreffen. Gewandt laufen sie auf den höchsten

Crax alector Linnaeus
Glattschnabelhokko
Östliches Südamerika
95 cm

Crax rubra Linnaeus
Tuberkelhokko
Mittel- und Südamerika
100 cm

Crax globulosa Spix
Karunkelhokko
Südamerika
70 cm

Mitu mitu (Linnaeus)
Mitu
Südamerika 85 cm

Pauxi pauxi (Linnaeus)
Helmhokko
Venezuela bis Peru 80 cm

Zweigen, fliegen aber immer nur kurze Strecken und mit sichtbarer Mühe. Ihre Nahrung bilden Früchte, Samen, junge Triebe und Blätter. Die lauten, durchdringenden, mitunter auch kreischenden oder grunzenden Rufe werden oft im Chor vorgetragen. Sie leben gesellig, manche Arten wohl in Vielehe. Ihre Nester stehen auf Bäumen oder in Büschen. Die verschiedenen Hokkos unterscheiden sich durch Hauben, grellfarbene Schnäbel mit bunter Wachshaut oder einem Höcker und tragen danach ihre Namen, die Schakuhühner oder Guans durch nacktes Gesicht oder Hals und öfter auch fleischige Kehllappen. Als Haustiere werden sie in ihrer Heimat öfter gehalten, doch pflanzen sie sich in Gefangenschaft nur selten fort.

Familie: Phasianidae — Fasanenartige

Unterfamilie: Tetraoninae — Rauhfußhühner, 1. Tetraonini — Waldhühner (*Canachites, Dendragapus, Lagopus, Lyrurus, Tetrao*)

Alle weiteren Hühnervögel werden in der Familie der Fasanartigen vereint. Ihre erste Gruppe sind die Rauhfußhühner — nach der weitgehenden Befiederung ihrer Läufe benannt. Unter ihnen gibt es wald- und steppenbewohnende Arten, von denen einige der ersteren auch in Mitteleuropa noch regelmäßig anzutreffen sind. Der *Auerhahn* ist ihr größter Vertreter, er war seit jeher geschätztes Jagdwild, das vor allem während der Balz erlegt wurde. Die Schwierigkeit, den scheuen Vogel anzupirschen, wenn er frühmorgens wetzende, klickende und zischende Laute ertönen ließ, machte dabei den besonderen Reiz aus. Er lebt in urwüchsigen Mischwaldgebieten mit freien Flächen, Sümpfen und Mooren. Zu einem Hahn gehören stets mehrere Hennen, die ihre Jungen allein aufziehen. Geradezu volkstümlich wurde der *Birkhahn,* der in offenem Gelände von Heide und Moor, auf Kahlschlägen wie im Gebirge an der Baumgrenze lebt. Im zeitigen Frühjahr balzen die Hähne in Gesellschaften auf Turnierplätzen mit gesträubtem Gefieder, springen dabei in die Höhe auch gegeneinander und lassen gurgelnde oder kollernde Rufreihen hören. Als der Birkhahn in Mitteleuropa noch häufig war, entwickelte sich im Alpengebiet aus der Nachahmung seiner Balz der Schuhplattler. Die Schneehühner sind am weitesten von allen Landvögeln in die arktischen Lebensräume vorgedrungen. Ihr dichtes Wintergefieder schützt sie gegen die Kälte, ihr weißes Winterkleid gegen Feinde. — *Alpenschneehuhn* wie *Moorschneehuhn* haben zur Brutzeit bräunliches, vielfach gezeichnetes Gefieder. Nur die schottische Rasse des letzteren legt kein Winterkleid an.

Tympanuchus cupido (Linnaeus)
Präriehuhn
West- u. Nordamerika
45 cm

Canachites canadensis (Linnaeus)
Tannen-Waldhuhn
Nördliches Nordamerika

Tetrastes bonasia (Linnaeus)
Haselhuhn
Europa, Asien
35 cm

Centrocercus urophasianus (Bonaparte)
Beifußhuhn
Westliche USA 70 cm

Dendragapus obscurus (Say)
Felsengebirgshuhn
Nordwestl. Nordamerika 52 cm

Bonasa umbellus (Linnaeus)
Kragenhuhn
Nordamerika

Weitere waldbewohnende Rauhfußhühner sind das *Tannen-Waldhuhn* und das *Felsengebirgshuhn* aus den Nadelwaldzonen des nördlichen Nordamerika. Die erste Art zeigt sich so ungemein vertraut und ohne Fluchtverhalten dem Menschen gegenüber, daß man sie fast mit der Hand oder mit Schlingen fangen kann. Ähnlich ohne Scheu verhält sich die zweite Art in ihrem menschenleeren Lebensraum; auffallend ist ihr Balzruf.

2. Centrocercini — Präriehühner (*Centrocercus, Tympanuchus*), 3. Tetrastini — Haselhühner (*Bonasa, Tetrastes*)

Als Steppenbewohner waren das *Präriehuhn* und das *Beifußhuhn* einst ungemein zahlreich. Heute sind sie überall selten geworden, doch hat sich das Präriehuhn in einigen Gegenden der Kultivierung des Landes angepaßt. Bezeichnend seine Balzstellung, bei der gelbrote Luftsäcke beiderseits des Halses aufgeblasen werden, zwei Federohrbüschel hochgestellt sind und heulende oder trommelnde Töne ausgestoßen werden. Das Beifußhuhn bläst dagegen weiß befiederte Luftsäcke an Brust und Hals mächtig auf und entleert sie plötzlich mit einem Knall. Der Hahn geht in zitternder Bewegung herum, so daß ein raschelndes Geräusch entsteht. Die Art ist völlig auf die weichen Triebe und Blätter des Beifuß spezialisiert. Eine weitere Gruppe Rauhfußhühner stellen das *Haselhuhn* und das *Kragenhuhn* dar. Das erstere lebt in unterholzreichen Mischwäldern auch in unserer Heimat, ist aber als besonders geräusch- und störungsempfindlich in letzter Zeit sehr zurückgegangen. Beim Kragenhuhn spreizt das Männchen bei der Balz Federbüschel auf jeder Halsseite zu einem Kragen ab und läßt ein weithin hallendes Flügelschwirren hören.

Unterfamilie: Perdicinae — Feldhühner

1. Perdicini — Rebhuhnartige (*Alectoris, Ammoperdix, Arborophila, Caloperdix, Francolinus, Ithaginis, Perdix, Ptilopachus, Rollulus, Tetraogallus, Tropicoperdix*), 2. Coturnicini — Eigentliche Wachteln (*Coturnix, Excalfactoria*), 3. Odontophorini — Zahnwachteln (*Colinus, Lophortyx, Odontophorus*)

Feldhühner haben überwiegend gedrungene Gestalt, kurze Läufe, kurzen Schwanz und meist unscheinbares Gefieder. *Königshühner* gleichen in ihrer Erscheinung fast noch den Rauhfußhühnern. Sie bewohnen in höchsten Zonen der Gebirge Asiens Geröllhalden und Steilhänge direkt an der Schneegrenze. Das *Steinhuhn* kommt in den Alpen vor, wo es sonnige Südhänge mit niedrigem Pflanzenbewuchs bevorzugt. In hügeligem Gelände mit Gestrüpp und in Halbwüsten lebt das *Felsenhuhn*. Typischer und häufigster

Tetraogallus himalayensis Gray
Himalaya-Königshuhn
Himalaya
70 cm

Alectoris barbara (Bonnaterre)
Felsenhuhn
Südeuropa, Nordafrika, Asien
35 cm

Alectoris graeca (Meisner)
Steinhuhn
Südosteuropa, Asien
35 cm

Vertreter der Feldhühner ist das *Rebhuhn*, das seit langem zum Kulturfolger wurde und zahlreich alle Ackerbaugebiete besiedelt. Der Hahn hat laute Revierabgrenzungsrufe, bewacht die brütende Henne und führt mit ihr die Jungen. *Sandhuhn* und *Felsen-* oder *Steinrebhuhn* bewohnen kahle steinige Wüstenberge und die Klippen der Steppengebiete, wo sie sich sehr geschickt zu bewegen verstehen. Die *Waldrebhühner* leben in dichten Bergwäldern mit immergrünem Unterwuchs bis zu 3500 m Höhe. Außer der Brutzeit halten sie in Gesellschaften zusammen. Ähnlich ist die Lebensweise der *Buschrebhühner*, die aber tiefere Lagen bevorzugen. Kleine Rebhuhnverwandte heißen auch „Wachteln", gehören aber nicht zu diesen kleinsten Hühnervögeln. Da ist die *Augenwachtel* zu nennen und die hübsche *Straußwachtel*, die in Bambushainen und trockenen Dschungelwäldern lebt. Rebhuhnartige, aber schlankere Hühnervögel mit kräftigen Läufen sind die Frankoline, die in Familiengruppen vorzugsweise Steppen oder Savannen, einige auch geschlossene Waldgebiete beleben. Viele Arten haben ein enges Verbreitungsgebiet, so der *Gelbhals-* und der *Nacktkehlfrankolin*. Der *Halsbandfrankolin* war im Mittelalter auch in Südeuropa heimisch. Den Frankolinen ähnelt der *Blutfasan*, ein ausgesprochener Hochgebirgsvogel, den man früher zu den Fasanen rechnete. Die *Wachtel* ist der einzige Zugvogel unter den Hühnern. Sie kehrt erst spät in ihr Brutgebiet zurück, wo sie die Kulturlandschaft bewohnt und auch bei uns noch — wenn auch infolge der Schädlingsbekämpfung selten geworden — anzutreffen ist. Die *Harlekinwachtel* richtet sich in ihren Wanderungen und dem Brüten nach den wechselnden Regenfällen. Die *Chinesische Zwergwachtel* wurde zu einem beliebten Käfig- und Volierevogel. *Virginiawachtel* und *Zahnwachtel* vertreten die Wachteln in der Neuen Welt. Die erstere hat es verstanden, sich den Kultivierungsmaßnahmen gut anzupassen.

Unterfamilie: Tragopaninae — Satyrhühner (*Tragopan*)

Unterfamilie: Meleagridinae — Truthühner (*Agriocharis, Meleagris*)

Eine weitere Unterfamilie der Fasanartigen stellen die Satyrhühner oder Tragopane dar. Es sind gedrungen gebaute Vögel, die tropische Bergwälder mit dichtem Unterwuchs bewohnen, bis hin auf 4000 m Höhe. Sie halten sich vorzugsweise in den Ästen der Baumkronen auf, wo sie auch ihre Hauptnahrung, Knospen, junge Blätter, Beeren und Früchte, finden. Sie sind Einzelgänger, sehr scheu und halten sich meist in der Deckung dichtbelaubter Bäume und Büsche. Bei Störungen laufen sie eher davon, als daß sie abfliegen. Buntgefärbte nackte Gesichter und Kehlen in beiden Geschlechtern haben beim Männchen dehnbare Hautlappen, die bei der Balz zu breiten Schildern aufgeblasen werden und artenmäßig verschiedene Markierungen tragen. Gleichzeitig stellen sich stielförmige Schwellkörper wie Stifte am Hinterkopf auf. Nach diesen auffälligen Merkmalen erhielten die Tragopane ihren zweiten bezeichnenden Namen. Nur während der Balzzeit rufen die sonst schweigsamen Vögel langgezogen und laut. Der kleine *Cabot's Tragopan* kommt in den Bergen Südchinas vor, der *Satyrtragopan* im östlichen Himalaya in 2000 bis 4000 m Höhe. Den *Blyth's Tragopan* trifft man in den feuchten Gebirgswäldern von Assam und Burma, den *Temminck's Tragopan* in geringeren Höhenlagen regenreicher Gebiete von Assam bis Westchina. — Die Truthühner sind besonders große und schwere Hühnervögel, die bis zu 18 kg wiegen können, wenn auch nur in der Zuchtform. Als Haustier wurden sie von den indianischen Kulturvölkern bereits gehalten, als die Spanier Amerika entdeckten. Sie brachten die Vögel dann nach Europa und hier bildete sich eine besondere Zuchtform heraus, deren Eigenschaften vielfach von denen der wilden Stammform abweichen. Diese liebt dichte Wälder mit eingestreuten weiten Flächen. Nachts ruhen sie gesellig auf erhöhten Schlafplätzen, meist in Bäumen, tagsüber suchen sie ihre sehr vielseitige Nahrung — Wildfrüchte, Körner und Insekten — am Boden. Sie gehen keine dauernde Paarbindung ein: jeder Hahn lockt möglichst viele Hennen an sich. Bei der Balz werden die nackten Hautfalten an Kopf und Hals „aufgeblasen", und dabei stößt der Hahn schnaufende oder dumpf kollernde Rufe aus. Dazu spreizt er sein Gefieder in auffälliger Weise, richtet den Schwanz auf und läßt die Flügel am Boden schleifen. Nebenbuhler werden angegriffen und erbittert bekämpft. Das kleinere *Pfauentruthuhn* bewohnt nur die tropischen Niederungswälder des südlichsten Mexiko, eines Teils von Guatemala und von Honduras. Es ist selten, so daß versucht wird, die Art durch Nachzucht in zoologischen Gärten zu erhalten.

Unterfamilien: Argusianinae — Pfaufasanen (*Argusianus, Polyplectron, Rheinartia*), Pavoninae — Pfauen (*Pavo*), Afropavoninae — Kongopfau (*Afropavo*)

Pfaufasane oder Spiegelpfauen sind zierliche Hühnervögel, die auf unscheinbar grauem oder braunem Gefieder metallisch glänzende Flecken tragen. Sie leben im Unterholz des tropischen Regenwaldes. Bei der Balz stellen die Männchen Flügel und Schwanz auf, so daß ein Fächer entsteht. Auf ihm treten die schillernden Augenflecken, wie eine Perlenkette aneinandergereiht, deutlich hervor. Beim *Palawan Pfaufasan* sind die Glanzflecken auf den Schwanzfedern kräftig, auf Rücken und Flügel nur wenig ausgebildet, während der *Graue Pfaufasan* große, grünviolett schimmernde Augenflecke an Rücken, Flügel und Schwanz aufweist. — Nahe mit ihnen verwandt ist der *Rheinartfasan*, der auch Perlenpfau — nach den weißen Punkten auf seinem Gefieder — heißt. Die Schwanzfedern des Männchens sind mit 175 cm die längsten aller Vögel. Dichte feuchte Wälder sind ihr Lebensraum. Beim *Argusfasan* sind die Armschwingen der Männchen, die eine Vielzahl großer Augenflecke tragen, wesentlich länger als die Handschwingen. Durch hellere und dunklere Schattierungen wirken die Augenflecken körperhaft, wie kleine Kugeln. Die mittelsten Schwanzfedern sind fast dreimal so lang wie die anderen. Balzend spannt der Hahn die gespreizten Flügel über den Rücken zu einem kreisrunden Schirm auf, der Kopf bleibt dahinter verborgen. So bietet sich ein eindrucksvolles Bild, das durch leichte Bewegungen der Flügel noch verstärkt wird. *Pfauen* sind seit den Zeiten der alten Ägypter bekannt, im Kulturleben der Antike spielten sie eine große Rolle. Damals wie heute werden sie wegen ihres prächtigen Gefieders gehalten, meist in halbzahmem Zustand. Sie sind anderen Hühnervögeln gegenüber wenig verträglich, unangenehm wird auch ihr Ruf empfunden. Ihre lange Federschleppe besteht nicht aus Schwanzfedern, sondern aus mehr als 200 Oberschwanzdecken, von denen 150 „Pfauenaugen" zeigen. Bei der Balz werden sie zu dem bekannten Rad ausgebreitet und aufgestellt. Der *Ährenträgerpfau* hat eine längere Haube und mehr grünliches Gefieder. Erst 1936 entdeckte man im nördlichen Kongogebiet eine kleine kurzschwänzige Pfauenart, den *Kongopfau*, der als Relikt einer früher viel weiteren Verbreitung der Pfauen gilt.

Pavo cristatus (Linnaeus)
Indischer Pfau
Indien, Ceylon
bis 240 cm

Pavo muticus Linnaeus
Ährenträgerpfau
Java
bis 240 cm

Rheinartia ocellata (Elliot)
Rheinartfasan
Hinterindien
bis 240 cm

Afropavo congensis Chapin
Kongopfau
Kongo
70 cm

Argusianus argus
Argusfasan
Malakka, Sumatra 190 cm

Polyplectron emphanum Temminck
Palawan Pfaufasan
Palawan 55 cm

Polyplectron bicalcaratum
Grauer Pfaufasan
Hinterindien 55 cm

Phasidus niger Cassin
Buschhuhn
Zentralafrika
48 cm

Guttera pucherani lividicollis
Kräuselhauben-Perlhuhn
Südafrika 55 cm

Guttera plumifera schubotzi Reichenow
Perlhuhn
Zentralafrika
55 cm

Numida meleagris damarensis
Damara-Perlhuhn
Südwestafrika
55 cm

Agelastes meleagrides Bonaparte
Waldhuhn
Westafrika
48 cm

Numida meleagris galeata Pallas
Helmperlhuhn
Westafrika 55 cm

Acryllium vulturinum (Hardwicke)
Geierperlhuhn
Ostafrika
60 cm

Gallus gallus Linnaeus
Bankivahuhn
Südasien, Insulinde
65 cm

Gallus sonneratii Temminck
Graues Kammhuhn
West- und Südindien
60 cm

Pucrasia macrolopha (Lesson)
Schopffasan
Himalaya
60 cm (35 + 25)

Unterfamilie: Numidinae — Perlhühner (*Agelastes, Acryllium, Guttera, Numida, Phasidus*)

Zwei Arten, die im dichten Urwald von Westafrika bis zum Kongogebiet leben, fehlt allerdings die kennzeichnende Fleckung: dem *Buschhuhn* oder Schwarzperlhuhn, das eine bräunliche Wellenzeichnung auf schwarzem Grunde aufweist, und dem *Waldhuhn* oder Weißbrustperlhuhn mit weißlicher Marmorierung bei weißer Brust und Vorderrücken. Diese beiden Waldperlhühner sind wegen ihrer heimlichen Lebensweise erst wenig bekannt, doch scheinen sie in Trupps von 15—20 auf Nahrungssuche weit herumzustreifen. Die wirklich „geperlten" Perlhuhnarten sind nach den Aufsätzen ihres Kopfes in *Hauben-, Helm-* und *Geierperlhühner* unterschieden. Von ihnen leben die ersteren in Waldgebieten, die beiden letzteren dagegen in trockener Steppen- oder Savannenlandschaft, neuerdings auch auf Kulturland. Auffallend sind bei ihnen die nackten Kopfpartien und Hautlappen an Schnabel und Hals. Das Helmperlhuhn wurde zur Stammform des schon seit dem Altertum auf Hühnerhöfen gehaltenen Hausperlhuhns. Es kann mit seinem durchdringenden Geschrei lästig werden, gilt jedoch noch als wachsamer Hüter gegen Feinde.

Lophophorus impejanus (Latham)
Glanzfasan
Himalaya 70 cm

Crossoptilon mantchuricum Swinhoe
Brauner Ohrfasan
Nordwestchina 100 cm (46 + 54)

Gennaeus nycthemerus (Linnaeus)
Silberfasan
Südchina
110 cm (50 + 60)

Lophura ignita rufa (Raffles)
Feuerrückenfasan
Insulinde
75 cm (45 + 30)

Crossoptilon crossoptilon (Hodgson)
Weißer Ohrfasan
Osttibet 92 cm (40 + 52)

Unterfamilie: Phasianinae — Fasanen

1. Gallini — Hühner (*Gallus*), 2. Phasianini — Fasanen (*Catreus, Chrysolophus, Colchicus, Crossoptilon, Gennaeus, Lophophorus, Lophura, Pucrasia, Syrmaticus*)

Fasanen gehören zu den farbenprächtigsten aller Vögel. Ursprünglich nur in Südasien beheimatet, hat der Mensch die Verbreitung einiger Formen stark verwischt und sie zu Weltbürgern gemacht. Das gilt vor allem für das Bankivahuhn und den Jagdfasan. Fast alle Fasanen haben lange Schwänze, die Männchen sind buntfarbig, die Weibchen in braunen Farbtönen. Sie halten sich tagsüber am Boden auf, gehen zur Nacht aber möglichst in Bäume. *Schopffasane* oder Keilschwanzhühner sind Bewohner der chinesischen Hochgebirge, wo sie in dichtem Buschwerk leben. Wie sie gedrungen gebaut, aber in herrlich metallglänzendem Gefieder, sind die *Glanzfasane* des Himalaja, die hier in lichten Wäldern auf 2000—4000 m Höhe ihre Wurzel- und Zwiebelnahrung aus dem Boden graben. Das *Bankivahuhn* wurde vor 3500 Jahren aus seiner Heimat als Haustier nach China gebracht. Aus dem alten Ägypten gelangte es in die Mittelmeerländer und war schon im antiken Griechenland wie bei den alten Germanen heimisch. Heute gibt es eine kaum noch übersehbare Zahl von Zuchtrassen, die nichts mehr vom Aussehen und Wesen des einstigen scheuen Urwaldvogels erkennen lassen. Der *Silberfasan* gehört zu haubentragenden Arten, die, in ihrer Heimat schon sehr lange domestiziert, erst vor 200 Jahren nach Europa kamen. Mit ihm ist der *Feuerrückenfasan* verwandt, während die Ohrfasanen eine besondere Gruppe darstellen. Einen Übergang von ihnen zu den Jagdfasanen bildet der *Wallichfasan*, der in Felsengebieten lebt. *Königs-* und *Mikadofasan* gehören zu den Bindenschwanzfasanen. Vom ersteren berichtete bereits Marco Polo im 13. Jahrhundert. Heute wird er auch bei uns viel gehalten, weit häufiger freilich der prächtige *Goldfasan*, der gleichfalls als Zuchtvogel aus China zu uns kam. Der *Jagdfasan* ist heute das verbreitetste Wildhuhn der Erde, in Europa wie in Nordamerika und auf Neuseeland heimisch geworden, durch Vermischung mehrerer Rassen jedoch keine einheitliche Form mehr. Aus dem Griechenland der Antike und Rom kam er schon früh nach Mitteleuropa.

Unterordnung Opisthocomi — Hoatzins

Familie: Opisthocomidae — Hoatzins (*Opisthocomus*)

Offenbar nur weitläufig mit den Hühnervögeln verwandt ist das Schopfhuhn oder der *Hoatzin*. Ganz absonderlich ist die Ernährungsweise dieser Bewohner von Überschwemmungsgebieten im nördlichen Südamerika: sie klettern im Geäst der Bäume und fressen dort vorwiegend Blätter, die in einem gewaltigen muskulösen Kropf zerkleinert werden. Nicht weniger merkwürdig sind ihre Jungen, die mit Hilfe zweier Flügelkrallen im Geäst herumklettern können, wie man sich dies vom Urvogel Archaeopteryx vorstellt. Auch sonst machen die Jungen einen primitiven reptilienhaften Eindruck, schwimmen und tauchen, was die alten Vögel nicht können.

Ordnung Gruiformes — Kranichvögel

Familie: Rallidae — Rallen

Unterfamilie: Rallinae — Echte Rallen

1. Rallini — Wasserrallen (*Rallus, Pardirallus*), 2. Rallinini — Kurzschnabelrallen (*Aramides, Aramidopsis*), 3. Gallirallini — Wekarallen (*Gallirallus, Habroptila*), 4. Porzanini — Sumpfhühner (*Crex, Laterallus, Limnocorax, Porzana*), 5. Amaurornithini — Pfuhlhühner (*Amaurornis, Gallicrex, Tribonyx*), 6. Gallinulini — Teichhühner (*Gallinula, Notornis, Porphyrio, Porphyrula*)

Unterfamilie: Fulicinae — Bleßhühner (*Fulica*)

Zur Ordnung der Kranichvögel werden sehr verschiedenartige Familien zusammengefaßt. Einige bestehen nur aus wenigen Arten, offenbar Reste größerer Gruppen, die ausgestorben sind. Und dieser Prozeß scheint sich bei manchen noch fortzusetzen, begünstigt durch Flugverlust und Verbreitung auf Inseln. Rallen leben in dichtem Pflanzenwuchs nahe Gewässern, wo sie sich mit ihrem schmalen Körper, den kräftigen Füßen und meist langen Zehen geschickt und rasch zu bewegen verstehen. Auffallend bei vielen der Kopfschmuck. Alle haben kurze Flügel und sind schlechte Flieger. Bezeichnend ihr Kopfnicken beim Laufen wie Schwimmen und charakteristische Stimmlaute. Langschnäblige Formen sind die auch bei uns heimische *Wasserralle*, die grunzende und quiekende Töne von sich gibt und sich so im Dickicht der Verlandungszonen von Teichen, Sümpfen und Altwässern verrät sowie die sehr sporadisch verbreitete *Fleckenralle*. Durch kürzeren Schnabel zeichnet sich die *Cayenne-Ralle* aus, ebenso die flugunfähige *Halmahera-Ralle* und die *Schnarchralle*, beide berühmt geworden durch zweijährige strapaziöse, 1932 spannend geschilderte Suche nach Wiederentdeckung in tropischen Sümpfen. Auch die *Wekaralle* hat ihre Flugfähigkeit verloren, sie ist weitgehend nachtaktiv. Mit dem *Tüpfelsumpfhuhn* sei eine Gruppe kleiner, auch bei uns verbreiteter Arten genannt, die man viel eher hört als je zu Gesicht bekommt. Zu ihr gehört der *Wachtelkönig*, der die heimischen Wiesen bewohnt und hier durch knarrende Rufe vor allem nachts auffällt. Zwergrallen sind mit vielen Arten in Amerika weit verbreitet, die *Negerralle* in Sumpfgebieten des tropischen Afrika. *Pfuhlhühner* und *Kielrallen* sowie *Wasserhahn* sind grö-

Porphyrio poliocephalus (Latham)
Grauköpfiges Sultanshuhn
Südasien, Australien 50 cm

Porphyrula martinica (Linnaeus)
Amerikanisches Sultanshuhn
Südl. Nordamerika, Mittelamerika 43 cm

Notornis hochstetteri (A. B. Meyer)
Takahe
Neuseeland 50 cm

Porphyrio porphyrio (Linnaeus)
Purpurhuhn
Süden der Alten Welt 48 cm

Porphyrula alleni (Thomson)
Afrikan. Sultanshuhn
Afrika 25 cm

Gallinula chloropus (Linnaeus)
Teichhuhn
Europa, Asien, Afrika, Amerika 33 cm

ßere Rallenformen aus südostasiatischen bis australischen Lebensräumen, sie entsprechen in ihrem Verhalten weitgehend den *Teichhühnern*. Die bei uns vorkommende Art ist nahezu über die ganze Erde verbreitet. Sie hat sich als so anpassungsfähig erwiesen, daß sie vielfach zum Kulturfolger wurde und nur noch wenig Scheu zeigt. Mit ihnen nahe verwandt sind die etwa gleichgroßen *Sultanshühnchen* aus Afrika und Amerika sowie die größeren *Purpurhühner*, Bewohner subtropischer und tropischer Sumpfgebiete der Alten Welt. Eine auf Neuseeland beschränkte Art, das *Takahe*, wurde erst 1948 wiederentdeckt, nachdem es 50 Jahre lang für ausgestorben gehalten war. Die häufigste, weltweit verbreitete Rallenart ist das *Bleßhuhn*, das Lappen an den Zehen trägt und dadurch gut schwimmt. Es bewohnt praktisch alle Gewässer auch unserer Heimat und zeigt sich vor allem während des Winters sehr gesellig, mitunter in großen Gesellschaften. Amerikanische Vertreter sind das Riesen- und *Rüsselbleßhuhn*, das letztere lebt an Süß- und Brackwasserseen der Hochanden, während das *Kammbleßhuhn* von Spanien bis Afrika und Madagaskar vorkommt.

Familie: Mesitornithidae — Stelzenrallen (*Mesitornis*)

Familie: Eurypygidae — Sonnenrallen (*Eurypyga*)

Familie: Heliornithidae — Binsenhühner (*Heliornis, Heliopais, Podica*)

Die Stelzenrallen sind drosselgroße Vögel mit zweifelhafter Verwandtschaft zu Rallen. Vermutlich sind sie Reste einer einst weiter verbreiteten Gruppe, die sich nur auf Madagaskar erhalten haben. Hier leben sie versteckt am Boden und sind nahezu flugunfähig. Eine weitere Vogelart, die kaum Beziehungen zu anderen Gruppen erkennen läßt und die man den Rallen nur lose angliedern kann, ist die *Sonnenralle*. Mit ihrem schlanken Körper, dem langen dünnen Hals und dem langen Schwanz wirkt sie mehr wie ein Reiher. In Erregung breitet sie ihre Flügel weit nach vorn auseinander und spreizt den Schwanz, wobei sich überraschende Zeichnungsmuster ergeben. Es ist dies vorwiegend als Drohhaltung anzusehen, nicht als Teil der Balz, wie man früher vermutete. — Ähnlich wie das Bleßhuhn haben sich die *Binsenhühner* dem Wasserleben angepaßt: sie tragen auch Zehen mit Schwimmlappen und können daher ebensogut schwimmen wie tauchen.

Eurypyga helias (Pallas)
Sonnenralle
Trop. Südamerika 50 cm

Mesitornis unicolor (Des Murs)
Einfarbige Stelzenralle
Madagaskar 30 cm

Fulica cristata Gmelin
Kammbleßhuhn
Afrika 41 cm

Heliornis fulica (Boddaert)
Südamerik. Binsenhuhn
Mittel- und Südamerika 30 cm

Podica senegalensis (Vieillot)
Afrikan. Binsenhuhn
Afrika 50 cm

Heliopais personata (Gray)
Indisches Binsenhuhn
Südasien, Sumatra 40 cm

Grus monacha Temminck
Mönchskranich
Ostasien, Japan
90 cm

Grus americana (Linnaeus)
Schreikranich
Nordamerika
125 cm

Grus antigone (Linnaeus)
Saruskranich
Südasien
150 cm

Grus grus (Linnaeus)
Grauer Kranich
Europa, Asien
110 cm

Grus rubicunda (Perry)
Austral. Kranich, Brolga
Australien
100 cm

Grus nigricollis Przewalski
Schwarzhalskranich
Tibet
110 cm

Grus canadensis (Linnaeus)
Kanad. Kranich
Nördl. Nordamerika
120 cm

Rhynochetos jubatus J. Verreaux u. Des Murs
Kagu
Neu-Kaledonien
55 cm

Familie: Rhynochetidae — Kagus (*Rhynochetos*)

Familie: Gruidae — Kraniche

Unterfamilien: Gruinae — Echte Kraniche (*Anthropoides, Bugeranus, Grus*), Balearicinae — Kronenkraniche (*Balearica*)

Ein eigenartiger Rallenvogel, der in seiner Gestalt eher den Kranichen oder Reihern ähnlich sieht und so eine Sonderstellung einnimmt, ist der nur auf Neukaledonien, einer der Ostküste Australiens vorgelagerten Insel, vorkommende *Kagu*. Sein Name ist lautmalend seinen klangvollen Rufen nachgebildet, die er vor allem zur Brutzeit hören läßt. Er lebt truppweise im Unterholz dichter Wälder, unscheinbar und unauffällig, besonders aktiv in der Dämmerung. Während der Balz stellt er seine Kopffedern zu einer Haube auf und spreizt die Flügel. Ein kleiner Bestand hält sich noch in schlecht zugänglichen Gebieten, ist aber von Ausrottung bedroht. Daher versucht man sie in zoologischen Gärten zu züchten, bisher aber erst mit nur vereinzelten Erfolgen.

Die Kraniche scheinen auf den ersten Blick mit den Stelzvögeln (Reihern und Störchen) verwandt zu sein, da sie wie diese groß, langbeinig und langhalsig sind. Aber der äußere Eindruck täuscht. Zwischen beiden Gruppen bestehen erhebliche Unterschiede im Körperbau wie im Verhalten. Beim Flug strecken sie den Hals aus, und durch ihre verlängerte, in Windungen gelegte Luftröhre haben sie einen guten Resonanzboden für laute, schmetternde Trompetenrufe, die sie während der Brutzeit wie auf ihrer Wanderung ausstoßen. Ihre Bewegungen wirken elegant und graziös, besonders die auffallenden „Tänze", die beide Geschlechter voreinander aufführen: dabei springen die Vögel mit halbgeöffneten Flügeln hoch, laufen in Schleifen umeinander, verbeugen sich, springen wieder in die Luft. Da diese Bewegungsspiele an bestimmten Rastplätzen nahe dem Brutgebiet besonders intensiv erfolgen und meist in großen Gesellschaften — ein Schauspiel, das im zeitigen Frühjahr oft Naturfreunde von weither anlockt, wenn die Nachricht vom Kranichzug durch den Rundfunk verbreitet wird —, hielt man sie für Balztänze. Doch finden sie auch zu anderen Zeiten statt und selbst Jungvögel beteiligen sich daran, so daß die bisherige Deutung wohl durch allgemeine Lebensfreude zu ersetzen ist. Am bekanntesten ist der *Graue Kranich* durch diese Tänze geworden, der auch sonst in Mitteleuropa sehr volkstümlich ist und oft als Symbolfigur für das Wandern wie den

Grus leucogeranus Pallas
Nonnenkranich
Asien
135 cm

Bugeranus carunculatus (Gmelin)
Klunkerkranich
Südafrika   120 cm

Grus japonensis (P. L. S. Müller)
Mandschurenkranich
Ostasien, Japan
130 cm

Anthropoides paradisea (A. Lichtenstein)
Paradieskranich
Südafrika
105 cm

Grus vipio Pallas
Weißnacken-Kranich
Ostasien
110 cm

Anthropoides virgo (Linnaeus)
Jungfernkranich
Asien, Nordafrika
96 cm

Balearica pavonina pavonina (Linnaeus)
Pfauenkranich
Mittl. Afrika   105 cm

Balearica p. regulorum (Bennett)
Kronenkranich
Südliches Afrika
105 cm

Wandertrieb echter Zugvögel gilt. Er bewohnt Sumpfgebiete, Moore und Verlandungszonen von Seen, Brüche und Luche, offene, ungestörte Landschaften, die es bei uns immer weniger gibt. Daher bestehen in Mitteleuropa nur noch vereinzelte Brutplätze, und selbst in den menschenleeren Räumen von Skandinavien und Osteuropa wie in Sibirien nimmt der Bestand erheblich ab. Das gilt auch für die asiatischen Arten *Schwarzhalskranich* und *Mönchskranich*, während der *Sarus-* und der *Australische Kranich* noch nicht gefährdet zu sein scheinen. Dies trifft dank rechtzeitigen Schutzes auch für den *Kanadischen Kranich* zu, wogegen der *Schreikranich* aufs stärkste bedroht ist: 1965 lebten nur noch 44 von ihnen in einem Schutzgebiet in Kanada; sie überwintern in einem anderen in Texas, und selbst auf dem Zug werden sie behütet. In ähnlicher Weise gefährdet ist der geringe Bestand des *Mandschurenkranichs*, der auf engem Raum — wie viele der selten gewordenen Kranicharten — brütet. Beim *Weißnacken-Kranich* mit seinem sehr begrenzten Brutgebiet von Transbaikalien bis zum Amur gilt die Gefahr trotz starker Verluste der überwinternden Vögel im Korea-Krieg als nicht so groß. Dagegen scheint die Lage beim *Nonnen-* oder *Schneekranich* um so bedenklicher zu sein, soweit man dies aus den drei weit voneinander entfernten Braträumen in Sibirien beurteilen kann. Den *Klunkerkranich* kennzeichnen weißbefiederte Hautlappen an den Wangen. Er bewohnt in Ost- und Südafrika weite Gebiete offenen Sumpfgeländes. Als kleinste Kranichart bewohnt der *Jungfernkranich* die Steppen der Ukraine und des mittleren Asien bis Ostsibirien sowie NW-Afrikas, überwintert aber von NW- und Ostafrika bis Südasien. Auffallend sind weiße Federbüsche an den Kopfseiten, die nach hinten weisen. Eine lange Schleppe aus Schmuckfedern, von den Armschwingen herabhängend, ist eine weitere Zierde. Sie berührt bei dem nächsten Verwandten, dem *Paradieskranich*, fast den Boden. Die beiden Arten sind einander auch sonst ähnlich, nur bewohnt die letztere Südafrika. Eindrucksvoll wirken die *Kronenkraniche* durch ein Büschel aufrechtstehender Federn auf ihrem Scheitel sowie nackte rote und weiße Hautscheiben an den Kopfseiten. Sie leben in Steppengebieten Afrikas südlich der Sahara, und ihre anmutigen Tänze werden von den Frauen einiger ostafrikanischer Stämme nachgeahmt. Ihre lauten unkenden Rufe klingen anders als die kräftig schmetternden „Trompetenstöße" der großen Kraniche und die leisen hellen Stimmen der kleineren Arten. In den Zoos sind viele Kraniche gut zu haltende Gäste.

Psophia viridis Spix
Grünflügel-Trompeter
Brasilien
55 cm

Psophia crepitans Linnaeus
Graurücken-Trompeter
Nördliches Südamerika
50 cm

Psophia leucoptera Spix
Weißflügel-Trompeter
Westliches Amazonasgebiet
55 cm

Aramus guarauna (Linnaeus)
Rallenkranich
Florida bis Argentinien
70 cm

gut. Sein lauter kreischender Ruf ist morgens oder nachts häufig zu hören. Er ernährt sich vorwiegend von großen Kugelschnecken, deren Gehäuse er festklemmt, mit einem Fuß festhält und mit dem Schnabel zertrümmert oder durch Aufschlagen auf festem Gegenstand.

Familie: Psophiidae — Trompetervögel (*Psophia*)

Trompetervögel stehen auch zwischen Rallen und Kranichen. Auffallend an ihnen ist, daß sie die stark gewölbten Flügel stets etwas vom Körper abhalten. Ihre Stimme klingt dumpf trommelnd. Sie haben lockeres Gefieder, das an Kopf und Hals samtartig wirkt, am Rücken aufgewölbt erscheint. Gesellig halten sie sich am Urwaldboden auf und wandern unter Führung eines Leittieres auf bestimmten Pfaden dahin. Bei Gefahr flattern sie auf Äste, fliehen aber nach Möglichkeit zu Fuß, können auch recht gut schwimmen. Da sie Kulturflüchter sind, geht ihr Bestand mit dem Schwinden des Urwaldes in Südamerika zurück. In Gefangenschaft werden sie rasch zahm.

Familie: Aramidae — Rallenkraniche (*Aramus*)

Der *Rallenkranich* bildet auf Grund seiner Stellung zwischen Rallen und Kranichen eine besondere Vogelfamilie. Sie enthält aber nur eine Art, die als Sumpfvogel in schilfbewachsenem Feuchtland, Reisfeldern und überfluteten Wäldern lebt. Hier zeigt sich der Vogel offen, gern auf Büschen und Bäumen. Alle seine Bewegungen führt er bedächtig aus. Er schwimmt ausgezeichnet, fliegt aber weniger

Familie: Otididae — Trappen (*Afrotis, Ardeotis, Chlamydotis, Eupodotis, Lophotis, Neotis, Otis, Sypheotide, Tetrax*)

Trappen heißen große Laufvögel lautmalend nach ihrem festen Gang. Hochbeinig, die Füße mit drei starken Zehen, oftmals hoch aufgerichtet, um sich umzuschauen, bewohnen sie offene baumlose Landschaften, Grasland, Buschsteppen und Halbwüsten, einige Arten auch Kulturland. Sie sind

Ardeotis kori (Burchell)
Riesentrappe
Afrika
130 cm

Neotis denhami (Children)
Schwarzflügel-Trappe
West- bis Nordostafrika
100 cm

Eupodotis senegalensis (Vieillot)
Senegaltrappe
Afrika
60 cm

Sypheotides indica (J. F. Miller)
Flaggentrappe
Indien
45 cm

Afrotis afra (Linnaeus)
Gackeltrappe
Südafrika
50 cm

Tetrax tetrax (Linnaeus)
Zwergtrappe
Südeuropa, Nordafrika, Westasien
43 cm

Lophotis ruficrista (A. Smith)
Rotschopftrappe
Südafrika
45 cm

Chlamydotis undulata (Jacquin)
Kragentrappe
Asien, Afrika
60 cm

Otis tarda Linnaeus
Großtrappe
Europa, Asien
105 cm

dabei scheu und vorsichtig und fliehen zu Fuß, können aber auch gut fliegen, wenngleich meist in niedriger Höhe. Außerhalb der Balzzeit finden sie sich zu Trupps zusammen. Die größeren Männchen gehen meist keine Ehe ein, so die heimische *Großtrappe*, während die *Riesentrappe* eine Ehe auf Zeit eingeht. Die Hähne einiger Arten haben einen Kehlsack, der zur Balz mit Luft gefüllt wird. Bei der Großtrappe kommt noch hinzu, daß sie den Schwanz hochgeschlagen hält und die weißen Deckfedern über dem Rücken erscheinen. Ebenso werden die Flügel so verdreht, daß die hellen Unterflügel nach außen zeigen, so daß aus dem unauffällig braunschwarzgefärbten Vogel eine weiße Federkugel wird. Durch Mechanisierung der Landwirtschaft ist der Bestand der Großtrappe überall gefährdet, am stärksten in Mitteleuropa. Die *Schwarzflügeltrappe* ist eine weitere sehr große Form, während die *Senegaltrappe* und die durch 4 Schmuckfedern am Hinterkopf ausgezeichnete *Flaggentrappe* mittelgroße Gestalten sind. Die *Rotschopftrappe* kann vom Boden aus plötzlich steil hochfliegen und mit dem Schnabel klappern, anschließend schrille Pfeiftöne von sich geben. Die *Gackeltrappe* heißt nach ihren bezeichnenden Balz- und Lockrufen. Die *Kragentrappe* besitzt einen abspreizbaren schwarzweißen Federkragen; sie hat sich mehrfach schon nach Mitteleuropa verflogen. Bis zu Beginn dieses Jahrhunderts war die zierliche *Zwergtrappe* noch in Norddeutschland Brutvogel. Der balzende Hahn springt alle 10—15 Sekunden flügelschlagend hoch und stößt scharfe Rufe aus, die weithin hörbar sind.

Familie: Cariamidae — Seriemas (*Cariama, Chunga*)

Von einer in früheren Erdzeitaltern artenreichen Sippe sind nur zwei, die Seriemas, zurückgeblieben. Mit langen dünnen Beinen und langem Hals wie Schwanz, sind sie als Bodenbewohner ausgezeichnete Läufer, aber schlechte Flieger, die offene Waldgebiete (Seriema) oder Trockenbuschland (Tschunja) bevorzugen. Gern übernachten sie auf Bäumen, die sie auch sonst oft aufsuchen, vor allem die kleinere *Tschunja*. Die *Seriema* tritt meist paarweise auf, bildet außerhalb der Brutzeit aber auch kleine Gesellschaften. Bei der Tschunja sind solche Trupps viel seltener zu finden. Das Nest baut die Seriema einige Meter über den Boden in eine Astgabel, die Tschunja durchweg etwas höher. Ihre Nahrung besteht aus vielerlei Kleintieren, dazu Beeren, Früchten und Knollen. Trotz Bedrohung ihrer Lebensräume durch fortschreitende Kulturmaßnahmen sind beide Arten noch regelmäßig anzutreffen, da sie kaum verfolgt werden und als Vertilger von Schlangen, Mäusen und großen Schadinsekten geschätzt werden.

Familie: Turnicidae — Kampfwachteln

Unterfamilien: Pedionominae — Trappen-Kampfwachteln (*Pedionomus*), Turnicinae — Echte Kampfwachteln (*Ortyxelos, Turnix*)

Die Familie der Kampfwachteln oder Laufhühnchen schließt man den Kranichvögeln an, obwohl sie manche Merkmale auch mit den Wachteln gemeinsam haben. Die Weibchen sind etwas größer und lebhafter gefärbt, sie besetzen die Reviere und lassen laute dumpfe Rufe hören, um ein oder mehrere Männchen anzulocken. Diese wählen den Nistplatz, beide Partner bauen das Nest; das Brüten und Jungenführen übernimmt wieder weitgehend das Männchen. Die *Rotkehl-Kampfwachtel* kam bis vor kurzem noch in Sizilien vor, jetzt auf der Iberischen Halbinsel als einzigem europäischen Brutplatz. Die *Trappen-Kampfwachtel* hat vier Zehen.

Ordnung Charadriiformes — Wat- und Möwenvögel

Unterordnung Charadrii — Regenpfeiferartige

Familie: Jacanidae — Blatthühnchen (*Actophilornis, Hydrophasianus, Irediparra, Jacana, Metopidius, Microparra*)

Die Zusammengehörigkeit der Gruppen der Wat- und Möwenvögel ist durch zahlreiche Merkmale ihres inneren Körperbaus gegeben. Ehe man sie nicht alle kannte und richtig zu deuten wußte, beurteilte man ihre Stellung zueinander nach der äußeren Erscheinung oft ganz anders. Sie leben vorwiegend am Wasser, nur wenige in Trockengebieten, ernähren sich fast ausschließlich von Tieren und die Geschlechter sind — bis auf Ausnahmen — gleich gefärbt. Man kann sie in drei gut unterschiedene Unterordnungen mit 17 Familien gruppieren. Als erste nennen wir die Blatthühnchen, die in ihrer Gestalt wie ihren Bewegungen vielfach an Rallen erinnern. Sie besitzen die längsten Zehen unter allen Vögeln — dazu noch besonders lange Krallen, mit denen sie geschickt auf den Schwimmblättern von Wasserpflanzen in ihrer tropischen Heimat laufen. Am Flügel tragen sie einen Sporn, der bei Rivalenkämpfen benutzt wird. Am Brüten beteiligen sich die etwas größeren Weibchen nicht, sie legen mehreren Männchen die wie lackiert aussehenden Eier in die Nester und diese brüten sie aus und betreuen die Jungen. Der *Wasserfasan* erhielt seinen Namen nach dem besonders langen fasanartigen Schwanz. Er kann bei Überschwemmen seines Nestes die Eier zu einem neugebauten, höheren Nistplatz tragen. Die eigentlichen Blatthühnchen haben Vertreter in Afrika mit dem *Afrikanischen, Madagaskar-* und *Zwergblatthühnchen,* in Indien mit dem *Bronzeflügel-Jacana* und in Australien. Amerikanische Formen sind die *Mexikanische* und *Südamerikanische Jacana* mit auffallend gelben Flügeln, gelbem oder rotem Stirnschild und spitzem gelbem Flügelsporn.

Familie: Phalaropodidae — Wassertreter (*Phalaropus*)

Wassertreter nennt man drei Arten kleiner Wat- oder Strandvögel. Sie sind unter allen ihren Verwandten am stärksten an das Leben im und am Wasser gebunden, schwimmen und laufen gleich gut, wozu Schwimmlappen an den Zehen sie besonders befähigen. Leicht und hoch wie ein Kork liegen sie auf dem Wasser, bewegen sich auf ihm meist mit dem Kopf nickend vorwärts und drehen sich oft rasch im Kreise. Durch den so erzeugten Wirbel strudeln sie Kleinlebewesen über flachem Grund auf, die sie verzehren. Auch bei ihnen ist die Rolle der Geschlechter umgekehrt wie bei der Mehrzahl der Vögel: die bunter befiederten und größeren Weibchen werben um die Männchen, die das Nest bauen, die Eier bebrüten und die Jungen aufziehen. *Thorshühnchen* und *Odinshühnchen* sind als hochnordische Brutvögel, wenn sie auf dem Zuge zu uns kommen, bemerkenswert wenig scheu. Sie erscheinen dann im vorwiegend grauweißen Ruhekleid, das Brutkleid ist wesentlich farbiger. Sie brüten im Binnenland, halten sich sonst vorwiegend an den Küsten auf. Beim *Amerikanischen Odinshühnchen* sind Gefiederunterschiede und Verhalten entsprechend.

Familie: Scolopacidae — Schnepfenvögel (*Bartramia, Catoptrophorus, Limnodromus, Limosa, Numenius, Tringa*)

Die formenreiche Familie der Schnepfenvögel eröffnet der drosselgroße *Prärieläufer*. Früher sehr zahlreich auf den weiten Grassteppen Amerikas, wurde er mit deren Rückgang auch seltener. Durch seine Größe und den langen gebogenen Schnabel auffallend ist der *Große Brachvogel*, der auch bei uns noch in Mooren und Heidegebieten oder auf feuchten Wiesenflächen anzutreffen ist, wenn er auch ständig mehr der Kultivierung weicht. Bemerkenswert seine klangvollen trillernden Flötenrufe, die er im zeitigen Frühjahr besonders oft hören läßt, die aber mit der Balz nichts zu tun haben und wohl der Begrüßung dienen. Viele Brachvögel überwintern in den Watten der Nordseeküste. Hier kann man auch den kleineren und nicht ganz so langschnäbeligen *Regenbrachvogel* als Durchzugsgast regelmäßig beobachten, der in den nordischen Tundren brütet. *Uferschnepfe* und *Pfuhlschnepfe* haben lange gerade Schnäbel und sind auch sehr hochbeinig, wie die Brachvögel, aber deutlich schlanker als diese. Die erstere Art finden wir auf Grünland, Heiden und Mooren bei uns noch als Brutvögel. Die *Pfuhlschnepfe* hält sich auf dem Zuge zum oder beim Abzug vom nordischen Brutgebiet gern massenhaft auf den Sänden und Watten der Nordseeküste auf und übersommert hier sogar regelmäßig in größerer Zahl. Der *Schlammläufer* ist ein hochnordischer Schnepfenvogel von kleinerer Statur, kürzerem Schnabel und Beinen als die vorgenannten Arten. Nur gelegentlich erscheint er an den Küsten Mitteleuropas. *Grünschenkel* und *Waldwasserläufer* stehen als Vertreter einer ganzen Gruppe ähnlich aussehender zierlicher Sumpfvögel. Einige von ihnen sind bei uns Brutvögel, andere regelmäßige Durchzügler aus nordischen Lebensräumen. Zu den ersteren gehört der Waldwasserläufer, der feuchte Wälder des östlichen Mitteleuropa bewohnt, zu den letzteren der Grünschenkel aus dem gebirgigen Skandinavien und der sibirischen Taiga. Der *Rotschenkel* ist im Grünland unserer Küstengebiete noch regelmäßig brütend zu finden. Die Notwendigkeit der Erhaltung von Feuchtland wie Hochmooren ergibt sich gerade aus der stetigen Abnahme dieser Schnepfenvögel, die nicht auf Kulturland auszuweichen vermögen. Ein naher Verwandter der Wasserläufer ist der amerikanische *Schlammtreter*, den kleine Schwimmhäute zwischen den Zehen auszeichnen.

Familie: Scolopacidae — Schnepfenvögel (*Calidris, Gallinago, Limicola, Lymnocryptes, Philomachus, Scolopax*)

Kurzbeinig, aber mit langen Schnäbeln, deren Enden weich und nervenreich sind, weil sie damit im feuchten Untergrund suchen, sind die Schnepfen spezialisiert. Die bekannteste ist die *Waldschnepfe*, die auch in unseren Wäldern noch vielfach brütet. Im zeitigen Frühling führt sie auf Waldwegen und Lichtungen eine Flugbalz durch, bei der scharfe („Puitzen") und dumpfe („Murksen") Rufe ausgestoßen werden. Mit der elastischen Oberschnabelspitze kann sie im Boden aufgespürte Würmer wie mit einer Pinzette erfassen und herausziehen. Die *Sumpfschnepfe* oder Bekassine bewohnt bei uns Sumpfgebiet und feuchtes Grünland, wo sie durch ihren eigentümlichen Balzflug bekannt wurde. Dabei führt das Männchen Sturzflüge aus, die schmale abgespreizte Schwanzfedern zum Vibrieren bringen. Das klingt wie ein Surren, und wenn es durch zuckende Flügelschläge unterbrochen wird, entsteht ein „Meckern", wonach die Bekassine volkstümlich „Himmelsziege" heißt. Bei der *Doppelschnepfe* kommt keine Flugbalz vor, nur gemeinsames Schnabelklappern der Männchen. Die *Zwergschnepfe* ist ein seltener und meist übersehener Gast bei uns. — Eine artenreiche Gesellschaft kleiner Schnepfenvögel sind die Strandläufer, Bewohner nordischer Küstengebiete der Alten und Neuen Welt, die zur Zugzeit in oft riesigen Scharen an allen Stränden zu finden sind. Am häufigsten ist der *Alpenstrandläufer*, der in geringer Zahl auch bei uns brütet. *Knutt* und *Zwergstrandläufer* sind weitere häufige Besucher, die größte und kleinste Art, während der *Sanderling* gedrungener als sie erscheint. Im Gegensatz zu diesen stets gesellig wandernden Arten ist der *Sumpfläufer* ein Einzelgänger. *Kampfläufer* führen vor allem in den küstennahen Niederungen der Nord- und Ostsee auf gemeinsamen Balzplätzen unblutige „Turniere" gegeneinander aus, wobei ein Federkragen am Hals wie ein Schild abgespreizt wird.

Familie: Recurvirostridae — Säbelschnäbler (*Cladorhynchus, Himantopus, Recurvirostra*)

Säbelschnäbler sind auffallend langbeinige Gestalten mit vorwiegend schwarzweißem Gefieder, deren Schnabel dünn und biegsam ist. Als Bewohner von Flachwasser an den Küsten, Flußmündungen und im Binnenland, wo sich flaches Brack- oder Salzwasser findet, sind sie weit verbreitet. Die bekannteste Art ist der *Säbelschnäbler*. Sein Schnabel ist in der Vorderhälfte aufgebogen, mit ihm fischt der Vogel kleine Wassertiere durch seitlich hin und her wischende Bewegungen aus Schlamm und Wasser. Er lebt stets gesellig und sein Bestand hat bei uns in letzter Zeit durch Schutzmaßnahmen zugenommen. Das trifft auch für den bizarr gebauten *Stelzenläufer* zu. Aus dem Mittelmeerraum drang er vor 20 Jahren unvermutet nach Mitteleuropa vor.

Familie: Charadriidae — Regenpfeifer

Unterfamilie: Vanellinae — Kiebitze (*Belonopterus, Hoplopterus, Lobibyx, Lobivanellus, Stephanibyx, Vanellus, Xiphidiopterus*)

Die Regenpfeifer sind untersetzte Vögel mit dickem Kopf und kurzem Schnabel, die ausgezeichnet fliegen wie laufen können.

Die Kiebitze leben überwiegend im Binnenland und viele tragen am Flügelbug einen Dorn als Waffe. Unser heimischer *Kiebitz* ist durch seinen Federschopf und seine gaukelnden Flugspiele über Wiesen und Feldern im zeitigen Frühjahr bekannt. Den *Indischen Lappenkiebitz* zeichnen rote und gelbe Hautlappen am Kopf aus. Der *Cayenne-Kiebitz* und der *Australische Lappenkiebitz* besitzen scharfe und lange Flügeldornen. Dies trifft auch für den *Langsporn-Kiebitz* zu, der ebensolche Dorne trägt wie der danach benannte Spornkiebitz, ein seit 1960 in Europa heimisch gewordener Vogel.

Charadrius hiaticula Linnaeus
Sandregenpfeifer
Nordeuropa, Nordamerika
19 cm

Eudromias morinellus (Linnaeus)
Mornell-Regenpfeifer
Europa und asiat. Tundren
22 cm

Charadrius asiaticus Pallas
Wermutregenpfeifer
Innerasien   20 cm

Pluvialis squatarola (Linnaeus)
Kiebitzregenpfeifer
Arktische Gebiete   28 cm

Charadrius dubius Scopoli
Flußregenpfeifer
Europa, Asien, Nordafrika   16 cm

Pluviorhynchus obscurus Gmelin
Neuseeland-Regenpfeifer
Neuseeland   20 cm

Charadrius wilsonia Ord
Dickschnabel-Regenpfeifer
Nordamerika   18 cm

Pluvialis apricaria (Linnaeus)
Goldregenpfeifer
Nordeuropa, Asien   27 cm

Unterfamilie: Charadriinae — Echte Regenpfeifer (*Charadrius, Eudromias, Pluvialis, Pluviorhynchus*)

Besonders kleine Vertreter sind der *Sandregenpfeifer* und der ihm sehr ähnliche *Flußregenpfeifer,* beide auch bei uns noch regelmäßige Brutvögel, der erstere als Bewohner des Sandstrandes der Küsten, letzterer an Kiesgruben und steinigen Ufern stehender oder fließender Gewässer im Binnenland heimisch. *Wermut-* und *Dickschnabel-Regenpfeifer* sind mit ihnen nahe verwandt, der *Neuseeland-Regenpfeifer* dagegen etwas hochbeiniger von Gestalt, daher entfernter stehend. Zu den größeren Arten gehört der *Goldregenpfeifer,* der vereinzelt noch heute in norddeutschen Hochmooren, etwas häufiger in Holland, besonders aber in den Tundren Nordeuropas brütend anzutreffen ist. Sein klangvoller Lockruf und sein melodischer Balztriller sind kennzeichnend für den bewohnten Lebensraum. Der *Kiebitzregenpfeifer* ähnelt ihm in Größe und Gefiederzeichnung, er hat jedoch einen dreisilbigen Ruf. Auch er ist regelmäßiger Durchzügler bei uns, hält sich aber vorwiegend im Wattenmeer auf. Ein weiterer Verwandter, der *Mornellregenpfeifer,* wurde durch den schwedischen Schriftsteller Bengt Berg sehr bekannt, der ihm auf Grund seines besonders zutraulichen Wesens beim Brüten ein Buch widmete.

Unterfamilie: Arenariinae — Steinwälzer (*Arenaria, Aphriza*)

Steinwälzer tragen ein sehr kontrastreich gefärbtes Brutkleid, das sie von allen Verwandten sofort unterscheidet. Ihr Name rührt von der Art ihrer Nahrungssuche her, bei der sie am Strand Tang, Muscheln und Steine umdrehen. Als Bewohner des hohen Nordens finden wir durchziehende und übersommernde Vertreter nicht selten an unseren Küsten. *Steinwälzer* von den Eismeer- und Atlantikküsten und der amerikanische *Schwarzkopf-Steinwälzer* unterscheiden sich wenig. Der *Gischtläufer* brütet dagegen in Gebirgen, ehe er wieder in den Lebensraum der anderen Arten, die Küstengebiete, zurückgeht.

Familie: Rostratulidae — Goldschnepfen (*Rostratula*)

Die beiden Arten der *Goldschnepfen* werden als eigene Familie von den Regenpfeifern abgetrennt. Sie fliegen langsam, sind Dämmerungstiere, bewohnen Sumpfland

Arenaria melanocephala (Vigors)
Schwarzkopf-Steinwälzer
Westküste Nordamerika
22 cm

Aphriza virgata (Gmelin)
Gischtläufer
Westküste Nord- und Südamerika
25 cm

Rostratula bengalensis (Linnaeus)
Goldschnepfe
Asien, Afrika, Australien
25 cm

Arenaria interpres (Linnaeus)
Steinwälzer
Atlantikküsten   23 cm

Haematopus unicolor Forster
Schwarzer Austernfischer
Australien, Tasmanien, Neuseeland
43 cm

Haematopus ostralegus Linnaeus
Austernfischer
Europa, Asien   43 cm

mit dichtem Pflanzenwuchs, und die größeren, bunter gefärbten Weibchen übernehmen bei der Balz die Rolle der Männchen: sie führen die Brut und Jungenaufzucht durch.

Familie: Haematopodidae — Austernfischer (*Haematopus*)

Der *Austernfischer* ist als auffälliger und häufiger Bewohner unserer Küsten sehr volkstümlich geworden, worauf auch der Name „Strandelster", nach seiner Gefiederfärbung geprägt, hinweist. Bei uns lebt er nicht von Austern, sondern von den ungemein zahlreichen Pierwürmern, von Krabben, Schnecken und Muscheln.

Familie: Chionididae — Scheidenschnäbel (*Chionis*)

Familie: Thinocoridae — Höhenläufer (*Attagis*)

Familie: Glareolidae
Unterfamilien: Cursoriinae — Rennvögel (*Cursorius, Peltohyas, Pluvianus, Rhinoptilus*), Glareolinae — Brachschwalben (*Glareola*)

Als einzige Vogelfamilie brüten die *Scheidenschnäbel* in der Antarktis. Eine dicke Fettschicht unter der Haut setzt sie dazu in die Lage, weshalb die Vögel im Vergleich zu ihren Verwandten träge und plump wirken. Sie leben von kleinen Meerestieren, dazu auch von Aas, Vogeleiern und Tang. — *Höhenläufer* sind eine kleine Gruppe wie Wachteln aussehender Watvögel, die eher den Hühnern ähneln. Sie bewohnen die Hochgebirge Südamerikas. — Zwei weitere Gruppen fassen wir als eine Familie zusammen: die *Rennvögel* und Brachschwalben. Die ersteren leben vorzugsweise in trockenem, oft wüstenhaftem Gelände, vom *Krokodilwächter* abgesehen, der eine enge Bindung zu Krokodilen hat: er sucht ihnen Parasiten ab. Die *Brachschwalben* mit kurzen Beinen und langen spitzen Flügeln erjagen in gewandtem Fluge Insekten und folgen oft massenhaft den Zügen wandernder Heuschrecken, brüten meist kolonieweise und leben auch sonst gesellig.

Familie: Dromadidae — Reiherläufer (*Dromas*)

Familie: Burhinidae — Triele (*Burhinus, Esacus*)

Reiherläufer sind Regenpfeiferverwandte, die an den Sandstränden des Indischen Ozeans leben. Sie waten zur Nahrungssuche im Wasser, schwimmen aber auch und fressen vielerlei Meerestiere, vor allem Krabben, die sie mit dem kräftigen Schnabel zerdrücken. Zum Brüten graben sie in Sandbänke 1—2 m lange Gänge. Dämmerungs- und Nachttiere sind die *Triele*, die durch dicken Kopf, große gelbe Augen, kräftige lange Beine und hellbraune-dunkelgestreifte Gefiederfärbung gekennzeichnet sind. Diese läßt die Vögel völlig in ihrer Umgebung verschwinden (Schutztracht). Sie bewohnen Ödland, Heidegebiete, sandige Äcker, Kahlschläge und andere Trockenflächen. Der *Bändertriel* ist einer der drei Triele Afrikas, der *Krabbentriel* mit mächtigem Schnabel vertritt die Gruppe in Südostasien.

Unterordnung Lari — Möwenartige

Familie: Stercoraridae — Raubmöwen (*Stercorarius*)

Familie: Laridae — Möwen (*Larus, Rissa, Xema*)

Die Raubmöwen sind große, dunkel befiederte Vögel mit einem Hakenschnabel, Bewohner der Küstengebiete und der offenen Meere in arktischen wie antarktischen Breiten. Sie verfolgen andere Seevögel und jagen ihnen ihre Beute ab, daneben betätigen sie sich auch als Eier- und Jungenräuber. Das trifft vor allem auf die größte Art *Skua* zu, die ebenso im Nord- wie im Südpolbereich brütet. Aus beiden Lebensräumen ziehen sie nach der Brut ab und treffen sich auf dem mittleren Atlantik. Die *Schmarotzerraubmöwe* ist nicht weniger räuberisch als die *Skua*. Bei ihr sind die beiden mittleren Schwanzfedern deutlich verlängert und zugespitzt. Ähnlich ist es bei der *Mittleren Raubmöwe*, nur sind hier die Mittelschwanzfedern rundlich. Extrem lang stehen sie bei der *Kleinen Raubmöwe* über den Schwanz hinaus. Ihr Flug ist langsamer als der anderer Arten, sie zeigt sich viel weniger räuberisch als diese, in ihrer Ernährung weitgehend auf Lemminge eingestellt. Möwen sind die eigentlichen Charaktervögel der Küsten, obwohl einige Arten überwiegend an Binnengewässern leben. Sie schwimmen leicht auf dem Wasser, wozu Schwimmhäute zwischen den Zehen sie befähigen, laufen gut und fliegen ausgezeichnet. Sie ernähren sich von am Strand angespülten oder von der Wasseroberfläche aufgenommenen Meerestieren, die Binnenlandarten von Insekten und Würmern. Am bekanntesten ist die *Silbermöwe*, die an den Nordseeküsten zu Zehntausenden brütet, in letzter Zeit auch im Ostseebereich und selbst im Binnenland häufiger wurde und auf Grund ihrer Raubgewohnheiten ein schwieriges Problem des Seevogelschutzes darstellt. Oftmals begleiten sie abfahrende oder ankommende Schiffe, fliegen aber nicht weit auf die offene See. Ihr kleineres Abbild, doch weitgehend auf die Ostseeküsten beschränkt und nur selten an der Nordsee wie im Binnenland brütend, ist die *Sturmmöwe*. Sie legt ihre

Nester meist auf Grasland an. Vor drohendem schlechtem Wetter weichen sie oft ins Binnenland aus, daher ihr Name. Die *Heringsmöwe* ist in ihrem Verhalten der Silbermöwe sehr ähnlich, sie sind nahe Verwandte, die gelegentlich auch Übergangsformen bilden. Der größte Vertreter dieser Arten ist die *Mantelmöwe*. Wie die Heringsmöwe hält sie sich in geringer Zahl während des Sommers ohne zur Brut zu schreiten, noch häufiger im Winter an der Nordseeküste auf. Auch die *Dominikanermöwe* und die *Heermann-Möwe* gehören in diese Verwandtschaft von Großmöwen mit nahezu gleichen Lebensgewohnheiten. Die *Graumöwe* weicht dagegen stark von ihnen ab, sie brütet fern der Küste im Binnenland. Eine Gruppe kleinerer Möwen stellen die auch bei uns weit verbreitete *Lachmöwe*, die amerikanische *Franklin-Möwe* und die antarktische *Weißkopfmöwe* dar, die viele gemeinsame Merkmale miteinander verbinden. Die *Lachmöwe*, nach ihrem bevorzugten Lebensraum, flachen Binnengewässern „Lachen") benannt, ist die häufigste europäische Möwenart. Sie zeigt eine zunehmende Neigung, auch Küsteninseln zu besiedeln und außerhalb der Brutzeit in große Städte zu ziehen, wo sie vor allem die Wintermonate verbringt. Mehr als andere Möwen lebt sie von Insekten und anderen Bodenkleintieren, wobei sie mitunter dem pflügenden Bauern wie Krähen folgt. Die *Dreizehenmöwe* ist ein echter Felsenbrüter, daneben die einzige wirkliche Hochseemöwe, die nur selten an Land geht. An den Steilfelsen von Helgoland brüten 50—60 Paare. Die *Schwalbenmöwe*, nach dem gegabelten Schwanz, ist wie die vorige Art Hochseebewohner.

Familie: Sternidae — Seeschwalben (*Anous, Chlidonias, Gygis, Hydroprogne, Larosterna, Sterna*)

Seeschwalben sind zierlicher als Möwen, vor allem eleganter im Flug. Nach ihren gegabelten Schwänzen benannt, zeichnen sie ein schlanker, spitzer Schnabel und kurze Füße aus. Ihre Nahrung erwerben sie durch „Stoßtauchen" nach Fischen oder durch Fang von Insekten aus der Luft. Sie nisten kolonieweise. Typische Vertreter sind die *Fluß-* und *Küstenseeschwalbe*, die erstere vorwiegend im Binnenland, doch zunehmend auch an den Küsten brütend, die andere reiner Küstenbewohner. Sie ist berühmt durch ihre weiten Wanderungen. Die *Rußseeschwalbe* besiedelt die Insel Ascension im Atlantik mit fast 1 Million Vögeln. Kleinste Art ist die *Zwergseeschwalbe*, der wir an Küsten wie Inlandgewässern begegnen. *Brand-* und *Königsseeschwalbe* sind große Formen, sie brüten in umfangreichen Kolonien dicht nebeneinander, die erstere auch auf kleinen Inseln der Nordseeküste. Als größte Art gleicht die *Raubseeschwalbe* fast einer Möwe. Außer an Küsten trifft man sie gelegentlich auch im Binnenland. Vorwiegend hier leben die dunklen *Trauer-* und *Weißflügelseeschwalben*, die dicht über der Wasseroberfläche Insekten jagen. Die völlig weiße *Feenseeschwalbe* macht auf Betrachter einen geisterhaften Eindruck. Sie legt ihr einziges Ei oft auf Baumäste. *Noddiseeschwalben* folgen den Schwärmen kleiner Fische, die von ihnen ergriffen werden, wenn sie gejagt aus dem Wasser springen.

Familie: Rynchopidae — Scherenschnäbel (*Rynchops*)

Scherenschnäbel haben einen eigenartig geformten Schnabel, messerförmig flach, der Unterschnabel länger als der Oberschnabel. Die Vögel fliegen zum Nahrungserwerb dicht über der Wasseroberfläche dahin, wobei der Unterschnabel ins Wasser taucht. Stößt der Unterschnabel an einen Fisch oder ein anderes Beutetier, so klappt der Oberschnabel herunter, hält die Beute fest, und der Vogel kann sie verschlucken, ohne den Suchflug zu unterbrechen. Diese Nahrungssuche wird vor allem bei Ebbe, in flachem Wasser, oftmals im Formationsflug vieler Vögel betrieben.

Unterordnung Alcae — Alkenvögel

Familie: Alcidae — Alken (*Aethia, Alca, Cepphus, Cyclorrhynchus, Fratercula, Lunda, Plautus, Ptychoramphus, Uria*)

Die Alkenvögel weichen in Körperbau und Lebensweise von allen Wat- und Möwenvögeln erheblich ab. Sie sind eine isolierte und spezialisierte Gruppe ausgesprochener Seevögel, die nur in der Brutzeit sich länger an Land aufhalten. Sie ähneln auffallend den Pinguinen, als deren Vertreter im Nordpolargebiet man sie betrachten kann. Im Gegensatz zu diesen können die Alken aber nicht nur ausgezeichnet schwimmen und tauchen, sondern auch schnell fliegen. Tatsächlich sind beide Familien nicht miteinander verwandt, sondern eine Parallelentwicklung unter der Einwirkung etwa gleicher Lebensräume. Ihre Nahrung sind Fische und kleine Meerestiere, die sie bis zu 10 m Tiefe tauchend erbeuten. Sie brüten fast alle an steilen Felswänden der Küsten arktischer Meere oder auf kleinen felsigen Inseln in oft volkreichen Kolonien, die meistens mehrere Arten umfassen. Immer kehren sie wieder an denselben Brutplatz zurück und bebrüten ihr einziges Ei, das durch seine Birnenform weniger leicht von den schmalen Brutsimsen abrollt als andere Eier. Die größten und bekanntesten Alke sind die *Lummen*, die oft riesige Brutkolonien bilden. Als Gesamtbestand wurden 50 Millionen geschätzt, von denen jährlich 2 Millionen Eier und 1 Million Vögel vom Menschen entnommen werden. Einige tausend Lummen brüten an der Steilküste von Helgoland. Unter ihnen sind auch einige *Tordalken*, die meist in kleinen Gruppen mit Lummen zusammen nisten, beide auch in der Ostsee auf einigen Felseninseln. Die Jungen beider Arten verlassen noch nicht flugfähig ihre Brutstätte und werden aufs Wasser geführt. Eine Verwandte, die *Gryllteiste*, bildet nur kleine Gesellschaften und brütet in tiefen Felsspalten oder unter Gesteinstrümmern, auch weiter ab von der Küste. Der kleinste Alk, *Krabbentaucher*, bildet die größten Vogelgesellschaften überhaupt, ihre Kolonien zählen nach Hunderttausenden, ja Millionen. Sie ziehen bis in den mittleren Atlantik und ins Mittelmeer. Eigenartig wirken die bunten, flach zusammengedrückten Schnäbel der *Papageitaucher*, die ins Erdreich von Felsinseln bis zu einige Meter lange Gänge graben, an deren Ende sie brüten. Ihr Bestand wird auf 15 Millionen geschätzt. Nahe mit ihnen verwandt sind der *Ohrenalk* und der *Hornlund* mit Auswüchsen und Federbüscheln am Kopf. Weitere kleine Alken sind der *Schopfalk* mit bezeichnendem Federschopf nach vorn, der winzige *Zwergalk*, der *Rotschnabelalk* mit löffelförmigem Unterschnabel und der *Dunkelalk*.

Illustrations with labels:

- *Ptilinopus jambu* (Gmelin) — **Flaumfuß-Taube**, Malaysia, Insulinde, 23 cm
- *Ducula aenea* — **Bronzeschwanz-Fruchttaube**, Südasien, Insulinde, 45 cm
- *Alectroenas pulcherrima* Scopoli — **Warzentaube**, Seychellen, 26 cm
- *Megaloprepia magnifica* (Temminck) — **Langschwanz-Fruchttaube**, Australien, 50 cm
- *Hemiphaga novaeseelandiae* (Gmelin) — **Neuseeland-Taube**, Neuseeland, 50 cm
- *Sphenurus sphenurus* (Vigors) — **Keilschwanz-Papageitaube**, Himalaya, Hinterindien, 36 cm
- *Treron waalia* (F. A. A. Meyer) — **Waalia-Taube**, Ostafrika, 30 cm
- *Columba fasciata* Say — **Schuppenhalstaube**, Nord- und Mittelamerika, 36 cm
- *Columba livia* Gmelin — **Felsentaube**, Europa, Nordafrika, Westasien, 33 cm
- *Columba palumbus* Linnaeus — **Ringeltaube**, Europa, Nordwestafrika, Westasien, 41 cm
- *Streptopelia turtur* (Linnaeus) — **Turteltaube**, Europa, Nordafrika, Westasien, 28 cm
- *Oena capensis* (Linnaeus) — **Kaptäubchen**, Südafrika, 25 cm
- *Chalcophaps indica* (Linnaeus) — **Glanzkäfertaube**, Indien, Burma, 24 cm
- *Geopelia striata* (Linnaeus) — **Sperbertäubchen**, Malaysia, Australien, 18 cm
- *Gallicolumba luzonica* (Scopoli) — **Dolchstichtaube**, Philippinen, 25 cm

Ordnung Columbiformes — Taubenvögel

Familie: Columbidae — Tauben

Unterfamilie: Treroninae — Fruchttauben (*Alectroenas, Ducula, Hemiphaga, Megaloprepia, Ptilinopus, Sphenurus, Treron*), Columbinae — Eigentliche Tauben (*Caloenas, Chalcophaps, Columba, Gallicolumba, Geopelia, Mysticivora, Ocyphaps, Oena, Streptopelia*)

Die Taubenvögel sind gekennzeichnet durch untersetzten Körper mit kleinem Kopf, dichtes, leicht ausfallendes Gefieder, schmalen Schnabel mit Wachshaut am Ansatz und großen Kropf, der eine Nährlösung („Kropfmilch") zur Jungenfütterung absondert. Sie sind durchweg gute Flieger und legen meist 2 Eier. Charakteristisches Balzverhalten zeigen alle. Unter den Fruchttauben finden wir die buntesten Vögel, die es gibt. Die *Waalia-Tauben* gehören zur Gruppe der Grüntauben, die vorwiegend Feigen fressen. *Papageitauben* sind als Gebirgsbewohner anders als ihre Verwandten, Zugvögel. Zeigen sie bis auf die mehr bläulich gefärbten *Madagaskar-Fruchttauben* vorwiegend Grüntöne im Gefieder, so werden diese bei den *Flaumfußtauben* durch leuchtende andere Farbflecke überdeckt. Größere Arten sind die Bronzefruchttauben, die selbst große Früchte mit ihren Kernen verschlingen können, vor allem die *Muskatnußtaube*. Noch stattlicher sind die *Bronzeschwanz-Fruchttaube* und die *Neuseeland-* oder Chatamtaube. Bei den eigentlichen Tauben müssen vor allem die Feldtauben und als ihr Hauptvertreter die *Felsentaube* genannt werden, von der unsere Haustaube abstammt. Sie ist heute in 140 Zuchtrassen bekannt. Aus verschiedenen Rassen züchtete man die Reise- oder Brieftaube, doch nutzte man Tauben schon seit den ältesten Zeiten zur Nachrichtenübermittlung. Die *Ringeltaube* ist auch in unseren Wäldern und Parks, zunehmend selbst in den Städten, anzutreffen, während die *Schuppenhalstaube* sie in Nordamerika vertritt. Wesentlich kleiner sind die *Turteltauben*, zu denen auch die bei uns heimische Art und die domestizierte Lachtaube gehören. Zu ihnen rechnet man weiter das langschwänzige *Kaptäubchen*, die prächtig gefiederte *Glanzkäfertaube*, die auffallend gehäubte *Schopftaube* und das *Sperbertäubchen*. Sie leben vorzugsweise am Boden. Das trifft auch für die *Dolchstichtaube* zu. Unverkennbar durch ihr Gefieder ist die *Kragentaube*, eine sehr große Erdtaube, deren Fortpflanzungsverhalten wie das der *Dolchstichtaube* auf Grund ihres scheuen Wesens und Lebens in dichtem Unterholz unvollkommen bekannt ist.

Unterfamilie: Gourinae — Krontauben (*Goura*)

Unterfamilie: Didunculinae — Zahntauben (*Didunculus*)

Die *Krontauben* bilden eine besondere Unterfamilie, die sich von allen anderen Tauben unterscheidet. Sie leben am Boden in dichten Regenwäldern. Die *Zahntaube* wird wegen einiger Besonderheiten in ihrem Körperbau als eigene Gruppe an den Schluß der Tauben gestellt. Ihr kräftiger Schnabel ist deutlich gekrümmt und weist an der Spitze des Unterschnabels drei Sägezähne auf.

Familie: Pteroclididae — Flughühner (*Pterocles, Syrrhaptes*)

Offenbar nur lose mit den Tauben verwandt sind die Flughühner, eine sehr spezialisierte Familie. Ihre Lebensräume sind sandige Steppengebiete, Halbwüsten mit spärlichem Bewuchs, aber auch hochgelegene Steinwüsten (in Innerasien) und trockene Buschlandschaft. Zum Trinken müssen sie oft weite Wanderungen durchführen; so fliegen sie schnell und stets gesellig, mitunter in Schwärmen zu Hunderten. Das Bauchgefieder ist geeignet, sich mit Wasser vollzusaugen, so daß sie damit ihre weit entfernten Jungen tränken können. Einige Arten sind Zugvögel und unternehmen oft weite Wanderungen. *Steppenhühner* zogen aus Zentralasien nach strengen Wintern 1863, 1888 und 1908 in gewaltigen Scharen westwärts bis nach Mitteleuropa. Das *Sandflughuhn* ist der größte Vertreter ihrer Gruppe, zu der auch das *Spießflughuhn* gehört, beide in Südeuropa noch vereinzelt anzutreffen; das *Doppelband-Flughuhn* vertritt sie in Südafrika.

Ordnung Psittaciformes — Papageien

Familie: Psittacidae — Papageien

Unterfamilien: Nestorinae — Nestorpapageien (*Nestor*), Psittrichasinae — Borstenköpfe (*Psittrichas*), Kakatoeinae — Kakadus (*Callocephalon, Calyptorhynchus, Kakatoe, Nymphicus, Prosciger*)

Kaum eine Vogelgruppe ist so einheitlich in Körperbau und Lebensweise wie die Papageien, die deshalb auch nur eine Familie mit 7 Unterfamilien bilden. Hauptmerkmal ist der gekrümmte Schnabel, an sich nur der Oberschnabel, gegen den sich der fast gerade Unterschnabel bei der Nahrungsaufnahme schlittenartig bewegt. Am Oberschnabelansatz bewirkt ein Gelenk Beweglichkeit zum Schädel hin, was den Schnabel als Kletterhaken und Greifzange verwenden läßt. — Weitere Eigenheiten sind der große Kopf, kurze Hals und kurze Füße und zwei Zehen nach vorn und hinten. Sie erleichtern das Klettern in Zweigen, dienen aber auch zum Festhalten von Nahrungsbrocken. Die meisten Arten sind bunt gefiedert und alle Tropenbewohner, doch gibt es auch düster gefärbte und sehr wetterharte Vertreter. Fast alle bevorzugen Pflanzennahrung in Form von Körnern und Samen, Früchten und Nüssen, von Blütenpollen, Säften und Nektar. Bis auf Ausnahmen nisten sie in Höhlen und sind sehr gesellig. Manche erreichen in Gefangenschaft oft ein hohes Alter. Als primitivste Papageienart gilt der *Kea*, der Gebirge oberhalb der Baumgrenze bewohnt. Bei Schafzüchtern kam er wegen gelegentlicher Übergriffe auf ihre Tiere in Verruf. Der *Borstenkopf* heißt nach seinen borstenartigen Nackenfedern. Er bewohnt Gebirgswälder, man weiß aber erst wenig über seine Lebensweise. Die Kakadus mit ihren bezeichnenden Federhauben sind um so besser bekannt, da viele zu beliebten Käfigvögeln wurden. Der größte ist der *Arakakadu*, der mit gewaltigem Schnabel die härtesten Nüsse knackt und Einzelgänger ist, während *Raben-* und *Helmkakadu* in kleinen Verbänden leben. *Gelbhaubenkakadu* und *Inkakakadu* sind häufige Bewohner lichter Wälder, die auf Feldern oft als Schädlinge auftreten. Der *Nasenkakadu* gräbt mit seinem langen Oberschnabel Knollen und Wurzeln aus dem Boden. *Nymphensittiche* gehören zu den am häufigsten gehaltenen Arten; sie ähneln durch langen Schwanz und Lebensweise den steppenbewohnenden Sittichen.

Unterfamilien: Micropsittinae — Spechtpapageien (*Micropsitta*), Trichoglossinae — Loris, 1. Psittaculirostrini — Rundschnabelpapageien (*Opopsitta, Psittaculirostris*), 2. Trichoglossini — Pinselzungenloris (*Glossopsitta, Trichoglossus, Vini*), Strigopinae — Eulenpapageien (*Strigops*), Psittacinae — Echte Papageien, 1. Platycercini — Plattschweifsittiche (*Cyanoramphus, Melopsittacus, Neophema, Pezoporus, Platycercus, Psephotus*)

Winzige Formen sind die *Spechtpapageien*, die in bewohnten Nestern von Baumtermiten brüten. Die Loris stellen die buntesten Vertreter aller Papageien. In Anpassung an ihre Blüten- und Früchtenahrung haben sie pinselartig aufgefaserte, zum Lecken geeignete Zungen. Nur Anfänge davon zeigen der *Masken-* und der *Keilschwanz-Zwergpapagei*, während die Pinselzunge allen weiteren Arten als Gruppe den Namen gegeben hat. Von ihnen können nur einige genannt werden: der Blauwangenlori, dessen Unterart *Gebirgslori* rasch zahm wird und unser Klima gut verträgt, der ebenfalls wetterharte, viel gehaltene *Buntlori*, der *Moschuslori*, nach seiner intensiven Ausdünstung so benannt, und der von Ausrottung bedrohte *Tahiti-Blaulori*. — Eigentümlich ist der *Eulenpapagei*, ein fast flugunfähiger Dämmerungs- und Nachtvogel, der vor allem wegen der Ausbreitung von Katze, Hund, Marder und Wiesel dicht vor dem Aussterben steht. Das gilt auch z. T. für den *Erdsittich* und die *Laufsittiche*, von denen bereits mehrere Arten bei eng begrenzter Verbreitung ausgerottet wurden. Sie gehören zur Gruppe der Plattschweifsittiche wie der *Wellensittich*, der in 120 Jahren seiner Züchtung einen ungeahnten Siegeszug in der Gunst der Vogelfreunde in aller Welt antrat. Vor 100 Jahren trat bei ihm die erste abweichende Färbung auf, heute gibt es eine kaum noch überschaubare Vielzahl von Farbkombinationen. Den *Goldbauchsittich* stellt man dem *Goldschultersittich* gegenüber und trennt ihn von den Eigentlichen Plattschweifsittichen, von denen wir nur den *Pennant-* und den *Ringsittich* zeigen. Sie streifen als Steppentiere oft in riesigen Schwärmen weit umher.

Unterfamilie: Psittacinae — Echte Papageien
2. Loriini — Wachsschnabelpapageien (*Agapornis, Aprosmictus, Lorius, Prosopeia, Psittacula*), 3. Loriculini — Fledermauspapageien (*Loriculus*), 4. Psittacini — Stumpfschwanzpapageien (*Amazona, Coracopsis, Deroptyus, Pionus, Psittacus*), 5. Araini — Keilschwanzsittiche (*Anodorhynchus, Ara, Aratinga, Enicognathus, Forpus*)

Zu den Wachsschnabelpapageien rechnen wir recht verschieden gestaltete Formen. Da sind der prächtige *Scharlachflügel* und der *Maskensittich,* die man nur selten einmal in zoologischen Gärten sieht, weiter die *Edelpapageien,* bei denen man lange nicht wußte, daß die Geschlechter so grundverschieden gefärbt sind, die Weibchen noch dazu auffälliger als die Männchen — sie wurden jetzt auch in Gefangenschaft gezüchtet. Wir haben dann weiter die Arten der Edelsittiche, von denen einige auch in Hochgebirgen leben, daher sehr wetterhart sind. Der *Große* und *Kleine Alexandersittich* bewohnen ebenso Wälder und unfruchtbare Felsgebiete wie Kulturland, man trifft sie gelegentlich in der Hand von Züchtern. Viel häufiger ist dies beim *Pflaumenkopfsittich* der Fall, der wegen seiner ansprechenden Färbung, Verträglichkeit und melodischen Stimme beliebt ist. Ganz anders sehen die Unzertrennlichen aus, eine Gruppe gedrungen gebauter kleiner Papageien mit kurzen Schwänzen, von denen das dargestellte *Rosenköpfchen* einen Begriff gibt. Bei ihnen halten die Paare auch außerhalb der Brutzeit eng zusammen — daher ihr Name —, und ihr Gemeinschaftsleben ist so anziehend, daß es von zahlreichen Vogelfreunden in Käfig und Voliere gern beobachtet wird. Einzelhaltung würde bei ihnen wie bei den meisten Papageien eine Tierquälerei sein. Eine Art benutzt in der Natur die Baue von Baumtermiten als Brutstätte; einige andere transportieren Nistmaterial zwischen den Bürzelfedern zum Nest. Das tun auch die zierlichen *Fledermauspapageien,* die in den Baumkronen dichter Regenwälder leben. Sie wurden in Anlehnung an die Fledermäuse benannt, weil sie nach deren Gewohnheit mit dem Kopf nach unten im Gezweig hängend schlafen, mitunter auch Nahrung aufnehmen. Zur Gruppe Stumpfschwanzpapageien zählen wir die stattlichen *Vasapapageien,* die auf Madagaskars Wälder als

Lebensraum beschränkt sind, vor allem aber den *Graupapagei*, der als ausgezeichneter Imitator menschlicher Sprache schon seit Jahrhunderten zum geschätzten Hausgenossen wurde. Bei guter Pflege kann er sehr alt und ungemein zutraulich werden, lernt außer Worten auch Melodien wiederzugeben und zeigt oft ein erstaunliches Gedächtnis. Der *Blaukopf-* oder *Schwarzohrpapagei* ist als Pflegling weniger zu empfehlen, dagegen der *Fächerpapagei* mit seinem auffälligen Federkragen, den er in Erregung weit abspreizt. Weit verbreitet beim Züchter und Liebhaber sind die zahlreichen Arten der Amazonen. Die bekannteste ist die *Rotbug-* oder *Blaustirnamazone*. Auch für sie gilt wie für andere Papageien, daß man sich mit ihr beschäftigen muß, sonst wird sie verkümmern und viele Untugenden wie Schreien, Beißen oder Federfressen entwickeln. Die *Kaiseramazone* ist die größte, die *Bahama-Amazone* eine vom Aussterben bedrohte Art. Als letzte Gruppe der Echten Papageien folgen die Keilschwanzsittiche, deren auffallendstes Merkmal ihre durchdringend laute Stimme ist. Eine Ausnahme davon machen nur die winzigen *Sperlingspapageien*, geschickte Kletterer und schnelle Flieger. Sie werden auch gern in der Obhut von Pflegern gehalten. Der *Langschnabelsittich* gräbt mit seinem verlängerten Oberschnabel im Erdreich nach pflanzlicher Nahrung. Der *Jendajasittich* ist ein häufiger Bewohner brasilianischer Wälder, von wo er auf Kulturland streift und hier oft erheblichen Schaden anrichtet. In Gefangenschaft schätzt man ihn wegen seiner Verträglichkeit und leichten Züchtbarkeit. Die Aras sind die größten aller Papageien, in allen Waldgebieten Südamerikas beheimatet. Hier zerkleinern sie mit ihren gewaltigen Schnäbeln selbst die härtesten Früchte. Ihre Federn sind seit der Inkazeit bei den Indios begehrter Schmuck. Früher wurden sie in zoologischen Gärten meist auf Bügeln angekettet gehalten, doch kommt diese Sitte immer mehr ab und man zeigt sie freifliegend oder in großen Gehegen, wo ihr buntes Gefieder auch viel besser zur Geltung kommt. Ihr lautes Geschrei wird freilich oft als unangenehm empfunden. Bei zweckmäßiger Haltung werden sie bald zahm und haben auch schon oftmals in Gefangenschaft gebrütet. Der *Hyazinthara* ist die größte Papageienart. Er nistet in den Steilwänden von Flußufern, in die er sich Bruthöhlen gräbt. In Menschenhand wird er besonders rasch zahm und anhänglich. Der *Hellrote Ara* oder *Arakanga* ist als Pflegling nicht weniger beliebt als die vorige Art, weil er sehr zahm werden kann und auch sprechen lernt, zudem sich als widerstandsfähig erweist. Ebenso wie er gilt der *Grünflügelara* als angenehmer Hausgenosse. Der beste Sprecher unter den Aras dürfte die *Ararauna* sein, die sich auch besonders leicht züchten läßt. Vom *Soldatenara* ist eine Gefangenschaftszucht noch nicht gelungen.

Corythaeola cristata (Vieillot)
Riesenturako
West- u. Zentralafrika
70 cm

Crinifer africanus (Latham)
Westl. Brauner Lärmvogel
Westafrika 50 cm

Crinifer leucogaster (Rüppell)
Weißbauchlärmvogel
Ostafrika 50 cm

Tauraco hartlaubi (Fischer u. Reichenow)
Hartlaub-Turako
Ostafrika
45 cm

Tauraco persa (Linnaeus)
Grünhelmturako
Westafrika
45 cm

Tauraco leucolophus (Heuglin)
Weißhaubenturako
Zentralafrika
45 cm

Tauraco erythrolophus (Vieillot)
Rothaubenturako
Westl. Mittelafrika
45 cm

Musophaga violacea Isert
Schildturako
Westafrika
45 cm

Ordnung Cuculiformes — Kuckucksvögel

Familie: Musophagidae — Turakos (*Corythaeola, Crinifer, Musophaga, Tauraco*)

Kuckucksvögel sind durch lange Schwänze und je zwei nach vorn und hinten gerichtete Zehen (wie Papageien) gekennzeichnet. Man gliedert sie in zwei Familien: Turakos und Kuckucke. Erstere sind krähengroße Baumvögel der afrikanischen Tropen, die vorwiegend von Früchten leben. Ihre grüne Gefiederfarbe ist auf einen nur bei ihnen vorkommenden Farbstoff zurückzuführen, ebenso das Rot der Flügelfedern, das sich im Wasser löst. Einige zeigen hochstehende Federhauben. Sie klettern und laufen geschickt in den Ästen, fliegen dagegen nur kurze Strecken. Der *Hartlaubs-Turako* ist in Gebirgswäldern anzutreffen, wo er im dichten Laubwerk kaum sichtbar wird, weil er bei Gefahr bewegungslos sitzt. Als besonders scheu gilt der *Grünhelmturako*, doch auch der *Weißhauben-* und *Rothaubenturako* aus den Regenwaldgebieten und Galeriewäldern West- und Südafrikas sind in den hohen Baumkronen nicht zu finden, verraten sich nur durch ihre Rufe. Die blauschimmernden *Schildturakos* hießen einst Bananenfresser, verzehrten diese Früchte aber kaum. Sie leben geselliger als Turakos und in lichteren Wäldern als diese.

Der *Riesenturako* ist eine abweichende Form, der zu den *Lärmvögeln* überleitet, vorwiegend erdfarbene Steppen- und Savannenbewohner.

Familie: Cuculidae — Kuckucke

Unterfamilien: Cuculinae — Eigentliche Kuckucke (*Chalcites, Clamator, Chrysococcyx, Cuculus, Eudynamis, Hierococcyx*), Coccyzinae — Regenkuckucke (*Coccyzus*), Phaenicophaeinae — Buntschnabelkuckucke (*Rhopodytes, Zanclostoma*), Crotophaginae — Madenhackerkuckucke (*Crotophaga*), Geococcyginae — Langbeinkuckucke (*Geococcyx*), Couinae — Seidenkuckucke (*Coua*), Centropodinae — Spornkuckucke (*Centropus*)

Zur Familie der Kuckucke gehören 128 Arten, von denen 50 Brutschmarotzer sind. Die meisten bewohnen Wälder und ernähren sich von Insekten. Bemerkenswert ihre Vorliebe für behaarte Raupen und die lauten Rufe zur Brutzeit, mit denen sie das Brutrevier abgrenzen. Unser nahezu weltweit verbreiteter *Kuckuck* ist so volkstümlich, daß sein Name in zahlreichen Sprachen lautmalend wiederkehrt. Er ist das Urbild des Brutparasiten, der weder ein Nest baut noch brütet, noch Junge aufzieht. In ähnlicher Form finden wir das als besondere Ausnahme in einigen anderen Vogelfamilien. — Unserem Kuckuck dienen fast 90 Singvogelarten als „Wirte", besonders Grasmücken, Rohrsänger und Stelzen. Dabei sind seine Eier denen der Wirtsvögel weitgehend angepaßt. In jedes Nest legt er nur ein Ei, 4—5 im ganzen. Das frisch geschlüpfte Junge zeigt den Trieb, alles sonst im Nest Befindliche herauszuwerfen, also Eier oder Junge seiner Wirte. Gelingt das nicht, so erlischt der Trieb, aber der Jungkuckuck ist dennoch bald allein im Nest, da er durch weit aufgesperrten roten Rachen bei der Fütterung ständig bevorzugt wird, rascher wächst und die Nestgeschwister verhungern. Das ist für ihn, der die Zieheltern bald an Größe übertrifft, lebensnotwendig. Diese haben keine Vorstellung davon, ob sie eigene oder fremde Junge aufziehen. — Die *Häherkuckucke* mit kleiner Federhaube legen ihre Eier in die Nester von Krähen, Elstern, Hähern und Glanzstaren. Der *Fluchtkuckuck* ähnelt durch Querbänderung manchen Greifvögeln. Unter den Goldkuckucken finden wir den *Smaragdkuckuck* mit typisch metallisch glänzendem Gefieder. Die *Glanzkuckucke* weisen vielfach dunklen Violettglanz oberseits auf. Während sonst die Kuckucke allgemein Einzelgänger sind, gibt es in Südamerika gesellig lebende und brütende Arten: die Madenhackerkuckucke. Sie betätigen sich als Wohltäter des Weideviehs, bauen Gemeinschaftsnester, bebrüten abwechselnd die Eier und ziehen auch Junge auf; typisch für sie ist der *Ani*. Der langschwänzige *Koël* frißt neben Insekten auch gern Früchte. Die Regenkuckucke sind die einzigen nahen Verwandten unseres Kuckucks in Amerika, teils Brutschmarotzer, teils Selbstbrüter. Die Buntschnabelkuckucke mit *Kokil* und *Sichelkuckuck* bauen und brüten dagegen nur selbst. Das tun auch die *Seidenkuckucke*, bodenbewohnende Form mit besonders weichem Gefieder. Genauso verhält sich der *Rennkuckuck*, auch Wegläufer genannt, der mit großer Schnelligkeit auf Straßen vor dem Verfolger fortläuft. Die *Sporn-* und *Fasanenkuckucke* stehen etwas abseits. Sie sind Selbstbrüter und leben vornehmlich am Boden.

Otus leucotis (Temminck)
Weißgesichteule
Westafrika bis Kenia
28 cm

Tyto tenebricosa (Gould)
Ruß-Schleiereule
Neuguinea   34 cm

Tyto alba (Scopoli)
Schleiereule
Alle Erdteile   34 cm

Otus scops (Linnaeus)
Zwergohreule
Europa, Asien, Afrika
19 cm

Otus rufescens (Horsfield)
Rötl. Zwergohreule
Malaysia, Insulinde
18 cm

Otus bakkamoena Pennant
Halsring-Zwergohreule
Asien   20 cm

Phodilus badius (Horsfield)
Maskeneule
Asien   25 cm

Tyto novaehollandiae (Stephens)
Masken-Schleiereule
Australien   44 cm

Bubo virginianus (Gmelin)
Amerikan. Uhu
Nordamerika   65 cm

Bubo bubo (Linnaeus)
Uhu
Europa, Asien
70 cm

Bubo nipalensis Hodgson
Nepal-Uhu
Vorderindien, Ceylon
55 cm

Ketupa ketupa (Horsfield)
Malayischer Fischuhu
Hinterindien, Malaysia
45 cm

Nyctea scandiaca (Linnaeus)
Schnee-Eule
Arktische Gebiete   65 cm

Scotopelia peli Bonaparte
Afrikan. Fischeule
Trop. Afrika   63 cm

Ordnung Strigiformes — Eulen

Familie: Tytonidae — Schleiereulen (*Tyto, Phodilus*)

Familie: Strigidae — Eulen

Unterfamilien: Buboninae — Echte Eulen (*Athene, Bubo, Ciccaba, Glaucidium, Ketupa, Micrathene, Ninox, Nyctea, Otus, Pulsatrix, Scotopelia, Speotyto, Surnia*), Striginae — Ohreulen und Käuze (*Aegolius, Asio, Strix*)

Die Eulen sind eine von anderen Vögeln deutlich abgegrenzte Gruppe. Kopf mit nach vorn gerichteten Augen, kurzer Hals und weiches Gefieder. Auf Grund ähnlicher Lebensweise, gleichartigen Schnäbeln und Krallen, stellte man sie früher zu den Greifvögeln, mit denen sie aber keine Beziehung haben. Nachts oder im Dämmern erjagen sie vor allem kleine Nagetiere, wobei unauffällige Tarnfärbung und lautloser Flug durch schallschluckende Fransen an den Schwungfedern von Nutzen sind. Unverdauliche Nahrungsteile würgen sie als „Gewölle" wieder aus. Ihre Augen können geringste Helligkeitsspuren ausnutzen: da sie unbeweglich sind, ist der Hals dafür um so beweglicher; er kann Drehungen von über 180° ausführen. Auch ihr Gehör ist ausgezeichnet, nach ihm richten sie sich bei der Jagd. Hautfalten an den Ohren bilden kaum sichtbare Schalltrichter, wogegen die Federohren nur als Schmuck dienen. Es werden rundliche Eier gelegt, die Männchen sammeln während des Brütens Nahrungsvorräte. Zur Balzzeit rufen sie viel, einige singen in Strophen. Der Mensch begegnet ihnen entweder mit Achtung, sie gelten als Sinnbild der Weisheit, oder aus Aberglaube mit Abscheu und Furcht. Die *Schleiereulen* als ausgesprochene Nachtvögel verbergen sich tagsüber, bewohnen bevorzugt Kirchtürme, Ruinen und Feldscheunen, wo sie durch schnarchende Balzlaute auffallen. Sie sind kälteempfindlich und verhungern bei hoher Schneedecke, die ihre Mäusenahrung verdeckt. Meist leben sie in offenem Gelände, während die *Ruß-* und die *Masken-Schleiereule* in den Urwäldern Neuguineas und Australiens vorkommen. *Zwergohreulen* gibt es in 30 Arten. Zu ihnen gehören nicht nur die auch in Europa vorkommende Form, sowie ihr ähnliche Vertreter in Südostasien, die *Rötliche* und die *Halsring-Zwergohreule*, sondern auch die *Weißgesichtseule* aus dem tropischen Afrika. Die größten Eulen sind die *Uhus*, vor allem die auch in Mitteleuropa vereinzelt noch brütende, letzthin an manchen Orten wieder angesiedelte Art, die nach ihrem dumpfen Balzruf benannt ist. Der *Amerikanische Uhu* kommt in einer unterseits bräunlichen und weißlichen Farbphase vor; der *Nepaluhu* ist eine weitere kleinere Form. *Fischuhus* besitzen wie *Fischeulen* unbefiederte Beine und Zehen, um ihre bevorzugten Beutetiere besser greifen zu können. Auffallend gezeichnet und danach benannt ist der *Brillenkauz*. Die prächtige *Schnee-Eule* jagt in den nordischen Tundren nur tagsüber ihre Beutetiere, Lemminge, während die langschwänzige, im Flug wie Falken wirkende *Sperbereule* Bewohner dichter Wälder ist. *Sperlingskauz* und *Elfenkauz* sind die kleinsten Eulen; sie setzen sich gern auf Baumgipfel. Der erstere ist ausgesprochener Tagvogel, letzterer lebt vorwiegend nächtlich. *Kuckucks-Kauz* und *Brauner Buschkauz* kennzeichnen eine Gruppe langflügeliger und langschwänziger Eulen, der auch bei uns heimische *Steinkauz* eine solche kleiner kurzschwänziger Arten. Er duckt sich in Erregung, richtet sich dann wieder hoch auf und hat eine Fülle verschiedener Rufe. Ihm ähnlich ist die *Kanincheneule*, die in Erdlöchern brütet. Der *Tropen-Waldkauz* vertritt in den Regenwäldern Amerikas und Afrikas den heimischen *Waldkauz*, unsere häufigste Eule, dessen heulende Balzrufe in Wäldern, Parks und selbst Ortschaften schon im zeitigen Frühling zu hören sind. Ihm ähnelt im Verhalten der größere *Habichtskauz* sowie in anderen Kontinenten der *Fleckenkauz* und *Braune Waldkauz*. Von Ohreulen seien nur die auch bei uns häufige *Waldohreule* als Bewohner von Waldungen jeder Art und die *Sumpfohreule*, selten gewordener Brutvogel von Sumpfwiesen und Mooren, genannt. Der *Rauhfußkauz*, auffallend dickköpfiger und ruffreudiger Gast in ausgedehnten Waldungen, soll die Aufzählung der Eulen beschließen.

Ordnung Caprimulgiformes — Nachtschwalben

Familien: Steatornithidae — Fettschwalme (*Steatornis*), Podargidae — Schwalme (*Batrachostomus, Podargus*), Nyctibiidae — Tagschläfer (*Nyctibius*), Aegothelidae — Höhlenschwalme (*Aegotheles*), Caprimulgidae — Ziegenmelker (*Caprimulgus, Chordeiles, Eurostopodus, Macrodipteryx, Semeiophorus*)

Nachtschwalben sind Dämmerungs- und Nachtvögel, die bis auf den Norden in allen Kontinenten vorkommen. Bemerkenswert an ihnen die breite, bis hinter die Augen reichende Schnabelöffnung, große Augen, schwache Füße und weiches Gefieder im Muster und Färbung von Baumrinde. Bis auf eine Art ernähren sie sich von allerlei Kleintieren. Diese Art ist der *Fettschwalm*, den A. von Humboldt erst 1799 entdeckte. Er bewohnt dunkle Höhlen, in denen er sich wie Fledermäuse durch Echolotpeilung wie mit einem Radargerät orientiert. Er fliegt weit zu seiner Fruchtnahrung, seine Jungen sind sehr fett und werden von Indianern wirtschaftlich genutzt. *Eulenschwalm* und *Riesenfroschmaul* kennzeichnen große Nachtschwalben der indo-australischen Region. Sie leben in Waldgebieten, die erste Art auch in Wüsten. Bemerkenswert ihre Schreckhaltung und ihre lauten Rufe; Nahrungstiere nehmen sie meist vom Boden auf. *Tagschläfer* heißt eine weitere Gruppe bezeichnend nach ihrer Lebensweise. Sie sitzen in Ruhe senkrecht aufgerichtet und gleichen so täuschend einem kahlen Ast. In dieser Stellung bebrüten sie auch ihr auf einem Ast abgelegtes Ei. *Höhlen-* oder *Zwergschwalme* sind kleiner, ihr Schnabel ist weicher und von Stirnfedern fast verdeckt. Sie leben in dichten Wäldern und sitzen tagsüber in Baumhöhlen, wo sie auch brüten. Zu den *Ziegenmelkern* — der Name rührt von der Sage her, daß sie nachts weidenden Ziegen Milch absaugen — gehört die Mehrzahl der Nachtschwalben. Sie sitzen auf Ästen in Längsrichtung, nicht quer wie andere Vögel, ruhen tagsüber und klatschen beim Balzflug mit den Flügeln. Eier werden ohne Unterlage am Boden abgelegt. Die heimische Art lebt in lichten Kiefernwäldern. Im Brutrevier läßt das Männchen ein Schnurren und eulenartige Rufe hören, ist aber durch seine Tarnfärbung kaum zu entdecken. Als einzige Vögel können sie in längere „Kältestarre" verfallen, eine amerikanische Art überwintert sogar auf diese Weise. Ihr nächster Verwandter ist der *Whip-Poor-Will*, der so ruft wie er heißt. *Ruderflügel-Ziegenmelker* und *Flaggenflügel* besitzen zu langen Wimpeln umgebildete Schwungfedern, die als Signal dienen und ihnen im Flug nachflattern. Die *Falken-Nachtschwalbe* jagt auch während der Tageszeit Insekten, heißt deshalb bei den Amerikanern Nachthabicht.

Ordnung Apodiformes — Seglervögel

Familie: Apodidae — Segler

Unterfamilien: Chaeturinae — Stachelschwanzsegler (*Chaetura, Collocalia, Cypseloides, Hirundapus, Streptoprocne*), Apodinae — Echte Segler (*Aeronautes, Apus, Cypsiurus*)

Familie: Hemiprocnidae — Baumsegler (*Hemiprocne*)

Nach dem deutschen Namen Segler sollten sie in der Luft segeln und nach dem wissenschaftlichen keine Beine haben. Beides stimmt nicht; sie haben freilich nur kurze Füße und sie können während des Fluges etwas gleiten. Im Vergleich aller Vögel haben sie aber die relativ längsten Flügel, soweit sie den vorderen Teil betreffen, während der hintere besonders klein ist. Das setzt sie in die Lage, vollendet, schnell und auch ausdauernd zu fliegen, wobei Geschwindigkeiten von 150 km/st, bei einigen Arten 300 km/st erreicht werden. Sie verbringen fast den ganzen Tag in der Luft, erjagen ihre Insektennahrung, begatten sich fliegend, sammeln Nestbaustoffe und schlafen sogar zeitweise freischwebend in Aufwindströmungen. — Eine Unterfamilie bilden die Stachelschwanzsegler, bei denen verlängerte Federschäfte wie kleine Spieße die Schwanzfedern überragen. Ihre Schwungfedern sind miteinander durch feine Verhakung (ähnlich Reißverschlüssen) festgefügt, was zum Erzielen höchster Fluggeschwindigkeit wesentlich ist. Der *Eil-Stachelschwanz-* und *Halsbandsegler* gehören zu den schnellsten Arten, der *Kaminsegler* ist vom Baumbrüten seiner Verwandten zum Nisten in Gebäuden übergegangen, während brasilianische Formen an Felswänden hinter Wasserfällen brüten. Kaum sichtbare Schwanzstacheln zeigt der *Schwarzsegler*. Die *Salangane* stellen die eßbaren Vogelnester her; sie bestehen aus ihrem rasch erhärtenden Speichel, den zur Brutzeit anschwellende Drüsen absondern. Sie werden in oft riesigen Kolonien an Wänden von Felshöhlen angeklebt. Der *Mauersegler* wurde als häufiger Bewohner aller Städte, die er im Sommer mit seinem bezeichnenden sichelförmigen Flugbild und lautem Schreien belebt, zum Urbild seiner Sippe. Schlechtwettertage kann er in Kältestarre überstehen. Wie er hat sich der *Alpensegler* vom Gebirgsvogel zum Kulturfolger entwickelt; er nistet in der Schweiz an hohen Gebäuden. *Weißbrustsegler* haben einen Gabelschwanz und ein Gelege von 4—6 Eiern (gegenüber sonst 1—3), *Palmsegler* kleben ihr Nest und die beiden Eier mit Speichel an Palmblätter und bebrüten sie aufrecht. Die *Haubensegler* sehen mit langen Gabelschwänzen wie Schwalben aus. Ihr winziges Nest mit einem Ei, beide angeleimt, gleicht einem Astauswuchs.

Ordnung Trochiliformes — Kolibris

Familie: Trochilidae — Kolibris (*Anthracothorax, Calothorax, Calypte, Chaetocercus, Ensifera, Eulampis, Eupetomena, Eutoxeres, Florisuga, Heliothrix, Lesbia, Loddigesia, Lophornis, Patagona, Phaethornis, Selasphorus, Spathura, Topaza, Trochilus*)

Die Kolibris sind eine deutlich von anderen Vogelgruppen getrennte Familie, sie umfaßt 320 Arten. Zu ihnen gehören die kleinsten Vögel von 2 g Gewicht und 6 cm Länge. Ihre ungemein vielseitige Erscheinung ist durch verschiedene Lebensweise, vor allem Ernährung bedingt, deren Grundlage Blütennektar darstellt. Viele Arten haben sich auf wenige Blüten spezialisiert, ihre Schnäbel sind ihnen in der Form angepaßt und die Vögel bestäuben dabei die Pflanzen. Die zweiteilige röhrenförmige Zunge saugt den Nektar aus den Blüten. Bemerkenswert vor allem ihre Flugtechnik, die als insektenähnliches Schwirren am Ort mit blitzschneller Richtungsänderung nach allen Seiten bei den Vögeln einzig dasteht. Phantastisch die Farbenpracht ihres Gefieders, die durch Schillerstruktur verursacht wird. Es fällt schwer, einige bemerkenswerte Arten aus der Vielfalt herauszustellen. Da sind der *Jamaika-Kolibri* mit zwei sehr langen und dünnen Schwanzfedern, die *Schleppensylphe* mit gleichfalls lang ausgezogenem Schwanz, die *Schmuckelfe* mit prächtigem Federkragen und Haube, die *Flaggensylphe* und *Wundersylphe* mit eigenartigen Spatelschwänzen zu nennen, dann der *Adlerkolibri*, den ein stark gebogener Hakenschnabel auszeichnet und der *Schwertschnabel*, dessen Schnabel die Körperlänge weit übertrifft. *Riesengnom* und *Topaskolibri* gehören zu den größten, *Hummelelfe* und *Annakolibri* zu den kleinsten Arten. Der *Fuchskolibri* trägt keine Spur von dem sonst vorherrschenden Grünschiller, den andere Arten in Blau zeigen.

Ordnung Trogoniformes — Trogons

Familie: Trogonidae — Trogons (*Apaloderma, Harpactes, Heterotrogon, Pharomachrus, Priotelus, Temnotrogon, Trogon*)

Trogons sind in leuchtenden Farben prunkende Vögel, die mit 34 Arten die Tropengebiete bewohnen. Nach ihren kurzen kräftigen Schnäbeln, mit denen sie Bruthöhlen aus morschen Bäumen herausbeißen, nennt man sie auch Nageschnäbler. Das bei den Männchen oberseits meist grüne, unterseits gelbe oder rote Gefieder zeigt vielfach Metallglanz durch Schillerstruktur. Sie leben paarweise oder als Einzelgänger und sind in den Urwaldbäumen trotz ihrer Farbigkeit schwer sichtbar. Abweichend von allen anderen Vögeln sind an ihren Füßen die 1. und 2. Zehe nach hinten, die 3. und 4. nach vorn gerichtet. Die bekannteste Art ist der *Quetzal*, Göttervogel der alten Azteken und Mayas, der zum Wappentier und zur Münzeinheit von Guatemala wurde. Seine prächtige Färbung bietet einen wundervollen Kontrast, die über 1 m langen Oberschwanzdecken bilden eine herrliche Schleppe, die einst den Kopfschmuck des Kaisers Montezuma zierte. Nur höchste Würdenträger durften in vorkolumbianischer Zeit Quetzalfedern besitzen. Durch Verfolgung und Vernichtung der Lebensräume in den Gebirgen Mittelamerikas ist dieser Vogel heute in seinem Bestand sehr bedroht. Für den *Zitronengelben-* und *Grüntrogon* trifft dies noch nicht zu, beide brüten mitunter in bewohnten Nestern von Baumtermiten. Eine andere Art bezieht Wespennester. Der *Kubatrogon* ist durch Kulturmaßnahmen in seiner Heimat selten geworden, wogegen sich der *Rosentrogon* noch gut gehalten hat. Die afrikanischen Arten *Zügel-* und *Bergzügeltrogon* sind durch nackte Hautpartien an Auge und Ohr ausgezeichnet. Sie leben allein von Insekten und dies tun auch die asiatischen Formen *Binden-*, *Feuer-* und *Orangebrusttrogon*, denen metallische Glanzfarben fehlen.

leitet sich wohl ebenso von ihrer Gefiederfärbung wie von den flinken mausartigen Bewegungen ab. Sie leben an Waldrändern, Flußläufen, mitunter auch in den Parks von Siedlungen, fast immer in kleinen Trupps von 5—30 Vögeln. Oft nehmen sie Hängehaltung an Ästen ein, wobei ihre Füße in Brusthöhe zugreifen. Ihre Nahrung sind Knospen, Blätter, Blüten und gelegentlich Insekten. *Brillen-* und *Blaunacken-Mausvogel* zeigen außer nacktem roten Ring um die Augen Metallglanz an Flügeln und Schwanz, der *Gestreifte Mausvogel* ist am weitesten verbreitet. Seine Querbänderung ist bei dem *Weißkopf-Mausvogel* nur noch angedeutet und beim *Weißrücken-Mausvogel* völlig verschwunden. Blaunacken- und Brillen-Mausvögel geben flötende Rufe von sich, die gestreifte Art beschränkt sich auf Schilptöne.

Ordnung Coraciformes — Rackenvögel

Familie: Alcedinidae — Eisvögel

Unterfamilien: Alcedininae — Wassereisvögel (*Alcedo, Ceryle, Ceyx, Chloroceryle, Ispidina, Megaceryle*), Daceloninae — Baumeisvögel (*Dacelo, Halcyon, Pelargopsis, Tanysiptera*)

Rackenvögel umfassen 7 Vogelfamilien. Sie sind vorwiegend buntgefärbte Bewohner der Tropen und Subtropen. Die Eisvögel kennzeichnet ein untersetzter Rumpf, kurzer Hals und großer Kopf mit langem spitzen Schnabel, sehr kurze Beine mit kleinen Füßen, deren 3 Vorderzehen z. T. verwachsen sind. Leuchtende Gefiederfarben, oft mit Metallglanz, finden wir bei den meisten der 84 Arten. Als

Ordnung Coliiformes — Mausvögel

Familie: Coliidae — Mausvögel (*Colius, Urocolius*)

Mausvögel sind unscheinbar graue und braune Vögel von Finkengröße, die durch Federhauben, lange steife Schwänze und weiches Gefieder gekennzeichnet sind. Ihr Name

Jäger vom Ansitz aus stoßen sie auf Beute oder sie verharren flügelschlagend am Ort, um dann herabzustürzen. Ihre Nahrungstiere sind kleine Fische und Insekten bei Wassereisvögeln, Krebse, Lurche, Reptilien, Jungvögel bei Baumeisvögeln. Zur ersten Gruppe gehört der heimische *Eisvogel*, der farbenprächtigste Vertreter unserer Vögel. Trotz starker Abnahme durch die Verschmutzung aller Gewässer findet man ihn noch an klaren Bächen, gern auch an Fischteichen, wo er mitunter verfolgt wird, obwohl er keinen spürbaren Schaden anrichtet. An Steilhängen von Fließwasser gräbt er seine Nisthöhle, auf einem Ast über dem Wasserspiegel wartet er mit Ausdauer auf Beutetiere. Eine kleine Art, der *Zwergkönigsfischer*, ist mitunter weitab vom Wasser anzutreffen. Er erbeutet Insekten auf Grasland genauso im Sturzflug wie seine Verwandten Fische im Wasser. *Wald-Königsfischer* leben ebenso von Fischen wie von Insekten. Durch lange Schwänze fallen der *Großfischer*, *Graufischer* und *Texas-Grünfischer* auf, die öfter im Rüttelflug als von der Warte aus jagen und sich weit geselliger zeigen als die erstgenannten Arten. Sie leiten über zu den Baumeisvögeln, größere und weniger ans Wasser gebundene Formen mit wesentlich breiteren flachen Schnäbeln. Der *Gurial* oder Storchschnabel-Eisvogel bewohnt Mangrovewälder und bewaldete Flußufer, der *Waldfischer* jede Waldformation, auch weitab von Gewässern, während der *Grünkopfliest* mit sehr weiter Verbreitung von Ostafrika bis Australien in allen Küstenzonen zu finden ist. Der *Javaliest* gehört in seine nächste Verwandtschaft, die *Jägerlieste* oder *Kookaburras*, deren häufigste Art nach seiner lauten schallenden Stimme auch „Lachender Hans" genannt wird, Riesenformen darstellen. Der *Seidenliest* nistet in Baumtermitenhöhlen.

Familien: Todidae — Todis (*Todus*), Momotidae — Sägeracken (*Baryphthengus*, *Momotus*)

Todis und Sägeracken erinnern in Gestalt und Lebensweise an Eisvögel, haben aber auch Beziehungen zu Bienenfressern. Bei den Todis handelt es sich um 5 Arten, von denen der *Kuba-*, *Portorico-* und *Breitschnabeltodi* gezeigt werden. Sie lauern wie Fliegenschnäpper auf vorüberfliegende Insekten, die sie im Fluge fangen. Sägeracken heißen nach den gezähnten Rändern ihres Schnabels. Ein besonderes Merkmal bilden die spatelförmigen Enden ihrer verlängerten mittleren Schwanzfedern, die vor den Enden nur aus den Schäften ohne Fahne bestehen. Hier sind die Federäste brüchig und fallen leicht ab. Als Ansitzjäger halten sie sich auf Bäumen auf, brüten aber in Erdhöhlen. Der *Motmot* wurde nach seinem Ruf benannt, die *Türkisbrauen-Sägeracke* zeigt die längsten Spatelfedern, die der *Rotkopf-Sägeracke* ganz fehlen.

Familie: Meropidae — Bienenfresser/Spinte (*Dicrocercus, Melittophagus, Merops, Nyctiornis*)

Die Bienenfresser gehören zu den farbenprächtigsten Vögeln, die es gibt. Zu langem spitzen Schnabel haben sie kleine Beine und Füße sowie lange spitze Flügel, mit denen sie elegant und rasant — schwalbenähnlich — fliegen. Als gesellige Vögel nisten sie kolonieweise in Sand- oder Erdwänden, auch auf ebenem Gelände, sitzen gern auf Telegrafendrähten und unbelaubten Zweigen, um von hier aus Insekten im Flug zu erjagen. Beutetiere schlagen sie auf harter Unterlage weich, machen so auch den Stechapparat von Bienen und Wespen unwirksam. Sie bevorzugen zum Aufenthalt die offene Landschaft, ohne Wald ganz zu meiden. Der europäische *Bienenfresser* ist ein Mittelmeervogel, hat aber vereinzelt in letzter Zeit bei uns gebrütet (Hamburg, Augsburg). Die Herstellung ihrer bis 2 m langen Niströhre kann 8—14 Tage dauern. Der *Karminspint* nistet in oft riesigen Kolonien in den Savannengebieten südlich der Sahara, der *Blauschwänzige Bienenfresser* im Regenwald Neuguineas. Ihre zu Spießen verlängerten mittleren Schwanzfedern sind beim *Gabelschwanzspint* zu tief ausgeschnittenem Schwanz umgebildet. Der *Waldspint* und seine Verwandten haben keine Schwanzspieße. Die *Nachtspinte* des südostasiatischen Raumes sind auch nachts rege.

Familie: Coraciidae — Racken

Unterfamilien: Leptosomatinae — Kurols (*Leptosomus*), Brachypteraciinae — Erdracken (*Atelornis, Brachypteracias*), Coraciinae — Blauracken (*Coracias, Eurystomus*)

Die Racken sind von kräftiger Gestalt, gute Flieger, meistens Tropenbewohner. Der *Kurol* ist durch besonders großen Schnabel ausgezeichnet, er lebt in den Wäldern von Madagaskar; auch auf diese große Insel beschränkt sind die *Binden-* und die *Lätzchen-Erdracken,* die neben starkem Schnabel und kurzen Flügeln ausnahmsweise kräftige Beine besitzen und sich vorwiegend in niedrigen Büschen oder am Boden aufhalten. Die *Blauracke* war einst in Mitteleuropa verbreitet; heute ist sie hier nur noch östlich der Elbe anzutreffen, sonst vor allem im Süden und Südosten, wo ihre Rufe oft zu hören sind, wenn die leuchtend bunten Vögel von den Telegrafendrähten abfliegen. Sie führen akrobatisch wirkende Flugspiele aus, bevor sie in Bäumen oder Erdlöchern zur Brut schreiten. Ihre Hauptnahrung sind Heuschrecken und große Fluginsekten. Sie überwintern im südlichen Afrika, wo sie wie im Brutgebiet flache offene Baumlandschaft bevorzugen. Die *Bengalenracke* jagt neben Insekten auch Frösche und Kleinsäuger vom Ansitz aus, sie ist in Indien volkstümlich und durch ihre Balzflüge bekannt. Die *Weißnackenracke* nistet nicht nur in Baumhöhlen, sondern auch in den Spalten von Felsenwänden. Nach der Brutzeit übernimmt sie weite Wanderungen. Dies tun die *Grünscheitelracken* auch, die besonders bei Steppenbränden von allen Seiten zusammenkommen, um die dann zunächst nur betäubten Insekten und andere Kleintiere mühelos zu erbeuten. Die langen Seitenspieße ihres Gabelschwanzes sind auffallend, wie bei der *Blaubauchracke,* die besonders leuchtende Farben zeigt. Zu den Breitschnabelracken gehören der *Dollarvogel* — wegen eines hellen Flecks auf den Flügeln in Form eines Silberdollars so benannt — ein bezeichnender Vogel des Urwaldes, und der *Zimtroller,* der lichte Wälder bewohnt. Die Gruppe der letzten beiden wird auch „Roller" genannt, da sie sich beim Balzflug mit artistischer Gewandtheit überschlagen.

Familie: Upupidae — Hopfe

Unterfamilien: Upupinae — Wiedehopfe (*Upupa*), Phoeniculinae — Baumhopfe (*Phoeniculus, Rhinopomastus, Scoptelus*)

Eine eigene Artengruppe bilden die Hopfe mit dem *Wiedehopf* als typischen Vertreter. Er ist auch bei uns in geeigneten Lebensräumen noch anzutreffen und durch seine Erscheinung sehr bekannt. Offene Parklandschaft, Viehweiden, feuchte Wiesen und Obstgärten bewohnt er bevorzugt, doch auch Ödland, Weinberge, Savannen und Steppe. Hier stochert er mit dem langen Schnabel nach Insektenbeute, die er in die Luft wirft. Die Bruthöhle ist durch ein vom Weibchen abgesondertes Sekret der Bürzeldrüse übelriechend, die Jungen können bei Bedrohung dünnen Kot verspritzen. Beides wirkt als nachhaltiger Nestschutz. *Baumhopfe* und *Sichelhopfe* sind durch dunkles Gefieder und langen Schwanz ausgezeichnet.

Rhyticeros undulatus (Shaw)
Großer Jahrvogel
Hinterindien, Insulinde
100 cm

Buceros rhinoceros Linnaeus
Rhinozeroshornvogel
Südasien
110 cm

Buceros bicornis Linnaeus
Doppelhornvogel
Südasien
120 cm

Bucorvus cafer (Schlegel)
Süd-Hornrabe
Süd- und Ostafrika
100 cm

Bucorvus abyssinicus (Boddaert)
Nördlicher Hornrabe
West- bis Nordostafrika
100 cm

Familie: Bucerotidae — Nashornvögel (*Anthrococeros, Buceros, Bucorvus, Bycanistes, Rhyticeros, Tockus*)

Die letzte Familie der Racken — die Hornvögel — umfaßt eine Reihe eindrucksvoller Gestalten, deren Hauptmerkmale sehr große Schnäbel sind. Diese tragen z. T. noch merkwürdige Aufsätze in Form von Leisten, Helmen oder Hörnern, von denen sich dann die Namen der Arten ableiten. Schnäbel und Aufsätze erscheinen klobig und schwer, sind jedoch durch Hohlräume oder lockeren Knochenschwamm unvermutet leicht. Lange Schwänze deuten auf vorwiegendes Baumleben hin; nur eine Art hält sich am Boden auf. Sie bewohnen Urwald, Steppe und Savanne, wo sie sich ebenso von Kleintieren wie von Früchten ernähren; die großen Arten mehr von Pflanzen, die kleinen eher von Tieren. Ihr Flug ist schwerfällig und recht geräuschvoll, vor allem bei den größeren Formen. Besonders merkwürdig ist ihr Brutverhalten: dabei wird das brütende Weibchen in einer Baumhöhle oder Felsspalte mit Lehm und eigenem Kot eingemauert, so daß nur ein schmaler Spalt offen bleibt. Durch diesen werden Weibchen und Junge gefüttert und ihr Abfall hinausbefördert. Während des Brütens mausert das Weibchen in seiner Höhle, die ihm wie seinen Nachkommen durchaus kein

Gefängnis ist, sondern Schutz bietet. Erst wenn die Jungen einige Wochen alt sind, verlassen sie mit der Mutter ihr „Heim", das diese 1½ bis 4 Monate lang bewohnt. *Jahrvogel* heißt eine der größten Arten, weil die Javaner glauben, die Querwülste des Schnabelaufsatzes deuteten die Anzahl der Lebensjahre des Vogels an. Verschiedenfarbig sind Kopf- und Halsgefieder sowie die nackte Halshaut beider Geschlechter. Beim *Doppelhornvogel* haben die Männchen größere Schnäbel, längere Flügel und höheres Gewicht, was auch für den *Rhinozeroshornvogel* zutrifft. Die größte afrikanische Art ist der *Weißschnabel-Nashornvogel,* bei dem nur das Männchen einen Schnabelaufsatz besitzt, eine häufige indische Form der *Elster-Nashornvögel.* Die kleinsten Vertreter der Gruppe sind die *Tokos,* in den Trockengebieten Afrikas in mehreren Arten verbreitet, die hier gern den Heuschrecken und Termiten nachstellen. Der einzige am Boden lebende Hornvogel, der *Hornrabe,* hat doppelt so lange Beine wie seine baumlebenden gleichgroßen Verwandten. Er fliegt fast nie, vermauert seine Nisthöhle nicht und ernährt sich vorwiegend von großen Insekten und kleinen Wirbeltieren. Als echter Bodenvogel bewegt er sich nicht hüpfend, sondern laufend fort, wobei er eine ziemliche Geschwindigkeit erreichen kann. Sein Ruf ähnelt dem des Leoparden.

Ordnung Piciformes — Spechtvögel

Unterordnung: Galbuloidea — Glanzvogelartige

Familie: Galbulidae — Glanzvögel (*Galbula*)

Familie: Bucconidae — Faulvögel (*Chelidoptera, Hypnelus*)

Die Spechtvögel zeigen als gemeinsames Merkmal den Bau ihres Fußes, bei dem die 2. und 3. Zehe nach vorn, die 1. und 4. nach hinten gerichtet ist, aber nur die eigentlichen Spechte können als Kletterer bezeichnet werden. Glanzvögel haben lockeres, metallisch grün schimmerndes Gefieder und spitzen, langen Schnabel, mit dem von einer Sitzwarte aus Insekten, vorwiegend Schmetterlinge, gefangen werden. Der *Rotschwanz-Jakamar* und der *Weißschnabel-Glanzvogel* sind charakteristische Vertreter. Faulvögel nennt man eine Reihe meist düster gefärbter Vögel mit weichem Gefieder und starken Borsten am kräftigen Schnabel, die oft lange Zeit unbeweglich von erhöhter Warte aus auf vorbeifliegende Insekten lauern. Der *Schwalbenfaulvogel* jagt als einzige Art aktiv im Gezweig nach Beute. Der *Doppelbinden-Trappist* tarnt den Eingang zu seinem Erdhöhlennest mit Laub. Alle sind sie Bewohner lichter Stellen tropischer Wälder Amerikas.

Unterordnung Picoidea — Spechtartige

Familie: Capitonidae — Bartvögel (*Capito, Caloramphus, Eubucco, Lybius, Megalaima, Pogoniulus, Semnornis, Stactolaema, Trachyphonus, Tricholaema*)

Die artenreiche Familie der Bartvögel umfaßt meist buntgefärbte, gedrungene Gestalten mit kurzem Hals, dickem Kopf und kräftigem Schnabel. Sie fallen in dichtbelaubten Bäumen, ihrem bevorzugten Lebensraum, weniger durch ihr Gefieder als durch laute, artkennzeichnende Rufe auf. Als Nahrung dienen vor allem Früchte, doch auch Insekten. Der *Tukan-Bartvogel* fällt durch kurzen, hohen Oberschnabel und an der Spitze zinkenartig ausgeschnittenen Unterschnabel auf. Die *Streifenbartvögel* finden sich truppweise an fruchttragenden Bäumen. Beim *Rotkopf-Bartvogel* sind die Geschlechter verschieden bunt gefärbt. Der *Halsband-Bartvogel* gehört zu den nach zahnartigen Auskerbungen am Schnabelrand benannten Zahnbartvögeln. *Haarbrust-Bartvögel* zeigen außer beiderseitigen Zahnausschnitten am Oberschnabel haarartig feine Federn an Kehle und Brust, während der *Weißohr-Bartvogel* einen glattrandigen Schnabel hat. Der *Binden-Zwergbärtling* gehört zu den kleinsten Vertretern. Er lebt sehr versteckt, verrät sich aber durch seinen vielmals wiederholten klingenden Ruf. Wie seine Verwandten hält sich der *Flammenkopf-Bartvogel* in seinem Lebensraum Steppe häufig am Boden auf. Der großschnäblige *Buntkopf-Bartvogel* lebt dagegen in feuchten Küstengebieten. Gesellig streifen die *Glattschnabel-Bartvögel*, denen die bezeichnenden Schnabelborsten aller ihrer Verwandten fehlen, durch die Urwälder.

Familie: Indicatoridae — Honiganzeiger (*Indicator, Melichneutes, Prodotiscus*)

Honiganzeiger sind nach dem besonderen Verhalten zweier Arten benannt, Menschen scheinbar zu den Nestern wilder Bienen zu führen. Vor allem der *Schwarzkehl-Honiganzeiger* überträgt seine Erregung, wenn er in den afrikanischen Savannen eine solche Nahrungsquelle findet, durch ständige Rufe und Voranfliegen auf honigliebende Säugetiere und Menschen. Sie beuten den Honig aus, der Vogel frißt dann die Reste, die Larven in den Waben und das Wachs, das er mittels eines in seinem Darm lebenden Spaltpilzes in Fettsäure, damit in verwertbare Nahrung, umsetzen kann. Der *Schmalschnabel-Honiganzeiger* bewohnt Savannengebiete, er jagt Insekten und frißt kein Wachs. Der *Leierschwanz-Honiganzeiger* lebt in tropischen Urwäldern, und der *Goldbürzel-Honiganzeiger* ist in Bergwäldern bis zur Baumgrenze anzutreffen.

Familie: Ramphastidae — Tukane (*Andigena, Aulacorhynchus, Baillonius, Pteroglossus, Ramphastos, Selenidera*)

Die Tukane, früher oft Pfefferfresser genannt, erkennt man an ihren gewaltigen Schnäbeln. Diese wirken aber nur massig, sie sind tatsächlich federleichte Gebilde aus einem schwammartigen Netzwerk feinster Knochenspangen mit dünnem Hornüberzug. Sie dienen zum Früchtepflücken und als Fruchtpressen, haben vermutlich auch eine Signalfunktion. Mit der Schnabelspitze werfen sie Nahrungsteile hoch und fangen sie wieder auf. In kleinen Trupps durchstreifen sie ihre tropischen Lebensräume. Zum Schlafen klappen sie die Schwänze über den Rücken hoch. Die großen Tukane leben vor allem im dichten Regenwald der Niederungen, die kleineren Arten mehr in den Bergwäldern. Die größten Arten mit den gewaltigsten Schnäbeln und vorwiegend schwarzem Gefieder sind der *Riesentukan, Bunttukan, Cuviers Tukan* und *Orange-* und *Braunrückentukan*, bei denen weiße, orange oder gelbe Brustflecken und nackte Gesichtshaut in leuchtenden orange, blauen und grünen Tönen abwechseln und auch die Schnäbel verschiedenfarbig sind. Der *Laucharassari* gehört zu den Höhenbewohnern, er hat eine Sägevorrichtung an seinen Schnabelkanten zum Bearbeiten morschen Holzes. Der *Schwarzschnabel-Blautukan* zeichnet sich durch kurzen Schnabel aus, ebenso der *Bindenschnabeltukan*, beide in Gebirgswäldern lebend und je nach der Reifezeit von Früchten höher und tiefer ziehend. Der *Goldbrusttukan* steht diesen beiden sehr nahe. *Arassaris* nennt man langschwänzige und schlanke Tukane mit starker Zähnung ihrer Schnabelschneiden. Als einzige Tukane benutzen sie die Bruthöhlen außerhalb der Brutzeit als Schlafstätten.

Ramphastos toco St. Müller
Riesentukan
Guayana bis Paraguay
57 cm

Ramphastos dicolorus Linnaeus
Bunttukan
Brasilien bis Nordargentinien
50 cm

Ramphastos ariel Vigors
Orangetukan
Brasilien

Ramphastos cuvieri Wagler
Cuviers Tukan
Nordwest-Südamerika
55 cm

Andigena nigrirostris (Waterhouse)
Schwarzschnabel-Blautukan
Kolumbien
43 cm

Ramphastos swainsonii Gould
Braunrückentukan
Nordwest-Südamerika
55 cm

Pteroglossus bitorquatus Vigors
Doppelband-Arassari
Brasilien 48 cm

Baillonius bailloni (Vieillot)
Goldbrusttukan
Südost-Brasilien
35 cm

Selenidera maculirostris (Lichtenstein)
Bindenschnabeltukan
33 cm

Aulacorhynchus prasinus (Gould)
Laucharassari
Mittelamerika 35 cm

Ramphastos sulfuratus Lesson
Fischertukan
Mittelamerika
50 cm

Familie: Picidae — Spechte

Unterfamilie: Jynginae — Wendehälse (*Jynx*)

Unterfamilie: Picumninae — Zwergspechte (*Nesoctites, Picumnus, Sasia, Vivia*)

Unterfamilie: Picinae — Echte Spechte (*Blythipicus, Campephilus, Campethera, Centurus, Chrysocolaptes, Colaptes, Dendrocopus, Dinopium, Dryocopus, Muelleripicus, Nesoceleus, Nesoctites, Picoides, Piculus, Picus, Sphyrapicus*)

Die Familie der Spechte zeigt die Anpassung an kletternde Lebensweise in höchster Vollendung. Am wenigsten trifft dies auf den *Wendehals* zu, der noch keinen Meißelschnabel und Stützschwanz besitzt und damit wesentliche Spechtmerkmale vermissen läßt. Neben der Art, die bei uns in offenen Laubwäldern, Feldgehölzen, Parks und Gärten lebt, gibt es eine weitere im südlichen Afrika. Kopfpendeln und Halsdrehen unter Zischlauten, als Balz- und Abschreckbewegung gedeutet, gaben dem Vogel seinen Namen. Die lange Zunge wird als Leimrute zum Ameisenfang benutzt. Ähnlich gebaut, aber mit kurzer Zunge bilden die Zwergspechte einen Übergang zu den Echten Spechten. Im Gegensatz zum *Wendehals* gehen sie nur selten auf den Boden, halten sich meist kletternd auf Bäumen, können aber auch wie Sperlingsvögel quer auf Ästen sitzen. Von 29 Arten bewohnen 24 das tropische Amerika, wie der *Kleine* und der *Hispaniola-Zwergspecht*, während der *Indien-Zwergspecht* die Asiaten vertritt; eine Form lebt in Westafrika. Echte Spechte weisen außer der Kletteranpassung ihrer kräftigen Füße mit stark gekrümmten Krallen sowie dem Stützschwanz mit zugespitzten harten Federn, der ruckartiges Auf- und Abwärtsbewegen an senkrechten Stämmen oder Wänden ermöglicht, Umbildungen des Schnabels als Hackwerkzeug mit Stoßdämpfer-Vorrichtungen am Schädel auf. Beides dient dem Nahrungserwerb, denn vorwiegend erbeuten die Spechte Insekten, die an Bäumen oder in Erdverstecken leben und erst freigelegt werden müssen. Auch die lange, wurmförmige Zunge, deren Hornspitze Borsten oder Widerhaken trägt und durch besondere Stützknochen weit aus dem Schnabel gestreckt werden kann, spielt dabei eine Rolle. Man unterscheidet Hack- oder Baum- und Erdspechte. Sie nisten in selbstgefertigten Baumhöhlen, Erdröhren oder Termitenbauten und verständigen sich durch Rufe, Trommelwirbel und Klopfsignale, besonders an dürren Ästen. *Goldspecht* und *Kubaspecht* faßt man in einer Gruppe zusammen, die in der Neuen Welt als bodenlebende Formen unsere Grün- und Grauspechte vertreten. Bänderspechte heißen nach ihrer auffallenden Zeichnung 57 Arten, zu denen der *Goldgrüne Bänderspecht* und der *Gefleckte Grünrückenspecht* gehören. Zu ihnen rechnet man auch die bei uns verbreiteten *Grau-* und *Grünspechte*, die durch ihre lachende Rufreihe bekannt sind, sowie den *Puderspecht* und *Goldrückenspecht*. *Schwarzspechte* sind besonders große Arten, die neben der in unserer Heimat lebenden Form auch den *Weißbauch-Schwarzspecht* umfassen. Während sie noch relativ häufig sind, ist der ihnen ähnliche *Elfenbeinspecht* wohl ausgerottet. Zu den Sammel- und Bindenspechten, die Vorräte anlegen, zählen wir den *Goldstirnspecht;* nahe verwandt mit ihm ist der *Saftlecker*, der vom ausfließenden Saft angehackter Bäume lebt. Die bei uns bekannteste Art ist der *Buntspecht*, der fast zum Charaktervogel unserer Wälder und Parks wurde. Dem *Dreizehenspecht* fehlt die 1. Zehe, die für sein intensives Hacken weniger wichtig ist. *Rindenspalter* und *Orangerückenspecht* sind farbenprächtige Vertreter der Buntspechte in Asien.

Ordnung Passeriformes — Sperlingsvögel

Unterordnung Desmodactylae — Zehenkoppler

Familie: Eurylaimidae — Breitrachen

Unterfamilien: Eurylaiminae — Breitrachen (*Corydon, Cymbirhynchus, Eurylaimus, Psarisomus, Smithornis*), Calyptomeninae — Smaragdracken (*Calyptomena*)

Die Ordnung der Sperlingsvögel umfaßt mehr als $^5/_8$ aller Vogelarten. Alle sind Nesthocker, die Jungen schlüpfen mit geschlossenen Augen aus dem Ei und sperren den Schnabel zur Nahrungsaufnahme weit auf. Von den 4 Zehen ist eine, die 4., nach hinten gerichtet. Die Einteilung der 4 Unterordnungen erfolgt nach der Anzahl der Muskeln, die am Stimmapparat ansetzen. Sie sind bei der 1. Gruppe, der Familie der Breitrachen, nur andeutungsweise vorhanden. Zu ihr gehören mit sehr großen Schnäbeln, Waldbewohner der Tropen Afrikas, *Kap-Breitrachen*, die man lange für Fliegenschnäpper gehalten hatte, dann im indo-malayischen Regenwald lebende Arten, wie den *Feuerbreitrachen*, der lärmende Rufe von sich gibt, den *Kellenschnabel*, der sich meist schweigsam verhält, den *Braunkopf-Breitrachen* mit leisen Rufen und den *Papagei-Breitrachen*, der eine laute Pfeifstrophe hat. Ihre Nahrung besteht weitgehend aus Insekten. Die kleinschnäbelige *Smaragdracke* bevorzugt dagegen Früchte. Viele Einzelheiten der Biologie dieser Vögel sind noch wenig bekannt.

Unterordnung Clamatores/Tyranni — Schreivögel

Überfamilie: Furnarioidea — Luftröhrenschreier

Familien: Dendrocolaptidae — Baumsteiger (*Campylorhamphus, Lepidocolaptes, Xiphorhynchus*), Furnariidae — Töpfervögel (*Cinclodes, Furnarius, Synallaxis, Xenops*)

Die 2. Unterordnung der Sperlingsvögel bezeichnet Arten mit 1—2 Muskelpaaren am unteren Kehlkopf. Man nennt sie Schreivögel, weil viele von ihnen sehr laute Stimmen haben und nur eintönige Rufe von sich geben. Die Baumsteiger bewohnen die Tropen und Subtropen der Neuen Welt. Sie sind in vollkommener Weise dem Leben an Bäumen angepaßt, wo sie aus Rindenspalten Insektennahrung holen. Ihre Schnäbel wechseln von kurzer flacher über kräftige bis zu stark verlängerter Gestalt, wie wir sie etwa beim *Streifen-* und *Sichelbaumhacker*, beim *Meißelbaumhacker* oder beim winzigen *Steigschnabel* vorfinden. Die Töpfervögel heißen nach der Gewohnheit nur weniger Arten ihrer Familie, freistehende Kugelnester aus Lehm auszuführen. Am bekanntesten ist der *Töpfervogel*, der sich der Weideviehwirtschaft angepaßt hat. Der *Rote Buschschlüpfer* baut hängende Kugelnester, der *Uferwipper* erinnert in Aufenthalt und Verhalten an Bachstelzen.

Familien: Formicariidae — Ameisenvögel (*Grallaria, Grallaricula, Formicarius, Pithys, Thamnophilus*), Rhinocryptidae — Bürzelstelzer (*Acropternis, Rhinocrypta*)

Ameisenvögel heißen häufige Bewohner der tropischen und subtropischen Wälder Amerikas. Sie haben meist kurze runde Flügel und kurze Schwänze, artlich verschieden lange Beine und Schwänze. Ihr Name leitet sich von der Gewohnheit ab, daß viele Arten den Zügen der Wanderameisen folgen, vor denen Insekten, Spinnen und kleine Wirbeltiere flüchten und nun ihre Beute werden. Zu den größeren, drosselartigen Formen gehören der *Ameisenvogel* und der *Rotscheitel-Ameisenstelzer*, während der *Graue Ameisenwürger*, der *Weißbart-Ameisenvogel* und der *Ameisenstelzling* kleine Vertreter sind. Nahe mit ihnen verwandt scheinen die Bürzelstelzer, durch starke Beine und meist senkrecht getragenen Schwanz gekennzeichnet. Die Pittas bilden eine einheitliche Gruppe bunter Tropenvögel, die durch plumpe Gestalt, großen Kopf, lange Beine und sehr kurzen Schwanz kenntlich sind. Sie leben am Boden oder im Unterholz von Urwäldern, wo ihre leuchtenden Farben wenig auffallen. Die *Blaupitta* zeigt sich sehr scheu und fliegt bei Gefahr im Gegensatz zu den anderen Arten fort. Die *Blaubrust-* und *Granatpitta* springen mit großen Sätzen, und wie sie verhält sich die *afrikanische Pitta*. Die *Schwarzlappenpittas* gehören einer auf Madagaskar beschränkten kleinen Familie an. Wie sie eine Sondergruppe bilden, so auch die Neuseeland-Pittas, altertümliche Formen, von denen wir den *Zwergschlüpfer* zeigen.

Überfamilie: Tyrannoidea — Bronchienschreier

Familie: Pittidae — Pittas (*Pitta*)

Familie: Philepittidae — Lappenpittas (*Philepitta*)

Familie: Xenicidae — Neuseeland-Schlüpfer (*Acanthisitta*)

Familie: Tyrannidae — Tyrannen

Unterfamilien: Fluvicolinae — Schmätzertyrannen (*Pyrocephalus, Sayornis*), Tyranninae — Eigentliche Tyrannen (*Muscivora, Pitangus, Tyrannus*), Myiarchinae — Fliegenschnäpper-Tyrannen (*Myiarchus, Onychorhynchus*), Euscarthminae — Schmalschnabeltyrannen (*Todirostrum*), Serpophaginae — Zwergtyrannen (*Myiotriccus*), Elaeniinae — Elaenien-Verwandte (*Elaenia*)

Eine der größten Vogelfamilien stellen die Tyrannen dar, zu der 365 Arten von sehr verschiedenem Aussehen gehören. Sie tragen ihren Namen nach dem kämpferischen Verhalten, mit dem der *Königssatrap* und seine Verwandten selbst größere Feinde von ihren Nestern fernhalten. Die meisten sind unscheinbar aussehende Gestalten, doch gibt es auch auffällig gefärbte wie den *Bentevi*, das *Rubinköpfchen* und den mit bunter Federhaube gezierten *Königstyrann*. Andere zeigen verlängerte Schwanzfedern wie der *Scherentyrann*, besonders verbreiterte Schnäbel wie der *Fliegentyrann* oder farbige Scheitelflecken, die nur bei gespreizten Kopffedern sichtbar werden, wie die *Kronen-Elaenie*. Sehr kleine Arten sind der *Zwergtyrann* und der *Spateltyrann*, während die *Phoebe* zu den vielfach am Boden nahe Gewässern lebenden Schmätzertyrannen gestellt wird und als Kulturfolger gilt.

Familie: Oxyruncidae — Flammenköpfe (*Oxyruncus*)

Familie: Pipridae — Schnurrvögel/Pipras (*Chiroxiphia, Pipra, Teleonema*)

Familie: Cotingidae — Schmuckvögel/Kotingas (*Cephalopterus, Cotinga, Perissocephalus, Phoenicircus, Procnias, Rupicola, Tityra, Xipholena*)

Familie: Phytotomidae — Pflanzenmäher (*Phytotoma*)

Der *Flammenkopf* schließt sich an die Tyrannen in Aussehen und Verbreitung an, auch er besitzt einen meist verborgenen, leuchtenden Scheitelfleck. Wie eine Meise am Ast hängend frißt er Früchte.

Die einheitliche Gruppe der Schnurrvögel, lebhafter, rundlicher wirkender Gestalten, die zu den auffälligsten Kleinvögeln der Tropen in der Neuen Welt gehören, ist durch ihre bemerkenswerten Balztänze und damit verbundene „Instrumentalmusik" bekannt. Jede Art hat eine eigene Folge von Bewegungsweisen auf waagerechten Ästen, bestehend aus Sprüngen, Trippeln, Zittern, Sichdrehen, Ducken, Flügelhochstellen, Hochflattern, wobei neben kurzen Rufen durch stark aufgetriebene Flügelfederschäfte Rassel- und Knacklaute erzeugt werden. Die bunten Männchen zeigen dazu den meist grün gefärbten Weibchen leuchtende Gefiederteile. Nach diesem Balzverhalten heißen die Schnurrvögel in ihrer Heimat auch „Tanzvögel"; sie gelten hier als Glücksbringer. Die *Fadenpipra* hat fadenförmig verlängerte Schwanzfedern, die *Blaurückenpipra* und *Goldschopfpipra* zeichnen sich durch besonderes Zeremoniell ihrer Balztänze aus, das erst in jüngster Zeit bekannt geworden ist. — Im Gegensatz zu den Schnurrvögeln sind die Schmuckvögel eine sehr vielgestaltige Familie. Einige haben Hauben, andere nackte, buntgefärbte Hautstellen am Kopf, fleischige Anhänge um den Schnabel oder befiederte Lappen am Hals. Viele Arten sind ebenso durch ungewöhnliche Farbenpracht ihres Gefieders wie durch ihre lauten klangvollen Stimmen ausgezeichnet. Zu den ersteren sind die *Rotkotinga*, der *Pompadour-*

Schmuckvogel und die *Purpurbrust-Kotinga* zu zählen, ebenso die *Klippenvögel* und *Felsenhähne*, die sich vorwiegend am Boden aufhalten, zu den letzteren der *Araponga*, während der *Schirmvogel* durch grotesken Kopf- und Halsschmuck und der *Kapuzinervogel* durch kahlen Oberkopf, die *Schwarzschwanz-Tityra* durch nackte Augenumrandung auffallen. Im Anschluß an die Schmuckvögel ist der *Pflanzenmäher* zu nennen, ein äußerlich finkenartig wirkender Vogel, dessen Schnabelschneiden oben und unten sägeartig gezähnt sind. Damit schneidet er — und das gibt es sonst bei keiner Vogelart — Knospen, Früchte und Triebe als Nahrung ab.

Phytotoma rutila Vieillot
Ost-Pflanzenmäher
Südl. Südamerika
18 cm

Atrichornis rufescens (Ramsay)
Kleiner Dickichtschlüpfer
Ostaustralien
17 cm

Unterordnung Suboscines/Menurae — Primärsingvögel

Familie: Menuridae — Leierschwänze (*Menura*)

Familie: Atrichornithidae — Dickichtschlüpfer (*Atrichornis*)

Als 3. Unterordnung der Sperlingsvögel mit 2—3 Muskelpaaren am unteren Kehlkopf, also schon weiter entwickeltem Stimmorgan, faßt man unter dem Namen Primärsingvögel vier Arten zusammen, die in Australien leben: Leierschwänze und Dickichtvögel. Die ersteren wurden wegen ihrer Größe, langen Beine und Gestalt früher für Fasanen gehalten, mit denen sie vor allem einen Schleppenschwanz gemeinsam haben. Dieser besteht aus 12 zerschlissenen Federn, 2 drahtartigen Mittelfedern und 2 breiten, vorn eingerollten, leicht geschwungenen Außenfedern, die eine Lyra oder Leier darstellen. Bei der Balz wird der Schwanz gefächert und über dem Rücken nach vorn gekippt, so daß der Vogel darunter fast verschwindet. Noch mehr als dieses Schauspiel ist aber die laute melodische Stimme des *Leierschwanzes* bemerkenswert, die neben eigenen Lauten eine Fülle von Rufen und Gesängen anderer Vögel, alle möglichen Töne wie Hundebellen, Pferdewiehern, Schafblöken, Autohupen, Lokomotivpfiffe, Motorengeräusche und anderes mehr in einer Vielfalt und Natürlichkeit nachahmt, die beispiellos ist. Balz und Gesang werden von erhöhter Stelle aus dargeboten. Die Männchen schaffen sich durch ihre Stimmgewalt ein Revier, das oft 1 qkm groß ist. Obwohl die Vögel an sich scheue Einzelgänger sind und sich meist im dichten Unterholz verbergen, gewöhnen sie sich auch an Menschen und sind so selbst nicht weit von großen Städten gut zu beobachten. Die Weibchen besorgen Nestbau und Jungenaufzucht allein. Das Nest ist eine mächtige Anhäufung von Ästen und weicheren Baustoffen mit seitlichem Eingang. Die Volkstümlichkeit des *Leierschwanzes* zeigt sich in seiner Darstellung auf Siegeln und Briefmarken. — Die beiden Arten der *Dickichtschlüpfer* sind im Vergleich zu den Leierschwänzen sehr klein. Auch sie haben auf Grund kräftiger Stimmuskeln laute Stimmen und gutes Nachahmungsvermögen. Sie leben weitgehend am Boden in dichtem Unterholz, wo sie sich oft mit erhobenem Schwanz geschickt zu bewegen verstehen und so gut wie nie fliegen. Die eine Art war von 1889—1961 nicht mehr beobachtet worden und galt daher als ausgestorben. Dann entdeckte man einen Vogel und fand schließlich mehrere Nester, doch bleibt die Art wegen ihrer engen Verbreitung im Bestande bedroht.

Menura alberti Bonaparte
Schwarzleierschwanz
Mittleres Ostaustralien
85 cm (35 + 50)

Menura novaehollandiae Latham
Leierschwanz
Ostaustralien
95 cm (35 + 60)

Unterordnung Oscines — Singvögel

Familie: Alaudidae — Lerchen (*Alaemon, Alauda, Calandrella, Calendula, Certhilauda, Chersomanes, Eremophila, Eremopterix, Galerida, Lullula, Melanocorypha, Mirafra*)

Fast die Hälfte aller Vogelarten sind Singvögel, durch 4 bis 9 Muskelpaare an ihrem Stimmapparat gekennzeichnet. Ihre Gruppierung ist auch heute noch umstritten, aber wir unterscheiden 45 Familien. Als erste nennen wir die Lerchen, die in ihrem Körperbau am wenigsten spezialisiert erscheinen. Ihre Lebensweise als Bodenvögel und Bewohner offenen Geländes, von Steppen und Wüsten ebenso wie von Kulturland, lichtem Kiefernwald, Gebirgsmatten und Tundren ist kennzeichnend. In diesen Lebensräumen bewegen sie sich geschickt, meistens schnell laufend, aber auch ausdauernd fliegend. Der typische „Singflug" vieler Lerchen, ein flatterndes Hochfliegen mit Gesang, gilt in erster Linie der Revierabgrenzung. Einige singen von erhöhter Warte oder vom Boden aus. Wir beginnen die Familie mit den Klapperlerchen, die nach dem hölzern klingenden Geräusch ihrer Schwungfedern beim Balzflug benannt sind. Doch haben sie dazu auch einen Gesang bei aufsteigendem Flug, wie ihn die *Rotnackenlerche* hören läßt. Die *Langschnabellerche* gehört zu einigen bemerkenswert fein- und langschnäbligen Arten, die nur kurz auffliegen, dann mit einem Pfiff herabsinken. Nahe verwandt mit ihnen ist die Zirplerche. Die *Wüstenläufer-Lerche* wirkt fast wie ein kleiner Wiedehopf. Sie hat besonders melodiösen Gesang und bewohnt Wüstengebiete. Bei der *Weißwangenlerche* sind die Geschlechter im Gegensatz zu allen anderen Lerchen verschieden. Auffallend ihr kurzer, kräftiger Schnabel wie der eines Finken. *Stummellerche* und *Gangeslerche* halten kolonieweise zusammen, sie achten nicht so sehr auf enge Reviere. Die *Mohrenlerche* ist wie die *Kalanderlerche* für Gesangsimitationen bekannt. Im Winter begegnen uns an den Küsten oft Scharen der *Ohrenlerchen*, die aus den nordischen Tundren und Gebirgen zu uns kommen. Zum Kulturfolger wurde die *Dickschnabellerche*, besonders aber die *Haubenlerche*, die erst im vergangenen Jahrhundert in Mitteleuropa heimisch wurde. Als Vogel des Ödlandes und baumloser Trockensteppen zeigt sie sich bei uns meist an Straßen und Bahndämmen, im Winter auch in den Siedlungen. Die *Heidelerche*, Charaktervogel von Kiefernheiden, trägt ihren flötenden, melancholisch klingenden Gesang gern nachts und von einer „Singwarte" aus vor. Die *Feldlerche* gilt bei uns als Sinnbild des Frühlings. Ihr Gesang über den Feldern, der aufsteigend bis 50 m Höhe erklingt, verebbt im Herabsinken. Er ist ungemein bezeichnend für diese Art.

Progne subis
Linnaeus
**Purpur-
schwalbe**
Nordamerika
20 cm

Atticora fasciata
(Gmelin)
**Weißband-
schwalbe**
Südamerika
15 cm

Tachycineta bicolor
(Vieillot)
Baumschwalbe
Nordamerika
15 cm

Riparia riparia (Linnaeus)
Uferschwalbe
Nördl. gemäßigte Zonen
13 cm

Hirundo senegalensis monteiri Hartlaub
Senegal- oder Moschusschwalbe
Mittleres Afrika
18 cm

Pseudochelidon eurystomina Hartlaub
**Stachelschwanz-
schwalbe**
Kongo
14 cm

Hirundo rustica
Linnaeus
Rauchschwalbe
Nördl. gemäßigte Zonen
19 cm

Petrochelidon pyrrhonota
(Vieillot)
**Klippen-
schwalbe**
Nordamerika
15 cm

Hirundo abyssinica Guérin
Streifenschwalbe
Afrika
16,5 cm

Cheramoeca leucosterna
Gould
Australerdschwalbe
Australien
18 cm

Hirundo tahitica Gmelin
Südseeschwalbe
Australien
16,5 cm

Delichon urbica
(Linnaeus)
Mehlschwalbe
Europa, Nordafrika, Asien
18 cm

Familie: Hirundinidae — Schwalben

Unterfamilien: Pseudochelidoninae — Trugschwalben (*Pseudochelidon*), Hirundininae — Echte Schwalben (*Atticora, Cheramoeca, Delichon, Hirundo, Petrochelidon, Progne, Riparia, Tachycineta*)

Schwalben sind über die ganze Welt verbreitet. Von zierlicher Gestalt, sind sie ausgezeichnete Flieger, die ihre Insektennahrung im Fluge erbeuten, aber nur kurze Beine haben. Die *Stachelschwanzschwalbe* weicht in mancher Hinsicht von anderen Schwalben ab, wird daher mit einer anderen Art als Unterfamilie Trugschwalben gewertet. Die *Baumschwalben* sind Höhlenbrüter, die sich eng an den Menschen angeschlossen haben und zum Brüten Nistkästen annehmen. Das gilt auch für die großen *Purpurschwalben*, bei denen die Geschlechter verschieden gefärbt, sonst ja bei den Schwalben gleich sind. Die *Weißbandschwalbe* bewohnt die Flußufer tropischer Regenwälder; auffallend sind ihre langen Schwanzspieße. Zu den Erdhöhlenschwalben gehört die *Australien-Erdschwalbe* und die ihr ähnliche *Uferschwalbe*, die auch in unserer Heimat noch verbreitet ist. Sie legt kolonieweise Niströhren an Steilwänden an, wo sich solche an Flußufern, in Sandgruben oder Hangbildungen finden. Töpferschwalben nennt man einige Arten, die aus feuchtem Lehm und Speichel mit wenigen Halmen und Federn offene oder retortenförmige Nester bauen. Die *Klippenschwalbe* klebt an Felswände große Kolonien aus oft Tausenden solcher dicht an dicht stehenden Retortennestern. Sie wurde in letzter Zeit zum Kulturfolger und brütet jetzt auch unter Hausdächern, wie es unsere allbekannte *Rauchschwalbe* tut. Diese lebt seit Jahrtausenden in engster Gemeinschaft mit dem Menschen und folgte ihm, wohin er ging. Ursprünglich Felsbrüter, besiedelt sie vorwiegend ländlichen Lebensraum, wo sich noch Viehställe und Düngerplätze finden, fehlt daher in Städten. Ihr Mörtelnest hat offene Napfform, es steht fast immer in Innenräumen. In gleicher Weise brütet auch die *Südseeschwalbe*, während die *Streifenschwalbe* retortenförmige Nester kolonieweise an Gebäuden baut und die *Senegalschwalbe* Einzelnester in Baumhöhlen anlegt. Als weitere heimische Schwalbenart sei die *Mehlschwalbe* genannt, die außen an Gebäuden ihre bis auf ein Schlupfloch geschlossenen Nester anbringt.

Familie: Motacillidae — Stelzen (*Anthus, Dendronanthus, Macronyx, Motacilla*)

Zur Familie der Stelzen gehören die in Gestalt und Lebensweise sehr ähnlichen Gruppen Stelzen und Pieper. Es sind schlanke, lebhafte Bodenvögel, die viel und rasch laufen, erstere auffallend gefärbt mit oft wippend bewegten langen Schwänzen, letztere braunstreifig, dem Untergrund angepaßt. Stelzen bewohnen Grasland, Flußufer und Felder, Pieper dazu auch Waldränder und Felsgebiete im Gebirge oder an der Küste. Der *Baumpieper* ist der ausgesprochenste Waldvogel unter ihnen, er hält sich bevorzugt in lockeren Beständen und Lichtungen auf und führt von erhöhter Warte aus singend einen typischen Balzflug aus. Auch der *Wiesenpieper* zeigt kurzen Singflug, lebt aber fast nur auf Kulturland, in Moor und Heide. Im Winter sieht man oft große Trupps von ihnen Rasse von ihm, den Strandpieper, an Felsküsten. Der *Brachpieper* ist ein Vogel des Ödlandes, trockener Äcker und anderem sandigem Gelände; er ähnelt in Haltung und Wesen am meisten den Stelzen. Dem *Rotkehlpieper* begegnen wir regelmäßig auf dem Durchzug, dem hochbeinigen *Neu Guinea-Pieper* dagegen nur selten an der Küste.

Die anderen Pieper sind bei uns verbreitete Brutvögel. Der *Waldpieper* gleicht in der Lebensweise weitgehend unserem *Baumpieper*, während der *Großspornpieper* auf Grasland mit Büschen und Bäumen lebt. *Baumstelzen* vermitteln im Verhalten und Lebensweise zwischen Piepern und Stelzen. Die bekannteste Stelzenart ist die *Bachstelze*, die durchaus nicht an Wasser gebunden ist, vielfach auf Äckern, in Gärten und offener Baumlandschaft, selbst in städtischen Siedlungen vorkommt und sich dem Menschen gegenüber wenig scheu zeigt, mitunter an Gebäuden auch brütet. Ihre zierliche Gestalt gehört zum Bild frisch gepflügten Landes, weil der Vogel dann viele, sonst verborgene Nahrungstiere findet („Bettermännchen"). Kennzeichnend ist ihr hüpfender Bogenflug. Außer der Brutzeit übernachtet sie truppweise im Schilf oder in oft erstaunlich großer Zahl in dichtbelaubten Straßenbäumen. Die *Gebirgsstelze* hält sich ausschließlich an fließenden Gewässern, bewohnt aber seit Mitte vorigen Jahrhunderts nicht nur Gebirgs- und Hügelland, sondern auch Niederungsgebiete. Erst 1918 erreichte sie Berlin, 1926 Jütland, 1940 Oldenburg als Brutvogel. Sie hat den längsten Schwanz aller Stelzen, der bei jeder Bewegung auf- und niederwippt. Die *Schafstelze* lebt vorwiegend auf Wiesen, doch auch auf Feldern, meist in der Nähe von Wasser. Sie ist die kurzschwänzigste Art und hat eine etwas abweichend gefärbte englische Standortform mit gelblicher, getönter Oberseite, die gelegentlich auch an unseren Küsten brütet. Entsprechend gilt das auch für eine schwarzrückige Form der Bachstelze, die *Trauerbachstelze*. Als Irrgast nennen wir die *Zitronenstelze*, die gelegentlich aus Sibirien zu uns kommt; die *Japanische Bachstelze* gilt zwar als nahe Verwandte, aber eigene Art.

Familie: Campephagidae — Stachelbürzler

Campephagini — Raupenfresser (*Campephaga, Camphochaera, Coracina, Hemipus, Lalage, Pteropodocys*), Pericrocotini — Mennigvögel (*Pericrocotus*)

Stachelbürzler sind in den Tropen der Alten Welt lebende, den Würgern ähnlich sehende Vögel, die nach einem Büschel eigenartig verbreiterter und am Ende zugespitzter Federn benannt wurden. Diese stecken nur lose in der Haut und fallen leicht aus. Der kräftige Schnabel trägt an der Spitze einen Haken. Die Geschlechter unterscheiden sich in der Sattheit der Färbung, die Weibchen sind meist blasser. Sie halten in Gesellschaften zusammen und streifen unter leisen Lockrufen durch die Baumwipfel, wo sie Raupen als Nahrung bevorzugen, zusätzlich Beeren aufnehmen. Danach erhielten auch viele ihre Artnamen, wie der *Weißbrust-Raupenfänger*, der offenes Gelände bewohnt und hier lärmend truppweise von Baum zu Baum fliegt. Das trifft auch auf den *Hartlaub-Raupenfresser* zu, der eine Farbphase des Schwarzen Raupenfressers ist. Auch diese Arten halten sich überwiegend im Gezweig von Savannenwäldern, während der *Schwarzweiß-Raupenschmätzer* auch auf den Erdboden geht und der große *Gabelschwanz-Raupenfresser* sogar vorwiegend am Boden in baumlosen Ebenen lebt, gern auf Baumpfählen sitzt und schwalbenartig Insekten fängt. Die *Zwerggraupenschmätzer* bewohnen dagegen dichte Wälder, wo sie wie Fliegenschnäpper ihrer Insektenbeute nachjagen. Ähnlich verhalten sich auch die *Goldraupenfresser*, soweit ihre Lebensweise bekannt ist. — Von diesen Formen, die meist ein träges, behäbiges Wesen zeigen, unterscheiden sich durch lebhafteres Temperament und lange Schwänze die *Mennigvögel*. Auffallend gefärbt, bewegen sie sich in größeren Trupps durch die Baumwipfel, oft gemeinsam mit anderen Vogelarten, ständig in Bewegung auf Nahrungssuche und dabei melodische Rufe ausstoßend. Die abgebildete Art ist auch als gern gehaltener Käfig- und Volierenvogel bekannt geworden, dessen Pflege in zoologischen Gärten wie beim Einzelliebhaber keine Schwierigkeit bereitet.

Familie: Pycnonotidae — Haarvögel/Bülbüls (*Criniger, Hypsipetes, Microscelis, Phyllastrephus, Pycnonotus*)

Die Familie der Haarvögel oder Bülbüls umfaßt weit über 100 Arten kleiner Singvögel, die vom tropischen Afrika über Südostasien bis Borneo verbreitet sind. Hier leben sie in Schwärmen als Waldbewohner, sind aber vielfach dem Menschen in seine Siedlungen gefolgt und haben sich in Gärten und Parks angesiedelt. Ihren Namen verdanken sie haarähnlichen Nackenfedern, dazu haben einige Arten eine deutliche Haube. Die meisten sind Fruchtfresser, doch nehmen sie Insekten stets zusätzlich. Ihre Stimmen klingen laut und lärmend, mitunter aber auch recht melodisch. Der *Rotohrbülbül* ist ein ausgesprochener Kulturfolger, einer der häufigsten Vögel in ländlichen wie städtischen Gärten. Dasselbe gilt für den *Kapbülbül* in seiner Heimat, beide fallen durch ihren flötenden Gesang auf. Der *Gelbstreifenbülbül* ist eher in Gebirgslagen zu finden. Beim *Weißkehlbülbül* sind die haarigen Nackenfedern besonders lang. Der *Madagaskar-Fluchtvogel* zeigt zugespitzte Scheitelfedern, der *Haubenbülbül* eine deutliche Haube.

Familie: Irenidae — Blattvögel

Unterfamilien: Chloropseinae — Blattvögel (*Aegithina, Chloropsis*), Ireninae — Elfenblauvögel (*Irena*)

Mit den Haarvögeln nahe verwandt ist die Gruppe der Blattvögel, die von Früchten und Blütennektar leben und vielerorts die Bestäubung mancher Blüten übernehmen. Ihre Stimmlaute werden durch Imitationen der Rufe anderer Vogelarten angereichert. Anderen Arten gegenüber zeigen sie sich unverträglich. Das erweist sich besonders, wenn der *Orangebauch-Blattvogel* wie der noch häufigere *Goldstirn-Blattvogel* in Gefangenschaft gehalten werden. Die *Joras* ernähren sich mehr von Insekten. Mit dem Kopf nach unten suchen sie an Stämmen und im

Pycnonotus jocosus
(Linnaeus)
Rotohrbülbül
Süd- u. Südostasien
20 cm

Criniger ochraceus
Moore
Weißkehl-Bülbül
Südasien
22 cm

Phyllastrephus flavostriatus
(Sharpe)
Gelbstreifenbülbül
Südostafrika 20 cm

Pycnonotus capensis
(Linnaeus)
Kapbülbül
Südafrika 20 cm

Hypsipetes charlottae (Finsch)
Haubenbülbül
Borneo 18 cm

Hypsipetes madagascariensis
(Müller)
Madagaskar-Fluchtvogel
Südostasien, Madagaskar
25 cm

Blattwerk ihre Nahrung. *Irenen* oder *Elfenblauvögel* sind lebhafte, farbenprächtige Fruchtfresser, die im Regenwald der Niederungen Südasiens vorkommen.

Familie: Laniidae — Würger

Unterfamilien: Prionopinae — Brillenwürger (*Prionops*), Malaconotinae — Buschwürger (*Dryoscopus, Laniarius, Malaconotus, Nilaus, Tschagra*), Laniinae — Eigentliche Würger (*Lanius*), Pityriasinae — Kahlkopfwürger (*Pityriasis*)

Familie: Vangidae — Blau- oder Vangawürger (*Euryceros, Leptopterus*)

Würger nennt man eine Gruppe kräftig gebauter Singvögel, denen einst „Mordlust" nachgesagt wurde. Doch sind sie lediglich Vertilger schädlicher Insekten und kleiner Wirbeltiere, die mit ihrem an der Spitze hakig abwärts gebogenen und mit einem Zahn versehenen Oberschnabel getötet werden. Die eigentlichen Würger spießen zudem ihre Beute auf Dornen oder klemmen sie in Astgabeln, um sie so besser bearbeiten zu können oder auch als Vorratslager. Von erhöhter Warte aus spähen sie nach Beute und verfolgen sie in der Luft wie am Boden. Beim *Brillenwürger* finden wir geselliges Verhalten selbst zur Brutzeit. Der *Gelbschopfwürger*, erst 1934 entdeckt, ist dagegen mehr Einzelgänger. Die Buschwürger leben im dichten Unterholz, sind schlechte Flieger und haben pfeifende, laute Rufe, die sie mitunter im Wechsel hören lassen. Besonders auffallend durch leuchtende Farben und Duettgesang der *Rotbauchwürger*. *Brubru* und *Schneeballwürger* sind Waldbewohner, letzterer mit weißem, aufstellbarem Federbüschel am Bürzel. Der *Kaptschagra*, im Walddickicht schwer zu entdecken, heißt nach seinem Ruf, der *Riesenbuschwürger* mit sehr hohem Schnabel ernährt sich außer von Insekten auch von Schlangen und Vögeln. Der einst bei uns häufige *Neuntöter* oder Rotrückenwürger ging in letzter Zeit stark zurück; ob wegen des Verschwindens von Hecken oder aus klimatischen Gründen, bleibt umstritten. Er ist ein besonders guter „Spötter" und ausgesprochener Vorratshalter, wenn auch die Zahl 9 dabei keine Rolle spielt. Während er Zugvogel ist, bleibt der *Raubwürger* auch im Winter bei uns. Er klemmt seine Beute, neben großen Insekten Mäuse, Vögel und Frösche, eher ein, als daß er sie an Dornen aufspießt. Der *Maskenwürger* zeichnet sich durch besonders melodischen Gesang aus. Eigenartig und fremd erscheint der *Kahlkopfwürger*; er hat keine Beziehungen zu anderen Vogelgruppen. Eine eigene kleine Familie bilden die *Blau-* oder *Vangawürger* mit sehr verschiedenartigen Schnabelformen und entsprechender Lebensweise. Der kräftige *Helmvanga* und der zierliche *Blauvanga* bilden in dieser Hinsicht Gegensätze.

Irena puella Latham
Elfenblauvogel
Südasien
23 cm

Chloropsis hardwickii
Jardine u. Selby
Orangebauch-Blattvogel
Himalaya bis Malaysia
20 cm

Aegithina viridissima
(Bonaparte)
Grüner Iora
Insulinde 15 cm

Familie: Bombycillidae — Seidenschwänze

Unterfamilien: Bombycillinae — Eigentliche Seidenschwänze (*Bombycilla*), Ptilogonatinae — Seidenschnäpper (*Phainopepla, Ptilogonys*), Hypocoliinae — Nachtschattenfresser (*Hypocolius*)

Familie: Dulidae — Palmschmätzer (*Dulus*)

Familie: Cinclidae — Wasseramseln (*Cinclus*)

Familie: Troglodytidae — Zaunkönige (*Campylorhynchus, Cyphorinus, Salpinctes, Thryomanes, Thryothorus, Troglodytes*)

Seidenschwänze nennt man 5 Arten baumbewohnender Singvögel mit weichem, seidigem Gefieder, breitem Schnabel und kurzen Beinen, von denen die bei uns vorkommende Art am bekanntesten ist. Aus ihren Brutgebieten in nordischen Wäldern kommt sie als Wintergast in unregelmäßigen Abständen nach Mitteleuropa, wo ihr Erscheinen einstmals Schrecken erregte, weil die Vögel als Unheilbringer und Pestboten galten. Im Sommer ernähren sie sich vorzugsweise von Insekten, im Winter von Beeren. Deren wechselndes Angebot in ihrer Heimat trägt zu unstetem Herumziehen bei, das dann gelegentlich die Form von Massenwanderungen annimmt. Mit trillernden Rufen beleben sie, bemerkenswert zutraulich, unsere Winterlandschaft. Die *Seidenschnäpper* sind ihnen nur wenig ähnlich, lebhafte Insektenjäger von hohen Warten aus, während der Nachtschattenfresser wieder wie unser *Seidenschwanz* sich mehr von Früchten ernährt. Nur entfernt mit ihnen verwandt sind die *Palmschmätzer*, die zu mehreren Paaren große Gemeinschaftsnester mit jeweils eigenen Abteilen bauen, meist in Palmen. *Wasseramseln* sind die einzigen echten Wasserbewohner unter den Singvögeln. Ihre gedrungene Gestalt ist offenbar dem Leben an raschfließenden, klaren Gewässern durch starke Beine, kurze Flügel und Schwanz sowie dichtes, gut eingefettetes Gefieder besonders angepaßt. Sie können damit ebenso unter Wasser laufen wie fliegen und bis zu 20 m weit, 1,50 m tief tauchen. Die *Weißkopf-* und *Graue Wasseramsel* unterscheiden sich nur wenig von der auch bei uns noch heimischen, wenn auch durch Verschmutzung aller Gewässer selten gewordenen Art.

Von den 62 Zaunkönigsarten, die es auf der Welt und besonders zahlreich in den Tropen Amerikas gibt, lebt nur eine bei uns. Sie ist durch ihre rastlose Behendigkeit, ihren Sangeseifer und den besonders kurzen, aufrecht getragenen Schwanz bekannt. Wie seine Verwandten baut unser *Zaunkönig* Kugelnester, von denen einige nur zum Schlafen dienen. Er kommt in Laub- oder Mischwald, in Gärten und an Flußufern vor. Der *Kaktuszaunkönig* hält sich vor allem in dichten Kakteenbeständen auf, der *Canyonzaunkönig* in felsiger Landschaft und der *Caray-Zaunkönig* im Unterholz lichter Savannenwälder. Auch der *Rotkehl-Zaunkönig* ist ein Waldbewohner, während der *Bewicks-Zaunkönig* als Kulturfolger in ländlichen Gebieten wie in Stadtsiedlungen gilt.

Familie: Mimidae — Spottdrosseln (*Donacobius, Dumetella, Mimus, Nesomimus, Toxostoma*)

Familie: Prunellidae — Braunellen (*Prunella*)

Spottdrosseln nennt man langschwänzige, den Drosseln ähnliche Vögel, die mit diesen aber nicht verwandt sind. Sie gehören zu den besten Sängern, die es gibt. Melodienreichtum und Vielseitigkeit ihres Gesanges rühren von dem ungewöhnlichen Imitationstalent her, das zahlreiche Gesänge anderer Vogelarten mit dem eigenen vereint. Erbittert verteidigen sie ihre Reviere, oft durch Hochspringen und selbst gegen große Tiere und Menschen. Die *Katzendrossel*, nach ihrem Warnruf benannt, der in den Gesang eingeflochten wird, ahmt wie die eigentliche *Spottdrossel* neben Rufen und Strophen von Vögeln auch andere Laute wie Froschquaken, Grillenzirpen und Geräusche der Technik nach. Sie bewohnen Waldränder, Busch- und Kulturland bis in die Städte hinein. Der *Sichelspötter* lebt dagegen mehr in Trockengebieten, die von Dornsträuchern und Kakteen bewachsen sind. Die *Donacobius-Spottdrossel* kommt im Schilf- und in dichter Ufervegetation vor, wo sie sich gewandt bewegt und durch laute Pfiffe auffällt. Die *Galapagos-Spottdrossel* ist hochbeiniger als ihre Verwandten. Mehrere Spottdrosselarten waren einst beliebte Pfleglinge in Menschenhand. — Zu der kleinen Familie der Braunellen gehört die bei uns sehr verbreitete, aber wenig bekannte *Heckenbraunelle*, die aus unterholzreichen Wäldern vielfach in Parks und Gärten eindrang. Ihr heller, zaunkönigartiger Gesang wird gern von halbhohen Nadelbäumen oder anderen erhöhten Stellen vorgetragen. Die *Alpenbraunelle*, auf den Gebirgsmatten über der Baumgrenze zu Hause, singt dagegen wie eine Feldlerche. *Berg-* und *Rotbrustbraunelle* sind Bewohner der Taiga wie der innerasiatischen Hochgebirge.

Familie: Muscicapidae — Fliegenschnäpperartige

Unterfamilie: Timaliinae — Timalien

Pellorneini-Dschungeltimalien (*Malacopteron, Pellorneum, Trichastoma*), Pomatorhinini — Sichel-/Zaunkönigs-Timalien (*Kenopia, Napothera, Pomatorhinus, Pomatostomus, Ptilocichla*), Timaliini — Baum-/Meisentimalien (*Macronous, Stachyris, Timalia*), Chamaeini — Chaparral-Timalien und Verwandte (*Chamaea, Chrysomma*)

In einer riesengroßen Familie der Fliegenschnäpperartigen werden zahlreiche Unterfamilien von Vögeln zusammengefaßt, die ungemein vielgestaltig sind und nur wenige gemeinsame Züge haben. Das gilt auch schon für die erste dieser Gruppen, die Timalien, unter deren 245 Arten wir Ähnlichkeiten mit ganz verschiedenen Vogelformen finden. Alle haben lockeres Gefieder, kräftige Beine, dadurch gutes Sprungvermögen bei geringer Flugfähigkeit. Sie bewegen sich rastlos am Boden oder in dichtem Unterholz, wo sie mit stark gekrümmtem Schnabel Nahrung suchen. Dabei lassen sie ständig laute Rufe, einige auch melodische Gesänge, hören; weil sie nie ruhig sind, heißen sie englisch „Schwätzer". Truppweise, oft mit anderen Vögeln vereint, streifen sie durch die Wälder. Zu den Dschungeltimalien gehört die *Große Zweigtimalie*, die sich bevorzugt über dem Boden in den unteren Zweigen der Urwaldbäume aufhält, die *Schwarzkappentimalie*, durch spechtartiges Klettern an starken Baumästen bemerkenswert, und die nur am Erdboden lebende *Kurzschwanztimalie*. Sicheltimalien umfassen Arten mit langen Schwänzen und kräftigen, gebogenen Schnäbeln, die deshalb auch Säbler genannt werden — gezeigt wird der *Weißbrauensäbler*. Sie bewegen sich springend am Boden, wo sie kaum zu entdecken sind, so rasch huschen sie hin und her, nur laute kennzeichnende Rufe verraten sie. Der *Beuteljahoo* baut nicht am Boden, sondern an Kletterpflanzen große Beutelnester, in dem mehrere Artgenossen auch schlafen. Die *Wolltimalie* leitet zu den Zaunkönigtimalien über, die kurze Schwänze und gerade Schnäbel haben, ebenso die *Kenopie*, beide in Niederungswäldern verborgen lebend, was auch für die *Groß-Zaunkönigstimalie* gilt. Die Baum- und Meisentimalien, zarte Gestalten mit verlängerten, oft zerschlissenen Rückenfedern, bewohnen höheren Unterwuchs in Wäldern und gehen selten auf den Boden. Die *Schwarzhalsbaumtimalie* hält sich truppweise gern im Bambusdickicht auf, die *Rotkäppchentimalie* mehr im hohen Elefantengras, während die *Gelbbrust-Timalie* der häufigste Unterholzbewohner von Teakwäldern ist. Als einzige Timalienart meidet die *Goldaugentimalie* den Wald und streicht in offener Landschaft umher. In Hartlaubgehölzen hält sich die *Chaparraltimalie* auf, wobei sie den Schwanz oft hoch aufgerichtet trägt.

Garrulax erythrocephalus (Vigors)
Rotkopfhäherling
Himalaya 25 cm

Leiothrix lutea (Scopoli)
Chines. Sonnenvogel
Ostasien 18 cm

Panurus biarmicus (Linnaeus)
Bartmeise
Europa bis Japan 17 cm

Leiothrix argentauris (Hodgson)
Silberohr-Sonnenvogel
Himalaya 17 cm

Garrulax leucolophus (Hardwicke)
Haubenhäherling
Himalaya, Thailand 25 cm

Yuhina zantholeuca (Blyth)
Weißbauch-Yuhina
Südostasien 12 cm

Pteruthius aythropterus Vigors
Rotflügel-Würgertimalie
Himalaya 25 cm

Heterophasia melanoleuca (Blyth)
Elstertimalie
Himalaya 25 cm

Paradoxornis heudei (Pandin)
Brauen-Papageischnabel-Timalie
China 16 cm

Turdoidini — Droßlinge (*Garrulax, Heterophasia, Leiothrix, Pteruthius, Yuhina*), Picathartini — Felshüpfer od. Stelzenkrähen (*Picathartes*)

Zur artenreichsten Timaliengruppe gehören die Droßlinge. Der *Haubenhäherling* ist wohl der auffallendste von ihnen, aber auch der *Rotkopfhäherling* kommt im Unterbewuchs der Wälder, im Lianen- und Bambusgewirr häufig vor. Ungemein gesellig zeigen sich in höheren Lagen, vor allem mit Nadelhölzern, der *Chinesische* und der *Silberohr-Sonnenvogel*. Ihr lauter, volltönender Gesang, ihr lebhaftes Wesen und ihre Anpassungsfähigkeit hat sie beim Vogelliebhaber zu begehrten Pfleglingen werden lassen. Ausgesprochener Gebirgsbewohner ist die *Rotflügel-Würgertimalie*, während die *Elstertimalie* und die *Weißbauchyuhina* wieder mehr Niederungsvögel sind. — Eigenartige Timalienverwandte sind die Felshüpfer oder *Stelzenkrähen*. Kahlköpfig, mit überlangen Beinen große Sprünge ausführend, leben die beiden Arten ungemein versteckt im Felsgebiet tropischer Regenwälder.

Unterfamilie: Panurinae — Papageischnabeltimalien (*Panurus, Paradoxornis*)

Unterfamilie: Orthonychinae — Laufflöter (*Cinclosoma, Eupetes, Orthonyx, Ptilorrhoa*)

Eine eigene Unterfamilie bilden die Papageischnabeltimalien, nach ihrem seitlich zusammengedrückten, kurzen und hohen Schnabel benannt. Sie leben im Schilf, hohem Gras, Bambus und Laubwald mit Unterbewuchs und ähneln im Verhalten den Meisen. Einen besonders kräftigen Schnabel zeigt die *Heudis-Timalie*, die auch Brauen-Papageischnabel-Timalie heißt. Am bekanntesten ist die *Bartmeise* mit relativ schwachem, spitzem Schnabel, die im Röhricht und Schilf an Seeufern lebt. In den letzten Jahren dehnte sie ihr Verbreitungsgebiet in Deutschland weiter aus. — Die Laufflöter werden lose den Timalien angeschlossen. Von ihnen können nur der *Klein-Orthonyx* oder Temmincks-Erdtimalie, der *Neuguinea-Laufflöter*, in buschbestandenem Grasland lebend, der *Blaurennschmätzer* und der *Malayische Rennschmätzer* genannt werden.

Orthonyx temminckii Ranzani
Klein-Orthonyx
Südostaustralien 21 cm

Cinclosoma ajax (Temminck)
Neuguinea-Laufflöter
Neuguinea 22 cm

Picathartes gymnocephalus (Temminck)
Weißhals-Stelzenkrähe
Westafrika 40 cm

Ptilorrhoa caerulescens (Temminck)
Blaurennschmätzer
Neuguinea 22 cm

Eupetes macrocercus Temminck
Malay. Rennschmätzer
Malaysia 29 cm

Picathartes oreas
Kamerun-Felshüpfer
Kamerun 40 cm

Orthotomus sepium Horsfield
Grauer Schneidervogel
Malaysia   12 cm

Orthotomus sutorius (Pennant)
Schneidervogel
Südasien   13 cm

Unterfamilie: Sylviinae — Grasmücken (*Acrocephalus, Apalis, Bradypterus, Calamocichla, Camaroptera, Cettia, Cisticola, Eremomela, Hippolais, Locustella, Macrosphenus, Orthotomus, Phylloscopus, Prinia, Sylvia, Sylvietta*)

Eine sehr große Unterfamilie mit über 300 Arten ist die der Grasmücken, deren Namen von Färbung und Lebensweise abgeleitet, an sich Graa-smiege = Grauschlüpfer heißt. In der Tat huschen die unscheinbaren Vögel rastlos durch Büsche und Zweige, gehen kaum je auf den Boden, aber auch selten in hohe Bäume. Sie halten enge Reviere ein, führen oft Balzflüge aus und singen vielfach ausgezeichnet. Ihre Häufigkeit in manchen Gebieten läßt sie zu bevorzugten Kuckuckswirten werden. Mit feinen Schnäbeln suchen sie Insekten von den Blättern, nehmen aber auch Beeren. Zu ihrer ersten Gruppe gehören der *Halsband-Feinsänger*, Bewohner jeder Art Waldland, der ein umfangreiches Nest aus Moos und Flechten baut, die *Kleibergrasmücke*, die meisenartig an den Bäumen in trockener Savanne herumturnt, und die *Graurücken-Eremomela*, die in den Baumkronen von Sekundärwäldern lebt. Mit ihnen seien auch die *Graurücken-Camaroptera* und der *Gelbbauch-Schnabel-Grassänger*, beide im Unterholz dichter Wälder lebend, genannt, die erstere durch ihr Schwanzhochstellen, die letztere durch flauschiges Rückengefieder auffallend. Winzige Vögel mit runden Flügeln sind die Grassänger, nach ihrem bevorzugten Lebensraum benannt. Als bekannteste Formen seien die Zistensänger erwähnt, von denen nur zwei der 45 Arten, der *Weitraum-* und der *Exilzistensänger*, außerhalb Afrikas leben. Alle sind Bewohner baumlosen, meist trockenen Geländes, viele führen Balzflüge aus oder singen im Fluge bzw. von einer Warte aus. Die meisten bauen kunstvoll gewebte oder zusammengenähte große Nester. Das tut auch die *Gelbbauch-Prinie* und deren verwandte Arten, die ausnahmsweise gut laufen können, sich zur Nahrungssuche auch am Boden aufhalten.

Schilf und Rohr dienen der Gruppe der Rohrsänger als Lebensstätten, denen sie vorzüglich angepaßt sind. Hier bauen sie ihre kunstvoll an Halmen befestigten Hängenester. Größte Art ist der *Drosselrohrsänger*, dessen knarrende Stimme fast aus jedem Schilfbestand an unseren Gewässern in unaufhörlicher Folge klingt. Der *Seggenrohrsänger* ist eine bei uns seltene Form, nur in großen Seggenbeständen anzutreffen, die es kaum noch gibt. Er baut wie andere gestreifte Arten nicht so kunstvolle Nester wie die mehr einfarbigen. Der *Sumpfbuschrohrsänger* lebt in Sumpfpflanzen jeder Art, aus denen er unter hölzernem Schwirren zu kurzem Balzflug hochfliegt. Hier trifft man auch den *Kaprohrsänger*, der so heimlich ist, daß ihn nur sein Ruf oder lauter Gesang verrät, der

Macrosphenus flavicans Cassin
Gelbbauch-Schnabelgrassänger
Westafrika   13 cm

Prinia flaviventris Delessert
Gelbbauch-Prinie
Indien   15 cm

Cettia cetti (Temminck)
Seidensänger
Südeuropa, Afrika, Asien   14 cm

Camaroptera brevicaudata (Cretzschmar)
Graurücken-Camaroptera
Afrika   12 cm

Eremomela badiceps (Fraser)
Graurücken-Eremomela
Westafrika   13 cm

Bradypterus baboecala (Vieillot)
Sumpfbuschsänger
Südafrika   18 cm

Sylvia communis (Latham)
Dorngrasmücke
Europa, Afrika, Asien   14 cm

Sylvietta rufescens (Vieillot)
Kleibergrasmücke
Süd- u. Ostafrika   12 cm

Apalis thorracica (Shaw u. Nodder)
Halsband-Feinsänger
Süd- u. Ostafrika

Cisticola juncidis (Rafinesque)
Weitraum-Zistensänger
Mittelmeergebiet, Afrika, Südasien   10 cm

Cisticola exilis (Vigors u. Horsfield)
Exil-Zistensänger
Australien   11 cm

Sylvia melanocephala (Gmelin)
Samtkopf-Grasmücke
Mittelmeergebiet, Kleinasien   14 cm

drosselartig klingt. Ein Bewohner dichten Unterwuchses an Flußufern im Mittelmeergebiet, der in letzter Zeit auch vereinzelt nach Frankreich und Belgien vordrang, ist der *Seidensänger*. Nur sein schallender Gesang kündigt von seinem Vorhandensein, zu entdecken ist er fast nie. *Rohrschwirl* und *Feldschwirl* tragen ihren Namen nach dem schwirrenden, heuschreckenähnlichen Gesang, den sie in langer Zeitfolge vortragen, der erstere aus weiten Schilf- und Rohrgebieten, der letztere aus feuchten Wiesen, Sumpf- und Brachlandschaft. Der Feldschwirl ist die bei uns häufigste, weil nicht so spezialisierte Art. Er trägt sein Lied, nach dem er auch Heuschrecken-Rohrsänger genannt wird, gern in der Dämmerung vor. Mit ihnen verwandt sind trotz anderer Färbung und einem Leben in Parks und Gärten in Mitteleuropa bzw. in Olivenhainen mit Gestrüpp im Mittelmeerraum die Spötter, von denen der *Gelbspötter* die auch bei uns verbreitete Gartenform ist, der *Blaßspötter* sein südlicher Vertreter. Beide singen sehr ausdauernd und flechten in den eigenen typischen Gesang zahlreiche Imitationen anderer Vogelgesänge, vor allem flötende Strophen ein. Die eigentlichen Grasmücken, die der Unterfamilie den Namen gaben, sind Bewohner von Laub- und Mischwald mit Unterholz, von Gärten und Feldgebüschen, im Süden vor allem von Macchia. Die *Dorngrasmücke* erkennt man an ihrem rauhen, kurzen Gesang, wobei sie von erhöhter Warte aus sich oftmals zu einem Balzflug erhebt. Auch die *Samtkopfgrasmücke* fliegt oft kurz auf, aus dichtem Gebüsch dringt ihr ratternder Gesang. Dagegen singt die *Maskengrasmücke* meist frei auf den Spitzen der Büsche sitzend und ebenso die *Bartgrasmücke*, die weitverbreitet ist und von den Küsten bis ins Gebirge hinein vorkommt. Die *Provencegrasmücke* hat von Westfrankreich aus auch Südengland besiedelt, sie bewohnt Heidegelände und Ginsterhänge mit Zistrosen. Eine weitere Gruppe bilden die Laubsänger, unscheinbar grüne, sehr lebhafte Vögel, die in dichtem Blattwerk von Bäumen und Unterwuchs leben und hier nur schwer sichtbar sind. Sie fallen durch ihre charakteristischen Rufe und Gesänge auf. Bezeichnend die Backofenform ihrer Nester am oder wenig über dem Boden. Neben den bei uns häufigsten Vertretern *Zilpzalp*, *Fitis* und *Waldlaubsänger* sei auf die abgebildeten Arten *Nordischer* und *Grüner Laubsänger* hingewiesen, die sich nach Westen und Süden ausbreiten, und den *Großen Kronenlaubsänger* als Gebirgsbewohner. Die *Schneidervögel* heißen nach ihrer Fähigkeit, Blätter kunstvoll zur Aufnahme des Nestes zu einer Tüte zusammenzunähen, wie es bereits von manchen Grassängern erwähnt wurde, hier jedoch ungleich vollendeter durchgeführt wird. Dabei werden die Blattränder erst durchlöchert und dann mit Spinnweben, Fäden von Raupenkokons oder Baumwolle fest zusammengezogen.

Unterfamilie: Malurinae — Südsee-Grasmücken (*Acanthiza, Amytornis, Aphelocephala, Ephthianura, Gerygone, Rosina, Sericornis, Stipiturus*)

Unterfamilie: Regulinae — Goldhähnchen (*Leptopoecile, Regulus*)

Unterfamilie: Polioptilinae — Mückenfänger (*Polioptila*)

Unterfamilie: Muscicapinae — Eigentliche Fliegenschnäpper (*Erythrosterna, Eumyias, Ficedula, Muscicapa, Niltava*)

Unterfamilie: Platysteirinae — Kleinschnäpper (*Batis, Platysteira*)

Unterfamilie: Myiagrinae — Flachschnabelschnäpper (*Arses, Miro, Myiagra, Petroica*)

Unterfamilie: Rhipidurinae — Fächerschwanzschnäpper (*Rhipidura*)

Unterfamilie: Monarchinae — Monarchen (*Hypothymis, Monarcha, Terpsiphone*)

Unterfamilie: Pachycephalinae — Dickkopfschnäpper (*Pachycephala, Pitohui*)

Unter den Südsee-Grasmücken finden wir laubsängerähnliche Arten wie die *Gelbbürzelacanthiza*, die *Masken-Gerygone* und die *Brillen-Sericornis*, die ihre stets geschlossenen Nester an Zweigenden aufhängt, die *Weißstirnchen*, mehr bodenbewohnende Formen, und den *Borstenschwanz* mit nur 6 langen, stark aufgefaserten Schwanzfedern, der sich auch vorwiegend am Boden aufhält. Wir treffen aber auch Formen mit sehr farbenprächtigem Gefieder, das wie bei den Staffelschwänzen samtartig wirkt. Sie leben meist schweigsam und unauffällig am Boden wie auch die langschwänzige *Braun-Amytornis* und der blauschwänzige *Purpurkopf-Staffelschwanz*, während die *Scharlach-Ephthianura* durch leuchtende Färbung und ihren lauten, metallischen Lockruf im Buschland auffällt. Die kleinsten einheimischen Singvögel sind die Goldhähnchen; sie bewohnen bevorzugt Nadelwälder, gehen aber auch in Mischwald. Hier sind sie stets in Bewegung und schwer zu entdecken. Bezeichnend sind ihre dicken

Moosnester. Vielfach trifft man sie außer der Brutzeit in Gesellschaft mit Meisen. In Winternächten bilden die *Wintergoldhähnchen* Gesellschaften von 15—30 Vögeln, die gemeinsam übernachten. Sie streifen in der kalten Jahreszeit umher und leben im Gebirge bis 2000 m Höhe, während das *Sommergoldhähnchen* tiefere Lagen bevorzugt und bis ins Mittelmeergebiet zieht. Zu den Buschhähnchen aus Ostasien gehört das *Purpurhähnchen*. — Die *Mückenfänger* sind feinschnäblige, sehr lebhafte Bewohner trockener Wälder und Halbwüsten mit lose wirkendem langen Schwanz, der nach allen Richtungen schlägt. — Die eigentlichen Fliegenschnäpper sind durch breiten, flachen Schnabel mit Borsten am Ansatz, kurze, schwache Beine und Füße wie durch ihre Nahrungssuche mittels Flugjagd von einer Warte aus gekennzeichnet. Etwa 200 Arten leben in der gesamten Alten Welt, bis auf den höchsten Norden. Bei uns sind der *Trauerschnäpper* und *Grauschnäpper* häufige Vertreter in Laubwald und Parks, der erstere eine der am genauesten untersuchten Vogelarten, der Insekten im Fluge wie am Boden fängt, letzterer nur im Fluge. Auffallend ihr Zucken mit Schwanz und Flügeln. Viel seltener ist der *Zwergfliegenschnäpper*, der in Indien überwintert, nahe verwandt der *Rotbauchniltava* und der *Indigofliegenschnäpper*. Der *Kapschnäpper* hält sich in feuchten Wäldern, der *Schwarzkehl-Lappenschnäpper* in Flußauen und Mangrovensümpfen bevorzugt auf. Besonders breite und flache Schnäbel finden wir bei dem *Seidenschnäpper*, der *Vielfarbenpetroica* und dem langbeinigen, weil bodenbewohnenden *Graumiro* sowie dem *Ringschnäpper* mit farbigen, nackten Augenringen. Den *Weißkehl-Fächerschnäpper* zeichnet der sehr lange, oft gefächert getragene Schwanz aus; er jagt von seiner Warte aus Insekten, während der *Brillenmonarch* diese von Blättern absucht. *Blauschnäpper* und *Paradiesschnäpper* sind Vögel mit seidigglänzendem Gefieder, die letzteren mit besonders im Fluge wundervoll wirkenden Schleppenschwänzchen. Der *Zweifarben-Pitohui* gehört zu den würgerähnlich aussehenden Dickkopfschnäppern.

Luscinia megarhynchos (Brehm)
Nachtigall
Europa, Nordafrika,
Westasien 16 cm

Erithacus rubecula (Linnaeus)
Rotkehlchen
Europa, Nordafrika,
Westasien 13 cm

Drymodes superciliaris Gould
Nord-Malleeflöter
Nordaustralien,
Neuguinea 20 cm

Erythropygia paena A. Smith
Kalahari-Heckensänger
Südafrika 17 cm

Chaetops frenatus (Temminck)
Kap-Felsschmätzer
Südafrika 24 cm

Cossypha niveicapilla (Lafresnaye)
Schuppenkopf-Rötel
Westafrika 20 cm

Phoenicurus phoenicurus (Linnaeus)
Gartenrotschwanz
Europa, Nord- u. Mittelasien 13 cm

Phoenicurus ochruros (Gmelin)
Hausrotschwanz
Europa, Zentralasien 13 cm

Luscinia svecica (Linnaeus)
Rotsterniges Blaukehlchen
Nordeuropa, Nordasien 14 cm

Oenanthe pleschanka (Lepechin)
Nonnensteinschmätzer
Zentralasien, Südosteuropa 15 cm

Saxicola torquata (Linnaeus)
Schwarzkehlchen
Europa 15 cm

Enicurus maculatus Vigors
Gefleckte Gabeldrossel
Himalayagebiet 28 cm

Thamnolaea coronata Reichenow
Weißnackenschmätzer
Westafrika 20 cm

Myrmecocichla formicivora (Vieillot)
Termitenschmätzer
Südwestafrika 18 cm

Copsychus malabaricus (Scopoli)
Schamadrossel
Südasien

Unterfamilie: Turdinae — Drosseln (*Chaetops, Copsychus, Cossypha, Cyanosylvia, Drymodes, Enicurus, Erithacus, Erythropygia, Hylocichla, Luscinia, Monticola, Myadestes, Myrmecocichla, Oenanthe, Phaeornis, Phoenicurus, Saxicola, Sialia, Thamnolaea, Turdus, Zoothera*)

Die artenreiche (ca. 300) Unterfamilie der Drosseln umfaßt Vögel von mittlerer Größe mit kräftigen Beinen und Schnäbeln, wie es ihrer Lebensweise, vorwiegend am Boden, und ihrer gemischten Nahrung entspricht. Die meisten sind gute Sänger und eher Einzelgänger als gesellig, obwohl einige sich außerhalb der Brutzeit zu Trupps vereinigen, vor allem gemeinsam nächtigen. Robust und anpassungsfähig sind sie weltweit verbreitet. Relativ kleine Formen mit schwachen Schnäbeln, die in Körperbau und Verhalten noch an Grasmücken erinnern, sind die *Malleeflöter*, von denen wir jeweils einen Vertreter zeigen. Eine weitere Verwandtschaftsgruppe, die man auch Erdsänger nennt, führt das bei uns weitverbreitete *Rotkehlchen* an. Große Augen und lange Beine deuten auf Leben im Unterholzdämmern und Hüpfen am Boden hin, wenn es seinen melodisch perlenden Gesang auch gern von erhöhter Warte vorträgt. Intensive Revierverteidigung selbst außerhalb der Brutzeit gibt zu bemerkenswert unverträglichem Verhalten der Art Anlaß, die besonders im Winter die Nähe menschlicher Siedlungen sucht. Als bester Sänger unserer heimischen Vögel gilt die *Nachtigall*, deren Gesang an Vielfalt der Strophen, vollen, klaren Flötentönen und langgezogenen Passagen nur noch mit dem ihres östlichen Verwandten *Sprosser* vergleichbar ist. Er wird tagsüber wie nachts vorgetragen und selbst in lebhaftem Straßenverkehr. Die Nachtigall lebt in dichtem Gebüsch und benötigt abgefallenes Laub, unter dem sie ihre Nahrung sucht. Wo dieses, etwa in Parks oder Gärten, nicht liegen bleibt, verläßt sie das Gebiet. Das *Blaukehlchen* hält sich als Bodenbewohner bevorzugt im dichten Pflanzenwuchs von Sümpfen und Überschwemmungsgebieten auf und wurde mit deren weitgehendem Verschwinden bei uns zunehmend seltener. Den Erdsängern nahe verwandt ist die *Schamadrossel*, auch ein Bodenvogel, der im dichten Dschungel gern nahe am Wasser lebt. Ihr Gesang ist wohl der vielseitigste und melodischste aller

Singvögel, zumal er unaufhörlich vorgetragen und ständig durch Übernahme anderer Vogelgesänge abgewandelt wird. *Garten-* und *Hausrotschwanz* sind häufige Vögel unserer Gärten und Parks bzw. von Siedlungen und Felsgebieten; sie fallen durch die Zitterbewegungen ihres Schwanzes auf. Ihre ansprechend gefärbten und gut singenden Verwandten in der Neuen Welt sind die *Hüttensänger,* während die *Gabeldrosseln* gewässerbewohnende Außenseiter dieser Gruppe darstellen, die mit dem langen Schwanz wippend wie Bachstelzen wirken. Kurz- und breitschnäbliger, sonst drosselartig, erweisen sich die Trugdrosseln, zu denen als gute Sänger der Klarino und *Kubaclarino* gehören. Eine größere Artengruppe bilden die Schmätzer. Zu den bekanntesten gehören die bei uns heimischen *Braunkehlchen* und *Schwarzkehlchen,* das erstere ein Vogel feuchter Wiesen, das letztere in trockenem Gelände mit Büschen lebend. Der ihnen nahestehende *Termitenschmätzer* bewohnt baumlose Steppen und Halbwüsten, der *Weißnacken-Schmätzer* Felsgebiete; sie bilden in Aussehen und Verhalten Übergänge zu den *Steinschmätzern.* Von diesen erwähnen wir die heimische Art als Bewohner von Ödland und felsigen Hängen und zeigen den *Trauer-* und den *Nonnensteinschmätzer* aus entsprechenden Lebensräumen des Mittelmeergebietes. Drosselähnlich wirken *Steinrötel* und *Blaumerle,* beide an sonnigen Steilhängen und in felsigem Gelände anzutreffen, der erstere bis weit hinauf ins Gebirge. Die Drosseln selbst leiten die Gruppe der Erddrosseln ein, von denen die sibirische Art, die Fuchs- oder *Walddrossel* Nordamerikas, und die *Hawaii-Drossel* gezeigt werden. Die weitaus bekannteste und häufigste Art, die zum Kulturfolger wurde und heute vielfach trotz des schönen Flötengesanges von den Häusern fast zur Plage in Gärten wurde, ist die *Amsel.* Auch die *Singdrossel* wechselte vom Wald- zum Gartenvogel, in ihrem lauten, angenehmen Gesang werden die Motive oft wiederholt. Eine weitere heimische Art ist die *Ringdrossel,* die Nadelwälder der Gebirge bewohnt. Die *Wanderdrossel,* das „Rotkehlchen" der Amerikaner, ist bei diesen so häufig wie unsere Amsel. Weitere Formen können hier nur kurz genannt werden, sie vertreten die europäischen Arten bei etwa gleicher Lebensweise: *Akaziendrossel, Kuba-Drossel* und *Weißkehldrossel.*

Familie: Aegithalidae — Schwanzmeisen (*Aegithalos, Psaltriparus*)

Familie: Remizidae — Beutelmeisen (*Auriparus, Remiz*)

Familie: Paridae — Eigentliche Meisen (*Melanochlora, Parus*)

Meisen sind Baumbewohner mit kräftigen Beinen, deren Zehen stark gekrümmte Krallen tragen. Das weist auf ihr Klettervermögen bei der Nahrungssuche hin, die mit akrobatischer Gewandtheit oft bis zu den dünnsten Zweigen und mit dem Rücken nach unten hängend durchgeführt wird. Kleinste Insekten und deren Ruhestadien sind ihre Hauptnahrung. Im Gegensatz zu den meist höhlenbrütenden Arten bauen die *Schwanzmeisen* dichte, feste Nestbeutel, halten die Nahrung auch nicht mit den Zehen fest und sind stets gesellig. Sie leben im Misch- und Laubwald und in Parks mit vielen Sträuchern, die *Kappenbuschmeise* in den Büschen der Halbwüsten. Wie sie bilden auch die *Beutelmeisen* eine von den sonstigen Meisen getrennte Familie, sie heißen nach ihren an Zweigen hängenden, aus Samenwolle von Weiden, Pappeln und Rohrkolben mit längeren Fasern kunstvoll gefügten Nestern. Die *Goldmeise* errichtet ein Kugelnest aus Dornzweigen in Hartlaubgebüschen. Größte, dadurch wenig typisch wirkende Art ist die *Sultansmeise*, bekannteste und bei uns häufigste die *Kohlmeise*. Sie trifft man in jedem Gelände wo Laubbäume sind, weil sie dort Nisthöhlen findet. Gern nimmt sie künstliche Nistkästen an, mit denen ihre Siedlungsdichte zur Schädlingsbekämpfung gesteigert werden kann. Besonders kälteempfindlich ist die *Blaumeise*, die nächsthäufigste Art und der Kohlmeise in Verhalten und Lebensweise sehr ähnlich. Die *Tannenmeise* lebt im Gegensatz zu ihnen bevorzugt im Fichten- und Tannenwald, die *Haubenmeise* im Kiefernwald. Alle Meisen stellen im Winter die Hauptmenge unserer Vögel. Die *Lasurmeise* verirrt sich aus dem Osten zu uns, *Braunrücken-* und *Schwarzmeisen* sind Vertreter aus anderen Kontinenten.

Familie: Sittidae — Kleiber/Spechtmeisen

Unterfamilien: Sittinae — Eigentliche Kleiber (*Sitta*), Tichodrominae — Mauerläufer (*Tichodroma*)

Kleiber sind die einzigen Vögel, die an Bäumen mit abwärtsgerichtetem Kopf klettern. Nach ihrer Gewohnheit, Nisthöhleneingänge bis auf Körpergröße mit Lehm zu verkleben, benennt man sie. Sonst fallen sie durch ihre lauten Pfiffe und Trillerstrophen auf. Oft meißeln sie die Beute aus Unterlagen oder klemmen sie in diese ein, legen so Vorräte an. Der *Weißbrustkleiber* zerreibt Insekten am Flugloch der Nisthöhle, mauert aber ebensowenig wie der

Korsische Kleiber und der Kiefernwälder bewohnende *Braunkopfkleiber*, während der *Samtstirnkleiber* wenig, der *Weißschwanzkleiber* wieder mehr klebend tätig ist. Als Seltenheit finden wir den *Mauerläufer* an Felswänden der Alpen. Beim ruckartigen Klettern öffnet er etwas die herrlich roten Flügel, ebenso im fledermausartigen Flug.

Familie: Climacteridae — Baumrutscherartige

Unterfamilien: Neosittinae — Australkleiber (*Daphoenositta, Neositta*), Climacterinae — Baumrutscher (*Climacteris*)

Familie: Rhabdornithidae — Trugbaumläufer (*Rhabdornis*)

Familie: Salpornithidae — Fleckenbaumläufer (*Salpornis*)

Familie: Certhiidae — Eigentliche Baumläufer (*Certhia*)

Zwei besondere Gruppen bilden die Australkleiber und Baumrutscher. Die ersteren sind den Kleibern ähnlich. Doch bauen sie ihre Nester nicht in Höhlen, sondern in einer Astgabel, kunstvoll aus Spinnweben gefügt, mit Rinden und Flechten getarnt. Das gilt für den *Papuakleiber* wie den *Neuguinea-Kleiber*. Die Baumrutscher ähneln mehr den Baumläufern. Bei den Trugbaumläufern und Fleckenbaumläufern ist die Verwandtschaft zu diesen noch deutlicher. Erstere nisten in Baumhöhlen, die Fleckenbaumläufer dagegen in offenen Napfnestern. Unter den an Baumstämmen lebenden Baumläufern sind zwei häufige Vögel unserer Heimat. Der *Gartenbaumläufer* nächtigt in Höhlen oft zu mehreren, der *Waldbaumläufer* einzeln oder paarweise; letzterer bevorzugt mehr glattrandige Baumarten, ebenso der *Himalaya-Baumläufer*, der *Zweifarben-Baumläufer* dagegen mehr Bäume mit grober Borke wie der Gartenbaumläufer.

Familie: Dicaeidae — Mistelfresser/Blütenpicker (*Dicaeum, Melanocharis, Pardalotus, Paramythia, Prionochilus, Ramphocharis*)

Familie: Nectariniidae — Nektarvögel (*Aethopyga, Anthodiaeta, Anthrepetes, Arachnothera, Chalcomitra, Cinnyris, Hedydipna, Hermotimia, Nectarinia*)

Die Dicaeidae suchen in Blüten Insekten und Nektar, nehmen aber auch kleine Früchte. Am wenigsten spezialisiert sind *Fruchtfresser* und *Dickschnabel-Mistelfresser* mit einfachem Bau ihrer Zunge, wie wir sie auch bei den *Panthervögeln* und den *Blauvögeln* antreffen. Dagegen ist diese bei den Blütenpickern und eigentlichen Mistelfressern entsprechend kurzem oder schlankem Schnabel an der Spitze aufgefasert oder zu zwei Halbröhren eingerollt, sicher eine Anpassung an Nektarnahrung. Die meisten Arten leben in Wäldern, einige, wie der *Scharlach-Mistelfresser*, suchen auch Gärten auf. Die Nektarvögel spielen in den Tropen der Alten Welt die Rolle der Kolibris in Amerika. Doch sind Ähnlichkeiten ihrer Lebensweise zufällig. Die weit vorstreckbare Zunge saugt Nektar aus Blüten und bestäubt diese gleichzeitig, der dünne, röhrenförmige Schnabel unterstützt die Wirkung. Insekten werden dazu im Fluge gefangen. Die mehr als 100 Arten paßten sich den verschiedensten Umweltbedingungen an. Daraus hat sich eine große Vielfalt von Formen entwickelt: mit verlängerten mittleren Schwanzfedern wie der *Malachit-* und der *Erz-Nektarvogel*, mit kurzen Schnäbeln wie der *Violettmantel-Nektarvogel*, mit auffallenden Farbmerkmalen, wie das *Rotbrustglanzköpfchen*, der *Gelbrücken-*, *Purpurbrust-* und *Halsband-Nektarvogel*. Die unscheinbar aussehenden *Spinnenjäger* heißen nach ihrer Hauptnahrung.

Familie: Zosteropidae — Brillenvögel (*Chlorocharis, Zosterops*)

Familie: Meliphagidae — Honigfresser

Unterfamilien: Meliphaginae — Eigentliche Honigfresser (*Anthochaera, Entomyzon, Manorina, Melidectes, Meliphaga, Notiomystis, Philemon, Prosthemadera*), Promeropinae — Kap-Honigfresser (*Promerops*)

Die Brillenvögel heißen nach einem Ring weißer Federn um die Augen, wenn dieser auch bei einigen Arten fehlt. Ihre aufgefaserte Zungenspitze deutet die Aufnahme von Nektar und Fruchtsäften an, doch überwiegt Insektennahrung. Außer der Brutzeit streifen sie truppweise durch das Gezweig, schlafen auch gesellig. Eigenartig ist der *Schwarzäugige Brillenvogel* mit schwarzem Augenring. Der *Australische Brillenvogel* besiedelte vor fast 100 Jahren Neuseeland; in Australien verfolgt man ihn, weil er massenhaft in Obstgärten reife Früchte anpickt. Vom weitverbreiteten *Senegal-Brillenvogel* gibt es mehr als 20 Unterarten mit zum Teil punktförmigem Vorkommen, der *Schwarzkappen-Brillenvogel* bewohnt vor allem Gebirgswälder.

Die Honigfresser sind eine sehr artenreiche Familie hauptsächlich des australischen Faunengebietes, die vorwiegend Blütenhonig aufnehmen, dabei auch die Blüten, besonders der Eukalyptusbäume, bestäuben. Darauf weist ihre vorstreckbare, gespaltene und aufgefaserte Zungenspitze ebenso hin wie die bereits bei einigen Mistelfressern vorhandene Durchgängigkeit der Speiseröhre direkt in den Darm für flüssige Nahrung, nicht über den Magen. Die meisten leben gesellig, viele haben einen melodischen Gesang. Der *Scharlachhonigfresser* gehört zu den kleinsten und farbigsten Arten, die meisten sehen unscheinbar grünlich aus, wobei einige, wie der *Sänger-*, der *Nacktaugen-* und der *Blauohr-Honigfresser*, kahle, auffallend gefärbte Stellen am Kopf aufweisen, andere, wie der *Rotklunker-Honigfresser*, nackte Hautanhänge, und noch andere, wie die *Lederköpfe*, höckerartige Schnabelaufsätze, nackte Kopfseiten und Hälse. Endlich sind Formen wie der *Tui* und *Gelbband-Honigfresser* durch Federbüschel an Hals oder Brust auffallend. Erwähnen wir noch den *Sänger-* und den *Klingel-Honigfresser* mit melodischen Rufen, so bleibt als einziger Afrikavertreter der *Kap-Honigfresser*.

Familie: Emberizidae — Ammern

Unterfamilie: Emberizinae — Ammern
Emberizini — Eigentliche Ammern (*Atlapetes, Calamospiza, Calcarius, Emberiza, Junco, Melophus, Pipilo, Plectrophenax, Zonotrichia*), Tiaridini — Kernbeißer-Ammern (*Melanospiza, Sicalis, Tiaris*), Geospizini — Galapagos-/Darwinfinken (*Cactospiza, Certhidea, Geospiza*)

Die Ammern werden auf Grund ihres Gaumenbaues und der Kiefermuskeln von ähnlichen Singvogelgruppen getrennt. Der Schwerpunkt ihrer Verbreitung liegt in der Neuen Welt. Die Kante ihres Unterschnabels ist am Schnabelgrund stumpfwinklig nach unten geknickt. Die Altwelt-Formen haben einwärts gebogene Kanten am kurzen, kräftigen Schnabel, die neuweltlichen Scharrammern scharfkantige schlankere Schnäbel. Bei den ersteren begegnen uns vertraute Vögel, als größter die *Grauammer*, Bewohner unserer Kultursteppe, bevorzugt auf Leitungsdrähten sitzend und in kurzer, klirrender Folge singend. Noch bekannter und häufiger zeigt sich die *Goldammer* an Feldern und Wegrändern, wo auch Gebüsch oder Bäume sind. Ihr anspruchsloser Gesang klingt anheimelnd. Der *Ortolan* singt ähnlich, nur langsamer und mehr variiert, die *Rohrammer* ist an Schilf und Weidenbewuchs nahe Gewässern anzutreffen. Die *Kap-Ammer* lebt in trockenem, felsigem Bergland, auch die *Haubenammer* bevorzugt solche Lebensstätten. Zu den Scharrammern zählen die *Spornammer* und *Schneeammer*, die als Bewohner nordischer Tundren bzw. Bergregionen an unseren Küsten Wintergäste sind. Die *Trauerammer* wechselt oft in großen Scharen von trockenem Gras- auf Kulturland; die verschiedenen Arten Ammerfinken halten sich ebenso auf Feldern wie an nahen Siedlungen auf, hier vor allem im Winter. Den *Winter-Junco* trifft man in Nadelwäldern, der *Grundrötel* ist ein häufiger Vogel dichter Büsche in Parks und an Wegrändern, er hält sich wie die Tangarenfinken viel am Boden auf. Besonders dickschnäblig sind die kleinen Kernbeißerammern, wie die *Schwarzammern*, der an Kanarienvögel erinnernde *Safranfink*, die 28 Arten von Pfäffchen und der *Kubafink*. Sie leben vorzugsweise im Grasland und Buschwald und wurden zu beliebten Käfigvögeln. — Als letzte Gruppe der Ammern seien die Galapagos- oder Darwinfinken genannt. Sie gelten als Muster für die Vorgänge der Artbildung, die Darwin an ihnen erkannte. Alle 13 Arten haben sich aus einem vom Festland gekommenen Vorfahren entwickelt, die vielfältigen Lebensbedingungen auf den Inseln haben ihn dann in Körpergestalt und Verhalten so umgeformt, daß seine Nachkommen zu ganz verschiedenen Vogeltypen wurden, im wesentlichen geprägt durch ihre spezielle Ernährungsweise: massige *Grundfinken* mit kräftigem bis klobigem Schnabel, die Samen knacken, schlanke *Kaktusfinken* mit zugespitztem Schnabel zum Bearbeiten von Opuntien, kurzschnäblige *Baumfinken*, die Gemischtfresser sind, *Spechtfinken*, die mit Dornen nach Insekten stochern, und zartschnäblige *Waldsängerfinken* als Fänger von kleinen Insekten.

Unterfamilie: Cardinalinae — Kardinäle (*Cardinalis, Gubernatrix, Guiraca, Paroaria, Passerina, Pheucticus, Pyrrhuloxia, Saltator*)

Die Kardinäle sind gekennzeichnet durch klobige Schnäbel und meist sehr buntes Gefieder. Mit langen, kräftigen Beinen bewegen sie sich viel am Boden, einige haben auffallende Hauben. Zu diesen gehören die folgenden 4 Arten: der weitverbreitete *Rote Kardinal*, den man in Hecken und Büschen überall antrifft, bevorzugt bei oder in Siedlungen, wo er sich zutraulich zeigt und wegen seines melodischen Flötengesanges sehr beliebt ist. Der *Schmalschnabel-Kardinal* verhält sich viel scheuer als er und hat ähnlich guten Gesang. Der *Rotkopf-Kardinal* lebt im Gebüsch von Flußufern, der *Grünkardinal* mehr in offenem Gelände mit einzelnen Sträuchern. Keine Haube hat der *Rosenbrustknacker*, der Wälder nahe Flüssen, aber auch Gärten und Parks bewohnt, ein ausgezeichneter Sänger, der *Blaukardinal* oder Blauer Bischof im gleichen Lebensraum, der gern von Telegraphendrähten aus singt, und der Buschwald heimisch. Zu den Farbfinken gehören der *Papstfink* und der *Lasur-* oder *Lazulifink*, die an Waldrändern, in Feldgehölzen und Gärten leben.

Chlorophonia pyrrhophrys (Sclater)
Braunbauch-Organist
nördl. Südamerika

Euphonia musica (Gmelin)
Blauscheitel-Organist
Westindien, Südamerika
11,5 cm

Tangara chilensis (Vigors)
Siebenfarben-Tangare
nördl. Südamerika
15 cm

Tangara fastuosa (Lesson)
Vielfarben-Tangare
Nordbrasilien
14 cm

Thraupis episcopus (Linnaeus)
Blautangare
nördl. Südamerika
18 cm

Piranga rubra (Linnaeus)
Feuertangare
südl. USA bis Brasilien
19 cm

Compsocoma flavinucha (Lafresnaye u. d'Orbigny)
Blauflügel-Bergtangare
nördl. Südamerika
23 cm

Ramphocelus carbo (Pallas)
Silberschnabel-Tangare
nördl. Südamerika
18 cm

Tachyphonus cristatus (Linnaeus)
Haubentangare
nördl. Südamerika
17 cm

Eucometis penicillata (Spix)
Pinseltangare
Mittelamerika bis Paraguay
18 cm

Rhodinocichla (...)
Drosseltangare
Mexiko bis nördl. Südamerika
20 cm

14,5 cm
Catamblyrhynchus diadema Lafresnaye
Plüschkopftangare
Venezuela bis Brasilien

Diglossa baritula Wagler
Hakenschnabel
Mexiko bis Honduras
16 cm

Tersina viridis (Illiger)
Schwalbentangare
Panama bis Paraguay 15 cm

Cyanerpes cyaneus (Linnaeus)
Türkisvogel
Mexiko bis nördl. Südamerika
11 cm

Dacnis cayana (Linnaeus)
Pitpit
nördl. Südamerika

Unterfamilie: Thraupinae — Tangaren

Thraupini — Echte Tangaren (*Chlorophonia, Compsocoma, Eucometis, Euphonia, Piranga, Rhodinocichla, Ramphocelus, Tachyphonus, Tangara, Thraupis*), Tersinini — Schwalben-Tangaren (*Tersina*), Catamblyrhynchini — Plüschkopf-Tangaren (*Catamblyrhynchus*), Dacninini — Pitpits (*Cyanerpes, Diglossa, Dacnis*)

Tangaren bewohnen in reicher Artenzahl (236) die Tropen und Subtropen Amerikas. Die meisten tragen ein farbenfreudiges Gefieder, leben im Gezweig von Bäumen oder Büschen und ernähren sich von Früchten wie von Insekten. Der *Blauscheitel-Organist* vertritt eine Gruppe vor allem früchtefressender Arten mit sehr buntem Federkleid, in Niederungen heimisch, der *Braunbauchorganist* dagegen wie andere Grünorganisten eher in Hochlandwäldern anzutreffen. Schillertangaren heißen nach ihrem prächtigen Gefieder einige Formen, von denen wir die *Vielfarben-* und die *Siebenfarben-Tangare* zeigen. Auch sie bevorzugen tiefe Lagen als Lebensraum. Ihnen angeschlossen wird die Gruppe der *Bergtangaren*. Größer als die bisher genannten sind die *Blautangaren*, die eine weite Verbreitung haben und von Gärten bis in die Siedlungen dem Menschen folgen. Samtartige Befiederung, die je nach Beleuchtung im Ton wechselt, zeichnet die *Silberschnabel-Tangare* aus. Einer der wenigen Zugvögel unter den Tangaren ist die *Feuertangare*, die Insekten aus der Luft fängt, Wespennester ausraubt und melodisch flötend singt. Die versteckt lebende *Pinseltangare* folgt mit anderen Ameisenbegleitern den Schwärmen der Wanderameisen, weil diese zahllose Kleintiere vom Boden aufscheuchen, die dann im Gezweig Zuflucht suchen. *Haubentangaren* trifft man in den mittleren Regionen der Urwaldbäume bis hinab zum Unterwuchs, während die drosselartig wirkende *Drosseltangare* am Boden unter Blättern nach Kleintieren sucht. Etwas abseits von den Tangaren stehen die *Schwalbentangaren*, die in Trupps durch den Urwald streifen, und die *Plüschkopftangare*, die in dichtem Unterwuchs der Nebelwälder lebt. Als letzte Tangaren-Verwandte erwähnen wir die *Pitpits* und *Türkisvögel*, die mit gespaltener und aufgefaserter Zunge Blütennektar auflecken und gesellig durch Blütenbäume ziehen. Nur zur Brutzeit tragen sie schimmerndes Prachtgefieder.

Familie: Parulidae — Waldsänger

Unterfamilien: Parulinae — Eigentliche Waldsänger (*Dendroica, Granatellus, Mniotilta, Setophaga, Wilsonia*), Coerebinae — Bananaquits (*Coereba*)

Familie: Drepanididae — Kleidervögel

Unterfamilien: Psittirostrinae — Grünkleidervögel (*Hemignathus, Loxops, Paroreomyza, Pseudonestor, Viridonia*), Drepanidinae — Schwarzrot-Kleidervögel (*Vestiaria*)

Familie: Vireonidae — Vireos

Unterfamilien: Vireoninae — Vireos (*Hylophilus, Vireo*), Vireolaniinae — Würgervireos (*Vireolanius*), Cyclarhinae — Großschnabelvireos (*Cyclarhis*)

Waldsänger sind über ganz Amerika verbreitete kleine insektenfressende Vögel. Nur wenige haben melodischen Gesang. Der *Baumläufer-Waldsänger* sucht an Baumrinde Insekten, der *Grüne Waldsänger* lebt in Koniferenwäldern und in Zypressenbeständen, der *Goldwaldsänger* vor allem in Weiden nahe Gewässern. Den *Schnäpperwaldsänger* nennen die Amerikaner „Rotschwanz", er fliegt schmetterlingsartig, fächert oft den Schwanz und läßt die Flügel hängen. Der *Amazonische Finkenwaldsänger* bewohnt den Unterwuchs tropischer Regenwälder. *Zuckervögel* und *Bananaquits* heißen nach ihrer bevorzugten Nektar- und Beerennahrung Verwandte der Waldsänger. — Die Keidervögel sind wie die Galapagosfinken beste Beispiele von Artenentwicklung durch Anpassung an verschiedene Lebensräume und Nahrung. Aus einer Urform entstanden 21 Arten mit grünlichem oder schwarzrotem Gefieder und kräftigen finkenartigen, zarten Insektenfresser- bis zu gebogenen Röhrenschnäbeln, alle mit aufgefaserter Zungenspitze. Gezeigt werden der *Pseudokea*, der *Jiwi*, *Akialoa*, *Akepa*, *Amakihi* und der *Hawaii-Baumläufer*. — Einen würgerähnlichen Schnabel finden wir bei den Vireos. Neben dem *Rotaugen-Vireo* als typischen Vertreter und häufigen Waldbewohner seien der meisenartig lebende *Braunkopf-Hylophilus*, der *Würgervireo* mit seitlich abgeflachtem und der *Großschnabelvireo* mit noch kräftigerem Schnabel genannt.

Familie: Icteridae — Stärlinge (*Cacicus, Dolichonyx, Gymnostinops, Icterus, Molothrus, Pezites, Psarocolius*)

Familie: Fringillidae — Finken

Unterfamilien: Fringillinae — Buchfinken (*Fringilla*), Carduelinae — Stieglitzverwandte (*Acanthis, Carduelis, Carpodacus, Coccothraustes, Hesperiphona, Leucosticte, Loxia, Pyrrhula, Rhodopechys, Serinus*)

Häufige Vögel der Neuen Welt sind die Stärlinge, star- bis krähengroß mit kegelförmigem, spitzem Schnabel, kräftigen Beinen und langen Flügeln. Zu schwarzer Grundfärbung tragen viele Arten gelbe und rote Gefiederpartien. Meist Baumbewohner, halten sich einige Arten auch gern schreitend am Boden auf. Sehr lebhaft und in der Regel gesellig, weben manche in Baumkronen Beutelnester oder bauen in Astgabeln tiefe Napfnester. Dicht beieinander bis zu 50 solcher Nestbeutel errichten der *Olivgrüne-, Montezuma-* und *Gelbrücken-Stirnvogel* sowie der *Schwarzhaubenstärling*, wobei diese Art oft gemischte Kolonien bildet. Die *Kuhstärlinge* legen ihre Eier in die Nester verschiedener Wirtsvögel, sind also Brutparasiten wie unser Kuckuck. Bodenbewohner auf Grasland sind der *Soldatenstärling* und der zu Millionen von Nord- nach Südamerika ziehende *Reisstärling*. Farbenprächtig wirken die *Trupiale*, die gesellig in lichtem Baumgelände leben, hier oft als Obstschädlinge lästig werden und auch tiefe Beutelnester bauen.

Die Familie der Finken ist weltweit verbreitet, bis auf den australisch-pazifischen Raum, wo jedoch einige Arten jetzt eingebürgert sind. Sie umfassen kleine Vögel mit kräftigen, kegelförmigen Schnäbeln, die vorzugsweise Körner fressen. Sicher unser häufigster Vertreter dieser Gruppe ist der *Buchfink*, der durch seinen schmetternden Gesang („Schlag") auffällt, vorwiegend am Boden Nahrung sucht und außer der Brutzeit in großen Scharen umherzieht. Aus Nordeuropa und Sibirien kommt manchmal in gewaltigen Mengen sein nächster Verwandter, der *Bergfink*, als Wintergast zu uns. Zu einer weiteren Gruppe gehört der *Stieglitz*, er bewohnt bei uns offenes Gelände wie Gärten, Landstraßen und Dorfränder und singt melodisch.

Acanthis flammea (Linnaeus)
Birkenzeisig
nördl. Zonen der Erde 13 cm

Loxia pytyopsittacus Borkhausen
Kiefernkreuzschnabel
Nordeuropa 17 cm

Loxia curvirostra Linnaeus
Fichtenkreuzschnabel
nördl. gemäß. Zonen 16,5 cm

Coccothraustes coccothraustes (Linnaeus)
Kernbeißer
Europa bis Ostasien 18 cm

Carpodacus erythrinus (Pallas)
Karmingimpel
Nordosteuropa, Asien 15 cm

Rhodopechys githaginea (Lichtenstein)
Wüstengimpel
Nordafrika, Kleinasien 13 cm

Pyrrhula pyrrhula (Linnaeus)
Gimpel, Dompfaff
Europa bis Ostasien 18 cm

Hesperiphona vespertina Cooper
Abendkernbeißer
Nordamerika 18 cm

Unserem kleinsten Finken *Girlitz* steht der *Kanarengirlitz* sehr nahe, von dem alle Zuchtformen des Kanarienvogels abstammen, seit er vom Ende des 15. Jahrhunderts nach Europa gebracht wurde. Hier begann dann seine spezielle Züchtung auf den bezeichnenden Gesang und die gelbe Färbung, die besonders im Harz verbreitet war, von wo aus der Vogel als Haustier in alle Welt ging. Der *Birkenzeisig* lebt ebenso in der Knieholzregion der Alpen wie in Birkenwäldern des hohen Nordens, dem *Dompfaff* oder Gimpel begegnen wir in Parks und Gärten, in Wäldern mit Unterholz und Schonungen. Eigenartig die Schnabelbildung der *Kreuzschnabelarten* nach dem Bedürfnis, in den Zapfen von Kiefern die Samen auszulösen. Der *Karmingimpel* breitet sich von Asien über Nordosteuropa westwärts aus. Der *Rosenfink* bewohnt Gebirge über der Baumgrenze, der *Wüstengimpel* dagegen felsige Wüstengebiete. Durch seinen gewaltigen Kegelschnabel fällt der bei uns häufige *Kernbeißer* in Laub- und Mischwäldern, Gärten und Parks auf. Sein Gegenstück in der Neuen Welt ist der *Abendkernbeißer*.

Familie: Ploceidae — Webervögel

Unterfamilien: Passerinae — Sperlinge (*Montifringilla, Passer, Petronia*), Anomalospizinae — Kuckucksweber (*Anomalospiza*)

Am Beginn der Familie Webervögel, die nach ihren kunstvoll gewebten Nestern benannt ist, stehen die Sperlinge, die man auf Grund ihres kräftigen Kegelschnabels zu den Finken rechnete. Anders als diese bauen sie ihre Nester aber in Höhlen oder überdacht. Der *Steinsperling* bewegt sich am Boden laufend, nicht hüpfend wie die anderen Sperlingsarten. Er bewohnt Felsengelände vor allem im Mittelmeerraum, war bis in die 20er Jahre auch an Ruinen in Südwest- und Mitteldeutschland anzutreffen. *Schneefinken* sind an das Leben im Hochgebirge angepaßt, meist sieht man sie bei Almhütten oder Berghotels. Der *Haussperling* oder Spatz ist die häufigste Vogelart überhaupt, ein Weltbewohner, der in engstem Kontakt mit dem Menschen lebt. Er bürgerte ihn in viele Gebiete wie Nord- und Südamerika oder Australien erst ein, während er sich andere selbst eroberte. Als Getreideschädling kann er bei Massenauftreten lästig werden, ebenso in Gärten als Nutznießer von jungen Pflanzen und Obst. Sein nächster Verwandter, der *Feldsperling*, hält in Gärten und einzelnen Bäumen etwas mehr Distanz zum Menschen und gilt als vorwiegend nützlich. *Gelbbauch-* und *Kap-Sperling* sind Vertreter in anderen Erdteilen, der erstere mehr dem Feld-, letzterer mehr dem Haussperling in der Lebensweise gleich. Girlitzähnlich wirkt der *Kuckucksweber*, der bei Zistensängern als Brutschmarotzer auftritt.

Passer melanurus (Müller)
Kapsperling
Südafrika 16 cm

Petronia petronia (Linnaeus)
Steinsperling
Europa, Asien, Nordafrika 14 cm

Passer flaveolus Blyth
Gelbbauchsperling
Hinterindien 14 cm

Montifringilla nivalis (Linnaeus)
Schneefink
Europa, Asien 18 cm

Passer domesticus (Linnaeus)
Haussperling
alle Erdteile 15 cm

Passer montanus (Linnaeus)
Feldsperling
Europa, Asien 14 cm

Anomalospiza imberbis (Cabanis)
Kuckucksweber
Afrika 12,5 cm

In Savannen und Steppen des tropischen Afrika leben die Witwen. Sie sind Brutschmarotzer bei Prachtfinken, deren Junge ihren eigenen in Schnabelmuster, Dunenkleid, Bettellauten und -bewegungen völlig gleichen. Auch die Laute der erwachsenen Wirte ahmen die Witwenmännchen bei der Balz nach. Die *Atlaswitwen* haben keine langen Schwanzfedern, bei den *Paradieswitwen* ist das Mittelpaar verbreitet, erst das folgende sehr stark verlängert und beide längs verdreht. Bei der *Strohwitwe* und *Dominikanerwitwe* ist diese Verlängerung nicht so extrem, vor allem im Flug auffallend. Außer der Brutzeit rotten sie sich oft zu enormen Verbänden zusammen. Bei den eigentlichen Widahs gehören dazu auch verlängerte Schwanzfedern wie beim *Goldschulterwidah*, während die Feuerweber mit dem *Oryxweber* kurzschwänzig sind. Der *Madagaskarweber* gilt als Schädling der Reisfelder, der *Blutschnabelweber* plündert in Millionenscharen, die weit wandern können, Getreidefelder. Zu den eigentlichen Webern, die besonders kunstvoll und vielfältig geformte Nester bauen, gehören der *Schwarzweber*, der Urwaldbewohner *Miomboweber*, der Schilfbrüter *Manyarweber* und der an Gewässern brütende *Safranweber*. Ebenfalls in Ufervegetation lebt der *Weißstirnweber*. Der starartig wirkende *Büffelweber* fügt mehrere Nester zu einem Gemeinschaftsbau, wie ihn in größter Vollendung mit zahlreichen Nestkammern der hiernach benannte *Siedelweber* aufführt. Den Übergang zu den Prachtfinken vermitteln die Bartstrichweber mit dem *Schnurrbärtchen*.

Unterfamilien: Viduinae — Witwen (*Hypochera, Steganura, Tetraenura, Vidua*), Euplectinae — Widavögel (*Coliuspasser, Euplectes, Foudia, Quelea*), Ploceinae — Eigentliche Weber (*Melanopteryx, Notiospiza, Ploceus, Symplectes, Textor*), Amblyospizinae — Dickschnabelweber (*Amblyospiza*), Bubalornithinae — Büffelweber (*Bubalornis*), Plocepasserinae — Sperlingsweber (*Philetairius*), Sporopipinae — Bartstrichweber (*Sporopipes*)

Familie: Estrildidae — Prachtfinken (*Amadina, Chloebia, Estrilda, Lagonosticta, Lonchura, Neochmia, Nigrita, Ortygospiza, Padda, Poephila, Pytilia, Spermestes, Stioptera, Taeniopygia, Uraeginthus*)

Prachtfinken sind meist gesellig lebende Bewohner von Gras- und Buschsteppen, von Savannen und lichtem Trockenwald. Einige trifft man auch in wüstenhaftem Gelände, andere in dichtem Regenwald. Viele haben sich dem Menschen angeschlossen und sind in Gärten und Parks oder selbst an Gebäuden zu finden. Mit feineren bis zu kräftigen Kegelschnäbeln ernähren sie sich vorwiegend von Grassamen, zusätzlich einige Arten weitgehend von Insekten. Kennzeichnend für ihre Nestjungen sind auffallend gefärbte Warzen und Wülste am Schnabelrand, die Licht reflektieren, und eine nach Arten verschiedene Rachenzeichnung im geöffneten Schnabel. Verbreitet ist ein hüpfender Balztanz, mit Halm oder Feder im Schnabel. Nester stets überdacht, meist kugelförmig, in Bäumen und Büschen am Boden, in Schilf oder Höhlungen. Beim Futterbetteln legen die Jungen den Hals auf den Boden und drehen nur die Schnabelöffnung nach oben, was für Singvögel einmalig ist. Viele wurden beliebte und häufige Pfleglinge in Menschenhand, weil sie lebhaft und bunt, friedliebend, gesellig und in der Haltung anspruchslos sind, oft auch leicht zu züchten. Die *Rotkopfamadine* ist Trockenlandbewohner und zieht in riesigen Schwärmen auf Wassersuche umher. Das *Kleinelsterchen* lebt wie seine Verwandten in Savannen und auf Kulturland. Kräftige Schnäbel haben die Nonnen, zu denen das *Weißbauch-* und das *Spitzschwanz-Bronzemännchen* gehört. Letzteres ist die Stammform des „Japanischen Mövchens", das seit mehreren hundert Jahren von Chinesen gezüchtet, zum völligen Haustier wurde. Das gilt auch für die weiße Zuchtform des *Reisfinken*, einem der meistgehaltenen Prachtfinken, der unter anderem in Hawai und Ostafrika eingebürgert wurde. Farbenprächtigster Prachtfink, daher von Pfleger besonders begehrt, zugleich aber auch nicht leicht zu halten, ist die *Gouldamadine*. Als bekannteste Prachtfinkenart, von dem auch zahlreiche Farbformen gezüchtet wurden, gilt der *Zebrafink*, in seiner Heimat dem Leben in Trockengebieten hervorragend angepaßt. Mit ihm verwandt der *Ringelastrild* und der *Sonnenastrild*, während der *Gürtelgrasfink* etwas abseits steht. Der *Wachtelastrild* ist weitgehend Bodenbewohner, der *Wellenastrild* lebt in Schilf, hohem Gras und auf Kulturland. Blauastrilde gehören zu den *Schmetterlingsfinken*, häufigen Vögeln der Dornbuschsteppe und in Züchterhand ebenso beliebt wie der *Amarant* aus ähnlichem Lebensraum. Hier ist auch der *Buntastrild* zu finden, die *Schwärzlinge* sind dagegen echte Regenwaldvögel.

Familie: Sturnidae — Stare

Unterfamilien: Sturninae — Eigentliche Stare (*Acridotheres, Aplonis, Creatophora, Gracula, Gracupica, Lamprospreo, Lamprotornis, Mino, Pastor, Spreo, Sturnia, Sturnus*), Buphaginae — Madenhackerstare (*Buphagus*)

Stare sind mittelgroße Vögel, die viel am Boden schreiten, hier auch vorwiegend ihre Nahrung — Insekten, Würmer und Schnecken — suchen. So nützlich sie dadurch sind, solchen Schaden können sie durch Verzehren von Obst, Weintrauben oder Oliven anrichten, wenn sie zur Zugzeit und im Winterquartier in riesigen Verbänden auftreten. Ihr geräuschvoller Gesang ist sehr variabel, mitunter pfeifend, meist zischend, schnatternd und schnalzend, dazu werden Geräusche und andere Vogelstimmen täuschend nachgeahmt. Kennzeichnend ihr „Zirkeln", wobei der Schnabel geschlossen in den Boden gesteckt, dann zur Nahrungssuche geöffnet wird. Unser *Star* ist überall anzutreffen, in Laub- wie Mischwald, in Gärten und selbst in den Städten, wo man ihn seit Jahrhunderten durch Anbieten von Nistkästen an sich zu fesseln suchte. Im Herbst frisch vermausert, trägt sein Gefieder helle Punkte („Perlstar"), die bis zum Frühjahr abgerieben werden. Er fliegt sehr schnell, oft in Trupps, nach der Brutzeit in Schwärmen von Tausenden, die gemeinsam im Schilf oder an Gebäuden übernachten. Der *Rosenstar* lebt mehr am Boden, brütet hier auch in großen Kolonien und folgt gern den Zügen der Heuschrecken. Der größere *Schwarzhalsstar* und der kleine *Violettrückenstar* gleichen unserem Star weitgehend in ihrer Lebensweise. Das gilt auch für den in seiner Heimat häufigen Art *Hirtenstar*, der dem Weidevieh folgt und vielfach zum „Haustier" geworden ist. Der *Lappenstar* ist Steppenbewohner wie der Rosenstar. Zu den Atzeln gehört vor allem der *Beo*, dessen erstaunliche Stimmbegabung ihn auch bei uns zum beliebten Hausgenossen werden ließ. Ähnlich die *Papua-Atzel*, während der *Weberstar* eine andere Gruppe vertritt, deren Angehörige wie Weber Hängenester bauen. Farbenprächtig und metallisch schillernd sind die Glanzstare, von denen der *Zweifarbenstar* als Begleiter von Weidetieren, der besonders bunte *Dreifarben-Glanzstar* und der kurzschwänzige *Purpurglanzstar* neben dem *Langschwanzglanzstar* genannt seien. Eigenartige Starverwandte sind die *Madenhacker*, die hängend an großen Säugetieren leben.

Familie: Oriolidae — Pirole (*Oriolus, Sphecotheres*)

Familie: Dicruridae — Drongos (*Chaetorhynchus, Dicrurus*)

Familie: Callaeidae — Neuseeländische Lappenvögel (*Callaeas, Creadion*)

Familie: Grallinidae — Australische Schlammnestkrähen

Unterfamilien: Grallininae — Drosselstelzen (*Grallina*), Corcoracinae — Eigentliche Schlammnestkrähen (*Corcorax, Struthidea*)

Pirole sind Waldbewohner, die neben Insekten auch Früchte fressen. Schwer zu entdecken, verraten sie sich meist durch flötende Rufe und melodischen Gesang. Das gilt besonders für unseren *Pirol*, der sich hier nur kurz im Sommer aufhält. *Gelbpirol*, *Mönchspirol* und *Schwarznackenpirol* sind Vertreter in anderen Erdteilen, beim Feigenpirol fallen nackte Hautstellen am Kopf auf. Drongos, glänzend schwarze Urwald- und Savannenbewohner, besitzen einen Schnabel mit Hakenspitze, oft Schmuckfedern an Kopf und Hals, beim *Flaggendrongo* mit stark verlängerten äußeren Schwanzfedern. Der *Bergdrongo* wirkt wie ein Fliegenschnäpper, der *Trauerdrongo* sitzt auf dem Rücken grasender Rinder. Die Neuseeland-Lappenvögel leiten zur ersten Gruppe der Rabenverwandten über. *Lappenstar* und *Lappenkrähe* sind in ihrem Bestand bedroht, nachdem eine Art, der Lappenhopf, bereits ausgestorben ist. Zu ihnen rechnet man jetzt auch die Schlammnestkrähen, von denen die *Drosselstelze*, die *Bergkrähe* und der *Gimpelhäher* genannt werden.

Familie: Artamidae — Schwalbenstare (*Artamus*)

Familie: Cracticidae — Flötenwürger (*Cracticus, Gymnorhina*)

Schwalbenstare haben mit den Vogelgruppen ihres Namens nichts zu tun. Bewohner lichten Waldes, warten sie wie Fliegenschnäpper auf vorbeifliegende Beutetiere. Der *Grauschwalbenstar* ist eine der 10 weitverbreiteten Arten. — Krähenähnlich oder wie Würger sehen die Flötenwürger aus; von ihnen ist der *Flötenvogel* durch seinen sehr melodischen Gesang bekannt, der mitunter in großer Gesellschaft abends und morgens als Chor erklingt. Die *Würgatzel* spießt Beute auf wie die Würger.

Astrapia mayeri Stonor
Seidenband-Paradiesvogel
Neuguinea
45 + 50 cm

Paradisaea rudolphi (Finsch)
Blauer Paradiesvogel
Ostneuguinea
28 + 35 cm

Cicinnurus regius (Linnaeus)
Königsparadiesvogel
Neuguinea, Aru
16 + 15 cm

Paradisaea minor Shaw
Kleiner Paradiesvogel
Neuguinea
36 + 40 cm

Pteridophora alberti Meyer
Wimpelträger
nordwestl. Neuguinea
20 cm
Kopffedern 40 cm

Semioptera wallacei Gould
Wallace-
Molukken 24 cm

Epimachus meyeri Finsch
Sichelschnabel
südöstl. Neuguinea
45 + 70 cm

Lophorina superba minor Ramsay
Kragenhopf
Neuguinea
24 cm

Diphyllodes respublica (Bonaparte)
Blaukopf-Paradiesvogel
Batanta u. Waigeo-Inseln
20 cm

Parotia sefilata (Pennant)
Arfak-Strahlenparadiesvogel
24,5 cm

Familie: Paradisaeidae — Paradies- und Laubenvögel

Unterfamilien: Paradisaeinae — Paradiesvögel (*Astrapia, Cicinnurus, Diphyllodes, Epimachus, Manucodia, Paradigalla, Paradisaea, Parotia, Phonygammus, Pteridophora, Ptiloris, Semioptera*), Ptilonorhynchinae — Laubenvögel (*Ailuroedus, Amblyornis, Chlamydera, Ptilonorhynchus, Sericulus*)

Zur Familie der Paradies- und Laubenvögel mit etwa 40 Arten gehören die farbenprächtigsten Vögel überhaupt. Ihr Gefieder ist von derart phantastischer Schönheit, daß ihre ersten Entdecker vor 500 Jahren sie als überirdische Wesen ansahen, die sich ständig am Himmel aufhielten und nur nach ihrem Tode zur Erde zurückkehrten. Dieser Glaube wurde durch fußlose Häute verstärkt, die als Handelsware nach Europa gelangten. Hinzu kamen andere Legenden über ihre Lebensweise, die erst im 19. Jahrhundert berichtigt wurden. Danach begann bald eine hemmungslose Ausbeutung der Bestände für Modezwecke, nachdem die Eingeborenen Paradiesvögel schon seit Jahrhunderten als Schmuck und Wertgegenstände genutzt hatten. Das führte rasch zu rapider Abnahme und seit den 20er Jahren zum Verbot der Jagd und Ausfuhr. Es sind star- bis krähengroße Vögel, die in erster Linie Früchte, doch auch Insekten fressen. Teile des Männchen-Gefieders glänzen metallisch, ähneln Samt oder Seide und zeigen abspreizbare oder verlängerte Schmuckfedern, die in den erstaunlichsten Formen und Farben ausgebildet sind. Sie werden bei der Balz zur Schau gestellt, dabei oft in leichte Bewegung versetzt, was ihre Wirkung erhöht. Bei den meisten Arten treffen die Geschlechter nur bei der Paarung zusammen. Die Männchen der Arten ohne Schmuckfedern beteiligen sich an der Brutpflege, der *Grüne Manukode* und der *Trompeter-Paradiesvogel*, vielleicht auch der *Lappenparadiesvogel*. Bei ihnen gleichen sich die Geschlechter, sonst sind die Weibchen unscheinbar gefärbt. Kreuzungen zwischen ähnlichen Arten kommen relativ häufig vor, sie haben die Unterscheidung und Benennung mancher Formen verwirrt, das Kennenlernen ihrer Lebensweise bis in die neueste Zeit erschwert. Die Federn des Großen Paradiesvogels gelangten früher am häufigsten nach Europa. Die Männchen dieser Art tanzen zu mehreren in großen Bäumen und fliegen mit gespreizten Schmuckfedern von Ast zu Ast. Beim *Blauen Paradiesvogel* hängt das Männchen mit dem Kopf nach unten an einem Zweig und entfaltet dabei sein Prachtgefieder. Der *Königsparadiesvogel* spreizt an der Brust zwei Federbüschel ab, die sonst eng anliegen. Er lebt in dichten Baumkronen und brütet als einzige Art in Baumhöhlen. Die Männchen des *Blaukopf-Paradiesvogels* tanzen auf einem jungen Baum, von dessen Umgebung alle Pflanzen entfernt sind. Beim *Strahlenparadiesvogel* werden 6 dünne Federstrahlen vom Kopf hochgestellt und die Körperfedern wie ein Ballettröckchen abgespreizt — so trippelt der Vogel hin und her. Das *Wimpelträger*-Männchen hat beidseits am Kopf lange Federstrahlen mit nur einseitig ausgebildeten emailleartigen Schildern. Der *Wallace-Paradiesvogel* breitet balzend einen schillernden Brustschild auseinander und stellt 4 lange weiße Schmuckfedern über den entfalteten Flügeln auf. Zu den größten Formen, den Paradieselstern, gehört der *Seidenband-Paradiesvogel*, dessen Schwanzfedern im Balzflug wie Schleppen wirken. Selten und wenig bekannt ist der *Meyer-Sichelschnabel* mit unter den Flügeln spreizbaren Federschildern, während der *Paradies-Streifenvogel* relativ häufig ist und mit gespreiztem Kragen sich präsentiert. Nahe mit Paradiesvögeln verwandt sind die Laubenvögel, die nicht wie jene ihr Prachtgefieder, sondern ihre Bauwerke zur Schau stellen. Die meisten bauen Lauben wie von Menschenhand ausgeführt wirkende Gebilde aus Zweigstücken, Halmen und anderen Pflanzenstoffen und verzieren sie mit bunten Gegenständen, um sie herum wird ein Raum saubergehalten. In und vor der Laube führt ein Männchen Balzspiele aus und paart sich mit einem Weibchen, wobei Vielehe die Regel ist. Die Katzenvögel — nach ihrem Ruf benannt — legen noch keine Laube, einige ihrer Arten aber einen Tanzplatz an, wonach sie „Tennenbauer" heißen. Der *Gelbhaubengärtner* gehört zum Typ der „Maibaumbauer", die turmförmige Gebilde um einen Sproß am Boden errichten. Die „Alleebauer" errichten zwei aufrechtstehende Wände aus Ästen und legen vor und neben ihnen allerlei glänzende Gegenstände ab. Der *Seidenlaubenvogel* trägt dann mit faserigem Borkenstück ein Gemisch aus Holzkohle und Früchten an der Laubenwand auf, wobei blaue Farbe bevorzugt wird — einer der seltenen Fälle von Werkzeuggebrauch bei Vögeln. Der *Dreigang-Laubenvogel* hält vor der Laube bunte Beeren hoch und zeigt sie dem Weibchen gleichsam als Ersatz für Schmuckfedern.

Cissa chinensis (Boddaert)
Jagdelster
Himalaya,
Hinterindien
38 cm

Urocissa erythrorhyncha
(Boddaert)
**Rotschnabel-
schweifkitta**
Ostasien
65 cm

Dendrocitta
occipitalis
(St. Müller)
**Malaien-
Baumelster**
Borneo
42 cm

Crypsirina cucullata
Jerdon
Spatelschwanzelster
Himalayagebiet
42 cm

Cyanocitta cristata
(Linnaeus)
Blauhäher
östl. Nordamerika
29 cm

Cyanocitta stelleri
(Gmelin)
Diademhäher
westl. Nord-
u. Mittel-
amerika
32 cm

Perisoreus infaustus
(Linnaeus)
Unglückshäher
Nordeurasien
30 cm

Garrulus glandarius
(Linnaeus)
Eichelhäher
Nordeurasien
35 cm

Nucifraga caryocatactes
(Linnaeus)
Tannenhäher
Nordeurasien

Cyanocorax
chrysops
(Vieillot)
Blaukappenrabe
Südamerika
35 cm

Cyanocorax yncas
(Boddaert)
Grünhäher
Südamerika 28 cm

Cyanopica cyana
(Pallas)
Blauelster
Spanien, Ostasien
24 cm

Pica pica (Linnaeus)
Elster
Eurasien 48 cm

Familie: Corvidae — Rabenvögel (*Cissa, Corvus, Crypsirina, Cyanocitta, Cyanocorax, Cyanopica, Dendrocitta, Garrulus, Nucifraga, Perisoreus, Pica, Podoces, Pyrrhocorax, Urocissa*)

Die Rabenvögel stehen auf Grund ihrer geistigen Entwicklung an der Spitze der Singvögel. Sie sind besonders regsam, neugierig und anpassungsfähig, intelligenter als alle anderen Vögel und selbst nach menschlichen Maßstäben klug. Weltweit verbreitet, die meisten Arten unscheinbar gefärbt, ernähren sie sich von gemischter Kost, leben in Dauerehe und bewohnen die verschiedensten Lebensräume. Viele sind außer der Brutzeit gesellig, einige nisten auch in Kolonien. Wegen ihrer Gelehrigkeit werden einige Arten gern in Menschenhand gehalten und sind beliebte Versuchsobjekte ethologischer Forschung. Als erste Gruppe der 100 Arten umfassenden Familie nennen wir die Häher, gekennzeichnet durch aufstellbare, verlängerte Oberkopffedern. In großer Formenfülle sind sie besonders in Amerika vertreten, viele mit leuchtend farbigem Gefieder wie der *Blauhäher* und der *Peru-Grünhäher*. Ersterer ist in Nordamerika sehr bekannt und verbreitet, gleicht in seiner Lebensweise unserem *Eichelhäher*, ist aber mehr als dieser Kulturfolger bis in die Siedlungen. Bemerkenswert sein Talent zum Nachahmen von Lauten, das er, wie auch sein sonstiges Verhalten, mit dem *Schwarzkopfhäher* teilt. Der Peru-Grünhäher ist der weitaus bunteste Häher. Bei ihm und verwandten Formen wie dem *Kappen-Blauraben* fällt ein samtartiger Federwulst an Stirn und Oberkopf auf. Dem *Eichelhäher* begegnen wir in allen Misch- und Laubwäldern, in Gärten und Parks, kennen sein Kreischen, seinen schwarzblauweißen Flügelspiegel und seine erstaunliche Begabung zur Imitation anderer Vogelstimmen. Durch seine Gewohnheit, die Samen von Buche und Eiche in den Boden zu stecken, wo sie dann keimen, gewinnt er eine erhebliche waldbauliche Bedeutung, die auch gelegentliche Übergriffe durch Nestplündern kaum schmälern. Kurzschnäblig und ohne Haube sind die hochnordischen *Unglückshäher*, die wie die *Tannenhäher* — mit spitzen, kräftigen Schnäbeln — Nadelwälder bewohnen, eine Art auch unsere Mittel- und Hochgebirge, während eine weitere aus Sibirien mitunter invasionsartig zu uns kommt. Die Gruppe der Elstern umfaßt langschwänzige und oft buntgefärbte Formen wie die *Jagdelster* und die *Schweifkitta*, die *Baumelster* und die *Spatelschwanzelster*, die ersteren in lichten Wäldern, letztere im tropischen Regenwald lebend. Die *Blauelster* bewohnt Baumkulturen, offene Wälder und bebautes Gelände mit Bäumen. Die heimische *Elster* gilt nach ihrer Vorliebe, glänzende Gegenstände zu verstecken, als Sinnbild diebischer Tätigkeit. Sie ist einer unserer häufigsten Vögel, der vom Wald bis in die Siedlungen vorkommt und trotz starker Verfolgung nicht ausgerottet werden kann. Ihre großen Reisignester fallen allenthalben auf. Der nur drosselgroße *Saxaulhäher* lebt in Sandwüsten. *Alpenkrähen* und *Alpendohle* sind Bewohner der Hochgebirge, die erstere auch von Felsenküsten Englands. Sie tritt in den Alpen gegenüber der *Alpendohle* zurück, die sich stärker an den Menschen anschließt und in der Nähe von Berggasthöfen sehr zutraulich werden kann. Ihre erstaunlichen Flugkünste gehören zum Erleben der Berge. Wie sie ist auch die *Dohle* Höhlenbrüter, die bei uns Mauern, Schlösser, Ruinen und Kirchtürme bewohnt und stets gesellig auftritt. Im Winter wird ihr Bestand durch Vögel aus Nordosteuropa vermehrt, die meist in Gesellschaft mit *Saatkrähen* kommen. Diese nisten in Kolonien und stiften auf unseren Feldern durch Vertilgen von Schädlingen Nutzen. Dennoch sucht man sie zu vertreiben, wenn sie in großen Städten ihre Nester baut. Leider verwechselt man sie vielfach mit der *Rabenkrähe*, die zwar auch oft gesellig auftritt, aber stets einzeln brütet und deren Eier- und Nestraubtätigkeit sie in Verruf brachte. Nur als Unterart von ihr gilt die *Nebelkrähe*, die regelmäßig aus dem Osten im Winter nach Mitteleuropa kommt. Die ihnen ähnliche *Neuguinea-Krähe* hat einen zum Teil kahlen Kopf, weshalb sie auch Greisenkrähe genannt wird. Die *Bennetkrähe* zeigt sich als Schädlingsvertilger gleichnützlich wie unsere *Saatkrähe*. Der *Kolkrabe* ist der größte und typischste Rabenvogel, bei den alten Germanen Götterbote und Symbol der Weisheit. Seine erstaunliche Findigkeit und Intelligenz sind bekannt — bei uns kommt er brütend nur noch in Schleswig-Holstein und in den Alpen vor. *Geierraben* nisten an Felswänden und sind Kulturfolger, wegen Heuschreckenvertilgung geschätzt.

Klasse MAMMALIA — SÄUGETIERE

Die letzte und höchstentwickelte Klasse der Wirbeltiere ist die der Säugetiere oder Mammalia; sie ist gleichzeitig die stammesgeschichtlich jüngste. Säugetiere sind Nachfahren der Pelycosaurier. Bei diesen handelte es sich um säugetierähnliche Reptilien, die vor rund 180 Millionen Jahren lebten. Den Pelycosauriern folgten im späten Perm und in der frühen Trias die Theropsida, bei denen schon Ellbogen und Knie gegen den Rumpf gestellt waren wie bei den heutigen Säugern. Das gab dem Rumpf besseren Halt und die Möglichkeit zu rascherer Fortbewegung als die auswärts gedrehten Gliedmaßen von Reptilien und Amphibien. Fossilfunde dieser alten Formen sind nicht häufig; man kann nach ihnen auch nicht entscheiden, ob die Tiere bereits warmblütig waren und lebende Junge zur Welt brachten. Alle Übergänge vom Reptil zum Säugetier sind gleitend. So läßt sich auch kein bestimmter oder auch nur ungefährer Zeitpunkt oder Zeitraum angeben, von dem an man überhaupt von Säugetieren reden kann. Die ersten Säugetiere waren nur maus- bis rattengroß. Erst seit Beginn des Tertiärs setzte eine größere Formenmannigfaltigkeit ein, und so eroberten sich die Säugetiere allmählich Erde, Wasser und Luftraum.

Alle Säugetiere besitzen Lungen und atmen atmosphärische Luft. Der Name dieser ganzen Wirbeltierklasse Mammalia ist abgeleitet von „mamma", der lateinischen Bezeichnung für Zitze. Aber nicht alle Tiere, die wir zu den Mammalia zählen, haben Zitzen. Solche kommen nur bei den höheren Säugern, den Theria, vor. Die niederen Mammalia, die Prototheria oder Ursäuger, haben keine Zitzenbildungen. Bei ihnen münden die einzelnen Milchdrüsen in verstreute Inselchen des Bauchhaarkleides, bei den Schnabeligeln in die Bruttasche.

Auch das Haarkleid, die Haare, sind ein Charakteristikum, das nur den Säugetieren zukommt. Meistens finden sich im Fell Grannen und Wollhaar beieinander, von denen besonders die Grannen in sehr wechselnder Form auftreten können. Verstärkte Haare dienen als Tast- und Sinneshaare und sind fast immer etwas stärker und länger als die Mehrzahl der Grannen. Hierzu gehören die Schnurrhaare bei den Raub-, Nage- und Hasentieren. Auch Wimpern, Augenbrauen, Mähnenhaare, Schwanzquasten und Stacheln sind umgewandelte Grannen. Die Haare entstehen aus Epidermisknospen, zu denen die Lederhaut blutgefäßreiche Papillen zur Ernährung entsendet. Jedes Haar wird von Nerven versorgt und von Muskeln, die das Aufrichten und Niederlegen der Haare ermöglichen.

Die Säugetierhaut ist sehr drüsenreich. Neben den schlauchförmigen Schweißdrüsen und den traubenförmigen Talgdrüsen sind die vielerlei Duftdrüsen zu nennen, deren Sekret zum Zusammenfinden der Geschlechter, zum Zusammenhalt des Herdenverbandes sowie zum Markieren des Territoriums dient. Diese Duftdrüsen sind bei den verschiedenen Tiergruppen sehr unterschiedlich plaziert. Es sei z. B. an die Zwischenklauen- und Voraugendrüsen vieler Paarhufer erinnert, an die sogenannten Brunftfeigen hinter den Gamskrucken, die Rückendrüse der Nabelschweine, die Flankendrüsen bei Spitz- und Wühlmäusen, die Gesichtsdrüsen vieler Fledermäuse sowie die Viol- und Analdrüsen bei vielen Raubtieren. Das Markieren kann willkürlich geschehen, aber auch unbeabsichtigt, wie z. B. die Duftanlagerung in Bauten und Gängen von Höhlenbewohnern.

Die Haare werden zumeist periodisch gewechselt, bei einigen Arten jährlich, bei anderen häufiger. Die langen Schwanz- und Mähnenhaare des Hauspferdes halten mehrere Jahre lang aus. Bei Haushunden und -katzen kann der Haarausfall ununterbrochen sein; stets aber bleibt ein geschlossenes Fell erhalten. Andererseits können Kleinsäuger in Ausnahmefällen ihr Haarkleid in kurzer Zeit so gut wie vollständig verlieren; es wächst dann aber bald nach. Bei einigen Robben löst sich während des Haarwechsels ein Teil der Epidermis mit ab, und die abgestoßenen Hautfetzen sind mit den ausgefallenen Haaren gespickt.

Das Großhirn ist hochentwickelt. Die Wirbelsäule gliedert sich fast allgemein in die Hals-, Brust-, Lenden-, Kreuz- und Schwanzwirbel, deren jede Gruppe aus mehreren eigentümlich gestalteten Wirbeln gebildet wird. Die Körper der Brustwirbel nehmen von vorn nach hinten allmählich an Größe ab, und vom kleinsten an findet dann wieder eine Größenzunahme statt durch die Lenden- bis zum ersten Kreuzwirbel. Hals- und Schwanzlänge sind artenweise ganz außerordentlich verschieden, namentlich letztere ist sogar innerhalb der gleichen Art variabel. Trotz der artenweise sehr verschiedenen Länge ist der Hals konstant aus sieben Wirbeln gebildet. Selbst die Giraffe hat nur sieben Wirbel. Eine Ausnahme macht eine Faultier-Gattung mit 9—10 Halswirbeln. Bei Walen sind die Halswirbel meistens weitgehend miteinander verschmolzen. Der Hals ist daher, von einigen Ausnahmen abgesehen, nicht mehr drehbar.

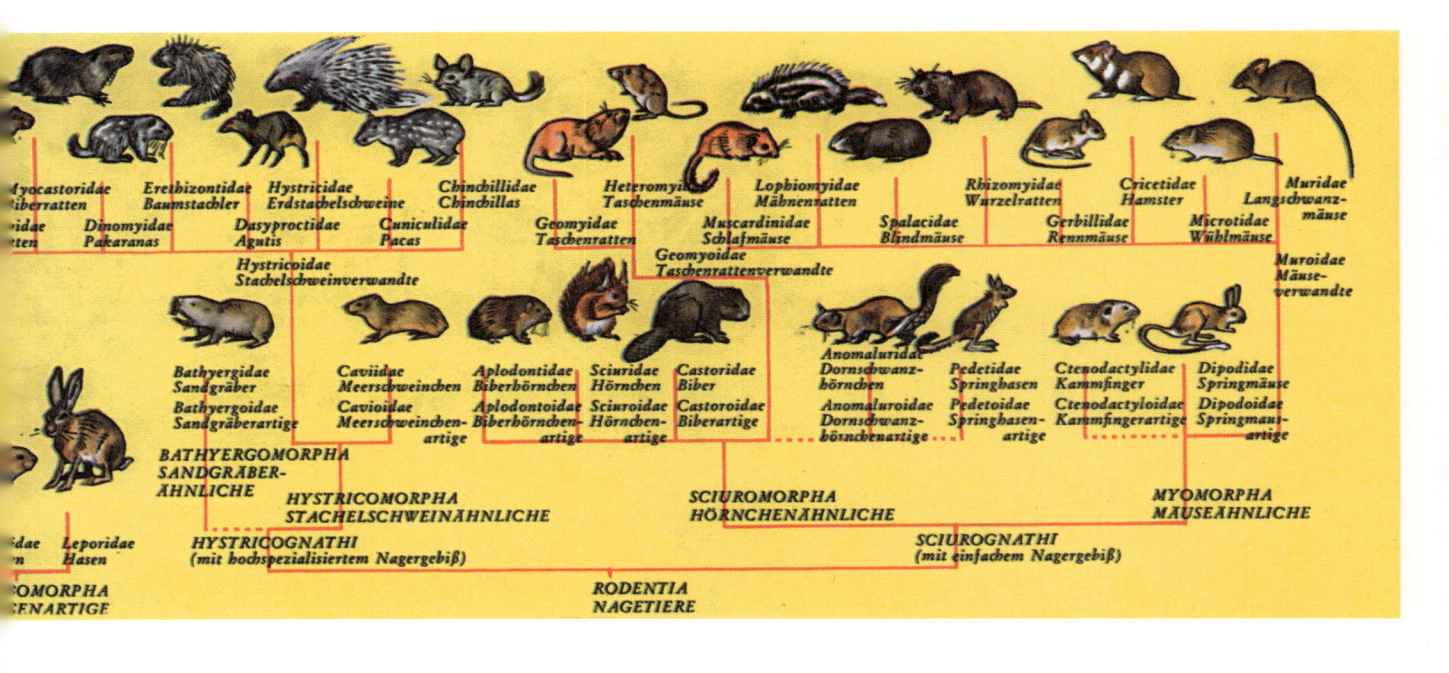

Bei den Säugern sind Zähne — soweit vorhanden — auf Ober-, Zwischen- und Unterkiefer beschränkt. Bei einigen Ordnungen, wie den Walen, sind die Zähne untereinander sehr ähnlich. Bei den meisten anderen aber sind vier verschiedene Zahngruppen zu unterscheiden: Schneidezähne (Incisivi), Eckzahn (Caninus), Lückenzähne (Praemolaren) und Backenzähne (Molaren). Die oberen Schneidezähne sitzen im Zwischenkiefer, alle anderen oberen Zähne im Oberkiefer, doch steht der Eckzahn manchmal hart an der Grenze oder in der Naht zwischen den beiden Knochen. Zahnzahl und -form wechseln artenweise sehr und sind daher ein wichtiges Hilfsmittel zur Klassifizierung der Säugetiere. Verschieden wie die Zahnform ist auch die Zahnschlußlinie. Bei manchen Arten, wie z. B. Schwein und Hund, liegt die Okklusionslinie nahezu waagerecht. Bei anderen bildet die obere Zahnreihe einen nach unten konvexen, die Unterkieferzahnreihe einen konkaven Bogen (Hohlhörner); bei Spitzmäusen sind diese Bogen gerade umgekehrt orientiert. Neugeborene Säugetiere sind meistens noch zahnlos. Erst allmählich wachsen

auch ständig an der Kaufläche abgeschliffen, aber nicht nachgeschoben werden. Sind sie allmählich verbraucht, werden sie zunächst bis zur Wurzel weggekaut und gehen schließlich verloren — falls das Tier nicht schon vorher einem Räuber zur Beute fiel. Das Herausfallen der Nahrung während des Kauens wird durch Lippen und Wangen verhindert, die die Mundhöhle nach außen abschließen, wobei die Wangenmuskulatur die Nahrungsmassen immer wieder gegen und zwischen die Zähne drückt. Zunge und knöcherner Gaumen haben gleiche Aufgaben. Wie Lippen und Wangenmuskulatur sind auch die beträchtliche Eigenbeweglichkeit der Zunge und die vollständige Trennung der Mundhöhle vom Nasenraum durch harten und weichen Gaumen Besonderheiten der Säugetiere. Aufgrund ihrer Nahrungswahl spricht man von Omnivoren (Allesfressern), Carnivoren (Fleischfressern) beziehungsweise Herbivoren (Pflanzenfressern). Die verschiedenen Ernährungsformen machen es verständlich, daß der Magen-Darm-Trakt, in dem die Nahrung aufgeschlossen wird, recht unterschiedlich ausgebildet sein kann. Säugetiere besitzen ein hochentwickeltes Ausscheidungssystem und stets eine Harnblase. Die Befruchtung erfolgt im Körperinneren. Das Ei kommt aus dem Eierstock (Ovarium) in den Eileiter, wird dort befruchtet und wandert dann weiter in den Uterus. Dort nistet es sich ein, indem es mit den Fruchthäuten an der Uterusschleimhaut verwächst. Es bildet sich der Mutterkuchen (die Placenta). So kann sich das Ei geschützt unter sehr beständigen Umweltbedingungen entwickeln. Um den Embryo entsteht eine Zottenhaut (das Chorion), deren Zotten mit der Uteruswand in Verbindung treten und den Gas- und Stoffaustausch mit dem mütterlichen Blut ermöglichen; die Zotten selbst enthalten Venen und Arterien des Embryos. Die Tragzeit wechselt artenweise sehr, wie auch der Entwicklungsgrad bei der Geburt.

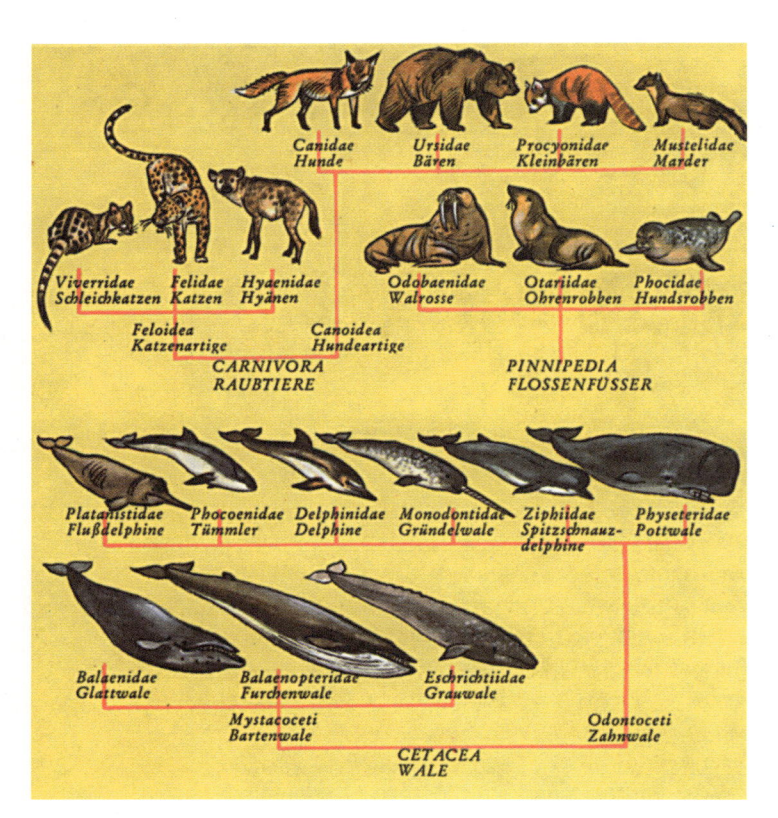

die Zähne und durchbrechen das Zahnfleisch. Die Zähne des Unterkiefers sind den entsprechenden oberen meistens zeitlich etwas voraus. Diese erste Zahngarnitur, die Milchzähne, werden allmählich gegen das Dauergebiß ausgewechselt, wobei die Zahnzahl oft vergrößert wird. Es gibt aber auch Tiere, deren Milchgebiß bereits während des Embryonallebens wieder resorbiert wird und die mit dem Dauergebiß zur Welt kommen, wie z. B. einige Robbenarten. Bei manchen der nestflüchtenden Nager, wie den Meerschweinchen, kommen die Jungen oft mit bereits durchgebrochenen Nagezähnen zur Welt, und ihr Kaugebiß bricht nach wenigen Tagen durch. Die Nagezähne wachsen zeitlebens weiter — sie sind „wurzellos" — und müssen dauernd im Gebrauch abgenutzt werden. Ebenso sind z. B. bei den Wühlmäusen auch die Backenzähne „wurzellos"; die abgenutzten Stellen der Kaufläche wachsen ständig nach. Anders ist es bei den echten Mäusen und den meisten anderen Säugern, deren bewurzelte Zähne

Säugetiere sind fast über die ganze Erde verbreitet; die meisten sind auf bestimmte geographische und topographische Regionen beschränkt, wofür besondere entwicklungsgeschichtliche Ursachen entscheidend waren.

Ordnung Monotremata — Kloakentiere

Familien: Ornithorhynchidae — Schnabeltiere (*Ornithorhynchus*), Tachyglossidae — Schnabeligel (*Tachyglossus, Zaglossus*)

Die Kloakentiere sind die primitivsten Säugetiere. Sie bringen keine lebenden Jungen zur Welt, sondern legen pergamentschalige Eier, die bebrütet werden müssen. Zitzen im eigentlichen Sinne sind nicht vorhanden; statt ihrer münden dicht beieinanderstehende Schlauchdrüsen auf zwei Drüsenfeldern von etwa 13 mm Durchmesser. Jede Milchpore öffnet sich an der Basis eines langen Haares, an dem die Milch entlangläuft und von den Jungen abgeleckt wird. Der sehr einfache Kehlkopf hat keine Stimmbänder, so daß die Tiere nur einige knurrende Laute hervorbringen können. Der Körper ist von einem Hautmuskelschlauch umgeben, der nur für Kopf, Schwanz, Beine, Milchdrüsen und Kloake einen Durchlaß gewährt. Das verhältnismäßig große Gehirn ist im ganzen wohl säugetierartig, hat aber noch Anklänge an das der Reptilien. Von den Sinnen ist der Geruch am besten entwickelt, das Gehör dagegen weniger gut. Das Auge ist klein, die Körpertemperatur nicht konstant. Als einzige unter den Säugetieren haben die Männchen der Kloakentiere Giftdrüsen. Es handelt sich hierbei um einen beweglichen hohlen Hornstachel an der Innenseite des Hinterfußgelenks, der in ganzer Länge von einem Kanal durchzogen ist, in den sich das Sekret einer Giftdrüse entleert. Merkwürdigerweise scheint die abgesonderte Flüssigkeit nur kurz vor und während der Fortpflanzungszeit giftig zu sein. Stiche mit dem Sporn rufen schmerzende Erscheinungen an der Einstichstelle und deren Umgebung hervor. Im Gegensatz zum *Schnabeltier* ist der *Schnabeligel* wenig angriffslustig. Das Urogenitalsystem mündet zusammen mit dem Enddarm ähnlich wie bei den Reptilien in einer Kloake. Es werden jeweils nur 1—2, selten drei Eier befruchtet. Das Junge hat zum Sprengen der Eischale einen Eizahn auf einem kleinen Knochen — eine Einmaligkeit für ein Säugetier! Kloakentiere legen etwa einen Monat nach der Paarung ihre etwa 16—18 mm langen Eier ab, aus denen nach 7—10 Tagen Brutdauer die noch larvenhaften Jungen schlüpfen. Die Geschlechtsreife tritt mit etwa einem Jahr ein. Das Schnabeltierweibchen besitzt keinen Brutbeutel; deshalb gräbt es im Uferhang eine Nesthöhle, die es mit trockenem Gras und Blättern auspolstert. Das Schnabeligelweibchen dagegen hat wie die Beuteltiere einen von einem Beutelknochen gestützten Brutbeutel. Bei den Schnabeltieren sind alle Zehen durch eine schwarze Schwimmhaut miteinander verbunden. Die Tiere schwimmen gut und können bis zu sieben Minuten tauchen. Die Schnabeligel dagegen sind reine Landtiere der lichten Wälder und Ebenen; außer den Haaren haben sie auch Stacheln, deren Länge und Stärke artenweise verschieden sind. Bei Gefahr rollen sie sich wie die echten Igel ein. In Gefangenschaft erreichen sie ein Alter bis zu 30 Jahren, das Schnabeltier, das schwer zu halten ist, wird bis zu 10 Jahre alt.

Ornithorhynchus anatinus Shaw
Schnabeltier
Australien
40 cm

Zaglossus bartoni Thomas
Haarigel
Östliches Neuguinea
56 cm

Tachyglossus aculeatus Shaw
Schnabeligel
Australien

Zaglossus nigro-aculeatus Rothschild
Schwarzstacheliger Langschnabeligel
Westliches Neuguinea
78 cm

Didelphis paraguayensis Oken
Südamerikanisches Opossum
Südamerika
40 + 25 cm

Metachirus opossum Linnaeus
Vieraugenbeutelratte
Südamerika
25 + 15 cm

Lutreolina crassicaudata Desmarest
Beutelfiltis
Südamerika
26 + 20 cm

Marmosa mexicana Merriam
Mauszwergbeutelratte
Mittel- u. Südamerika
12 + 16 cm

Didelphis virginiana Kerr
Nordamerikanisches Opossum
Nordamerika
50 + 30 cm

Monodelphis americana (Müller)
Dreistreifige Beutelspitzmaus
Südamerika
13 + 5 cm

Ordnung Marsupialia — Beuteltiere

Beuteltiere sind insofern weiter entwickelt als Kloakentiere, als ihre Jungen bereits im Mutterleib aus dem Ei schlüpfen; diese sind jedoch wesentlich weniger entwickelt als die der höheren Säugetiere. Es gibt zwar auch in Südamerika Beuteltiere, doch die größte Arten- und Formenfülle gibt es in Australien und auf einigen der umliegenden Inseln (vor allem auf Tasmanien und Neuguinea). Der für diese Säugetierordnung charakteristische Brutbeutel ist eine Duplikatur der Bauchhaut, die von besonderen Beutelknochen gestützt wird. Die einfachste Form solcher Bruttaschen besteht aus einem Hautwall um jede einzelne Zitze; die höchstentwickelte aus einem geschlossenen Beutel mit Schließmuskel und Öffnung nach vorn oder nach hinten. Das noch larvenhafte Neugeborene muß selbständig den Weg in den Beutel der Mutter finden. Im Beutel umfaßt das Junge eine der vier Zitzen mit dem Mund und läßt sie für die nächsten Wochen nicht wieder los. Da das Junge anfangs zum Saugen noch zu schwach ist, spritzt die Mutter ihm die Milch mit Hilfe des Zitzenmuskels in den Mund. Am Schädel ist der nach innen gerichtete, fast rechtwinklig umgebogene Unterkieferwinkel ein charakteristisches Beuteltiermerkmal, wie auch die Tatsache, daß bei den Männchen, abweichend von den Eutheria, der Penis sich hinter dem Scrotum befindet. Die Körpertemperatur der Beuteltiere ist einige Grad niedriger als bei den höheren Säugetieren und nicht konstant. Es ist viel darüber orakelt worden, auf welche Weise wohl die Beuteltiere zu ihrer eigenartigen Verbreitung gekommen sind. Man muß annehmen, daß früher Australien und Südamerika durch eine Landbrücke über die Antarktis zu einer Zeit verbunden waren, in der es dort wärmer als heute war. Beuteltiere haben es verstanden, sich fast jeder Umwelt anzupassen. Sie besiedeln alle Lebensräume in und über der Erdoberfläche. Die meisten Beuteltiere haben den höheren Säugetieren entsprechende Formen. Es gibt auch unter ihnen Fleisch-, Pflanzen- und Allesfresser, Gräber, Läufer, Springer, Schwimmer, selbst Gleitflieger; durch all das drängen sich die Parallelen zwischen Metatheria und Eutheria geradezu auf. Die Ähnlichkeit mancher Beuteltiere mit altbekannten nichtaustralischen Tieren

Chironectes minimus Zimmermann
Yapok, Schwimmbeutler
Mittel- u. Südamerika
40 + 40 cm

waren bei der Entdeckung der Beuteltiere Anlaß für die Benennung nach den altvertrauten Formen der höheren Säugetiere, jedoch ohne Rücksicht auf ihre systematische Zugehörigkeit. So ist der Beuteliltis kein marderartiges Raubtier, die Beutelspitzmaus kein Insektenfresser, das Beutelspitzhörnchen kein Verwandter der Tupeia usw.

Familien: Didelphidae — Beutelratten (*Chironectes, Didelphis, Lutreolina, Marmosa, Metachirus, Monodelphis*), Dasyuridae — Raubbeutler (*Antechinomys, Antechinus, Dasyurus, Phascogale, Planigale, Sarcophilus, Satanellus, Sminthopsis, Thylacinus*)

Die Angehörigen der gattungs- und artenreichen Familie der Beutelratten sind kurzbeinige, langgestreckte und meist langschwänzige Tiere. Ihr Schwanz ist ganz oder teilweise nackt, oft an der Wurzel verdickt, dient manchmal als Fettspeicher und ist nicht selten als Greifschwanz ausgebildet. Am bekanntesten ist das *Nordamerikanische* oder *Virginische Opossum*. Bei Gefahr stellt es sich tot und richtet bei Einbrüchen in Hühnerställe Blutbäder an. Opossumfelle kommen jährlich zu Millionen in den Handel. Sie sind ein beliebtes Pelzwerk. Wesentlich kleiner ist der *Beuteliltis*. Das Weibchen trägt, wie bei mehreren verwandten Arten üblich, seine größeren Jungen auf dem Rücken mit sich herum. Bei der oft großen Jungenzahl haben sie keinen Beutel. Dieser fehlt auch der *Mauszwergbeutelratte*, deren Gattung Marmosa den Systematikern noch viel Kopfzerbrechen bereitet. Eines der interessantesten Mitglieder der Beutelratten ist der *Yapok* oder *Schwimmbeutler*. Wie schon seine Schwimmhäute andeuten, ist er das dem Wasserleben am meisten angepaßte Beuteltier. Das Yapok-Weibchen bringt bis zu sieben Junge zur Welt, die es im nach hinten geöffneten Beutel selbst beim Tauchen und Schwimmen mit sich nimmt. Der Beutel kann durch einen besonders starken Schließmuskel wasserdicht abgeschlossen werden.

Raubbeutler gibt es von Maus- bis Hundegröße, kurz- und langbeinig, spitz- bis stumpfschnauzig. Der Beutel ist meist nur dann gut entwickelt, wenn er Junge enthält. Raubbeutler sind vorwiegend Bodentiere; manche Arten können aber auch recht gut klettern. Man findet sie in jeder Art Landschaft, im Gebirge wie in der Ebene; einige Arten sind geradezu Kulturfolger. Tagsüber ruhen sie in Höhlen, Baum- oder Erdlöchern. Alle verzehren Insekten sowie Wirbeltiere. Namentlich die kleineren Mäuse werden von Raubbeutlern angegriffen, die kaum so groß sind wie ihre Beute. Wie alle Beuteltiere sind auch die Raubbeutler wenig stimmfreudig. — Die Beutelmäuse haben eine fast spitzmausartig spitz zulaufende Schnauze. Hierzu zählt die *Gelbfußbeutelmaus*; sie polstert ihre Schlupflöcher mit Eukalyptusblättern aus. Die *Flachkopfbeutelmäuse* sind reine Bodenbewohner; ihr Schädel und damit ihr Kopf sind in ähnlicher Weise abgeplattet wie bei Eidechsen. Das *Beutelspitzhörnchen* ist weitgehend Kulturfolger und vergreift sich leicht am Geflügel. Es bewegt sich ähnlich wie unser Eichhörnchen und hat auch einen recht langen buschigen Schwanz. Auch die Beutelspitzhörnchen bewegen sich hüpfend fort; die langbeinigen *Beutelspringmäuse* springen ähnlich wie die Känguruhs.

Satanellus hallucatus Gould
Nördlicher Tüpfelbeutelmarder
Nordaustralien
28 + 21 cm

Dasyurus maculatus Kerr
Großer Beutelmarder
Ostaustralien, Tasmanien
40 + 40 cm

Dasyurus viverrinus Shaw
Gemeiner Tüpfelbeutelmarder
Südaustralien, Tasmanien
40 + 21 cm

Thylacinus cynocephalus Harris
Beutelwolf
Tasmanien
100 + 53 cm

Sarcophilus harrisi Boitard
Beutelteufel
Tasmanien 47 + 21 cm

Myrmecobius fasciatus Waterhouse
Ameisenbeutler
Südaustralien 22 + 16 cm

Der hundegroße, auf gelbbraunem Fell dunkel quergestreifte *Beutelwolf*, seiner Streifen wegen „Tasmanischer Tiger" genannt, ist auf dem Festland von Australien teils durch den Dingo, teils durch heftige Nachstellung von seiten der Schafzüchter schon lange ausgerottet. Auch auf Tasmanien sind diese Tiere, wenn nicht schon ganz ausgerottet, so doch so weit vermindert, daß mit ihrem völligen Aussterben gerechnet werden muß. Jedenfalls ist seit 1933 kein lebendes Tier mehr gesehen oder gefangen worden; nur Trittsiegel und Haare wurden noch 1961 und 1966 gefunden. Seit 1938 stehen die Tiere unter völligem gesetzlichem Schutz. Ob das aber den Artentod noch aufhalten kann? Besser erging es dem zweitgrößten Raubbeutler, dem *Beutelteufel*. Auch er ist auf Neuholland durch Dingo und Schafzüchter ausgerottet, aber auf Tasmanien, wo es keine Dingos gibt, noch häufiger zu finden. Er wurde dort unter Schutz gestellt und wird auch gelegentlich in unseren Tiergärten gezeigt. Der dachsgroße schwarze Teufel ist besser als sein Ruf und sein Name; jungaufgezogene Tiere können ganz zutraulich werden. Bei der Geburt sind sie nur 12 mm, nach sieben Wochen in der nach hinten offenen Bruttasche 7 cm lang. Mit 15 Wochen lassen sie die Zitze los, werden aber wenigstens noch fünf Monate lang weiter gesäugt. Die *Beutelmarder* werden in ihrer Heimat (Tasmanien, Australien, Neuguinea und einigen der Aru-Inseln) „Native Cat" genannt. Alle haben bei hellerem Bauch eine braune Grundfarbe von sattem kastanien- bis blaßbraun und sind mit kleinen scharfbegrenzten weißen Vollflecken — bis auf den kleinen Streifen-Beutelmarder aus Neuguinea — gezeichnet. Diese „Native Cats" machen sich bei den Siedlern unbeliebt, indem sie in den Hühnerställen nach Marderart Blutbäder anrichten und aufgebaumte Perlhühner überfallen. Auch sonst greifen diese intelligenten kleinen Räuber alles Getier an, das sie überwältigen können (Reptilien, Vögel und Säuger bis zu Kaninchengröße).

Familien: Myrmecobiidae — Ameisenbeutler (*Myrmecobius*), Notoryctidae — Beutelmulle (*Notoryctes*)

Ameisenbeutler, auch Numbat genannt, sind in ähnlicher Weise quergestreift wie der Beutelwolf. Sie sind mehr Tag- als Nachttiere und in weiten Teilen Australiens durch Hunde, Katzen oder Waldbrände bereits ausgerottet. — Die kleine flache Bruttasche des *Beutelmulls* ist nach hinten geöffnet und durch eine leichte Hautfalte längsgeteilt. So kommt bei dem unterirdischen Graben und Wühlen kein Schmutz in die Tasche. Die Tiere wühlen dicht unter der Oberfläche nach Insekten sowie Würmern und kommen gelegentlich auf kürzere Strecken an die Oberfläche. Ihre Lebensdauer ist mit $1^1/_2$ Jahren ebenso gering wie die unserer Spitzmäuse.

Familie: Peramelidae — Beuteldachse (*Chaeropus, Macrotis, Perameles, Thylacis*)

Die Beuteldachse werden in ihrer Heimat „Bandicoot" genannt. Sie gehören zu den interessantesten Beuteltieren und sind auf die australische Region beschränkt. Ihre Bezahnung ähnelt teils derjenigen der insektenfressenden, teils der der Raubbeutler. Einige Besonderheiten im Bau der Hinterfüße erinnern aber auch an die Känguruhs. Die vierte Zehe ist vergrößert, und die zweite sowie dritte sind durch eine gemeinsame Hauthülle miteinander verbunden, so daß nur die Zehenenden und die Krallen frei bleiben. Dieses Gebilde entspricht dem „Putzhändchen" der Känguruhs und wird wie bei diesen zum Säubern des Felles benutzt. Am Vorderfuß sind erste und fünfte Finger kurz und ohne Krallen, während die drei mittleren Finger von gleicher Länge und mit Krallen versehen sind. (Känguruhs haben an allen fünf Fingern Krallen). Der Brutbeutel ist nach hinten geöffnet und enthält acht in zwei Rundbögen angeordnete Zitzen. Trotzdem sind meist nur 2—3, selten bis zu fünf Junge vorhanden. Bandicoot-Junge wachsen schneller als die anderen Beuteltierjungen. Mit 6—7 Wochen sind sie behaart, und die Augen öffnen sich. Die Weibchen können mit vier Monaten, Männchen mit fünf Monaten geschlechtsreif sein; die Weibchen von *Perameles nasuta* sogar schon mit drei Monaten. Die Tiere leben einzeln oder paarweise und erreichen ein Alter bis zu 10 Jahren.

Es gibt eine große Zahl Beuteldachsarten von Ratten- bis Kaninchengröße. Die meisten von ihnen haben eine langausgezogene, spitze Schnauze. Bei den langnasigen Arten sind auch die Ohren lang, bei den Arten mit kürzerer Nase sind diese verhältnismäßig kurz; am längsten sind sie beim *Kaninchen-Beuteldachs* und beim *Schweinsfuß*-Bandicoot. Letzterer ist besonders bemerkenswert durch die Abänderung seiner Füße: Vorn hat er nur zwei funktionierende Zehen, hinten sogar nur eine einzige. Er gehört zu den im Bestand am meisten gefährdeten Säugetieren — wenn er inzwischen nicht bereits ausgestorben ist. Eine der bekanntesten Arten der Familie ist der *Langnasen-Beuteldachs*. Die auf der Suche nach Nahrung mit den Vorderfüßen gegrabenen kegelförmigen Löcher sind für ihn charakteristisch. Die Tiere werden zwar ähnlich wie unsere Maulwürfe durch ausgeworfene Erdhaufen im Garten lästig, doch ist der Nutzen durch Vertilgung von Mäusen, Schnecken und anderen Schädlingen sehr viel beträchtlicher. Der kleine gebänderte Bandicoot, *Perameles gunnii*, lebt in erster Linie von Regenwürmern, Käfern und Insektenlarven. Daneben scheint er eine große Vorliebe für Zwiebelgewächse zu haben. Auch die *Kurznasen-Beuteldachse* graben nach Würmern und Insekten. Sie leben in selbstgebauten Gras- oder Gebüschnestern.

Die Kaninchen-Beuteldachse sind die einzigen Beuteldachse, die in Höhlen wohnen; die anderen verwandten Arten sind zwar auch Nacht- und Dämmerungstiere, sie leben aber oberirdisch. Alle bewegen sich stets vierfüßig fort und bleiben auf dem Boden.

Notoryctes typhlops Stirling
Beutelmull
Zentral- und Südaustralien
15 + 2 cm

Perameles nasuta Geoffroy
Langnasen-Beuteldachs
Ostaustralien
31 + 13 cm

Thylacis obesulus Shaw
Kurznasen-Beuteldachs
Australien, Tasmanien
28 + 10 cm

Macrotis lagotis Reid
Kaninchen-Beuteldachs
Westaustralien
40 + 20 cm

Perameles gunnii Gray
Streifen-Beuteldachs
Victoria, Tasmanien
38 + 8 cm

Chaeropus castanotis Ogilby
Schweinsfuß
Inneraustralien
25 + 10 cm

Schoinobates volans (Kerr)
Riesenflugbeutler
Ostaustralien
45 + 50 cm

Petaurus breviceps Waterhouse
Kurzkopfflugbeutler
Nord- u. Ostaustralien
17,5 + 20,5 cm

Cercaertus nana (Desmarest)
Schlafmausbeutler
Südostaustralien, Tasmanien
8,5 + 9 cm

Acrobates pygmaeus Shaw
Zwerggleitbeutler
Ostaustralien
7 + 7,2 cm

Burramys parvus Broom
Schlafmausbeutler
Ostaustralien
10 + 15 cm

Gymnobelideus leadbeateri McCoy
Hörnchenbeutler
Ostaustralien
13,5 + 16 cm

Tarsipes spenserae Gray
Rüsselbeutler
Südwestaustralien
7 + 7,5 cm

Familien: Phalangeridae — Kletterbeutler (*Acrobates, Burramys, Cercaertus, Gymnobelideus, Petaurus, Phalanger, Phascolarctos, Schoinobates, Tarsipes, Trichosurus*), Vombatidae — Plumpbeutler (*Lasiorhinus, Vombatus*)

Die Familie der Kletterbeutler umfaßt eine große Zahl Gattungen und Arten von sehr verschiedenem Erscheinungsbild und von Kopfrumpflängen zwischen 3 und 70 cm. Die meisten von ihnen sind Nachttiere, gegen Licht recht empfindlich und oft langsame Baumkletterer; andere mit langhaarigem und buschigem Schwanz, den sie auch zum Greifen benutzen können, sind gewandter. Auch Gleitflieger gibt es unter ihnen. Die meisten sind Pflanzenfresser, die Blätter, Knospen, Blüten und Früchte verzehren; seltener fressen sie auch kleinere Tiere, Insekten oder Honig. Der *Fuchskusu* ist einer der größten Arten; er hat ein gut entwickeltes Drüsenfeld zwischen den braunen Brusthaaren, deren Färbung auf das Sekret dieser Brustdrüse zurückzuführen ist und das dem Brusthaar das feuchte, ölige Aussehen gibt. Während der Brunft vertieft sich dieses Braun besonders beim Männchen. Das Tier reibt mit diesem Brustfleck über Zweige und andere Gegenstände, höchstwahrscheinlich, um auf diese Weise sein Territorium zu markieren. Das Neugeborene kommt nach 17—18 Tagen Tragzeit zur Welt, rötlich und halbdurchsichtig, so daß das Adernetz durch die Haut hindurch zu sehen ist. Das Junge ist meistens schon $3\frac{1}{2}$ Monate alt, wenn sich die Augen öffnen. Es verläßt dann bald den Beutel und wird mit sechs Monaten entwöhnt. Auch die Kuskuse sind große Kletterbeutler. Eigenartig ist der *Tüpfelkuskus*, dessen Fellfärbung so variabel ist wie sonst nur bei Haustieren; die einzelnen Felle können bis zu drei verschiedene Farben tragen. Neben ganz weißen, ganz braunen, solchen mit braunem Rücken bei weißer Brust gibt es braun-weiß-gefleckte sowie schwarz-braun-weiß-gefleckte. Das Kind ist oft ganz anders gefärbt als seine Mutter. Meistens bringt das Weibchen nur ein Junges zur Welt, ist aber jederzeit bereit, weitere Junge zu adoptieren, auch wenn sie jünger oder älter sind als das eigene Beuteljunge. Die Flugbeutler sind von Eichhorn- oder Bilch-Gestalt. Die größte Art, *Schoinobates volans*, wurde früher gern als „fliegende Katze" bezeichnet. Die kleinste Art ist der *Zwerggleitbeutler*. Eine an den Rumpfseiten ansetzende Flughaut — besser Gleithaut — ermöglicht ihnen nicht die freie Bewegung fliegender Vögel und Fledermäuse nach allen Richtungen, sondern die Tiere können sich nur von einem Zweig auf einen tieferen mehr oder weniger schwebend hinablassen. Sie müssen also nach vollendetem Gleitflug für einen neuen „Flug" erst kletternd wieder Höhe gewinnen. Die Schlafmausbeutler der Gattung *Cercaertus* in den kühleren Teilen von Australien und Tasmanien speichern nicht nur wie unsere Bilche im Rumpf, sondern auch im Schwanz Fettreserven für den Winterschlaf. Hierher gehört auch ein bemerkenswertes kleines Tier, *Burramys parvus*, das bisher nur fossil nach Knochenresten bekannt war und das seit mindestens 20 000 Jahren als ausgestorben galt. Erst 1966 wurde ein einziges Exemplar in den Bergen von Victoria lebend gefangen. Der kleine Honig- oder *Rüsselbeutler* ist eine sehr spezialisierte Art. Von der Größe einer Hausmaus, hat das Tier eine sehr lange, spitze Schnauze und eine sehr lange Zunge, die besonders dafür geeignet ist, den Honig, seine Hauptnahrung, aus den Blütenkelchen zu lecken. Es hat drei dunkle Rückenstreifen. Der bekannteste aller Kletterbeutler ist der *Koala* oder Beutelbär mit seinem dichten, wollig-molligen Fell und dem schwarzen nackten Nasenrücken. Er ist dem Baumleben gut angepaßt durch kräftige Krallen an allen Zehen, von denen am Vorderfuß der erste und zweite Finger den restlichen gegenübergestellt werden können. Ein Schwanz fehlt; der Beutel ist nach hinten offen. Der Koala hat sich in seiner Nahrung völlig auf das Laub verschiedener Eukalyptus-Arten spezialisiert. Für wenigstens 10 Monate des Jahres nimmt er hauptsächlich die Blätter des Mannabaumes, Eucalyptus viminalis; dieser ist stets potentiell cyanogetisch. Im Winter produziert der Baum mehr Blausäure als im Sommer, weshalb der Koala im Winter auf andere Arten ausweicht. Die jungen Blätter sowie die jungen Triebe sind stets weit giftiger als ausgereifte Blätter und das Laub alter Bäume. In Freiheit vermeiden die Tiere die hochgiftigen Teile völlig. In Gefangenschaft, wo man ihnen oft in bester Absicht gerade diese zartesten und saftigsten vorlegte, zogen erwachsene den Gifttod, junge Tiere den Hungertod vor und rührten solche nicht an. Man muß also beim Füttern gefangener Koalas genau beachten, welche Eukalyptus-Arten man den einzelnen Koalarassen in den verschiedenen Jahreszeiten vorlegen kann, darf und muß.

Die Beutelöffnung ist beim *Wombat* wie beim Koala nach hinten offen, und der Anblick eines aus dem Beutel der Mutter hervorlugenden, schon gut herangewachsenen Wombatjungen ist so überraschend, daß man ihn nicht so leicht wieder vergißt. Der Wombat ist sehr kurzbeinig, mit den kräftigen Krallen gräbt er fleißig. Ein vorn offener Beutel wäre dabei in ständiger Gefahr, daß Sand hineingeschaufelt würde und das Beuteljunge verletzt werden könnte. Wo die Tiere sich sicher fühlen und der Bodengrund dafür geeignet ist, graben sie sich gleich den Känguruhs flache Mulden, in die sie sich rücklings hineinlegen und den Bauch von der Sonne bescheinen lassen. Auch sonst ruhen und schlafen die Tiere gern in der Rückenlage. Sie leben zumeist nächtlich. Wie so viele Beuteltiere ist auch der Wombat in Gefahr ausgerottet zu werden.

Dendrolagus matschiei
Förster u. Rothschild
Rotes Baumkänguruh
Nordostneuguinea
80 + 60 cm

Dendrolagus dorianus De Vis
Bennetts Baumkänguruh
Nordostqueensland
60 + 62 cm

Onychogalea frenata (Gould)
Nagelschwanzkänguruh
Ostaustralien
60 + 40 cm

Setonix brachyurus (Quoy u. Gaimard)
Quokka
Südwestaustralien
58 + 25 cm

Bettongia lesueur (Quoy u. Gaimard)
Rattenkänguruh
Westaustralien
42 + 29 cm

Thylogale thetis (Lesson)
Rothals-Pademelon
Südostaustralien
55 + 40 cm

Familie: Macropodidae — Springbeutler, Känguruhs (*Bettongia, Dendrolagus, Macropus, Onychogalea, Setonix, Thylogale, Wallabia*)

Diese Familie enthält eine große Zahl Arten in Größen von der einer Ratte bis zu dem aufgerichtet die Höhe eines erwachsenen Mannes erreichenden Riesenkänguruhs. Die Vordergliedmaßen sind viel kürzer und schwächer als die sehr muskulösen Hinterbeine. Bei langsamer Fortbewegung setzen die Tiere jeweils die beiden Vorder- und Hinterfüße gleichzeitig auf, wobei die Hinterbeine seitlich außen an den vorderen vorbeigeführt werden. Die Tiere sitzen oft aufrecht mit hängenden Armen und stützen sich mit dem nach hinten gereckten, außerordentlich muskulösen Schwanz sicher ab. Bei sehr schneller Fortbewegung spielen die Arme keine Rolle. Die Tiere vollführen mit Hilfe der Hinterläufe bei nach hinten als Balancierstange weggestrecktem Schwanz sehr weite und hohe Sprünge. Das Riesenkänguruh bringt dabei Sätze von 13 m Länge und über 3 m Höhe zustande. Das *Graue Riesenkänguruh* aus Wald und Gebüsch sowie das Rote — ein Tier der offenen Ebenen — sind die größten lebenden Vertreter der Familie. Das Männchen des *Roten Riesenkänguruhs* ist rostbraun, das Weibchen in seinen meisten Lokalformen blaugrau. Der Geburtsvorgang ist gerade bei dieser Art oft beobachtet worden. Nach einer Tragzeit von rund 33 Tagen beginnt das Weibchen den Beutel zu reinigen. In der Gebärstellung wird der Schwanz zwischen den Beinen hindurch nach vorn gelegt, während es mit den Händen den Beutel auseinanderzieht und ihn weiterhin ausleckt. Das Neugeborene wiegt nur etwa $^3/_4$ g. Es braucht

Wallabia rufogrisea
(Quoy u. Gaimard)
Rothalskänguruh
Südostaustralien
70 + 65 cm

Macropus robustus
Gould
Bergkänguruh
Ostaustralien
115 + 84 cm

zu seinem Weg von der Geburtsöffnung bis in die Bruttasche etwa drei Minuten. Ein Jahr lang wird es gesäugt, verläßt aber den Brutbeutel schon vier Monate vor dem Entwöhnen. Das Weibchen wird 1—2 Tage nach dem Gebären schon wieder gedeckt, doch bleibt der befruchtete neue Keim im Uterus im Ruhezustand, solange das erste Junge noch saugt. Unter normalen Umständen wird das zweite Junge geboren, unmittelbar nachdem das erste den Beutel verlassen hat. Das *Bergkänguruh*, auch Wallaroo genannt, ist die dritte Art der Riesenkänguruhs. Die Männchen aller drei Arten sind recht streitbar. — Die Arten mittlerer Größe werden als Wallaby bezeichnet; wir zeigen hierzu als Beispiel das *Rothalskänguruh*. Einen sehr kurzen Schwanz haben die Kurzschwanzkänguruhs; hierzu gehört das *Quokka*. Die *Nagelschwanzkänguruhs* benutzen ihren an der Wurzel kaum verdickten Schwanz ähnlich wie ihre großen Verwandten als Hebel. Er ist ziemlich schlaff, wenn auch nicht in dem Maße wie der der *Baumkänguruhs*. Wie schon der Name sagt, klettern Baumkänguruhs in schrägstehende Bäume, hocken sich auch zum Schlafen auf Zweige und lassen den schlaffen Schwanz herunterhängen. Aber ihr Klettern sieht ziemlich unbeholfen aus. Während viele Arten der kleineren Känguruhs im Bestand stark vermindert und gefährdet sind, kommen die drei Arten der Riesenkänguruhs in derart großen Mengen vor, daß sie eine merkliche Nahrungskonkurrenz für die Schafe sind und deshalb von den Farmern heftig bekämpft und auch in großer Zahl von Felljägern erlegt werden. Allein in Queensland wurden 1950—1960 jährlich etwa 450 000 Känguruhhäute (für Schuhe und Kleidung) gehandelt. Das eingefrorene Fleisch wird in großem Umfang exportiert.

Macropus rufus (Desmarest)
Rotes Riesenkänguruh
Inneraustralien
160 + 100 cm

Macropus giganteus
(Zimmermann)
Graues Riesenkänguruh
Australien
150 + 93 cm

Tenrec ecaudatus (Schreber)
Tanrek
Madagaskar
40 cm

Hemicentetes semispinosus (Cuvier)
Streifentanrek
Madagaskar
20 cm

Setifer setosus (Schreber)
Igeltanrek
Madagaskar
18 + 2 cm

Solenodon paradoxus Brandt
Schlitzrüßler
Haiti
28 + 24 cm

Echinosorex gymnurus Raffles
Rattenigel
Südostasien
32 + 22 cm

Erinaceus megalotis Blyth
Großohrigel
Vorderasien
25 + 2,5 cm

Erinaceus europaeus Linnaeus
Igel
Europa, Asien
26 + 2,5 cm

Potamogale velox Du Chaillu
Otterspitzmaus
Westafrika
30 + 30 cm

Ordnung Insectivora — Insektenfresser

Die Insectivora müssen nach Remane als „eine Zusammenfassung divergierender Stammeslinien, die in ihrer Organisation primitiv sind", betrachtet werden. Es ist eine Ordnung mit recht ungleichartigem Inhalt. Auch die größten Arten bleiben kleiner als ein Marder. Alle sind verhältnismäßig kurzbeinig und Sohlengänger; die meisten haben eine lange, sehr bewegliche Nase. Die Backenzähne zeigen auf der Kaufläche ein von den Schmelzleisten gebildetes V (Zalambdodonta) oder ein W (Dilambdodonta). Wie schon der Name sagt, sind die Insectivora vorwiegend Insektenfresser, nehmen aber auch andere Wirbellose auf wie Schnecken, Würmer, Asseln und Krebse, die amphibischen Arten zudem Fische und Frösche. Die Igel plündern außerdem Nester von Bodenbrütern und verzehren Eier sowie Jungvögel. Doch werden auch pflanzliche Stoffe aufgenommen. So ist es eine alte Erfahrung, daß man Spitzmäuse in Fallen fangen kann, die mit Brot, Kuchen und ähnlichem beködert sind, und daß Igel sich über mürbes Fallobst hermachen. Insectivora gibt es weder in Australien noch in Südamerika; sie werden dort durch kerbtierfressende Beuteltiere vertreten.

Familien: Solenodontidae — Schlitzrüßler (*Solenodon*), Tenrecidae — Borstenigel (*Hemicentetes*, *Setifer*, *Tenrec*), Potamogalidae — Otterspitzmäuse (*Potamogale*), Erinaceidae — Igel (*Echinosorex*, *Erinaceus*), Soricidae — Spitzmäuse (*Chimarogale*, *Crocidura*, *Diplomesodon*, *Neomys*, *Suncus*), Talpidae — Maulwürfe (*Desmana*, *Talpa*), Macroscelididae — Rüsselspringer (*Elephantulus*, *Petrodromus*, *Rhynchocyon*)

Zu den Zalambdodonta gehören Schlitzrüßler, Borstenigel, Otterspitzmäuse und Goldmulle. Alle anderen Insektenfresser haben „W-Zähne". — Schlitzrüßler sind die größten lebenden Insektenfresser, von denen die noch auf Hispaniola in der Dominikanischen Republik lebende Art durch zur Rattenbekämpfung eingeführte Mungos fast ausgerottet ist. Beim erwachsenen *Solenodon* sind Hinterrücken und Oberschenkel nackt, doch bedecken die langen Rückenhaare die Blöße weitgehend. Die lange Nase ragt weit über die Mundöffnung hinaus. Die Tiere bewohnen familienweise vorgefundene Höhlen im Geröll und Gestein, die nicht ausgepolstert werden. — *Tanreks* oder Borstenigel sind auf Madagaskar beschränkt, ihre Stacheln beim *Igel*- und *Streifentanrek* teilweise von Haaren verdeckt. Sie können 12—15 Junge im Wurf bringen. — Die *Otterspitzmaus* ist die größte Art ihrer Familie, ein flinker, gewandter Schwimmer und Jäger. Alle Otterspitzmäuse sind Afrikaner, unverträglich untereinander und agressiv selbst gegenüber größeren Tieren. Ihre Hauptnahrung sind Süßwasserkrabben. — Weit mehr als durch größere Raubtiere und Eulen ist unser in fast ganz Europa vertretener *Igel* durch den modernen Verkehr gefährdet, da er sich bei nahender Gefahr nach alter Gewohnheit einfach an Ort und Stelle zu einer Stachelkugel einrollt statt zu flüchten; so wird er oft überfahren. Während des selten unterbrochenen Winterschlafes sinkt seine Wachtemperatur von 34 °C bis auf 6 °C ab. Der *Rattenigel* hat einen langen nackten Schwanz. — Rüsselspringer besitzen verlängerte Hinterbeine, die sie zu großen Sprüngen befähigen. Sie verbringen den Tag in Erdhöhlen und gehen nachts und in der Dämmerung auf Insektenjagd. *Elefantenspitzmäuse* können die gleichen Bewegungen ausführen wie Wüstenspringmäuse. Der lange Rüssel ist ständig witternd in Bewegung. Als Alarmsignal klopfen sie mit dem Hinterfuß in gleicher Weise auf den Boden wie die Kaninchen. Sie fressen Insekten, grasen aber auch. — Die bei uns häufigen eigentlichen Spitzmäuse leben hier in mehreren Gattungen; Sorex und *Neomys* besitzen dunkelbraune Zahnspitzen, *Crocidura* weiße. Spitzmäuse kommen im Frühjahr zur Welt, überwintern, nehmen im nächsten Frühjahr an der Fortpflanzung teil und sterben im Laufe des Herbstes mit rund anderthalb Jahren. Sie brauchen täglich das 2—4fache ihres Körpergewichts an Nahrung. Gegen Artgenossen sind sie unverträglich. Zur Gattung Sorex gehört das kleinste Säugetier überhaupt, die finnische Knirpsspitzmaus, Sorex minutissimus Zimmermann, mit 33—42 mm Kopfrumpf- und 23—25 mm Schwanzlänge bei 1½—2 g Gewicht. Nur wenig größer ist die *Etruskerspitzmaus*. — In der Form den Spitzmäusen ähnlich, aber wesentlich größer sind die zur Familie der Maulwürfe gehörenden Desmane oder Bisamspitzmäuse. Der russische *Desman* oder Wychochol wurde weitgehend ausgerottet, weil sein seidig glänzendes Fell als Pelzwerk sehr geschätzt ist. Jetzt steht er unter strengem Schutz. Auch bei eigentlichen *Maulwürfen* ist der Kopf zu einem Rüssel mit unterständigem Maul ausgezogen. Äußere Ohren fehlen; die sehr kleinen Augen sind völlig im Fell verborgen. In seinem unterirdischen Jagdgebiet sucht er nach Regenwürmern, Schnecken und Insekten. Die beim Graben überflüssige Erde wirft das Tier durch Hochrucken von Kopf und Nacken auf und verrät damit seine Tätigkeit. Wenn der Maulwurf auch durch Verzehr von Gartenschädlingen nützlich ist, wird er durch sein Wühlen in Garten und Grünland doch lästig. Ein etwas kleinerer Verwandter ist der südeuropäische Blindmull, Talpa caeca (Savi). Asien und Amerika haben noch eine beträchtliche Zahl weiterer Maulwurfarten. Eine der auffälligsten ist der nordamerikanische Sternmull, Condylura cristata (Linnaeus). Er hat am Rüsselende einen Kranz von 22 fingerförmigen nackten Fortsätzen.

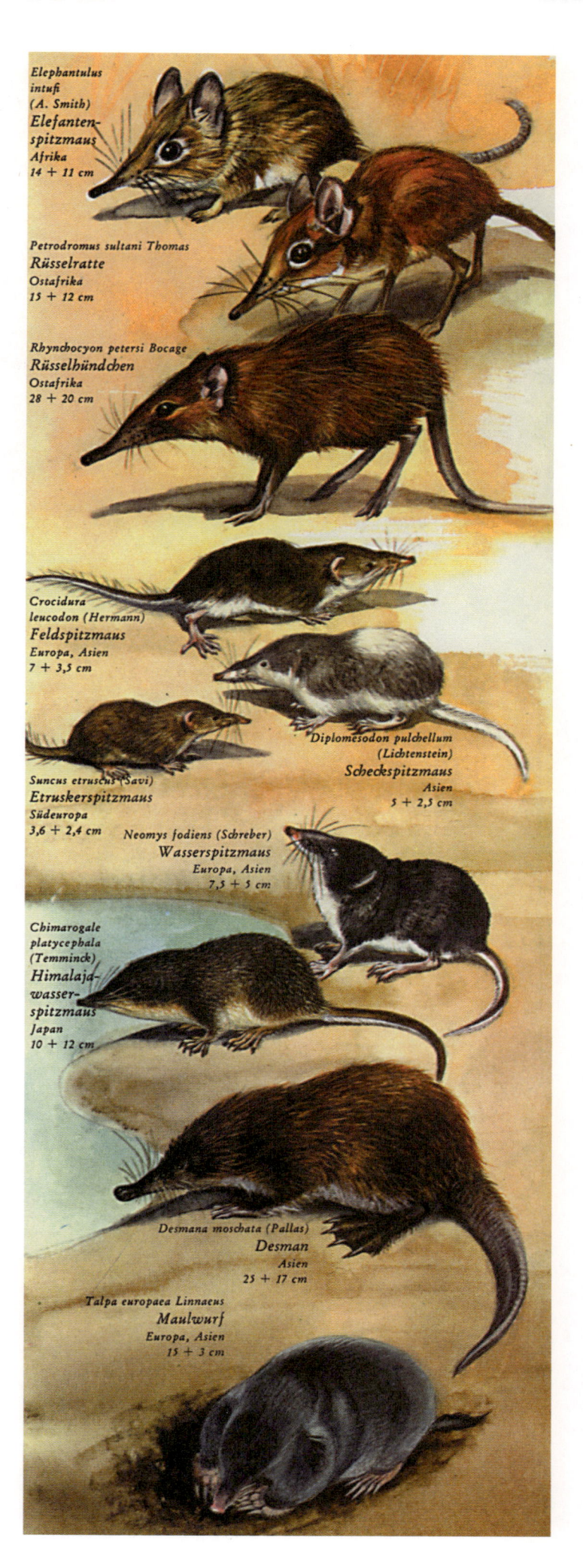

Rousettus aegyptiacus (E. Geoffroy) **Grab-Fledermaus** Nord- u. Mittelafrika 16 cm

Myotis formosus Hodgson **Wasserfledermaus** Ostasien 5 cm

Syconycteris australis Peters **Zwergflughund** Queensland 5 cm

Pteropus giganteus (Brunnich) **Flugfuchs** Indien 38 cm

Nyctimene papuanus K. Andersen **Röhrennase** Australien 7 cm

Ordnung Dermoptera — Pelzflatterer

Familie: Cynocephalidae — Gleitflieger (*Cynocephalus*)

Die Pelzflatterer wurden früher zu den Halbaffen oder in die Nähe der Fledermäuse gestellt, bis man ihnen eine eigene Ordnung, Dermoptera, einräumte. Sie sind wie eine Mischung von Halbaffen, Fledermäusen und Insektenfressern. Das auffallendste Kennzeichen ist die Gleitflughaut, die auf beiden Seiten dicht und weich behaart ist. Sie beginnt schon am Hals und schließt nicht nur die fünffingerigen Gliedmaßen bis zu den Krallen, sondern auch noch den ganzen Schwanz ein. Die Muskulatur des „Fallschirms" hat sich aus Hautmuskeln differenziert. Obwohl dem katzengroßen Tier damit kein eigentliches Fliegen, sondern nur ein Abwärtsgleiten möglich ist, kann es doch die Gleitrichtung selbständig beeinflussen. Es ernährt sich von Blättern und Früchten. Die Mutter schleppt das einzige, anfangs wenig entwickelte Junge während des Fluges mit sich. Die Tiere werden wegen ihres seidig weichen, dem Chinchilla ähnlichen Pelzes gejagt.

Cynocephalus volans (Linnaeus) **Kaguang** Insulinde 48 + 12 cm

Ordnung Chiroptera — Flattertiere

Unterordnung Megachiroptera — Großfledermäuse

Familie: Pteropodidae — Flederhunde (*Nyctimene, Pteropus, Rousettus, Syconycteris*)

Unterordnung Microchiroptera — Kleinfledermäuse

Familien: Rhinopomatidae — Klappnasen (*Rhinopoma*), Vespertilionidae — Glattnasen (*Eptesicus, Myotis, Nyctalus, Pipistrellus, Plecotus, Vespertilio*), Noctilionidae — Hasenmaulflatterer (*Noctilio*), Rhinolophidae — Hufeisennasen (*Rhinolophus*), Desmodontidae — Vampire (*Desmodus, Vampyrus*), Megadermatidae — Großohren (*Megaderma*)

Zu den Flattertieren gehören alle Säuger, deren Vordergliedmaßen zu Flügeln umgewandelt und die zu freiem Flug fähig sind. Sie können also auch jede beliebige Höhenänderung in der Luft fliegend oder flatternd vornehmen. Es handelt sich um eine sehr alte Tierordnung. Schon aus alttertiären Schichten Nordamerikas und aus der eozänen Braunkohle des Geiseltals bei Halle liegen Fledermausreste vor. Flattertiere sind Nachttiere; deshalb spielen bei ihnen Gehör und Geruch eine viel größere Rolle als das Auge. Bei vielen wird der Gesichtssinn weitgehend durch Echopeilung ergänzt. Vor dem Abflug und während des Fliegens stoßen sie Laute aus, deren Echo ihnen sichere Orientierung auch in völliger Dunkelheit ermöglicht. Für manche Arten konnte nachgewiesen werden, daß die merkwürdigen häutigen Nasenaufsätze im Dienste dieser Fernorientierung stehen. Die Großfledermäuse kommen nur in tropischen und subtropischen Gegenden vor. Kleinfledermäuse sind zwar ebenfalls wärmeliebend, gehen aber auch in die gemäßigte Zone; die meisten von ihnen sind Insek-

Nyctalus noctula (Schreber)
Abendsegler
Europa, Asien
8 cm

Plecotus auritus
(Linnaeus)
**Großohr-
fledermaus**
Europa, Asien
5 cm

Rhinolophus ferrum-equinum
(Schreber)
Große Hufeisennase
Europa, Asien
6 cm

Vespertilio murinus
Linnaeus
Zweifarbfledermaus
Europa
6 cm

Pipistrellus pipistrellus (Schreber)
Zwergfledermaus
Europa, Asien   5 cm

Megaderma lyra
E. Geoffroy
Falscher Vampir
Indien
8,5 cm

Eptesicus serotinus (Schreber)
Spätfliegende Fledermaus
Europa   7 cm

Rhinopoma microphyllum
E. Geoffroy
Klappnase
Afrika, Asien   7 cm

*Vampyrus
spectrum* Linnaeus
Großer Vampir
Südamerika   16 cm

Desmodus rotundus
E. Geoffroy
Großer Blutsauger
Südamerika
7 cm

Noctilio leporinus Linnaeus
Hasenmaulfledermaus
Südamerika
7 cm

tenfresser. Da aber im Winter freifliegende Insekten knapp sind, begegnen sie der Kälte und dem Nahrungsmangel durch einen Winterschlaf, bei dem die Körpertemperatur herabgesetzt und der Stoffwechsel fast völlig gedrosselt ist. Diese „Sparschaltung" ist wahrscheinlich der Grund für das hohe Lebensalter. Während eine Spitzmaus nur $5/4$, eine Waldmaus kaum zwei Jahre erreicht, können winterschlafende Fledermäuse 16 und mehr Jahre alt werden. Während unsere einheimischen Kleinfledermäuse reine Insektenfresser sind, fängt die ziemlich große *Megaderma lyra* Frösche, Mäuse, Vögel und selbst kleine Fledermäuse; *Noctilio leporinus* greift sogar mit den großen Füßen Fische aus den oberen Wasserschichten. Einige im tropischen Amerika lebende Arten haben sich auf Blutnahrung eingestellt. Von ihnen ist der *Große Blutsauger* am gefürchtetsten. Mit den scharfen Schneidezähnen durchbeißt er die Haut seines Opfers und leckt (nicht: saugt) das hervorquellende Blut auf. Der seines Namens wegen gefürchtete *Vampir* dagegen ist kein Blutlecker, sondern lebt von Insekten und wahrscheinlich auch von Früchten. Die Flederhunde ernähren sich als reine Vegetarier von Früchten, Honig und Pollen. Diese Nahrung steht den Tieren in den tropischen und in einigen subtropischen Gebieten das ganze Jahr über zur Verfügung; so entfällt auch ein Winterschlaf. Das nördlichste Vorkommen von Flederhunden ist auf der Insel Cypern (*Rousettus aegyptiacus*). Während Kleinfledermäuse zum Tagesschlaf Baumlöcher, natürliche und künstliche Höhlen, Dachböden und ähnliche Verstecke aufsuchen, schlafen die Flederhunde in höheren Bäumen oft zu Hunderten beisammen. Ihre Schlafstellung ist ähnlich wie die mancher Hufeisennasen. Die Tiere hängen sich meist an nur einem Bein auf und wickeln sich völlig in die Flughaut ein.

Tupaia minor Günther
Zwergtupaja
Borneo
13 + 14 cm

Loris tardigradus Linnaeus
Schlanklori
Südindien, Ceylon
25 cm

Nycticebus coucang Boddinus
Plumplori
Assam, Insulinde
35 + 2 cm

Tupaia ferruginea (Raffles)
Spitzhörnchen
Südasien, Insulinde
20 + 19 cm

Galago senegalensis moholi E. Geoffroy
Kleiner Galago
West- u. Ostafrika
20 + 19 cm

Perodicticus potto E. Geoffroy
Potto
West- u. Ostafrika
29 + 6 cm

Ordnung Primata — Herrentiere

Der amerikanische Anthropologe De Vore definierte die Ordnung der Primaten folgendermaßen: „Sie umfaßt nahezu 200 lebende Arten. Wie breit diese Skala ist, kann man erst ermessen, wenn man bedenkt, daß sie von so primitiven Geschöpfen wie den insektenfressenden Spitzhörnchen bis zum Menschen reicht. Da aber außerdem noch die fossilen Formen und deren mannigfachen Abkömmlinge dazugezählt werden, gibt es tatsächlich nicht ein einziges Kriterium, durch das man die ganze Gruppe definieren könnte. Die Spitzhörnchen z. B. scheinen zunächst überhaupt nicht hineinzupassen, doch rechnet man sie auf Grund ihrer Abstammung und wegen einiger besonderer Schädelmerkmale hinzu. Das einzige, was man mit Sicherheit als ein gemeinsames Merkmal aller lebenden und ausgestorbenen Primaten ansehen kann, besteht in ihrer Anpassung an das Baumleben. Diese Anpassungsmerkmale sind zahlreich, vielschichtig und manchmal sehr weitreichend. Sie zeigen sich in der Struktur des Primatengehirns, im Besitz von Finger- und Zehennägeln und einem gegenüberstellbaren Daumen. Sie zeigen sich in der Art, wie Primaten ihre Geruchs-, Gesichts- und Tastsinne benutzen, und in der Art, wie sie gebären und ihre Jungen aufziehen. Zwar weist keine Art all diese Merkmale auf einmal auf; doch bei allen sind Ansätze dafür vorhanden, daß sie ausgebildet werden könnten — und diese Ansätze sind für die ganze Gruppe charakteristisch. Primaten sind in erster Linie Baumbewohner. Sie entstanden in den Bäumen, entwickelten sich und gediehen dort; und nur ein heute lebendes Mitglied der Ordnung, der Mensch, hat sie für immer verlassen. Dadurch, daß die Primaten einen Ast mit den Fingern umklammerten, statt wie andere Säuger ihre Klauen hineinzuschlagen, wurden sie zu den unumstrittenen Herren der Bäume."

Unterordnung Prosimiae — Halbaffen

Familien: Tupaiidae — Spitzhörnchen (*Tupaia*), Lemuridae — Lemuren (*Lemur, Microcebus, Propithecus*), Indridae — Indris (*Indris*), Daubentoniidae — Fingertiere (*Daubentonia*), Lorisidae — Loris (*Loris, Nycticebus, Perodicticus*), Galagidae — Galagos (*Galago*), Tarsiidae — Koboldmakis (*Tarsius*)

Die *Spitzhörnchen* sehen fast wie kleine Hörnchen aus. Sie sind baumbewohnende Tagtiere mit langgestrecktem Kopf und großen, schräg nach vorn gerichteten Augen; das ermöglicht ihnen räumliches Sehen und Entfernungs-

Daubentonia madagascariensis Gmelin
Fingertier
Madagaskar
45 + 50 cm

schätzen. Spitzhörnchen sind eine sehr arten- und formenreiche Familie Südostasiens und der Philippinen. Nur das auf Borneo, Sumatra und Malakka lebende, rattengroße Federschwanzhörnchen (Ptilocercus lowi) ist nachtaktiv. Die Tiere sind ziemlich „gesprächig" und haben eine große Zahl verschiedener Lautäußerungen; sie sind Allesfresser. Madagaskar beherbergt viele, meist große Halbaffen, aber auch den kleinsten Primaten überhaupt, den *Mausmaki*. Bis auf den *Indri*, mit einem ganz kurzen Stummelschwanz, sind die großen Arten langschwänzig und recken beim Gehen den Schwanz S-förmig in die Höhe. Eine der bekanntesten Arten ist der graublaue *Katta* mit langem schwarzweiß geringeltem Schwanz. Der *Vari* ist symmetrisch gefleckt in schwarzweiß, braunweiß oder auch fast völlig rostbraun. Die großen Lemuren-Arten lieben es, sich mit ausgestreckten Beinen aufrechtsitzend und mit seitlich abgespreizten Armen die Sonne auf den Bauch scheinen zu lassen.

Abweichende Form hat das Fingertier oder Aye-Aye; es ist etwa katzengroß, mit rundem Kopf und sehr großen, seitlich abstehenden Ohren. Der mittlere Finger ist, auch im Knochen, sehr viel dünner als die anderen vier. Dieser sogenannte Skelettfinger wird besonders benutzt, um Kerbtiere aus Ritzen, Spalten und unter Rinde hervorzuholen. Es sind Nachttiere, die einzeln oder paarweise hauptsächlich Bambusdickichte bewohnen.

Auch auf dem afrikanischen Festland gibt es Halbaffen, die Ohrenmakis oder Galagos, und von den Loris den *Potto*. Sie können recht zahm werden. Eine dargebotene tote Maus nahm unser Riesengalago in eine Hand und biß immer ein Häppchen davon ab. Ein reizendes kleines Wesen ist der *Kleine Galago*.

Ganz anders sehen die Loris aus; sie sind kurzgeschwänzt oder schwanzlos und mit großen, nach vorn gerichteten Augen, die sehr nahe beisammenstehen. Die kleinen runden Ohren sind weitgehend im dichten Fell verborgen. Ähnlich gebaute asiatische Verwandte sind der *Schlank-* und der *Plumplori*. Wie alle Loris haben die Schlankloris die Angewohnheit, einige Tropfen Harn auf Hände und Füße zu geben und sie damit einzureiben, was die Haftwirkung dieser Klammerorgane erhöht und der Duftmarkierung dient. Allerdings beeinträchtigt diese Angewohnheit die Freude an der Pflege dieser Tiere in Wohnräumen.

Sehr merkwürdige Halbaffen sind die *Koboldmakis* oder Gespenstertierchen; sie sind kleine, sich hüpfend bewegende, nächtlich lebende Baumbewohner mit ungemein großen Augen, langen Hinterbeinen und langem Schwanz. Ihre Nahrung, hauptsächlich Käfer und Heuschrecken, ergreifen sie mit der Hand.

Tarsius tarsius Erxleben
Koboldmaki
Malaiische Inseln
18 + 22 cm

Lemur mongoz Linnaeus
Mongoz
Nordwestmadagaskar
40 + 40 cm

Indris indris Gmelin
Indri
Madagaskar
80 + 2,5 cm

Propithecus verreauxi (Grandidier)
Larvensifaka
Madagaskar
45 + 55 cm

Microcebus murinus Miller
Mausmaki
Südmadagaskar
15 + 15 cm

Lemur variegatus Kerr
Vari
Madagaskar
45 + 55 cm

Lemur catta Linnaeus
Katta
Madagaskar
40 + 50 cm

Unterordnung Anthropoidea — Affen

Familien: Cebidae — Kapuzinerartige (*Alouatta, Aotes, Ateles, Cacajao, Cebus, Chiropotes, Lagothrix, Pithecia, Saimiri*), Callimiconidae — Springaffen (*Callicebus*), Callithricidae — Krallenäffchen (*Callithrix, Leontocebus, Oedipomidas, Saguinus, Tamarinus*)

Alle auf den Seiten 408 und 409 gezeigten Tiere sind neuweltliche Affen. Sie haben keine Backentaschen und keine Gesäßschwielen. Die knorpelige Nasenscheidewand ist sehr breit, wodurch die Nasenlöcher weit auseinanderstehen und seitlich-aufwärts gerichtet sind. So spricht man von ihnen als von den breitnasigen Affen im Gegensatz zu den schmalnasigen altweltlichen Affen. Der Kopf ist rundlich ohne sonderlich vorspringende Nase. Der Schwanz ist lang und bei manchen Arten zu einem kräftigen Greifschwanz entwickelt, der allein den freischwingenden Körper tragen und auch wie eine Hand zum Ergreifen von Gegenständen verwendet werden kann. Alle sind Baumbewohner, die nur selten auf den Boden herabkommen. Ihr Verbreitungsgebiet ist das tropische Südamerika von der südlichen Urwaldgrenze Argentiniens bis nach Südmexiko. Wieviel weiter die Neuweltaffen entwickelt sind als die Halbaffen, zeigt sich u. a. darin, daß bei gleich großen Tieren das Gehirn der Neuweltaffen dreimal so groß ist wie das der entsprechenden Halbaffen.

Nur einer dieser Südamerikaner ist nachts munter und tätig, der *Nachtaffe*, auch Mirikina und Douroculi genannt. Die sehr großen Augen befähigen die Tiere, noch in fast völliger Dunkelheit ausreichend zu sehen. Sie gelten als farbenblind. Die Weibchen bringen nicht selten Zwillinge zur Welt.

Gleich groß sind die Springaffen oder Titis (*Callicebus*). In mancher Beziehung erinnern sie an Krallenäffchen, da auch ihre Nägel krallenartig verlängert sind. Doch sind sie ausgesprochene Tagtiere und im Aussehen und Verhalten wie taglebende Nachtaffen. Merkwürdige Formen sind *Sakis* und *Uakaris*, letztere meist rostrot in verschiedener Tönung und die einzigen Breitnasen mit verkürztem Schwanz. Gesicht und Scheitel sind fast völlig nackt, dabei scharlachrot gefärbt. Ähnlich gebaut, aber weniger auffallend gefärbt und mit gutbehaartem Schwanz ausgestattet, sind die Sakis, zu denen auch der *Zottelaffe* gehört. Darüber hinaus haben die hierhergehörenden Satansaffen einen kräftigen „Seemanns-Vollbart", der nur Augen, Nase und Mund frei läßt. Sakis laufen nicht selten aufrecht, wobei sie mit hocherhobenen Armen balancieren. Laufen sie auf allen vieren, dann wird der Schweif wie bei Halbaffen S-förmig geschwungen aufgestellt. Den eigentlichen *Kapuzinern* (Cebus) steht das Totenköpfchen nahe, auch *Eichhörnchenaffe* genannt. Er hat im Vergleich zum Körpergewicht das größte Gehirn unter allen Herrentieren. Große neuweltliche Affenarten sind Brüllaffen, Woll-, Spinnen- und Klammeraffen. Sie alle haben einen am Ende der Unterseite nackten Greifschwanz. Das Zungenbein der *Brüllaffen* ist blasig aufgetrieben, der Schildknorpel des Kehlkopfes mächtig vergrößert; das ergibt einen guten Resonanzboden für ihr gewaltiges Gebrüll, durch das vermutlich das beanspruchte Territorium markiert wird; es soll 2½ km weit durch den Urwald zu hören sein. Die Spinnen- und *Klammeraffen* bewegen sich als Hangelkletterer durch die Bäume. Das tut der *Wollaffe* gelegentlich auch, aber weit langsamer als jene; seine Gliedmaßen sind ja auch kürzer. In der Regel leben bei diesen Arten Männer, Weiber und Kinder in kleineren oder größeren Horden zusammen, manchmal mit anderen Arten vermischt. Die Spinnenaffen ähneln den Klammeraffen, sind aber bedächtiger und erinnern an die Wollaffen. Sie haben ein nacktes Gesicht, das rot sein kann wie das des Uakari. Sie sind auch in ihrer Heimat, den Wäldern Südostbrasiliens, sehr selten und halten wie fast alle Breitnasen in Gefangenschaft selten lange aus. Etwas kräftiger sind die Klammeraffen, von denen auch mehrere Formen unterschieden werden. Wenn sie es nicht eilig haben, hangeln sie nicht, sondern laufen auf allen vieren. Sie können aber auch aufrecht stehen und gehen. Hauptnahrung all dieser Breitnasen sind Blätter und Früchte, die mit der Hand abgepflückt und zum Mund geführt werden. Die in den Tiergärten häufigsten Breitnasen sind die Winsel- oder Kapuzineräffchen, die zwar ihren Schwanz als Stützorgan benutzen, auch ein wenig damit greifen, sich aber nicht damit freitragend anhängen. Wie manche ihrer nahen Verwandten haben sie die Angewohnheit, Hände, Füße und Fell mit dem eigenen Harn einzureiben. Sie sind nicht sonderlich temperaturempfindlich und auch nicht besonders anspruchsvoll in bezug auf Futter sowie Pflege. Frei im Zimmer gehalten, sind sie leicht lästig; nicht nur, daß sie überall mit ihren klebrigen Fingern Spuren hinterlassen, sondern auch, weil sie nicht stubenrein werden. Immerhin gehören sie zu den am besten zu haltenden Arten. Weit empfindlicher, aber wegen ihrer Kleinheit, ihres hübschen Aussehens und possierlichen Wesens werden die *Springaffen* und die Krallenäffchen oft als Stubentiere gehalten; letztere mit größerer Artenzahl. Von ihnen hat das *Weißpinseläffchen* einen weißen Ohrpinsel und einen weißen Stirnfleck, das Schwarzpinseläffchen schwarze Pinsel und einen größeren Stirnfleck. Geringelte Schwänze haben sie beide. Bei all diesen kleinen Arten trägt die Mutter das Junge nur anfangs; sehr bald übernimmt der Vater das Tragen und die Pflege des Kindes, das von der Mutter nur noch zum Säugen übernommen wird.

Silenus silenus (Linnaeus)
Wanderu
Vorderindien
60 + 30 cm

Macaca radiata F. Cuvier
Hutaffe
Vorderindien
50 + 53 cm

Macaca mulatta (Audebert)
Rhesusaffe
Vorderindien
50 + 25 cm

Macaca irus F. Cuvier
Javaneraffe
Südasien
55 + 50 cm

Macaca sylvana Schlegel
Magot
Nordafrika, Gibraltar
75 cm

Familie: Cercopithecidae — Hundsaffen (*Cercocebus, Cercopithecus, Comopithecus, Cynopithecus, Erythrocebus, Macaca, Mandrillus, Papio, Silenus, Theropithecus*)

Die Altweltaffen werden als Schmalnasen (Catarrhinae) zusammengefaßt. Ihre Nasenscheidewand ist schmal. Ein Schwanz kann fehlen. Doch kann er auch weit mehr als Körperlänge haben. Zum Greifen eignet er sich nicht, abgesehen davon, daß sehr junge Meerkatzen ihn in beschränktem Umfang zum Anklammern benutzen. Altweltaffen haben alle die gleichen platten Fuß- und Fingernägel wie der Mensch. Die beiden großen Gruppen der Cercopithecidae sind die eigentlichen Hundsaffen und die Menschenartigen (Hominoidea), erstere mit zwei Familien der Meerkatzenverwandtschaft und den Schlankaffen. Unter ersteren gibt es Baum- und Erdbewohner.

Eine sehr arten- und formenreiche Gruppe sind die Makaken. Sie sind bis auf eine merkwürdige Ausnahme alles Asiaten. Am bekanntesten ist der *Rhesusaffe* mit sehr dehnbaren Backentaschen. Er ist wohl in jedem Zoo zu sehen und hat besondere Bedeutung dadurch, daß er seit langem als Laboratoriumstier dient. In Indien, wo man sie weitgehend unbehelligt läßt, leben z. B. in Uttar Pradesh 46 %/o aller Affen in Dörfern, 30 %/o in Städten, andere an Straßenrändern und in Tempeln und nur 12 %/o im Wald. In Gärten und Häusern, in die sie eindringen, richten sie allerlei Schaden an, zumal sie meist in größeren Verbänden auftreten. Die meisten Makaken und Paviane leben in Horden, die von 4—5 bis zu Hunderten Mitgliedern haben können; jede Horde bewohnt und verteidigt ihr Territorium. Eine deutliche Rangordnung gibt den erwachsenen Männern manche Vorrechte, aber auferlegt ihnen auch die Pflicht, Streitigkeiten innerhalb der Horde zu schlichten und diese vor eingebildeten oder wahren Feinden zu schützen. Ein alter Mantelpavian nimmt es selbst mit dem Leoparden auf. Wie schon erwähnt, gibt es außerhalb Asiens nur eine einzige Makakenart, den *Magot* oder Berberaffen, der in verstreuten Trupps in Marokko und Algerien sowie auf dem Felsen von Gibraltar lebt. Ihre Herkunft ist ein Rätsel. Ob sie durch Araber von Persien hierhergebracht wurden? Ihre Vorfahren sind inzwischen ausgestorben und wurden fossil noch nicht gefunden.

Macaca maurus F. Cuvier
Mohrenmakak
Celebes
60 + 4 cm

Macaca nemestrinus Desmarest
Schweinsaffe
Südasien
60 + 15 cm

Macaca speciosus F. Cuvier
Bärenmakak
Hinterindien
60 + 5 cm

Macaca fuscatus Thomas
Rotgesichtmakak
Japan
60 + 5 cm

Naheliegend ist die Vermutung, daß die Mauren sie aus Afrika nach Gibraltar gebracht haben, woher man aber ebenfalls noch keine zu ihnen passenden Fossilfunde kennt. Jedenfalls lebten sie schon in großer Zahl wild, als die Briten 1704 Gibraltar übernahmen. Sie werden von der dortigen Garnison betreut, und ihr Bestand wurde mehrfach durch neuimportierte Afrikaner aufgefrischt. Die Magots haben keinen Schwanz. *Bären-, Rotgesicht-, Mohren-* und *Schopfmakak* sind kurzschwänzig; *Hutaffen, Wanderus* und *Javaneraffen* haben ein mindestens mittellanges Anhängsel. Die Javaneraffen halten sich gern in der Nähe von Gewässern auf, auch in den Mangrovenwäldern der Meeresküsten; sie schwimmen und tauchen gut und fangen gern Krebse aller Art. Auch unter den Pavianen, typischen Steppenbewohnern und Bodentieren, gibt es geschwänzte und schwanzlose Arten. *Drill* und *Mandrill* sind zwar hauptsächlich Waldbewohner, bewegen sich aber tagsüber auf dem Waldboden und gehen nachts zum Schlafen auf Bäume. Der Mandrill ist einer der buntesten Affen überhaupt. Nicht nur die Behaarung, auch die nackte Haut von Gesicht und Gesäß sind grellrot, hellblau und violett; je mehr das Tier sich aufregt, desto intensiver färben sich diese Hautstellen. Neben dem Nasenrücken hat der Mandrill jederseits eine Anzahl hellblauer nackter Hautfurchen; dem Drill fehlen diese. Die geschwänzten Paviane sind Steppen- und Felstiere. Sie heben den Schwanz meist an der Basis mehr oder weniger steil aufrecht und lassen das längere Ende senkrecht hängen. Die Färbung wechselt art-, lokalform- und altersweise sehr, was sich auch in den verschiedenen Bezeichnungen bemerkbar macht; so gibt es gelbe, grüne, braune Paviane. Von diesen weicht der weitbekannte *Mantelpavian* stark ab. Die Weiber aller Paviane, auch die des Mantelpavians, sehen einander sehr ähnlich; ein erwachsener Mantelpavian-Mann dagegen ist unverkennbar mit seinem Hals- und Schulterkragen aus langen silbergrauen Haaren, der rötlichen Schnauze und dem nackten hellroten Gesäß. Im alten Ägypten galt er als heiliges Tier; man findet ihn auf vielen Bildwerken. Seine Leiche wurde einbalsamiert. Eine Sonderstellung nimmt der meist zu den Pavianen gestellte *Dschelada* ein, nicht nur, was die körperlichen Merkmale betrifft, sondern auch in seinem ganzen Verhalten. Nach Untersuchungen von Remane steht er den Makaken näher als den Pavianen und stellt stammesgeschichtlich einen isolierten Zweig dieser Affengruppe dar. Andere Forscher glauben Anklänge an Meerkatzen zu finden. Dscheladas sind wesentlich „gesitteter" als Paviane, viel ruhiger und auch noch verträglicher mit anderen Tierarten. Auf der Brust haben Dscheladas beider Geschlechter ein großes, haarloses rotes Feld, oft in Form einer Sanduhr. Es sind Hochgebirgstiere.

Cercopithecus hamlyni Pocock
Eulenkopfmeerkatze
Kongo
65 + 83 cm

Cercopithecus diana Linnaeus
Dianameerkatze
Westafrika
65 + 83 cm

Cercopithecus talapoin (Schreber)
Zwergmeerkatze
Westafrika   45 + 36 cm

Cercopithecus erythrotis Waterhouse
Rotohrmeerkatze
Westafrika
60 + 80 cm

Cercopithecus griseoviridis Desmarest
Graugrüne Meerkatze
Ostafrika
55 + 65 cm

Cercopithecus mona Schreber
Monameerkatze
Westafrika
60 + 80 cm

Cercopithecus cephus Linnaeus
Blaumaul
Westafrika, Kongo
55 + 65 cm

Cercopithecus neglectus Schlegel
Brazzameerkatze
Westafrika   55 + 65 cm

Erythrocebus patas (Schreber)
Husarenaffe
West- bis Ostafrika
70 + 65 cm

Meerkatzen sind ausschließlich in Afrika beheimatet. Es gibt davon eine riesige Fülle sehr verschiedener Größe, die einander im Bau und Skelett sehr ähnlich sind, so daß man über ihre Artzugehörigkeit meistens nur nach Farbmischungen und Farbmustern zu ermitteln versuchen kann. Es ist also kein Wunder, daß die Systematiker noch keineswegs Einigkeit erzielt haben, wie und wo die Arten gegeneinander abzugrenzen sind, und daß De Vore feststellen konnte: „Wie viele Arten von Meerkatzen es tatsächlich gibt, hängt davon ab, welcher Spezialist sie zählt." Besonders Gesicht, Kopf, Brust und Schwanz können charakteristisch gefärbt sein. Viele haben eine weiße Nase, andere eine blaue oder rote. Es gibt weiße und rote Stirnbänder, weiße Kinn- und Backenbärte, weiße und rote Bäuche, weiße Reifen vor den Unterschenkeln, hellblaue Hodensäcke, rote sowie braune Rücken und Schwänze, und das alles in den unerwartetsten Zusammenstellungen. Die mehr oder weniger einfarbigen Meerkatzen sind in der Minderheit. Der Ausdruck Meerkatze soll zurückzuführen sein auf das indische Wort „Markata", das aber nichts anderes bedeutet als „Affe". Vermutlich ist das indische Wort über das Niederländische zu Meerkatze verballhornt worden. Alle Meerkatzen sind langschwänzige Baumtiere, ausgezeichnete, sichere Kletterer und Springer. Ihre Gesäßschwielen sind nur klein, ihre Backentaschen sehr dehnbar und geräumig. Während die Mehrzahl der Meerkatzen

Bewohner des Regenwaldes sind, bevorzugen die weniger auffallend gefärbten grünen Meerkatzen das Leben in der Buschsteppe, der Savanne. Hier allerdings leben sie gern in Nähe des Waldrandes, von wo sie selten und dann nur vorübergehend in den Wald selbst eindringen. Sie sind auf Wasser angewiesen, das jederzeit zugänglich sein muß. Grüne Meerkatzen leben in Horden, deren Größe in einem gewissen Verhältnis zum Nahrungsangebot steht; in Pflanzungen können sie merklichen Schaden anrichten. Dasselbe ist aber auch von den eigentlich waldbewohnenden Arten zu sagen, die keineswegs stets und ständig im dichten Wald bleiben und nur von dem dort reichen Angebot von Blättern, Sprossen und Früchten leben. Das Sozialverhalten der Waldmeerkatzen ist artenweise recht verschieden. Während einige Arten eine ähnlich straffe Hordenordnung wie die Paviane und auch ihre verteidigten Territorien haben, schlendern andere Arten ohne Revierbindung in lockeren Gruppen umher. Wie fast alle jüngeren Affen kann man auch junge Meerkatzen zu angenehmen Hausgenossen erziehen; nur sind sie wie die meisten Baumtiere nicht stubenrein. Aber mit zunehmendem Alter werden auch sie unberechenbar, teils bis zur Bösartigkeit, und können dann mit ihren großen Eckzähnen schwere Wunden setzen. Affenbisse heilen nur langsam und schwer. Etwas abweichende Arten sind die *Zwergmeerkatze*, Bewohner sumpfiger Wälder und Mangrovensümpfe Westafrikas, sowie die Sumpfmeerkatze, Cercopithecus nigroviridis Pocock. *Husarenaffen* leben hauptsächlich in der Buschsavanne; sie meiden den Wald. Diese Lebensweise hat einige Änderungen bewirkt oder ist auf solche zurückzuführen. Man räumte deshalb den Husarenaffen auch eine eigene Gattung ein: Erythrocebus. Hände und Füße sind kürzer als bei anderen Meerkatzen, die Handflächen sowie Fußsohlen werden nicht ganz aufgesetzt, sondern Handgelenke und Fersen beim Gehen angehoben. Sie können gut klettern, rennen und wenigstens für kürzere Zeit Geschwindigkeiten von 50 Stundenkilometern entwickeln. Der Gattungsname verweist auf das viele Rot ihre Haarkleides, namentlich an Kopf, Rücken und Schwanz. Die westafrikanische Unterart hat eine schwarze, die ostafrikanische eine weiße Nase. Obwohl sie den Makaken näherstehen, sind die *Mangaben* ähnlich gebaut wie die Meerkatzen. Es sind kräftige, sehr schlanke, schmalgliedrige Tiere mit langem Schwanz, wie er für gute Springer kennzeichnend ist. Die Schnauze ist etwas länger als die der Meerkatzen, wenn auch nicht so lang wie bei den Makaken. Die Färbung kann zwar recht unterschiedlich sein, ist aber wenig auffällig und zeigt meist bedeckte, dunkle Farben ohne bunte oder gar bizarre Muster; die oberen Augenlider sind weiß, ein Verständigungsmittel im dunklen Urwald. Einige Mangaben haben Haarbüschel wie verstärkte Brauen oder verlängerte Backenhaare. Die *Schopfmangabe* besitzt einen aufrecht stehenden Scheitelzopf. Mangaben sind weitgehend Baumbewohner, namentlich die Mantelmangabe, doch kommt auch sie zeitweilig auf den Boden herunter, wenn auch weniger häufig als andere Arten. Die Tiere lieben den feuchten Tropenwald und die damit verbundene höhere Luftfeuchtigkeit. Mangaben leben nicht in großen Horden, sondern in kleinen Trupps, können bei Massenauftreten aber doch eine Gefahr für die Pflanzungen in ihrer Reichweite sein. Sie verzehren zur Hauptsache Pflanzenstoffe aller Art, nehmen bei passender Gelegenheit aber auch Insekten, Eidechsen und andere Kleintiere an. Anscheinend fangen und verzehren sie aber nicht wie die Paviane selbstgefangene junge Antilopen. Makaken, Meerkatzen und Mangaben sind bei guter Pflege recht ausdauernd in der Gefangenschaft. Die zuverlässigsten Daten stammen naturgemäß aus modernen Tiergärten, wo nicht nur die besten Vorbedingungen, sondern auch eine ordnungsgemäß geführte Tierkartei gegeben sind. Im Zoo von Gizeh bei Kairo lebte eine grüne Meerkatze 24 Jahre; eine *Monameerkatze* im Zoo Rotterdam wurde 22½, eine andere in einem amerikanischen Zoo sogar 26 Jahre alt.

Cercocebus fuliginosus E. Geoffroy
Mohrenmangabe
Westafrika
50 + 52 cm

Cercocebus torquatus Kerr
Rotkopfmangabe
Westafrika
50 + 52 cm

Cercocebus agilis E. Rivière
Flinke Mangabe
Westafrika   50 + 52 cm

Cercocebus aterrimus (Oudemans)
Schopfmangabe
Kongo
45 + 50 cm

Colobus caudatus Thomas
Guereza
Ostafrika
70 + 80 cm

Colobus vellerosus I. Geoffroy
Weißschenkelaffe
Westafrika   70 + 80 cm

Colobus badius kirkii Gray
Sansibar-Colobus
Sansibar
67 + 61 cm

Colobus badius (Kerr)
Roter Colobus
Westafrika, Kongo
67 + 61 cm

Semnopithecus entellus Desmoulin
Hulman
Südindien
75 + 95 cm

Trachypithecus obscurus Reid
Brillenlangur
Hinterindien
75 + 95 cm

Kasi johnii (Fischer)
Nilgirilangur
Nordindien
75 + 70 cm

Presbytis pileatus geei Khajuria
Goldlangur
Assam
75 + 70 cm

Familien: Colobidae — Schlankaffen (*Colobus, Kasi, Nasalis, Presbytis, Rhinopithecus, Semnopithecus, Trachypithecus*), Hylobatidae — Gibbons (*Hylobates, Symphalangus*)

Schlankaffen sind recht große Tiere mit langen Gliedmaßen und langen, oft buschig behaarten Schwänzen. Typische Vertreter sind die afrikanischen Stummelaffen, die man deshalb auch Schweif- oder Seidenaffen nennt. Stummelaffen heißen sie, weil der Daumen bis auf einen kleinen Stummel rückgebildet ist oder ganz fehlt. Sie haben nackte Sitzschwielen. Die Mehrzahl der Stummelaffen ist schwarzweiß mit scharfen Farbgrenzen; das nackte schwarze Gesicht ist meist weiß umrandet. Während die Neugeborenen der farbigen Stummelaffen, z. B. *Colobus badius*, ihren Eltern in der Färbung recht ähnlich sehen, kommen die Kinder der schwarzweißen, *Guereza* genannten Arten ganz weiß zur Welt. Die Schwarzzeichnung erscheint erst nach einiger Zeit. Der Magen der Schlankaffen ist groß und mehrteilig. Er ist nicht unähnlich dem der Wiederkäuer, mit Gärkammern, in denen Bakterien die schwer erschließbare Blätternahrung zur Verdauung vorbereiten. Ein Colobus von 15 Pfund Gewicht kann 3—5 Pfund Blätter in seinem Magen unterbringen. Seine Backentaschen sind nur klein und kommen zum Blätterstapeln nicht in Betracht. Ihres schönen Felles wegen wurden die Guerezas früher derart eifrig verfolgt, daß allein 1892 nicht weniger als 175 000 Felle in den Handel kamen. Ein Teil wurde als Häuptlingsschmuck verwertet, der größte Teil aber als „Seidenaffe" für Damenpelzwerk aller Art verarbeitet. Während des Ersten Weltkrieges fiel der Markt hierfür aus, und glücklicherweise kamen dann andere, kurzhaarige Pelze in Mode. — Wie die afrikanischen Stummelaffen sind auch die asiatischen Schlankaffen ausschließlich Baumbewohner und Blätterfresser. Sie bewegen sich mit noch größerer Eleganz und Leichtigkeit im Zweig- und Lianengewirr des Urwaldes. Ihr Daumen ist zwar verkürzt, aber doch vorhanden. Die bekanntesten Arten sind die Blätteraffen oder *Languren* sowie der *Hulman*. Er ist einer der heiligen Affen Indiens. Sie sind im ganzen ziemlich ruhige Tiere, die kaum Schaden anrichten. Zu den Schlankaffen gehören mehrere Arten der eigenartigen Nasenaffen. Sie sind kräftiger als die Languren und an der Form ihrer Nasen deutlich erkennbar. Diese ragt frei aus dem Gesicht heraus und ist der des Menschen nicht unähnlich. Die *Stumpfnasenaffen* haben in beiden Geschlechtern eine vorgezogene und leicht aufgestülpte Nase. Sie leben in hochgelegenen Bergwäldern. Da sie ein dichtes Haarkleid besitzen, sind sie weniger kälteempfindlich und laufen selbst bei Schnee in den verwehten Wäldern nahrungssuchend umher. Wahrscheinlich sind sie die am weitesten nach Norden vorkommenden Affen. Außerhalb ihrer Heimat konnten sie noch nie lebend gezeigt werden. Noch merkwürdiger ist der *Nasenaffe*. Bei den Jungen und den jüngeren Weibern sieht das Riechorgan ähnlich aus wie bei den Stumpfnasen, aber es wächst sich aus. Bei alten Männern wird es zu einem Rüssel von 10 cm Länge, der über den Mund hinabhängt und bei der Nahrungsaufnahme mit einer Hand beiseite gehalten werden muß. Nasenaffen leben in Borneo in kleinen Trupps von 30—40 Tieren gern an Flußufern, schwimmen und tauchen gut und verzehren die gleichen Pflanzenstoffe wie andere Schlankaffen. Erst in den letzten Jahren konnte man Nasenaffen außerhalb ihrer Heimat in Gefangenschaft züchten.

Die Frage, ob man die Gibbons als Unterfamilie Hylobatinae der Familie Pongidae ansehen oder ihnen besser den Rang einer eigenen Familie Hylobatidae zuerkennen soll, ist noch immer nicht ganz gelöst. Nach Groves (1968) zeigen die jetzt verfügbaren Daten, daß sie wirklich echte Menschenaffen sind, und daß ihre Spezialisierungen auf ihre geringe Größe zurückzuführen sind. Andererseits erinnert auch einiges an die Hundsaffen, wie die Sitzschwielen, das sehr dichte Haarkleid und das Fehlen paariger Kehlsäcke. Aber Schultz hat bereits früher gezeigt, daß nicht nur bei einer Anzahl Schimpansen und Orangs auch Sitzschwielen ausgebildet werden, sondern sie sich bei einigen Gibbonarten erst lange nach der Geburt entwickeln. So scheinen diese Sitzschwielen ein altertümliches Pongiden-Merkmal zu sein, das einigen der lebenden Formen verlorengegangen ist. Es gibt auch bei den Gibbons Kehlsäcke, doch sind sie bei ihnen unpaar. Der *Siamang* ist den großen Pongiden am nächsten verwandt. Von den Gibbons steht der *Schopfgibbon* etwas abseits. Alles andere wird von Groves als *Hylobates* im engeren Sinne angesehen; er fügt jedoch hinzu, daß sich manche der Formen (z. B. *moloch*) als Unterarten des *Lar* erweisen dürften. Gibbons sind echte Baumtiere, die mit ihren langen Armen sicher und elegant durch das Geäst hangeln.

Symphalangus syndactylus Desmarest
Siamang
Sumatra, Malaysia
1 m

Hylobates moloch (Audebert)
Silbergibbon
Java
85 cm

Hylobates lar Linnaeus
Lar
Malaysia, Tenasserim
90 cm

Nasalis larvatus Wurmb
Nasenaffe
Borneo
70 + 80 cm

Rhinopithecus roxellanae A. Milne-Edwards
Stumpfnasenaffe
Osttibet, Westchina
60 + 70 cm

Hylobates (Nomascus) concolor leucogenys Olgilby
Schopfgibbon
Taiwan, Hinterindien
80 cm

Pongo pygmaeus (Linnaeus)
Orang-Utan
Borneo, Sumatra
1,80 m

Pan tr. verus (Schwarz)
Weißgesichts-Schimpanse
Westafrika
1,60 m

Pan troglodytes troglodytes (Blumenbach)
Schwarzgesichts-Schimpanse
Zentralafrika
1,60 m

Pan tr. paniscus Schwarz
Zwerg-Schimpanse
Kongo
1,50 m

Familie: Pongidae — Menschenaffen (*Gorilla, Pan, Pongo*)

Auch die Menschenaffen sind im engeren Sinne weitgehend Baumbewohner, wenn sie auch (Gorilla) wegen ihrer Größe und Schwere als erwachsene Tiere selten hangeln oder weite Sprünge im Geäst machen. Nach Möglichkeit bleibt immer wenigstens eine Hand an einem festen Gegenstand. Auf dem Boden laufen alle mehr oder weniger auch aufrecht, d. h. zweibeinig. Wenn sie auf allen vieren gehen, setzen sie die Hände nicht wie die Hundsaffen mit der ganzen Handfläche auf dem Boden auf, sondern stützen sich auf die Knöchel der eingeschlagenen Finger. Unter den drei großen Menschenaffen ist der *Orang-Utan* der einzige Asiate. Früher kam er sogar auch auf dem asiatischen Festland vor. Reste wurden in steinzeitlichen Siedlungen von Peking bis Celebes gefunden. Auch auf Sumatra und Borneo, wo sie auch heute noch leben, waren sie bis vor kurzem weit zahlreicher. Der Gesamtbestand an Orang-Utans betrug 1968 nach Schätzungen nur noch 2500 Köpfe. Hauptgrund für den starken Rückgang sind die verbotene Jagd und die Kultivierung ihres Lebensraums. Zwar stehen die Orangs unter Schutz; dies ist aber schwer zu überwachen und wird leider vielfach umgangen. Die Mütter müssen abgeschossen werden, wenn die Jungen gefahrlos gefangen werden sollen. Sie wurden und werden zumeist nach Singapur geschmuggelt und dort an Händler verkauft. Um diesen illegalen Handel und damit das Morden der Mütter zu stoppen, hat der Internationale Verband der Zoodirektoren sowie eine Anzahl von nicht dem Verband angehörenden Zoos beschlossen, keine Orangs anzukaufen, die nicht mit behördlicher Ausfuhrgenehmigung des Ursprungslandes ausgestattet sind. Auch ist auf Drängen des Verbandes die Kontrolle in den Häfen (z. B. Singapur) strenger geworden. Das Orang-Weib trägt 260—275 Tage und hat offenbar nur jedes vierte Jahr ein Kind, das sie sehr lange säugt. Zwar kann sie noch mit mehr als 30 Jahren fruchtbar sein, doch ist bei der hohen Säuglingssterblichkeit von ca. 40 % für eine Mutter nur mit 2—3 aufgezogenen Kindern zu rechnen. Die Vermehrung geht also nur recht langsam vor sich. Eine Zucht in Gefangenschaft ist nicht ganz einfach, aber in den letzten Jahren mehrfach geglückt, selbst schon in der zweiten Generation. Orangs sind die schwersten Tiere (90 kg), die normalerweise auf Bäumen leben. Die afrikanischen Menschenaffen Gorilla und Schimpanse bauen ebenso wie der Orang Schlafnester in verschiedener Höhe in den Bäumen. Sie ziehen Äste, Zweige, Lianen usw. zu einer Art Plattform oder Nest zusammen, wo die Nacht verbracht wird. Da die Tiere täglich weiterwandern, bauen sie für jede Nacht ein neues Nest. Beim Gorilla gehen nur Weiber und Junge nachts ins Baumnest, während der

Mann am Fuße des Baumes schläft. Er ist mit seinen 300 kg zu schwer für ein Baumnest. Gorillas leben in Großfamilien von 2—3 Weibern mit ihren Sprößlingen verschiedenen Alters; ein altes Männchen übernimmt die Führung und den Schutz. Bei ihnen wird mit 10 Jahren der Mittelrücken silbergrau; nur solche Silberrückenmänner können Häuptlinge sein. Es gibt zwei Unterarten. Am häufigsten ist noch der West- oder *Flachlandgorilla* aus dem Westen von Äquatorialafrika; von dem Ost- oder *Berggorilla* gibt es laut Schaller nicht weniger als 500 und nicht mehr als 1500 Exemplare. Zahlen von Urwaldtieren sind schwer zu schätzen. Unter den heutigen Menschenaffen hat der Schimpanse noch die weiteste Verbreitung. Er lebt im ganzen äquatorialen Urwaldgürtel und bevorzugt das Flachland. Wenige Säugetiere variieren individuell so stark wie der Schimpanse; nicht zwei sind einander gleich, und jeder hat einen ganz persönlichen Gesichtsausdruck. Die Anzahl der Schimpansenformen, die gute systematische Einheiten sind, ist noch keineswegs sicher. Doch darf man folgende vier als selbständig ansehen: Der *Schwarzgesichts-Schimpanse* hat kleinere, dunklere und weniger abstehende Ohrmuscheln als das Weißgesicht. Der Schädel ist zwischen den Ohren breit und flach, das Gesicht schwarz, Nase und Mund jedoch weißlich. Der *Weißgesichts-Schimpanse* besitzt einen hochgewölbten, schmalen Schädel mit großen abstehenden Ohren und weißem Gesicht. Der Schweinfurths-Schimpanse, P. tr. schweinfurthi (Giglioli), hat ein kohlschwarzes Gesicht, das nur gelegentlich mit wenigen weißlichen Haaren am Kinn besetzt ist; das Fellhaar ist ziemlich lang. Der Bonobo oder *Zwerg-Schimpanse* weicht im allgemeinen Habitus stark von den anderen Schimpansen ab. Er ist klein, langgliedrig, mit schwarzem Gesicht und roten Lippen. Diese zierlichen Tiere sind im Wesen viel sanfter und haben eine völlig andere Stimme als die größeren Schimpansen. Mancher Säugetierkundige hält sie für eine selbständige Art. Man nennt den Schimpansen gern den Sanguiniker unter den Menschenaffen. Für jüngere Tiere mag das durchweg stimmen; sie sind ewig in Bewegung, immer zu Streichen aufgelegt und wegen ihrer Intelligenz und Geschicklichkeit im Tiergarten ebenso beliebt wie als Artisten. Ältere aber, besonders Männer, können zu bösartigen, stets angreifenden Wüterichen werden, denen sich niemand ungefährdet nähern kann. Da der Schimpansendaumen recht lang ist, hat das Tier einen so festen Griff, daß man sich schwer daraus befreien kann — im Gegensatz zum kurzdaumigen Gorilla, dessen Griff nicht so fest geschlossen werden kann. Schimpansen leben gesellig in Familienverbänden von etwa sechs Tieren. Mehrere Familien können nahe beieinander hausen. Auf drei Weiber kommt nur ein Mann. Die Stimme ist stark modulationsfähig, auch das Gesicht kann sehr ausdrucksvoll sein.

Gorilla beringei Matschie
Berggorilla
Kongo
1,90 m

Gorilla gorilla Wyman
Flachlandgorilla
Westafrika
1,90 m

Bradypus tridactylus Linnaeus
Dreizehenfaultier, Ai
Mittel- u. Südamerika
52 + 4 cm

Choloepus didactylus Linnaeus
Zweizehenfaultier, Unau
Südamerika
70 cm

Ordnung Xenarthra — Zahnarme

Familien: Bradypodidae — Faultiere (*Bradypus, Choloepus*), Myrmecophagidae — Ameisenbären (*Cyclopes, Myrmecophaga, Tamandua*), Dasypodidae — Gürteltiere (*Chlamydophorus, Dasypus, Euphractus, Priodontes, Tolypeutes*)

Die südamerikanischen Faultiere sind Überlebende aus einer fernen Zeit, in der ihr Geschlecht weit verbreitet war und zum Teil riesige Abmessungen erreichte (z. B. das berühmte Riesenfaultier von Elefantengröße). Es überlebten bis heute noch zwei Gattungen. Von ihnen hat *Bradypus* vorn und hinten je drei Zehen, *Choloepus* hinten ebenfalls drei, vorn aber nur zwei Zehen. Diese großen Zehen werden von einer gemeinsamen Haut umschlossen und enden in kräftigen Klauen, mit denen die Tiere rückenabwärts durchs Geäst hangeln. Sie können damit aber auch schlagen und empfindlich kneifen. Die Faultiere verbringen ihr ganzes Leben im Baum und ernähren sich von Blättern. Auf dem Boden kommen sie nur mühsam voran. Während sonst alle Wirbeltiere sieben Halswirbel haben, vermehrt sich deren Zahl bei den Bradypusarten auf neun, ausnahmsweise sogar auf 10. Der Unau dagegen hat die übliche Zahl von sieben Wirbeln, sein kleinerer Verwandter, Choloepus hoffmanni, von Costa Rica und Panama jedoch nur sechs. Durch die große Zahl der Halswirbel wird eine Beweglichkeit des Kopfes erreicht, die sonst nur von Vögeln bekannt ist; eine Kopfdrehung um 180 Grad wie bei Eulen ist den Faultieren ohne weiteres möglich. Das Fell freilebender Tiere hat meist einen grünlichen Farbton; er entsteht dadurch, daß sich Algen darin ansiedeln. Eine gleiche Verfärbung bewirken die Larven des Faultierschmetterlings, Bradypodicola hahneli. In der Gefangenschaft trocknen die Algen ein, und der grüne Schimmer verschwindet.

Von der einstmals großen Familie der Ameisenbären leben heute nur noch drei Gattungen mit je einer Art. Von ihnen ist der *Zwergameisenfresser* der kleinste, ein zwar langsamer, aber doch sicherer Kletterer im Geäst. Auf dem Boden bewegt er sich ungeschickt und kann baumlose Strecken nicht überwinden. So ist es ihm auch unmöglich, sein begrenztes Wohngebiet zu erweitern. Er ist kurzköpfiger als seine beiden Verwandten, deren Köpfe in eine lange Röhre aus völlig zahnlosen Kiefern ausgezogen sind, die von der Wangenhaut zusammengehalten werden. Die sehr kleine Mundöffnung bietet nur Durchlaß für die wurmförmige Zunge. Auch Augen und Ohren sind klein, und die Kleinheit von Schädelkapsel und Gehirn spricht nicht für reichliche Geistesgaben. Immerhin haben diese bisher zum Überleben der Art ausgereicht. Der kleine Ameisenbär oder *Tamandua* ist sowohl ein guter Kletterer — mit Greifschwanz — als auch ein guter Läufer, während der bis 45 kg schwer werdende *Große Ameisenbär* völlig erdgebunden ist. Die Hinterfüße sind nicht besonders umgebildet, die Hände aber stark. Sie werden beim Gehen mit dem äußeren Rand, wo sich starke Ballen bzw. Schwielen befinden, aufgesetzt. So sind die Handflächen nach innen und die Spitzen der stets eingeschlagenen Klauen nach innen und hinten gerichtet. Damit zerschlägt und zerhackt das Tier die Termitenbauten. Das nach einer Tragzeit von 190 Tagen geborene Junge hat anfangs einen viel kürzeren Kopf als seine Mutter und ähnelt darin mehr dem Tamandua. Die Mutter läßt das Junge auf ihrem Hinterrücken reiten und schleppt es auf diese Weise lange mit sich. Hierhin rettet es sich bei Gefahr auch noch, wenn es schon recht beweglich ist.

„Die Gürteltiere sind Überlebende einer einst größeren Familie. Im Vergleich zu manchen ihrer Verwandten aus der Vorzeit muß man sie Zwerge nennen, da sie in der Gegenwart im ganzen höchstens eineinhalb Meter, ohne den Schwanz aber nur einen Meter lang werden. Alle Gürteltiere sind plumpe Geschöpfe mit gestrecktem langschnauzigem Kopf, großen Schweinsohren, starkem Schwanz und kurzen Füßen, die starke Grabklauen tragen. Diesen Grabklauen zuliebe ist an den Vorderfüßen das Nagelglied der 3. und 4. Zehe ungeheuer vergrößert zuungunsten der hintersten, die zugehörigen Knochen aber, auch die der Mittelhand im Handteller, sind sehr verstärkt und verbreitert", so schildert Heck die Gürteltiere. Und Carus Sterne meint über die Gürteltiere und die Ordnung der Xenarthra überhaupt: „Nach jeder Richtung hin hat die ganze Ordnung etwas den übrigen Säugetieren Fremdes und erscheint uns wie eine greisenhafte, verkommene, nicht mehr recht in die Zeit passende, durch Aussterben vieler Verwandter sehr vereinsamte und in sich selbst unzusammenhängende Gruppe, die auf dem großen Aussterbeetat der Natur zu stehen scheint." Die Gürteltiere verdanken das an Schildkröten erinnernde Aussehen ihrem aus der verknöcherten Lederhaut entstandenen Panzer, über den die Oberhaut einen hornigen Überzug bildet. Die einzelnen Gürtel des Rückenpanzers sind gegeneinander beweglich. Sie liegen lose, etwas dachziegelig hintereinander, und dadurch behält der ganze Körper eine ziemlich große Beweglichkeit. Einige Arten haben auch die Möglichkeit, sich einzurollen. Das gilt besonders für das *Kugelgürteltier*, das auf steil gestellten Spitzen seiner kräftigen Zehen läuft. Der Tatu, das *Neunbindengürteltier*, ist dadurch bekannt, daß es immer viele (bis zu 12), stets gleichgeschlechtliche Junge im Wurf bringt. Der Panzer der *Gürtelmäuse* ist etwas anders gebaut. Bei Chlamydophorus ist der Rückenpanzer nur eine Hautduplikatur, die dem Tier wie ein Sattel aufliegt.

Cyclopes didactylus Linnaeus
Zwergameisenfresser
Nördliches Südamerika
22 + 18 cm

Tamandua tetradactyla Linnaeus
Tamandua, Caguare
Südamerika
60 + 40 cm

Myrmecophaga tridactyla Linnaeus
Großer Ameisenbär
Südamerika
130 + 60 cm

Dasypus novemcinctus (Linnaeus)
Neunbindengürteltier, Tatu
Mittel- u. Südamerika
40 + 40 cm

Euphractus sexcinctus (Linnaeus)
Weißborstengürteltier
Südamerika 40 + 20 cm

Tolypeutes tricinctus Linnaeus
Kugelgürteltier
Südamerika 36 + 7 cm

Chlamydophorus truncatus (Harlan)
Gürtelmaus
Argentinien 13 + 3,5 cm

Priodontes giganteus E. Geoffroy
Riesengürteltier
Südamerika
100 + 50 cm

Ordnung Pholidota — Schuppentiere

Familie: Manidae — Schuppentiere (*Manis*)

Die Schuppentiere, die südamerikanischen Xenarthra und die afrikanischen Erdferkel gehörten früher zu einer gemeinsamen Ordnung. Mit wachsender Kenntnis vom inneren Bau wurden sie immer weiter isoliert, bis man ihnen endlich ihre eigene Ordnung einräumte. Immerhin muß zwischen Xenarthra und Pholidota ein gewisser Zusammenhang bestehen, wenn eine eventuell gemeinsame Wurzel auch sehr tief am gemeinsamen Stamm zu suchen ist. Schuppentiere bewohnen in drei Arten Asien, in vier weiteren Afrika. Der oft verwendete Name Pangolin wird auf das malaiische Wort „pengolin" zurückgeführt, was auf die Fähigkeit des Tieres Bezug nimmt, sich zu einem Ball zusammenzurollen. Die Schuppentiere haben ihren Namen von der unverkennbaren, für Säugetiere einmaligen Körperbedeckung mit Hornschuppen, die wie die meisten Fischschuppen dachziegelig übereinanderliegen. Kopf-, Hals-, Rumpfoberseite und -seitenflächen sind mit Schuppen bedeckt. Bauch, Innenseite der Beine, Unterhals, Kehle und der Kopf bis zu den Augen hinauf bleiben unbeschuppt. Je nach Alter und Art haben sie einen dünnen Besatz mit kürzeren oder etwas längeren Haaren. Der Schwanz ist rundherum gepanzert. Man vergleicht die Tiere gern mit lebenden Fichtenzapfen. Die Schuppen sind jedoch keineswegs „verklebte Haare" wie gelegentlich behauptet wird, sondern histologisch Nägeln, morphologisch aber Reptilienschuppen vergleichbar. Die Tiere können ihre Schuppen willkürlich aufrichten und niederlegen. Wenn das Tier sich schüttelt, scheppern die Schuppen aneinander. Jochbögen fehlen, desgleichen alle Knochenleisten und Kämme, an denen Kaumuskeln ansetzen könnten. Die Unterkiefer sind lang ausgezogen und durch einen Hautschlauch zusammengehalten, durch den die sehr lange Zunge zum Auflecken der aus Termiten und Ameisen bestehenden Nahrung austreten kann. Das Brustbein besitzt einen artenweise verschieden gestalteten Schwertfortsatz, das Xiphosternum. Da die Kiefer völlig zahnlos, Insekten aber eine harte, nicht leicht zu verarbeitende Kost sind, ist der Magen umgestaltet. Zusammen mit Sand und verschluckten Steinchen werden die Insekten wie in einem Mörser zerrieben. Die meisten Schuppentiere sind nächtlich munter. Vielleicht machen die *Langschwanz-Schuppentiere* eine Ausnahme. Sie sind ungesellige Einzelgänger. Die Mutter trägt ihr Junges, das sich an ihrer Schwanzwurzel anklammert, mit sich herum, bis es selbständig ist. Meist wird nur ein Junges geboren. Während die großen, schweren *Steppen-* und *Riesen-Schuppentiere* reine Bodentiere sind, können die langschwänzigen, kleineren Arten recht gut klettern. Der Schwanz ist kräftig genug, daß das Tier sich daran freihängend halten kann. Bei Gefahr rollen sich alle Schuppentiere zu einer Kugel zusammen. Trotzdem aber werden die asiatischen Arten oft eine Beute von Tigern.

Manis javanica Desmarest
Javanisches Schuppentier
Hinterindien, Insulinde
50 + 40 cm

Manis pentadactyla Linnaeus
Ohren-Schuppentier
Südchina, Hinterindien
50 + 30 cm

Manis tetradactyla Linnaeus
Langschwanz-Schuppentier
West- u. Zentralafrika
35 + 60 cm

Manis temmincki Smuts
Steppen-Schuppentier
Süd-, Ost- u. Zentralafrika
50 + 35 cm

Manis gigantea
Riesen-Schuppe[ntier]
West- u. Zentral[afrika]
75 +

Ordnung Lagomorpha — Hasenartige

Als der schwedische Naturforscher Linné 1758 die 10. Auflage seiner berühmten „Systema naturae" erscheinen ließ, die noch heute Grundlage für die Nomenklatur ist, vereinigte er in seiner Ordnung Glires die Hasenartigen, die übrigen Nagetiere und das Nashorn. Daß letzteres hier fehl am Platze war, sah er bald selbst ein und nahm es aus dieser Ordnung heraus. Aber die anderen beiden Gruppen blieben noch ein weiteres Jahrhundert beisammen, bis 1866 Lilljeborg die Hasenartigen als besondere Familie abtrennte und sie als Duplicidentata (Doppelzähner) gleichberechtigt neben die Einfachzähner, die Simplicidentata, stellte. Erst 1912 gab Gidley den Lagomorpha den Rang einer selbständigen Ordnung, die gleichwertig neben der Ordnung Rodentia (Nagetiere) steht. Wesentliche Unterscheidungsmerkmale der Hasenartigen sind vor allem die oben jederseits zwei hintereinanderstehenden Schneidezähne. Davon sind die vorderen groß, breit, meißelförmig und haben an der Vorderseite eine Längsfurche. Sie fehlt den Nagetieren ebenso wie der dahinterstehende, viel kleinere und schmalere sogenannte Stiftzahn mit annähernd quadratischem Querschnitt.

Familien: Ochotonidae — Pfeifhasen (*Ochotona*), Leporidae — Hasen (*Lepus, Nesolagus, Oryctolagus, Sylvilagus*)

Pfeifhasen haben kurze, breite Ohren. Sie kommen sowohl im Gebirge (im Himalaya bis 6000 m) als auch in den Wäldern und Steppen Innerasiens und Nordamerikas vor. Nur eine Art, der *Zwergpika*, lebt auch heute noch im östlichen Europa. Früher erstreckte sich sein Verbreitungsgebiet bis nach England; damals gab es auch noch andere Pfeifhasen in Europa.

Die eigentlichen Hasen haben viel längere Hinterläufe und -füße sowie Ohren. Geradezu riesig sind die Löffel des *Eselhasen*. In der Alten Welt hat der *Feldhase* eine sehr weite Verbreitung mit einer Anzahl Unterarten. In Schweden wurde er ausgesetzt und rückt langsam, aber stetig in das Gebiet des dort heimischen *Schneehasen* vor. Die beiden Arten können zwar lebende Mischlinge miteinander zeugen, doch sind diese unfruchtbar. In Jahren mit günstiger Witterung können Feldhäsinnen jährlich 3 bis 4 Würfe bringen mit 1—4—6 Jungen, die mit offenen Augen, offenen Ohren, vollbehaart und lauffähig zur Welt kommen; sie sind also Nestflüchter. Die Häsin wird mehrere Tage vor dem Setzen bereits wieder brünstig und kann schon fruchtbar gedeckt werden, wenn sie die fast ausgetragenen Jungen noch bei sich hat. Der *Kurzohrhase* ist eine ziemlich primitive Hasenart; er hat kurze Ohren

Oryctolagus crassicaudatus Thomas
Rotkaninchen
Südafrika
40 + 8 cm

Sylvilagus floridanus Allen
Amerikanisches Kaninchen
Nordamerika
38 + 4 cm

Oryctolagus cuniculus
(Linnaeus)
Wildkaninchen
Europa, Asien
40 + 6 cm

Sylvilagus aquaticus
(Bachmann)
Wasserkaninchen
Nordamerika
40 + 4 cm

und verhältnismäßig kurze Hinterextremitäten. Außerdem ist bei ihm ein dunkler Rückenstreif erhalten geblieben, der bei anderen Hasen nur in ungeborenem Zustand vorhanden ist.

Läufe und Ohren der verschiedenen Kaninchenarten sind wesentlich kürzer als die der Feld- und Schneehasen, übertreffen aber darin die Pfeifhasen beträchtlich. Sie sind keine Langstreckenläufer wie die Hasen, sondern Flitzer, die bei der Flucht in noch höherem Maße ihr Heil im Hakenschlagen suchen. Bei der Gattung *Sylvilagus* und den *Rotkaninchen* kommen die Jungen wie die Hasenjungen sehend und behaart zur Welt. Das *Wildkaninchen* hat eine sehr lange Fortpflanzungszeit, die vom März bis zum Herbst dauern kann und es befähigt, jährlich 5—6 Würfe mit 4—15 Jungen nach nur 30—37 Tagen zu bringen. Das ist weit weniger als beim Feldhasen. Dafür sind die jungen Kaninchen aber auch wesentlich weniger entwickelt als Häschen. Sie sind bei der Geburt noch nackt, blind, zahnlos und unfähig, ihren Liegeplatz selbständig zu verändern. Es sind typische Nesthocker oder Lagerjunge. Sie kommen in geschützten Erdhöhlen zur Welt, wo sie Gefahren weniger ausgesetzt sind als die Hasenjungen, die in der Sasse unter freiem Himmel geboren werden. Zwar wird immer noch das Vorkommen von Bastarden zwischen Hasen und Kaninchen, den sogenannten Leporiden, behauptet; bisher ist es bei überwachten Versuchen aber nie geglückt, Mischlinge zu erlangen. Es gibt so viele körperliche und biologische Unterschiede zwischen Kaninchen und Hasen, daß eine erfolgreiche Paarung unwahrscheinlich ist. Nicht nur für das Kaninchen, sondern auch für eine Anzahl Nagetiere konnte bereits nachgewiesen werden, daß diese Tiere einen Teil ihre Kotes, der im Blinddarm gebildet und nur zu gewissen Zeiten des Tages abgesetzt wird, unzerkaut wieder verschlucken. Dieser ist sehr vitaminreich und für die Tiere lebensnotwendig. Bei ausreichender Grünkost können sie ihn offenbar entbehren. Wenn sie aber im Winter an der Aufnahme des Blinddarmkotes gehindert werden, gehen sie unter Krämpfen ein. Ursprünglich kam das Wildkaninchen nur im westlichen Mittelmeergebiet vor. Heute ist es über fast die ganze Welt verbreitet. Aber wo immer man es außerhalb Europas ansiedelte, wurde es durch seine Fruchtbarkeit zu einer Geißel für die Farmer.

Alle Hauskaninchenrassen stammen von domestizierten Wildkaninchen ab. Die Zucht gilt dem Fleisch, dem Fell, der Wolle oder dem Laborbedarf.

Widder-Kaninchen
Russen-Kaninchen
Schwarzloh-Kaninchen
Holländer-Kaninchen
Angora-Kaninchen
Farbzwerg

Ordnung Rodentia — Nagetiere

Die Rodentia oder Nagetiere sind die arten- und wahrscheinlich auch die individuenreichste Säugetierordnung überhaupt. Man unterteilt sie in drei große Sammelgruppen: die Stachelschweinähnlichen (Hystricomorpha), die Hörnchenartigen (Sciuromorpha) und die Mäuseverwandtschaft (Myomorpha). Einige Nagetiere leben unterirdisch, viele sind oberirdisch lebende, andere weitgehend baumbewohnende Formen; noch andere sind halbaquatisch. Die Fortbewegung kann durch Springen, Laufen, Klettern, Gleiten und Schwimmen erfolgen.

Nagetiere sind in den Grundzügen bemerkenswert einheitlich bzw. ähnlich gebaut. Sie haben unten und oben je zwei Schneidezähne. Eckzähne und die vorderen Lückenzähne fehlen, so daß wie bei den Lagomorphen ein längeres Diastema zwischen Schneidezähnen und Backenzähnen entsteht. Abgesehen von der Gattung Heliophobius mit 28 Zähnen geht die Zahnzahl nicht über 22 hinaus; sie kann aber auch viel geringer sein. Die Schneidezähne sind „wurzellos", d. h., die Pulpa schließt sich nicht. So kann der Zahn zeitlebens weiterwachsen und das ersetzen, was durch Gebrauch abgenutzt wird. Da die Außenseite mit hartem Schmelz überzogen ist, die Hinterseite aber nicht, nutzt letztere sich mehr als die Vorderseite ab, so daß sich infolge der ungleichen Abnutzung eine meißelförmige Schneide bildet. Die oberen Schneidezähne sind durch einen kurzbehaarten Fellsaum von der Mundhöhle „ausgesperrt". Einige Nager haben Backentaschen mit Öffnungen nahe dem Mundwinkel.

Da es bisher in bezug auf die Systematik nicht gelang, auch nur zwei Werke zu finden, in denen die Gesamtheit der Nagetiere behandelt wird und deren jeweilige Autoren über die angewandte Systematik gleicher Ansicht wären, ist es sehr wohl möglich, daß jemand, der solche Werke zu Rate zieht (z. B. Ellermann, Simpson und Walker oder Brehms Tierleben), sich ebensowenig mit irgendeinem der dort benutzten Systeme abfinden kann, wie mit dem hier versuchten Kompromiß. Aber vielleicht darf jemand, der sich seit dem vorigen Jahrhundert mit der Materie befaßt, doch eine eigene Meinung haben, wenn er (oder sie) damit keinen Anspruch auf Allgemeingültigkeit erhebt.

Familie: Bathyergidae — Sandgräber (*Cryptomys, Heliophobius, Heterocephalus*)

Die Sandgräber mögen hier als erste behandelt werden. Nicht, weil sie sich so weit außerhalb aller anderen Nagetierformen befinden, sondern weil sie bis heute noch in jeder Systematik an anderer Stelle erscheinen. Es handelt sich um eine rein afrikanische Familie. Die Tiere sind dem Leben unter der Erde weitgehend angepaßt, und so erinnert auch ihr Äußeres stark an Maulwürfe. Sie werfen Erdhaufen auf und unterminieren an Stellen, wo sie zahlreich sind, den Boden so sehr, daß Tier und Mensch Gefahr laufen, darin hängenzubleiben beziehungsweise dabei Beinbrüche davonzutragen. Am merkwürdigsten sind die *Nacktmulle* oder Kahlratten der Gattung Heterocephalus aus einem der heißesten Teile Afrikas. Kopf und Körper erscheinen nackt, sind aber mit kurzen, spärlichen Härchen und einigen Tasthaaren bestanden, die ihnen bei der Orientierung in dem völlig dunklen Lebensraum helfen. Die Nagezähne ragen weit aus dem Maule heraus, und die Zehen sind an den Hinterfüßen auffallend lang. Die Haut ist faltig, die Augen sind sehr klein; eine Ohrmuschel ist, wie bei allen Vertretern dieser Familie, nicht vorhanden. Er lebt von Pflanzenwurzeln und Insekten. Weich und dicht — wie beim Maulwurf — ist das Fell des *Bleßmulles*, der sich von Zwiebeln und Knollen ernährt. Dabei beißt er gern die Keimspitzen und Triebe ab, die er dann in seinen Vorratskammern speichert. Wegen ihrer Färbung nennt man die *Erdbohrer* auch Silbermulle. — Die Sandgräber — übrigens auch „Sandratten" oder Maulwurfsratten genannt — sind ebenso bissig und stets auf Abwehr bedacht wie die Blindmulle.

Heliophobius argenteocinereus (Peters)
Silbergrauer Erdbohrer
Ostafrika 20 cm

Cryptomys damarensis Ogilby
Bleßmull
Südafrika 20 cm

Heterocephalus glaber Rüppell
Nacktmull
Ostafrika 9 + 4 cm

Erethizon epixanthum Brandt
Gelbhaariges Baumstachelschwein
Nordamerika
60 + 20 cm

Coendu prehensilis Linnaeus
Greifstachler
Mittel- u. Südamerika
65 + 45 cm

Coendu villosus Cuvier
Wolliger Greifstachler
Brasilien, Paraguay
65 + 45 cm

Atherurus africanus Gray
Afrikanischer Quastenstachler
West- bis Ostafrika
50 + 20 cm

Trichys lipura Günther
Pinselstachler
Südasien 40 + 20 cm

Acanthion brachyura (Linnaeus)
Asiatisches Stachelschwein
Südasien
67 + 7 cm

Hystrix africae-australis Peters
Erdstachelschwein
Afrika
80 + 12 cm

Familien: Hystricidae — Erdstachelschweine (*Acanthion, Atherurus, Hystrix, Trichys*), Erethizontidae — Baumstachler (*Coendu, Erethizon*)

Es gibt eine Reihe äußerer Ähnlichkeiten zwischen altweltlichen Erdstachelschweinen und neuweltlichen Baumstachlern, die zur Annahme unmittelbarer Verwandtschaft verleiten. Sie gehören aber zwei verschiedenen Familien an. Alle altweltlichen Arten sind Bodenbewohner mit nur geringem Klettervermögen; sie hausen in selbstgebauten Erdhöhlen oder erweitern vorgefundene Erdbaue anderer Tierarten für den eigenen Bedarf. Die neuweltlichen Arten klettern nicht sonderlich geschickt, ruhen aber meist in einer Astgabel, wobei einigen Arten ein Greifschwanz größere Sicherheit gibt. Während beim Embryo die Stacheln noch eine glatte Außenseite haben, ist ein Teil der Stacheln erwachsener nordamerikanischer *Baumstachler* (Ursons) und südamerikanischer *Greifstachler* am freien Endteil mit wurzelwärts gerichteten Miniaturstacheln besetzt. Diese haften ziemlich fest, wenn sie mit der Spitze in die Haut eines Gegners geraten. Alle Raubtiere greifen diese Baumstachler an, wenn sie ihnen über den Weg laufen. Die Stacheln werden viel gefunden im Puma, Timberwolf und Rotluchs sowie in Coyoten. Der Augenschein lehrt, daß verschluckte oder eingedrungene Stacheln keineswegs immer tödlich sein müssen. Schon am Querschnitt kann man erkennen, ob der betreffende Stachel von einem neu- oder altweltlichen Stachelschwein ist. Bei allen Erdstachelschweinen ist das Schwanzende mit einer besonders konstruierten Quaste versehen. Der *Pinselstachler* hat an dieser Stelle nur ein Bündel schmaler pergamentartiger Streifen. Bei den *Quastenstachlern* besteht jede Schwanzborste aus einem langen, schlanken Schaft, der in ziemlich gleichbleibenden Abständen an- und abschwillt. Die Verdickungen haben die Form eines Reiskorns. Die Rumpfstacheln der Quastenstachler sind stilettartig mit einem feinen Fiederkranz an beiden Schmalkanten. — Noch viel merkwürdiger ist das Schwanzende der kurzschwänzigen Arten der Gattungen *Hystrix* und *Acanthion*. Es trägt hier gestielte, federkielartige, hohle Becher verschiedener Länge, die am Schwanzende zusammenstehend vom Tier bei Erregung geschüttelt werden und durch gegenseitiges Aneinanderschlagen ein rasselndes Geräusch hervorbringen. Schon beim Embryo entwickeln sich diese Rasselbecher; sie sind hier und beim Neugeborenen noch nicht offen, sondern in eine lange Spitze ausgezogen, die später abbricht. Auch der Becher nutzt sich allmählich ab, wird aber bei der nächsten Mauser ersetzt. Bei der Gattung Hystrix haben die langen Rumpfstacheln und Borsten eine wechselnde Anzahl heller und dunkler Ringe, die äußerlich ähnlichen Acanthionarten nur einen einzigen dunklen Ring auf weißem Schaft. Heute bewohnen alle Hystrixarten den afrikanischen Kontinent, früher lebten sie auch im gesamten Mittelmeergebiet. Ein kleiner Rest ist heute noch in Süditalien und auf Sizilien zu finden.

Familie: Caviidae — Meerschweinchen (*Cavia, Dolichotis, Hydrochoerus*)

Die Stachelschweinähnlichen haben ihre weiteste Verbreitung im amerikanischen Doppelkontinent, namentlich in Südamerika. Zu ihnen zählt auch das größte lebende Nagetier, das *Wasserschwein*, in seiner Heimat Capybara genannt. Wie bei allen Hystricomorphen kommen die jungen Wasserschweine mit offenen Augen, behaart und voll bewegungsfähig als Nestflüchter zur Welt. Jung aufgezogen, können sie sehr zahm werden, kommen auf Zuruf und spielen mit den Kindern, ohne von ihrem furchtbaren Gebiß Gebrauch zu machen. Das zweitgrößte südamerikanische Nagetier ist der *Große Mara*, ein Tier von etwas mehr als Hasengröße, aber mit nur wenig verlängerten Hinterläufen. So ist seine normale Fortbewegung ein vierfüßiges Laufen oder Traben. Dabei ähnelt der Mara fast mehr einer Ducker-Antilope als einem Nagetier. Ober- und Unterseite sind am hinteren Rumpfende scharf gegeneinander abgesetzt: unten weiß, oben grauschwarz — wie eine dunkelgerandete Schabracke. Von den zwei Paar Zitzen sitzt das vordere wie bei den meisten seiner Verwandten dicht hinter den Ellbogen in der Achsel, das hintere in den Weichen vor dem Knie.

Zu den kleinsten Caviiden gehört das in Südamerika in mehreren Arten weitverbreitete *Wilde Meerschweinchen*, von dem unser allbekanntes zahmes *Haus-Meerschweinchen* abstammt. Vermutlich wurde es im Hochland der Anden in den Hausstand überführt, namentlich in der Gegend des Titicacasees. Dort hatte man offenbar schon früh eine glückliche Hand mit der Nutzbarmachung und Kultivierung einheimischer Tiere und Pflanzen, wie die Züchtung von Lama und Alpaka aus dem Guanako und der Nutzpflanzen Kartoffel und Tomate zeigt. In den englischsprachigen Ländern werden die Meerschweinchen Cavy oder Guinea Pig genannt; sie haben aber mit Guinea gar nichts zu tun, sondern sind Südamerikaner. Ihre Wildfarbe ist gelbgrau-bräunlich. Die zahmen Tiere können ein- bis dreifarbig sein (schwarz, weiß, braun, gelb, selten grau); auch eine Scheckung ist häufig. Haarlänge und -strich wechseln vom normalhaarigen kurzen zum langhaarigen Angora- und dem wirrhaarigen Rosett-Meerschweinchen. Die Tiere werden oft als Spielkameraden für Kinder und als Labor-Versuchstiere gehalten.

Familien: Dinomyidae — Pakaranas (*Dinomys*), Cuniculidae — Pacas (*Cuniculus*), Dasyproctidae — Agutis (*Dasyprocta*), Chinchillidae — Chinchillas (*Chinchilla, Lagidium, Viscacia*), Myocastoridae — Biberratten (*Myocastor*), Capromyidae — Ferkelratten (*Capromys*)

Einer der seltensten Vertreter südamerikanischer Nager ist die *Pakarana*, für deren meiste Vertreter der Name Dinomys — die Schreckensmaus — wie ein Witz erscheint. Die Tiere kennen offenbar keine Hast und haben keine Fluchtdistanz. Dabei gelten sie allgemein als sehr friedlich. Während die Pakarana einen behaarten Schwanz hat, fehlt dieser bei der *Paca*. An dem verhältnismäßig großen Schädel der Paca sind die Jochbögen plattenförmig verbreitert.

Agutis oder Goldhasen gibt es in mehreren Arten in Mittel- und Südamerika. Es handelt sich um etwa kaninchengroße Tiere mit einem Schwanzstumpf von nur 1,5 cm Länge. Eine verwandte Art ist das Acouchy oder geschwänzte Aguti mit 5 cm langem Schwänzchen bei geringerer Körpergröße.

Als Pelztier von Wichtigkeit ist die in ihrer Heimat fast ausgerottete *Chinchilla*. Das seidige Fell ist ungewöhnlich dicht und fast ohne einen bestimmten Haarstrich. Durch die Einrichtung von Chinchilla-Farmen in aller Welt ist heute zwar der Bestand der Art nicht mehr gefährdet und der Preis für die Felle gesunken, doch zählen Chinchillafelle trotz ihrer Empfindlichkeit immer noch zum kostbarsten Pelzwerk. Zur gleichen Familie zählen die *Hasenmäuse* und die *Viscachas*.

Während die Chinchillas außerhalb ihrer Heimat nur in Farmen gehalten werden, ist die *Nutria* oder Biberratte vielfach aus diesen entkommen oder ausgesetzt worden. Obwohl der Winter ihnen in unserem Klima ziemlich zusetzt, haben sich doch an geschützten Stellen freilebende Kolonien erhalten. Das Fleisch ist als Nahrungsmittel geschätzt.

Der Nutria nahe verwandt sind die Baum- und Ferkelratten Mittelamerikas. Die größte Art ist die bis 8 kg schwere *Hutia Conga*. Der Schwanz ist zwar sehr muskulös, aber zu schwach und kurz, als daß sich das Tier damit freihängend tragen könnte.

Familie: Aplodontidae — Biberhörnchen (*Aplodontia*)

Die Biberhörnchen, in Nordamerika Mountain Beaver, also Bergbiber genannt, sind weder Biber, noch sind sie an Gebirge gebunden. Sie leben unterirdisch, graben Gänge und Höhlen nahe der Erdoberfläche, werfen Erdhügel auf, ähnlich denen des Maulwurfs, steigen aber auch bis zu 7 m hoch in Bäume und schneiden dort Zweige ab. Es sind mürrische, in Familienverbänden lebende Tiere, die erst in der Abenddämmerung ihre Bauten verlassen. Das Biberhörnchen gehört zu einer der ältesten Nagetierfamilien.

Familie: Sciuridae — Hörnchen (*Callosciurus, Citellus, Cynomys, Eutamias, Funisciurus, Glaucomys, Marmota, Petaurista, Pteromys, Ratufa, Sciurus, Tamias, Xerus*)

Diese Familie umfaßt etwa 50 Gattungen mit sehr verschiedener Lebensweise. Da viele Arten Tagtiere sind, bekommt man sie im Freien leichter zu sehen als die meisten anderen Nager. Ihre Größe beziehungsweise ihr Gewicht variiert von 10 g leichten Zwerghörnchen bis zum Murmeltier, das bis 7 kg schwer werden kann. Die Baumhörnchen bauen ihre Nester in Baumhöhlen oder frei im Geäst höherer Bäume. Die meisten von ihnen haben einen langen buschigen Schwanz, der ihnen beim Springen steuern hilft und mit dem sie sich zum Schlafen zudecken. Manche Arten, auch das europäische *Eichhörnchen,* haben im Winterkleid lange Haarpinsel an den Ohrspitzen. Das in Großbritannien ausgesetzte Carolina-*Grauhörnchen* ist etwas größer und derber; es drängt das rote einheimische Eichhörnchen dort stark zurück. Die größten Baumhörnchen gehören zur Gattung *Ratufa*. Die asiatische Gattung *Callosciurus* enthält einige der buntesten Baumhörnchen. Murmeltiere, Ziesel, Präriehunde und Chipmunks oder Burunduks sind zwar Verwandte der Baumhörnchen, aber sie haben eine ganz andere Lebensweise: sie sind Erdhörnchen. Das zeigt sich schon durch die kürzeren Ohren und den sehr viel kürzeren und viel weniger langbehaarten Schwanz. Alle leben in größeren Kolonien, die wahrscheinlich Familienverbände sind und halten Stimmfühlung durch harte, einsilbige Schreie, irrtümlich Pfiffe genannt. Murmeltiere halten in großen Gemeinschaftsbauen vom Spätherbst bis zum Frühling ihren meist sechs Monate dauernden Winterschlaf. Als Wintervorrat und als Lagerpolster rupfen sie Gras, das sie auf flachen Steinen in der Sonne heuen und dann mit dem Munde einbringen. Das *Alpenmurmeltier* kann sehr zahm werden, ist aber mit seinen großen breiten Schneidezähnen durchaus wehrhaft. Wenn es nicht bei Gefahr eilends in seinem Bau verschwinden kann, verteidigt es sich wirkungsvoll. Früher wurde

Marmota marmota (Linnaeus)
Alpenmurmeltier
Europa 52 + 15 cm

Marmota bobak (Müller)
Bobak, Steppenmurmeltier
Asien
55 + 12 cm

Marmota monax (Linnaeus)
Woodchuck, Waldmurmeltier
Nordamerika
50 + 15 cm

Cynomys ludovicianus (Ord)
Präriehund
Nordamerika
33 + 7 cm

es zu kleinen Kunststückchen abgerichtet und mußte bei reisenden Schaustellern wie ein Bär der damaligen Zeit zum Leierkastenspiel „tanzen". Eine kleinere altweltliche Art ist der *Bobak* der sowjetischen Steppen, der in noch größerer Volksdichte lebt als der Gebirgsbewohner Murmeltier. Der Bobak ist gefürchtet als Pestüberträger. Während des Winterschlafs sterben die Seuchenträger, deren Wirt er ist, nicht ab, und so bringt der Bobak mit seinem Auftauchen aus dem Winterschlaf auch die während des Winterlagers ruhenden Seuchen wieder mit zutage. In Nordamerika lebt das *Waldmurmeltier*, Woodchuck genannt. Sein Name gab Anlaß zu der verspielten Frage, ob man wisse, „how many wood would a woodchuck chuck". — Auch die zahlreichen *Zieselarten* sind kurzbeinige, oft kurzschwänzige und kurzohrige Erdhörnchen; sie bleiben kleiner als die Murmeltiere. Während des Diluviums waren sie wesentlich weiter in Mittel- und Westeuropa verbreitet als heute. Das Fell des *Perlziesels* oder Susliks spielt eine Rolle im Pelzhandel, obwohl er gleich dem Bobak Seuchenüberträger sein kann. Das *Streifenziesel* ist eines der häufigsten Ziesel Nordamerikas. Alle Ziesel sind Tagtiere. Sie haben Backentaschen, in denen sie ihre Nahrung eintragen. — Die volkreichste Gruppe der Erdhörnchen sind die in mehreren Arten in Nordamerika lebenden Präriehunde, dort auch „barking squirrels" genannt. Die sogenannten „Städte" der Präriehunde umfassen oft mehrere Tausende von Individuen, die in verschiedene „Gemeinden" eingeteilt sind. Die Grenzen dieser „wards" ergeben sich im allgemeinen aus der Geländestruktur. Jede „Gemeinde" besteht aus verschiedenen Großfamilien, denen aufgrund seiner Stärke je ein Männchen vorsteht, das 1—4 Weibchen und deren Jungen der beiden letzten Jahre hat. Wenn zwischen Angehörigen benachbarter Großfamilien Zänkereien entstehen, werden sie durch die dominierenden Männchen geregelt und die Eindringlinge verjagt. Die Präriehunde bauen unterirdische Gänge, werfen wie Wühlmäuse und Maulwürfe Erdhügel auf, die sie gern als Ausblick benutzen. Die Erde an den Einschlupflöchern wird kraterförmig hochgezogen, um das Eindringen von Oberflächenwasser zu unterbinden. Präriehunde sind untereinander äußerst verträglich, werden aber höchst ungemütlich, wenn sie es mit Schlangen oder Dachsen zu tun haben. *Cynomys ludovicianus* ist der wohl größte und häufigste Vertreter dieser Gattung. — Etwas kleinere Verwandte sind die Streifen-Erdhörnchen, von denen der amerikanische *Chipmunk* und der sibirische *Burunduk* die bekanntesten Arten sind. Diese zierlichen kleinen Tiere mit den abwechselnd hellen und dunklen Längsstreifen über den Rücken sind weniger

Citellus suslicus (Güldenstaedt)
Perlziesel
Europa, Asien
20 + 3,5 cm

Citellus columbianus (Ord)
Kolumb. Erdhörnchen
Nordamerika
30 + 10 cm

Citellus tridecimlineatus (Mitchill)
Streifenziesel
Nordamerika
15 + 10 cm

Xerus inauris Zimmermann
Borstenhörnchen
Afrika
28 + 22 cm

Citellus citellus (Linnaeus)
Ziesel
Europa, Asien
20 + 6 cm

Citellus leucurus Merriam
Weißschwanz-Erdhörnchen
Nordamerika 15 + 10 cm

friedlich als Präriehunde. Namentlich ältere werden abweisend gegenüber Artgenossen und gleich unserm Eichhörnchen bissig gegenüber anderen Arten. — Die afrikanischen Borstenhörnchen der Gattung *Xerus* haben keine Backentaschen. Trotz des auffallend großen Schwanzes sind es Erdhörnchen, die sich mit langen Krallen Baue graben. — Eine besondere Gruppe sind die *Flughörnchen*. Auch sie haben keine Backentaschen. Ihre Gliedmaßen sind durch breite behaarte Membranen vereinigt, die sich von den Rumpfseiten bis zu den Zehen erstrecken. Die Flughörnchen sind nächtlich lebende Baumbewohner. Tagsüber halten sie sich in hohlen Bäumen oder Ästen auf und werden erst nach Eintritt der Dämmerung munter. Sie leben einzeln, paarweise oder in Familien und bewegen sich in den Bäumen in gleicher Weise wie die Baumhörnchen. Erscheint ihnen aber ein Baum oder ein Ast, den sie erreichen möchten, für einen Sprung zu weit entfernt, so klettern sie noch höher hinauf und machen einen Sprung in Richtung des gewünschten Zieles. Dabei spannen sie beim Absprung durch Abspreizen von Armen und Beinen die Flughaut so weit wie möglich aus und gleiten auf diese Art dem Ziel entgegen. Sie können in gewissem Umfang Richtungsänderungen vornehmen und den letzten Meter vor dem Ziel sogar geringfügig aufsteigen. Die Tiere müssen eine gewisse Ahnung oder Kenntnis von den Grundzügen der Aeronautik haben, denn sie machen sich gelegentlich Aufwinde zunutze, mit denen sie aus tiefen Tälern aufsteigen. Aktive Flatterbewegungen, wie wir sie von Fledermäusen und Vögeln kennen, können sie nicht ausführen. Ihre Bewegung durch die Luft ist also kein eigentliches Fliegen, sondern nur ein Gleiten wie mit einem Fallschirm. Wie alle Hörnchen nehmen sie hauptsächlich pflanzliche Nahrung zu sich (z. B. Früchte, Nüsse, zarte Schößlinge), aber auch Insekten, und wenn sich die Möglichkeit bietet, sogar Vogeleier und Nestlinge. Die asiatischen Flughörnchen bringen nur ein Junges im Wurf, selten zwei. Die Eingeborenen halten es für ein günstiges Zeichen, wenn sie beim Flughörnchen Zwillinge finden. Die meisten Flughörnchenarten sind Asiaten, einige Nordamerikaner. Auch in Europa lebt eine Art, *Pteromys volans*. Dieses nördliche Flughörnchen hat einen ziemlich runden Kopf mit großen vorstehenden Augen. Sein Lebensraum sind vor allem große Birken- und Mischwälder. Die Stimme ist kreischend. Sein Nest polstert es mit Moos und Mulm aus. Alle Vertreter der Gattung Pteromys haben einen zweizeilig behaarten Schwanz. Der *Assapan*, auch Zwergflughörnchen genannt, lebt im südöstlichen Nordamerika. Er kann Gleitflüge bis zu 50 m ausführen.

Castor fiber Linnaeus
Biber
Europa, Asien, Nordamerika
90 + 32 cm

Familie: Castoridae — Biber (*Castor*)

Diese Familie enthält eine einzige Gattung in zwei Formen, die von den amerikanischen Säugetierkundlern als zwei Arten, Castor canadensis und C. fiber, von den meisten europäischen Forschern als Unterarten der gleichen Art, *Castor fiber*, aufgefaßt werden. Früher bewohnten die Biber den größten Teil der dichtbewaldeten Gebiete der nördlichen Halbkugel südlich bis zum Mittelmeer, östlich durch Nordasien bis Sibirien, in Nordamerika von Alaska und Kanada südlich bis zum Rio Grande. Heute kommen sie in Europa nur noch in verstreuten kleineren Kolonien an Rhône, Elbe und Mulde, in Polen, Norwegen, Schweden (wo sich aus Norwegen eingeführte Bestände stark vermehrten) vor. In der Sowjetunion bewährten sich mehrere Schutzgebiete, die man dort eingerichtet hatte. In Nordamerika leben die Tiere im allgemeinen noch überall in ihren ursprünglichen Wohngebieten; ihre Zahl und Dichte ist aber gegenüber früher stark zurückgegangen. In den steinzeitlichen Kjökkenmöddingern, den Haufen von Küchenabfällen der Steinzeitmenschen, fand man im europäischen Norden nicht selten Skelettreste vom Biber; auch in Torfmooren fand man solche, desgleichen von Bibern benagte Baumstümpfe. Ein interessantes Stück war im Geologischen Institut Hamburg: ein bei Duvensee gefundenes Fraßstück, neben dem eine Flintspitze steckte. Der nagende Biber war also von den Jägern mit dem Speer angegriffen, aber verfehlt worden.

Der Biber gehört zu den größten lebenden Nagetieren. 18—30 kg schwere Tiere kommen häufiger vor; als Höchstgewicht gelten 35 kg. Der ziemlich große Kopf hat kleine Ohren und kleine Augen. Aufgrund seiner starken Schneidezähne, die an der Vorderseite dunkel orangerot gefärbt sind, kann er sogar große Bäume fällen. Auf der zweiten Zehe ist die Kralle verdoppelt und wird zum Putzen und Durchkämmen des Haarkleides benutzt. Der Biber legt umfangreiche Bauten im und am Wasser an und gräbt in der Uferböschung eine Röhre, die mehrere Meter lang sein kann. Siedeln die Tiere im Sumpfgebiet, müssen sie oberirdisch bauen. Dann werden Jungholz und Reisig „abgeschnitten" sowie aufgeschichtet und die Zwischenräume mit Schlamm, Gras und Rohr abgedichtet. Sinkt der Wasserspiegel so weit, daß die Mündung der Röhren frei wird, legt der Biber quer zur Laufrichtung des Wassers Dämme aus Knüppeln an, deren Zwischenräume ebenfalls verstopft werden. Durch solche Dämme wird das Wasser gestaut und nicht selten eine Seenlandschaft gestaltet. Biber sind nächtliche Tiere, die erst in der späten Dämmerung zum Vorschein kommen. Ihre Tauchdauer beträgt bis zu 14 Minuten. Der einzige Wurf im Jahr umfaßt 2—5 Junge. Sie kommen mit offenen Augen sowie behaart zur Welt und leben zunächst nur mit der Mutter im Bau zusammen, während der Vater in der Nähe einen eigenen Bau bezieht. Wenn die Mutter ein Junges

Geomys bursarius (Shaw)
Taschenratte
Mittlere USA
27,5 + 9 cm

Microdipodops pallidus Merriam
Zwergtaschenspringer
Westliches Nordamerika
7,5 + 7,5 cm

Thomomys fuscus (Merriam)
Berg-Taschenratte
Nordamerika
22 + 6 cm

Dipodomys spectabilis Merriam
Taschenspringer
Westliches Nordamerika
14 + 18 cm

Perognathus baileyi Merriam
Bailey-Taschenmaus
Westliche USA
10 + 12 cm

transportieren muß, trägt sie es auf den vorgestreckten Armen und hält mit dem Kinn dagegen. Die Jungen sind erst mit drei Jahren ausgewachsen und mit vier Jahren fortpflanzungsfähig. Man stellte dem Biber früher wegen seines wertvollen Felles und wegen des Bibergeils, einer Absonderung der nahe am After liegenden Geilsäcke, stark nach. Das Bibergeil oder Castricum ist gelblich, zähflüssig und riecht durchdringend. Im Mittelalter wurde es zu allen möglichen Arzneien verwendet. Da der beschuppte Schwanz als fischartige und damit erlaubte Fastenspeise galt, trug auch diese Tatsache zur Ausrottung an vielen Stellen bei. Heute steht er zwar unter dem Jagdgesetz, ist aber ganzjährig mit der Jagd zu verschonen.

Familien: Geomyidae — Taschenratten (*Geomys, Thomomys*), Heteromyidae — Taschenmäuse (*Dipodomys, Microdipodops, Perognathus*)

Taschenratten sind kräftige, untersetzte und kurzbeinige Tiere mit kleinen Augen sowie gut ausgebildeten Tränendrüsen; ihre Absonderung säubert die beim Graben oft verschmutzte Hornhaut. Die Lippen können wie beim Biber hinter den Schneidezähnen geschlossen werden, so daß das Tier beim Graben mit Hilfe der Zähne keine Erde in den Mund bekommt. Jederseits ist eine tiefe Backentasche neben dem Mundwinkel, deren Öffnung außerhalb des Mundes liegt; sie werden nur zum Transport von Nahrung benutzt. Wie andere unterirdisch lebende Nager greifen Taschenratten recht gern an. Sie leben alle in Amerika, wobei die kleineren Taschennager meistens mit verlängerten Hinterbeinen wie die Springmäuse in der Familie *Taschenmäuse*, der auch die *Taschenspringmäuse* angehören, zusammengefaßt werden.

Familie: Anomaluridae — Dornschwanzhörnchen (*Anomalurus*)

Dornschwanzhörnchen sind Bewohner des tropischen afrikanischen Regenwaldes. Auf der Schwanzunterseite haben sie eine Anzahl wie Fischschuppen sich deckende Hornschuppen. Diese geben ihnen beim Klettern Halt. Ebenso wie die Flughörnchen haben auch *Anomalurus* und Idiurus eine behaarte „Flughaut", die ihnen Gleitflüge abwärts gestatten.

Familien: Pedetidae — Springhasen (*Pedetes*), Ctenodactylidae — Kammfinger (*Ctenodactylus*), Dipodidae — Springmäuse (*Allactaga, Jaculus, Sicista, Zapus*)

Äußerlich erinnert der *Springhase* an ein Känguruh. Er und die Springmäuse bewegen sich — besonders auf der Flucht — sehr ähnlich fort. Das gilt zumindest für die verschiedenen *Pferdespringer*, während die *Birkenmaus* zwar weite Sätze machen kann, aber doch zumeist die Vorderfüße mit aufsetzt. Sie unterscheidet sich von den echten Mäusen durch die nicht gespaltene Oberlippe. Birkenmäuse halten einen Winterschlaf. Schon im Altertum bekannt war die *Wüstenspringmaus*. Man gab ihr den Namen „zweibeinige Maus", da die sehr kurzen Vorderfüße, an den Körper eng angezogen, beim Sprung kaum zu sehen waren.

Äußerlich dem Meerschweinchen nicht unähnlich ist der *Kammfinger*, ein kleiner nordafrikanischer Nager, der, wenn er bei Gefahr keine Fluchtmöglichkeit sieht, sich einfach totstellt. Beim Berührtwerden beißt er dann auch nicht, sondern bleibt wie erstarrt liegen.

Glis glis (Linnaeus)
Siebenschläfer
Europa, Asien
16 + 12 cm

Eliomys quercinus (Linnaeus)
Gartenschläfer
Europa
15 + 11 cm

Muscardinus avellanarius (Linnaeus)
Haselmaus
Europa, Asien
8 + 6 cm

Claviglis spurelli Dollmann
Kleine Schlafmaus
Westafrika
10 + 6 cm

Glirulus japonicus Schinz
Japanische Schlafmaus
Japan   10 + 6 cm

Familie: Muscardinidae — Schlafmäuse (*Claviglis, Eliomys, Glirulus, Glis, Muscardinus*)

Die Schlafmäuse sind eine Familie der Myomorpha. Sie unterscheiden sich von den anderen Mäusen durch das Fehlen des Blinddarms (außer bei Typhlomys) und durch das Vorhandensein eines Prämolaren. Sie haben also Bakkenzähne in jeder Kieferhälfte gegen nur drei bei den übrigen Mäusen. Viele der *Schlafmäuse* oder Bilche erinnern an Miniatureichhörnchen, namentlich soweit sie auch den langen zweizeilig behaarten buschigen Schwanz haben. Bei allen europäischen Schlafmäusen reißt die Schwanzhaut leicht an vorbestimmten Stellen ab, wenn das Tier am Schwanz ergriffen wird und es kann entkommen. Die kahle Schwanzrübe trocknet an und scheint dem Tier lästig zu sein. Nach wenigen Tagen beißt es das freiliegende Schwanzende selbst ab und nagt den letzten freiliegenden Wirbel glatt. Dann wächst allmählich wieder Haut über den Stumpf. Die geographische Verbreitung der Familie umfaßt die gemäßigten und warmen Zonen der Alten Welt von Großbritannien bis Japan, von Mittelschweden bis Südafrika und die indische Malabar-Küste. Dabei wird eine große Zahl von Lokalformen ausgebildet. Alle Schlafmäuse sind Nacht- und Dämmerungstiere. Sie schalten eine jährliche Ruheperiode ein, die in höheren Breiten 6 bis 8 Monate dauern kann. Vietinghoff-Riesch berichtet von einem in seinem Freigehege gehaltenen *Siebenschläfer*-Weibchen, das einmal 324 Tage des Jahres verschlief und dabei völlig gesund war. Bevor die Tiere sich in ihren Winterunterschlupf zurückziehen, was oft schon bei einer Außentemperatur von 18 °C geschieht, sammeln sie Wintervorräte und fressen sich eine derartige Fettschicht an, daß sie in der Bewegung behindert sind. Sie überwintern in Felsspalten, Nischen, Mauerlöchern, Schuppen, Dachböden, Jagdhütten, manchmal auch in Erdlöchern, Baumhöhlen und Nistkästen. Winterschlafende Tiere liegen zusammengerollt auf dem Rücken, den Schwanz über Bauch und Kopf gebogen, die Ohrmuscheln über den Gehörgang geklappt und alle vier Füße eingezogen. Auch wenn während des Sommers kühle Perioden eintreten, verfallen viele Bilche in eine vorübergehende Lethargie. Bilche sind hauptsächlich Samen- und Nußfresser, nehmen aber auch Blätter und Schößlinge sowie tierische Kost zu sich. Unter unsern heimischen Arten scheint der *Gartenschläfer* am häufigsten Jagd auf Insekten und nestjunge Kleinvögel zu machen. Die kleinste bei uns vorkommende Schlafmaus ist die *Haselmaus*.

Rhizomys pruinosus Blyth
Bambusratte
Südasien
40 + 8 cm

Lophiomys aethiopicus Peters
Mähnenratte
Nordostafrika
25 + 12 cm

Meriones shawi Rozetti
Große Wüstenrennmaus
Nordafrika
10 + 5 cm

Tatera indica Hardwicke
Indische Wüstenrennmaus
Indien
13 + 14 cm

Spalax leucodon Nordmann
Westblindmaus
Südeuropa, Vorderasien
25 + 2 cm

Familien: Lophiomyidae — Mähnenratten (*Lophiomys*), Rhizomyidae — Wurzelratten (*Rhizomys*), Spalacidae — Blindmäuse (*Spalax*), Gerbillidae — Rennmäuse (*Meriones, Tatera*)

Ein eigenartiges Tier ist die *Mähnenratte* aus Ostafrika. Sie hat eine Nacken- und Rückenmähne, die sie aufrichtet, wenn sie erschreckt wird oder abschrecken will.
Bei den *Blindmäusen* sind die verkümmerten Augen vom Fell überzogen. *Rennmäuse* sind hübsche Tiere, die ihr ziemlich langhaariges Fell sorgsam sauberhalten. Die vorn dunklen, oberen Nagezähne sind gefurcht wie bei den Hasen. Da sie meist in recht großen Kolonien leben und hauptsächlich Körner fressen, fügen sie der Landwirtschaft einen beträchtlichen Schaden zu. In Gefangenschaft sind sie friedlich und meist verträglich; da man ihnen aber kaum ausreichende Bewegung geben kann, werden sie leicht fett und bequem.
Die *Bambusratte* ist angriffslustig und bissig. Sie kommt in Höhen bis zu 4000 m vor und wühlt lange Gänge flach unter der Erde, in Laub oder Gestrüpp. Ihr Schwanz ist verhältnismäßig kurz und fast nackt.

Familie: Cricetidae — Hamster (*Cricetomys, Cricetulus, Cricetus, Mesocricetus, Neotoma, Peromyscus*)

Die Angehörigen der Cricetidae variieren im Erscheinungsbild sehr. Einige, wie die echten Hamster, haben einen sehr kurzen Schwanz, andere geben darin einer Wanderratte nichts nach. Manche sind bunt, gescheckt oder gestreift. Das Fell des *Hamsters* ist ausgesprochen dreifarbig. Er gehört zu den wenigen Säugern, deren Bauchseite dunkler ist als die Seiten- und Rückenfarbe; sie ist schwarz und nur manchmal unterbrochen durch einen kleinen weißen Brustfleck. Seine Oberseite ist rötlichgelbgrau und graubraun, Kopfseiten und Schultern sind rostgelb, die Kehle, Backen, Füße und zwei Flecken auf jeder Körperseite sind weiß; häufig treten Farbabweichungen auf. Weißlinge mit dunklen Augen, Albinos mit roten Augen und Gelblinge sind nicht selten. Am häufigsten sind Schwärzlinge, bei denen aber die Füße weiß bleiben. Diese kommen in Deutschland stellenweise in erheblicher Dichte vor. In der Gegend von Gotha und Kölleda in Thüringen sollen bis zu 15 % des Gesamtbestandes schwarz sein. Hamster sind Einzelgänger, die sich vor dem Einzug ins Winterlager bestens mit Nahrung eindecken, doch bestehen über die eingetragenen Mengen vielfach übertriebene Vorstellungen. 17½ kg war die größte genau gemessene Menge; meistens ist es weniger. Zum Eintragen wird alles in die Backentaschen gestopft und im Nest wieder herausgeholt. Während der Feldhamster ungemein bissig und angriffs-

Peromyscus maniculatus (Wagner)
Weißfußmaus
Nordamerika
9,5 + 10,5 cm

Neotoma cinerea (Richardson)
Buschschwänzige Waldratte
USA 20 + 17 cm

lustig ist, läßt sich mit der Mehrzahl der *Goldhamster* viel leichter umgehen. Manche von ihnen beißen nie. Die unzähligen Goldhamster, die heute in allen Kulturländern als Labortiere und als Spielkameraden für Kinder gehalten werden, stammen sämtlich von einem Wurf ab, der 1930 zusammen mit dem Muttertier aus der Umgebung von Aleppo in Syrien kam, und 1945 auch über England sowie die USA Deutschland erreichte. Der Goldhamster neigt weniger zum Winterschlaf als der Feldhamster. Für einen Hamster erstaunlich sanft und friedlich ist der *Zwerghamster*. Amerikanische langschwänzige Hamsterverwandte sind z. B. die *Waldratten* der Gattung Neotoma, deren Schwanz etwa so lang wie bei der Wanderratte, aber rundherum kurz und dicht behaart ist. Sie alle haben den Drang, nicht nur kräftig für den Winter vorzusorgen, sondern auch für sie selbst unnütze und ungenießbare Dinge anzuhäufen. Die *Weißfußmäuse* sehen äußerlich unserer Gelbhalsmaus ähnlich, gehören aber zu den Hamsterartigen und spielen in Nordamerika die gleiche Rolle wie bei uns die Hausmaus.

Cricetulus migratorius (Pallas)
Zwerghamster
Südeuropa
10 + 2,5 cm

Mesocricetus auratus (Waterhouse)
Goldhamster
Kleinasien
17 + 1,5 cm

Cricetus cricetus (Linnaeus)
Hamster
Europa, Asien
25 + 4 cm

Microtus nivalis (Martins)
Schneemaus
Hochgebirge Europas
13 + 6 cm

Clethrionomys gapperi Vigors
Rotrückenmaus
Nordamerika 10,5 + 5 cm

Phenacomys longicaudus True
Rote Baummaus
Nordamerika
10,5 + 7 cm

Microtus arvalis (Pallas)
Feldmaus
Europa, Asien
10 + 4 cm

Pitymys subterraneus
(de Selys-Longchamps)
Kleinwühlmaus
Mitteleuropa 10 + 3,5 cm

Sigmodon hispidus Say u. Ord
Baumwollratte
Nordamerika
17 + 10,5 cm

Familie: Microtidae — Wühlmäuse (*Arvicola, Clethrionomys, Dicrostonyx, Lemmus, Microtus, Ondatra, Phenacomys, Pitymys, Sigmodon*)

Manche Wühlmäuse sehen den Hamstern äußerlich recht ähnlich, doch ist neben vielem anderen das Gebiß ganz anders. Die Hamsterartigen haben bewurzelte Höckerzähne ähnlich denen der Langschwanzmäuse, die Wühlmäuse dagegen „wurzellose" Backenzähne mit Schmelzprismen auf der Kaufläche. Da die Backenzahnwurzeln sich nicht schließen (Ausnahme: die Rötelmäuse), ist ein ständiges Nachwachsen der Backenzähne möglich, das mit einem ständigen Skelettwachstum gekoppelt zu sein scheint. Möglicherweise hört das Wachstum bei ihnen nie ganz auf. Freilebende Wühlmäuse finden vermutlich stets auf die eine oder die andere Weise ein gewaltsames Ende und haben deshalb keine Gelegenheit, ihre Wachstums- und Lebensenergie ganz auszunutzen. Rötelmäuse (z. B. *Clethrionomys*) bekommen offene Backenzähne, die aber schon nach wenigen Monaten Wurzeln ausbilden. *Lemminge* sind ebenso wie die *Feldmäuse* dafür bekannt, daß es bei ihnen in mehr oder weniger regelmäßigen Zeitabschnitten von 3—4 Jahren zu Übervermehrung und damit zu Mäuseplagen kommt. Gehäuftes Auftreten von *Schermäusen* kann für Grundstückskomplexe zwar lästig genug werden, ist aber nicht das, was man landläufig mit Mäuseplagen meint. Es ist allgemein bekannt, daß der Massenwechsel bei vielen Nagern mehr oder weniger synchron stattfindet. So gilt es als Regel, daß in Lemmingjahren auch viele andere Kleinsäuger massenhaft vorkommen. Die Gleichzeitigkeit geht sogar so weit, daß in Jahren starker Vermehrung skandinavischer Lemminge auch der nordamerikanische *Halsbandlemming* eine Massenentwicklung zeigt. Eine solche hält meist 12—18 Monate an; dann kommt ein Zusammenbruch, der in wenigen Tagen vollzogen sein kann. Nahrungsverknappung und Raumnot — der „Gedränge-Faktor" —, also je ein physischer und ein psychischer Grund, sind allein schon in der Lage, den Zusammenbruch mit allen typischen Symptomen auszulösen, die in Krampferscheinungen und prämortaler Auskühlung solche einer tödlichen Blutzuckergehalts-Senkung sind. Bekannter als der bissige *Berglemming* selbst ist die Kunde von seinen oft riesigen, bis zu 250 km langen Wanderungen, die schon seit Jahrhunderten die Phantasie nicht nur der Nordländer beschäftigen. Diese Wanderungen gehen aber keineswegs alle „ins Meer", sondern auch bergan, und es ist weniger Nahrungsmangel als Bevölkerungsüberdruck, der sie auslöst.

Lemmus lemmus (Linnaeus)
Berglemming
Nordeuropa
14 + 1,5 cm

Arvicola sapidus Miller
Westschermaus
Westeuropa
20 + 12 cm

Dicrostonyx torquatus (Pallas)
Halsbandlemming
Nordamerika, Asien
12,5 + 1,5 cm

Lemmus trimucronatus
(Richardson)
Brauner Lemming
Nordamerika
12,5 + 2,5 cm

Ondatra zibethica (Linnaeus)
Bisamratte
Europa, Asien, Nordamerika
35 + 25 cm

Familie: Muridae — Langschwanzmäuse (*Acomys, Crateromys, Lemniscomys, Micromys, Mus, Nesokia, Rattus, Sylvaemus*)

Es gibt fast ebenso viele Langschwanzmäuse wie Wühlmäuse. Etliche von ihnen sind Kosmopoliten, die sich teils selbständig, teils mit Hilfe verschiedener Verkehrsmittel über die ganze Welt verbreiten konnten. Sie sind weitgehend Kulturfolger, die sich in Häusern, Ställen und anderen Gebäuden einnisten und dort durch Verzehren, Benagen und Beschmutzen ungeheure Schäden anrichten. In Europa sind es *Hausmaus, Haus-* und *Wanderratte*. Alle drei kommen in allen möglichen Farbkleidern vor; namentlich findet man bei ihnen Schwärzlinge als Wurfgeschwister normalfarbener Jungen. Diese drei Arten wurden auch domestiziert und besonders die Albinoform in aller Welt als Labortier gezüchtet. Mit dem Freileben wird am besten die Wanderratte fertig. Kommt sie aber in Gebäude, so bezieht sie mit Vorliebe die unteren Regionen, Keller und Ställe, während die Hausratte mehr auf Dachböden lebt. Ganz anders als in den Städten, wo über 90 % des Rattenbestandes von der Wanderratte gestellt wird, liegen die Zahlenverhältnisse auf Schiffen. Schon im Hafen überwiegen die Hausratten mit ca. 60 %, und nur etwa 40 % sind Wanderratten. Vom Ufer aus versuchen sie auf die Schiffe zu kommen. Soweit ihnen nicht ein Steg den Weg bequem macht, klettern die Tiere entlang den Haltetauen an Bord. Binnen- und Küstenschiffe verbreiten besonders die Wanderratte. Bei seegehenden Fahrzeugen, die nach jeder längeren Reise ausgast werden, ist es umgekehrt. Bei 27 642 von Seeschiffen eingesammelten vergasten Ratten waren 97 % Hausratten und nur 3 % Wanderratten. Da sie alle, ebenso wie die *Pestratte*, gefährliche Seuchenüberträger sind, werden Ratten überall energisch bekämpft. Aber noch andere Langschwanzmäuse kommen im Winter in die Häuser, am häufigsten die Gelbhalsmaus, die Waldränder und Parklandschaften liebt, während die bei uns *Waldmaus* genannte kleinere Verwandte eher als Gartenmaus zu bezeichnen wäre. In England heißt sie deshalb auch „long tailed field mouse". Diese Mäuse tragen im Herbst beträchtliche Vorräte als Winterproviant zusammen. Hierzu gehört alles, was sich als Stapelware eignet, wie Haselnüsse, Eicheln, Kirsch- und Pflaumenkerne. Bei diesen Vorratsnestern weiß man, wer ihren Inhalt zusammengeschleppt hat. Aber auch bei Einzelfunden von benagten Gegenständen und Früchten kann man oft an der Art der Nagespuren den Täter feststellen.

Die meisten Langschwanzmäuse bringen im Wurf eine größere Zahl Junge, die mit geschlossenen Augen und Ohren, unbehaart und zahnlos als hilflose Lagerjunge geboren werden.

Balaenoptera physalus (Linnaeus)
Finnwal
Alle Weltmeere
bis 22 m

Megaptera novae-angliae (Borovski)
Buckelwal
Alle Weltmeere
bis 15 m

Balaenoptera musculus Linnaeus
Blauwal
Alle Weltmeere
bis 30 m

Eubalaena glacialis (Borovski)
Nordkaper
Alle Weltmeere außer Tropen   bis 18 m

Ordnung Cetacea — Wale

Unterordnung Mystacoceti — Bartenwale

Familien: Balaenopteridae — Furchenwale (*Balaenoptera, Megaptera*), Balaenidae — Glattwale (*Eubalaena*)

Unterordnung Odontoceti — Zahnwale

Familien: Platanistidae — Flußdelphine (*Inia*), Physeteridae — Pottwale (*Physeter*), Monodontidae — Gründelwale (*Delphinapterus, Monodon*), Delphinidae — Delphine — (*Delphinus, Orcinus, Tursiops*)

„Die als Wale zusammengefaßten Formen zählen durch ihre vollkommene Anpassung an das Wasserleben zu den interessantesten Säugetieren. Durch Linnaeus als Säugetiere klassifiziert, wurden sie ursprünglich mit den Robben und Sirenen vereint. Wie bei allen extrem an einen bestimmten Lebensraum angepaßten Säugetieren stößt eine rein vergleichend-anatomische Beurteilung der stammesgeschichtlichen Stellung der Wale und ihre Ableitung auf große Schwierigkeiten", schreiben Thenius und Hofer. Die basale Aufspaltung erfolgte im ältesten Tertiär, jene der Zahn- und Bartenwale vermutlich im Laufe des Alttertiärs.

Die Forscher haben aber bis jetzt keinen gemeinsamen Standpunkt über die Abstammungsverhältnisse finden können, ob die Zahn- und Bartenwale tatsächlich zwei nahe verwandten Gruppen angehören oder ob sie verschiedenen Ursprungs und damit als zwei getrennte Ordnungen aufzufassen sind. Slijper nimmt einen getrennten Ursprung an, indem er die Zahnwale auf langschwänzige, die Bartenwale auf kurzschwänzige Formen zurückführt. Bartenwale sind zumeist sehr große Arten. So ist der *Blauwal* das größte lebende Säugetier überhaupt. Bei den Embryonen der Bartenwale lassen sich auf früher Entwicklungsstufe noch heute 51 Zähne in jeder Kieferhälfte nachweisen, die allerdings rückgebildet werden, ohne daß sie das Zahnfleisch durchbrächen. Der erwachsene Bartenwal hat nur im oberen Kiefer mit langen Fransen versehene Hornplatten, durch die das mit der Planktonnahrung aufgenommene Wasser abgeseiht wird. Die Haut der Wale ist nur dünn, beim *Finnwal* etwa 0,5 cm. Eine gerbbare, stärkere Lederhaut findet sich nur beim *Weißwal* und *Narwal*. Das Unterhautbindegewebe ist als gleichmäßige Fettschicht ausgebildet, Speck oder Blubber genannt. Bei den großen Furchenwalen, wie dem Finnwal und dem *Buckelwal*, beträgt die Speckschicht nur etwa 15 cm. Die Glattwale (z. B. der *Nordkaper*) und auch der *Pottwal* haben einen 15—35 cm dicken Speck. Bei dem erwerbsmäßigen Walfang gilt der Blauwal als Grundlage der Berechnung. Ein Blauwal gilt soviel wie zwei Finnwale. — Eigenartig ist die Asymmetrie des Walschädels, bei dem eine Kopfseite verkürzt ist, der Nasenrücken daher vorn etwas seitlich abweicht. Auch die Färbung ist asymmetrisch; beim Finnwal z. B. ist die linke Körperseite stärker und weiter bauchwärts getönt als die rechte. Der linke Unterkiefer ist schwarz, der rechte weiß. Die Barten an der Außenseite links und auf der rechten Seite hinten sind schwarz, während die vordere rechte Hälfte der Bartenreihe scharf abgesetzt weißlich ist. Von der Unterkieferspitze aus ziehen bei den Furchenwalen bis zur halben Leibeslänge nach hinten 68—114, meist 85—90 Bauchfurchen. Das bei der Geburt rund 6 m lange Junge vom Finn- und Blauwal wird sechs Monate lang gesäugt und hat dann eine Länge von rund 12 m. Das bedeutet einen Längenzuwachs von ca. 1 m je Monat. Die Gewichtszunahme im ersten Lebensjahr ist geradezu phantastisch, beim Blauwal etwa 100 kg in 24 Stunden. — Während die Bartenwale sich von planktonischen Kleinkrebsen, dem sogenannten Krill, ernähren, sind die Zahnwale vorwiegend Wirbeltierfresser. Der Pottwal frißt neben Fischen besonders große Tintenfische, deren Hornschnäbel im Magen gefunden werden; von den Kraken stammen auch die namentlich am Kopf der Pottwale zu findenden Narben der Saugnäpfe der Krakenfangarme. Der *Schwertwal* steht in dem Ruf, herdenweise andere Seesäuger und schwimmende Seevögel anzufallen. Gefangen gehaltene Schwertwale waren dagegen selbst gegenüber mit ihnen zusammen schwimmenden Menschen harmlos. Die meisten der in den letzten Jahren in Gefangenschaft gehaltenen Kleinwale waren atlantische *Tümmler*. Sie erwiesen sich dabei als außerordentlich intelligente und anpassungsfähige Tiere. Der lange Stoßzahn des männlichen Narwals gab Anlaß zur Fabel vom Einhorn. Alle bisher genannten Wale sind Meeresbewohner, wenn auch gelegentlich einzelne Tiere weit stromauf schwimmen, wie z. B. der berühmte Weißwal, der 1965 den Rhein besuchte. Es gibt aber auch einige *Flußdelphine*, die völlig auf das Süßwasser beschränkt sind, und zwar im Ganges, im Irrawaddy, in den chinesischen Strömen und den großen Stromsystemen Südamerikas. Sie leben selbst in recht trübem Wasser, wo ihnen ihre kleinen Augen wenig nützen. Sie können sich aber ebenso wie ihre marinen Verwandten mit Hilfe ihres Sonarsystems zurechtfinden, nicht nur Hindernissen rechtzeitig ausweichen, sondern auch den Standort der Fische orten, die ihre Nahrung sind.

...odon monoceros
...naeus
...*rwal*
...dl. Eismeere
4,50 + 2,70 m

Physeter macrocephalus Linnaeus
Pottwal
Alle Weltmeere bis 25 m

...phi-...terus leucas (...llas)
...ißwal
...dl. Eismeere
5 m

Orcinus orca Linnaeus
Schwertwal
Alle Weltmeere bis 9 m

...siops ...catus (...ntagu)
...ßer Tümmler
...Weltmeere
...m

Delphinus delphis Linnaeus
Delphin
Gemäßigte u. warme Meere
2,50 m

Inia geoffroyensis (Blainville)
Inia, Amazonas-Flußdelphin
Oberer Amazonas
2,10 m

Ordnung Carnivora — Raubtiere

Die Raubtiere mit den beiden Superfamilien Canoidea (Hundeartige) und Feloidea (Katzenartige) sind vorwiegend Fleischfresser, die ihre Beute selbst erlegen; manche von ihnen nehmen auch Pflanzenstoffe auf, sind also Allesfresser. Das Gebiß ist auf die Verarbeitung der Fleischnahrung spezialisiert. Die Eckzähne sind meist lange Fangzähne. Im Oberkiefer ist der letzte der vier Prämolaren, desgleichen der vordere erste untere Molar sehr stark vergrößert. Beide haben eine schneidende Krone und werden als Reißzähne bezeichnet. Die hinter den Reißzähnen sitzenden Molaren haben eine höckerige Kaufläche. Alle Raubtiere haben Lagerjunge (Nesthocker), die mit geschlossenen Augen und Ohren zur Welt kommen und von der Mutter — bei manchen Arten von beiden Eltern — betreut werden.

Familie: Canidae — Hunde (*Canis, Chrysocyon, Cuon, Lycaon, Nyctereutes, Otocyon, Speothos*)

Der *Wolf* ist das bekannteste und in mehreren Lokalformen auch das größte Tier der hundeartigen Carnivora, das ein Gewicht bis zu 70 kg erreichen kann. Ein 1952 aus dem Osten zugewanderter und in der Lüneburger Heide im Kreis Uelzen erlegter Wolfsrüde hatte eine Schulterhöhe von 82 cm, ein im gleichen Jahr bei Unterlüß gestreckter sogar 86 cm. Beide übertrafen also den Deutschen Schäferhund mit seiner vom Standard geforderten Höhe von 60—65 cm bei Rüden weit und erreicht unsere z. Z. größte Haushundrasse, den englischen Wolfshound, für den 81,5 cm Mindestmaß sind. Aber andere Wolfslokalrassen bleiben sehr viel kleiner, wie z. B. die der arabischen Wüste. Auch die Färbung variiert beträchtlich. Die Welpen des *Polarwolfes* werden grau geboren und bekommen ihr weißes Kleid erst später. Der *Timberwolf* kommt auch in einer schwarzen Form mit stechend gelben Augen vor. Der *Coyote* ist wesentlich kleiner als der Wolf. Neben kleineren Beutetieren nimmt er auch Aas an und dient so als Gesundheitspolizei. Nahe verwandt sind die Schakale, von denen der *Goldschakal* auch in Südosteuropa vorkommt. Er wurde früher irrtümlich als eine der Stammformen von Haushunden angesehen. Schakale sind dreiste Räuber, die nachts bis in die Dörfer und Gehöfte eindringen und hauptsächlich dem Kleinvieh nachstellen, aber auch das Aas annehmen und Obst aufsammeln. Mit Vorliebe machen sie sich an der Beute großer Raubtiere wie Löwe und Tiger zu schaffen, vermeiden aber sorgsam die allzu große Nähe der Mächtigen. In Sagen und Märchen spielt der Schakal die gleiche Rolle wie bei uns der Fuchs. Er gilt als verschlagenes, nur auf seinen Vorteil bedachtes Wesen, kann

Canis (Canis) lupus pambasileus (Elliot)
Timberwolf
Nordamerika
120 + 50 cm

Canis (Canis) lupus Linnaeus
Wolf
Europa, Asien
125 + 35 cm

Canis (Canis) latrans Say
Präriewolf, Coyote, Heulwolf
Nordamerika
100 + 40 cm

Canis (Canis) lupus tundrarum Miller
Polarwolf
Arktis
160 + 45 cm

Canis (Canis) aureus Linnaeus
Goldschakal
Vorderasien, Afrika
90 + 22 cm

Canis (Canis) mesomelas Schreber
Schabrackenschakal
Afrika
60 + 30 cm

Canis (Canis) adustus Sundevall
Streifenschakal
Afrika
80 + 30 cm

aber auch zahm und zutraulich werden, wenn er jung in gute Menschenhände kommt. Südlich der Sahara leben weitere Schakalarten, wie der *Schabracken-* und der *Streifenschakal.*

In Nord- und Mitteleuropa ist der Hund das älteste Haustier. Schon aus dem 8. Jahrtausend v. Chr. sind Haushunde nachgewiesen. Ursprünglich war der Hund Fleischlieferant; erst später gewann er seine besondere Stellung unter den Haustieren des Menschen. Alleinige Stammform aller Haushundrassen, ob Bernhardiner oder *Teckel,* ist der Wolf. Er ist an verschiedenen Stellen seines vormals weiten Verbreitungsgebietes in den Hausstand übernommen worden. Auch der *Dingo* ist ein Haushund, der mit einer frühen Einwanderung des Menschen nach Australien gelangte. Es handelt sich hierbei um eine primitive Rasse, die bald verwilderte und heute nicht mehr Gefährte des Menschen ist, sondern die großen Schaden in den Schafherden anrichtet. In den Zoologischen Gärten werden fast nur Dingos mit rotbraunem Fell, meist mit weißen Zehen und weißer Schwanzspitze gezeigt. Sie kommen aber auch in allen anderen Farben vor, selbst gescheckt. Sehr ähnlich dürfte es um den *Neuguinea-Dingo* stehen, eine dem Australischen Dingo ähnliche Rasse, die auch heute noch in primitiver Weise als Haushund gehalten wird, sich aber weitgehend selbst versorgen muß. Der Neuguinea-Dingo geht sicher auf die australische Form zurück.

Um einen halbwegs verständlichen Überblick über die mehr als 200 Hunderassen zu bekommen, versuchte man verschiedene Ordnungssysteme, wie nach der Größe und dem Verwendungszweck. Bis zu 24 cm Schulterhöhe spricht man von Zwerghunden, bei 25—41 cm von Kleinhunden. Mittelgroße Hunde (z. B. der Schäferhund) haben eine solche von 42—62 cm. Was über 62 cm Schulterhöhe hat, zählt zu den großen Hunden. Auf Ausstellungen werden die Tiere zumeist nach ihrem Gebrauchszweck in Jagd-, Hetz-, Gebrauchs-, Schutz-, Wach- und Haushunde gruppiert, wobei die meisten Kleinhunde zu den „Haushunden" zählen. Dies ist eine nicht ganz glückliche, aber allgemein verständliche Bezeichnung, z. B. für *Pekinesen, Zwergspitz, Pudel,* Möpse usw. Die häufigste Rasse überhaupt, die in allen Erdteilen als Gebrauchs- und Schutzhund Dienst tut, ist der *Deutsche Schäferhund,* neben dem die anderen als Gebrauchshunde anerkannten Rassen zahlenmäßig weit zurückbleiben: *Boxer,* Rottweiler, Dobermänner und Hovawarte. Hetzhunde, die bei Windhundrennen verwendet werden, gibt es in mehr als 10 Rassen der verschiedensten Größen vom Deerhound über *Barsoi,* Afghanen, Greyhound und Whippet bis zum Windspiel. Auch die Jagdhunde und Terrier stellen eine große Zahl selbständiger Rassen.

Die vielen Arten der Füchse sind meistens kurzbeiniger als Wölfe und Schakale gleicher Rumpflänge; dadurch wirken sie langschwänziger. Unser allbekannter Meister Reineke ist ein kaum mittelgroßer, langgestreckter Wildhund mit spitzem Kopf, mittellangen Ohren, gelbbrauner Iris und einer Pupille, die nachts und in der Dämmerung annähernd kreisrund ist, sich aber bei Tageslicht wie bei der Hauskatze zu einem schmalen Schlitz verengt. (Wölfe und Schakale haben stets eine runde Pupille.) Nach einer Tragzeit von 51—54, ausnahmsweise 56 Tagen werden Anfang März bis Anfang Mai 3—5 Welpen in dem einzigen Wurf des Jahres geboren. Es gibt auch größere Würfe mit bis zu neun Jungen. Die Geschlechter leben nur im Herbst und Winter einzeln, von der Ranzzeit an in Paaren und beim Heranwachsen der Jungen in Familien. Man weiß noch nicht sicher, ob die Saisonehe als Mehrjahr- oder gar als Lebensehe weiterbesteht. Die reine Säugezeit dauert etwa drei, neben zugebrachtem Futter bis zu acht Wochen. Als Randsiedler und Kulturfolger hält der Fuchs sich hauptsächlich dort auf, wo es weder zum Feld, noch zu den menschlichen Siedlungen zu weit ist. Am weitesten verbreitet ist der *Rotfuchs* in Europa; in Australien wurde er zur Kaninchenbekämpfung aus England eingeführt. In Europa ist er zu einem Verbreiter der Tollwut geworden, der nicht nur seine gesunden Artgenossen, sondern auch jede Wildart, Weidevieh, Hunde, Katzen und Menschen gefährdet. Auch der Wolf wurde schon mehrfach als Tollwutüberträger festgestellt. *Silberfuchs* und Platinfuchs sind in Farmen weitergezüchtete Farbmutanten vom Rotfuchs. Der *Eisfuchs* ist kleiner und kurzköpfiger als der Rotfuchs. Seine Sohlenballen sind so dicht behaart, daß die Zehenballen kaum hervortreten. Er kommt in zwei Spielarten vor, die man wegen des Unterschiedes im Winterkleid als *Blaufuchs* und *Weißfuchs* bezeichnet. Die Jungen sind lehmbraun. Weiß- und Blaufüchse kommen als Wurfgeschwister vor, ebenso wie rote und schwarze Eichhörnchen sowie bunte oder schwarze Leoparden. Ein weißes Paar bringt ebenso wie ein blaues oder ein gemischtes Paar im gleichen Wurf sowohl blau als auch weiß werdende Welpen. Das Zahlenverhältnis ist regional sehr verschieden. Seit Jahrzehnten werden Blaufuchsfelle in größerer Menge durch Farm- und Inselzucht gewonnen. — Wüstenfüchse sind meist sandfarben mit artenweise wechselnden Gelbbraun- oder Gelbgraubeimischungen. Am bekanntesten ist der kleinste, der *Fennek*, dessen molliges Fell wie das des Maulwurfs fast gar keinen Haarstrich hat. Oft mit ihm verwechselt wird der *Blaßfuchs* mit ewas kürzeren Ohren und größeren Augen. Noch etwas größer ist der Sandfuchs, Canis rueppelli Schinz.

Canis (Dusicyon) cinereoargenteus Schreber
Graufuchs
Nordamerika
60 + 40 cm

Canis (Lycalopex) microtis Sclater
Kurzohrfuchs
Südamerika
60 + 40 cm

Canis (Lycalopex) thous Linnaeus
Maikong
Südamerika
65 + 30 cm

Speothos venaticus Lund
Waldhund
Südamerika, 65 + 14 cm

Auch Amerika beherbergt eine Anzahl bemerkenswerter Fuchsarten, von denen einige auf beiden Subkontinenten vorkommen, andere auf Südamerika beschränkt sind. In den westlichen USA lebt der Kitfuchs, Canis (Vulpes) velox Say, im ganzen rotfuchsartig, aber zierlicher, besonders im Kopf und in den Läufen. Er ist sehr anpassungsfähig und kommt in jeder Art von Gelände vor von der Wüste bis zur Parklandschaft. Gleich ihm ist auch der *Maikong* mit einer Verbreitung von Kolumbien und Venezuela bis Uruguay, ein eifriger Mäusejäger, wird aber gleich den meisten seiner näheren Verwandten und den Schakalen als Geflügel- und Kleintierdieb lästig. Sein Fell kommt als Rios- oder Brasilfuchs in den Handel. Ein weiterer Amerikaner ist der Azara- oder *Graufuchs*, weit verbreitet von der kanadischen Grenze bis nach Patagonien. Im Norden des Verbreitungsgebietes sind die Graufüchse am größten. Auf den Barbara-Inseln vor der Kalifornischen Küste lebt eine dunkle Zwergform, die nur halb so groß wird wie eine Hauskatze. Wenig ist über das Freileben des *Kurzohrfuchses* bekannt, der den südlichen Amazonaswald bewohnt. Der Andenschakal, auch Magellanfuchs genannt, Canis (Dusicyon) culpaeus Molina, kann gleich dem Maikong eine Schulterhöhe von 55 cm erreichen. Er ist eine an rauhes Klima gewöhnte Art, die hauptsächlich auf den Hochgebirgssteppen der Anden sowie den sich südlich und südöstlich anschließenden Steppen Patagoniens und des Feuerlandes lebt. Als Einzelgänger streift er nicht nur nachts, sondern auch tagsüber auf der Suche nach Beute umher. Sein dichtes Fell kommt als Magellan- oder Cordillerenfuchs in den Handel. Ein Verwandter, der Falklandfuchs, Canis (Dusicyon) australis Kerr, von den Falkland-Inseln wurde 1876 ausgerottet. Die Tiere waren auch tagsüber aktiv, hatten keinen Fluchtinstinkt und erlagen schnell den Nachstellungen landender Seefahrer und weißer Siedler, die das dichte Fell hochschätzten. — Als Riesenfuchs mit ungewöhnlich langen Läufen und einer Schulterhöhe von 70 cm kann man den *Mähnenwolf* bezeichnen. Seine Langbeinigkeit zwingt ihn zum Paßgang in mittlerer Geschwindigkeit; einen schnelleren Lauf kann er nicht lange durchhalten. Er ist ein Bewohner der Savannen, auf denen er nach kleineren Säugetieren jagt, die er in Fuchsweise beschleicht und im Hochsprung fängt. — Der *Waldhund* dagegen ist mit einer Schulterhöhe von nur 30 cm kurzläufig und ähnlich einem Dackel gebaut. Waldhunde jagen in Rudeln bis zu einem Dutzend auf mittelgroße Nager wie Agutis und Pacas. Selbst die keineswegs wehrlosen Wasserschweine werden gemeinsam angegriffen. Waldhunde machen auf alles Jagd, was sie hoffen überwältigen zu können.

Chrysocyon jubatus Desmarest
Mähnenwolf
Südamerika
130 + 40 cm

Cuon alpinus Pallas
Dhole, Kolsun
Vorderindien
100 + 25 cm

Cuon a. javanicus (Desmarest)
Adjak
Java, Sumatra
80 + 25 cm

Canis (Fennecus) chamus A. Smith
Kamafuchs
Südafrika
55 + 35 cm

Nyctereutes procyonoides (Gray)
Marderhund
Ostasien
60 + 15 cm

Otocyon megalotis Desmarest
Löffelhund
Afrika
60 + 30 cm

Ebenso niedrig auf den Läufen wie der Waldhund ist eine bemerkenswerte Canidenform, die ursprünglich im fernen Ostasien beheimatet ist: der Enok, Waschbären- oder *Marderhund*. Seine natürliche Heimat liegt im Süden, in der Mandschurei, in China, Korea und Japan. Er liefert ein langhaariges, zwar derbes, aber warmes Fell und wird deshalb auch in Farmen gezüchtet. Darüber hinaus wurde er an den verschiedensten Stellen ausgesetzt, wie u. a. in der Weißrussischen SSR, der Ukraine, in einer Anzahl zentraler, westlicher und südlicher Gebiete der europäischen UdSSR, im Kaukasus und in Sibirien. Der Marderhund bevorzugt feuchte bis versumpfte, mit Laubwald bestandene Niederungen und Flußtäler, wo er besonders Nagetiere jagt, sich aber auch an Gelegen von Bodenbrütern vergreift. Er ist nicht seßhaft und hat sich von den Aussetzungsgebieten aus weiter verbreitet. Wenn z. T. auch nur durch einzelne Vorposten, hat der Enok auch schon ganz Nord- und Mitteleuropa erwandert. Die Bundesrepublik Deutschland wurde 1962 erreicht. Anscheinend sind bis 1968 nur noch die Nordseeküstenländer und die drei großen südeuropäischen Halbinseln frei. — Eigenartig sind einige andere Asiaten, die Rothunde. Von ihnen ist uns der auch *Kolsun* und *Dhole* genannte Rothund vielleicht aus Kiplings Geschichten von dem Knaben Mogli geläufig. Das lange Haar des Tieres liegt nicht glatt an, sondern steht locker ab. Bei dem ebenfalls dunkelrotbraunem *Adjak* liegt das kürzere Haar glatt an. Rothunde leben entweder in Paaren oder in Familienrudeln, die dann bis zu 30 Tiere umfassen können. Gemeinsam fallen sie auch großes Wild an, wie Hirsche und die wehrhaften Wildrinder Gaur und Banteng. Sie wissen sogar Großraubtiere, wie Bär, Leopard, Tiger, durch Massenangriff von deren Beute zu vertreiben. — Die nahe verwandten *Hyänenhunde* mögen manchem als eine Mischung zwischen Hunden und Hyänen erscheinen; so erhielten sie auch ihren Namen. Aber diese beiden Raubtiergruppen stehen sich viel zu fern, als daß sie Mischlinge miteinander zeugen könnten. Hyänenhunde sind haustiermäßig bunt, nicht zwei sind gleich gefärbt. Auch ist die Fleckung der beiden Körperseiten unsymmetrisch. Wie die Rothunde jagen sie in großen Rudeln mit Vorliebe große Huftiere, vermeiden dabei aber nach Möglichkeit das Zusammentreffen mit den schlagkräftigen Giraffen und Zebras sowie mit alten Büffeln. — Weitere interessante afrikanische Wildhunde sind der ungemein großohrige *Löffelhund*, der sich hauptsächlich von Wanderheuschrecken und Termiten ernährt und der *Kamafuchs* oder Silberschakal, der ebenfalls Kleintierfresser ist.

Lycaon pictus Temminck
Hyänenhund
Afrika
110 + 40 cm

Familie: Hyaenidae — Hyänen (*Crocuta, Hyaena, Proteles*)

Daß hier die Hyänen hinter den Wildhunden in weiterem Sinne gezeigt werden, hat gestalterische Gründe; systematisch gehören sie in die Überfamilie Feloidea.

Die Familie der Hyänen umfaßt nur drei Gattungen mit zusammen vier Arten, dem *Erdwolf*, auch Zibethhyäne genannt, der *Fleckenhyäne*, der *Braunen Hyäne* und der *Streifenhyäne*. Die drei zuerst genannten sind rein afrikanisch, die Streifenhyäne kommt auch im südlichen Asien vor. Hyänen sind erdgeschichtlich alte Formen, die aus den Schleichkatzen hervorgegangen sein dürften. Es sind stattliche Raubtiere, die — bis auf Proteles — nur von Bären und Großkatzen an Größe übertroffen werden. Gebiß und Kaumuskulatur sind so kräftig, daß sie noch Knochen zermalmen können, mit denen selbst die größten anderen Raubtiere Schwierigkeiten haben. Der Rücken ist abschüssig, der Kopf wird in Verlängerung von Rumpf und Hals hoch getragen. Alle Hyänen sind hauptsächlich nachts tätig. Die größte von ihnen, die Fleckenhyäne, hat ein wenig vorteilhaftes Gangwerk, das ihr keinen schnellen oder ausdauernden Lauf ermöglicht. Sie kann daher nur kranke und behinderte größere Tiere erfolgreich jagen, greift aber auch Kinder und gelegentlich selbst Erwachsene an. Merkwürdigerweise ist es unmöglich, die Geschlechter äußerlich zu erkennen. Auch gleichgeschlechtliche Tiere machen häufig Begattungsversuche miteinander, und so hat man erst dann Gewißheit, ein Pärchen zu besitzen, wenn sich Nachwuchs einstellt. Dieser sieht merkwürdig genug aus: Die Welpen sind einheitlich braunschwarz, kommen mit offenen Ohren und Augen sowie bereits durchgebrochenen Schneide- und Eckzähnen zur Welt. Streifenhyänen dagegen sind bei der Geburt zahnlos und hilflose Lagerjunge; sie haben aber bereits die Färbung und Streifung der Erwachsenen. Etwas größer ist die Braune Hyäne, auch Strandwolf oder Schabrackenhyäne genannt, die vorwiegend einzeln lebt. Abweichend von den bisher aufgeführten ist der Erdwolf ein kleines zartes Tier mit einem derart zurückgebildeten Gebiß, daß die Backenzähne kaum durch das Zahnfleisch hindurchkommen. Die unteren Schneidezähne stehen ähnlich wie bei Schweinen fast waagerecht nach vorn und bilden so eine Gleitbahn für die ungeheuer schnell arbeitende Zunge. Diese leckt als Hauptnahrung Termiten, aber auch andere Insekten auf. Leider wird der Erdwolf von den Farmern immer noch verfolgt und verdächtigt, die vom Schakal gerissenen Schafe und Lämmer getötet zu haben; mit dem dürftigen Gebiß ist ihm dies jedoch nicht möglich. Tatsächlich verbessert er durch Vertilgen der grasfressenden Termiten die Äsungsmöglichkeiten für die Farmtiere beträchtlich.

Hyaena brunnea Thunberg
Braune Hyäne
Südafrika
100 + 40 cm

Crocuta crocuta (Erxleben)
Fleckenhyäne
Afrika
130 + 35 cm

Hyaena hyaena Linnaeus
Streifenhyäne
Afrika, Vorderasien
100 + 40 cm

Proteles cristatus Sparrmann
Erdwolf
Afrika
80 + 30 cm

Ursus arctos Linnaeus
Braunbär
Europa, Asien
200 + 8 cm ⊥ 100 cm

Ursus a. meridionalis Middendorff
Isabellbär
Kleinasien, Kaukasus, Südsibirien
180 + 6 cm

Ursus horribilis Ord
Grizzlybär
Nordamerika
230 + 8 cm ⊥ 120 cm

Ursus middendorffi Merriam
Kodiakbär
Kodiak-Insel
250 + 8 cm ⊥ 130 cm

Familie: Ursidae — Bären (*Euarctos, Helarctos, Melursus, Selenarctos, Thalassarctos, Tremarctos, Ursus*)

Bären sind mittelgroße bis große Raubtiere, schwer und plump gebaut. Ihre großen, langen Krallen lassen sich nicht zurückziehen, und der Fuß wird mit der ganzen Sohle aufgesetzt. Die Bärenspur ähnelt der des nackten Menschenfußes. Ein Schwanz ist äußerlich nicht erkennbar. Das Gebiß unterscheidet sich insofern von dem anderer Raubtiere, als die Reißzähne in Bau und Größe kaum von den Molaren abweichen, die ihrerseits eine breite, höckerige Kaufläche haben. So weist schon das Gebiß die Bären als Allesfresser aus, die weitgehend pflanzliche Nahrung aufnehmen.

Die Stammesgeschichte ist durch zahlreiche Fossilfunde recht gut geklärt. Die ältesten Bären kennt man aus dem Altmiozän. Sie waren nur etwa fuchsgroße Raubtiere, die in die Gattung Ursavus gestellt wurden. Die heutigen Bären stehen stammesgeschichtlich gesehen ihrem verschiedenen geologischen Alter entsprechend, auf recht verschiedener Höhe. „Es handelt sich", wie Thenius ausführt, „mit Ausnahme des *Brillenbären*, der einer eigenen Unterfamilie angehört, um untereinander näher verwandte Formen, unter denen die *Braunbären* zu den spezialisiertesten, die Sonnenbären, abgesehen von gewissen Sonderspezialisationen, zu den ursprünglichsten gehören." Bis zum Ausgang des Mittelalters galt Plinius als höchste naturwissenschaftliche Autorität. Über die Bärinnen berichtet er: „Die Bärinnen gebären in ihrer Höhle am 30. Tage höchstens fünf Junge. Diese sind weiße, formlose Fleischstücke, etwas größer als Mäuse, ohne Augen, ohne Haar, nur die Krallen sind sichtbar. Durch Lecken werden sie allmählich geformt." Erst sehr viel später lernte man Bären-Embryonen und -Neugeborene kennen. Heute ist es nicht nur eine Selbstverständlichkeit, daß Braunbären regelmäßig in Gefangenschaft gezüchtet werden, sondern dies gilt auch von einer ganzen Anzahl für die Pflege schwierigerer Bärenarten, wie *Eisbär*, Brillenbär und Sonnenbär. — Das weiteste Verbreitungsgebiet und damit im Zusammenhang die größte Zahl von Unterarten bzw. Lokalformen wurden für den Braunbären aufgestellt. Je weiter nach Norden, desto größer sind seine Formen, allen voran der *Kodiak-* oder Alaska-Bär und sein Vetter von der Halbinsel Kamtschatka, die eine Länge von 3 m, eine Schulterhöhe von 1,20 m und eine Stehhöhe von 3,50 m erreichen. Auch der berühmte nordwestamerikanische Graubär oder *Grizzly* erreicht Ausmaße, die diejenigen der übrigen Braunbären bei weitem übertreffen. Selbst unser europäischer Braunbär ist ein stattliches Tier, das fünf, selbst sieben Zentner schwer werden kann. Ein

Ursus a. pruinosus
Blyth
Tibetbär
Himalaya
200 + 8 cm
⊥ 100 cm

Zimtbär
(rote Form
des Euarctos americanus)

Gletscherbär
(blaugraue Form des Euarctos americanus)

Euarctos americanus
(Pallas)
Baribalbär
Nordamerika
180 + 5 cm
⊥ 90 cm

Braunbär ist erst mit sechs Jahren ausgewachsen, er kann dafür unter günstigen Lebensbedingungen aber auch bis 50 Jahre alt werden. Ein neugeborenes Braunbärenjunges ist ein nacktes, etwa 25 cm langes und 300 g schweres, völlig hilfloses kleines Wesen. Meistens enthält der Wurf 2—3 Geschwister; es können aber auch ein oder vier sein. Die Bärchen kommen meist in der ersten Januarhälfte zur Welt, während die Mutter im Winterlager liegt. Sie hält ihre Kinder dann zwischen Brust und Armen, damit sie es warm genug haben. Erst mit 30—32 Tagen öffnen sich die Augen; bis dahin bleiben sie brav bei der Mutter im Nest. Dann aber holen sie alles nach, was ihnen bis dahin an Bewegung fehlte. Die verspielten Jungbären sind zu jedem Unfug bereit, balgen sich wie Kinder, und wenn sie müde werden, setzen sie sich friedlich nebeneinander, besaugen mit weithin hörbarem „Spinnen" ihre eigenen kleinen Branten oder das Ohr eines Geschwisters. Zum Jugendkleid des Braunbären gehört ein breites, helles Band an der Unterseite des Halses, das nicht selten rund um diesen herum geht. Gelegentlich findet man es auch noch im Alterskleid. Bevor die Bärin im Herbst ins Winterlager geht, vertreibt sie ihre bisherigen Jungen. Wenn die im Winter geborenen Jungen soweit sind, daß sie schon kleine Ausflüge mit der Mutter zusammen unternehmen können, dürfen die vorjährigen Jungen wiederkommen.

Oft bleibt der Nachwuchs sogar zwei Jahre mit der Mutter zusammen, muß dann aber bei der Betreuung der Jüngsten mithelfen. Trotz ihrer anscheinenden Plumpheit sind Bären doch ungemein gelenkig. Namentlich die Arme haben eine Reichweite, die vielfach unterschätzt wird und die Ursache für manche Unfälle und Verletzungen durch gefangene Bären ist. Es kommt hinzu, daß Bären praktisch kein Minenspiel haben, man ihnen also nicht oder nur bei großer Erfahrung am Gesicht ansehen kann, was sie im Schilde führen. So bleiben sie immer schwierige und für den Pfleger nicht ungefährliche Gesellen. Bären waren selbst in Mitteleuropa noch während des ersten Viertels des 20. Jahrhunderts ständige Mitglieder von Wandermenagerien und Schaunummern wandernder Zigeuner, wo sie — wie bei Smetanas verkaufter Braut — mit Nasenring und Maulkorb angetan, auf Jahrmärkten ihre Tanzkünste zeigen mußten.

In ganz Europa leben Braunbären noch heute dort, wo ausgedehnte, ungestörte Wälder vorhanden sind, nach Osten weit bis durch ganz Asien. In den Niederlanden, Belgien, Dänemark, der Schweiz sowie weiten Teilen der übrigen Länder sind sie ausgerottet. In den Alpen lebt noch ein fester Stamm im Presanella-Adamello-Brenta-Gebiet im Trentino. Außerdem kommen in unregelmäßigen Abständen einzelne Wanderer aus dem Osten bis in dieses

Thalassarctos maritimus (Phipps)
Eisbär
Arktische Gebiete
230 cm ⊥ 140 cm

Tremarctos ornatus Cuvier
Brillenbär
Nordwestliches Südamerika
130 cm ⊥ 70 cm

Gebiet und bis Krain. Der Schaden, den sie am gealpten Vieh anrichten, ist zwar spürbar, doch werden diese Einzelgänger weitgehend geduldet. — Der syrische Braunbär ist kleiner, ziemlich hell mit sehr langen, hellhornfarbenen Krallen. Überhaupt wechselt die Färbung nicht nur innerhalb der Gesamtart, sondern selbst innerhalb der Lokalform außerordentlich. Dasselbe gilt für die Braunbären Asiens, wo man z. B. unterscheidet: Ursus a. lasiotis aus der Mandschurei, den japanischen Braunbären Ursus a. yessoensis, den *Tibetbären* und den *Isabellbären*. Ob alle für Sibirien aufgestellten Unterarten beziehungsweise Rassen zu Recht bestehen, ist noch fraglich; genannt werden z. B. yenisseensis, baikalensis, kolymensis. Der ostsibirische Braunbär, Ursus a. beringianus, ist eine Riesenform, die dem Kodiak- oder Alaska-Braunbären an Größe wenig nachgibt.

Der nordamerikanische Schwarzbär oder *Baribal* bleibt etwas kleiner und ist meistens schlanker als die Braunbären. Er gilt als weniger gefährlich, bleibt aber wie alle Bären stets unzuverlässig. In den nordamerikanischen Nationalparks ist er häufig. Dort kommt er auch zu den Unterkunftshäusern und sucht in den Abfallhaufen nach noch Genießbarem, bettelt die Parkbesucher an und kann unangenehm werden, wenn er enttäuscht wird. Auch die „Schwarzbären" sind keineswegs alle schwarz, doch haben sie eine braune Nase bis zu den Augen. Die rötlich-braune Phase wird als *Zimtbär* bezeichnet, eine bläuliche bis weißliche Form aus Alaska Silber-, Blau- oder *Gletscherbär*.

In Südamerika gibt es nur eine einzige Bärenart, den Brillenbären der Kordilleren; seinen Namen erhielt er aufgrund der hellen Gesichtszeichnung. Über seine Stellung im System besteht noch keine Klarheit.

Äußerlich sind die Eisbären zwar von den Braunbären recht verschieden, aber doch so nahe mit ihnen verwandt, daß sie miteinander voll lebensfähige fruchtbare Mischlinge zeugen können. Der Eisbär ist gestreckt, hinten überbaut. Der lange Hals trägt den auffallend kleinen Kopf mit kleinen, runden, starkbehaarten Ohren. Die Füße sind lang und breit mit kurzen, dicken, schwarzen Krallen, die Zehen bis zur halben Länge durch eine Schwimmhaut miteinander verbunden. Die Sohlen haben bis auf die schwarzen Sohlen- und Zehenpolster keine dichte Behaarung. Die weißgelbe Unterwolle ist sehr dicht; sie wird von längeren Grannen überragt. Nachdem in der zweiten Maihälfte der Haarwechsel einsetzt, löst sich ein großer Teil der Wolle ab; dann sieht der Eisbär im Sommer schlanker aus als sonst. Das Fell ist wasserabweisend; es wird deshalb und wegen der gespendeten Wärme trotz größeren Gewichts daraus hergestellter Kleidung von Eingeborenen und Polarforschern jeder anderen Pelzkleidung vorgezogen. Die meisten Eisbären verbringen die Polarnacht in einem selbstgegrabenen Lager in einer Schneewehe unmittelbar an der Küste. Sie lassen sich einschneien, so daß sie dann keine Spur mehr verraten kann. Der dänische Polarforscher Alwin Pedersen beschreibt das Lager als einen 2—3 m langen Gang und aus einer ovalen geräumigen Höhle, die bis zu 180 cm lang und etwa 120 cm hoch ist. Selbst bei strenger Kälte bleibt die Temperatur in der Höhle von der Eigenwärme des Bären nahe dem Gefrierpunkt. Das erkannte man aus der Tatsache, daß die Innenwand der Höhle vereist ist. Einen eigentlichen Winterschlaf hält der Eisbär nicht, sondern er döst nur bei stark vermindertem Stoffumsatz vor sich hin. Er nimmt in der ganzen Zeit seiner Winterruhe, von November bis Februar keine Nahrung zu sich. Seine bevorzugte Nahrung sind junge Ringelrobben, doch jagt er vom Lemming bis zum Ren alles Getier, plündert Vogelnester, fängt Fische und geht auch an Aas. Im Sommer hält der Eisbär sich meist längere Zeit so gut wie ausschließlich an Blau- und Krähenbeeren. Er lebt vornehmlich auf den treibeisbedeckten Meeren der nördlichen Halbkugel und geht nur vorübergehend an Land. Mit dem Treibeis wandert er jahraus, jahrein von Osten nach Westen entsprechend der Haupteisdrift. Stellenweise zieht das Tier mit der Trift. Wenn diese jedoch in wärmere Gegenden gerät, wandert er auch in entgegengesetzter Richtung. Die Trift oder Wanderung reicht bis zur Auflösung des Treibeises an der südlichen Ostküste von Labrador. Die Chateau-Bucht auf 52° N ist die südlichste Stelle, an der Eisbären angetroffen werden. Das bisher nördlichste Vorkommen wurde auf der sowjetischen triftenden Nordpolstation 1937/38 auf 88° N beobachtet.

Asien beherbergt eine Anzahl schwarzer Bärenarten. Der kleinste von ihnen ist der Malayen- oder *Sonnenbär*. Er dreht die Füße, besonders die vorderen in einem selbst für Bären ungewöhnlichen Maße einwärts, was schon andeutet, daß er ein guter Kletterer ist. Der Sonnenbär baut sich auch gelegentlich Schlafnester auf Bäumen. Die Zunge ist ungewöhnlich lang und schmal; sie wird zum Auflecken von Termiten und anderen Insekten benutzt. Die Hauptnahrung des Malayenbären sind Früchte, Sprosse und Blätter. Eigenartig ist das für das Tier eigentlich viel zu weite, sehr locker sitzende Fell. Selbst wenn man ihn fest am Rückenfell packt, kann er sich „in der eigenen Haut umdrehen" und die haltende Hand erschnappen. Er wird in seiner Heimat nicht selten als freilaufendes Haustier gehalten.

Größer sind die verschiedenen Formen des *Kragenbären*, so genannt nach der mächtigen, weit abstehenden Halskrause. Vor der Brust aber haben sie eine helle Zeichnung, die auch beim erwachsenen Bären erhalten bleibt. Kragenbären sind ebenfalls geschickte Kletterer, die sich Früchte und Honig von den Bäumen holen.

Ein gleichfalls in Bäumen kletterndes und weitgehend von pflanzlichen Stoffen lebendes Tier ist der *Lippenbär*, in alten Schriften das „bärenartige Faultier" genannt. Die langen, stark gebogenen Krallen geben ihm guten Halt im Gezweig. Der Lippenbär hat eine ähnliche Färbung und Halskrause wie der Kragenbär. Sehr eigentümlich sind die ungemein beweglichen Nasenflügel und Lippen. Die Jungen werden von der Mutter auch dann noch auf dem Rücken mitgeschleppt, wenn diese selbst längst recht gut laufen können. Die Tiere leben paarweise, die Jungen werden gemeinsam aufgezogen. Lippenbären sind verhältnismäßig friedlich und wenig wehrhaft. Am Tage ruhen sie in selbstgegrabenen Höhlen.

Helarctos malayanus Raffles
Sonnenbär
Insulinde
140 cm ⊥ 70 cm

Selenarctos tibetanus (Cuvier)
Kragenbär
Zentral- u. Südasien
170 cm ⊥ 80 cm

Selenarctos t. japonicus Schlegel
Japanischer Kragenbär
Japan
140 cm ⊥ 80 cm

Melursus ursinus Shaw
Lippenbär
Vorderindien
170 + 10 cm
⊥ 85 cm

Bassaricyon gabbii Allen
Makibär
Mittelamerika,
nördl. Südamerika
87 + 47 cm

Bassariscus astutus Lichtenstein
Katzenfrett
Nord- u. Mittelamerika
55 + 40 cm

Procyon lotor (Linnaeus)
Waschbär
Nordamerika
65 + 25 cm

Procyon cancrivorus
G. Cuvier
Krabbenwaschbär
Südamerika
65 + 25 cm

Nasua narica Linnaeus
Weißrüsselbär
Nord- u. Mittelamerika
60 + 45 cm

Nasua n. rufa Desmarest
Roter Nasenbär
Südamerika
60 + 45 cm

Familie: Procyonidae — Kleinbären (*Ailuropus, Ailurus, Bassaricyon, Bassariscus, Nasua, Potos, Procyon*)

Die Kleinbären werden in zwei auch geographisch getrennte Unterfamilien aufgeteilt: die neuweltlichen Procyoninae und die altweltlichen Ailurinae. Die Procyoniden sind zumeist niedrig auf den Läufen und haben vorwiegend einen langen, manchmal buschigen, meist aber kurzbehaarten Schwanz. Die niedrig angesetzten Ohren werden selten aufrecht getragen, sondern stehen mehr oder weniger seitlich vom Kopfe ab, wie besonders beim *Makibär*, *Katzenfrett* und *Wickelbär*. Sie haben an jedem Fuß fünf Zehen. Die Krallen sind nicht zurückziehbar, die Sohlenballen gewöhnlich nackt. Die Tiere sind Sohlengänger. Zwei der geologisch ältesten und interessantesten Mitglieder dieser Unterfamilie werden kaum je außerhalb Amerikas gezeigt: das Katzenfrett, Ringtail oder Cacomistle und der Olingo oder Makibär. Beide leben von kleinen Säugern, Vögeln, Insekten und auch Früchten. Zwar wird ihnen nachgesagt, daß sie in Geflügelställe eindrängen und dort Schaden anrichteten, aber bei Untersuchungen des Mageninhalts von 256 Katzenfretts fanden sich nur je einmal Reste von der Wachtel und der Taube. So überwiegt der Nutzen durch Vertilgen von Schädlingen bei weitem. Das Katzenfrett richtet sich wie bei uns Iltis und Hausmarder nicht selten in unmittelbarer Nähe von Ställen und Häusern ein oder geht sogar in die Behausungen. Andere Artgenossen bleiben aber völlig im Freien und leben in Felsklüften und Baumhöhlen, wo das Weibchen auch die Wochenstube einrichtet. Die Tiere gelten als ungesellig, doch sind sie nachtaktiv und deshalb nicht leicht zu beobachten. Wegen ihrer Sauberkeit und nur geringen Neigung zum Beißen erweisen sich die Tiere in ihrer Heimat nicht selten als liebenswürdige Hausgenossen. Sie machen nicht gern große Sprünge und laufen lieber die Äste und Zweige entlang. — Während das Katzenfrett mehr nordamerikanisch ist, kommt der Makibär in Südamerika vor und ist in Mittelamerika in Panama, Costa Rica und Nicaragua nachgewiesen. Selbst von Eingeborenen werden sie oft mit Wickelbären verwechselt. Jungtiere sehen diesen tatsächlich recht ähnlich. Erwachsene Makibären aber haben eine ebenso spitze Nase wie das Katzenfrett. Der Schwanz ist bei beiden ein sehr langes und bewegliches Balancierorgan, aber kein Greifschwanz wie beim Wickelbären. — *Waschbären* haben nicht nur ein weites Verbreitungsgebiet in Nord- und Mittelamerika, sondern sie breiten sich auch in Europa ständig aus; teils weil sie als Lieferanten wertvoller Pelze ausgesetzt wurden, teils entkamen sie aus Farmen. Sie sind aber dem Niederwildbestand recht abträglich. Ihren Namen haben sie von der Angewohnheit, Nahrungsbrocken vor dem

Verspeisen mit den Händen im Wasser abzureiben. Ein naher Verwandter ist der etwas hochbeinigere *Krabbenwaschbär* mit kurzem, aber dichtem Haar. Er ernährt sich von Früchten, Eiern, Krabben und anderen Kleintieren. — Nasenbären oder Coatis sind in beiden Teilen des Doppelkontinents zu finden. Der *Weißrüsselbär* ist eine Tieflandform, die in der Färbung von graugelb über graubraun bis rostrot und braunschwarz variiert. Während die heller gefärbten Nasenbären zur Hauptsache nördliche Formen sind, kommt die rostrote Unterart *Nasua n. rufa* in Nordperu südlich des Äquators vor. In den Hochgebirgswäldern von Westvenezuela bis Ecuador lebt in Höhen bis zu 3000 m der kleinere Bergnasenbär, *Nasuella olivacea* (Gray). Nasenbären strecken beim Gehen den langen Schwanz ähnlich wie manche Halbaffen steil in die Höhe. — Der *Wickelbär* hat einen kräftigen Greifschwanz, der das Tier freihängend tragen kann. Seine Lebensweise unterscheidet sich von der der anderen neuweltlichen Kleinbären. Mit seiner sehr langen, schmalen Zunge fährt er in alle Ritzen und Spalten nach Insekten beziehungsweise Larven oder auch einfach nur zur Erkundung. Früchte sind seine Hauptnahrung. Jung in gute Hände gekommene Wickelbären werden reizende zahme Hausgenossen, die nicht beißen, auch wenn sie spielerisch etwas zwischen die Zähne nehmen. Mit Katzen und Hunden balgen sie sich gern. Wie bei diesen Spielgenossen fahren sie auch dem mit ihnen spielenden Menschen mit der langen dünnen Zunge blitzschnell in Nasen- und Ohröffnungen. Ihr einziger Nachteil als Hausgenosse ist ihr Bedürfnis, ihr Revier mit Hilfe des Analdrüseninhalts zu markieren. Was im Freien rechtens ist, wird im Hause selbstverständlich lästig. — Dieses Markieren betreiben mehr oder weniger intensiv alle Kleinbären, ganz besonders auffallend der zur Unterfamilie Ailurinae gehörende Kleine Panda oder *Katzenbär*. Ist ein Panda in seinem Gehege auf der Rundwanderung, so kann er alle 2—3 m stehenbleiben und die Analregion an vorspringenden Ästen oder Steinen abreiben. Sind keine Vorsprünge verfügbar, hockt er sich gar ins Gras und markiert bei jedem Rundgang die gleiche Stelle. Der Katzenbär gehört zu den sehr wenigen Säugetieren, die an der Bauchseite dunkler sind als an den Seiten und am Rücken. Die Intensität des roten Rückens ist bei fast jedem Tier anders, unabhängig von Geschlecht, Alter und der Jahreszeit. Auch der Katzenbär verbringt einen großen Teil des Tages auf Bäumen und legt sich zum Ruhen gern in ganzer Länge bäuchlings auf einen Ast; dann läßt er alle viere seitlich herunterhängen. Er ernährt sich von Früchten, Pflanzentrieben, Insekten, Jungvögeln sowie Eiern. — In den unzugänglichen Gebirgswäldern Osttibets, Yunnans und Setschuans bis zum Kukunoor lebt eines der seltensten Säugetiere, der Große

Potos flavus Schreber
Wickelbär
Mittel- u. Südamerika
50 + 45 cm

Panda oder *Bambusbär*. Seine Backenzähne sind zu Mahlzähnen wie bei den echten Bären umgestaltet; er ernährt sich fast ausschließlich von Bambussprossen. Über sein Freileben weiß man so gut wie gar nichts, auch nichts über Paarungszeit, Tragdauer, Jungenzahl und Höchstlebensdauer. Bisher ist es nur im Zoo Pekings gelungen, Nachzucht zu erhalten. An den anderen — wenigen — Orten konnten bisher nur Einzeltiere gehalten werden. Und der „weltbekannte" Versuch, die Bambusbärin des Londoner Zoos mit dem Moskauer Männchen zu paaren, ist vorerst mißlungen. Die Pupille des Bambusbären ist ähnlich der des Waschbären schlitzförmig und nicht rund wie bei den Großbären.

Ailurus fulgens F. Cuvier
Katzenbär
Osthimalaya
60 + 50 cm

Ailuropus melanoleucus Milne-Edwards
Bambusbär
Osthimalaya
150 cm

Mustela erminea Linnaeus
Hermelin
Europa, Asien, Nordamerika 25 + 10 cm
Winter
Sommer

Mustela vulgaris Erxleben
Mauswiesel
Europa, Asien
21 + 6 cm

Familie: Mustelidae — Marder (*Amblyonyx, Aonyx, Enhydra, Grison, Gulo, Helictis, Lutra, Lutreola, Martes, Meles, Mellivora, Mephitis, Mustela, Mydaus, Poecilogale, Pteronura, Putorius, Spilogale, Tayra, Vormela*)

Als Musteliden werden eine große Zahl sehr verschieden gestalteter Arten von Raubtieren zusammengefaßt, die man wiederum in fünf Unterfamilien auflöst: die Mustelinae oder eigentlichen Marder, Mellivorinae oder Honigdachse, Mephitinae oder Stinktiere und die Lutrinae oder Ottern. Sie sind eine palaeontologisch alte Gruppe, die bereits im Oligozän in großer Formenfülle vorhanden war. Die Musteliden stehen systematisch zwischen den Kleinbären und den Schleichkatzen. Marder sind heute weltweit verbreitet — abgesehen von Australien und Neuseeland. Sie sind zumeist sehr gewandte Räuber, mit kurzen Läufen und spitzen scharfen Krallen, die ihnen das Erklimmen von Baumstämmen und sicheres Springen im Gezweig ermöglichen. Bei den meisten Arten handelt es sich um reine Fleischfresser, die selbst solche Beutetiere mutig anfallen und zur Strecke bringen, die um das Mehrfache größer sind als sie selbst. Einige Arten verzehren außerdem Beeren, Früchte, Schnecken und Würmer; sie nehmen aber auch Aas. Viele Marder haben ein sehr feines, dichtes Winterfell und werden deshalb gejagt oder in größerem Umfang in Farmen gezüchtet. Letzteres hat die Kenntnis über einige biologische Besonderheiten, gerade bei den Mardern im engeren Sinne, sehr gefördert. In Europa handelt es sich dabei hauptsächlich um den weißkehligen Haus- oder *Steinmarder* und den gelbkehligen Edel- oder *Baummarder*. In Asien spielt der *Zobel* die größte Rolle, in Nordamerika der Fichtenmarder, auch wohl amerikanischer Zobel genannt. Der Zobel gilt — seines kostbaren Pelzes wegen als eines der wertvollsten Tiere überhaupt — soweit man sie mehr nach Geldwert als nach ideellem Wert beurteilt. Selbst das winterweiße *Hermelin* kommt dagegen kaum an, obwohl seine kleinen Felle zu Tausenden für Kaiser und Könige als höchste Zier galten. Der Zobel ist kleiner als der Baummarder und bedeutend ruhiger. Er hat nicht das hastige, quecksilbrige Temperament, wie es gerade dieser zeigt.

Wie schon gesagt, werden seit langem mehrere Marderarten erfolgreich in Farmen gezüchtet. Dabei hat sich gezeigt, daß die Ranzperiode von etwa Mitte Juni—Mitte August dauert. Die Paarung findet im Juli/August statt, und die Jungen werden nach der sehr langen Tragzeit von 259—275 Tagen geworfen. Kurz nach der Befruchtung erfolgt die Furchung des Eies, die Keimesentwicklung beginnt zwar, verzögert sich dann aber so, daß sie fast

Mustela nigripes Audubon u. Bachman
Schwarzfußiltis
Nordamerika
38 + 13 cm

Lutreola lutreola (Linnaeus)
Nerz
Europa, Asien
35 + 13 cm

Mustela sibirica coreana Domaniewski
Korea-Iltis
Korea
36 + 19 cm

Putorius putorius Linnaeus
Iltis
Europa, Asien
40 + 15 cm

Vormela peregusna (Güldenstaedt)
Tigeriltis
Südeuropa, Asien
32 + 15 cm

Martes zibellina (Linnaeus)
Zobel
Asien
40 + 15 cm

Martes martes (Linnaeus)
Baummarder
Europa, Asien
45 + 25 cm

Martes foina (Erxleben)
Steinmarder
Europa, Asien
45 + 25 cm

Tayra barbara Linnaeus
Tayra
Südamerika
55 + 45 cm

Martes melampus Wagner
Japanischer Schwarzfußmarder
Japan   45 + 20 cm

Grison vittatus Schreber
Grison
Südamerika   43 + 22 cm

zum Stillstand kommt. Man nennt das die Vortragzeit. Der Beginn der Austragzeit ist schwer feststellbar, doch wird für ihre Dauer ungefähr zwei Monate angenommen, was einem Beginn der wieder beginnenden Beschleunigung der Entwicklung gegen Ende Januar entsprechen würde. Für den *Iltis* wurden 40—43 Tage Tragzeit festgestellt; beim europäischen *Nerz* beträgt sie 40—63 Tage. Die Gruppe der sogenannten Stinkmarder hat also eine viel kürzere Tragdauer. Das Hermelin verhält sich hierin wieder wie die eigentlichen Marder mit der langen Vortragzeit. Vom Iltis gibt es eine in den Hausstand überführte Form, das Frettchen, das zwar vereinzelt verwilderte, aber fast nur zahm gehalten und als Jagdhilfe auf der Kaninchenjagd eingesetzt wird. Das Frettchen ist meist weißgelblich und hat rote Augen, ist also eine Albinoform. Mischlinge zwischen Iltis und Frettchen werden als Iltisfrettchen bezeichnet, diese haben aber dunkle Augen. In Europa soll man vor der Einführung der Hauskatze im ersten Jahrhundert nach der Zeitwende zur Mäuse- und Rattenbekämpfung Iltisse und Marder gehalten haben. Schon im 4. Jahrhundert v. Chr. erwähnt Aristoteles das Frettchen. Nach Neuseeland wurden zwischen 1882 und 1897 neben Hermelinen und Mauswieseln Frettchen zur Bekämpfung schädlicher Nager, vor allem der Kaninchen, gebracht. Vom europäischen Iltis wird berichtet, daß er im Winter und Vorfrühling nach dem Genuß von weiblichen Fröschen gallertige Massen erbricht, die gelegentlich auf wassernahen Stellen gefunden werden. Diese „Sternschnuppen" sollen dadurch entstehen, daß die Gallerthüllen des Froschlaichs und die Eileiter im Magen des Iltisses aufquellen und er diese ihm dann lästig werdende Masse wieder erbricht. Der Iltis ist neben dem Steinmarder diejenige Marderart, die sich am besten auf alle Änderungen in ihrem Lebensraum einzustellen vermochte. Wie alle Stinkmarder hat auch der Iltis kräftig entwickelte Analdrüsen, deren übelriechendes Sekret bei Erregung und Angst entleert wird. Dieser Geruch setzt sich im ganzen Fell fest. Deshalb spielt das Iltisfell im Rauchwarenhandel nicht die bedeutende Rolle, die ihm seiner Güte wegen zukäme. Das Sekret wird auch wie bei allen Mardern zum Markieren des Territoriums benutzt.

Während der europäische Nerz, auch Wasserwiesel genannt, in Mitteleuropa ganz ausgestorben zu sein scheint, hat sich stellenweise, besonders in Skandinavien und England, sein aus Pelztierfarmen entkommener amerikanischer Vetter, der Vison, so vermehrt, daß er zu einer Geißel für den Niederwildbestand wurde.

Poecilogale albinucha (Gray)
Streifenwiesel
Afrika
35 + 15 cm

Zorilla striata Shaw
Zorilla, Bandiltis
Afrika
35 + 25 cm

Meles meles (Linnaeus)
Dachs
Europa, Asien
70 + 18 cm

Mellivora ratel Sparrmann
Honigdachs
Afrika, Asien
85 + 25 cm

Mydaus javanensis Desmarest
Stinkdachs
Insulinde 35 + 2 cm

Gulo gulo (Linnaeus)
Vielfraß, Järv
Europa, Asien, Nordamerika
80 + 15 cm

Helictis ferreo-grisea Hilzheimer
Sonnendachs
Ostasien
40 + 20 cm

Nicht alle Angehörigen der Familie Mustelidae sind so schlank und wendig wie die Marder im engeren Sinne. Die Gruppe der Dachse ist kompakter und meistens kurzschwänziger. Der altweltliche *Dachs* hat einen festen Platz in der Tierfabel, wo er als Meister Grimbart der freundliche Vermittler und Fürsprecher für den Schelm Reineke Fuchs ist. Seiner kurzen Beine wegen kann der Dachs sich nur schwer in mehr als 8—10 cm tiefem Schnee bewegen; deshalb hält er während hoher Schneelagen Winterruhe, während welcher er von seinem im Herbst angesetzten Fett zehrt. Ein richtiger Winterschlaf ist es aber nicht. Sein Fell ist als Pelzwerk ungeeignet, hatte früher aber eine interessante Verwendung. Die Grafen von Thurn und Taxis führen — ihrem Namen Taxis entsprechend — einen Dachs im Wappen; sie versorgten zu ihrer Zeit das ganze Postwesen, und als Symbol wurde eine Dachsschwarte an das Kummet des linksgehenden Vorderpferdes der Postgespanne gehängt. Die Kenntnis von diesen Zusammenhängen ging später verloren. So konnte man noch zu Beginn des 20. Jahrhunderts Dachsschwarten an Halsgeschirr oder Kummet von Gespannen, namentlich von schweren Schrittfuhren wie Brauer- und Müllerwagen, sehen. Heute scheint auch dies kleine Stück Romantik der Technik zum Opfer gefallen zu sein. — Einer unserer nördlichsten Räuber ist der *Järv*, irreführenderweise oft Vielfraß genannt. Diese Bezeichnung Vielfraß hat die Phantasie früher gar oft angeregt. So wurde in Wort und Bild dargelegt, wie das Tier sich den Wanst bis zur Unförmigkeit vollschlägt, aber doch gern weiterfressen möchte. Deshalb zwängt es sich zwischen zwei eng beieinander stehenden Bäumen hindurch. Diese kneten ihm den Darm leer und ermöglichen dadurch die Fortsetzung der Mahlzeit. Vielfraß ist eine mißverstandene Verdeutschung von Fjällfräß, was soviel wie Felsenkatze bedeutet. Immerhin haben auch andere Sprachen das Tier nach dieser falschen Übersetzung benannt, wie das Niederländische mit Veelvraat, das Englische mit Glutton; auch im Französischen, Spanischen und Italienischen lebt die gleiche Form mit Glouton, Glotón, Ghiottone. Der Vielfraß ist aber weit besser als sein Ruf. Jung in gute Hände gekommene Järve bleiben lange spiellustig und liebenswürdig. Der Järv lebt zirkumpolar in Taiga und Tundra. Da er nicht selten die Fallen verschleppt und die gefangenen Pelztiere auffrißt, hat er fast überall nur Feinde, die ihm mit allen Mitteln nachstellen. An sich reißt er lieber größere Tiere, als sich mit Mäuse- und Lemmingfang aufzuhalten. Rentiere jeden Alters fallen ihm zur Beute. Merkwürdigerweise schleppt es nicht selten deren abgebissene Köpfe in Astgabeln etwas schräg-

Mephitis mephitis (Schreber)
Streifenskunk
Nordamerika
38 + 25 cm

Spilogale putorius (Linnaeus)
Fleckenskunk
Nord- u. Mittelamerika
30 + 20 cm

stehender Bäume und weiß sie trotz der sperrigen Geweihe sicher hinaufzuzerren. Von der Järvfähe werden außerdem Vorratskammern angelegt, die von den Lappen „Rentiergräber" genannt werden. — *Sonnen-* und *Honigdachse* sind nächtlich munter werdende Tiere. Die *Stinkdachse* oder *Skunks* haben gleich den anderen Mardern neben dem After zwei Drüsenbeutel, die ein ungewöhnlich durchdringend riechendes, klargelbes Sekret absondern, von denen Mercaptane die am ärgsten stinkenden Stoffe sind. Diese Flüssigkeit kann durch willkürliche Muskeln weit und völlig gerichtet versprizt werden; sie ist eine furchtbare Waffe gegen alle Belästigungen. Der Gestank haftet an allen getroffenen Gegenständen. Skunks können sehr nette Hausgenossen sein, doch werden ihnen dann zuvor die Stinkdrüsen ausgeschält.

Weit beweglicher und lebhafter als Dachse sind die Ottern, die zwar auf dem Trockenen keineswegs ungeschickt sind, aber doch erst im Wasser Glieder und Bewegungen bewunderswert beherrschen. Zwischen allen Fingern und Zehen sind bis zu den Krallen reichende Schwimmhäute ausgespannt. An Land schlängelt sich der Otter eilig trippelnd dahin. Bei der Flucht kann er lange Sätze machen und muß der kurzen Läufe wegen bei jedem Vorschnellen der Hinterfüße den Rücken aufwärts krümmen nach Art der Spannerraupen. Ottern gehören zu den bewegungsfreudigsten Tieren, die mit sich allein oder mit Artgenossen stundenlange Spiele im Wasser ausführen. Der *Fischotter* ist durch Nordafrika, ganz Europa bis nach Ostasien hinein verbreitet. Der ihm sehr ähnliche kanadische Fischotter ist merklich größer. — Altweltliche Ottern sind u. a. die Glattottern der Gattung Lutogale und die sogenannten *Klauenlosen Ottern*, deren Vorderfüße verhältnismäßig klein und deren Klauen so kurz sind, daß sie nicht über die Zehenpolster hinwegstehen. — Der *Riesenotter* der brasilianischen Flüsse wird in die besondere Gattung Pteronura gestellt. Der Kopf ist besonders im Schnauzenteil sehr kurz, der Schwanz abgeplattet. Riesenottern sind gesellig und treten meist in Trupps von 8—20 Tieren auf, die gemeinsam jagen und spielen. Der einzige, ausschließlich im Seewasser vorkommende Otter ist der Kalan oder *Seeotter* des nördlichen Stillen Ozeans. Er hat gleich seinen meisten Verwandten einen sehr begehrten Pelz. Die Jagd auf ihn wurde derart gründlich betrieben, daß die Art kurz vor dem Aussterben war. Einige Jahre völligen Schutzes ließen die Bestände soweit erstarken, daß jetzt wieder eine lizenzierte Bejagung möglich und stellenweise nötig ist. Hauptnahrung des Kalans sind Seeigel verschiedener Arten sowie Muscheln. Die Tiere verzehren ihre Beute auf dem Rücken im Wasser treibend, während auf dem Bauch die übrige verfügbare Nahrung als Vorrat deponiert wird.

Familie: Viverridae — Schleichkatzen (*Arctictis, Atilax, Crossarchus, Cryptoprocta, Cynictis, Cynogale, Genetta, Helogale, Hemigalus, Herpestes, Paguma, Paradoxurus, Suricata, Viverra*)

Schleichkatzen sind langrumpfige, meistens niedriggestellte altweltliche Raubtiere, deren Körper von den Seiten her zusammengedrückt, „kompreß", sind, im Gegensatz zu den Marderartigen, die von oben nach unten abgeflacht, „depreß", sind. Alle Füße der Schleichkatzen haben an den weitspreizbaren Zehen lange, nicht zurückziehbare Krallen. Der Kopf ist meistens langgezogen. Der lange Schwanz wird beim Gehen nach hinten weggestreckt oder etwas nach unten gebogen getragen. Über die systematische Einordnung der einzelnen Schleichkatzen-Unterfamilien sind sich die Fachleute noch keineswegs einig. Ganz besonders gehen die Ansichten über die *Fossa* auseinander. Sie ist ein rotgelbes Tier der Insel Madagaskar, die noch so mancherlei interessante seltene Säugetiere beherbergt. Die Fossa nimmt eine Sonderstellung ein. Die Krallen sind zurückziehbar; auch sonst hat diese Art Eigenschaften, die sie als Übergang zu den Katzen kennzeichnen. Die Fossa ist nachtaktiv, schlägt kleine Haustiere und Geflügel, klettert aber auch in die Bäume und macht Jagd auf Halbaffen. — Die Palmenroller (Paradoxurinae) sind hauptsächlich baumbewohnende, fruchtfressende Viverriden. Der Pardelroller (Nandinia) ist nach Schädel und Gebiß am ursprünglichsten. Der *Binturong* oder Marderbär sieht zwar den Kleinbären (Procyonidae) ähnlich, ist aber doch nach Gebiß und anderen anatomischen Merkmalen eine große Schleichkatze. Zwar ist überall zu lesen, er habe einen Greifschwanz und sei deshalb eine Parallelerscheinung zu der Entwicklung des neuweltlichen Wickelbären. Das stimmt aber nicht; nur der Wickelbär kann sich mit dem Schwanz allein freihängend selbst tragen. Dem sehr viel größeren und schwereren Binturong ist das nicht möglich. Er preßt jedoch beim Klettern den Schwanz fest an die Unterlage, etwa dem Baumstamm oder an andere zu ersteigende Gegenstände, und kann auch einen Ast damit umschlingen. Die Roller haben ihren Namen von der Angewohnheit, sich in Astgabeln zum Schlafen einzurollen. Der *Larvenroller* bekam diesen Namen wegen seiner auffälligen Gesichtszeichnung. Vom *Palmenroller* wird berichtet, daß er sich gern an die fleischigen Früchte des Kaffeestrauches hält, das Fruchtfleisch verdaut, die Kerne aber unverdaut wieder ausscheidet. Solche Kerne sollen nach Aussage der Javaner den besten Kaffe ergeben. Zur Unterfamilie Viverrinae gehört die zierliche *Ginsterkatze*, die in Nordafrika, auf der Pyrenäenhalbinsel und in Südfrankreich vorkommt. Vereinzelt treten Ginsterkatzen selbst im südwestlichen Deutschland als Irrgäste auf. Der-

Arctictis binturong Raffles
Binturong
Südasien
70 + 70 cm

Paradoxurus hermaphroditus Schreber
Malaiischer Palmenroller
Südasien
50 + 50 cm

Paguma larvata Hamilton-Smith
Larvenroller
Ostasien
55 + 50 cm

Hemigalus hardwicki Gray
Gebänderter Palmenroller
Südasien
54 + 34 cm

Genetta genetta (Linnaeus)
Ginsterkatze
Südeuropa, Nordafrika
50 + 42 cm

Viverra zibetha Linnaeus
Asiatische Zibetkatze
Südasien
80 + 46 cm

Cynogale bennetti Gray
Mampalon
Malaysia, Insulinde
60 + 15 cm

Cryptoprocta ferox Bennet
Fossa
Madagaskar
70 + 68 cm

Herpestes edwardsii Geoffroy
Indischer Mungo
Vorderindien 45 + 40 cm

Helogale parvula Sundevall
Zwergmanguste
Ostafrika
30 + 25 cm

Suricata tetradactyla Schreber
Surikate, Scharrtier
Südafrika
30 + 25 cm

Crossarchus obscurus F. Cuvier
Kusimanse
Zentral- u. Westafrika
35 + 20 cm

Cynictis penicillata G. Cuvier
Fuchsmanguste
Südafrika
40 + 30 cm

Atilax paludinosus Temminck
Sumpfmanguste
Südafrika
65 + 37 cm

ber sind die *Zibetkatzen*, von denen eine Art in Asien, die andere in Afrika lebt. Beide sondern aus ihren Analdrüsen ein stark riechendes Sekret ab, das früher als Arzneimittel und auch als Grundstoff für Parfüme benutzt wurde. Eine — wenigstens theoretisch — weitbekannte Schleichkatzenart ist der Mungo, der in mehreren Formen vom Mittelmeer bis China und im Süden bis Indonesien vorkommt. Der Ichneumon, die „Ratte der Pharaonen", war in Ägypten ein heiliges Tier und wurde nach seinem Tode einbalsamiert und bestattet. Er bewohnt Flußniederungen und Rohrwälder, wo er auch seine flachen Baue anlegt, in denen das Weibchen zu Sommeranfang nach einer Tragzeit von rund 60 Tagen bis zu drei Junge wirft, die von beiden Eltern versorgt und lange gefüttert werden. Als Tagtier stellt der Ichneumon allen Kleinsäugern und Vögeln nach, die er bezwingen kann. Aber auch alle Kriechtiere und Lurche, selbst Insekten und Würmer sind ihm willkommen. Seine Jagdlust läßt ihn selbst dann, wenn er satt ist, alles töten, was sich bewegt. Da er sich auch in den Hühnerställen stark betätigt, hat er inzwischen den Ruf der Heiligkeit eingebüßt und wird nach Kräften bekämpft. Von seinen asiatischen Verwandten ist der als Schlangentöter bekannte und berühmte *Mungo* wichtig. Er kommt in Indien, Kaschmir, Bengalen, im Himalaya und auf Ceylon vor. Lebensraum und Nahrungstiere entsprechen denen des Ichneumons. Bekannt ist seine Vorliebe für Schlangen von der kleinsten harmlosen bis zur Kobra mit ihrem tödlichen Gift. Dabei ist der Mungo keineswegs giftfest und geht nach einem Kobrabiß ebenso zugrunde wie jedes andere lebende Wesen. Seine ungeheure Gelenkigkeit und Geschwindigkeit lassen ihn aber der angreifenden Schlange meistens rechtzeitig ausweichen. Mungos werden leicht zahm und sind insofern angenehme Hausgenossen, als sie Ratten sowie Mäuse vertilgen und dabei sehr reinlich sind. Verschiedentlich wurden sie zur Rattenbekämpfung in andere Länder verpflanzt. Dort wirkten sie zwar nach Wunsch, fügten aber bald den Hühnerhaltern merkbaren Schaden zu. Noch mungofreie Inseln wünschten deshalb auch frei von ihnen zu bleiben. Die Mangusten sind den Ichneumons und Mungos nahe verwandt und gleich ihren meisten Verwandten Allesfresser. Im Somaliland sowie in Ost- und Südafrika bis Angola leben die *Zwergmangusten*, in Afrika südlich der Sahara die große *Sumpfmanguste*. — Zu den interessantesten Schleichkatzen gehört die *Surikate*, auch Erdmännchen, Scharrtier oder Stocksteert genannt. Die schmucken kleinen Tiere richten sich gern auf den Keulen auf, um einen weiteren Überblick zu bekommen. Die eigenartige Rückenfleckung erinnert etwas an eine vergrößerte Perlung wie beim Ziesel. Surikaten sind wenig scheue, begeisterte Gräber, die in selbstgegrabenen Bauten in Kolonien leben.

Felis chaus Güldenstaedt
Rohrkatze, Sumpfluchs
Afrika, Asien
70 + 25 cm

Felis silvestris Schreber
Wildkatze
Europa, Asien
60 + 30 cm

Felis s. lybica Forster
Falbkatze
Afrika, Vorderasien
50 + 25 cm

Felis nigripes Burchell
Schwarzfußkatze
Südafrika
44 + 16 cm

Familie: Felidae — Katzen (*Acinonyx, Caracal, Felis, Herpailurus, Leopardus, Leptailurus, Lynx, Neofelis, Otocolobus, Panthera, Pardofelis, Prionailurus, Profelis, Puma, Uncia*)

Die Systematik der katzenartigen Raubtiere ist noch recht umstritten. Simpson erkennt z. B. nur Felis (alle kleineren und mittelgroßen Katzen), Acinonyx (Gepard) und Panthera (Großkatzen) als Gattungen an, die er dann allerdings wieder in Untergattungen aufspaltet. Zu den Felidae zählen auch die afrikanische *Falbkatze* und der Kuder, die *Wildkatze* Europas und Asiens. Die Falbkatze ist offenbar leicht zähmbar. Der Forschungsreisende Schweinfurth berichtete, daß man im afrikanischen Lande der Njam Njam nicht eigentlich Hauskatzen in unserm Sinne hat, sondern halb und ganz gezähmte Falbkatzen, die von den Knaben eingefangen, in der Nähe der Hütten angebunden und in kurzer Zeit so weit gezähmt wurden, daß sie sich an die Wohnung gewöhnten und sich eifrig dem Fang der zahlreichen Mäuse widmeten. Hilzheimer führt in Brehms Tierleben weiter aus: „Es gab im alten Ägypten eine Göttin Bast, der ursprünglich die Löwin heilig war. Im Kult wurde dieses unbequeme und unhandliche Tier im Mittleren Reich etwa seit der fünften und sechsten Dynastie durch die aus Nubien stammende Falbkatze ersetzt, gewissermaßen das verkleinerte und leichter zu haltende Symbol der Löwin, eine Miniaturlöwin. Seit dieser Zeit wurde also die Falbkatze das heilige Tier der Göttin Bast und als solches mumifiziert. Doch damals züchtete man die Falbkatze noch nicht in der Gefangenschaft; sie war noch nicht domestiziert. Wenigstens lassen die ältesten Katzenmumien, wie die aus Bubastis, Stabl-Antar und andere, noch keinerlei Anzeichen einer Domestikation erkennen. Solchen begegnen wir erst seit der 12. oder 13. Dynastie. Unter den dieser Zeit angehörigen Katzenmumien aus Beni-Hassan und Siut fand Nehring Junge aller Altersstadien, Schädel mit Gebißabnormitäten sowie eine große Variabilität der Ohrform und der Farbe, die alle möglichen Schattierungen aufwies, wenn auch weiße beziehungsweise schwarze noch fehlten. Ein weiteres Domestikationszeichen konnte Gaillard nachweisen: die Verkürzung des Gesichts, ein Merkmal, das sehr viele Haustiere gegenüber ihren wilden Verwandten oder Vorfahren auszeichnet. Abgesehen von derartigen geringen Unterschieden, stimmen diese zahmen Katzen in anatomischer Hinsicht genau mit der Falbkatze überein. Außerdem fand man unter den

Man-Katze

"Haustiger"

Abessinier-Katze

Blaue Perserkatze

Siam-Katze

ägyptischen Katzenmumien, wenn auch in erheblich geringerer Anzahl, noch einige andere Arten, wie den *Sumpfluchs* und den Serval. Doch wurden diese Tiere wohl gezähmt, aber niemals domestiziert." Eine Domestikation der Falbkatze erfolgte in Ägypten sicher schon 2000 v. Chr.; nach Mitteleuropa kam die Hauskatze aber erst durch die Römer und fand in der Völkerwanderungszeit im Norden weitere Verbreitung. Da dort aber die Wald-Wildkatze heimisch war und zum Teil noch ist, kreuzten sich am Rande menschlicher Siedlungen ständig Wildkatzen mit streunenden Hauskatzen. Das geschah um so häufiger, als bei fortschreitender Wildkatzenausrottung dem Wildtier oft ein ebenbürtiger Geschlechtspartner fehlte. So haben unsere Hauskatzen einen guten Schuß Wildkatzenblut. Eine größere Anzahl von Hauskatzenrassen wurden im Laufe der Zeit gezüchtet, die sich hauptsächlich nach Haarbeschaffenheit, Haarfarbe und Schwanzlänge unterscheiden, wie z. B. *Siam-, Abessinier-, Perser-,* Angorakatzen, „Haustiger" und die stummelschwänzigen Katzen, von denen die der Insel Man besonders bekannt sind. Alle diese Kleinkatzen haben Schlitzpupillen, die bei hellem Licht nur einen senkrechten Spalt zeigen; in der Dämmerung und bei Nacht ist auch ihre Pupille rund. Zu den nächsten Verwandten der Hauskatze zählt die kleinste wildlebende Katzenart, die *Schwarzfußkatze.* Auch die *Zwergtigerkatze* ist kleiner als die Hauskatze. Von den Südamerikanern spielt der *Ozelot* eine beträchtliche Rolle wegen seines geschätzten Pelzwerks. Die Wieselkatzen erinnern äußerlich sehr an die Schleichkatzen. Sie treten in zwei verschiedenen Farbkleidern auf, die man früher für zwei verschiedene Arten ansah, die rötlichgelbe als Eyra, die dunkelbraunschwarze als *Jaguarundi* bezeichnete. Es hat sich aber herausgestellt, daß beide Farbformen als Wurfgeschwister in ähnlicher Weise vorkommen wie rote und schwarze Eichhörnchen. — Asien beherbergt ebenfalls eine größere Zahl Kleinkatzen, wie die Tüpfel- oder *Fischkatze,* die mit Schlägen der Vorderpfote Fische aus dem Wasser holt, die *Marmorkatze,* die zierliche *Bengalkatze* und den *Manul,* der ähnlich der Rohrkatze, die auch Sumpfluchs genannt wird, zu den Luchsen überleitet. — Kleinkatzen ähneln sich in der Lebensweise weitgehend. Sie sind meist Einzelgänger, die nur zur Paarungszeit zueinanderfinden. Sie sind schnell in der Bewegung, wenn auch keine Langstreckenläufer. Ihre spitzen, zurückziehbaren Krallen und das spitzzähnige Gebiß sind treffliche Angriffs- und Verteidigungswaffen. Sie klettern zumeist gut, so daß auch im Gezweig nistende Vögel und Kleinsäuger nicht vor ihnen sicher sind. Mit Ausdauer warten sie vor Mäuselöchern auf das Auftauchen deren Bewohner. Während der Paarungszeit liefern die Rivalen sich wilde Kämpfe mit viel Lärm und Beißerei.

Prionailurus viverrinus (Bennett)
Fischkatze
Südostasien
76 + 29 cm

Prionailurus bengalensis (Kerr)
Bengalkatze
Ost- u. Südasien
60 + 25 cm

Pardofelis marmorata (Martin)
Marmorkatze
Südostasien
70 + 35 cm

Leopardus tigrinus (Erxleben)
Zwergtigerkatze
Südamerika
50 + 30 cm

Herpailurus yagouaroundi (Fischer)
Wieselkatze, Jaguarundi
Südamerika, südliche USA
60 + 50 cm

Otocolobus manul (Pallas)
Steppenluchs, Manul
Ostasien
48 + 21 cm

Leopardus pardalis (Linnaeus)
Ozelot
Mittel- u. Südamerika
100 + 40 cm

Lynx lynx (Linnaeus)
Luchs
Europa, Asien, Nordamerika
120 + 20 cm

Lynx pardina (Temminck)
Pardelluchs
Südeuropa, Vorderasien
90 + 13 cm

Lynx rufus (Schreber)
Rotluchs
Nordamerika
85 + 15 cm

Caracal caracal
(Güldenstaedt)
Wüstenluchs, Karakal
Afrika, Südasien
75 + 25 cm

Leptailurus serval
(Schreber)
Buschkatze, Serval
Afrika
100 + 35 cm

Acinonyx jubatus
(Schreber)
Gepard
Afrika, Asien
130 + 75 cm

Profelis aurata (Temminck)
Afrikanische Goldkatze
West- u. Zentralafrika
100 + 35 cm

Profelis temmincki Vig. Horsfield
Asiatische Goldkatze
Südasien
100 + 35 cm

Luchse weichen in ihrem Erscheinungsbild von den Kleinkatzen erheblich ab. Die Kopfrumpflänge eines erwachsenen Luchskaters kann bis zu 1,30 m betragen, die Schulterhöhe bis 75 cm. Durch seine langen Beine wirkt er aber fast quadratisch. Am Kopf verlängert sich das Kehlhaar zu einem zweizipfligen Backenbart. Die runden Ohren tragen lange Haarpinsel. Wie alle nicht einfarbigen Katzen wechseln auch bei den Luchsen Grundfarbe und Fleckung. Der nordeuropäische *Luchs* wechselt so weitgehend in Farbe und Muster, daß mehrere Farbtypen im Volksmund besondere Bezeichnungen führen. Auf silbergrauem, nach der Bauchseite zu weißlichem und langhaarigem Fell stehen zahlreiche bis zu 3 cm lange, ziemlich scharf abgesetzte Vollflecken: Dieses Kleid trägt der „Katlo", der „Katzenluchs". Der „Raevlo", der „Fuchsluchs", hat bei rotgrauer Grundfarbe nur wenige kleine und meistens undeutliche unscharfe Flecke. Neben diesen Extremtypen kommen Zwischenformen vor. Im gleichen Geheck kann jegliche Farbtype vorhanden sein. Das Luchsfell, an der Bauchseite am längsten behaart, ist wie das der Kleinkatzen sehr weich, dicht und warm. Die Tiere leben in der gemäßigten Zone der ganzen Welt. Man sieht heute Nordluchs, Süd- oder *Pardelluchs* sowie Kanadaluchs als Angehörige der gleichen Art an. Der ebenfalls nordamerikanische *Rotluchs* oder Bobcat bleibt etwas kleiner. Noch kleiner und zierlicher ist der afrikanische *Wüstenluchs* oder *Karakal*. Auch der *Serval* ist eine hochläufige kleine Katze; sein mittellanger Schwanz reicht bis zu den Fersen. Der Form nach ist die Servalkatze dem Serval sehr ähnlich. Einige Zoologen sehen sie als artgleich mit dem Serval an. Sie hat nur sehr feine schmale Längsstriche auf graubraunem Grunde. — Der *Gepard* oder Jagdleopard gehört zu den Großkatzen, weicht aber vom allgemeinen Katzentyp stark ab. Er hat ungewöhnlich lange Läufe; die Krallen sind nur noch bei Jungtieren in bescheidenem Umfang zurückziehbar. Beim erwachsenen Gepard sind sie wie die der Hunde nur kurz, stumpf und stehen fest. So kann der Gepard die von ihm gejagte Beute, meistens Gazellen und andere Antilopen, nicht wie andere Katzen mit den Tatzen und ihren Krallen packen, sondern er trommelt mit schnellem Wirbel der Vorderpfoten seine Beute nieder. Seit Jahrtausenden wird der Gepard in den warmen Teilen von Afrika und Asien als Jagdgehilfe des Menschen gehalten, so wie man im gemäßigten und im kalten Klima Jagdhunde für gleiche Zwecke benutzt. Man zähmt und verwendet nur Wildfänge, die durch ihre Mutter bereits als Jäger ausgebildet waren und sperrt den Jagdleoparden nicht im Käfig ein, sondern legt ihn an leichten Ketten fest. Obwohl sie in Gefangenschaft gut aushalten — bis zu 15 Jahre —, sind erst in den letzten Jahren auch in dieser vereinzelte Würfe gefallen; z. T. konnten die Tiere auch aufgezogen werden. Luchsgröße haben die *Goldkatzen,* von denen eine gelbgraue mit gestreiftem Kopf im Himalaya, auf Malakka und in Indonesien lebt, die graubraune im mittleren Afrika. — Interessante größere asiatische Fleckenkatzen sind der Irbis und der *Nebelparder.* Schon das dichte lange Haarkleid weist den Irbis oder *Schneeleopard* als ein Tier kalten Klimas aus. Im Winter steigt er auf 3000 bis 2000 m hinab; im Sommer lebt er in weit größeren Höhen. Irbisfelle werden zu Mänteln und Decken verarbeitet. Der viel kleinere Nebelparder ist eine große Baumkatze, die selten auf den Boden herunterkommt. Das schöne Fell wird von den Dajaks als Kriegsschmuck geschätzt und über den Rücken hängend getragen. Im Handel geht das Nebelparderfell unter der Bezeichnung Schildkröten-Leopard, soweit es nicht ebenso wie Korea-Leopard den Irbisfellbunden beigemischt wird. — Der *Puma,* Silberlöwe, Berglöwe oder Cuguar ist eines der am weitesten verbreiteten großen amerikanischen Raubtiere aller Lebensräume von der Savanne bis hinauf zu den Bergwäldern. Die Färbung der Jungtiere ist sehr verschieden von der ihrer einfarbigen beziehungsweise ungefleckten Eltern; sie haben dunkle Vollflecke und Längsstreifen am Körper, besonders auch im Nacken und am Kopf. Von den erwachsenen Pumas sind die am weitesten südlich lebenden Patagonier am größten und grauesten. Die in den Tropen vorkommenden Silberlöwen sind meistens kleiner. — Der *Jaguar,* die große Fleckenkatze Amerikas, ist verbreitet von Süd-Arizona, Südwest-Neumexiko und Südwest-Texas südwärts bis zu 40° S in Mittelpatagonien. Er entspricht zwar dem altweltlichen Leoparden, ist aber plumper gebaut mit gröberem Kopf und kürzerem Schwanz. Die Rosetten an den Rumpfseiten enthalten fast immer einen oder mehrere Vollflecke, die dem Leoparden meistens fehlen. Wie bei allen Katzen kennt man auch beim Jaguar Schwärzlinge als Wurfgeschwister bunter Welpen; bei den schwarzen sind die Ringe und Flecke nur als sogenannte Geisterflecke bei bestimmter Beleuchtung erkennbar. Der Jaguar ist ein arger Räuber, dem Schafe, Jungvieh, Pferde, Maultiere zum Opfer fallen. Deshalb wird er auch eifrig verfolgt.

Die Großkatzen werden als Unterfamilie Pantherinae zusammengefaßt, die aber in zwei Gruppen zerfällt: Löwe, Tiger, Leopard und Jaguar gehören der Gattung Panthera an, der Schneeleopard steht allein in der Gattung Uncia. Stammesgeschichtlich gesehen ist Uncia primitiver, ursprünglicher und nähert sich in manchem dem Nebelparder und dem Puma. Der Schneeleopard muß sehr früh von den Pantherinen abgezweigt sein und dann in langer Isolierung die Sonderanpassungen an das Hochgebirgsleben erworben haben.

Man nennt den *Löwen* gern den König der Tiere, und als König Nobel lebt er auch in der großen Tierfabel von Reineke Fuchs. Wahrscheinlich ist es nur die Mähne, die ihm vor dem in Haltung und Benehmen ebenso „königlichen" Tiger diese Bevorzugung einbrachte. Schon beim halbjährigen männlichen Löwen beginnt sie als verlängertes Brust- und Nackenhaar zu sprießen, wird mit den Jahren — besonders vom dritten Jahre ab — voller, dichter und dunkler. Das einzelne Mähnenhaar kann bis 40 cm lang werden und ist scharf abgesetzt von den übrigen kürzeren, helleren Körperhaaren. Die schon ausgerotteten Kap- und *Berberlöwen* hatten die stärkste Mähne, zu der auch eine Bauchmähne gehörte, die sich bis nahe an die Hinterläufe ausdehnte. Das Mähnenwachstum wird hormonal gesteuert, und so ist es nicht verwunderlich, daß kastrierte Löwen die Mähne verlieren und dadurch der Löwin äußerlich ähnlich werden. In Afrika liegt die Paarungszeit so, daß die Jungen im Frühjahr zur Welt kommen, also in den einzelnen Teilen Afrikas zu recht verschiedenen Zeiten. Die 1—6, meistens 2—3 noch unselbständigen Lagerjungen werden nach einer Tragzeit von 105—112 Tagen geboren. Das Kinderkleid zeigt viele dunkelbraune rosettenartig angeordnete Fleckenringe auf gelbgrauem Fell, desgleichen vereinzelte Tigerstreifen. Diese Fleckung und Streifung wird im Laufe der Zeit weniger, verschwindet bei den männlichen Löwen völlig, kann sich aber bei Löwinnen bis ins höhere Alter wenigstens an den unteren Rumpfseiten erhalten. Im Gegensatz zu den meistens einzeln lebenden anderen Großkatzen, lebt der Löwe gesellig in Horden, die in der offenen Steppe bis zu 40 Tiere umfassen können. Persische Löwen gab es früher in Kleinasien, Mesopotamien, Persien, in Vorderindien von Sind und Kathiawar bis zum Hochland von Dekkan. Sie kamen in der klassischen Zeit sogar in Griechenland vor. In geschichtlicher Zeit wurde der Löwe dann in Kleinasien ausgerottet, 1920 in Mesopotamien, 1930 in Persien. Vorderindien besitzt heute noch einen kleinen Bestand von etwa 200 Tieren im Buschsteppengebiet von Kathiawar, wo er im Gir-Forst streng geschützt wird.

Panthera tigris sondaicus Fitzinger
...tiger
...nde 170 + 70 cm

Panthera t. tigris (Linnaeus)
Königstiger
Südasien
230 + 80 cm

mit ihrem Angebot an Tigermänteln haben den Bestand der Tiere erschreckend vermindert. Um der Unsitte Einhalt zu gebieten, in immer größerem Maße die Felle schöner Großkatzen zu Mänteln zu verarbeiten, versucht man auf internationaler Basis den Im- und Export dieser Felle zu unterbinden. Tiger, Nebelparder und Schneeleopard sollen überhaupt nicht mehr gehandelt werden, Gepard und Leopard nur mit gewissen Einschränkungen.

Leoparden bewohnen in zahlreichen Unterarten, über deren Abgrenzung noch keineswegs Einmütigkeit besteht, ganz Afrika, große Teile von Asien und berühren im Kaukasus sogar noch europäischen Boden. Sie kommen in allen Landschaftsformen und Höhenlagen vor. Leoparden werden von den Eingeborenen weit mehr gefürchtet als Löwen und Tiger; sie sind gewandter, listiger und gewalttätiger als ihre größeren Vettern. Während bei diesen fast nur alte und körperlich behinderte Tiere Menschen angreifen, weil sie diese als leicht zu bewältigende Beute erkannt haben, schlägt auch mancher vollkräftige Leopard Menschen. Untereinander gepaart, können die Großkatzen — außer dem Schneeleoparden — Bastarde bringen. Männliche Bastarde erwiesen sich als unfruchtbar, weibliche Mischlinge konnten mit einer der Elternarten rückgekreuzt werden.

Neben dem Löwen ist der *Tiger* die volkstümlichste Großkatze. In der Größe sind beide einander ähnlich, abgesehen davon, daß die Inselformen kleiner sind. Tiger leben in einer größeren Zahl von Unterarten in Südost-Transkaukasien mit Nordiran und Südturkestan, in Afghanistan, China, der Mandschurei, in Korea, im Ussuri- und Amurgebiet, in Hinterindien, Vorderindien (ohne Ceylon und Wüstengebiete), auf Sumatra und Java; auf Bali scheint er ausgerottet zu sein. Am mächtigsten ist der Mandschu- oder *Ostsibirische Tiger*, was noch besonders betont wird durch die sehr reiche Behaarung und den dicken Schwanz. Dieser Tiger ist recht hell, mit gelbweißlichem Fell und meistens fast gerade verlaufenden Streifen. Sein Gesichtsausdruck ist ausgesprochen gutmütig. Bei den anderen Unterarten enthält die Grundfarbe dunklere Töne von hellkastanienbraun bis zum dunkelrotbraun. Dem Sibirier in der Größe ähnlich ist der Bengal- oder *Königstiger*, doch ist er kurzhaarig, mit weniger Unterwolle und dunkler gefärbt. Am kleinsten und meistens auch am dunkelsten ist der *Inseltiger,* dessen Streifen oft am Ende etwas geschwungen und einander so genähert sind, daß eine paragraphenähnliche Zeichnung entsteht. Betrug der Tigerbestand 1930 noch ungefähr 40 000 Stück, so gibt es heute höchstens noch 3000. Die Jagd und neuerdings die Mode

Panthera pardus fontanieri Milne-Edwards
Mandschurenpanther
Nordchina, Mandschurei
145 + 90 cm

Panthera p. saxicolor Pocock
Persischer Panther
Iran
120 + 80 cm

Panthera p. pardus (Linnaeus)
Afrikanischer Leopard
Afrika 140 + 70 cm

Odobaenus rosmarus (Linnaeus)
Walroß
Nördliche Meere
3,00—4,50 m

Arctocephalus pusillus (Schreber)
Zwergseebär
Südafrika
2,50 m

Otaria byronia (Blainville)
Mähnenrobbe
Küsten Südamerikas
2,50—3,00 m

Callorhinus ursinus (Linnaeus)
Nördlicher Seebär
Bering-Meer
2,20 m

Zalophus californianus (Lesson)
Kalifornischer Seelöwe
Kalifornische Küste
2,50 m

Ordnung Pinnipedia — Flossenfüßer

Robben oder Flossenfüßer sind dem Wasserleben angepaßte Säugetiere von mehr oder weniger spindelförmiger Gestalt. Ihre zu kurzen, flossenartigen Schwimmwerkzeugen umgewandelten Gliedmaßen sind bis an oder bis über Ellbogen und Knie in der Körperhaut eingeschlossen. Zur Fortbewegung auf festem Boden können sie deshalb nur beschränkt verwendet werden, und die Tiere verbringen mehr Zeit im Wasser als auf dem Trockenen; stets bleiben sie dabei in Wassernähe. — Das Milchgebiß ist rudimentär, nie wirklich in Gebrauch und oft schon vor der Geburt resorbiert. Im Dauergebiß sind die Eckzähne stark entwickelt. — Alle Robben sind behaart. Einige haben nur in der Jugend nennenswerte Behaarung wie das Walroß, andere nur Deckhaare, wie Seehunde und Seelöwen, noch andere haben auch Unterwolle wie die Seebären. Alle besitzen starke Tasthaare an der Oberlippe und auch kurze über den Augen. — Meistens ist nur ein Paar Zitzen vorhanden, das abdominal liegt; selten sind es zwei Paare, von denen dann das vordere um ebensoviel vor dem Nabel liegt, wie das andere Paar hinter ihm. Die Tragzeit dauert bei den Robben rund 11 Monate.

Familie: Odobaenidae — Walrosse (*Odobaenus*)

Die Hinterfüße der *Walrosse* sind vorkehrbar und die Arme vom Ellbogen an frei. Die oberen Eckzähne entwickeln sich zu über halbmeterlangen Hauern mit bis zu 24 cm Umfang. Sie werden wie das Elfenbein vom Elefanten verarbeitet. Alle Zähne sind einwurzelig; die Schneidezähne fallen vorzeitig aus. Die kleinen Augen liegen sehr hoch und weit nach hinten. Die etwa 200 hellhornfarbenen Bartborsten an jeder Seite können bis 30 cm lang werden. Äußere Ohren fehlen. Der Speck wird wie der aller Robben zur Trangewinnung benutzt; das dicke Leder wird gern für Treibriemen verwendet, und das Fleisch ist für die Polarvölker als menschliche Nahrung und als Hundefutter wichtig. Die Unterart Odobaenus r. rosmarus (Linnaeus) ist atlantisch und bewohnt in 25 000 bis 50 000 Köpfen das Nordpolarmeer; das pazifische Walroß, Odobaenus r. divergens (Illiger), zu 20 000—40 000 Exemplaren die Küsten Nordostasiens und Nordwestamerikas. Man findet die gesellig lebenden Walrosse stets mehr oder weniger herdenweise. Ihre Nahrung besteht zur Hauptsache aus niederen Tieren des Meeresbodens, wie Muscheln, Stachelhäutern und Krebsen. Gelegentlich fangen sie aber wie echte Raubtiere auch kleinere Robben, erdrücken und ertränken sie und zerschlagen das Fell mit ihren Hauern. Ihre Tauchdauer beträgt 7—9 Minuten. Das Weibchen hat zwei Paar Zitzen, bringt aber nur ein einziges Junges zur Welt, das fast zwei Jahre lang gesäugt wird. So kann die Mutter bei einer Tragzeit von 11—12 Monaten höchstens alle drei Jahre werfen. Nach der Paarung im Mai—Juli setzt im Juni/Juli die Haarung ein. In den Herden leben Tiere beider Geschlechter und aller Altersklassen zusammen. Unbedingte gegenseitige Hilfe ist einer der bemerkenswertesten Züge dieser intelligenten Tiere. Ihre einzigen Feinde, die von ihnen gemeinsam angegriffen und abgewehrt werden, sind der Mensch und der Eisbär.

Familie: Otariidae — Ohrenrobben (*Arctocephalus, Callorhinus, Otaria, Zalophus*)

Ohrenrobben leben in den kalten Gegenden beider Erdhälften. Sie können wie die Walrosse die Hinterbeine nach vorn unter den Leib bringen und auch die Vorderbeine so weit hochstellen, daß der Leib bodenfrei getragen werden kann. Ihre Gangart ist ein Watscheln oder ein zwar plump aussehender, aber doch recht fördernder Galopp. Das äußere Ohr ist gattungsweise verschieden gut entwickelt, am besten bei den Seebären. Ohrenrobben leben in großen Herden, in denen sich die alterwachsenen Bullen Harems zulegen, in denen sie bis zu 50 Weibchen zusammenhalten, und um die sie heftige Kämpfe ausfechten. Es gibt unter den Ohrenrobben Haar- und Pelzrobben. Die größte Haar-Ohrenrobbe ist Stellers Seelöwe, *Eumetopias jubata* (Schreber), von Japan, Kamtschatka, den Pribilow-Inseln, den Aleuten und der nordamerikanischen Westküste bis zum südlichen Kalifornien. Alte Bullen werden bis 4 m, alte Weibchen bis 2³/₄ m lang und wiegen 450—590 kg beziehungsweise 180—295 kg. Aus der vom Speck befreiten Haut wird Leim gewonnen. Ihre nächsten Verwandten sind die südlichen *Mähnenrobben*. Die alten Bullen dieser Tiere haben einen Kragen verlängerter Haare um Hals und Vorderrumpf. Auch der *Kalifornische Seelöwe* ist eine Haarrobbe, die bekannteste und am häufigsten in Zoo und Zirkus gezeigte Robbe. Sie macht reichlich Gebrauch von ihrer lauten Stimme, wobei in Rufreihen wechselnder Länge einzelne Rufe gleicher Tonhöhe aneinandergereiht werden. Unterarten bewohnen die südjapanischen Meere und die Galapagos-Inseln. Verwandte sind z. B. *Neophoca cinerea* (Peron) von Südaustralien sowie *Neophoca hookeri* (Gray) von der Küste Neuseelands. — Die eigentlichen Pelzrobben haben eine sehr dichte weiche Unterwolle, das Sealskin des Pelzhandels. Die glänzenden härteren Grannen werden auf elektrischem Wege entfernt.

Phoca groenlandica Fabricius
Sattelrobbe
Nördlicher Atlantik 1,90 m

Phoca vitulina Linnaeus
Seehund
Nördliche Meere 1,80 m

Histriophoca fasciata (Zimmermann)
Bandrobbe
Nordpazifik 1,60 m

Erignathus barbatus (Erxleben)
Bartrobbe
Nordpolarmeer 2,80 m

Halichoerus grypus (Fabricius)
Kegelrobbe
Nordatlantik 2,70 m

Phoca hispida Schreber
Ringelrobbe
Nördliche Meere 1,60 m

In den Tiergärten ist am häufigsten der *Zwergseebär* anzutreffen. Bei ihm ist der Größenunterschied der Geschlechter geringer als bei den anderen Ohrenrobben. Andere Arten sind Arctocephalus forsteri (Lesson) und A. doriferus Wood Jones von Neuseeland, A. australis (Zimmermann) usw. Die Felle aller dieser südlichen Seebären sollen an sich wertvoller sein als die der *Nördlichen Seebären*, doch ist diese mengenmäßig wichtiger. Man rechnet in dem gesamten großen Verbreitungsgebiet der nördlichen Art mit einem Bestand von 1 580 000—2 920 000 Köpfen. Neun Monate des Jahres leben sie rein pelagisch, kommen in dieser Zeit also niemals an Land. Von Mai an erscheinen die alten Bullen bei den Pribilow-, den Kommandeur-Inseln und der vor Sachalin liegenden Robben-Insel an Land. Im Juni folgen die hochtragenden Weibchen nach, werden dort von den Bullen in Empfang genommen und den Harems eingefügt. Ursprünglich wurde auf die Pelzrobben auch während ihres pelagischen Wanderlebens Jagd gemacht. Das ist heute untersagt, und an Land dürfen nur von Ende Juli an die überzähligen zwei- bis vierjährigen Bullen getötet werden. Diese halten sich aus Furcht vor den Haremsbullen abseits und können somit ohne Störung der Fortpflanzungsgemeinschaften weggetrieben, getötet und gepelzt werden.

Familie: Phocidae — Hundsrobben (*Cystophora, Erignathus, Halichoerus, Histriophoca, Hydrurga, Leptonychotes, Lobodon, Mirounga, Monachus, Ommatophoca, Phoca*)

Die gattungsreichste Robbenfamilie sind die Hundsrobben, bei denen die Hinterbeine nicht mehr unter den Leib gebracht werden können. Die Hände werden meist seitlich an den Leib gelegt. Die Tiere bewegen sich nach Art der Spannerraupen vorwärts. Äußere Ohren fehlen, doch können kurze Ohrmuschelreste auftreten. Von den Hundsrobben ist der *Gemeine Seehund* an den deutschen Nordseeküsten die häufigste Robbe. Seehundswelpen werden auf den bei Ebbe trocken fallenden Sänden geboren und müssen bei der nächsten Flut sofort mit der Mutter zu Wasser gehen. Auch in einigen nordamerikanischen Binnenseen leben Seehunde. Während der erwachsene Seehund einen gestreckteren „Hundekopf" hat, ist der der *Ringelrobbe* ein rundlicher „Katzenkopf". Ringelrobben bewohnen in einer Anzahl Unterarten nicht nur das arktische Eismeer, sondern auch — als Eiszeit-Relikt — einige große Binnenseen wie Ladoga-, Saima-, Kaspi- und Baikalsee. Ihre Jungen werden im weißen Embryonalkleid auf dem Eis geworfen. Wirtschaftlich am wichtigsten ist die *Sattelrobbe*.

Lobodon carcinophagus (Hombron u. Jacquinot)
Krabbenfresser
Antarktische Meere
2,50 m

Leptonychotes weddelli (Lesson)
Weddellrobbe
Antarktische Meere
2,70 m

Ommatophoca rossi Gray
Roßrobbe
Antarktische Meere
2,20 m

Hydrurga leptonyx (Blainville)
Seeleopard
Antarktische Meere
3 m

Monachus albiventer (Boddaert)
Mönchsrobbe
Mittelmeer
2,60 m

Cystophora cristata (Erxleben)
Klappmütze
Nördlicher Atlantik
3,50 m

Mirounga angustirostris Gill
Nördlicher See-Elefant
Guadelupe
6 m

Mirounga leonina (Linnaeus)
Südlicher See-Elefant
Antarktische u. südl. gemäßigte Meere
6 m

Man schätzt den Bestand im Weißen Meer auf 1—1,5 Millionen, bei Jan Mayen auf 0,5—1 und bei Neufundland auf 3—4,5 Millionen. Die Felle der weißen Neugeborenen kommen als „Whitecoat" in den Handel. Der Pelzhandel nennt unabhängig von der wirklichen Herkunft das Fell des Seehunds „Isländer", der Ringelrobbe „Grönländer" und der jungen Sattelrobbe „Neufundländer". Im Nordpazifik wird die Sattelrobbe durch die nahe verwandte *Bandrobbe* vertreten, deren Bestand auf nur 20 000 bis 50 000 geschätzt wird. Um die britischen Inseln und in der Ostsee lebt die *Kegelrobbe;* das Weibchen hat dunkle Vollflecke auf hellem Grund, der Bulle kleine helle Flecke auf schwarzgrauem Grund. Die größte unserer Seehundsarten ist die *Bartrobbe*, ein Küstentier des hohen Nordens, das selten über größeren Tiefen gefunden wird. Ihre dicke Haut wird besonders zu Riemen verarbeitet. Während bei den bisher genannten Robben die Männchen meist wesentlich größer sind als die Weibchen, übertreffen die Weibchen der *Mönchsrobben* ihre Männchen etwas an Länge. Mönchsrobben leben in weitgetrennten Gebieten. Drei dieser Arten sind Bewohner tropischer und subtropischer Meere, die eigentliche Mönchsrobbe im Mittelmeerraum, Monachus schauinslandi Matschie bei Hawaii, und — wenn sie nicht schon ausgestorben ist — Monachus tropicalis (Gray) in Westindien im Karibischen Meer. Die anderen vier Arten sind rein antarktisch. Von letzteren sind die *Weddellrobbe* und der *Krabbenfresser* oder *Weiße Seehund* am häufigsten, die *Roßrobbe* am seltensten. Der *Seeleopard* ist eine ausgesprochene Hochseeform, die nicht ins Packeis geht und monatelang nicht aufs Trockene kommt. — Elefantenrobben sind die größten aller Flossenfüßer. Das schwarze Neugeborene ist schon 1,25 m lang, der Jährling 1,50 m. Alte Bullen werden sicher bis 7,50, angeblich bis 9 m lang bei einem Umfang von 5,50 m. Diese haben einen aufblasbaren, bis 46 cm langen Rüssel. Der *Nördliche See-Elefant* lebt nur noch in geringen Beständen bei Guadelupe, der *Südliche See-Elefant* an den Küsten Südamerikas. Diese Tiere wurden ihres Trans wegen fast bis zum Aussterben ausgebeutet. Ihr nächster Verwandter ist die *Klappmütze*. Die Jungen dieser auf den Nordatlantik beschränkten Art werden in der letzten Märzhälfte auf dem Treibeis bei Neufundland und bei Jan Mayen geworfen. Im Gegensatz zum dunkelgefleckten grauen Fell der Alten haben sie einen ungefleckten weißlichen Bauch und scharf abgesetzt blaugraue Seiten und Rücken; sie sind die „Blue Backs" des Pelzhandels.

Ordnung Tubulidentata — Röhrchenzähner

Familie: Orycteropodidae — Erdferkel (*Orycteropus*)

Die Ordnung Tubulidentata hat nur eine einzige Gattung Orycteropus, die mehrere afrikanische Formen umfaßt. Das *Erdferkel* lebt in der offenen Landschaft, in der es Termitenhügel gibt. Mit seinen gewaltigen Klauen reißt es die Nester auseinander, fährt mit der langen Zunge in die Termitengänge hinein und vernichtet diese Schadinsekten in riesigen Mengen; es ist ausschließlich auf diese Kost eingestellt. Da die Tiere nur nächtlich tätig sind, bekommt man sie in Freiheit selten zu sehen. Sie graben große Erdhöhlen und -baue, in denen sich nachts gern die Warzenschweine einquartieren. In diesen Höhlen lebt ebenso wie in denen der Stachelschweine oft die Zecke Ornithodorus moubata, die den Erreger des Rückfallfiebers, Borellia duttoni, beherbergt. Erdferkel graben mit erstaunlicher Schnelligkeit und Kraft, lockern das Erdreich mit den Vorderklauen und schleudern es dann zwischen den Hinterbeinen nach hinten weg. Zur Verteidigung bewerfen sie den Gegner mit Sand und Erde, die sie mit den Hinterbeinen zielsicher zu schleudern wissen. Die Schnauze ist röhrenförmig ausgezogen und von einer dehnbaren Haut umgeben. Die Zähne sind wurzellos. Gewöhnlich werden nach einer Tragzeit von 5—6 Monaten nur ein Junges, sehr selten zwei geboren. Die Geburt erfolgt zu Beginn der Regenzeit im Oktober/November. Das junge Erdferkel bleibt zwei Wochen lang in der Höhle verborgen; dann beginnt es, die Mutter auf ihren nächtlichen Wegen zu begleiten. Mit sechs Monaten macht es sich selbständig und gräbt dann auch eine eigene Höhle.

Loxodonta a. cylotis Lydekker
Rundohrelefant
Zentralafrika ⊥ bis 2,50 m

Orycteropus afer Gmelin
Erdferkel
Afrika 100 + 80 cm

Ordnung Proboscidea — Rüsseltiere

Familie: Elephantidae — Elefanten (*Elephas, Loxodonta*)

Rüsseltiere waren im Tertiär und selbst noch im Pleistozän fast weltweit in beträchtlicher Artenfülle vorhanden. Heute sind sie nur noch durch Elefanten in zwei Arten vertreten. Es handelt sich um die größten heute lebenden Landsäugetiere, die durch den langen beweglichen Rüssel gekennzeichnet sind. Dieser ist eine Verlängerung der Nase, vereinigt mit der Oberlippe. Elefanten haben ferner zu Stoßzähnen umgewandelte obere Schneidezähne und den sogenannten „horizontalen" Zahnwechsel. In jeder Kieferhälfte werden nacheinander nur sechs Backenzähne ausgebildet, die von vorn nach hinten an Kompliziertheit zunehmen. Je nach dem Grad der Abnützung des jeweils vorderen Zahnes schiebt sich der hinter ihm stehende durch ständige Resorption und Anlagerung der Kieferknochen nach vorne, wobei jeweils nur einer und eventuell das vordere Stück des darauffolgenden Zahnes in Gebrauch sind. Der sechste Backenzahn kommt in Benutzung, wenn das Tier etwa 40 Jahre alt ist. Es gibt keine Belege dafür, daß ein Tier über 60 oder gar 70 Jahre alt wurde. Bei den Elefanten sind Knie- und Ellbogengelenke völlig frei, so daß sie sich auf die Knie niederlassen und auf einer festen Unterlage wie auf einem Stuhl aufgerichtet sitzen können. Diese Fähigkeiten werden bei der Dressur nutzbar gemacht. Da der Hals nur kurz ist, kann das Tier den Kopf nicht bis zur Erde hinunterbringen. Mit Hilfe des Rüssels gelangt der Elefant jedoch zur Nahrung am Boden. Er trinkt auch mit Hilfe des Rüssels, indem er ihn voll Wasser saugt und dieses dann ins Maul spritzt. Ein großer Elefant kann bei jedem Zug 8—10 Liter Wasser aufziehen. Elefantenkälber aber saugen die Muttermilch mit dem Maule aus den beiden zwischen den Vorderbeinen an der Brust stehenden Zitzen. Das einzige Junge wird nach einer Tragzeit von 660—670 Tagen geboren. Auf ein freilebendes Elefantenweibchen rechnet man in jedem vierten Jahr mit einer Geburt. *Indische Elefanten* wurden schon häufig in Gefangenschaft gezeugt und geboren, afrikanische bisher anscheinend nur in München, Kronberg und Basel. Elefanten sind Herdentiere, die sich von Laub und Zweigen ernähren und dabei arge Waldverwüster sind. Sie nehmen gern Schlamm- und Wasserbäder, leben zumeist in Wald und Dschungel und sind gegen ständige Sonnenbestrahlung empfindlich. Das muß auch berücksichtigt werden bei der Verwendung zur Arbeit, die besonders beim Wege- und Brückenbau sowie beim Holztransport angesetzt wird. Früher galt der afrikanische Elefant als unzähmbar, doch wird er jetzt ebenfalls zur Arbeit abgerichtet. In Afrika unterscheidet man den spitzohrigen *Steppenelefanten* und den *Rundohrelefanten*. Da es aber anscheinend alle Übergänge in bezug auf Größe und Gestalt gibt, ist die Unterteilung nebst der weiteren Aufsplitterung fragwürdig.

Dendrohyrax dorsalis Fraser
Baumschliefer
Afrika
südl. d. Sahara
45 cm

Heterohyrax syriacus Gray
Buschschliefer
Ostafrika
35 cm

Procavia habessinica Ehrenberg
Klippschliefer
Nordostafrika
45 cm

Ordnung Hyracoidea — Schliefer

Familie: Procaviidae — Schliefer (*Dendrohyrax, Heterohyrax, Procavia*)

Eigenartige Huftiere sind die *Schliefer*. Die Finger sind bis zum Nagel häutig miteinander verbunden. Die Hand hat vier Finger, die keine eigentlichen Hufe, sondern breite, halbmondförmig gebogene Nägel besitzen. Sie lassen die Fingerbeere frei. Doch schließt sich an den Plattnagel ein Sohlenhorn an, das die Fingerspitze überdeckt. Bei den beiden äußeren Zehen des dreizehigen Fußes ist es ebenso. Die innere Zehe aber ist beweglich und hat einen scharfen Nagel. Die Tiere laufen auf der ganzen Sohlenfläche. Ihre Elastizität wird erhöht durch stark entwickelte Sohlenballen, deren Anordnung es möglich macht, daß der aufgesetzte Fuß fest an der Unterlage haftet. So kann das Tier an fast senkrechten Felswänden auf- und abwärts klettern. Die zwei oberen Schneidezähne sind wurzellos, wachsen also zeitlebens nach, während die vier unteren sowie die Backenzähne Wurzeln haben. Die Schliefer leben in ganz Afrika. Die *Baumschliefer* weichen in Bau und Lebensweise etwas von ihren bodenbewohnenden Verwandten ab.

Ordnung Sirenia — Seekühe

Familien: Dugongidae — Gabelschwanz-Seekühe (*Dugong*), Trichechidae — Rundschwanz-Seekühe (*Trichechus*)

Die Seekühe stehen der Lebensweise nach zwischen Walen und Robben. Sie gehen nicht freiwillig aufs Trockene und sind dort ziemlich hilflos. Da ihre Arme aber lang und beweglich genug sind, um den vom Wasser getragenen Körper abzustützen, können sie besser als Wale einer Strandung entgehen. Die Sirenen sind plumpe Wassersäugetiere, die sich ausschließlich von Pflanzen ernähren. Man unterscheidet heute drei Gattungen, von denen das Borkentier, auch Stellersche Seekuh genannt, erst 1741 entdeckt und 1767 bereits wieder ausgerottet war. Die überlebenden beiden Gattungen *Trichechus* und *Dugong* sind heute tropisch. Rein äußerlich unterscheiden sie sich dadurch, daß die Schwanzflosse von Trichechus abgerundet und ganzrandig, während die von Dugong und dem Borkentier konkav und in zwei Zipfel ausgezogen ist. Das Borkentier erreichte ein Gewicht von 4000 kg und war bei einer Länge von 7,50 m doppelt so lang wie seine tropischen Verwandten.

Dugong australis Owen
Dugong
Pazifik
3 m

Trichechus manatus Linnaeus
Manati
Südamerika, Florida
3 m

Trichechus senegalensis Desmarest
Lamantin
Westafrika
3 m

Ordnung Perissodactyla — Unpaarhufer

Zu den Unpaarhufern gehören zwei Gruppen: die Hippomorpha (Pferdeartigen) haben an jedem Fuß nur noch eine große Zehe und die als Ceratomorpha zusammengefaßten Tapire und Nashörner mit jeweils drei, vorn bei den Tapiren vier Zehen verschiedener Stärke. Oft werden auch die Schliefer zu den Unpaarhufern gestellt.

Familie: Tapiridae — Tapire (*Tapirella, Tapirus*)

Tapire sind zwar Unpaarhufer, haben aber vorn vier Zehen, von denen allerdings normalerweise die kleine äußere den Boden nicht berührt; so weist die ungleichmäßige Ausbildung sie eventuell doch als Unpaarhufer aus. An den Hinterfüßen sind drei Zehen ausgebildet, von denen die mittlere die stärkste ist. Tapire haben einen kurzen, sehr beweglichen Rüssel, einen gestreckten, seitlich zusammengedrückten Kopf mit tiefliegenden Augen und langen, sehr beweglichen Ohren, einen verhältnismäßig langen Hals, schlanke Beine, große Hufe und einen sehr kurzen Schwanz. Die rezenten Tapire gehören in mancher Beziehung zu den primitivsten lebenden Huftieren. Namentlich die Männchen sind Einzelgänger. Man findet selten mehr als drei Tiere näher beisammen. Sie verzehren alles Genießbare, dazu eine erstaunliche Menge von Dingen, die man im allgemeinen als ungenießbar ansehen würde, wie holzige Zweige und Schlamm. Jedoch besteht an allen Standorten die Hauptnahrung aus grünen Schößlingen, Farnen und Bambus. Tapire sind sehr vorsichtige und verhältnismäßig bedächtige Nacht- und Dämmerungstiere. Sie schwimmen gut und benutzen jeden Schlammtümpel zum Suhlen, um sich vor stechenden Insekten zu schützen. In Gefangenschaft werden sie meistens schnell zahm. Ihre Stimme ist ein unerwartet helles, dürftiges Pfeifen, dem hellen Fiepen des Nashorns ähnlich. Die Tragzeit des einzigen Jungen ist 390—400 Tage, die Lebensdauer bis 30 Jahre. Bei der Geburt haben die jungen Tapire ein „Livree" — eine helle Längsstreifung auf dem dunklen schieferbräunlichen Untergrund. Diese Streifung verblaßt nur ganz allmählich. Beim indischen *Schabrackentapir* bildet sich die Schabracke bereits aus, wenn die Längsstreifen noch vorhanden sind. Man kann diese noch länger die allmählich heller werdende Schabracke durchziehen sehen. Erst wenn sie richtig weiß durchgefärbt ist, verschwinden die Streifen auch am Vorderrumpf. Als Feinde kommen nur die großen Raubtiere in Betracht, in Südamerika Puma und Jaguar, in Asien der Tiger. Den jungen Tieren können Kaiman und Krokodil sowie Riesenschlangen gefährlich werden. Der ärgste Feind dürfte jedoch der Mensch sein; das Fleisch wird gegessen, die dicke Haut zu langen Riemen verarbeitet.

Tapirus terrestris Linnaeus
Tapir, Anta
Südamerika
190 + 9 cm

Tapirella bairdi Gill
Baird's Tapir
Mittelamerika
240 + 8 cm

Tapirus indicus Cuvier
Schabrackentapir
Hinterindien
230 + 8 cm

Tapirus pinchaque (Roulin)
Wolltapir
Nordwestliches Südamerika
180 + 10 cm

Ceratotherium simum Burchell
Breitmaulnashorn
Afrika 440 + 60 cm
⊥ 200 cm

Diceros bicornis Linnaeus
Spitzmaulnashorn
Afrika
340 + 60 cm ⊥ 160 cm

Familie: Rhinocerotidae — Nashörner (*Ceratotherium, Dicerorhinus, Diceros, Rhinoceros*)

Auch die Nashörner sind altertümliche Tiere, von denen wir Dutzende fossiler, aber nur noch fünf heute lebende Arten kennen. Sie sind plump gebaute Tiere mit langem Kopf, kurzem Hals, sehr umfangreichem Rumpf und kurzen dicken Gliedmaßen, deren drei Zehen nur kleine, schwache Hufe tragen. Die dicke Haut ist bei den meisten Arten nackt, beim *Sumatra-Nashorn* mit einem dichten, keineswegs kurzen Haarkleid bedeckt. Der Gesichtsteil ist beträchtlich verlängert und trägt vorn auf der Nase ein Horn, bei einer asiatischen und den beiden Afrikanern dahinter ein kleineres zweites. Trotz des schweren Körperbaus und des plumpen Aussehens bewegen sich die Tiere erstaunlich leichtfüßig, fast tänzelnd fort. Der Scheitel steigt sattelförmig von der Stirn auf. Die breite, mit tiefen Muskelansätzen versehene Hinterhauptsfläche ist bei den grasenden Nashorn-Arten beträchtlich nach hinten übergeneigt, bei den laub- und zweigfressenden Arten entsprechend der dabei nötigen Kopfhaltung nach vorn vorgezogen. Das Horn besteht aus parallelen, sehr feinen Fasern von Hornsubstanz. Sie sind innen hohl. Die längsten Fasern befinden sich in der Mitte des Horns und reichen bis zur Spitze hinauf. Kein knöcherner Zapfen dient als Grundlage, wie es bei Rindern und Antilopen der Fall ist. So kann das Horn abreißen, wird aber allmählich ersetzt. Die beiden afrikanischen Arten, das Schwarze oder *Spitzmaul-* und das Weiße oder *Breitmaul-Nashorn*, leben in Gras- und Buschsteppen mit Vorliebe dort, wo Tümpel und Suhlen in der Nähe sind. Notfalls machen die Tiere weite Wanderungen, um zum Wasser zu gelangen. Da sie größere Hitze nicht vertragen, ruhen sie tagsüber im Baumschatten und wandern nachts zum Äsen und zur Tränke. Nashörner leben einzeln, paarweise oder höchstens in kleinen Trupps von 4—10 Köpfen, von denen aber keines sich wesentlich um das andere kümmert. Die Mutter führt das Junge zwei Jahre lang und verteidigt es

Rhinoceros unicornis Linnaeus
Indisches Panzernashorn
Vorderindien
315 + 60 cm ⊥ 170 cm

Rhinoceros sondaicus Desmarest
Java-Nashorn
Java
300 + 50 cm ⊥ 120 cm

Dicerorhinus sumatrensis Cuvier
Sumatra-Nashorn
Sumatra, Borneo, Malaya
210 + 40 cm ⊥ 120 cm

wütend bei jeder tatsächlichen und eingebildeten Gefahr. Mit Geistesgaben sind die Tiere nicht sehr reichlich ausgestattet, doch sind sie geistig reger, als man ihnen zunächst zutraut. Vieles von dem, was uns an ihrem Verhalten ungereimt erscheint, dürfte auf ihr mangelhaftes Sehvermögen zurückzuführen sein. Ruhende wie weidende Nashörner werden ziemlich regelmäßig von Kuhreihern und Madenhackern begleitet. Es sind Vögel, die auf den großen grauen Leibern herumklettern, den Tieren das Ungeziefer absuchen und sie warnen, wenn Gefahr droht. Außer dem Menschen haben die Tiere keinen ernsthaften Feind, wenn auch verlassene Jungtiere Raubtieren zur Beute fallen können, in Afrika dem Löwen, in Asien dem Tiger. Die Körperbedeckung der asiatischen Nashörner ist durch tiefe Hautfalten und dadurch abgeteilte Hautpanzerplatten gekennzeichnet. Diese Platten ruhen auf lockerem Bindegewebe und sind leicht hin- und herzuschieben. Der Schwanz ist eingelassen in den Raum zwischen den beiden Hinterschenkelplatten. Bis auf Ohrrand und Schwanz ist der Hautpanzer beim Sunda- und *Panzernashorn* nackt. Im Gegensatz zu den afrikanischen Arten haben die Panzernashörner Schneidezähne, von denen die großen unteren gefährliche Angriffs- und Verteidigungswaffen sind. Die Oberlippe ist zu einem Finger ausgezogen. Die asiatischen Nashörner sind Bewohner tropischer Urwälder wie das Sumatra-Nashorn. Letzteres gehört zu einer asiatisch-europäischen Gruppe, die ihre Hauptbedeutung erst im Pliocän erlangte mit ihren Endformen, dem Wollhaarnashorn und dem Merckschen Nashorn, die bis zum Ausgang des Diluviums im Wald- und Steppengebiet lebten. Als Kälteanpassung wurde hier ein dichtes Wollkleid entwickelt, wie aus Funden im Bodeneis Sibiriens hervorgeht. Das ihnen verwandte Sumatra-Nashorn hat trotz seines Lebens im heutigen Tropenwald das lange Haarkleid beibehalten.

Familie: Equidae — Pferde (*Asinus, Equus*)

Bei den eigentlichen Pferden, Zebras und Eseln ist nur die Mittelzehe an jedem Fuß erhalten und von einem kräftigen Huf bedeckt. *Urwildpferde* oder Przewalskipferde, die Voreltern unserer Hauspferde, bewohnten während der Eiszeit in ungezählten Herden die Steppen und Tundren Mittel- und Südwesteuropas. Sie waren ein wichtiges Jagdwild des Steinzeitmenschen, der in den Grotten Südfrankreichs und der Pyrenäen nicht nur farbenprächtige Wandgemälde des Wildpferdes hinterließ, sondern auch auf Knochen Ritzzeichnungen und plastische Darstellungen seines Jagdwildes schuf. Selbst die Wildpferdzähne benutzte man als Schnitzmaterial. Von den einst unübersehbaren Herden ist heute so gut wie nichts mehr vorhanden. In Freiheit leben nur noch rund 40 Wildpferde an der Westgrenze der Mongolei im Gebirge Tachin Shara Nuru, während in zoologischen Gärten 1967 rund 170 Wildpferde anzutreffen waren.

Equus przewalskii Poljakoff
Urwildpferd
Mongolei
124 cm ⊥ 135 cm

"Western Horse" Appaloosa ⊥ 1,50 m

Fjord-Pferd ⊥ 1,40 m

Shetland-Pony ⊥ 1 m

Hannoveraner ⊥ 1,75 m

Araber ⊥ 1,50 m

Brabanter ⊥ 1,75 m

Das Przewalskipferd wurde vermutlich an verschiedenen Stellen seiner ursprünglich weiten Verbreitung zu ganz verschiedenen Zeiten in den Hausstand überführt. Manchem mag der Gedanke nicht leicht eingehen, daß alle Rassen vom Shetland-Pony bis zum Belgier und Shirepferd mit den verschiedensten Haarfärbungen und Körperformen auf den gleichen Stamm zurückzuführen sind. Wenn man aber bedenkt, daß Nahrung, Klima und Zuchtwahl durch den Menschen sowie Kreuzungen eine Reihe von Jahrhunderten wirksam waren, um die jetzige Formenmannigfaltigkeit zu schaffen, wird man sich weniger wundern, daß z. B. das heiße Arabien mit seinem knappen Futter ein anderes Tier hervorbringen mußte als die sturmumbrausten Shetland-Inseln oder die üppigen Weidegründe der Küsten von Nord- und Ostsee. Ursprünglich wurde das gezähmte Pferd als Reittier benutzt. Noch heute haben die als Reit- und Rennpferde benutzten leichteren Rassen einen weit ausgreifenden Schritt und Trab sowie einen fördernden Galopp und oft auch ein beträchtliches Sprungvermögen. Die großen schweren Rassen sind zumeist Schrittpferde. Sie ziehen willig und stetig auch schwerste Lasten ruhig über längere Strecken, halten aber einen Trab und Galopp nur auf kürzeren Strecken durch. Die Grundlage der modernen Pferdezucht in allen Ländern der Erde bildet direkt oder indirekt das Arabische Vollblutpferd. Seit dem Mittelalter hat es unmittelbar und seit dem 18. Jahrhundert besonders über das Englische Vollblutpferd die Schaffung der derzeit in Deutschland vorhandenen hochleistungsfähigen Warmblutzucht (z. B. *Hannoveraner*) ganz entscheidend beeinflußt. Auch heute spielt der *Araber* zur Erhaltung der Warmblutzuchten in der ganzen Welt eine mehr oder weniger große Rolle. Man sagt, ein gutes Tier kann keine schlechte Farbe haben. Das trifft auch für die Farbenmannigfaltigkeit der Pferde zu. Trotzdem werden für einige Rassen bestimmte Farben bevorzugt, wie z. B. für den Haflinger, das Tiroler Bergpferd, die Fuchsfarbe mit hellerer Mähne, für das *Fjord-Pferd* die gelbbraune Farbe mit einem Aalstrich, der sich durch die Mähne bis zum Stirnansatz hinzieht und an beiden Halsseiten durch eine hellere Hülse eingefaßt ist. Bei manchen der leichteren Rassen sind Schimmel sehr beliebt. Diese kommen aber nur ausnahmsweise schon weiß zur Welt. Sie sind vielmehr meist dunkelschiefergrau, nicht selten mit weißen Abzeichen am Kopf. Nach dem Umhaaren sind sie nicht mehr erkennbar, auch wenn das Tier am Rumpf noch die Fleckung zeigt, die dieser Altersgruppe die Bezeichnung Apfelschimmel eintrug. Scheckung wird eigentlich nur bei Shetland-Ponys gern gesehen. Bei den bekannten „Wildpferden" von Dülmen handelt es sich nicht um solche, sondern um im Freien gehaltene Hauspferde verschiedener Farben und Rassemischungen.

Während die Pferde an der Innenseite der Vorder- und Hinterläufe jeweils eine haarlose, oft stark dreidimensionale Hornschwiele, die sogenannten Kastanien haben, fehlen diese bei Zebras, Eseln und Halbeseln an den Hinterläufen. Die der Vorderläufe sind in Form und Größe artenweise verschieden. — Die Zebras oder Tigerpferde bewohnen heute und wahrscheinlich schon seit dem Pliozän ausschließlich den afrikanischen Kontinent. Sie alle haben mehr oder weniger breite weiße Streifen auf braunem bis schwarzem Grund, deren Verlauf besonders an der Kruppe artlich verschieden ist und „Rost" genannt wird. Man unterscheidet drei Zebra-Arten mit zum Teil zahlreichen charakteristischen Lokalformen. Am primitivsten ist die weitaus größte Art, das *Grevy-Zebra* mit seinem langen, schmalen und gegen den Schnauzenteil keilförmig verjüngten Schädel, den großen Tütenohren und der schmalen, eigenartigen Bänderung. Diese bildet von der Kruppe zur Schwanzwurzel einen diagonal gestreiften Rost. Bei den *Bergzebras* verlaufen die hinteren Streifen in gleicher Richtung wie die Rumpfstreifen, werden aber nach hinten zu immer kürzer. Für diese Tiere ist eine kurze Halswamme kennzeichnend. Das altbekannte Kap-Bergzebra lebt nur noch in einem besonders für diese Art eingerichteten Schutzpark und auf den Farmen weniger Privatleute unter strengem Schutz. Etwas häufiger und in Südwestafrika noch in Freiheit zu finden ist das Hartmann-Bergzebra, das mehr Weiß zeigt als das Kap-Bergzebra. Am formenreichsten ist die Quagga-Gruppe, die man wegen ihrer Pferdeähnlichkeit auch als Pferdezebras bezeichnet. Ihr Wohngebiet dehnt sich von den Ebenen des nördlichen Kaplandes im Süden bis zu den Steppen der Gallaländer aus. Von diesen hatte das eigentliche *Quagga* auf kastanien- bis dunkelbraunem Grund nur an der vorderen Körperhälfte bis kurz hinter dem Widerrist helle Streifen. Die letzten Vertreter dieser eigenartigen Zebras gingen in den Jahren 1872, 1875 und 1883 in den Zoologischen Gärten London, Berlin und Amsterdam ein, nachdem es schon längst kein Quagga mehr in freier Wildbahn gab. Je weiter nach Norden die Zebras leben, desto mehr ist von der Streifung erhalten (*Böhm-Zebra*). Gelegentlich liegt in der Mitte der weißen Streifen ein schmaler, dunkler, sogenannter Schattenstreifen (*Chapman-Zebra* und *Damara-Zebra*). Die verschiedenen Pferdezebras kreuzen sich leicht und bringen fruchtbare Nachkommen. Mit dem Bergzebra entstehen Mischformen, die ursprünglich als „Wardzebra" als selbständige Art angesehen wurden. Mit Pferden und Eseln können alle Zebra Mischlinge bringen, die sogenannten Zebroide oder Zebrule, die aber unfruchtbar sind. Merkwürdigerweise haben Zebroide oft eine Rostzeichnung wie das Grevy-Zebra, auch wenn kein solches beteiligt war (S. 475).

Equus quagga quagga Gmelin
Quagga
Südafrika; ausgestorben
⊥ 1,30 m

Equus grevyi Oustalet
Grevy-Zebra
Nordostafrika
⊥ 1,56 m

Equus zebra zebra Linnaeus
Bergzebra
Südafrika
⊥ 1,25 m

Equus quagga chapmani Layard
Chapman-Zebra
Südafrika
⊥ 1,30 m

Equus q. antiquorum H. Smith
Damara-Zebra
Südwestafrika
⊥ 1,30 m

Equus q. boehmi Matschie
Böhm-Zebra
Ostafrika
⊥ 1,30 m

Asinus hemionus kiang Moorcroft
Kiang
Tibet
⊥ 1,30 m

Asinus h. onager Boddaert
Onager
Transkaspien, Iran
⊥ 1 m

Asinus h. hemionus Pallas
Dschiggetai
Mongolei
⊥ 1,20 m

In der Gattung Asinus werden jetzt die afrikanischen Wildesel und die früher als Hemionus abgetrennten asiatischen Halbesel vereinigt. Von Asinus africanus gab es noch in historischer Zeit drei Unterarten, von denen der *Nubische Wildesel* Aalstrich und Schulterkreuz besaß, aber keine Beinstreifen. Der *Somali-Wildesel* hatte eine sehr kräftige Bänderung aller Läufe, aber selten einen Aalstrich und kaum jemals ein Schulterkreuz. Die Färbung schwankt bei beiden Formen von rötlich bis blaugrau in den verschiedensten Tönungen. Die kurze Stehmähne kann von einer helleren Hülse eingefaßt sein, und der Schwanz hat nur am Ende eine Quaste. Eine dritte Unterart, Asinus a. atlanticus, vereinigte alle Zeichnungsmerkmale: Beinstreifen, Aalstrich und Schulterkreuz; diese Unterart ist in historischer Zeit ausgestorben. Wie es um freilebende Bestände vom Nubischen und vom Somali-Wildesel steht, ist nicht sicher. Es ist zu befürchten, daß sie in Freiheit ebenfalls ausgestorben sind und etwaige noch freilebende kleine Restbestände Beimischungen von entlaufenen Hauseseln enthalten. An verschiedenen Stellen wurden beide Lokalformen in Tiergärten vermischt. So ist es nicht verwunderlich, daß auch zwischen den Zoowildeseln typisch und atypisch gezeichnete „Afrikanische Wildesel" gezeigt werden. Afrikanische Wildesel sind die Stammeltern unserer Hausesel, die sämtliche Zeichnungsmuster auf sich vereinigen können. Dabei fehlt meistens nie das Schulterkreuz, was die Auffassung stärkt, daß der Nubier den Hauptanteil an der Entstehung des Hausesels hat. Eine ganze Anzahl der Hauseselrassen ist wesentlich kleiner als die Ausgangsform. So kommen namentlich auf Sardinien und Korsika, aber auch auf Ceylon, *Zwergesel* mit einer Schulterhöhe von weniger als 80 cm vor. Aber es gibt auch pferdegroße Hausesel wie den *Spanischen Riesenesel* und den in Südfrankreich gezüchteten Poitou-Esel, von denen die Hengste gern zur Maultierzucht benutzt werden. Das *Maultier* ist ein Mischling aus Eselhengst und Pferdestute; die umgekehrte Mischung: Pferdehengst mal Eselstute wird als *Maulesel* bezeichnet. Die Paarungsgewohnheiten und -vorspiele sind bei Pferd und Esel sehr verschieden. Der Eselhengst muß sehr hart im Nehmen sein, denn die Eselin teilt während des Treibens heftige Schläge und Würfe der Hinterfüße aus, die den Kopf des treibenden Eselhengstes „bepflastern". Beim Treiben der Pferde wehrt sich die Stute zwar anfangs auch, doch sind die Abwehrschläge weniger heftig. So kommt zwar der Eselhengst bei einer Pferdestute leichter zum Ziel als bei einer Eselstute, der Pferde-

Asinus africanus somaliensis Noack
Somali-Wildesel
Somaliland
⊥ 1,40 m

Asinus a. africanus Fitzgerald
Nubischer Wildesel
Nordostafrika
⊥ 1,15 m

Asinus h. hemippus J. Geoffroy
Syrischer Halbesel, Achdari
Vorderasien
⊥ 0,97 m

Maskatesel
Arabien, Nordafrika
⊥ 1,15 m

Hausesel
Kosmopolit
⊥ 0,70—1 m

Spanischer Riesenesel
Südeuropa
⊥ 1,50 m

Zwergesel
Ceylon
⊥ 0,65 m

hengst aber hat mit einer Eselstute mehr als die ihm gewohnten Abwehrschläge hinzunehmen und gibt auf, wenn es ihm „zu dumm" wird. Das ist der Hauptgrund dafür, daß man viel mehr Maultiere als Maulesel sieht. Maultiere sind ebenso genügsam wie Esel und geben dem Pferd in Zug- und Tragleistungen nichts nach. Da sie außerdem sehr trittsicher auch in schwierigem Gelände sind, verwendet man sie gern für die Versorgung von Gebirgshütten. — Die asiatischen Wildesel haben nach den neuen Untersuchungen von Groves & Mazak im Skelett, namentlich im Schädel, nur so geringe Unterschiede zu den afrikanischen Wildeseln, daß sie heute ebenfalls in die Gattung Asinus gestellt werden. Äußerlich unterscheiden sie sich von den Afrikanern durch das sandfarben graugelbe Fell mit hellem Bauch. Die größte Art ist der *Kiang*, charakterisiert durch die bis zu den Achseln schräg hinaufziehende Grenzlinie zwischen dem gelbbraunen Rücken- und Seiten- sowie dem weißlichen Bauchfell. Bei den Unterarten von Asinus hemionus verläuft diese Grenzlinie auch am vorderen Ende annähernd waagerecht. Die mongolische Unterart führt den Volksnamen *Dschiggetai*, während der persische als *Onager*, der indische als Khur und der kleinste, vermutlich bereits ausgestorbene *Syrische Halbesel, Achdari*, genannt werden. — Alle Wildesel sind Wüstentiere, die mit den härtesten Umweltbedingungen (die Tagestemperatur z. B. beträgt hier im Sommer + 50 °C und mehr; nachts sinkt sie bis auf + 15 ° ab) fertig werden müssen. Onager leben zusammen mit Gazellen, die auch durch die Herde durchwechseln. Die für C. Hagenbeck in der persischen Wüste tätig gewesenen Fänger berichteten über die Zeit, als die Fohlen gerade gesetzt waren. Die größte Herde umfaßte 18 Tiere. Die Herden bestanden entweder aus Stuten mit Fohlen oder aus Hengsten mit Stuten ohne Fohlen. In den Hengstherden hatte ein Hengst das Regiment; über die Stutenherden mit Fohlen ließ sich noch nichts Genaueres erkunden. Die Tiere lebten sowohl in der vollkommen ebenen Wüste als auch in den Buschwäldern. Die Bewegungen, namentlich die der Jungen, sind gazellenhaft graziös. Sie starten beziehungsweise stoppen ungemein schnell und üben auch erhobenen Hauptes den Stechschritt, den Kopf seitwärts werfend wie ein Gnu. In der großen Hagenbeckschen Herde in Stellingen steht der Hengst meistens weit abseits von seiner Herde, beobachtet aber alles sehr genau und ist sofort zur Stelle, wenn ihm etwas unsicher erscheint.

Maulesel
Pferdehengst × Eselstute

Maultier
Eselhengst × Pferdestute

Zebroid
Zebrahengst × Pferdestute

Ordnung Artiodactyla — Paarhufer

Unterordnung Nonruminantia — Nichtwiederkäuer

Familie: Suidae — Schweine (*Babirussa, Hylochoerus, Phacochoerus, Potamochoerus, Sus*), Dicotylidae — Nabelschweine (*Dycotyles*)

Schweine sind die kleinsten nichtwiederkäuenden Paarhufer. Nur die beiden großen Hufe — der dritte und vierte — erreichen den Boden, treten mit der Sohle auf und zeichnen sich in der Fährte ab. Die beiden kurzen äußeren Hufe, die sogenannten Afterklauen, drücken sich höchstens bei sehr weichem Boden ab. Die südamerikanischen Nabelschweine *Dicotyles* haben nur an der Innenseite der Hinterfüße eine Afterklaue; die äußere fehlt. Die Eckzähne sind sehr stark ausgebildet und stehen außen über die Lippen vor. Der Jäger nennt die unteren Eckzähne „Gewehre", die oberen „Haderer"; sie arbeiten gegeneinander und schleifen dabei scharfe Schneiden aus. Bisweilen kommen Schwielen und Warzen bis zu dreien jederseits des Kopfes vor. Es handelt sich um reine Hautgebilde, die sich am Schädel nicht abzeichnen und beim männlichen Tier stärker ausgebildet sind als beim weiblichen. Das Haarkleid ist straff und borstig. Es kann in der Rückenmitte einen mehr oder weniger hohen Kamm bilden, dessen Borsten so lang werden, daß sie bis zur Bauchkante herunterhängen, wenn nicht Dornen und Zweige sie bei freilebenden Tieren kurzhalten. Die längsten Mähnen findet man offenbar — wie auch bei Löwen — nur bei Tieren in Gefangenschaft. Die Borsten sind meistens zu Dreiergruppen zusammengestellt, deren Haartrichter die typische Narbung des Schweinsleders ergibt. Die Zahl der Milchdrüsen beziehungsweise Zitzenpaare wechselt sehr. Für wilde Schweine dürften fünf Paar die Höchstzahl sein. Bei den auf Fruchtbarkeit gezüchteten Hausschweinen ist die Zahl manchmal auf 6—9 Paare erhöht. *Warzenschweine* haben nur zwei Paar Zitzen, Fluß- und *Pinselschweine* drei Paar, obwohl auch bei ihnen 3—4 Junge die Regel sind. Im alten Rom galt es als schlechtes Vorzeichen, wenn eine Sau mehr Ferkel warf als sie Zitzen hatte. Bei mehreren Arten sind die Jungen hell längsgestreift. Diese Zeichnung wird „Livree" genannt. Sie verschwindet, wenn das Jungtier wenige Wochen alt ist und damit die Schutzfärbung weniger nötig hat. Bei Hausschweinen redet man von Eber, Sau, Zugänger und Ferkel. Frevert zählt für die verschiedenen Altersstufen des europäischen *Wildschweins* folgende Benennungen auf: „Die Sau oder ein Stück Schwarzwild. Keiler, Bache oder Frischling heißt nach vollendetem erstem Lebensjahr Überläufer (überlaufender Keiler, überlaufende Bache), nach vollendetem zweiten Lebensjahr zweijähriger Keiler, zweijährige Bache usw. Der Keiler wird mit vier Jahren ein angehendes Schwein, mit 5—6 Jahren ein hauendes oder gutes Schwein, vom siebten Jahre ab ein Haupt- oder grobes Schwein. Die Bache wird zweijährige, dreijährige usw. Bache, endlich starke oder auch alte Bache genannt." Die meisten Schweine sind recht gesellig und leben — alt und jung, männlich und weiblich — in oft großen Rotten beisammen. Sie haben ein ausgeprägtes Kontaktbedürfnis und ruhen meistens sehr nahe beieinander, Jungtiere nicht selten auch übereinanderliegend. Die Frischlinge sind recht beweglich und stets zu allen möglichen Spielereien aufgelegt. Ihr Geselligkeitsbedürfnis ist wahrscheinlich auch die Ursache zum leichten Anschluß an den Menschen und damit die Grundlage zur Domestikation. Die Intelligenz der Schweine ist beträchtlich. Sie übertrifft die der meisten Pflanzenfresser bei weitem und ist etwa der des Hundes gleichzusetzen. Nicht ohne Grund spricht der Niederdeutsche von „swien-plitsch" = schweineschlau. Mut und Entschlossenheit ist allen Schweinen eigen; sie sind entschlossene Gegner, die sich vor nichts fürchten. Wegen der kurzen Läufe ist der Trab mehr ein schnelles Trippeln. Auch der an sich fördernde Galopp sieht nicht sehr zügig aus, nur kann eine große Anfangsgeschwindigkeit nicht lange durchgehalten werden. Bei diesem „Schweinsgalopp" wird oft der Schwanz steil aufgestellt, am auffälligsten bei den Warzenschweinen. Alle Schweine lieben das Wasser sehr und sind gute Schwimmer. Sie suhlen bei jeder sich bietenden Gelegenheit. Die Stimme ist ein ziemlich tiefes Grunzen. Bei Ungeduld, Spiel und Schreck ertönt ein helles Quieken, bei Angst und Zorn ein gellendes Kreischen. Die Nabelschweine oder *Pekaris* können ähnlich kreischen und quieken, ihr Grunzen dagegen ist mehr ein Blöken. — Nicht nur die afrikanischen Warzen- und *Riesen-Waldschweine* haben Hautauswüchse von beträchtlichem Ausmaß am Kopf. Auch die Pustelschweine (z. B. das *Celebes-Schwein*) von Java und Celebes sind damit reichlich versehen. Beim *Hirscheber* zeigt die Bache keine Eckzähne und hat auch nur selten solche; beim Keiler durchbrechen die oberen Eckzähne die Rüsseldecke und ragen, sich im Bogen nach hinten neigend, frei aufwärts. — Abweichend von den echten ist bei den südamerikanischen Nabelschweinen der obere Eckzahn wie im Raubtiergebiß nach unten gerichtet. So ist ihre Angriffs- und Verteidigungsweise auch anders als bei „schlagenden" beziehungsweise „hauenden" echten Schweinen; sie beißen. Auch der Magen ist komplizierter gebaut als bei den altweltlichen Schweinen. Auf dem Hinterrücken haben die Pekaris eine Drüse, die ein Sekret absondert. Sie gehört zu den Duftdrüsen, ist auch im Geschlechtsleben von Bedeutung und kann willkürlich betätigt werden. Die Tiere reiben sich nicht selten gegenseitig daran. Sie stellen sich dazu so aneinander auf, daß ihr Kopf neben dem Hinterteil des Partners ist, lehnen sich mit der Wange an die

Veredeltes Landschwein

Deutsches Edelschwein

Mangaliza-Schwein
Ungarn

Hängebauch-Schwein
Ostasien

Berkshire-Schwein
England

Geflecktes Hausschwein
Westafrika

Drüse und fahren mehrfach daran hinauf und herunter. Dadurch reiben sie die Partien zwischen Auge und Ohr mit dem Sekret der Drüse ein.

Im Grunde sind alle wilden Schweine der Domestikation zugänglich, da jung eingefangene Frischlinge gleich welcher Art ein so beträchtliches Anschlußbedürfnis haben, daß sie als Rudeltiere die Nähe des Menschen und der anderen Haustiere als angenehm empfinden. Es kam aber bei den meisten Schweinen eben nur bis zu einer Zähmung ohne regelrechte Übernahme als Nutztier. Daß Alttiere für ihre Umgebung ungemütlich werden können, ist richtig. Doch zumeist sind sie längst dem Schlachtmesser zum Opfer gefallen, ehe sie ins „gefährliche Alter" kommen. Merkwürdigerweise werden überall vereinzelte Frischlinge aller möglichen Arten als Spieltier und Hausfreund gehalten (auch die südamerikanischen, afrikanischen, der Hirscheber usw.), bis zur regelrechten Domestikation hat man es aber nur bei verschiedenen Rassen von Sus scrofa gebracht. Von diesen gibt es sehr hochgezüchtete und auch noch recht primitive Hausschweinrassen. Die asiatischen Wildschweine werden auch als Bindenschweine bezeichnet, Sus scrofa vittatus. Alle Rassen der scrofa/vittatus-Gruppe vertreten sich geographisch, gehören in den gleichen Weltformenkreis, sind also als eine einzige Art aufzufassen. Sus s. vittatus erscheint als Stammform, Sus s. scrofa als historisch jüngere Gestalt und auch morphologisch als Endform. Die Domestikation des Schweines ist im Laufe der Zeit an verschiedenen Stellen der Erde erfolgt, und zwar durch Haustierwerdung der jeweiligen bodenständigen Rasse von Sus scrofa, jeweils unabhängig von anderen Domestikationsherden. Auch das sogenannte Torfschwein der Pfahlbauten war schon ein echtes Hausschwein. Unter den älteren europäischen Haustieren ist das Hausschwein offenbar das jüngste, das erst im Neolithikum auftrat. In Schweden setzt Pira das erste Erscheinen ins dritte vorchristliche Jahrtausend an, wo es an den ältesten Fundstätten neben Wildschweinen vorkommt. Hausschweine sind nur bei einer weitgehend seßhaften Bevölkerung möglich. Für Nomaden ist es ungeeignet, da es nicht für lange und weite Dauermärsche geeignet ist. Während alle Wildschweine gleich anderen Wildtieren aufrecht stehende Ohren und langhängende Schwänze haben, gibt es unter den stets ringelschwänzigen Hausschweinen stehohrige (z. B. *Berkshire, Deutsches Edelschwein*) und hängeohrige Rassen (z. B. *Veredeltes Landschwein, Mangaliza-Schwein*). Bei besonders hochgezüchteten Rassen ist oft die Schnauzenpartie extrem verkürzt, wie z. B. beim *Hängebauch-Schwein*. In den Tropen werden an verschiedenen Stellen kleinere Rassen gezüchtet, damit nach dem Schlachten das Fleisch sogleich vollständig verzehrt werden kann.

Familie: Hippopotamidae — Flußpferde (*Choeropsis, Hippopotamus*)

Flußpferde sind gegenwärtig auf Afrika beschränkt, waren aber im Pliozän und Pleistozän auch im südlichen Europa verbreitet. Das Vorkommen von Resten in Sizilien und Südspanien läßt den afrikanischen Ursprung der Flußpferde vermuten. Eine ausgestorbene Art, Hippopotamus antiquus, wurde im Rheintal gefunden. In Mitteleuropa starben die Flußpferde in der mittleren Eiszeit aus, in Südeuropa erst mit deren Ende. Auf verschiedenen Mittelmeerinseln und auf Madagaskar entwickelten sich nunmehr ebenfalls ausgestorbene Zwergformen, die aber zur Verwandtschaft von *Hippopotamus amphibius* gehörten und mit den heutigen Zwergflußpferden Westafrikas keineswegs verwandt waren. Alte Flußpferdbullen werden bis 3000 kg schwer, doch gelten 2000—2500 kg schon als gutes Gewicht. Ein 26 Jahre altes weibliches Tier wog nach längerer Krankheit nur noch 1755 kg, sein Gehirn 582 g, also nur $1/3015$ vom Gesamtgewicht. (Dagegen hatte ein indischer Elefant von 3048 kg ein Hirngewicht von 5430 g, was etwa $1/560$ des Gesamtgewichts ausmacht.) Flußpferde sind sehr gesellige Bewohner von Gebieten, die ihnen regelmäßig die Möglichkeit zum Baden oder doch wenigstens zum Suhlen geben, da ihre nackte Haut ansonsten zu stark austrocknet. Wenn die Tiere sich längere Zeit außerhalb des Wassers aufhalten, zeigen sich auf der Haut rotbraune Tropfen, die dort wie Perlen stehenbleiben. Diese Erscheinung ist zwar unter der Bezeichnung „blutiger Schweiß" bekannt, es handelt sich aber weder um Blut oder Schweiß, sondern um eine fadenziehende, schleimige Absonderung, die den ganzen Tag über vor sich geht, aber erst sichtbar wird, wenn sie nicht vom Wasser abgespült wird. Die unteren Schneidezähne stehen, wie bei den Schweinen, nahezu waagerecht. Die unteren Eckzähne sind riesige Hauer mit einer Länge bis zu 70 cm und bis 4 kg Gewicht. Sie arbeiten gegen die oberen Hauer so, daß diese vier Eckzähne sich gegenseitig anschärfen und eine gefährliche Waffe darstellen. Das einzige Junge wird nach acht Monaten Tragzeit im Wasser geboren und schwimmt dann sofort an die Oberfläche. Es wird unter Wasser gesäugt. Das nur 5—8 Zentner schwere *Zwergflußpferd* ist sehr viel weniger auf das Wasser angewiesen als sein großer Vetter. Es gebiert das Junge auf dem Trockenen und flieht bei Gefahr nicht ins Wasser, wie die große Art es tut, sondern vom Wasser weg. Auch bei ihm bilden sich auf der trocknenden Haut rötliche Tröpfchen von „blutigem Schweiß". Das Zwergflußpferd ist ein Bewohner des sumpfigen, feucht-tropischen Urwalddickichts der Ebene wie des Hügellandes, wo es einzeln oder paarweise lebt. Tagsüber ruht es und geht nachts oder in der Dämmerung zum Äsen.

Unterordnung Tylopoda — Schwielensohler

Familie: Camelidae — Kamele (*Camelus, Lama*)

Die Schwielensohler — Kamele und Lamas — sind zwar auch Wiederkäuer, wie z. B. Hirsche und Rinder, doch ist ihr Magen wesentlich anders gebaut. Man schließt daraus, daß das Wiederkäuen zweimal unabhängig von Huftieren entwickelt wurde. Auf jeden Fall ist das Wiederkäuen ein biologischer Vorteil, da die Tiere sich zunächst auch auf freien Flächen, wo sie den Raubtieren leichter zum Opfer fallen, eilig Futter aufnehmen und sich dann an einem geschützten Liegeplatz in Ruhe dem abermaligen, jetzt gründlichen Durchkauen der Nahrung hingeben können. Außer in dem weniger unterteilten Magen sind u. a. das Vorhandensein eines Zwerchfellknochens, ovale statt der üblichen runden roten Blutkörperchen und eben die Schwielensohligkeit Besonderheiten dieser Gruppe. Auch fehlt ihnen eine Spannhaut zwischen Hinterschenkel und Bauchhaut. Alle Kamele paaren sich im Liegen, nicht stehend, wie es sonst bei Huftieren die Regel ist. Die geologisch ältesten Tylopodenreste stammen aus dem Jungeozän Nordamerikas. Heute sind sie nur auf Nordafrika und Asien beziehungsweise Südamerika beschränkt. Alle Arten wurden in den Hausstand überführt, von dreien lebt die wilde Stammform noch, *Guanako* und *Vikuña* in Südamerika sowie das *Wildkamel*, dessen letzte Reste in zwei getrennten Gebieten in China und an der chinesisch-mongolischen Grenze vorkommen. Die Wildform des *Dromedars* ist nicht bekannt; es kommt nur noch als Haustier vor. Jedoch besteht die Möglichkeit, daß beide Kamelformen von einer Wildform abstammen. Alle Camelidae werden als Tragtiere, Dromedar und Kamel („*Trampeltier*") auch als Reit- und Zugtiere benutzt. Außerdem sind Wolle, Milch und Fleisch wichtige von ihnen gewonnene Produkte. Eine Dromedarstute liefert täglich 8—10 l Milch. Reitdromedare können am Tag rund 120 km zurücklegen. Die wertvollsten sind die weißen Renndromedare, die *Meharis*, die am Tag sogar bis 140 km bewältigen. Lastdromedare schaffen viel geringere Entfernungen. Bei Wüstenreisen soll die Traglast möglichst 150 kg nicht übersteigen, doch sind 200 kg keine Seltenheit. Selbst 400 kg werden einem starken Hengst aufgebürdet, doch hat die ägyptische Regierung das Höchstgewicht der Last auf rund 250 kg festgesetzt. Man unterscheidet überall den massigen Arbeits-Schritt-Typ und den des leichten schnellfüßigen Reitdromedars. Das Arbeitsdromedar überwiegt im asiatischen Teil seines Verbreitungsgebietes, das Reitdromedar mit höheren Läufen und längerem schmaleren Kopf in Afrika. — Das Kamel oder Trampeltier ist viel schwerer gebaut als das Dromedar. Es hat zwei Höcker statt des

Camelus dromedarius Linnaeus
Dromedar (Haustier)
Afrika, Asien
⊥ 200 cm

Camelus bactrianus ferus Przewalski
Wildkamel
Südwestgobi (China, Mongolei)
⊥ 200 cm

Camelus bactrianus Linnaeus
Trampeltier (Haustier)
Asien
⊥ 210 cm

„Mehari"
Renndromedar
Afrika

Lama glama Linnaeus
Lama (Haustierform aus Südamerika)
⊥ 120 cm

Lama pacos Linnaeus
Alpaka (Haustierform)
Andengebiet
⊥ 80 cm

Lama guanicoe Molina
Guanako
Südl. Südamerika
⊥ 120 cm

Lama vicugna Molina
Vicuña
Mittl. Andengebiet
⊥ 80 cm

einen beim Dromedar. Außerdem trägt es ein dem kalten Klima angepaßtes dichtes Haarkleid, das geschoren und versponnen wird. Es ergibt allerdings nicht das im Tuchhandel „Kamelhaar" genannte Material — bei diesem handelt es sich um Ziegenhaar. Eine erwachsene Kamelstute bringt 6 kg, ein erwachsener Hengst bis 9 kg, Jungtiere 3—4 kg Schurwolle. Die Kamelstute trägt 390 bis 406 Tage. Die Jungtiere werden mit 3—4 Jahren an die Arbeit gewöhnt, erhalten mit 4—5 Jahren die volle Last aufgebürdet und marschieren damit 8—10 Stunden am Tage bei einer Wegleistung von 25—30 km. — Nicht selten werden Bastarde gezogen, bei denen meistens eine Dromedarstute von einem Kamelhengst gedeckt wird. Die Bastarde werden größer und schwerer als ihre Eltern und haben meistens nur einen einzigen gewaltigen Höcker. — Die südamerikanischen Schwielensohler, Guanako und Vicuña, faßt man auch als Schafkamele zusammen. Sie haben keinen Höcker. Wie die Einhufer an der Innenseite der Vorderläufe haben die Schafkamele zu beiden Seiten der Hinterbeine am Mittelfuß die „Kastanien" genannten Drüsenpolster. Alle Schafkamele setzen ihren Kot auf gemeinsamen Plätzen ab, und alle pflegen noch leichter als ihre altweltlichen Verwandten bei Belästigung abwehrend und angreifend zu spucken. Wir kennen heute je zwei Wild- und zwei Haustierformen. Von ihnen ist das Guanako ein Wildtier von Rothirschgröße. Mit 80 cm gegen 120 cm Schulterhöhe gegenüber dem Guanako ist das Vicuña die wesentlich kleinere Wildart, etwa einem Reh entsprechend. Die Gestalt selbst ist der des Guanakos ähnlich, doch wirkt der Kopf kleiner, zierlicher und mehr dreieckig. Am Vicuña-Schädel fehlt die bei den anderen drei Formen stets vorhandene Ethmoidallücke. Charakteristisch ist die nur dem Vicuña zukommende helle, breite, bis 35 cm lange seidige Haarfahne an Unterhals und -brust. Guanakos sind durchaus wehrhafte Tiere mit einem starken Zusammenhalt- und Erkundungsbedürfnis. Vielleicht sind es diese Eigenschaften, zusammen mit seiner Temperaturunempfindlichkeit sowie dem großen Anpassungsvermögen, die es dafür geeignet machten, in Herden zu haltende Haustiere zu liefern. Eines davon ist das *Lama*, das in der dünnen Luft der Anden alle anderen Tragtiere an Wichtigkeit weit übertrifft. Das *Alpaka* wird hauptsächlich als Wollieferant gehalten. Entgegen der bisherigen Auffassung über die Herkunft und Abstammung des Alpakas vom Vicuña vertreten Herre und seine Schüler die Ansicht, daß aus dem Vicuña keine Haustierform hervorgegangen ist, jedenfalls nicht das Alpaka, das gleich dem Lama auf das Guanako zurückzuführen sei.

Unterordnung Ruminantia — Wiederkäuer

Zwar sind auch die Schwielensohler Wiederkäuer, doch haben sie vermutlich diese Fähigkeit auf andere Art erworben als die eigentlichen Wiederkäuer, die Ruminantia, zu denen die Hirsche, Giraffen, Gabelböcke und Hohlhörner gehören. Bei allen diesen ist der Magen insofern einheitlich gestaltet, als er vierteilig und eine lange Schlundrinne als Gleitbahn für die Nahrung vorhanden ist. Drei dieser Mägen bezeichnet man als Vormägen: Pansen, Netzmagen und Blättermagen oder Psalter. Dazu kommt der Hintermagen oder Labmagen, der als einziger reichlich mit Verdauungsdrüsen ausgerüstet ist. Das flüchtig gekaute Futter wird zunächst in dem vorderen, fast drüsenlosen Abschnitt durch die Innenwärme, teils auch durch Mithilfe von Bakterien und Infusorien angedaut. So vorbereitet wird es durch die Schlundrinne wieder aufgestoßen. Nach nunmehr gründlichem Kauen wird die Nahrung zum Blättermagen geleitet, dort von einem Teil der Flüssigkeit befreit und schließlich im Labmagen resorbiert. Bei Saugjungen fließt die aufgenommene Milch fast ganz in den Labmagen und gerinnt dort.

Teilordnung Tragulina — Zwerghirsche

Familie: Tragulidae — Hirschferkel (*Hyemoschus, Tragulus*)

Die Zwerghirsche weichen in so vielen Beziehungen von den Echten Hirschen ab, daß ihnen eine eigene Teilordnung eingeräumt wurde. Es sind kleine, hinten überbaute Tiere mit gedrungenem, rundrückigem Rumpf, aber doch zierlichen Läufen und am Kopf ohne Stirnwaffen sowie mit großen Augen ohne Voraugendrüsen. Das Männchen hat lange, spitze obere Eckzähne, die weit aus dem Munde vorragen und tiefe Wunden setzen können. Die entsprechenden Zähne des Weibchens sind nur kurze Stifte. Rundrückigkeit und hohe Kruppe weisen darauf hin, daß sie als Schlüpfer im Unterholz von Urwald und anderen meist feuchten Biotopen leben. Von ihnen ist das Wassermoschustier oder *Hirschferkel* ein geschickter Schwimmer und Taucher, der bei Gefahr ins Wasser flieht und auf dem Gewässergrund entlangläuft. So ist es auch nicht verwunderlich, daß Hirschferkel neben pflanzlicher Kost auch große Mengen von Wassertieren verzehren mit Einschluß von kleinen Säugern und selbst von Aas. — Die asiatischen Verwandten werden als *Kantschil* bezeichnet. Von ihnen hat der *Fleckenkantschil* helle Flecke auf dunklem Grund. Die Haut des Hinterrückens hat eine Verdickung ähnlich dem Roßspiegel der Einhuferhaut, ist aber noch härter, ja nahezu glasig.

Odocoileus hemionus (Rafinesque)
Maultierhirsch
Nordamerika
⊥ 100 cm

Odocoileus virginianus (Boddaert)
Weißschwanzhirsch
Nordamerika
150 + 30 cm
⊥ 100 cm

Odocoileus dichotomus (Illiger)
Sumpfhirsch
Südamerika
180 + 15 cm ⊥ 110 cm

Mazama americana (Erxleben)
Roter Spießhirsch
Südamerika
110 + 10 cm ⊥ 70 cm

Pudu pudu Molina
Puduhirsch
Südamerika
80 + 2 cm ⊥ 34 cm

Hippocamelus antisiensis (D'Orbigny)
Peruanischer Gabelhirsch
Südamerika (Anden)
⊥ 70 cm

Capreolus capreolus (Linnaeus)
Europäisches Reh
Europa, Asien
125 + 2 cm ⊥ 75 cm

Teilordnung Pecora — Stirnwaffenträger

Familie: Cervidae — Hirsche

Zu den Hirschen gehören alle geweihtragenden Wiederkäuer sowie die geweihlosen Moschustiere und Wasserrehe. Geweihe sind Knochenauswüchse des Stirnbeins, die während des Wachstums von einer stark durchbluteten Haut, dem Bast, bedeckt sind und meistens jährlich gewechselt werden. Die Familie der Hirsche wird im allgemeinen nach dem Bau der Füße eingeteilt. An den Vorderfüßen sind die seitlichen Mittelhandknochen weitgehend zurückgebildet. Bei den langballigen Hirschen (Telemetacarpalia) sind von diesen nur die unteren Enden erhalten. Hierzu gehören alle neuweltlichen Hirsche, die zirkumpolaren Arten Elch und Ren, außerdem das Reh und das Wasserreh. Bei den kurzballigen Hirschen (Plesiometacarpalia) blieben die oberen Enden der Mittelhandknochen erhalten. Hierzu gehören alle altweltlichen Hirsche außer den eben genannten und der nordamerikanische Wapiti.

Unterfamilien: Moschinae — Moschustiere (*Moschus*), Hydropotinae — Wasserrehe (*Hydropotes*), Muntiacinae — Schopfhirsche (*Elaphodus, Muntiacus*)

Einige der Echten Hirsche sind nicht größer als Hirschferkel. Von jenen haben *Moschustiere* und *Wasserrehe* kein Geweih, dafür aber bis 6 cm lange obere Eckzähne als Waffen. Die Hufe der Moschustiere sind lang, und selbst die Afterklauen berühren oft den Boden. Die Tiere bewegen sich trittsicher in jedem Gelände. Sie haben ein dichtes starres Grannenhaar ohne Unterwolle. Das Männchen hat zwischen Nabel und Präputium den Moschusbeutel, dessen Drüsenzellen salbenartiges rotbraunes Moschus ausscheiden. Seinetwegen werden die Tiere stark bejagt. Moschustiere sind rundrückig wie die Hirschferkel, die Wasserrehe fast geradrückig. Der *Muntjak* hat je nach Lokalform ein etwa handhohes einfaches Geweih mit langen Rosenstücken. Bei der verwandten Gattung der *Schopfhirsche* ist das kurze Geweih meistens in dem bis 17 cm langen Stirnschopf verborgen.

Unterfamilie: Odocoilinae — Trughirsche (*Odocoileus* mit den Untergattungen *Capreolus, Hippocamelus, Mazama, Odocoileus, Pudu*)

Sehr artenreich sind die telemetacarpalen Trughirsche, zu denen außer unserem allbekannten *Reh* die amerikanischen Hirsche gehören. *Pudu-* und *Spießhirsch* haben nur kurze Spieße als Geweih, der *Gabelhirsch* eine Gabel ohne Augsprosse. Die Geweihe der übrigen sind meist dichotom verzweigt ohne Augsproß. Von ihnen entspricht der Virginier- oder *Weißschwanzhirsch* nach Lebensweise und Statur, nicht aber im Geweih, weitgehend unserem europäischen Reh. Der *Maultierhirsch* führt seinen Namen wegen der für einen Hirsch ungewöhnlich langen Ohren. Die Gattung Odocoileus ist entschieden die arten- und individuenreichste der amerikanischen Hirsche. 1948 rechnete man auf dem Gebiet der USA mit einem Bestand von 5 Millionen Weißschwanzhirschen, von denen 450 000 Tiere legal erlegt wurden. Stellenweise mußte man der Art besonderen Schutz angedeihen lassen. Andernorts war die Vermehrung so stürmisch, daß die Tiere eine fühlbare Nahrungskonkurrenz für den Haustierbestand wurden. Das Reh, zur gleichen Unterfamilie gehörend wie die amerikanischen Trughirsche, ist unsere kleinste europäische Hirschart. Vom Schwanz ist äußerlich kaum etwas zu sehen; das Sommerfell ist leuchtend rotgelb, das Winterfell graubraun. Schwärzlinge, Schecken und Albinos kommen vor. Dem einfachen Geweih fehlen Aug- und Eissproß. Die Stange trägt einen Mittelsproß, teilt sich am Ende und bildet einen Hintersproß aus. Selten bringt das Reh es weiter als bis zum Sechser, doch kommen auch Achter vor. Nord- und mitteldeutsche Jäger nennen das Rehgeweih „Gehörn", süddeutsche „Gewichtel". Während der Brunft im Juli/August werden die Eier zwar befruchtet, bleiben jedoch zunächst unverändert und machen in der Gebärmutter eine sogenannte Vortragzeit durch. Vom Dezember an setzt dann die Teilung ein. Die Austragzeit dauert also eigentlich nur 5—6 Monate, doch vergehen vom Beschlag bis zum Setzen normalerweise 9—10 Monate. Man nimmt an, daß das Reh ursprünglich aus wärmeren Gegenden stammt, so daß die lange Keimruhe die Geburt in die günstigste Jahreszeit fallen lassen soll und in unserem Klima die Keimruhe umweltbedingt ist.

Unterfamilien: Alcinae — Elche (*Alces*), Rangiferinae — Rentiere (*Rangifer*)

Der *Elch*, der größte der heute lebenden Hirsche, übertrifft mit seiner Schulterhöhe von 180—235 cm ein großes Pferd. Er ist seit jeher ein Charaktertier der zirkumpolaren Tundren und Waldsteppen, deren Laub und Zweige seine hauptsächliche Nahrung sind. Der im Vergleich zu den langen Läufen kurze Hals erschwert den Elchen das Grasen. Jungtiere legen sich dazu gern auf die „Knie", die Vorderfußgelenke. Das Laubäsen wird ihnen erleichtert durch die weit ausgezogene Oberlippe, mit der sie in ähnlicher Weise wie die Einhufer mit ihrer sehr beweglichen Oberlippe etwas greifend zu sich heranziehen können. Das nackte Nasenfeld, das Rhinarium, ist sehr klein und meistens dreieckig. Diese Kleinheit dürfte — ebenso wie bei dem noch kleineren Nasenfeld des Rens — als Kälteschutz zu deuten sein, den sie in ihrer hochnordischen Heimat nötig haben. An der Kehle haben beide Geschlechter einen unpaaren Klunker, der kurz und dreieckig, aber auch schmal, wurstförmig und recht lang sein kann; meistens mißt er jedoch nur 20—25 cm. Dieser Klunker entspricht im Bau etwa den „Glöckchen" am Ziegenhals, enthält keine Muskeln, sondern nur etwas Bindegewebe. Schon beim Embryo ist er angelegt, wächst im Verlauf des Lebens bis zum dritten oder fünften Lebensjahr und bildet sich dann allmählich zurück; er kann auch ganz verschwinden. Die *Moose* genannten nordamerikanischen Elche haben meistens viel größere Klunker; eine Länge von 96 cm ist allerdings eine Ausnahmeerscheinung. Die Rosenstöcke mit den Geweihstangen gehen von der Basis aus sofort seitlich ab und nicht wie bei den anderen Hirschen nach oben. Die eigentliche Stange ist nur kurz. Die Entwicklung erfolgt oft unregelmäßig. Im fünften

Lebensjahr beginnt die Schaufelbildung, wobei sich meistens der vordere Teil mit 2—3 Enden von der Hauptschaufel absetzt. Im Gegensatz zur Damschaufel schiebt die Hauptschaufel die Enden nur nach vorn. Elche mit dieser Geweihbildung werden Schaufelelche genannt; solche, die erst einfache Stangen tragen oder sie auch zeitlebens beibehalten, Stangler oder Stangenelche. Wie Heptner ausführt, gibt es Hinweise darauf, daß der Elch schon in prähistorischer Zeit in Sibirien domestiziert worden war, und zwar noch vor dem Ren. In neuerer Zeit wurden wiederholt mit wechselndem Erfolg Domestikationsversuche durchgeführt, die in der UdSSR trotz der Eigenwilligkeit der Tiere zu beachtlichen Erfolgen führten, und bei denen die Elche für Zug-, Trag- und Reitzwecke herangezogen werden.

Was mit dem Elch erst in neuerer Zeit wieder versucht wurde, widerfuhr dem *Ren* bereits in grauer Vorzeit: Es wurde zum Haustier. Im Wildstand ist das Ren in Skandinavien bis auf einen recht kleinen Stamm auf und nahe dem Dovrefjell ausgerottet. Es ist etwas größer als sein halbgezähmter Abkömmling, und Farbabweichungen sind beim Wilden nicht selten, beim Zahmen dagegen häufig. Die Lappen bevorzugen helle Tiere, andere Ren-Nomaden dunkle Farben ihrer Rentiere. Dem Weidmann mag der Gedanke, Hirsche als Haustiere zu nutzen, merkwürdig erscheinen, doch werden auch der Dybowski-Hirsch und eine ostasiatische Form unseres Rothirsches planmäßig gezüchtet und genutzt. Während der Eiszeit lebte das Ren noch in weiten Teilen Europas, wurde vom Steinzeitmenschen gejagt und in den Höhlen auf Wandbildern dargestellt. Das ursprünglich gejagte Wildtier wurde später gezähmt und in den Hausstand übernommen. Da es imstande ist, auch bei großer Kälte und tiefem Schnee seine Nahrung selbst zu finden, gab es dem Menschen Lebensmöglichkeiten in Gebieten, die ihm sonst verschlossen wären. Mongolische Volksstämme im asiatischen Nordosten begannen mit der Zähmung des Rens als Fleisch-, Trag-, Zug- und Reittier. Die nordamerikanische Form des Rens wird *Karibu* genannt; sie ist wesentlich größer als die eurasiatischen Rentiere. Normalerweise haben auch weibliche Rentiere ein Geweih, das allerdings meistens viel geringer ist als das der Renstiere; auch geweihlose Rentiere kommen vor. Meistens sind die beiden Stangen des Rengeweihs recht verschieden. Alle Teile des Rens werden verwertet, in erster Linie Fleisch und Fell, Sehnen und Geweih, wenngleich letzteren auch heute im europäischen Norden weniger Bedeutung zukommt und Ersatzstoffe, selbst den Lappen und Finnen leicht erreichbar sind. Das Haar ist sehr luftreich und spröde; es kann daher als Füllung von tragfähigen Luftkissen verwendet werden. Die Stimme der Rentiere ist ein weithin hörbares Grunzen.

Rangifer tarandus caribou (Gmelin)
Karibu
Nordamerika
$200 + 9\ cm \perp 110\ cm$

Rangifer tarandus (Linnaeus)
Europäisches Ren
Europa, Asien
$180 + 15\ cm \perp 100\ cm$

Unterfamilie: Cervinae — Echte Hirsche (*Cervus* mit den Untergattungen: *Axis, Cervus, Dama, Hyelaphus, Przewalskium, Rucervus, Rusa, Sika; Elaphurus*)

In der Unterfamilie der Echten Hirsche zählt man heute mit Ausnahme vom *Milu* alle Arten zur Gattung Cervus, allerdings mit einer Anzahl Untergattungen. Sie alle sind plesiometacarpal, d. h., daß nur die unteren Reste der Mittelhandknochen erhalten sind und daß die weiche Sohle der Zehen bis zur Hufspitze nach vorn reicht. Der Milu oder Davids-Hirsch hat so viele Besonderheiten, daß man ihm eine eigene Gattung einräumte. Der lange

Elaphurus davidianus Milne-Edwards
Milu, Davidshirsch
China
$150 + 50\ cm \perp 115\ cm$

Mandschurei und Ostsibirien und im *Wapiti* als Endform bis auf den nordamerikanischen Kontinent. In Afrika gibt es Rothirsche als Zwergform in Algerien und Tunis. Am kompliziertesten ist das Geweih im Westen des Verbreitungsgebietes, wo bei starken mitteleuropäischen Rothirschen Krone und Becher nicht selten sind. Schon der Kaukasusmaral bildet seltener eine Krone aus. Noch weiter nach Osten fehlen Krone und Becher vollständig, doch können bei diesen wapitiähnlichen Formen die Stangen sehr stark und die Sprossen (auch der Augsproß) mehr als einen halben Meter lang werden. Während der westliche Rothirsch in der Brunft seinen tiefen orgelnden Schrei ausstößt, ist die Stimme des Wapitis ein hoher Falsettschrei, der gar nicht recht zu solch gewaltigem Tier zu passen scheint. — Der *Weißlippenhirsch* wird in eine besondere Untergattung, Przewalskium, gestellt, die nach einem berühmten russischen Forschungsreisenden benannt wurde. — Wesentlich kleiner als Rot- und Weißlippenhirsch ist der *Damhirsch*, der ursprünglich in Europa, Vorderasien und Ägypten zu Hause war. Während der Eiszeit verschwand er aus Europa. In historischer Zeit wurde er vielfach in alle geeigneten Gegenden wieder eingesetzt. Die ursprüngliche helle Fleckung auf warmbraunem Grunde ist bei manchen Damhirschen einem einheitlichen Schwarz, Dunkelbraun oder Weiß gewichen. Nur in Kleinasien gibt es noch ursprünglich wilde Damhirsche, dazu im südwestlichen Persien den merklich größeren *Mesopotamischen Damhirsch*. — Ein weiterer, in

schmale Kopf hat große Augen mit ungewöhnlich lang ausgezogenen Voraugendrüsen, die das Gesicht noch länger erscheinen lassen. Der Geweihaufbau ist völlig verschieden von dem aller anderen Hirsche. Etwas über der Rose wächst ein sehr langer, rückwärts gerichteter Sproß, der bei stärkeren Hirschen einige kurze Knubben haben kann. Das Ende der Hauptstange kann sich wieder gabeln. Ursprünglich warfen die nach Europa eingeführten Milus das Geweih zweimal jährlich ab. Auch heute geschieht das nicht selten, wenn auch einmaliger Abwurf die Regel ist. In ihrer Heimat China wurden die Milus 1900 im Boxeraufstand ausgerottet. Heute leben nur noch einige Hunderte in verschiedenen Tiergärten.

Die formenreichste Art ist entschieden Cervus elaphus, zu der auch unser allbekannter Edel- oder *Rothirsch* gehört. Im Gegensatz zu den Telemetacarpalia, die 2—3 Junge im Wurf bringen, ist für die Plesiometacarpalia ein einziges Junges die Regel. Nur selten haben sie Zwillinge. Die Gesamtart Cervus elaphus hat eine sehr weite Verbreitung durch die paläarktische Region von den britischen Inseln ostwärts über das eurasische Festland bis zur

etliche mitteleuropäische Reviere eingesetzter fremder Hirsch ist der Sikahirsch Ostasiens, hellgefleckt auf warmbraunem Grund. Die größte Lokalform davon ist der *Dybowski-Hirsch*. Sikahirsche haben eine ähnliche Geweihbildung wie ein schwacher Rothirsch, kommen aber nur ausnahmsweise über die Achterstufe hinaus. — Nur bis zum Sechser bringt es normalerweise der *Axishirsch;* schiebt er wirklich einmal acht Enden, so kann er sich sowohl in Richtung auf den Sika weiterentwickeln, häufiger aber in Richtung auf die Zackenhirsche. Auch der plumpere kurzläufige *Schweinshirsch* bringt es nicht weiter als bis zum Sechser. Die Rusa-Gruppe (*Sambar* oder Aristoteles-Hirsch, Pferdehirsch und Mähnenhirsche) sind auch im Jugendkleid ungefleckt; sie kommen selten über das Sechsender-Geweih hinaus. Bringen sie es doch einmal bis zum Achter, ganz selten bis zum Zehner, dann geht diese Weiterentwicklung keineswegs in Richtung auf Sika und Cervus, sondern das Geweih verzweigt sich dann dichtotom wie das der amerikanischen Hirsche und das der ostasiatischen Zackenhirsche. Am bekanntesten ist der *Barasingha*. Es existieren noch etwa 4000 Stück in der Wildnis. Vom gefleckten Jugendkleid behält er jederseits des Aalstrichs eine durchgehende Fleckenreihe. Von seinem Verwandten, dem *Schomburgk-Hirsch,* wurde das letzte zahme Tier 1938 in einem Tempel, 20 km von Bangkok entfernt, von Betrunkenen erschlagen. Die dritte Art der Zackenhirsche ist der *Leierhirsch*. Auch er gehört heute zu den aussterbenden Tieren.

Cervus (Rusa) unicolor
De Blainville
Indischer Sambar
Vorderindien
200 + 30 cm ⊥ 130 cm

Cervus (Rucervus) duvauceli Cuvier
Barasingha
Vorderindien
180 + 20 cm ⊥ 115 cm

Cervus (Rucervus) duvauceli schomburgki Blyth
Schomburgk-Hirsch
Thailand;
ausgestorben

Cervus (Rucervus) eldi siamensis Lydekker
Siam-Leierhirsch
Thailand
180 + 20 cm ⊥ 110 cm

Cervus (Cervus) elaphus nelsoni Bailay
Wapiti
Nordamerika
250 + 22 cm ⊥ 150 cm

Cervus (Cervus) elaphus bactrianus Lydekker
Bucharahirsch
Turkmenien
210 + 22 cm ⊥ 120 cm

...us (Cervus) ...us Linnaeus
...hirsch
...pa, Asien, Nordafrika
... + 15 cm ⊥ 120 cm

Cervus (Przewalskium) albirostris Przewalski
Weißlippenhirsch
Tibet
200 + 12 cm ⊥ 120 cm

Giraffa c. tippelskirchi Matschie
Massaigiraffe
Mittl. Ostafrika
300—400
+ 100 cm

Giraffa camelopardalis peralta Thomas
Westafrikanische Giraffe
Senegal/Gambia bis Tschad
300—400
+ 100 cm

Giraffa c. reticulata De Winton
Netzgiraffe
Nördl. Kenia, Somalia
300—400 + 100 cm

Okapia johnstoni (Sclater)
Okapi
Zentralafrika
210 + 40 cm

Familie: Giraffidae — Giraffen (*Giraffa, Okapia*)

Im Fußskelett der *Giraffen* sind nur noch die beiden Hauptzehen erhalten. Die Giraffen sind wohl die absonderlichsten Huftiere. Während die Rumpflänge vom Bug bis zum Schwanzansatz 2,50 m beträgt, ist die Widerristhöhe 3 m, da die Läufe sehr lang sind. Auch der Hals ist ungewöhnlich lang, obwohl er nur die üblichen sieben Wirbel hat. Trotzdem kann die Giraffe wegen ihrer langen Läufe nicht Futter vom Boden aufnehmen; hierzu muß das Tier die Vorderläufe weit seitwärts abspreizen. So sind Giraffen mehr Laub- und Zweig- als Gräserfresser. Sie leben in Busch- und Baumsteppen bis zu 2000 m Höhe. Wegen der langen Beine sind die Tiere auch genötigt, Paß zu gehen. Sie können mit diesen weitreichende und dank ihrer Hebelwirkung sehr empfindliche Schläge austeilen. Mit Kopfschlägen fechten die Giraffen ihre Rivalenkämpfe aus. Die Tragzeit dauert 450—465 Tage. — Im Gegensatz zur langbeinigen Steppengiraffe ist das *Okapi* eine Waldgiraffe mit Proportionen, die etwa denen eines Pferdes entsprechen. Das Männchen hat auf der Stirn ein Paar kurze Hörner, die in der Jugend von Fell bedeckt sind. Bei Eintritt der Geschlechtsreife kommt an den Hörnern der nackte Knochen zum Vorschein. Die Jungtiere sind schwarzbraun. Sie haben eine etwa 4 cm lange Stehmähne vom Scheitel bis zur Schwanzbasis, die am Schwanz schon früh, auf dem Rücken mit etwa 14 Monaten verschwindet. Von der Halsmähne bleibt dem erwachsenen Okapi nur ein kurzer Saum. Okapis sind einzeln lebende nächtliche Urwaldtiere, die Steppengiraffen Tagtiere, die in Großfamilien leben und sich gern mit Zebras und Straußen vergesellschaften.

Familie: Antilocapridae — Gabelböcke (*Antilocapra*)

Beim *Gabelbock*, in Amerika Pronghorn genannt, hat der Bock stets Hörner, bei der Geiß können sie fehlen. Sind sie vorhanden, bleiben sie einfach. Die Hörner des Bockes werden etwa 30 cm hoch, sind seitlich abgeplattet und schieben auf etwa halber Höhe ein kurzes vorderes Ende — bei starken Böcken auch noch ein weiteres Ende — nach hinten. Man kann aber diese Zacken des Pronghorns nicht mit den Sprossen des Hirschgeweihs gleichsetzen; sie entsprechen eher den Wulstbildungen des Steinbockgehörns. Das Gabelbock-Gehörn unterscheidet sich von dem aller anderen Hohlhörner dadurch, daß zwar eine Hornscheide dem Knochenzapfen aufsitzt, diese aber alljährlich gewechselt wird. Stellung der Stange und der Enden wechseln sehr. Um den Wedel herum ist ein ausgedehnter weißer „Spiegel", mit dem die Tiere in der

Aufregung „blitzen" können wie Hirschkühe. Die Brunftzeit ist im November/Dezember. Bei älteren Geißen sind zwei Kitze die Regel. Nach dem Gepard ist der Gabelbock das schnellste Landsäugetier; er kann für kürzere Zeit 95 Stundenkilometer durchhalten.

Familie: Bovidae oder Cavicornia — Rinder, Hohlhörner

Diese Wiederkäuerfamilie ist durch Hörner gekennzeichnet, bei denen eine bleibende Hornscheide einem häufig pneumatisierten Knochenzapfen aufsitzt. Bei der Vierhornantilope können sogar zwei Paar Hörner vorhanden sein, ebenso bei einzelnen Zuchtrassen von Ziegen und Schafen. Hörner können aber auch völlig fehlen; am häufigsten bei weiblichen Tieren, doch auch bei männlichen Vertretern einiger Rinder-, Ziegen- und Schaf-Zuchtrassen sind sie nicht immer vorhanden.

Unterfamilie: Bovinae — Echte Rinder (*Bison*; *Bos* mit den Untergattungen: *Anoa, Bibos, Bos, Bubalus, Novibos, Poephagus; Syncerus*)

Fast alle Echten Rinder sind ziemlich kompakte Tiere mit einem ausgedehnten Flotzmaul. Voraugen- und Klauendrüsen fehlen. Der Schwanz trägt eine Endquaste. Obwohl

Antilocapra americana (Ord)
Gabelbock
Nordamerika
120 + 20 cm

jeweils nur ein einziges Junges geboren wird, hat das Euter vier Zitzen. Mehrere Echte Rinder wurden domestiziert und leben seit Jahrtausenden als Haustiere des Menschen. Namentlich das Hausrind hat eine sehr weite Verbreitung gefunden. Alle Hausrindrassen, einschließlich der Buckelrinder oder Zebus, gehen auf den *Ur* oder *Auerochsen* als alleinige Stammform zurück. Der Ur war während der Eiszeit in Eurasien und Nordafrika weit verbreitet. In historischer Zeit wurde er als Wildart ausgerottet. Aus Knochen, Abbildungen und zeitgenössischen Beschreibungen, nicht zuletzt aber durch die farbigen Wandzeichnungen und Gemälde der Steinzeitmenschen in den Höhlen und Grotten Südfrankreichs und der Pyrenäen wissen wir recht genau, wie der Ur aussah. Funde der ältesten

Steppenrind (Haustier)
Südeuropa

Bos (Bos) primigenius Bojanus
Ur, Auerochse
Europa, Asien; ausgestorben

Jersey-Rind
England

Schwarzweißes Niederungsrind
Europäische Tiefebene

Graues Alpenvieh
Alpengebiet

Watussi-Rind Afrika — *Nellore-Zebu* Indien — *Sanga-Rind* Afrika — *Gudscherat-Zebu* Indien

Hausrinder aus der Zeit um 8—5000 v. Chr. kennt man aus Südwestasien und aus Dänemark. Zebus sind seit dem 3. Jahrtausend v. Chr. vom Persischen Golf bekannt, wenn auch ihre Urheimat weiter östlich gelegen haben dürfte. Heute hat jedes Land seine den klimatischen und topographischen Bedürfnissen angepaßten Hausrindrassen. Es sei erinnert an schwarz- und rotbuntes *Niederungsvieh*, das oft in bestimmter Weise gefleckt ist, an die Rückenblessen wie die Pinzgauer sowie an das *Graue Alpenvieh*. Einfarbig rot sind z. B. Harzer und Fünen-Rotvieh. Mehr wildfarben ist das schmucke kleine *Jersey-Rind*, das seiner fettreichen Milch wegen auch auf dem Festland gehalten wird.

Hornlose Rassen sind z. B. die nordschwedischen Fjällrinder. Sie sind meistens weiß mit einzelnen kleinen schwarzen Flecken und Spritzern. Hornlos ist auch ein „Hummel" genannter Zweig der Pinzgauer. Manche Rassen haben noch das schön geschwungene Gehörn des Urs. Nicht ganz so zahlreich sind die Rassen der Buckelrinder. Vom kleinen flinken Zwergzebu bis zum großen weißen *Nellore-* und dem *Gudscherat-Zebu* gibt es in Asien eine Anzahl von Rassen. In Afrika haben wir an Zebuvertretern u. a. *Watussi-*, *Damara-*, *Sanga-Rinder*. Kreuzungen von flachrückigen Hausrindern und Zebus wurden mehrfach vorgenommen und damit erbfeste Stämme gezogen. Solche Mischlinge widerstehen der Hitze besser und haben eine größere Milchergiebigkeit als Zebus. Das in Texas gezüchtete St.-Gertrudis-Vieh ist eine solche trockenresistente Zebu-Kreuzung. — In Asien sind weitere Wildrindarten domestiziert worden. So der in Hinterindien, auf Java und Borneo noch wildlebende *Banteng*. Von ihm wurde — vermutlich auf Java und Bali — das Balirind gezogen, das vorwiegend als Arbeitstier im Zug verwendet, aber auch für den Eigenbedarf und zur Ausfuhr als Schlachtvieh gezogen wird. — Mit dem Banteng ist der *Gaur* nahe verwandt. Er ist das größte Wildrind Asiens. Ob der halbdomestizierte *Gayal*, das Stirnrind, von ihm abstammt oder von einer noch unbekannten Wildform, ist ungewiß. Der Gayal hat seine Hauptbedeutung als Opfertier; er wird nur selten zur Arbeit verwendet. — Ähnliche Unsicherheit besteht über die systematische Stellung des grauen Wildrindes von Kambodscha, dem *Kouprey*. Er

Bos (Bibos) gaurus H. Smith — **Vorderind. Gaur** — Vorderindien 300 + 85 cm

Bos (Novibos) sauveli Urbain — **Kouprey** — Hinterindien 220 + 85 cm

Bos (Bibos) g. frontalis Lambert — **Gayal** — Nordöstl. Indien 280 + 80 cm

Bos (Bibos) javanicus D'Alton — **Banteng** — Java 200 + 80 cm

Hausbüffel, Kerabau
Europa, Asien

Bos (Bubalus) arnee (Kerr)
Wasserbüffel, Arni
Südasien
280 + 90 cm

Bos (Poephagus) mutus Linnaeus
Wildyak
Tibet
300 + 90 cm

Weißer Hausbüffel

ist ein leicht gebautes Rind mit einer für ein Wildrind ungewöhnlich langen Wamme und sehr langen, überaus stark geschwungenen Hörnern. Man kennt den Kouprey nur nach wenigen, recht kleinen wildlebenden Herden; gezähmt wird er nirgendwo gehalten. Bis heute läßt sich aber nicht mit Gewißheit sagen, ob er ein wirkliches Wildrind ist oder Nachkomme verwilderter Hausrinder.

Auch der dem wilden Ur nahe verwandte *Yak* wurde domestiziert. Das war wahrscheinlich schon im 1. Jahrtausend v. Chr. Er ist der Kälte und der dünnen Luft seiner hochgelegenen Heimat so gut angepaßt, daß er das wichtigste Tragtier in den unwirtlichen Höhen in Tibet, Kansu und Ladak wurde. Auch als Reittier wird er benutzt. Die Milchleistung des Hausyaks ist gering. Das lange Haar wird versponnen. Es gibt auch hornlose Hausyaks. In Garhwal werden oft Yak-Zebu-Mischlinge gezogen. Diese Bastarde sind imstande, ständig in einer Höhe von 2100—2700 m zu leben. Die Bastarde sind dafür bekannt, gute Fleischtiere zu sein sowie ausgezeichnete Milch zu geben. Sie sind ebenso ausdauernde, aber größere und umgänglichere Tragtiere als die reinblütigen Yaks. — Der Arni wurde ebenfalls zum *Hausbüffel* oder *Kerabau* domestiziert. Ohne den Wasserbüffel wäre kein Reisanbau möglich; er allein kann den Pflug durch die überschwemmten Flächen für die Reiskultur ziehen. Überall im tropischen und subtropischen Asien und Südosteuropa ist er der getreue Helfer des Bauern. Wenn es auch mit einem Büffelgespann langsamer geht als mit Pferden, es geht stetig voran, und wer langsam fährt, kommt auch ans Ziel. Bei der meistens sehr spärlichen Behaarung ist der Wasserbüffel nur für wärmere Gegenden geeignet. Er hat das Bedürfnis, häufig und lange zu baden sowie zu suhlen. — Zwei nahe Verwandte des Arni waren für eine Domestikation ungeeignet. Da ist zunächst der Zwergbüffel *Anoa*, auch *Gemsbüffel* genannt. Die Anoa bewohnt außer Celebes noch einige der vorgelagerten Inseln. Von seinen drei Unterarten ist die Nominatform, die Flachland-Anoa von Celebes, mit 98 cm Schulterhöhe die größte und gleichzeitig die bunteste. Bei braungrauschwarzer Grundfarbe hat die Flachland-Anoa weißliche Wangenflecke, einen weißen Halbmond an der Halsunterseite und je einen hellen Fleck über jedem Huf. Bei den Gebirgsunterarten fergusoni (76 cm) und quarlesi (62 cm) sind diese Abzeichen reduziert; quarlesi kann sogar völlig ungefleckt sein. Trotz ihrer Kleinheit sind die Anoas aggressiver als alle anderen Wildrinder. Auch Kühe greifen ungereizt an und verursachen mit ihren geraden, spitzen Hörnern gefährlich tiefe Wunden; kein Wunder, daß sich niemand zu Domestikationsversuchen bereit fand. Der Größe nach steht zwischen Arni und Anoa eine Büffelart von den Philippinen, der *Tamarao* oder *Mindorobüffel*. Er ist wohl neben dem Kouprey das seltenste Wildrind, dessen Restbestände auf knapp 250 Tiere geschätzt werden. Der Tamarao hat gleich der Flachland-Anoa weiße Flecke über den Hufen. Er scheint nie domestiziert worden zu sein. Doch fällt auf, daß auch manche der auf den Philippinen lebenden Wasserbüffel weiße Flecken über den Hufen haben.

Bos (Bubalus) arnee mindorensis Heude
Tamarao, Mindorobüffel
Mindoro   180 + 45 cm ⊥ 120 cm

Bos (Anoa) depressicornis (H. Smith)
Anoa, Gemsbüffel
Celebes
160 + 45 cm ⊥ 100 cm

Syncerus caffer nanus (Boddaert)
Rotbüffel
West- u. Zentralafrika
240 + 55 cm ⊥ 130 cm

Syncerus c. caffer (Sparrmann)
Kaffernbüffel
Süd- u. Ostafrika
260 + 80 cm ⊥ 170 cm

Die afrikanischen Büffel unterscheiden sich durch das Gehörn und eine Anzahl weiterer Schädelmerkmale so stark von den Arnis, daß man sie in eine eigene Gattung, Syncerus, stellt. Während die beim Arni dreikantigen Hörner von der Basis aus antilopenähnlich nach hinten streben, stehen die bei den afrikanischen Büffeln runden Hörner seitlich ab. Das Gehörn des alterwachsenen Kaffernbüffels erinnert in manchem an den Moschusochsen: Die Basen der beiden Hörner stoßen zuletzt auf Stirn und Hinterhaupt zu einer dicken Platte zusammen, dem sogenannten Helm. Der eigentliche Schwarz- oder *Kaffernbüffel, Syncerus c. caffer,* ist die mächtigste Form. Nur Kälber und Jungtiere zeigen noch etwas von der ursprünglich schmutzig dunkelbraunen Behaarung; die schwarze Haut der erwachsenen ist fast nackt. Beim Wald- oder *Rotbüffel, Syncerus c. nanus,* ist die Haut hell, und alle Tiere bleiben zeitlebens rot. Die Ohrränder sind lang befranst, das Gehörn bleibt schwächer. Es gibt zahlreiche Übergänge zwischen diesen Hauptformen. Büffel sind gesellige Tiere, die in großen Herden von 30 bis zu Tausenden leben. Daß zwischen den Kaffernbüffeln und den asiatischen Büffeln keinerlei Verwandtschaft besteht, zeigt sich auch darin, daß beide Gruppen weder miteinander noch mit irgendeinem anderen Rind Mischlinge zeugen. In der Gefangenschaft kann es allerdings zur Paarung kommen.

Wisent und Bison sind nahe verwandte Arten, die zur Gattung Bison zusammengefaßt werden. Der Amerikaner bezeichnet den Bison meist als „buffalo". Aber sie sind mit den Büffeln im zoologischen Sinn nicht verwandt. Der Bison ist klobig und weniger gut proportioniert, da seine Vorderläufe weiter nach hinten eingelenkt sind. So wird das Vorderteil schwer und kopflastig, betont durch die üppige Behaarung, namentlich durch die schweren „Puffärmel" an den Vorderläufen. Früher bewohnten Millionen von *Präriebisons* Nordamerika. Es brauchte aber nur ein knappes halbes Jahrhundert, um diese unvorstellbaren Mengen nahezu auszurotten. Durch intensive Schutzmaßnahmen ist der Bestand wieder auf einige Tausend angewachsen. Wenig anders erging es dem europäischen *Wisent,* seinem zwar etwas größeren, aber auch ebenmäßigeren Vetter, dessen Zahl nach dem Ersten Weltkrieg auf 50 Stück zusammengeschmolzen war. Sorgsame Tiergartenhege hat diesen geringen Stamm auf rund 950 Häupter im Jahre 1967 anwachsen lassen. So konnten Polen und die UdSSR eine größere Zahl Wisente wieder in die Freiheit des Urwaldes von Bialowieza entlassen.

Bison bison (Linnaeus)
Präriebison
Nordamerika
300 + 65 cm ⊥ 190 cm

Bison bonasus (Linnaeus)
Wisent
Europa, Asien   310 + 50 cm ⊥ 200 cm

Unterfamilie: Cephalophinae — Ducker oder Schopfantilopen (*Cephalophus*, *Sylvicapra*)

Alle Angehörigen der Gruppe der Hohlhörner hängen genetisch eng zusammen. Wahrscheinlich sind die Antilopen als die primitivsten anzusehen. Früher begnügte man sich mit der Unterteilung in drei Hauptgruppen: Antilopen, Schafe und Ziegen, Rinder. Heute aber werden die Antilopen, die eine umfangreiche Sammelgruppe darstellen, in eine große Zahl von Unterfamilien aufgeteilt.

Zu den Duckern gehören die kleinsten lebenden Antilopen. Die geraden Hörner liegen in gleicher Ebene mit der Stirn, sind manchmal leicht gebogen und nicht selten in dem kräftigen Stirnschopf verborgen. *Jentink-*, *Zebra-* und *Schwarzrückenducker* haben gescheitelte Stirnhaare und nicht den typischen Duckerschopf. Die weiblichen Ducker haben kürzere Hörner, die auch fehlen können. Ducker besitzen sehr tiefe Voraugendrüsen, für die sich auch im Schädel Vertiefungen finden. Es sind zwei Paar Zitzen vorhanden. Die rundrückige Körperhaltung und die überbaute Kruppe kennzeichnen die Ducker als Schlüpfer in Gebüsch und Unterholz von Wald, Waldrändern und Buschsavannen. Ducker leben südlich der Sahara und Abessiniens bis zum Kap nach Süden; auch auf Sansibar und Fernando Póo kommen sie vor. Als Einzelgänger finden sich die Tiere nur zur Brunftzeit paarweise zusammen. Sie sind nachtaktiv und ruhen tagsüber im dichten Unterholz. Ihre Hauptnahrung besteht aus Blättern, Zweigen, Früchten aller Art, doch nehmen zahlreiche Arten jede Gelegenheit wahr, zu animalischer Kost zu kommen. Die Tiere jagen Vögel und kleine Säugetiere, die sie mit den Vorderhufen erschlagen. Viele Ducker zeichnen sich durch bunte Färbung aus, wie sie auch anderen Tieren des Regenwaldes eigen ist. So der schöne Zebraducker, der nur äußerst selten zu uns in einen Zoo kommt, und der Jentink- oder Schabrackenducker, der erst Ende des vorigen Jahrhunderts entdeckt wurde und noch heute eines der seltensten Tiere Afrikas ist. Öfters ist bei uns schon der *Gelbrückenducker* mit seinem auffälligen, bis zur Kruppe reichenden weißgelben Rückenfleck, dessen Haare in der Erregung aufgerichtet werden, zu sehen. Der einzige Ducker, der ein ausgesprochener Steppenbewohner ist, ist der *Kronenducker*.

Die Ducker scheinen keine festliegende Brunftzeit zu haben; sie dürfte sich nach den jeweiligen klimatischen Verhältnissen ihres Wohngebiets richten. Die Tragzeit ist nicht genau bekannt, müßte aber rund vier Monate betragen, der Beginn der Fortpflanzungsfähigkeit ein bis eineinhalb Jahre. Meistens wird nur ein einziges Junges geboren, selten zwei. Die Lebensdauer in Gefangenschaft betrug 8—10 Jahre; in Freiheit dürfte sie ähnlich sein.

Sylvicapra grimmia (Linnaeus)
Kronenducker
Afrika südl. d. Sahara
100 + 15 cm

Cephalophus rufilatus Gray
Rotflankenducker
Zentralafrika
60 + 7 cm

Cephalophus niger Gray
Schwarzducker
Westafrika
80 + 10 cm

Cephalophus dorsalis Gray
Schwarzrückenducker
West- u. Zentralafrika
76 + 11 cm

Cephalophus zebra (Gray)
Zebraducker
Liberia
85 + 12 cm

Cephalophus jentinki (Thomas)
Jentinkducker
Liberia
135 + 10 cm

Cephalophus sylvicultor (Afzelius)
Gelbrückenducker
West- u. Zentralafrika
140 + 12 cm

Ourebia ourebi (Zimmermann)
Bleichböckchen, Oribi
Afrika südl. d. Sahara
100 + 8 cm ⊥ 60 cm

Oreotragus oreotragus (Zimmermann)
Klippspringer
Ost- u. Südafrika
100 + 10 cm ⊥ 55 cm

Raphicerus campestris (Thunberg)
Steinböckchen
Ost- u. Südafrika
85 + 8 cm ⊥ 50 cm

Neotragus pygmaeus (Linnaeus)
Kleinstböckchen
Westafrika
50 + 5 cm ⊥ 25 cm

Rhynchotragus kirki (Günther)
Kirkdikdik
Ost- u. Südwestafrika
60 + 6 cm ⊥ 35 cm

Unterfamilie: Neotraginae — Zwergantilopen (*Neotragus, Oreotragus, Ourebia, Raphicerus, Rhynchotragus*)

Die Zwergantilopen werden nur etwa hasengroß, sind zwar gedrungen, wirken aber doch zierlich. Wie die Dukker sind sie rundrückig und hinten überbaut. Nur das Männchen hat Hörner, die höchstens 12 cm lang werden. Ein Stirnschopf und Nebenhufe fehlen, Zwischenklauendrüsen sind vorhanden. Das Weibchen hat vier Zitzen. Zwergantilopen leben in Wäldern, Galeriewäldern und Gehölzen mit dichtem Unterholz, in Buschhorsten auf trockenem und feuchterem Boden bis über 2000 m. Die Tiere kommen auch in die Nähe menschlicher Siedlungen und dringen in die Plantagen ein. Sie sind Dämmerungs- und Nachttiere, ihre Nahrung besteht aus Blättern, Trieben und Früchten. Man trifft sie einzeln, paar- und familienweise. — Die etwas größeren Windspielantilopen oder *Dik-dik* sind ebenfalls rundrückig und hinten überbaut. Sie haben sehr kleine Nebenhufe. Die Tiere leben im sandig-wüstenartigen, felsigen oder trockenbodigen offenen bis dichten Buschgelände in Höhen bis zu 3000 m und sind sehr standorttreu. Sie sind Tag- und Dämmerungstiere, ruhen aber während der heißen Tagesstunden in Gebüschhorsten. Man findet sie einzeln, paar- und familienweise; möglicherweise leben die Tiere in lebenslanger Einehe. — Der *Klippspringer* ist eine kleine mähnenlose Antilope ohne Schopf, aber mit Afterklauen. Die kräftigen Läufe enden in den Spitzen der steil senkrecht stehenden Hufe. Die großen Augen sind von je einem kahlen Ring umgeben. Vor ihnen liegt eine riesige Voraugendrüse, die ständig Sekret absondert, das sich als gelber Pfropf von salbenartiger Konsistenz festsetzt. Wird dem Tier der Druck des Sekrets lästig, versucht es, mit den Voraugendrüsen am Gezweig reibend, sich dünne Ästchen tief in die Drüse zu bohren. Daraufhin tropft dünnflüssiges Sekret in ansehnlichen Mengen ab. Dieses wird in der ganzen Umgebung an vorspringenden Felsen, Baumstämmen oder tiefhängenden Zweigen abgestreift und dient zur Reviermarkierung sowie zur gegenseitigen Orientierung des Pärchens. Das Sekret duftet aromatisch. Das Fell ist hart und brüchig; es hat unter allen Säugetierhaaren die geringste Bruch- und Reißfestigkeit. — Die Steinböckchen, von den Südafrikanern Steenbock genannt, sind dadurch bekannt, daß sie bei ernster Gefahr in Erdferkel- und andere Höhlen flüchten. — Das *Bleichböckchen* lebt ebenfalls einzeln, paar- oder familienweise, öfter auch in kleinen Trupps, die vermutlich aus mehreren Familien bestehen. Das Weibchen kann zweimal im Jahr ein Junges bringen.

Boselaphus tragocamelus (Pallas)
Nilgauantilope
Vorderindien
180 + 50 cm ⊥ 140 cm

Tetracerus quadricornis (De Blainville)
Vierhornantilope
Vorderindien
100 + 10 cm ⊥ 60 cm

Unterfamilie: Antilopinae — Großantilopen (*Addax, Adenota, Aepyceros, Alcelaphus, Boselaphus, Connochaetes, Damaliscus, Hippotragus, Hydrotragus, Kobus, Onotragus, Oryx, Redunca, Taurotragus, Tetracerus, Tragelaphus*)

Zu den eigentlichen Antilopen gehören neben einigen kleineren auch die größten Arten. Von ihnen hat die kleine *Vierhornantilope* im männlichen Geschlecht vor den etwa 10—12 cm langen Hörnern auf der Stirn nicht selten ein zweites Paar Hörnchen, die dicht beieinanderstehen und sehr viel kleiner bleiben als die Haupthörner. Das Weibchen hat keine Hörner. Nahe verwandt ist die *Nilgauantilope* mit abschüssigem Rücken und schwerem, massigem Vorderkörper. Nur der Bock hat kurze, ziemlich steil gestellte Hörner. Merkwürdigerweise beißen diese Antilopen zur Abwehr ähnlich wie Kamele, obwohl die oberen Schneidezähne fehlen. — Die Drehhorn- oder Schrauben-Antilopen bilden nach Schädelbau, Habitus, Farbe, Zeichnung und Lebensweise eine geschlossene Reihe vom Busch- und Sumpfbock über die Nyalas zu den Kudus, dem Bongo und der Elenantilope. Der *Bongo* ist eine der größten und schönsten Antilopen. Beide Geschlechter haben ein leicht lyraartig geschwungenes Gehörn, das wenig kantig ist und bernsteingelbe durchgehende Spitzen hat. Der Bongo ist eine echte Urwald-Antilope und lebt, wie die meisten Säugetiere des Unterholzes, einsiedlerisch oder paarweise. — Bei den Kudus und Nyalas ist das Gehörn stärker gewunden und länger. Die Weibchen sind hornlos. Das Gehörn des *Großen Kudu* kann über einheinhalb Meter lang werden. Ein naher Verwandter ist der noch lebhafter gefärbte *Kleine Kudu*. Kudus und Nyalas leben geselliger als der Bongo. Meistens halten sie in Großfamilien zusammen, die aus einem erwachsenen Bock sowie mehreren Weibchen und deren Jungen bestehen. Aber man findet auch reine Bock-Gruppen, hauptsächlich Jungböcke, oder auch alte, abgedrängte Böcke. Sie leben in der Buschsteppe auf trockenem, oft steinigem Grund, wobei sie aber auf die Möglichkeit angewiesen sind, ans Wasser zu kommen. Sehr ähnlich wie die Kudus verhalten sich die *Nyalas* und die Sitatunga. Der größere *Bergnyala* bewohnt grasig-felsiges, buschgedecktes Bergheidengebiet oberhalb des Waldgürtels im Gebirge von 2500—3000 m aufwärts. Die Tiefland-*Nyala* dagegen liebt lockere bis dichte Buschhorste im Grassteppengebiet und auch Waldstücke in der Nähe von Flußufern. Sie kommt nur in der Ebene und im Hügelland vor, wo sie einzeln, paarweise oder in kleinen Familienrudeln von 6—12 Tieren zusammenleben. Auch die jungen Böcke findet man meistens truppweise beieinander. Gleichfalls sehr ähnlich ist die soziale Gliederung bei der Bergnyala.

Tragelaphus scriptus delamerei Pocock
Delamera-Buschbock
Ostafrika
130 + 25 cm ⊥ 95 cm

Tragelaphus s. scriptus (Pallas)
Schirrantilope
West- u. Zentralafrika
110 + 25 cm ⊥ 80 cm

Tragelaphus spekei Sclater
Sitatunga
Afrika südl. d. Sahara
160 + 25 cm ⊥ 110 cm

Taurotragus oryx (Pallas)
Elenantilope
Afrika südl. d. Sahara
300 + 70 cm ⊥ 180 cm

Taurotragus o. derbianus (Gray)
Riesen-Elenantilope
Westafrika bis Sudan
330 + 80 cm ⊥ 180 cm

Der *Buschbock* und die *Schirrantilope* sind zierliche Tiere mit einer sehr weiten Verbreitung. So ist in diesem großen und sehr abwechslungsreichen Lebensraum auch die Färbung der einzelnen Lokalformen sehr verschieden. Nicht nur die Tiefe der braunen Grundfarbe, auch die Zahl, Ausdehnung und Schärfe der weißen Rumpfstreifung variiert unterartenweise ganz ungemein. Sie schätzen dickungsreiches Gelände — möglichst in Wassernähe — mit viel Unterbewuchs in Urwald, Sekundärwald, Galeriewald, am Waldrand, in Gras- und Gebüschhorsten auf jeder Art von Boden von der Ebene bis zu 4000 m Höhe. Sie leben auch am Rande menschlicher Siedlungen. Am häufigsten sieht man sie einzeln, meistens jedoch die Mutter mit ihrem Jungen oder auch den Bock für sich allein im eigenen kleinen Territorium. Schirrantilopen sind gute Schwimmer; bei Gefahr fliehen sie oft ins Wasser. — Übertroffen werden sie in der Vertrautheit mit dem Wasser ganz erheblich durch die wesentlich größere *Sitatunga,* auch Sumpfantilope, Sumpfbock und Wasserkudu genannt. Die Hufe der Sitatunga sind sehr kräftig, ungewöhnlich lang, schmal und spitz sowie weit spreizbar. Auch die Afterklauen sind kräftig entwickelt. Die Färbung wechselt bei den Lokalformen in ähnlichem Umfang wie beim Buschbock. Der Lebensraum sind sumpfige Wälder aller Art, Altwasser, Schilf- und Papyrussümpfe. Einen großen Teil des Tages über ruhen die Tiere halb untergetaucht im Sumpf oder Wasser. Sie sind hauptsächlich nachtaktiv. Während sie auf hartem, trockenem Boden nicht sehr schnell sind, können sie sich mit ihren langen, weit spreizbaren Hufen auf Sumpfboden rasch vorwärts bewegen. Dabei setzen sie oft den ganzen Fuß bis zum Sprunggelenk auf. Sie sind gute Schwimmer, Taucher und Sumpfläufer, die bei Gefahr ganz untertauchen und nur die Nase über die Wasseroberfläche hinausstrecken. — Die größte und schwerste Antilope ist die in beiden Geschlechtern gehörnte *Elenantilope.* Die Hörner des Weibchens sind nicht selten länger als die des Bockes, aber weit dünner. Sie sind scharf gekielt und bilden enggewundene Spiralen; die Hornspitzen sind schwarz. Die Böcke haben eine große lange Halswamme und einen kapuzenartigen Haarpull auf der Stirn. Das Weibchen hat höchstens Andeutungen von Wamme und Stirntolle. Bei einigen Unterarten sind nur die Jungen gestreift, bei anderen, wie der Kap-Elenantilope, fehlt die Streifung völlig. Abgesehen von der *Riesen-Elenantilope* sind Elenantilopen typische Bewohner offener Busch- und Baumsteppen. Die Riesen-Elenantilopen dagegen sind typische Waldbewohner, die nicht grasen, sondern Blätter und Früchte vom Baum rupfen. Mehrfach hat man versucht, Elenantilopen zu domestizieren, sie anzuschirren und zum Zug zu verwenden. Gewisse Erfolge hat man zwar gehabt, aber mit

Oryx gazella beisa (Rüppell)
Ostafrikan. Spießbock, Beisa
Ostafrika
180 + 75 cm ⊥ 110 cm

Addax nasomaculatus (De Blainville)
Mendes-Antilope
Sahara
170 + 35 cm ⊥ 110 cm

in der kühleren Jahreszeit

in der heißen Jahreszeit

Oryx g. gazella (Linnaeus)
Südafrikan. Spießbock, Passan
Süd- u. Südwestafrika
200 + 90 cm ⊥ 120 cm

Oryx g. leucoryx (Pallas)
Weiße Oryx
Arabien
160 + 60 cm ⊥ 110 cm

Oryx g. dammah (Cretschmar)
Säbelantilope
Mauretanien bis Rotes Meer
170 + 60 cm ⊥ 110 cm

völlig unrentablem Aufwand an Zeit, Mühe und Geduld. — Auch die *Mendes-Antilope* oder Addax hat in beiden Geschlechtern spiralig gewundene Hörner. Die Addax ist ein Wüstentier im engsten Sinne des Wortes. Sie lebt dort, wo kein anderes Tier überleben könnte und braucht kaum zu trinken. In weiten Teilen Nordafrikas wurde diese schöne Antilope bereits ausgerottet, hauptsächlich durch jagende Nomaden, die sie zu Trockenfleisch verarbeiteten. — Die Spießböcke der Gattung *Oryx* sind durch vier Arten vertreten, von denen zwei im Bestand stark gefährdet sind. Das meterlange Gehörn ist bei drei Arten annähernd gerade, bei der *Säbelantilope* in mehr oder weniger flachem Bogen nach hinten geneigt. Spießböcke leben in Großfamilien, bestehend aus einem erwachsenen Bock, 3—4 erwachsenen Weibchen mit Jungen des gleichen und des Vorjahres. Ihr Wasserbedürfnis ist gering, und so sind diese Antilopen auch in der heißen, wasserlosen Steppe anzutreffen. Die ostafrikanische *Beisa* und der südwestafrikanische *Passan* oder Gemsbock haben sich bisher noch leidlich mit der Verfolgung durch die Fleischjäger zurechtgefunden. Schwierig wird aber das Dasein für die braunhalsige *Säbelantilope*, Algazal und Scimitar horned-Antilope genannte Art, die nur noch einen schmalen Streifen unmittelbar südlich der Sahara von Mauretanien bis zum Roten Meer bewohnt. Der bedenklichste Rückgang aber betraf die *Weiße Oryx*, die auf ein Gebiet von 250 × 100 englische Meilen beschränkt ist, während sie früher in ganz Arabien nicht selten war. Man schätzt die überlebenden auf wenige Hunderte. Hauptgrund für die gefährliche Bestandsminderung sind wie bei der Säbelantilope die Jagden der motorisierten Beduinen. In Muscat und Oman ist die Oryx jetzt durch Dekret des Sultans geschützt. An einigen wenigen Stellen in Arabien werden kleine Oryx-Herden gehalten. Eine kleine Kolonie wird auch im Wüstenklima Arizonas, im Zoo Phönix gepflegt. Die Tiere vermehren sich zwar, doch überwiegen die Bockkitze die Zahl der weiblichen Kitze erheblich. Diese Tatsache wird bei aussterbenden Tieren schon oft beobachtet.

Kobus ellipsiprymnus ellipsiprymnus (Ogilby)
Ellipsen-Wasserbock
Afrika südl. d. Sahara
200 + 40 cm ⊥ 120 cm

Adenota kob kob Schwarz
Buffon's Wasserbock
Westafrika
150 + 35 cm ⊥ 85 cm

Hydrotragus leche (Gray)
Litschi-Wasserbock
Mittelafrika
150 + 40 cm ⊥ 90 cm

Kobus e. defassa (Rüppell)
Defassa-Wasserbock
Ostafrika
200 + 40 cm ⊥ 120 cm

Redunca redunca (Pallas)
Riedbock
West- bis Ostafrika
130 + 20 cm ⊥ 80 cm

Redunca fulvorufula (Afzelius)
Bergriedbock
Afrika südl. d. Sahara
120 + 20 cm ⊥ 75 cm

Onotragus megaceros (Fitzing)
Weißnacken-Moorantilope
Sua
145 + 45 cm ⊥ 90

Wasserböcke, auch Moorantilopen genannt, gibt es in verschiedenen Größen und Farbtönen. Am häufigsten sieht man heute in den zoologischen Gärten den *Ellipsen-Wasserbock,* so genannt nach einem hellen Ring, der um die Schwanzbasis herumläuft. Früher sah man häufiger den westafrikanischen Singsing, der eine warme dunkelbraune Decke und dunkle Läufe hat. Ellipsen-Wasserbock, *Defassa-Wasserbock* und Singsing sind nur geographische Vertreter der gleichen Art. Es gibt zwischen ihren Wohngebieten eine breite Zone mit Mischpopulationen, die jeweils gleitend in die Nachbarformen übergehen. Die Tiere haben etwa die Größe unseres Edelhirsches; der Schwanz endet in einer Quaste. Das verhältnismäßig lange, aber harte Haarkleid wird reichlich von Hautdrüsen eingefettet und riecht dadurch ganz leicht, aber keineswegs unangenehm nach Moschus. Dieser Geruch breitet sich auch über dem Lager aus. Etwas kleinere Wasserbockarten sind z. B. der *Litschi-Wasserbock,* der *Buffon's Wasserbock,* die im Sudan lebende Weißohr-Moorantilope (Adenota kob leucotis), und der *Weißnacken-* oder Grays *Wasserbock* aus den Papyrussümpfen am oberen Nil. Weibliche Wasserböcke haben keine Hörner; die des Männchens sind von Wülsten umgeben und kehren die Spitze in sanftem Schwung nach vorn. Die Tiere leben in kleineren Rudeln von 3—8 und mehr, gelegentlich bis zu 30 Köpfen auf buschbestandenen Wiesen und anderen feuchten Orten in Wassernähe. Sie haben die Angewohnheit, Termitenhaufen zu ersteigen und von dort Ausschau zu halten. — Riedböcke besitzen ebenfalls nach vorn geneigte Hörner. Nahe der Ohrbasis liegt ein rundes nacktes Drüsenfeld. Diese Gattung bewohnt die offenen Gegenden Afrikas südlich der Sahara. Eine weite Verbreitung hat der eigentliche *Riedbock,* auch Isabell-Antilope genannt. Er lebt in Ostafrika familienweise; meist ein erwachsener Bock mit 2—3 Tieren und Jungen. Angeblich gesellen sich diese Tiere nie zu anderen Antilopen. Eine weitere Form ist der *Bergriedbock.* —

Die Impalla oder *Schwarzfersenantilope* ist eine der graziösesten Antilopen. Der Rücken ist gerade. Nur der Bock hat Hörner, die 50—90 cm lang werden, stark lyraförmig nach hinten, seitwärts und außen schwingen. Die unteren ²/₃ der Hörner sind gewulstet; die glatten Enden sind nach oben gerichtet. Impallas sind Tiere der Parklandschaft und des lichten Waldes.

Die heute noch lebenden beiden Arten der Pferdeböcke sind die *Rappenantilope* oder Sable und die *Pferdeantilope* oder Roan. Sable und Roan sind die von Zoologen und Jägern zumeist benutzten Namen. In Südafrika heißt die Rappenantilope Swartwitpens. Der Name bezieht sich auf die Färbung der erwachsenen männlichen Tiere. Sie sind glänzend schwarz mit weißem Bauch und weißem oberen Teil der Hinterschenkel-Innenseiten. Das merklich kleinere Weibchen ist braun, das Junge rotbraun mit schwarzer Nackenmitte und schwarzer Schwanzquaste. Beide Geschlechter haben Hörner. Die der männlichen Sable werden 70—170 cm lang und haben 35—59 Querwülste; nur die freie Spitze ist glatt und kräftig zurückgebogen. Das Horn der weiblichen Sable wird bis 85 cm lang. Bei der Roan sind beide Geschlechter braungrau gefärbt. Die Hörner sind kürzer, aber derber als bei der Sable; sie sind beim Bock 50—95 cm lang und haben 20—50 Ringe. Beide Arten besitzen eine handhohe schwarze Stehmähne, die sich vom Hinterhaupt den Hals entlang bis kurz hinter den Widerrist hinzieht. Sie ist von einer „Hülse" eingefaßt, die wie beim Przewalskipferd von der gleichen Farbe wie das Rumpffell ist. So sticht die Hülse nur bei weiblichen und jungen Rappenantilopen von der Mähne ab. Die Pferdeböcke leben meistens in Familienverbänden mit nur einem erwachsenen Bock, mehreren Weibchen und deren heurigen und vorjährigen Jungen. Nicht selten schließen sich solche Familiengruppen zu Herden bis zu 50 Häuptern zusammen, ohne daß sich dadurch die Familien vermischen würden. Beide Arten sind durchaus wehrhaft, und namentlich alte Einsiedlerböcke können recht angriffig und gefährlich werden.

Eine weitere Art der Pferdeböcke war der *Blaubock*, der 1719 zum erstenmal in einer Reisebeschreibung erwähnt, 1766 von Pallas als selbständige Art beschrieben wurde und 1800 bereits ausgerottet war. Heute gibt es davon nur noch vier Museumsdermoplastiken, ein paar Hornscheiden und einen Schädel. Der Blaubock hatte ein ungewöhnlich begrenztes Verbreitungsgebiet am Südzipfel Afrikas, der schon seit der Mitte des 17. Jahrhunderts unter dem Einfluß des weißen Mannes stand; er gründete dort Handelsniederlassungen und legte Farmen an. Wilde Huftiere schoß man als Futterkonkurrenten der Rinder- und Schafherden ab, und so wurde der Blaubock das erste Opfer unter der Großtierwelt Afrikas.

Damaliscus dorcas dorcas (Pallas)
Buntbock
Südafrika 150 + 35 cm ⊥ 100 cm

Damaliscus lunatus topi Blaine
Topi
Ostafrika
190 + 50 cm
⊥ 110 cm

Alcelaphus b. caama (G. Cuvier)
Caama
Südafrika
200 + 50 cm ⊥ 120 cm

Alcelaphus buselaphus cokii Günther
Kongoni
Ostafrika
190 + 35 cm ⊥ 120 cm

Damaliscus l. hunteri (Sclater)
Brillenbock
Somaliland
⊥ 110 cm

Connochaetes t. albojubatus Thomas
Weißbartgnu
Ostafrika
250 + 65 cm ⊥ 125 cm

Connochaetes taurinus taurinus (Burchell)
Südl. Streifengnu
Südafrika
230 + 75 cm ⊥ 125 cm

Connochaetes gnou (Zimmermann)
Weißschwanzgnu
Südafrika
200 + 90 cm ⊥ 120 cm

Die drei auf dieser Seite vorgestellten Antilopen-Gattungen gehören mit zu den seltsamsten Vertretern der Gruppe. Es sind vorn überbaute Tiere mit nur kleinen Voraugendrüsen, großen Nüstern und länger behaartem Schwanz. Beide Geschlechter tragen Hörner. Früher sah man Buntbock und Bleßbock unter den Namen Damaliscus pygargus und D. albifrons als verschiedene Arten an, heute höchstens als Unterarten oder Lokalformen von Damaliscus dorcas. Die Unterschiede sind sehr gering. Der heute Damaliscus dorcas philippsi genannte Bleßbock wird in Naturparks und von mehreren interessierten Farmern auf ihren Ländereien geschützt und gepflegt. Schlechter erging es dem ebenfalls südafrikanischen *Buntbock*. 1931 war der Weltbestand bis auf 17 Tiere zusammengeschmolzen. Es wurde ein besonderer „National Bontebok Park" eingerichtet, der jetzt nach Swellendam verlegt ist, und 1965 schon wieder 750 Buntböcke enthielt. — Kuhantilopen haben einen ungewöhnlich langgestreckten Schädel. Ihre Hörner sind bis fast an die Spitze geringelt. Bei einigen Arten streben die Hörner von der Basis zunächst seitlich auseinander und richten sich dann erst auf, so daß die Hornbasis ein U bildet. Bei anderen Arten, auch bei dem eigentlichen Hartebeest, der *Caama*, verlaufen die Hörner von der Basis an schräg nach oben, und ihre Basen bilden miteinander ein V. Die Hornspitzen biegen fast rechtwinklig nach hinten und unten ab. Kuhantilopen sind nicht nur untereinander verträglich, sie leben auch gern in gemischten Herden mit Zebras, anderen Antilopen und Straußen zusammen. — Die beiden Gnuarten sehen aus wie Mischungen von Rindern und Antilopen mit Pferdeschwanz. Der derbe, vorn höher gestellte Rumpf ruht auf zierlichen Läufen. Der kantige Kopf endet in einer breiten Schnauze. Die Nasenflügel können die Nasenöffnungen verschließen. Beide Geschlechter sind gehörnt. Wie bei allen Antilopen erscheinen die Hörner als schräg aufwärts wachsende gerade Spieße. Da später das Wachstum an den

Innenseiten der Hornbasen rascher vor sich geht als an den Außenseiten, senkt sich das Horn an der Basis mit zunehmendem Alter, beim *Weißbartgnu* kaum tiefer als bis zur Waagerechten, beim *Weißschwanzgnu* jedoch ähnlich tief wie beim Moschusochsen. Gleichzeitig bleiben die Hornspitzen senkrecht aufgerichtet. Die Gnus sind gesellig lebende Tiere, die in großen Herden mit anderen Antilopen zusammen grasen. Alle ihre Bewegungen sind rasch, mutwillig, wild und feurig.

Unterfamilie: Gazellinae — Gazellen (*Antidorcas, Antilope, Gazella, Litocranius, Procapra*)

Unter der Bezeichnung Gazellen stellt man sich allgemein die schönsten, leichtfüßigsten und überhaupt anmutigsten Wüstenantilopen vor, im gelbsandfarbenen kurz- und glatthaarigen Fell, flachem Rumpf und meistens geradem Rücken. Die größte Artenzahl lebt in Afrika, einige wenige aber auch in Asien. Eine Art, die noch heute in unzählbaren Scharen die trockenen baumlosen Ebenen Südafrikas bewohnt, ist der *Springbock*, bei dem beide Geschlechter lyraartig gewundene niedrige Gehörne tragen. Von etwa Rückenmitte bis zum Schwanzansatz haben die Springböcke eine Verdoppelung der Oberhaut an der Rückenkante. Diese Hautfalte ist mit 20—25 cm langen, leuchtend weißen Haaren besetzt. Das erregte und auch flüchtende Tier spreizt die Rückenfalte auseinander, und die langen weißen Haare leuchten bei jedem Satz; sie „blitzen" oder „prunken", wie die Buren sagen. Einzelne Paare oder Familien schließen sich zu Gruppen von Hunderten und Tausenden zusammen, die wie Heuschreckenschwärme über alles Grüne herfallen und nach dem Kahlfraß weiterziehen. Der Zusammenhalt der wandernden Springbockherden soll so fest sein, daß Schafherden und selbst Löwen manchmal von ihnen eingeschlossen und gezwungen werden, mit der Herde zu wandern. Ermattete Nachzügler dagegen sind eine leichte Beute für ihre zahlreichen Feinde. — Eine der größten afrikanischen Gazellen ist die *Grantgazelle*, die ein stattliches, beim Bock bis 75 cm hohes Gehörn trägt. Die *Spekesgazelle* aus den Steppen der Somali-Bergländer hat eine eigenartig quergefurchte Schwellung der vorderen Nase. Auch die eigentliche Gazelle, *G. gazella*, die der ganzen Gruppe den Namen gab, ist eine Afrikanerin. — Abweichende Formen sind die sehr langbeinigen und langhalsigen *Giraffen-* und *Damagazellen*. Namentlich die Giraffengazelle, auch Gerenuk genannt, ist dafür bekannt, daß sie sich auf den Hinterläufen frei aufrichten und einige Schritte zweifüßig gehend machen kann. So rupft sie Laub und Zweige von Bäumen in einer für andere Huftiere unerreichbaren Höhe, wobei sie sich dazu oft mit einem Vorderfuß oder beiden am Stamm abstützt.

Auch Asien hat Antilopen, von denen die von den englisch sprechenden Jägern Blackbuck genannte *Hirschziegenantilope* am bekanntesten ist. Nur der Bock hat Hörner, und nur er wird im Alter wirklich schwarz mit weißer Unterseite. Die Geiß und die Jungen sind rotbraungelb wie die meisten Gazellen. Die indischen Fürsten jagten sie mit dem Beizvogel und Geparden. — Bei den *Kropfgazellen* sind ebenfalls nur die Böcke gehörnt. Während der Brunftzeit tritt bei ihnen der Kehlkopf an der Kehle hervor. Wie bei Wüstentieren üblich, besteht das nackte Nasenfeld nur aus einem schmalen, kahlen Streifen. — Die *Tibetgazelle* wird in eine andere Gattung gestellt. Sie ist eine Bewohnerin der Hochsteppen zwischen 4000 und 5000 m. Es sind Steppen ohne Buschvegetation, nur bestanden mit Alpengräsern, Edelweiß und Enzian.

Unterfamilie: Saiginae — Saigaantilopen (*Saiga*)

Unterfamilie: Pantholopinae — Tschirus (*Pantholops*)

An der Saiga ist die Nase zu einem Rüssel verlängert. Die knöcherne Nasenscheidewand ist sehr kurz; dafür ist aber der vordere knorpelige Teil elastisch und beweglich. In völliger Ruhe und auch auf der Flucht hängt die Nase bei weit geöffneten Nüstern schlaff herab. Sie reicht bei alten Tieren gut handbreit über die Oberlippe hinunter wie ein wirklicher Rüssel. Dieser bewegt sich nach den Seiten im Rhythmus der Bewegung. Die *Saiga*, besonders das hornlose weibliche Tier, wirkt auf den ersten Blick wie ein mittelgroßes kurzschwänziges Schaf; bei gesenktem Haupt ähnelt sie einem geweihlosen Ren. Gewöhnlich geht und läuft die Saiga im Paßgang. Nur bei einer Verfolgung verfällt sie in Galopp, wobei sie auch zur Erkundung hohe Luftsprünge ausführt. Das gute Sehvermögen läßt sie Gefahren schon auf 1000 m erkennen. Auch der Geruchssinn ist gut entwickelt, das Gehör dagegen nur schwach. Saigas sind Bewohner von Steppen und Halbwüsten vom Ostfuße der Karpaten bis zu den Vorbergen des Altai, der westlichen Dsungarei und der Senke der Großen Westseen in der Mongolei. Der Gesamtbestand in der UdSSR betrug um 1958 etwa zwei Millionen, davon $1^{1}/_{2}$ Millionen im asiatischen Teil und $^{1}/_{2}$ Million auf dem rechten Wolgaufer. In Jahren mit sehr ungünstiger Witterung finden weiträumige Winterwanderungen statt, bei denen die Tiere in Massen zugrunde gehen. Saigas fühlen sich nur wohl in großen Gesellschaften. Der Gattung Saiga steht die Gattung Pantholops aus Tibet am nächsten. Beim *Tschiru*, auch Orongo genannt, trägt nur der Bock Hörner; sie sind schwarz, gerieft, können so lang wie die Läufe werden und entspringen fast senkrecht von der Stirn aus. Er lebt meistens in Trupps von 20—25 Köpfen und scheint noch nie in Gefangenschaft gehalten worden zu sein.

Nemorhaedus goral caudatus (Milne-Edwards)
Nordchines. Goral
Östl. UdSSR, Nordchina
100 + 43 cm ⊥ 65 cm

Capricornis sumatraensis argyrochaetes Pocock
Weißmähnen-Serau
Ostasien
120 + 15 cm
⊥ 80 cm

Capricornis crispus Temminck
Wollhaargemse
Japan
120 + 15 cm ⊥ 75 cm

Winter

Sommer

Unterfamilie: Caprinae — Böcke (*Capricornis, Nemorhaedus, Oreamnos, Rupicapra*)

Zu den Nemorhaedini zählen die Gattungen Nemorhaedus und Capricornis, die man früher meistens zu den Antilopen stellte. Der *Goral* ist in einer Anzahl von Unterarten vom Pandschab und Kaschmir entlang dem Himalaya ostwärts bis Sikkim und über Osttibet verbreitet, durch Assam, Burma und China bis Korea, die Mandschurei und das Amurland. Er ist ein guter Kletterer und sicherer Springer, der das Gebirge zwischen 1000 und 4000 m in kleinen Trupps bewohnt. Der etwas größere *Serau* ist in zahlreichen Unterarten in etwa dem gleichen Gebiet zu finden, führt dann aber einerseits durch Hinterindien südwärts bis Malaya und Sumatra, andererseits bis Ostchina, Formosa und Japan. Die *Wollhaargemse* lebt nur noch in 1500 Exemplaren in den gebirgigen Teilen Hondos und Kiuschus. Sie ist vollkommen geschützt. In der Sowjetunion ist der Goral nur noch in inselartiger Verteilung auf kleine Bestände beschränkt und genießt vollkommene Schonung. Er liebt steile bewaldete Hänge in größeren Höhen und ist sehr standorttreu. Die Lebensweise des Serau ähnelt der des Gorals, doch erträgt der Serau leichter höhere Luftfeuchtigkeit und geht sogar bis 4500 m hinauf. Die Voraugendrüsen scheiden ein gelbweißes Sekret ab. Bei älteren Seraus wird die anfangs kurze Halsmähne so lang, daß sie an einer der Halsseiten herabhängt. — Zu den Rupicaprini gehören die *Schneeziege* und die *Gemse*. Auch sie sind Hochgebirgstiere. Die Schneeziege ist eine neuweltliche Art; sie bewohnt das nordamerikanische Felsengebirge sowie den Raum zwischen dem Gebirge und der Küste des Stillen Ozeans von Idaho und Montana bis Alaska. Im Sommer steigt sie bis über 4000 m empor und bleibt gern in der Nähe schmelzender Schneefelder. Im Winter geht sie zwar tiefer, bleibt aber immer in der alpinen Zone. Hinter den Basen der kurzen, schwarzen Hörner findet sich ein Paar großer nackter Drüsen, die den sogenannten Brunftfeigen des Gamswildes entsprechen. Gamswild lebt auf allen südlichen Hochgebirgen Europas und Asiens. Das Hauptvorkommen liegt zwischen 1500 und 3000 m; man hat aber auch schon in 4700 m Höhe Gemsen gesehen. Im Schwarzwald, Elbsandsteingebirge und in den Sudeten ausgesetzte Gemsen lebten sich erfolgreich ein. Auf Neuseeland vermehrten sie sich derartig, daß sie zu Schädlingen wurden. Das Gehörn, Krickel oder Krucken genannt, steht senkrecht von der Stirn ab; das der Geiß ist dünner und oft länger als das der Böcke. Das dichte Rumpfhaar wird im Winter bis zu 12, im Rückenkamm bis 20 cm lang. Er liefert die zum sogenannten „Gamsbart" verarbeiteten Haare.

Winter Sommer

Rupicapra rupicapra (Linnaeus)
Gemse
Europa, Kleinasien
120 + 8 cm ⊥ 80 cm

Oreamnos americanus (De Blainville)
Schneeziege
N. W. Nordamerika
150 + 15 cm ⊥ 100 cm

Capra falconeri falconeri
(Wagner)
Astor-Schraubenziege
Afghanistan
160 + 10 cm

Capra f. jerdoni
Hume
Suleiman-Schraubenziege
Pakistan
160 + 10 cm

Capra ibex sibirica
Pallas
Sibirischer Steinbock
Innerasien
170 + 20 cm

Capra i. nubiana F. Cuvier
Nubischer Steinbock
Abessinien
130 + 15 cm

Capra i. cylindricornis Blyth
Ostkaukasischer Steinbock
Kaukasus
140 + 15 cm

Capra i. ibex Linnaeus
Alpensteinbock
Alpen
130 + 15 cm

Capra pyrenaica hispanica Schinz
Pyrenäen-Steinbock
Spanien
130 + 15 cm

Capra aegagrus aegagrus Erxlebe
Kleinasiat. Bezoarziege
Kleinasien
130 + 20 cm

Tribus Caprini (*Ammotragus, Capra, Hemitragus, Ovis, Pseudois*)

Wildziegen und Steinböcke werden in der Gattung Capra vereinigt. Sie vertreten sich weitgehend geographisch, doch kommen gelegentlich auf beschränkten Gebieten auch jeweils zwei Arten nebeneinander vor, die sich aber nicht miteinander vermischen. Die Ähnlichkeit von Steinböcken und Wildziegen tritt bei den Geißen deutlicher hervor als bei den Böcken. Alle Geißen haben kurze, nach rückwärts geneigte säbelförmige Hörner, die der Böcke sind charakteristisch verschieden. Als Gebirgsbewohner neigen sie in besonderem Maße zur Ausbildung von Lokalformen. Bei unserm *Alpensteinbock* ist das grobe Haarkleid fahlbraun, weshalb man die Tiere auch als Fahlwild bezeichnet. Der Bock hat zwischen den Unterkieferästen einige verlängerte Haare, die aber kürzer bleiben als beim Bart des Hausziegenbocks. Heute ist der Steinbock wieder Alpenwild in Deutschland, Österreich, Frankreich, der Schweiz usw. Um die Mitte des vorigen Jahrhunderts war er aber fast schon ausgestorben. Im Gran Paradiso hielt damals der italienische König die letzten in seiner Obhut und richtete 1850—1854 hier das erste Steinbock-Schutzgebiet ein. Aus diesem Gebiet stammen die Tiere, die den Grundstock für viele Steinbockbestände an anderen Stellen der Alpen bildeten. Der Lebensraum der Steinböcke liegt in den Höhen zwischen 2000 und 3500 m. Geißen, Kitze und Jungböcke ziehen in gemeinsamen Rudeln, während sich die Altböcke ihrerseits zusammenschließen. Nur ganz alte Böcke werden zu Einzelgängern. Abgesehen vom *Pyrenäen-Steinbock* faßt man alle Steinböcke als Unterarten des Alpensteinbocks, Capra ibex ibex, auf. Asiatische Vertreter der Art sind die *Sibirischen Steinböcke*, bei denen man mehrere geographische Rassen unterscheidet, die allerdings nicht wesentlich voneinander abweichen. Bis in den afrikanischen Raum zieht sich von Kleinasien aus das Verbreitungsgebiet des *Nubischen Steinbocks* hin. Er ist der bunteste seiner Art und besitzt den längsten Bart aller

Steinböcke. Sein Bestand ist nicht mehr sehr groß, und leider wird er in arabischen Gebieten stark bejagt. Das Gehörn des Pyrenäen-Steinbocks weicht von dem der übrigen Steinböcke ab. Bewohnte dieses Tier früher alle Hochgebirge der Pyrenäenhalbinsel, so ist es heute nahezu ausgerottet. In der Sierra Nevada lebt der letzte Rest von kaum 24 Tieren. Ganz anders wieder sieht das Gehörn der sogenannten Schraubenziegen aus. Entweder ist es spiralig in die Länge gewunden wie bei der Suleiman-Rasse, oder es ist in mehreren Drehungen weit ausladend gewunden wie bei der Astor-Rasse. Auch die Schraubenziegen leben wie die übrigen Steinböcke in den mittleren und hohen Regionen der asiatischen Hochgebirge. Die andauernde Verfolgung durch den Menschen hat ihren Bestand sehr gelichtet. Selbst die natürlichen Feinde sind verhältnismäßig zahlreich (vor allem Adler, Geier und Irbis). — Das Steinbockgehörn ist abzuleiten von dem der eigentlichen Wildziege, der Bezoarziege. Alle Ziegen und Steinböcke zeigen ihre nahe Verwandtschaft dadurch, daß sie bei jeglicher Art von Paarung lebensfähige, unbegrenzt fruchtbare Nachkommen haben. Die Bezoarziege war früher über die gesamten Gebirge Südosteuropas und Westasiens weit verbreitet, ist aber aus dem größten Teil des ehemaligen europäischen Gebietes verschwunden beziehungsweise auf einigen der Mittelmeerinseln (Jura, Eremomelos) wahrscheinlich mit Hausziegen vermischt. Die Bezoarziege ist die Stammform der Hausziege. Sie scheint schon im 7. Jahrtausend v. Chr. in Vorderasien domestiziert zu sein. Hier lebt auch eine der wenigen Hausziegenrassen, die Tscherkessenziege, die nicht auf die Bezoarziege zurückgeht, sondern auf eine Schraubenziege. Es scheint eine uralte von Mesopotamien bis Ägypten gezüchtete Rasse zu sein. Als Haustier ist die Ziege vom Menschen in alle Erdteile gebracht worden, wo sie als „Kuh des kleinen Mannes" auch heute noch eine ganz erhebliche Rolle spielt. Im Laufe der Zeit wurde eine große Zahl Rassen von Hausziegen erzüchtet. Man begnügte sich nicht allein damit, hornlose Ziegen auf hohen Milchertrag zu züchten, wie z. B. die weiße Saanenziege und die dunkle Toggenburger Ziege mit den hellen „Gemsenstreifen" im Gesicht. Zwergziegen werden besonders in Afrika gehalten, doch gibt es ähnliche kleine, ebenfalls kurzbeinige und säbelhörnige Zwergziegen im nördlichen Skandinavien. Die letzteren stehen vielleicht einer der ältesten Haustierformen, der ausgestorbenen Torfziege noch am nächsten. Hängeohrziegen sind meistens große hochbeinige Tiere, von denen die Rasse der Mamberziegen ein sehr stark geramstes Profil hat. Bei den afrikanischen Mamberziegen sind die Ohren manchmal derart lang, daß sie gekürzt werden müssen, um dem Tier nicht beim Grasen hinderlich zu sein. Auch in Indien gibt es großwüchsige Hängeohrziegen. Zur Gruppe der schraubenhörnigen Hausziegen gehören die durch ganz Asien bis China hin verbreitete langhaarige Angoraziege und die ihr ähnliche aber kleinere Kaschmirziege, aus deren langer weicher Unterwolle außerordentlich wertvolle Garne hergestellt werden; das sogenannte Kämelgarn, was als „Kamelhaar" mißgedeutet wurde. In den Handel kommt das Kämelhaar als Mohär. Eine Ziege liefert bei zweimaliger Schur im Jahr $1/2$ kg Wolle. Ist die Hausziege in vielen Teilen der Welt den Menschen auch unentbehrlich geworden, so hat sie sich vielfach zu einem großen Landschaftsvernichter entwickelt. Die Überweidung durch zu große Ziegenbestände, die alles Grün bis zur Nabe abfressen, hat in Trockengebieten einer Bodenerosion größten Ausmaßes Vorschub geleistet.

Ammotragus lervia (Pallas)
Mähnenspringer
Gebirge Nordafrikas, Sahara
160 + 20 cm ⊥ 90 cm

Hemitragus jemlahicus hylocrius (Ogilby)
Nilgiri-Tahr
Südindien
160 + 15 cm ⊥ 100 cm

Hemitragus j. jemlahicus (H. Smith)
Himalaya-Tahr
Südlicher Himalaya
160 + 15 cm ⊥ 95 cm

Mähnenschaf und Tahr stehen in mancher Beziehung zwischen Ziegen und Schafen; sie wurden deshalb oft als Halbziegen bezeichnet. Beide haben Ziegengesichter ohne Voraugendrüsen und den unterseits nackten Ziegenschwanz. Es fehlt ihnen der Bocksbart, und die Böcke bleiben selbst in der Brunft geruchsfrei. Beim Mähnenschaf beginnt an der Kehle im Unterkieferwinkel eine lange Halsmähne, die sich zwischen den Vorderläufen fortsetzt und als dicke, dichte Manschette die Oberarme umfaßt. Bei alten Böcken reicht der Armbehang bis zum Boden, jedenfalls bei solchen in Gefangenschaft. Der Behang der Geißen bleibt wesentlich geringer. Wie sehr die Ansichten über die systematische Einordnung des Mähnenschafes auseinandergehen, zeigt sich schon bei der Wahl des Namens. Während früher „Mähnenschaf" selbstverständlich war, tauchte hin und wieder die Bezeichnung „Mähnenziege" auf; als Kompromißvorschlag kam dann noch *„Mähnenspringer"*. Auch die zweite Halbziege, der Tahr, weicht in den gleichen Punkten von Schaf und Ziege ab wie das Mähnenschaf. Er hat nicht den lang herabwallenden Armbehang wie dieser. Dafür tragen die Tahrböcke einen dichten langhaarigen Umhang, der als Backenbart beginnt und dann mit langem glatten Haar Hals, Nacken, Brust und vordere Rumpfseiten einhüllt. Bei der Geiß ist dieser Behang meistens nur durch etwas verlängerten Haarkamm auf dem Widerrist und eine kurze Haargirlande vor der Brust in Ellbogenhöhe angedeutet. Das Gesicht und die Läufe sind kurz behaart. Tahre leben in kleinen Herden zusammen. Gegen Abend treten sie von ihren Unterständen hinaus auf die Almen oder Grasbänder und grasen dort gemeinsam mit Schraubenziegen und Glanzfasanen, deren Wachsamkeit sie sich zunutze machen. *Himalaya-Tahre* wurden auf der Südinsel Neuseelands erfolgreich ausgesetzt. Eine kurzhaarige Art, der *Nilgiri-Tahr,* lebt nur noch mit etwa 800 Stück in den Nilgiri Bergen und den Western Ghats Südindiens.

Auch bei den Wildschafen haben die weiblichen Tiere ein kurzes einfaches, nach hinten geneigtes Gehörn, das jedoch manchmal auch fehlt. Das Gehörn der Böcke kann arten- bzw. unterartenweise sehr verschieden stark entwickelt und gewunden sein. Es ist meistens mehr oder weniger schneckenähnlich weit mit einer Windung oder eineinhalb bzw. selten zwei Windungen. Den Schafböcken fehlen die den Bocksgeruch verbreitenden Schwanzdrüsen der Ziegenböcke. Die Haardecke der Wildschafe ist von ziemlich gleichmäßiger Länge, verhältnismäßig kurz, nicht zottig und ohne den Bocksbart. Im Winterkleid kann an der Halsunterseite und teilweise an der Brust ein stärkerer Behang ausgebildet werden. Die Färbung ist gewöhnlich einheitlich hell, von gelbgraubraunen Tönen, selten zimtbraun, die Unterseite heller. Sommer- und Winterkleidung haben außerordentlich verschiedene Dichte. Eine selbständige Gattung ist das *Blauschaf*, dessen Schafe recht viel kleiner sind als die Böcke. Der Blauton, der den Namen gab, zeigt sich erst im Winter, wenn auf das wollige Sommerkleid das zweite Jugendkleid folgt. Blauschafe sind Hochgebirgstiere. — Alle anderen Schafe faßt man heute als eine einzige, sehr variable Gattung mit zahlreichen Arten und Unterarten auf: die Gattung Ovis (Schafe). Die sehr nahe Verwandtschaft miteinander zeigt sich auch darin, daß alle Formen untereinander fruchtbare Nachkommen bringen. Wildschafe, zu denen auch das europäische *Muffelwild* gehört, sind Gebirgstiere, die sich hauptsächlich in Gegenden mit verhältnismäßig ausgeglichener Oberfläche aufhalten. Zwar ebenso trittsicher im Gefels wie die Ziege, klettern sie weniger gern. Sie kommen von Seehöhe bis zu 3000 m vor, schätzen aber mehr die niedrigen Lagen. Gewöhnlich leben sie in kleineren Herden. Sie sind anspruchsvoller bezüglich der Nahrungspflanzen als die Rinder, die mit langem Zungenschlag alles Grüne zusammenraffen, aber nicht so wählerisch wie Ziegen, Gemsen und Rehe, die mehr „botanisieren" und mit Bedacht ihrer Vorliebe für bestimmte Futterpflanzen nachkommen. Die Dickhornschafe vertreten die Wildschafe in Nordwest-Asien und in Nordamerika. Ihre Hörner sind überaus massig und beschreiben bei alten Böcken einen vollen Kreis. Am bekanntesten ist das eigentliche *Dickhornschaf* des Felsengebirges. In den Gebirgen Alaskas lebt das *Weiße Steinschaf*. In Nordamerika erstreckt sich das Verbreitungsgebiet der Wildschafe von Alaska bis Südkalifornien.

Das Wildschaf ist die Stammform unserer Hausschafe. Wahrscheinlich wurde es an mehreren Stellen unabhängig in den Hausstand überführt. Schon um das Jahr 9000 v. Chr. wurden im Nordirak Hausschafe gehalten. Hausschafe sind als Fleisch- und Wolltiere heute weltweit verbreitet. Für ganze Kontinente, wie Australien und das südliche Südamerika, hat das Schaf die wirtschaftliche Entwicklung nach der europäischen Besiedlung bestimmt. Die vielen Hausschafrassen sind sehr unterschiedlich in Größe, Form, Behaarung, Farbe und Zeichnung, Behornung und Ansprüchen an die Lebensbedingungen. Die auf den Mufflon direkt oder indirekt zurückgehenden Rassen sind meistens urtümlicher als die langschwänzigen. Zu den Kurzschwänzen gehört das *Soay-Schaf* der äußeren Hebriden, das noch sehr mufflonartig aussieht. Während dieses selbst zweihörnig ist, neigen andere Schafstämme gleich denen von Island und den Shetlands zur Mehrhörnigkeit bei denen die Böcke 3—6 Hörner ausbilden können. Der unkontrollierbaren Überlieferung nach stammen die Hebridenschafe von Norwegerschafen ab, die zur Zeit der Wikinger eingeführt wurden. Auch in Schweden gibt es kurzschwänzige, spitzhörnige kleine Schafe, wie das Dalarner Schaf, die oft ein ebenso dunkles Vlies haben wie dunkle Soay-Schafe. Die ebenfalls kurzschwänzigen Gotland-Schafe sind etwas größer. Ursprünglich haben sie große, schön geschwungene Hörner, die bis zu 1½ Windungen ausbildeten. Leider wird seit einiger Zeit versucht, durch Zuchtwahl Hornlosigkeit zu erreichen. Schon in der Bronzezeit gab es größere Hausschafe in Europa. In Deutschland haben wir aus dieser Gruppe die *Heidschnucken,* eine kleine anspruchslose Rasse, die noch in geringer Zahl in der Lüneburger Heide gehalten wird. Am kürzesten ist die Wolle bei den Soay-Schafen, die deshalb auch nicht geschoren, sondern nur mit der Hand gerupft werden. Sie wird ihrer Kürze wegen meistens mit anderer Wolle zusammen versponnen. Auf Sardinien entstehen noch ständig Bastarde zwischen dem dort heimischen Mufflon und Hausschafen; die Mischlinge werden Umberschafe genannt. Gelegentlich werden auch die *Ostfriesischen Milchschafe* zu den Kurzschwänzen gestellt. Es nimmt aber in bezug auf dessen Länge eine Mittelstellung ein zwischen Heidschnucke und *Zackel-Schaf*.

Man darf sich auch nicht dadurch täuschen lassen, daß bei Langschwanzrassen nicht selten aus hygienischen Gründen der Schwanz gekürzt wird. Als Wollschaf ist das *Merino-*

Schaf seit langem die bevorzugte Rasse. Für die Weideindustrie gewisser Länder hat das zu den Fettschwänzen gehörende *Karakul-Schaf* eine sehr große Bedeutung. Der von den 3—5 Tagen alten Lämmern gewonnene Persianer-Pelz mit der geschlossenen Locke stammt zumeist aus den Trockengebieten Südwestafrikas. Das Karakul-Schaf wurde aus Langschwanzschafen gezüchtet, ebenso wie das *Fettschwanz-Schaf*. Diese Fettansammlungen sind Reserven für Dürrezeiten. Der Bestand der genügsamen, gut angepaßten Rassen ist dadurch gefährdet, daß mancher Züchter hofft, durch Anpaarung höher kultivierter die bodenständigen Rassen zu verbessern, was aber meistens nur zum Verderb des alten Kulturguts führt.

Unterfamilie: Budorcatinae — Rindergemsen (*Budorcas*)

Durch die im Deutschen benutzten Namen für *Budorcas taxicolor* zeigt sich schon, daß man noch Schwierigkeiten mit der systematischen Zuordnung hat. Es wird von Rindergemsen und Gnuziegen gesprochen, am häufigsten heute vom *Takin*. Wer diese Tiere unbefangen betrachtet, findet Anklänge an mehrere andere Arten. Jungtiere erinnern noch etwas an Ziegen, doch sind auch sie schon viel derber, mit breiter Muffel und ungemein stämmigen Läufen wie bei einem Büffelkalb. Das Haarkleid ist lang, zottig und dicht mit etwas fettigen Grannen; das Sommerkleid hat nur wenig, das Winterkleid dichte Unterwolle. Die beiden Geschlechtern eigenen Hörner sind anfangs gerade aufgerichtete Spieße wie bei Rindern und Antilopen auch, aber mit leicht nach hinten geneigter Spitze. Beim fünfjährigen Takin senkt sich allmählich der Hornzapfen mit den Hornscheiden bis annähernd zur Horizontalen. Die anfänglichen Spieße senken sich mit und neigen sich leicht rückwärts. Das Leben des Takin spielt sich zwischen der freien Hochalpenzone in 2000—5000 m Höhe im Sommer mit Felsgeröll und Zwergbuschvegetation und der Urwald- und Dschungelzone im Winter ab. Hier bringen auch die Kühe die Kälber zur Welt. Gewöhnlich ziehen die Tiere in kleinen Trupps. Starke Bullen erreichen ein Gewicht von sieben Zentnern, während die Kühe im allgemeinen nur halb so stark werden. Eine goldgelbe Rasse mit schwarzer Nase und schwarzen Beinen ist der Szetschuan-Takin, Budorcas t. tibetana Milne-Edwards. Solange es

Berichte über den Takin in seiner Heimat gibt, solange wird stets betont — sogar von den Chinesen —, daß die Art selten sei. Doch stellen ihnen die chinesischen Jäger nicht sonderlich nach. Sie verwenden das Fleisch nur für den Hausgebrauch.

Unterfamilie: Ovibovinae — Schafochsen (*Ovibos*)

Auch die systematische Stellung der *Moschusochsen* ist noch keineswegs geklärt. Ihre Hornentwicklung nimmt jedenfalls einen völlig anderen Verlauf als bei allen übrigen Hohlhörnern. Die Hörnchen der Kälber sind noch lange in der dichten Stirnwolle verborgen. Sie streben aber nicht wie die der übrigen Cavicornier schon anfangs nach oben, sondern ihre Zapfen wachsen von Anfang an seitlich rechtwinklig waagerecht vom Kopf weg. Mit 1½ Jahren zeigen sie eine schwache Krümmung nach vorn. Ein dreijähriger Stier hat fast halbmeterlange Hörner, bei denen sich die Basis auf dem Scheitel zu einem Schild verbreitert und verdickt (ähnlich wie beim Kaffernbüffel). Die Hornspitzen richten sich in diesem Stadium schräg nach vorn seitlich auf, aber nie weiter als bis in Augenhöhe. Der Moschusochse lebte während der Eiszeit zusammen mit dem Mammut, dem Wollnashorn und dem Ren noch im damaligen Tundrengebiet Eurasiens und Nordamerikas, und zwar sicher in den gleichen Gegenden wie der Diluvialmensch, doch nicht als dessen Jagdbeute. Wenn die Tiere sich bedroht fühlen, nimmt die kleine Herde die Kälber in die Mitte, während die Erwachsenen dem Angreifer den gesenkten Kopf mit den drohenden Hörnern entgegenrichten. Aussetzungen hatten Erfolg auf Spitzbergen, auf dem Dovrefjell, in Alaska und auf der Insel Nuniavak. Neuerdings macht man Versuche, den Moschusochsen als Haustier im nördlichen Nordamerika in Farmen zu züchten. Junge Moschusochsen sollen leicht zahm werden und sich gut für die Haustierhaltung eignen. Der Moschusochse ist nicht nur wie das Rentier Fleischlieferant, sondern der Hauptwert liegt zusätzlich in seiner Wolle. Durch strenge Schutzmaßnahmen seit 1917 in Kanada und seit 1950 in Grönland ist der Moschusochse jetzt vor dem Aussterben bewahrt. Es dürfte heute im ganzen noch etwa 15 000 wildlebende Tiere geben. Die Nominatrasse Ovibos moschatus moschatus (Zimmermann) sieht ähnlich wie die ostgrönländische aus; nur ist der Kopf dunkelbraun statt grauweiß, außerdem sind die Tiere größer. Es ist die bei weitem zahlreichste Rasse und bewohnt Westgrönland und die großen, dem amerikanischen Festland vorgelagerten Inseln.

Budorcas taxicolor bedfordi Thomas
Schensitakin
Südöstl. Kansu, südl. Schenhsi
200 + 20 cm ⊥ 120 cm

Budorcas t. taxicolor Hodgson
Mishmitakin
Mishmi-Berge, Nordassam
200 + 20 cm ⊥ 120 cm

Ovibos m. niphoecus Elliot
Wager-Moschusochse
Hudsonbay
230 + 10 cm ⊥ 120 cm

Ovibos moschatus wardi Lydekker
Ostgrönländ. Moschusochse
Nordostgrönland
200 + 10 cm ⊥ 110 cm

REGISTER

Zu beachten:
fette Seitenzahl = Abbildung
ä, ö, ü = ae, oe, ue

Aalartige 141, 154
Aal(e) 140, 154
Aalmolch(e) 218, 224
Aalmutter(n) 180, 181
Aalwels(e) 175, 176
Aaskäfer 106
Aawa 204
Abdimstorch 291
Abendkernbeißer 381
Abendpfauenauge 93
Abendsegler 405
Abessinier-Katze(n) 456, 457
Abessinischer Fuchs 440
Abgottschlange 264
Abida 123
Abida frumentum 123
Ablepharus 258
Ablepharus boutonii 258
Abramis 169
Abramis brama 171
Abraxas 92
Abraxas grossulariata 92
Abudefduf 203
Abudefduf saxatilis 203
Acanthaster planci 134
Acanthion 424, 425
Acanthion brachyura 424
Acanthis 380
Acanthis flammea 381
Acanthisitta 353
Acanthisitta chloris 353
Acanthiza 368
Acanthiza chrysorrhoa 368
Acanthocephala 42
Acanthochites 118
Acanthochitonina 118
Acanthocinus 113
Acanthocinus aedilis 113
Acanthochites discrepans 118
Acanthodoras 175
Acanthodoras spinosissimus 176
Acanthogammarus 67
Acanthogammarus godlewskii 67
Acanthophis 268
Acanthophis antarcticus 269
Acanthopterygii 141
Acanthuridae 208
Acanthurus 208
Acanthurus leucosternon 209
Acari 49, 54
Acaridae 54
Acarina 54
Accipiter 300
Accipiter gentilis 300
Accipiter nisus 300
Accipitridae 300
Accipitrinae 300
Acera 122
Acera bullata 122
Acerina 194
Acerina cernua 194
Acerina schraetzer 195
Achalinus 265
Achalinus spinalis 267

Achatina 123
Achatinacea 116, 123
Achatina fulica 123
Achatinellacea 116
Achdari 474, 475
Acherontia 93
Acherontia atropus 93
Acheta 73
Acheta domestica 73
Achias 97
Achias ampliridea 97
Achlyopa 214
Achlyopa nigra 215
Achtarmige Tintenfische 129
Achtstrahlige Blumentiere 19
Acinonyx 456
Acinonyx jubatus 458
Acipenser 152
Acipenser baeri 152
Acipenseridae 152
Acipenseriformes 141, 152
Acipenser ruthenus 152
Acipenser stellatus 152
Acipenser sturio 153
Acipenser transmontanus 153
Ackerhummel 103
Ackerschnecke 123
Acomys 435
Acomys cahirinus 435
Acrania 137, 139
Acrididae 72
Acridotheres 384
Acridotheres tristis 384
Acridoxena 73
Acridoxena globiceps 73
Acris 232
Acris grayllus 232
Acrobates 398
Acrobates pygmaeus 398
Acrocephalus 366
Acrocephalus arundinaceus 367
Acrocephalus paludicola 367
Acrochordidae 234, 265
Acrochordus 265
Acrochordus javanicus 265
Acrocinus 113
Acrocinus longimanus 113
Acromyrmex 100
Acromyrmex lundi 101
Acropora 34
Acropora cervicornis 34
Acropora palmata 34
Acropternis 352
Acropternis orthonyx 352
Acryllium 310
Acryllium vulturinum 310
Actias 88
Actias luna 88
Actinaria 19, 32
Actinia equina 32
Actinopterygii 141
Actinosphaerium eichhorni 22
Actophilornis 318

Actophilornis africana 318
Actophilornis albinucha 318
Aculeata 69
Adalia 107
Adalia bipunctata 107
Adapedonta 116, 117, 127
Addax 495, 497
Addax nasomaculatus 497
Adela 86
Adela viridella 86
Adelidae 86
Adeliepinguin 280
Adenota 495
Adenota kob kob 498
Adenota kob leucotis 498
Adephaga 69
Adesmacea 117, 127
Adjak 442
Adlerfisch 198
Adlerkolibri 340
Adlerrochen 147, 149
Adlerschnabel 340
Aechmophorus 278
Aechmophorus occidentalis 278
Aegeria 86
Aegeria apiformis 87
Aegeriidae 86
Aegithalidae 273, 372
Aegithalos 372
Aegithalos caudatus 372
Aegithalos concinnus 372
Aegithina 360
Aegithina viridissima 361
Aegolius 336
Aegolius funereus 337
Aegotheles 338
Aegotheles cristatus 338
Aegothelidae 338
Aegypiinae 302
Aegypius 302
Aegypius monachus 302
Ägyptische Heuschrecke 72
Ährenfischähnliche 141, 182
Ährenfische 185
Ährenträgerpfau 309
Aeolidia 122
Aeolidia papillosa 122
Aeoliscus 187
Aeoliscus strigatus 188
Aeolosoma 46
Aepyceros 495
Aepyceros melampus 499
Aeronautes 339
Aeronautus saxatilis 339
Äsche 159
Aeschna 79
Aeschna grandis 78
Aeschnidae 79
Äskulapnatter 265
Aethia 327
Aethia cristatella 327
Aethia pusilla 327
Aethiopischer Lungenfisch 150
Aethopyga 374
Aethopyga siparaja 374
Aetobatus 147
Aetobatus narinari 149
Affen 390, 408
Afghanen 439
Afrikanische Eierschlange 267
Afrikanische Fischeule 336
Afrikanische Goldkatze 458
Afrikanischer Glaswels 175

Afrikanischer Klaffschnabel 290
Afrikanischer Knurrhahn 190
Afrikanischer Leierfisch 207
Afrikanischer Leopard 461
Afrikanischer Löffler 292
Afrikanischer Lungenfisch 151
Afrikanischer Marabu 291
Afrikanischer Nimmersatt 291
Afrikanischer Pitta 353
Afrikanischer Quastenstachler 424
Afrikanischer Sattelstorch 291
Afrikanischer Schlangenhalsvogel 284
Afrikanischer Schwalbenschwanz 89
Afrikanisches Binsenhuhn 313
Afrikanisches Blatthühnchen 318
Afrikanische Schäfergrundel 208
Afrikanische(r) Schlammfisch(e) 164
Afrikanischer Steppenelefant 467
Afrikanische Strumpfbandnatter 268, 269
Afrikanisches Sultanshuhn 313
Afrikanischer Vielstachler 201
Afrikanische Termite 76
Afrikanische Wanderheuschrecke 72
Afrikanische Wildesel 474
Afrika-Zwergglanzente 298, 299
Afrixalus 228
Afrixalus fornasinii 230
Afropavo 309
Afropavo congensis 309
Afropavoninae 274, 309
Afrotis 316
Afrotis afra 316
Afterskorpion(e) 49, 54
Agakröte 231
Agama 250
Agama atricollis 251
Agama stellio 250
Agame(n) 234, 250, 251
Agamia 288
Agamia agami 289
Agamidae 234, 250
Agapetes 91
Agapetes galathea 91
Agapornis 332
Agapornis roseicollis 332
Agapostemon 102
Agapostemon splendens 103
Agelastes 310
Agelastes meleagrides 310
Agkistrodon 271
Agkistrodon contortrix 271
Agkistrodon halys 271
Aglais 91
Aglais urticae 91
Agnatha 137, 140, 141
Agonidae 190
Agonus 190
Agonus cataphractus 191
Agriidae 79

Agriocharis 308
Agriocharis ocellata 308
Agrumenia 94
Agrumenia fausta agilis 94
Aguja 301
Agutis 391, 426
Ahaetulla 265
Ahaetulla nasuta 267
Ahorneule 95
Ai 418
Ailuroedus 386
Ailuroedus crassirostris 387
Ailuropus 448
Ailuropus melanoleucus 449
Ailurus 448
Ailurus fulgens 449
Aiptatasia couchii 32, 33
Aipysurus 269
Aipysurus laevis 269
Aix 299
Aix galericulata 298
Ajaja 292
Ajaja ajaja 292
Akazienddrossel 371
Akepa 379
Akialoa 379
Alaemon 356
Alaemon alaudipes 356
Alaska-Bär 444, 446
Alauda 356
Alauda arvensis 356
Alaudidae 272, 356
Alaus 109
Alaus oculatus 109
Albatrosse 281, 286
Albula 154
Albula vulpes 154
Albulidae 154
Alburnus 169
Alburnus alburnus 171
Alca 327
Alcae 327
Alca torda 327
Alcedinidae 274, 342
Alcedininae 342
Alcedo 342
Alcedo atthis 342
Alcelaphus 495
Alcelaphus b. caama 500
Alcelaphus buselaphus cokii 500
Alces 484
Alces a. alces 484
Alces alces americana 484
Alcidae 327
Alcides 92
Alcides aurora 93
Alcinae 392, 484
Alcithoe 121
Alcithoe pacifica 121
Alcyonaria 19, 34
Alcyonidium 130
Alcyonidium galatinosum 130
Alcyonium digitatum 35
Alectoris 306
Alectoris barbara 306
Alectoris graeca 306
Alectroenas 328
Alectroenas pulcherrima 328
Alectura 304
Alectura lathami 304
Alepisauridae 161
Alepisaurus 161
Alepisaurus ferox 163
Algazal 497
Algenfresser 174
Algyroides 256
Algyroides nigropunctatus 257
Alken 327
Alkenvögel 327

Allactaga 431
Allactaga saliens 431
Allecula 110
Allecula morio 110
Alleculidae 110
Allesfresser 69
Alligator 244
Alligatoren 234, 244, 245
Alligatoridae 234, 244
Alligator-Knochenhecht 153
Alligator mississippiensis 244
Alligatorschildkröten 234, 236
Alligator sinensis 244
Alopias vulpinus 144, 145, 145
Alopiidae 144
Alopochen 297
Alopochen aegyptiacus 297
Alosa 156
Alosa alosa 156
Alosa caspia 156
Alosa fallax 156
Alouatta 408
Alouatta caraya 408
Alouatta seniculus 408
Alpaca(s) 481
Alpenbraunelle 363
Alpenbock 113
Alpendohle 389
Alpenkrähe 389
Alpenmolch 223
Alpenmurmeltier 427, 428
Alpensalamander 222
Alpenschneehuhn 305
Alpensegler 339
Alpensteinbock 504
Alpenstrandläufer 320
Alpheus 58
Alpheus ruber 59
Alsophila 92
Alsophila pometaria 92
Altes Weib 216
Alticops 206
Alticops oryx 206
Altschnecken 116, 118
Alt-Tintenfische 128
Altweltaffenartige 391
Altweltgeier 302
Alytes 226
Alytes obstetricans 227
Amadina 383
Amadina erythrocephala 383
Amakihi 379
Amandibulata 48, 49
Amanses 216
Amanses sandwichensis 217
Amarant 383
Amaurornis 312
Amaurornis phoenicurus 312
Amaurornithini 312
Amazona 332
Amazona aestiva 332
Amazona imperialis 332
Amazona leucocephala 332
Amazonas-Finkenwaldsänger 379
Amazonas-Flußdelphin 437
Amazonenameise(n) 101
Amblycera 77
Amblyonyx 450
Amblyonyx cinerea 453
Amblyopsidae 178
Amblyopsis 178
Amblyopsis spelaeus 178
Amblyornis 386
Amblyornis macgregoriae 387
Amblyospiza 382

Amblyospiza albifrons **382**
Amblyospizinae 382
Amblypodia 92
Amblypodia axone **92**
Amblypygi-Geißelspinnen 50
Amblyrhynchus 254
Amblyrhynchus cristatus **254**
Ambystoma 221
Ambystoma jeffersonianum 221
Ambystoma maculatum 221
Ambystoma mexicanum 221
Ambystoma opacum 221
Ambystomatidae 218, 221
Ambystoma tigrinum 221
Ameise, Argentin. 100
Ameisen 100
Ameisenartiger Buntkäfer **106**
Ameisenbär(en) 418
Ameisenbeutler 390, **396**
Ameisenjungfer(n) 84, 85
Ameisenlöwe(n) **85**
Ameisenspinne 53
Ameisenstelzling 352
Ameisenvögel 272, 352
Ameisenvogel 352
Ameisenwanze 80, 81
Ameisenwespe 99
Ameiva 256
Ameiva ameiva **256**
Ameive **256**
Amerikanische Kleinzikade **82**
Amerikanische Messerfische 168
Amerikanischer Elch **484**
Amerikanischer Flußkrebs **61**
Amerikanischer Höhlenkrebs **61**
Amerikanischer Laubfrosch **232**
Amerikanischer Nimmersatt **290**
Amerikanischer Puppenräuber **104**
Amerikanischer Säbelschnäbler **321**
Amerikanischer Schlangenhalsvogel **284**
Amerikanischer Schönbär **94**
Amerikanischer Skorpion **51**
Amerikanischer Tausendfüßer **70**
Amerikanischer Totengräber **106**
Amerikanischer Totenkäfer **110**
Amerikanischer Uhu **336, 337**
Amerikanisches Bleßhuhn **312**
Amerikanische Schabe **75**
Amerikanische Schwebfliege **97**
Amerikanisches Kaninchen **422**
Amerikanisches Odinshühnchen **318, 319**
Amerikanisches Sultanshuhn **313**
Amia 153
Amia calva **153**
Amiidae 153
Amiiformes **141**, 153
Ammenhai 144, 145, **146**

Ammerfinken 376
Ammern **273**, 376, 377
Ammodontes 206
Ammodytes lanceolatus **207**
Ammodytidae 206
Ammoperdix 306
Ammoperdix hayi **307**
Ammophila 102
Ammophila sabulosa **102**
Ammotragus 504
Ammotragus lervia **506**
Amoeba proteus 22
Amoria 121
Amoria undulata **121**
Amoura 62
Amphibia 13, **137**, **218**
Amphibien 16, 142, 390
Amphibolurus 250
Amphibolurus barbatus **251**
Amphineura 116, 118
Amphipoda **49**, 67
Amphiprion 203
Amphiprion percula **203**
Amphisbaena 262
Amphisbaena fuliginosa **262**
Amphisbaenia 234, 235, 262
Amphisbaenidae **234**, 262
Amphitretidae 129
Amphitretus 129
Amphitretus pelagicus **129**
Amphiuma 224
Amphiuma tridactylum **224**
Amphiumidae **218**, 224
Amphiura 136
Amphiura chiajei **136**
Amphiura filiformis **136**
Ampullarius 118
Ampullarius gigas **119**
Amsel **371**
Amur-Brassen 171
Amusium 124
Amusium japonicum **125**
Amytornis 368
Amytornis purnelli **368**
Anabantidae 212
Anabas 212
Anabas testudineus 212
Anableps 184
Anableps anableps **184**
Anablepsidae 184
Anacridium 72
Anacridium aegypticum **72**
Anakonda 264
Anamorpha 68, 70
Anarhichadidae 206
Anarhichas 206
Anarhichas lupus 206
Anarhichas minor 206
Anas 298
Anas acuta **298**
Anas aucklandica chlorotis **298**
Anas bahamensis **298**
Anas clypeata **298**
Anas crecca **298**
Anas penelope **298**
Anas platyrhynchus **298**
Anastomus 290
Anastomus lamelligerus **290**
Anastomus oscitans **290**
Anatidae **274, 294**

Anatinae **274**, 297
Anatini 274, 298
Anatis 107
Anatis ocellata **107**
Anax 79
Anax imerator **79**
Ancistrus 175
Ancistrus cirrhosus **177**
Anden-Felsenhahn **354**
Andenflamingo 293
Andengans 297
Anden-Kondor **300**
Anden-Pfeilfrosch **233**
Andigena 349
Andigena nigrirostris **349**
Andrias 221
Andrias japonicus **220**
Aneides 224
Aneides lugubris **225**
Anemonia sulcata **32**
Angelichthys 200
Angelichthys ciliaris **200**
Anglerfische **141**, 179
Angolageier 302
Angora-Kaninchen **422**
Angorakatzen 457
Angora-Meerschweinchen 425
Anguidae **234**, 259
Anguis 259
Anguis fragilis **259**
Anguilla 154
Anguilla anguilla **154**
Anguillidae 154
Anguilliformes **141**, 154
Anhima 294
Anhima cornuta **294**
Anhimidae **274**, 294
Anhinga 284
Anhinga anhinga **284**
Anhinga rufa **284**
Anhingidae 284
Ani **335**
Aniliidae **234**, 262
Anilius 262
Anilius scytale **262**
Anisandrus 115
Anisandrus dispar **115**
Anisomyaria 116, 124
Anisopoda **49**, 66
Anisoptera 79
Anisotremus 196
Anisotremus virginicus **197**
Ankerschwamm 18
Anna-Kolibri **340**
Annelida 12, 16, 19, 44
Anniella 259
Anniella pulchra nigra **259**
Anniella pulchra pulchra **259**
Anniellidae **234**, 259
Anoa(s) **489**, **491**
Anoa fergusoni **491**
Anoa quarlesi **491**
Anobiidae 108
Anobium 108
Anobium pertinax **108**
Anodonta 125
Anodonta cyglaea **125**
Anodorhynchus 332
Anodorhynchus hyacinthinus **333**
Anomalodesmata 116, **117, 127**
Anomalopidae 186
Anomalospiza 381
Anomalospiza imberbis **381**
Anomalospizinae 381
Anomaluridae **391**, 431
Anomaluroidea 391
Anomalurus 431

Anomalurus erythronotus **431**
Anomia 124
Anomiacea **117**, 124
Anomia ephippium **125**
Anopheles 23, 96
Anopheles maculipennis **96**
Anoplura 77
Anoptichthys 164
Anoptichthys jordani **164**
Anostomidae 164
Anostomus 164
Anostomus anostomus **167**
Anostraca **49**, 56
Anous 326
Anous tenuirostris **326**
Anser 294
Anser albifrons **296**
Anseranas 294
Anseranas semipalmata **294**
Anseranatinae **274**, 294
Anser anser **296**
Anser caerulescens **296**
Anser canagicus **296**
Anser cygnoides **296**
Anser fabalis **296**
Anseriformes **273, 274**, 294
Anserinae **274**, 294
Anserini **274**, 294
Anser indicus **296**
Anta **469**
Antarktischer Fisch 206
Antarktisfische 206
Antechinomys 395
Antechinomys laniger **395**
Antechinus 395
Antechinus flavipes **395**
Anteltes 187
Anteltes quadracus **187**
Antennariidae 179
Antennarius 179
Antennarius bigibbus 179
Antennarius polyophthalmus **179**
Antennata 12, 49, 68
Antennenwels(e) 175, **176, 177**
Anthias 192
Anthias squamipinnis **193**
Anthicidae 110
Anthicus 110
Anthicus quadriguttatus **110**
Anthocaris 90
Anthocaris cardamines **90**
Anthochaera 375
Anthochaera carunculata **375**
Anthodiaeta 374
Anthodiaeta collaris **374**
Anthomeduse(n) 28
Anthonomus 115
Anthonomus pomorum 115
Anthophora 102
Anthophora parietina **103**
Anthopleura ballii **32**
Anthopleura xanthogrammica **32**
Anthozoa 19, 32
Anthracothorax 340
Anthracothorax nigricollis **340**
Anthrax 97
Anthrax morio **97**
Anthrenus 108

Anthrenus scrophulariae **108**
Anthrepetes 374
Anthrepetes longuemarei **374**
Anthribidae 114
Anthrococeros 346
Anthrococeros coronatus **347**
Anthropoide **390, 408**
Anthropoides 314
Anthropoides paradisea **315**
Anthropoides virgo **315**
Anthus 358
Anthus campestris **358**
Anthus cervinus **358**
Anthus gutturalis **358**
Anthus hodgsoni **358**
Anthus pratensis **358**
Anthus spinoletta **358**
Anthus trivialis **358**
Antilocapra 488
Antilocapridae **392**, 488
Antilope cervicapra **502**
Antilopen **493, 495, 502, 503**
Antilopinae **392, 495**
Antipatharia 19
Aonyx 450
Aonyx maculicollis **453**
Aotes 408
Aotes rufipes **408**
Apalis 366
Apalis thoracica **366**
Apaloderma 341
Apaloderma narina **341**
Apantasis 94
Apantasis virgo **94**
Apatele 94
Apatele aceris **95**
Apatura 91
Apatura iris **91**
Apeltes 187
Apeltes quadracus **187**
Apfelblütenstecher 115
Apfelsauger **82, 83**
Apfelschimmel **472**
Aphelocephala 368
Aphelocephala nigricincta **368**
Apheloria 70
Apheloria coriacea **70**
Apheloridae 70
Aphididae 84
Aphredoderidae **178**
Aphredoderus 178
Aphredoderus sayanus **178**
Aphriza 322
Aphriza virgata **322**
Aphrodite aculeata **44**
Aphyosemion 184
Aphyosemion gularis coeruleum **184**
Apidae 102
Apidoidea 69
Apis 102
Apis melifica **103**
Apistogramma 200
Apistogramma reitzigi **202**
Aplacophora 116, 118
Aplodinotus 198
Aplodinotus grunniens **198**
Aplodontia 427
Aplodontia rufa **427**
Aplodontidae **391**, 427
Aplodontoidea 391
Aplonis 384
Aplonis metallica **384**
Aplopeltura 265
Aplopeltura boa **267**
Aplostomatoptera 69, 86
Aplysia 122

Aplysia dactylomela **122**
Apocrita 69, 99
Apodidae 339
Apodiformes **273**, 339
Apogon 194
Apogonichthys 194
Apogonichthys queketti **194**
Apogonidae 194
Apogon maculatus **194**
Apoidea 102
Apollofalter **89**
Aporhais 120
Aporhais pes-pelecani **120**
Apothekerskink **258**
Appaloosa **472**
Appendicularia **137**, 138
Appias 90
Appias nero zarinda **90**
Aprosmictus 332
Aprosmictus erythropterus **332**
Aptenodytes 280
Aptenodytes forsteri **280**
Aptenodytes patagonica **280**
Apteronotidae 168
Apteronotus 168
Apteronotus albifrons **168**
Apteryges 277
Apterygidae 277
Apterygota 68, 71
Apteryx 277
Apteryx australis **277**
Apteryx australis mantelli **277**
Apteryx owenii **277**
Apulische Tarantel 51, **53**
Apus 339
Apus apus **339**
Apus melba **339**
Aquila 301
Aquila chrysaetus **301**
Aquila (Uraëtus) audax **301**
Ara 332
Ara ararauna **333**
Araber **472**
Arabisches Sandhuhn **307**
Arabisches Vollblutpferd **472**
Arachloroptera 333
Arachnida 12, **49**, 50
Arachnis 94
Arachnis picta **94**
Arachnothera 374
Arachnothera longirostris **374**
Araini 332
Arakakadu 330
Ara macao **333**
Aramidae 316
Aramides 316
Aramides cajanea **312**
Aramidopsis 312
Aramidopsis plateni **312**
Ara militaris **333**
Aramus 316
Aramus guarauna **316**
Araneae 49, 51
Araneidae 52
Araneus 52
Araneus ocellatus **52**
Arapaima 157
Arapaima gigas **157**
Araponga 354, 355
Ararauna 333
Aratinga 332
Aratinga jandaya **333**
Arbacia 133
Arbacia lixula **133**

511

Arborophila 306
Arborophila rufigularis 307
Arca 124
Arcacea 117, 124
Arca noae 124
Arcella vulgaris 22
Arche Noah 124
Archiannelida 19
Architeuthidae 128
Architeuthis 128
Archosargus 196
Archosargus probatocephalus 197
Arctia 94
Arctia caja 94
Arctictis 454
Arctictis binturong 454
Arctiidae 94
Arctocephalus 463
Arctocephalus forsteri 464
Arctocephalus pusillus 462
Ardea 288
Ardea cinerea 288
Ardea goliath 289
Ardea melanocephala 289
Ardea purpurea 288
Ardea sumatrana 289
Ardeidae 287, 288
Ardeola 288
Ardeola ibis 289
Ardeola ralloides 288
Ardeotis 316
Ardeotis kori 316
Arenaria 322
Arenaria interpres 322
Arenaria melanocephala 322
Arenariinae 274, 322
Arenicola 45
Arenicola marina 45
Areolen-Flachschildkröte 239
Arfak-Strahlenparadiesvogel 386
Argelenidae 52
Argentina 160
Argentina silus 160
Argentina sphyraena 160
Argentinidae 160
Argentinische Ameise 100
Argentinische Schlangenhalsschildkröte 242, 243
Argonauta 129
Argonauta argo 129
Argonautidae 129
Argulus 56
Argulus foliaceus 57
Argusfasan 309
Argusfisch(e) 200
Argusianinae 274, 309
Argusianus 309
Argusianus argus 309
Argyroneta 52
Argyroneta aquatica 52
Argyropelecus 161
Argyropelecus hemigymnus 161
Ariidae 175
Arion 123
Arion rufus 123
Aristoteles-Hirsch 487
Arktischer Grundrötel 376
Armadillidiidae 67
Armadillidium 67
Armadillidium vulgare 66
Armfüßer 12, 130
Armfüßer mit Schloß 130
Armmolch(e) 218, 224, 225

Arni 491, 492
Arnoldichthys 164
Arnoldichthys spilopterus 166
Arothron 216
Arothron aerostaticus 216
Arowana 157
Arrauschildkröte 243
Arrenurus 55
Arrenurus globator 55
Arses 368
Arses kaupi 369
Artamidae 273, 385
Artamus 385
Artamus fuscus 385
Artemia 56
Artemia salina 57
Arthropoda 12, 16, 48, 49
Articulata 130
Artiodactyla 390, 392, 476
Arvicola 434
Arvicola sapidus 434
Ascalaphidae 84
Ascalaphus 84
Ascalaphus macaronius 85
Ascaphus 226
Ascaphus truei 226
Ascellus aquaticus 66
Ascidia 138
Ascidiacea 137, 138
Ascidia mentula 138, 139
Asellidae 67
Asellota 67
Asellus 67
Asiatische Goldkatze 458
Asiatische Gottesanbeterin 74, 75
Asiatische Lanzenschlange 271
Asatischer Maral 14
Asiatisches Stachelschwein 424
Asiatische Zibetkatze 454
Asilidae 97
Asilus 97
Asilus lucidus 97
Asinus 471
Asinus a. africanus 474
Asinus africanus somaliensis 474
Asinus h. hemionus 474, 475
Asinus h. hemippus 474
Asinus hemionus kiang 474
Asinus h. onager 474
Asio 336
Asio flammeus 337
Asio otus 337
Aspidites 263
Aspidites melanocephalus 263
Aspidochirota 132
Aspidomorpha 114
Aspidomorpha inquinata 114
Aspius 169
Aspius aspius 170
Aspro 194
Aspro streber 195
Aspro zingel 195
Assapan 429
Asseln 12, 49, 67
Asselspinne(n) 49, 55
Astacidae 60
Astacus 60
Astacus astacus 61

Asterias 134
Asterias rubens 135
Asteroidea 134
Astor-Schraubenziege 504
Astrapia 386
Astrapia mayeri 386
Astroides 34
Astroides calycularis 34
Astronotus 200
Astronotus ocellatus 201
Astropecten 134
Astropecten aurantiacus 134
Astroscopus 206
Astroscopus guttatus 206
Ateles 408
Ateles paniscus 409
Atelopidae 218, 232
Atelopus 232
Atelopus boulengeri 232
Atelopus cruciger 232
Atelornis 344
Atelornis crossleyi 345
Athene 336
Athene noctua 337
Atherina 185
Atherina presbyter 185
Atherinidae 185
Atheriniformes 141, 182
Atherinomorpha 141
Atherix 97
Atherix ibis 97
Atherurus 424
Atherurus africanus 424
Atilax 454
Atilax paludinosus 455
Atlanta 120
Atlantacea 116, 120
Atlanta peronii 120
Atlantischer Fächerfisch 211
Atlantischer Flugfisch 182
Atlantischer Seewolf 206, 207
Atlantischer Stör 152, 153
Atlantisches Seepferdchen 188, 189
Atlapetes 376
Atlapetes semirufus 376
Atlaskäfer 112
Atlasspinner 88
Atlaswitwen 382
Atopomycterus 216
Atopomycterus nicthemerus 217
Atrichornis 355
Atrichornis rufescens 355
Atrichornitidae 272, 335
Atropia 76
Attacus 88
Attacus atlas 88
Attagenus 108
Attagenus pellio 108
Attagis 323
Attagis gayi 323
Atticora 357
Atticora fasciata 357
Auerhahn 305
Auerochse 489
Aufbläser 216
Augenfalter 91
Augenfleckiger Marienkäfer 107
Augenfleckenschmetterlingsfisch 200
Augenkoralle 34
Augenlippfisch 204
Augen-Schnellkäfer 109

Augenpinner 88
Augentierchen 20
Augenwachtel 307
Aulacorhynchus 349
Aulacorhynchus prasinus 349
Aulodonta 133
Aulonogyrus 104
Aulonogyrus concinnus 105
Aulophorus 46
Aulophorus furcatus 46
Aulopidae 161
Aulopus 161
Aulopus purpurissatus 162
Aulostomidae 187
Aulostomus 187
Aulostomus maculatus 188
Aurelia aurita 31
Auripinus 372
Auripinus flaviceps 372
Aurora-Astrild 383
Aurorafalter 90
Auster(n) 124
Austernfisch 178
Austernfischer 274, 322, 323
Australerdschwalbe 357
Australian Nimble Fly 97
Australien-Erdschwalbe 357
Australien-Krokodil 247
Australischer Blattschwanzgecko 248
Australischer Brillenvogel 375
Australischer Dingo 439
Australischer Igelfisch 217
Australischer Kranich 314, 315
Australischer Lappenkiebitz 321
Australischer Löffler 292
Australischer Lungenfisch 150, 151
Australischer Stachelwels 176
Australischer Tarpon 154
Australischer Tölpel 285
Australisches Blatthühnchen 318
Australische Schäfergrundel 208, 209
Australische Schlammnestkrähen 385
Australische Schlangenhals-Schildkröte 243
Australische Zwergscharbe 284
Aves 13, 137, 272, 273, 275
Avicularia 52
Avicularia avicularia 52
Aviculariidae 52
Aweoweo 194
Axinella 27
Axinella verrucosa 27
Axis 485
Axishirsch 14, 486, 487
Axolotl 221
Aye-Aye 407
Aythya 299
Aythya ferina 298
Aythya fuligula 298
Aythya nyroca 298
Aythyini 274, 299
Azarafuchs 441
Azurjungfer 79

Babirussa 476
Babirussa babirussa 474, 477
Bachforelle 158
Bachhaft(e) 84, 85
Bachläufer 80
Bachstelze 358
Bachneunauge 143, 143
Bachlinge 184
Bachstrudelwürmer 38
Bachtaumelkäfer 105
Bacillus rossii 74
Badeschwamm 18, 26, 27
Badis 200
Badis badis 201
Bändertriel 323, 324
Bären 322, 444
Bärenkrebse 60
Bärenmakak 410, 411
Bärenpavian 411
Bärenspinner 94
Bärtierchen 12, 16, 47
Bäumchenröhrenwurm 44
Bäumchenschnecke 122
Bagauda 80
Bagauda gigantea 81
Bagridae 175
Bagworm 87
Bahama-Amazone 332, 333
Bahamaente 298
Baicalobia 38
Baicalobia variegata 38
Baikalgroppen 190
Baikal-Planaria 38
Bailey-Taschenmaus 430
Baillonius 344
Baillonius bailloni 349
Baird's Tapir 469
Balaeniceps 290
Balaeniceps rex 290
Balaenicipitidae 290
Balaenidae 392, 436
Balaenoptera 436
Balaenoptera musculus 436
Balaenopteridae 392, 436
Balaninus 115
Balaninus nucum 115
Balaniocheilus 169
Balaniocheilus melanopterus 173
Balanoglossus 131
Balanoglossus clavigerus 131
Balanus 56
Balanus balanoides 57
Balanus perforatus 57
Balearica 314
Balearica pavonina pavonina 315
Balearica pavonina regulorum 315
Balearicinae 314
Balirind 490
Balistapus 216
Balistapus undulatus 216
Balistes 216
Balistes vetula 216
Balistidae 216
Balistoides 216
Balistoides conspicillum 217
Balkanpfeilnatter 265, 266
Balkenzüngler 118
Baltimore-Trupial 380
Bambusbär(en) 449
Bambusratte 432, 433
Bananaquit(s) 379
Bandfische 187
Bandiltis 451
Bandrobbe 463, 465
Bandwürmer 12, 38
Bandy-Bandy 268, 269

Bankivahuhn 310, 311
Banteng 490
Barasingha 487
Barbe 170, 171
Barbus 169
Barbus barbus 171
Baribabär 445, 446
Barilius 169
Barilius christyi 173
Barrakuda 203
Barsch 192
Barschartige 141
Barschartige Fische 192
Barschlachse 141, 178
Barsoi 439
Bartagame 251
Bartenwale 390, 392, 436, 437
Bartgeier 302
Bartgrasmücke 367
Bartmännchen 180, 181
Bartmeise 365
Bartramia 319
Bartramia longicauda 319
Bartrobbe 463, 465
Bartschwein 477
Bartstrichweber 382
Bartträger 16
Bartvögel 348
Bartwurm 131
Bartwürmer 131
Baryphthengus 343
Baryphthengus ruficapillus 343
Basiliscus 254
Basiliscus plumifrons 254
Basommatophora 116, 123
Bassaricyon 448
Bassaricyon gabbii 448
Bassariscus 448
Bassariscus astutus 448
Baßtölpel 285
Bathyergidae 391, 423
Bathyergicinae 391
Bathyergomorpha 391
Bathygobius 208
Bathygobius paganellus 208
Bathynellacea 49, 58
Bathynemertes 40
Bathynemertes hardyi 40
Bathynomus 67
Bathynomus giganteus 66
Bathypteroidae 161
Bathypterois 161
Bathypterois longipes 162
Bathysauropsis 161
Bathysauropsis gracilis 162
Batis 368
Batis capensis 369
Batoidei Rochen 141, 147
Batrachoididae 178
Batrachoidiformes 141, 178
Batrachostomus 338
Batrachostomus auritus 338
Bauchhaarlinge 42
Bauchsammlerbienen 102
Baumeisvögel 342
Baumelster 389
Baumfaserschwämme 12
Baumfinken 377
Baumhopf(e) 274, 345
Baumhörnchen 427
Baumläufer 373
Baumläufer-Waldsänger 379
Baummarder 450, 451

Baumpieper 358
Baumratten 426
Baumrutscher 373
Baumrutscherartige 273, 373
Baumsalamander 225
Baumschliefer 468
Baumschnecke 123
Baumschnüffler 267
Baumschwalbe(n) 357
Baumsegler 339
Baumspecht 351
Baumstachler 391, 424
Baumsteiger 272, 352
Baumtimalien 364
Baumwollratte 434
Baumstelze(n) 358, 359
Bazyllus 74
Becherqualle(n) 19, 30
Becherschwamm 27
Beerenwanze 81
Beifußhuhn 306
Beilbauchfisch 167
Beinlose Eidechsen 234
Beintaster 68
Beisa 497
Bekassine 320
Belgier 472
Belone 182
Belone belone 182
Belonesox 184
Belonesox belizanus 185
Belonidae 182
Belonopterus 321
Belonopterus cayennensis 321
Bembicidae 102
Bembix 102
Bembix rostrata 102
Bengalenracke 344, 345
Bengalkatze 457
Bengaltiger 461
Bennettkasuar 277
Bennettkrähe 389
Bennetts Baumkänguruh 400
Bentevi 353
Beo 384
Berberaffen 410
Berberlöwe(n) 460
Berberskink 258, 259
Bereo cucumis 37
Bergbiber 427
Bergbraunelle 363
Bergchamäleon 252, 253
Bergdrongo 385
Bergeidechse 257
Bergfink 380
Berggorilla 417
Bergkänguruh 401
Berglemming 434
Berglöwe 459
Bergmolch 223
Bergnasenbär 449
Bergnyala 495
Bergriedbock 498
Bergtangaren 378
Bergtapir 469
Berg-Taschenratte 430
Bergzebra(s) 473
Bergzikade 82
Bergzügeltrogon 341
Berkshire 478
Berkshire-Schwein 478
Bernhardiner 439
Bernhardkrebs 62
Bernsteinschnecke(n) 39, 123
Berthelinia 122
Berthelinia limax 122
Beryciformes 141, 186
Berytidae 80
Beschalte Amöben 12
Bethyloidea 99
Betta 212
Betta splendens 212
Bettongia 400
Bettongia lesueur 400
Bettwanzen 54, 80, 81

Beutelbär 399
Beuteldachse 390, 397
Beutelfrosch 233
Beuteliltis 394, 395
Beuteljahoo 364
Beutelmeise(n) 273, 372
Beutelmull(e) 390, 396, 397
Beutelratte(n) 390, 395
Beutelsäuger 390
Beutelspitzhörnchen 395
Beutelspringmaus 395
Beutelteufel 396
Beuteltiere 12, 390, 394
Beutelwolf 396
Bewick's Zaunkönig 362, 363
Bezoarziege 505
Bezoarziege, Kleinasiatische 504
Biber 391, 430
Biberartige 391
Biberhörnchen 391, 427
Biberhörnchenartige 391
Biberratte(n) 391, 426
Bibio 96
Bibio hortulanus 96
Bibionidae 96
Bibos 489
Bienen 69, 102
Bienenfresser 274, 344
Bienenschwärmer 87
Bienenwölfe 102
Bienenwolf 102, 103, 106
Bilateraltiere 13
Bilateria 13
Bilche 432
Binden-Erdracke 345
Bindenfregattvogel 286
Bindenreiher 287
Bindenschnabeltukan 349
Bindenschwanzfasanen 311
Bindenschweine 478
Bindentaucher 278
Bindentrogon 341
Bindenwaran, Philippinischer 260, 261
Binden-Weißstirnchen 368
Binden-Zwergbärtling 348
Binsenhühner 313
Binsenhuhn, Afrikanisches 313
Binsenhuhn, Indisches 313
Binsenhuhn, Südamerikanisches 313
Binturong 454
Bipalium 38
Bipalium quadricinctum 38
Bipalium rauchi 38
Bipalium strubelli 38
Bipinnaria-Larve 134
Birgus 62
Birgus latro 62
Birkenmaus 431
Birkenzeisig 381
Birkhahn 305
Bisamratte 433
Bisamschwein 477
Bisamspitzmäuse 403
Bison 489, 492
Bison bison 492
Bison bonasus 492
Bitis 270
Bitis arietans 270
Bitis nasicornis 270
Bitterling 170, 171
Bivalvia 116, 117, 124
Biziura 299
Biziura lobata 299
Blackbuck 502

Black Ruff 212
Blätteraffen 415
Bläuling(e) 92
Blasenfüße 68, 77
Blasenfuß 77
Blasenqualle 29
Blasenläuse 84
Blaßfuchs 440
Blaßspötter 367
Blatta 74
Blatta orientalis 75
Blattaria 68, 74
Blattella 74
Blattella germanica 75
Blattellidae 74
Blattfalter 91
Blattfisch 201
Blattflöhe 82
Blattfußkrebs(e) 49, 56
Blattheuschrecke 73
Blatthornkäfer 112
Blatthühnchen 274, 318
Blatthühnchen, Afrikanisches 318
Blatthühnchen, Australisches 318
Blattidae 74
Blattkäfer 114
Blattoidea 68, 74
Blattschneiderameise 101
Blattschneiderbiene 103
Blattschwanzgecko, Australischer 248
Blattschwanzgecko, Madagassischer 248
Blattvögel 272, 360
Blattwespen 99
Blaustrild 383
Blaubär 446
Blaubandgrundel 208
Blaubarsch(e) 194, 195, 201
Blaubauchracke 344, 345
Blaubauch-Smaragdracke 351
Blaubock 499
Blaubrust-Pitta 352, 353
Blaubussard 301
Blauelster 388, 389
Blaue Napfschnecke 119
Blaue Nesselqualle 30
Blaue Nixe 119
Blaue Perserkatze 456
Blauer Bischof 377
Blauer Engelfisch 200
Blauer Fächerfisch 184
Blauer Hochseebarsch 203
Blauer Kofferfisch 216
Blauer Paradiesvogel 386, 387
Blauer Prachtkärpfling 184
Blauer Schwalbenschwanz 89
Blauer Seestern 134
Blauer Staffelschwanz 368
Blauer Toby 216, 217
Blaue Sandheuschrecke 72
Blaue Schmeißfliege 98
Blaufelchen 159
Blauflügel-Bergtangare 378
Blauflügel-Kookaburra 343
Blaufuchs 440
Blaufußtölpel 285
Blauhäher 388
Blauhai 144, 146, 147
Blaukappenrabe 388
Blaukardinal 377
Blaukehlchen 370
Blaukopfklippfisch 204
Blaukopfpapagei 332, 333

Blaukopf-Paradiesvogel 386, 387
Blaukrönchen 332
Blaumaul 412
Blaumeise 372
Blaumerle 371
Blaumückenfänger 368
Blaunacken-Mausvogel 342
Blauohr-Honigfresser 375
Blaupitta 352, 353
Blauracke(n) 274, 344, 345
Blaureiher 289
Blaurennschmätzer 365
Blaurückenpipra 354
Blauschaf 506, 507
Blauscheitel-Organist 378
Blauscheitel-Spechtpapagei 331
Blauschnäpper 369
Blauschwänziger Bienenfresser 344
Blausieb 86, 87
Blaustirnamazone 333
Blautangare 378
Blauvanga 360, 361
Blauvögel 378
Blauwal 436, 437
Blauwangenlori 331
Blauwürger 272, 361
Blauzunge 258, 259
Bleichböckchen 494
Blenniidae 206
Blennius 206
Blennius fluviatilis 207
Blennius pavo 206
Blennius rouxi 206
Blennius tentacularis 207
Bleßbock 500
Bleßgans 296
Bleßhühner 312
Bleßhuhn 312, 313
Bleßhuhn, Amerikanisches 312
Bleßmull 423
Blicca 169
Blicca bjoerkna 171
Blinde Höhlengrundel 208, 209
Blinder Höhlensalmler 164
Blinder Tiefseetintenfisch 129
Blinder Trugkärpfling 178
Blindfische 178
Blindmäuse 391, 433
Blindmull 403
Blindschlangen 234, 262
Blindschleiche 259
Blödauge 262
Blomberg-Kröte 231
Blue Tang 209
Blütenpicker 273, 374
Blumenküsser 340
Blumentiere 19, 32, 110
Blutegel 12, 19
Blutfasan 309
Blutlaus 84
Blutregen 21
Blutrote Heidelibelle 79
Blutroter Schnellkäfer 109
Blutsalmler 165, 166
Blutsauger 250, 251
Blutschnabelweber 382
Blutspritzer 73

Bluter Schnellkäfer
Blythipicus 350
Blythipicus rubiginosus 350
Blyth's Tragopan 308
Boa 264
Boa constrictor 264

Boaedon 265
Boaedon fuliginosus 265
Boaschlangen 264
Bobak 428
Bockkäfer 113
Bocydium 82
Bocydium globulare 83
Bodenmilbe 55
Bodianus 204
Bodianus bilunulatus 204
Bodotriidae 66
Böcke 392, 503
Böhm-Zebra 473
Bohadschia 132
Bohadschia argus 132
Boidae 234, 263, 264
Boiginae 265
Boiga 265
Boiga dendrophila 266
Boiginae 265
Boinae 264
Bolaspinne(n) 52, 53
Boleophthalmus 208
Boleophthalmus boddaerti 209
Bolocera 32
Bolocera tuediae 33
Bombardierkäfer 104
Bombina 226
Bombina bombina 226
Bombina variegata 226
Bombus 102
Bombus agrorum 103
Bombus hortorum 103
Bombus lapidarius 103
Bombus pratorum 103
Bombus terrestris 103
Bombycidae 88
Bombycilla 362
Bombycilla garrulus 362
Bombycillidae 272, 362
Bombycillinae 362
Bombycoidea 69, 88
Bombyliidae 97
Bombylius 97
Bombylius maior 97
Bombyx 88
Bombyx mori 88
Bonasa 306
Bonasa umbellus 306
Bongo 495
Boomslang 266, 267
Bonellia viridis 47
Bootsmänner 178
Bootsmann 178
Boreidae 84
Boreus 84
Boreus hyemalis 84
Borkenkäfer 106, 115
Borstenhörnchen 428, 429
Borstenigel 391, 402
Borstenköpfe 330
Borstenkopf 330
Borstenkrebser 161, 177
Borstenmaul 161, 177
Borstenschwänze 68, 71
Borstenschwänzer 368
Borstenzähner 200
Bos 489
Bos (Anoa) depressicornis 491
Bos (Bibos) gaurus 490
Bos (Bibos) g. frontalis 490
Bos (Bibos) javanicus 490
Bos (Bos) primigenius 489
Bos (Bubalus) arnee 491
Bos (Bubalus) arnee mindorensis 491
Boselaphus 495
Boselaphus tragocamelus 494
Bosmina 56

Bosmina longirostris 51
Bos (Novibos) sauveli 490
Bos (Poephagus) mutus 491
Bostrychidae 108
Bostrychus 108
Bostrychus capucinus 108
Botaurus 287
Botaurus stellaris 287
Bothidae 214
Bothrops 271
Bothrops jararaca 271
Botia 174
Botia hymenophysa 175
Botryllus 138, 139
Botryllus schlosseri 138
Bovidae 392, 489
Bovinae 392, 489
Brabantbuntbarsch 202
Brabanter 472
Brachionus 43
Brachionus quadridentatus 42
Brachiopoda 130
Brachpieper 358
Brachschwalbe(n) 274, 323
Brachycera 69, 97
Brachydanio 169
Brachydanio rerio 172
Brachygobius 208
Brachygobius xanthozona 208
Brachylophus 254
Brachylophus fasciatus 255
Brachmera 69, 108
Brachynus 104
Brachynus crepitans 104
Brachypteracias 344
Brachypteracias leptosomus 345
Brachypteraciinae 274, 344
Brachystomia 122
Brachystomia rissoides 122
Brachytron 79
Brachytron pratense 78
Brachyura 62
Brackwespe(n) 99
Braconidae 99
Bradypodidae 418
Bradypterus 366
Bradypterus babaecula 366
Bradypus 418
Bradypus tridactylus 418
Brahminen-Weihe 300
Branchiata 49
Branchiostegidae 194
Branchiostoma 139
Branchiostoma lanceolatum 139
Branchiotremata 16
Branchipus 56
Branchipus schaefferi 57
Branchiura 46, 49, 56, 57
Branchiura sowerbyi 46
Brandgans 297
Brandseeschwalbe 326
Brandungsbarsch(e) 200, 201
Branta 297
Branta bernicla 297
Branta canadensis 297
Branta leucopsis 297
Branta ruficollis 296
Branta sandvicensis 296
Brasilfuchs 441
Brasilianische Zwergralle 312
Brassen 171
Brassolidae 90

513

Braun-Amythornis **368**
Braunbauch-Organist **378**
Braunbär(en) **444**, **445**
Braune Florfliege **85**
Braune Hausschlange **265**, **266**
Braune Hyäne **443**
Braunellen **272**, **363**
Brauner Bär **94**
Brauner Baumfrosch **230**
Brauner Buschkauz **337**
Brauner Dschelada **411**
Brauner Fornasinius **112**
Brauner Lemming **434**
Brauner Ohrfasan **310**
Brauner Pelikan 15, **283**
Brauner Rüsselkäfer **115**
Brauner Schlangenstern **136**
Brauner Sichler **292**
Brauner Waldkauz **337**
Braunkehlchen **371**
Braunkopf-Breitrachen **351**
Braunkopf-Hylophilus **379**
Braunkopfkleiber **373**
Braunrückenmeise **372**
Braunrückentukan **349**
Braunstreifiger Rindenfrosch **230**
Brauntölpel **285**
Brazzameerkatze **412**
Brechites 127
Brechites vaginiforum 127
Breitbandsalmler **166**, **167**
Breitflossenkärpfling **184**, **185**
Breithalshirschkäfer **111**
Breitmaulnashorn **470**
Breitrachen **272**, **351**
Breitrandschildkröte **240**
Breitrüßler 114
Breitschnabeltodi **343**
Breitschwingenkolibri **340**
Breitwarzige Fadenschnecke **122**
Bremsen 97
Brenthidae 114
Breviceps 230
Breviceps adspersus **231**
Breviceps rosei **233**
Brillenbär **444**, **446**
Brillenbock **500**
Brillenkaiman **245**
Brillenkauz **337**
Brillenlangur **414**
Brillenmausvogel **342**
Brillenmonarch **369**
Brillenpelikan 15, **283**
Brillenpinguin **280**, **281**
Brillensalamander **222**, **223**
Brillenschlange(n) **268**
Brillen-Sericornis **368**
Brillenvögel **273**, **375**
Brillenvogel, Australischer **375**
Brillenwürger **360**, **361**
Brintesia **91**
Brintesia circe **91**
Brisinga **134**
Brisinga coronata **135**
Brombeerzipfelfalter **92**
Bronchienschreier **272**, **353**
Bronzeflügel-Jacana **318**
Bronzeflügel-Rennvogel **323**
Bronzefruchttauben 328

Bronzeschwanz-Fruchttaube **328**
Brookesia 252
Brookesia stumpffii **253**
Brotkrumenschwamm 27
Brotschwamm **18**
Brubru **360**, **361**
Bruchidae 114
Bruchus 114
Bruchus pisorum **114**
Brückenechse(n) **235**, **248**
Brüllaffen **409**
Brunnenkrebs 67
Bryozoa **130**
Bubalornis **382**
Bubalornis albirostris **382**
Bubalornithinae **382**
Bubalus **489**
Bubo **336**
Bubo bubo **336**
Buboninae **336**
Bubo nipalensis **336**
Bubo virginianus **336**
Buccinacea **116**, **121**
Buccinum **121**
Buccinum undulatum **121**
Bucconidae **347**
Bucephala **299**
Bucephala clangula **299**
Buceros **346**
Buceros bicornis **346**
Buceros rhinoceros **346**
Bucerotidae **274**, **346**
Bucerotinae **274**
Bucharahirsch **487**
Buchdrucker **115**
Buchenspinner **94**
Buchfink(en) **380**
Buckellachs(e) **158**, **159**
Buckelrinder **489**, **490**
Buckelschrecken 73
Buckelwal **436**
Buckelzirpe(n) **82**, **83**
Bucorvinae **274**
Bucorvus **346**
Bucorvus abyssinicus **346**
Bucorvus cafer **346**
Budorcas **508**
Budorcas taxicolor **508**, **509**
Budorcas t. tibetana **508**
Budorcatinae **392**, **508**
Bücherläuse **76**
Bücherlaus **76**, **77**
Bücherskorpion **54**
Büchsenmuschel **127**
Büffel **492**
Büffelgnitze **96**
Büffelweber **382**
Bülbüls **272**, **360**
Bürstenspinner **95**
Bürzelstelzer **272**, **352**
Buffon's Wasserbock **498**
Bufo 230, 231
Bufo blombergi **231**
Bufo bufo **231**
Bufo calamita **231**
Bufo empusus **230**
Bufo marinus 231
Bufonidae **218**, **230**, **231**
Bufo viridis **231**
Bugeranus **314**
Bugeranus carunculatus **315**
Bulimus **120**
Bulimus tentaculatus **120**
Bulldogameise **100**, **101**
Bulweria **282**
Bulweria bulverii **282**
Bungarus **268**, **269**
Bungarus ceylanicus **269**
Bunodactis verrucosa 33
Buntastrild **383**

Buntbarsche **200**, **201**
Buntbarsch, Indischer **202**
Buntbock **500**
Buntböcke **500**
Bunter Spalteltyrann **353**
Bunte Zierschildkröte **238**, **239**
Buntes Zwergchamäleon **253**
Buntfüßige Sturmschwalbe **282**
Bunt-Hornfrosch **233**
Buntkäfer **106**
Buntkopf-Bartvogel **348**
Buntkormoran **284**
Buntlori **331**
Buntschnabelkuckucke **334**
Buntspecht **350**, **351**
Bunttukan **349**
Buntwaran **260**, **261**
Bupalus **92**
Bupalus piniarius **92**
Buphaginae **384**
Buphagus **384**
Buphagus erythrorhynchus **384**
Buprestidae **109**
Buprestris **109**
Buprestris octoguttata **109**
Burhinidae **274**, **324**
Burhinus **324**
Burhinus capensis 323
Burhinus oedicnemus **323**
Burramys **398**
Burramys parvus **398**, **399**
Burunduk(s) **427**, **428**, **429**
Buschbock **495**, **496**
Buschfisch(e) **212**
Buschheuschrecke 72
Buschhornblattwespen 99
Buschhuhn **304**, **310**
Buschmeister **271**
Buschrebhühner **307**
Buschrebhuhn **307**
Buschschwänzige Waldratte **433**
Buschwürger **361**
Bussardartige **301**
Butastur **301**
Butastur rufipennis **301**
Buteo **301**
Buteo buteo **301**
Buteogallus **301**
Buteogallus urubitinga **301**
Buteoninae **301**
Buthus **50**
Buthus occitanus **50**, **51**
Butorides **288**
Butorides virescens **289**
Butte **214**
Butterfisch(e) **206**, **207**
Bycanistes **346**
Bycanistes albotibiales **347**
Byrrhidae **108**
Byrrhus **108**
Byrrhus pustulatus **108**

Caama **500**
Cabot's Tragopan **308**
Cacajao **408**
Cacajao rubicundus **408**
Cacicus **380**
Cacicus cela **380**
Cacomistle **448**
Cactospiza **376**

Cactospiza pallida **377**
Caecilia 220
Caecilia tentaculata **220**
Caeciliidae **76**, **218**, **220**
Caecilius 76
Caecilius flavidus **77**
Caecobarbus **169**
Caecobarbus geertsi **172**, **173**
Caguare **419**
Caiman **244**
Caiman crocodilus **245**
Cairinini **274**, **299**
Calamocichla **366**
Calamocichla gracilirostris **367**
Calamoichthys **151**
Calamoichthys calabaricus **151**
Calamospiza **376**
Calamospiza melanocorys **376**
Calandrella **356**
Calandrella raytal **356**
Calandrella rufescens **356**
Calanoida **49**, **56**
Calanus **56**
Calanus finmarchicus **56**, **57**
Calappa **64**
Calappa flammea **65**
Calcarius **376**
Calcarius lapponicus **376**
Calcispongiae **18**
Calendula 356
Calendula magnirostris **356**
Calico **170**
Calidris **320**
Calidris alba **320**
Calidris alpina **320**
Calidris canutus **320**
Calidris melanotos **320**
Calidris minuta **320**
Caligo **90**
Caligo beltrao **90**
Caligofalter **90**
Callaeas **385**
Callaeas cinerea **385**
Callaeidae **273**, **385**
Calliactis parasitica **32**, **33**
Callianassa **62**
Callianassidae **62**
Callicebus **408**
Callicebus ustofuscus **409**
Callichthyidae **175**
Callichthys **175**
Callichthys callichthys **177**
Callidea **80**
Callidea duodecimpunctata **81**
Callidulidoidea **69**
Callimiconidae **391**, **408**
Callionymidae **206**
Callionymus **206**
Callionymus lyra **207**
Callionymus maculatus **207**
Calliphora **98**
Calliphora erythrocephala **98**
Calliphoridae **98**
Calliptamus **72**
Calliptamus italicus **72**
Callista **126**
Callista chione **126**
Callithea **91**
Callithea saphira **91**
Callithricidae **391**, **408**
Callithrix **408**
Callithrix jacchus **409**
Callocephalon **330**
Callocephalon fimbriatum **330**

Callochiton **118**
Callochiton punibius **118**
Callophrys **92**
Callophrys rubi **92**
Callorhinus ursinus **462**
Callorhynchidae **150**
Callorhynchus **150**
Callorhynchus capensis **150**
Callosciurus **427**
Callosciurus finlaysoni **427**
Callosciurus prevosti **427**
Callyodon **204**
Callyodon fasciatus **205**
Caloderma **109**
Caloderma plebeja **109**
Caloenas **328**
Caloenas nicibarica **329**
Caloperdix **306**
Caloperdix oculea **307**
Caloperon **106**
Caloperon brasiliense **106**
Calopteryx **79**
Calopteryx virgo **79**
Caloramphus **348**
Caloramphus fuliginosus **348**
Calorhinus **463**
Calosoma **104**
Calosoma scrutator **104**
Calosoma sycophanta **104**
Calotes 250
Calotes jubatus **250**
Calothorax **340**
Calothorax lucifer **340**
Calveriosoma **133**
Calveriosoma hystrix **133**
Calypte **340**
Calypte anna **340**
Calyptomena **351**
Calyptomena hosii **351**
Calyptomeninae **351**
Calyptorhynchus **330**
Calyptorhynchus baudinii **330**
Calyptorhynchus funereus **330**
Calyptracacea **116**
Calyx **27**
Calyx nicaeensis **27**
Camarhynchus crassirostris **11**
Camarhynchus pallidus **11**
Camarhynchus parvulus **11**
Camarhynchus psittaculus **11**
Camarodonta **133**
Camaroptera **366**
Camaroptera brevicaudata **366**
Cambarus **60**
Cambarus pellucidus **61**
Camelidae **392**, **480**
Camelus **480**
Camelus bactrianus **480**
Camelus bactrianus ferus **480**
Camelus dromedarius **480**
Campephaga **359**
Campephaga hartlaubii **359**
Campephagidae **272**, **359**
Campephagini **359**
Campephilus **350**
Campephilus principalis **350**
Campethera **350**
Campethera permista **351**
Campochaera **359**

Campochaera sloetii **359**
Camponotinae **100**
Camponotus **100**
Camponotus herculeanus **100**
Camptoptera **99**
Camptoptera papaveris **99**
Campylorhamphus **352**
Campylorhamphus trochilirostris **352**
Campylorhynchus **362**
Campylorhynchus brunneicapillus **362**
Canachites **305**
Canachites canadensis **306**
Cancer **62**
Cancer pagurus **63**
Cancride **62**
Canephora **86**, **87**
Canephora unicolor **87**
Canidae **9**, **392**, **438**
Caninae **9**
Canis **438**
Canis (Canis) adustus **438**
Canis (Canis) aureus **438**
Canis (Canis) familiaris dingo **439**
Canis (Canis) familiaris hallstromi **439**
Canis (Canis) latrans **438**
Canis (Canis) lupus **438**
Canis (Canis) lupus pambasileus **438**
Canis (Canis) lupus tundrarum **438**
Canis (Canis) mesomelas **438**
Canis (Dusicyon) cinereoargenteus **441**
Canis (Fennecus) chamus **442**
Canis (Fennecus) pallidus **440**
Canis (Fennecus) zerdus **440**
Canis (Lycalopex) microtis **441**
Canis (Lycalopex) thous **441**
Canis (Simensia) simensis **440**
Canis (Vulpes) lagopus **440**
Canis (Vulpes) vulpes **440**
Cannorhynchus **150**
Canoidae **390**
Canoidea **392**, **438**
Cantharidae **106**
Cantharis **106**
Cantharis fusca **106**
Cantharoidea **69**, **106**
Canyon-Zaunkönig **362**, **363**
Capito **348**
Capitonidae **348**
Capito niger **348**
Capra **504**
Capra aegagrus aegagrus **504**
Capra falconeri falconeri **504**
Capra f. jerdoni **504**
Capra i. cylindricornis **504**
Capra i. nubiana **504**
Capra ibex sibirica **504**
Capra pyrenaica hispanica **504**
Caprella **67**
Caprella linearis **67**
Caprellidae **67**

Capreolus 483
Capreolus capreolus 483
Capricornis 503
Capricornis crispus 503
Capricornis sumatraensis argyrochaetes 503
Caprimulgidae 338
Caprimulgiformes 273, 338
Caprimulgus 338
Caprimulgus europaeus 338
Caprimulgus vociferus 338
Caprinae 392, 503
Caprini 504
Caproidae 186
Capromyidae 391, 426
Capromys 426
Capromys pilorides 426
Capros 186
Capros aper 187
Captolabrus 104
Captolabrus lafossei 104
Carabidae 104
Caraboidea 69, 104
Carabus 104
Carabus auratus 104
Carabus coriaceus 104
Carabus hortensis 104
Caracal 456
Caracal caracal 458
Carancho 303
Carangidae 196
Carapidae 180
Carapus 180
Carassiops 208
Carassiops galis 208
Carassius 169
Carassius auratus gibelio 169
Carassius carassius 169
Caray-Zaunkönig 363
Carcharhinidae 144
Carcharias taurus 144, 145
Carchariidae 144
Carcharodon carcharias 145
Carchesium 25
Carchesium polypinum 24
Carcinides 62
Carcinides maenas 63
Cardiacea 117, 126
Cardinalinae 377
Cardinalis 377
Cardinalis cardinalis 377
Cardium 126
Cardium aculeatum 126
Cardium edule 126
Carduelinae 380
Carduelis 380
Carduelis carduelis 380
Caretta 241
Caretta caretta 241
Carettochelyidae 234, 242
Carettochelys 242
Carettochelys insculpta 242
Cariama 317
Cariama cristata 317
Cariamidae 317
Carinaria 120
Carinaria cymbium 120
Carnegiella 164, 167
Carnegiella marthae 167
Carnegiella strigata 167
Carnivora 9, 390, 392, 438
Carphibis 292
Carphibis spinicollis 292
Carpodacus 380
Carpodacus erythrinus 381
Carybdea marsupialis 31

Caryophyllia clavus 34
Casmerodius 288
Casmerodius albus 288
Caspiomyzon 143
Caspiomyzon wagneri 143
Cassida 114
Cassida viridis 114
Castnioidea 69
Castor 430
Castor canadensis 430
Castor fiber 430
Castoridae 391, 430
Castoroidea 391
Casuarii 277
Casuariidae 277
Casuarius 277
Casuarius bennetti 277
Casuarius bennetti papuanus 277
Casuarius casuarius 277
Casuarius unappendiculatus 277
Catamblyrhynchini 378
Catamblyrhynchus 378
Catamblyrhynchus diadema 378
Cathartes 300
Cathartes aura 300
Cathartidae 300
Catherina 118
Catocala 94
Catocala nupta 95
Catocala relicta 95
Catopsilia 90
Catopsilia avellaneda 90
Catoptrophorus 319
Catoptrophorus semipalmatus 319
Catostomidae 174
Catostomus 174
Catostomus catostomus 174
Catreus 311
Catreus wallichii 311
Caudata 218, 221
Cavia 425
Cavia aperea 425
Cavicornia 489
Caviidae 391, 425
Cavioidea 391
Cayenne-Kiebitz 321
Cayenne-Ralle 312
Cayennereiher 287, 288
Cebidae 391, 408
Ceboidea 391
Cebrias 214
Cebus 408
Cebus hypoleucus 408
Cecidomyidae 96
Ceiformes 186
Celebesgrundel 208
Celebes-Schäfergrundel 208
Celebes-Schwein 477
Celebia 115
Celebia spec. 115
Cellana 118
Cellana nigrolineata 119
Centrarchidae 194
Centriscidae 187
Centrocercini 306
Centrocercus 306
Centrocercus urophasianus 306
Centrolenidae 218, 232
Centrolophidae 212
Centrolophus 212
Centrolophus niger 212
Centropelma micropterum 278
Centropodinae 334
Centropomidae 192
Centropomus 192
Centropomus undecimalis 192

Centropristis 192
Centropristis striatus 193
Centropus 334
Centropus phasianus 335
Centropus senegalensis 335
Centrostephanus 133
Centrostephanus longispinus 133
Centrotus 82
Centrotus cornutus 83
Centruroides 50
Centruroides gracilis 51
Centurus 350
Centurus aurifrons 351
Cepaea 123
Cepaea hortensis 123
Cepaea nemuralis 123
Cephalaspidea 116, 122
Cephalocarida 49, 56
Cephalodiscidae 131
Cephalodiscus 131
Cephalodiscus inaequatus 131
Cephalophinae 392, 493
Cephalopholis 192
Cephalopholis sonnerati 193
Cephalophus 493
Cephalophus dorsalis 493
Cephalophus jentinki 493
Cephalophus niger 493
Cephalophus rufilatus 493
Cephalophus sylvicultor 493
Cephalophus zebra 493
Cephalopoda 116, 128
Cephalopterus 354
Cephalopterus ornatus 354
Cephalothorax 63
Cepphus 327
Cepphus grylle 327
Cerambycidae 113
Cerambyx 113
Cerambyx cerdo 113
Cerastes 270
Cerastes cerastes 270
Ceratias 179
Ceratias holboelli 179
Ceratiidae 179
Ceratium 20
Ceratium hirundinella 20
Ceratocanthus 216
Ceratocanthus schoepfii 217
Ceratodontidae 151
Ceratophora 250
Ceratophora tennenti 251
Ceratophyllidae 77
Ceratophrys 232
Ceratophrys varia 233
Ceratophyllus 77
Ceratophyllus gallinae 77
Ceratophyus 112
Ceratophyus typhoeus 112
Ceratotherium simum 470
Cercaertus 398
Cercaertus nana 398
Cercidocerus 115
Cercidocerus securifer 115
Cercocebus 410
Cercocebus agilis 413
Cercocebus aterrimus 413
Cercocebus fuliginosus 413

Cercocebus torquatus 413
Cercopidae 82
Cercopithecidae 391, 410
Cercopithecoidea 391
Cercopithecus 410
Cercopithecus cephus 412
Cercopithecus diana 412
Cercopithecus erythrotis 412
Cercopithecus griseoviridis 412
Cercopithecus hamlyni 412
Cercopithecus mona 412
Cercopithecus neglectus 412
Cercopithecus talapoin 412
Cerebratulus 40
Cerebratulus fuscus 40
Cereopsis 297
Cereopsis novaehollandiae 297
Cereus pedunculatus 32
Cerianthariá 19, 34
Cerianthus membranaceus 34
Cerithacea 116, 120
Certhia 373
Certhiabrachydactyla 373
Certhia discolor 373
Certhia familiaris 373
Certhia himalayana 373
Certhidea 376
Certhidea olivacea 11, 377
Certhiidae 273, 373
Certhilauda 356
Certhilauda curvirostris 356
Cerura 94
Cerura erminea 94
Cervidae 392, 483
Cervinae 392, 485
Cervus 485
Cervus (Axis) axis 486
Cervus (Cervus) elaphus 487
Cervus (Cervus) elaphus bactrianus 487
Cervus (Cervus) elaphus nelsoni 487
Cervus (Dama) dama 486
Cervus (Dama) dama mesopotamica 486
Cervus (Hyelaphus) porcinus 486
Cervus (Przewalskium) albirostris 487
Cervus (Rucervus) duvauceli 487
Cervus (Rucervus) duvauceli schomburgki 487
Cervus (Rucervus) eldi siamensis 487
Cervus (Rusa) unicolor 487
Cervus (Sika) nippon dybowskii 486
Cervus (Sika) nippon taiouanus 486
Ceryle 342
Ceryle rudis 342
Cestoda 38
Cestus veneris 37
Cetacea 390, 392, 436
Cetomimidae 163
Cetomimiformes 141, 163
Cetomimus 163
Cetomimus regani 163
Cetonia 112

Cetonia aurata 112
Cetoniidae 112
Cetorhinidae 144
Cetorhinus maximus 144, 144
Cettia 366
Cettia cetti 366
Ceylon-Krait 269
Ceyx 342
Ceyx rufidorsus 342
Chaca 175
Chaca chaca 175, 176
Chacidae 175
Chaerodon 204
Chaerodon venustus 205
Chaeropus 395
Chaeropus castanotis 397
Chaetocercus 340
Chaetoderma 118
Chaetoderma nitidulum 118
Chaetodipterus 198
Chaetodipterus faber 199
Chaetodon 200
Chaetodon auriga 200
Chaetodontidae 200
Chaetognatha 13, 16, 131
Chaetonotus 42
Chaetops 370
Chaetops frenatus 370
Chaetopterus variopedatus 44
Chaetorhynchus 385
Chaetorhynchus papuensis 385
Chaetura 339
Chaetura pelagica 339
Chaeturinae 339
Chalcides 258
Chalcides ocellatus 258
Chalcidoidea 69, 99
Chalcites 334
Chalcites xantorhynchus 335
Chalcocoris 80
Chalcocoris rutilans 81
Chalcomitra 374
Chalcomitra senegalensis 374
Chalcophaps 328
Chalcophaps indica 328
Chalicodoma 102
Chalicodoma muraria 103
Chama 126
Chamacea 117, 126
Chamaea 364
Chamaea fasciata 364
Chamaeini 364
Chamaeleo 252
Chamaeleo africanus 252
Chamaeleo chamaeleon 252
Chamaeleo dilepis 252
Chamaeleo fischeri 252
Chamaeleo jacksonii 252
Chamaeleo melleri 253
Chamaeleo montium 252
Chamaeleo oustaleti 253
Chamaeleo pardalis 253
Chamaeleo pumilus 253
Chamaleonidae 234, 252
Chamäleons 234, 252
Chamäleonsfliege 97
Chamaesaura 255
Chamaesaura anguina 255
Chama lazarus 126
Chanda 192
Chanda ranga 192
Chanidae 164
Channalabes 175
Channalabes apus 175
Channidae 189

Channiformes 141, 189
Chanos 164
Chanos chanos 164
Chaparral-Timalie(n) 364
Chapman-Zebra 473
Characidae 164
Charadrii 274, 318
Charadriidae 274, 321
Charadriiformes 273, 274, 318
Charadriinae 274, 322
Charadrius 322
Charadrius dubius 322
Charadrius hiaticula 322
Charadrius wilsonia 322
Charonia 120
Charonia nodifera 120
Chauliodontidae 161
Chauliodus 161
Chauliodus sloanei 162
Chauna 294
Chauna chavaria 294
Chauna torquata 294
Cheilodipterus 194
Cheilostoma 130
Cheimatobia 92
Cheimatobia brumata 92
Chelicerata 49, 50
Chelidae 234, 242
Chelidoptera 347
Chelidoptera tenebrosa 347
Chelifer 54
Chelifer cancroides 54
Chelmon 200
Chelmon rostratus 200
Chelon 203
Chelon labrosus 203
Cheloneti 54
Chelonodon 216
Chelonodon laticeps 216
Chelorrhina 112
Chelura 67
Chelura terebrans 67
Cheluridae 67
Chelodina 242
Chelodina longicollis 243
Cheramoeca 357
Cheramoeca leucosterna 357
Chelonia 241
Chelonia mydas 241
Cheloniidae 234, 241
Chelorrhina polyphemus 112
Chelus 242
Chelus fimbriatus 243
Chelydra 236
Chelydra serpentina 236
Chelydridae 234, 236
Chersomanes 356
Chersomanes albofasciata 356
Chersydrus 265
Chiasognathus 111
Chiasognathus granti 111
Chilenischer Hirschkäfer 111
Chilenischer Flamingo 293
Chilenischer Südfrosch 233
Chilodus 164
Chilodus punctatus 167
Chilognatha 68, 70
Chilopoda 68, 70
Chimaera 150
Chimaera monstrosa 150
Chimaere(n) 150
Chimaeridae 150
Chimaeriformes 150

515

Chimarogale 402
Chimarogale platycephala 403
China-Alligator 244
Chinchilla laniger 426
Chinchilla(s) 391, 404, 426
Chinchillidae 391, 426
Chinemys 238
Chinemys reevesii 238
Chinesische Dreikielschildkröte 238, 239
Chinesischer Schopfhirsch 482
Chinesischer Sonnenvogel 365
Chinesische Vielzahnnatter 267
Chinesische Zwergwachtel 307
Chioglossa 222
Chioglossa lusitanica 222
Chionididae 274, 323
Chionis 323
Chionis alba 323
Chionis minor 323
Chipmunks 427, 428, 429
Chirocentridae 156
Chirocentrus 156
Chirocentrus dorab 156
Chirolophis 206
Chirolophis ascanii 207
Chiromantis xerampelina 230
Chironectes 395
Chironectes minimus 394
Chironomidae 96
Chironomus 96
Chironomus plumosus 96
Chiropotes 408
Chiropotes albinasa 408
Chiroptera 390, 404
Chiroteuthidae 128
Chiroteuthis 128
Chiroteuthis varanyi 128
Chiroxiphia 354
Chiroxiphia pareola 354
Chlamydera 386
Chlamydera lauterbachi 387
Chlamydomonas 20
Chlamydomonas angulosa 21
Chlamydophorus 418, 419
Chlamydophorus truncatus 419
Chlamydosaurus 250
Chlamydosaurus kingi 251
Chlamydotis 316
Chlamydotis undulata 316
Chlidonias 326
Chlidonias leucopterus 326
Chloebia 383
Chloebia gouldiae 383
Chloëphaga 297
Chloëphaga melanoptera 297
Chloëphaga picta 297
Chlorion 102
Chlorion cyaneum 102
Chloroceryle 342
Chloroceryle americana 342
Chlorocharis 375
Chlorocharis emiliae 375
Chlorohydra 29
Chlorohydra viridissima 28

Chloroperla 78
Chloroperla grammatica 78
Chlorophonia 378
Chlorophonia pyrrhophrys 378
Chlorophthalmidae 161
Chloropidae 98
Chloropseinae 360
Chloropsis 360
Chloropsis hardwickii 361
Choanenfische 141, 150
Choanichthyes 141
Choelodendrum gracillimum 22
Choeropsis 479
Choeropsis liberiensis 479
Choloepus 418
Choloepus didactylus 418
Chonderostei 141
Chondrichthyes 13, 137, 141, 144
Chondropython 263
Chondropython viridis 263
Chondrostoma 169
Chondrostoma nasus 171
Chordata 9, 13, 16, 137
Chordatiere 9, 13, 137
Chordeiles 338
Chordeiles minor 338
Christy's Baumfrosch 230
Chromis 203
Chromis cyanea 203
Chrosomus 169
Chrosomus crythrogaster 173
Chrosopeia 332
Chrysaora hysoscella 31
Chrysemys 238
Chrysemys picta 238
Chrysididae 99
Chrysiridia 92
Chrysiridia madagascariensis 93
Chrysis 99
Chrysis ignita 99
Chrysis laminifera 99
Chrysochloa 114
Chrysochloa gloriosa 114
Chrysochloridae 391
Chrysochroa 109
Chrysochroa ocellata 109
Chrysococcyx 334
Chrysococcyx cupreus 335
Chrysocolaptes 350
Chrysocolaptes falidus 350
Chrysocyon 438
Chrysocyon jubatus 441
Chrysolophus 311
Chrysolophus pictus 311
Chrysomelidae 114
Chrysomma 364
Chrysomma sinense 364
Chrysomonadina 12
Chrysopa 84
Chrysopa vulgaris 85
Chrysopelea 265
Chrysopelea ornata 266
Chrysophora 112
Chrysophora chrosochlos 112
Chrysopidae 84
Chrysops 97
Chrysops relictus 97

Chrysozona 97
Chrysozona pluvialis 97
Chtalamus 56
Chtalamus stellatus 57
Chuckwalla 255
Chunga 317
Chunga burmeisteri 317
Cicada 82
Cicada plebeja 82
Cicadetta 82
Cicadetta montana 82
Cicadidae 82
Ciccaba 336
Ciccaba huhula 337
Cichlasoma 200
Cichlasoma biocellatum 201
Cichlidae 200
Cicindela 104
Cicindela campestris 105
Cicinnurus 386
Cicinnurus regius 386
Ciconia 290
Ciconia abdimii 291
Ciconia ciconia 291
Ciconia nigra 291
Ciconiidae 290
Ciconiiformes 273, 287
Cidaroidea 133
Ciliata 13, 16, 24
Cimex 80
Cimex lectularius 81
Cimicidae 80
Cinclidae 272, 362
Cinclodes 352
Cinclodes fuscus 352
Cinclosoma 365
Cinclosoma ajax 365
Cinclus 362
Cinclus cinclus 362
Cinclus leucocephalus 362
Cinclus mexicanus 362
Cinnyris 374
Cinnyris zeylanicus 374
Ciona 138
Ciona intestinalis 138, 139
Circaëtinae 302
Circaëtus 302
Circaëtus gallicus 303
Circinae 302
Circus 302
Circus assimilis 302
Circus pyganus 302
Cirotanidae 67
Cirrata 116, 129
Cirrhitidae 203
Cirrhitus 203
Cirrhitus pinnulatus 203
Cirripedia 49, 56
Cirrothauma 129
Cirrothauma murrayi 129
Cirroteuthidae 129
Cissa 388
Cissa chinensis 388
Cisticola 366
Cisticola exilis 366
Cisticola juncidis 366
Citellus 427
Citellus citellus 428
Citellus columbianus 428
Citellus leucurus 428
Citellus suslicus 428
Citellus tridecimlineatus 428
Citharinidae 164
Citheronia 88
Citheronia regalis 88
Cladocora cespitosa 34
Cladorhynchus 320

Cladorhynchus leucocephalus 321
Clamator 334
Clamator coromandus 335
Clamatores 272, 352
Clangula 299
Clangula hyemalis 299
Clariidae 175
Clathria 27
Clathria coralloides 27
Clathrina coriacea 26
Clausilia 123
Clausiliacea 116, 123
Clausilia ventricosa 123
Clavagellacea 117, 127
Clavelina 138
Clavelina lepadiformis 138, 139
Clavicornia 69, 107
Claviger 106
Claviger testaceus 106
Claviglis 432
Claviglis spurelli 432
Clelia 265
Clelia clelia 267
Clemmys 238
Clemmys guttata 238
Cleonus 115
Cleonus piger 115
Cleridae 106
Clethrionomys 434
Clethrionomys gapperi 434
Climacteridae 273, 373
Climacterinae 373
Climacteris 273
Climacteris leucophaea 373
Clinidae 206
Clitellata 19
Cloeon 78
Cloeon dipterum 78
Clownfisch 203
Clupea 156
Clupea harengus 156
Clupea sprattus 156
Clupeidae 156
Clupeiformes 141, 156
Clupeomorpha 141
Clypeastroidea 133
Cnemidophorus 256
Cnemidophorus lemniscatus 256
Cnidaria 13, 16, 19, 28
Cnidosporidia 12
Cobia 195
Cobitidae 174
Cobitis 174
Cobitis elongata 174
Cobitis taenia 175
Coccinella 107
Coccinella septempunctata 107
Coccinellidae 107
Coccothraustes 380
Coccothraustes coccothraustes 381
Coccyzinae 334
Coccyzus 334
Coccyzus americanus 335
Cochlearius 288
Cochlearius cochlearius 288
Cochlidioidea 69
Cochranella 232
Cochranella spec. 233
Cococalanus 56
Cococalanus pavo 56
Cocytius 93
Cocytius antaeus 93
Codonocladium umbellatum 21
Coelenterata 13, 16, 19
Coelocanthidae 151
Coelorhynchus 180
Coelorhynchus parallelus 181

Cladorhynchus leucocephalus 321
Coenagriidae 79
Coenagrion 79
Coenagrion puella 79
Coendu 424
Coendu prehensilis 424
Coendu villosus 424
Coenobita 62
Coenobita rugosa 62
Coenobitidae 62
Coereba 379
Coereba flaveola 379
Coerebinae 379
Colaptes 350
Colaptes auratus chrysoides 351
Colchicus 311
Coleonyx 248
Coleonyx variegatus 249
Coleophora 86
Coleophora laricella 87
Coleophoridae 86
Coleoptera 68, 69, 104
Coliidae 342
Coliiformes 273, 342
Colinus 306
Colinus virginianus 307
Colisa 212
Colisa lalia 213
Colius 342
Colius (Colius) colius 342
Colius (Colius) leucocephalus 342
Colius (Colius) striatus 342
Coliuspasser 382
Coliuspasser macrourus 382
Colius (Urocolius) indicus 342
Colius (Urocolius) macrourus 342
Collembola 68, 71
Collocalia 339
Collocalia francica 339
Colobidae 391, 414
Colobus 414
Colobus badius 414
Colobus badius kirkii 414
Colobus caudatus 414
Colobus vellerosus 414
Collotheca 42
Collotheca ambigua 43
Colobopsis 100
Colobopsis truncata 101
Colona-Moth 94
Colona 328
Coluber 265
Coluber gemonensis 265
Colubridae 234, 265
Colubrinae 265
Columba 328
Columba fasciata 328
Columba livia 328
Columba palumbus 328
Columbidae 328
Columbiformes 273, 328
Columbinae 328
Comatula 132
Comatula solaris 132
Comatulida 132
Comephoridae 190
Comephorus 190
Comephorus baicalensis 191
Comopithecus 410, 411
Compsocoma 378
Compsocoma flavinucha 378
Conacea 121
Conchifera 116, 118
Conchoecia 56
Conchoecia spinirostris 56
Condylura cristata 403

Conger 154
Conger conger 155
Congiopodidae 190
Congiopodus 190
Congiopodus spinifer 191
Congridae 154
Connochaetes 495
Connochaetes gnou 500
Connochaetes t. albojubatus 500
Connochaetes taurinus taurinus 500
Conochilus 43
Conochilus unicornis 42
Conolophus 254
Conolophus subcristatus 254
Conraua 228
Conraua goliath 228
Conus 121
Conus marmoreus 121
Copeina 164
Copeina arnoldi 166
Copeina guttata 166
Copepoda 49, 56
Copromorphoidea 69, 86
Copsychus 370
Copsychus malabaricus 370
Coracias 344
Coracias benghalensis 344
Coracias caudata 344
Coracias cyanogaster 344
Coracias garrulus 344
Coracias naevia 344
Coraciidae 274, 344
Coraciiformes 273, 274, 342
Coraciidae 274, 344
Coraciinae 274, 344
Coracina 359
Coracina hypoleuca 359
Coracopsis 332
Coracopsis vasa 332
Coragyps 300
Coragyps atratus 300
Corallium rubrum 35
Corallus 264
Corallus caninus 264
Coraya-Zaunkönig 362
Corcoracinae 385
Corcorax 385
Corcorax melanorhamphos 385
Cordillerenfuchs 441
Cordylidae 234, 255
Cordylophora 28
Cordylophora caspia 28
Cordylus 255
Cordylus giganteus 255
Coregonus 158
Coregonus albula 159
Coregonus pidchian 159
Coregonus wartmanni 159
Coreoidea 80
Coris 204
Coris gaimard 204
Coris julis 204
Corixa 80
Corixa geoffroyi 80
Corixidae 80
Cornularia cornucopiae 35
Coromandel-Häherkuckuck 335
Coronula 56
Coronula diadema 57
Corophiidae 67
Corophium 67
Corophium volutator 67
Corroboree-Scheinkröte 233
Corvidae 273, 388

Corvina 198
Corvina nigra 198
Corvus 388
Corvus albicollis 389
Corvus bennetti 389
Corvus corax 389
Corvus corone cornix 389
Corvus corone corone 389
Corvus frugilegus 389
Corvus monedula 389
Corvus tristis 389
Corydalidae 84
Corydalis 84
Corydalis cornutus 84
Corydon 351
Corydon sumatranus 351
Corydoras 175
Corydoras aeneus 177
Corydoras melanistius 177
Corynopoma 164
Corynopoma riisei 165
Coryphaena 196
Coryphaena hippurus 196
Coryphaenidae 196
Coryphella 122
Coryphella pedata 122
Corystes 62
Corystes cassivelanus 63
Corystidae 62
Corythaeola 334
Corythaeola cristata 334
Coscinasterias 134
Coscinasterias tenuispina 135
Coscoroba 294
Coscoroba coscoroba 295
Cossidae 86
Cossioidea 69, 86
Cossus 86
Cossus cossus 86
Cossypha 370
Cossypha niveicapilla 370
Cotinga 354
Cotinga cotinga 354
Cotingidae 272, 354
Cottidae 190
Cottus 190
Cottus gobio 191
Coturnicini 306
Coturnix 306
Coturnix coturnix 307
Coturnix delagorguei 307
Cotylorhiza tuberculata 31
Coua 334
Coua cristata 335
Couch's Schaufelfuß 227
Couinae 334
Cowkiller 99
Coyote 438
Cracidae 274, 304
Cracini 304
Cracticidae 273, 385
Cracticus 385
Cracticus mentalis 385
Cranchia 128
Cranchia scatora 128
Cranchiidae 128
Crangon 58
Crangon crangon 59
Craspedacusta 29
Craspedacusta sowerbyi 28
Craterolophus tethys 30
Crateromys 435
Crateromys schadenbergi 435
Crax 304

Crax alector 304
Crax globulosa 304
Crax rubra 304
Creadion 385
Creadion carunculata 385
Creatophora 384
Creatophora cinerea 384
Crematogaster 100
Crematogaster tricolor 100
Crenilabrus 204
Crenilabrus ocellatus 204
Crepidula 120
Crepidula fornicata 120
Crex 312
Crex crex 312
Cricetidae 391, 433
Cricetomys 435
Cricetomys gambianus 435
Cricetulus 433
Cricetulus migratorius 433
Cricetus 433
Cricetus cricetus 433
Crinifer 334
Crinifer africanus 334
Crinifer leucogaster 334
Criniger 360
Criniger ochraceus 361
Crinoidea 132
Cristatella 130
Cristatella mucedo 130
Crocidura 391, 402
Crocidura leucodon 403
Crocisa 102
Crocisa crucifera 103
Crocodylia 234, 235, 244
Crocodylidae 234, 244
Crocodylus 244, 245
Crocodylus acutus 245
Crocodylus cataphractus 244
Crocodylus johnsoni 247
Crocodylus niloticus 246
Crocodylus novaeguineae 247
Crocodylus palustris 246
Crocodylus porosus 247
Crocodylus rhombifer 246
Crocuta 443
Crocuta crocuta 443
Crossarchus 454
Crossarchus obscurus 455
Crossopterygiformes 141, 151
Crossoptilon 311
Crossoptilon crossoptilon 310
Crossoptilon mantschurium 310
Crotalidae 234, 271
Crotalus 271
Crotalus adamanteus 271
Crotalus horridus 271
Crotophaga 334
Crotophaginae 334
Crustacea 12, 49, 56
Crypsirina 388
Crypsirina cucullata 388
Cryptobranchidae 218, 221
Cryptobranchus 221
Cryptobranchus alleganiensis 220

Cryptodira 234
Cryptomys 423
Cryptomys damarensis 423
Cryptophagidae 107
Cryptophagus 107
Cryptophagus bimaculatus 107
Cryptoprocta 454
Cryptoprocta ferox 455
Cryptoses 88
Cryptoses choloepi 88
Crypturellus 275
Crypturellus variegatus 275
Ctenidae 52
Ctenizidae 52
Ctenodactylidae 391, 431
Ctenodactyloidea 391
Ctenodactylus gundi 431
Ctenophora 13, 16, 19, 37
Ctenopoma 212
Ctenopoma acutirostris 212
Ctenostoma 130
Ctenothrissiformes 141
Cubo-Medusae 19, 30
Cucujidae 107
Cucujus 107
Cucujus haematodes 107
Cuculidae 334
Cuculiformes 273, 334
Cuculinae 334
Cuculus 334
Cuculus canorus 335
Cucumaria 132
Cucumaria planci 132
Cuguar 459
Culcita 134
Culcita spec. 134
Culex 96
Culex pipiens 96
Culicidae 96
Cumacea 49, 66
Cumella 66
Cumella limicola 66
Cuniculidae 391, 426
Cuniculus 426
Cuniculus paca 426
Cuon 438
Cuon alpinus 442
Cuon a. javanicus 442
Cuora 238
Cuora flavomarginata 238
Curculionidae 115
Cursoriinae 274, 323
Cursorius 323
Cursorius cursor 323
Cursorius rufus 323
Cuspidaria 127
Cuspidaria cuspidata 127
Cuviers Tukan 349
Cyanea capillata 30
Cyanea lamarcki 30
Cyanerpes 378
Cyanerpes cyaneus 378
Cyanocitta 388
Cyanocitta cristata 388
Cyanocitta stelleri 388
Cyanocorax 388
Cyanocorax chrysops 388
Cyanocorax yncas 388
Cyanopica 388
Cyanopica cyana 388
Cyanoramphus 331
Cyanoramphus novaezelandiae 331
Cyanosylvia 370
Cybister 104

Cybister lateralimarginalis 105
Cyclanorbis 242
Cyclanorbis elegans 242
Cyclarhinae 379
Cyclarhis 379
Cyclarhis gujanensis 379
Cyclichthys 216
Cyclichthys schoepfi 217
Cycloderma 242
Cycloderma frenatum 242
Cyclopes 418
Cyclopes didactylus 419
Cyclophoracea 116, 118
Cyclopoida 49, 56
Cycloposthium 25
Cycloposthium edentatum 25
Cyclopteridae 190
Cyclopterus 190
Cyclopterus lumpus 191
Cyclorrhynchus 327
Cyclorrhynchus psittacula 327
Cyclostoma 130
Cyclostomata 13, 137, 140, 141, 143
Cyclothone 161
Cyclothone bathyphilum 161
Cyclothone microdon 161
Cyclura 254
Cyclura cornuta 254
Cyema 154
Cyema atrum 155
Cyemidae 154
Cygnus 294
Cygnus atratus 295
Cygnus columbianus 295
Cygnus cygnus 295
Cygnus cygnus buccinator 295
Cygnus melanocoryphus 295
Cygnus olor 295
Cymbirhynchus 351
Cymbirhynchus macrorhynchos 351
Cymothoë 91
Cymothoë sangaris 91
Cymatoceps 196
Cymatoceps nasutus 197
Cynictis 454
Cynictis penicillata 455
Cynipidae 99
Cynipoidea 69, 99
Cynocephalidae 404
Cynocephalus 404
Cynocephalus volans 404
Cynogale 454
Cynogale bennetti 454
Cynolebias 184
Cynolebias belotti 184
Cynomys 427
Cynomys ludovicianus 428
Cynopithecus 410
Cynopithecus niger 411
Cynops 222
Cynops pyrrhogaster 223
Cyphocrania 74
Cyphocrania gigas 74
Cyphorinus 362
Cyphorinus aradus 362
Cypraea 120
Cypraeacea 116, 120

Cypraea tigris 120
Cyprinidae 169
Cypriniformes 141, 164
Cyprinodontidae 184
Cyprinus 169
Cyprinus carpio 169
Cypseloides 339
Cypseloides niger 339
Cypselurus 182
Cypselurus californicus 182
Cypsiurus 339
Cypsiurus parvus 339
Cyrestis 91
Cyrestis thyodamas 91
Cyrtocrinida 132
Cyrtodactylus 248
Cyrtodactylus pulchellus 248
Cyrtotrachelus 115
Cyrtotrachelus buqueti 115
Cystophora 464
Cystophora cristata 465
Cytilus 108
Cytilus sericeus 108

Dacelo 342
Dacelo gigas 343
Dacelo leachii 343
Daceloninae 342
Dachschildkröte, Indische 238, 239
Dacninini 378
Dacnis 378
Dacnis cayana 378
Dactylometra pacifica 30
Dactylopteridae 192
Dactylopteriformes 141, 192
Dactylopterus 192
Dactyloperus volitans 192
Dalarner Schaf 507
Dalatiidae 144
Dallia 160
Dallia pectoralis 161
Dalliidae 160
Dama 485
Damaliscus 495
Damaliscus dorcas dorcas 500
Damaliscus l. hunteri 500
Damaliscus lunatus topi 500
Damara-Perlhuhn 310
Damara-Rinder 490
Damara-Zebra 473
Damhirsch(e) 14, 486
Damhirsch, Mesopotamischer 486
Dammläufer 104, 105
Dampfschiffente 297
Danaidae 90
Danaus 90
Danaus chrysippus 90
Danaus tytia 90
Danio 169
Danio malabaricus 172
Daphnia 56
Daphnia pulex 57
Daphoenositta 373
Daphoenositta miranda 373
Daption 281
Daption capensis 281
Daptrius 303
Daptrius americanus 303
Dardanus 62
Dardanus megistos 62
Dart 196

Darwinfinken 376, 377
Darwin Nandu 275
Dascillidae 106
Dascillus 106
Dascillus cervinus 106
Dascyllus 203
Dascyllus aruanus 203
Dasselfliege(n) 98
Dasyatidae 147
Dasyatis 147, 148
Dasyatis uarnak 148
Dasymutilla 99
Dasymutilla occidentalis 99
Dasypeltinae 265
Dasypeltis 265
Dasypeltis scaber 267
Dasypoda 102
Dasypoda plumipes 103
Dasypodidae 418
Dasyprocta 426
Dasyprocta azarae 426
Dasyprocta croconota 426
Dasyproctidae 391, 426
Dasypus 418
Dasypus novemcinctus 419
Dasyuridae 390, 395
Dasyurus 395
Dasyurus maculatus 396
Dasyurus viverrinus 396
Dattelmuschel 127
Daubentonia 406
Daubentonia madagascariensis 406
Daubentoniidae 391, 406
Davidshirsch 485
Decabrachia 116, 128
Decapoda 49, 58, 59
Deckelschildläuse 84
Decticus 73
Decticus verrucivorus 73
Deerhound 439
Defassa-Wasserbock 498
Degenfisch(e) 209
Deilephila 93
Deilephila elpenor 93
Dekapoden 66
Delamera-Buschbock 496
Delias 90
Delias nigrina 90
Delichon 357
Delichon urbica 357
Delphinapterus 436
Delphinapterus leucas 437
Delphin(e) 197, 392, 436, 437
Delphinidae 392, 436
Delphinus 436
Delphinus delphis 437
Demospongiae 18
Dendragapus 305
Dendragapus obscurus 306
Dendroaspis 268
Dendroaspis polylepis 268
Dendrobates 228
Dendrobates tinctorius 229
Dendrobates typographicus 229
Dendroceratida 18
Dendrochirota 132
Dendrocitta 388
Dendrocitta occipitalis 388
Dendrocoelum 38
Dendrocoelum lacteum 38
Dendrocolaptidae 272, 352
Dendrocopus 350

Dendrocopus major 350
Dendrocygna 294
Dendrocygna arcuata 293
Dendrocygna autumnalis discolor 294
Dendrocygna viduata 294
Dendrocygnini 274, 294
Dendrodoa 138, 139
Dendrodoa grossularia 138
Dendrohyrax 468
Dendroica 379
Dendroica virens 379
Dendrolagus 400
Dendrolagus dorianus 400
Dendrolagus matschiei 400
Dendrolimus 88
Dendrolimus pini 88
Dendronanthus 358
Dendronanthus indicus 359
Dendronotus 122
Dendronotus frondosus 122
Dentaliidae 127
Dentalium 127
Dentalium elephantinum 127
Dentalium entalis 127
Dentalium rubescens 127
Dentex 196
Dentex vulgaris 197
Deporaus 115
Deporaus betulae 115
Derbrüßler 115
Dermaptera 68, 74
Dermatemydidae 234, 236
Dermatemys 236
Dermatemys mawii 237
Dermatobia 98
Dermatobia hominis 98
Dermestes 108
Dermestes lardarius 108
Dermestidae 108
Dermochelyidae 234, 241
Dermochelys 241
Dermochelys coriacea 241
Dermogenys 182
Dermogenys pusillus 183
Deroptyus 332
Deroptyus accipitrinus 332
Desmodactylae 272, 351
Desmognathus 224
Desmognatus quadrimaculatus 224
Dermoptera 390, 404
Deroceras 123
Deroceras agreste 123
Desman 403
Desmana 402, 403
Desmana moschata 403
Desmodontidae 404
Desmodus 404
Desmodus rotundus 405
Desmoscolex 41
Desmoscolex minutus 41
Deuterostomia 13, 131
Deutscher Boxer 439
Deutscher Schäferhund 438, 439
Deutsche Schabe 75
Deutsches Edelschwein 478
Deutsche Wespe 102
Dhole 442
Diactor 80
Diactor bilineatus 81
Diademhäher 388

Diademseeigel 133
Diadumene luciae 32
Diaea 52
Diaea dorsata 53
Diamantbarsch 194
Diamantschildkröte 238, 239
Dianameerkatze 412
Diantennata 49
Diaphus 161
Diaphus elucens 163
Diaspididae 84
Diastylidae 66
Diastylis 66
Diastylis rathkei 66
Dibranchiata 116, 128
Dicaeidae 273, 374
Dicaeum 374
Dicaeum cruentatum 374
Dicaeum hirundinaceum 374
Dicaeum ignipectum 374
Dicerorhinus sumatrensis 471
Diceros bicornis 470
Dickhornschaf(e) 506, 507
Dickichtschlüpfer 272, 355
Dickkopf 121
Dickkopfameise(n) 101
Dickkopffalter 87
Dickkopfschnäpper 368, 369
Dickmaulrüßler 115
Dickschnabel-Grundfink 11
Dickschnabellerche 356
Dickschnabel-Mistelfresser 374
Dickschnabel-Regenpfeifer 322
Dickschnabelweber 382
Dickschwänzige Beutelspitzmaus 395
Dicotyles 476
Dicotyles labiatus 477
Dicotyles torquatus 477
Dicrocercus 344
Dicrocercus hirundineus 344
Dicrostonyx 434
Dicrostonyx torquatus 434
Dicruridae 273, 385
Dicrurus 385
Dicrurus adsimilis 385
Dicrurus paradiseus 385
Dictyophara 82
Dictyophara europaea 83
Dicyemida 12
Dicyrtoma 71
Dicyrtoma minuta 71
Didelphidae 390, 395
Didelphis 395
Didelphis paraguayensis 394
Didelphis virginiana 394
Didinium nasutum 24
Didunculinae 329
Didunculus 329
Didunculus strigirostris 329
Difflugia pyriformis 22
Dik-dik 494
Dingo 439
Dingo, Australischer 439
Dinobryon 20
Dinobryon divergens 21
Dinomyidae 391, 426
Dinomys 426
Dinomys branickii 426

Dinoponera 100
Dinoponera gigantea 101
Dinosaurier 244
Diodon 216
Diodon holacanthus 217
Diodontidae 216
Dioglossa 378
Dioglossa baritula 378
Diomedea 281
Diomedea exulans 281
Diomedea irrorata 281
Diomedea melanophris 281
Diomedea nigripes 281
Diomedeidae 281
Diopsidae 97
Diotocardia 116, 118
Diphyllodes 386
Diphyllodes respublica 386
Diploglossus 259
Diploglossus lessonae 259
Diplolepis 99
Diplolepis quercus 99
Diplomesodon 402
Diplomesodon pulchellum 403
Diplopoda 68
Diplopodea 70
Diploria 34
Diploria crassior 34
Diplozoon paradoxum 39
Diplura 68, 71
Dipnoiformes 141, 151
Dipodidae 391, 431
Dipodoidea 391
Dipodomys 431
Dipodomys spectabilis 430
Diprion 99
Diprionidae 99
Diprion pini 99
Dipsadinae 265
Diptera 68, 69, 96
Dira 91
Dira megaera 91
Discoglossidae 218, 226
Discoglossus 226
Discoglossus pictus 227
Diskusfisch 202
Disphania 92
Disphania militaris 92
Dispholidus 265
Dispholidus typus 266
Dissoura 290
Dissoura episcopus 291
Distelfink 380
Distichodontidae 164
Distichodus 164
Distichodus sexfasciatus 167
Ditylus 110
Ditylus laevis 110
Dobermänner 439
Dogania 242
Dogania subplana 242
Dog's-head-Butterfly 90
Dohle 389
Doktorfische 208, 209
Dolchstichtaube 328, 329
Dolichoderinae 100
Dolichoderus 100
Dolichoderus gibbosus 100
Dolichoderus spinicollis 100
Dolichonyx 380
Dolichonyx oryzivorus 380
Dolichotis 425
Dolichotis patagonum 425
Doliolum 138, 139

Doliolum denticulatum 139
Dolium 120
Dolium galea 120
Dollarvogel 344, 345
Dolomedes 52
Dolomedes fimbriatus 52, 53
Dolphins 197
Dolycoris 80
Dolycoris baccarum 81
Dominikaner-Möwe 324, 325
Dominikanerwitwe 382
Dompfaff 381
Donacobius 363
Donacobius atricapillus 363
Donacobius-Spottdrossel 363
Donau-Lamprete 143, 143
Doppelband-Arassari 349
Doppelband-Flughuhn 329
Doppelband-Taggecko 249
Doppelbinden-Trappist 347
Doppelfüßer 70
Doppelhornvogel 246, 347
Doppelschleichen 234
Doppelschnepfe 320
Doppelschwänze 68, 71
Doppeltier 39
Doppelzähner 164
Doppelzungenschleiche 259
Doradidae 175
Doras 175, 177
Doras pectinifrons 176
Dorcadion 113
Dorcadion crassipes 113
Doripoe 64, 65
Dorippe lanata 65
Dorippidae 64
Dornenstern 135
Dorngrasmücke 366, 367
Dornhai 144, 147, 147
Dornhaie 141
Dornheuschrecke(n) 72
Dornrand-Weichschildkröte 242, 243
Dornschwänze 250
Dornschwanz 251
Dornschwanzhörnchen 391, 431
Dornschwanzhörnchenartige 391
Dornwels(e) 175, 176
Dornzikade 83
Dorsch(e) 180
Dorschfische 141, 180
Dorsch 143
Dorylinae 100
Doryphora 114
Doryphora flavozonata 114
Dosenschildkröten 239
Dotilla 64
Dotilla mictyroides 64
Dracaena 256
Dracaena guianensis 256
Drachenfische 204
Drachenfisch(e), Schwarze(r) 161, 162
Drachenköpfe 141, 190
Drachenkopf, Karibischer 190
Draco 250
Draco volans 250
Dracunculus medinensis 41
Drehhorn-Antilope 495

Dreifarben-Glanzstar 384
Dreigang-Laubenvogel 387
Dreihornchamäleon 253
Dreihornfisch(e) 216
Dreikantmuschel 125
Dreikantwurm 45
Dreikiel-Schildkröte 238, 239
Dreischwänze 196
Dreischwanzbarsch(e) 196, 197
Dreissena 125
Dreissenacea 117, 125
Dreissena polymorpha 125
Dreistachler 216
Dreistachliger Stichling 187
Dreistreifige Beutelspitzmaus 394, 395
Dreistreifensalmler 166
Dreizehen-Aalmolch 224
Dreizehenfaultier 418
Dreizehenmöwe 324, 325
Dreizehenspecht 350, 351
Drepana 92
Drepana falcataria 93
Drepanidae 92
Drepanididae 273, 379
Drepaniinae 379
Drepanoidea 69, 92
Drepanophorus 40
Drepanophorus spectabilis 40
Drescherhai 145
Drill 411
Drilomorpha 19
Dromadidae 274, 324
Dromaiidae 277
Dromaius 277
Dromaius novaehollandiae 276
Dromas 324
Dromas ardeola 323
Dromedar 480
Dromia 64
Dromia vulgaris 65
Dromiidae 64
Drongos 273, 385
Drosophila 97
Drosophila melanogaster 97
Drosophilidae 97
Drosselkrähe 385
Drosseln 370, 371
Drosselrohrsänger 366, 367
Drosselstelze(n) 385
Drosseltangare 378
Droßlinge 365
Drückerfische 216
Drüsenameise(n) 100
Drusenopf 254
Drymarchon 265
Drymarchon corais 265
Drymodes 370
Drymodes superciliaris 370
Dryocopus 350
Dryocopus javensis 350
Dryocopus martius 350
Dryopidae 108
Dryops 108
Dryops lutulentus 108
Dryoscopus 361
Dryoscopus cubla 360
Dschelada(s) 411
Dschiggetai 474, 475
Dschungeltimalien 364
Ducker 392, 493
Ducula 328
Ducula aenea 328
Ducula spilorrha 329
Dugong 468

Dugong australis 468
Dukatenfalter 92
Dulidae 272, 362
Dulus 362
Dulus dominicus 362
Dumetella 363
Dumetella carolinensis 363
Dunalieila salina 20, 21
Dunkelalk 327
Dybowski-Hirsch 485, 486, 487
Dynastes 112
Dynastes hercules 112
Dynastinae 112
Dyscophus 230
Dyscophus antongilii 231
Dysidea 27
Dysidea tupha 26
Dytiscidae 104
Dytiscus 104
Dytiscus marginalis 105

Eberfisch(e) 186, 187
Echeneidae 196
Echeneis 196
Echeneis naucrates 196
Echeneis remora 196
Echidna 154
Echidna nebulosa 154
Echinaster 134
Echinaster sepositus 134
Echiniscus 47
Echinocardium 133
Echinocardium cordatum 133
Echinoderes dujardin 42
Echinodermata 13, 16, 132
Echinoidea 133
Echinomyia 98
Echinomyia fera 98
Echinosorex 402
Echinosorex gymnurus 402
Echinosoricinae 391
Echinothrix 133
Echinothrix diadema 133
Echinozoa 132
Echinus 133
Echinus esculentus 133
Echis 270
Echis carinatus 270
Echiurida 16, 19, 47
Echiurus echiurus 47
Echsen 234, 235, 248
Echte Barsche 194
Echte Eulen 336
Echte Frösche 218, 228
Echte Guramis 213
Echte Hirsche 392, 485
Echte Hunde 9
Echte Kampfwachteln 317
Echte Karettschildkröte 241
Echte Knochenfische 12
Echte Kraniche 314
Echte Kröten 230
Echte Krokodile 244, 245, 247
Echte Motten 86
Echte Nattern 265, 267
Echte Netzfliegen 68
Echte Netzflügler 84
Echte Papageien 331, 332
Echte Rallen 312
Echte Regenpfeifer 274, 322
Echte Rinder 392, 489

Echter Kiemenfuß 56, 57
Echte Rochen 141, 147
Echte Säugetiere 9
Echte Salamander 222
Echte Schlupfwespen 99
Echte Schwalben 357
Echte Schwimmkäfer 104
Echte Segler 339
Echte Spechte 350
Echte Spinner 88
Echte Tangaren 378
Echte Weichschildkröten 234, 242
Echte Welse 175
Eciton 100
Eciton hamatun 101
Ectobiidae 74
Ectobius 74
Ectobius lapponicus 75
Edelkoralle 35
Edellibellen 79
Edelpapagei 332
Edelschwein, Deutsches 478
Edelsteinrose 33
Efa 270
Egel 46
Egernia 258, 259
Egernia cunninghami 258
Egernia major 258
Egretta 288
Egretta garzetta 288
Eichelhäher 388
Eichelwürmer 12, 131
Eichelwurm 131
Eichenblatt-Gallwespe 99
Eichenschrecke 73
Eichhörnchen 427
Eichhörnchenaffe 408, 409
Eichhörnchenfisch 186
Eidechsenfisch(e) 161, 162
Eiderente(n) 274, 298, 299
Eigenmannia 168
Eigenmannia virescens 168
Eigentliche Ammern 376
Eigentliche Baumläufer 273, 373
Eigentliche Falken 303
Eigentliche Fliegenschnäpper 368
Eigentliche Honigfresser 375
Eigentliche Hühnervögel 274
Eigentliche Kleiber 372
Eigentliche Kuckucke 334
Eigentliche Meisen 273, 372
Eigentliche Ohrwürmer 74
Eigentliche Ringelechsen 262
Eigentliche Säuger 390
Eigentliche Schaben 74
Eigentliche Schlammnestkrähen 385
Eigentliche Seidenschwänze 362
Eigentliche Stare 384
Eigentliche Tauben 328
Eigentliche Tyrannen 353
Eigentliche Wachteln 306
Eigentliche Waldsänger 379
Eigentliche Weber 382
Eigentliche Würger 361
Eierlegende Zahnkarpfen 184

Eierschlange, Afrikanische 267
Eierschlangen 265, 267
Eil-Stachelschwanzsegler 339
Einfarbige Stelzenralle 313
Eingeweidefisch 180, 181
Einhornkäfer 110
Einsiedler-Kolibri 340
Einsiedlerkrebs(e) 62
Eintagsfliege(n) 68, 78
Einzeller 13, 16
Eisbär 444, 446
Eisente 299
Eisfuchs 440
Eishai 144, 147, 147
Eisstern 135
Eissturmvogel 281, 282
Eistaucher 279
Eisvögel 274, 342, 343
Elaenia 353
Elaenia ruficeps 353
Elaenia-Verwandte 353
Elaeniinae 353
Elaninae 300
Elanoides 300
Elanoides forficatus 300
Elanus 300
Elanus caeruleus 300
Elaphe 265
Elaphe longissima 265
Elaphodus 483
Elaphodus cephalophus michianus 482
Elaphrus 104
Elaphrus uliginosus 105
Elaphurus 485
Elaphurus davidianus 485
Elapidae 234, 268
Elaps 268
Elapsipoda 132
Elaps lacteus 269
Elasmobranchii 141, 144
Elassoma 194
Elassoma evergladei 194
Elater 109
Elateridae 109
Elater sanguineus 109
Elch, Amerikanischer 484
Elch(e) 14, 392, 484
Elch, Europäischer 484
Electrophoridae 168
Electrophorus 168
Electrophorus electricus 168
Eledone 129
Elefant(en) 466
Elefantenrobben 465
Elefantenschildkröte 240, 241
Elefantenspitzmaus 403
Elefant, Indischer 467
Elenantilope(n) 495, 496
Eleodes 110
Eleodes suturalis 110
Eleotris 208
Eleotris africana 208
Elephantidae 466
Elephantulus 402
Elephantulus intufi 403
Elephas 466
Elephas maximus 467
Elfenblauvögel 360
Elfenblauvögel 360, 361
Elfenbeinspecht 350, 351
Elfenkauz 337
Eliomys 432

Eliomys quercinus 432
Ellipsen-Wasserbock 498
Elopidae 154
Elopiformes 141, 154
Elopomorpha 141
Elops 154
Elops saurus 154
Elpidium crispum 22
Elritze 170
Elster 388, 389
Elster-Nashornvogel 347
Elsterreiher 289
Elstertimalie 365
Elysia 122
Elysia viridis 122
Embericidae 273
Emberiza 376
Emberiza calandra 376
Emberiza citrinella 376
Emberiza hortulanus 376
Emberiza schoeniclus 376
Emberizidae 376
Emberizinae 376
Emberizini 376
Embiotoca 200
Embiotoca jacksonii 200
Embiotocidae 200
Emperor of Sweetlips 197
Empididae 97
Emu(s) 276, 277
Emydidae 234, 238
Emydura 242
Emydura novaeguinea 243
Emys 238
Emys orbicularia 238
Endodontacea 116, 123
Endomychidae 107
Endomychus 107
Endomychus coccineus 107
Endromidoidea 69
Endrosa 94
Endrosa aurita 95
Endrosidae 94
Engdeckenkäfer 110
Engelfische 200
Engelhai 144, 147
Engerling 112, 113
Englische Schafstelze 358
Englisches Pastetchen 124
Engmaulfrösche 218, 230
Engraulidae 156
Engraulis 156
Engraulis encrasicholus 156
Enhydra 450
Enhydra lutris 453
Enicognathus 332
Enicognathus leptorhynchus 333
Enicurus 370
Enicurus maculatus 370
Enneacanthus chaetodon 194
Enneacanthus gloriosus 194
Enok 442
Enoploteuthidae 128
Enoplus 41
Enoplus meridionalis 41
Ensatina 224
Ensatina eschscholtzii 225
Ensifera 340
Ensifera ensifera 340
Ensis 127
Ensis ensis 126

Ensis siliqua 126
Entelurus 187
Entelurus aequoreus 189
Entenmuschel(n) 56, 57
Entensturmvogel 281
Entenverwandte 274, 297
Entenvögel 274, 294
Entenwalvögel 282
Enteropneusta 131
Entodiniomorpha 12
Entodinium caudatum 25
Entomyzon 375
Entomyzon cyanotis 375
Entoprocta 40
Entwicklung des Wasserfrosches 219
Epalzeorhynchus 169
Epalzeorhynchus kallopterus 172
Epargyreus 87
Epargyreus tityrus 87
Ephemera 78
Ephemera danica 78
Ephemeroptera 68, 78
Ephesia 94
Ephesia fulminea 95
Ephippidae 198
Ephippiger 73
Ephippiger ephippiger 73
Ephippiorhynchus 290
Ephippiorhynchus senegalensis 291
Ephthianura 368
Ephthianura tricolor 368
Epimachus 386
Epimachus meyeri 386
Epimorpha 68, 70
Epinephelus 192
Epinephelus morio 193
Epinephelus flavocaerulus 193
Epiplatys 184
Epiplatys dageti 184
Epistylis 25
Epistylis plicatilis 24
Epitoniacea 120
Eptesicus 404
Eptesicus serotinus 405
Equetus 198
Equetus lanceolatus 198
Equidae 392, 471
Equus 471
Equus grevyi 473
Equus przewalskii 471
Equus quagga chapmani 473
Equus quagga quagga 473
Equus q. antiquorum 473
Equus q. boehmi 473
Equus zebra zebra 473
Erasmia 94
Erasmia pulchella 94
Erasmia sanguiflua 94
Erbsenkäfer 114
Erbsenmuschel 125
Erdbeerfröschchen 229
Erdbeerrose 33
Erdbock 113
Erddrossel, Sibirische 371
Erdferkel 420, 466
Erdgecko 248, 249
Erdhörnchen 427, 428
Erdhörnchen, Kolumbianisches 428
Erdhummel 103
Erdkäfer 111
Erdkröte 231
Erdläufer 70
Erdmännchen 455

Erdracken 274, 344
Erdschlangen 234
Erdsittich 331
Erdspecht 351
Erdstachelschwein(e) 391, 424
Erdwolf 443
Erebia 91
Erebia aethiops 91
Erebus odora 95
Eremias 256
Eremias arguta 257
Eremomela 366
Eremomela badiceps 366
Eremophila 356
Eremophila alpestris 356
Eremopterix 356
Eremopterix leucotis 356
Eresidae 52
Eresus 52
Eresus niger 53
Erethizon 424
Erethizon epixanthum 424
Erethizontidae 391, 424
Eretmochelys 241
Eretmochelys imbricata 241
Ergates 113
Ergates faber 113
Erignathus 464
Erignathus barbatus 463
Erinaceidae 391, 402
Erinaceinae 391
Erinaceus 402
Erinaceus europaeus 402
Erinaceus megalotis 402
Eriocheir 64
Eriocheir sinensis 64
Eriocrania 86
Eriocrania sparmannella 86
Eriocraniidae 69, 86
Eriosoma 84
Eriosoma lanigerum 84
Eriscion 198
Eriscion nebulosus 198
Eristalis 97
Eristalis tenax 97
Erithacus 370
Erithacus rubecula 370
Ernteameise(n) 101
Erntefisch(e) 212
Erotylidae 107
Erotylus 107
Erotylus giganteus 107
Erpeton 265
Erpeton tentaculatum 266
Errantia 19
Erycinae 264
Erythrocebus 410
Erythrocebus patas 412
Erythropygia 370
Erythropygia paena 370
Erythrosterna 368
Eryx 264
Eryx johnii 264
Erznektarvogel 374
Esacus 324
Esacus recurvirostris 323
Eschenblattfloh 82, 83
Eschrichtiidae 392
Esel 471, 473
Eselhase(n) 421
Eselpinguin 280
Esocidae 160
Esomus 169
Esomus lineatus 173
Esox 160
Esox lucius 160

Esox masquinongy 160
Esox niger 160
Espirulidae 128
Esquamata 248
Eßbare Herzmuschel 126
Eßbarer Seeigel 133
Essigfliegen 97
Estrilda 383
Estrilda astrild 383
Estrildidae 273, 383
Etroplus 200
Etroplus maculatus 202
Etruskerspitzmaus 403
Euarctos 444
Euarctos americanus 445
Eubalaena 436
Eubalaena glacialis 436
Eublepharis 248
Eublepharis kuroiwae 249
Eubucco 348
Eubucco bourcierii 348
Eucarida 49, 58
Eucariden 58
Euchirinae 112
Euchroma 109
Euchroma gigantea 109
Eucidaris 133
Eucidaris tibuloides 133
Eucnemidae 109
Eucnemis 109
Eucnemis capucina 109
Eucometis 378
Eucometis penicillata 378
Eucopia 66
Eucyrtidium cranoides 22
Eudocimus 292
Eudocimus ruber 292
Eudontomyzon 143
Eudia 88
Eudia pavonia 88
Eudontomyzon danfordi 143
Eudromia 275
Eudromia elegans 275
Eudromias 322
Eudromias morinellus 322
Eudynamis 334
Eudynamis scolopacea 335
Eudyptes 280
Eudyptes crestatus 280
Eudyptes schlegeli 280
Eudyptula 280
Eudyptula minor 280
Euglena proxima 20
Euglenoidea 12
Euglossa 102
Euglossa variabilis 103
Eulamellibranchia 116
Eulamellibranchiata 117, 125
Eulampis 340
Eulampis jugularis 340
Eulen 273, 336
Eulenfalter 94
Eulenkopfmeerkatze 412
Eulenpapagei(en) 331
Eulenschwalm 338
Eulenspinner 92
Eulepidoptera 69, 86
Eulimnogammarus 67
Eulimnogammarus cruentus 67
Eumeces 258, 259

519

Eumeces algeriensis 258
Eumeces obsoletus 258
Eumenes 102
Eumenes flavipometa 102
Eumetazoa 9
Eumetopias jubata 463
Eumomota superciliosa 343
Eumyias 368
Eumyias indigo 368
Eunectes 264
Eunectes murinus 264
Eunice viridis 44
Eunicella 35
Eunicella stricta 35
Eupagurus 62
Eupagurus bernhardus 62
Eupetes 365
Eupetes macrocercus 365
Eupetomena 340
Eupetomena macroura 340
Euphausiacea 49, 58
Euphonia 378
Euphonia musica 378
Euphractus 418
Euphractus sexcinctus 419
Euplectella 27
Euplectella aspergillum 26
Euplectes 382
Euplectes orix 382
Euplectinae 382
Eupodotis 316
Eupodotis senegalensis 316
Eupolymnia 45
Eupolymnia nebulosa 45
Europäische Gottesanbeterin 74, 75
Europäische Languste 60
Europäischer Elch 484
Europäischer Flußkrebs 61
Europäischer Laternenträger 83
Europäischer Laubfrosch 232
Europäischer Leierfisch 207
Europäischer Mufflon 507
Europäischer Stint 159
Europäisches Flughörnchen 429
Europäisches Reh 483, 484
Europäisches Ren 485
Eurostopodus 338
Eurostopodus temmincki 338
Euryalae 136
Eurycea 224
Eurycea longicauda 225
Euryceros 361
Euryceros prevostii 360
Eurycides 87
Eurycides urania 87
Eurydema 80
Eurydema oleracea 81
Eurylaimidae 272, 351
Eurylaiminae 351
Eurylaimus 351
Eurylaimus javanicus 351
Eurypharyngidae 154
Eurypharynx 154
Eurypharynx pelecanoides 155
Eurypyga 313

Eurypyga helias 313
Eurypypigidae 313
Eurystomus 344
Eurystomus glaucurus afer 344
Eurystomus orientalis 344
Eurytrachelus 111
Eurytrachelus titanus 111
Euscarthminae 353
Euschemon 87
Euschemon rafflesia 87
Euscorpius 50
Euscorpius inclinus 51
Eutamias 427
Eutamias asiaticus 429
Eutermes 76
Eutermes parvulus 76
Eutheria 9, 390
Euthyneura 116, 122
Eutima 28
Eutima variabilis 28
Eutoxeres 340
Eutoxeres aquila 340
Eutrachelus 114
Eutrachelus temmincki 114
Euxenura maguari 291
Exil-Zistersänger 366
Evetria 86
Evetria resinella 87
Excalfactoria 306
Excalfactoria chinensis 307
Euxenura 290
Exocoetidae 182
Exocoetus 182
Exocoetus volitans 182

Fadenhaft(e) 84, 85
Faden-Messerfisch 168
Fadenmolch 223
Fadenpipra 354
Fadenschnecken 122
Fadensegelfisch(e) 161
Fadenskorpion 51
Fadenstern 136
Fadenwürmer 40, 41
Fächerfisch, Atlantischer 211
Fächerfisch(e) 160, 161, 184, 210, 211
Fächerflügler 115
Fächerkäfer 110
Fächerkoralle 35
Fächerpapagei 332, 333
Fächerschwanzschnäpper 368
Fächertaube 329
Fähnchenmesserfisch(e) 157
Färberfrosch 229
Fahnenquallen 19, 31
Falbkatze(n) 456
Falco 303
Falco mexicanus 303
Falco naumanni 303
Falconidae 303
Falconiformes 273, 300
Falconinae 303
Falco peregrinus 303
Falco rusticolus 303
Falco tinnunculus 303
Falken 303
Falken-Nachtschwalbe 338
Falklandfuchs 441
Fall Cankerworm 92
Falltürspinne(n) 52
Falscher Gavial 247
Falscher Vampir 405
Faltbauchfisch 161
Faltengecko 248, 249

Faltenwespen 102
Fanghaft(e) 84, 85
Fangheuschrecken 74
Fangschrecken 68, 74
Fangschreckenkrebse 12
Faraglione-Eidechse 256, 257
Farbfinken 377
Farbzwerg 422
Farlowella 175
Farlowella acus 177
Farrea 27
Farrea occu 26
Fasanen 274, 307, 311
Fasanenartige 274, 305, 308
Fasanenkuckucke 335
Fasankuckuck 335
Faßschnecken 120
Faulholzkäfer 107
Faultiere 418
Faultierschmetterling 88
Faulvögel 347
Federkiemenschnecke(n) 118, 119
Federlinge 77
Federstern 132
Federzüngler 120
Feenschwalbe 326
Feigenpirol 385
Feilenfisch(e) 217
Feldgrille 73
Feldhamster 433
Feldhase 421
Feldheuschrecken 72, 73
Feldhühner 274, 306
Feldhüpfmaus 431
Feldlerche 356
Feldmaus 434
Feld-Sandläufer 104, 105
Feldschwirl 367
Feldskorpion 51
Feldsperling 381
Feldspitzmaus 403
Feldtauben 328
Feldwespe 102
Felidae 392, 456
Felis 456
Felis chaus 456
Felis nigripes 456
Felis silvestris 456
Felis s. lybica 456
Feloidea 390, 392, 438
Felsenbarsche 192
Felsenbohrer 127
Felsengebirgshuhn 306
Felsenhähne 355
Felsenhuhn 306
Felsennachtechse 254, 255
Felsenpinguin 280
Felsenrebhuhn 307
Felsenschlange 263
Felsenspringer 206
Felsentaube 328
Felshüpfer 365
Fennek 440
Ferkelfrosch 229
Ferkelratte(n) 391, 426
Fettschwalm(e) 338
Fetzenfische 189
Feuerameise(n) 101
Feuerbauchsalamander 223
Feuerbreitrachen 351
Feuerbrust-Mistelfresser 374
Feuerfalter 92
Feuerkäfer 110
Feuerkalmar 128
Feuerrückenfasan 310, 311
Feuersalamander 219, 222
Feuerschwanz-Fransenlipper 173

Feuerschwanzgrundel 208, 209
Feuertangare 378
Feuertrogon 341
Feuerwalze 139
Feuerwanze(n) 80, 81
Ficedula 368
Ficedula hypoleuca 369
Ficedula parva 369
Fichten-Kreuzschnabel 381
Fidschi-Leguan 254, 255
Fiebermücke 96
Fiederbartwels(e) 175, 176
Filinia 43
Filinia longiseta 43
Fingerkäfer 104
Fingerotter 453
Fingertier(e) 391, 406, 407
Finken 273, 380
Finlayson's-Eichhörnchen 427
Finnwal 436, 437
Finte 156
Fischadler 302, 303
Fischechsen 244
Fischegel 47
Fischers Chamäleon 252, 253
Fischertukan 349
Fischeule, Afrikanische 336
Fischeulen 337
Fischkatze 457
Fischotter 453
Fischreiher 288
Fischuhu, Malayischer 336
Fischuhus 337
Fischwühle(n) 218, 220
Fissipedia 9
Fissurella 119
Fissurella radiata 119
Fistularia 187
Fistularia tabaccaria 188
Fistulariidae 187
Fitis 367
Fjord-Pferd 472
Flabellifera 67
Flachkopfbeutelmaus 395
Flachland-Anoa 491
Flachlandgorilla 417
Flachschnabelschnäpper 368
Flagellata 13, 16, 20
Flaggellata 13, 16, 20
Flaggendrongo 385
Flaggenflügel 338
Flaggensylphe 340
Flaggentrappe 316, 317
Flamingo, Chilenischer 293
Flamingo, Rosenroter 293
Flamingo, Roter 293
Flamingos 273, 293
Flammenköpfe 272, 354
Flammenkopf 354
Flammenkopf-Bartvogel 348
Flaschentierchen 24, 25
Flata 82
Flata spec. 83
Flatterfische 141, 192
Flattertiere 390, 404
Flaumfuß-Taube(n) 328
Flechtenbär(en) 94, 95
Fleckenbaumläufer 273, 373
Fleckenhyäne 443
Fleckenkantschil 482
Fleckenkauz 337

Fleckenralle 312
Fleckenskunk 452
Fleckenweihe 302
Flederhunde 404, 405
Fledermäuse 404, 405
Fledermausfisch 199
Fledermausfliege 98
Fledermausnäpper 351
Fledermauslausfliegen 98
Fledermauspapageien 332
Fleischfresser 69
Fleischschwamm 18
Fliegen 69, 97
Fliegende Fische 182
Fliegenschnäpper 351
Fliegenschnäpperartige 273, 364
Fliegenschnäpper-Tyrannen 353
Fliegentyrann 353
Fliege, Spanische 110
Flinke Mangabe 413
Flöhe 12, 68, 77
Flötenvogel 385
Flötenwürger 273, 385
Floh 69
Flohkrebse 12, 49, 67
Florfliege(n) 84, 85
Floridakärpfling 184
Florida-Wurmechse 262
Florisuga 340
Florisuga melliphora 340
Flößelaal 151
Flößelartige 141
Flößelhecht(e) 151
Flößler 141, 151
Floscularia 43
Floscularia ringens 43
Flossenblätter 198
Flossenfüße 234, 250
Flossenfüßer 390, 392, 462
Flossensauger 174
Floß-Schnecke 120
Fluchtkuckuck 335
Flügelkiemer 131
Flügelröschen 192
Flügelroßfische 141, 192
Flügelschnecken 120
Flugbarben 173
Flugbeutler 398
Flugdrache(n) 250, 251
Flugfisch, Atlantischer 182
Flugfisch, Kalifornischer 182, 183
Flugfuchs 404
Flughähne 192
Flughahn 192
Flughörnchen 429
Flughörnchen, Europäisches 429
Flughörnchen, Japanisches 429
Flughühner 329
Flugsaurier 244
Flunder 214
Flußaal 154
Flußbarsch 195
Flußdelphine 392, 436, 437
Flußeintagsfliege 78
Flußkarpfen 169
Flußkrebs 56
Flußkrebs, Amerikanischer 61
Flußkrebse 60
Flußkrebs, Europäischer 61
Flußneunauge 143, 143
Flußperlmuschel 125
Flußpferd(e) 392, 479
Flußregenpfeifer 322
Flußschweine 476
Flußseeschwalbe 326

Fluvicolinae 353
Fodiator 182
Fodiator acutus 183
Folliculina ampulla 24
Foraminifera 22
Forcipulata 134
Forelle 140
Forellensalmler 166, 167
Forficula 74
Forficula auricularia 74
Forficulidae 74
Forleule 95
Formica 100
Formicariidae 272, 352
Formicarius 352
Formicarius colma 352
Formica rufa 100
Formicidae 100
Formicoidea 69, 100
Formosa-Sika 486
Fornasinius 112
Fornasinius fornasinii 112
Forpus 332
Forpus viridus 333
Fossa 454, 455
Fossipedes 69
Foudia 382
Foudia madagascariensis 382
Francolinus 306
Francolinus francolinus 307
Francolinus leucoscepus 307
Francolinus swainsonii 307
Franklin-Möwe 324, 325
Frankoline 307
Fransenfliegen 77
Fransenschildkröte 243
Fransenzehen-Leguan 255
Fransenzeher 255
Fratercula 327
Fratercula arctica 327
Fratercula corniculata 327
Frauenfisch(e) 154
Fregata 286
Fregata andrewsi 286
Fregata ariel 286
Fregata magnificens 286
Fregata minor 286
Fregatidae 286
Fregatten-Sturmschwalbe 282
Fregattvögel 286
Freilebende Stachelhäuter 132
Frettchen 451
Freycinet-Großfußhuhn 304
Fringilla 380
Fringilla coelebs 380
Fringilla montifringilla 380
Fringillaria capensis 376
Fringillidae 273, 380
Fringillinae 380
Fritfliege 98
Frösche 12
Froschdorsch 180, 181
Froschfische 141, 178
Froschlurche 218, 226
Frostspanner 92
Fruchtfliegen 97
Fruchtfresser 374
Fruchttauben 328
Fuchs, Abessinischer 440
Fuchsdrossel 371
Fuchshai 144, 145, 145
Fuchskolibri 340
Fuchskusu 398, 399

Fuchsmanguste 455
Füchse 440
Fühlerfische 179
Fühlerkäfer 104
Fühlerkäfer,
  Madagassischer 105
Fühlerschlange 266, 267
Füllhornkoralle 35
Fünen-Rotvieh 490
Fünfstreifenskink 285
Fulgoridae 82
Fulica 312
Fulica americana 312
Fulica atra 312
Fulica cornuta 312
Fulica cristata 313
Fulicinae 312
Fulmarinae 281
Fulmarus 281
Fulmarus glacialis 281
Fungia dana 34
Funiculina 36
Funiculina quadrangularis 36
Funisciurus 427
Funisciurus congicus 427
Furchenmolch 224, 225
Furchenwale 392, 436
Furnariidae 272, 352
Furnaroidea 272, 352
Furnarius 352
Furnarius rufus 352
Fußlose Echse(n) 259

Gabelbock 488, 489
Gabelböcke 392, 488
Gabeldrosseln 371
Gabelhirsch 483
Gabelhirsch,
  Peruanischer 14, 483
Gabelschwanz-Raupenfresser 359
Gabelschwanz-Seekühe 468
Gabelschwanzspint 344
Gackeltrappe 316, 317
Gadidae 180
Gadiformes 141, 180
Gadus 180
Gadus morrhua 180
Gänse 274, 294, 295, 296
Gänsegeier 302
Gänsesäger 299
Gänseverwandte 274, 294
Gänsevögel 273, 274, 294
Galagidae 391, 406
Galago(s) 391, 406, 407
Galago senegalensis moholi 406
Galapagosalbatros 281
Galapagosfinken 11, 376, 377
Galapagos-Pinguin 280
Galapagos-Sängerfink 11
Galapagos-Spottdrossel 363
Galathea 62
Galathea squamifera 62
Galatheide 62
Galaxias 160
Galaxias parkeri 160
Galaxiidae 160
Galba 123
Galba palustris 123
Galbula 347
Galbula albirostris 347
Galbula ruficauda 347
Galbulidae 347
Galbuloidae 347
Galeatus 80

Galeatus spinifrons 81
Galeere, Portugiesische 29
Galeocerdo 144
Galeocerdo cuvieri 146
Galeodes 54
Galeodes orientalis 54
Galeorhinus 144
Galeorhinus galeos 146
Galerida 281
Galerida cristata 356
Galetta 29
Galetta chuni 29
Galleria 88
Galleria mellonella 88
Gallert-Moostierchen 130
Gallertschwamm 18
Galli 274, 304
Gallianassa australiensis 62
Gallicolumba 328
Gallicolumba luzonica 328
Gallicrex 312
Gallicrex cinereus 312
Galliformes 273, 274, 304
Gallinago 320
Gallinago gallinago 320
Gallinago media 320
Gallini 311
Gallinula 312
Gallinula chloropus 313
Gallinulini 312
Gallirallini 312
Gallirallus 312
Gallirallus australis 312
Gallmücken 96
Gallus 311
Gallus gallus 310
Gallus sonneratii 310
Gallwespen 69, 99
Galumna 55
Galumna climata 55
Galumnidae 55
Gambusia 184
Gambusia affinis holbrooki 185
Gammaridae 67
Gammaridea 67
Gammarus 67
Gammarus pulex 67
Gamswild 503
Ganges-Gavial 247
Gangeslerche 356
Garnelen 58, 59
Garrulax 365
Garrulax erythrocephalus 365
Garrulax leucolophus 365
Garrulus 388
Garrulus glandarius 388
Garten-Bänderschnecke 123
Gartenbaumläufer 373
Gartenhaarmücke 96
Gartenhummel 103
Gartenlaubkäfer 112
Gartenlaufkäfer 104
Gartenrotschwanz 370, 371
Gartenschläfer 432
Garypus 54
Garypus giganteus 54
Gasteropelecidae 164
Gasteropelecus 164
Gasteropelecus maculatus 167
Gasteropelecus sternicela 167
Gasterosteidae 187
Gasterosteiformes 141, 187
Gasterosteus 187
Gasterosteus aculeatus 187

Gastromyzon 174
Gastromyzon borneensis 174
Gastropacha 88
Gastropacha quercifolia 88
Gastrophilidae 98
Gastrophilus 98
Gastrophilus equi 98
Gastrophryne 230
Gastropoda 116, 118
Gastrotheca 232
Gastrotheca ovifera 233
Gastrotricha 42
Gaterin 196
Gaterin albovittatus 197
Gaukler 105, 303
Gaur 490
Gaur, Vorderindischer 490
Gavia 279
Gavia adamsii 279
Gavia arctica 279
Gavia immer 279
Gaviale 234, 244, 247
Gavialidae 234, 244
Gavialis 244
Gavialis gangeticus 247
Gavia stellata 279
Gaviidae 279
Gaviiformes 273, 279
Gayal 490
Gazella 488
Gazella (Trachelozele) subgutturosa subgutturata 502
Gazelle(n) 392, 501
Gazellinae 392, 501
Gebänderter Palmenroller 455
Gebänderter Wassermolch 223
Gebirgslori 331
Gebirgsstelze 358
Geburtshelferkröte 227
Geckos 248
Gefleckte Doppelschleiche 262
Gefleckte Gabeldrossel 370
Gefleckte Meerbarbe 199
Gefleckter Adlerrochen 149, 149
Gefleckter Baumfrosch 230
Gefleckter Beilbauchfisch 167
Gefleckter Bohrer 121
Gefleckter Dickkopffalter 87
Gefleckter Ferkelfrosch 229
Gefleckter Fiederbartwels 175
Gefleckter Grünrückenspecht 351
Gefleckter Heuschreckenkrebs 58
Gefleckter Kardinal 194
Gefleckter Leierfisch 207
Gefleckter Pelzkäfer 108
Gefleckter Querzahnmolch 221
Gefleckter Seehase 122
Gefleckter Seewolf 206, 207
Gefleckter Stachelaal 213
Gefleckter Trommler 198
Geflecktes Hausschwein 478
Geflügelte Insekten 68, 72
Gehyra 248
Gehyra mutilata 249

Geierfalken 303
Geierperlhühner 310
Geierperlhuhn 310
Geierrabe 389
Geierschildkröte 236
Geierseeadler 302
Geigenrochen 147
Geißelgarnele 59
Geißelspinne 51
Geißeltierchen 13, 16, 20
Geistchen 86, 87
Geisterkrabbe(n) 64
Geisternadel 188
Gekerbte Seepocke 57
Gekko 248
Gekko gecko 248
Gekkonidae 234, 248
Gelbband-Honigfresser 375
Gelbbauch-Prinia 366
Gelbbauch-Schnabelgrassänger 366
Gelbbauch-Sperling 381
Gelbbauchunke 266
Gelbbrust-Timalie 364
Gelbbürzel-Akanthiza 368
Gelbe Blattlaus 84
Gelbe Haarqualle 30
Gelber Hans 196, 197
Gelber Sägebarsch 193
Gelbe Seefeder 36
Gelbes Ordensband 95
Gelbfleckensalamander 225
Gelbfüßige Termite 76
Gelbfußbeutelmaus 395
Gelbhaariges Baumstachelschwein 424
Gelbhalsfrankolin 307
Gelbhalsmaus 435
Gelbhaubengärtner 387
Gelbhaubenkakadu 330
Gelbkopfwürger 360, 361
Gelbkronen-Trupial 380
Gelbling 90
Gelbohr-Rabenkakadu 330
Gelbpirol 385
Gelbrandkäfer 105
Gelbrand-Scharnierschildkröte 238, 239
Gelbrücken-Aguti 426
Gelbrückenducker 493
Gelbrücken-Nektarvogel 374
Gelbrücken-Stirnvogel 380
Gelbschnabel-Eistaucher 279
Gelbschnabel-Kuckuck 335
Gelbschnabel-Zwergscharbe 284
Gelbschulterwidah 382
Gelbschwanzdemoiselle 203
Gelbschwanzmakrele 196
Gelbschwanzsnapper 196
Gelbspötter 367
Gelbstreifenbülbül 360, 361
Gelbwaran 260, 261
Gelechiiformes 69
Gelechioidea 69, 86
Gelenkschildkröte 239
Gemalter Scheibenzüngler 227
Gemeine Entenmuschel 56
Gemeine Libelle 79
Gemeiner Blütenkäfer 108
Gemeiner Fischegel 47

Gemeiner Himmelsgucker 206
Gemeiner Krake 129
Gemeiner Ohrwurm 74, 75
Gemeiner Seestern 135
Gemeiner Sonnenbarsch 194
Gemeiner Tintenfisch 128
Gemeiner Tüpfelbeutelmarder 396
Gemeine Zikade 82
Gemsbüffel 491
Gemse 503
Genetta 454
Genetta genetta 454
Gennaeus nycthemerus 310
Geococcyginae 334
Geococcyx 334
Geococcyx californianus 335
Geodia 27
Geodia cydonium 26
Geometridae 92
Geometroidea 69, 92
Geomyidae 391, 431
Geomyoidea 391
Geomys 431
Geomys bursarius 430
Geopelia 328
Geopelia striata 328
Geophilidae 70
Geophilomorpha 68, 70
Geophilus 70
Geophilus longicornis 70
Georgia-Blindsalamander 225
Georyssidae 108
Georyssus 108
Georyssus crenulatus 108
Geospiza 376
Geospiza conirostris 11
Geospiza fortis 11
Geospiza fuliginosa 11, 377
Geospiza magnirostris 11, 377
Geospiza scandens 11
Geospizini 376
Geotria 143
Geotria australis 143
Geotrupes 112
Geotrupes vernalis 112
Gepard 456, 458, 458
Gerade Messerscheide 126
Geradflügler 68, 72
Geradkiefer 52
Geradsalmer 164
Geranoaëtus 301
Geranoaëtus melanoleucus 301
Geranospiza 302
Geranospiza caerulescens 302
Gerbillidae 391, 433
Gerfalke 303
Geronticus 292
Geronticus eremita 292
Gerrhonotus 259
Gerrhonotus multicarinatus 259
Gerrhosaurus 255
Gerrhosaurus maior 256
Gerridae 80
Gerris 80
Gerris lacustris 80
Gerygone 368
Gerygone palpebrosa 368
Gescheckte Nußmuschel 124
Geschwänzte Manteltiere 137, 138

Gespensterkrabbe 65
Gespenstertierchen 407
Gespenstheuschrecke(n) 74
Gespenstlaufkäfer 104
Gespenstschrecken 68
Gespinstmotte(n) 86, 87
Gesprenkelter Grabfrosch 228
Gestielte Stachelhäuter 132
Gestreifte Grasmaus 435
Gestreifte Meeräsche 203
Gestreifter Drücker 216
Gestreifter Igelfisch 217
Gestreifter Mausvogel 342
Gestreifter Merlin 211
Gestreifter Messeraal 168
Gestreifter Schleimfisch 206
Gestreifter Seebarsch 200
Gestreifter Stachelkäfer 110
Gestreifter Stechrochen 148
Gestreifter Tigerhai 146
Gestreiftes Backenhörnchen 429
Getreidelaufkäfer 104
Getüpfelte Rennechse 256
Getüpfelter Zwergwels 174
Gewächshausschrecke 73
Gewebetiere 9
Geweihschwamm 18, 27
Gewellte Turboschnecke 119
Gewöhnlicher Inger 143
Gibbons 391, 414, 415
Gibbula 118
Gibbula fanulum 119
Giebel 169
Gießkannenmuschel 127
Gießkannenschwamm 26
Giftdrückerfisch 217
Gift-Laubfrosch 232
Giftnattern 234, 268
Gigantocypris 56
Gigantocypris agassizi 56
Gigantostraken 49
Gigantura 163
Gigantura chuni 163
Giganturidae 163
Gilatier 260
Gimpel 381
Gimpelhäher 385
Ginglymostoma cirratum 144, 146
Ginsterkatze 454
Giraffa 488
Giraffa camelopardalis peralta 488
Giraffa c. reticulata 488
Giraffa c. tippelskirchi 488
Giraffe(n) 392, 488
Giraffe, Westafrikanische 488
Giraffidae 392, 488
Girella 198
Girella nigricans 199
Girellidae 198
Girlitz 381
Gischtläufer 322
Gischtschwämme 18
Gitterkalkschwamm 26
Gitterschlange 263
Gitterschwämme 18
Gitterwanze(n) 80, 81
Glänzender Zwergbuntbarsch 201, 202

521

Glanzauge(n) 194, **195**
Glanzenten **274**, **299**
Glanzfasan **310**, **311**
Glanzfisch(e) **141**, **187**
Glanzkäfer **107**
Glanzkäfertaube **328**, **329**
Glanzkärpflinge **140**
Glanzvögel **347**
Glanzvogelartige **347**
Glareola **323**
Glareola nuchalis **323**
Glareola pratincola **323**
Glareolidae **274**, **323**
Glariolinae **274**, **323**
Glasaal(e) **155**
Glasauge(n) **160**
Glasaugenbarsch **194**, **195**
Glasbarsche **192**
Glasbarsch, Indischer **192**
Glasflügler **86**, **87**
Glasfrösche **218**, **232**
Glasfrosch **233**
Glasschwämme **12**, **18**, **27**
Glaswels, Afrikanischer **175**
Glaswels(e) **175**, **176**
Glaswels, Indischer **175**
Glattechsen **234**, **258**
Glattfisch(e) **163**
Glatthai **146**, **146**
Glattkäfer **107**
Glattnasen **404**
Glattschnabel-Bartvogel **348**
Glattschnabelhokko **304**
Glattstirnkaiman **245**
Glattwale **392**, **436**
Glattzunge **215**
Glaucidium **336**
Glaucidium passerinum **337**
Glaucomys **427**
Glaucomys volans **429**
Gleitaare **300**
Gleitflieger **404**
Gletscherbär **445**, **446**
Gletscherfloh **71**
Gliederfüßer **12**, **16**, **48**, **49**
Gliedertiere **48**
Glirulus **432**
Glirulus japonicus **432**
Glis **432**
Glis glis **432**
Globigerina rubra **22**
Glockentierchen **24**
Glomeridae **70**
Glomeris **70**
Glomeris marginata **70**
Glossina **98**
Glossina morsitans **21**
Glossina palpalis **21**, **98**
Glossodoris **122**
Glossodoris lineolata **122**
Glossopsitta **331**
Glossopsitta concinna **331**
Glotzauge(n) **209**
Glucken **88**
Glühlicht-Salmler **165**, **166**
Glycimeris **124**
Glycimeris glycimeris **124**
Glyphpterygoidea **69**, **86**
Glyptocephalus **214**
Glyptocephalus cynoglossus **215**
Gnathobdellae **19**
Gnathodon **196**
Gnathodon speciosus **196**

Gnathonemus **157**
Gnathonemus petersi **157**
Gnathostomata **137**, **140**, **141**
Gnus **501**
Gnuziegen **508**
Gobiesociformes **141**
Gobiichthys **208**
Gobiichthys lemayi **208**
Gobiidae **208**
Gobio **169**
Gobio gobio **171**
Gobius **208**
Gobius niger **208**
Goldammer **376**
Goldaugenbremse **97**
Goldaugentimalie **364**
Goldbandsittich **331**
Goldbarsch **190**
Goldbauchsittich **331**
Goldbrasse **197**
Goldbrusttukan **349**
Goldbürzel-Honiganzeiger **348**, **349**
Goldbutt **214**
Goldfasan **311**
Goldfisch(e) **142**, **169**
Goldfliege **98**
Goldforelle **158**
Goldfröschchen **229**
Goldgrüner Bänderspecht **351**
Goldhähnchen **368**
Goldhalskasuar **277**
Goldhamster **433**
Goldhasen **426**
Goldkatze, Afrikanische **458**
Goldkatze, Asiatische **458**
Goldkatzen **459**
Goldkopf-Pipra **354**
Goldlachs **160**
Goldlangur **414**
Goldlaubfrosch **232**
Goldmäulchen **173**
Goldmakrele(n) **196**, **197**
Goldmeeräsche **203**
Goldmeise **372**
Goldmulle **391**, **402**
Goldorfen **142**
Goldraupenfresser **359**
Goldregenpfeifer **322**
Goldringelgrundel **208**
Gold-Rosenkäfer **112**
Goldrückenspecht **351**
Goldschakal **438**
Goldscheitel-Ammerfink **376**
Goldschnepfe(n) **274**, **322**
Goldschultersittich **331**
Goldschopfpinguine **280**
Goldschwamm **27**
Goldspecht **351**
Goldstaub-Taggecko **249**
Goldstirn-Blattvogel **360**
Goldstirnspecht **351**
Goldstreifenbarsch **193**
Goldstreifensalamander **222**, **223**
Goldwaldsänger **379**
Goldwespe(n) **99**
Goliathfrosch **228**
Goliathreiher **288**, **289**
Goliathus **112**
Goliathus atlas **112**
Gomphidae **79**
Gomphocerus **72**
Gomphocerus rufus **72**
Gomphosus **204**
Gomphosus varius **205**
Gomphus **79**
Gomphus vulgatissimus **79**

Gonepteryx **90**
Gonepteryx rhamni **90**
Goniodes **77**
Goniodes pavonis **77**
Gonorhynchidae **164**
Gonorhynchiformes **141**, **164**
Gonorhynchus **164**
Gonorhynchus gonorhynchus **164**
Gonosteomatidae **161**
Gopherus **239**
Gopherus polyphemus **239**
Gopherschildkröte **239**
Goral, Nordchinesischer **503**
Goral(s) **503**
Gordius **41**
Gordius aquaticus **41**
Gorgonaria **19**, **34**
Gorgonenhäupter **136**
Gorgonenhaupt **136**
Gorgonocephalus **136**
Gorgonocephalus costosus **136**
Gorilla **416**
Gorilla beringei **417**
Gorilla gorilla **417**
Gorsachius **287**
Gorsachius leuconotus **287**
Gotland-Schafe **507**
Gottesanbeterin, Asiatische **74**, **75**
Gottesanbeterin, Europäische **74**, **75**
Gottteslachs(e) **187**
Gouldamadine **383**
Goura **329**
Goura cristata **329**
Goura scheepmakeri sclateri **329**
Goura victoria **329**
Gourinae **329**
Grab-Fledermaus **404**
Grabfüßer **12**, **116**, **127**
Grabwespen **102**
Gracula **384**
Gracula religiosa **384**
Gracupica **384**
Gracupica nigricollis **384**
Grallaria **352**
Grallaria ruficapilla **352**
Grallaricula **352**
Grallicula costaricensis **352**
Grallina **385**
Grallina cyanoleuca **385**
Grallinidae **273**, **385**
Grallininae **385**
Grammistes **192**
Grammistes sexlineatus **193**
Grammistidae **192**
Granatellus **379**
Granatellus pelzelni **379**
Granatkolibri **340**
Granatpitta **352**, **353**
Graphocephala **82**
Graphocephala coccinea **82**
Graphosoma **80**
Graphosoma italicum **81**
Grapsidae **64**
Grapsus **64**, **65**
Grapsus grapsus **64**
Graptemys **238**
Graptemys oculifera **238**
Grasland-Streifenfrosch **230**
Grasmücken **366**
Grasnadel **189**

Grauammer **376**
Graubrust-Strandläufer **320**
Graue Fleischfliege **98**
Graue Meeräsche **203**
Grauer Ameisenwürger **352**
Grauer Kranich **314**
Grauer Pfaufasan **309**
Grauer Schneidervogel **366**
Grauer Tok **347**
Grauer Wollaffe **409**
Graues Alpenvieh **489**, **490**
Graues Kammhuhn **310**
Graues Riesenkänguruh **400**, **401**
Graue Steinkrabbe **64**
Graue Wasseramsel **362**
Graufischer **342**, **343**
Graufuchs **441**
Graugans **296**, **297**
Grauhai(e) **141**, **144**, **145**
Grauhörnchen **427**
Graukopfkasarka **297**
Graukopftaucher **278**
Graumiro **369**
Graumöwe **324**, **325**
Graupapagei **332**, **333**
Graupelikan **15**, **283**
Graureiher **288**
Graurücken-Camaroptera **366**
Graurücken-Eremomela **366**
Graurücken-Klappenweichschildkröte **242**
Graurücken-Trompeter **316**
Grauschnäpper **369**
Grauschwalbenstar **385**
Grauseidenschnäpper **362**
Grauspecht **351**
Grauwale **392**
Grays Wasserbock **498**
Greifstachler **424**
Greifvögel **273**, **300**
Grevy-Zebra **473**
Greyhound **439**
Griechische Landschildkröte **240**
Griechische Muräne **154**, **155**
Griffelseeigel **133**
Grillen **73**
Grison **450**, **451**
Grison vittatus **451**
Grizzlybär **444**
Grönlandangler **179**
Grönlandhai **147**
Grönland-Heilbutt **215**
Grooper **192**
Groppenbarsch **195**
Groppenfische **190**
Großantilopen **392**, **495**
Großaugenbarsche **194**
Große Egelschnecke **123**
Große Felsengarnele **59**
Große Harfe **121**
Große Herzmuschel **126**
Große Hokkos **304**
Große Hufeisennase **405**
Großer Alexandersittich **332**
Großer Ameisenbär **418**, **419**

Große Raubmöwe **325**
Großer Bärenkrebs **60**
Großer Baumfink **11**
Großer Beutelmarder **396**
Großer Blutsauger **405**
Großer Brachvogel **319**
Großer Eisvogel **91**
Großer Fetzenfisch **188**
Großer Gelbwürger **360**, **361**
Großer Grundfink **377**
Großer Gurami **213**
Großer Jahrvogel **346**, **347**
Großer Kaktusfink **11**
Großer Kronenlaubsänger **367**
Großer Kudu **495**
Großer Langkäfer **114**
Großer Leberegel **39**
Großer Leuchtkäfer **106**
Großer Mara **425**
Großer Messerfisch **168**
Großer Nilhecht **157**
Großer Ölfisch **191**
Große Rote Waldameise **100**, **101**
Großer Panzerwels **177**
Großer Puppenräuber **104**
Großer Sandaal **207**
Großer Scheibenbauch **191**
Großer Schlangenstern **136**
Großer Steinbeißer **174**
Großer Taggecko **249**
Großer Totengräber **106**
Großer Trotzkopf **108**
Großer Tümmler **437**
Großer Vampir **405**
Großer Vasapapagei **332**
Große Schlammschnecke **123**
Große Schlangennadel **189**
Große Wüstenrennmaus **432**
Große Zweigtimalie **364**
Großfischer **342**, **343**
Großfledermäuse **390**, **404**
Großfußhühner **274**, **304**
Großkatzen **456**
Großkopfschildkröten **234**, **236**, **237**
Großkormorane **284**
Großlibellen **79**
Großmaul **161**
Großmaulwels(e) **175**
Großohren **404**
Großohrfledermaus **405**
Großohrigel **402**
Großplattenseesterne **134**
Großschnabelvireos **379**
Großspornpieper **358**
Großstorch **291**
Großstorch, Indischer **291**
Großtao **275**
Großtrappe **316**, **317**
Groß-Zaunkönigstimalie **364**
Grottenolm **224**
Grotten-Salamander **225**
Grubenottern **234**, **235**, **271**
Grünauge(n) **161**, **162**
Gründelwale **392**, **436**
Gründling **170**, **171**

Grüne Blattwespe **99**
Grüne Iora **361**
Grüne Manukode **386**, **387**
Grüner Baumpython **263**
Grüne(r) Eichenwickler **87**
Grüner Fransenlipper **173**
Grüne Riesenanemone **32**
Grüner Grashüpfer **72**
Grüner Kugelfisch **216**, **217**
Grüner Laubsänger **367**
Grüner Leguan **254**
Grüne Rohrjungfer **79**
Grüner Messerfisch **168**
Grüner Schildkäfer **114**
Grüner Waldsänger **379**
Grüne Samtschnecke **122**
Grünes Heupferd **73**
Grüne Stinkwanze **81**
Grüne Muräne **154**
Grünes Aguti **425**
Grünflügelara **333**
Grünflügel-Trompeter **316**
Grünhäher **388**
Grünhelmturako **334**
Grünkardinal **377**
Grünkatzenvogel **387**
Grünknochen **182**, **183**
Grünkleidervögel **379**
Grünkopfliest **342**, **343**
Grünlicher Uferbold **78**
Grünlicher Wassermolch **222**
Grünling(e) **190**, **191**
Grünorganisten **378**
Grünreiher **289**
Grünrückenspecht **351**
Grünrüßler **115**
Grünscheitelracke **344**, **345**
Grünschenkel **319**
Grünspecht **350**, **351**
Grüntauben **328**
Grüntrogon **341**
Gruidae **314**
Gruiformes **273**, **312**
Gruinae **314**
Grundeln **208**
Grundfinken **377**
Grundrötel **376**
Grunion **185**
Grunzgroppe(n) **191**
Grus **314**
Grus americana **314**
Grus antigone **314**
Grus canadensis **314**
Grus grus **314**
Grus japonensis **315**
Grus leucogeranus **315**
Grus monacha **314**
Grus nigricollis **314**
Grus rubicunda **314**
Grus vipio **315**
Gryllidae **73**
Gryllotalpa **73**
Gryllotalpa gryllotalpa **73**
Gryllotalpidae **73**
Gryllteiste **327**
Gryllus **73**
Gryllus campestris **73**
Guanako(s) **481**
Guanokormoran **284**
Guanotölpel **285**
Guayana-Klippenvogel **354**
Gubernatrix **377**
Gubernatrix cristatus **377**

Gubula 121
Gubula maculata 121
Gudscherat-Zebu 490
Guereza 414
Gürtelamadine 383
Gürtelechsen 234, 255
Gürtelgrasfink 383
Gürtelmaus 419
Gürtelschweife 256
Gürteltiere 418, 419
Gürtelwürmer 19
Güster 171
Guiana-Zahnwachtel 307
Guinea-Pavian 411
Guiraca 377
Guiraca caerulea 377
Gulo 450
Gulo gulo 452
Guppy 185
Guramis 212, 213
Gurial 342, 343
Guttera 310
Guttera plumifera schubotzi 310
Guttera pucherani lividicollis 310
Gygis 326
Gygis alba 326
Gymnarchidae 157
Gymnarchus 157
Gymnarchus niloticus 157
Gymnobelideus 398
Gymnobelideus leadbeateri 398
Gymnopgyps 300
Gymnopgyps californianus 300
Gymnophiona 218, 220
Gymnorhina 385
Gymnorhina tibicen 385
Gymnostinops 380
Gymnostinops montezuma 380
Gymnastinops yuracares 380
Gymnothorax funebris = Lycodontis afer 154
Gymnotidae 168
Gymnotus 168
Gymnotus carapo 168
Gypaëtus 302
Gypaëtus barbatus 302
Gypohierax 302
Gypohierax angolensis 302
Gyps 302
Gyps fulvus 302
Gyrinidae 104
Gyrinocheilidae 174
Gyrinocheilus 174
Gyrinocheilus aymonieri 174
Gyrinus 104
Gyrinus natator 105

H
Haarbrust-Bartvogel 348
Haarfrosch 229
Haarigel 391, 393
Haarlinge 77
Haarmücken 96
Haarnasenwombat 399
Haar-Ohrenrobbe 463
Haarrobbe(n) 463
Haarschwänze 208, 209
Haarschwanz 209
Haarstern(e) 12, 132
Haarvögel 272, 360
Habichtartige 300

Habicht(e) 300, 301
Habichtkauz 337
Habroptila 312
Habroptila wallacei 312
Hackspecht 351
Hadromerina 18
Häherkuckucke 335
Haematococcus pluvialis 20, 21
Haemosporidia 12
Haematopodidae 274, 323
Haematopus 323
Haematopus ostralegus 322
Haematopus unicolor 322
Haementeria costata 46, 47
Hängebauchschwein 478
Hängeohrziege(n) 505
Haflinger 472
Haftfußmallophagen 77
Haftkiefer 141, 216
Haftzeher 234, 248, 249
Hagedasch 292
Hagedashia 292
Hagedashia hagedash 292
Haideotriton 224
Haideotriton wallacei 225
Haie 12
Hain-Bänderschnecke 123
Hainschnecke 10
Hakenkäfer 108
Hakenkalmar 128
Hakennatter 266
Hakenrüßler 42
Hakenschnabel 378
Hakensturmtaucher 282
Halacarellus 55
Halacarellus basteri 55
Halacaridae 55
Halbaffen 12, 390, 404, 406, 407
Halbesel 473
Halbesel, Syrischer 474, 475
Halbgänse 274, 297
Halbschnabelhecht(e) 182, 183
Halbschnäbler 182
Halbzähner 164
Halbziege(n) 506
Halcyon 342
Halcyon chloris 342
Halcyon cyanoventris 342
Halcyon senegalensis 342
Halecium 28
Halecium halecinum 28
Halfterfisch 209
Haliaeëtus 301
Haliaeëtus albicilla 301
Haliaeëtus leucocephalus 301
Haliaeëtus pelagicus 301
Haliaeëtus vocifer 301
Haliastur 300
Haliastur indus 300
Halichoeres 204
Halichoeres kawarin 205
Halichoerus 464
Halichoerus grypus 463
Halichondria 27
Halichondria panicea 27

Halichondrina 18
Halicoridae 468
Halocynthia 138, 139
Halocynthia papillosa 138, 139
Halieutaea 179
Halieutaea retifera 179
Haliotis 118
Haliotis asinina 119
Halmahera-Ralle 312
Halmfliegen 98
Halosauridae 154
Halosaurus 154
Halosaurus rostratus 155
Halsband-Bartvogel 348
Halsbandbrachschwalbe 323
Halsbandeidechsen 234, 256
Halsband-Feinsänger 366
Halsbandfrankolin 307
Halsbandlemming 434
Halsband-Nektarvogel 374
Halsband-Pekari 477
Halsbandsegler 339
Halsband-Zwergfalke 303
Halsberger-Schildkröten 234
Halsring-Zwergohreule 336, 337
Halswender-Schildkröten 234
Halysschlange 271
Hammerhai 144, 146, 147
Hammerhuhn 304
Hammerkiefer 161, 163
Hammerköpfe 290
Hammerkopf 290
Hamster 391, 433
Hamsterratte 435
Hannoveraner 472
Haploa 94
Haploa colona 94
Haplochromis 200
Haplochromis multicolor 202
Haplosclerina 18
Haplotaxis gordioides 46
Harlekinbock 113
Harlekinfrösche 218, 230, 231
Harlekinfrosch 230
Harlekinheuschrecke 72
Harlekin-Korallennatter 266
Harlekinkorallenotter 268
Harlekinwachtel 307
Harnischwelse 175, 177
Harnischwels, Kleiner 177
Hariotta 150
Hariotta raleighana 150
Harpa 121
Harpactes 341
Harpactes duvauceli 341
Harpactes fasciatus 341
Harpactes oreskios 341
Harpacticoida 49, 56
Harpa major 121
Harpia 301
Harpia harpyia 301
Harpygie 301
Harrimaniidae 131
Hartebeest 500
Hartlaub's Raupenfresser 359

Hartlaubturako 334
Harzer Rotvieh 490
Hasel 170
Haselhühner 306
Haselhuhn 306
Haselmaus 432
Haselnußbohrer 115
Hasemannia 164
Hasemannia marginata 165
Hasen 391, 421, 422
Hasenartige 390, 421
Hasenmaulflatterer 404
Hasenmaulfledermaus 405
Hasenmaus 426
Hauben 120
Haubenammer 376
Haubenbülbül 360, 361
Haubenhäherling 365
Haubenlerche 356
Haubenmeise 372
Haubenperlhühner 310
Haubenpinguin 280
Haubensegler 339
Hauben-Seidenkuckuck 335
Haubentangare 378
Haubentaucher 278
Hausbüffel 491
Hausen 152
Hausesel 475
Hausgecko 249
Hauskatzen 456
Haus-Meerschweinchen 425
Hausperlhuhn 310
Hausratte 435
Hausrinder 490
Hausrotschwanz 370, 371
Hausschafe 507
Hausschwein(e) 478
Haussperling 381
Hausspinne 52
Haustaube 328
„Haustiger" 456, 457
Hautflügler 12, 68, 69, 99
Hawaii-Baumläufer 379
Hawaii-Drossel 371
Hawaiigans 296
Hebridenschafe 507
Hechtalligator 244
Hechtkärpfling 185
Hechtdorsche 180
Hecht(e) 160
Hechtkärpfling 185
Hechtköpfe 212
Hechtkopf 213
Hechtling(e) 160
Heckenbraunelle 363
Hedobia 108
Hedobia imperialis 108
Hedydipna 374
Hedydipna platura 374
Heermann-Möwe 324, 325
Heidelerche 356
Heidschnucke(n) 507, 508
Heiliger Ibis 292
Heimchen 73
Helarctos 444
Helarctos malayanus 447
Heldbock 113
Heleophryne 232
Heliacea 116, 123
Heliaster 134
Heliaster helianthus 135
Heliconiidae 90
Heliconius 90
Heliconius polychrous 90
Helictis 450

Helictis ferreo-grisea 452
Heliopais 313
Heliopais personata 313
Heliophobius 423
Heliophobius argentocinereus 423
Heliornis 313
Heliornis fulica 313
Heliornithidae 313
Heliothrix 340
Heliothrix auritus 340
Heliozoa 22
Helix 123
Helix nemoralis 10
Helix pomatia 10, 123
Helle Walzenspinne 54
Hellroter Ara 333
Helmhokko 304
Helmkakadu 330
Helmkasuar 277
Helmperlhuhn 310
Helmvanga 360, 361
Helmwachtel 307
Heloderma 260
Heloderma horridum 260
Heloderma suspectum 260
Helodermatidae 234, 260
Helogale 454
Helogale parvula 455
Helostoma 212
Helostoma temmincki 213
Helostomidae 212
Hemachatus 268
Hemachatus haemachates 268
Hemerobiidae 84
Hemerobius 84
Hemerobius humulis 85
Hemicentetes 402
Hemicentetes semispinosus 402
Hemichordata 13, 131
Hemichromis 200
Hemicromis bimaculatus 201
Hemidactylus 248
Hemidactylus turcicus 249
Hemigalus 454
Hemigalus hardwicki 454
Hemignathus 379
Hemignathus obscurus 379
Hemigrammus 164
Hemigrammus erythroconus 165
Hemiodontidae 164
Hemiphaga 328
Hemiphaga novaseelandiae 328
Hemiprocne 339
Hemiprocne longipennis 339
Hemiprocnidae 339
Hemipteroidea 68, 80
Hemipus 359
Hemipus hirundinaceus 359
Hemirhamphodon 182
Hemirhamphodon pogonognatus 183
Hemirhamphus 182
Hemirhamphus far 182
Hemisus 228
Hemisus guttatus 229
Hemitragus 504
Hemitragus jemlahicus hylocrius 506
Hemitragus j. jemlahicus 506
Hemitripterus 190

Hemitripterus americanus 191
Henoicha 88
Henoicha marnois 88
Heniochus 200
Heniochus acuminatus 200
Heodes 92
Heodes virgaureae 92
Hepialidae 69, 86
Hepialus humuli 86
Hepsetidae 164
Herbstpfeifgans 294
Hering(e) 156
Heringsfisch(e) 141, 156
Heringshai 144, 145
Heringshaie 141
Heringskönig(e) 186
Heringsmöwe 325
Herkuleskäfer 112, 113
Herkuleskeule 121
Hermelin 450, 451
Hermelinspinner 94
Hermotimia 374
Hermotimia seriacea 374
Herpailurus 456
Herpailurus yagouaroundi 457
Herpestes 454
Herpestes edwardsii 455
Herpetotheres 303
Herpetotheres cancinnans 303
Herpetotherinae 303
Herrentiere 390, 406
Herzmuscheln 126
Herzseeigel 133
Hesione 44
Hesione pantherina 45
Hesperia 87
Hesperia comma 87
Hesperiidae 87
Hesperioidea 69, 87
Hesperiphona 380
Hesperiphona vespertina 381
Hessenmücke 96
Heterandria 184
Heterandria formosa 185
Heterocentrotus 133
Heterocentrotus mammilatus 133
Heterocephalus 423
Heterocephalus glaber 423
Heteroceridae 108
Heterocerus 108
Heterocerus marginatus 108
Heterocoela 18
Heterodon 265
Heterodon nasicus 266
Heterodonta 116, 117, 125
Heterodontiformes 141,
Heterohyrax 468
Heteromera 69, 110
Heterometra 132
Heterometra savignii 132
Heteromyidae 391
Heteromysidae 431
Heteronotus 82
Heteronotus abbreviatus 83
Heterophasia 365
Heterophasia melanoleuca 365
Heteroptera 68, 80
Heterotrogon 341
Heterotrogon vittatus 341
Heterurethra 116, 123
Heude's Timalie 365
Heulwolf 438

Heuschrecke, Ägyptische 72
Heuschreckenbussard 301
Heuschreckenfrosch 232
Heuschreckenkrebs(e) 49, 58
Heuschrecken-Rohrsänger 367
Hexacorallia 19, 32
Hexagrammidae 190
Hexagrammus 190
Hexagrammus octogrammus 191
Hexanchidae 144, 145
Hexanchiformes 141
Hexanchus griseus 145
Hexapoda 68, 71
Hierococcyx 334
Hierococcyx fugax 335
Hieroglyphen-Schmuckschildkröte 238, 239
Hilara 97
Hilara lucida 97
Himalaya-Apollo 89
Himalaya-Baumläufer 373
Himalaya-Königshuhn 306
Himalaya-Tahr 506
Himalayawasserspitzmaus 403
Himantopus 320
Himantopus americanus 321
Himantopus himantopus 321
Himmelsgucker 170, 206
Himmelsziege 320
Hinterindischer Rusa 14
Hinterkiemer 12, 116, 122
Hippocamelus 483
Hippocamelus antisiensis 483
Hippocampus 187
Hippocampus brevirostris 188
Hippocampus guttulatus 188
Hippocampus hudsonius 188
Hippocampus zebra 188
Hippoboscidae 98
Hippoglossus 214
Hippoglossus hippoglossus 214
Hippolais 366
Hippolais icterina 367
Hippolais pallida 367
Hippolyte 58
Hippolyte prideauxiana 59
Hippomorpha 469
Hippopotamidae 392, 479
Hippopotamus 479
Hippopotamus amphibius 479
Hippopotamus antiquus 479
Hippotragus 495
Hippotragus equinus 499
Hippotragus leucophaeus 499
Hippotragus niger 499
Hirnkoralle 34, 35
Hirsche 392, 483, 485
Hirscheber 477, 478
Hirschferkel 392, 482, 483
Hirschhornkoralle 34
Hirschkäfer 111

Hirschkäfer, Chilenischer 111
Hirschkäfer, Ostindischer 111
Hirschlausfliege 98
Hirschziegenantilope 502
Hirtenstar 384
Hirudo medicinalis 47
Hirudinea 19, 46
Hirundapus 339
Hirundapus giganteus 339
Hirundinidae 272, 357
Hirundo 357
Hirundo abyssinica 357
Hirundo rustica 357
Hirundo senegalensis 357
Hirundo tahitica 357
Hispaniola-Zwergspecht 350
Hispella 114
Hispella atra 114
Hister 106
Hister bipustulatus 106
Histeridae 106
Histioteuthidae 128
Histioteuthis 128
Histioteuthis rüppelli 128
Histrio 179
Histrio histrio 179
Histrionicus 299
Histrionicus histrionicus 299
Histriophoca 464
Histriophoca fasciata 463
Hoatzin(s) 274, 311
Hochstetters Urfrosch 226
Höckerechse 234, 259
Höckerglanzente 298, 299
Höcker-Landschildkröte 240
Höckernatter(n) 265, 267
Höckerschwan 295
Höhenläufer 274, 323
Höhere Krebse 49, 58
Höhere Säuger 390
Höhere Säugetiere 9
Höhlenkrebs, Amerikanischer 61
Höhlensalamander 224, 225
Höhlenschwalm(e) 338
Höhlenweihe 302
Hörnchen 391, 427
Hörnchenähnliche 391
Hörnchenartige 391, 423
Hörnchenbeutler 398
Hörner 121
Hofdame 94
Hogna 52
Hogna tarentula 53
Hohlhörner 489, 493
Hohltiere 13, 16, 19
Hokkos 274, 304
Holacanthus 200
Holacanthus tricolor 200
Holbrookia 254
Holbrookia lacerata 255
Holländerfarbiges Meerschweinchen 425
Holländer-Kaninchen 422
Holocentridae 186
Holocentrus 186
Holocentrus ascensionis 186

Holocentrus sammara 186
Holocephali 141, 150
Holopus 132
Holopus rangi 132
Holostei 132
Holothuria 132
Holothuria impaticus 132
Holothuroidea 132
Holotrichen 12
Holzbiene 103
Holzbock 55
Holzbohrer 86
Holzbohrkäfer 108
Holz-Flohkrebs 67
Holzwespen 99
Homalomyia 98
Homalomyia canicularis 98
Homalopsinae 265
Homalopteridae 174
Homaridae 60
Homarus 60
Homarus gammarus 60
Hominoidea 391
Homocerus 111
Homocerus mellyi 111
Homocoela 18
Homoptera 68, 82
Homopus 239
Homopus areolatus 239
Homosclerophorida 18
Honigameise(n) 101
Honiganzeiger 348
Honiganzeiger, Malayischer 348
Honigbeutler 399
Honigbiene 103
Honigdachs(e) 450, 452, 453
Honigfresser 273, 375
Hopfe 274, 345
Hopfenwurzelbohrer 86
Hoplocarida 49, 58
Hoplopterus 321
Hoplopterus spinosus 321
Hoplosternum 175
Hoplosternum thoracatum 177
Hoplostomatoptera 69, 86
Hornagame 251
Hornhecht(e) 182
Hornisse 102
Hornkieselschwämme 12, 18
Hornkorallen 12, 19, 34
Hornlund 327
Hornmilben 55
Hornrabe(n) 274, 347
Hornschwämme 18, 27
Hornschwämme 18, 27
Hornviper 270
Hornvögel 161
Hornwehrvogel 294
Horsefish 191
Hosenbiene 103
Hovawarth 439
Huchen 158, 159
Hucho 158
Hucho hucho 159
Hühner 311
Hühnerfloh 77
Hühnergans 297
Hühnervögel 273, 274, 304, 307
Hüttensänger 371
Hufeisenkrabben 50
Hufeisennasen 404, 405
Hufeisenwürmer 12, 19, 130
Hufeisenwurm 130
Huftiere 12, 468
Hulman 414, 415
Humboldt-Pinguin 280

Hummelelfe 340
Hummelfliegen 97
Hummer 56, 60
Hundeartige 390, 392, 438
Hunde(e) 391, 392, 438
Hundefüßer 68, 70
Hundsaffen 391, 410
Hundsfisch(e) 140, 160, 161
Hundshai 146, 146
Hundskopfschlange 264
Hundsrobben 392, 464
Hundszunge 215
Husarenaffe 412, 413
Huso 152
Huso huso 152
Hutaffe(n) 410, 411
Hutchinsoniella 56
Hutchinsoniella macrantha 56
Hutia Conga 426
Hyaena 443
Hyaena brunnea 443
Hyaena hyaena 443
Hyänen 392, 443
Hyänenhund 442
Hyaenidae 392, 443
Hyalospongiae 18
Hyas 64, 65
Hyas araneus 65
Hyazinthara 333
Hydra 28
Hydrachnellae 55
Hydranassa 288
Hydranassa rufescens 288
Hydratiere 19
Hydrobates 282
Hydrobates pelagicus 282
Hydrobatidae 282
Hydrochoerus 425
Hydrochoerus capybara 425
Hydrocynus 164
Hydrocynus goliath 165
Hydroidea 19
Hydroiden 19
Hydromantes 224
Hydromantes genei 224
Hydromedusa 242
Hydromedusa tectifera 242
Hydromedusen 12, 19, 28
Hydrometra 80
Hydrometra stagnorum 80
Hydrometridae 80
Hydrophasianus 318
Hydrophasianus chirurgus 318
Hydrophiidae 234, 269
Hydrophilidae 104
Hydropolinae 392
Hydropolypen 19
Hydroprogne 326
Hydroprogne caspia 326
Hydrosaurus 250
Hydrosaurus amboinensis 250
Hydropotes 483
Hydropotes inermis 482
Hydropotinae 483
Hydrotragus 495
Hydrotragus leche 498
Hydrous 104
Hydrous piceus 105
Hydrozoa 19, 28
Hydrurga 464

Hydrurga leptonyx 464
Hyelaphus 485
Hyemoschus 482
Hyemoschus aquaticus 482
Hyla 232
Hyla arborea 232
Hyla aurea 232
Hyla caerulea 232
Hyla cinerea 232
Hyla maxima 232
Hylambates 228
Hylambates maculatus 230
Hyla septentrionalis 232
Hylidae 218, 232
Hylobates 414
Hylobates concolor leucogenys 415
Hylobates lar 415
Hylobates moloch 415
Hylobatidae 391, 414
Hylobius 115
Hylobius abietis 115
Hylochoerus 476
Hylochoerus meinertzhageni 476
Hylocichla 370
Hylocichla mustelina 371
Hylophilus 379
Hylophilus ochraceiceps 379
Hymenoptera 68, 69, 99
Hynobiidae 218, 221
Hynobius 221
Hynobius keyserlingii 220
Hynobius nebulosus 220
Hyperia 67
Hyperia galba 67
Hyperiidae 67
Hyperoidea 67
Hyperolius 228
Hyperolius pictus 230
Hyphessobrycon 164
Hyphessobrycon calistus 165
Hyphessobrycon cardinalis 165
Hyphoreia 94
Hyphoreia aulica 94
Hypnelus 347
Hypnelus bicinctus 347
Hypochera 382
Hypochera nigeriae 382
Hypocoliinae 362
Hypocolius 362
Hypocolius ampelinus 362
Hypoderma 98
Hypoderma bovis 98
Hypopomus 168
Hypopomus artedi 168
Hypothymis 368
Hypothymis azurea 369
Hypseleotris 208
Hypseleotris cyprinoides 208
Hypsipetes 360
Hyracoidea 390, 468
Hystricidae 391, 424
Hystricognathi 391
Hystricoidea 391
Hystricomorpha 391, 423
Hystrix 424, 425
Hystrix africaeaustralis 424

Ibis 290
Ibisfliege 97
Ibis ibis 291
Ibisse 292
Ibisvögel 292
Ichneumonidae 99
Ichneumonoidea 69
Ichneumons 455
Ichthyophthirius multifiliis 24, 25
Ichthyophiidae 218, 220
Ichthyophis 220
Ichthyophis glutinosus 220
Ictaluridae 175
Ictalurus 175
Ictalurus nebulosus 174
Ictalurus punctatus 174
Icteridae 273, 380
Icterus 380
Icterus chrysocephalus 380
Icterus galbula 380
Idiacanthidae 161
Idiacanthus 161
Idiacanthus fasciola 162
Idolum 74
Idotea 67
Idotea baltica 66
Idoteide 67
Igel 391, 402
Igelfisch(e) 216, 217
Igelfliege 98
Igelkäfer 114
Igeltanrek 402
Igelwürmer 12, 16, 19, 47
Iguana 254
Iguana iguana 254
Iguanidae 234, 254
Iltis 450, 451
Iltisfrettchen 451
Ilyanthus 32
Ilyanthus mitchellii 33
Immenkäfer 106
Impalla 499
Inachis 91
Inachus 64
Inachus dorsettensis 65
Inarticulata 130
Incirrata 129, 116
Incurvariiformes 69
Incurvarioidea 69, 86
Indicator 348
Indicator archipelagus 348
Indicatoridae 348
Indicator indicator 348
Indicator xanthonotus 348
Indien-Klaffschnabel 290
Indien-Zwergspecht 350
Indigo-Fliegenschnäpper 368, 369
Indigonatter 266
Indigoschlange 265
Indische Dachschildkröte 238, 239
Indische Elefanten 467
Indischer Buntbarsch 202
Indischer Elefant 467, 479
Indischer Glasbarsch 192
Indischer Glaswels 175
Indischer Großstorch 291
Indischer Lappenkiebitz 321
Indischer Mungo 455
Indischer Muntjak 482
Indischer Nachtspint 344

Indischer Paradies-
  schnäpper 369
Indischer Pfau 309
Indischer Sambar 487
Indischer Scheren-
  schnabel 326
Indischer Schwalben-
  schwanz 89
Indischer Zwergfalke
  303
Indische Sandschlange
  264
Indisches Binsenhuhn
  313
Indisches Riesen-
  hörnchen 427
Indische Süßlippe 197
Indische Wüstenrenn-
  maus 432
Indopazifischer Meer-
  junker 204, 205
Indostomidae 187
Indostomus 187
Indostomus paradoxus
  189
Indridae 391, 406
Indri(s) 391, 406, 407
Indris indris 407
Inger 140, 141, 143, 143
Inia 436, 437
Inia geoffroyensis 437
Inkakakadu 330
Inkaseeschwalbe 326
Insecta 49, 68
Insekten 16, 49, 68, 71
Insektenfresser 12, 390,
  402
Inseltiger 461
Ioras 360
Iphinoe 66
Iphinoe serrata 66
Ipnopidae 161
Ipnops 161
Ipnops murayi 163
Ips 115
Ips typographus 115
Irbis 459
Irediparra 318
Irediparra gallinacea
  318
Irena 360
Irena puella 361
Irenen 360
Irenidae 272, 360
Ireninae 360
Iridomyrmex 100
Iridomyrmex humilis
  100
Irregularia 133
Isabell-Antilope 498
Isabellbär 444, 446
Ischnocera 77
Ischnochitonia 118
Ischnoradsia 118
Ischnoradsia australis
  118
Ischyropsalidae 54
Ischyropsalis 54
Ischyropsalis helwegi
  54
Isis 35
Isis hippuris 35
Isocrinida 132
Isopoda 49, 67
Isoptera 68, 76
Isotoma 71
Isotoma saltans 71
Ispidina 342
Ispidina picta 342
Isteophorus albicans
  211
Istiophorida 210
Istiophorus 210
Isuridae 144
Isurus oxyrhinchus 144,
  145
Ithaginis 306

Ithaginis cruentus 307
Ithomiidae 90
Ixobrychus 287
Ixobrychus flavicollis
  287
Ixobrychus minutus
  287
Ixodes 55
Ixodes ricinus 55
Ixodidae 55

Jabiru 290, 291
Jabiru mycteria 291
Jacana 318
Jacana, Mexikanische
  318
Jacana spinosa jacana
  318
Jacana spinosa spinosa
  318
Jacana, Südameri-
  kanische 318
Jacanidae 274, 318
Jackson's Dreihorn-
  chamäleon 252, 253
Jaculus 431
Jaculus jaculus 431
Jägerliest 343
Järv(e) 452
Jagdelster 388, 389
Jagdfasan 311
Jagdhunde 439
Jagdspinne 52
Jaguar 459, 460
Jaguarundi 457
Jakobskrautbär 94
Jamaika-Kolibri 340
James-Flamingo 293
Janthina 120
Janthina janthina 120
Japanerfarbiges Meer-
  schweinchen 425
Japan-Grünfrosch 228
Japanische Bachstelze
  358, 359
Japanische Makrele 210
Japanische Napf-
  schnecke 119
Japanischer Engmaul-
  frosch 231
Japanischer Kragenbär
  447
Japanischer Krallen-
  gecko 249
Japanischer Lidgecko
  249
Japanischer Riesen-
  salamander 221
Japanischer Schwarz-
  fußmarder 451
Japanischer Sika 14
Japanischer Singfrosch
  229, 230
Japanischer Tannen-
  zapfenfisch 186
Japanische Schlafmaus
  432
Japanische Scholle 214
Japanisches Flug-
  hörnchen 429
Japan-Käfer 112, 113
Japankärpfling 184
Japyx 71
Japyx solifugus 71
Jassidae 82
Java-Flugfrosch 229
Javaliest 342, 343
Java-Nashorn 471
Javaner Affe(n) 410,
  411
Javanischer Flugfrosch
  230
Javanisches Schuppen-
  tier 420
Java-Sichelkuckuck 335

Jeffersons Salamander
  221
Jendayasittich 333
Jentinkducker 493
Jersey-Rind 489, 490
Jiwi 379
Johnius 198
Johnius hololepidotus
  198
Jordanella 184
Jordanella floridae 184
Jordanita 94
Jordanita globulariae 94
Judenfische 192
Julidae 70
Julodis 109
Julodis viridipes 109
Julus 70
Julus fallax 70
Junco 376
Junco hyemalis 376
Jungfernkranich 315
Jynginae 350
Jynx 350
Jynx torquilla 350

Kabeljau 180
Kachuga 238
Kachuga tecta 238
Kadettfische 178
Käfer 12, 68, 69, 104
Käferschnecken 12, 116,
  118
Känguruh(s) 400, 401
Käsefliege(n) 97
Käuze 338
Kaffernbock 113
Kaffernbüffel 492
Kaguang 404
Kagu(s) 314
Kahlkopfwürger 360,
  361
Kahlratten 423
Kahlscheitel-Lederkopf
  375
Kahnfahrer 56, 57
Kahnkäfer 106
Kahnschnabel 288, 289
Kaimane 245
Kaiseramazone 332, 333
Kaiserfisch(e) 200
Kaisergans 296
Kaisergranat 60, 61
Kaiserpinguin 280
Kaisertamarin 409
Kaka 330
Kakadus 330
Kakatoe 330
Kakatoeinae 330
Kakatoe galerita 330
Kakatoe leadbeateri
  330
Kakatoe tenuirostris
  330
Kaktusfink 377
Kaktus-Grundfink 11
Kaktuszaunkönig 362,
  363
Kalahari-Heckensänger
  370
Kalanderlerche 356
Kalifornischer Flugfisch
  182, 183
Kalifornischer Kondor
  300
Kalifornischer Seelöwe
  462, 463
Kalkschwämme 12, 18
Kallima 91
Kallima inachus 91
Kalmar 128
Kalophrynus 230
Kalophrynus pleu-
  rostigma 230
Kamafuchs 442

Kamel(e) 392, 480
Kamelhalsfliege(n) 84,
  85
Kamerun-Felshüpfer
  365
Kaminsegler 339
Kammbleßhuhn 313
Kammdornwels 176
Kammerlinge 12
Kammfinger 391, 431
Kammfingerartige 391
Kammolch 223
Kammquallen 37
Kammspinne(n) 52, 53
Kammünder 130
Kampfhahlschnäbler
  183
Kampffisch 212, 213
Kampfläufer 320
Kampfwachteln 317
Kamptozoa 16, 19, 40
Kanadagans 296, 297
Kanadaluchs 458
Kanadischer Kranich
  314, 315
Kanarengirlitz 381
Kanarien-Girlitz 380
Kanarienvogel 381
Kandulí-Wels 175
Kaninchen 422
Kaninchen, Ameri-
  kanisches 422
Kaninchen-Beuteldachs
  397
Kanincheneule 337
Kaninchenfisch(e) 208,
  209
Kanker 54
Kantschil 14, 482
Kap-Ammer 376
Kap-Bergzebra 473
Kap-Breitrachen 351
Kapbülbül 360, 361
Kap-Elenantilope 496
Kap-Felsschmätzer 370
Kap-Gespenstfrosch 233
Kap-Großspornpieper
  358
Kap-Honigfresser 375
Kapitän 204, 205
Kaplöwen 460
Kappenbuschmeise 372
Kappensäger 299
Kappenwaldsänger 379
Kap-Rohrsänger 366,
  367
Kapschaf 281
Kapschnäpper 369
Kap-Sperling 381
Kap-Stockfisch 180, 181
Kapsturmvogel 281
Kaptäubchen 328
Kaptaube 281, 282
Kaptschagra 360, 361
Kapuzineräffchen 409
Kapuzinerartige 391,
  408
Kapuzinerkäfer 108
Kapuzinerspinne(n) 49,
  53
Kapuzinervogel 354,
  355
Karakal 458
Karakaras 303
Karakul-Schaf 508
Kara-Tau-Wildschaf
  507
Karausche 169
Kardinäle 377
Kardinalbarsche 194
Kardinalfisch 173
Karibischer Drachen-
  kopf 190
Karibu 485
Karmingimpel 381
Karminspint 344
Karpfenähnliche 141
Karpfenähnliche Fische
  164

Karpfenfische 169
Karpfenlaus 57
Kartoffelkäfer 114
Karunkelhokko 304
Kaschmirziege 505
Kasi 414
Kasi johnii 414
Kaspi-Hering 156
Kaspische Lamprete
  143, 143
Kasuare 277
Kasuarvögel 277
Katherina tunicata 118
Katta 407
Katzen 392, 456
Katzenartige 390, 392,
  438
Katzenbär 449
Katzendrossel 363
Katzenfrett 448
Katzenhai(e) 144, 145,
  146
Katzenwels(e) 175
Kaulbarsch 194, 195
Kaulquappen 219
Kea 330
Kegelrobbe 463, 465
Keilkopf-Glattstirn-
  kaiman 245
Keilschwanzadler 301
Keilschwanzhühner
  311
Keilschwanz-Papagei-
  taube 328
Keilschwanzsittche 332
Keilschwanz-Zwerg-
  papagei 331
Kelchwürmer 12, 16,
  19, 40
Kellenschnabel 351
Kellerassel(n) 56, 66
Kenopia 364
Kenopia striata 364
Kenopie 364
Kephalokariden 56
Kerabau 491
Keratosa 18
Kerbtiere 68, 71
Kernbeißer 381
Kernbeißer-Ammern
  376, 377
Kettenhecht 160
Kettenklapperschlange
  271
Kettenviper 270
Ketupa 336
Ketupa ketupa 336
Keulen-Eichelwurm 131
Keulenhornschrecke 72
Keulenkäfer 106
Keulenpolyp 28
Keulenschwanzgecko
  248, 249
Kiang 474, 475
Kiebitz(e) 274, 321
Kiebitzregenpfeifer 322
Kieferegel 19
Kieferfische 142
Kieferfüße 49, 56
Kieferlose 49, 137, 140,
  141
Kiefermäuler 137, 140,
  141
Kiefern-Buschhorn-
  blattwespe 99
Kiefern-Forleule 95
Kiefernharzgallen-
  wickler 87
Kiefernkreuzschnabel
  381
Kiefernspanner 92
Kiefernspinner 88
Kieferträger 49
Kielbäuche 164
Kielrallen 312
Kiemenatmer 49
Kiemenfüße 49, 56
Kiemenfuß 57

Kiemensackwels(e) 175
Kiemenschlitzaal(e)
  141, 189
Kiemenschwänze 49,
  56, 57
Kieselschwämme 12, 18,
  27
Kinixys 239
Kinixys erosa 239
Kinorhyncha 42
Kinosternidae 234, 236
Kinosternon 236
Kinosternon subrubrum
  237
Kirkdikdik 494
Kirschfruchtfliege 97
Kissenseestern 134
Kitfuchs 441
Kiwis 277
Kiwivögel 277
Klaffmuschel 126
Klaffschnabel 291
Klaffschnabel, Afrika-
  nischer 290
Klammeraffen 409
Klappenassel 66, 67
Klappen-Weich-
  schildkröte 237
Klapperlerchen 356
Klapperschlangen 266,
  271
Klappmütze 465
Klappnase(n) 404, 405
Klappschildkröte(n)
  237
Klarino 371
Klauberina 255
Klauberina riversiana
  254
Klauenlose Ottern 453
Klauenloser Otter 453
Klebkröte 230
Kleiber 255, 372, 373
Kleibergrasmücke 366
Kleiderlaus 77
Kleidermotte 86, 87
Kleidervögel 273, 379
Kleinasiatische Bezoar-
  ziege 504
Kleinbären 392, 448,
  454
Kleine Leuchtsardine
  163
Kleine Maräne 158, 159
Kleinelsterchen 383
Kleine Alexander-
  sittich 332
Kleine Raubmöve 324,
  325
Kleiner Baumfink 11
Kleiner Fetzenfisch 188
Kleiner Fleckenkiwi
  277
Kleiner Flugfisch 183
Kleiner Fregattvogel
  286
Kleiner Frostspanner
  92
Kleiner Fuchs 91
Kleiner Galago 406,
  407
Kleiner Grundfink 11,
  377
Kleiner Harnischwels
  177
Kleiner Herzigel 133
Kleiner Heuschrecken-
  krebs 58
Kleiner Kubafink 376
Kleiner Kudu 495
Kleiner Maulbrüter 202
Kleiner Messerfisch 168
Kleiner Panda 449
Kleiner Paradiesvogel
  386, 387
Kleiner Rindenspalter
  350, 351

525

Kleiner Roter
  Drachenkopf 190
Kleiner Spinnenjäger
  374
Kleiner Teufelsrochen
  148
Kleiner Zwergspecht
  350
Kleines Chinchilla 426
Kleine Schlafmaus 432
Kleine Schlangennadel
  189
Kleine Schneegans 296
Kleine Seenadel 189
Kleines Glühwürmchen
  106
Kleines Nacht-
  pfauenauge 88, 89
Kleine Stubenfliege 98
Kleinfledermäuse 390,
  404, 405
Kleingefleckter
  Katzenhai 145
Kleinkantschil 482
Kleinköpfige Ruder-
  schlange 269
Kleinköpfige See-
  schlange 269
Kleinlibellen 79
Klein-Orthonyx 365
Kleinschnäpper 368
Kleinstböckchen 494
Kleinwühlmaus 434
Kleinzikade, Amerika-
  nische 82
Kleinzikaden 82
Kletterbeutler 390, 398,
  399
Kletterfisch(e) 212
Klettermallophagen 77
Kletternatter 265
Kletternde Seewalze
  132
Kliesche 214, 215
Klingel-Honigfresser
  375
Klippenassel 66
Klippenfisch 207
Klippenschwalbe 357
Klippenvögel 355
Klippspringer 494
Kloakentiere 12, 390,
  393
Klopfkäfer 108
Klunker-Honigfresser
  375
Klunkerkranich 315
Knacker-Baumfink 11
Knallkrebs 59
Kneria 164
Kneria polli 164
Kneriidae 164
Knirpsspitzmaus 403
Knoblauchkröte 227
Knochenfische 13, 137,
  141, 141, 142, 150
Knochenganoiden 141
Knochenhechte 141, 153
Knochenqualle 31
Knochenzüngler 141,
  157
Knorpelfische 13, 16,
  137, 141, 142, 144
Knotenameise(n) 100
Knurrhähne 190
Knurrhahn, Afrika-
  nischer 190
Knutt 320
Koala 399
Koboldkärpfling 185
Koboldmaki(s) 391,
  406, 407
Kobras 268
Kobus 495
Kobus e. defassa 498
Kobus ellipsiprymnus
  ellipsiprymnus 498
Kodiakbär 444
Köcherfliegen 68, 85

Köcherjungfer(n) 85
Köderwurm 45
Köhler 180
Koël 335
Königsfasan 311
Königsfische 194
Königsgeier 300
Königshühner 306
Königskrabbe 50
Königslibelle 79
Königsmakrele 210, 211
Königsnatter 266
Königsparadiesvogel
  386
Königspinguin 280
Königspython 263
Königssatrap 353
Königs-Scavenger 197
Königsseeschwalbe 326
Königsskink 258, 259
Königssnapper 196
Königstiger 461
Königstyrann 353
Körnchenmolch 223
Kofferfische 216, 217
Kohlmeise 372
Kohlschnake 96
Kohlwanze 81
Kohlweißling 90
Kokil 335
Kolbenente 298, 299
Kolbenwasserkäfer 104,
  105
Kolibris 273, 340
Kolkrabe 389
Kolsun 442
Kolumbianisches
  Erdhörnchen 428
Komet 170
Kommafalter 87
Kommaschildlaus 84
Komodowaran 260,
  261
Kompaßqualle 31
Kondor, Kalifornischer
  300
Kongohöhlenbarbe 172
Kongo-Lungenfisch 150
Kongoni 500
Kongopfau(en) 274, 309
Kookaburra 343
Kopffüßer 116, 128
Kopfhornschröter 111
Kopflaus 77
Kopfsteher 164
Korallenfinger 232
Korallennatter 266, 267
Korallenottern 268
Korallen-Rollschlange
  262
Korallenschwamm 18
Korallenwels(e) 175,
  176, 177
Kordilleren-Stummel-
  fuß 232
Korea-Iltis 450
Korea-Leopard 459
Kormoran(e) 284
Kornmotte 86, 87
Kornweihe 302
Korsika-Kleiber 373
Koskoroaschwan 295
Kotingas 272, 354
Kotkäfer 112
Kouprey 490, 491
Krabben 63
Krabbenfresser 464,
  465
Krabbenspinne(n) 52,
  53
Krabbentaucher 327
Krabbentriel 323, 324
Krabbenwaschbär 448,
  449
Krähenscharbe 284
Krätzmilbe(n) 54, 55
Kräuselhauben-Perl-
  huhn 310
Kräuterdieb 108

Kragenbär(en) 447
Kragenbär, Japanischer
  447
Kragenechse 251
Kragenente 299
Kragengeißler 12
Kragenhopf 386
Kragenhuhn 306
Kragentaube 329
Kragentiere 13
Kragentrappe 316, 317
Krallenäffchen 391,
  408, 409
Krallenfingergecko 248
Krallenfrosch 226
Krallengecko 248
Krallengecko,
  Japanischer 249
Krallenmolch 220, 221
Krallenschlüpfer 352
Krallenträger 16, 47
Kranich, Australischer
  314, 315
Kranich, Kanadischer
  314, 315
Kraniche 314
Kranichvögel 273, 312,
  317
Kranzfühler 13, 16, 130
Kratzer 42, 43
Krause Bohrmuschel
  127
Krauskopfpelikan 15,
  283
Krebse 12, 48, 49, 56
Krebstiere 16, 49, 56
Kreiselschnecke 118
Kreuzbrustschildkröte
  236, 237
Kreuzkröte 231
Kreuzotter 270
Kreuzspinne 52
Kreuzschnabelarten 381
Kreuzwels(e) 175
Krickente 298
Kriebelmücken 96
Kriechtiere 13, 137,
  234
Kröten 218
Krötenechse(n) 255
Krötenfisch 179
Krötenfrösche 218, 226
Krohnitta 131
Krohnitta subtilis 131
Krokodile 234, 235,
  244, 245
Krokodilkaiman 245
Krokodillaternenfisch
  163
Krokodilmolch 222
Krokodilschleiche 259
Krokodilwächter 323
Kronenadler 301
Kronenducker 493
Kronen-Elaenie 353
Kronenkiebitz 321
Kronenkranich(e) 314,
  315
Kronentaube 329
Krontauben 329
Kropfgazellen 502
Kropfgazelle, Persische
  502
Krustenanemonen 12,
  19
Krustenechse,
  Mexikanische 260
Krustenechsen 234, 260
Kryptopterus 175
Kryptopterus bicirrhis
  175
Kubaclarino 371
Kuba-Drossel 371
Kubafink 377
Kubakrokodil 246
Kuba-Kröte 230
Kuba-Laubfrosch 232
Kubaspecht 351
Kubatodi 343

Kuba-Trogon 341
Kuckuck(e) 334, 335
Kuckuckskauz 337
Kuckuckslippfisch 204,
  205
Kuckucksvögel 273, 334
Kuckucksweber 381
Kuckuckswespe 99
Kudus 495
Küchenschabe 75
Küssende Guramis
  212, 213
Küssender Gurami
  213
Küstenseeschwalbe
  326
Küstenspringer 71
Kugelassel 66
Kugelfische 216, 217
Kugelgürteltier 419
Kugelmuschel(n) 125
Kugelschnecke 122
Kugelspinnen 52
Kugelspringer 71
Kuhantilopen 500
Kuhfisch 216
Kuhnase 148, 149
Kuhreiher 289
Kuhstärling 380
Kumazee(n) 49, 66
Kupferglocke 88
Kupferkopf 271
Kupfersalmler 165,
  166
Kupferstecher 115
Kupferschwanztrogon
  341
Kurol(s) 274, 344, 345
Kurzflossiger Flugfisch
  183
Kurzflügler 106
Kurzkopfflugbeutler
  398
Kurzkopffrosch 230
Kurzkopffrosch, Süd-
  afrikanischer 231
Kurznasen-Beuteldachs
  397
Kurznasenschimären
  150
Kurznasensee-
  fledermaus 178
Kurzohrfuchs 441
Kurzschnabelrallen 312
Kurzschnäuziges See-
  pferdchen 188, 189
Kurzschwanzhase 421
Kurzschwanzkrebse
  62, 63
Kurzschwanztimalie
  364
Kusimanse 455
Kuttengeier 302
Kyphosus sectatrix
  199
Kyphosidae 198
Kyphosus 198

Labeo 169
Labeo bicolor 173
Labeo frenatus 173
Labia 74
Labia minor 74
Labidognatha 52
Labidura 74
Labidura riparia 74
Labiduridae 74
Labiidae 74
Labridae 204
Labroides 204
Labroides dimidiatus
  205
Labrus 204

Labrus ossifagus 205
Labyrinthfische 212,
  213
Lacerta 256
Lacerta agilis 257
Lacerta lepida 257
Lacerta muralis 257
Lacerta sicula coerulea
  257
Lacerta viridis 257
Lacerta vivipara 257
Lacertidae 234, 256
Lachesis 271
Lachesis mutus 271
Lachhabicht(e) 303
Lachmöwe 325
Lachnolaimus 204
Lachnolaimus maximus
  204
Lachsfisch(e) 141, 158
Lachs(e) 158
Lactoria 216
Lactoria cornuta 216
Ladykrabbe 63
Lämmergeier 302
Laemodipodea 67
Lärchenminiermotte 87
Lärmvogel 334
Lätzchen-Erdracke 345
Läuse 77
Lagidium 426
Lagidium peruanum
  426
Lagneus 130
Lagneus californicus
  130
Lagomorpha 390, 421
Lagonosticta 383
Lagonosticta senegala
  383
Lagopus 305
Lagopus lagopus 305
Lagopus mutus 305
Lagothrix 408
Lagothrix lagotricha
  409
Lagria 110
Lagria hirta 110
Lagriidae 110
Lalage 359
Lalage leucomela 359
Lamantin 468
Lamellicornia 69, 111
Lamna nasus 145
Lamniformes 141
Lampetra 143
Lampetra fluviatilis
  143
Lampetra planeri 143
Lamprete, Kaspische
  143, 143
Lampridae 187
Lampridiformes 141,
  187
Lampris 187
Lampris luna 187
Lampropeltis 265
Lampropeltis getulus
  266
Lamprospreo 384
Lamprospreo superbus
  384
Lamprotornis 384
Lamprotornis
  caudatus 384
Lamprotornis
  purpureus 384
Lampyridae 106
Lampyris 106
Lampyris noctiluga
  106
Landasseln 67
Landeinsiedlerkrebs(e)
  62

Landkartenfalter 91
Landmilben 55
Landplanarien 38
Landraubtiere 9
Landschildkröte,
  Griechische 240
Landschildkröte,
  Maurische 240
Landschildkröten 234,
  239, 240
Langaha 265
Langaha nasuta 267
Langarmkäfer,
  Türkischer 112
Langarmkrebs 65
Langbeinkuckucke 334
Langfühler 120
Langhornmotte(n) 86,
  87
Langkäfer 114
Langnasen-Beuteldachs
  397
Langnasenchimäre(n)
  150
Langnasen-Knochen-
  hecht 153
Langschnabellerche 356
Langschnabelsittich
  333
Langschnäuziges
  Seepferdchen 188,
  189
Langschwänze 180, 181
Langschwanz 181
Langschwanzeidechsen
  257
Langschwanz-Frucht-
  taube 328
Langschwanzstar 384
Langschwanzmäuse
  391, 434, 435
Langschwanz-
  Salamander 225
Langschwanz-
  Schuppentier 420
Langsporn-Kiebitz 321
Languren 415
Languste, Europäische
  60
Languste(n) 60
Langwanze(n) 80, 81
Laniarius 361
Laniarius atrococ-
  cineus 360
Lanice 45
Lanice conchilega 44
Laniidae 272, 361
Laniinae 361
Lanius 361
Lanius collurio 360
Lanius excubitor 360
Lanius nubicus 360
Lanternaria 82
Lanternaria
  phosphorica 83
Lanthanotidae 234,
  260
Lanthanotus 260
Lanthanotus
  borneensis 260
Lanzenfisch(e) 161, 163
Lanzenschlange,
  Asiatische 271
Lanzenschlangen 271
Lanzenseeigel 133
Lanzettfischchen 137,
  139
Lappen-Blatthühnchen
  318
Lappenchamäleon 252,
  253
Lappenmuscheln 126
Lappenente 299
Lappengeier 302
Lappenkiebitz,
  Australischer 321
Lappenkiebitz,
  Indischer 321
Lappenkrähe 385

Lappen-Paradiesvogel 386, 387
Lappenpittas 272, 353
Lappenstar 384, 385
Lappentaucher 273, 278, 279
Lappenvögel, Neuseeländische 385
Lappenziege 505
Lappländische Schabe 75
Lar 415
Lari 274, 324
Laridae 274, 324
Larosterna 326
Larosterna inca 326
Larus 324
Larus argentatus 325
Larus canus 325
Larus dominicanus 324
Larus fuscus 325
Larus heermanni 324
Larus marinus 325
Larus modestus 324
Larus novaehollandiae 324
Larus pipixcan 324
Larus ridibundus 325
Larvenroller 545
Larvensifaka 407
Lasiocampidae 88
Lasiorhinus 398
Losiorhinus latifrons 399
Lasius 100
Lasius niger 100
Lasurfink 377
Lasurmeise 372
Laterallus 312
Laterallus leucopyrrhus 312
Laternenangler 179
Laternenfisch(e) 161, 163, 186
Laternenträger 83
Laternenträger, Europäischer 83
Lathridiidae 107
Lathridius 107
Lathridius nodifer 107
Laticauda 269
Laticauda semifasciata 269
Latimeria 151
Latimeria chalumnae 151
Latrodectus 52
Latrodectus mactans 53
Latrodectus tredecimguttatus 53
Laubenvögel 273, 386
Laubfrosch, Amerikanischer 232
Laubfrösche 218, 232
Laubfrosch, Europäischer 232
Laubheuschrecken 73
Laubkäfer 112
Laubkröte 230, 231
Laubsängerfink 377
Laucharassari 349
Laufflöter 365
Laufhühnchen 317
Laufkäfer 104
Laufsittich(e) 331
Laufvögel 273, 275
Lausfliegen 98
Lazulifink 377
Lebendgebärende Zahnkarpfen 184
Lebistes 184
Lebistes reticulatus 185
Lebria 104
Leda 124
Leda pella 124
Lederkarpfen 169
Lederköpfe 375

Lederkorallen 12, 19, 34
Lederlaufkäfer 104
Lederschildkröte(n) 234, 241, 242
Lederseeigel 133
Lederwanze(n) 80, 81
Leguane 234, 254
Lehmannia 123
Lehmannia marginata 123
Leierfisch, Afrikanischer 207
Leierfische 206, 207
Leierfisch, Europäischer 207
Leierhirsch 487
Leierschwänze 272, 355
Leierschwanz 355
Leierschwanz-Honiganzeiger 348, 349
Leiolepis 250
Leiolepis belliana 251
Leiopelma 226
Leiopelma hochstetteri 226
Leiopelmatidae 218, 226
Leiothrix 365
Leiothrix argentauris 365
Leiothrix lutea 365
Leipoa 304
Leipoa occellata 304
Leistenkrokodil 247
Leiurus 50
Leiurus dufoureis 51
Lemminge 434
Lemmus 434
Lemmus lemmus 434
Lemmus trimucronatus 434
Lemniscomys 435
Lemniscomys striatus 435
Lemur catta 407
Lemur(en) 391, 406
Lemuridae 391, 406
Lemur mongoz 407
Lemur variegatus 407
Lengfisch 180
Leontocebus 408
Leontocebus rosalia 409
Leopard, Afrikanischer 461
Leoparden 410, 459
Leopardenhai 146, 146
Leoparden-Schilderwels 177
Leopardfrosch 228
Leopardus 456
Leopardus pardalis 457
Leopardus tigrinus 457
Lepas 56
Lepas anatifera 56
Lepas fascicularis 56
Lepidocentroidea 133
Lepidocolaptes 352
Lepidocolaptes albolineatus 352
Lepidoptera 68, 69, 86
Lepidosaphes 84
Lepidosaphes ulmi 84
Lepidosiren 151
Lepidosiren paradoxa 150
Lepidosirenidae 151
Lepisma 71
Lepisma saccharina 71
Lepisosteidae 153
Lepisosteiformes 141, 153
Lepisosteus 153
Lepisosteus osseus 153
Lepisosteus spatula 153
Lepidopleurida 118
Lepomis 194
Leporidae 391, 421

Leptailurus 456
Leptailurus serval 458
Leptinotarsa 114
Leptinotarsa-decemlineata 114
Leptocardia 137
Leptochelia 66
Leptochelia savignyi 66
Leptodactylidae 218, 232
Leptodactylus 232
Leptodactylus pentadactylus 233
Leptodora 56, 57
Leptodora kindtii 57
Leptomeduse(n) 28
Leptomysis 66
Leptomysis mediterranea 66
Leptonychotes 464
Leptonychotes weddelli 464
Leptopelis 228
Leptopelis christyi 230
Leptoplana 38
Leptoplana pallida 38
Leptopoecile 368
Leptopoecile sophiae 368
Leptopterus 361
Leptopterus madagascarius 360
Leptoptilus 290
Leptoptilus crumeniferus 291
Leptosomatinae 274, 344
Leptosomus 344
Leptosomus discolor 345
Leptostraca 49, 58
Leptostraken 58
Leptotyphlopidae 234, 262
Leptotyphlops 262
Leptotyphlops humilis 262
Lepus 421
Lepus arcticus 421
Lepus brachyurus 421
Lepus californicus 421
Lepus europaeus 421
Lepus timidus 421
Lerchen 272, 356
Lerchen-Kampfwachtel 317
Lesbia 340
Lesbia sparganura 340
Lestes viridis 79
Lestidae 79
Lethrinidae 196
Lethrinus 196
Lethrinus chrysostomus 197
Leucaspius 169
Leucaspius delineatus 170
Leuchtende Seefeder 36
Leuchtgarnele(n) 49, 58, 59
Leuchtkäfer 106
Leuchtqualle 30, 31
Leuchtsardine 161
Leuciscus 169
Leuciscus leuciscus 170
Leucochloridium macrostoma 39
Leucosticte 380
Leucosticte tephrocotis 380
Leurethes 185
Leurethes tenuis 185
Leurognathus 224
Leurognathus marmoratus 224
Lewinichthys 182
Lewinichthys ciconia 183

Libellen 68, 79
Libellula 79
Libellula depressa 79
Libellula quadrimaculata 78
Libellulidae 79
Lichanura 264
Lichanura trivirgata 264
Lidgecko 248
Lidgecko, Japanischer 249
Ligia 67
Ligia oceanica 66
Ligiidae 67
Ligusterschwärmer 93
Liguus 123
Liguus fasciatus 123
Liguus fasciatus dryas 123
Lilienhähnchen 114
Lilioceris 114
Lilioceris lilii 114
Limanda 214
Limanda limanda 214
Limax 123
Limax maximus 123
Limenitis 91
Limenitis populi 91
Limicola 320
Limicola falcinellus 320
Limnaea truncatula 39
Limnocorax 312
Limnocorax flavirostris 312
Limnodromus 319
Limnodromus griseus 319
Limnomeduse(n) 28
Limnophilidae 85
Limnophilus 85
Limnophilus flavicornis 85
Limnophilus rhombicus 85
Limosa 319
Limosa lapponica 319
Limosa limosa 319
Limulus 50
Limulus polyphemus 50
Linckia 134
Linckia guildingi 134
Lineus 40
Lineus bilineatus 40
Lingula 130
Lingula unguis 130
Linophryne 179
Linophryne arborifer 179
Linophrynidae 179
Liopsetta 214
Liopsetta glacialis 215
Liparidae 190
Liparis 190
Liparis liparis 191
Lipoptena 98
Lipoptena cerri 98
Lippenbär 447
Lippenmünder 130
Lippfische 204, 205
Lissemys 242
Lissemys punctata 242
Lithobiidae 70
Lithobiomorpha 68, 70
Lithobius 70
Lithobius forficatus 70
Litschi-Wasserbock 498
Littorina 118
Littorinacea 116, 118
Littorina littorea 119
Lobivanellus 321
Lobivanellus indicus 321
Lobibyx 321
Lobibyx novaehollandiae 321
Lobodon 464
Lobodon carcinophagus 464

Lobotes 196
Lobotes surinamensis 196
Lobotidae 196
Lochottern 271
Locustella 367
Locustella luscinoides 367
Locustella naevia 367
Loddigesia 340
Loddigesia mirabilis 340
Löffelente 298
Löffelhund 442
Löffelstör(e) 152, 153
Löffler 292
Löffler, Afrikanischer 292
Löffler, Australischer 292
Löwe(n) 460
Löwenäffchen 409
Löwenkopf 170
Löwe, Ostafrikanischer 460
Loliginidae 128
Loligo 128
Loligo vulgaris 128
Lonchura 383
Lonchura leucogastra 383
Long-Tom 183
Lophiidae 179
Lophiiformes 141, 179
Lophiomyidae 391, 433
Lophiomys 433
Lophiomys aethiopicus 432
Lophius 179
Lophius piscatorius 178
Lophophorus 311
Lophophorus impejanus 310
Lophopoda 130
Lophorina superba 386
Lophornis 340
Lophornis ornata 340
Lophortyx 306
Lophortyx gambelii 307
Lophotis 316
Lophotis ruficrista 316
Lophura 311
Lophura ignita rufa 310
Lopomis gibbosus 194
Loricaria 175, 177
Loricaria parva 177
Loricariidae 175
Loricata 118
Loriculini 332
Loriculus 332
Loriculus galgulus 332
Loriini 332
Loris 331, 391, 406, 407
Lorisidae 391, 406
Loris tardigradus 406
Lorius 332
Lorius roratus 332
Lota 180
Lota lota 180
Lotsenfisch 196
Loxia 380
Loxia curvirostra 381
Loxia pityopsittacus 381
Loxoceminae 263
Loxocemus 263
Loxocemus bicolor 262
Loxodonta 466
Loxodonta a. cyclotis 466
Loxodonta africana 467
Loxops 379
Loxops coccinea 379
Lucanidae 111
Lucanus 111
Lucanus cervus 111

Luchs(e) 458
Lucilia 98
Lucilia caesar 98
Luciocephalidae 212
Luciocephalus 212
Luciocephalus pulcher 213
Lucioperca 194
Lucioperca lucioperca 195
Luftröhrenschreier 272, 352
Lullula 356
Lullula arborea 356
Lumbricus rubellus 46
Lummen 327
Lummensturmvogel 282
Lump 191
Lunda 327
Lunda cirrhata 327
Lungenfisch, Äthiopischer 150
Lungenfisch, Afrikanischer 151
Lungenfisch, Australischer 150, 151
Lungenfische 12, 141
Lungenfisch, Südamerikanischer 150
Lungenlose Salamander 218, 224
Lungenschnecken 12, 117, 122
Lurche 13, 137, 218, 219, 220
Luscinia 370
Luscinia megarhynchos 370
Luscinia svecica 370
Lutianidae 196
Lutianus 196
Lutianus sebae 196
Lutra 450
Lutra lutra 453
Lutreola 450
Lutreola lutreola 450
Lutreolina 395
Lutreolina crassicaudata 394
Lutrinae 450
Lybius 348
Lybius torquatus 348
Lycaena 92
Lycaena helle 92
Lycaenidae 92
Lycaon 438
Lycaon pictus 442
Lycidae 106
Lycodontis 154
Lycodontis tessellata 154
Lycosidae 52
Lycoteuthidae 128
Lycoteuthis 128
Lycoteuthis diadema 128
Lygaeidae 80
Lymantria 94
Lymantria monachus 95
Lymantriidae 94
Lymnaea 123
Lymnaea stagnalis 123
Lymnocryptes 320
Lymnocryptes minimus 320
Lynx 456
Lynx lynx 458
Lynx pardina 458
Lynx rufus 458
Lyrurus 305
Lyrurus tetrix 305
Lysiosquilla 58
Lysiosquilla eusebia 58
Lysiosquilla maculata 58
Lythripnus 208
Lythripnus dalli 208
Lytta 110
Lytta vesicatoria 110

Mabuya 258
Mabuya quinquetaeniata 258
Macaca 410
Macaca fuscatus 410
Macaca irus 410
Macaca maurus 410
Macaca mulatta 410
Macaca nemestrinus 410
Macaca radiata 410
Macaca speciosus 410
Macaca sylvana 410
Macracanthorhynchus 43
Macracanthorhynchus hirudinaceus 43
Macrobiotus 47
Macrocephalon 304
Macrocephalon maleo 304
Macroclemys 236
Macroclemys temminckii 236
Macrocheira 64, 65
Macrocheira kaempferi 65
Macrocheraia 80
Macrocheraia grandis 81
Macrodactylia 69, 108
Macrodipteryx 338
Macrodipteryx longipennis 338
Macroglossum 93
Macroglossum stellatarium 93
Macrognathus 212
Macrognathus aculeatus 213
Macronectes 281
Macronectes giganteus 281
Macronous 364
Macronous gularis 364
Macronyx 358
Macronyx capensis 358
Macroperipatus 47
Macropodidae 390, 400
Macropodus 212
Macropodus opercularis 212
Macropus 400
Macropus giganteus 401
Macropus robustus 401
Macropus rufus 401
Macrorhamphosidae 187
Macrorhamphosus 187
Macrorhamphosus scolopax 188
Macroscelididae 391, 402
Macrosphenus 366
Macrosphenus flavicans 366
Macrotis 397
Macrotis lagotis 397
Macrouridae 180
Macrourus 180
Macrourus macrochir 181
Mactra 126
Mactra corallina 126
Madagaskar-Blatthühnchen 318
Madagaskar-Blattnasennatter 267
Madagaskar-Fluchtvogel 360, 361
Madagaskar-Fruchttauben 328
Madagaskarleguan 255
Madagaskarweber 382
Madagassischer Blattschwanzgecko 248
Madagassischer Fühlerkäfer 105

Madenhacker 384
Madenhackerkuckucke 334
Madenhackerstare 384
Madrepora oculata 34
Madreporaria 19, 34
Mähnenhirsche 487
Mähnenratte(n) 391, 432, 433
Mähnenrobbe(n) 462, 463
Mähnenschafe 506
Mähnenspringer 506
Mähnenwolf 441
Mäuseähnliche 391
Mäusebussard 301
Mäuseverwandte 391, 423
Magellanfuchs 441
Magellangans 297
Magellanpinguin 280
Magenbremse(n) 98
Magicicada 82
Magicicada septendecim 82
Magot 410, 411
Maguaristorch 291
Maifisch 156
Maiidae 64
Maikäfer 112, 113
Maikong 441
Maiwurm 110
Macaira 210
Macaira audax 211
Makaken 410, 411
Makibär 448
Makifrosch 232
Makrele, Japanische 210
Makrele(n) 210
Makrelenhai 144, 145
Makrelenhecht(e) 182
Malabarbärbling 172
Malacanthus 194
Malacanthus latovittatus 195
Malachiidae 106
Malachit-Nektarvogel 374
Malachius 106
Malachius rufus 106
Malaclemys 238
Malaclemys terrapin 238
Malacochersus 239
Malacochersus tornieri 239
Malaconotinae 361
Malaconotus 361
Malaconotus poliocephalus 360
Malacostraca 49, 58
Malaien-Baumelster 388
Malaiendommel 287
Malaiischer Palmenroller 454
Malapteruridae 175
Malapterurus 175
Malapterurus electricus 175
Malariamücke 23
Malayenbär 447
Malayen-Weichschildkröte 242, 243
Malayischer Fischuhu 336
Malayischer Honiganzeiger 348
Malayischer Rennschmätzer 365
Malayischer Wespenbussard 300
Malacopteron 364
Malacopteron magnum 364
Malermuschel 125
Malleeflöter 370
Mallosia 113

Mallosia imperatorix 113
Malmignatte 53
Malolo 183
Malurinae 368
Malurus callaina 368
Malurus melanocephalus 368
Mammalia 9, 137, 390
Mammut 509
Mampalon 454
Manakins 272
Manati 468
Mandarinente 298, 299
Mandibulata 49
Mandrill 411
Mandrillus 410
Mandrillus leucophaeus 411
Mandrillus sphinx 411
Mandschurenkranich 315
Mandschurenpanther 461
Mandschu-Tiger 461
Mangaben 413
Mangaliza-Schwein 478
Mangusten 455
Manidae 420
Manis 420
Manis gigantea 420
Manis javanica 420
Manis pentadactyla 420
Manis temmincki 420
Manis tetradactyla 420
Man-Katze(n) 456, 457
Manorina 375
Manorina melanophrys 375
Manta 147, 149, 149
Manta birostris 149
Mantella 228
Mantella aurantiaca 229
Mantelmöwe 325
Mantelpavian 410, 411
Manteltiere 12
Mantidae 74
Mantis 74
Mantispa 84
Mantispa pagana 85
Mantispidae 84
Mantis religiosa 75
Mantodea 68, 74
Manucodia 386
Manucodia chalybata 387
Manul 457
Manyarweber 382
Maori 204
Maphyteus 72
Maphyteus leprosus 72
Marabu, Afrikanischer 291
Marabus 291
Maräne(n) 158, 159
Maral, Asiatischer 14
Marder 392, 402, 450
Marderbär 454
Marderhai 144
Marderhund 442
Margaritana 125
Margaritana margaritifera 125
Marienkäfer 107
Marmorbeilbauchfisch 167
Marmorkatze 457
Marmorkegel 121
Marmormolch 223
Marmorner Stechrochen 148
Marmosa 395
Marmosa mexicana 394
Marmota 427

Marmota bobak 428
Marmota marmota 428
Marmota monax 428
Marsupialia 390, 394
Martes 450
Martes martes 451
Martes melampus 451
Martes zibellina 451
Marthasterias 134
Marthasterias glacialis 135
Maskatesel 475
Maskeneule 336
Masken-Gerygone 368
Masken-Grasmücke 367
Maskenkrabbe 63, 65
Masken-Schleiereule 336
Maskensittich 332
Maskentölpel 285
Maskenwürger 360, 361
Masken-Zwergpapagei 331
Massaigiraffe 488
Massasauga 271
Mastacembelidae 212
Mastacembelus 212, 213
Mastacembelus armatus 213
Mastacembelus maculatus 213
Mastigamoeba aspera 21
Mastigoproctus 50
Mastigoproctus giganteus 51
Mastophora 52
Mastophora cornigera 53
Mastophoreae 52
Matuta 64, 65
Matuta lunaris 65
Mauerassel 66
Mauereidechse(n) 256, 257
Mauerfuchs 91
Mauergecko 249
Mauerläufer 372, 373
Mauersegler 339
Maulesel 474, 475
Maulfüßer 49, 58
Maultierhirsch 14, 483, 484
Maulwurf 403
Maulwürfe 391, 402, 403, 423
Maulwurfkrebs(e) 62
Maulwurfsgrille(n) 73
Maulwurfsratten 423
Maurer-Hornvögel 274
Maurische Landschildkröte 240
Mauritius-Taggecko 249
Maurolicus 161
Maurolicus muelleri 161
Mausmaki 407
Mausvögel 273, 342
Mauswiesel 450
Mauszwergbeutelratte 394, 395
Mayetiola 96
Mayetiola destructor 96
Mazama 483
Mazama americana 483
Mechanitis 90
Mechanitis nessaea lysimnia 90
Mecistomela 114
Mecistomela quadrimaculata 114
Meconema 73
Meconema thalassinum 73
Mecoptera 68, 84

Medinawurm 41
Medizinischer Blutegel 46, 47
Medusen 28
Meeraal(e) 154, 155
Meeräschen 203
Meerbrassen 196
Meerechse 254
Meerenten 274, 299
Meerengel 147, 147
Meeresleuchttierchen 20
Meeresmilbe(n) 55
Meeresmollusken 117
Meeres-Moostierchen 130
Meeresschildkröten 241
Meeresstrudelwürmer 38
Meerforelle 158
Meerkatzen 410
Meerkröte 178
Meermoostierchen 130
Meerneunauge 143, 143
Meerorange 18, 26
Meerschweinchen 391, 425
Meerschweinchenartige 391
Meerzahn 127
Megaceryla 342
Megaceryla alcyon 342
Megachile 102
Megachile cetuncularis 103
Megachilidae 102
Megachiroptera 390, 404
Megaderma 404
Megaderma lyra 405
Megadermatidae 404
Megadyptes 280
Megadyptes antipodes 280
Megalaima 348
Megalaima mystacophanos 348
Megalopa-Larve 59
Megalopastadium Carcinides 58
Megalopidae 154
Megaloptera 328
Megaloprepia 328
Megaloprepia magnifica 328
Megalops 154
Megalops cyprinoides 154
Megaloptera 68, 84
Meganyctiphanes 58
Meganyctiphanes norvegica 58
Megapodiidae 274, 304
Megapodius 304
Megapodius freycinet 304
Megapodius laperouse senex 304
Megaptera 436
Megaptera novaeangliae 436
Megascolides australis 46
Megathymus 87
Megathymus neumoegerei 87
Megophrys 226
Megophrys nasuta 227
Mehari(s) 480
Mehlkäfer 110
Mehlmilbe(n) 54, 55
Mehlschwalbe 357
Mehlwurm 110
Mehlzünsler 88
Meisen 372
Meisentimalien 364
Meißelbaumhacker 352
Melanitta 299
Melanitta fusca 299

Melanocetus 179
Melanocetus cirrifer 179
Melanocharis 374
Melanocharis nigra 374
Melanochlora 372
Melanochlora sultanea 372
Melanocorypha 356
Melanocorypha yeltoniensis 356
Melanogrammus 180
Melanogrammus aeglefinus 180
Melanopteryx 382
Melanopteryx rubiginosus 382
Melanospiza 376
Melanospiza richardsoni 376
Melanosuchus 244
Melanosuchus niger 245
Melanotaenia 185
Melanotaenia nigrans 185
Melanotaeniidae 185
Meleagridinae 274, 308
Meleagris 308
Meleagris gallopavo 308
Meles 450
Meles meles 452
Melichneutes 348
Melichneutes robustus 348
Melidectes 375
Melidectes torquatus 375
Meliphaga 375
Meliphaga virescens 375
Meliphagidae 273, 375
Meliphaginae 375
Melitta 133
Melitta puinquiesperforata 133
Melittidae 102
Melittophagus 344
Melittophagus muelleri 344
Mellers Chamäleon 253
Mellivora 450
Mellivora ratel 452
Mellivorinae 450
Meloe 110
Meloe violaceus 110
Meloidae 110
Melolontha 112
Melolontha melolontha 112
Melolonthinae 112
Melophus 376
Melophus lathami 376
Melopsittacus 331
Melopsittacus undulatus 331
Melursus 444
Melursus ursinus 447
Membracidae 82
Membranipora 130
Membranipora membranacea 130
Mendes-Antilope 497
Menpachi 186
Menschen 12
Menschenaffen 12, 391, 416
Menschenartige 391
Menschenfloh 77
Menschenhai 144, 145
Menura 355
Menura alberti 355
Menurae 272, 355
Menurae novaehollandiae 355
Menuridae 272, 355
Mephitinae 450

Mephitis 450
Mephitis mephitis **452**
Merganetta 298
Merganetta armata **298**
Mergini 274, 299
Mergus 299
Mergus albellus **299**
Mergus cucullatus **299**
Mergus merganser **299**
Mergus serrator **299**
Merino-Schaf 507, **508**
Meriones 433
Meriones shawi **432**
Merlangius 180
Merlangius merlangus **180**
Merlinen 211
Merluccidae 180
Merluccius 180
Merluccius capensis **180**
Meropidae 274, 344
Merops 344
Merops apiaster **344**
Merops nubicoides **344**
Merops philippinus **344**
Merostomata 49, 50
Merostomen 49
Mesitornis 313
Mesitornis unicolor **313**
Mesitornithidae 313
Mesocricetus 433
Mesocricetus auratus **433**
Mesogastropoda 118
Mesolagus netscheri **421**
Mesopotamischer Damhirsch **486**
Mesostoma 38
Mesostoma ehrenbergi **38**
Messeraal(e) 168
Messerfisch(e) 157
Messerscheidenmuschel 127
Messingkäfer **108**
Messor 100
Messor barbarus **101**
Metachirus 395
Metachirus opossum **394**
Metacrinus 132
Metacrinus rotundus **132**
Metalljungfer **79**
Metallpanzerwels **177**
Metapidius 318
Metapidius indicus **318**
Metasolpuga 54
Metasolpuga picta **54**
Metatheria 390
Metazoa 9
Metoecus 110
Metoecus paradoxus **110**
Metridium senile **33**
Mexikanische Krustenechse **260**
Mexikanischer Jacana **318**
Mexikanischer Nasenfrosch 227
Meyer-Sichelschnabel 387
Mezoporus 331
Micrastur 303
Micrastur semitorquatus **303**
Micrathena 52
Micrathena sagittata **52**
Micrathene 336
Micrathene whitneyi **337**

Microcebus 406
Microcebus murinus **407**
Microcephalophis 269
Microcephalophis gracilis **269**
Microchiroptera **390, 404**
Microhierax 303
Microhierax caerulescens **303**
Microhyla 230
Microhyla olivacea **231**
Microhyla ornata **231**
Microhylidae **218, 230**
Microdipodops **431**
Microdipodops pallidus **430**
Micromys 435
Micromys minutus **435**
Microparra 318
Microparra capensis **318**
Micropsitta 331
Micropsitta pusio **331**
Micropsittinae 331
Micropterigidae **69**
Micropterix ammanella **86**
Micropterus 194
Micropterus dolomieui **194**
Microscelis 360
Microscelis charlottae **361**
Microstomum 38
Microstomum lineare **38**
Microtidae **391, 434**
Microtus 434
Microtus arvalis **434**
Microtus nivalis **434**
Micrurus 268
Micrurus fulvius **268**
Miesmuschel(n) 122, 124
Mikadofasan 311
Milane 300
Milben 12, **49**, 54
Milchfisch(e) **164**
Milchschaf, Ostfriesisches 507, **508**
Milchweiße Planarie 38
Milionia 92
Milionia zonea **92**
Millericrinida 132
Millionärsschnecke **119**
Milosia 97
Milosia virginiensis **97**
Milu **485**
Milvinae 300
Milvus 300
Milvus milvus **300**
Mimidae 272, 363
Mimus 363
Mimus polyglottus **363**
Mindorobüffel **491**
Mino 384
Mino dumontii **384**
Miombo weber **382**
Mirafra 356
Mirafra africana **356**
Miridae 80
Miro 368
Miro australis **369**
Mirounga 464
Mirounga angustirostris **465**
Mirounga leonina **465**
Misgurnus 174
Misgurnus fossilis **174**
Mishmitakin **509**
Mississippi-Alligator 244
Mistbiene **97**
Mistelfresser 374
Mistkäfer **112**
Mitra 121
Mitra papalis **121**

Mittelmeerlippfisch 204
Mittelmeer-Schirmschnecke **122**
Mittelmeer-Schlangenstern **136**
Mittelmeer-Schwebgarnele **66**
Mittelsäger 299
Mittlere Raubmöwe 324, **325**
Mittlerer Grundfink **11**
Mittlere Wespe **102**
Mitu 304
Mitu mitu **304**
Mnemiopsis 37
Mnemiopsis leidyi **37**
Mniotilta 379
Mniotilta varia **379**
Mobula 147, 149
Mobula mobular **148**
Mobulidae 147
Mochokidae 175
Moderkäfer **107**
Moderlieschen **170**
Mogurnda 208
Mogurnda mogurnda **208**
Mohn-Mauerbiene **103**
Mohrenkaiman **245**
Mohrenlerche 356
Mohrenmakak **410, 411**
Mohrenmangabe **413**
Mola 216
Mola mola **217**
Molche **218**
Molchfisch, Südamerikanischer 151
Molidae 216
Molliensia 184
Molliensia latipinna **184**
Mollusca 13, 16, **116, 118**
Mollusken 116
Mollymauk **281**
Molothrus 380
Molothrus ater **380**
Molukkenkrebs **50**
Molva 180
Molva molva **180**
Momotidae 274, 343
Momotus 343
Momotus momota **343**
Monachus 464
Monachus albiventer **464**
Monameerkatze 412, **413**
Monarcha 368
Monarcha melanopsis **369**
Monarchen 368
Monarchfalter **90**
Monarchinae 368
Mondfisch(e) 216, **217**
Mondschnecken 120, **121**
Mondspinner 88, **89**
Mondvogel **94**
Mongoz **407**
Monocentridae 186
Monocentrus 186
Monocentrus japonicus **186**
Monocirrhus 200

Monocirrhus polyacanthus **201**
Monodactylidae 198
Monodactylus 198
Monodactylus argentatus **199**
Monodelphis 395
Monodelphis americana **394**
Monodon 436
Monodon monoceros **437**
Monodontidae **392, 436**
Monomorium 100
Monomorium pharaonis **101**
Monoplacophora **116, 118**
Monopterus 189
Monopterus albus **189**
Monotocardia **116, 118**
Monotoma 107
Monotoma conicollis **107**
Monotremata **390, 393**
Montezuma-Stirnvogel **380**
Monticola 370
Monticola saxatilis **371**
Monticola solitarius **371**
Montifringilla 381
Montifringilla nivalis **381**
Moorantilopen **498**
Moorente 298, 299
Moorschneehuhn **305**
Moose 14, **483**
Moosmilbe **55**
Moostierchen 12, **130**
Mordella 110
Mordella fasciata **110**
Mordellidae 110
Mormolyce 104
Mormolyce phylloides **104**
Mormyridae 157
Mormyriformes **141, 157**
Mormyrops 157
Mormyrops nigricans **157**
Mormyrus 157
Mormyrus kannume **157**
Mornell-Regenpfeifer **322**
Morphidae 90
Morpho 90
Morphofalter **90**
Morpho helena **90**
Morulius 169
Morulius chrysophekadion **173**
Morus 285
Morus bassanus **285**
Morus serrator **285**
Mosaikfadenfisch **213**
Moschinae 392, **483**
Moschus 392
Moschuskrake **129**
Moschuslori 331
Moschus moschiferus **482**
Moschusochse(n) **492, 509**
Moschusochse, Ostgrönländischer **509**
Moschusschildkröte 236, **237**
Moschusschwalbe **357**
Moschustier(e) 14, **392, 482, 483**
Motacilla 358
Motacilla alba **358**
Motacilla alba yarrellii **358**

Motacilla cinerea **358**
Motacilla citreola **359**
Motacilla flava flava **358**
Motacilla flava flavissima **358**
Motacilla grandis **358**
Motacillidae 272, **358**
Motmot **343**
Mouhotia 104
Mouhotia convexa **104**
Mozena 80
Mozena lunata **81**
Mücken 69, 96
Mückenfänger 368, 369
Mühlsteinsalmler **165**
Muelleripicus 350
Muelleripicus pulverulentus **350**
Mützenqualle 29, **37**
Muffelwild **506**
Mufflon 507
Mufflon, Europäisches **507**
Mugil 203
Mugil auratus **203**
Mugil cephalus **203**
Mugilidae 203
Mullidae 198
Mullus 198
Mullus barbatus **199**
Mulmbock **113**
Mungo, Indischer **455**
Mungo(s) 268, **455**
Muntiacinae 392, **483**
Muntiacus 483
Muntiacus muntjak **482**
Muntiacus reevesi **482**
Muntjak 14, **483**
Muntjak, Indischer **482**
Muraena 154
Muraena helena **154**
Muräne, Griechische **154, 155**
Muräne(n) 154
Muraenidae 154
Murelia 263
Murelia argus variegata **263**
Murex 121
Murex brandaris **121**
Murex triremis **121**
Muriacea **116, 121**
Muridae 391, **435**
Murmeltier(e) **427, 428**
Muroidea 391
Muruk **277**
Mus 435
Musca 98
Musca domestica **98**
Muscardinidae **391, 432**
Muscardinus 432
Muscardinus avellanarius **432**
Muschelknacker **197**
Muschelkrebs(e) 49, 56, **57**
Muschel(n) 12, **116, 124, 181**
Muschelwächter **64**
Muscicapa 368
Muscicapa striata **369**
Muscicapidae 273, **364**
Muscicapinae 368
Musciphora 353
Musciphora forficata **353**
Muscidae 98
Muskatnußfisch **201**
Muskatnußtaube 328, **329**
Mus musculus **435**
Musophaga 334
Musophaga violacea **334**
Musophagidae 334
Mussurana **267**
Mustela 450

Mustela erminea **450**
Mustela nigripes **450**
Mustela sibirica coreana **450**
Mustela vulgaris **450**
Mustelidae **392, 450**
Mustelinae 450
Mustelus 144
Mustelus asterias **146**
Mutilla 99
Mutilla europaea **99**
Mutillidae 99
Mya 127
Mya arenaria **126**
Myacea 117, 127
Myadestes 370
Myadestes elisabeth **371**
Mycteria 290
Mycteria americana **290**
Myctophidae 161
Myctophum 161
Myctophum cocco **163**
Mydaus 450
Mydaus javanensis **452**
Myiagra 368
Myiagra cyanoleuca **369**
Myiagrinae 368
Myiarchinae 353
Myiarchus 353
Myiarchus crinitus **353**
Myiotriccus 353
Myiotriccus ornatus **353**
Myliobatidae 147
Myloplus 164
Myloplus schultzei 165, **166**
Mymaridae 99
Mymecia sanguinea **101**
Myocastor 426
Myocastor coypus **426**
Myocastoridae **391, 426**
Myodocopa 49, 56
Myomorpha **391, 423**
Myotis 404
Myotis formosus **404**
Myoxocephalus scorpius **191**
Myriopoda 49
Myripristis 186
Myripristis murdjan **186**
Myrmarachne 52
Myrmarachne plataleoides **53**
Myrmecia 100
Myrmecobiidae **390, 396**
Myrmecobius 396
Myrmecobius fasciatus **396**
Myrmecocichla 370
Myrmecocichla formicivora **370**
Myrmecocystes 100
Myrmecocystes hortideorum **101**
Myrmecophaga 418
Myrmecophaga tridactyla **419**
Myrmecophagidae 418
Myrmecoris 80
Myrmecoris gracilis **81**
Myrmeleon 84
Myrmeleon formicarius **85**
Myrmeleonidae 84
Myrmicinae 100
Mysidacea 49, 66
Mysis 66
Mysis oculata **66**
Mystacoceti **390, 392, 436**
Mysticiphora 328
Mystus 175

529

Mystus vittatus **175**
Mytilacea **117, 124**
Mytilus **124**
Mytilus edulis **124**
Myxine **143**
Myxine glutinosa **143**
Myxinidae **140, 143**
Myxiniformes **141, 143**
Myxobolus pfeifferi **23**
Myzomela sanguinolenta **375**
Myzostomida **19**

Nabelschnecke **120**
Nabelschwein(e) **391, 476**
Nachtaffe **408**
Nachtechsen **234, 255**
Nachtfalter **69**
Nachtigall **370**
Nachtreiher **287, 288**
Nachtsalmler **164, 166**
Nachtschattenfresser **362**
Nachtschwalben **273, 338**
Nachtspinte **344**
Nachtspint, Indischer **344**
Nacktamöben **12**
Nacktaugen-Honigfresser **375**
Nacktkehl-Frankolin **307**
Nacktkiemer **122**
Nacktmull **423**
Nacktschnecken **122**
Nagebarsche **198**
Nagelmäuler **213**
Nagelrochen **148**
Nagelschwanzkänguruh **400, 401**
Nagetiere **390, 391, 423**
Naja **268**
Naja naja **268**
Nander **201**
Nanderbarsche **200, 201**
Nandidae **200**
Nandinia **454**
Nandu **275**
Nandus **200**
Nandus nandus **201**
Nannacara **200**
Nannacara anomala **202**
Nannaethiops **164**
Nannaethiops tritaeniatus **166**
Nannaostacide **66**
Nannolepidoptera **69, 86**
Nannostomus **164**
Nannostomus marginatus **166**
Napfschnecke, Japanische **119**
Napfschnecken **118**
Napothera **364**
Napothera atrigularis **364**
Narwal **436, 437**
Nasalis **414**
Nasalis larvatus **415**
Nase **170, 171**
Nasenaffe(n) **415**
Nasenbär, Roter **448**
Nasenfrösche **218, 226**
Nasenfrosch **233**
Nasenfrosch, Mexikanischer **227**
Nasengrenadierfisch **181**
Nasenhai **144, 145**
Nasenkakadu **330**
Nasenschrecke **72**

Nasentierchen **24**
Nashörner **390, 392, 469, 470 f.**
Nashorn **469**
Nashornkäfer **112, 113**
Nashornleguan **254**
Nashornpelikan **15, 283**
Nashornviper **270**
Nashornvögel **274, 346**
Nasua **448**
Nasua narica **448**
Nasua n. rufa **448**
Nasuella olivacea **449**
Natalbarsch **202**
Natantia **58, 59**
Natica **120**
Naticacea **116, 120**
Natica millepunctata **120**
Natrix **265**
Natrix natrix **265**
Natteraugenskink **258**
Nattern **234, 265**
Natternauge **259**
Naucoridae **80**
Naucoris **80**
Naucoris cimicoides **80**
Naucrates **196**
Naucrates ductor **196**
Nautilidae **128**
Nautilus **12, 128**
Nautilus pompilius **128**
Nebalia **58**
Nebalia bipes **58**
Nebelkrähe **389**
Nebelparder **459, 460**
Nebria livida **105**
Necrophorus **106**
Necrophorus americanus **106**
Necrophorus germanicus **106**
Necrophorus vespillo **106**
Nectarinia **374**
Nectarinia asiatica **374**
Nectarinia famosa **374**
Nectariniidae **273, 374**
Nectophrynoides **230**
Nectophrynoides occidentalis **230, 231**
Necturus **224**
Necturus maculosus **225**
Negerralle **312**
Nektarvögel **273, 374**
Nelkenkoralle **34, 35**
Nellore-Zebu **490**
Nemapogon **86**
Nemapogon granella **86**
Nemathelminthes **16, 19, 40**
Nematocera **69, 96**
Nematodes **40**
Nematomorpha **40**
Nemertini **16, 19, 40**
Nemichthyidae **154**
Nemichthys **154**
Nemichthys scolopacea **155**
Nemoptera **84**
Nemoptera sinuata **85**
Nemopteridae **84**
Nemorhaedus **503**
Nemorhaedus goral caudatus **503**
Nemoura **78**
Nemoura flexuosa **78**
Nene **298**
Neoceratodus **151**
Neoceratodus forsteri **150**
Neochmia **383**
Neochmia phaeton **383**
Neofelis **456**

Neofelis nebulosa **459**
Neogastropoda **121**
Neochen **297**
Neochen jubatus **297**
Neolebias **164**
Neolebias ansorgei **166**
Neomenia **118**
Neomenia carinata **118**
Neomys **402**
Neomys fodiens **403**
Neophema **331**
Neophema chrysogaster **331**
Neophron **302**
Neophron percnopterus **302**
Neopilina **118**
Neopilina galatheae **119**
Neositta **373**
Neositta papuensis **373**
Neosittinae **373**
Neostethus **185**
Neostethus lankesteri **185**
Neotis **316**
Neotis denhami **316**
Neotoma **433**
Neotoma cinerea **433**
Neotragina **392, 494**
Neotragus **494**
Neotragus pygmaeus **494**
Nepa **80**
Nepa rubra **80**
Nepal-Uhu **336, 337**
Nephrops **60**
Nephrops norvegicus **60**
Nephrurus **248**
Nephrurus levis **249**
Nepidae **80**
Nepticula **86**
Nepticula prunetorum **86**
Nepticulidae **86**
Nepticuloidea **69**
Neptunskrabbe **62**
Nerita **118**
Neritacea **118**
Nerita polita **119**
Nereis **44**
Nereis diversicolor **45**
Neritacea **116**
Nerophis **187**
Nerophis ophidion **189**
Nerz **450, 451**
Nesoceleus **350**
Nesoceleus fernandinae **351**
Nesoctites **350**
Nesoctites micromegas **350**
Nesokia **435**
Nesokia bengalensis **435**
Nesolagus **421**
Nesomimus **363**
Nesomimus parvulus **363**
Nesselteirre **13, 16, 19, 28**
Nestor **330**
Nestorinae **330**
Nestor meridionalis **330**
Nestor notabilis **330**
Nestorpapageien **330**
Netta **299**
Nettapus **299**
Nettapus auritus **298**
Netta rufina **298**
Netzaugenfisch(e) **161, 163**
Netzflügelartige **68, 84**
Netzgiraffe **488**
Netzmuräne **154**
Netzpython **263**

Netzschlange **263**
Neuguinea-Dingo **439**
Neuguinea-Kleiber **373**
Neuguinea-Krähe **389**
Neuguinea-Krokodil **247**
Neuguinea-Laufflöter **365**
Neuguinea-Weichschildkröten **234, 242**
Neu-Holland-Wombat **399**
Neumünder **13**
Neunaugen **12, 140, 141, 143**
Neunbindengürteltier **419**
Neuntöter **360, 361**
Neureclipsis **85**
Neureclipsis spec. **85**
Neurobasis **79**
Neurobasis chinensis **79**
Neuroptera **68**
Neuropteroidea **68, 84**
Neuschnecken **116, 121**
Neuseeländische Lappenvögel **273, 385**
Neuseeländische Schlüpfer **272**
Neuseeland-Ente **298**
Neuseeland-Lappenstar **385**
Neuseeland-Pitta **353**
Neuseeland-Regenpfeifer **322**
Neuseeland-Schlüpfer **353**
Neuseeland-Taube **328**
Neu-Tintenfische **128**
Niederungsvieh **490**
Nigeria-Atlaswitwe **382**
Nigritra **383**
Nigritra bicolor **383**
Nigula intestinalis **39**
Nilaus **361**
Nilaus afer **360**
Nilgans **297**
Nilguantilope **494, 495**
Nilgirilangur **414**
Nilgiri-Tahr **506**
Nilhecht(e) **141, 157**
Nilkrokodil **246**
Nilwaran **260, 261**
Nimmersatt, Afrikanischer **291**
Nimmersatt, Amerikanischer **290**
Ninox **336**
Ninox novaeseelandiae **337**
Ninox theomacha **337**
Niphargus **67**
Niphargus aquilex **67**
Niptus **108**
Niptus hololeucus **108**
Nisomyaria **117**
Nitidula **107**
Nitidula bipunctata **107**
Nitidulidae **107**
Nixen **118**
Noctilio **404**
Noctilio leporinus **405**
Noctilionidae **404**
Noctiluca miliaris **20**
Noctuidae **94**
Noctuiformes **69**
Noctuoidea **69, 94**
Noemacheilus **174**

Noemacheilus barbatulus **174**
Nördlicher Himmelsgucker **206**
Nördlicher Hornrabe **346**
Nördlicher Seebär **462**
Nördlicher See-Elefant **465**
Nördlicher Streifenkiwi **277**
Nördlicher Tüpfelbeutelmarder **396**
Nördliche Seebären **464**
Nomeidae **212**
Nomeus **212**
Nomeus gronovi **212**
Nonne **95**
Nonnenkranich **315**
Nonnensteinschmätzer **370, 371**
Nonruminantia **390, 392, 476**
Nordafrikanischer Strauß **275**
Nordamerikanischer Schlammtreter **319**
Nordamerikanisches Opossum **394, 395**
Nordchinesischer Goral **503**
Noddiseeschwalbe **326**
Nordischer Steinbohrer **178**
Nordische Seespinne **65**
Nordkaper **436, 437**
Nord-Laubsänger **367**
Nord-Malleeflöter **370**
Nordpazifischer Kormoran **284**
Norwegerschafe **507**
Notacanthiformes **141, 154**
Notechis **268**
Notechis scutatus **268**
Nothura **275**
Nothura maculosa **275**
Notiomystis **375**
Notiomystis cincta **375**
Notiospiza **382**
Notiospiza angolensis **382**
Notodontidae **94**
Notodontoidea **69, 94**
Notonecta **80**
Notonecta glauca **80**
Notonectidae **80**
Notophoyx **288**
Notophoyx picata **289**
Notophthalmus **222**
Notophthalmus viridescens **222**
Notopteridae **157**
Notopterus **157**
Notopterus chitala **157**
Notornis **312**
Notornis hochstetteri **313**
Notoryctes **396**
Notoryctes typhlops **397**
Notoryctidae **390, 396**
Notostomus **58**
Notostomus spec. **59**
Notostraca **49, 56**
Nototheniidae **206**
Notoxus **107**
Notoxus monocerus **110**
Notropis **169**
Notropis lutrensis **173**
Novibos **489**
Nubischer Steinbock **504**
Nubischer Wildesel **474**
Nucifraga **388**
Nucifraga caryocatactes **388**

Nucula **124**
Nuculacea **117, 124**
Nucula nucleus **124**
Nuda **19**
Nudibranchia **116, 122**
Numenius **319**
Numenius arquata **319**
Numenius phaeopus **319**
Numida **310**
Numida meleagris damarensis **310**
Numida meleagris galeata **310**
Numidinae **274, 310**
Nußmuschel(n) **124**
Nutria **426**
Nyala(s) **495**
Nyctalus **404**
Nyctalus noctula **405**
Nyctanassa **287**
Nyctanassa violacea **287**
Nyctea **336**
Nyctea scandiaca **336**
Nyctereutes **438**
Nyctereutes procyonides **442**
Nycteribiidae **98**
Nyctibiidae **338**
Nyctibius **338**
Nyctibius griseus **338**
Nycticebus **406**
Nycticebus coucang **406**
Nycticorax **287**
Nycticorax nycticorax **287**
Nyctimene **404**
Nyctimene papuanus **404**
Nyctiornis **344**
Nyctiornis athertoni **344**
Nymphalidae **91**
Nymphensittich(e) **330**
Nymphicus **330**
Nymphicus hollandicus **330**
Nymphon **55**
Nymphon gracile **55**
Nymphula **88**
Nymphula nymphaeata **88**
Nyoxocephalus **190**

Oberflächenkärpflinge **184**
Obstbaum-Borkenkäfer **115**
Oceanites **282**
Oceanites oceanicus **282**
Oceanodroma **282**
Oceanodroma leucorhoa **282**
Ochotona **421**
Ochotona princeps **421**
Ochotona pusilla **421**
Ochotonidae **391, 421**
Ochsenfrosch **228**
Ockerkehlhabie **377**
Octobrachia **116, 129**
Octocorallia **19, 34**
Octopodidae **129**
Octopus **129**
Octopus bermudensis **129**
Octopus vulgaris **129**
Ocyphaps **328**
Ocypode **64**
Ocypode ceratophtalma **64**
Ocypodidae **64**

Ocythoë 129
Ocythoë tuberculata 129
Ocythoidae 129
Ocyurus 196
Ocyurus chrysurus 196
Odinshühnchen 318
Odiushühnchen, Amerikanisches 318, 319
Odobaenidae 392, 462
Odobaenus 462
Odobaenus r. divergens 462
Odobaenus r. rosmarus 462
Odocoileus 483
Odocoileus dichotomus 483
Odocoileus hemionus 483
Odocoileus virginianus 483
Odocoilinae 392, 483
Odonata 68, 79
Odontoceti 390, 392, 436
Odontolabis 111
Odontolabis delesserti 111
Odontophorini 306
Odontophorus 306
Odontophorus gujanensis 307
Odynerus 102
Odynerus spiricornis 102
Oecophylla 100
Oecophylla smaragdina 101
Oeda 82
Oeda inflata 83
Oedemeridae 110
Oedipoda 72
Oedipoda caerulescens 72
Oedipomidas 408
Oedipomidas oedipus 409
Ölkäfer 110
Oena 328
Oena capensis 328
Oenanthe 370
Oenanthe pleschanka 370
Östlicher Schaufelfuß 227
Oestridae 98
Ogcocephalidae 179
Ogcocephalus 179
Ogcocephalus nasutus 178
Ohrenalk 327
Ohrenfisch(e) 164
Ohrenlerche 356
Ohrenmakis 407
Ohrennachtschwalbe 338
Ohrenqualle 31
Ohrenrobben 392, 463
Ohren-Schuppentier 420
Ohrentaucher 278
Ohreulen 336, 337
Ohrlose Eidechse 255
Ohrwürmer 68, 74, 75
Ohrzikade 82, 83
Oikopleura 138
Oikopleura dioica 138
Okapi 488
Okapia 488
Okapia johnstoni 488
Oligochaeta 19, 46
Olindias 28
Olindias phosphoricea 28
Olingo 448
Olivbraune Seeschlange 269

Olivgrüner Stirnvogel 380
Olivmausspecht 350
Olme 218, 224
Olympquerzahnmolch 221
Ommatophoca 464
Ommatophoca rossi 464
Ommatostrephes 128
Ommatostrephes sagittatus 128
Ommatostrephidae 128
Omocestus 72
Omocestus viridulus 72
Omosita 107
Omosita depressa 107
Omosudidae 161
Omosudis 161
Omosudis lowei 163
Ompok 175
Ompok bimaculatus 174
Onager 474, 475
Oncorhynchus 158
Oncorhynchus gorbuscha 159
Ondatra 434
Ondatra zibethica 434
Oniscidae 67
Oniscoidea 67
Oniscus 67
Oniscus ascellus 66
Onotragus 495
Onotragus megaceros 498
Onychodactylus 221
Onychodactylus japonicus 220
Onychogalea 400
Onychogalea frenata 400
Onychophora 16, 47
Onychorhynchus 353
Onychorhynchus coronatus 353
Onychoteuthidae 128
Onychoteuthis 128
Onychoteuthis banksii 128
Onychura 49, 56
Opalauge 199
Opatrum 110
Opatrum sabulosum 110
Ophichtydae 154
Ophichthys 154
Ophichthys unicolor 155
Ophiderma 136
Ophiderma longicauda 136
Ophidiidae 180
Ophidium 180
Ophidium barbatum 181
Ophiocephalus 189
Ophiocephalus argus warpachowskii 189
Ophioplutei 136
Ophiothrix 136
Ophiothrix fragilis 136
Ophiotrix 136
Ophisaurus 259
Ophisaurus apodis 259
Ophiura 136
Ophiurae 136
Ophiura lacertosa 136
Ophiuroidea 136
Ophthalmolepis 204
Ophthalmolepis lineolatus 204
Opiliones 49, 54
Opisthandria 68, 70
Opisthocomi 274, 311
Opisthocomidae 311
Opisthocomus 311
Opisthocomus hoazin 311

Opisthoteuthidae 129
Opisthoteuthis 129
Opisthoteuthis depressa 129
Oplophorus 58
Oplophorus spinosus 59
Oplurus 254
Oplurus sebae 255
Opopsitta 331
Opopsitta diophtalma 311
Opossum, Nordamerikanisches 394, 395
Opossum, Südamerikanisches 394
Opsalus 178
Opsalus tau 178
Orangebauch-Blattvogel 360, 361
Orangebrust-Trogon 341
Orangefeilenfisch 217
Orangerückenspecht 350, 351
Orangeschwanzzackenbarsch 193
Orangetukan 349
Orang-Utan 416
Orcinus 436
Orcinus orca 437
Orconectes 60
Orconectes limosus 61
Ordensbänder 95
Oreamnos 503
Oreamnos americanus 503
Oreaster 134
Oreaster reticulatus 134
Orectochilus 104
Orectochilus villosus 105
Oreotragus 494
Oreotragus oreotragus 494
Oretolobidae 144
Orgelkoralle 35
Orgyia 94
Orgyia gonostigma 95
Oribatei 55
Oribi 494
Orinocogans 297
Oriolidae 273, 385
Oriolus 385
Oriolus flavocinctus 385
Oriolus monacha 385
Oriolus oriolus 385
Oriolus tenuirostris 385
Orneodes 86
Orneodes hexadactyla 87
Orneodidae 86
Ornithorhynchidae 390, 393
Ornithorhynchus 393
Ornithorhynchus anatinus 393
Orongo 502
Ortalis 304
Ortalis vetula 305
Orthognata 52
Ortonectida 12
Orthonychinae 365
Orthonyx 365
Orthonyx temminckii 365
Orthotomus 366
Orthotomus sepium 366
Orthotomus sutorius 366
Orthurethra 116, 123
Ortolan 376
Ortygospiza 383
Ortygospiza atricollis 383

Ortyxelos 317
Ortyxelos meiffrenii 317
Orussidea 69
Orycteropodidae 466
Orycteropus 466
Oryctes 112
Oryctes nasicornis 112
Oryctolagus 421
Oryctolagus crassicaudatus 422
Oryctolagus cuniculus 422
Oryx 495, 497
Oryx g. dammah 497
Oryx g. gazella 497
Oryx g. leucoryx 497
Oryxweber 382
Oryzias 184
Oryzias latipes 184
Oryziatidae 184
Oscinella 98
Oscinella frit 98
Oscines 273, 356
Osmeridae 158
Osmerus 158
Osmerus eperlanus 159
Osmia 102
Osmia papaveris 103
Osmylidae 84
Osmylus 84
Osmylus chrysops 85
Osphronemidae 212
Osphronemus 212
Osphronemus goramy 213
Ostafrikanischer Löwe 460
Ostafrikanischer Spießbock 497
Ostariophysi 141
Osteichthyes 13, 137, 141
Osteoglossidae 157
Osteoglossiformes 141, 157
Osteoglossomorpha 141
Osteoglossum 157
Osteoglossum bicirrhosum 157
Osteolaemus 244
Osteolaemus tetraspis 246
Ostfriesisches Milchschaf 507, 508
Ostgorilla 417
Ostgrönländischer Moschusochse 509
Ostgruppe 191
Ostichthys 186
Ostichthys japonicus 186
Ostindischer Hirschkäfer 111
Ostkaukasischer Steinbock 504
Ost-Pflanzenmäher 355
Ostracion 216
Ostracion lentiginosus 216
Ostraciontidae 216
Ostracoda 49, 56
Ostrea 124
Ostrea edulis 124
Ostreacea 117, 124
Ostsibirischer Tiger 460, 461
Otaria 462
Otaria byronia 462
Otariidae 392, 463
Otididae 316
Otiorrhynchus 115
Otiorrhynchus gemmatus 115
Otis 316
Otis tarda 316
Otocolobus 456

Otocolobus manul 457
Otocyon 438
Otocyon megalotis 442
Otter(n) 234, 235, 270, 450, 453
Otterspitzmäuse 391, 402
Otterspitzmaus 402
Otus 336
Otus bakkamoena 336
Otus leucotis 336
Otus rufescens 336
Ourebia 494
Ourebia ourebi 494
Ovalipes 62, 63
Ovalipes ocellatus 63
Ovibos 509
Ovibos moschatus wardi 509
Ovibos n. niphoecus 509
Ovibovinae 392, 509
Ovis 504
Ovis ammon musimon 507
Ovis ammon nigrimontana 507
Ovis canadensis canadensis 507
Ovis dalli 507
Oxyporhamphus 182
Oxyporhamphus micropterus 183
Oxyporus 106
Oxyporus rufus 106
Oxyruncidae 272, 354
Oxyruncus 354
Oxyruncus cristatus 354
Oxyura 299
Oxyura leucocephala 299
Oxyuranus 268
Oxyuranus scutellatus 269
Oxyurini 274, 299
Ozaena cirrosa 129
Ozelot 457

Paarhufer 390, 392, 476
Paarkiemer 118
Paca(s) 391, 426
Pachycephala 368
Pachycephala melanura 369
Pachycephalinae 368
Pachylis 81
Pachylis pharaonis 81
Pachylomerus 52
Pachylomerus audonini 52
Pachyptila 281
Pachyptila vittata 281
Pachyptilinae 281
Padda 383
Padda oryzivora 383
Paganellgrundel 208
Paguma 454
Paguma larvata 454
Paguridae 62
Painted-Arachnis 94
Pakarana(s) 391, 426
Palaemon 58
Palaemon squilla 59
Palaeosuchus 244
Palaeosuchus trigonatus 245
Pala Polonga 271
Palau-Großfußhuhn 304
Palawan-Pfaufasan 309
Palinuridae 60
Palinurus 60

Palinulus interruptus 60
Palinurus vulgaris 60
Palmatogecko 248
Palmatogecko rangei 249
Palmendieb 62
Palmenroller 454
Palmenroller, Malaiischer 454
Palmgeier 302
Palmschmätzer 272, 362
Palmsegler 339
Palolowurm 44
Palomena 80
Palomena prasina 81
Palpicornia 69, 104
Pampashase 425
Pampashuhn 275
Pan 416
Pandinus 50
Pandinus imperator 50, 51
Pandion 302
Pandion haliaëtus 303
Pandioninae 302
Pandora 127
Pandoracea 117, 128
Pandora inaequalis 127
Pandorina morum 20
Pangolin 420
Panolis 94
Panolis flammea 95
Panorpa 84
Panorpa comunis 84
Panorpidae 84
Panthalops 502
Panthalops hodgsoni 502
Panthera 456, 460
Panthera l. barbaricus 460
Panthera leo massaicus 460
Panthera onca 459
Panthera pardus fontanieri 461
Panthera p. pardus 461
Panthera p. saxicolor 461
Panthera t. amurensis 460
Panthera tigris sondaicus 461
Panthera t. tigris 461
Panthera tigris virgata 460
Pantherchamäleon 253
Panthergecko 248, 249
Pantherine 460
Panther, Persischer 461
Pantherschildkröte 240
Panthervögel 374
Pantholopinae 392, 502
Pantodon 157
Pantodon buchholzi 157
Pantodontidae 157
Pantoffelschnecke 120
Pantoffeltierchen 24
Pantopoda 49, 55
Pantorachna 55
Pan troglodytes troglodytes 416
Pan tr. paniscus 416
Pan tr. schweinfurthi 417
Pan tr. verus 416
Panurinae 365
Panurus 365
Panurus biarmicus 365
Panzerechsen 12, 235, 244
Panzerflagellaten 12
Panzergroppen 190

531

Panzerknurrhahn **190**
Panzerkrebse **49, 60, 62**
Panzerkrokodil **244, 246**
Panzerlurche **220**
Panzernashörner **471**
Panzernashorn **471**
Panzerspinne **52**
Panzerteju **256**
Panzerwangen **190**
Panzerwelse **175**
Papagei-Breitrachen **351**
Papageien **273, 330**
Papageifisch(e) **204, 205**
Papageischnabel-timalien **365**
Papageitauben **328**
Papageitaucher **327**
Papageiwürger **379**
Papierboot **129**
Papilio **88**
Papilio hector **89**
Papilio machaon **89**
Papilionidae **88**
Papilioniformes **69**
Papilio nireus **89**
Papilionoidea **69, 88, 92**
Papilio pausanias **89**
Papilio philenor **89**
Papilio polyxenes **89**
Papio **410**
Papio papio **411**
Papio porcarius **411**
Pappelbock **113**
Papstfink **377**
Papstkrone **121**
Papua-Atzel **384**
Papua-Bergdrongo **385**
Papuakasuar **277**
Papuakleiber **373**
Papua-Nektarvogel **374**
Papuaschildkröte **242**
Parabramis **169**
Parabramis pekinensis **171**
Paracallionymus **206**
Paracallionymus costatus **207**
Paracanthopterygii **141**
Paracentrotus **133**
Paracentrotus lividus **133**
Paractinopodia **132**
Paradiesfisch **212**
Paradieskranich **315**
Paradiesreifelvogel **387**
Paradiesschnäpper **369**
Paradiesschnäpper, Indischer **369**
Paradies-Streifenvogel **387**
Paradiesvögel **273, 386**
Paradieswitwen **382**
Paradigalla **386**
Paradigalla carunculata **387**
Paradisaea **386**
Paradisaea minor **386**
Paradisaea rudolphi **386**
Paradisaeidae **273, 386**
Paradisaeinae **386**
Paradoxornis **365**
Paradoxornis heudei **365**
Paradoxurinae **454**
Paradoxurus **454**
Paradoxurus hermaphroditus **454**
Paralichthys **214, 215**
Paramaecium caudatum **24**

Paramythia **374**
Paramyzus **84**
Paramyzus heraklei **84**
Parasiten **25**
Paratanaide **66**
Paratetranychus **55**
Paratetranychus pilosus **55**
Pardalotus **374**
Pardalotus melanocephalus **374**
Pardalotus punctatus **374**
Pardelluchs **458**
Pardelroller **454**
Pardirallus **312**
Pardirallus maculatus **312**
Pardofelis **456**
Pardofelis marmorata **457**
Parexocoetus **182**
Parexocoetus brachypterus **183**
Paridae **273, 372**
Parnassius **88**
Parnassius apollo **89**
Parnassius autocrator **89**
Paroaria **377**
Paroaria gularis **377**
Paroreomyza **379**
Paroreomyza maculata **379**
Parotia **386**
Parotia sefilata **386**
Parthenope **64, 65**
Parthenope pourtalesii **65**
Parulidae **273, 379**
Parulinae **379**
Parus **372**
Parus ater **372**
Parus caeruleus **372**
Parus cristatus **372**
Parus cyanus **372**
Parus leucomelas **372**
Parus major **372**
Parus rufescens **372**
Passalidae **111**
Passalus **111**
Passalus interruptus **111**
Passan **497**
Passer **381**
Passer domesticus **381**
Passer flaveolus **381**
Passeriformes **272, 273, 351**
Passerina **377**
Passerina amoena **377**
Passerina ciris **377**
Passerinae **381**
Passer melanurus **381**
Passer montanus **381**
Pastor **384**
Pastor roseus **384**
Patagona **340**
Patagona gigas **340**
Patella **118**
Patella caerulea **119**
Patellacea **116, 118**
Patiria **134**
Patiria miniata **134**
Pauropoda **68, 70**
Pauropus **70**
Paussidae **104**
Paussus **104**
Paussus howa **105**
Paussuskäfer **105**
Paussus turcicus **105**
Pauxi **304**
Pauxi pauxi **304**
Paviane **410**
Pavo **309**
Pavoclinus **206**
Pavoclinus heterodon **207**
Pavo cristatus **309**

Pavo muticus **309**
Pavoninae **274, 309**
Pazifische Walzenschnecke **121**
Pecora **392, 483**
Pecten **124**
Pecten jacobaeus **125**
Pectinacea **124**
Pectinatella **130**
Pectinatella magnifica **130**
Pedetes **431**
Pedetes caffer **431**
Pedetidae **391, 431**
Pedetoidae **391**
Pedicellina cernua **40**
Pediculus **77**
Pediculus humanus capitis **77**
Pediculus humanus humanus **77**
Pedionominae **317**
Pedionomus **317**
Pedionomus torquatus **317**
Pedipalpi **49, 50**
Pegasidae **192**
Pegasiformes **141, 192**
Pegasus **192**
Pegasus volitans **192**
Pekaris **477**
Pekinese **439**
Pelagica cyanella **30, 31**
Pelagodroma **282**
Pelagodroma marina **282**
Pelagonemertes **40**
Pelagothuria **132**
Pelagothuria natatrix **132**
Pelamide(n) **210**
Pelamis **269**
Pelamis platurus **269**
Pelargopsis **342**
Pelargopsis capensis **342**
Pelecanidae **283**
Pelecaniformes **273, 283**
Pelecanoides **282**
Pelecanoides magellani **282**
Pelecanoididae **282**
Pelecanus **283**
Pelecanus conspicillatus **15, 283**
Pelecanus crispus **15, 283**
Pelecanus erythrorhynchus **15, 283**
Pelecanus occidentalis **15, 283**
Pelecanus onocrotalus **15, 283**
Pelecanus philippensis **15, 283**
Pelecanus rufescens **15, 283**
Pelidnota **112**
Pelidnota sumptuosa **112**
Pelikanaal(e) **154, 155**
Pelikane **283**
Pelikanfuß **120**
Pellorneini **364**
Pellorneum **364**
Pellorneum capistratum **364**
Pelmatochromis **200**
Pelmatochromis kribensis **202**
Pelmatohydra **29**
Pelmatohydra oligactis **28**
Pelmatozoa **132**
Pelobates **226**
Pelobates fuscus **227**
Pelobatidae **218, 226**

Pelodytes **226**
Pelodytes punctatus **227**
Pelomedusenschildkröte(n) **234, 242, 243**
Pelomedusidae **234, 242**
Peltohyas **323**
Peltohyas australis **323**
Pelusios **242**
Pelusios sinuatus **243**
Pelycosaurier **390**
Pelzbiene **103**
Pelzflatterer **390, 404**
Pelzrobben **463**
Pemphigidae **84**
Penaeus **58**
Penaeus trisculatus **59**
Penelope **304**
Penelope superciliaris **305**
Penelopini **304**
Peniagone **132**
Peniagone wyvilii **132**
Penicillidia **98**
Penicillidia dufouri **98**
Pennant-Sittich **331**
Pennatula **36**
Pennatula phosphorea **36**
Pennatularia **19, 36**
Pentatomidae **80**
Pepsidae **102**
Pepsis **102**
Pepsis cinnabarina **102**
Peracarida **49, 66**
Perameles **397**
Perameles gunnii **397**
Perameles nasuta **397**
Peramelidae **390, 397**
Perca **194**
Perca fluviatilis **195**
Percidae **194**
Perciformes **141, 192**
Percopsiformes **141, 178**
Perdicinae **274, 306**
Perdicini **306**
Perdix **306**
Perdix perdix **307**
Pergamentwurm **44, 45**
Pericrocotini **359**
Pericrocotus **359**
Pericrocotus flammeus **359**
Periophthalmus **208**
Periophthalmus chrysospilos **209**
Peripatopsis **47**
Peripatopsis capensis **47**
Periplaneta **74**
Periplaneta americana **75**
Perisoreus **388**
Perisoreus infaustus **388**
Perissocephalus **354**
Perissocephalus tricolor **354**
Perissodactyla **390, 392, 469**
Peristedion **190**
Peristedion weberi **190**
Peritrichen **12**
Perla **78**
Perla abdominalis **78**
Perlboot **128**
Perleidechse **257**
Perlenpfau **309**
Perlentierchen **12**
Perlhühner **274, 310**
Perlhuhn **310**
Perlmutterbärbling **172**
Perl-Steißhuhn **275**
Perlziesel **428**
Perinnae **300**
Pernis **300**
Pernis ptilorhynchus **300**
Perodicticus **406**
Perodicticus potto **406**
Perognathus **431**

Perognathus baileyi **430**
Peromyscus **433**
Peromyscus maniculatus **433**
Perserkatzen **457**
Persische Kropfgazelle **502**
Persischer Panther **460**
Persischer Tiger **460**
Peruanischer Gabelhirsch **14, 483**
Peru-Grünhäher **388**
Pervagor **216**
Pervagor spilosoma **217**
Pestratte **435**
Petalura **79**
Petalura gigantea **78**
Petaluridae **79**
Petaurista **427**
Petaurista alborufus **429**
Petaurista leucogenys **429**
Petaurus **398**
Petaurus breviceps **398**
Petermännchen **205**
Petersfische **141, 186**
Petrobius **71**
Petrobius maritima **71**
Petrochelidon **357**
Petrochelidon pyrrhonata **357**
Petrodromus **402**
Petrodromus sultani **403**
Petroica **368**
Petroica multicolor **369**
Petromyzon **143**
Petromyzoniformes **141, 143**
Petromyzon marinus **143**
Petromyzontidae **140, 143**
Petronia **381**
Petronia petronia **381**
Pezites **380**
Pezites militaris **380**
Pezoporus wallicus **331**
Pfäffchen **377**
Pfahlwurm **126**
Pfauen **274, 309**
Pfauenaugenbuntbarsch **201**
Pfauenaugenbutt **214**
Pfauenaugen-Taggecko **249**
Pfauenfederfisch **204**
Pfauenfederling **77**
Pfauenfederwurm **44**
Pfauenkaiserfisch **200**
Pfauenkranich **315**
Pfauenschleimfisch **206**
Pfauentruthahn **308**
Pfauentruthuhn **308**
Pfaufasanen **274, 309**
Pfau, Indischer **309**
Pfeifenfisch(e) **187, 188**
Pfeifenräumer **99**
Pfeifente **298**
Pfeifgänse **274, 294**
Pfeifhäse(n) **391, 421**
Pfeifschwan **295**
Pfeilaal(e) **212, 213**
Pfeilfrosch **233**
Pfeilhechte **203**
Pfeilkalmar **128**
Pfeilschwänze **50**
Pfeilschwanzkrebs **50**
Pfeilwürmer **12, 13, 16, 131**
Pfeilwurm **131**
Pfeilzüngler **121**
Pferd(e) **390, 392, 471**

Pferdeaktinie **32**
Pferdeantilope **499**
Pferdeartige **469**
Pferdeböcke **499**
Pferdehirsch **487**
Pferdespringer **431**
Pfirsichbohrer **87**
Pflanzenkäfer **110**
Pflanzenmäher **272, 354, 355**
Pflanzensauger **12, 68, 82**
Pflanzenwespen **69, 99**
Pflaumkopfsittich **332**
Pflugnasenchimäre(n) **150**
Pfuhlhühner **312**
Pfuhlhuhn, Tasmanisches **312**
Pfuhlschnepfe **319**
Phacochoerus **476**
Phacochoerus aethiopicus **476**
Phacus **20**
Phacus longicauda **20**
Phaenicophaeinae **334**
Phaeornis **370**
Phaeornis obscurus **371**
Phaethornis **340**
Phaethornis superciliosus **340**
Phaeton **283**
Phaeton aethereus **282**
Phaeton lepturus **282**
Phaeton rubicauda **282**
Phaëtontidae **283**
Phainopepla **362**
Phainopepla nitens **362**
Phalacridae **107**
Phalacrocoracidae **284**
Phalacrocorax **284**
Phalacrocorax africanus **284**
Phalacrocorax aristotelis **284**
Phalacrocorax bougainvillei **284**
Phalacrocorax carbo **284**
Phalacrocorax carunculatus **284**
Phalacrocorax gaimardi **284**
Phalacrocorax harrisi **284**
Phalacrocorax melanoleucus **284**
Phalacrocorax pelagicus **284**
Phalacrocorax punctatus **284**
Phalacrus **107**
Phalacrus grossus **107**
Phalanger **398**
Phalangeridae **390, 398**
Phalanger maculatus **399**
Phalangiidae **54**
Phalangium **54**
Phalangium opilio **54**
Phalaropodidae **274, 318**
Phalaropus **318**
Phalaropus fulicarius **318**
Phalaropus lobatus **318**
Phalaropus tricolor **318**
Phalera **94**
Phalera bucephala **94**
Phalloceros **184**
Phalloceros caudomaculatus reticulatus **184**

Phallostethidae 185
Phallusia 138
Phallusia mammillata 138, 139
Phanerozonia 134
Pharaonenameise 101
Pharomachrus 341
Pharomachrus mocino 341
Pharus 127
Pharus legumen 126
Phascogale 395
Phascogale penicillata 395
Phascolarctos 398
Phascolarctos cinereus 399
Phasianidae 274, 305
Phasianinae 274, 311
Phasianini 311
Phasianus colchicus 311
Phasidus 310
Phasidus niger 310
Phasmida 68, 74
Phasmidae 74
Phausis 106
Phausis splendidula 106
Phelsuma 248
Phelsuma cepediana 249
Phelsuma laticauda 249
Phelsuma lineata 249
Phelsuma madagascariensis 249
Phelsuma quadriocellata 249
Phenacomys 434
Phenacomys longicaudus 434
Pheretima ophioides 46
Pheucticus 377
Pheucticus ludovicianus 377
Philaenus 82
Philaenus spumarius 82
Philanthidae 102
Philanthus 102
Philanthus triangulum 102
Philemon 375
Philemon corniculatus 375
Philepitta 353
Philepitta castanea 353
Philepittidae 273, 353
Philetairus 382
Philetairus socius 382
Philippinenhirsch 14
Philippinischer Bindenwaran 260, 261
Philomachus 320
Philomachus pugnax 320
Philopteroidea 77
Phimosus 292
Phimosus infuscatus 292
Phlebotomus 96
Phlebotomus papatasii 96
Phoca 464
Phoca groenlandica 463
Phoca hisphida 463
Phoca vitulina 463
Phocidae 392, 464
Phocoenidae 392
Phodilus 336
Phodilus badius 336
Phoebe 353
Phoenicircus 354
Phoenicircus carnifex 354
Phoeniculinae 345
Phoeniculus 345
Phoeniculus bollei 345

Phoeniculus purpureus 345
Phoebetria 281
Phoebetria palpebrata 281
Phoeniconaias 293
Phoeniconaias minor 293
Phoenicoparrus 293
Phoenicoparrus andinus 293
Phoenicoparrus jamesi 293
Phoenicopteridae 293
Phoenicopteriformes 273, 293
Phoenicopterus 293
Phoenicopterus chilensis 293
Phoenicopterus ruber roseus 293
Phoenicopterus ruber ruber 293
Phoeniculidae 274
Phoenicurus 370
Phoenicurus ochruros 370
Phoenicurus phoenicurus 370
Pholas 127
Pholas dactylus 127
Pholidae 206
Pholido 390
Pholidota 420
Pholis 206
Pholis gunellus 207
Phoneutria 52
Phoneutria fera 53
Phonygammus 386
Phonygammus keraudrenii 387
Phoridae 97
Phoronidae 130
Phoronis 130
Phoronis muelleri 130
Photoblepharon 186
Photoblepharon palpebratus 186
Phoxinus 169
Phoxinus phoxinus 170
Phractolaemidae 164
Phractolaemus 164
Phractolaemus ansorgi 164
Phricus 82
Phricus serratus 83
Phronima 67
Phronima sedentaria 67
Phronimidae 67
Phrynohyas 232
Phrynohyas venulosa 232
Phrynomeridae 218, 230
Phrynomerus 230
Phrynomerus bifasciatus 231
Phrynosoma 254
Phrynosoma cornutum 255
Phthiraptera 68, 77
Phthirus 77
Phthirus pubis 77
Phyllastrephus 360
Phyllastrephus flavostriatus 361
Phyllium 74
Phyllium siccifolium 74
Phyllobates 228
Phyllobates bicolor 229
Phyllobius 115
Phyllobius urticae 115
Phyllocarida 49, 58
Phyllocnema 113
Phyllocnema spec. 113
Phyllodes 94

Phyllodes verhuelli 95
Phyllodoce 44
Phyllodoce paretti 45
Phyllomedusa 232
Phyllopertha 112
Phyllopertha horticola 112
Phyllopoda 49, 56
Phyllopteryx 187
Phyllopteryx eques 188
Phyllopteryx foliatus 188
Phylloscopus 366
Phylloscopus borealis 367
Phylloscopus occipitalis 367
Phylloscopus trochiloides 367
Phylloxeridae 84
Phyllurus 248
Phyllurus cornutus 248
Phypothaga 113
Physailia 175
Physailia pellucida 175
Physalia physalis 29
Physeter 436
Physeteridae 392, 436
Physeter macrocephalus 437
Physignathus 250
Physignathus lesueuri 250
Physophora 29
Physophora hydrostatica 29
Physopus 77
Physopus vulgatissima 77
Phythophaga 69
Phytotoma 354
Phytotoma rutila 355
Phytotomidae 272, 354
Pica 388
Pica pica 388
Picassofisch 216
Picathartes 365
Picathartes gymnocephalus 365
Picathartes oreas 365
Picathartini 365
Picidae 350
Piciformes 273, 347
Picinae 350
Picoidea 348
Picoides 350
Picoides tridactylus 350
Piculus 350
Piculus chrysochloros 351
Picumninae 350
Picumnus 350
Picumnus exilis 350
Picus 350
Picus viridis 350
Pieridae 90
Pieris 90
Pieris brassicae 90
Pika 421
Pilgermuschel(n) 124, 125
Pilidium 40
Pilioptila caerulea 368
Pillendreher 112
Pillenkäfer 108
Pilotbarsch(e) 198, 199
Pilzfresser 107
Pilzkoralle 34
Pimelodidae 175
Pimelodus 175
Pimelodus clarias 176
Pinguine 273, 280, 327
Pinna 64, 124
Pinna nobilis 124

Pinnipedia 390, 392, 462
Pinnoteres 64
Pinnoteres pinnoteres 64
Pinnoteridae 64
Pinselläffchen 409
Pinselbarsch(e) 203
Pinselfüßer 70
Pinselkäfer 112, 113
Pinselschwein(e) 476
Pinselstachler 424
Pinseltangare 378
Pinselzungenloris 331
Pinzettfisch 200
Piona 55
Piona nodata 55
Pionus 332
Pionus menstruus 332
Piophila 97
Piophila casei 97
Piophilidae 97
Pipa 226
Pipa pipa 226
Pipidae 218, 226
Pipile 304
Pipile cumanensis 305
Pipilo 376
Pipilo maculatus 376
Pipistrellus 405
Pipistrellus pipistrellus 405
Pipra 354
Pipra erythrocephala 354
Pipras 272, 354
Pipridae 272, 354
Piranga 378
Piranga rubra 378
Piranha 165, 166
Piratenbarsch(e) 178
Piratenspinne(n) 52, 53
Pirol(e) 273, 385
Pisa 64
Pisa armata 65
Pisaster 134
Pisaster giganteus 135
Pisauridae 52
Pisces 141, 144
Piscicola geometra 47
Pisidium 125
Pisidium amnicum 125
Pitangus 353
Pitangus sulphuratus 353
Pitaria 126
Pitaria dione 126
Pithecia 408
Pithecia monachus 408
Pithys 352
Pithys albifrons 352
Pitohui 368
Pitohui dichrous 369
Pitpit(s) 378
Pitta 353
Pitta, Afrikanischer 353
Pitta angolensis 353
Pitta caerulea 353
Pitta granatina 353
Pitta mackloti 353
Pittas 272, 352, 353
Pittidae 272, 353
Pitymys 434
Pitymys subterraneus 434
Pityogenes 115
Pityogenes chalcographus 115
Pityriasinae 361
Pityriasis 361
Pityriasis gymnocephala 360
Placocephalus 38
Placocephalus kewensis 38
Placophora 116
Plättchenschlange 269
Planigale 395
Planigale ingranis 395

Planipennia 84
Planorbarius 123
Planorbarius corneus 123
Plasmodium vivax 22
Platalea 292
Platalea alba 292
Platalea leucorodia 292
Platalea regia 292
Plataleinae 292
Platanistidae 392, 436
Platax 198
Platax pennatus 199
Platemys 242
Platemys spixii 242
Plathelminthes 13, 16, 18, 19, 38
Platichthys 214
Platichthys flesus 214
Platinfuchs 440
Platophrys 214
Platophrys lunatus 214
Plattbauch 79
Plattenkiemer 141, 144
Plattfische 141, 214, 215
Plattköpfe 190, 191
Plattmuschel(n) 126
Plattschwänze 269
Plattschwanz-Seeschlange 269
Plattschweifsittiche 331
Plattwanzen 80
Plattwürmer 13, 16, 18, 19, 38
Platycephalidae 190
Platycephalus 190
Platycephalus indicus 190
Platycercini 331
Platycercus 331
Platycercus elegans 331
Platycercus zonarius 331
Platycypha 79
Platycypha caligata 79
Platypleura 82
Platypleura kaempferi 82
Platysteira 368
Platysteira peltata 369
Platysteirinae 368
Platysternidae 234, 236
Platysternon 236
Platysternon megacephalum 237
Plautus 327
Plautus alle 327
Plecoptera 68, 78
Plecostomus 175
Plecostomus punctatus 177
Plecotus 404
Plecotus auritus 405
Plectrophenax 376
Plectrophenax nivalis 376
Plectropterus 299
Plectropterus gambiensis 298
Plegadis 292
Plegadis falcinellus 292
Plesiometacarpalia 483
Plethodon 224
Plethodon glutinosus 225
Plethodon jordani 224
Plethodontidae 218, 224
Pleurobrachia 37
Pleurobrachia rhodopis 37
Pleurodeles 222

Pleurodeles waltl 222
Pleurodema 232
Pleurodema bibroni 233
Pleurodira 234
Pleuronectes 214
Pleuronectes platessa 214
Pleuronectidae 214
Pleuronectiformes 141, 214
Pleurotomaria 118
Pleurotomaria beyrichi 119
Pleurotomariacea 116, 118
Plisthenes 80
Plisthenes ventralis 81
Ploceidae 273, 381
Ploceinae 382
Ploceus 382
Ploceus manyar 382
Plötze 170
Plotiacea 116, 120
Plotosidae 175
Plotosus 175
Plotosus anguillaris 176
Plüschkopf-Tangare(n) 378
Plumatella 130
Plumatella repens 130
Plumbeutler 390, 398
Plumplori 406, 407
Plutellidae 69
Pluteus-Larve 136
Pluvialis 322
Pluvialis apricaria 322
Pluvialis squatarola 322
Pluvianus 323
Pluvianus aegypticus 323
Pluviorhynchus 322
Pluviorhynchus obscurus 322
Pneumatophorus 210
Pneumatophorus japonicus 210
Pochkäfer 108
Pocillopora 34
Pocillopora cydoris 34
Podargidae 338
Podargus 338
Podargus strigoides 338
Podica 313
Podica senegalensis 313
Podiceps 278
Podiceps auritus 278
Podiceps cristatus 278
Podiceps griseigena 278
Podiceps nigricollis 278
Podiceps ruficollis 278
Podicipedidae 278
Podicipediformes 273, 278
Podilymbus 278
Podilymbus podiceps 278
Podoces 388
Podoces panderi 389
Podocnemis 242
Podocnemis expansa 243
Podocopa 49, 56
Podon 56, 57
Podon leuckarti 56
Podophrya 25
Podophrya globulifera 24
Podura 71
Podura aquatica 71

Poeciliidae 184
Poecilobrycon 164
Poecilobrycon eques 166
Poecilogale 450
Poecilogale albinucha 451
Poeciloscerina 18
Poephagus 489
Poephila 383
Poephila cincta 383
Pogoniulus 348
Pogoniulus bilineatus 348
Poitou-Esel 474
Polarfuchs 440
Polarhase 421
Polarscholle 215
Polarwolf 438
Polihieracinae 303
Polihierax 303
Polihierax semitorquatus 303
Polioptila 368
Polioptilinae 368
Polistes 102
Polistes gallica 102
Pollachius 180
Pollachius virens 180
Polyborinae 303
Polyboroides 302
Polyboroides typus 302
Polyborus 303
Polyborus plancus 303
Polycelis 38
Polycelis cornuta 38
Polycentropidae 85
Polycentropsis 200
Polycentropsis abbreviata 201
Polycentrus 200
Polycentrus schomburgki 201
Polychaeta 19, 44
Polyergus 100
Polyergus rufescens 101
Polyodon 152
Polyodon spatula 153
Polyodontidae 152
Polyommatus 92
Polyommatus icarus 92
Polypen 28
Polyphaga 69
Polyphylla 112
Polyphylla fullo 112
Polyplectron 309
Polyplectron bicalcaratum 309
Polyplectron emphanum 309
Polypteri 141
Polypteridae 151
Polypteriformes 141, 151
Polypterus 151
Polypterus weeksii 151
Polystoma integerrimum 38, 39
Polyxenus 70
Polyxenus lagurus 70
Pomacanthodes 200
Pomacanthodes imperator 200
Pomacentridae 203
Pomacentrus 203
Pomacentrus caeruleus 203
Pomadasyidae 196
Pomatoceros 45
Pomatoceros triqueter 45
Pomatomidae 194
Pomatomus 194
Pomatomus saltatrix 195
Pomatorhinini 364

Pomatorhinus 364
Pomatorhinus montanus 364
Pompadour-Schmuckvogel 354, 355
Pomatostomus 364
Pomatostomus isidorei 364
Ponerinae 100
Pongidae 391, 416
Pongo 416
Pongo pygmaeus 416
Ponthobdella muricata 47
Popillia 112
Popillia japonica 112
Porcellana 62
Porcellana platychiles 62
Porcellio 67
Porcellionidae 67
Porcellio scaber 66
Porgy 197
Porichthys 178
Porichthys notatus 178
Porifera 18, 26
Poromyacea 117, 127
Poronotus 212
Poronotus triacanthus 212
Porphyrio 312
Porphyrio poliocephalus 313
Porphyrio porphyrio 313
Porphyrula 312
Porphyrula alleni 313
Porphyrula martinica 313
Portoricotodi 343
Portugiesische Galeere 29
Portunidae 62
Portunus 62, 63
Portunus neptunus 63
Porzana 312
Porzana porzana 312
Porzanini 312
Porzellankrabben 62
Porzellankrebs(e) 62, 63
Porzellanschnecken 120
Posthörnchen 45, 128
Posthornschnecke 123
Potamanthus 78
Potamanthus luteus 78
Potamarius 282
Potamochoerus 476
Potamochoerus porcus 476
Potamogale 402
Potamogale velox 402
Potamogalidae 391, 402
Potamon 62
Potamon fluviatile 63
Potamonidae 62
Potos 448
Potos flavus 449
Potto 406, 407
Pottwal(e) 392, 436, 437
Prachtbarbe 172
Prachtfinken 273, 382, 383
Prachtfregattvogel 286
Prachtgrundel 208
Pracht-Höckerschildkröte 238, 239
Prachtkäfer 109
Prachtkopfsteher 167
Prachtlibellen 79
Prachttaucher 279
Präriebison(s) 492
Präriefalke 303
Präriehühner 306
Präriehuhn 306
Präriehund(e) 427, 428, 429
Prärieläufer 319

Präriewolf 438
Presbytis 414
Presbytis pileatus geei 414
Preußenfisch 203
Prevost's Eichhorn 427
Priacanthidae 194
Priacanthus 194
Priacanthus cruentatus 194
Priapulida 16, 43
Priapuliden 16, 43
Priapulus 43
Priapulus caudatus 43
Primärsingvögel 272, 355
Primata 390, 406
Primitiver Krebs 56
Prinia 366
Prinia flaviventris 366
Prionace glauca 144, 147
Priodontes 418
Priodontes giganteus 419
Prionailurus 456
Prionailurus bengalensis 457
Prionailurus viverrinus 457
Prionochilus 374
Prionochilus percussus 374
Prionopinae 361
Prionops 361
Prionops alberti 360
Prionops plumata 360
Prionus 113
Prionus coriarius 113
Priotelus 341
Priotelus temnurus 341
Pristella 164
Pristella riddlei 165
Pristidae 147
Pristiophoriformes 141
Pristis pectinata 149
Proboscidae 390, 466
Probosciger 330
Probosciger aterrimus 330
Procapra picticaudata 502
Procavia 468
Procaviidae 468
Procellaria 282
Procellaria aequinoctialis 282
Procellariidae 281
Procellariiformes 273, 281
Procellariinae 282
Prochilodontidae 164
Prochilodus 164
Prochilodus insignis 166
Procnias 354
Procnias averano 354
Proctotrupoidea 69
Procyon 448
Procyon cancrivorus 448
Procyon lotor 448
Procyonidae 454
Procyoninae 392, 448
Prodotiscus 348
Prodotiscus regulus 348
Prodoxidae 86
Profelis 456
Profelis aurata 458
Profelis temmincki 458
Profera 12
Progne 357
Progne subis 357
Promeropinae 375
Promerops 375
Promerops cafer 375
Promicrops 192

Promicrops lanceolatus 193
Propithecus 406
Propithecus verreauxi 407
Propomacrus 112
Propomacrus bimucronatus 112
Prosimiae 390, 406
Prosopeia personata 332
Prosthecereus 38
Prosthecereus roseus 38
Prosthemadera 375
Prosthemadera novaeseelandiae 375
Protacanthopterygii 141
Proteidae 218, 224
Proteles 443
Proteles cristatus 443
Proterandria 68, 70
Proteus 224
Proteus anguineus 224
Protopteridae 151
Protopterus 151
Protopterus aethiopicus 150
Protopterus dolloi 150
Protostomia 13, 18
Prototheria 390
Protozoa 13, 16
Protura 68
Provence-Grasmücke 367
Prozessionsspinner 94
Prunella 363
Prunella collaris 363
Prunella modularis 363
Prunella montanella 363
Prunella strophiata 363
Prunellidae 272, 363
Przewalskipferd(e) 471, 472, 499
Przewalskium 485
Psaltriparus 372
Psaltriparus minimus 372
Psammechinus 133
Psammechinus miliaris 133
Psarisomus 351
Psarisomus dalhousiae 351
Psarocolius 380
Psarocolius decumanus 380
Pselaphognatha 68, 70
Psephotus 331
Psephotus chrysopterygius 331
Pseudacris 232
Pseudacris ornatus 232
Pseudechis 268
Pseudechis porphyriacus 268
Pseudemys 238
Pseudemys concinna hieroglyphica 238
Pseudidae 218, 230
Pseudis 230, 231
Pseudis paradoxa 230
Pseudobranchus 224
Pseudobranchus striatus 224
Pseudochelidon 357
Pseudochelidon curystomina 357
Pseudochelidoninae 357
Pseudois 504
Pseudois nayaur 507
Pseudokea 379
Pseudolabrus 204
Pseudolabrus gymnogenis 205
Pseudonestor 379

Pseudonestor xanthophrys 379
Pseudophryne 232
Pseudophryne corroboree 233
Pseudopleuronectes 214
Pseudopleuronectes jokohamae 214, 215
Pseudoscaphirhynchus 152
Pseudoscaphirhynchus kaufmanni 153
Pseudoscorpiones 49, 54
Pseudotropheus 200
Pseudotropheus auratus 202
Pseudupeneus 198
Pseudupeneus maculatus 199
Psiloptera 109
Psiloptera sumptuosa 109
Psittacidae 330
Psittaciformes 273, 330
Psittacinae 331, 332
Psittacini 332
Psittacula 332
Psittacula alexandri 332
Psittacula cyanocephala 332
Psittacula eupatria 332
Psittaculirostrini 331
Psittaculirostris 331
Psittaculirostris cervicalis 331
Psittacus 332
Psittacus erithacus 332
Psittirostrinae 379
Psittrichas 330
Psittrichas fulgidus 330
Psittrichasinae 330
Psocida 76
Psocidae 76
Psocoidea 68, 76
Psocoptera 68, 76
Psocus 76
Psocus bipunctatus 77
Psophia 316
Psophia crepitans 316
Psophia leucoptera 316
Psophia viridis 316
Psophiidae 316
Psychidae 86
Psychodidae 96
Psychodoidea 69, 86
Psylla 82
Psylla mali 82
Psyllidae 82
Psyllopsis 82
Psyllopsis fraxini 82
Pteraeolidia 122
Pteraeolidia semperi 122
Pteria 124
Pteriacea 117, 124
Pteria hirundo 124
Pteridophora 386
Pteridophora alberti 386
Pterobranchia 131
Pterocles 329
Pterocles bicinctus 329
Pterocles orientalis 329
Pteroclididae 329
Pterocnemia 275
Pterocnemia pennata 275
Pterodroma 282
Pterodroma hasitata 282
Pterodrominae 282
Pteruthius 365
Pteruthius erythropterus 365

Pterygotus rhenanus 50
Ptilinopus 328
Ptilinopus jambu 328
Ptilocichla 364
Ptilocichla falcata 364
Ptilogonatinae 362
Ptilogonys 362
Ptilogonys cinereus 362
Ptilonorhynchinae 386
Ptilonorhynchus 386
Ptilonorhynchus violaceus 387
Ptilopachus 306
Ptilopachus petrosus 307
Ptiloris 386
Ptiloris paradiseus 387
Ptilorrhoa 365
Ptilorrhoa caerulescens 365
Ptinidae 108
Ptinus 108
Ptinus fur 108
Puppenräuber, Amerikanischer 104
Pyrochroa 110
Pyrochroa coccinea 110
Pyrochroidae 110
Pteroeides 36
Pteroeides spinosum 36
Pterois 190
Pterois radiata 190
Pteromys 427
Pteromys volans 429
Pteronura 450
Pteronura brasiliensis 453
Pterophoroidea 69
Pterophyllum 200
Pterophyllum scalare 202
Pteropodidae 404
Pteropodocys 359
Pteropodocys maximus 359
Pteroglossus 349
Pteroglossus bitorquatus 349
Pteropus 404
Pteropus giganteus 404
Pterygota 68, 72
Ptychadena 228
Ptychadena porosissima 230
Ptychoderidae 131
Ptychoramphus 327
Ptychoramphus aleuticus 327
Ptychozoon 248
Ptychozoon kuhlii 248
Pucrasia 311
Pucrasia macrolopha 310
Pudel 439
Puderspecht 350, 351
Pudu 483
Puduhirsch 483
Pudu pudu 483
Puffinus 282
Puffinus griseus 282
Puffotter 270
Pulicidae 77
Pulex 77
Pulex irritans 77
Pulsatrix 336
Pulsatrix perspicillata 337
Puma 456, 459
Puma concolor 459
Pungitius 187
Pungitius pungitius 187
Punktierter Kopfsteher 167
Punktierter Schilderwels 177
Punktierter Schlammtaucher 227

Puntius 169
Puntius callipterus 172
Puntius conchonius 172
Puntius nigrofasciatus 172
Puntius tetrazona 172
Pupillacea 116, 123
Purpurbrust-Kotinga 354, 355
Purpurbrust-Nektarvogel 374
Purpurbuntbarsch 201, 202
Purpurglanzstar 384
Purpurhähnchen 368, 369
Purpurhühner 313
Purpurhuhn 313
Purpurkopfbarbe 172
Purpurkopf-Staffelschwanz 368
Purpur-Nektarvogel 374
Purpurne Schamkrabbe 65
Purpurreiher 288
Purpurrose 33
Purpurschwalbe(n) 357
Purpurstern 134
Pustelschweine 477
Puter 308
Putorius 450
Putorius putorius 450
Putzerfisch 204, 205
Putzergarnele 59
Pycnogonum 55
Pycnogonum pusillum 55
Pycnonotidae 272, 360
Pygocentrus 164
Pygocentrus piraya 165
Pygoplites 200
Pygoplites diacanthus 200
Pygopodidae 234, 250
Pygopus 250
Pygopus lepidopodus 250
Pygoscelis 280
Pygoscelis adeliae 280
Pygoscelis antarctica 280
Pygoscelis papua 280
Pyncnonotus 360
Pycnonotus capensis 361
Pycnonotus jocosus 361
Pyralidae 88
Pyralidiformes 69
Pyralidoidea 69
Pyralis 88
Pyralis farinalis 88
Pyraloidea 88
Pyrenäen-Steinbock 504, 505
Pyrgus 87
Pyrgus tessalata 87
Pyrocephalus 353
Pyrocephalus rubinus 353
Pyrosoma 138
Pyrosoma atlanticum 139
Pyroteuthis 128
Pyroteuthis margaritifera 128
Pyrrhocorax 388
Pyrrhocorax graculus 389
Pyrrhocorax pyrrhocorax 389
Pyrrhocoridae 80
Pyrrhocoris 80
Pyrrhocoris apterus 81
Pyrrhosoma 79
Pyrrhosoma nymphula 79
Pyrrhula 380

Pyrrhula pyrrhula 381
Pyrrhuloxia 377
Pyrrhuloxia sinuata 377
Pythidae 110
Pytho 110
Pytho depressus 110
Python 263
Pythoninae 263
Python regius 263
Python reticulatus 263
Pythonschlangen 263
Python sebae 263
Pytilia 383
Pytilia phoenicoptera 383
Pyxicephalus 228
Pyxicephalus adspersus 228

Quadraspidiotus 84
Quadraspidiotus perniciosus 84
Quagga-Gruppe 473
Quallenfisch(e) 212
Quallenflohkrebs 67
Quappe 180
Quappwurm 47
Quastenflosser 141, 151
Quastenstachler, Afrikanischer 424
Queensland Grooper 193
Quelea 382
Quelea quelea 382
Querbandhechtling 184
Querzahnmolche 218, 221
Quetzal 341
Quokka 400, 401

Rabengeier 300
Rabenkrähe 389
Rabenvögel 273, 388
Rachycentridae 194
Rachycentron 194
Rachycentron canadus 195
Racken 274, 344
Rackenvögel 273, 274, 342
Racophoridae 218, 228
Racophorus 228
Racophorus buergeri 229
Racophorus reinwardtii 229
Radiolaria 22, 23
Radiolarien 12
Radjahgans 297
Radnetzspinnen 52
Rädertiere 42
Räudemilben 55
Raja 147
Raja clavata 148
Rajidae 147
Rajiformes 141
Rallen 312, 313, 318
Rallenkranich(e) 316
Rallenreiher 288, 289
Rallidae 312
Rallinae 312
Rallini 312
Rallinini 312
Rallus 312
Rallus aquaticus 312
Ramphastidae 349
Ramphastos 349
Ramphastos ariel 349
Ramphastos cuvieri 349

Ramphastos dicolorus 349
Ramphastos sulfuratus 349
Ramphastos swainsonii 349
Ramphastos toco 349
Ramphocelus 378
Ramphocharis 374
Ramphocharis crassirostris 374
Ramphocottus 190
Ramphocottus richardsonii 191
Rana 228
Rana catesbeiana 228
Rana dalmatina 228
Rana esculenta 228
Rana pipiens 228
Rana subaspera 228
Rana tigrina 228
Ranatra 80
Ranatra linearis 80
Randwanzen 80
Rangifer 484
Rangifer tarandus 485
Rangifer tarandus caribou 485
Rangiferinae 392, 484
Raniceps 180
Raniceps raninus 180
Ranidae 218, 228
Rankenfüßer 12, 49, 56, 57
Ranzenkrebse 66
Rapfen 170
Raphicerus 494
Raphicerus campestris 494
Raphidia 84
Raphidia notata 84
Raphididae 84
Raphidophoridae 73
Rappenantilope 499
Rasbora 169
Rasbora muculata 172
Rasbora vaterifloris 172
Raschkäfer 104, 105
Rasenkoralle 34
Rattenigel 402, 403
Rattenkänguruh 400
Rattenschwänze 181
Rattus 435
Rattus norvegicus 435
Rattus rattus 435
Ratufa 427
Ratufa indica 427
Raubbeutler 390, 395
Raubfliege(n) 97
Raubmöwen 274, 324
Raubseeschwalbe 326
Raubtiere 9, 12, 390, 392, 438
Raubwasserfloh 57
Raubwürger 360, 361
Rauchschwalbe 357
Rauhaarteckel 439
Rauhai 145
Rauhfußhühner 274, 305, 306
Rauhfußkauz 337
Rauhnackenwaran 260, 261
Raupenfliegen 98
Raupenfresser 359
Rautenklapperschlange 271
Rautenkrokodil 246
Rebhuhn 307
Rebhuhnartige 306, 307
Rebhuhnverwandte 307
Reblaus 84
Recurvirostra 320
Recurvirostra americana 321
Recurvirostra avosetta 321

Recurvirostridae 274, 320
Red Shiner 173
Redunca 495
Redunca fulvorufula 498
Redunca redunca 498
Regalecidae 187
Regalecus 187
Regalecus glesne 187
Regenbogenfisch(e) 185
Regenbogenforelle 158
Regenbrachvogel 319
Regenbremse 97
Regenkuckucke 334
Regenpfeifer 274, 321
Regenpfeiferartige 274, 318, 324
Regenstorch 291
Regentskipper 87
Regenwürmer 46
Regularia 133
Regulinae 368
Regulus 368
Regulus ignicapillus 368
Regulus regulus 368
Reh 14, 483
Reiher 287, 288
Reiherente 298, 299
Reiherläufer 274, 323, 324
Reinhardtius 214
Reinhardtius hippoglossoides 214
Reisaal 189
Reisfink(en) 383
Reisstärling 380
Reiterkrabben 64
Reitzigs Zwergbuntbarsch 201, 202
Remiz 372
Remizidae 273, 372
Remiz pendulinus 372
Ren 484, 509
Ren, Europäisches 485
Renndromedar 480
Rennfliege(n) 97
Rennkuckucke 335
Rennmäuse 391, 433
Rennschmätzer, Malayischer 365
Renntaucher 278
Rennvögel 274, 323
Rennvogel 323
Rentier(e) 14, 392, 484
Reptantia 60, 62
Reptilia 13, 137, 234
Reptilien 16, 390
Reticulitermes 21, 76
Reticulitermes flavipes 76
Reticulitermes lucifugus 20, 76
Rhabdopleura 131
Rhabdopleura normanni 131
Rhabdopleuridae 131
Rhabdornis 373
Rhabdornis mystacalis 373
Rhabdornithidae 273, 373
Rhagionidae 97
Rhagium 113
Rhagium sycophanta 113
Rhagoletis 97
Rhagoletis cerasi 97
Rhamphichtyidae 168
Rhamphocelus carbo 378
Rhea 275
Rhea americana 275
Rheae 275
Rheidae 275
Rheinartia 309
Rheinartia ocellata 309

Rheinartfasan 309
Rhesusaffe 410
Rhincodontidae 144, 145
Rhincodon typus 144
Rhinecanthus 216
Rhinecanthus aculeatus 216
Rhinecanthus rectangulus 216
Rhineura 262
Rhineura floridana 262
Rhinobatidae 147
Rhinoceros sondaicus 471
Rhinoceros unicornis 470
Rhinocerotidae 392, 470
Rhinochimaeridae 150
Rhinocrypta 352
Rhinocrypta lanceolata 352
Rhinocryptidae 272, 352
Rhinoderma 232
Rhinoderma darwinii 233
Rhinolophidae 404
Rhinolophus 404
Rhinolophus ferrumequinum 405
Rhinophis 262
Rhinophis dorsimaculatus 262
Rhinophrynidae 218, 226
Rhinophrynus 226
Rhinophrynus dorsalis 227
Rhinopithecus 414
Rhinopithecus roxellanae 415
Rhinopoma 404
Rhinopoma microphyllum 405
Rhinopomastus 345
Rhinopomastus cyanomelas 345
Rhinopomatidae 404
Rhinoptera 147
Rhinoptera bonasus 148
Rhinoptilus 323
Rhinoptilus chalcopterus 323
Rhinozeroshornvogel 346, 347
Rhipidura 368
Rhipidura albicollis 369
Rhipidurinae 368
Rhipidhoridae 110
Rhizocephala 49, 56
Rhabdopleura 131
Rhizocrinus 132
Rhizocrinus lofotensis 132
Rhizomyidae 391, 433
Rhizomys 433
Rhizomys pruinosus 432
Rhizophagidae 107
Rhizophagus 107
Rhizophagus dispar 107
Rhizopoda 13, 16, 22
Rhizostomae 19
Rhizostoma octopus 31
Rhodeus 169
Rhodeus sericeus amarus 170
Rhodinocichla 378
Rhodinocichla rosea 378
Rhodopechys 380
Rhodopechys githaginea 381
Rhogaster 99

Rhogaster viridis 99
Rhopalodina 132
Rhopalodina lageniformis 132
Rhopalomenia 118
Rhopalomenia aglaophaniae 118
Rhopodytes 334
Rhopodytes tristis 335
Rhyacotriton 221
Rhyacotriton olympicus 221
Rynchelmis limosella 46
Rhynchobates 147
Rhynchobates djiddensis 149
Rhynchobdellae 19
Rhynchocephalia 234, 248
Rhynchocyon 402
Rhynchocyon petersi 403
Rhynchophora 69, 114
Rhynchopidae 274
Rhynchops 326
Rhynchotinae 275
Rhynchotragus 494
Rhynchotragus kirki 494
Rhynchotus 275
Rhynchotus rufescens 275
Rhynochetidae 314
Rhynochetos 314
Rhynochetos jubatus 314
Rhyssa 99
Rhyssa persuasoria 99
Rhyssoplax 118
Rhyssoplax jugosa 118
Rhyticeros 346
Rhyticeros undulatus 346
Ricinoides 53
Ricinoides afzeli 53
Ricinulei 49, 53
Riedbock 498
Riedböcke 498
Riedfrösche 230
Riemenfisch 187
Riemenwurm 39
Riesen-Afterskorpion 54
Riesenameise 100, 101
Riesenangler 179
Riesen-Apfelschnecke 119
Riesenbleßhuhn 313
Riesenchamäleon 253
Riesenelch 14
Riesen-Elenantilope(n) 496
Riesenesel, Spanischer 474, 475
Rieseneule 95
Riesenfaultier 418
Riesen-Flohkrebs 67
Riesenflugbeutler 398
Riesen-Froschmaul 338
Riesengalago 407
Riesen-Geigenrochen 148, 149
Riesengeißelskorpion 51
Riesengnom 340
Riesengürtelschweif 255, 256
Riesengürteltier 419
Riesenhai 144, 145
Riesenheuschrecke 72
Riesenhörnchen, Indisches 427
Riesenholzwespe 99
Riesenkänguruh 400
Riesenkolopender 70
Riesenkrabbe 65
Riesenkratzer 43
Riesenkröte 231

Riesenläufer 70
Riesenlaubfrosch 232
Riesenlibelle 78, 79
Riesenmuschel 126
Riesenmuschelkrebs 56
Riesenohrwurm 74, 75
Riesenotter(n) 453
Riesenprachtkäfer 109
Riesenprachtkäfer, Südamerikanischer 109
Riesenregenwurm 46
Riesenreh 14
Riesensalamander 218, 220, 221
Riesensalamander, Japanischer 221
Riesenschildkröten 241
Riesenschlammfliege(n) 84
Riesenschlangen 234, 263, 264
Riesenschnecke 123
Riesenschnurfüßer 70
Riesen-Schuppentier 420
Riesenschwärmer 93
Riesenseeadler 301
Riesenseewalze 132
Riesenskorpion 51
Riesensturmvogel 281, 282
Riesentintenfisch(e) 128
Riesentrappe 316, 317
Riesentukan 349
Riesenturako 334
Riesen-Waldschwein(e) 476, 477
Riesenwanze 81
Riesen-Zahnschnecke 127
Riffbarsche 203
Rindenzikade 82
Rinder 392, 489, 493
Rinderbandwurm 39
Rinderbiesfliege 98
Rinderbremse 97
Rindergemsen 392, 508
Rinderläuse 76, 77
Rinderlaus 77
Ringdrossel 371
Ringelastrild 383
Ringelbrasse 197
Ringelechsen 234, 262
Ringelgans 297
Ringelnatter 265, 266
Ringelrobbe 463, 464, 465
Ringeltaube 328
Ringelwühle 220
Ringelwürmer 12, 16, 19, 44, 48
Ringhalskobra 268
Ringrennvogel 323
Ring-Schnäpper 369
Ringsittich 331
Ringtail 448
Riopa 258
Riopa-Skink 258
Riopa sundevallii 258
Riosfuchs 441
Riparia 357
Riparia riparia 357
Rippenmolch 222, 223
Rippenquallen 13, 16, 19, 37
Rissa 324
Rissa tridactyla 324
Rissoacea 116, 120
Rissoen 120
Ritteranolis 255
Ritterfalter 88
Ritterfisch 198
Rivulus 184
Roan 499
Robbe(n) 462
Roccus 192
Roccus mississippinensis 193
Rochen 147

Rochenegel 47
Rochenseefledermaus 179
Rock Beauty 200
Rodentia 390, 391, 423
Röhrchenzähner 390, 466
Röhrenatmer 12, 49, 68
Röhrenfächer-Moostierchen 130
Röhrenläuse 84
Röhrenmäuler 187
Röhrennase(n) 273, 281, 404
Röhrenspinne(n) 52, 53
Röhrenwürmer 19
Rötelfalke 303
Rötelmäuse 434
Rötelpelikan 15, 283
Rötliche Zwergohreule 336, 337
Rötling 173
Roggengallmücke 96
Rohrammer 376
Rohrdommel 287
Rohrkatze 456
Rohrsänger 366
Rohrschwirl 367
Rohrweihe 302
Rollschlangen 234, 262
Rollschwimmer 120
Rollulus 306
Rollulus roulroul 307
Romalea 72
Romalea microptera 72
Romanichthys 194
Romanichthys valsanicola 195
Rondeletia 163
Rondeletia bicolor 163
Rondeletiidae 163
Rosaflamingo 293
Rosalia 113
Rosalia alpina 113
Rosalöffler 285
Rosapelikan 15, 283
Rosenboa 264
Rosenbrustknacker 377
Rosenkäfer 112
Rosenköpfchen 332
Rosenroter Flamingo 293
Rosenstar 384
Rosentrogon 341
Rosenzikade 82, 83
Rosett-Meerschweinchen 425
Rosina 368
Rosina coronata 368
Roßameise 100, 101
Rossis Gespenstheuschrecke 74
Roßrobbe 464, 465
Rostfarbener Rennvogel 323
Rostgans 297
Rostratula 322
Rostratula bengalensis 322
Rostratulidae 274, 322
Rotaria rotaria 42
Rotatoria 42
Rotauge 170
Rotaugensalmler 166
Rotaugen-Vireo 379
Rotbarbe 199
Rotbarsch 190
Rotbauchniltava 369
Rotbauchunke 226
Rotbauchwürger 360, 361
Rotbrüstiger Saftlecker 351
Rotbrust-Blütenpicker 374
Rotbrust-Braunelle 363

Rotbrustglanzköpfchen 374
Rotbrust-Kronentaube 329
Rotbrusttao 275
Rotbüffel 492
Rotbugamazone 332, 333
Rote Baummaus 434
Rote Orgelkoralle 35
Roter Baumschlüpfer 352
Roter Brüllaffe 408
Roter Cichlide 201
Roter Colobus 414
Roter Felsenbarsch 193
Roter Felsenhahn 354
Roter Flamingo 293
Roter Grooper 193
Roter Kammstern 134
Roter Kanari 192, 193
Roter Kardinal 377
Roter Knurrhahn 190
Roter Lanzenseeigel 133
Roter Nasenbär 448
Roter Neon 165
Roter Sichler 292
Roter Spießhirsch 483
Roter Thunfisch 210
Roter Umberfisch 198
Rotes Baumkänguruh 400, 401
Rotes Ordensband 95
Rote Spinne(n) 55
Rotes Riesenkänguruh 400, 401
Rote Wegschnecke 123
Rotfeder 170, 171
Rotfeuerfische 190
Rötflankenducker 493
Rotfluh-Würgertimalie 365
Rotfuchs 440
Rotfußtölpel 285
Rotgebänderter Totengräber 106
Rotgesichtsmakak 410, 411
Rothalsgans 296
Rothalskänguruh 401
Rothals-Pademelon 400
Rothalstaucher 278
Rothaubenturako 334
Rothirsch 14, 485, 486, 487
Rothund 442
Rotkäppchen-Timalie 364
Rotkaninchen 422
Rotkehlanolis 255
Rotkehl-Caracara 303
Rotkehlchen 370
Rotkehl-Hüttensänger 371
Rotkehl-Kampfwachtel 317
Rotkehlpieper 358
Rotkehl-Zaunkönig 362, 363
Rotkopfamadine 383
Rotkopf-Bartvogel 348
Rotkopfhäherling 365
Rotkopf-Kardinal 377
Rotkopfmangabe 413
Rotkopf-Sägerake 343
Rotkotinga 354
Rotluchs 458
Rotmilan 300
Rotnackenlerche 356
Rotohrbülbül 360, 361
Rotohrmeerkatze 412
Rotreiher 288, 289
Rotrücken-Kampfwachtel 317
Rotrückenmaus 434
Rotrücken-Staffelschwanz 368

Rotrückenwürger 361
Rotscheitel-Ameisenstelzer 352
Rotschenkel 319
Rotschnabellund 327
Rotschnabel-Madenhacker 384
Rotschnabelschweifkitta 388
Rotschnabeltoko 347
Rotschnabel-Tropikvogel 282
Rotschopftrappe 316, 317
Rotschwanzfeilenfisch 217
Rotschwanz-Jakamar 347
Rotschwanz-Tropikvogel 282
Rotsterniges Blaukehlchen 388
Roststirn-Schwanzmeise 372
Rotula 133
Rotula orbiculus 133
Rotwangensalamander 224, 225
Rottweiler 439
Rotzahnspitzmäuse 391
Rousettus 404
Rousettus aegyptiacus 404, 405
Royal Walnut-moth 88
Rubinköpfchen 353
Rucervus 485
Ruderenten 274, 299
Ruderflügel-Ziegenmelker 338
Ruderfrösche 218, 228
Ruderfüßer 273, 283
Ruderfußkrebs(e) 49, 56, 57
Ruderwanze(n) 80
Rückenflecken-Weichschildkröte 242
Rückenmarktiere 131
Rückenschwimmer 80
Rüsselbeutler 398, 399
Rüsselbleßhuhn 312, 313
Rüsselegel 19
Rüsselhündchen 403
Rüsselkäfer 115
Rüsselkrebschen 56, 57
Rüsselratte 403
Rüsselspringer 391, 402, 403
Rüsseltiere 390, 466
Ruminantia 390, 392, 482
Rundmäuler 13, 137, 140, 141, 143
Rundmünder 130
Rundohrelefant(en) 466, 467
Rundschnabelpapageien 331
Rundschwanz-Seekühe 468
Rupicapra 503
Rupicapra rupicapra 503
Rupicola 354
Rupicola peruviana 354
Rupicola peruviana aequatorialis 354
Rupicola rupicola 354
Rusa 485
Rusa-Gruppe 487
Rusa, Hinterindischer 14
Rußalbatroß 281
Russen-Kaninchen 422
Ruß-Schleiereule 336
Rußseeschwalbe 326
Rußsturmtaucher 282
Rutelinae 112

Rutenförmige Seefeder 36
Rutilia 97
Rutilia splendida 97
Rutilus 169
Rutilus rutilus 170
Rutilus rutilus caspicus 170
Rynchopidae 274, 326
Rynchops albicollis 326
Rynchops nigra 326

S aanenziege 505
Saatgans 296
Saatkrähe 389
Sabella 45
Sabella pavonina 44
Sable 499
Saccoglossa 116, 122
Saccoglossus 131
Saccoglossus mereschkowskii 131
Saccopharyngea 154
Saccopharynx 154
Saccopharynx harrisoni 155
Sack-Lamprete 143
Sackmaulaal(e) 154, 155
Sackmotten 86, 87
Sackschwämme 18
Sackspinner 86, 87
Sackträgermotte 87
Säbelantilope 497
Säbelschnäbler 274, 320, 321
Säbelschnäbler, Amerikanischer 321
Sägebarsche 192
Sägebock 113
Sägefische 147, 148, 149
Sägehaie 141
Sägehornbienen 102
Sägekäfer 108
Säger 274, 299
Säge racken 274, 343
Sänger-Honigfresser 375
Säugetiere 16, 137, 390
Safranfink 376, 377
Safranweber 382
Saftkugler 70
Saftlecker 351
Sagitta 131
Sagitta enflata 131
Sagittariidae 300
Sagittarius 300
Sagittarius serpentarius 300
Sagra 114
Saguirus 408
Saguirus nigricollis 409
Saigaantilope(n) 392, 502
Saiga(s) 502
Saiga tatarica 502
Saiginae 392, 502
Saimiri 408
Saimiri oerstedi 409
Saitenwürmer 40
Saitenwurm 41
Sakis 408
Salamander 218
Salamandra 222
Salamandra atra 222
Salamandra salamandra 222
Salamandridae 218, 222
Salamandrina 222
Salamandrina terdigitata 222
Salangane 339
Salientia 218, 226

Salinenkrebschen 56, 57
Salmler 164
Salmo 158
Salmo aguabonita 158
Salmo gairdneri 158
Salmonidae 158
Salmoniformes 141, 158
Salmo salar 158
Salmo trutta 158
Salmo trutta f. fario 158
Salmo trutta f. lacustris 158
Salompenter 256
Salpa 138
Salpa fusiformis 139
Salpen 137, 138, 139
Salpinctes 362
Salpinctes mexicanus 362
Salpornis 373
Salpornithidae 273, 373
Salpornis spinolotus 373
Saltator 377
Saltator maximus 377
Saltatoria 68, 72
Salticidae 52
Salvelinus 158
Salvelinus alpinus 158
Salvelinus a. salvelinus 158
Sambar, Indischer 487
Samenkäfer 114
Sammetmilben 55
Samtente 299
Samtgoldvogel 387
Samtige Entenmuschel 56
Samtkopf-Grasmücke 366, 367
Samtstirnkleiber 373
Sandboas 264
Sanddollar 133
Sanderling 320
Sandfisch(e) 141, 164, 258
Sandflachkopf 190
Sandflughuhn 329
Sandfuchs 440
Sandgarnele(n) 59
Sandgräber 391, 423
Sandgräberähnliche 391
Sandgräberartige 391
Sandhäuschen 22
Sandhai 144, 145
Sandhuhn, Arabisches 307
Sandotter 270
Sandrasselotter 270
Sandratten 423
Sandregenpfeifer 322
Sandschlange, Indische 264
Sandschnurfüßer 70
Sandschuppenwurm 45
Sandschwimmgecko 249
Sandwespe 102, 103
Sanga-Rind(er) 490
San-José-Schildlaus 83
Sanninoidea 86
Sanninoidea exitiosa 87
Sansibar-Colobus 414
Saperda 113
Saperda carchorius 113
Sarcidiornis 299
Sarcidiornis melanotus 298
Sarcogyps 302
Sarcogyps calvus 302
Sarcophaga 98
Sarcophaga carnaria 98
Sarcophilus 395
Sarcophilus harrisi 396
Sarcoptes 54
Sarcoptes scabici 55
Sarcoptiformes 54
Sarcoramphus 300

Sarcoramphus papa **300**
Sarcosporidia 12
Sarda 210
Sarda chilensis 210
Sardelle(n) **156**
Sardina 156
Sardina pilchardus 156
Sardine(n) **156**
Sargassofisch **179**
Sargus 196
Sargus annularis **197**
Sarsia **28**
Sarsia gemmifera **28**
Saruskranich 314, **315**
Sasia **350**
Sasia ochracea **350**
Satanellus 395
Satanellus hallucatus **396**
Satansaffen 408
Sattelrobbe 463, **464**
Sattelschrecke **73**
Sattelstorch **291**
Sattelstorch, Afrikanischer **291**
Saturniidae 88
Saturnioidea **69**, 88
Satyrhühner 274, **308**
Satyridae **91**
Satyrtragopan **308**
Sauger **174**
Saugfisch **196**
Sauginfusor(ien) 12, **24**
Saugwürmer 12, 38
Saumwanze **81**
Sauria 234, 235, **248**
Sauromalus 254
Sauromalus obesus **255**
Saxaulhäher **389**
Saxicava 127
Saxicava arctica **126**
Saxicavacea 117, **127**
Saxicola 370
Saxicola torquata **370**
Sayornis 353
Sayornis phoebe **353**
Scalacea 116
Scalar **202**
Scalpellum **56**
Scalpellum scalpellum **56**
Scapanorhynchidae 144
Scapanorhynchus owstoni 144, **145**
Scaphidiidae **106**
Scaphidium **106**
Scaphidium quadrimaculatum **106**
Scaphiopus 226
Scaphiopus couchii **227**
Scaphiopus holbrookii **227**
Scapholeberis **56**
Scapholeberis mucronata **57**
Scaphopoda 116, **127**
Scarabaeidae 112
Scarabaeinae 112
Scarabaeus 112
Scarabaeus sacer **112**
Scardinius 169
Scardinius erythrophthalmus **171**
Scaridae 204
Scatophagidae 200
Scatophagus 200
Scatophagus argus **200**
Scavenger **175**
Schabe, Amerikanische **75**
Schabe, Deutsche **75**
Schabe, Lappländische **75**
Schaben **68**, 74
Schabrackenducker **493**
Schabrackenschakal **438**, 439

Schabrackentapir **469**
Schachbrett **91**
Schadenbergs Riesenratte **435**
Schädellose 12, **137**, 139
Schäfergrundel, Afrikanische **208**
Schäfergrundel, Australische **208**, 209
Schäfergrundeln 208
Schafe 493
Schafochsen **392**, 509
Schafskopf **197**
Schafstelze **358**
Schafstelze, Englische **358**
Schakale 438
Schakuhühner **304**
Schakutinga **305**
Schalenträger 116, 118
Schamadrossel **370**
Schamkrabben 64, **65**
Schamlaus **77**
Schapu **380**
Scharadrius asiaticus **322**
Schararaka **271**
Scharbe **215**
Scharlach-Ephthianura **368**
Scharlachflügel **332**
Scharlachgesicht **408**
Scharlach-Honigfresser **375**
Scharlachkäfer **107**
Scharlach-Mennigvogel **359**
Scharlach-Mistelfresser **374**
Scharlachrote Felsenkrabbe **64**
Scharrammern 376
Scharrtier **455**
Schattenkönigin **91**
Schattenvogel 290
Schaufelelche **485**
Schaufelnasenstör(e) 152, **153**
Schaufel-Salamander **224**
Schaumnest von Racophorus reinwardtii 229
Schaumzikaden 82, **83**
Scheckenfalter **91**
Scheckspitzmaus **403**
Scheibenbäuche 190, **191**
Scheibenbarsch **194**
Scheibenfinger **249**
Scheibenzüngler **218**, 226
Scheidenschnäbel **274**, 323
Scheinrüßler **110**
Schellente **299**
Schellfisch **180**
Scheltopusik **259**
Schensitakin **509**
Scherenassel(n) 49, **66**
Scherenhörnler 49, **50**
Scherenschnabel, Indischer **326**
Scherenschnäbel **274**, 326
Scherentyrann **353**
Schermäuse **434**
Schienenechsen **234**, 256
Schiffshalter **196**
Schilbeidae **175**
Schildbäuche **141**
Schildbiene **103**
Schildechse **256**
Schilderwelse **177**
Schildkäfer **114**
Schildkröten 12, **234**
Schildkrötenegel 46, **47**
Schildkröten-Leopard 459

Schildläuse 84
Schildschwänze **234**, 262
Schildschwanz **262**
Schildseeigel 133
Schildturako(s) **334**
Schildwanzen 80
Schillerfalter **91**
Schillertangare 378
Schimmelkäfer **107**
Schimpansen 416
Schirmquallen 19, 30
Schirmschnecken 122
Schirmvogel **354**, 355
Schirrantilope(n) **496**
Schistocerca 72
Schistocerca gregaria **72**
Schistosoma haematobium **39**
Schizodonta **116**, 117, 125
Schlafmäuse **391**, 432
Schlafmausbeutler **398**
Schlafmaus, Japanische **432**
Schlammfisch(e) **141**, 153
Schlammfisch(e), Afrikanische(r) **164**
Schlammfliege(n) **68**, 84
Schlammläufer **319**
Schlammnestkrähen 273
Schlammnestkrähen, Australische **385**
Schlammpeitzger **174**
Schlammschildkröten **234**, 236
Schlammschnecke **39**
Schlammspringer **209**
Schlammstelzer **321**
Schlammtreter, Nordamerikanischer **319**
Schlammteufel **220**, 221
Schlangen 12, **234**, 235, 248, 262
Schlangenaal(e) **154**, 155
Schlangenadler **302**, **303**
Schlangengürtelechse **255**, 256
Schlangenhalsschildkröte, Argentinische **242**, 243
Schlangenhalsschildkröte, Australische **243**
Schlangenhalsschildkröten **234**, 242
Schlangenhalsvögel **284**
Schlangenhalsvogel, Afrikanischer **284**
Schlangenhalsvogel, Amerikanischer **284**
Schlangenköpfe 189
Schlangenkopffische **141**, 189
Schlangenkopffisch, Sibirischer **112**
Schlangenköpfe 189
Schlangenstern(e) 135, 136
Schlankaffen **391**, 414, 415
Schlankblindschlangen **234**, 262
Schlanker Halbschnabelhecht **183**
Schlankhalsechsen 79
Schlanklori **406**, 407
Schlauch-Ascidie **138**
Schlauchwürmer 12, 16, 19, 40
Schleichen **234**, 259
Schleichenlurch(e) **218**, 219, 220
Schleichkatzen **392**, 454, 457

Schleie **140**, **170**
Schleiereule(n) **336**
Schleierschwanz **170**, 185
Schleimfische 206
Schleimkopfartige **141**
Schleimkopfartige Fische 186
Schleppensylphe **340**
Schleuderschwanz **250**
Schließmundschnecke **123**
Schliefer **390**, **468**
Schlitzrüßler **391**, **402**
Schlitzschnecke **119**
Schloßlose Armfüßer 130
Schlüpfer, Neuseeländische **272**
Schlupfwespen **69**
Schmätzertyrannen **353**
Schmalschnabel-Honiganzeiger **348**
Schmalschnabelbarbe **172**
Schmalschnabel-Kardinal **377**
Schmalschnabelpirol **385**
Schmalschnabeltyrannen **353**
Schmarotzermöwe **325**
Schmarotzerraubmöwe 324
Schmarotzerrose **33**
Schmeiß-Sporenkiebitz **321**
Schmeißfliege(n) **98**
Schmerle(n) **174**
Schmetterlinge 12, **68**, 69, 86
Schmetterlingsagame **251**
Schmetterlingsfink **383**
Schmetterlingsfisch(e) **157**, **200**
Schmetterlingshaft(e) **84**, 85
Schmetterlingsmücke(n) **96**
Schmetterlingszikade(n) **83**
Schmuckbaumschlange **266**, 267
Schmuck-Chorfrosch **232**
Schmuck-Dosenschildkröte **239**
Schmuckelfe **340**
Schmutzgeier **302**
Schnabelfliegen **68**, 84
Schnabelharnischwels **177**
Schnabeligel **390**, **393**
Schnabelkerfe 68, 80
Schnabelköpfe **234**, 248
Schnabeltier(e) **390**, **393**
Schnäpperwaldsänger **379**
Schnappschildkröte **236**
Schnarchralle **312**
Schnauzenförmiger Rosenkäfer **112**
Schnecken **116**, 118
Schneckenkärpfling **184**, 185
Schneckenkanker **54**
Schneckennatter(n) **265**, 267
Schneeammer **376**
Schneeballwürger **360**, 361
Schnee-Eule **336**, 337
Schneefink **381**
Schneehase(n) **421**
Schneekranich **315**
Schneeleopard **459**, 460
Schneemaus **434**
Schneeziege **503**
Schneidervogel **366**, 367

Schnelläufer **257**
Schnellkäfer **109**
Schnellkäfer, Südamerikanischer **109**
Schnepfenaal(e) **154**, 155
Schnepfenfisch(e) **187**, **188**
Schnepfenfliegen **97**
Schnepfenmesserfisch(e) **187**, **188**
Schnepfenvögel **274**, 319, 320
Schnirkelschnecken 123
Schnurfüßer **70**
Schnurrbärtchen **382**
Schnurvögel **354**
Schnurwürmer 12, 16, 19, **40**
Schönbär, Amerikanischer **94**
Schönflossenbarbe **172**
Schönflosser **172**, **173**
Schoinobates **398**
Schoinobates volans **398**
Scholle, Japanische 214
Scholle(n) **214**, 215
Schomburgks-Hirsch **487**
Schomburgk-Vielstachler **201**
Schopffalk **327**
Schopfantilopen 493
Schopffasan **310**, 311
Schopfgibbon 415
Schopfhirsch **392**, **483**
Schopffhuhn 311
Schopfibis 292
Schopfmakak **411**
Schopfmangabe 413
Schopfstirnmotte(n) **86**, 87
Schopftaube **329**
Schornstein-Lehmwespe **102**
Schotenförmige Messerscheide 126
Schraubenziege(n) **505**, 506
Schrätzer **195**
Schrauben-Antilope **495**
Schrecken 12
Schreckensmaus **426**
Schreiadler **301**
Schreikranich **314**, **315**
Schreiseeadler **301**
Schreivögel **272**, **352**
Schriftbarsch **192**, **193**
Schützenfisch(e) **198**, **199**
Schuhschnabel 290
Schuhschnäbel 290
Schuppenameisen 100
Schuppenhalstaube **328**
Schuppenkopf-Rötel **370**
Schuppenkriechtiere **234**, 248
Schuppendrachenfisch(e) **161**, **162**
Schuppenechsen 12
Schuppenschleimfische **206**
Schuppentiere **390**, **420**
Schuppentier, Javanisches **420**
Schwämme 12, 16, 17, 18, **26**
Schwäne **294**, 295
Schwärmer 89, 93
Schwärm-Flagellaten 12
Schwärzling **91**, **383**
Schwalben **272**, 357

Schwalbenfaulvogel **347**
Schwalbenflügel **124**
Schwalben-Mistelfresser **374**
Schwalbenmöwe **324**, 325
Schwalbenschwanz **89**
Schwalbenschwanz, Afrikanischer **89**
Schwalbenschwanz, Indischer **89**
Schwalbenschwanz, Südamerikanischer **89**
Schwalbenstare **273**, **385**
Schwalben-Tangare(n) **378**
Schwalbenweihe **300**
Schwalme **338**
Schwanengans **296**
Schwanzfrosch **226**
Schwanzlurch(e) 12, **218**, 219, 221
Schwanzmeise(n) **273**, **372**
Schwarzäugiger Brillenvogel **375**
Schwarzammer **376**, 377
Schwarzbären 446
Schwarzbarsch **194**
Schwarzbauch-Molch **224**, 225
Schwarzbindenpanzerwels **177**
Schwarzbrauenalbatros **281**
Schwarzbrustkolibri **340**
Schwarzbüffel **492**
Schwarzbussard **301**
Schwarzducker **493**
Schwarze, fußlose Echse **259**
Schwarze Makrele(n) **212**
Schwarze Mamba **268**, 269
Schwarze Austernfischer **322**
Schwarzer Baumhopf **345**
Schwarzer Brüllaffe **408**
Schwarzer Damhirsch **486**
Schwarze(r) Drachenfisch(e) **161**, **162**
Schwarzer Fransenlipper **173**
Schwarzer Heilbutt **214**, **215**
Schwarzer Ibis 292
Schwarzer Igelkäfer **114**
Schwarzer Klammeraffe **409**
Schwarzer Messerfisch **157**
Schwarzer Nilhecht **157**
Schwarzer Sägebarsch **193**
Schwarzer Scherenschnabel **326**
Schwarzer Schwalbenschwanz **89**
Schwarzer Seeigel 133
Schwarze Seezunge **215**
Schwarzes Nashorn 470
Schwarze Tiefseeangler **179**
Schwarze Wegameise **100**
Schwarze Witwe **53**
Schwarzfersenantilope **499**
Schwarzflecktinamu **275**

Schwarzflügel-Gleitaar **300**
Schwarzflügel-Trappe **316, 317**
Schwarzflügel-Zwergraupenschmätzer **359**
Schwarzfußalbatros **281**
Schwarzfußiltis **450**
Schwarzfußkatze **456, 457**
Schwarzfußmarder, Japanischer **451**
Schwarzgelbe Blauzunge **258, 259**
Schwarzgesichtibis **292**
Schwarzgesicht-Scheidenschnabel **323**
Schwarzgesichts-Schimpanse **416, 417**
Schwarzgrundel **208**
Schwarzhalsagame **250, 251**
Schwarzhalsbaumtimalie **364**
Schwarzhalskranich **314, 315**
Schwarzhalsreiher **288, 289**
Schwarzhalsschwan **295**
Schwarzhalsstar **384**
Schwarzhals-Stelzenläufer **321**
Schwarzhalstaucher **278**
Schwarzhauben-Blauvogel **374**
Schwarzkäfer **110**
Schwarzkappen-Brillenvogel **375**
Schwarzkappen-Sturmtaucher **282**
Schwarzkappen-Timalie **364**
Schwarzkappen-Waldfalke **303**
Schwarzkehlchen **370, 371**
Schwarzkehl-Honiganzeiger **348**
Schwarzkehl-Lappenschnäpper **369**
Schwarzkehlniltava **368**
Schwarzkehlstar **384**
Schwarzkopfhäher **388**
Schwarzkopf-Panthervogel **374**
Schwarzkopf-Python **263**
Schwarzkopf-Steinwälzer **322**
Schwarzlappenpitta **353**
Schwarzleierschwanz **355**
Schwarzloh-Kaninchen **422**
Schwarzmeise **372**
Schwarzmilan **300**
Schwarznacken-Blauschnäpper **369**
Schwarzohrpapagei **333**
Schwarzotter **268, 269**
Schwarzperlhuhn **310**
Schwarzpinseläffchen **409**
Schwarzpunktierte Kielechse **257**
Schwarzrot-Kleidervögel **379**
Schwarzrückenducker **493**
Schwarzrücken-Kampfwachtel **317**
Schwarzrücken-Würgatzel **385**
Schwarzschnabel-Blautukan **349**

Schwarzschultertamarin **409**
Schwarzschwanz-Dickkopfschnäpper **369**
Schwarzschwanz-Tityra **354, 355**
Schwarzsegler **339**
Schwarzspecht **350, 351**
Schwarzstacheliger Langschnabeligel **393**
Schwarzstorch **291**
Schwarzweber **382**
Schwarzweißes Niederungsrind **489**
Schwebfliege, Amerikanische **97**
Schwebfliegen **97**
Schwebgarnele(n) **60, 66**
Schweifaffe(n) **410, 414**
Schweifkitta **389**
Schwein(e) **391, 392, 476**
Schweinfurths-Schimpanse **417**
Schweinsfisch **197**
Schweinsfuß **397**
Schweinshirsch, Vorderindischer **486, 487**
Schwertfisch(e) **210, 211**
Schwertförmige Messerscheide **126**
Schwertschnabelkolibri **340**
Schwertschwänze **48, 49, 50**
Schwertstör **152**
Schwertträger **184, 185**
Schwertwal **437**
Schwielensohler **390, 392, 480**
Schwielenwels **177**
Schwimmbeutler **394, 395**
Schwimmende Mütze **120**
Schwimmenten **274, 298**
Schwimmfüßer **120**
Schwimmglocke **29**
Schwimmholothurie **132, 133**
Schwimmkäfer **69**
Schwimmkrabben **62**
Schwimmschleiche(n) **218, 220**
Schwimmwanze(n) **80**
Sciaena **198**
Sciaena cirrhosa **198**
Sciaenidae **198**
Sciaenops **198**
Sciaenops ocellata **198**
Scimitar horned-Antilope **497**
Scincidae **234, 258**
Scincus **258**
Scincus scincus **258**
Sciuridae **391, 427**
Sciurognathi **391**
Sciuroidea **391**
Sciuromorpha **391, 423**
Sciurus **427**
Sciurus carolinensis **427**
Sciurus vulgaris **427**
Scolioidea **99**
Scolopacidae **274, 318, 320**
Scolopax **320**
Scolopax rusticola **320**
Scolopendra **70**
Scolopendra gigantea **70**
Scolopendridae **70**
Scolopendromorpha **68, 70**
Scolytidae **115**

Scomber **210**
Scomberidae **210**
Scomberomorus **210**
Scomberomorus regalis **210**
Scomber scombrus **210**
Scomberesocidae **182**
Scomberesox **182**
Scomberesox saurus **182**
Scophtalmidae **214**
Scophtalmus **214**
Scophtalmus maximus **215**
Scopidae **290**
Scoptelus **345**
Scoptelus aterrimus **345**
Scopus **290**
Scopus umbretta **290**
Scorpaena **190**
Scorpaena astulata **190**
Scorpaena plumeri **190**
Scorpaenidae **190**
Scorpaeniformes **141, 190**
Scorpiones **49, 50**
Scotopelia **336**
Scotopelia peli **336**
Scrupocellaria **130**
Scrupocellaria reptans **130**
Scutigera **70**
Scutigera coleoptrata **70**
Scutigerella **70**
Scutigerella immaculata **70**
Scutigeridae **70**
Scutigeromorpha **68, 70**
Scyliorhinidae **144**
Scyliorhinus caniculus **144, 145, 146**
Scyllaridae **60**
Scyllarides **60**
Scyllarides latus **60**
Scyphomedusen **12**
Scyphozoa **19, 30**
Sebastes **190**
Sebastes marinus **190**
Sechsbindensalmler **167**
Sechsstrahlige Blumentiere **19**
Sedentaria **19**
Seeadler **301**
Seeanemonen **12**
Seebären **462, 463**
Seebarben **198**
Seebarsche **201**
Seebohm's Maskenzikade **82, 83**
Seedahlie **30**
Seedrache(n) **141, 150**
Seefedern **12, 19, 36**
Seefledermäuse **179**
Seeforelle **158**
Seegrasgarnele **59**
Seegurke(n) **181**
Seehase(n) **190, 191**
Seehund(e) **462, 463, 464**
Seeigel **12, 133, 134, 135**
Seejungfer **79**
Seekühe **390, 468**
Seekuhaale **168**
Seekuh-Messeraal **168**
Seelilie(n) **132, 135**
Seelöwe **462**
Seemannshand **35**
Seemaus **44**
Seenadeln **187**
Seenelke **33**
Seeohr(en) **118, 119**
Seeotter **453**
Seepeitsche **36**

Seeperlmuschel **124**
Seepferdchen **187, 188**
Seepocke(n) **57**
Seerabe **191, 198**
Seerinde **130**
Seeringelwürmer **19**
Seerosen **19, 32**
Seerosenzünsler **88**
Seesaibling **158**
Seescheiden **137, 138**
Seeschildkröten **234, 241**
Seeschlangen **234, 269**
Seeschmetterling **206, 207**
Seeschwalben **274, 286, 326**
Seeskorpion **191**
Seespinnen **64**
Seestachelbeere **37**
Seesterne **12, 134**
Seestichling **187**
Seetaucher **273, 279**
Seeteufel **178, 179**
Seewalze(n) **12, 132, 135**
Seewespe **30**
Seewölfe **206, 207**
Seezunge **215**
Segeldoktorfisch(e) **209**
Segelechse(n) **250, 251**
Segelflosser **202**
Segellibellen **79**
Segler **339**
Seglervögel **273, 339**
Seidenaffen **414**
Seidenband-Paradiesvogel **386, 387**
Seidenkuckucke **334, 335**
Seidenlaubenvogel **387**
Seidenliest **343**
Seidenreiher **288**
Seidensänger **366, 367**
Seidenschnäpper **362, 369**
Seidenschwänze **272, 362**
Seidenschwanz **362**
Seidenspinner **88**
Seison nebaliae **42, 43**
Seitenstreifenhörnchen **427**
Sekretär(e) **300**
Selachoidei Haie **141, 144**
Selasphorus **340**
Selasphorus rufus **340**
Selenarctos **444**
Selenarctos tibetanus **447**
Selenarctos t. japonicus **447**
Selenidera **349**
Selenidera maculirostris **349**
Semaeostomae **19, 31**
Semetophorus **338**
Semetophorus vexilarius **338**
Semioptera **386**
Semioptera wallacei **386**
Semiotus **109**
Semiotus imperialis **109**
Semmelkröte **230**
Semnopithecus **414**
Semnopithecus entellus **414**
Semnornis **348**
Semnornis ramphastinus **348**
Senegal-Brillenvogel **375**

Senegalschwalbe **357**
Senegaltrappe **316, 317**
Sepia **128**
Sepia officinalis **128**
Sepiidae **128**
Sepioidea **116, 128**
Sepiola **128**
Sepiola atlantica **128**
Sepiolidae **128**
Serau(s) **503**
Sergeant Baker **162**
Sergestes **58**
Sergestes vigilax **59**
Sericornis **368**
Sericornis rufescens **368**
Sericostoma **85**
Sericostomatidae **85**
Sericulus **386**
Sericulus chrysocephalus **387**
Serinus **380**
Serinus canaria **380**
Seriema(s) **317**
Seriola **196**
Seriola dumerili **196**
Serpentes **234, 235, 262**
Serpophaginae **353**
Serpula **19**
Serpula vermicularis **45**
Serpulimorpha **19**
Serranidae **192**
Serranus **192**
Serranus scriba **193**
Sertularia **28**
Sertularia pumila **28**
Serval **457, 458**
Setifer **402**
Setifer setosus **402**
Setonix **400**
Setonix brachyurus **400**
Setophaga **379**
Setophaga ruticilla **379**
Shetland-Pony(s) **472**
Shirepferd **472**
Sialia **370**
Sialia sialis **371**
Sialidae **84**
Sialis **84**
Sialis lutaria **84**
Siamang **415**
Siam-Döbel **173**
Siamkatze(n) **456, 457**
Siam-Leierhirsch **487**
Sibirische Erddrossel **371**
Sibirischer Schlangenkopffisch **189**
Sibirischer Steinbock **504**
Sibirischer Stör **152**
Sibirischer Winkelzahnmolch **220**
Sibirische Steinböcke **504**
Siboglinum **131**
Siboglinum caulleryi **131**
Sibynophinae **265**
Sibynophis **265**
Sibynophis chinensis **267**
Sicalis **376**
Sicalis flaveola **376**
Sichelbaumhacker **352**
Sichelhopf(e) **345**
Sichelkuckuck **335**
Sichelschnabel **364**
Sichelspinner **92**
Sichelspötter **363**
Sicheltimalien **364**
Sichler **292**
Sicista **431**
Sicista subtilis **431**
Siebenfarben-Tangare **378**
Sieben-Punkt-Marienkäfer **107**

Siebenschläfer **432**
Siebzehnjährige Zikade **82, 83**
Siedelweber **382**
Siganidae **208**
Siganus **208**
Siganus rivulatus **209**
Sigmodon **434**
Sigmodon hispidus **434**
Sigmurethra **116, 123**
Sika **485**
Sika, Japanischer **14**
Silberbär **446**
Silberfasan **310, 311**
Silberfischchen **71**
Silberflossenblatt **199**
Silberfuchs **440**
Silbergibbon **415**
Silbergrauer Erdbohrer **423**
Silberlöwe(n) **459**
Silbermöwe **324, 325**
Silbermulle **423**
Silberohr-Sonnenvogel **365**
Silberreiher **288**
Silbersalamander **221**
Silberschakal **442**
Silberschnabel-Tangare **378**
Silber-Waldsalamander **225**
Silenus **410**
Silenus silenus **410**
Sillaginidae **194**
Sillago **194**
Sillago maculatus **195**
Silphidae **106**
Siluridae **175**
Siluriformes **141, 175**
Silurus **175**
Silurus glanis **174**
Silverspottedskipper **87**
Simophis **265**
Simophis rhinostoma **266**
Simuliidae **96**
Simulium **96**
Simulium damnosum **96**
Singdrossel **371**
Singfrosch **230**
Singfrosch, Japanischer **229**
Singschwan **295**
Singsing **498**
Singsittich **331**
Singvögel **273, 356**
Singzikaden **82**
Sinodendron **111**
Sinodendron cylindricum **111**
Sinodontidae **161**
Siphonaptera **68, 77**
Siphonodentaliidae **127**
Siphonodentalium **127**
Siphonodentalium lofotense **127**
Siphonophora **19**
Siphonops **220**
Siphonops annulatus **220**
Sipunculida **16, 19, 47**
Sipunculus **47**
Sipunculus ludus **47**
Siren **224**
Sirenia **390, 468**
Sirenidae **218, 224**
Siren lacertina **224**
Sirex **99**
Sirex gigas **99**
Siricidae **99**
Sistrurus **271**
Sistrurus catenatus **271**
Sitatunga **495, 496**
Sitta **372**
Sitta carolinensis **373**

Sitta europaea 373
Sitta frontalis 373
Sitta himalayensis 373
Sitta pusilla 373
Sitta whiteheadi 373
Sittidae 273, 372
Sittinae 372
Skelettspindel 121
Skorpion, Amerikanischer 51
Skorpione 12, 49, 50
Skorpionfliege(n) 84
Skorpionspinnen 49, 50
Skorpion, Südeuropäischer 51
Skorpion, Vorderasiatischer 51
Skua 324
Skunks 453
Slender Long-Tom 183
Smaragdeidechse 257
Smaragdkuckuck 335
Smaragdracke(n) 351
Smaragdwaran 260, 261
Smerinthus 93
Smerinthus ocellata 93
Sminthopsis 395
Sminthopsis crassicaudata 395
Smithornis 351
Smithornis capensis delacouri 351
Snapper 196, 197
Snook 192
Soay-Schaf 507, 508
Solaster 134
Solaster papposus 134
Soldatenara 333
Soldatenfisch(e) 186
Soldatenkäfer 106
Soldatenstärling 380
Solea 214
Solea fulvomarginata 215
Solea solea 215
Soleidae 214
Solen 127
Solenacea 117, 127
Solen marginatus 126
Solenodon 402
Solenodon paradoxus 402
Solenodontidae 391, 402
Solenopsis 100
Solenopsis geminata 101
Solenostomidae 187
Solenostomus 187
Solenostomus cyanopterus 188
Soleolifera 116
Solifugae 49, 54
Somali-Fettschwanzschaf 508
Somali-Strauß 276
Somali-Wildesel 474
Somateria 298
Somateria mollissima 298
Somateriini 274, 298
Sommerflunder 214, 215
Sommergoldhähnchen 368, 369
Somniosus microcephalus 144, 147
Sonnenastrild 383
Sonnenbär(en) 444, 447
Sonnenbarsch(e) 194
Sonnenblumenstern 135
Sonnendachs(e) 452, 453
Sonnenralle(n) 313
Sonnenstern 134
Sonnenstrahlfisch 185

Sonnentierchen 12
Sonnenvogel, Chinesischer 365
Sonora-Skink 258, 259
Sorex 391
Sorex minutissimus 403
Soricidae 391, 402
Sorubim 175
Sorubim lima 176
Spätfliegende Fledermaus 405
Spalacidae 391, 433
Spalax 433
Spalax leucodon 432
Spaltenschildkröte 239
Spaltfüßer 49, 66
Spaltfußgänse 274, 294
Spaltfußgans 294
Spaltfußkrebse 12
Spanische Fliege 110
Spanischer Riesenesel 474, 475
Spanner 92
Sparidae 196
Sparus 196
Sparus auratus 197
Spatangoidea 133
Spatelschwanzelster 388, 389
Spatelwels 176, 177
Spatenfisch(e) 198, 199
Spathius 99
Spathius claratus 99
Spathura 340
Spathura underwoodii 340
Spechtartige 348
Spechte 350
Spechtfink(en) 377
Spechtmeisen 372
Spechtpapageien 331
Spechtvögel 273, 347
Speckkäfer 108
Speerreiher 289
Speothos 438
Speothos venaticus 441
Speotyto 336
Speotyto cunicularia 337
Sperber 300, 301
Sperbereule 337
Sperbertäubchen 328, 329
Sperberweihe 302
Sperlinge 381
Sperlingskauz 337
Sperlingspapagei(en) 333
Sperlingsvögel 272, 273, 351, 352
Sperlingsweber 382
Spermestes 383
Spermestes cucullatus 383
Sphaerechinus 133
Sphaerechinus granularis 133
Sphaeriacea 117, 125
Sphaerium 125
Sphaerium corneum 125
Sphaeronectes 29
Sphaeronectes köllikeri 29
Sphecidae 102
Sphecoidea 69, 102
Sphecotheres 385
Sphecotheres vieilloti 385
Specius 102
Specius speciosa 102
Spheniscidae 280
Sphenisciformes 273, 280
Spheniscus 280
Spheniscus demersus 280
Spheniscus humboldti 280

Spheniscus magellanicus 280
Spheniscus mendiculus 280
Sphenodon 248
Sphenodon punctatus 248
Sphenodontidae 248
Sphenurus 328
Sphenurus sphenurus 328
Sphingidae 93
Sphingiformes 69
Sphingoidea 69, 93
Sphinx 93
Sphinx ligustri 93
Sphoeroides 216
Sphoeroides cutaneus 216
Sphyraena 203
Sphyraena barracuda 203
Sphyraenidae 203
Sphyrapicus 350
Sphyrapicus varius ruber 351
Sphyrnidae 144
Spiegelgänse 297
Spiegelkarpfen 169
Spiegelpfauen 309
Spießbock, Ostafrikanischer 497
Spießbock, Südafrikanischer 497
Spießböcke 497
Spießente 298
Spießflughuhn 329
Spießhirsch 14, 483
Spilogale 450
Spilogale putorius 452
Spinachia 187
Spinachia spinachia 187
Spinnen 12, 49, 51
Spinnenaffen 409
Spinnenameisen 99
Spinnenasseln 70
Spinnenfisch(e) 161, 162, 163
Spinnenjäger 374
Spinnenläufer 70
Spinnentiere 12, 16, 48, 49, 50, 54
Spinnenwespe(n) 102
Spinte 344
Spinulosa 134
Spiomorpha 19
Spiratella 122
Spiratella limacina 122
Spirobolus 70
Spirobolus spec. 70
Spirographis 45
Spirographis spallanzani 44
Spirorbis 45
Spirorbis borealis 45
Spirotrichen 12
Spirotrichonympha 21
Spirotrichonympha flagellata 20
Spirula 128
Spirula spirula 128
Spitzbartfisch 157
Spitzhörnchen 391, 406, 407
Spitzkopfschildkröte 243
Spitzkrokodil 245, 246
Spitzmäuse 391, 401, 402
Spitzmaulnashorn 470
Spitzschnauzdelphine 392
Spitzschwanz-Bronzemännchen 383
Spitzschwanz-Doppelschleiche 262

Spitzschwanz-Ringelechsen 262
Spöke 150
Spötter 367
Spondylus 124
Spondylus barbatus 124
Spongia 27
Spongia officinalis 26
Spongilla lacustris 27
Sponsophorus 82
Sponsophorus ballista 83
Sporengans 299
Sporentierchen 13, 16, 22
Spornammer 376
Spornfrosch 226
Spornkiebitz 321
Spornkuckuck(e) 334, 335
Spornpieper 358
Sporopipes 382
Sporopipes squamifrons 382
Sporopipinae 382
Sporozoa 13, 16, 22, 23
Spottdrossel(n) 272, 363
Spreo 384
Spreo bicolor 384
Springaffe(n) 391, 408, 409
Springbeutler 390, 400
Springfrosch 228
Springhase(n) 391, 431
Springhasenartige 391
Springheuschrecken 72
Springkrabbe(n) 62, 63
Springmäuse 391, 431
Springmausartige 391
Springschrecken 68, 72
Springschwänze 68, 71
Springspinnen 52, 53
Spritzsalmler 166
Spritzwürmer 12, 16, 19, 47
Sprosser 370
Sprotte(n) 156
Squalidae 144
Sphyrna zygaena 144, 147
Squaliformes 141
Squalus acanthias 144, 147
Squamata 234
Squatina 144
Squatina squatina 147
Squatinidae 144
Squilla 58
Squilla mantis 58
Staatsquallen 19, 29
Stabheuschrecken 74
Stabläuse 54
Stabwanze 80
Stachelaal 213
Stachelameisen 100
Stachelbeerspanner 92
Stachelbürzler 272, 359
Stachelbutterfisch 229
Stachelchamäleon 253
Stachelhals-Plattschildkröte 242, 243
Stachelhäuter 13, 16, 132, 134
Stachelibis 292
Stacheligel 391
Stachelige Seefeder 36
Stachelkäfer 110
Stachellanguste 60
Stachelmakrelen 196
Stachelmaus 435
Stachelrochen 147, 148
Stachelröhrenmäuler 187
Stachelröhrenmaul 189
Stachelrücken 206
Stachelschwein(e) 466

Stachelschweinähnliche 391, 423
Stachelschwein, Asiatisches 424
Stachelschweinverwandte 391
Stachelschnecken 121
Stachelschwanzschwalbe 357
Stachelschwanzsegler 339
Stachelseestern(e) 134
Stachelskink 258, 259
Stachelwels, Australischer 176
Stachelwelse 175
Stachlige Hufmuschel 126
Stachyris 364
Stachyris nigricollis 364
Stactolaema 348
Stactolaema leucotis 348
Stärlinge 273, 380
Stangler 485
Stangenelche 485
Staphylinidae 106
Staphylinus 106
Staphylinus olens 106
Staphylinoidea 69, 106
Star(e) 273, 384
Staubkäfer 110
Staubläuse 68, 76
Staublaus 76, 77
Stauro-Medusae 19, 30
Stauropus 94
Stauropus fagi 94
Staurotypus 236
Staurotypus triporcatus 236
Steatornis 338
Steatornis caripensis 338
Steatornithidae 338
Stechmücke(n) 96
Stechwespen 69
Steckmuschel 64, 124
Steenbock 494
Steganura 382
Steganura orientalis 382
Steigschnabel 352
Steinadler 301
Steinbeißer 174, 175
Steinbock 494
Steinbock, Nubischer 504
Steinbock, Ostkaukasischer 504
Steinbock, Sibirischer 504
Steinböckchen 494
Steinböcke 504
Steinböcke, Sibirische 504
Steinbrech-Widderchen 94
Steinbutt(e) 214, 215
Steinfisch(e) 190, 191
Steinfliege(n) 68, 78
Steinhuhn 306
Steinhummel 103
Steinkauz 307
Steinkoralle(n) 12, 19, 34
Steinkrabben 64
Steinläufer 70
Steinmarder 450, 451
Steinpicker 191
Steinrebhuhn 307
Steinrötel 371
Steinschmätzer 371
Steinseeigel 133
Steinsperling 381
Steinwälzer 274, 322
Steißhühner 273, 275
Stellersche Seekuh 468
Stellers Seelöwe 463

Stelmatopoda 130
Stelzen 272, 358
Stelzenkrähen 365
Stelzenläufer 321
Stelzenrallen 313
Stelzenwanze(n) 80, 81
Stelzvögel 273, 287
Stenelais boa 45
Stenodus 158
Stenodus leucichthys 159
Stenoglossa 116
Stenopodidae 59
Stenopus 58
Stenopus hispidus 59
Stentor coeruleus 24
Stephanibyx 321
Stephanibyx coronatus 321
Stephanoaëtus 301
Stephanoaëtus coronatus 301
Stephanoceros 42
Stephanoceros fimbriatus 42
Stephanolepis 216
Stephanolepis hispidus 217
Steppenelefant, Afrikanischer 467
Steppenelefanten 467
Steppengiraffe 488
Steppenhühner 329
Steppenhuhn 329
Steppenmurmeltier 428
Steppenrenner 257
Steppenrind 489
Steppen-Schuppentier 420
Steppen-Steißhühner 275
Steppenwaran 260, 261
Stercorariidae 274, 324
Stercorarius 324
Stercorarius longicaudus 325
Stercorarius parasiticus 325
Stercorarius skua 325
Sterlet 152
Sterna 326
Sterna albifrons 326
Sternachella 168
Sternachella schotti 168
Sterna fuscata 326
Sterna hirundo 326
Sterna maxima 326
Sterna paradisea 326
Sterna sandvicensis 326
Sternhausen 152
Sternidae 274, 326
Sternkoralle 34
Sternmull 403
Sternocera 109
Sternocera bennigseni 109
Sternoptychideae 161
Sternoptyx 161
Sternoptyx diaphana 161
Sternotherus 236
Sternotherus odoratus 237
Sternotomis 113
Sternotomis virescens 113
Sternoxia 69
Sternschildkröte 240, 241
Stern-Seescheide 138
Sterntaucher 279
St.-Gertrudis-Vieh 490
Stichaeidae 206
Stichling(e) 187
Stichlingsfische 141, 187

539

Stieglitz 380
Stieglitzverwandte 380
Stielaugenfliege(n) 97
Stielquallen 30
Stierkämpfer 112
Stierkopfhaie 141
Stigmatogobius 208
Stigmatogobius hoeveni 208
Stinkdachs(e) 452, 453
Stinkender Raubkäfer 106
Stinkmarder 451
Stinktiere 450
Stinte 158
Stint, Europäischer 159
Stioptera 383
Stioptera bichenovii 383
Stipiturus 368
Stipiturus malacharus 368
Stirnfleckensalmler 165
Stirnflosser 190, 191
Stirnlappenbasilisk 254, 255
Stirnwaffenträger 392, 483
Stirodonta 133
Stizostedion 194
Stizostedion vitreum 194
Stockente 298
Stocksteert 455
Stöcker 196
Störartige 141
Stör, Atlantischer 152, 153
Störche 290
Stör(e) 141, 152
Stör, Sibirischer 152
Stomatopoda 49, 58
Stomias 161
Stomias boa 162
Stomiatidae 161
Stomoxys 98
Stomoxys calcitrans 98
Stoneiella 175
Stoneiella leopardus 177
Stoßwasserläufer 80
Strahlenflösser 141
Strahlenflosser 150
Strahlenparadiesvogel 387
Strahlenrotfeuerfisch 190
Strahlenschildkröte 240, 241
Strandfloh 67
Strandkrabbe 63
Strandschnecke(n) 118, 119
Strandseeigel 133
Strandvögel 318
Strandwolf 443
Stratiomyidae 97
Stratiomys 97
Stratiomys chamaeleon 97
Strauße 275, 276
Strauß, Nordafrikanischer 276
Strauß, Südafrikanischer 276
Straußwachtel 307
Streber 195
Streifen-Armmolch 224, 225
Streifenbarsche 192
Streifenbaumhacker 352
Streifenbartvogel 348
Streifen-Beuteldachs 397
Streifen-Beutelmarder 396
Streifenfisch 185

Streifenflugbarbe 173
Streifengans 296
Streifenhyäne 443
Streifenkiwi 277
Streifenkopf-Baumläufer 373
Streifenmolch 223
Streifensalmler 167
Streifenschakal 438, 439
Streifenschwalbe 357
Streifenskunk 452
Streifentanrek 402
Streifenwanze 81
Streifenwiesel 451
Streifenziesel 428
Strepsiptera 115
Streptoneura 116, 118
Streptopelia 328
Streptopelia turtur 328
Streptoprocne 339
Streptoprocne zonaris 339
Strichelstelzer 352
Strigidae 336
Strigiformes 273, 336
Striginae 336
Strigopinae 331
Strigops 331
Strigops habroptilus 331
Strix 336
Strix aluco 337
Strix leptogrammica 337
Strix occidentalis 337
Strix uralensis 337
Strohwitwe 382
Stromateidae 212
Stromateus 212
Stromateus fasciatus 212
Strombacea 116, 120
Strudelwürmer 12, 38
Strumpfbandnatter 266
Strumpfbandnatter, Afrikanische 268, 269
Struppmeerschweinchen 425
Struthidea 385
Struthidea cinerea 385
Struthio 276
Struthio camelus australis 276
Struthio camelus camelus 276
Struthio camelus molybdophanes 276
Struthiones 276
Struthionidae 276
Struthioniformes 273, 275
Stubenfliege 98
Stummelaffen 414
Stummelfüßer 12
Stummelfuß 232
Stummelfußfrösche 218, 232
Stummelkormoran 284
Stummellerche 356
Stumpen-Ascidie 138
Stumpfkrokodil 246
Stumpfnasenaffe(n) 415
Stumpfschwanzpapageien 332
Sturmmöwe 325
Sturmschwalbe(n) 282, 283
Sturmtaucher 282
Sturmvögel 281, 282
Sturnia 384
Sturnia philippensis 384
Sturnidae 273, 384
Sturninae 384
Sturnus 384
Sturnus vulgaris 384
Sturzbachente 298
Stutzechse 258, 259

Stutzkäfer 106
Stylaria lacustris 46
Stylocheiron 58
Stylocheiron sumi 58
Stylocidaris 133
Stylocidaris affinis 133
Stylommatophora 116, 123
Stylonychia mytilus 24, 25
Stylopidae 115
Suboscines 272, 355
Succinea 123
Succinea putris 123
Sudanchamäleon 252, 253
Sudan-Paradieswitwe 382
Südafrikanischer Kurzkopffrosch 231
Südafrikanischer Spießbock 497
Südafrikanischer Strauß 276
Südamerikanische Jacana 318
Südamerikanischer Lungenfisch 150
Südamerikanischer Molchfisch 151
Südamerikanischer Riesenprachtkäfer 109
Südamerikanischer Schnellkäfer 109
Südamerikanischer Schwalbenschwanz 89
Südamerikanisches Binsenhuhn 313
Südamerikanisches Opossum 394
Südasiatischer Hornhecht 183
Südeuropäischer Skorpion 51
Südfrösche 218, 232, 233
Südfrosch, Chilenischer 233
Süd-Hornrabe 346
Südlicher See-Elefant 465
Südlicher Zwergpinguin 280
Südliches Streifengnu 500
Südsee-Grasmücken 368
Südseeschwalbe 357
Süßlippe, Indische 197
Süßwasserassel 67
Süßwasserkrabbe(n) 62, 63
Süßwassermeduse 28, 29
Süßwassermilbe(n) 55
Süßwassermoostierchen 130
Süßwassernadel 189
Süßwasserperlmuscheln 125
Süßwasserpolypen 29
Süßwasserplanarien 38
Süßwasserschleimfisch 206, 207
Süßwasserschwamm 27
Süßwassertrommelfisch 198
Suidae 392, 476
Sula 285
Sula dactylatra 285
Sula leucogaster 285
Sula nebouxii 285
Sula sula 285
Sula variegata 285
Suleiman-Schraubenziege 504

Sulidae 285
Sultanshühnchen 313
Sultanshuhn, Afrikanisches 313
Sultanshuhn, Amerikanisches 313
Sultansmeise 372
Sumatrabarbe 172
Sumatra-Nashorn 470, 471
Sumatrareiher 288, 289
Sumpfantilope 496
Sumpfbock 495, 496
Sumpfbuschrohrsänger 366
Sumpfbuschsänger 366
Sumpfdeckelschnecke 119
Sumpfhirsch 14, 483
Sumpfhühner 312
Sumpfkrokodil 246, 247
Sumpfläufer 320
Sumpfluchs 456, 457
Sumpfmanguste 455
Sumpfmeerkatzen 413
Sumpfohreule 337
Sumpfschildkröte(n) 228, 234, 238, 239
Sumpfschnecke 123
Sumpfschnepfe 320
Suncus 402
Suncus etruscus 403
Sunda-Gavial 247
Sundanashorn 471
Suppenschildkröte 241
Suricata 454
Suricata tetradactyla 455
Surikate 455
Surinam-Laternenträger 83
Surnia 336
Surnia ulula 337
Sus 476
Sus barbatus 477
Susliks 428
Sus scrofa 476, 478
Sus s. scrofa 478
Sus scrofa vittatus 478
Sus verrucosus celebensis 477
Swartwitpens 499
Syconciliatum 27
Syconycteris 404
Syconycteris australis 404
Sylvaemus 435
Sylvaemus sylvaticus 435
Sylvia 366
Sylvia cantilans 367
Sylvia communis 366
Sylvia melanocephala 366
Sylvia rueppelli 367
Sylvia undata 367
Sylvicapra 493
Sylvicapra grimmia 493
Sylvietta 366
Sylvietta rufescens 366
Sylviinae 366
Sylvilago 421
Sylvilagus aquaticus 422
Sylvilagus floridanus 422
Sympetrum 79
Sympetrum sanguineum 79
Symphalangus 414
Symphalangus syndactylus 415
Symphodus 204
Symphodus mediterraneus 204
Symphyla 68, 69, 70

Symphysodon 200
Symphysodon discus 202
Symphyta 99
Symplectes 382
Symplectes bicolor 382
Syncarida 49, 58
Synallaxis 352
Synallaxis rutilans 352
Synanceja 190
Synanceja verrucosa 190
Syncancejidae 190
Synanthedon 86
Synanthedon scoliaeformis 87
Synaphobranchidae 154
Synaphobranchus 154
Synaphobranchus bathybius 155
Synapta 132
Synapta maculata 132
Synbranchidae 189
Synbranchiformes 141, 189
Synbranchus 189
Synbranchus marmoratus 189
Syncerus 489, 492
Syncerus c. caffer 492
Syncerus caffer nanus 492
Syngnathidae 187
Syngnathus 187
Syngnathus pulchellus 189
Syngnathus rostellatus 189
Synkariden 58
Synodontis 175
Synodontis alberti 175
Synura 20
Synura uvella 21
Sypheotides 316
Sypheotides indica 316
Syphonostoma 187
Syphonostoma thyphle 189
Syrischer Halbesel 474, 475
Syrmaticus 311
Syrmaticus mikado 311
Syrmaticus reevesi 311
Syromastus 80
Syromastus marginatus 81
Syrphidae 97
Syrrhaptes 329
Syrrhaptes paradoxus 329
Szetschuan-Takin 508

Tabanidae 97
Tabanus 97
Tabanus bovinus 97
Tabasco-Schildkröten 234, 236, 237
Tachinidae 98
Tachycines 73
Tachycines asynamorus 73
Tachycineta 357
Tachycineta bicolor 357
Tachyeres 297
Tachyeres brachypterus 297
Tachyglossidae 390, 393
Tachyglossus 393
Tachyglossus aculeatus 393
Tachyphonus 378

Tachyphonus cristatus 378
Tachysurus 175
Tachysurus thalassinus 175
Tadorna 297
Tadorna ferruginea 297
Tadorna radjah 297
Tadorna tadorna 297
Tadornini 274, 297
Taeniarhynchus saginatus 39
Taenioglossa 116
Taeniopygia 383
Taeniopygia guttata 383
Taeniotoca 200
Taeniotoca lateralis 200
Taeniura 147, 148
Taeniura lymma 148
Tafelente 298, 299
Taggeckos 249
Tagpfauenauge(n) 91
Tagschläfer 338
Tahiti-Blaulori 331
Tahr 506
Taillenwespen 69, 99
Taipan 269
Takahe 313
Takin 508, 509
Takydromus 256, 257
Takydromus tachydromoides 257
Talegallahuhn 304
Talitridae 67
Talitrus 67
Talitrus saltator 67
Talpa 402
Talpa caeca 403
Talpa europaea 403
Talpidae 391, 402
Tamandua 418, 419
Tamandua tetradactyla 419
Tamarao 491
Tamarinus 408
Tamarinus imperator 409
Tamias 427
Tamias striatus 429
Tandanus 175
Tandanus tandanus 176
Tangara 378
Tangara chilensis 378
Tangara fastuosa 378
Tangaren 378
Tangarenfinken 376
Tangbeere 138
Tanichthys 169
Tanichthys albonubes 173
Tannenhäher 388
Tannenmeise 372
Tannenwaldhuhn 306
Tannenzapfenechse 258
Tannenzapfenfische 186
Tannenzapfenfisch, Japanischer 186
Tanrek(s) 402
Tanysiptera 342
Tanysiptera galatea 343
Tanzfliege(n) 97
Tapetenmotte 86, 87
Tapir(e) 390, 392, 469
Tapirella bairdi 469
Tapirfisch 157
Tapiridae 390, 392
Tapirus indicus 469
Tapirus roulini 469
Tapirus terrestris 469
Tarantel, Apulische 51, 53
Tarantula 50
Tarantula palmata 51
Tardigrada 16, 47

Tarentola 248
Tarentola mauritanica 249
Taricha 222
Taricha granulosa 223
Tarpon, Australischer 154
Tarpon(e) 154
Tarpun(e) 141, 154
Tarsiidae 391, 406
Tarsipes 398
Tarsipes spenserae 398
Tarsius 406
Tarsius tarsius 407
Taschenkrebs(e) 56, 62, 63
Taschenmäuse 391, 431
Taschenmessermuschel 126
Taschenratte(n) 391, 430, 431
Taschenrattenverwandte 391
Taschenspringer 430, 431
Tasmanisches Pfuhlhuhn 312
Tatera 433
Tatera indica 432
Tatu 419
Tauben 328
Taubenschwanz 93
Taubenvögel 273, 328
Taubfrosch 230, 231
Taubleguan 255
Taubwaran(e) 234, 260
Tauchenten 274, 299
Tauchsturmvögel 282, 283
Taufliege 97
Taumelkäfer 69, 104, 105
Tauraco 334
Tauraco erythrolophus 334
Tauraco hartlaubi 334
Tauraco leucolophus 334
Tauraco persa 334
Taurotragus 495
Taurotragus euryceros 495
Taurotragus o. derbianus 496
Tautrotragus oryx 496
Tausendfüßer 48, 49, 68, 70
Tausendfüßer, Amerikanischer 70
Taxodonta 116, 117, 124
Tayra 450, 451
Tayra barbara 451
Tealia felina 32, 33
Teckel 439
Tegenaria 52
Tegenaria domestica 52
Tegeticula 86
Tegeticula alba 86
Teichhühner 312, 313
Teichhuhn 313
Teichjungfern 79
Teichläufer 80
Teichmolch 223
Teichmuschel(n) 125
Teiidae 234, 256
Teju 256
Telemetacarpalia 483
Teleonema 354
Teleonema filicauda 354
Teleostei 141
Teleskopbeilbauch 161
Teleskopfisch(e) 163
Tellina 126
Tellinacea 117, 126
Tellina planata 126
Telmatherina 185

Telmatherina ladigesi 185
Telmatobius 232
Telmatobius peruvianus 233
Telyphonus caudatus 51
Temminck's Erdtimalie 365
Temminck's Tragopan 308
Temnotrogon 341
Temnotrogon roseigaster 341
Tempelchen 119
Tenebrio 110
Tenebrio molitor 110
Tenebrionidae 110
Tenrec 402
Tenrec ecaudatus 402
Tenrecidae 391, 402
Tentaculata 13, 16, 19, 130
Tentakellose Rippenquallen 12, 19
Tentakeltragende Rippenquallen 12, 19
Tenthredinidae 99
Tenthredinoidea 69
Teppichkäfer 108
Teppichpython 263
Teppichschlange 263
Terathopius 302
Terathopius ecaudatus 303
Terebellomorpha 19
Terebrantes 69
Terebratella 130
Terebratella cruenta 130
Teredilia 69, 108
Teredo 127
Teredo navalis 126
Termes 76
Termes bellicosus 76
Termes spinosus 76
Termite, Afrikanische 76
Termitenschmätzer 370, 371
Termitidae 76
Terpsiphone 368
Terpsiphone paradisi 369
Terrapene 238
Terrapene ornata 239
Terrier 439
Tersina 378
Tersina viridis 378
Tersinini 378
Testudines 234, 236
Testudinidae 234, 239
Testudo 239
Testudo elegans 240
Testudo elephantopus 240
Testudo gigantea 241
Testudo graeca 240
Testudo hermanni 240
Testudo marginata 240
Testudo pardalis babcocki 240
Testudo radiata 240
Testudo tentoria verroxii 240
Tethya 27
Tethya aurantium 26
Tetrabranchiata 116, 128
Tetracerus 495
Tetracerus quadricornis 494
Tetraenura 382
Tetrao 305
Tetraodon 216
Tetraodon fluviatilis 216

Tetraodontidae 216
Tetraodontiformes 141, 216
Tetraogallus 306
Tetraogallus himalayensis 306
Tetraonidae 305
Tetraoninae 274
Tetraonini 305
Tetrao urogallus 305
Tetrapoda 9
Tetrapturus 210
Tetrapturus albidus 211
Tetrastes 306
Tetrastes bonasia 306
Tetrastini 306
Tetrax 316
Tetraxonia 18
Tetrax tetrax 316
Tetrigidae 72
Tetrix 72
Tetrix bipunctata 72
Tettigella 82
Tettigella viridis 82
Tettigonia 73
Tettigonia viridissima 73
Tettigoniidae 73
Teufelsblume 74, 75
Teufelsnadel 78
Teufelsrochen 149
Teuthoidea 116, 128
Texas-Grünfischer 342, 343
Textor 382
Textor xanthops 382
Textularia agglutinans 22
Thalassarctos 444
Thalassarctos maritimus 446
Thalassicola pelagica 22
Thalassoma 204
Thalassoma bifasciatum 204
Thalassophryne 178
Thalassophryne maculosa 178
Thaliacea 137, 138, 139
Thamnolaea 370
Thamnolaea coronata 370
Thamnophilus 352
Thamnophilus murinus 352
Thamnophis 265
Thamnophis sirtalis 266
Thanasimus 106
Thanasimus formicarius 106
Thaumatops 67
Thaumatopsidae 67
Thaumatops neptuni 67
Thaumetopoea 94
Thaumetopoea processionea 94
Thaumetopoeidae 94
Thea 107
Thea vigintiduopunctata 107
Thecaphore 28
Thecla 92
Thecla marsyas 92
Thelyphonus 50
Theopompa 74
Theopompa serrillei 75
Therapon 194
Theraponidae 194
Therapon jarbua 194
Theria 9, 390
Theridiidae 52
Theristicus 292
Theristicus caudatus melanopis 292

Thermometerhuhn 304
Theropithecus 410
Theropithecus gelada 411
Thinocoridae 274, 323
Thomisidae 52
Thomomys 431
Thomomys fuscus 430
Thoracica 49, 56
Thorshühnchen 318
Thracia 127
Thraciamuschel 127
Thracia papyracea 127
Thraupinae 378
Thraupini 378
Thraupis 378
Thraupis episcopus 378
Threskiornis 292
Threskiornis aethiopica 292
Threskiornithidae 292
Threskiornithinae 292
Thripidae 77
Thryomanes 362
Thryomanes bewickii 362
Thryothorus 362
Thryothorus coraya 362
Thunfische 210, 211
Thunnus 210
Thunnus thynnus 210
Thyatira 92
Thyatira batis 93
Thyatiridae 92
Thylacinus 395
Thylacinus cynocephalus 396
Thylacis 397
Thylacis obesulus 397
Thylogale 400
Thylogale thetis 400
Thylototriton andersoni 222
Thymallus 158
Thymallus thymallus 159
Thyria 94
Thyria jacobaeae 94
Thyridopteryx 86, 87
Thyridopteryx ephemeraeformis 87
Thysania 94
Thysanoptera 68, 77
Thysanura 69, 71
Tiaridini 376
Tiaris 376
Tiaris canora 376
Tibetbär 445, 446
Tibetgazelle 502
Tichodroma 372
Tichodroma muraria 373
Tichodrominae 372
Tiefland-Nyala 495
Tiefseeaal(e) 154, 155
Tiefseebeilbäuche 161
Tiefseedornaal(e) 141, 154, 155
Tiefseegarnele 59
Tiefseeleuchtgarnele 58
Tiefseeriesenassel 66
Tiefseeschnepfenaal(e) 154, 155
Tiefsee-Seewalze 132
Tiefsee-Soldatenfisch 186
Tierläuse 12, 68, 77
Tiger 460
Tigerfisch(e) 164, 194
Tigerfrosch 228
Tigerhai 144, 146
Tigeriltis 450
Tiger, Osstsibirischer 44
Tigerotter 268, 269
Tiger, Persischer 460

Tigerpferde 473
Tigerporzellanschnecke 120
Tigerreiher 287, 288
Tigersalamander 221
Tigersalmler 165
Tigerschmerle 175
Tigrisoma 287
Tigrisoma lineatus 287
Tik-Polonga 270
Tilapia 200
Tilapia natalensis 202
Tiliqua 258, 259
Tiliqua nigrolutea 258
Tiliqua scincoides 258
Timalia 364
Timalia pileata 364
Timalien 364
Timaliinae 364
Timaliini 364
Timberwolf 438
Tinamidae 275
Tinamiformes 273, 275
Tinaminae 275
Tinamus 275
Tinamus major 275
Tinca 169
Tinca tinca 170
Tineidae 86
Tineiformes 69
Tineoidea 69, 86
Tineola 86
Tineola biselliella 86
Tingidae 80
Tintenfisch(e) 12, 117, 128, 143, 145
Tipula 96
Tipula oleracera 96
Tipulidae 96
Tiroler Bergpferd 472
Tischeria 86
Tischeria complanella 86
Tischeriidae 86
Titicacataucher 278, 279
Titis 408
Tityra 354
Tityra cayana 354
Tobiasfisch(e) 206, 207
Toby 216
Tockus 346
Tockus erythrorhynchus 347
Tockus nasutus 347
Todesotter 269
Todidae 274, 343
Todirostrum 353
Todirostrum chrysocrotaphum 353
Todis 274, 343
Todus 343
Todus mexicanus 343
Todus multicolor 343
Todus subulatus 343
Tölpel 285, 286
Tölpel, Australischer 285
Töpferschwalben 357
Töpfervögel 272, 352
Töpfervogel 352
Töpferwespe 102
Toggenburger Ziege 505
Tokeh 248, 249
Tokos 347
Tolypeutes 418
Tolypeutes tricinctus 419
Tomistoma 244
Tomistoma schlegeli 247
Tomopteris helgoandica 44
Tonnacea 116, 120
Tonnen-Flohkrebs 67
Tonnenschnecke 120

Topaskolibri 340
Topaza 340
Topaza pella 340
Tophoderes 114
Tophoderes frenatus 114
Topi 500
Tordalk 327
Torpedinidae 147
Torpediniformes 141
Torpedo 147
Torpedo marmorata 148
Tortricidae 86
Tortricoidea 69, 86
Tortrix 86
Tortrix viridana 87
Tosena 82
Tosena seebohmi 82
Totengräber, Amerikanischer 106
Totenkäfer, Amerikanischer 110
Totenkopfschwärmer 93
Toxoglossa 116
Toxostoma 363
Toxostoma redivivum 363
Toxotes 198
Toxotes jaculatrix 199
Toxotidae 198
Tracheata 49, 68
Trachelomonas hispida 20
Trachinidae 204
Trachinocephalus 161
Trachinocephalus myops 162
Trachinotus 196
Trachinotus botla 196
Trachinus 204
Trachinus draco 205
Trachurus 196
Trachurus trachurus 196
Trachydosaurus 258, 259
Trachydosaurus rugosus 258
Trachyphonus 348
Trachyphonus erythrocephalus 348
Trachypithecus 414
Trachypithecus obscurus 414
Trägspinner 94
Tragelaphus 495
Tragelaphus angasi 495
Tragelaphus buxtoni 495
Tragelaphus imberbis 495
Tragelaphus scriptus delamerei 496
Tragelaphus s. scriptus 496
Tragelaphus spekei 496
Tragelaphus strepsiceros 495
Tragopan 308
Tragopan blythii 308
Tragopan caboti 308
Tragopaninae 274, 308
Tragopan satyra 308
Tragopan temminckii 308
Tragulidae 392, 482
Tragulina 392, 482
Tragulus 482
Tragulus javanicus 482
Tragulus meminna 482
Trampeltier 480
Trappen 316, 317
Trappen-Kampfwachtel(n) 317
Trauerammer 376

Trauerbachstelze 358, 359
Trauerdrongo 385
Trauerschnäpper 369
Trauerschwan 295
Trauerschweber 97
Trauersteinschmätzer 371
Treiberameise(n) 100, 101
Tremarctos 444
Tremarctos ornatus 446
Trematoda 38
Trematomus 206
Trematomus bernachii 206
Treron 328
Treroninae 328
Treron waalia 328
Tretraenura fischeri 382
Triacanthidae 216
Triacanthus 216
Triacanthus biaculeatus 216
Triakidae 144
Triakis 144
Triakis semifasciatus 146
Triaxonia 18
Tribonyx 312
Tribonyx mortierii 312
Trichastoma 364
Trichastoma malaccense 364
Trichechus 468
Trichechus manatus 468
Trichechus senegalensis 468
Trichiinae 112
Trichine 41
Trichinella spiralis 41
Trichiuridae 208
Trichiurus 208
Trichiurus japonicus 209
Trichius 112
Trichius fasciatus 112
Trichobatrachus 228
Trichobatrachus robustus 229
Trichocerca 42
Trichocerca longiseta 42
Trichodectes 77
Trichodectes canis 77
Trichodectoidea 77
Trichodes 106
Trichodes apiarius 106
Trichogaster 212
Trichogaster leeri 213
Trichoglossinae 331
Trichoglossini 331
Trichoglossus 331
Trichoglossus haematodus 331
Trichoglossus versicolor 331
Tricholaema 348
Tricholaema flavipunctatum 348
Trichophaga 86
Trichophaga tapetiella 86
Trichoptera 68, 85
Trichosurus 398
Trichosurus vulpecula 399
Trichterspinnen 52, 53
Trichterwickler 115
Trichys 424
Trichys lipura 424
Tridacna 126
Tridacna gigas 126
Triele 274, 323, 324

Trigla 190
Trigla corax 190
Triglidae 190
Trigloporus 190
Trigloporus africanus 190
Trilobiten 16, 49
Trimeresurus 271
Trimeresurus flavoviridis 271
Trimeresurus trigonocephalus 271
Tringa 319
Tringa nebularia 319
Tringa ochropus 319
Tringa totanus 319
Trionychidae 234, 242
Trionyx 242
Trionyx hurum 243
Trionyx spiniferus 243
Triops 56
Triops cancriformis 57
Tritonshorn 120, 121
Triturus 222
Triturus alpestris 223
Triturus cristatus 223
Triturus helveticus 223
Triturus marmoratus 223
Triturus vulgaris 223
Trochacea 116, 118
Trochilidae 340
Trochiliformes 273, 340
Trochilus 340
Trochilus polytmus 340
Troctes 76
Troctes divinatorius 77
Troctidae 76
Trogidae 111
Trogiidae 76
Trogium 76
Trogium pulsatorium 77
Troglodytes 362
Troglodytes troglodytes 362
Troglodytidae 272, 362
Trogmuschel(n) 126
Trogonidae 341
Trogoniformes 273, 341
Trogon 341
Trogon citreolus 341
Trogon elegans 341
Trogoniidae 262
Trogonophis 262
Trogonophis wiegmanni 262
Trogons 273
Troides brookiana 89
Troides paradisea 89
Troides priamus urvillianus 89
Trombidiformes 55
Trompetenfisch(e) 187, 188
Trompeter-Paradiesvogel 386, 387
Trompeterschwan 295
Trompetentierchen 24
Trompetervögel 316
Tropen-Waldkauz 337
Tropfenschildkröte 238, 239
Tropheus 200
Tropheus moorei 202
Tropicoperdix 306
Tropicoperdix mertini 307
Tropikvögel 283, 286
Tropische Landplanarie 38
Tropischer Waldkauz 337
Trottellumme 327
Trox 111
Trox sabulosus 111
Trugbaumläufer 273, 373

Trughirsch(e) 392, 483, 484
Trugmotte(n) 86
Trugnattern 265, 267
Trugschwalben 357
Trumpeter Whiting 195
Trupiale 380
Truthahn 308
Truthahngeier 300
Truthühner 274, 308
Trypanosoma brucei 21
Trypanosoma gambiense 21
Trypetidae 97
Tryxalis 72
Tryxalis nasuta 72
Tschagra 361
Tschagra tschagra 360
Tschaja 294
Tscherkessenziege 505
Tschiru(s) 392, 502
Tschukutschan 174
Tschunja 317
Tsetsefliege(n) 21, 98
Tuatara 248
Tuberkelhokko 304
Tubipora hemprichi 35
Tubulanus 40
Tubulanus annulatus 40
Tubularia 28
Tubularia larynx 28
Tubulidentata 390, 466
Tubulipora 130
Tubulipora flabellaris 130
Tümmler 392, 437
Tüpfelkormoran 284
Tüpfelkuskus 398, 399
Tüpfelsumpfhuhn 312
Türkischer Langarmkäfer 112
Türkisbrauen-Sägeracke 343
Türkisgoldbarsch 202
Türkisvogel 378
Türkisvogel 378
Tui 375
Tukan-Bartvogel 348
Tukane 349
Tunicata 137, 138
Tupaia 406
Tupaia ferruginea 406
Tupaia minor 406
Tupaiidae 406
Tuparidae 391
Tupinambis 256
Tupinambis teguixin 256
Turakos 334
Turbanella 42
Turbanella cornuta 42
Turbellaria 38
Turbo 118
Turbonilla 120
Turbonilla scalaris 120
Turbo undulatus 119
Turdinae 370
Turdoidini 365
Turdus 370
Turdus albicollis 371
Turdus litsipsirupa 371
Turdus merula 371
Turdus migratorius 371
Turdus philomelos 371
Turdus plumbeus 371
Turdus torquatus 371
Turmfalke 303
Turmschnecken 120
Turnicidae 317
Turnicinae 317
Turnix 317
Turnix maculosa 317
Turnix nana 317
Turnix sylvatica 317
Turritella 120
Turritella duplicata 120

Tursiops 436
Tursiops truncatus 437
Turteltaube(n) 328
Tylopoda 390, 392, 480
Tylototriton 222
Tympanuchus 306
Tympanuchus cupido 306
Typhlocyba 82
Typhlocyba rosae 82
Typhlogobius 208
Typhlogobius californiensis 208
Typhlomolge 224
Typhlomolge rathbuni 225
Typhlonectes 220
Typhlonectes natans 220
Typlonectidae 218, 220
Typhlopidae 234, 262
Typhlops 262
Typhlops vermicularis 262
Typhlotriton 224
Typhlotriton spelaeus 225
Tyrannen 272, 353
Tyranni 272, 352
Tyrannidae 272, 353
Tyranninae 353
Tyrannoidea 272, 353
Tyrannus 353
Tyrannus tyrannus 353
Tyroglyphidae 54
Tyroglyphus 54
Tyroglyphus farinae 55
Tyto 336
Tyto alba 336
Tytonidae 336
Tyto novaehollandiae 336
Tyto tenebricosa 336

U

Uakari 408, 409
Uca 64
Uca pugilator 64
Uferbold(e) 78
Uferschlammkäfer 108
Uferschnepfe 319
Uferschwalbe 357
Uferwipper 352
Uhrgläschen 22
Uhu, Amerikanischer 336, 337
Uhu(s) 336, 337
Ukelei 170, 171
Ularburong 266, 267
Uma 254
Uma notata 255
Umberfisch(e) 198
Umbonia 82
Umbonia spinosa 83
Umbra 160
Umbraculum 122
Umbraculum mediterraneum 122
Umbra krameri 161
Umbra pygmaea 161
Umbridae 160
Unau 418
Uncia 456, 460
Uncia uncia 459
Unechte Karettschildkröte 241
Unglückshäher 388
Unio 125
Unionacea 117, 125
Unio pictorum 125
Unpaarhufer 390, 392, 469
Untenschwert 185
Upupa 345
Upupa epops 345

Upupidae 274, 345
Upupinae 345
Ur 489
Uraeginthus 383
Uraeginthus bengalus 383
Uraniidae 92
Uranioidea 69, 92
Uranoscopidae 206
Uranoscopus 206
Uranoscopus scaber 206
Urasselspinne 55
Urbreitzüngler 118
Urfrösche 218, 226
Uria 327
Uria aalge 327
Urinsekten 68, 71
Urmollusken 116, 118
Urmotte(n) 68, 86
Urmünder 13, 18
Urocissa 388
Urocissa erythrorhyncha 388
Urocolius 342
Uromastyx 250
Uromastyx acanthinurus 251
Uropeltidae 234, 262
Uroplatus 248
Uroplatus fimbriatus 248
Uropygi-Geißelskorpione 50
Ursäuger 390
Ur-Schalenmollusken 12
Urschnecken 116
Ursidae 392, 444
Ursus 444
Ursus a. meridionalis 444
Ursus a. pruinosus 445
Ursus arctos 444
Ursus horribilis 444
Ursus middendorffi 444
Urtiere 16
Urutau 338
Urwildpferd(e) 471
Utetheisa 94
Utetheisa bella 94

V

Valiidae 80
Valvata 118
Valvatacea 116, 118
Valvata piscinalis 119
Valvifera 67
Vampir(e) 404, 405
Vampyromorpha 116, 129
Vampyroteuthidae 129
Vampyroteuthis 129
Vampyroteuthis infernalis 129
Vampyrus 404
Vampyrus spectrum 405
Vanellinae 274, 321
Vanellus 321
Vanellus vanellus 321
Vangawürger 272, 361
Vangidae 272, 361
Varanidae 234, 260
Varanus 260
Varanus (Dendrovaranus) rudicollis 261
Varanus (Empagusia) exanthematicus 261
Varanus (Empagusia) flavescens 261
Varanus (Odatria) prasinus 261
Varanus (Polydaedalus) niloticus 261
Varanus (Psammosaurus) griseus 261

Varanus (varanus) komodoensis 261
Varanus (Varanus) salvator cumingi 261
Varanus (Varanus) varius 261
Vari 407
Vasapapageien 332
Velella velella 29
Velia 80
Velia currens 80
Veneracea 117, 126
Venus 126
Venus-Eberfisch 205
Venusfächer 35
Venusgürtel 37
Venusmuscheln 126
Venus verrucosa 126
Veränderlicher Riedfrosch 230
Veredeltes Landschwein 478
Veretillum 36
Veretillum cynomorium 36
Vermicella 268
Vermicella annulata 268
Verongia 27
Verongia aerophoba 27
Vertebrata 9, 137, 140
Vespa 102
Vespa crabro 102
Vespa germanica 102
Vespa media 102
Vespertilio 404
Vespertilio murinus 405
Vespertilionidae 404
Vespidae 102
Vespoidea 69, 102
Vestiaria 379
Vestiaria coccinea 379
Vicuña 481
Vidua 382
Vidua macroura 382
Viduinae 382
Vielborster 12, 19, 44
Vielfarbenpetroica 369
Vielfarben-Tangare 378
Vielfraß 452
Vielfraßschnecke 123
Vielstachler, Afrikanischer 201
Vielzahnnatter, Chinesische 267
Vielzahnnattern 265, 267
Vielzeller 9
Vierauge(n) 184
Vieraugenbeutelratte 394
Vierflecklibelle 78
Vierfüßer 9
Vierhornantilope 489, 494
Vierhorn-Schaf 508
Vierstachliger Stichling 187
Vini 331
Vini peruviana 331
Violetter Seeigel 133
Violett-Glanzkuckuck 335
Violettmantel-Nektarvogel 374
Violettrückenstar 384
Vipera 270
Vipera ammodytes 270
Vipera berus 270
Vipera russelli 270
Viperfisch(e) 161, 162
Viperidae 234, 270
Viper(n) 235, 270
Vireo 379
Vireolaniinae 379
Vireolanius 379

Vireolanius leucotis 379
Vireonidae 273, 379
Vireoninae 379
Vireo olivaceus 379
Vireos 273, 379
Virginiawachtel 307
Virginierhirsch 483
Virginischer Hirsch 14
Virgin Tiger-Moth 94
Virgularia 36
Virgularia mirabilis 36
Viridonia 379
Viridonia virens 379
Viscacia 426
Viscacia viscacia 426
Viteus 84
Viteus vitifolii 84
Viverra 454
Viverra zibetha 454
Viverridae 392, 454
Viverrinae 454
Vivia 350
Vivia innominata 350
Viviparus 118
Viviparus viviparus 119
Vögel 12, 16, 137, 272, 273, 275
Vogelfalter 89
Vogelfisch(e) 204, 205
Vogelspinne(n) 52
Vollfliegen 98
Volutacea 116, 121
Volvox globator 20
Vombatidae 390, 398
Vombatus 398
Vombatus ursinus 399
Vorderasiatischer Skorpion 51
Vorderindischer Gaur 490
Vorderindischer Schweinshirsch 486, 487
Vorderkiemer 12, 116, 118
Vormela 450
Vormela peregusna 450
Vorticella nebulifera 24
Vultur 300
Vultur gryphus 300

Waalia-Taube(n) 328
Wabenkröte 226
Wachsmotte 88
Wachsrose 32
Wachsschnabelpapageien 332
Wachtelastrild 383
Wachtelkönig 312
Wachteln 307, 317, 323
Wadenstecher 98
Waffenfliegen 97
Wager-Moschusochse 509
Wagnerella borealis 22
Waldbaumläufer 373
Waldbüffel 492
Walddrossel 371
Waldfalken 303
Waldfisch(e) 342, 343
Waldhühner 305
Waldhuhn 310
Waldhund 441, 442
Waldibis 290, 291
Waldkauz 337
Waldklapperschlange 271
Wald-Königsfischer 342, 343

Waldlaubsänger 367
Waldmaus 405, 435
Waldmeerkatze 413
Waldmurmeltier 428
Wald-Nacktschnecke 123
Waldohreule 337
Waldperlhühner 310
Waldpieper 358
Waldrapp 292
Waldratten 433
Waldrebhühner 307
Waldrebhuhn 307
Waldren 14
Waldsänger 273, 379
Waldschaben 74
Waldschnepfe 320
Waldspint 344
Waldsteißhühner 275
Waldwasserläufer 319
Waldweber 382
Wale 12, 390, 392, 436
Walhai 144, 145
Walkäpfige(r) Fisch(e) 141, 163
Walker 112, 113
Wallabia 400
Wallabia rufogrisea 401
Wallace-Paradiesvogel 386, 387
Waller 176
Wallich-Fasan 311
Walliser Ziege 505
Walroß 462
Walrosse 392, 462, 463
Walvögel 281
Walzenechse 258
Walzenschnecken 121
Walzenskink 258
Walzenspinne(n) 49, 54
Wandelnde Blätter 74
Wandelndes Blatt 74
Wanderalbatros 281
Wanderdrossel 371
Wanderfalke 303
Wanderheuschrecke, Afrikanische 72
Wanderheuschrecken 72
Wanderpfeifgans 294
Wanderratte 435
Wandersaibling 158
Wanderu 410
Wanderus 411
Wand-Pelzbiene 103
Wanzen 68, 80
Wapiti 14, 483, 486, 487
Warane 234, 260
„Wardzebra" 473
Warzen-Ascidie 138
Warzenbeißer 73
Warzenkormoran 284
Warzenschlange(n) 234, 265
Warzenschwein(e) 466, 476
Warzentaube 328
Warzige Venusmuschel 126
Waschbär(en) 448
Wasseragame 250
Wasseramsel(n) 272, 362
Wasserassel 66
Wasserböcke 498
Wasserbüffel 491
Wasserdermaus 404
Wassereisvögel 342
Wasserfasan 318
Wasserfledermaus 404
Wasserfliegen 84
Wasserflöhe 49, 56, 57
Wasserfloh 57
Wasserfrosch 228
Wasserhahn 312
Wasserkaninchen 422
Wasserkudu 496
Wasserläufer 80

Wasserlungenschnecken 123
Waldmoschustier 14
Wassernatter 265
Wasserpieper 358
Wasserralle(n) 312
Wasserreh(e) 14, 392, 482, 483
Wasserreiter 80
Wasserschwein 425
Wasserskorpion(e) 80
Wasserspinne 52, 53
Wasserspitzmaus 403
Wasserspringschwanz 71
Wassertreter 274, 318
Wassertrugnattern 265, 267
Wasserwanzen 69
Wasserwiesel 451
Wattkrebs 67
Watussi-Rind(er) 490
Watvögel 273, 274, 318, 323, 327
Weberameise 101
Weberknecht(e) 49, 54
Weberstar 384
Webervögel 273, 381
Wechselkröte 231
Wechseltierchen 22
Weddellrobbe 464, 465
Wegameise 100, 101
Wegewespe 102
Wehrvögel 274, 294
Weichkäfer 106
Weichnasen-Sturmvogel 282
Weichtiere 13, 16, 116, 118
Weichwanzen 80
Weidenbohrer 86, 87
Weihen 302
Weinbergschnecke 10, 123
Weinschwärmer 93
Weißbart-Ameisenvogel 332
Weißbartgnu 500, 501
Weißbauch-Bronzemännchen 383
Weißbauch-Fregattvogel 286
Weißbauchkolibri 340
Weißbauchlärmvogel 334
Weißbauchschwalbe 357
Weißbauch-Schwarzspecht 350, 351
Weißbauch-Yuhina 365
Weißborstengürteltier 419
Weißbrauensegler 364
Weißbrust-Kielralle 312
Weißbrustkleiber 372, 373
Weißbrustperlhuhn 310
Weißbrustraupenfänger 359
Weißbrustsegler 339
Weißer Amur 171
Weiße Muräne 154
Weißer Ohrfasan 310
Weiße Oryx 497
Weißer Damhirsch 486
Weißer Hausbüffel 491
Weißer Heilbutt 214, 215
Weißer Merlin 211
Weißer Seehund 465
Weißer Stör 152, 153
Weißes Nashorn 470
Weißes Ordensband 95
Weißes Steinschaf 507
Weißfisch(e) 170
Weißflügel-Seeschwalbe(n) 326
Weißflügel-Trompeter 316

Weißfuchs 440
Weißfußmaus 433
Weißgesichtseule 336, 337
Weißgesicht-Scheidenschnabel 323
Weißgesichts-Schimpanse 416, 417
Weißhalsreiher 289
Weißhals-Stelzenkrähe 365
Weißhaubenturako 334
Weißkehl-Baumrutscher 373
Weißkehl-Bülbül 360, 361
Weißkehl-Drossel 371
Weißkehl-Fächerschnäpper 369
Weißkinnsturmvogel 282
Weißköpfiger Baumhopf 345
Weißköpfiges Flughörnchen 429
Weißkopf-Mausvogel 342
Weißkopfflachmöwe 324
Weißkopfmöwe 325
Weißkopfruderente 299
Weißkopfseeadler 301
Weißkopf-Wasseramsel 362
Weißlachs(e) 159
Weißling(e) 90, 194, 195
Weißlippenhirsch 486, 487
Weißmähnen-Serau 503
Weißmeermaräne 159
Weißnacken-Kranich 315
Weißnacken-Moorantilope 498
Weißnackenracke 344, 345
Weißnacken-Schmätzer 370, 371
Weißnacken-Wasserbock 498
Weißnasensaki 408
Weißohr-Bartvogel 348
Weißohr-Moorantilope 498
Weißohr-Rabenkakadu 330
Weißpinseläffchen 409
Weißpunktregenbogenfisch 205
Weißrücken-Mausvogel 342
Weißrückenreiher 287
Weißrüsselbär 448, 449
Weißschenkelaffe 414
Weißschnabel-Glanzvogel 347
Weißschnabel-Jakamar 347
Weißschnabel-Nashornvogel 347
Weißschulterkapuziner 408
Weißschwanz-Erdhörnchen 428
Weißschwanzgnu 500, 501
Weißschwanzhirsch(e) 483, 484
Weißschwanzkleiber 373
Weißschwanz-Tropikvogel 282
Weißstirnchen 368
Weißstirn-Regenpfeifer 322
Weißstirn-Schakuhuhn 305
Weißstirnweber 382
Weißstorch 290, 291

Weißwal 436, 437
Weißwangengans 297
Weißwangenlerche 356
Weißwangen-Wehrvogel 294
Weißzahnspitzmäuse 391
Weitraum-Zistensänger 366
Wekaralle(n) 312
Wellenastrild 383
Wellenläufer 282, 283
Wellensittich 331
Wellhornschnecke 121
Wels(e) 141, 174, 175
Welse, Echte 175
Wendehälse 350
Wendehals 350
Wendehalsfrösche 218, 230
Wendehalsfrosch 231
Wendeltürmchen 120
Wenigborster 12, 19, 46
Wenigfüßer 68, 70
Werkzeugbaumfink 11
Wermutregenpfeifer 322
Wespe, Deutsche 102
Wespenbussarde 300
Wespenbussard, Malayischer 300
Westafrikanische Giraffe 488
Westblindmaus 432
Westgorilla 417
Westgroppe 191
Westliche Blindschlange 262
Westlicher Brauner Lärmvogel 334
Westlicher Engmaulfrosch 231
Westschermaus 434
Whippet 439
Whip-poor-will 338
Wickelbär 448, 449
Wickler 86, 87
Widdercken 94
Widder-Kaninchen 422
Widderkrebs 67
Widehopf(e) 345
Wiederkäuer 390, 392, 482
Wieselkatze(n) 457
Wiesenhummel 103
Wiesenlibelle 78
Wiesenpieper 358
Wiesenweihe 302
Wildes Meerschweinchen 425
Wildkamel 480
Wildkaninchen 422
Wildkatze 456
Wildpferd(e) 471
Wildschafe 506, 507
Wildschwein(e) 476, 478
Wildyak 491
Wildziege(n) 504
Wilsonia 379
Wilsonia citrina 379
Wimpelfisch 200, 201
Wimpelträger 386, 387
Wimperkalkschwamm 27
Wimpertierchen 13, 16, 24
Windelschnecke 123
Windspiel 439
Windspielantilopen 494
Winkelfisch 216
Winkelspinne 52, 53
Winkelzahnmolch(e) 218, 220, 221
Winkelzahnmolch, Sibirischer 305
Winkerkrabbe(n) 64
Winseläffchen 409

Wintergoldhähnchen 369
Winterhaft(e) 84
Winter-Junco 376
Wirbellose 137
Wirbeltiere 9, 13, 137, 140
Wirbelwespe(n) 102
Wisent 492
Wittling 180
Witwen 382
Witwenpfeifgans 294
Wobla 170
Wolf 438, 439
Wolfshering(e) 156
Wolfshound 438
Wolfsspinnen 52
Wollaffen 409
Wollhaargemse 503
Wollhalsstorch 291
Wollhandkrabbe 64
Wolliger Greifstachler 424
Wollkäfer 110
Wollkrabbe(n) 64, 65
Wollnashorn 509
Wollschweber 97
Wolltimalie 364
Wombat 399
Woodchuck 428
Wühlmäuse 391, 434
Würfelquallen 19, 30, 31
Würgatzel 385
Würger 272, 361
Würgervireo(s) 379
Wüstenfüchse 440
Wüstengimpel 381
Wüstenläuferlerche 356
Wüstenluchs 458
Wüstenrennmaus, Indische 432
Wüstenspringmäuse 403
Wüstenspringmaus 431
Wüstenwaran 260, 261
Wunderlampe 128
Wurmmollusk(en) 117, 118
Wurmschnecken 116
Wurmwühle(n) 218, 220
Wurzelbohrer 86
Wurzelhaarstern 132
Wurzelkäfer 107
Wurzelkrebse 49, 56
Wurzelmundqualle 31
Wurzelquallen 19
Wurzelratten 391, 433
Wurzelfüßer 13, 16, 22
Wundersylphe 340
Wychochol 403

Xanthidae 64
Xantho 64, 65
Xantho hydrophilus 64
Xantusia 255
Xantusia henshawi 254
Xantusiidae 234, 255
Xema 324
Xema sabini 324
Xenarthra 390, 418, 420
Xenetodon 182
Xenetodon cancila 183
Xenicidae 272, 353
Xenicus 353
Xenocerus 114
Xenocerus puncticorus 114
Xenodermidae 265
Xenops 352
Xenops tenuirostris acutirostris 352
Xenopus 226
Xenopus laevis 226
Xenomystus 157
Xenomystus niger 157
Xenopeltidae 234

Xenorhynchus 290
Xenorhynchus asiaticus 291
Xenos 115
Xenosauridae 234, 259
Xenosaurus 259
Xenosaurus rackhami 259
Xenos vesparum 115
Xerus 427
Xerus inauris 428
Xiphias 210, 211
Xiphias gladius 210
Xiphidiopterus 321
Xiphidiopterus albiceps 321
Xiphiidae 210
Xipholena 354
Xipholena punicea 354
Xiphorhynchus 352
Xiphorhynchus lachrymosus 352
Xiphophorus 184
Xiphophorus helleri 184
Xiphosura 49, 50
Xylocopa 102
Xylocopa caerulea 103

Yak(s) 491
Yapok 394, 395
Yponomeuta 86
Yponomeuta malinellus 87
Yponomeutidae 86
Yponomeutoidea 69, 86
Yuhina 365
Yuhina zantholeuca 365
Yukkamotte 86, 87
Yungia 38
Yungia aurantiaca 38

Zabrus 104
Zabrus tenebrioides 104
Zackel-Schaf 507, 508
Zackenbarsche 192, 193
Zackenhirsche 487
Zaglossus 393
Zaglossus bartoni 393
Zaglossus nicroaculeatus 393
Zahnarme 390, 418
Zahnbrasse 197
Zahnspinner 94
Zahntaube(n) 329
Zahnwachteln 306, 307
Zahnwale 390, 392, 436
Zalophus 463
Zanclostoma 334
Zanclostoma javanica 335
Zanclus 208
Zanclus cornutus 209
Zander 195
Zangenbock 113
Zangenkiefer 52
Zangenseesterne 134
Zapfenheuschrecke 72
Zapus 431
Zapus hudsonius 431
Zauneidechse 256, 257
Zaunkönigdrosseln 273
Zaunkönig(e) 272, 362, 363
Zaunkönigs-Timalien 364
Zebrabärbling 172
Zebraducker 493
Zebrafink 383
Zebraseepferdchen 188
Zebrareiher 287
Zebra(s) 471, 473
Zebrasoma 208
Zebrasoma veliferum 209
Zebrazunge 215
Zebrias regani 215
Zebrilus 287
Zebrilus undulatus 287
Zebrina 123
Zebrina detrita 123
Zebroid 475
Zebu(s) 489, 490
Zecke(n) 55
Zehenkoppler 272, 351
Zehnarmige Tintenfische 128
Zehnfußkrebse 12, 49, 58
Zehnpfünder 154

Zeidae 186
Zeledoniidae 273
Zerbrechlicher Schlangenstern 136
Zerene 90
Zerene eurydice 90
Zeugloptera 68, 69, 86
Zeus 186
Zeus faber 186
Zeuzera 86
Zeuzera pyrina 86
Zibethyäne 443
Zibetkatze, Asiatische 454
Zibetkatzen 455
Ziegen 493
Ziegenmelker 338
Ziersalmler 166, 167
Ziesel 427, 428
Zigeunerhuhn 311
Zikaden 82
Zikadenjäger 102, 103
Zilpzalp 367
Zimmermannsbock 113
Zimmetkopf-Tangarenfink 376
Zimtbär 445, 446
Zimtroller 344, 345
Zingel 195
Zipfelfalter 92
Zipfelkäfer 106
Zipfel-Krötenfrosch 227
Ziphiidae 392
Zirfaea 127
Zirfaea crispata 127
Zirplerche 356
Zitronenfalter 90
Zitronengelber Trogon 341
Zitronenstelze 359
Zitteraal(e) 168
Zitterwels(e) 175, 176
Zoantharia 19
Zoarces 180
Zoarces viviparus 181
Zoarcidae 180
Zobel 450, 451
Zoëa 63
Zoëa Carcinides 58
Zoëa-Larve 59
Zonerodius 287
Zonerodius heliosylus 287

Zoniopoda 72
Zoniopoda omnicolor 72
Zonitacea 116, 123
Zonotrichia 376
Zonotrichia atricapilla 376
Zoothera 370
Zoothera sibirica 371
Zorilla 451
Zorilla striata 451
Zosteropidae 273, 375
Zosterops atricapilla 375
Zosterops lateralis 375
Zosterops senegalensis 375
Zottelaffe 408
Zottenschwänze 12
Zuckerkäfer 111
Zuckervögel 379
Zuckmücke(n) 96
Zügelpinguin 280
Zügeltrogon 341
Zünsler 88
Zungen 214, 215
Zungenbutt 215
Zungenlose 120, 218, 226
Zungenmuschel 130
Zweifarben-Baumläufer 373
Zweifarben-Blattsteiger 229
Zweifarben-Pitohui 369
Zweifarbfledermaus 405
Zweifarbstar 384
Zweiflügler 12, 68, 69, 96
Zweipunktbuntbarsch 201
Zweipunktglaswels 174
Zwei-Punkt-Marienkäfer 107
Zweiteilige Turmschnecke 120
Zweiundzwanzig-Punkt-Marienkäfer 107
Zweizehenfaultier 418
Zwergährenfisch(e) 185
Zwergalk 327
Zwergameisenfresser 418, 419

Zwergantilopen 392, 494
Zwergbärbling 172
Zwergbarsch 194
Zwergbeilbauchfisch 167
Zwergblatthühnchen 318
Zwergdrachenflosser 165
Zwergesel 474, 475
Zwergfadenfisch 213
Zwergfalke, Indischer 303
Zwergfalken 303
Zwergflamingo 293
Zwergfledermaus 405
Zwergfliegenschnäpper 369
Zwergflughörnchen 429
Zwergflughund 404
Zwergflußpferd(e) 479
Zwergfüßer 68, 70
Zwergglanzente, Afrikanische 298
Zwerggleitbeutler 398
Zwerghamster 433
Zwerghirsche 392, 482
Zwerghörnchen 427
Zwerghundsfisch 161
Zwergkärpfling 185
Zwergkönigsfischer 342, 343
Zwergläuse 84
Zwergmanguste(n) 455
Zwergmaus 435
Zwergmeerkatze 412, 413
Zwergmotte(n) 86, 87
Zwergmuntjak 482
Zwergohreule(n) 336
Zwergohrwurm 74, 75
Zwergpika 421
Zwergpinguine 281
Zwergpython 262, 263

Zwergralle, Brasilianische 312
Zwergrallen 312
Zwergraupenschmätzer 359
Zwergrohrdommel 287
Zwergsäger 299
Zwergscharbe, Australische 284
Zwergscharben 284
Zwerg-Schimpanse 416, 417
Zwergschlüpfer 353
Zwergschnäpper 369
Zwergschnepfe 320
Zwergschwalme 338
Zwergschwan 295
Zwergseebär 462, 464
Zwergseeschwalbe 326
Zwergsepia 128
Zwergspechte 350
Zwergspitz 139
Zwergstichling 187
Zwergstrandläufer 320
Zwergtaschenspringer 430
Zwergtaucher 278
Zwergtigerkatze 457
Zwergtrappe 316, 317
Zwergtupaja 406
Zwergtyrann(en) 353
Zwergwachtel, Chinesische 307
Zwergwels 174, 175
Zwergwespe(n) 99
Zwergzebu 490
Zwergziegen 505
Zwiebelmuschel 125
Zygaena 94
Zygaena filipendulae 94
Zygaenidae 94
Zygaenoidea 69, 94
Zygoptera 79
Zylinderrose(n) 12, 19, 34

Die Illustrationen der Seiten 356—363, 366, 367, 372, 373, 376—385, 388, 389 sind eine Gemeinschaftsarbeit von Wilhelm Eigener und Fritz Bäuerle.